РУССКО-АНГЛИЙСКИЙ
СЛОВАРЬ
РЕЛИГИОЗНОЙ
ЛЕКСИКИ

RUSSIAN-ENGLISH
DICTIONARY
OF RELIGIOUS
TERMINOLOGY

A. A. AZAROV

RUSSIAN-ENGLISH DICTIONARY OF RELIGIOUS TERMINOLOGY

(with definitions)

About 14 000 entries
About 25 000 English equivalents

«RUSSO»
MOSCOW
2002

А. А. АЗАРОВ

РУССКО-АНГЛИЙСКИЙ СЛОВАРЬ РЕЛИГИОЗНОЙ ЛЕКСИКИ

(с толкованиями)

Около 14 000 словарных статей
Около 25 000 английских эквивалентов

«РУССО»
МОСКВА
2002

ББК 86.3
А35

Специальный редактор Вл. Курасов

Азаров А. А.
А35 Русско-английский словарь религиозной лексики. Ок. 14 000 словарных статей. Ок. 25 000 английских эквивалентов. — М: РУССО, 2002. — 768 с.

ISBN 5-88721-193-8

Словарь содержит около 14 000 словарных статей и около 25 000 английских эквивалентов, охватывающих терминологию по основным религиям мира: христианству, мусульманству, буддизму, иудаизму, а также индуизму, джайнизму, синтоизму и др.

В словарь включена лексика, употребляемая в практике отправления религиозных обрядов, в работах по архитектуре культовых сооружений, иконописи, прикладному искусству, истории религии. Также представлены библейские понятия и персонажи, некоторые церковно-славянские слова, имена святых, богословов и известных религиозных деятелей.

Словарь может быть использован в качестве справочника, так как почти все словарные статьи снабжены пояснениями на русском языке.

Словарь предназначен для переводчиков, культурологов, религиоведов, преподавателей и студентов соответствующих учебных заведений и для всех, кто интересуется религией.

ISBN 5-88721-193-8   ББК 86.3+81.2 Англ.-4

© «РУССО», 2002
Репродуцирование (воспроизведение) данного издания любым способом без договора с издательством запрещается.

ПРЕДИСЛОВИЕ

Настоящий «Русско-английский словарь религиозной лексики» издается впервые.

Работа над словарем продолжалась более 10 лет.

Словарь содержит около 14 000 словарных статей и около 25 000 английских эквивалентов, охватывающих терминологию по основным религиям мира: христианству, мусульманству, буддизму, иудаизму, а также индуизму, джайнизму, синтоизму и др.

В словарь включена лексика, употребляемая в практике отправления религиозных обрядов, в работах по архитектуре культовых сооружений, иконописи, прикладному искусству, истории религии. Также приводятся библейские понятия и персонажи, некоторые церковно-славянские слова, имена святых, богословов и известных религиозных деятелей.

В работе над словарем автор использовал большое количество литературы, список которой дается отдельно.

Словарь может быть использован в качестве справочника, так как почти все словарные статьи снабжены толкованиями на русском языке.

Словарь не представляет собой полного сборника религиозных знаний, пояснения дают только самые краткие сведения. И все же он может быть полезным источником для любого (не обязательно знающего английский язык), кто интересуется религией.

Автор выражает свою благодарность всем, кто оказал помощь в подготовке этого словаря. М. Волович, один из составителей «Англо-русского словаря в помощь христианскому переводчику», сделал существенные замечания к некоторым статьям, а главное, снабдил ценнейшей справочной литературой на английском языке. Добрейший П.Д. Сахаров любезно помог с переводом нескольких терминов. Старший научный сотрудник ГТГ Л.В. Нерсесян еще в самом начале работы над словарем открыл мне свою компьютерную «копилку» религиозных терминов. Всем им большое спасибо! Несомненно, работа над словарем будет продолжаться, будут вноситься исправления, дополнения. И все же основа есть! А как сказал мудрый Сэмюэл Джонсон: «Словарь все равно что часы. Даже самые плохие лучше, чем никакие, и даже от самых лучших из них нельзя ожидать абсолютной точности».

Словарь предназначен для переводчиков, культурологов, религиоведов, преподавателей и студентов соответствующих учебных заведений и для всех, кто интересуется религией.

Поскольку русско-английский словарь такого объема на религиозную тему издается впервые, можно предположить, что в словаре встретятся некоторые неточности или не совсем корректные эквиваленты.

Автор и издательство с благодарностью примут замечания и предложения, направленные на улучшение качества данного словаря.

Замечания и предложения по содержанию словаря следует направлять по адресу: 119071 Москва, Ленинский проспект, д. 15, офис 317, издательство «РУССО».

Телефон/факс: 955-05-67, 237-25-02.

Web: http: //www.aha.ru/~russopub/

E-mail: russopub@aha.ru

Автор

О ПОЛЬЗОВАНИИ СЛОВАРЕМ

Словарные статьи в словаре расположены в алфавитном порядке. Основное русское слово словарной статьи, а также производные внутри гнезда выделяются полужирным шрифтом.

Составные термины или выражения, состоящие из нескольких слов, следует искать по основному смысловому слову. Например, выражение **церковный брак** следует искать в гнезде **брак**.

Внутри словарной статьи словосочетания даются по алфавиту после знака ромба (◊), причем основное слово заменяется начальной буквой с точкой. Например, **глава́** *архит.* dome, cupola ◊ **луковичная г.** bulbous dome.

Все пояснения набраны курсивом и заключены в круглые скобки. Например:

запричáстная моли́тва (*молитва после причащения*) the Postcommunion.

Синонимичные варианты как русских терминов, так и английских словосочетаний даются в квадратных скобках. Например, **апостольская [папская] канцелярия** the Apostolic [Papal] Chancery. Выражение должно читаться: **апостольская канцелярия, папская канцелярия**. По-английски следует читать: the Apostolic Chancery, the Papal Chancery.

Факультативная часть как русского термина или выражения, так и английского эквивалента помещена в круглые скобки. Например:

капитуля́рий (фрáнкских королéй) capitularies (of the Frankish kings).

Выражение должно читаться: **капитуля́рий** capitularies, **капитуля́рий фрáнкских королéй** capitularies of the Frankish kings.

Внутри пояснения на русском языке могут встречаться английские переводы или дополнительные русские уточнения, в этом случае они заключаются в скобки (< >). Например: (*парадное облачение кардиналов <красного цвета>, епископов <фиолетового цвета>*) или **Лабадá, Жан** (*1610-74; франц. мистик; последователи Л., получившие название лабадистов <the Labadists>...*).

Если в русском языке слово или выражение имеет несколько вариантов написания, то дается отсылка *см.*, например: **Немвро́д** *см.* **Нимро́д**.

Библейские названия и имена имеют краткие пояснения:

Немуи́л *библ.* (*муж. имя*) Nemuel.

Кена́ф *библ.* (*название города*) Kenath.

Основное русское слово или выражение, образующее словарную статью, снабжено ударением.

Перечень встречающихся в тексте сокращений и помет приводится далее.

СПИСОК РУССКИХ ПОМЕТ И СОКРАЩЕНИЙ

амер.	– американский, употребляется в США
англ.	– английский, употребляется в Англии
англик.	– англиканский; англиканская церковь
ап.	– апостол
апп.	– апостолы
араб.	– арабский
археол.	– археология
архиеп.	– архиепископ
архит.	– архитектурный; архитектурный термин
архит-ра	– архитектура
библ.	– библейский; библейское выражение
блж.	– блаженный
богосл.	– богословский; термин, употребляемый в богословии
в.	– век
вв.	– века
вмц.	– великомученица
вмч.	– великомученик
гг.	– годы, годах
гл. обр.	– главным образом
грам.	– грамматический термин
греч.	– греческий
диал.	– диалектизм
д. п.	– день памяти (*святого*)
др.	– другой
др.-рус.	– древнерусский
Ев.	– Евангелие
европ.	– европейский
егип.	– египетский
ед. ч.	– единственное число
еп.	– епископ
епп.	– епископы
жарг.	– жаргонизм
жен.	– женский; женский род
Зап.	– Западный
идиом.	– идиоматическое выражение
изобразит.	– изобразительный
ирланд.	– ирландский
ирон.	– ироническое выражение
испан.	– испанский
истор.	– исторический
итал.	– итальянский
катол.	– католический; католическая церковь
к-рый	– который
лат.	– латинский
лит.	– литературный

лит-ра	— литература
мн. ч.	— множественное число
муж.	— мужской; мужской род
муз.	— музыкальный термин
мц.	— мученица
мцц.	— мученицы
мч.	— мученик
мчч.	— мученики
научн.	— употребляется только как научный термин
немец.	— немецкий
ок.	— около
особ.	— особенно
пали	— язык пали
перен.	— переносное значение
полн.	— полная форма, полное наименование
поэт.	— поэтическое выражение
правосл.	— православный
преим.	— преимущественно
прил.	— прилагательное
прмц.	— преподобномученица
прмч.	— преподобномученик
прост.	— просторечное выражение
протест.	— протестантский
проф.	— профессионализм
прп.	— преподобный, преподобная
прпп.	— преподобные
птрх.	— патриарх
разг.	— разговорное слово, выражение
религ.	— религиозный
рим.	— римский
РПЦ	— Русская православная церковь
санскрит	— язык санскрит
св.	— святой, святая
свв.	— святые
свт.	— святитель
свтт.	— святители
сер.	— середина
см.	— смотри
см. тж	— смотри также
собир.	— собирательное значение
совр.	— современный
сокр.	— сокращение
сущ.	— существительное
сщмч.	— священномученик
тж	— также
турец.	— турецкий
тыс.	— тысячелетие
тюрк.	— тюркский

устар.	– устаревшее слово
филос.	– философия; философский
франц.	– французский
церк.	– церковный; церковный термин
ц-сл.	– церковно-славянский
шотл.	– шотландский
шт.	– штат
юр.	– юридический термин
япон.	– японский

СПИСОК АНГЛИЙСКИХ СОКРАЩЕНИЙ

abt.	– abbot
Apl.	– Apostle
bp., Bp.	– bishop, Bishop
Bp.-M.	– Bishop-Martyr
dr.	– doctor
m., M.	– martyr, Martyr
ms, Ms.	– martyrs, Martyrs
pr.	– priest
Pr.-M.	– Priest-Martyr
St.	– Saint
Sts.	– Saints
v.	– virgin

РУССКИЙ АЛФАВИТ

Аа	Жж	Нн	Фф	Ыы
Бб	Зз	Оо	Хх	Ьь
Вв	Ии	Пп	Цц	Ээ
Гг	Йй	Рр	Чч	Юю
Дд	Кк	Сс	Шш	Яя
Ее	Лл	Тт	Щщ	
Ёё	Мм	Уу	Ъъ	

ЛЕКСИКОГРАФИЧЕСКИЕ ИСТОЧНИКИ НА РУССКОМ ЯЗЫКЕ

Библия, изд. 2-ое, Санкт-Петербург, Синодальная типография, 1913.

Библия, перепечатано с синодального издания, American Bible Society, New York. Библейская энциклопедия, т. 1-2, М., "Центурион", "АПС", 1991.

Большой путеводитель по Библии, Дрёмер Кнаур, перев. с немец., М., "Республика", 1993.

Новый Завет и Псалтирь, Slavic Gospel Association, USA, 1990.

Молитвослов, изд. Сретенского монастыря, М., 1997.

Полный Православный богословский энциклопедический словарь, т. 1-2, репринт. издание, М., концерн "Возрождение", 1992.

Православный церковный словарь, изд. Русской православной церкви, 1992.

Практическая энциклопедия православного христианина, С.Е. Молотов, "Сатисъ". С.-Петербург, 2000.

Церковно-исторический словарь, протоиерей Леонид Петров, 1889, С.-Петербург, репринт. издание Сретенского монастыря, 1996.

Краткий словарь библейских слов и имен, Виктор Тхор, изд. "Евангельское слово", 1996.

Православный словарь, Шипов Я.А., М., "Современник", 1998.

Полный церковно-славянский словарь, Григорий Дьяченко, М., Изд. отдел Московского Патриархата, 1993.

Христианство. Энциклопедический словарь, т. 1-3, М., "Большая Российская энциклопедия", 1993-1995.

Новая скрижаль, Вениамин, архиеп. Нижегородский и Арзамасский, т. 1-2, репринт. издание, М., "Русский духовный центр", 1992.

Закон Божий, т. 1-4, М., "Терра", 1991.

Записки по предмету Закона Божия, протоиерей Алексей Лавров, по изданию 1912, Киев, РПО "Полиграфкнига", 1993.

Основы православия, прот. Фома Хопко, Минск, "Полифакт", 1991.

Малая Церковь. Настольная книга прихожанина, М., "Русский мир", 1992.

Учение о православном богослужении, Ленинград, Ленинградская духовная академия, 1991.

Пасха, Разумова Е.М., Шепелев Г.В., Стрельникова С.Г., М., Институт технологических исследований, 1992.

Притчи Христовы с толкованиями, М., Братство свт. Алексия, 1992.

Введение в христианскую психологию, Ничипоров Б.В., М., "Школа-Пресс", 1994.

Православный календарь 2000, М. 1999.

Православие, Византия, Россия, прот. Игорь Экономцев, М., "Христианская литература", 1992.

Словарь английских личных имён, Рыбакин А.И., М., "Русский язык", 1989.

Краткий справочный церковно-славянский словарь, Рогожин А.В., М.

Святость. Краткий словарь агиографических терминов, М., "Гнозис", 1994.

Христианство: Словарь, под общ. ред. Митрохина Л.Н., М., "Республика", 1994.

Словарь церковных терминов, Д. Покровский, М., "РИПОЛ", 1995.

Словарь литургических терминов, М., Издательство Францисканцев, 1998.

Азбука христианства. Словарь-справочник. Составитель А. Удовенко. МАИК "Наука", 1997.

Евхаристия, Таинство Царства, А. Шмеман, М., "Паломник", 1992.

Ислам, под общ. ред. Пиотровского М.Б. и Прозорова С.М., М., "Политиздат", 1988.

Ислам, Максуд Р., пер. с англ. В. Новикова, М., "Фаир-Пресс", 2000.

Сущность иудаизма, раввин доктор Лео Янг, 1993.

Еврейские праздники, Рут Козодой, пер. с англ, изд. "Тарбут", 1988, изд. "Арт-бизнес-центр", 1993.

Карманная еврейская энциклопедия, Марк Кравец, Марк Малтынский, Ростов н/Д, изд-во "Феникс", 1999.

Иудаизм, Пилкингтон С.М., пер. с англ. Е.Г. Богдановой, М., "Фаир-Пресс", 2000.

Буддизм, Клайв Эррикер, пер. с англ. Л. Бесковой, М., "Фаир-Пресс", 1999.

Введение в буддизм, Геше Келсанг Гьятцо, пер. с англ., изд. "Утпала", С.-Петербург, 1999.

Словарь индо-тибетского и российского буддизма: главные имена, основные термины и доктринальные понятия, Андросов А.А., М., "Встком", 2000

Индуизм. Джайнизм. Сикхизм: Словарь, под общ. ред. Альбедиль М.Ф. и Дубянского А.М., М., издательство "Республика", 1996.

Индуизм, Каниткар В.П. (Хемант), Коул У. Оуэн, пер. с англ. Е. Богдановой, М., "Фаир-Пресс", 1999.

Синто, А.А. Накорчевский, Спб., "Петербургское Востоковедение", 2000.

Литературные аллюзии, образы и цитаты в английском языке, Клюкина Т.П., Высшие курсы иностранных языков МИД СССР, М., 1990.

Мифологический словарь, М., "Советская энциклопедия", 1991.

Мифы народов мира, т. 1-2, М., "Советская энциклопедия", 1980.

Боги и люди древнего мира. Краткий словарь, составитель В.М. Федосеенко, М., "Евгений", 1993.

Краткий словарь мифологии и древностей, М. Корш, Калуга, изд. группа "Amata", "Золотая аллея", 1993.

Большой энциклопедический словарь, М., "Большая Российская энциклопедия", Санкт-Петербург, "Норинт", 1997.

Культурология. XX век. Словарь, составитель и автор проекта А.Я. Левит, "Университетская книга", Санкт-Петербург, 1997.

Словарь гуманитария, Рамзевич Н.К., М., "Былина", 1998.

Толковый словарь обществоведческих терминов, Н.Е. Яценко, Спб., Издательство "Лань", 1999.

Краткий словарь современных понятий и терминов, Н.Т. Бунимович, Г.Г. Жаркова, Т.М. Корнилова и др., общ. ред. В.А. Макаренко, М., "Республика", 2000.

Всемирный биографический энциклопедический словарь, ред. кол.: В.И. Бородулин, Н.М. Кузнецов, Н.М. Ланда и др., М., "Большая Российская энциклопедия", 1998.

Философия русского религиозного искусства XVI-XX вв., Антология, М., "Прогресс-Культура", 1993.

История религий, Крывелев И.А., т. 1-2, М., "Мысль", 1975, 1976.

Религии мира, под ред. Щапова Я.Н., М., "Просвещение", 1994.

Религии народов современной России: Словарь, "Республика", М., 1999.

Основы религиоведения, под ред. Яблокова И.Н. М., "Высшая школа", 1994.

Введение в религиоведение, А.А. Радугин, М., "Центр", 1996.

Религиозные традиции мира, перев. с англ., в 2-х т., М., "Крон-Пресс", 1996.

История Русской Церкви, Толстой М.В., изд. Спасо-Преображенского Валаамского монастыря, 1991.

Православие, Римо-католичество, Протестантизм и Сектантство, прот. Митрофан Зноско-Боровский, изд. Свято-Троицкой Сергиевой Лавры, 1992.

Католическая церковь, Станислав Надь, Рим-Люблин, изд. Святого Креста, 1994.

Литургический календарь Католической церкви 1994, М., "Истина и Жизнь", 1993.

Духовно-эстетические основы русской иконы, В.В. Бычков, М., "Ладомир", 1995.

Секреты ремесла. Икона. Сост. Кравченко А.С., Уткин А.П., М., изд. фирма "Стайл А Лтд" и "Век России", 1993.

Рукотворное чудо древнерусского храма, Учанева Л.С., С.-Петербург, "Образование", 1992.

Русская икона, Такташова Л.Е., Владимир, Владимирский областной институт усовершенствования учителей, 1993.

Искусство Древней Руси, Вагнер Г.К., Владышевская Т.Ф., М., "Искусство", 1993.

Сюжеты древнерусских икон, Косцова А.С., М., "Искусство", 1992

Беседы иконописца, архимандрит Зинон, Новгород, "Русская провинция", 1993

Сюжеты и образы древнерусской живописи, Барская Н.А., М., "Просвещение", 1993.

Основы иконографии древнерусской живописи, Ю.Г. Бобров, С.-Петербург, "Мифрил", 1995.

Богословие иконы, И.К. Языкова, М., изд. Общедоступного Православного Университета, 1995.

Краткий иконописный иллюстрированный словарь, В.В. Филатов, М., "Просвещение", 1996.

Словарь церковно-славянских слов, Т.С. Олейникова, М., изд. "АТВА", 1997.

Земная жизнь Пресвятой Богородицы и описание святых чудотворных её икон, сост. София Снессорева, Ярославль, "Верхняя Волга", 1997.

Святые иконы России, Д. Орехов, С.-Петербург, Издательский Дом "Невский проспект", 1999.

Словарь-указатель имен и понятий по древнерусскому искусству, Е.В. Гладышева, Л.В. Нерсесян, Библиотека Альманаха "Странный мир", М., 1991.

Ростово-Суздальская живопись XII-XVI вв., Розанова Н.В., М., "Изобразительное искусство", 1970

Словарь сюжетов и символов в искусстве, Джеймс Холл, пер. с англ. А.Е. Майкапара, М., "Крон-Пресс", 1996

Словарь искусств, пер. с англ., "Внешсигма", 1996

Архитектурные термины, А.С. Партина, М., "Стройиздат", 1994.

Термины российского архитектурного наследия, В.И. Плужников, М., "Искусство", 1995.

Традиционное искусство Востока. Терминологический словарь, Виноградова Н.А., Каптева Т.П., Стародуб Т.Х., М., "Эллис Лак", 1997.

Античный мир в терминах, именах и названиях, И.А. Лисовский, К.А. Ревяко, Минск, "Беларусь", 1996.

Сборник текстов по искусству, сост. Левина А.М., Институт руководящих работников и специалистов Главинтуриста, М., 1978

Мир русской культуры, Энциклопедический справочник, рук. авторского коллектива Мячин А.Н., М., "Вече", 1997

Иллюстрированный художественный словарь, В.Г. Власов, Спб., АО "Икар", 1993.

Большой энциклопедический словарь изобразительного искусства, т. 1-2, Власов В.Г., Спб., изд. "ЛИТА", 2000.

Мировая художественная культура, Василевская Л.Ю., Дивненко О.В., Зарецкая Д.М., Смирнова В.В., М., "Издательский центр А", 1996.

Аполлон. Изобразительное и декоративное искусство. Архитектура: Терминологический словарь, под общ. ред. А.М. Кантора, М., "Эллис Лак", 1997.

Современный словарь-справочник по искусству, А.А. Мелик-Пашаев, Олимп: М., ООО "Фирма "Издательство АСТ"", 1999.

Оксфордская иллюстрированная энциклопедия. Том 3. Всемирная история. С древнейших времён и до 1800 года, пер. с англ., редактор Гарри Джадж, М., Издательский Дом "Инфра-М", Издательство "Весь Мир", 1999.
Большой энциклопедический словарь, "Музыка", М., "Советская энциклопедия", 1998.
Ювелирные изделия. Иллюстрированный типологический словарь, сост. Р.А. Ванюшова, Б.Г. Ванюшов, СПб, "Политехника", 2000.

ЛЕКСИКОГРАФИЧЕСКИЕ ИСТОЧНИКИ НА РУССКОМ И АНГЛИЙСКОМ ЯЗЫКАХ

Новый большой англо-русский словарь, т. 1-3, под общ. рук. Медниковой Э.М. и Апресяна Ю.Д., М., "Русский язык", 1993-1994.
Англо-русский исторический словарь, Миньяр-Белоручева Л.П., М., "Московский Лицей", 1994.
Англо-русский исторический словарь, Г.А. Николаев, М., изд. группа "Прогресс", "Лексикон", 1995.
Англо-русский словарь в помощь христианскому переводчику, М. Волович, К. Зоркий, М. Макаров, М., "Духовное возрождение", 1997.
Англо-русский словарь наиболее употребительных сокращений, Н.О. Волкова, И.А. Никанорова, М., "Русский язык", 1993.
Англо-русский словарь персоналий, Ермолович Д.И., М., "Русский язык", 1993.
Русско-английский экклезиологический словарь, И.Т. Зотин, С.-Петербург, 1993.
Русско-английский религиозный словарь, О.Т. Чаленко, М., "Наука", 1998.
Русско-английский глоссарий религиозной лексики, коллектив авторов, М., "Путь", 2000.
Русско-английский словарь терминов по древнерусскому искусству и архитектуре, Азаров А.А., М., Институт повышения квалификации Госкоминтуриста СССР, 1987.
Краткий англо-русский философский словарь, П.В. Царев, М., Издательство Московского Университета, 1969.
Американа, Англо-русский лингвистический словарь, Г.В. Чернов и коллектив авторов, Смоленск, "Полиграмма", 1996.
США. Лингвострановедческий словарь, Томахин Г.Д., М., "Русский язык", 1999.
Великобритания. Лингвострановедческий словарь, под редакцией Е.Ф. Рогова, М., "Русский язык", 1980.
Универсальный тематический английский и русский словарь с иллюстрациями, М., "Юниверс", 1996.

ЛЕКСИКОГРАФИЧЕСКИЕ ИСТОЧНИКИ НА АНГЛИЙСКОМ ЯЗЫКЕ

The Oxford Russian-English Dictionary by Marcus Wheeler, Oxford University Press, London, Great Britain, 1972.
The Oxford English-Russian Dictionary, Oxford University Press, New York, USA., 1984.
Webster's Third New International Dictionary of the English Language, Unabridged, Merriam-Webster Inc. Publishers, USA, 1981.

Webster's Encyclopedic Unabridged Dictionary of the English Language, Gramercy Books, New York, USA, 1994.
Funk & Wagnalls Standard Dictionary of the English Language, International Edition, New York, 1973.
Longman Dictionary of Contemporary English, Longman Group UK Limited, 1987.
Longman Lexicon of Contemporary English, Tom McArthur, Longman Group UK Limited, 1987.
Chambers Biographical Dictionary, W & R Chambers Ltd., Edinburgh, 1974
New Complete English-Russian Dictionary by Louis Segal, London, 1960
Dictionary of Biography, Geddes & Grosset Ltd, David Dale House, New Lanark, Scotland, 1995.
Everyman's English Pronouncing Dictionary, Daniel Jones, J.M. Dent & Sons Ltd, London, 1958.
The Oxford-Duden Pictorial English Dictionary, edited by John Pheby, Oxford University Press, Oxford, 1981.
The Wordsworth Dictionary of Phrase and Fable, revised by Ivor H. Evans, Wordsworth Reference, Ware, 1996.
The Oxford Dictionary of the Christian Church, edited by F.L. Cross and E.A. Livingstone, Oxford University Press Inc., N.Y., 1993.
The Liturgical Dictionary of Eastern Christianity, Peter D. Day, The Liturgical Press, Collegeville, Minnesota, USA, 1993.
The HarperCollins Dictionary of Religion, General Editor Jonathan Z. Smith, Harper San Francisco, 1995.
The Dictionary of Bible and Religion, William H. Gentz, American Bible Society, Abingdon Press, Nashville, 1986.
The New International Dictionary of the Christian Church, J.D. Douglas, Regency Reference Library, Zondervan Publishing House, Grand Rapids, Michigan, USA, 1978.
The Subjects of Early Russian Icons, A. Kostsova, Iskusstvo Publishers, Saint Petersburg, 1991.
Russian-English English-Russian Dictionary of Christianity, by M. Rumiantseva, Petrozavodsk University Press, 1994.
Dictionary of Saints by John J. Delaney, Doubleday, New York, 1980.
Dictionary of Subjects and Symbols in Art, James Hall, John Murray (Publishers) Ltd, Albemarle Street, London, 1996.
The Holy Bible, Cambridge University Press, London, New York.
The Holy Bible (King James Version), Cleveland and New York.
New Testament and Psalm (taken from the New American Standard Bible), USA, 1977.
Orthodox Prayer Book, compiled and edited by Rev. L. Soroka, USA., 1992.
Smith's Bible Dictionary, William Smith, A Spire Books, N.J., USA, 1976.
The Divine Liturgy, Published by Olga Poloukhine, Sea Cliff, New York, 1989.
The Orthodox Church, Timothy Ware, Penguin Books, London, 1993.
The Russian Orthodox Church, Progress Publishers, Moscow, 1982.
The Icon and the Axe, by James H. Billington, Vintage Books, New York, 1970.
St. Seraphim of Sarov: Spiritual Instructions, New Valaam Monastery, Alaska, St. Herman Press, 1991.
Elder Melchizedek: Hermit of the Roslavl Forest, by Serge N. Bolshakoff, St. Herman of Alaska Brotherhood Press, 1988.
The Eucharist, Sacrament of the Kingdom, Alexander Schmemann, St. Vladimir's Seminary Press, Crestwood, New York, 1988

А

Ааро́н *библ. (сын Амрама и Иохаведы, дочери Левия; старший брат Моисея и младший брат Мириам;* ***А.*** *был первосвященником израильтян в пустыне и прообразом древнего иудейского священства)* Aaron ◊ **жезл А.-а** *(чтобы решить исход борьбы за первенство среди двенадцати колен, глава каждого из них принёс жезл, и все они были положены в скинии; на следующий день случилось так, что жезл **А.-а** расцвёл и произвёл спелый миндаль)* Aaron's rod; **шест А.-а** *(орнамент в виде шеста, увитого листьями)* Aaron's rod.

Ааро́н бен-Элия́ *(ок. 1328-69; караимский богослов)* Aaron ben Elijah.

аарони́ды *(потомки Аарона – сословие первосвященников у евреев, иначе называемых* ***когани́м****, т.е. священники)* the Aaronites ◊ **относящийся к а.-ам** Aaronitic.

ааро́нов 1. *(относящийся к Аарону)* Aaronic(al); **2.** *(относящийся к потомкам Аарона, к еврейским верховным жрецам)* Aaronitic.

Ааро́нов чин *(категория низшего духовенства у мормонов)* the Aaronic priesthood.

аба́-вуа́ *архит. (акустический экран-потолок над кафедрой готического собора)* abat-voix.

"А́ба девя́тое" *см.* **Тиша́ бе-А́в**.

Абала́кская ико́на Бо́жией Ма́тери "Знамение" *(чудотворная икона в селе Абалак Тобольской губернии, где был устроен в 1783 монастырь; празднование 20 июля / 2 августа и 27 ноября / 10 декабря)* the Abalakskaya icon of the Mother of God of the Sign.

Абба́н, абба́т, св. *(5-6 вв.; основал несколько монастырей в Южной Ирландии, д. п. 27 октября)* St. Abban, abbot.

Аббаси́ды *(династия араб. халифов в 750-1258; они являлись потомками Аббаса, дяди пророка Мухаммада, принадлежавшего к мекканскому роду Хашим)* the Abbassides.

абба́т 1. *(с 5-6 вв. – титул настоятелей бенедиктинских, а позднее и нек-рых др. катол. монастырей)* abbot, *сокр.* Abb., *лат.* abbas; *(в наст. время титул человека (не священника) во Франции, носящего священнические одежды; тж священнослужитель-француз, особ. не имеющий постоянной церк. должности или ещё не получивший духовный сан)* abbé; *(то же в Италии)* ab(b)ate ◊ **а. закрытого** *или* **разрушенного монастыря** titular abbot; **а.-настоятель** hegumen abbot; **2.** *(во Франции – катол. священник)* (Roman Catholic) priest ◊ **посвящение в сан а.-а** *или* **аббатисы** *катол.* benediction.

аббати́са *катол. (настоятельница жен. монастыря; духовный и административный руководитель общины монахинь: управляет имуществом, может налагать дисциплинарные взыскания)* abbess, *сокр.* Abb., prelatess, *устар.* abbatess, abbatisse.

аббáтовский *устар. см.* **аббáтский**.
аббáтский *(относящийся к аббатству, аббату или аббатисе)* abbatial, *редко* abbatical.
аббáтство 1. *(а) самостоятельный муж. или жен. катол. монастырь, возглавляемый аббатом (как минимум 12 монахов), живущий по уставу св. Бенедикта; б) здание или группа зданий, где размещались общины монахов или монахинь; термин тж употребляется для обозначения бывшего церк. здания а.-а, напр. Вестмúнстерского аббáтства в Лондоне)* abbey, *испан.* abadia ◊ **а., настоятель к-рого носит митру** *(пожалованную Папой Римским)* mitered abbey; **в городе есть а.** the town is abbeyed; **земли а.-а** *устар.* abbeystead, abbey(-)stede; **имеющий а.** abbeyed; **нулевое а.** *(принадлежащая катол. церкви территория, к-рая не относится к какому-л. диоцезу [епархии] и управляется прелатом, непосредственно подчиняющимся Св. престолу и уравненным в правах с епископом) лат.* abbey nullius; **территориáльное а.** *катол. (церк. округ, управление к-рого в силу особых обстоятельств доверяется аббату с полномочиями епархиального [диоцезального] еп.-а)* territorial abbacy; **церковь а.-а** abbey, abbatical church; **церковь упразднённого а.-а** *(в Англии)* abbey church; **2.** *(звание или сан, срок полномочий аббата)* abbacy, *сокр.* Abb., abbotship, *устар.* abbotric.
аббáтство Ривó *(живописные развалины катол. аббатства 12-14 вв. в графстве Йоркшир, Англия)* the Rievaux Abbey.
Аббóн Флерúйский, аббáт, сщмч. *(ум. 1004, франц. религ. деятель, учёный; д. п. 13 ноября)* St. Abbo(n) of Fleury, abbot.
Аббот Джордж *(1562-1633; англ. прелат, архиеп. Кентерберийский)* Abbot, George.
Абгáрь *см.* **Авгáрь**.
абдалá *см.* **габдалá**.
Абдаллáх ибн [эбн] аль-Аббáс *(ок. 619-87; сподвижник пророка Мухаммада)* Abd Allah ibn al-Abbas.
Абд аль-Кадúр аль-Джиланú *(ок. 1077-1166; основатель суфийского братства кадирúя)* Abd al-Qadir al-Jilani, Abdulqadir Gilani.
Абдáн Персúдский и Сеннéн Персúдский, свв. мчч. *(ум. ок. 303, катол. свв., персидские вельможи, д. п. 30 июля)* Sts. Abdon and Sennen, ms.
áбдест *(омовение рук у мусульман)* abdest.
Абдишó *(1318; несторианский митрополит Нисибиса, сирийский писатель-полигистор; дал несторианам новую редакцию Кормчей книги <the Nomocanon>, а тж свод церк. права, свод филос. богословия по-сирийски "Жемчужина" <Margaritha> ('the Pearl'), составил в 1298 чрезвычайно ценный для истории сирийской лит-ры "указатель книг", т.е. сирийскую библиографию, касающуюся Ветхого и Нового Заветов)* Abdh-Isho, Ebedjesus.
Áбел Тóмас, св. мч. *см.* **Áвель Тóмас, св. мч.**
Абелáр, Пьер *(1079-1141; выдающийся франц. средневековый схоласт-богослов и философ)* Abelard Peter, *франц.* Abailard Pierre ◊ *(его известные труды)* **"Да и Нет"**; *лат.* Sic et Non; **"Этика"**, *или* **"Познай самого себя"** *лат.* Nosce Teipsum.
Áбен-Éзра *(тж* **Евенáр, Ибн-Éзра**; *знаменитый еврейский учёный-философ 12 в., написавший тж глоссатический и истор. комментарий на Пятикни-*

жие, Псалмы, Книгу пророка Исаии, Книгу пророка Даниила и др.) Aben-Ezra, Ibn Ezra.

абиб *библ. (первый месяц еврейского календаря, март-апрель, месяц колосьев; после Вавилонского плена стал называться **нисан**)* Abib.

"Абину Малкену" *(еврейская молитва)* Avinu Malkenu.

аблегат *(посланник Папы Римского ко вновь назначенному кардиналу или др. высокопоставленному лицу; тж **легат, папский**)* ablegate.

абода *(иудейский хасидский термин, означающий мистическое служение Богу во времени и пространстве; практическое выражение мистического опыта)* abodah.

Аборигенная американская церковь *(общенациональная межплеменная организация пейотистов; существует с 1944; церковь основана на пейотизме <Peyotism, the Peyote Church, the Peyote cult, the Peyote Religion> – культе кактуса пейоте; имеет ок. 225 тыс. последователей; вероучение – смесь религиозных культов индейцев и христ-ва; атрибуты обрядов: водяной барабан, погремушка из тыквы-горлянки, веер из перьев, типи – конический разборный шатёр из шкур на каркасе, костёр в форме прямого угла, свисток из кости орла, кедровые благовония)* the Native American Church.

абрагимиты *см. **абрамиты**.*

абракадабра *(магическое заклинание у **василидиан**; слово "а." следовало писать 11 раз таким образом, чтобы получился магический треугольник)* abracadabra.

абра канфот *см. **талит**.*

Абраксас *(космологическое божество неопределённого происхождения, почитаемое различными христ. гностиками с 2 по 13 вв.)* Abraxas.

абраксас *(в древности – мистическое слово; заклинание на геммах)* abraxas, abrasax.

абрамиты *(катол. секта; возникла в Богемии в 18 в.)* the Abrahamites.

Абрасакс *см. **Абраксас**.*

Абрахам-А-Санкта-Клара *(1644-1709; настоящее имя Ульрих Мегерле; августинский монах, придворный проповедник в г. Вене; прославился как остроумный проповедник и сатирик)* Abraham-A-Santa-Clara.

Абсалон *(1128-1201; датский государственный и церк. деятель)* Absalon or Axel.

абсида *см. **апсида**.*

абсистенция *истор., катол. (воздержание от мясной пищи)* absistention.

абсолют *(доктрина абсолютной верховной власти Бога, демонстрируемой в предопределении; вечная неизменная первооснова всего существующего, к-рая мыслится как нечто единое, всеобщее, безначальное и бесконечное и противопоставляется всякому относительному и обусловленному бытию)* absolutism; *филос.* the one, the Absolute.

абсолютное совершенство Бога *богосл.* pure actuality, *лат.* actus purus.

абсолюция *катол. (отпущение грехов)* absolution.

абстине́нты истор. *(члены аскетической секты 4 в., к-рые гнушались законного брака, отвращались вина, не употребляли в пищу продукты животного происхождения и т. п.)* the Abstinents.

абстине́нция см. **воздержа́ние**.

Абу́ Абдалла́х аш-Ши́и *(ум. 911; мусульманский деятель)* Abu Abd Allah ash-Shi'i.

Абу́ Бакр *(ок. 572-634; сподвижник пророка Мухаммада, первый халиф после Мухаммада, его тесть)* Ab(o)u-Bekr, Abubekr.

Абу́ Бекр Седи́к см. **Абу́ Бакр**.

абу́на *(1. титулование священников правосл. церкви в странах, говорящих на араб. языке; 2. имя, к-рое носит птрх. Эфиопской церкви)* Abuna.

Абу́ндий и Абунда́нций, сщмчч. *(ум. ок. 304; катол. свв., д. п. 16 сентября)* Sts. Abundius and Abundantius, pr.-ms.

Абхидха́мма-Пита́ка *("Корзина высшего уровня", в буддизме – один из текстов **тхерава́ды**)* пали Abhidhamma-pitaka, санскрит Abhidharma-pitaka.

Абхидха́рма *(в буддизме **хина́яны** – 1. отдел знаний по психологии, космологии и т.п.; 2. особый аналитический метод изложения и систематизации, характерный для **Трипи́таки**, комментариев к ней и постканонических трудов, называемых абхидхармической лит-рой <the Abhidharma texts>)* санскрит Abhidharma, пали Abhidhamma.

"Абхидха́рма-ко́ша" *(санскрит "Сокровищница высшего Законоучения"; философско-религ. трактат буддийского мыслителя Васубандху (4-5 вв.) <Vasubandhu>; труд считается одной из доктринально-теоретических вершин буддизма **хина́яны** и традиции Абхидхармы; является обязательным предметом изучения в большинстве буддийских учебных заведений)* the Abhidharma-kosa.

Абхира́ти *(рай в буддийской мифологии **маха́яны**)* Abhirati.

абхише́ка *(в индуизме – окропление; тж центральный момент ритуала царского посвящения; жертвователя [царя] окропляли водой из различных рек, налитой в 4 сосуда из разных пород дерева)* abhiseka.

абхиштаде́вата см. **иштаде́вата**.

Абшало́м см. **Авессало́м**.

ав *(месяц еврейского календаря; июль-август; см. **евре́йский календа́рь**)* Ab ◊ **9 ава** *(полный пост в память разрушения первого и второго храмов в Иерусалиме (586 до н. э. и 70 н. э.) и многих др. скорбных событий в истории еврейского народа)* the Ninth of Ab.

Ава́гфа библ. *(один из семи придворных персидского царя Артаксеркса)* Abagtha.

Авадо́н библ. **1.** *(в Ветхом Завете – ад, преисподняя, смерть)* Abaddon; destruction ◊ "А. и смерть говорят ..." *(Книга Иова 28:22)* "Destruction and death say – '; "Преисподняя и А. открыты пред Господом, тем более сердца сынов человеческих" *(Притчи Соломоновы 15:11)* 'Hell and destruction are before the Lord: how much more than the hearts of the children of men?'; **2.** *(в Новом Завете – ангел бездны, ангел ада)* Abaddon, the angel of the bottomless pit, Apollyon, the angel of the Abyss.

Авалоките́швара *(буддийское божество, **бодхиса́т(т)ва**, наделённое безграничным состраданием, защищающее тех, кто призывает его в мину-

ту смертельной опасности или при рождении ребёнка; изначально его представляли существом муж. пола, но в Китае и Японии пол этого небожителя изменился на женский) Avalokiteshvara.

аватáра *(в индуизме – воплощение божества на земле; индуистская концепция а.-ы связывается с воплощением бога Вишну в облике героев Кришны, Рамы, вепря, карлика, рыбы и пр., совершающих подвиги на земле; в мифах известны десять аватар. Вишну)* avatar.

áвва 1. *(духовный отец; титулование еп.-ов и патриархов в Восточных церквах; тж а.-ми называют настоятелей монастырей и старцев-подвижников)* Abba; **2.** *(в Новом Завете молитвенное обращение Иисуса Христа к Богу Отцу)* **"А.! Отче"** "Abba! Father!".

Аввакýм *библ. (восьмой из 12-ти малых пророков, автор названной его именем книги Ветхого Завета, 7 в. до н. э., д. п. 2/15 декабря)* Habakkuk, Habacuc, Abacuc ◊ **А., один из 12-ти малых пророков** St. Habacuc, one of the Twelve Lesser Prophets; **Книга пророка А.-а** *библ.* (The Book of) Habakkuk, *сокр.* Hab.

Аввакýм Петрóвич *(1620-82; протопоп, глава старообрядчества, писатель; по царскому указу сожжён)* Avvakum ◊ **протопоп А.** the archpriest Avvakum.

Аввакýм, св. мч. *(пострадал в Риме в 269 вместе с родителями и братом; д. п. 6/19 июля, катол. – 19 января)* St. Abacum; *катол. тж* St. Marius.

Авгáрь *(эдесский царь)* Abgar (, King) of Edessa ◊ **Авгарево послание, апокрифическое послание А.-ря** *(письма, отправленные А.-рем Иисусу Христу с просьбой посетить его, даровать исцеление в болезни и проч.)* the Abgarus Letters.

Áвгуста, Ян *(1500-72; один из виднейших представителей Общины чешских братьев)* Augusta, John.

Августúн Аврéлий, блажéнный еп. (Гиппóнский) *(354-430; св., христ. теолог и философ; д. п. 15/28 июня, катол. – 28 августа)* St. Augustine Aurelius [Aurelius Augustinus], bp. of Hippo ◊ *(его труды)* **"Исповедь"** The Confessions (of St. Augustine); **"О граде Божием"** The City of God, *лат.* De Civitate Dei; **"О Троице"** *лат.* De Trinitate.

августинúзм *(филос. доктрины христ. теолога и философа Августина Аврелия)* Augustinianism, Augustinism.

Августúн Иппóнский *(см. **Августúн Аврéлий, блажéнный еп. (Гиппóнский)**)* Augustine of Hippo.

Августúн Кентербери́йский, еп. *(ум. 604; миссионер папы Григория в Англии, "апостол англичан", 1-й архиеп. Кентерберийский; прибыв в Англию в 597, окрестил Этельберта Кентского и 10 тыс. англичан; катол. св., д. п. 27 мая)* St. Augustine of Canterbury, bp., St. Austin of Canterbury.

Августúн Новéллус, блж. *(ум. 1309; катол. св., д. п. 19 мая)* Augustine Novello, Blessed.

августúнство *см.* **августинúзм**.

августúнцы *(монахи, следующие приписываемому Августину уставу, к-рый был составлен в сер. 5 в. и требовал от клириков монашеского общежития и полного отказа от собственности; сейчас их ок. 10 тыс.)* the

Augustinians, the Augustinian [Austin, black] canons, the regular canons of St. Austin, (*нищенствующие*) the Austin friars.

августи́нцы-отше́льники (*монашеский орден, основанный папой Александром IV в 1256; в 1790 ирландские а.-о. основали орден в США*) the Augustinian [begging] hermits, the Austin friars.

августи́нцы Успе́ния Де́вы Мари́и *см.* **ассумциони́сты**.

Авдемеле́х *библ.* (*придворный иудейского царя Седекии, к-рый своим ходатайством спас жизнь пророку Иеремии*) Abdemelech.

Авдена́го *библ.* (*имя, к-рое получил в вавилонском плену Азария*) Abdenago.

Авдии́л *библ.* (*муж. имя*) Abdiel.

А́вдий *библ.* (*четвёртый из 12-ти малых пророков, автор названной его именем книги Ветхого Завета; 9 в. до н. э.; д. п. 19 ноября / 2 декабря*) Obadiah, Abdi ◊ **А., Проро́к** St. Abdias, Prophet; **Кни́га проро́ка А.-я** *библ.* (The Book of) Obadiah, *сокр.* Ob., Obad.

Авдо́н *библ.* (*муж. имя и географическое название*) Abdon.

Авдо́н Перси́дский *см.* **Абда́н Перси́дский**.

Авдо́н Пирафоня́нин *библ.* Abdon, the son of Hillel the Pirathonite.

авели́ты (*северо-африканская секта 4-5 вв., описана Августином; в браке хранили невинность, утверждая что так поступал Авель; детей усыновляли*) the Abelites, the Abelians, the Abelonians, *лат.* Abeloni.

А́вель *библ.* (*второй сын прародителей Адама и Евы, убитый своим старшим братом Каином; Иисус Христос и ап. Павел называют его праведником, а Отцы Церкви – первым мучеником, пролившим кровь за правду*) Abel.

А́вель То́мас, св. мч. (*ум. 1540, теолог, один из 54 англ. мучеников, канонизированных папой Львом XIII в 1886, д. п. 30 июля*) Abel, Blessed Thomas.

"А́ве Мари́я" *лат.* (*катол. молитва, соответствующая правосл. "Богородице Дево, радуйся", но с нек-рым дополнением; тж муз. произведение, написанное на канонический или свободный текст, включающий обращение к Деве Марии; известны арии и песни "А. М." – Ф. Шуберта, Л. Керубини, Ш. Гуно и др.*) Ave Maria, Ave Mary; Hail Mary.

А́вен-Е́зер *библ.* (*место при Афексе*) Eben-ezer.

а́вен-е́зер *библ.* (*памятный знак, установленный Самуилом*) ebenezer.

Авени́р *библ.* (*двоюродный брат и полководец первого всеизраильского царя Саула*) Abner.

Аве́ркий, св. и равноапо́стольный, еп. Иерапо́льский (*ум. ок. 200; д. п. 22 октября / 4 ноября*) St. Abercius, Co-Apl., bp. of Hierapolis.

аверрои́зм (*направление в зап.-европ. философии 13-16 вв., развивавшее идеи Ибн Рушда [см.* **Аверро́эс**] *о вечности и несотворённости мира, о едином, общем для всех людей мировом разуме как субстанциальной основе индивидуальных душ, отсюда следовало отрицание их бессмертия, а тж учение о двойственной истине; а. был осуждён катол. церковью*) Averroism.

Аверро́эс (*он же* **Ибн Рушд** <ibn-Rushd>; *1126-98; араб. философ из Кордовы (Испания), толкователь Аристотеля, за что был прозван Комментатором* <the Exposer or the Commentator>) Averr(h)oes.

аве́рс (*лицевая сторона монеты, медали, панагии, иконы и т. п.*) obverse.

Аве́сса *библ.* (*родственник и полководец царя Давида*) Abishai.

Авессалóм *библ. (третий из родившихся в Хевроне сыновей Давида, к-рый восстал против своего отца и был убит Иоавом)* Absalom.
Авéста *(тж **Зенд-Авéста**; священная книга зороастризма)* the (Zend-)Avesta.
Авѝ *библ. (мать иудейского царя Езекии, дочь Захарии)* Abiah.
Авиафáр *библ. (сын Ахимелеха, первосвященника)* Abiathar.
Авѝв *см.* **Абѝб**.
Авѝв, св. мч. *(1в.; сын св. Гамалиила, учителя апп. Павла и Варнавы; д. п. 2/15 августа)* St. Abibas, M. (at Edessa).
Авигéя *библ. (жен. имя)* Abigail.
авѝджа *см.* **авѝдья**.
авѝдья *(1. в буддизме – одна из двенадцати главных причин перерождений – страданий; 2. в индуизме – метафизическое неведение, считающееся во всех направлениях традиционной мысли первопричиной изменчивого и тягостного бытия индивидуума в **сансáре**)* avidya.
авиезерѝты *библ. (потомство Авиезера из племени Манасси)* the Abiezerites ◊ **потомки Авиезеровы** the Abiezerites; **сыны Авиезера** the children of Abiezer.
Авѝла, Жуáн [Хуáн] де *(1500-69; испан. богослов, писатель, аскет)* Àvila, Juan de.
Авимелéх *библ. (муж. имя)* Abimelech.
Авиньóнское пленéние Пап *(период вынужденного пребывания Пап Римских в Авиньоне <Avignon>, Южная Франция, куда их резиденция была перенесена по требованию франц. короля Филиппа IV; продолжалось с 1309 по 1377; тж перен. – **Вавилóнское пленéние 2**.)* the Babylonian [Babylonish] captivity [exile] (of the papacy), the Avignon papacy.
Авирóн *библ. (муж. имя)* Abiron.
Ависáга *библ. (А. **Сунаметянка**; прекрасная израильская девушка, девственница, к-рая заботилась о престарелом царе Давиде и спала на его ложе)* Abishag a Shunammite.
Авѝт Вьéннский, еп. *(один из значительнейших борцов с арианством и видный представитель поздней лат. лит-ры Галлии; катол. св., ум. ок. 525, д.п. 5 февраля)* St. Avitus of Vienne, Bp.
Авиýд *библ. (муж. имя)* Abihu.
Áвия *библ.* **1.** *(муж. и жен. имена)* Abijah; **2. Авѝя** *см.* **Авѝ**.
Авксéнтий, прп. *(ум. 473; д. п. 14/24 февраля)* Venerable Auxentius, Hegumen.
аводá *(1. богослужение в храме; 2. молитва или часть молитвы)* abodah.
авóрий *(рельефная икона из слоновой кости, обычно в виде складня)* folding [hinged] ivory relief icon.
Авраáм *библ. (первый из великих иудейских патриархов Ветхого Завета, родоначальник избранного народа, призванный для сохранения истинной веры и заключивший завет с Богом)* Abraham ◊ **А. родил Исаака** Abraham begat Isaac; "**Встреча А.-ом трёх странников**" *(икона)* Abraham and the Three Men; **жертвоприношение А.-а.** *библ. (дабы испытать веру А.-а, Господь приказал ему принести на сожжение собственного сына Исаака; они отправились к месту жертвоприношения: А. на своём осле, а Исаак – пешком, неся дрова для алтарного костра; А. связал Исаака, положил его на алтарь и вынул свой нож; в этот момент явился ангел и остановил*

Авраам

руку *А.-а*; *художники обычно изображают **А.-а** с занесённым над Исааком ножом, иногда другой рукой он закрывает Исааку глаза; Исаак стоит на коленях или лежит (обычно обнажённый) на алтаре, на к-ром находятся вязанки дров; ангел изображается в тот самый момент, когда является, чтобы остановить руку **А.-а***) the sacrifice of Abraham; **лоно А.-а, А.-ово недро** *библ. (рай, блаженство вечное, куда переселяются чистые и святые души)* Abraham's bosom; **почить на лоне А.-овом** to repose in Abraham's bosom; **род А.-ов** Abraham's family; **семя А.-ово** Abraham's offspring.

Авраа́мий Арбе́льский, еп., св. мч. *см.* **Авраа́мий Арви́льский, еп., св. мч.**.

Авраа́мий Арви́льский, еп., св. мч. *(ум. ок. 345, д. п. 12 февраля)* St. Abraham, bp. of Arbela.

Авраа́мий Крате́йский, еп. *(ум. ок. 558, д. п. 6 декабря)* St. Abraham of Kratia.

Авраа́мий Росто́вский, св. *(11 в., д. п. 29 октября / 11 ноября)* Abraham(y) of Rostov.

Авраа́мий Смоле́нский, прп. *(12-13 вв., д. п. 21 августа / 3 сентября)* Venerable Abraham(y) of Smolensk.

авраами́ты *истор.* (*1. последователи секты Авраама Антиохийского, 9 в., ветвь **павликиа́н**; 2. деистическая секта, возникшая в Богемии в конце 18 в.; исповедовала ту веру, какой держался Авраам до своего обрезания*) the Abrahamites.

авраа́мов Abrahamic ◊ **а. заве́т** the Abrahamic covenant.

Авраа́м Просте́ц, прп. *(ум. 367; ученик св. Пахомия, провёл 17 лет, живя как отшельник в пещере в Египте, д. п. 27 октября)* St. Abraham "the Poor", St. Abraham "the Child".

Авраа́м Эфе́сский, св., архиеп. *(6 в., автор богосл. работ, строил монастыри в Константинополе и Иерусалиме, катол. св., д. п. 28 октября)* St. Abraham, archbp. of Ephesus.

Авра́мий, прп., затво́рник и блаже́нная Мари́я, племя́нница его́ *(4 в., д. п. 24 октября / 6 ноября)* Sts. Abram, Hermit of Edessa and Mary, his niece.

аврами́ты *см.* **абрами́ты**.

Авра́н *библ. (плодородная равнина восточнее реки Иордан, в Южной Сирии, житница страны)* Hauran.

Авре́лиан А́рльский, еп. *(ум. 551; катол. св., д. п. 16 июня)* St. Aurelian, bp. of Arles.

Авре́лий Кордо́вский, мч. *(ум. ок. 852; катол. св., д.п. 27 июля)* St. Aurelius, m.

автокефа́лия *(самоуправление, административная независимость правосл. церквей)* autocephalia, autocephaly, autocephality.

автокефа́лы *(еп.-ы в греч. церкви, не подчинённые патриарху)* autocephali, autocephalous bishops.

автокефа́льный autocephalous ◊ **А.-ая правосла́вная це́рковь в Аме́рике** the Autocephalous Orthodox Church in America; **а.-ая це́рковь** *(иначе поместная правосл. церковь; не подчиняющаяся власти какого-л. патриарха, а управляемая своим иерархом; существует 16 автокефальных церквей)* autocephalous church.

автономия, церковная (в православии независимость церкви в вопросах внутреннего управления, предоставляемая той или иной автокефальной церковью, в состав к-рой данная церковь входила ранее на правах экзархата или епархии; глава автономной церкви избирается на поместном соборе с последующим утверждением патриархом автокефальной церкви) autonomy of a Church.

автономный (о церкви) autonomous (Church) ◊ **А.-ая православная церковь** the Autonomous Orthodox Church.

Автоном, сщмч. (ум. ок. 300; д. п. 12/25 сентября) St. Autonomus, Pr.-M.

"**Авторизованная версия**" см. "**Санкционированная версия**".

авторитет (церковный) authority.

авторы, раннехристианские (см. **Отцы Церкви**) the church fathers, the Fathers of the Church ◊ **труды раннехрист.-их а.-ов** the writings of the Fathers.

автотеизм (доктрина о самосуществовании Бога) autotheism.

автотеист (сторонник **автотеизма**) autotheist.

автохон см. **братия монашеская**.

Авундий, св. мч. (имя нескольких святых мчч.) St. Abundius, M.

Агав библ. (раннехрист. пророк из Иерусалима) Agabus.

Агаг библ. (имя двух царей) Agag.

Агада (в Талмуде – назидательные комментарии, изложенные в виде басни, притчи, анекдота, изречения; причудливое повествование об освобождении из Египта; чтение **А.-ы** является центральным моментом **седера**) the Haggada(h) ◊ **автор Агад** haggadist.

агада (жанр талмудических и раввинистических притч и нравоучительных рассказов на религ.-этические и истор. темы; **а.** обычно противопоставляется **галахе**) aggadah.

Агадот мн. ч. (см. тж **Агада**) the Haggadoth.

агама (1. синоним словосочетания "Священное Писание", а на Тибете – слова "тантра"; 2. разновидность древнеиндийских религ.-филос. текстов, составленных в нач. 1 тыс. и выделяемых в особый неведийский комплекс; **а.-ы** обычно состоят из кратких изречений – сутр на санскрите; 3. собрание канонических текстов джайнизма) agama.

агамия см. **безбрачие**.

агапа (обозначение совместных трапез первых христиан, к-рые устраивались как выражение соединяющей общину любви и заканчивались праздником вечери – ужина; позднее **а.-ы** – благотворительные трапезы для бедных в притворе храма; в 3-4 вв. **а.-ы** постепенно исчезают; в наст. время возрождены в нек-рых катол. и правосл. общинах как братская встреча после евхаристии) agape, love feast.

Агапа, св. мц. (ум. ок. 304; д. п. 1/14 июня, катол. – 3 апреля) St. Agape, M.

агапе см. **агапа**.

Агапий, св. мч. St. Agapius, M. ◊ **мч. А. и с ним семь мчч.: Пуплий, Тимолай, Ромил, два Александра и два Дионисия** (ум. 303, д. п. 15/28 марта) St. Agapius, M., and with him seven others: Publius, Timolaus, Romel, two Alexanders and two Dionisii.

Агапи́т

Агапи́т I *катол. (в правосл. он же* **Агапи́т, Па́па Ри́мский***; д.п. 22 апреля)* St. Agapitus I.

Агапи́т, Па́па Ри́мский *(ум. 536; д. п. 17/30 апреля)* St. Agapitus, Pope of Rome.

Агапи́т, св. мч. *(имя нескольких правосл. и катол. свв.; д.п. 2/15 апреля, катол. – 19 августа)* St. Agapitus, M.

Ага́пия Аквиле́нская *см.* **Ага́па, св. мц.**

Ага́пия, Ири́на и Хио́ния, свв. мцц. *(ум. 304; д.п. 16/29 апреля, катол. – 3 апреля)* Sts. Agapia, Irene and Chiona, Ms.

ага́пы *(см.* **ага́па***)* agapae.

Ага́рь *библ. (египтянка, служанка Сарры, жена птрх.-а Авраама, прародительница измаилитов; будучи бездетной, Сарра согласилась, чтобы* **А.** *стала женой Авраама)* Hagar.

агаря́не *библ. (потомки Агари по линии её сына Измаила; то же что измаилиты или арабы; русские считали* **а.-ами** *всех мусульман, в т.ч. татар)* the Hagarenes.

Агасфе́р *(1. еврейское имя библ. царя Ксеркса I 2. в легенде, известной с 13 в., – имя* **Ве́чного жида́***, приговорённого к вечным скитаниям; наказан за то, что не дал Христу прислониться к стене своего дома и отдохнуть, или ударил его по пути на Голгофу)* Ahasuerus.

Ага́та, де́ва и мч. *(3 в.; катол. св.; в первую годовщину её смерти началось извержение Этны, но жители Катании были спасены от гибели покрывалом <veil>* **А.**-*ы, обладавшим чудодейственной силой отводить потоки лавы; она призывается как защитница от землетрясений и извержений вулканов, а в широком смысле – от огня; д. п. 5 февраля)* St. Agatha, v. m.

Агато́ф, св. мч. *(ум. 303; д. п. 2/15 апреля, катол. – 4 апреля)* St. Agathopus, M.

Агафа́нгел, св. мч. *(ум. 308; д. п. 23 января / 5 февраля и 5/18 ноября, катол. – 23 января)* St. Agathangelus, M.

Ага́фия, св. мц. *(имя нескольких правосл. и катол. святых; она же* **Ага́та***)* St. Agatha, M.

Агафо́ник, св. мч. St. Agathonicus, M. ◊ **мчч. Агафоник, Зотик, Феопрепий (Боголеп), Акиндин, Севериан и прочие** *(ум. 305-11; д. п. 22 августа / 4 сентября)* St. Agathonicus and with him Zoticus, Teoprepius, Acindynus, Severianus and others, Ms.

Агафо́н, св. *(Папа Римский, ум. 681; тж имя двух святых; д. п. 2/15 марта, 20 февраля / 5 марта, катол. – 10 января)* St. Agatho.

Агафопо́д и Феоду́л, свв. мчч., пострада́вшие в Кри́те *(ум. 250; д. п. 23 декабря / 5 января)* Sts. Agathopodus and Theodulus, "The Cretan Ms.".

Ага́-ха́н *(наследственный титул главы мусульманской шиитской секты исмаилитов-низаритов; "духовный отец", ок. 15 млн. последователей в 20 странах Азии и Африки)* Aga Khan.

Агга́да *см.* **Ага́да.**

агга́да *см.* **ага́да.**

Агге́й *библ. (пророк периода после изгнания; десятый из двенадцати малых пророков; катол. св., д. п. 4 июля)* Haggai.

Агги́фа *библ. (одна из жён царя Давида, мать Адонии)* Aggith.

а́гел *(падший ангел)* the Evil Spirit.

аге́нда *(части обряда, богослужения, особ. у немец. протестантов, не подлежащие сокращениям, исключениям)* agenda.

агиа́сма *греч.* **1.** *(в византийском обряде вода, освящённая накануне праздника Богоявления)* holy water; **2.** *(освящённый на литургии хлеб и вино)* the Hagia, *греч.* hagiasma; **3.** *см.* **во́ды креще́ния**.

Аги́л, абба́т *(ум. 650; катол. св., д. п. 30 августа)* St. Agilus, St. Ayeul.

Агило́льф Кёльнский, еп. *(ум. 751, катол. св., д. п. 9 июля)* St. Agilulf.

агио́граф *(биограф святого)* hagiographer; *(составитель житий святых)* hagiologist ◊ **византийский а.** the Byzantine hagiographer.

агиографи́ческий hagiographic(al).

агиогра́фия *(1. церковно-житийная лит-ра; 2. научная дисциплина, занимающаяся изучением житий святых, богосл. и истор.-церк. аспектами святости; а. рассматривает жития как памятники религ. и литературной истории той эпохи, когда житие создавалось)* hagiography, hagiology, saints' lives.

агиокра́тия *(власть жрецов или лиц, считающихся святыми)* hagiocracy, hagiarchy.

агиоло́гия *(один из разделов богословия, изучающий жития святых; исследования, посвящённые богосл. и истор.-церк. аспектам святости; а. сосредоточивает своё внимание на само́м святом, типе его святости и восприятии этого типа в различные эпохи)* hagiology, sanctilogy, a catalogue of saints.

Аглипая́нская це́рковь *("Филиппинская независимая церковь" <the "Philippine Independent Catholic Apostolic Church">; реформатско-религ. течение протест. толка на Филиппинах; основана в 1902 священником Г. Аглипаем <Gregorio Aglipay>)* the Aglipayan Church ◊ **член А.-ой ц.-ви** Aglipayan(o).

Агне́сса Асси́зская, (катол.) св. *(ум. 1253, д. п. 16 ноября)* St. Agnes of Assissi.

Агне́сса Монтепульсиа́нская, (катол.) св. *(ум. 1317; д.п. 20 апреля)* St. Agnes of Montepulciano.

Агне́сса Пиктави́йская, (катол.) св. *(586; д. п. 13 мая)* St. Agnes of Potiers.

Агне́сса Пуатеве́нская, (катол.) св. *см.* **Агне́сса Пиктави́йская, (катол.) св.**

Агне́сса Ри́мская *см.* **Агнес(с)а, св.**

Агне́сса, св. *(3 в.; христ. дева, принявшая мученическую смерть в возрасте 12 лет; д. п. 17/30 октября, катол. – 21 января; она же **Агне́сса Ри́мская**)* St. Agnes.

А́гнец *см.* **А́гнец Бо́жий**.

а́гнец 1. *(ягнёнок)* lamb ◊ **заклание агнца** the immolation of the lamb; **2.** *(в Зап. христ-ве – эмблема Христа, изображающая ягнёнка, несущего крест или знамя с крестом)* the Holy [Paschal] Lamb, *лат.* Agnus Dei.

А́гнец Бо́жий *(обычное название Христа в начальной Церкви; символ Иисуса Христа в "Откровении" и Ев. от Иоанна; Иисус Христос – как искупитель грехов человеческих, покорно, как агнец, идущий на заклание)* the Lamb (of God), the Holy Lamb ◊ **А. непорочный** the Immaculate Lamb; **А.-Судия** the Lamb the Judge; **"Вот А. Божий, к-рый берет на Себя грех мира"** *(Ев. от Иоанна 1:29)* 'Behold, the Lamb of God, which takes away the sin of the world'; **"жена, невеста Агнца"** *библ. (церковь Христова)* 'the bride, the ambis wife of the Lamb'.

А́гнец

"А́гнец Бо́жий" *(начальные слова одной из частей катол. мессы и реквиема, лат. А́гнус Де́и; тж в англик. церкви – гимн, начинающийся словами "O Lamb of God")* Agnus Dei.

А́гнец евхаристи́ческий *(в византийском обряде средняя часть, вырезаемая в форме куба из особой агничной просфоры, употребляемой для совершения таинства евхаристии)* the "Agnets" (the middle part of special Lamb's Communion bread), the "Lamb of God", the Eucharistic [Sacrificial] Lamb.

а́гнец непра́ведный *(Антихрист)* Antichrist.

А́гни *(один из главных богов в ведийской и индуистской мифологии; бог огня, покровитель семьи, пожиратель деревьев, животворящая сила, дающая здоровое потомство, гонитель тьмы и демонов;* **А.** *возник в предвечном водном хаосе и создал великого Брахму)* Agni(s).

а́гница *(молодая овечка; этим именем называют Пресвятую Богородицу, а тж мучениц, пострадавших за Христа)* ewe lamb.

а́гничный lamb's.

А́гния, св. см. **Агне́сса, св.**

агнои́ты истор. *(название двух сект 4 в. и 6 в.; арианская секта кон. 4 в., основана Евномием и Феофронием;* **а.** *учили, что прошлое Бог знает по памяти, будущее – по догадке, всевидение же Его ограничивается только настоящим; тж* **евномиофеофрониа́не**) the Agnoetae, the Agnoetes, the Agnoites.

агно́стик agnostic, nescient.

агностици́зм *(учение, отрицающее возможность познания Бога и происхождения Вселенной, а в целом – отрицающее познание мира; роль науки* **а.** *ограничивает лишь изучением природных явлений)* agnosticism.

агности́ческий agnostic.

агно́эты см. **агнои́ты.**

"А́гнус Де́и" *("Агнец Божий"; название и начало молитвы из римско-катол. мессы)* лат. Agnus Dei.

а́гнус де́и *(1. флажок или знамя с изображением идущего или спящего агнца, символизирующего Христа, с нимбом и красным крестом; 2. медальон из воска с оттиском ягнёнка, благословляемый Папой Римским в 1-й и 7-й год понтификата)* лат. Agnus Dei.

Агоба́рд, св. *(779-840; архиеп. Лионский, один из выдающихся политических и литературных деятелей 9 в.; д. п. 6 июня)* St. Agobard.

Аголиа́в *(библ. художник-ремесленник, сын Ахисамаха, из колена Дана; он помогал Веселиилу в устройстве скинии, в собрании и изготовлении утвари для неё)* Aholiab.

агони́стики *(лат.* **циркумцеллио́ны**; *воинствующая часть* **донати́стов** *в рим. Сев. Африке 4-5 вв., состоящая из беглых рабов, разорившихся крестьян, проповедовавших идеологию социального и религ. бунтарства, граничащего с мученичеством; подавлены правительством)* the Agonists, the Agonistae, the Agonistici, the Circumcellions.

Аго́н-Сю́ *(религ. движение в современной Японии, возникшее в 1978; основателем новой религии является Кирияма Ясуо, последователь одной из буддийских школ; в вероучении и культуре* **А.-с.** *элементы буддизма соче-*

таются с представлениями и магическими ритуалами различных западных мистических учений) Agonshu.

áграфа *мн.ч.* **1.** *(изречения, приписываемые Христу, но не записанные в Четвероевангелии, а известные из древнейшей христ. лит-ры)* the Agrapha; **2.** *(собрание изречений Христа из четырёх Евангелий)* (the) Logia.

áграфы *см.* áграфа.

Агрéль Шалóнский, еп. *см.* Агрикóль Шалóнский, еп.

Агрúк Вердéнский *см.* Эрú Вердéнский, еп.

Агрúкола Авиньóнский, еп. *(ок. 630-700; катол. св., д. п. 2 сентября)* St. Agricolus, bp. of Avignon.

Агрúкола, Ио(г)áнн *(1492-1556; видный деятель времён Реформации, ученик и друг Лютера, впоследствии выступивший против своего учителя и др. реформаторов)* Agricola, Johann.

Агрúкола, св. мч. *(нач. 4 в.; д. п. 17/30 октября и 3/16 декабря)* St. Agricola, M.

Агрикóль Шалóнский, еп. *(ум. 580; катол. св., д. п. 17 марта)* St. Agricola, bp. of Chalon-sur-Saône.

Агрúппа *библ. (см. Úрод Агрúппа II)* Agrippa ◊ **царь А.** *библ.* king Herod Agrippa.

Агриппúна, св. мц., дéва *(пострадала в Риме 275; д. п. 23 июля / 5 августа; катол. – 23 июня)* St. Agrippina, Virgin-M.

Агрúтий [Агрúций], еп. Трúрский *(ум. 330; катол. св., д. п. 13 января)* St. Agrecius, bp. of Trèves.

агунá *(в иудаизме женщина, муж к-рой находится в безвестном отсутствии и к-рая не может выйти вторично замуж, пока не докажет его смерть или представит документ о согласии мужа на развод)* agunah.

Агýр *библ. (арабский мудрец)* Agur.

агхóри *(последователи шиваистского культа Агхорапантха; по нек-рым чертам – поедание трупов, питьё вина из чаш, сделанных из черепов и т.п. – сближаются с сектой* **капалúка**; *а. – немногочисленны, живут преим. на севере Индии)* Aghori.

ад I *библ. (царство мёртвых до Страшного суда и место наказания после Страшного суда; в Ветхом Завете этим словом переведено еврейское шеол <sheol> – преисподняя, место, куда в ветхозаветный период отправлялись все души; у христиан – место пребывания злых духов и нераскаявшихся грешников; тж* **преиспóдняя**) hell, Hades, the Underworld, pandemonium, inferno, the place below ◊ **ввергать в ад** to cast into hell; **врата ада** the gates of Hades, the hell-gate(s).

ад II *(в буддизме, понимаемый как состояние порочности на земле или где-л. ещё)* avic(h)i.

Адáвка, св. мч. *см.* Адáвкт, св. мч..

Адáвкт, св. мч. *(1. Епарх Ефесский, обезглавленный в Мелитине Армянской; 4 в.; д. п. 4/17 октября; 2. пострадавший в 303 во фригийском г. Антандро; д. п. 7/20 февраля)* St. Adauctus, M.

Áда Ламáншская, аббатúса *(кон. 7 в.; катол. св., д. п. 4 декабря)* St. Ada, abbess of St. Julien-des-Près at Le Mans.

Адальбáльд *(ум. 652; супруг св. Рихтруды Лилльской <St. Rictrudis>, катол. св., д. п. 2 февраля)* St. Adalbald of Ostrevant.

Адальбе́рт

Адальбе́рт Магдебу́ргский, архиеп. *(ум. 981; просветитель Германии, посещал славянские земли, катол. св., д. п. 20 июня)* St. Adalbert of Magdeburg.

Адальбе́рт Пра́жский, еп. *(10 в.; "апостол пруссов", катол. св., д.п. 23 апреля)* St. Adelbert [Adalbert] of Prague.

Адальги́с, св. *(ум. 686; катол. св., д. п. 2 июня)* St. Adalgis.

Адальго́тт Ху́рский, еп. *(ум. 1165; катол. св., д. п. 3 октября)* St. Adalgott, bp. of Chur.

Адальха́рд Корби́йский, прп. *(753-827; катол. св., д.п. 2 января)* St. Adalhard.

Ада́лья *библ. (один из десяти сыновей враждебного евреям персидского великого визиря Амана)* Adalia.

Ада́м *библ. ("первый человек", созданный Богом из праха земного)* Adam; the first man ◊ **"ве́тхий А."** *библ. (человек, повреждённый грехом и не могущий спастись без духовного возрождения; перен. – недостатки, свойственные человеку, испорченность человеческой натуры)* the old Adam; **но́вый А., "после́дний А."** *богосл. (Иисус Христос)* the second Adam, the second Man, the New Adam; *библ. (Послание к коринфянам 15:45)* the last Adam; **"прокля́тие А.-а"** *(перен. – необходимость для человека зарабатывать себе на жизнь, переносить лишения, болезни, страдания и т. п.)* the curse [penalty] of Adam.

адама́нт *(очень твёрдый минерал, алмаз; перен. – о человеке, твёрдом в своих убеждениях)* adamant.

Ада́м Бре́менский *(ум. ок. 1075; северогерманский хронист; его сочинение "Деяния епископов Гамбургской церкви" <лат. Gesta Hammaburgensis Ecclesiae Pontificum> – ценнейший источник североевроп. истории 8-11 вв.)* Adam of Bremen, *немец.* Adam von Bremen.

адамиа́не *истор. (religion. секта, члены к-рой были известны тем, что ходили на тайные religion. собрания нагими, стремясь возвратить людей к первобытной невинности; впервые о них писал св. Епифаний Кипрский в 4 в.; существовали в Европе вплоть до 15 в.)* the Adamites ◊ **относя́щийся к а.-ам** Adamitic(al).

адами́ты *см.* **адамиа́не**.

Ада́м Кадмо́н *("Адам первоначальный", "человек первоначальный"; в иудаизме абсолютное, духовное явление человеческой сущности, состоящей из света; до начала времён как прообраз для духовного и материального мира, а тж для человека)* Adam Kadmon.

Адамна́н Айо́нский, абба́т *(ум. 704; катол. св., д. п. 23 сентября)* Adamnan of Iona, abbot.

Адамна́н Ирла́ндский, абба́т *см.* **Адамна́н Айо́нский, абба́т**.

ада́мов *(относящийся к Адаму)* Adamitic(al), Adamic(al).

Ада́мова голова́ *(изображение черепа с двумя скрещёнными костями, лежащими у подножия креста)* Adam's death's-head; skull and crossbones.

ада́р *(12-й месяц в еврейском календаре, см.* **евре́йский календа́рь***)* Adar.

ада́т *(обычное, неписаное, в отличие от шариата, право у ряда народов, исповедующих ислам, напр. кровная месть, побратимство, умыкание невест, пеня за убийство и т. п.)* adat.

Ада́укт Италья́нский, мч. *(ум. 303-05; катол. св., д. п. 7 февраля и 14 марта)* St. Adaucus, m.

адва́йта(-веда́нта) *(в индуизме филос. предпосылка, ставшая известной в учении* **веда́нты**, *согласно к-рой Истинно Сущее самодостаточно, отрицается двойственность Создателя и реально существует один только "вечный" Брахман, единственный неизменяющийся, неделимый и не содержащий в себе частей)* Advaita (Vedanta).

Адве́нт *(Рождественский пост – сейчас не обязательный – у католиков рим. обряда; период, включающий четыре воскресенья перед Рождеством; литургический год в лат. обряде начинается с первого* **А.-воскресе́нья** *– ближайшего воскресенья к Дню св. Андрея (30 ноября); в* **А.** *запрещены публичные увеселения, танцы, пиршества, в т.ч. свадебные, но не бракосочетания; при богослужении употребляется постовое облачение (фиолетовое), исключая 3-е* **А.-воскресе́нье***)* the Advent season.

Адве́нт-воскресе́нье *(папа Григорий Великий, 590-604, установил четыре* **А.-в.-я***)* Advent Sunday ◊ **третье А.-в.** Gaudete (Sunday); **четвёртое А.-в.** Rogate [Rogation] Sunday.

адвенти́зм *(1. учение о втором пришествии Христа и о скором конце света; 2. течение в протестантизме, адвентистское движение, возникшее в США в 19 в.)* Adventism.

адвенти́ст (Second) Adventist, Sabbatarian.

Адвенти́стская христиа́нская це́рковь *(конфессия адвентистов в США; основана в 1854; имеет ок. 31 тыс. последователей и 380 церквей; штаб-квартира в г. Шарлотте, шт. Северная Каролина)* the Advent Christian Church.

адвенти́стский Adventist.

адвенти́сты *(протест. секта; основатель Уильям Миллер (1782-1849) <William Miller> проповедовал в Нью-Йорке, обещал второе пришествие Христа <the Second Coming of Christ>; по его вычислениям, основанным на 8 главе Книги пророка Даниила, светопреставление должно было произойти в 1943; после провала "пророчества" секта распалась на несколько ветвей; самые крупные –* **Адвенти́сты седьмо́го дня** *и "Христиане второго пришествия <the "Second Advent Christians">)* the Adventists.

Адвенти́сты седьмо́го дня *(протест. церковь, вероучение к-рой строится на признании Библии и догматов христ. Символа веры, но при этом делается упор на близость второго пришествия Христа, светопреставления, Страшного суда)* the Seventh(-)Day Adventists, *сокр.* S.D.A., the Church of God, the Sabbatarians.

"адвока́т Бо́га" *катол. (один из членов кардинальской Комиссии по обрядам <the Congregation of Rites>, к-рый подбирает, а затем высказывает аргументы в пользу канонизации кандидата в святые)* God's advocate.

"адвока́т дья́вола" *катол. (один из членов кардинальской Комиссии по обрядам <the Congregation of Rites>, в обязанности к-рого входит выявление недостатков в представленной аттестации на кандидатуру святого при рассмотрении его беатификации и канонизации)* devil's advocate, *лат.* advocatus diaboli; the promoter of the faith, *лат.* promoter fidei.

"адвока́т дья́вольский" *см.* **"адвока́т дья́вола"**.

Áдда

Áдда *библ. (муж. имя)* Adda.

Аддéй *(ум. ок. 180; еп.; по преданию один из 70-ти апостолов; А. и его последователь Мари <Mari> с древнейших времён почитаются как апп. Сирии и Персии и являются катол. святыми, д.п. к-рых отмечается 5 августа)* St. Addai.

Áддий *библ. (сын Косама, отец Мелхия, упомянут в родословном древе Христа)* Addi.

Адéла Пфальцéльская, аббатúса *(ум. ок. 734; катол. св., д.п. 24 октября)* St. Adela of Pfalzel.

Аделúна, аббатúса *(ум. 1125; катол. св., д. п. 20 октября)* St. Adelina, abbess.

Аделóга Китцингéнская, аббатúса *(ум. ок. 745; катол. св., д.п. 2 февраля)* St. Adeloga of Kitzingen, abbess.

Адельгóц Хýрский, еп. *см.* **Адальгóтт Хýрский, еп.**

Адельгýнда Мобéжская, аббатúса *(630-84, катол. св., д.п. 30 января)* St. Adelgundis of Maubeuge, abbess.

Адельмáр Капуáнский, аббáт *см.* **Альдемáр Капуáнский, аббáт**.

Адельхéльм, св. *см.* **Альдгéльм, еп.**

Аделяр Корбúйский, прп. *см.* **Адальхáрд Корбúйский, прп.**

Адемáр из Монтéйля *(ум. 1098; франц. религ. деятель)* Adhemar of Monteil.

Адеодáт Кентерберúйский, архиеп. *(ум. 664; катол. св., д.п. 14 июля)* St. Adeodatus [Deusdedit] of Canterbury, archbp.

адéпт *(1. последователь, приверженец какого-л. учения, идеи; 2. посвящённый в тайны какого-л. эзотерического учения, секты и т.п.)* adherent, disciple, votary, follower.

Áдер *библ. (в русском переводе Гадад, Хадад; едомитянский [идумейский] князь и сын царя, к-рый бежал от царя Давида к егип. фараону и получил в жёны сестру жены фараона)* Ader.

Аджáнта *(буддийские пещерные храмы <cave temples>, относящиеся к 200 до н.э. – 7 н.э.; расположены близ селения Аджанта в штате Махараштра, Индия; 28 пещер А.-ы высечены в гранитной скале, стены покрыты высокохудожественной росписью и рельефами)* Ajanta.

áджна-чáкра *см.* **чáкра**.

аджорнамéнто *итал. (термин, обозначающий обновление <renewal> катол. церкви, начатое папой Иоанном XXIII (1958-63) и 2-м Ватиканском собором; а. продолжается в наст. время)* aggiornamento.

адиаболúзм *(неверие в существование диавола)* adiabolism.

адиаболúст *(человек, не верующий в существование диавола)* adiabolist.

адиафорúст *(кто-л. безразличный к предмету богосл. спора; терпимый к обрядам и т. п., не запрещаемым Священным Писанием)* adiaphorist.

адиафорú(стú)ческие разногласия *см.* **адиафорú(стú)ческий спор**.

адиафорú(стú)ческий спор *(в 1548-76 среди лютеран относительно "безразличности" нек-рых катол. обрядов; в 17 в. между лютеранами и пиетистами относительно приемлемости для христиан светских развлечений)* the Adiaphoristic Controversy.

"Áди Бра́хмо Сама́дж" *("Изначальное общество почитания Брахмана"; название, к-рое получила religi.-реформаторская группа после раскола* ***"Бра́хмо Сама́дж"*** *в 1866)* the Adi-Brahmo Samaj.

Áди-Бу́дда *(в буддизме – первоначальный Будда, космическое тело Будды; высшая субстанция мира, персонификация сущности всех будд и бодхисат(т)в)* Adi-Buddha.

"Áди Гра́нтх" *(священная книга сикхов)* Adi Granth.

Áдити *(в ведической религии женское божество, мать богов, составляющих группу богов, называемую **Áдитьи**)* Aditi.

Áдитьи *("сыновья **Áдити**"; группа богов, определяемая в Ведах числом 7 или 8; в Ведах их имена: Митра, Варуна, Арьяман, Бхага, Дакша, Амша; имя 7-го не называется, 8-м назван Мартанда, противопоставляемый старшим как смертный, прародитель людей)* Adityas.

Áдитья *ед. ч. (см. тж **Áдитьи**)* Aditya.

Адма́фа *библ. (один из семи приближённых к персидскому царю Артаксерксу князей, имевших к нему свободный доступ и высший чин в царстве)* Admatha.

администра́тор *катол. (священник, временно назначенный на руководство приходом, епархией или духовным учреждением)* administrator ◊ **апостольский а.** *(еп., глава апостольской администратуры какого-л. региона в стране традиционно некатолической)* the Apostolic administrator.

Адо́ Вье́ннский *см.* **Адо́н, блж.**

Адолла́м *библ. см.* **Одолла́м**.

Адо́льф Оснабрю́кский, еп. *(ум. 1224; катол. св.; д. п. 14 февраля)* St. Adolf Osnabrück.

Адо́н, блж. *(ум. 875; бенедиктинец, с 860 архиеп. Вьеннский, служивший надёжной опорой папской власти в Южной Франции; одно из его сочинений: "Хроника шести веков мира" <A Universal Chronicle of the Six Ages of the World, лат. Chronicon de sex aetatibus mundi>; катол. св., д. п. 16 декабря)* Ado of Vienne, Blessed.

Адона́(й) *(одно из имён Бога, употребляемое в молитве как описательное вместо "Яхве", когда произносить последнее было запрещено в знак глубокого почтения; в Ветхом Завете переведён как Lord)* Adonai.

Адони-Везе́к *библ. (хананейский царь)* Adoni(-)bezek.

Адони́рам *библ. (надсмотрщик над сбором податей при царях Давиде, Соломоне и Ровоаме)* Adoniram.

Адониседе́к *библ. (ханаанский царь Иерусалима)* Adonisedec.

Адо́ния *библ. (четвёртый сын царя Давида)* Adonia.

адоптиа́не *см.* **адопциа́не**.

адоптиани́зм *см.* **адопциани́зм**.

адоптиа́нская е́ресь *см.* **адопциани́зм**.

адопциа́не *истор. (последователи **адопциани́зма**)* the Adoptionists, the Adoptianists.

адопциани́зм *истор. (одна из ересей, возникшая в 8 в. в Испании и Франкском королевстве; сторонники а.-а проповедовали единство богочеловеческой личности Иисуса, не сотворённой из существа Отца, но созданной предвечно; тем самым обозначился разрыв между Божественной приро-*

дой Христа как Сына Божьего и человеческой его природой) Adoptianism, Adoptionism, the Adoption Controversy.

адопциа́нская е́ресь *см.* **адопциани́зм**.

адопциа́нский Adoption.

адопциа́нство *см.* **адопциани́зм**.

Адо́ра *библ.* (*местность в Иудее*) Adora.

адора́нт (*человек, совершающий обряд почитания божества; в раннем христ. искусстве – изображение фигуры, обычно женщины, с простёртыми к небу руками, просящей благословения души; тж* **ора́нта**) orant.

адора́нты *истор.* (*социниа́не, к-рые утверждали законность поклонения Христу*) the Adorantes.

адора́ция (*поклонение, обожание; римско-катол. обряд поклонения Святым Дарам*) adoration.

Адрааза́р *библ.* (*арамейский царь, побеждённый Давидом*) Hadadezer.

Адраме́лех *библ.* (*муж. имя*) Adram(m)elech.

Адрами́ттий *библ.* (*город-порт на северо-западе Малой Азии*) Adramyttium.

Адрами́ттский кора́бль *библ.* (*корабль, принадлежавший портовому городу Адрамиттию, на к-ром находился ап. Павел, отправленный из Кесарии в Рим*) a ship of Adramyttium.

Адриа́н IV (*1100-59; Папа Римский, единственный англичанин, выбранный Папой; понтификат – 1154-59, светское имя – Николас Брейкспир <Nicholas Breakspear>*) Adrian IV (*also* Hadrian).

Адриа́н и Ната́лия, свв. мчч. (*ум. ок. 304; д. п. 26 августа/8 сентября*) Sts. Adrian and Natalia, Ms.

Адриа́н Кентербери́йский, абба́т (*ум. 710; катол. св., д. п. 9 января*) St. Adrian of Canterbury, abbot.

Адриа́н Кесари́йский, св. мч. (*ум. 309; д. п. 13/26 ноября, катол. – 5 марта*) St. Adrian of Caesarea.

Адриа́н III Ри́мский, па́па (*ум. 885; катол. св., д. п. 8 июля*) St Adrian III.

Адриа́тская пучи́на *см.* **А́дрия**.

Адрии́л *библ.* (*сын Верзеллия из Мехолы; Саул дал ему в жёны свою дочь Мерову, хотя раньше обещал её Давиду*) Adriel.

А́дрия *библ.* (*Адриатическое море*) Adria.

а́дский hellish, infernal.

Аду́ла Пфальце́льская, аббати́са *см.* **Аде́ла Пфальце́льская, аббати́са**.

Аду́ммим *библ.* (*возвышенности на границе между уделами Иуды и Вениамина*) Adummim.

адха́рма (*в индуизме – неправота, неправда, беззаконие, бесчинство*) adharma.

а́ер *см.* **возду́х**.

Азазе́л(ь) *библ.* (*демон пустыни, к-рому в день искупления выгонялся козёл ["козел отпущения"], на последнего через возложение рук символически переносились все грехи*) Azazel.

Заи́л *библ.* (*сирийский [дамасский] царь Арамейского государства*) Azael.

аза́н (*у мусульман – призыв к молитве, совершаемый муэдзином, а в небольших мечетях – имамом*) azan, adan.

Аза́рия *библ. (1. иудейский царь – см.* **Ози́я**; *2. один из трёх отроков, брошенных в печь, но оставшийся невредимым при Навуходоносоре 660 до н.э.)* Azariah.

азбуко́вники *(русские рукописные толковые словари или справочники, гл. обр. учебного характера, 13-18 вв. со словами и терминами, размещёнными в алфавитном порядке)* early Russian explanatory and encyclopaedic dictionaries.

Азе́ка *библ. (ханаанский город, к-рый после завоевания израильтянами был отдан колену Иуды)* Azekah.

Ази́ка *см.* **Азе́ка**.

ази́м *катол. (тж* **опре́сноки***)* azim, azyme.

азими́т *истор. (тот, кто пользуется на евхаристии пресным хлебом; так в 11 в. в византийской церкви называли католиков)* azymite.

Азо́т *библ. (самый северный из пяти царских городов филистимлян)* Azotus.

Азраи́л *(у евреев – ангел смерти <death angel>)* Azrael.

А́зхар *(мечеть и мусульманский университет в Каире; мечеть построена в 972 по приказу фатимидского халифа аль-Муизза; созданное при ней в 996 медресе к кон. 11 в. стало учебным заведением университетского типа, известным во всём мусульманском мире)* Azhar, al-.

Аиало́н *библ. (город ок. Иерусалима)* Ajalon.

аироманти́я *(гадание, предсказание, зависящее от состояния атмосферного воздуха)* aeromancy.

Аифа́л, св. мч. *(имя нескольких свв. мчч.)* St. Aithelas, M.

А́иша *(жена пророка Мухаммада; дочь* **Абу́ Ба́кра***)* A'ishah, Aisha, Ayesha.

айа́т *см.* **ая́т**.

Айгу́льф Лери́нский, абба́т *(ум. ок. 676, катол. св., д. п. 3 сентября)* St. Aigulf of Lerins, abbot.

Айда́н Линдисфа́рнский, еп. *(ум. 651; ирландский религ. деятель, катол. св., д. п. 31 августа)* St. Aidan of Lindisfarne.

Аййу́б *(мусульманский пророк)* Aiyub.

Айо́н Оро́с *см.* **Афо́н**.

Айо́нская общи́на *(группа шотл. миссионеров)* the Iona Community.

Айо́нское абба́тство *(руины катол. аббатства 13 в. на острове Айона, Гебридские острова; один из наиболее посещаемых архит. памятников Зап. Шотландии)* the Iona Abbey.

А́йша *см.* **А́иша**.

Айю́б *см.* **Айй́у́б**.

А́йя-Софи́я *см.* **Софи́йский собо́р**.

акаде́мия, духо́вная *(высшее духовное учебное заведение, в к-ром учатся студенты, успешно окончившие семинарию; в наст. время в России существуют две* **д.-ые. а.-и** *– в Сергиевом Посаде (Подмосковье) и в Санкт-Петербурге)* ecclesiastical [theological] academy.

Акаде́мия нау́к, Па́пская *(совр. название носит с 1937 и подчиняется непосредственно Папе Римскому; состоит из 80 Папских академиков – наиболее известных учёных в области естественных наук, не обязательно католиков и даже верующих)* the Papal Academy of Sciences, *лат.* Pontifica Academia Scientiarum.

Ака́кий

Ака́кий Ами́дский, еп. *(ум. 425; д. п. 9/22 апреля, катол. – 9 апреля)* St. Acacius, bp. of Amida.

Ака́кий Антиохи́йский, еп. *(ум. ок. 251, катол. св., д. п. 31 марта)* St. Acacius [Achatius], bp. of Antioch.

Ака́кий Кесари́йский *(ум. 366; арианский богослов)* Acacius of Caesarea.

Ака́кий, св. мч., во́ин [или со́тник] *ум. 303; д. п. 7/20 мая, катол. – 9 апреля)* St. Acacius, Soldier-M.

акакиниа́не *(последователи Ака́кия Кесари́йского)* Acacians.

Ака́ли Дал *(партия сикхских конфессионалистов; была создана в 1921, стремится сплотить всех сикхов и последовательно отстаивает их интересы)* the Akali Dal.

Акари́ [Акарье́] Барб, Жа́нна *(тж Мари́я Воплоще́ния; 1566-1618; известна под именем Мадам Акари; основала ветвь конгрегации кармелиток <the Carmelites of the Reform>, катол. св., блж., д. п. 18 апреля)* Mme Acarie; 'Mary of the Incarnation'.

ака́фист *(одна из форм церк. гимнов в византийском обряде, особое богослужебное пение, исполняемое в честь Христа, Богоматери и святых, состоящее из 24 частей по числу букв греч. алфавита; большинство **а.-ов** на церковно-славянском языке написаны в 19-20 вв.; во время исполнения **а.-а** положено стоять, отсюда название от греч. "не сажусь")* akathistos, acathistus, akathist, the akathistos hymn ◊ **а. св. вмч. Екатери́не** the akathist to the Great Martyr Catherine.

Ака́фистная-Хиленда́рская ико́на Бо́жией Ма́тери *(чудотворная икона в Хилендарском соборном иконостасе; получила название акафистной потому, что пред нею читан был акафист во время пожара в 1837 – и она осталась невредимою; празднование 12/25 января)* the Chiliandari icon of the Mother of God "Of the Akathistos".

ака́фистник *(сборник акафистов)* book of acathist(o)i, acathistus book, book of akathists.

ака́ша *(в философии са́нкхья – эфир как один из пяти материальных первоисточников)* akasa.

Аквави́ва, Кла́удио *(1543-1615; иезуитский деятель, родился в Неаполе)* Aquaviva, Claudius.

акваман́ил *(зооморфный рукомойник Средневековья; первоначально предназначался для литургического омовения рук, затем стал бытовым предметом)* aqua(e)manale.

А́квила *(обращённый в христианство еврей из Синопа Понтийского, к-рый, по церк. преданию, во времена царствования рим. императора Адриана (117-138), сделал сохранившийся лишь в отрывках греч. перевод Ветхого Завета)* Aquila, он же Ponticus, Aquila of Pontus ◊ **перевод А.-лы** *(греч. перевод Ветхого Завета)* Aquila's version, the Version of Aquila.

Акви́ла, св. ап. см. **Аки́ла, св. ап.**

Аквили́н, мч. *(ум. 650; катол. св., д. п. 29 января)* St. Aquilinus, m.

Аквили́н Эврский, еп. *(ок. 620-645; катол. св., д. п. 19 октября)* St. Aquilinus, bp. of Evreux.

Акви́нас, Тома́с *(он же Фома́ Акви́нский; 1225-74; итал. богослов-схоластик; катол св., д. п. 28 января)* St. Thomas Aquinas.

акеда *(в иудаизме история жертвоприношения Исаака)* akeda.

Акелдама́ *библ. (название того участка земли, к-рый был приобретён на деньги, полученные Иудой Искариотом за предательство Иисуса; Деяния 1:19)* Aceldema, Akeldama; the "Field of Blood".

Акепси́м, св. мч., еп. *(ум. 376; д. п. 3/16 ноября, катол. – 22 апреля)* St. Acepsimas, Bp., M.

акефа́лы *истор. (название нескольких христ. групп, отказавшихся подчиняться вышестоящему иерарху, напр. патриарху Александрийскому, после принятия **Генотико́на** в 482)* the Acephali(tes), the Acephalists.

Аки́ба бен Ио́сиф *(ок. 50-135; видный еврейский учёный-книжник, основатель теологической школы; согласно его методу изложения Писания, ни одна буква в Библии не может быть несущественной; замучен римлянами)* Akiba [Aaqiba] ben Joseph.

акика *(у мусульман волосы, состриженные с головы новорождённого на седьмой день)* aqiqa.

Аки́ла и Приски́лла *библ. (иудео-христ. супружеская пара из Понта в Малой Азии; ап. Павел присоединился к ним в Коринфе, куда они переселились после высылки всех евреев из Рима)* Aquila and Priscilla.

Аки́ла, св. ап. *(ап. из 70-ти; д. п. 13/16 февраля и 14/27 июля, катол. – 8 июля)* St. Aquila, Apl.

Акили́на, св. мц. *(4 в.; д. п. 13/26 июня)* St. Aquilina.

акими́тский *(относящийся к акимитам)* Acoemetic.

акими́ты *истор. (монашеские общины, совершавшие богослужения непрерывно, днём и ночью, в несколько очередей; возникли ок. 400)* the Acoemeti, the Acoemetae.

Акинди́н, Пега́сий, Афо́ний, Елпидифо́р, Анемподи́ст, свв. мчч. *(4 в.; д. п. 2/15 ноября)* Sts. Acindynus, Pegasius, Aphdonius, Elpidephorus and Anempodistus, Ms.

Аки́скл, мч. *(4 в.; катол. св., д. п. 17 ноября)* St. Aciclus, m.

Аккаро́н *библ. (один из 5-ти княжеских филистимских городов)* Ekron, Accaron ◊ **А.-ское божество** the God of Ekron.

А́кка Хексе́мский, еп. *(ум. 740; катол. св., д. п. 20 октября)* St. Acca, bp. of Hexham.

акклама́ция *(ответ общины верующих на молитву или возглас священника: аминь, аллилуйя, аксиос, Господи, помилуй, Христос воскрес(е), Воистину воскрес(е); тж **отве́тствие**)* acclamation.

аколи́т *катол. (мирянин, исполняющий определённое литургическое служение, прислужник при богослужении, помощник еп.-а с диаконским саном)* acolyte.

аколу́т *см.* **аколи́т**

аколу́ф *см.* **аколи́т**.

аколуфа́т *(должность и время нахождения в сане **аколу́та**)* acolythate.

акосми́зм *(1. религ.-философ. пантеистическое учение, согласно к-рому мир и все окружающие предметы имеют только видимое бытие; 2. отрицание существования Вселенной отдельно от Бога)* acosmism.

Ако́ста, Хосе́ де *(1539-1600; испан. миссионер)* Acosta, José de.

акри́вия *(принцип решения церк. вопросов с позиций строгой определённости, точного смысла)* acrybia.

акри́ды *(съедобная саранча; нек-рые толкуют как коренья растений; пища Иоанна Предтечи)* locusts ◊ **"а пищей его были а. и дикий мед"** *(Ев. от Марка 1:6)* 'he lived on locusts and wild honey'.

акро́сти́х *(1. стихотворение, в к-ром начальные буквы каждой строки, читаемые сверху вниз, образуют какое-л. слово, чаще всего – имя; 2. в византийской гимнографии в форме **а.-а** писались тропари и ирмосы канонов таким образом, чтобы при чтении сверху вниз из начальных букв составлялась фраза, выражающая идею празднуемого события)* acrostic.

"А́ксиос!" *(греч. "достоин"; слово, произносимое при рукоположении диакона, иерея и архиерея всеми участвующими в совершении данного обряда поочерёдно: еп.-ом, духовенством и народом (хором); выражает мнение церкви о посвящаемом в сан)* Axios! (He is worthy!).

Акт веротерпи́мости *(закон 1689 в Англии, позволяющий англ. протестантам, отошедшим от англик. церкви, совершать обряды по своим правилам)* the Act of Toleration.

акти́вный о́браз жи́зни *(христ. аллегория)* the way of Martha.

акти́вный член *(какой-л.)* **це́ркви** см. **приве́рженец** *(какой-л.)* **це́ркви**.

актисти́ты *(экстремистская секта 6 в., признавшая Тело Христа несотворённым)* the Aktistetae.

"Акт о супрема́тии" *(Закон о господстве англ. короля над церковью (1534), по к-рому главой англик. церкви провозглашался король, чем окончательно оформился разрыв англик. церкви с католицизмом)* the Act of Supremacy.

актуа́рий англик. *(секретарь конвокации Кентерберийской епархии)* actuary.

"Акты единове́рия" см. **"Акты о единообра́зии" (богослуже́ния)**.

"А́кты му́чеников" *(лат. Acta Martyrum или **"А́кты святы́х"**, лат. Acta Sanctorum; наименование сборников древнейших сведений о мучениках)* The Acts of the Martyrs, The Acts of the Saints.

"Акты о единообра́зии" (богослуже́ния) *(серия англ. законов (1549, 1552, 1559 и 1662), принятых для создания правовой и доктринальной основы англик. церкви)* the Acts of Uniformity.

"А́кты Пила́та" *(апокрифическое повествование, в к-ром новозаветное событие излагается по образцам древнейших "Актов мучеников"; дошло до нас в составе апокрифов Никодимова Евангелия, в нём сделана попытка реконструировать процесс суда над Христом)* The Acts of Pilate.

"А́кты святы́х" см. **"А́кты му́чеников"**.

Акули́на, св. мц. см. **Акили́на, св. мц.**

Акустий, св. мч. см. **Акутио́н, св. мч.**

Акутио́н, св. мч. *(ум. 305; д. п. 21 апреля / 4 мая и 19 сентября / 2 октября)* St. Acutius [or Januarius], M.

акциде́нция богосл., филос. *(несущественный, случайный, внешний признак или свойство; несущественное и случайное в вещах, преходящее состояние вещей)* accident(al).

Акшо́бхья *(санскрит – "Невозмутимый" <Imperturbable One>; один из самых ранних будд* **махая́ны**, *культ к-рого начал складываться в 1 в.)* Aksobhya.

алаба́стр *см.* алава́стр 2.

алава́стр 1. *(алебастр)* alabaster; 2. *(древнегреч. сосуд для драгоценного ароматного масла, имеющий продолговатую, закруглённую книзу форму, плоский венчик и ушко, сквозь к-рое пропускался шнурок для подвешивания на поясе; в Восточном христ-ве металлический или стеклянный сосуд для мира)* alabastrum, *греч.* alabastron; a vessel with very precious ointment.

алави́ты *см.* нусайри́ты.

Алако́к, Маргари́та *(1647-90; учредительница культа "Святого Сердца Иисуса" <the Sacred Heart>, канонизирована в 1920; катол. св., д. п. 16 октября)* Alacoque, Margaret Mary.

Ала́н Ли́лльский *(ок. 1128-1202; франц. философ, теолог, историк и поэт)* Alan of Lille.

Албази́нская ико́на Бо́жией Ма́тери "Зна́мение" *(была перенесена из Москвы в 17 в. в г. Албазин, а из Албазина в село Торг, в 30 верстах от г. Нерчинска; славилась чудотворениями; эту икону называют тж "Слово плоть бысть" <The Word Was Made Flesh>; празднование 27 ноября / 10 декабря)* the Albazin icon of the Mother of God of the Sign.

Алба́ний, св. *(ум. 304; первый мч. Британии, д. п. 22 июня)* St. Alban.

Алба́нская правосла́вная це́рковь the Albanian Orthodox Church, the Orthodox Church of Albania.

Алда́дма *см.* Олде́ма.

Алеа́ндер, Иерони́м *(1480-1542; итал. учёный и кардинал, противник Реформации в Германии)* Aleander, Hieronymus, *итал.* Aleandro, Girolamo.

Алекса́ндра, Кла́вдия, Фаи́на и ины́е, свв. мцц., де́вы *(ум. 310; д. п. 20 марта / 2 апреля; см. тж* **Му́ченицы семь дев***)* Seven V.-Ms. Alexandra, Claudia, Faline and others.

Александри́йская библиоте́ка *(возникла в 3 в. до н. э. в г. Александрии, исчезла при неизвестных обстоятельствах, хотя её окончательное уничтожение приписывают халифу Омару – 7 в.)* the Alexandrian Library.

Александри́йская правосла́вная це́рковь *(поместная автокефальная правосл. церковь, образовавшаяся в г. Александрии – одном из главных центров раннего христ-ва)* the Patriarchate of Alexandria (including Egypt, Libia, Arabia and Africa, under the patriarch styled Pope, All Holiness, Ecumenical Judge) ◊ *(титулование главы)* **Его блаженство Папа и Патриарх Александрийский и всей Африки** His Beatitude the Pope and Patriarch of Alexandria and All Africa; His Holiness the Pope and Patriarch of the Great City of Alexandria and of All Egypt.

Александри́йская шко́ла *(в 5-6 вв. христ. богосл. школа в Александрии, обычно противопоставляемая Антиохийской школе; отличалась стремлением к созерцанию духовного мира; она стремилась сделать греч. философию пособием к раскрытию христ. истин; окончила своё существование во время нашествия арабов)* the Alexandrian School, School of Alexandria.

Александри́йский ко́декс *(текст Ветхого и неполностью Нового Заветов, 5 в., рукопись на греч. языке; подарен в 1628 Кириллом Лукарисом англ. королю Карлу I и хранится в Лондоне в Британском музее)* the Alexandrian Codex, *лат.* Codex Alexandrinus.

Александрийский

Александрийский патриархат *см.* **Александрийская православная церковь**.

Александрийский собор христианской церкви *(362)* the Synod of Alexandria.

Александрийское богословие *(раннехрист. церкви в Александрии)* the Alexandrian theology.

Александрийское огласительное училище *см.* **огласительный**.

Александр Команский, еп., сщмч. *см.* **Александр Угольщик, еп., сщмч.**

Александр Невский, св. *(1220-63; с 1236 княжил в Новгороде; в тяжелейшие для Руси годы монголо-татарского нашествия, когда новгородские земли, уберёжённые от войск Батыя, подвергались нападению врагов с Запада – шведских войск и германских рыцарей, князь Александр показал себя воином-молитвенником, подвижником, строителем и защитником земли Русской: его войска в 1240 разгромили на реке Неве шведов (тогда он и стал именоваться Невским), в 1242 – тевтонских рыцарей на Чудском озере, близ Пскова; св. **А. Н.** приложил много сил к объединению русских земель, к защите их от внутренних и внешних врагов; в 1547 был прославлен в лике святых; д. п. 30 августа / 12 сентября и 23 ноября / 6 декабря)* St. Alexander Nevski.

Александро-Невская лавра *(мужской православный монастырь, основанный в 1710 указом Петра I на берегу Невы, близ Петербурга, сейчас в черте города, и того места при впадении в Неву р. Ижоры, где, по преданию, новгородский князь Александр Невский одержал в 1240 победу над шведами)* the Alexander Nevski Monastery.

Александр Угольщик, еп., сщмч. *(3 в., катол. св., д. п. 11 августа)* St Alexander the Charcoal-Burner, bp., m.; Alexander of Comana.

Алексий, митрополит московский, свт. *(1293/98-1378, русский св., основатель 4 монастырей: Чудова, Спас-Андрониковского, Алексиевского и Симонова; погребён в Чудовом монастыре; общерусское почитание с 1448, д.п. 12/25 февраля, 20 мая/2 июня – обретение мощей и 5/18 сентября – совместно со святителями московскими Петром, Ионой, Филиппом и Гермогеном)* Metropolitan Alexis.

Алексий, человек Божий, прп. *(5 в; д. п. 17/30 марта)* Venerable father Alexis, the "Man of God"; Saint Alexius.

алектромантия *(вид гадания с помощью петуха и зёрен, разложенных на буквы алфавита)* alectryomancy.

Алени, Джулио *(1582-1649; катол. миссионер)* Aleni, Giulio.

Алену *(заключительная молитва ежедневного еврейского богослужения)* Alenu.

Алеом Бургосский, аббат *(ум. ок. 1100; катол. св., д. п. 30 января)* St. Adelelmus [Aleaume] of Burgos, abbot.

Али *см.* **Али ибн Аби Талиб**.

Али ар-Рида *(ок. 765-818; шиитский имам)* Ali ar-Rida.

алиды *(потомки Али; самыми известными в истории ислама оказались Хасан <Hasan> и Хусейн <Husayn>, сыновья Али от Фатимы – дочери пророка Мухаммада, и Мухаммад ибн аль-Ханафия (ум. в 700) — от женщины из племени ханифа)* the Alid(e)s.

Áли ибн Абú Талúб *(в истории ислама четвёртый из четырёх праведных халифов, двоюродный брат и зять пророка Мухаммада, один из шести его ближайших соратников, участник его военных походов; сторонники* **А.**, *признававшие его единственно законным после смерти Мухаммада наследником и духовным восприемником пророка, образовали в сер. 7 в. партию* **шиúтов**, *к-рая стала ядром движения, расколовшего мусульманский мир на суннитов – последователей сунны, признающих четырёх праведных халифов, и шиитов, почитающих* **А.** *первым имамом)* Ali ibn Abi Talib.

Алúна, аббатúса *см.* **Аделúна, аббатúса**.

Алúпий стóлпник, прп. *(ум. 640; д. п. 26 ноября / 9 декабря)* St. Alypius, Stylite.

Алúпий Тагáстский, еп. *(ок. 360-430; катол. св., д. п. 18 августа)* St. Alypius, bp. of Tagaste.

алúя I *(выход к аналою для прочтения главы из Торы во время богослужения в синагоге по субботам и праздникам)* aliyah.

алия II *(собирательное название евреев, возвращающихся из диаспоры на свою истор. родину – в Израиль)* aliyah.

Алкалáй, Иегýда бен-Соломóн-Хай *(1798-1878; проповедник возвращения евреев в Палестину)* Alkalai, Judah ben Solomon Hai.

алкáти *ц.-сл. см.* **алкáть**.

алкáть 1. *(быть голодным)* to hunger (for), to be hungry; **2.** *(страстно желать, жаждать)* to long for, to crave (for).

Алкуúн *(735-804; автор многочисленных богосл. работ; управлял школами в Англии и Галлии, исправлял Библию, писал для школ правила и учебники, комментировал псалмы и Евангелие от Иоанна)* Alcuin, Albinus Flaccus (originally Ealhwine, or Albinus).

Аллáх *(в исламе – единый и единственный Бог, Творец Вселенной и всего сущего: небес, земли и человека, всемогущий правитель мира, господин Судного дня, не имеющий конкретного образа)* Allah.

Аллахабáд *(один из древнейших и крупнейших центров индуистского паломничества; наибольшим почитанием пользуется Тривенти ("Три потока" – место слияния рек Ганга, Джамны и мифической "подземной" Сарасвати)* Allahabad.

"Аллáх акбáр" *см.* **такбúр**.

аллегорéза *(иносказательное толкование текста, мифа, Священного Писания)* allegorism.

аллегорúчески allegorically ◊ **изображать а.** to allegorize.

аллегорúческий *(иносказательный)* allegoric(al) ◊ **а.-е фигуры** allegorical figures.

аллегорúчность allegorical nature, allegorical character, allegoricalness.

Áллен, Уúльям *(1532-94; англ. катол. деятель)* Allen, William.

аллилуáрий *(два стиха <у православных старого обряда – четыре>, к-рые произносятся на литургии византийского обряда при пении "Аллилуйя" по прочтении Апостола)* alleluiarion, the Alleluia verse.

аллилуиа *см.* **аллилýйя**.

аллилуиáрий *см.* **аллилуáрий**.

аллилýйя *(иврит "Хвалите Бога"; литургическая формула; вошла в правосл. и катол. литургии как выражение всеобщего одобрения, с к-рым по-*

аллилу́йя

клоняются Христу перед возвещением Евангелия; в большей части форм богослужения реформированных церквей **а.** поётся трижды после Евангелия; у православных нового обряда **а.** возглашается чтецом после чтения "Апостола" три раза с добавлением "Слава тебе, Господи"; у православных старого обряда – два раза, третье пение заменяется фразой "Слава тебе, Боже"; в иудаизме – возглас прославления Бога) hallelujah, (h)alleluiah, alleluia, alleluja ◊ **относящийся к а.-е** alleluiatic.

аллоку́ция (торжественное обращение Папы Римского к закрытому собранию кардиналов) allocution.

аллотеи́зм (почитание чужих богов) allotheism.

Аллоуи́н, затво́рник (ум. ок. 655, катол св., д. п. 1 октября) St. Allowin [Bavo], hermit.

Аллу́чио (ум. 1134; основатель богаделен, катол. св., д. п. 23 октября) St. Allucio.

Алля́ций, Лев (1586-1669; писатель, грек, принявший католичество; он старался показать, что между рим. и греч. церквами во всём и всегда существовало согласие; проповедовал полное подчинение Папе Римскому как единственному, обладающему непогрешимостью; его огромная переписка, до 1000 писем на греч. и лат. языках, хранится в библиотеке ораторианцев в Риме) Allatius, Leo.

алма́зная колесни́ца (образное название **ваджрая́ны**, третьего истор. направления в буддизме) the vehicle of the diamond.

"Алма́зная су́тра" (основополагающий текст буддизма **махая́ны**, созданный в 2-3 вв. и переведённый на китайский язык в 401; одна из первых печатных книг, 808) The Diamond Sutra ◊ (образное название) санскрит **"Ваджра-ччхедика Праджня-парамита сутры"** ("Сутра о Совершенной мудрости, рассекающей (тьму невежества) как удар молнии") The Vajracchedika-prajnaparamita Sutra.

алмема́р (возвышение, платформа в синагоге, откуда читаются отрывки из Пятикнижия и Книги пророков Ветхого Завета) almemar, bimah.

ало́ги (раннехрист. секта, не признающая Евангелия от Иоанна и Откровения Св. Иоанна Богослова) the Alogi(ans).

алогиа́не см. **ало́ги**.

Ало́дия Испа́нская, мц. (ум. 851; катол. св., д. п. 22 октября) St. Alodia, m.

Алои́зий Гонза́га, мона́х (1568-91; катол. св., д. п. 21 июня) St. Aloysius Gonzaga, religious.

ало́й(ное де́рево) библ. aloe.

алома́нтия (гадание при помощи соли) halomancy.

алоха́нь см. **арха́т, лоха́нь**.

алта́рная заве́са (см. **заалта́рная заве́са, заве́са хра́ма**) altar curtain.

алта́рная огра́да altar rails, parclose.

алта́рная подста́вка (каркасная; устанавливается вокруг или над алтарём для украшений и свечей, к-рые зажигаются для определённых служб в катол. церкви) altar hearse.

алта́рная прегра́да (в правосл. храме ограждение алтаря от помещения для молящихся; **а. п.** известна с 4 в.; приобрела символическое значение видимой границы между миром дольним и миром горним, к-рый олицетворял *алтарь – святая святых – в восточной части храма*) sanctuary [chancel] screen.

алта́рная решётка altar rail.

алта́рная сень *см.* **сень**.

алта́рник *правосл.* (*лицо, в обязанности к-рого входит уборка алтаря, возжигание светильников, приготовление кадила и т. п.; первоначально а.-ом мог быть только мужчина; в наст. время к уборке алтаря могут быть допущены монахини; фактически допускаются и пожилые женщины-мирянки*) sexton, sacristan.

алта́рные колоко́льчики *катол.* three small bells in a stand at the altar, *лат.* campanae.

алта́рный о́браз *см.* **рета́бло**.

алта́рь 1. (*пресвитерия, восточная часть храма, отделённая алтарной преградой, в правосл. храмах – иконостасом*) altar-space, chancel, (*особ. в правосл. храмах*) bema; (*в неправосл. храмах*) the (inner) sanctuary, (*иногда*) presbytery; *истор.* sacrarium ◊ **восточная (апсидная) часть а.-я** *архит.* chavet; **северная часть а.-я** *или* **престола** the Gospel side; **южная часть а.-я** *или* **престола** the Epistle side; **2.** (*в катол. и протест. храмах вытянутый поперёк оси стол, на к-ром совершается жертва мессы, а тж возведённая над этим столом декоративная стенка с религ. живописью и скульптурой*) the altar, *англик.* the Lord's [Communion] table ◊ **главный а.** the high [dominical] altar; (*синтоистского храма*) the main shrine of a Shinto temple; **маленький а.** altarlet; **находящийся перед а.-ём** prealtar; **переносной квадратный мраморный а.** stone [super] altar; **полка** *или* **выступ позади а.-я, на к-рый ставятся подсвечники, цветы и др.** (*в неправосл. храмах*) gradin(e); **предалтарный** (*находящийся перед алтарём*) prealtar; **украшать а.** to vest the altar.

Алфе́ев *библ.* (*см.* **Иа́ков Алфе́ев** *и* **Ле́вий Алфе́ев**) the son of Alphaeus.

Алфе́й *библ.* (*муж. имя; тж отец ап. Иакова Алфеева и ап. Левия Алфеева; д. п. 26 мая / 8 июня*) Alphaeus.

Алфе́й Кесари́йский, мч. (*ум. 303; чтец, д. п. 18 ноября / 1 декабря, катол. – 17 ноября*) St. Alphaeus, a lector at the Church in Caesarea, M.

Алфи́й Басти́йский, мч. (*ум. 251; катол. св., д. п. 10 мая*) St. Alphius, m.

а́лчущие и жа́ждущие пра́вды *библ.* (*те, кто стремится всеми силами своей совести к Божественной правде среди зол и бедствий мира; таким алчущим людям Христос обещает духовное насыщение, т.е. вечное блаженство на небесах*) ◊ "**Блаженны а. и ж. п., ибо они насытятся**" (*Ев. от Матфея 5:6*) 'Blessed are they which do hunger and thirst after righteousness: for they shall be filled'.

аль-А́зхар *см.* **А́зхар**.

а́льба (*длинная белая рубаха, стягивающаяся на шее шнурком и перехваченная поясом; она укрывает всю фигуру катол. священника и напоминает ему, что он должен подходить к алтарю с чистой душой; употребляется и в нек-рых англик. и лютеранских церквах*) alb.

Альба́н, абба́т, св. *см.* **Абба́н, абба́т, св.**.

Альба́н Ма́йнцский, мч. (*5 в.; катол. св., д. п. 21 июня*) St. Alban of Mainz, m.

Альбан

Альба́н, св. *(ум. 304; первый мч. Британии, покровитель Англии; д. п. 22 июня)* St. Alban, m.

Альбери́к Сито́сский *см.* **Альбери́х Сито́сский**.

Альбери́к Утре́хтский, еп. *(ум. 784; катол. св., д. п. 14 ноября)* St. Alberic, bp. of Utrecht.

Альбери́х Сито́сский, абба́т *(ум. 1109; катол. св., д. п. 26 января)* St. Alberic of Cîteaux, abbot.

Альбе́рт Вели́кий, еп. и Учи́тель Це́ркви *(граф фон Больштедт <Count of Bollstädt>; ок. 1206-80; схоластик; катол. св., д. п. 15 ноября)* St. Albert the Great, bp., dr., St. Albertus Magnus; *(титул, данный ему катол. церковью)* the Universal Doctor, *лат.* Doctor Universalis.

А́льберт Иерусали́мский, птрх. *(ок. 1149-1214; катол. св., д. п. 25 сентября)* St. Albert of Jerusalem, m., patriarch.

Альберти́н Фонте́-Авелла́нский *(ум. 1294; катол. св., д. п. 31 августа)* St. Albertinus of Fonte Avelana.

А́льберт Луве́нский, еп., сщмч. *(ум. 1202; катол. св., д. п. 21 ноября)* St. Albert of Louvain, bp., m.

А́льберт Монтекорви́нский, еп. *(ум. 1127; катол. св., д. п. 5 апреля)* St. Albert of Montecorvino, bp.

А́льберт Трапани́йский, св. *(ум. ок. 1307; катол. св., д. п. 7 августа)* St. Albert of Trapani.

альбиго́йцы *истор. (самоназвание –* **ката́ры**; *последователи еретического движения во Франции, Италии, Германии, Фландрии, Швейцарии и Англии в 12-13 вв. против катол. церкви; разгромлены в 1209; окончательно истреблены в кон. 13 в.)* the Albigenses, the Albigensians, *франц.* Albigeois.

А́льбин Анже́рский, еп. *(ум. ок. 550; катол. св., д. п. 1 марта)* St. Albinus, bp. of Angers.

Альби́н Флакк *см.* **Алкуи́н**.

Аль-Бура́к *(быстрый, как молния, крылатый молочно-белый конь или мул, с головой женщины и хвостом павлина, вознёсший пророка Мухаммада к престолу Аллаха, см.* **мира́дж**) Alborak, Buraq.

аль-Бура́к *см.* **Аль-Бура́к**.

Альва́рес Кордо́вский, прп., блж. *(ум. 1420; катол. св., д. п. 19 февраля)* Blessed Alvarez.

альва́ры *(наименование 12 святых тамильских поэтов-вишнуитов, творивших с 7 по 9 в.)* the alvars, the Alvars.

Альго́т Ху́рский, еп. *см.* **Адальго́тт Ху́рский, еп.**

А́льда, подви́жница, блж. *(1249-1309; катол. св., д. п. 19 февраля)* Blessed Alda, Blessed Aldorandesca.

А́льдгельм, еп. *(ок. 640-709; церк. и литературный деятель англосаксов, катол. св., д. п. 25 мая)* St. Aldhelm, bp.

Альдего́нда Мобе́жская, аббати́са *см.* **Адельгу́нда Мобе́жская, аббати́са**.

Альдема́р Капуа́нский, абба́т *(ум. ок. 1080; катол. св., д. п. 24 марта)* St. Aldemar of Capua, abbot.

А́льдрик Ма́нский, еп. *(800-56; катол. св., д. п. 7 января)* St. Aldric, bp. of Le Mans.

Альи́, Пьер *(1350-1425; франц. богослов и философ-номиналист)* Ailly, Pierre d', Petrus de Alliaco.

аль-исра́ ва-ль-мира́дж *см.* **мира́дж**.

аль-ки́сва *см.* **ки́сва**.

аль-Кита́б *см.* **Кита́б**.

аль-Кора́н *см.* **Кора́н**.

аль-Мади́на *см.* **Меди́на**.

Альпе́ Ку́дсская, дева, блж. *(1150-1211; катол. св., д. п. 3 ноября)* Blessed Alpias of Cudor.

А́льтман, Пасса́уский, еп. *(1020-91; катол. св., д. п. 8 августа)* St. Altman, bp. of Passau.

Альто́, св. *(ум. ок. 760; катол. св., д. п. 8 августа)* St. Alto.

А́льфа и Оме́га *(первая и последняя буквы греч. алфавита; они являются символом Бога как начала и конца всего сущего)* ◊ "Я [Аз] есмь А. и О., начало и конец, говорит Господь, Который есть и был и грядет, Вседержитель" *(Откровение Св. Иоанна Богослова 1:8)* 'I am Alpha and Omega, the beginning and the ending, who is, and who was, and who is to come, the Almighty'.

Альфаси́, Исаа́к бен Я́ков *(1013-1103; кодификатор Талмуда)* Alfasi, Isaak ben Jacob.

Альфо́нсо Мари́я де Лигу́ори, еп. и Учи́тель Це́ркви *см.* **Лигу́ори, Альфо́нсо Мари́я**.

Альфо́нсо Родри́гес Парагва́йский, блж. *(ум. 1628; катол. прмч., д.п. 17 ноября)* Blessed Alonso Rodriquez, Blessed Roque Gonzales.

Аль-Хали́ль *араб. см.* **Хеврон**.

Аль-Ху́джр аль-Асва́д *араб. см.* **Чёрный ка́мень**.

алюмбра́дос *испан. (просветлённые; испан. секта 16 в.)* the Alumbrados.

Амаде́й Клюни́йский, еп. *(1110-59; катол. блж., д.п. 17 ноября)* Blessed Amadeus of Lausanne.

Амаде́й Лоза́ннский, еп. *см.* **Амаде́й Клюни́йский, еп.**

Амаду́р, св. *(катол. св., по легенде, муж св. Вероники, д.п. 20 августа)* St. Amadour, St. Amator.

амала́ка *(в средневековом храмовом зодчестве Сев. Индии архит. деталь в виде приплюснутого ребристого диска, венчающего храмовую башню шикха́ру в индуистских или буддийских храмах)* amalaka.

Амалик *библ. (сын Фамины, внук Исава)* Amalek.

амаликитя́не *библ. (один из народов на севере Синайского полуострова, потомки Амалика, внука Исавова)* the Amalekites.

Амальбе́рга, св. *(имя двух катол. св. дев, одна ум. ок. 690, другая ум. 770; д.п. 10 июля)* St. Amalburga.

Ама́льрик Бе́нский *см.* **Ама́льрик из Бе́ны**.

Ама́льрик из Бе́ны *(ум. ок. 1207; мистик и основатель пантеистического религ. течения; его учение было осуждено церковью и, тем не менее, имело многочисленных последователей, получивших название амальрикан <the Amalricians>)* Amalric of Bène.

Ама́н *библ. (сановник при дворе персидского царя Артаксеркса; А. хотел уничтожить иудеев в Персидском царстве, так как иудей Мардохей, опе-*

кун Есфири, отказался сделать ему восточный поклон; Есфирь просила Артаксеркса за свой народ, и её просьба была выполнена; **А.** был повешен на дереве, к-рое он приготовил для Мардохея) Aman.

Ама́нд Бордо́ский, еп. *(ум. ок. 431; катол. св., д. п. 18 июня)* St. Amandus, bp. of Bordeaux.

Ама́нд Маастри́хтский, еп. *(ок. 584-679; просветитель Бельгии, катол. св., д. п. 6 февраля)* St. Amand, bp. of Maestricht.

амани́тский *(см. ами́ши)* Amish.

ама́ны *(небольшая христ. группа, основанная в Германии в 1714; в 1855 переселилась в США, в г. Аману, шт. Айова; совместно ведут хозяйство)* the Amana Society, *(официальное название)* the Community of True Inspiration ◊ **член общины а.-ов** Amanist.

Амара́вати *(город в Центральной Индии, совр. шт. Махараштра, бывший крупным центром буддизма)* Amaravati.

Ама́рия *библ. (муж. имя)* Amaria(h).

Амаса́й *библ. (предводитель тридцати храбрых воинов Давида)* Amasai.

Амаси́я *библ. (муж. имя)* Amasiah.

А́матерасу *см.* **А́матэрасу (-о́-мика́ми)**.

Ама́тер Оксе́ррский, еп. *(ум. 418; катол. св., д. п. 1 мая)* St. Amator [Amatre], bp. of Auxerre.

Ама́т Ремиремо́нтский, абба́т *(ум. ок. 630; катол. св., д. п. 13 сентября)* St. Amatus, abbot of Remiremont.

А́матэрасу (-о́-мика́ми) *(богиня солнца и прародительница япон. императоров, глава пантеона синтоистских богов)* Amaterasu (Omikami).

Амбе́дкар, Бхим Ра́о Рамджи́ *(1891-1956; видный политический и религ. деятель Индии, реформатор и критик индуизма)* Ambedkar, Bhimrao Ramji.

амво́н *(1. в правосл. храме – центральная часть солеи, расположенная напротив царских врат; служит для произнесения проповедей, ектений, чтения Евангелия диаконом и т. п.; в Зап. церкви – кафедры, помещённые со стороны алтаря или под центральным куполом; 2. в раннехрист. и византийской церквах кафедры, помещённые по сторонам хора или под центральным куполом)* ambo; *(особ. правосл.)* amvon, ambon ◊ **архиере́йский а.** *(четырёхугольное возвышение в центре храма, на к-рое во время богослужения ставится архиерейская кафедра, используемая при архиерейском служении)* hierarchical amvon.

амвро́сиа *(мифическое – пища богов, источник их бессмертия; употребляется тж в богослужебной книге "Пентикостарий")* ambrosia.

амвросиа́нец *(член одной из катол. конгрегаций, носящей имя Амвросия)* Ambrosian.

амвросиа́нский напе́в *(определённая ритмическая мелодия, включающая элементы как восточного церк. пения, так и древнегреч. речитативной музыки)* the Ambrosian chant.

Амвро́сий Аутпе́рт, абба́т *(ум. ок. 778; теолог, катол. св., д. п. 19 июня)* St. Ambrose Autpert, abbot.

Амвро́сий Медиола́нский, св. *(ок. 340-97; представитель лат. патристики, один из четырёх Учителей лат. церкви; канонизирован; считается покровителем Милана; д. п. 7 декабря, англик. – 4 апреля) St. Ambrose, Bp. of Milan.

Амéзиус, Гильéльмус *(1576-1633; англ. богослов-пуританин, проживший вторую часть своей жизни в Голландии, где он преподавал богословие)* William Ames, *лат.* Guilielmus Amesius.

америкáнец áнгло-саксóнского происхождéния и протестáнтского вероисповéдания *(американец, к-рого в США считают "чистым" в расовом отношении)* Anglo-Saxon Protestant, *сокр. разг.* ASP.

Америкáнская ассоциáция консервати́вных бапти́стов the Conservative Baptist Association of America.

"Америкáнская испрáвленная вéрсия" *(Библия, вышедшая в 1901 в Нью-Йорке)* the American Revised Version.

Америкáнская католи́ческая благотвори́тельность *(благотворительная организация катол. церкви; основана в 1910; штаб-квартира в г. Александрии, шт. Вирджиния)* the Catholic Charities USA.

Америкáнская лютерáнская цéрковь *(вторая после Лютеранской церкви Америки; образовалась в 1960 и объединяет 2,5 млн человек)* the American Lutheran Church, *сокр.* ALC.

Америкáнская правослáвная цéрковь *(автокефалия была предоставлена Русской православной церковью в 1970; ок. 1 млн верующих)* the Orthodox Church in America.

"Америкáнские спасáтели" *(религ.-благотворительное движение, организованное по принципу "Армии спасения"; имеет статус самостоятельной церкви; до 1913 называлась the American Salvation Army; не путать с "Армией спасения")* the American Rescue Workers.

Америкáнское библéйское óбщество *(основано в 1816 с целью содействия переводу, изданию и распространению Библии во всём мире; издаёт Библию на 275 языках; штаб-квартира в г. Нью-Йорке)* the American Bible Society, *сокр.* ABS.

Амéша Спéнта *(в зороастризме один из шести или семи архангелов, входящих в ближайшее окружение Ахурáзды)* Amesha-Spenta, Amesho-Spend.

Ами́да *япон. см.* **Амитáбха**.

ами́да *(основная еврейская молитва)* Amidah.

амид(а)и́зм *(одно из течений в буддизме* **махая́ны**; *поклонение Будде* **Амитáбхе***)* Amidism, Amida worship.

амиди́стский Amidist.

ами́кт *(плечевой плат катол. священника)* amice.

амилленари́зм *богосл. (эсхатологическое учение, отождествляющее тысячелетнее царствование Христа с веком Церкви)* amillennialism, amillenniarism.

амилленáрный *богосл. (отрицающий наступление в будущем видимого тысячелетнего царства Христа на земле)* amillennial.

Аминадáв *библ. (муж. имя)* Aminadab.

ами́нь 1. *(заключительное слово молитв и проповедей в подтверждение их истины)* amen; **2.** *(двойным а. Иисус часто начинает свои слова, прежде всего в Ев. от Иоанна, дабы подчеркнуть непререкаемость, истинность*

ами́нь

сказанного; тж и́стинно): "**а., а., глаголю вам**" "amen, amen I say unto you"; **3.** *(иносказательство о Христе; в Откровении 3:14 сам Христос назван "А.")* "**Так говорит А., свидетель верный и истинный, начало создания Божия**" 'These things says the Amen, the faithful and true witness, the beginning of the creation of God'.

Амира́льд *(1596-1664; франц. реформатский богослов)* Amyraut [Amyrald], Moses, Amyraldus Moyse.

амиральди́зм *(учение Амира́льда)* Amyraldism.

А́миро Мо́из *см.* **Амира́льд**.

ами́с *(холщовая лента, к-рой, по преданию, были завязаны глаза Христу во время истязаний перед распятием; в изобразительном искусстве – атрибут страстей, композиции с изображением орудий пыток Христа; во время Крестовых походов – "шлем воина Христова", лента, к-рой рыцари-крестоносцы обвязывали себе голову)* amice.

Амита́бха *("Беспредельно сияющий (Будда)" <Immeasurable Light>; один из будд, персонифицирующийся как Будда в буддизме маха́яны и ваджра́яны; "Будда Бесконечного Света" <the Buddha of Boundless Light> – создатель рая Чистой Земли <the Pure Land>, куда можно попасть благодаря вере)* Amitabha.

Амита́юс *(особая форма Будды Амита́бхи, сформировавшаяся к 4 в.; А. становится относительно самостоятельным Буддой, к к-рому обращают мольбы о долгой жизни, крепком здоровье и богатстве)* Amitayus.

Амитофо *китайский см.* **Амита́бха**.

Амитха *корейский см.* **Амита́бха**.

ами́ши *(одно из направлений в меннонитстве; названо по имени основателя, священника Якоба Аммана <Jacob Ammann [Amen]>; основано в 1690 в Швейцарии; в 1714 члены секты переселились на территорию совр. Пенсильвании, США; живут в сельских общинах; буквальное толкование Библии запрещает им пользоваться электричеством, автомобилями и т. п.; а. носят бороду (без усов), старомодную одежду с крючками вместо пуговиц, используют плуг в земледелии, строго соблюдают день отдохновения)* the Amish (Mennonites).

а́мма *(духовная матерь, к-рая принимает послушницу под своё смотрение)* amma.

амма́(н) *(у дравидов общее наименование богинь, к-рые действуют на двух уровнях: общеиндийском как ипостаси "богини-матери", "дэви" или др. персонажей общеиндийской мифологии и местном, где они выступают под разными именами и обликами в окружении разных мифов и местных легенд)* amma(n).

амманиты *см.* **ами́ши**.

амме́й *см.* **амма́(н)**.

Аммо́н *библ. (царь Южного царства Иудея; Матфей упоминает А.-а в родословном древе Иисуса)* Ammon.

Аммо́ний Александри́йский *(ок. 175-242; религ. писатель, основатель неоплатонизма)* Ammonius.

аммонитя́не *библ. (семитское племя в Вост. Иордании; прародителем считается Бен-А́мми, сын Лота от его младшей дочери)* the Ammonites.

Аммо́н, прп. *(жил в 4 в., был собратом и собеседником Анто́ния Вели́кого, видный представитель егип. монашества; д. п. 4/17 октября)* St. Ammon.

Амморе́йских, 42 мчч., 42 мчч. в Амморе́е: Фео́дор, Константи́н, Калли́ст, Феофи́л и прочие с ними *(9 в.; д. п. 6/19 марта)* Forty-Two Ms. at Ammorius: Theodore, Constantin, Callistus, Theophil and others with them.

Амму́н, прп. *см.* **Аммо́н, прп.**

Амно́н *библ. (старший сын Давида от его жены Ахиноамы)* Amnon.

Амогаси́ддхи *см.* **Амогхаси́ддхи.**

Амогхава́джара *(1. 705-74; индийский буддийский монах, в 720 переехавший в Китай; принадлежит к числу главных теоретиков и практиков эзотерического буддизма; 2. один из бодхисат(т)в* **ваджрая́ны,** *известный в Китае и Японии, относящийся к мифологической семье Будды* **Акшо́бхьи)** Amoghavajra.

Амогхаси́ддхи *(санскрит "Непогрешимо преуспевающий" <Unfallingly Successful>; один из пяти* **дхья́ни-будд** *в* **ваджрая́не***; будда, олицетворяющий непогрешимую истину; его изображение окрашивается в зелёный цвет, его небесная страна находится на Севере буддийской Вселенной; культ* **А.** *популярен в тибето-монгольском буддизме)* Amoghasiddhi.

Амо́н *библ. (верховный бог егип. царства)* Amon.

амора́и(м) *мн. ч. см.* **амо**р**е́и.**

амор**е́и** *(учителя-талмудисты в Палестине и Месопотамии в 250-500)* amoraim.

амори́зм *(религ. чувство с примесью любовной страсти)* amorism.

Амо́ри Ша́ртрский *см.* **Ама́льрик из Бены.**

Амори́я *см.* **Амари́я.**

Аморре́и *библ. (обозначение доизраильского населения Палестины)* the Amorites.

А́мос(в) *библ. (1. один из 12-ти малых пророков, пастух; А. – старший и самый резкий из ветхозаветных пророков, автор названной по его имени книги Ветхого Завета; 2. отец пророка Исаии)* Amos ◊ **Книга пророка А.-а** (The Book of) Amos.

амофо́р *см.* **омофо́р I.**

А́мплий, св. ап. *библ. (из 70-ти апостолов; рим. христианин, к-рого приветствует ап. Павел; д. п. 4/17 января и 31 октября / 13 ноября)* St. Ampliatus, Apl.

а́мпула 1. *(свинцовая или стеклянная фляга, к-рую носили средневековые пилигримы; тж древнерим. небольшая амфора)* ampulla; **2.** *(в Зап. христ-ве каждый из пары сосудов, в к-рых вино и воду приносят на престол для освящения на евхаристии; имеют форму небольших бутылочек)* cruet.

Амра́м *библ. (отец Моисея, Аарона и Мариам)* Amram.

Амра́м бен-Ше́шна *(ум. 875; глава талмудической академии)* Amram bar Sheshna.

амри́та *(1. в индуизме божественный напиток бессмертия, элексир жизни, к-рым боги подкрепляют силы, поддерживают своё существование; 2. священный напиток сикхов)* amrita, amreeta.

Амритса́р *(город в шт. Пенджаб, один из религ. центров Индии, священный город сикхов; основан в 1577 четвёртым гуру Рам Дасом, к-рый купил уча-*

сток земли и заложил город Гуру Чакк; в этом городе был при Рам Дасе вырыт священный пруд Амритсар ("Океан амриты" <Pool of Nectar>) – отсюда название выросшего здесь большого города) Amritsar.

Áмсдорф, Николáй (1483-1565; ближайший друг и соратник Лютера; по смерти Лютера стал во главе строго лютеранского течения) Amsdorf, Nicholaus von.

амулéт (предмет, к-рый, по нек-рым представлениям, способен охранять его владельца от воздействия тёмных сил) amulet, charm, fetish, obeah; (в Африке) saphie ◊ **а.-ы от сглаза** и т. п. apotropaic charms.

Амфилóхий Иконúйский, свт. (ум. 400; д. п. 23 ноября / 6 декабря, катол. – 23 ноября; двоюродный брат св. Григория Богослова, член 2-го Вселенского собора, сподвижник св. Василия в борьбе с еретиками) St. Amphilochius, Bp. of Iconium.

Амфиóн Киликúйский, еп. (4 в.; катол. св., д. п. 12 июня) St. Amphion, bp. of Epiphania, Cilicia.

анабаптúзм Anabaptism.

анабаптúстский Anabaptistic(al).

анабаптúсты (представители радикальных протест. течений эпохи Реформации, критически относящиеся ко многим церк. обычаям и ритуалам, в частности не признававшие крещения младенцев; после поражения а. положили начало ряду общин более умеренного характера – **Гýттерских брáтьев, меннонúтов**) the Anabaptists, устар. the Rebaptizers.

анавóлий (белые одежды, надеваемые на новокрещённого) christening [baptismal white] dress, christening robe.

анагнóст (чтец, причётник, к-рый поставлялся на своё служение особой "агностической" или "причтной" молитвой) правосл. anagnost(es); (в Зап. христ-ве соответствует) lector.

анагóга (аллегорическое, иносказательное толкование какого-л. действия, повествования, особ. библ. текста) anagoge.

Анаклéт [Анаклúт] I, св. (Папа Римский, четвёртый преемник ап. Петра; ум. ок. 88; катол. св., д. п. 26 апреля) St. Cletus, St. Anacletus.

аналáв (принадлежность облачения монаха великой схимы – небольшой четырёхугольный плат с изображением страстей Господних, шнурами привязываемый к телу и носимый под одеждой; подобен **парамáнду** монаха малой схимы) analabos; (принадлежность облачения монахини) analav.

"Аналéкты" (Конфýция) (собрание отрывков из произведений Конфуция) the Analects (of Confucius), Confucian Analecta.

аналóгий см. **аналóй**.

аналóгия бытия́ (один из основных принципов катол. схоластики; обосновывает возможность познания бытия Бога из бытия сотворённого им мира, несмотря на принципиальное различие их природы) лат. analogia entis.

аналóгия сýщего см. **аналóгия бытия́**.

аналóй (в правосл. высокий столик с покрытым верхом, на к-рый в церкви кладут иконы или богосл. книги для чтения) analogion; (в Зап. христ-ве соответствует) (reading) desk, reading [altar, missal] stand, lectern; англик. faldstool; (с подставкой для коленопреклонения) катол. prie-dieu.

Анамелéх *библ. (ассирийское местное божество)* Anammelech.

Анамнéзис *(часть литургии, где вспоминается установление чина евхаристии и перечисляются связанные с этим события из жизни Христа; не путать с "анамнесис" – термином платоновской философии)* the Anamnesis.

Анáнда *(в буддийской мифологии двоюродный брат, любимый ученик и последователь Будды* **Шакьямýни***, его верный слуга и проповедник его идей, в течение тридцати лет неотлучно находившийся при нём и прислуживавший ему; изображается в облике бритоголового монаха)* Ananda.

анáнда *(в монашеском и созерцательном индуизме – состояние полного блаженного слияния с божеством)* ananda.

"Áнанда Мáрга" *("Путь радости" <Path of Bliss>; религ.-шовинистическая организация правого толка, создана в 1955 в шт. Бихар, Индия; основатель её – бенгальский брахман П. Р. Саркар <Prabhat Ranjan Sarkar>; идеология* **"А. М."** *соединяет мистицизм йоги и тантру, к-рая понимается как средство овладения космическим сознанием; организация жёстко структурирована и строится по принципу пирамиды с неукоснительным подчинением низших высшим и высших верховному вождю; отделения* **"А. М."** *существуют и за пределами Индии, в т.ч. и в России)* the Ananda Marga.

Анáний Перс(е)я́нин, св. мч. *(д. п. 1/14 декабря)* St. Ananias.

Анáния *библ. (греч. форма еврейского имени "Ханания"; неоднократно появляющееся в Ветхом Завете и Новом Завете муж. имя)* Ananias, Hananiah.

Анáния, св. *(ап. от 70-ти; д. п. 1/14 октября, катол. – 25 января)* Ananias, Apl.

Анáнта *(великий змей в индуистской мифологии, всегда сопутствующий Вишну; участвует в одной из устойчивых иконографических композиций вишнуизма: Вишну в йогическом сне возлежит на огромном змее, свернувшемся в кольца; у ног бога – его супруга Лакшми; из пупа Вишну вырастает лотос, на к-ром восседает Брахма)* Ananta.

Анастáсий Перс(е)я́нин, св. прмч. *(ум. 828; д. п. 22 января / 4 февраля)* St. Anastasius, Venerable-M. of Persia, St. Anastasius the Persian.

Анастáсий Синаи́т, св. *(ум. ок. 700; писатель, богослов; д. п. 20 апреля / 3 мая, катол. – 21 апреля)* St. Anastasius the Sinaite.

Анастáсия Патри́кия *(6 в.; катол. св., д. п. 10 марта)* St. Anastasia Patricia.

Анастáсия Ри́млянка [Ри́мляныня] св. *(она же прмц. Анастасия, называемая старшей, жила при рим. императорах Деции и Валериане; ум. около 257; д. п. 29 октября / 11 ноября, катол. – 28 октября)* St. Anastasia, Venerable-M.

Анастáсия Узеши́тельница, св. *(она же вмц. Анастасия, называемая младшей, жила при рим. императоре Диоклетиане, ум. в 290/304 г.; д.п. 22 декабря / 4 января, катол. – 25 декабря)* the Great M. Anastasia.

Анáт *(ханаанская богиня плодородия и войны; её имя в Ветхом Завете не упомянуто, но такие географические названия, как Анафоф или Бет-Анат, отражают почитание этой богини в доизраильской Палестине)* Anath.

анатáрика-кáрма *(неисправимый грех в буддизме)* anatarika-karma.

ана́тман *(в буддизме одно из основных понятий – несуществование личного начала, человеческого "я", отсутствие неизменной души)* anatman.

Анато́лиевы стихи́ры *(стихиры, находящиеся в Октоихе, в воскресных службах на вечерне, на Господни воззвах; написаны Анатолием, птрх. Константинопольским)* the Anatolikons.

Анато́лий, птрх. Константино́польский *(ум. 458; председательствовал на Халкидонском соборе; короновал императора Льва, впервые совершив этот обряд; составил несколько церк. песен; д. п. 3/16 июля)* Anatolius, Patriarch of Constantinople.

Анато́лия, де́ва, мц. *(ум. ок. 250; катол. св., д. п. 23 декабря)* St. Anatolia, virgin, m.

ана́фема *(отлучение от Церкви)* anathema, curse, ban, *греч.* anathematisma ◊ **относящийся к а.-е** anathematic(al); **предание а.-е** anathematization; **предать а.-е** to anathematize, to fulminate an anathema, *(преим. в пассивной форме)* to accurse, to ban; **предать а.-е монофелитов как еретиков** to anathematize the Monothelites as heretics; **тот, кто предаёт а.-е** anathematizer.

анафемати́зм anathematism, anathematization.

анафема́тствовать to anathematize, to ban.

ана́фора *(особая молитва или канон, являющийся основной частью литургии и начинающийся после пения Символа веры; центральный момент а.-ы – возношение [поднятие над престолом] приготовленных для причащения Святых Даров)* the great Eucharistic prayer; *(возношение)* the anaphora.

анафора́льная моли́тва *см.* **ана́фора**.

анафо́рный anaphoral.

анаха́та-ча́кра *см.* **ча́кра**.

Анахи́та *(в мифологии зороастризма богиня реки, божество плодородия, входила в божественную триаду Ахуразда – А. – Митра)* Anahita.

анахоре́т *(отшельник, который, удалившись в пустыню, молился, постился и упражнялся в богомыслии)* recluse, eremite, hermit, an(a)choret, anachorite, anachorist, *(о женщине)* anchoress ◊ **убежище а.-а** anchorage, hermitage; **философы-а.-ы** recluse philosophers.

анахоре́тский hermetic(al), reclusive.

анахоре́тство *(уединённый образ жизни монаха-отшельника)* anchoritism, anchoretism, eremitic [hermitical] monasticism.

а́нгел *(см. тж* **а́нгелы***)* angel, watcher; *(в исламе – мала́к см.* **мала́йка***)* ◊ **а.-воитель** warrior-angel; **а.-мститель** avenging angel; **небесный а.** angel of heaven; **а., облачённый облаком** angel dressed in cloud; **падший а.** fallen angel; **а. Сатаны** messenger of Satan; **служащий (людям) а.** ministering angel.

Анге́ла Ме́ричи, де́ва *(ок. 1470-1540; основательница ордена урсулинок; катол. св., д. п. 27 января)* St. Angela Merici, v.

а́нгел бе́здны *(библ.* **Авадо́н***, греч.* **Аполлио́н***)* the angel of the Abyss, the angel of the bottomless pit, Abaddon, Apollion.

"А́нгел Госпо́день" *см.* **"Анге́лус"**.

а́нгел Госпо́день *см.* **а́нгел све́та**.

"**Áнгел златы́е власы́**" *(иконографический образ)* The Angel with the Golden Hair.
Ангели́на Марсиа́но, прп., блж. *(1377-1435; катол. св., д. п. 13 июля)* Blessed Angelina Angioballi of Marsciano.
Ангели́на Фолиньо́сская, блж. см. **Анже́ла Фолиньо́сская, блж.**
Áнгел Кармели́т Иерусали́мский, сщмч. *(ум. 1220; миссионер, катол. св., д.п. 5 мая)* St. Angelo the Carmelite, m.
ангелогра́фия angelography.
ангелозра́чный *(видом или сиянием подобный ангелам)* angel-like, angel-bright.
ангелоле́пный *(красотою подобный ангелам)* angel-like, angel-faced.
ангелологи́ческий angelologic(al).
ангелоло́гия *(учение об ангелах; раздел теологии, трактующий об ангелах)* angelology.
ангелоподо́бный angel-like, angel-faced.
áнгел, отмеча́ющий до́брые дела́ и грехи́ *(человека)* recording angel.
ангелофа́ния *(явление ангела)* angelophany.
áнгел разруше́ния destroyer, destroying angel, *(об Аваддоне или Аполлионе)* Destroyer.
áнгел све́та the angel of the Lord, the God's [Good] angel.
Áнгел Скарпе́тти, блж. *(ум. 1306; катол. св., д. п. 1 октября)* Blessed Angelo Scarpetti of Borgo.
áнгел сме́рти angel of death, angel exterminator.
áнгел тьмы evil angel, angel of darkness.
"**Áнгелус**" *(катол. молитва в честь таинства Воплощения и почитания Богоматери, повторяемая трижды в день – утром, в полдень и вечером; состоит из троекратного чтения молитвы "Áве Мари́я" с соответствующими стихами и заключительной молитвы; молитва начинается словами "Ангел Господень возвестил Марии" <лат. "Angelus Domini nuntiavet Mariae">)* the Angelus, *лат.* Angelus Domini, Salutatio angelica ◊ **колокол, призывающий к чтению молитвы "А."** the Angelus bell.
Áнгелус Силе́зиус *(1624-77; немец. духовный поэт; поэтический псевдоним Иоганна Шеффлера <Johannes Scheffler>)* Angelus Silesius.
Áнгел Фурси́йский, блж. *(ум. 1327; катол. св., д. п. 6 февраля)* Blessed Angelo of Furcio.
áнгел-храни́тель *(даётся Богом каждому крещёному верующему; в иконографии представлен юным человекоподобным существом, облачённым в белый хитон, иногда в тунику и гиматий, или плащ)* guardian [ministering] angel ◊ **Праздник а.-ов-х.-ей** *катол. (2 октября)* the Guardian Angels.
áнгелы 1. собир. *(в иудаизме, христ-ве и исламе бесплотные сверхъестественные существа, назначение к-рых – служить единому Богу, воюя с его врагами, воздавая ему честь, неся его волю стихиям и людям; уже в раннехрист. эпоху появляются изображения* **а.-ов** *в человеческом облике по большей части с двумя крыльями; в раннехрист. искусстве они облачены в туники, в византийском искусстве – в роскошные одеяния; зап. Средневековье создаёт тип юношески прекрасных* **а.-ов**, *к-рые с трубами и орудиями мученичества сопровождают Христа в сцене Страшного суда*

в многочисленных произведениях искусства 12-16 вв.; в эпоху Возрождения начинают преобладать **а.**, *исполненные мягкости и кротости*) angelhood ◊ **поклонение а.-ам** angelolatry; **2.** *библ.* the hosts of heaven, the host of angels ◊ **падшие а.** the Satanic host.

"**Ángельская песнь**" (*1. та, к-рую ангелы неумолчными устами непрестанно со страхом и трепетом взывали Сидящему на престоле, чему был свидетелем пророк Исаия (Книга пророка Исаии 6:3)* – *см.* "**Свят, Свят, Свят**"; *2. та, к-рую ангелы воспели в ночь рождения Иисуса и к-рую слышали Вифлеемские пастухи:* "*Слава в вышних Богу и на земле мир, в человеках благоволение*" (*Ев. от Луки 2:14*) '*Glory to God in the highest, and on earth peace, good will toward men*') the Angelic Hymn; (*см.* "**Глóрия**") *лат.* Gloria in Excelsis Deo.

ángельские сúлы *см.* **сúлы небéсные, чин V**.

ángельские чúны *см.* **чин V**.

ángельский (*свойственный ангелам или приближающимся к ним людям святой жизни*) angelic(al).

"**Ángельский дóктор**" (*утвердившийся в позднем Средневековье почётный титул Фомы Аквинского*) the Angelic doctor, the Angel of the Schools, *лат.* Doctor angelicus, Doctor communis, Doctor sanctus.

ángельский óбраз (*о монахах-великосхимниках*) angelic habit.

ángельское облачéние angelic vestment.

"**Ángельское привéтствие**" (*первая часть молитвы* "**Áве Марúя**") the Angelic Salutation.

"**Ángелюс**" *см.* "**Ángелус**".

Ангильбéрт, аббáт (*ум. 814; в 790 А. назначен был аббатом Центульского <Centula> монастыря; он заново отстроил монастырь и значительно увеличил монастырскую библиотеку; катол. св., д. п. 18 февраля*) St. Angilbert, abbot.

англúйский готúческий шрифт (*использовался в религ. лит-ре, в надписях витражей, памятников*) church-text.

англикáнец (*лицо англик. вероисповедания*) Anglican ◊ **обрядовая практика а.-ца** churchmanship.

англикáнская цéрковь (*государственная церковь Англии; возникла в 16 в.; по своему учению и организационным принципам ближе к католической церкви, чем к протестантской*) the Anglican Church, the Church of England, *сокр.* C.E., C. of E.; (*как государственная, господствующая или официальная в Англии и Уэльсе*) the Established Church; (*догматические и обрядовые течения в* **а.-ой церкви**) "**Высóкая цéрковь**"; "**Нúзкая цéрковь**"; "**Ширóкая цéрковь**" ◊ **а. епископальная церковь США** the Episcopal Church of the United States, *сокр.* ECUSA; **а.-ие церкви Шотландии, Ирландии, Уэльса** the Anglican Churches of [in] Scotland, Ireland, Wales; **член а.-ой церкви** Anglican, Episcopalian, Churchman; **сторонник "Низкой церкви"** Low-Churchman; **39 статей а.-ой ц.-ви** (*свод догматов, содержащих англик. вероучения; принят окончательно в 1563*) the Thirty-nine Articles of the Church of England.

англикáнский Anglican, *сокр.* Angl.

Англика́нское содру́жество (в **А. с.** входят 25 автономных церквей и 6 церк. организаций; среди них: Церковь Англии, Церковь в Уэльсе, Епископская церковь Шотландии, Протестантская епископальная церковь в США, а тж ряд церквей в Индии, Пакистане, ЮАР, Канаде, Австралии и в др. странах) the Anglican Communion.

Англика́нско-Ри́мско-католи́ческая междунаро́дная коми́ссия (основана в 1966 для обнародования общих согласованных точек по догматическим вопросам) the Anglican-Roman Catholic International Commission, сокр. ARCIC.

англика́нство (англик. вероисповедание) Anglicanism ◊ **обратить в а.** to episcopize.

англика́нцы the Anglicans.

англича́нин-като́лик (англичанин, принадлежащий к Римско-катол. церкви) Anglo-Roman.

англокато́лик (сторонник вероучительского и литургического, но не организационного, единства англик. церкви с католичеством; **а.-и** придают большое значение церк. обрядам и власти духовенства) Anglo-Catholic.

англокатолици́зм (течение в англик. церкви, тяготеющее к католицизму) Anglo-Catholicism.

англокатоли́ческий Anglo-Catholic.

англокатоли́чество см. **англокатолици́зм**.

А́нгло-саксо́нская це́рковь (христ. церковь в Англии с конца 6 в. до норманнского завоевания 1066) the Anglo-Saxon Church.

Ангулима́ла-пари́тта (один из учеников Будды **Гаута́мы**, в прошлом разбойник) пали Angulimala-paritta.

Анджели́ко, Фра (Гвидо ди Пьетро <Guido di Pietri>, его имя в монашестве – Джиованни да Фиесоле <Fra Giovanni da Fiesole>; 1387-1455; итал. религ. живописец, представитель Раннего Возрождения; работал во Флоренции; религиозно-созерцательное искусство **А.** проникнуто светлым наивным лиризмом, красочной сказочностью; катол. св., блж., д. п. 18 марта) Fra Angelico.

Андре́а дель Са́рто (1486-1530; итал. живописец; наряду с Фра Бартоломео один из выдающихся мастеров флорентийской школы Высокого Возрождения; монументальные, величественные алтарные картины; фрески его работы находятся в монастыре Скальци <the Scalzo>) Andrea del Sarto.

Андре́й библ. (один из 12-ти апостолов; тж **Андре́й Первозва́нный**) Andrew ◊ **А., брат Симона Петра** Andrew, Simon Peter's brother; **День св. Андрея** (30 ноября, национальный праздник Шотландии) St. Andrew's Day.

Андре́й, архиеп. Кри́тский см. **Андре́й Кри́тский, свт.**

Андре́й Галлера́нский, блж. (ум. 1251; катол. св., д. п. 19 марта) Blessed Andrew De Gallerani.

Андре́й Кацио́ли, прп., блж. (ум. 1254; катол. св., д. п. 3 июня) Blessed Andrew Caccioli.

Андре́й Кри́тский, свт. (ум. 766; религ. деятель; архиеп. острова Крит, знаменитый проповедник, автор многочисленных церк. гимнов-песнопений; д. п. 4/17 июля, катол. – 20 октября) Andreas, Archbp. of Crete, St. Andrew of Crete, St. Andrew the Calybite ◊ **"Великий покаянный канон**

Андрей

(А.-я К.-ого)" *(состоит из 250 тропарей и излагает всю историю Ветхого и Нового Заветов с нравоучительными толкованиями; поётся по частям на вечерних богослужениях в первые четыре дня Великого поста и целиком – на утрене, в четверг пятой седмицы)* the Great Penitential Canon of St. Andrew of Crete.

Андрей Первозванный *(братья* **А.** *и Петр были двумя первозванными учениками Иисуса, к-рый призвал их оставить свою профессию и сделаться Его последователями; д. п. 30 ноября / 13 декабря)* St. Andrew, the "First-called" Apostle.

Андрей Стратилат, мч., и с ним 2593 мчч. *(284-305; д. п. 19 августа / 1 сентября)* St. Andrew, a Tribune in the Greek army and with his 2,593 soldiers, Ms.

Андрей Струмвнский, блж., аббат *(ум. 1097; катол. св., д. п. 10 марта)* Blessed Andrew of Strumi, abbot.

Андрей Франчи, блж. *(1335-1401; катол. св., д. п. 30 мая)* Blessed Andrew Franchi Boccagni.

Андрэ, Иаков *(1528-90; один из влиятельнейших лютеранских богословов; в продолжение последних 40 лет своей жизни* **А.** *принимал участие во всех важных спорах, протест. богословов и всегда держался строго лютеранской точки зрения, заботясь о соединении различных партий, на к-рые разделилась лютеранская церковь)* Andreä [Andreae], James.

Андрэ, Иоганн Валентин *(1586-1654; немец. богослов; внук* **Андрэ, Иакова**; *в своих многочисленных сочинениях, написанных на лат. языке,* **А.** *является, с одной стороны, сатириком, предающим осмеянию схоластику лютеранского богословия и безобразия в жизни всех сословий, с другой – идеалистом-христианином, описывающим образцовое христ. государство и призывающим к его созданию)* Andreä [Andreae], Johann Valentin.

Андриан и Наталия см. **Адриан и Наталия**.

Андриан Кесарийский см. **Адриан Кесарийский**.

Андроник, св. ап. и иже с ним *(д. п. 17-30 мая)* St. Andronicus, Apl. and others with him.

Анемподист, св. мч. *(ум. ок. 345; д. п. 2/15 ноября)* St. Anempodistus, M.

Анжела Меричийская, св. см. **Ангела Меричи, дева**.

Анжела Фолиньосская, блж. *(ум. 1309; катол. св., д. п. 7 января)* Blessed Angela of Foligno.

Анзельм, св. см. **Ансельм Кентерберийский, еп. и Учитель Церкви**.

Аниан Александрийский, птрх. *(1 в., св., д. п. 25 апреля / 8 мая)* St. Anianus of Alexandria.

Аникет [Аникита] Римский *(ум. ок. 166; родился в Сирии, стал Папой Римским ок. 155; вёл с Поликарпом Смирнским спор о времени празднования Пасхи, катол. св., д. п. 17 апреля)* St. Anicetus of Rome.

анимализм см. **зоолатрия**.

аниматизм *(примитивная форма веры, в соответствии с к-рой все предметы и явления природного происхождения имеют личность и волю, однако не обладают индивидуальной душой)* animatism.

анимизм *(вера в то, что все предметы, напр. деревья, камни и т. п., обладают индивидуальной душой; вера в населённость природы бестелесными существами)* animism.

анимистический animistic ◊ **а.-ая религия** animistic religion.

Анисий Солунский [Фессалоникийский], еп. *(ум. 406; д. п. 30 декабря / 12 января)* St. Anysius, bp. of Thessalonica.

Анисия, св. мц. *(ум. ок. 304; д. п. 30 декабря / 12 января)* St. Anisia, M.

анитья *(непостоянство <itpermanence>; центральное и определяющее понятие буддизма: непостоянны все внешние и все внутренние элементы потока сознания)* anitya.

аничча пали см. **анитья**

Анна I *(мать Пресвятой Девы Марии)* Anne ◊ **Зачатие праведной Анной Пресвятой Богородицы** *(см. зачатие)* the Conception by St. Anne of the Most Holy Mother of God.

Анна II *библ. (мать пророка и судьи Самуила, жена Елканы)* Hannah.

Анна *библ. (муж. имя, сокр. форма от имени Анания)* Annas.

Анна Константинопольская, прп. см. **Анна Левкадийская, прп.**

Анна Левкадийская, прп. *(ум. ок. 918; д. п. 23 июля / 5 июля, тж катол. св.)* St. Anne (Susanna) of Leucadia.

Анна, св. пророчица, дочь Фануила *библ.* St. Anna, prophetess, the daughter of Phanuel.

Анна святого Варфоломея, блж. *(ум. 1626; помощница св. Терезы Авильской, катол. св., д. п. 7 июня)* Blessed Anne of Bartholomew, Blessed Anne Garcia.

аннаты *истор. (платежи, к-рые были обязаны делать в папскую казну вновь назначаемые епископы и аббаты; они составляли от полугодового до годового дохода с данной епархии, монастыря или прихода)* annates.

Анно Домини *(год Господень <the year of the Lord>, год от рождества Христова; летосчисление от предполагаемой даты рождения Христа)* лат. Anno Domini, *сокр.* A. D.

Анно II Кёльнский, архиеп. *(1010-75; катол. св., д. п. 4 декабря)* St. Anno, bp.

аномеи см. **аномейцы**.

аномейцы *истор. (4 в., еретическая секта крайних арианцев в христ-ве; считали Сына Божия "неподобным" Отцу по существу)* the Anomoeans, the Antians.

Ансан Сьенский *(ум. ок 304; св. мученик; родом из Сьены, стал христианином, за что был выдан своим отцом императору Диоклетиану, к-рый, прежде чем его казнить, пытал в чане с кипящим маслом; считается первым апостолом Сьены; катол. св., д. п. 1 декабря)* St. Ansanus of Siena.

ансар(ии) *(1. жители Медины, поддерживавшие пророка Мухаммада после его переселения из Мекки и ставшие его первыми сподвижниками; 2. члены мусульманского братства ансария в Судане)* мн. ч. ansar, ansarians.

ансария *(мусульм. братство в Судане, возникшее на базе освободительного движения под руководством Мухаммеда ибн Ахмада [Махди Суданского] <Muhammed Ahmad> – дервиша из братства самания, к-рый объявил себя* **махди** *и в 1881 возглавил т.н. восстание махдистов против турецко-егип. властей и англ. колонизаторов в Судане; после смерти Мухаммеда* ибн Ахмада и разгрома восстания его сподвижники **ансáры** основали братство махдия, позже получившее название **а.**; широко распространено в северо-зап. районах совр. Судана) Ansarie(h), Ansariyah, Ansairieh.

ансáры см. **ансáр(ии)**.

Ансбáльд Прюмский, аббáт (ум. 886; катол. св., д. п. 12 июля) St. Ansbald of Prüm, abbot.

Ансбéрт Руéн, еп. (ум. ок. 695; катол. св., д. п. 9 февраля) St. Ansbert, bp. of Rouen.

Ансгáр см. **Ансхáрий, еп. и мч.**

Ансéгис Фонтенéль, аббáт (ум. 833; катол. св., д. п. 20 июля) St. Ansegius, abbot of Fontenelle.

Ансéльм Кентерберúйский, еп. и Учúтель Цéркви (1033-1109; итал. аббат, философ-схоласт, архиеп. Кентерберийский с 1093; из-за конфликта с Вильгельмом II, к-рый назначил его на этот пост во время визита **А.-а** в Англию, и Генрихом I дважды был в ссылке, катол. св., д.п. 21 апреля) St. Anselm, bp. dr.

Ансéльм II Лýккский, еп. (ум. 1036-86; катол. св., д. п. 18 марта) St. Anselm, bp. of Lucca.

Ансéльм Нонантýльский, прп. (ум. 803; катол. св., д. п. 3 марта) St. Anselm of Nonantola.

Анстрýдис, св. (ум. ок. 700; катол. св., д. п. 17 октября) St. Anstrudis [Austrude], virgin.

Ансфрúд Утрéхтский, еп. (ум. 1010; катол. св., д. п. 11 мая) St. Ansfrid, bp. of Utrecht.

Ансхáрий, еп. и мч. (801-65; первый скандинавский миссионер, "апостол Севера" <the Apostle of the North>, катол. св., д. п. 3 февраля) St. Ansgar [Anskar, Anschar(ius)], Bp.

Антéльм Беллéйский, еп. (1107-78; катол. св., д. п. 26 июня) St. Anthelm, bp. of Belley.

áнтем 1. англик. (антифонное пение, англизированная форма слова "антифон") anthem; **2.** см. **гимн 1**.

антепéндиум (завеса или перегородка перед алтарём; декорировалась вышивкой, росписью, рельефом) antependium.

Антéр (ум. 236; римский еп., папа, сщмч., д. п. 3 января) St. Antherus.

антиадорáнты истор. (социниáне, к-рые отрицали законность поклонения Христу) the Nonadorantes.

антибюргеры истор. (одно из ответвлений в Пресвитерианской церкви Шотландии, оформившееся в 1747 и существовавшее до 1820) the Antiburghers, the Antiburgher Kirk.

антидикомариани́ты (христ. секта в Аравии в 4 в., к-рая отрицала девство Богородицы и полагала, что, кроме Иисуса, у Неё было несколько детей от Иосифа) the Antidicomarians.

антидóр(а) (части просфоры, из к-рой на проскомидии был вынут для совершения таинства причастия Святой Áгнец; эти части раздаются не успевшим причаститься верующим по окончании литургии вместо Святых Даров) the Antidoron (Bread), the eulogia, the antidoron; (в Зап. христ-ве, особ. во Франции и Канаде соответствует) the pain bénit, the holy bread, the holy loaf.

антикато́лик *см.* **антипапи́ст**.
антикатолици́зм anti-Babylonianism.
антикатоли́ческий anti-Catholic, acatholic.
антиклерикали́зм *(1. форма проявления безбожия; 2. движение против гражданских привилегий церкви и клерикального влияния на общественную жизнь)* anticlericalism.
антиклерика́льный anticlerical.
антими́нс *(освящённый шёлковый или льняной плат, с вложенной в него частицей мощей святого, на к-ром изображено положение во гроб Христа или крест с орудиями страстей; тж* **напресто́лие**) antimension, antimins(ion), thronos, kathierosis ◊ **развёртывание на престоле а.-а** the unfolding of the antimension on the altar.
антиноми́зм *(учение, согласно к-рому христианин не связан никакими моральными законами или обязанностями, поскольку спасается одной верой)* antinomianism.
антиноми́сты *истор. (последователи* **антиноми́зма**) the Antinomians, the Davidists, the Familists.
Анти́ох III Вели́кий *библ. (сирийский царь)* Antiochus III, Antiochus the Great.
Анти́ох IV Епифа́н *библ. (сирийский царь)* Antiochus IV, called "Epiphanes".
антиохи́ец *(житель* **Антиохи́и**) Antiochene.
Антиохи́йская (правосла́вная) це́рковь *(автокефальная правосл. церковь; объединяет ок. 1 млн верующих, проживающих на территории Сирии, Ливана и ряда др. стран; патриаршая резиденция находится в Дамаске)* the East Syrian Church, the Patriarchate of Antioch ◊ *(титулование главы церкви)* **Его́ Блаже́нство Патриа́рх Вели́кой Антиохи́и и всего́ Восто́ка** His Beatitude the Patriarch of Antioch the Great and All the East.
Антиохи́йская шко́ла *(4-6 вв.; центр богословия, заложила основы экзегетики; в противоположность* **Александри́йской шко́ле** *отвергала аллегорическое толкование Священного Писания и стремилась опираться лишь на его прямой смысл)* the Antiochian School.
антиохи́йский Antiochian, Antiochene ◊ **а.-ое богосло́вие** *(богосл. доктрины раннехрист. церкви Антиохии, в отличие от Александрийской)* the Antiochene theology; **а. патриа́рх** Antiochian patriarch; **приве́рженец раннехрист. це́ркви Антиохи́и** *или* **Антиохи́йской шко́лы** Antiochian, Antiochene.
антиохи́йский обря́д *(зап.-сирийский обряд – складывался в Иерусалиме, затем в Антиохии, и распространился в Сирии и Месопотамии, а с 17 в. на Малабарском побережье Индии; это обряд маронитов, сирийцев и маланкар, т. е. нек-рых католиков и монофизитов)* the Antiochene rite.
Антиохи́йский собо́р *(341; поместный собор христ. церкви; отцы этого собора (ок. 100) первоначально были созваны императором Констанцием в Антиохию для освящения храма, заложенного ещё при Константине Великом; по окончании церк. торжества собравшиеся епископы образовали собор, на к-ром было составлено 25 правил относительно церк. управления)* the Council of Antioch.
Антиохи́я *библ. (ныне Антакия, ранее столица Сирии на левом берегу р. Оронта в 3-х милях от моря; основана Селевком I Никатором в 300 до н.э. и названа в честь его отца; заселена христианами, бежавшими из Иеру-*

салима после убийства архидиакона Стефана (34); апостолы Петр, Варнава и Павел посещали **А.-ю**, где ученики Христа впервые получили название "христиане"; **А.** не раз страдала от землетрясений; разрушена крестоносцами, а потом егип. Султаном Бибарсом) Antioch.

Антио́х IV Эпифа́н см. **Антио́х IV Епифа́н**

Анти́па Йрод см. **Йрод Анти́па**.

антипа́па *(глава катол. церкви, избрание к-рого на этот пост объявлялось недействительным)* antipope.

антипапи́ст *преим. истор.* antipapist.

Антипа́сха *(первое воскресенье после Пасхи)* Antipasch(a), St. Thomas' Sunday, Sunday of St. Thomas the Apostle; *(в Зап. христ-ве)* Low Sunday, Quasimodo.

Антипасха́льная седми́ца *(неделя, начинающаяся в первое воскресенье после Пасхи)* the Antipaschal week.

Анти́па, сщмч., еп. Перга́мский *(ум. ок. 90; д. п. 11/24 апреля)* St. Antipas of Pergamus, Bp.-M.

антипа́т *греч. см.* **проко́нсул**.

Антипатри́да *библ. (город между Иерусалимом и Кесарией)* Antipatris.

антипелагиа́нский anti-Pelagian.

антирелиги́озник antireligionist, person engaged in antireligious activities.

антирелиги́озный antireligious.

антисобо́р *(созванный без разрешения официальных церк. властей; см. тж* ***собо́рник****)* conciliabulum.

антитеи́зм *(прямой бунт против Бога без отрицания Его бытия, с сохранением нек-рой связи с Ним; а. радикальнее обычного атеизма)* antitheism.

антитринитариа́нство *(религ.-филос. и мистические учения, отвергающие догмат о Св. Троице)* anti-Trinitarianism.

антитринита́рии *(сторонники* ***антитринитариа́нства****)* the anti-Trinitarians.

антифо́н *(в совр. катол. и правосл. богослужении – обыкновенно один стих, поющийся попеременно двумя хорами или священником и хором)* antiphon(y), antiphonon; *катол.* gradual ◊ **кни́га а.-ов** antiphonary, antiphonal, antiphoner; **после́дование а.-ов** the succession of antiphons.

антифона́рий *катол. (собрание антифонов)* antiphonal, antiphonary, antiphoner.

антифони́я *см.* **антифо́нное пе́ние**

антифо́нное пе́ние *(двумя хорами на клиросах)* antiphony, antiphonal singing *or* chanting.

антифо́нный antiphonal ◊ **а. стих** *(короткое предложение)*, **к-рый поётся пе́рвым** versicle; **а. стих** *(короткое предложение)*, **к-рый поётся в отве́т** response.

антифо́ны *(ветхозаветные псалмы или их части, исполняемые двумя церк. хорами, или же хором и певцом, попеременно, стих за стихом)* antiphons, antiphona ◊ **степе́нные а.** *(а., темой к-рым послужили степенные псалмы <the gradual psalms> 119-133; поются на утрене)* the Hymn [Song] of Degrees, Degrees of the Antiphon, the Song of Ascents, *правосл.* the Anabathmoi, the Anavathmoi.

Анти́христ 1. *(основной противник Христа)* Antichrist; **2.** *(богопротивная личность, к-рая будет выдавать себя за Бога в конце времён, воссев в*

антропоморфи́зм

Иерусалимском храме) the man of sin; **3.** *(в Откровении Св. Иоанна Богослова)* the Beast.

антихристиани́н *(оппонент, критик христ-ва)* anti-Christian.

анти́христов anti-Christian.

антоло́гия *(название сборников, содержащих изречения, отрывки из произведений разных предшествующих авторов, особ. раннехрист., или выдержки из Священного Писания; такие а.-и были распространены в раннем христ-ве, когда книги были не всегда доступны)* лат. florilegium.

Анто́ний Бонавенту́ры, блж. *(1588-1628; катол. св., д. п. 8 сентября)* Blessed Antony of St. Bonaventure.

Анто́ний Вели́кий, прп. *(см. Анто́ний, св.)* St. Ant(h)ony the Great.

Анто́ний Мари́я Закка́рия, свяще́нник *см.* **Анто́нио Мари́я Закка́риа, свяще́нник**.

Анто́ний Падуа́нский, прп. *(1195-1231; один из выдающихся последователей Франциска Ассизского; катол. св., д. п. 13 июня)* St. Ant(h)ony of Padua.

Анто́ний Пече́рский, прп. *(один из основателей Киево-Печерской лавры, ум. 1073; д. п. 10/23 июля)* St. Antony Pechersky, St. Antony of the "Kiev-Cave", St. Antony of the Caves (of Kiev), St. Antony of Pechersk.

Анто́ний Ри́млянин, св. *(ум. 1147; новгородский прп., родом из Рима; д. п. 3/16 августа)* St. Antony the Roman.

Анто́ний, св. *(он же прп.* **Анто́ний Вели́кий**; *ум. 356; основатель христ. монашества в Египте; д. п. 17/30 января)* St. Ant(h)ony.

Анто́ний Стронко́нский, блж. *(ум. 1461; катол. св., д. п. 7 февраля)* Blessed Antony of Stroncone [of Vici].

Анто́ний Су́рожский *см.* **Су́рожская епа́рхия**.

Антони́н Пий *(138-61; рим. император; прекратил гонения на христиан)* Antoninus Pius.

Антони́н Пьяче́нца, мч. *(3 в.; катол. св., д. п. 30 сентября)* St. Antoninus, m.

Антони́н Сорре́нтский, абба́т *(ум. 830; катол. св., д. п. 14 февраля)* St. Antoninus of Sorrento, abbot.

Анто́нио Мари́я Закка́риа, свяще́нник *(ум. 1539; основатель ордена барнабитов <the Barnabites>, Италия, катол. св., д. п. 5 июля)* St. Anthony Zaccaria, pr.

Анто́ния Флоренти́йская, прп. *(1400-72; катол. св., д. п. 28 февраля)* St. Antonia of Florence.

антропогене́з *(наука о происхождении и развитии человека)* anthropogeny, anthropogenesis.

антропого́ния *см.* **антропогене́з**.

антрополо́гия *(в античности – единая область знаний о человеке, впервые разработанная Аристотелем)* anthropology ◊ **христиа́нская а.** *(христ. учение о человеке, исходящее из евангельского и святоотеческого наследия; основывается на учении о нераздельности и одновременно неслиянности двух природ во Христе – Божественной и человеческой)* the Christian anthropology.

антропоморфи́зм *(уподобление человеку, наделение человеческими свойствами предметов и явлений неживой природы, небесных тел, животных и т.п.; придание человеческих качеств Богу, ангелам)* anthropomorphism,

антропоморфи́зм

theanthropism ◊ **наделять богов человеческими качествами** to anthropomorphize.

антропоморфи́ческий anthropomorphic(al), anthropomorphous.

антропомо́рфный *см.* **антропоморфи́ческий**.

антропоморфоло́гия *(применение к Богу слов и терминов, употребляемых при описании человека)* anthropomorphology.

антропопати́зм *(приписывание Богу и предметам неживой природы человеческих чувств и страстей)* anthropopathy, anthropopathism.

антропопати́ст *(тот, кто приписывает Богу человеческие чувства и страсти)* anthropopathite.

а́нтропос *(в представлениях позднеантичного мистического синкретизма и особ. христ. и околохрист. гностицизма – духовный первочеловек как Божественное существо, прототип и эманирующий исток для духовного и материального мира, а тж для человека)* Anthropos.

антропосо́фия *(мистическое учение, развитое в нач. 20 в. Рудольфом Штейнером (1861-1925) <Rudolf Steiner>; само название его подразумевает теософию, к-рая в центр Вселенной помещает не Бога, а человека)* anthroposophy ◊ **Антропософическое общество** *(образованное Штейнером в 1913)* the Anthroposophical Society.

антропотеи́зм *(религ. доктрина, согласно к-рой боги произошли тж как и люди и по природе своей в основном обладают человеческими качествами)* anthropotheism.

антропофа́ги *(в византийском и западноевроп. искусстве – полуфантастические изображения "пожирателей людей" – зверей, поглощающих грешников в день Страшного суда)* anthropophagi.

антропофуи́зм *(придание Богу человеческих качеств)* anthropophuism.

антропофуисти́ческий anthropophuistic.

антропоцентри́зм *(характерное для культуры Возрождения воззрение, согласно к-рому человек есть центр и высшая цель мироздания)* anthropocentrism.

Анурадхапу́ра *(древняя столица Шри-Ланки, место паломничества буддистов)* Anuradhapura.

Анфи́м, св. мч. *(имя нескольких свв. мчч.)* St. Anthimus, M.

анфоло́гион *(книга, известная тж под названиями: анфологий, трефологион, трефологий, Цветослов, минея праздничная; содержит* **после́дования** *на праздники Господни, Богородничны и святых, особенно чтимых правосл. церковью)* the Anthologion.

Анфруа́ Утре́хтский, еп. *см.* **Ансфри́д Утре́хтский, еп.**

Ао́д *библ. (сын Геры, судья из рода Вениамина, к-рый убил моавитского царя Еглона и, таким обр., вызволил Израиль из-под его гнёта)* Aod, Ehud.

апа́тия *(1. в стоицизме – идеал мудреца, достигаемый "вторым рождением", когда разум полностью овладевает душевной жизнью человека, сформированы все добродетели и достигнута свобода от страстей и аффектов; 2. в патристике –* **апа́фея**; *цель аскетических трудов, внутренний мир человеческого духа, совершенный строй нравственно зрелой души, любящей Бога и ближнего и победившей страсти содействием благодати)* apathy.

апа́фея *см.* **апа́тия** 2.
Апелле́с *см.* **Апе́ллий**.
Апе́ллий *(рим. христианин, "испытанный во Христе", один из учеников Иисуса Христа, ап. от 70-ти, д. п. 4/17 января, 10/23 сентября, 31 октября /13 ноября, катол. – 22 апреля)* Apelles, *катол. тж* St. Lucius, Bp. of Laodices ◊ **А. Смирнский** St. Apelles, bp. of Smyrna.
"Апока́липсис" *(последняя книга Нового Завета, написанная ап. Иоанном Богословом (см. "Открове́ние Свято́го Иоа́нна Богосло́ва") на острове Патмосе в кон. 1 в. с целью придать мужества гонимым христианам и рассеять их опасения в том, что касается будущности христ-ва)* the Apocalypse, *сокр.* Apoc., the Revelation ◊ **автор "А.-а"** apocalyptist; **тот, кто верит, что предсказания в "А.-е" уже осуществились** *богосл.* preterist.
апока́липсис *(откровение, пророческое предвидение, сообщение от Бога о судьбах мира; первое значение этого слова – откровение – уступило место понятию всемирного катаклизма)* apocalypse, revelation.
"апокалипси́ческие зве́ри" *(символическое изображение евангелистов в виде четырёх существ с крыльями: Матфей – человек, Марк – лев, Лука – вол, Иоанн – орёл; источником для такого изображения была цитата из Книги пророка Иезекииля (1:5-14 и 10:14-15), где пророк повествует о странном видении четырёх животных, и из Откровения Святого Иоанна Богослова (4:6-9), где описываются аналогичные существа, к-рые окружали престол Бога, средневековые комментаторы нашли объяснения, коренящиеся в самих Евангелиях: человек представляет Матфея, поскольку именно его Евангелие начинается с родословного древа Христа <the Tree of the ancestors of Christ>; Евангелие Марка открывается с "гласа вопиющего в пустыне" <the voice crying in the wilderness> – аллюзия на льва; вол – жертвенное животное <the sacrificial beast> – является Лукой, Евангелие к-рого начинается с рассказа о жертве Захарии; орёл, птица, летающая ближе всех к небесам, представляет Иоанна, чьё видение Бога было самым непосредственным и отличавшимся от других; "а. з." часто обнаруживаются в манускриптах, в скульптуре романских церквей и – в меньшей степени – в готике, где они обрамляют образ Бога)* the apocalyptic beasts, the cherubic symbols.
апокалипси́ческий *см.* **апокалипти́ческий**.
апокали́птика 1. *(апокалиптические учения или труды)* apocalyptic, the study of the apocalypse; **2.** *(название своеобразной еврейской и христ. лит-ры, начиная с 250 до н.э. и до первых веков н.э.; она пыталась изобразить будущность Царства Божия и пришествие Мессии)* the apocalyptic literature.
апокали́птицизм *богосл. (ожидание катаклизмов, конца света, как напр., во время второго пришествия)* apocalypticism.
апокалипти́ческая литерату́ра *см.* **апокали́птика** 2.
апокалипти́ческий *(относящийся к концу света)* apocalyptic.
апокалипти́ческое число́ *(число́ зве́ря, мистическое число 666 в Откровении Иоанна Богослова 13:18)* the apocalyptic number.
апокатаста́сис *греч. (восстановление какого-л. предмета или же возвращение личности в прежнее состояние или время, когда с приходом Мессии*

должны исполниться пророческие предсказания об утверждении царства Божия на земле; более узкий смысл приобретает **а.** в учении знаменитого христ. богослова и философа Оригена (осуждено 5-м Вселенским собором) о постепенном очищении как душ человеческих, так и демонов, учении, к-рое в своих выводах исключает то, что ад означает вечное проклятие) apocatastasis, apokatastasis, restorationism, restitution(ism) ◊ **тот, кто верит в а.** restorationist, restitutionist.

апокрисиарий (*ходатай, адвокат по делам церковным, особ. представитель Папы Римского в Константинополе*) apocrisiary, apocrisiarius, responsal.

апокрифический (*тж* **неканонический**) apocryphal, *сокр.* apoc(r.), extracanonical ◊ **а.-ое Евангелие** the Apocryphal Gospel.

апокрифы (*тж* **отречённые книги**; *в христ-ве – книги, не включённые Церковью в канон, из-за неизвестности автора книги, из-за позднего происхождения или иным причинам*) the Apocrypha, *сокр.* Apoc. ◊ **а. Нового Завета** the New Testament Apocrypha.

Аполлина Александрийская, мц. (*ум. 249; катол. св., д. п. 9 февраля*) St. Apollonia, v., m.

аполлинаризм (*учение Аполлинария Лаодикийского*) Apollinarianism.

аполлинарии (*приверженцы аполлинаризма*) the Apollinarians.

Аполлинарий Апологет *см.* **Аполлинарий Иерапольский**.

Аполлинарий Валенский, еп. (*ум. 520; катол. св., д. п. 5 октября*) St. Apollinaris, bp. of Valence.

Аполлинарий, еп. Равеннийский *см.* **Аполлинарий Равеннский, сщмч.**

Аполлинарий Иерапольский (*ум. ок. 179; д. п. 8/21 января*) St. Apollinaris, bp. of Hierapolis, Apollinaris the Apologist.

Аполлинарий Лаодикийский (*ум. ок. 390; выступал против Никейского Символа веры, согласно к-рому в Христе сочетались две сущности – совершенное Божество и совершенное человечество; он же* **Аполлинарий Младший**) Apollinaris, Bp. of Laodicea ◊ **учение А.-я** Apollinarianism.

Аполлинарий Младший (*он же* **Аполлинарий Лаодикийский**) Apollinaris the Younger.

Аполлинарий Равеннский, сщмч. (*1 в.; ученик ап. Петра, славился чудесными исцелениями; д. п. 23 июля / 5 августа*) St. Apollinaris of Ravenna, Bp., M.

Аполлинария, св. (*ум. 470; дочь императора Зап. Рим. империи Анфима (467-72), подвизалась в Нитрии в пустыне под именем инока Дорофея <Dorotheus>; её пол был обнаружен только по смерти; д. п. 5/18 января, катол. – 5 января*) St. Apollinaria Syneletica.

Аполлион *библ.* (*тж* **ангел бездны**) Apollyon, the angel of the bottomless pit, the angel of the Abyss, Abaddon.

Аполлоний Антинойский, чтец, мч. (*ум. ок. 305; д. п. 14/27 декабря, катол. – 6 июля*) St. Apollonius of Antinoë.

Аполлоний Римский, сенатор, мч. (*ум. ок. 185; д. п. 29 ноября / 12 декабря, катол. – 18 апреля*) St. Apollonius the Apologist.

Аполлония *библ.* (*1. город в Македонии; 2. имя катол. святой, покровительницы дантистов; д. п. 9 февраля*) Apollonia.

Аполло́с *библ. (христианин еврейского происхождения из егип. города Александрии; из 70-ти апостолов, спутник Павла, еп. Смирны; д. п. 4/17 января и 8/21 декабря)* St. Apollos.

апологе́т *(учёный богослов первых веков христ-ва, выступавший в защиту учения Христа и Церкви)* apologist, apologete ◊ **христианский а.** Christian apologist; **эпоха а.-ов** the age of the Apologists.

апологе́тика *(отрасль христ. богословия, занимающаяся защитой и оправданием своего вероучения с помощью доводов, обращённых к разуму)* apologetic writings, (the study of) apologetics ◊ **раннехристианская а.** apologetic writings of the early Christians; **фактологическая а.** *(в отличие от философской)* evidential apologetics.

апологети́ческий apologetic.

аполо́гия *(защитительная или оправдательная речь или сочинение, гл. обр. в пользу христ-ва)* apologia, apology ◊ "**А. христианства**", составленная **Тертуллианом** Tertullian's Apology for Christianity, *лат.* Apologeticum.

"**Аполо́гия Аугсбу́ргского испове́дания**" *(вероучительный документ лютеранства, составленный в 1531)* the Apology of the Augsburg Confession.

апоста́зия см. **апоста́сия**.

апоста́сия *(мировое отступление от веры, особ. от христ. веры; тж* ***вероотсту́пничество****)* apostacy, apostasy.

апоста́т(а) *(отступник, вероотступник)* aposta(ta)te.

"**Апо́стол**" **1.** *(богосл. книга, содержащая часть Нового Завета – "Деяния" и Послания св. апостолов, а тж годовое богослужебное расписание)* the Book of Epistles, the Apostolos, the Book of the Apostles, *греч.* Biblion Apostolikon, Praxapostolos; *англик., катол.* см. **лекциона́рий**; **2.** *(отрывок из апостольского послания)* the Epistle ◊ **читать А.** to read the Epistle; **чтец А.-а** epist(o)ler

апо́стол *(один из двенадцати и семидесяти учеников Христа)* apostle, disciple ◊ **а.-ы** the college of apostles; **двенадцать а.-ов** *(сподвижники Иисуса Христа, его ученики и проповедники его учения; их было двенадцать: братья Петр (или Симон, названный Петром) <Simon Peter>, и Андрей <Andrew>; братья Иаков (Старший) и Иоанн (Богослов), сыновья Зеведея <James (the Greater) and John (the Theologian), sons of Zebedee>; Филипп <Philip>, Варфоломей, прозванный Нафанаилом <Bartholomew>; Матфей Левий (мытарь) <Matthew (Levi)>; Фома, прозванный близнецом <Thomas>; братья Иаков Алфеев <James (son of Alphaeus)> и Фаддей (или Иуда Левий) <Jude (identified with Thaddaeus)>; Симон Зилот (другое прозвище – Кананит) <Simon the Cananaean (also called the Zealot)>, Иуда Искариот <Judas Iscariot>; Матфий <Matthias>, избранный на место Иуды после предательства и самоубийства последнего)* the Twelve Apostles [or Disciples].

"**апо́стол англича́н**" *(см.* **Августи́н Кентербери́йский***)* the Apostle of the English.

"**апо́стол Арме́нии**" *(см.* **Григо́рий Просвети́тель, сщмч.***)* the Apostle of Armenia.

апостола́т *(обязанности и власть Папы Римского как продолжателя апостольской миссии св. Петра)* apostolate.

"**апо́стол га́ллов**" *(см.* **Ирине́й, св. еп. Лио́нский***)* the Apostle of the Gauls.

апо́стол

"апо́стол Герма́нии" *(см. Бонифа́ций Герма́нский)* the Apostle of Germany.

"апо́стол го́тов" *(см. Ульфи́ла)* the Apostle of the Goths.

апосто́лики I *истор. (общее название ряда христ. сект 3-4 вв., выступавших против обмирщения христ-ва и проповедовавших возвращение к апостольской простоте)* the Apostolici, the Apostactici, the Apostactics.

апосто́лики II *истор. (в 12 в. часть катаров на нижнем Рейне, к-рые отрицали обряды, Символ веры и политику официальной церкви)* the Apostolici.

апосто́лики III *см.* **Апо́стольские бра́тья**.

"апо́стол Ирла́ндии" *(см. Па́трик, св.)* the Apostle of Ireland.

апостоли́ческий делега́т *(духовное лицо, назначаемое Папой Римским для информирования Ватикана о церк. делах на определённой территории)* vicar apostolic, apostolic vicar, apostolic delegate.

апостоли́ческий лега́т *см.* **лега́т**, **па́пский**.

апо́стол от 70-ти *(ученик к-рый пошёл вслед за первыми двенадцатью)* one of the 70 Apostles.

"апо́стол францу́зов" *(см. Дени́, св.)* the Apostle of the French.

"апо́стол фрисла́ндцев" *(см. Виллибро́рд Утре́хтский)* the Apostle of the Frisians.

апо́столы, первоверхо́вные *(Петр и Павел)* prime Apostles.

апо́стольник *(жен. монашеский головной убор, прикрывающий тж подбородок, шею и плечи; тж* **пово́й**) wimple, nun's tippet.

Апо́стольская конститу́ция *см.* **конститу́ция**, **церко́вная**.

"апо́стольская ло́жечка" *(серебряная, с ручкой в виде фигуры апостола; в Англии некогда подарок на крестины)* apostle spoon.

апо́стольская ми́ссия *см.* **апо́стольство 1**.

Апо́стольская пала́та *катол. (служба папской администрации, ведающая имуществом Святого Престола и финансами)* the Apostolic Chamber, the Apostolic Camera.

Апо́стольская сигнату́ра *см.* **Трибуна́л апо́стольской сигнату́ры**.

Апо́стольская це́рковь *(церковь, в к-рой сохраняется апостольское преемство)* the Apostolic Church.

"Апо́стольская Це́рковь" *(название нескольких совр. церк. групп, нек-рые из к-рых управляются "апостолами")* the Apostolic Church.

апо́стольская це́рковь *(папский престол; о Римско-катол. церкви в связи с традицией отождествления её со свв. Петром и Павлом)* the Apostolic See ◊ **(перво)апо́стольская ц.** *(существовавшая при жизни учеников Христа; церковь, основанная кем-л. из апостолов)* the Apostolic Church.

Апо́стольские бра́тья *истор. (многочисленная секта, основанная на севере Италии в 13 в. Джерардо Сегарелли <Gherardo Segarelli>, к-рый учил буквальному подражанию апостолам Христа)* the Apostolici, the Apostolic Brothers.

апо́стольские времена́ *(совр. термин, употребляемый библеистами; период от воскресения Христа до прибл. 100 года; большое значение придаётся протестантами при изучении практик и доктрин Церкви этого периода)* the apostolic age.

Апо́стольские мужи́ *(1. собрание сочинений 2 в., авторы к-рых предположительно были ближайшими сподвижниками апостолов; 2. сами авторы,* хранители апостольских преданий, а именно: Климент, еп. Римский, Игнатий Богослов, Поликарп, еп. Смирнский, Папий, еп. Иерапольский, Ерм, Варнава и пр.) the Apostolic Fathers.

"**Апостольские постановления**" *(апокрифическое сочинение, очевидно, второй пол. 4 в., собрание религ. законов в 8 книгах; уже Трулльский собор 692 отверг это произведение)* the Apostolic Constitutions, *лат.* Didascalia Apostolorum; *(полное заглавие)* "**Постановления святых апостолов через Климента, римского епископа и гражданина**" the 'Ordinances of the Holy Apostles through Clement'.

"**Апостольские правила**" *(свод из 85 правил, относившихся к обязанностям христиан и, в частности, к чинопоследованию и дисциплине в Церкви 2-3 вв.)* the Apostolic canons.

апостольский apostolic(al) ◊ **а.-ое предание** the apostolic tradition.

апостольский визитёр *катол. (посол Св. Престола, к-рый обязан посетить епархию, другую церк. территорию или провинцию монашеского ордена и составить отчёт об этом посещении)* apostolic visitor.

апостольский викариат *(катол. епархия, учреждаемая на "землях миссий", где островки обращённых миссионерами в христ-во окружены верующими иных религий или неверующими)* apostolic vicariate.

Апостольский пенитенциарий *(ватиканская служба, к-рая занимается вопросами, связанными с таинством покаяния)* Apostolic penitentiary.

Апостольский престол *(тж* **Святой престол**; *кафедра еп.-а Рима, Папы Римского, как преемника ап. Петра; тж рим.* **курия**) the Apostolic See.

апостольский префект *катол. (глава миссионерского округа, не обязательно в сане еп.-а)* apostolic prefect.

апостольский собор *(состоявшееся предположительно в 48-52 собрание в Иерусалиме двенадцати апостолов, старейшин, а тж миссионеров среди язычников Павла и Варнавы по поводу спора о том, должны ли переходящие в христ-во язычники подвергаться обрезанию согласно Моисееву закону)* the apostolic council.

апостольское благословение *(во Втором послании к коринфянам 13:13: "Благодать Господа (нашего) Иисуса Христа, и любовь Бога (Отца), и общение Святого Духа со всеми вами. Аминь."* <'*The grace of the Lord Jesus Christ, and the love of God, and the communion of the Holy Ghost, be with you all. Amen.*'>*)* the apostolic benediction.

Апостольское Предание *см.* **Священное Предание**.

апостольское преемство *(термин канонического права; наличие а.-го п.-а у иерархии той или иной церкви означает законное, с точки зрения канонического права, поставление в священные степени и непрерывность линии епископских поставлений вплоть до какого-л. апостола; в наст. время а. п. имеют католики, большинство православных, дохалкидонские церкви; протест. богословие, в целом, отрицает необходимость а.-го п.-а)* the apostolic(al) succession; *(в терминологии англиканцев)* the 'historic episcopate'.

апостольство 1. *(апостольское служение)* apostleship, apostolate; **2.** *(апостольское свойство)* apostolicity.

апо́стол язы́чников *библ. (ап. Павел, к-рый проповедовал евангелие всем независимо от расы и нации)* the Apostle of the Gentiles.

апота́ктики *см.* **апосто́лики I**.

апофати́зм *см.* **апофа́тика**.

апофа́тика *(один из путей осознания Божественного;* **а.** *оперирует тем, что нельзя сказать о Боге; согласно* **а.-е** *о Боге можно высказывать только негативные суждения – чем он не является, что ему не присуще; этим подчёркивается, что Бог превосходит всякое человеческое понятие и любое утверждение о Нём не может быть полностью истинным, тем самым выражается христ. опыт абсолютной трансцендентности Бога)* apophaticism.

апофати́ческий apophatic.

апофе́гма *(изречение знаменитого человека, мудреца, афоризм, напр.: "человек предполагает, а Бог располагает" <Man proposes, but God disposes>)* apo(ph)thegm.

апофе́гмы *(собрания коротких рассказов о знаменитых египетских пустынниках 4 в., представляющие собой греч. редакции устной коптской традиции)* apothegmata.

апофео́з *(прославление какого-л. лица, события, явления)* apotheosis; deification; glorification.

А́ппиева пло́щадь *библ. ("Деяния" 28:15; селение в 40 милях от Рима)* the Market [Forum] of Appius, *лат.* Appii Forum.

а́пракос *(в византийском обряде богослужебное Евангелие для чтения, расположенное по неделям и дням, т. е. по порядку чтения (с Пасхи, т. е. с Евангелия от Иоанна) при общественном богослужении; тж* **о́пракос**) ◊ **Апостол а.** the Praxapostolos; **Евангелие-а.** the Gospel of the Day, the (Holy) Gospel.

а́псары *(в ведийской и индуистской мифологии прекрасные юные полубожественные обитательницы небес; жёны или возлюбленные полубогов – гандхарвов, небесные куртизанки и танцовщицы; изображаются в рельефах и росписях храмов Индии, Китая, Кореи, Японии в виде летящих по небу или спускающихся с небес танцовщиц, нарядно одетых, увитых шарфами, украшенных драгоценностями и с цветами в руках)* Apsarases, Apsarasas.

апси́да *(полукруглая выступающая часть здания, перекрытая полукуполом или сомкнутым полусводом; в христ. храме* **а.-ы** *строились в восточной части, в них помещается алтарь)* apse, apsis; exedra; *устар.* apsid ◊ **многоуго́льная а.** polygonal apse, **полукру́глая а.** semicircular apse; **полуцилиндри́ческая а.** semicylindrical apse.

апсидио́ла *(в средневек. соборах романского и готического стилей* **а.-ы** *пристраивались снаружи к главной апсиде и образовывали вокруг неё ряд капелл)* apsidiole.

апси́дный apsidal ◊ **трёхапсидный** *(с тремя апсидами)* triapsidal.

Апфиа́н Лики́йский, мч. *(ум. 306; катол. св., д. п. 2 апреля)* St. Apphian of Lycia, m.

Апфи́я *библ. (христианка колосская, упоминаемая в Послании св. ап. Павла к Филимону)* Apphia.

арамéи см. **арамлáне**.

арамéйский язы́к (*во времена Христа был повсеместно распространённым разговорным языком в Палестине, Вавилонии и Месопотамии*) Aramaic, сокр. Ar(am). ◊ *библ.* **по-арамéйски** in Syriack.

арамлáне *библ.* (*группа семитских кочевых племён, традиционно возводимых к прародителю Араму, пятому сыну Сима*) the Aram(a)eans.

"Араньяки" (*позднейшие ведические тексты с религ.-филос. рассуждениями*) the Aranyakas.

Арарáт (*название, данное европейцами горе, высотою 5165 м, расположенной в нынешней Турции в Анатолийских горах, где "... на горах Араратских <upon the mountains of Ararat> остановился ковчег Ноя после окончания потопа*) the (Mount) Ararat.

áрати (*в индуизме ритуал поклонения божеству, к-рый проводится с пением особого гимна и подношением огня в виде помахивания зажжённым светильником; является частью службы поклонения священным образам*) arati.

арахáн(т) *корейский* см. **архáт**.

Арбогáст Стрáсбургский, еп. (*6 в.; катол. св., д. п. 21 июля*) St. Arbogast, bp. of Strasbourg.

Аргимúр Кордóвский, мч. (*ум. 858; катол. св., д. п. 28 июня*) St. Argymirus of Cordova, m.

Áрджун (*1563-1606; сикхский гуру*) Arjun.

Áрджуна (*доблестный воин, один из пяти братьев **Пáндавов** – героев эпоса **Махабхáрата**) Arjuna.

Ардханáри см. **Ардханаришвáра**.

Ардханаришвáра (*изображение бога Шивы, левая часть к-рого – женская, правая – мужская*) Ardhanari(svara).

Арéдиус Аттанúйский, аббáт (*ум. 591; катол. св., д. п. 25 августа*) St. Aredius [Yrieux] of Atane, abbot.

Арéй *библ.* (*спартанский царь*) Aree.

Ареопáг (*холм на северо-западе Афинского акрополя; резиденция верховного суда; ап. Павел проповедовал здесь афинянам*) the Areopagus.

Ареопагúтики (*свод религ.-филос. сочинений 5 в., включает трактаты, приписываемые **Дионúсию Ареопагúту, сщмч., еп. Афúнскому** "О Божественных именах" <On Divine Names, The Divine Names>, "О небесной иерархии" <On the Heavenly Hierarchies, The Celestial Hierarchies>, "О церковной иерархии" <On Ecclesiastical Hierarchies>, "Таинственное богословие" <On Mystical Theology, The Mystical Theology>, 10 писем <a series of ten Epistles>*) the Greek writings bearing the name of Dionysius the Areopagite.

Арéта *библ.* (*имя набатейских царей*) Aretas.

аретолóгия (*раздел этики и нравственного богословия, изучающий добродетели*) aretology.

Арéфа Негрáнский, св. мч. (*ум 523; д. п. 24 октября / 6 ноября*) St. Aretas; *катол.* St. Aretas and the martyrs of Najran and Elesbaan.

Ариáдна Промиúсская, мц. см. **Ариáдна Фригúйская, мц.**

Ариáдна Фригúйская, мц. (*ум. ок. 130; катол. св., д. п. 17 сентября*) St. Ariadne of Phrygia, m.

Ариа́льд

Ариа́льд Мила́нский, св. *(ум. 1066; катол. св., д. п. 27 июня)* St. Arialdus of Milan.

ариа́не *(последователи ариа́нства)* the Arians, the Arian Christians, the Heteroousians, the Heteroousiasts.

ариа́нский Heteroousian, Arian.

ариа́нство *(христ. ересь, возникшая в нач. 4 в. и названная по имени её основателя – александрийского пресвитера А́рия, 256-336; а. отрицало единосущие Лиц Троицы и заявляло, что Иисус Христос не имел Божественного происхождения, а был просто человеком, наделённым исключительными способностями)* Arianism, the Arian heresy.

А́риас Бени́то, по про́звищу Монта́но *(1527-98; испан. богослов и лингвист; заведовал (1569-72) изданием антверпенской Библии-полиглотты; издание это вызвало, с одной стороны, похвалы и награды, а с другой, за вкравшиеся ошибки иезуиты обвинили его в иудаизме, и А. Б. должен был ехать в Рим для оправдания; антверпенская полиглотта <Biblia Regia> заключает в себе множество исследований о библ. древностях; А. Б. составил тж начало обширной Библейской энциклопедии, много комментариев на разные книги Библии, переводы в стихах Псалмов и Екклесиаста)* Arias Benito, called Montano.

Ари́ Верде́нский, еп. см. **Эри́ Верде́нский, еп.**

а́рии *(санскрит – благородный; члены индийского привилегированного класса в ведический период)* Aryans.

Арии́л *библ. (символическое название Иерусалима; у Ездры – личное имя; в поздней иудейской демонологии А. стало именем ангелов; в позднем Средневековье и начале нового времени А. понимался как дух стихий, владелец стихии [элемента] Земли или же как один из 4 или 7 князей ада)* Ariel.

А́рий *(256-336; александрийский пресвитер, по его учению, второе лицо Троицы, Христос Логос, хотя и совершеннейшее творение Божье, но всё-таки тварь, и, как таковой, он "ни в чём не подобен Отцу", он – Сын Божий "не по существу, а по благодати")* Arius.

Арими́нский собо́р христиа́нской це́ркви *(359)* the Council of Ariminum.

Арио́х *библ. (муж. имя)* Arioch.

Ариста́рх *библ. (христианин из Фессалоник в Македонии, к-рый сопровождал ап. Павла; д. п. 27 сентября / 10 октября)* Aristarchus.

Араста́рх, Пуд и Трофи́м, свв. апп. *(д. п. 15/18 апреля)* Sts. Aristarchus, Pudus and Trophimus, Apls.

Аристе́й *(греч. чиновник при дворе егип. царя Птолемея II Филадельфа, 285-247 до н. э.; ему приписывается сочинение в письмах – "Послание Аристея" <Letters of Aristeas> о возникновении греч. перевода Библии, когда 72 учёных из Иерусалима (отсюда греч. название Септуагинта) закончили перевод за 72 дня)* Aristeas.

Аристи́д *(афинский философ, христ. апологет 2 в., катол. св., д. п. 21 августа)* Aristides.

Аристобу́л см. **Аристову́л**.

Аристову́л *библ. (муж. имя; тж апостол из числа 70; д. п. 4/17 января)* Aristobulus.

аристотели́зм *(в Средние века филос. и научное направление, опирающееся на наследие древнегреч. философа и учёного Аристотеля)* Aristotelianism.

Аристо́тель *(384-22 до н. э.; греч. философ)* Aristotle.

А́ри Шало́нский, еп. *см.* **Агрико́ль Шало́нский, еп.**

Аришта́неми *(спаситель в джайнизме)* Aristanemi.

Арие́л *см.* **Арии́л.**

Арк *(место сражения католиков и гугенотов, во время религ. войны во Франции 1589)* Arques.

а́рка *архит.* arch ◊ **а. над прохо́дом** archway; **а. подъёмного моста** draw-arch; **венецианская а.** Venetian arch; **внутренняя поверхность а.-ки от пят до замка** intrados; **в форме арки** *или* **свода** *прил.* archwise; **глухая а.** blind arch; **готическая а.** Gothic [lancet, drop] arch; **декоративная** false [blind] arch; **килевидная а.** ogee arch; **ложная а.** false [blind] arch; **мавританская а.** Moorish arch; **монументальная а.** *истор.* propylon; **обратная а.** invert; **остроконечная а.** pointed arch; **подпружная а.** *(укрепляющая или поддерживающая свод в различных типах сводчатых конструкций)* wall [strengthened] arch; **ползучая а.** rampant arch; **полукруглая а.** semicircular [round] arch; **поперечная а.** transverse arch; **система арок** arcuation; **стрельчатая а.** pointed [lancet] arch; **стрельчатая S-образная а.** ogee arch; **триумфальная а.** *(в раннехрист. церкви, особ. в базилике, а., ведущая на хоры или алтарную часть)* triumphal [chancel] arch.

арка́да *архит.* arcade, arcading ◊ **глухая а.** blind [wall, blank] arcade, orb; **крытая а.** cloister, loggia, piazza; *(в монастыре)* ambulatory; *(в нек-рых англ. соборах между трансептом и зданием капитула)* slype; **окружённый а.-ми** cloistered.

Арка́дий Кесари́йский [Маврита́нский], св. мч. *(ум. ок. 304; д. п. 12/25 января)* St. Arcadius of Caesarea.

арка́дная галере́я cloister, loggia, piazza.

арка́н ад-ди́н *араб.* см. **арка́н аль-исла́м.**

арка́н аль-исла́м *араб. (тж "Столпы́ исла́ма")* arkan al-Islam.

аркбута́н *архит. (наружная подпорная арка, арочный контрфорс; в готике наружная каменная полуарка, передающая распор свода главного нефа внешним опорным столбам)* arc-boutant, flying buttress.

Армагеддо́н *библ. (место завершающей битвы земных царей с Богом согласно Откровению Св. Иоанна Богослова 16:16)* Armageddon.

Арме́ль Брето́нский *(ум. ок. 570; миссионер, катол. св., д. п. 16 августа)* St. Armel [Arzel, Arthmael, Armagillus] of Brittany.

Арми́лус *(враг мессии у евреев)* Armilus.

арминиа́не *(последователи голландского реформатора Я. Арми́ния)* the Arminians, the Remonstrants.

арминиа́нство *(учение Я. Арми́ния, отрицающее абсолютное предопределение)* Arminianism.

Арми́ний, Я́коб *(1560-1609; голландский теолог, основатель арминиа́нства)* Arminius, Jacobus, properly Jacob Hermandszoon.

А́рмия Спасе́ния *(международная религ.-филантропическая организация, сочетающая в своей деятельности проповедь Евангелия и практическую* *службу)* Salvation Army; *(шутливое название)* Sally Army ◊ **член А.-и С.** Salvationist.

Армога́ст Африка́нский *(ум. ок. 455; катол. св., д. п. 29 марта)* St. Armogastes.

Армя́но-григориа́нская це́рковь *(одна из древних христ. церквей, в основании к-рой в 4 в. крупную роль сыграл еп. Григорий, по церк. традиции именуемый Просветителем за ревностное распространение христ-ва среди армян; резиденция главы – в Эчмиадзинском монастыре близ Еревана)* the Armenian(-Gregorian) Church ◊ *(глава церкви)* **Верхо́вный патриа́рх, католикос всех армян** Supreme Patriarch and Catholicos of All Armenians.

армя́но-като́лик *(член армянской униатской общины, действующей в Армении; а.-к.-и сохранили литургическое общение с Римом; возглавляет их патриарх-католикос Киликии <the patriarch catholicos of Cilicia> с резиденцией в Бейруте, Ливан)* Armenian Catholic.

Армя́нская апо́стольская це́рковь *(сохранившая литургическое общение с Римом)* the Armenian Apostolic Church.

армя́нский обря́д *(обряд Армянской апостольской и Армянской католической церквей; богослужение совершается на церк. армянском языке; облачения духовенства схожи с облачениями византийского обряда, церк. архитектура сходна с грузинской; интерьер армянского храма оригинален; священники и диаконы могут быть женаты; вино для таинства евхаристии не разбавляется водой; хлеб пресный; причащение под двумя видами без помощи лжицы)* the Armenian rite.

Арнд(т), Иога́нн *(1555-1621; немец. лютеранский писатель-богослов; автор полумистической книги (переведена на русский язык в 19 в. и несколько раз переиздавалась) "Об истинном христианстве" <'True Christianity'>)* Arndt, Johann.

Арно́, Антуа́н *(1612-94; франц. теолог, профессор Сорбонны, изгнанный оттуда за проповедь янсенизма и борьбу с иезуитами; его труды в 45 томах были изданы в 1775-83)* Arnould, Antoine.

Арно́бий Ста́рший *(ум. ок. 330; древнехрист. лат. писатель; написал 7 книг против язычества)* Arnobius the Elder.

Арно́льд Брешиа́нский *(1100-55; средневековый итал. политический и церк. деятель; монах-августинец, противник катол. церкви и Папы Римского; один из лидеров и идеологов восстания, приведшего к установлению Римской республики (1143-55); казнён Адрианом IV)* Arnold of Brescia.

Арно́льд Го́тфрид *(1666-1714; немец. поэт и священник)* Arnold, Gottfried.

Арну́ль Брюссе́льский, прп., блж. *(ум. 1228; катол. св., д. п. 30 июня)* Blessed Arnoul [Arnulf] of Villers.

Арну́ль Оденбу́ргский *(ум. 1087; катол. св., д. п. 15 августа)* St. Arnulf of Oudenbourg.

аро́н коде́ш *иврит (шкаф, священный ковчег, вмещающий свиток Торы и обычно устанавливаемый у восточной стены синагоги на возвышении со ступеньками)* the holy ark, aron (ha)kodesh.

а́рочный см. **сво́дчатый**.

Арса́кий, св. *(ум. 358; катол. св., д. п. 16 августа)* St. Arsacius.

Арсе́ний Вели́кий, прп. *(ок. 355-450; д. п. 8/12 мая, катол. – 19 июля)* St. Arsenius the Great.

Артаксе́ркс *библ. (имя двух великих персидских царей)* Artaxerxes, Ahasuerus.

Арте́ма, св. ап. *(один из 70 апостолов; д. п. 30 октября / 12 ноября)* St. Artemas, Apl.

Арте́мий, св. вмч. *(ум. 363; д. п. 20 октября / 2 ноября)* St. Artemius, Great-M.

Арте́мий [Артемо́н], сщмч. *(1-2 вв.; ученик ап. Павла; д. п. 24 марта / 6 апреля)* St. Artemon, Priest-M.

а́рти *(в индуизме и джайнизме обряд размахивания лампой перед изображением божества)* arti.

Арто́, еп. *(1101-1206; катол. св., д. п. 7 октября)* St. Artaldus [Arthaud], bp.

а́ртос *(квасной хлеб, большая просфора, освящаемая в день Пасхи особой молитвой и раздаваемая верующим в субботу Светлой седмицы)* Easter [consecrated] bread, the Blessed Sacrament, artos.

артофо́р(ий) *(дароносица и дарохранительница; сосуд, в к-ром держат а́ртос)* artophorion.

артофо́рион *см.* **артофо́р(ий)**.

а́ртус *см.* **а́ртос**.

а́ртха *(в индуизме стремление к личному благополучию, одна из трёх целей в жизни)* artha.

"Артхаша́стра" *(древнеиндийский трактат, собрание наставлений по управлению государством, важнейший источник для изучения Древней Индии; составлен прим. в 4 в. до н. э.)* Arthashastra.

Аруэ́ль *см.* **Арии́л**.

Арунде́л, То́мас *(1353-1414; англ. государственный и религ. деятель)* Arundel, Thomas.

ару́па-дха́ту *(в буддизме – третья, высшая космологическая сфера, состоящая из 4 миров нирваны, к-рые могут созерцать лишь святые в виде небес)* arupa-dhatu.

Арфакса́д *библ. (муж. имя)* Arphaxad.

арха́ика *(ранний этап в развитии какого-л. явления)* archaic character; *(старина)* antiquity.

архаи́ческий archaic.

архаи́чный archaistic.

арха́нгел *(старший ангел)* archangel.

Арха́нгел Калатафими́йский, блж. *(ум. 1460; отшельник, катол. св., д. п. 30 июля)* Blessed Archangelus of Calatafimi.

арха́нгельский archangelic(al).

арха́т *(в буддизме – человек, достигший святости, праведник, поборовший всякое вожделение, ненависть и невежество; в число* ***а.-ов*** *входят ближайшие ученики* ***Шакьяму́ни*** *и многие буддисты последующих поколений)* arhat.

Архела́й *см.* **И́род Архела́й**.

Архела́й Касха́рский, еп. *(3 в.; катол. св., д. п. 26 декабря)* St. Archelaus, bp. of Kashkar.

археоло́гия *(наука, изучающая историю общества по материальным остаткам жизни и деятельности людей – вещественным памятникам)* arch(a)eology ◊ **библейская а.** *(богосл. дисциплина, занимающаяся изучением вещественных памятников, связанных с библ. историей, описанием географического, историко-бытового и т.п. фона, на к-ром происходили библ. события)* the Biblical archaeology; **церковная а.** *(богосл. дисциплина, занимающаяся изучением и описанием различных церк. памятников; преподаётся в духовных академиях)* the church archaeology.

архива́риус *(делопроизводитель в епархиях, патриархии)* правосл. chartophylax; *(в Зап. христ-ве)* chartulary.

архидиа́кон *(в правосл. – главный диакон при еп.-е; старший диакон в монашествующем духовенстве; звание даётся в виде награждения)* archdeacon, *сокр.* Archd. ◊ *(обращение к нему)* **Ваше Высокопреподобие** Very Reverend Father; **Отец (архидиакон)** Father (archdeacon).

архидиа́конский archidiaconal.

архидиа́конство archdeaconate, archdeaconry.

архиепа́рхия *см.* **архиепископи́я**.

архиепи́скоп *(священнослужитель высшей степени христ. церк. иерархии; в РПЦ имеет крест на чёрном клобуке, на груди – панагия; у протестантов титул **а.-а** носят главы церквей отдельных стран)* archbishop, archflamen, *сокр.* Abp., abp., Arch., Archbp. ◊ **а. или еп., наделённый юридическим правом церк. разбирательства в своей епархии** *(в Англии)* ordinary; *(титулование и обращение к нему)* **Ваше Высокопреосвященство** правосл. Your Grace, Your Eminence, Vladiko; *англик., катол.* My Lord (Archbishop), Your Grace; *(в США)* Most Reverend Sir, Most Reverend Archbishop; **Его преосвященство а. ...** *катол.* His Grace the Archbishop of – ; The Most Reverend (Archbishop of) – ; *англик.* His Grace Archbishop of – ; **Его Блаженство а. Афинский и всей Эллады** His Beatitude the Archbishop of Athens and All Hellas [Greece]; **Его Блаженство а. Новой Юстинианы и всего Кипра** His Beatitude the Archbishop of New Justiniania and All Cyprus; **сан а.-а** *англик.* primacy.

архиепи́скоп и митрополи́т Ри́мской прови́нции *(один из титулов Папы Римского)* the Archbishop and Metropolitan of the Roman province.

архиепископи́я *(область, управляемая по духовным делам архиепископом)* archbishopric, archdiocese, archiepiscopacy, archiepiscopate, archiepiscopal, province, archiepiscopal see, arch-see.

Архиепископи́я Сина́йская, Фара́нская и Раи́фская *(см. Сина́йская це́рковь)* the Archbishopric of Sinai, Pharan, and Raitho.

Архиепи́скоп Йо́ркский *(заместитель архиеп. Кентерберийского)* the Archbishop of York; *(в официальных документах титулование и обращение к нему)* The Most Reverend Father in God ____ by Divine Providence Lord Archbishop of York.

Архиепи́скоп Кентербери́йский *(примас англиканской церкви в Великобритании)* the Archbishop of Canterbury; *(титулование и обращение к нему)* Your Grace, My Lord Archbishop, His Grace the Lord Archbishop of – ; *(в официальных документах титулование и обращение к нему)* The Most Reverend Father in God ____ by Divine Providence Lord Archbishop of Canterbury.

архиепи́скопский archiepiscopal.

архиепи́скопство *(1. достоинство, сан архиепископа 2. срок полномочий архиепископа)* archiepiscopate, archiepiscopality, *редко* archiepiscopacy.
архиере́й *(священнослужитель, относящийся к высшей степени христ. церк. иерархии; общее название)* archiereus, hierarch, eparch, member of higher orders of clergy; *(еп., архиеп., а тж любое уполномоченное лицо, осуществляющее церк. руководство регионом, провинцией, территорией) англик.* ordinary ◊ **"Великий а."** *(икона Христа в облачении а.-я)* The Great Hierarch; **епархиальный а.** ruling bishop, local primate.
архиере́йский hierarchal, episcopal, *катол.* pontifical ◊ **А. собор** *(собрание, совещание архиереев поместной православной церкви, созываемое для решения наиболее важных вопросов канонического, богослужебного, церковно-административного и иного характера)* the Assembly of Hierarchs; **а. титул** primatial title.
архиере́йство *(сан священнослужителя, относящегося к высшей степени христ. церк. иерархии)* prelacy, prelateship, archiepiscopacy, archiepiscopate, archbishopric.
архиере́йствовать to exercise the functions of a prelate [of an archiereus].
архимандри́т *(священнослужитель средней степени христ. церк. иерархии, предшествует епископу; высший монашеский чин в правосл. и нек-рых др. христ. церквах; почётный титул настоятелей крупных муж. монастырей)* archimandrite, abbot ◊ *(обращение к нему)* **Ваше Высокопреподобие** Your Reverence, Very Reverend Father; **Отец** Father.
архимандри́тство office of an archimandrite.
архимандри́я archimandrite's monastery.
архипа́стырство arch-flamenship.
архипа́стырь *(общее название, почётное звание высших духовных лиц: еп.-ов, архиеп.-ов, митрополитов, экзархов, патриархов)* archpastor, archflamen.
Архи́пп, св. ап. *(в Послании к Филимону ап. Павел в обращении называет его "сподвижником нашим"; д. п. 19 февраля / 4 марта и 22 ноября / 5 декабря, катол. – 20 марта)* St. Archippus, Apl. ◊ **ап. от 70-ти Архипп** St. Archippus, Apl., a co-worker with St. Paul.
архисинаго́г *библ. (начальник синагоги, старейшина собора, князь сонмища)* the ruler of a synagogue.
Архистрати́г *(главный воитель; в христ. традиции так именуется архангел Михаил, почитаемый как военачальник небесного воинства)* Archistratigus ◊ **"А. Михаил"** *(изображение архангела Михаила в воинском облачении)* The Archistratigus Michael.
архитекту́ра *(1. зодчество, строительное искусство; 2. художественный характер постройки)* architecture; architectonics ◊ **арочная а.** arcuated architecture; **а. барокко** baroque; **а. культовых сооружений** ecclesiastical architecture; **а. Ренессанса** Renaissance architecture; **а. христианской церкви** the Christian church architecture; **византийская а.** Byzantine architecture; **готическая а.** Gothic architecture; **гражданская а.** civil architecture; **древняя а.** ancient architecture; **изучение а.-ры и убранства христианских храмов** ecclesiology; **классическая а.** classic architecture; **купольная а.** domical architecture; **мавританская а.** Moorish architecture; **ме-**

мориальная а. commemorative architecture; **мусульманская а.** Moslem [Mohammedan] architecture; **национальная а.** national architecture; **национальные черты в а.-е** indigenous elements in architecture; **романская а.** Romanesque architecture; **средневековая а.** medieval architecture; **стрельчатая а.** pointed [ogival] architecture; **храмовая а.** temple architecture; **церковная а.** ecclesiastical architecture.

архитектýрный стиль architecture ◊ **готический а. с.** Gothic architecture; **мавританский а. с.** Moorish architecture; **русский а. с.** Russian architecture.

архо́нт *правосл. (духовное лицо, ответственное за какую-л. часть богослужения или возглавляющее определённую работу в храме, соборе)* archon.

архо́нтский archonic.

арциби́скуп *катол. (архиепископ)* archbishop.

Арьяде́ва *см.* **Арьядэ́ва**.

Арьядэ́ва *(буддийский мыслитель 3 или 4 в. из южно-индийского брахманского рода, последователь* **Нагарджу́ны** *и филос.-религ. школы* **мадхья́мики**; *тибетцы причисляют А.-у к "шести драгоценностям" буддийской философии, наряду с Нагарджуной, Асангой, Васубандху, Дигнагой и Дхармакирти)* Aryadeva.

"А́рья Сама́дж" *(индийское религ.-реформаторское общество; основано в Бомбее в 1875 брахманом Дейананда Сарасвати (1824-83) <Dayananda Sarasvati>)* the Arya Samaj.

Арэ́дви-Су́ра-Анахи́та *см.* **Анахи́та**.

А́са *библ. (царь Южного царства Иудея)* Asa.

аса́ва *(в буддизме – низменное желание, греховное влечение)* asava.

Асаи́л *библ. (один из 13 храбрых воинов Давида)* Asael.

а́сана *(1. в йоге – упражнение или поза, принимаемая для его выполнения; 2. в буддизме – канонизированное положение туловища и ног в изображении божеств пантеонов* **маха́яны** *и* **ваджра́яны***)* asana.

Аса́нга *(индийский теолог и проповедник буддизма 4 в.; основатель школы* **йогача́ра**, *позднее канонизированный как буддийский святой вместе со своим братом и последователем* **Васуба́ндху**; *А. и Васубандху – популярные персонажи храмовой скульптуры; изображаются в облике умудрённых жизнью странствующих монахов в грубых одеждах)* Asanga.

Асаргадо́н *см.* **Асархаддо́н**

Асарда́н *см.* **Асархаддо́н**

Асархаддо́н *библ. (царь Ассирии)* Esar-haddon.

Аса́ф *библ. (левит и певец эпохи царя Давида)* Asaph ◊ **А. прозорливец** Asaph the seer; **сыновья [сыны] А.-а** *(основанная А.-ом школа певцов и музыкантов)* the sons [children] of Asaph.

асиде́и *см.* **хаси́ды**.

Асинкри́т *библ. (рим. христианин, к-рого приветствует ап. Павел; он же ап. от 70-ти; д. п. 8/21 апреля)* Asyncritus.

Аси́р *библ. (сын Иакова и Зелфы, служанки его жены Лии)* Asher.

Асиро́ф *библ. (название места, где останавливались израильтяне во время странствий по пустыне)* Hazeroth.

Аси́скл *см.* **Аки́скл**.

а́сист см. **а́ссист**.

Аскало́н *библ. (одна из пяти столиц филистимлян на средиземноморском побережье Южной Палестины, место рождения царя Ирода Великого; в римско-византийскую эпоху – центр греч. культуры)* Ascalon, Askalon, Ashkelon.

аске́за *(древнейший элемент религ. жизни, свойственный всем религиям; а. заключается в подавлении или специфическом развитии функций размножения, питания, дыхания, а тж мышления; а. ставит целью изменение человека; строгая а. – удел монахов)* ascesis, askesis, (great) asceticism ◊ **предаваться суровой а.-е** to practice great austerity and mortifications.

Аскена́з *библ. (внук Иафета, сына Ноя; от этого имени произведено название "ашкеназим" для евреев, происходящих из Средней и Восточной Европы)* Ashkenaz.

аске́т *(подвижник веры в первые века христ-ва, постник и молитвенник, проводивший жизнь в уединении)* ascetic, hermit, solitary.

аскети́зм *(религ. учение, состоящее в крайнем воздержании, "умерщвлении плоти" как пути к достижению нравственного совершенства и к общению с Богом)* asceticism, austerity ◊ **а. жизни отшельника** the austerities of a hermit's life.

аске́тика *(в христ-ве – наука о правильной жизни, богословская дисциплина, изучающая принципы и методы подчинения плоти духу с целью очищения души от страстей, богообщения и в конечном счёте – обожения)* ascetical theology, the study of asceticism.

аскети́ческий ascetic(al).

аскети́ческое богосло́вие см. **аске́тика**

Асмоде́й *(в еврейской лит-ре – глава демонов)* Asmodeus.

Асмоне́и см. **Хасмоне́и**.

Асо́р *библ. (географическое название)* Asor.

а́спид *(1. название нескольких пород ядовитых змей; 2. перен. – злобный человек, гад)* viper; *библ. (символ человеческого предательства)* adder ◊ **глухой а.** the deaf adder.

ас-саби́йа *араб.* см. **семери́чники**.

"Ассамбле́и Бо́га" *(одна из крупнейших амер. пятидесятнических церквей; штаб-квартира находится в г. Спрингфилде, шт. Миссури; в наст. время насчитывает свыше 2 млн последователей; основана в 1914; во главе А. Б. стоит собирающийся раз в два года Генеральный совет <the General Council>, работающий под руководством генерального суперинтенданта)* the Assemblies of God.

ассамбле́я ◊ **Церко́вная а.** *(верховный орган англиканской церкви)* the National Assembly of the Church, the Church Assembly.

ассасси́ны *(члены тайной секты* **исмаили́тов** *шиитского толка в исламе; секта <the order of Assassins> основана Гасаном ибн аль-Сабахом <Hasan ibn-al-Sabbah> в 1078 для поддержки Низара, претендующего на Халифат Фатимидов; а. имели большое влияние неслучайно: в секте были группы самоубийц, к-рых использовали для осуществления политических убийств)* the Assassins.

Ассемани

Ассема́ни, Ио́сифАло́изий *(1710-82; был профессором в Риме; редактировал ценное собрание литургий Восточной церкви в 13 томах <Codex Liturgicus Ecclesiae Universae>)* Assemani, Joseph Aloysius.

Ассема́ни, Ио́сиф Си́мон *(1687-1768; учёный-ориенталист; во время своих путешествий по Востоку, особ. по Египту и Сирии (1735-38), собрал много восточных рукописей для папской библиотеки, хранителем к-рой он состоял)* Assemani, Joseph Simonius.

Ассема́ни, Сте́фан Эво́дий *(1707-82; племянник Ассемани И.С.; был хранителем восточных рукописей Ватиканской библиотеки и еп. Апамеи)* Assemani, Stephen Evodius.

Асси́зи *(город в Италии, административный и духовный центр францисканского ордена)* Assisi.

Ассири́йская правосла́вная це́рковь *(североамер. церковь, подчиняющаяся сиро-якобитскому Антиохийскому патриарху)* the Assyrian Orthodox Church.

Ассири́йская це́рковь Восто́ка *(основана последователями Нестория в 431; в наст. время насчитывает ок. 200 тысяч верующих в Иране, Ираке, США и Турции; глава церкви (см. **католико́с**) живёт в США, богослужение ведётся на (ново)сирийском языке по халдейскому обряду; догматические расхождения с православием незначительны)* the Assyrian Church of the East ◊ члены [последователи] А. ц. В. the Assyrians.

ассири́йский обря́д см. **си́ро-восто́чный обря́д, халде́йский обря́д**.

а́ссист *(лучеобразная или орнаментальная прорисовка в виде золотых лучей, наносимых поверх красочного слоя золотом и покрывающих одежду фигур, изображённых в древнерусской живописи; символически обозначает небесный свет, духовную энергию)* gold hatching.

Ассоциа́ция молоды́х иуде́ек *(амер. нерелиг. ассоциация, занимающаяся организацией досуга и обучения молодых иудеек, а тж женщин более старшего возраста)* the Young Women's Hebrew Association, *сокр.* YWHA.

Ассоциа́ция молоды́х като́ликов Young Men Catholic Association, *сокр.* Y.M.Cath.A.

Ассоциа́ция молоды́х христиа́н *(международная религ.-благотворительная организация; занимается популяризацией религии среди молодёжи, особ. юношей, содержит общежития, клубы и т.п.)* Young Men Christian Association [Organization], *сокр.* YMCA, YMCO.

Ассоциа́ция молоды́х христиа́нок *(международная религ.-благотворительная организация; занимается популяризацией религии среди молодёжи, особ. девушек, содержит общежития, клубы и т.п.)* Young Women Christian Association [Organization], *сокр.* YWCA, YWCO.

Ассоциа́ция унита́риев-универсали́стов *(амер. протест. секта; создана в 1961 Американской ассоциацией унитариев <the American Unitarian Association>, основанной в 1825, и Церковью универсалистов Америки <the Universalist Church of America>, основанной в 1793; придерживается философии свободы вероисповедания, признаёт ценность выбора для личности и отвергает догматизм, поддерживает связи с близкими по духу течениями через Международную ассоциацию поддержки свободы вероисповедания <the International Association for Religious Freedom>; штаб-квартира* *в г. Бостоне, шт. Массачусетс; объединяет более 1 тыс. приходов)* the Unitarian Universalist Association.

ассоциа́ция христиа́нских церкве́й или **религио́зных о́бществ** consociation.

ассумпциони́сты *(катол. духовная конгрегация во Франции, получившая своё имя от "Успения" <Assumption> Божьей Матери; возникла в 1520 и приняла устав Августинского ордена; о деятельности старой конгрегации мало известно; новая конгрегация, основанная в 1843-45 священником Эммануэлем д'Альзоном <Emmanuel Daudé d'Alzon> из г. Ним, в течение второй пол. 19 в. успела развить весьма оживлённую деятельность и обзавестись многими воспитательными и учебными заведениями, а в 1897 основала Институт византийских исследований <the Institute for Byzantine Studies>; после издания в 1900 антиклерикального закона о духовных конгрегациях а. были вынуждены удалиться из Франции и перенести свой главный центр в бельгийский г. Лувен)* the Assumptionists, the Augustinians of the Assumption.

Ассу́нта *см.* **Вознесе́ние Мари́и.**

Ассу́р *библ. (столица Ассирийского царства)* Assur, Ashur.

Аста́рта *библ. (ханаанская богиня плодородия и войны, богиня-целительница, покровительница благополучия, богатства и материнства, богиня Луны, богиня любви; соответствует вавилонско-ассирийской Иштар <Ishtar>)* Astarte.

Асте́рий *(ум. после 341; арианский философ, ученик Лукиана Антиохийского; принадлежал к антиохийской экзегетической школе; написал толкования на псалмы, Евангелия и Послание к римлянам)* Asterius.

Асте́рий Килики́йский, мч. *(ум. ок. 303; д. п. 29 октября / 11 ноября, катол. – 23 августа)* St. Asterius of Cilicia, m.

Асти́нь *библ. (любимая жена персидского царя Артаксеркса, уступившая своё место Есфири)* Vashti.

астро́лог astrologer.

астра́льный astral ◊ **а.-ое тело** *(в теософии)* astral body.

Астрю́к, Жан *(1648-1766; франц. врач, один из основателей критического изучения библ. текста; изучая библ. тексты, содержащие сведения о накожных и др. оскверняющих болезнях,* **А.** *заметил, что в одних частях книги Бытия Богу усвояется имя Яхве <Yahwe(h) or Jehovah>, а в других – Элохим <Elohim>; на этом основании он высказал предположение, что в книге Бытия слиты два древнейших источника, из к-рых один следует приписать автору* **яхви́сту***, другой –* **элохи́сту***)* Astruc, Jean.

а́суры *(1. в индуизме и индуистской мифологии – сверхъестественные существа, обитавшие в воздушных средах и наделённые чудовищной силой; тж боги, нек-рые из к-рых были свергнуты и превратились в демонов, воинственных и сильных, но смертных; 2. в буддизме – вид* **санса́ры***; в японский пантеон* **маха́яны** *а. вошли как защитники буддизма и заняли своё место в храмах в виде скульптурных изображений многоруких и многоголовых юношей, готовых отразить нападение врага)* asuras.

Асфена́з *библ. (начальник слуг вавилонского царя Навуходоносора II)* Ashpenaz.

асхáбы *(сподвижники пророка Мухаммада)* ashabs, the Companions of the Prophet, Sahabah.

атанáсия *(бессмертие)* athanasia, athanasy.

атарáксия *(греч. "невозмутимость"; безрелиг. идеал мудреца у эпикурейцев, включающий в себя ясность души, удовлетворённость ума, отсутствие страха перед смертью, независимость, размеренность, простоту и спокойствие жизни, умеренный самоконтроль, определённую степень добродетельности, предусмотрительность и безразличие к Высшему; сторонникам а.-и чужды мистика, идеалистические искания, духовное восхождение к Высшему; в Деяниях святых апостолов 17:18-32 дано свидетельство о неприятии ими Евангелия)* ataraxia, ataraxy.

Атаргáтис библ. *(сирийское божество плодородия и материнства в римско-эллинистическую эпоху; тж "сирийская богиня")* Atargatis, лат. Dea Syria.

атеи́зм *(исторически разнообразные формы отрицания религ. представлений и культа и утверждение самоценности бытия мира и человека)* atheism, antitheism ◊ **воинствующий а.** *истор.* militant atheism; **проповедовать а.** to atheize.

атеи́ст atheist, antitheist ◊ **объявить себя а.-ом** to set *oneself up* for an atheist; **откровенный а.** professed infidel.

атеисти́ческий atheistic, irreligious.

Ати́ша *(982-1054; индийский учёный монах, проповедник буддизма в Тибете, известный переводчик на тибетский язык)* Atis(h)a.

атлáс *(плотная шёлковая или полушёлковая мягкая ткань с гладкой блестящей лицевой поверхностью)* satin ◊ **а. золотой** brocaded satin.

áтман *(в индуизме обозначение субъективного психического начала, индивидуального бытия, "души")* atma(n).

áтрий *(в позднерим., раннехрист. и византийской архит-ре – обширный, окружённый портиками или галереей двор перед входом в церковь; служил местом расположения больших масс народа при торжественных выходах главы церкви и религ. праздниках)* atrium.

áтриум см. **áтрий**.

áтта см. **áтман**.

Аттáл Бобби́йский, аббáт *(ум. 627; катол. св., д. п. 10 марта)* St. Attalus of Bobbio, abbot.

Аттáл Пергáмец, мч. *(ум. 627; катол. св., д. п. 10 марта)* St. Attalus of Pergamos, m.

Аттóн *(ок. 885-961; еп. Верчелльский <Bp. of Vercelli>; автор комментария к Посланиям ап. Павла, собрал и обнародовал церк. постановления ранних соборов, касающихся организации жизни духовенства)* Atto.

Áтто Пистóйский [Тоскáнский], еп. *(1070-1166; катол. св., д. п. 22 мая)* St. Atto, bp. of Pistoia.

аттри́ция I *(истощение, изнурение)* attrition, contrition.

аттри́ция II катол. *(сожаление о грехе, обусловленное страхом наказания, неистинное раскаяние)* attrition.

"Атхарвавéда" *(сборник древнеиндийских теософских и космогонических гимнов, а тж заклинаний, заговоров)* the Atharva-Veda.

Афанáсий

Атхáрван *(жрец культа огня, восходящего к индоиранскому периоду; тж имя мифического прародителя этих жрецов; название "А." носят тж магические заклинания, видимо, изначально связанные с этим культом)* Atharvan.

Аугсбу́ргский и́нтерим *см.* и́нтерим.

Аугсбу́ргский религио́зный мир *(заключённое 25 сентября 1555 на Аугсбургском рейхстаге соглашение между протест. князьями и императором Фердинандом I, положившее конец войнам между немец. католиками и протестантами; **А. р. м.** утвердил принцип <cuius regio, eius religio> лат. – "чья власть, того и вера" <subjects should follow the religion of their ruler>, предоставив выбор религии правителю и право переселения инаковерующим)* the Peace of Augsburg, the Augsburg Peace.

Аугсбу́ргское испове́дание *(истор. первый документ лютеранства, официально формулирующий его основоположения; составлен Меланхтоном, просмотрен Лютером)* the Augsburg Confession, the Confession of Augsburg.

А́ум *(священный слог в индуизме, считается, что он содержит звук всей Реальности; пишется тж Ом)* Om, Aum.

АУМ Синрикё *("Учение Истины АУМ" <the 'Supreme Truth'>; международная религ. корпорация, основанная в Японии в 1989 Тидзуо Мацумото <Chizuo Matsumoto> (род. 1955), принявшим ритуальное имя Сёко Асахара <Shoko Asahara>; главные религ.-мистические идеи **А. С.** сводятся к следующему: верховная власть над миром принадлежит богу Шиве; верующий, следуя по Пути Истины, проходит многочисленные ступени нравственно-психологического совершенствования и всё больше приобщается к сакральному началу – Высшим мирам; в России религ. организация **А. С.** зарегистрирована в 1992; 16 мая 1995 Сёко Асахара был арестован в Японии за изготовление членами "АУМ" газа зарина, использованного во время терактов в токийском метро в июне 1994 (погибло 7 человек) и 20 марта 1995 (погибло 12 человек); в 1996 в Японии "Корпорация АУМ" запрещена; в России в 1995 регистрация общин "Учение Истины АУМ" была аннулирована)* Aum Shinrikyo.

Аунáриус [Аунахáриус] Оксéррский, еп. *(ум. 605; катол. св., д. п. 25 сентября)* St. Aunaire [Aunacharius], bp of Auxerre.

Аурамáзда *см.* Ахурáзда.

Аустребéрта, абба́тиса *(630-704; катол. св., д. п. 10 февраля)* St. Austreberta, abbess.

аутодафé *истор. (церемония приведения в исполнение приговора инквизиции, гл. обр. публичное сожжение)* auto-da-fé, *испан.* auto de fé.

áутос сакраментáлес *испан. ("пьесы о таинствах"; вид драмы в Испании на библ. тему после процессии в честь таинства, постановка к-рой осуществляется на открытом воздухе участвовавшими в процессии)* autos sacramentals.

Ауфри́д Утрéхтский, еп. *см.* Ансфри́д Утрéхтский, еп.

Афанáсий Александри́йский *см.* Афанáсий Вели́кий, архиеп. Александри́йский.

Афанáсий Афóнский, прп. *(ум. 1000; д. п. 5/18 июля)* St. Athanasius of Athos, St. Athanasius the Athonite.

Афанасий

Афанáсий Велúкий, архиеп. Александрúйский *(ок. 296-373; св. Отец Церкви, богослов и церк. деятель, обличитель ариан, пять раз изгонялся из Александрии еретиками; д. п. 2/15 мая и 18/31 января; в русских святцах – А. Ломонóс)* St. Athanasius the Great, Archbp. of Alexandria ◊ **формулы св. А.-я, Афанасьевский символ** *(третий общий Символ веры, составление к-рого приписывается А.-ю; в нём изложено учение о Святой Троице и о воплощении Иисуса Христа)* the Athanasian Creed; *(нек-рые из его сочинений)* "Защитительное слово в оправдание бегства во время гонения" The Defense of Flight; "Защитительное слово пред царём Констанцием" The Apologia to Constantius; "Послание к монахам о том, что сделано арианами при Констанции" The Letter to the Monks.

Афанáсий Ломонóс *см.* **Афанáсий Велúкий, архиеп. Александрúйский**.

Афанáсия Эгúнская, игýменья *(ум. ок. 860; д. п. 12/25 апреля, катол. – 14 августа)* St. Athanasia of Aegina.

Афéк *библ. (географическое название)* Aphek.

афикомáн *(половинка мацы, к-рая в конце ужина – во время празднования еврейской Пасхи – должна быть разделена между всеми сидящими за столом)* the afikomen, the aphikoman.

Афинагóр *(ум. ок. 177; апологет, христ. философ)* Athenagoras ◊ *(его главный труд)* "О воскрешении мёртвых" On the Resurrection.

Афиногéн, сщмч., еп. и дéсять ученикóв его *(ум. ок. 311; д. п. 16/29 июля)* St. Athenogenes, Pr.-M., with ten of his flocks.

Афинодóр Понтúйский, еп. *(ум. ок. 269; младший брат св. Григóрия Неокесарúйского, д. п. 17/30 ноября, катол. – 18 октября)* St. Athenodorus, bp. of Pontus.

Афóн *(одно из высокочтимых мест восточного правосл. мира, находится на восточной оконечности полуострова Халкидики, на северо-востоке Греции; центр правосл. монашества, где сосредоточено 20 монастырей; в 10 в. первый монастырь – Лавра св. Афанасия; находится под юрисдикцией Константинопольской патриархии)* the Holy Mt. Athos, mount Athos.

Афóнский Пантелеймóновский монастýрь *(русский монастырь св. Пантелеймона, основан в 1169 на Афоне монахами, выходцами из Руси; крупнейшее собрание рукописей и памятников церк. искусства)* the St. Panteleimon Monastery on the Holy Mt. Athos.

Афраáт *("персидский мудрец", претерпевший мученичество в 345; носил церк. имя Иаков и был еп.-ом и настоятелем монастыря Мар-Матфея, в окрестностях Мосул; поучения А.-а были переведены с сирийского языка на армянский ещё до 500 г. под именем Иакова Низибийского; под этим же именем Николай Антонелли в 1756 издал армянский текст их с лат. парафразом)* Aphraates, Aphrahat.

Áфра, св. *(ум. 304; местная аугсбургская св., культ к-рой восходит к 6 или 4 в.; мощи её были торжественно открыты в 1804 в церкви св. Ульриха в Аугсбурге; д. п. 5 августа)* St. Afra of Augsburg.

Афрuкáн, Секст Юлий *(ок. 180-250; христ. историк, был пресвитером в Александрии; составил хронологический обзор событий греко-римской истории, охватывающий период от сотворения мира, относимого А.-ом к 5500 до н. э., до 221)* Africanus, Sextus Julius.

Африка́нская методи́стская епископа́льная сиони́стская це́рковь *(независимая конфессия методистов, основанная неграми США, к-рых не устраивали расистские взгляды белых прихожан; они построили первую церковь в г. Нью-Йорке в 1800, а конфессия была основана в 1821; насчитывает более 1 млн членов; штаб-квартира в г. Шарлотте, шт. Сев. Каролина)* the African Methodist Episcopal [AME] Zion Church.

Африка́нская методи́стская епископа́льная це́рковь *(протест. негритянская церковь США, лояльная по отношению к белым методистам, но предпочитающая не ассоциироваться с ними; основана в 1816 в г. Филадельфии, шт. Пенсильвания, священником Р. Алленом <Richard Allen>; самая крупная конфессия методистской церкви, объединяет 2 млн последователей и имеет ок. 6 тыс. церквей)* the African Methodist Episcopal Church.

Афроамерика́нская ортодокса́льная це́рковь *(национальная негритянская [афроамериканская] епископальная церковь, гл. обр. в США и Канаде)* the African Orthodox Church.

афта́ра *см.* **гафта́ра.**

афтартодоке́ты *см.* **афтартодоцети́сты.**

афтартодоцети́зм *(монофизитское еретическое учение в христ-ве, 6 в.)* Aphthartodocetism.

афтартодоцети́сты *(последователи* **афтартодоцети́зма)** the Aphthartodocetae, the Incorruptibles.

Аха́в *библ. (муж. имя)* Ahab.

Аха́з *библ. (царь Южного царства Иудеи)* Ahaz.

Аха́ик *(христианин из Коринфа, к-рый вместе со Стефаном и Фортунатом посетил ап. Павла в Ефесе)* Achaicus.

Аха́ия *библ. (область в северной части Пелопоннеса в Греции)* Achaia.

А́хан *библ. (сын Хармия из колена Иуды)* Achan.

Ахбо́р *библ. (муж. имя)* Achbor.

Ахе́я *см.* **Аха́ия.**

Ахзи́в *библ. (географическое название)* Achzib.

Ахии́л *библ. (человек из Вефиля, восстановивший во время правления израильского царя Ахава разрушенный Иерихон, за что по пророчеству Иисуса Навина (6:25) лишился всех детей, Третья книга Царств 16:34)* Hiel the Beth-elite.

Ахика́м *библ. (чиновник при дворе иудейского царя Иосии)* Ahikam.

Ахи́лла Александри́йский, птрх. *(ум. 313; чиновник при дворе иудейского царя Иосии)* St. Achillas.

Ахи́м *библ. (сын Садока и отец Елиуда, предок Иосифа, живший в годы после возвращения из Вавилонского плена; назван в родословном древе Иисуса)* Achim.

ахи́маса *см.* **ахи́мса.**

Ахимеле́х *библ. (первосвященник святилища в Номве к северу от Иерусалима)* Ahimelech.

ахи́мса *(в индуизме, буддизме, джайнизме – непричинение боли и зла любым живым существам, не только человеку)* ahimsa.

Ахиноа́ма *библ. (жен. имя)* Ahinoam.

Ахиноа́мь *см.* **Ахиноа́ма.**

ахи́нса *см.* ахи́мса.

Ахио́ *библ.* (*сын Аминадава, у к-рого стоял ковчег завета после возвращения его филистимлянами*) Ahio.

Ахио́р *библ.* (*предводитель аммонитян, к-рый со своим войском под высшим командованием Олоферна принимал участие в осаде иудейской горной крепости Ветилуи*) Achior.

Ахи́ра *библ.* (*сын Енана из колена Неффалима*) Ahira the son of Enan.

Ахиса́р *библ.* (*начальник дворца царя Соломона*) Ahishar.

Ахитофе́л *библ.* (*советник царя Давида, родом из Гило*) Ahithophel.

Ахи́я *библ.* (*пророк из Силома во время царей Соломона и Иеровоама; д. п. 12/25 ноября*) Ahijah.

Ахл аль-Кита́б *араб.* (*"люди Писания"; в исламе – обозначение религий, имеющих Священное Писание: христ-ва, иудаизма и зороастризма*) Ahl al-Kitab.

Ахл-и Хакк *араб.* (*тайная шиитская община в Иране*) Ahl-e Haqq.

ахмади́е *см.* ахмади́ны.

ахмади́ны (*совр. религ. секта в Индии и Пакистане; основатель – Гула́м Ахма́д, Мирза́, выходец из богатой мусульманской семьи из местечка Кадиан в Пенджабе; основные положения вероучения: возврат к принципам "равенства" раннего ислама и благотворительная деятельность в пользу неимущих; секта отвергает джиха́д*) the Ahmadiy(y)a, (*иногда их называют по месту основания секты*) the Qadiyanis.

ахмади́я *см.* ахмади́ны.

Ахо́р *библ.* (*долина вблизи Иерихона, на к-рой иудей Ахан с семьёй был забит камнями и сожжён за то, что "взял из заклятого", т. е. из запрещённых трофеев*) Achor.

Ахрима́н (*в зороастризме главное божество зла, противник Ахура́зды*) Ahriman.

Ахса́ф *библ.* (*ханаанский царский город на севере Палестины, завоёванный Иисусом Навином*) Achzath.

Ахты́рская ико́на Бо́жией Ма́тери (*чудотворная икона, изображающая Богоматерь, молящуюся перед распятием; по преданию, была найдена в 1739 в г. Ахтырке Харьковской губернии; празднование 2/15 июля*) the Akhtyrka icon of the Mother of God.

аху́н(д) (*первоначально мусульманский богослов, учёный мулла; в наст. время служитель низшего ранга в мечети*) ahong.

Ахура́зда (*в зороастризме верховное божество, творец мира, защитник человечества*) Ahura-Mazda, Ormazd, Ormuzd.

Аху́ра Ма́зда *см.* Ахура́зда

Аци́скл *см.* Аки́скл.

ача́рья (*в индуизме – духовный вероучитель и одновременно профессор; в отличие от гуру́, а. означает либо интеллектуально признанного главу духовной традиции в данном поколении, либо родоначальника новой традиции; как правило, а.-и – философы или теологи*) *санскрит* acharya.

ашари́ты (*одно из основных направлений в мусульманской теологии – кала́ме*) the Asharites.

Ашвагоша (*индийский поэт и буддийский мыслитель 1-2 вв.*) Ashvaghosha.

ашвамéдха *(в ведической и позже индуистской религиях ритуал жертвоприношения коня)* ashvamedha.
ашвáттха *(дерево, лат. ficus religiosa; один из индийских видов смоковницы, издревле окружённый религ. почитанием)* Ashvattha tree.
Ашвúны *(божественные братья-близнецы; в Ведах ассоциируются с предрассветными и вечерними сумерками; входят в число 33 богов ведийского пантеона)* Ashvins.
Ашéра *библ. (семитская богиня плодородия)* Asherah.
Ашúма *библ. (почитаемое в Хамате в Ассирии местное божество)* Ashima.
Ашкелóн *см.* **Аскалóн**.
Ашкенáз *см.* **Аскенáз**.
ашкенáзи(м) *иврит (потомки евреев – выходцев из средневековых областей еврейского рассеяния в Северо-Восточной Европе, включая Российскую империю)* the Ashkenazim, the Ashkenazi(c) Jews.
ашкенáзские евреú *см.* **ашкенáзи(м)**.
ашкенáзы *см.* **ашкенáзи(м)**.
Ашмедáй *см.* **Асмодéй**.
Ашóд *см.* **Азóт**.
Ашóка *(ум. 238 до н.э.; крупнейший индийский император из династии Маурьев; известен более всего по буддийской лит-ре как император-покровитель буддизма, коим он стал после кровавых войн; он тж проводил политику, способствовавшую буддийскому миссионерству, и был первым императором, постригшимся в монахи)* As(h)oka.
Ашпенáз *см.* **Асфенáз**.
ашрáм(а) *(1. в соответствии с индуистской традицией – четыре жизненных этапа, к-рые человек проходит, прежде чем достигнет духовного освобождения,* **мóкши:** *первый этап –* **брахмачáрья,** *второй этап –* **грихáстха,** *третий –* **ванапрáстха** *и четвёртый –* **санньяси;** *2. уединённое место)* ashram(a).
аштамáнгала *(символы джайнизма)* ashtamangala.
Аштерóф-Карнаúм *библ. (место битвы между четырьмя царями Востока и рефаимами в эпоху Авраама)* Ashteroth Karnaim.
Ашýр *см.* **Ассýр**.
Аэльрéд, аббат *см.* **Эльрéд, аббат**.
Аэндóр *библ.* Endor ◊ **А.-ская волшéбница** *библ. (к-рую посетил Саул и к-рая предсказала ему поражение в войне с филистимлянами)* witch of Endor.
Áций *(ум. ок. 367; еретик, был представителем наиболее распространённой разновидности ариан; учил, что Сын не подобен Отцу – иной сущности, сотворён из ничего; вследствие чего приверженцев А.-я называли аномианами <the Anomoeans or the Anomoean heretics>)* Aetius.
аят *(наименьший выделяемый отрывок коранического текста, "стих" Корана; отдельными а.-ами, написанными или вырезанными на камне, дереве и т.д., украшают мечети и др. здания, их воспроизводят на надгробиях; нек-рым а.-ам и их частям приписывается магическая сила)* ayah.
аяталлáх *араб. см.* **аятоллá**.
аятоллá *(высший титул шиитского* **муджтахúда;** *авторитет а.-ы в области ислама непререкаем среди шиитских лидеров, а его благочестивое поведение окружено в глазах народа ореолом святости)* ayatollah.

Б

Баадер, Бенедикт Франц Ксаверий *(1765-1841; религ. немец. мыслитель, философ-мистик, катол. богослов)* Baader, Franz Xaver von.

Баал *(у западных семитов наиболее употребимое нарицательное имя бога бури, грома и молний, дождя и связанного с дождём плодородия; изображается в образе быка – символа плодородия – или воина, поражающего землю копьём)* Baal.

Баал-берит *см.* **Ваал-вериф**.

Баал-ермон *см.* **Ваал-ермон**.

Баал-Зебуб *см.* **Веельзевул**.

Баал-Пеор *см.* **Веельфегор**.

Баал Шем-Тоб *(тж* **Бешт, Исраэль бен Элиэзер** <Izrael ben Eliezer Besht>; *1699-1760; еврейский мистик, праведник и чудотворец; основатель совр. хасидизма; жил и работал в Галиции и Подолии; высказывания Б. были собраны и опубликованы его учениками после его смерти)* Ba'al Shem Tov, Baal-Schem-Tov, *(настоящее полное имя)* Israel ben Eliezer Baal-Shem.

Баана *библ. (муж. имя)* Baana(h).

бабизм *(учение мусульманской шиитской секты бабитов, возникшей в Иране в сер. 19 в.)* Babi(i)sm, Babi.

бабитский Babi.

бабиты *(последователи учения, созданного Али Мухаммедом Ширази (1819-50)* <Mirza Ali Mohammed ibn-Radnik>, *объявившим себя в 1844 Бабом* <the Bab>, *что означает "врата мессии"* <Gate of the Faith, Gate of God>, *а затем мессией-махди, открывающим новую эпоху – эпоху справедливости и равенства на земле; учение Баба считалось заменой шариата, а его священная книга "Байан"* <The Bayan> – *Корана)* the Babists, the Babites.

Бавон, затворник *см.* **Аллоуин, затворник**.

багряница 1. *(багряный широкий плащ; торжественное облачение)* purple mantle, scarlet robe; **2.** *библ. (ткань ярко-пурпурного или тёмно-красного цвета; желая унизить и оскорбить Иисуса, Его враги перед судом надели на Него б.-у в виде шутовской царской одежды; Ев. от Марка 15:15-20)* purple.

Бадринатх *(центр паломничества в Гималаях, шт. Уттар-Прадеш; индусы относят Б. к 4 наиболее почитаемым священным местам: Б., Дварка, Пури и Равешварам; храм в Б.-е посвящён Вишну; главная святыня Б.-а – чёрный камень, лишённый антропоморфных очертаний)* Badrinath.

Бадульф Айкенхойский *см.* **Ботульф Айкенхойский**.

Базельский собор *(1431-49; Вселенский собор катол. церкви; начинался в Базеле, продолжался в Ферраре и Флоренции, где в 1438 была провозглашена уния с Восточной Церковью, к-рая была не принята в России под давлением светской власти, а на Востоке аннулирована после захвата Константинополя мусульманами (1453); целью собора было устранить *беспорядки в Рим. церкви, подчинить Папу власти соборной)* the Council of Basel; *(по официальной версии Ватикана)* the Basel-Ferrara-Florence Council.

Базельское испове́дание *(1534; изложение доктрин умеренных швейцарских протестантов)* the Confession of Basel.

Базельско-Флоренти́йский собо́р *см.* **Базельский собо́р**.

базилиа́не *см.* **василиа́не**.

базили́ка *(культовое здание вытянутой прямоугольной формы, разделённое на несколько продольных нефов рядами столбов или колонн; может иметь форму лат. креста; архитектурные формы б.-и использовались при строительстве раннехрист. церквей)* basilica ◊ **главная б.** *(в Риме, имеющая папский престол и папский алтарь)* major [patriarchal] basilica; **план б.-и** basilican plan.

"Базили́ки" *см.* **"Васили́ки"**.

базили́чный basilic(an) ◊ **б. план** basilican plan.

байра́м *(тюрк. "праздник" – общее название каждого из двух главных религ. праздников у мусульман – курба́н-байра́м и ураза́-байра́м)* Bairam.

Бай-чжа́н *(720-814; птрх. китайского чань(-будди́зма), реформировавший индийский монашеский устав)* Pai-zhang.

Ба́йюс (де Бай), Михаи́л *(1513-89; фламандский катол. богослов, профессор философии и богословия в Лувенском университете)* Baius, Michel de Bay.

бакала́вр *(1. степень высших учебных заведений, обычно после четырёх лет учёбы, предшествующая званию магистра; 2. человек, имеющий степень бакалавра)* bachelor ◊ **б. богословия** Bachelor of Divinity, *(сокращение; ставится после фамилии)* BD, B.D.; **б. гуманита́рных нау́к** Bachelor of Liberal Studies, *сокр.* BLS, B.L.S., Bachelor of Arts, *сокр.* A.B.; **б. духо́вного образова́ния** Bachelor of Religious Education, *сокр.* BRE, B.R.E.; **б. изобрази́тельных иску́сств** Bachelor of Fine Arts, *сокр.* BFA, B.F.A.; **б. иску́сств** Bachelor of Arts, *сокр.* A. B.; **б. канони́ческого пра́ва** Bachelor of Canon Law, *лат.* Juris Canonici Baccalaureus, *сокр.* J.C.B.; **б. Свяще́нного Богосло́вия** Bachelor of Sacred Theology, *лат.* Sacrae Theologiae Baccalaureus, *сокр.* STB; **б. теоло́гии** Bachelor of Theology, *лат.* Baccalaureus Theologiae, *сокр.* B.T., B.Th.; **б. церко́вной му́зыки** Bachelor of Church Music, *сокр.* B.C.M.; **относя́щийся к сте́пени б.-а** baccalaureate; **получи́ть сте́пень б.-а, стать б.-ом** to receive *one's* bachelorhood; **сте́пень б.-а** bachelor's degree, baccalaureate.

бака́н *(краска багряного цвета, использовавшаяся в иконописи)* lake ◊ **кра́сный б.** crimson lake.

Ба́кстер, Ри́чард *(1615-91; англ. богослов-нонконформист)* Baxter, Richard.

Балада́н библ. *(отец Беродах-Баладана, к-рый во времена иудейского царя Езекии был царём Вавилона)* Baladan.

Балаʹдева *см.* **Балара́ма**

Балара́ма *(божество в индуистской мифологии, восьмое воплощение Вишну)* Balarama.

балдахи́н *(нарядный церемониальный навес над троном, парадным ложем, церк. алтарём; первоначально матерчатый, позднее каменный, деревянный, металлический; получил распространение в позднем европ. Средне-*

вековье, в стилях готики и барокко; *б.* – декоративный элемент в форме небольшого навеса над скульптурой в нише; в русском зодчестве известен с 11 в., см. **киво́рий, сень** в христ. искусстве *б.-ы помещали над алтарями, могилами, статуями как символы величия; в Римско-катол. традиции б. представлял собой навес, под к-рым в литургических процессиях проносили Святые Дары)* baldachin, baldaquin, baldakin, balda(c)chino, canopy, ciborium; *(над нек-рыми средневековыми надгробиями)* basilica ◊ **без б.-а** half-headed; **под б.-ом, с б.-ом** прил. baldachined.

Ба́ли *(в индуистской мифологии – глава демонов асуров, побеждённый Вишну; Б. владеет подземным миром; в "Рамаяне" – царь обезьян)* Bali.

ба́ли *(в индуизме – жертвоприношение пищи духам-бхутам, животным и птицам, одно из обязательных ежедневных обрядовых действий)* bali.

ба́лка joist, beam, *(металлическая)* girder ◊ **б. в своде алтаря, поддерживающая распятие** *(в средневековых церквах Запада)* rood, beam.

Ба́лли, Джон *(1886-1960; шотл. теолог и учёный, видный представитель международного экуменического движения)* Baillie, John.

балочное перекрытие *(храма)* joist ceiling.

Балти́льда см. **Бати́льда Францу́зская**.

Ба́лу см. **Баа́л**.

Балы́кинская ико́на Бо́жией Ма́тери *(находилась в селе Балыкине Стародубского уезда Черниговской епархии; известна с 1711; празднование 30 июня / 13 июля)* the Balykino icon of the Mother of God.

Бальби́на Ри́мская *(2 в.; катол. св., д. п. 31 марта)* St. Balbina, m.

Балю́, Жан *(ок. 1421-91; франц. религ. и государственный деятель)* Balue, Jean.

Балю́з, Этье́н *(1630-1718; франц. церк. историк)* Baluze, Étienne.

ба́ма *(возвышенное место, святилище, где поклонялись Богу Яхве)* bamah.

Ба́мптонские ле́кции *(курс из восьми лекций на теологические темы, к-рые читают в Оксфордском университете; первая была прочитана священником Дж. Бамптоном <John Bampton> в 1751)* the Bampton lectures.

Бана́ж, Жак *(1653-1723; франц. протест. богослов и церк. историк, проповедник и дипломат)* Basnage, Jacques.

Бана́ж, Самуэ́ль *(1638-1721; франц. богослов и церк. историк)* Basnage, Samuel.

ба́ня возрожде́ния и обновле́ния (Святы́м Ду́хом) библ. *(метафорическое именование таинства святого крещения, в воде к-рого крещаемый омывает первородный прародительский грех и возрождается к новой благодатной жизни; в чинопоследовании крещения есть прошение, в к-ром священник молит Господа, чтобы вода крещения была для крещаемого "банею пакибытия, оставления грехов, одеждой нетления")* the washing of regeneration and renewing (of the Holy Ghost).

ба́ня пакибытия́ ц.-сл. см. **ба́ня возрожде́ния и обновле́ния (Святы́м Ду́хом)**.

бапти́зм *(см. тж бапти́сты)* the doctrine of the Baptists.

Бапти́ста Спаньо́ло, Мантуа́нский, блж. *(1448-1516; катол. св., д. п. 20 марта)* Blessed Baptist of Mantua.

баптисте́рий *(специальное помещение, часто отдельное сооружение, круглое или многогранное в плане, завершённое куполом, при храмах, предназначенное для обряда крещения; в раннехрист. церквах отдельное восьмиугольное помещение для обряда крещения; у совр. баптистов – большая цистерна для крещения)* baptist(e)ry.

бапти́стский Baptist(ic) ◊ **б.-ая церковь** the Baptist Church; **Б.-ая церковь Христова** *(с 1843, в США)* the Baptist Church of Christ.

бапти́сты *(последователи протест. направления, возникшего в ходе развития пуританизма в Англии в нач. 17 в. и направленного на очищение церкви от остатков католицизма и шире – на преобразование церкви и общества на основе Священного Писания; б. отвергают монашество, поклонение иконам; таинствами у них признаются только водное крещение и хлебопреломление; основным условием для членства в церкви считается сознательное признание Иисуса Христа в качестве личного Спасителя; Священное Писание является единственным авторитетом в делах жизни и веры; очень рано б. разделились на два течения: Общих и Частных; Общие б. считали, что Христос умер за всех людей и каждый уверовавший может спастись; Частные б. принимали кальвинистскую трактовку спасения; по их мнению, Христос умер лишь за избранных, к-рые могут уверовать и спастись; большинство б.-ов в мире принадлежит к Частным; из-за постоянных преследований б. очень рано стали переселяться из Европы в Сев. Америку; там их число быстро возрастало; сами преследуемые, они провозглашали принципы свободы совести и вероисповедания; во многом благодаря б.-ам эти принципы вошли в Конституцию США; до сих пор 3/4 всех б.-ов мира, а это более 30 млн человек, живут в США; датой появления баптизма в России считается 20 августа 1867, когда Мартин Калвейт, немец-баптист из Прибалтики, крестил в Тифлисе купца Никиту Исаевича Воронина, к-рый был до того молоканином и к-рый стал первым русским баптистом)* the Baptists; *амер.* disciples ◊ **б. свободной воли** *(основаны в 1780 году)* the Free(-Will) Baptists; **б. седьмого дня** the Seventh-Day Baptists, *(в 17 в.) истор.* the Traskites; **Всемирный союз б.-ов** the Baptist World Alliance, *сокр.* BWA; **Всероссийский Совет евангельских христиан-б.-ов** the All-Russian Council of the Evangelical Christian-Baptists; **Генеральные [Общие] б.** *(разделяющие взгляды арминианцев)* the General Six-Principle Baptists; **"Отдельные б."**, **Партикулярные [Частные] б.** *(разделяющие кальвинистскую доктрину предопределения: спасение обретут лишь люди, к нему предопределённые)* the Particular [Calvinistic] Baptists; **Союз евангельских христиан-б.-ов** the Evangelical Christian-Baptists Union.

Бапхоме́т *(идол, почитавшийся членами духовно-рыцарского ордена тамплиеров, в нач. 14 в. обвинённого в ереси и упразднённого Папой Римским)* Baphomet.

Бараде́й *(ок. 500-78; сирийское прозвище монаха Якова Цанцала, главы сирийских монофизитов в 6 в., названных по его имени яковитами; в 541 был посвящён монофизитскими еп.-ами в сан эдесского еп.-а; в течение 37 лет Б. руководил монофизитской общиной, беспрерывно находясь в*

Барадей

странствованиях по Сирии, Египту и Абиссинии) Baradai [Baradaeus], Jacob.

Бара́йта *(сборник решений раввинов, не вошедший в Мишну)* Baraithas.

ба́рака *(в исламе – благодать, которой Аллах наделяет пророков и святых <см.* **вали́***>, шиитских имамов и суфийских шейхов, через к-рых она может быть ниспослана простым людям; носителями* **б.-и** *являются тж гробницы святых, принадлежащие им вещи, Коран, "чёрный камень" и т.п.)* baraka.

Бара́, Мадле́на Софи́я *(1779-1865; основательница Общества Пресвятого Сердца <the Society of the Sacred Heart (of Jesus)>, катол. св., д.п. 25 мая)* St. Barat, Madeleine Sophie.

Барба́т Беневе́нтский, еп. *(ум. 682; катол. св., д. п. 19 февраля)* St. Barbatus, bp. of Benevento.

Бар-Дайша́н *см.* **Вардеса́н**.

ба́рдо *(в тибетском буддизме – промежуточное состояние между смертью и перерождением в другое существо, к-рое начинается в момент зачатия и длится 49 дней)* bardo, bar do, санскрит antara-bhava.

Бардо́ Ма́йнцский, архиеп. *(ум. 1053; катол. св., д. п. 15 июня)* St. Bardo, archbp. of Mainz.

"Бардо́ тодо́л" *см.* **"Тибе́тская кни́га мёртвых"**.

Бар-Езу́с *см.* **Вариису́с**.

Ба́ри *(город в Южной Италии, куда из Мир Ликийских перенесены были в 1087 мощи свт. Николая)* Bari.

Ба́ркли, Ро́берт *(1648-90; один из ближайших соратников Дж. Фокса; он разработал теоретическое учение квакеров)* Barcley, Robert ◊ *(одна из его работ)* **"Апология истинно христианской теологии"** *(1678)* The Apology for the True Christian Divinity(, being an Explanation and Vindication of the People Called Quakers).

Ба́рменская деклара́ция *(манифест немец. протестантов 1934 против нацистских доктрин, составлен Карлом Бартом (1886-1968) <Karl Barth>)* the Barmen declaration.

Ба́рменский сино́д *(1934; антифашистское собрание немец. протест. руководителей)* the Synod of Barmen.

бар-ми́цва иврит *(1. церемония, освящающая вступление в совершеннолетие еврейских мальчиков; совершается в первую субботу после исполнения 13 лет и одного дня; с этого дня подросток возлагает* **тфи́л(л)ин** *и участвует в* **минья́не***, его впервые вызывают к чтению Торы; 2. еврейский мальчик, достигший 13 лет, к-рый начинает исполнять все религ. обязанности)* bar mi(t)zvah.

бармицве *см.* **бар-ми́цва**.

ба́рмы *(накладное ожерелье русских князей, позже царей, с изображениями-иконками Христа, Богоматери и святых)* yoke-necklets *(of the tsars and grand princes of Russia)*.

барнаби́ты *см.* **варнави́ты**.

Баро́ний, Це́зарь *(1538-1607; итал. церк. историк, кардинал; написал церк. историю в 12 томах, охватывающую 12 в. нашей эры, до 1198, под названием "Анналы" <лат. Annales Ecclesiastici>)* Baronius [Baronio], Cesare.

Барóнт, прп. *(ум. 695; катол. св., д. п. 25 марта)* St. Barontius.
Барсиллáй *см.* **Верзéллий**.
Бáрский град *см.* **Бáри**.
Барт, Карл *(1886-1968; швейцарский протест. богослов, один из основателей "диалектической теологии", подчёркивающей несоизмеримость божеского и человеческого; вдохновитель христ. сопротивления гитлеровскому режиму)* Barth, Karl ◊ **относящийся к учению Барта** Barthian.
Бартоломмéо, Фра *(наст. имя Баччо делла Порта <Baccio della Porta>, 1475-1517; итал. религ. живописец Высокого Возрождения; одна из лучших его работ – алтарные картины из Палаццо Питти <the Pitti Palace> во Флоренции "Оплакивание Христа" <The Lamentation>)* Fra Bartolommeo.
бáрхат velvet ◊ **б. золотой** brocaded velvet.
Бар-Эбрéй, Григóрий *(1226-86; имя, под к-рым известен Григорий Абульфарадж <Grigor Abu-l-Farag Bar-Hebraya>; энциклопедист-полигистор, светило всей сирийской лит-ры, одновременно и арабский писатель-историк)* Bar-Hebraeus.
Басемáт *см.* **Васемáфа**.
басмалá(х) *(произнесение формулы и сама формула "бисмилляхи-р-рахмани-р-рахим" – "именем Аллаха милостивого, милосердного" <"In the name of God, the Merciful, the Beneficient">, с к-рой начинаются почти все суры Корана; б. часто произносится благочестивыми мусульманами, напр. перед трапезой, перед тем, как что-л. написать или выступить с речью, перед исполнением супружеских обязанностей и т.п.; этой формуле придаётся магическое значение, она пишется на талисманах, часто встречается в надписях на архит. сооружениях мусульманского Востока)* bismallah, bismillah, basmala(h).
бáсменный оклáд *(оправа иконы)* metal icon frame with stamping
Батúльда Францýзская *(ум. 680; англосаксонская невольница, сделавшаяся женою франкского короля Хлодвига II; память о себе Б. заслужила основанием новых монастырей, освобождением и выкупом пленных и крепостных и запрещением торговли людьми; катол. св., д. п. 30 января)* St. Bathildis.
батинúйа *(шиитская секта)* Batiniyah.
батинúты *см.* **исмаилúты**.
батúстовые рукавá *(деталь одежды англик. еп.-а и символ его сана)* lawn sleeves.
бат-мúцва иврит *(1. празднование совершеннолетия для еврейских девочек, которым исполнилось 12 лет и один день; после б.-м.-ы девочка должна соблюдать все заповеди, предписанные женщине; б.-м. отмечается как религ. обряд в консервативном и реформистском иудаизме; 2. еврейская девочка, достигшая совершеннолетия)* bat(h) mi(t)zvah, bas mi(t)zvah.
Батсéба *см.* **Вирсáвия I**.
бáтюшка *(священник; с оттенком почтительности у верующих; в России обращение к священнику, реже диакону)* father, batiushka.
бáулы *(члены бенгальской мистической эзотерической секты, обычно жители сельской местности из низших слоёв; б. не признают кастового и классового деления общества; они отвергают любые условности и жи-*

баулы

вут как бы вне социума; большинство их – нищенствующие бродячие певцы) the bauls.

Ба́ур, Фердина́нд Христиа́н *(1792-1860; немец. теолог и историк христ-ва; глава новотюбингенской школы <the Tübingen School>)* Baur, Ferdinand Christian.

Ба́уэр, Бру́но *(1809-82; немец. богослов и философ гегельянской школы)* Bauer, Bruno.

бахаи́зм *(религ. движение, возникшее в 1860-е гг.; в наст. время центр б.-а находится в Хайфе, Израиль)* Bahaism, Baha'i (faith).

бахаи́ты *(последователи* **бахаи́зма** *– учения, созданного Хусейном Али Нури (он же –* **Бе́ха-у́лла***) <Mirza Husayn Ali>, одним из ближайших последователей Баба, после раскола бабистской общины в эмиграции в Багдаде; в 1863 он объявил себя Беха-уллой – пророком, появление к-рого было предсказано самим Бабом)* the Bahais(ts).

бахрома́ *(тесьма с рядом свободно свисающих нитей, кисточек и т.п., служащая для отделки одежды, мебели и т.п.)* fringe ◊ ц.-сл. "**икона оложена златом и брахмами изкрашена**" the icon is covered with gold and fringed [embelished with fringes]; **святая брахмама** *(украшающая икону)* holy fringe; **украшать б.-ой** to fringe.

Бахури́м *библ. (местность на пути от Иерусалима к Иордану)* Bahurim.

Бахути, аль *(ум. 1641; мусульманский правовед)* al-Bahuti.

Ба́ша *см.* **Ваа́са**.

ба́шня *архит.* tower ◊ **б. слегка покосилась** the tower leans slightly; **б. с незначительным наклоном** a tower with a slight lean; **высокая б.** lofty tower; **защищённый б.-ями; имеющий б.-и** towered; **падающая б.** pendent tower; **Падающая башня** *(в Пизе)* the Leaning Tower; **проездная б.** *(монастыря, крепости и т.п.)* gate tower, gatehouse; **сторожевая б.** *истор.* mirador(e); **ступенчатая б.** *(в виде пагоды)* staged tower; **укреплённая б.** strong tower; **храмовая б.** *(пагода)* temple tower; **центральная б.** central tower; **часовая б.** horologium.

баядéра *(европ. название храмовых танцовщиц в Индии)* bayadere.

бде́ние *(добровольное бодрствование для молитвы)* vigil, devotional watching ◊ **б. у гроба** *(поминки перед погребением; в основном у ирландцев)* wake; **всенощное б.** *(см. тж* **всенощная***)* pannyches, agrypnia, all-night vigil(s), pernoctation, the vigil, Vigil Service, Night Office, evening and nocturnal devotions, prayers, etc.; *греч.* pannychis; **религиозное б.** *(у евангелистов, сопровождаемое состоянием возбуждения)* revival (meeting).

бдо́лах *библ. (ценное вещество, драгоценный камень)* bdellium.

беатифика́ция *катол. (первая ступень канонизации, возведение в ранг блаженных)* beatification, beatitude.

Беатри́са де Э́сте, Дре́вняя, блж. *(1206-26; катол. св., д. п. 10 мая)* Blessed Beatrice D'Este I.

Беатри́са де Э́сте, Но́вая, блж. *(ум. 1262; катол. св., д. п. 18 января)* Blessed Beatrice D'Este II.

Бе́гга, прп. *(ум. 693; катол. св., д. п. 17 декабря)* St. Begga.

бегемо́т *библ. (наряду с левиафаном, мифическое морское животное, символизирующее опасность, враждебность; Книга Иова 40:10-19)* behemoth.

бегинки и бегарды *(члены женских и мужских религ.-благотворительных организаций и общин в Германии и Нидерландах; б. и б. не дают обета и сохраняют независимость и собственность)* жен. the Beguines; муж. the Beghards.

бегство в Египет *библ. (чтобы спастись от преследования Ирода Великого, Святое семейство бежало в Египет; на этот сюжет написан ряд известных произведений классической живописи)* the flight into Egypt.

Беда Достопочтенный, священник и Учитель Церкви *(ок. 672-735; катол. св., д. п. 25 мая; англосаксонский учёный монах из Нортумберленда; за труды по истории его называли в Англии "отцом истории"; им написана пятитомная "Церковная история англов" <Historia Ecclesiastica Gentis Anglorum>, в к-рой излагается история Британии от времени Юлия Цезаря до 731)* St. Bede [Baeda] the Venerable, pr., dr., лат. Baeda Venerabilis.

"бедные сёстры" *(женское ответвление францисканского ордена; см. тж кларисса)* the Poor Clares.

бедствие *(наказание)* scourge, *библ.* plague.

бедствующие *сущ. (живущие в нужде)* the needy, the indigent.

Беершеба *см.* **Вирсавия II**.

Беершиба *см.* **Вирсавия II**.

Беза, Теодор *(1519-1605; франц. религ. реформатор)* Beza, Théodore.

безбожие *(отсутствие веры в Бога)* irreligion, impiety, ungodliness, nothingarianism, godlessness.

безбожник atheist, nothingarian, ungodly [godless, impious] person, scoffer.

безбожничать to lead an ungodly life.

безбожнический *см.* **безбожный**.

безбожно godlessly.

безбожный ungodly, godless, impious, antireligious.

безбрачие *(тж целибат)* celibacy, unmarried state ◊ **б. духовенства** clerical [priestly] celibacy, celibacy of the clergy; **в б.-и** in the celibate state; **давший обет б.-я** celibate, celibatory, celibataire; **обет б.-я** celibacy; **принуждать к б.-ю; связывать обетом б.-я** to celibate; **сторонник обета б.-я** celibatarian, celibatist.

безбрачно in celibacy.

безбрачный celibate, celibatic, unmarried.

безвер *(неверующий)* unbeliever.

безверие *см.* **безбожие**.

безгреховность *(см. тж безгрешность)* ◊ **первоначальная б.** prelapsarian innocence.

безгреховный prelapsarian.

безгрешно sinlessly.

безгрешность *(неспособность грешить)* impeccability, sinlessness, absence of sin ◊ **б. Христа** impeccability of Christ; **райская б.** prelapsarian innocence.

безгрешный savoury, impeccable, sinless, innocent.

бездна *библ. (пучина морская, не имеющая дна)* the deep, the depth, the bottomless pit, the bottomless abyss ◊ **б. б.-у призывает** the deep calls unto the deep.

беззаконие

беззаконие lawlessness; *(дело, противное Закону Божию)* библ. iniquities ◊ **творить б.** to commit lawless acts.
безквасный *ц.-сл. см.* **бесквасный**.
безмездник *см.* **бессребреник**.
безмездный *см.* **бессребреник**.
безмолвник *(уединённый подвижник, хранящий молчание)* hermit.
безошибочность inerrancy ◊ **б. Библии** Biblical inerrancy, inerrancy of the Bible; **б. Папы** *см.* **непогрешимость**.
безразличие *(нейтральное отношение)* **к религии** adiaphorism.
безразличный к религии adiaphorous, adiaphoral ◊ **б. человек в вопросах религии** adiaphorist.
безрелигиозность secularity.
безрелигиозный secular, nonecclesiastical ◊ **б.-ое образование** secular education.
Бейль, Пьер *(1647-1706; франц. мыслитель, философ и богослов)* Bayle, Pierre.
Бейт-лахм *см.* **Вифлеем**.
Бекет, Томас, еп. и св. мч. *см.* **Фома Беккет, еп. и св. мч.**
Беккер, Балтасар *(1634-98; голландский протест. пастор и свободомыслящий богослов)* Bekker, Balthazar.
бекташи(я) *(исламский орден дервишей, основанный в 12 в.; б. носят белый головной убор с четырьмя или двенадцатью складками; 4 – врата ислама, 12 – число имамов)* the Bektashi.
белец *(термин, обозначающий в русских монастырях как лиц, готовящихся к поступлению в монашество, но ещё не принявших обета, так и мирян, не имеющих намерения посвятить себя монашеской жизни, а просто удалившихся от мирской суеты на житьё в монастырь)* novice.
"Бел и Дракон" *(апокрифическое добавление к Книге пророка Даниила или 14-я глава этой же книги в катол. Библиях)* The Bel and the Dragon.
белила *(краска)* whitewash, whiting ◊ **свинцовые б.** *(употребляются в иконописи)* white lead, ceruse.
белица *жен. (см. тж* **белец***)* female novice.
белларми́н *(тип округлого керамического кувшина с изображением лица или маски с бородой; впервые стал производиться в окрестностях г. Кёльна в Германии; назван по имени кардинала Беллармина, лидера катол. Контрреформации, чьё бородатое лицо якобы было изображено на первых кувшинах)* bellarmine, graybeard, longbeard.
Беллармино [Беллярмин], Роберто *(1542-1621; катол. итал. апологет; сочинения его изданы в 4-х томах в Праге в 1721)* Bellarmine, Robert Francis Romulus, *итал.* Bellarmino, Roberto.
белое духовенство *(общее название священнослужителей – священников и диаконов – немонахов)* secular ecclesiastics, the married [secular, parish, "white"] clergy.
белокаменный (built) of white stone, of limestone.
белоризец *(см. тж* **белое духовенство***)* secular priest.
Белшац(ц)ар *см.* **Валтасар**.
белые блики *см.* **пробела**.

"**белые братья**" *истор. (орден одетых в белое одеяние аскетов, запрещённый Папой Римским в 1400)* the White Brethren.

белые монахи *(см. тж **цистерцианцы**)* the White Monks.

"**белые отцы**" *(катол. общество африканских миссионеров, основано в 1868 известным кардиналом Лавижери <Abbé Lavigerie>, архиеп.-ом Карфагенским; они посвятили себя миссиям в Центр. Африке и содействовали освобождению из рабства негров; одевались в белые одежды)* the White Fathers, *франц.* Les Pères blancs.

Белый лотос *(общество и школа в китайском буддизме; в 12 в. в школе Б.-ого л.-а выработалось особое почитание Будды будущего – **Майтреи**)* the White Lotus Society.

Бельведер *(картинная галерея в Ватикане)* the Belvedere.

Бельгийское исповедание *(1561, изложение доктрины протестантов Южных Нидерландов и Сев. Франции)* the Belgic Confession.

бельца *см.* **белица**.

Бенайа *см.* **Ванея**.

Бен-Амми *библ. (сын Лота от его младшей дочери; он считался прародителем народа аммонитян)* Ben-ammi.

Бенарес *см.* **Варанаси**.

Бенгель, Иоганн Альбрехт *(1687-1752; немец. богослов-библеист)* Bengel, Johann Albrecht.

Бенедикт Аньянский *(ок. 750-821; реформатор бенедиктинского ордена; катол. св., д. п. 11 февраля)* Benedict of Aniane, St.

бенедиктинец *(монах бенедиктинского ордена)* Benedictine.

бенедиктинский Benedictine ◊ **б. орден** *(первый западный монашеский орден, основанный **Бенедиктом Нурсийским** в 6 в.; устав ордена требует постоянного пребывания в монастыре, послушания, воздержания, обязательного труда; б.-цы занимаются тж литературными трудами, изучают и практикуют обряды катол. церкви; бенедектинские ордена имеют административную автономию, но группируются в конгрегации)* the Benedictines Order.

Бенедикт Нурсийский *(480-550; св., реформатор западноевроп. монашества, основатель ордена, названного его именем; д. п. 14/27 марта, катол. – 21 марта)* St. Benedict of Nursia.

Бенедикт Рикасоли, блж. *(ум. 1107; катол. св. д. п. 20 января)* Blessed Benedict Ricasoli.

"**Бенедиктус**" *(гимн или часть реквиема; катол. – гимн в составе мессы на слова Ев. от Матфея 21:9; англик. – песнопение на слова Ев. от Луки 1:68-71)* the Canticle [Song] of Zacharias, *лат.* Benedictus.

бенедикция *катол. (благословление; обряд)* benediction.

"**Бенедиците**" *(кант <canticle> в англик. утрене <morning prayer>; по начальному слову лат. текста канта) лат.* Benedicite.

Бенезе *(ум. 1184; катол. св., д. п. 14 апреля)* St. Bénézet.

бенефиций I *(доброхотное деяние)* donative benefaction, beneficence.

бенефиций II *(англик., катол. – церк. должность и связанные с ней статьи доходов); в средневековом католичестве вознаграждение священнослужителя доходной должностью или земельным наделом; 2-ой Ватиканский* *собор (1962-65) призвал отменить или реформировать систему б.-я)* incumbency, benefice; *(в Англии)* living ◊ **б. каноника** canonry; **б. короны** *англик. (жалуется монархом)* crown living; **городской б.** town-living; **держатель б.-я** beneficiary, incumbent; **кандидат на получения б.-я** *(ещё не свободного)* provisor; **королевский б.** *англик. (жалуется монархом)* crown living; **лишение б.-я** deprivation; **назначение на б.** presentation; **назначить на б.** to present [nominate] to a benefice; **обслуживать несколько б.-ев, приходов** *(одним лицом)* to hold a plurality of offices; **одновременное владение одним лицом несколькими б.-ями** plurality, pluralism; **отбирать б.** to deprive; **пожалование духовному лицу б.-я** collation, presentation; **право распределять** *или* **жаловать б.-и, церк. приходы** *юр. англ.* advowson; **представленный на б.** presentee; **представлять** *(священнику)* **б.** to collate; **ходатайство о назначении на б.** presentation.

бенефиция *см.* **бенефиций II**.

Бенигн [Бенинь] Дижонский *(3 в.; катол. св., д. п. 1 ноября)* St. Benignus of Dijon.

Бенно Мейссенский *(ум. 940; катол. св., д. п. 3 августа)* Benno of Meissen, St.

Бенно II Оснабрюкский, блж. *(ум. 1088; катол. св., д. п. 12 июля)* Blessed Benno of Osnabrück.

Бентли, Ричард *(1662-1742; англ. филолог, богослов и учёный-критик)* Bentley, Richard.

Бен-хадад *см.* **Венадад**.

Беньян, Джон *(1628-88; англ. поэт и проповедник)* Bunyan, John.

берака *(общее наименование еврейских благословений)* berakah.

Берар Марокканский, прмч. *(ум. 1220; катол. св., д. п. 16 января)* St. Berard of Marocco.

берахот *иврит мн. ч. (первая глава Талмуда, указывающая на порядок, время и т. п. употребления молитв и благословений)* berakot(h).

Бердяев, Николай Александрович *(1874-1948; русский религ. философ, ум. во Франции; основал религ.-филос. журнал "Путь" <The Path> (Париж, 1925-40); его основные работы "Свобода и дух" <The Freedom and the Spirit>, "Судьба человека" <The Destiny of Man>, "Мечты и реальность" <The Dreams and Reality>)* Berdyaev, Nikolai.

Береа *см.* **Верея**.

Беренгар Турский *(ок. 1010-88; франц. богослов-схоластик)* Berengar of Tours.

Береника *см.* **Вереника**.

берет *(головной убор у катол. четырёхугольной формы; у Папы – белый, у кардинала – ярко красный, у епископа – фиолетовый, у священника – чёрный; выходит из употребления)* biretta, berretta.

Берехия *см.* **Верехия**.

Берешит *иврит (название и первое слово первой книги Торы "Бытие")* Bereshit(h).

Берия *библ. (город в Македонии)* Berea.

Беркер, аббат *(ум. ок. 696; катол. св., д. п. 16 октября)* St. Bercharius, abbot.

Бе́ркли, Джордж *(1685-1753; англик. еп., философ; с 1734 еп. в Клойне <Cloyne>, Ирландия; в "Трактате о началах человеческого знания" (1710) <A Treatise Concerning the Principles of Human Knowledge> утверждал, что внешний мир не существует независимо от восприятия и мышления)* Berkeley, George.

Бе́рлин, Иса́йа бен Иу́да Леб *(1725-1800; талмудист)* Berlin, Isaiah ben Judah Loeb.

Бернаде́тта Лу́рдская, св. *(она же Мария Бернарда Субиру <Marie Bernarde Soubirous>; 1844-79; франц. крестьянка; по преданию, в гроте в окрестностях г. Лурда ей было видение девы Марии, после чего там забил целительный источник, к-рый стал местом паломничества; д. п. 16 апреля)* St. Bernadette of Lourdes.

Берна́рд Аббеви́льский, прп. *см.* **Берна́рд Тиро́нский, прп.**

Берна́рд, А́вва и Учи́тель Це́ркви *(1090-1153; Сладкозвучный Учитель <the Mellifluous Doctor>; считается последним из Учителей Церкви; он же – св. Берна́р(д) Клерво́с(с)кий <St. Bernard of Clairvaux>)* St. Bernard, abbot, doctor ◊ **Чудотворец Запада** *(так называли св. Бернарда его ученики)* the Thaumaturgus of the West.

Бернарди́н(о) Сие́нский, свяще́нник *(1380-1444; итал. проповедник, катол. св.)* St. Bernardino of Siena, priest.

бернарди́нцы *(монахи или монахини, придерживающиеся цистерцианского устава)* the Bernardines ◊ **монахи-б.** *истор.* pied monks.

Берна́рд Клерво́с(с)кий, св. *см.* **Берна́рд, А́вва и Учи́тель Це́ркви.**

Берна́рдо Корлео́нский, блж. *(1605-67; катол. св., д. п. 12 января)* Blessed Bernard of Corleone, Blessed Bernard Latini.

Берна́рд Тиро́нский, прп. *(ум. 1117; катол. св., д. п. 14 апреля)* St. Bernard of Tiron [of Abbeville].

Бернва́рд *(ум. ок. 1022; еп. Хильдесхеймский <bp. of Hildesheim>, катол. св., д. п. 20 ноября)* St. Bernword, bp.

Бе́рнет, Ги́лберт *(1643-1715; англ. богослов и историк; был решительным врагом катол. культа)* Burnet, Gilbert.

Берно́, абба́т *(ум. 927; катол. св., д. п. 13 января)* St. Berno, abbot.

Берода́х-Балада́н *см.* **Мерода́х-Валада́н.**

Беро́тай *библ. (город царя Адраазара, в к-ром царь Давид взял много меди в качестве военной добычи)* Berothai, Berothah.

Беро́ф(а) *см.* **Беро́тай.**

Бе́рригон, Дэ́ниэл *(род. 1921; амер. священник, богослов и обществ. деятель; в 1960-е гг. активист движения против войны во ·Вьетнаме)* Berrigan, Daniel.

Берсье́, Эже́н *(1831-89; швейцарский реформатский проповедник в Париже, защитник свободной церковности)* Bersier, Eugene.

Бе́рта Бинге́нская, блж. *(ум. 860; катол. св., д. п. 15 мая)* Blessed Bertha of Bingen [of Rupertsberg].

Бе́рта Бланьи́нская, затво́рница *(ум. ок. 725; катол. св., д. п. 4 июля)* St. Bertha of Blagny, hermitess.

Берте́н, абба́т *(ум. 700; катол. св., д. п. 5 сентября)* St. Bertinus, abbot.

Берти́лия Маре́йская, отше́льница *(8 в.; катол. св., д. п. 3 января)* St. Bertilda of Mareuil, hermitess.

Бе́ртольд из Ре́генсбурга *(ок. 1210-72; немец. народный проповедник, францисканец)* Berthold of Regensburg.

Бе́ртольд, Карми́льский, прп. *(ум. ок. 1195; катол. св., д. п. 29 марта)* St. Berthold of Carmel.

Бертра́м см. **Ратра́мн**.

Бертра́н Гарри́гский *(ум. ок. 1230, сподвижник св. Доминика, катол. св., д. п. 6 сентября)* St. Bertrand of Garrigues.

Берю́лль, Пьер де *(1575-1629; кардинал, основатель франц. конгрегации ораториа́н)* Berulle, Pierre de.

бес *(злой дух, то же, что чёрт, Сатана, диавол)* demon, evil spirit ◊ **вселять б.-ов** to diabolize; **изгонять б.-ов** to exorcize, to drive out demons [evil spirits].

Бесе́дная ико́на Бо́жией Ма́тери *(известна с 15 в., названа в честь явления Богоматери и св. Николая и их беседы с пономарём Георгием; икона находилась в Беседном монастыре Новгородской губернии; празднование 14/27 августа)* the Icon of the Mother of God of the Conversation.

"Бесе́ды" на Шестодне́в" см. **"Шестодне́в"**.

бесе́ды о спасе́нии counsel(l)ing for Salvation.

бескв́асный *(о пресном хлебе, не имеющем закваски)* unleavened.

бескоры́стие unmercenariness.

бескоры́стный unmercenary.

беснова́ние demonical possession.

беснова́тые *библ.* people with demons.

беснова́тый *прил. (о человеке, одержимом бесом: неистующий, безумный, потерявший рассудок)* demon-possessed, possessed (with demon), possessed by an evil spirit, demonized, demoniac(al); *сущ.* energumen.

бесо́вский diabolical, demonic, demoniac(al) ◊ **б.-ое наваждение** a demonic temptation; **учения б.-е** *библ.* doctrines of demons.

бесовщи́на diabolicalness, devilry.

беспло́тный incorporeal, bodiless, unbodied, unbodily; asomatous; excarnate ◊ **б.-е души** unbodied souls; **б.-е силы** bodiless powers; **делать б.-м** *(освобождать от телесной оболочки)* to disembody.

беспопо́вцы *(последователи религ. направления, отрицающего необходимость священников для спасения души)* the Bezpopovtsy *(supporters of a priestless sect in Russia)*.

беспопо́вщина the movement in part of the Russian Old Believers priestless sect.

бессме́ртие *(религ. понятие: продолжение существования духовной, нематериальной сущности человека после смерти тела)* immortality athanasia, athanasy ◊ **б. души** immortality of soul; **вера в б. души** immortalism.

бессме́ртный *(вечно живой)* ever-living, immortal.

бессре́бреник 1. *(человек, равнодушный к деньгам и временным земным благам)* unmercenary; **2.** *(святые, особо прославившиеся бескорыстием, отказом от богатства ради своей веры; таких святых тринадцать, в основном, они медики; в православной традиции под* **б.-ами** *подразумеваются прежде всего* **свв. Косма́ и Дамиа́н**, *родные братья, пострадавшие как мученики во 2-ой пол. 3 в.)* unmercenary, anargyros.

бесстра́шие fearlessness, intrepidity.
бестеле́сность incorporeity.
бестеле́сный см. **беспло́тный**.
бестиа́рий (*средневековые трактаты о животных, как реальных, так и мифических; сборники басен, сказок, аллегорий о животных и растениях, содержащие иллюстрации и нравоучительные (в духе христ. морали) истории, изначально заимствованные из греч. "Физиолога" <Physiologus>, сборника из 48 историй, написанных во 2 в. в Александрии*) bestiary.
Бет-а́вен см. **Беф-а́вен**.
Бета́ния см. **Вифа́ния**.
Бет-а́раба см. **Беф-а́рава**.
Бет-диблатайи́м см. **Бет-дивлафаи́м**
Бет-дивлафаи́м *библ.* (*город моавитян*) Beth-diblathaim.
Бет-е́ден *библ.* (*арамейский город-государство*) Beth-eden.
Бете́сда см. **Вифе́зда**.
Бет-е́цель *библ.* (*место в Южной Иудее*) Beth-ezel.
Бет-е́шимот см. **Беф-ие́шимоф**.
Бетлехе́м см. **Вифлее́м**.
Бет-пеле́т см. **Веф-пале́т**.
Бетфа́га см. **Виффаги́я**.
Бет-Цу́р см. **Беф-Цу́р**.
Бет-Шеме́ш см. **Вефсами́с**.
Беф-а́вен *библ.* (*образное название горного святилища Вефиль*) Beth-aven.
Беф-а́рава *библ.* (*пограничное место племени Иуды в пустыне*) Beth-arab(h).
Беф-ие́шимоф *библ.* (*место в области племени Рувима*) Bethi-esimoth, Beth-jeshimoth.
Бефкаре́м *библ.* (*крепость между Иерусалимом и Вифлеемом*) Beth-haccerem.
Беф-ни́мра *библ.* (*город аморреев*) Beth-nimrah.
Беф-о́рон *библ.* (*город на границе племён Ефрема и Вениамина*)·*библ.* Beth-oron.
Беф-са́н *библ.* (*название города*) Beth-s(h)an, Beth-shean.
Беф-Феги́р *библ.* (*местность в области племени Рувима*) Beth-peor.
Беф-хо́рон см. **Беф-о́рон**.
Беф-Цур *библ.* (*город на земле племени Иуды*) Beth-sura.
Беф-шеа́н см. **Беф-са́н**.
бехаи́зм см. **бахаи́зм**.
бехаи́ты см. **бахаи́ты**.
Беха́-у́лла (*1817-92; основоположник бахаи́зма*) Bahaullah, Baha Ullah.
Бецале́ль см. **Веселии́л**.
Бешт, Исра́эль бен Элие́зер см. **Баа́л Шем-То́б**.
Бёме, Я́ков (*1575-1624; немец. философ-мистик*) Boehme [Böhme], Jakob.
Бжозо́вский, Таде́уш (*1749-1820; польский иезуит*) Brzozowski, Tadeusz.
Библ см. **Би́блос**.
библеи́зм (*слово или оборот речи, заимствованный из Библии*) biblical expression.
библеи́ст Biblical scholar, Biblical doctor, Bibli(ci)st.

библеистика

библеи́стика *(отрасль богословия, занимающаяся изучением и толкованием Священного Писания)* Biblical theology.

библе́йская кри́тика *(научный анализ и критическое исследование библ. книг по их содержанию и форме)* Biblical (textual) [Bible] criticism ◊ **высшая [историческая, литературная] б. к.** *(использование научных методов для изучения истор. и литературных аспектов Библии)* higher [historical] criticism; **низшая б. к.** *(использование научных методов для изучения самого текста Библии)* lower criticism.

библе́йские доброде́тели см. **доброде́тель**.

библе́йские коммуни́сты см. **перфекциони́сты**.

"Библе́йские христиа́не" *(методистское религ. общество, основанное в 1815 в Англии Уильямом О'Брайаном (1778-1868) и слившееся впоследствии с др. методистскими организациями в Объединённую методистскую церковь в 1907)* the Bible Christians, the Bryanites.

библе́йский biblical, Biblical, Scriptural, *сокр.* Bibl., Bib, bib ◊ **Б.-ое общество** *(обыкновенно создаваемое для издания и распространения Библии)* Bible Society; **Б.-ое общество Америки** the American Bible Society, *сокр.* A.B.S.; **б. текст** Scripture text; **б.-е уроки** Bible study; **б.-ое учебное заведение** Bible institute, Bible school, Bible college; **в б.-ие времена** in Bible days; **верно ли с б.-ой точки зрения, что...** is it biblically true that – ; **"Заочное б.-ое обучение"** *(протест. внеконфессиональная организация; разрабатывает и осуществляет программы обучения пасторов и активных прихожан в СНГ и Восточной Европе, основана в 1979 как Восточно-Европейская семинария)* the Biblical Education by Extension, *сокр.* BEE; **основываясь на Библии, по-библейски, с б.-ой точки зрения** biblically; **тот, кто строго придерживается б.-ого учения** Scripturist; **это не по-библейски** it is not Scriptural.

"библе́йский по́яс" *(территория на Юге и Среднем Западе США с преобладанием приверженцев протест. фундаментализма; Библия до сих пор – основная настольная книга во многих фермерских семьях)* the Bible belt.

Библе́йский христиа́нский сою́з *(протест. внеконфессиональная миссионерская организация, основана в 1904)* the Biblical Christian Union, *сокр.* BCU.

Библиа́ндер, Теодо́р *(греч. вариант немец. фамилии Buchtmann; ок. 1504-64; протест. богослов и ориенталист; одним из первых перевёл Коран, много сделал для изучения Библии)* Bibliander, Theodor.

библиола́трия *(преклонение перед книгой; почитание священных или божественных книг)* bibliolatry.

библиоло́гия *(изучение Библии)* Biblical study.

Би́блия *(тж* **Свяще́нное Писа́ние**; *слово произведено от вошедшего в средневековую латынь греч. слова "библиа", что означает "книги"; оно охватывает все книги Ветхого и Нового Заветов, определяющие учение и являющиеся основой жизни христ. церквей)* the Bible, *сокр.* Bib., the Holy Scripture, the Scriptures, the Book of God, the Sacred Book, the Book of Books, the Book ◊ **американское исправленное издание Б.-и** *(1952)* the Revised Standard Version of the Bible, the American Standard Revised Version, *сокр.* A.R.V.; **Б. короля Якова** *(см.* **"Санкциони́рованная ве́рсия"***) (англ. текст*

Библия

Б.-и (1604-11), распространённый в англоязычном протестантизме) the King James Bible, the King James Version, *сокр.* KJV, the Authorized Version, *сокр.* A.V.; *(название Б.-и короля Якова у ирландских католиков)* the Law Bible; **Б. на английском языке** the English Version of the Bible; **Б.,.постоянно лежащая у изголовья** bedside Bible; **Б. с параллельными текстами на нескольких языках** polyglot, the polyglot Bible, the Scriptures in several languages; **Большая Б.** *(первый англ. перевод Б.-и, сделанный Майлсом Кавердейлом <Miles Coverdale> (1488-1568); выдержала семь изданий (1539-41); с предисловием (за исключением первого) архиеп. Кентерберийского Томаса Кранмера (1489-1556) <Thomas Cranmer>; названа из-за большого формата)* the Great Bible, Cranmer's Bible; **в Б.-и** in the Scriptures; **в Б.-и сказано** the Bible says; **Гидеоновская Б.** *(Б., издаваемая и бесплатно распространяемая амер. организацией "Гидеонс интернэшнл" <the Gideons International>; обязательная принадлежность номера в амер. отеле или мотеле)* the Gideon('s) Bible; **группы по изучению Б.-и** Bible Study Groups; **Дуэ(й)ская Б.** *(англ. перевод Б.-и, сделан катол. учёными по Вульгате; впервые издан в Реймсе (Новый Завет, 1582) и Дуэ (Ветхий Завет, 1609-10))* the Douay [Douai] Bible, the Douay [Douai] Version, the Douay-Rheims (Bible), the Rheims-Douay Bible, the Douai-Reims; **"Епископская Б."** *(англ. перевод Б.-и 1568)* the Bishops' Bible; **"Живая Б."** *(вольный перевод Б.-и на совр. англ. язык; переведён на русский язык под названием "Слово жизни", "Радостная весть")* the Living Bible; **знаток Б.-и** Scripturist; **знать что-л. из Б.-и** to know through the Bible; **издание Б.-и, в к-ром слова Христа выделены красным** red-letter edition; **издание Б.-и с комментариями для изучения** study Bible; **изучение Б.-и** Bible study; **иллюстрированная Б.** pictorial Bible; **искусство толкования Б.-и** hermeneutics; **исправленное издание Б.-и** the Revised Version of the Bible, *сокр.* Rev. Ver.; **исследование [критический анализ] Б.-и** higher criticism; **неукоснительное следование букве Библии** biblicism; **Новая английская Б.** *(перевод Б.-и на совр. англ. язык; Великобритания)* the New English Bible, *сокр.* NEB; **"Общая Б."** *(англ. перевод Б.-и, основанный как на протест., так и на катол. вариантах амер. исправленного издания Б.-и)* the Common Bible, the Common Version (of the Bible), *сокр.* C.V.; **"Открытая Б."** *(учебное издание Б.-и, включающее обширный справочный материал)* the Open Bible; **поклонение Б.-и** bibliolatry, worship of the Bible; **популярное комментированное издание Б.-и на англ. языке** the "Serendipity Bible"; **приверженец Б.-и** Biblist; **разбор Б.-и** Bible study; **рукописный экземпляр Б.-и** pandect; **семейная Б.** family Bible; **узнать из Б.-и** to learn through the Bible; **так учит Б.** this is Biblical; **уничтожение Б.-и** biblioclasm; **(человек,) читающий Б.-ю вслух** *(неграмотным, больным или раненым)* Scripture-reader; **читать Б.-ю** to read Scriptures; **это соответствует духу Б.-и** this is Biblical.

"Би́блия бе́дных" *(средневековое издание, в к-ром давались иллюстрации основных событий Ветхого и Нового Заветов, приводившие человека к спасению; первое издание этой популярной книги увидело свет в 1466; основанием для её издания послужило выступление Григория Великого в защиту библии нищих духом, т.е. необразованных; Григорий отстаивал идею о том, что христ. поучения прочно запечатлеваются в сердцах па-*

Би́блия

ствы, когда прихожане одновременно рассматривают иллюстрации и читают или слушают соответствующий текст из Писания) the Bible of the Poor, *лат.* Biblia Pauperum.

Би́блия Ко́вердаля *(англ. перевод 1535; первое полное печатное издание Б.-и на англ. языке)* the Coverdale Bible.

Би́блия Моффа́та" *см.* **Моффа́това Би́блия**.

"Би́блия ни́щих" *см.* **"Би́блия бе́дных"**.

Би́блия Но́кса *(перевод Б.-и с лат. на совр. англ. язык, сделан для католиков в 1940-х гг. теологом Р. А. Ноксом (1888-1957))* the Knox Version.

Би́блия Ти́ндла *(первое издание Б.-и на англ. языке 1526-30; перевод сделал У. Тиндл)* the Tyndale's Bible.

Би́блия Уи́клифа *(наименование двух англ. переводов Библии 14 в.)* the Wycliffe's Bible.

Би́блос *греч. (название финикийского города, на иврите называемого Гевал и расположенного на побережье Средиземного моря)* Gebal.

библьдру́к *(специальный сорт тонкой непрозрачной бумаги для типографских работ; применялась для печатания объёмных изданий с целью уменьшения толщины книги; на ней печаталась и Библия; отсюда название бумаги)* Bible paper.

Бигва́й *библ. (персидский наместник в Иудее)* Bigvai.

Бигта́н *см.* **Би́гфа**.

Би́гфа *библ. (страж ворот при дворе царя Артаксеркса)* Bigtha, Bigthan(a).

би́да *(в исламе – новшество, нововведение; ересь)* bid'ah, bida.

Биддл, Джон *(1615-62; англ. проповедник, основатель движения англ. протестантов-унитариев)* Biddle, John.

Бизе́та *см.* **Бизфа́**.

Бизфа́ *библ. (придворный евнух на службе персидского царя Ксеркса)* Biztha.

Бика́т-Аве́н *библ. (местность, к-рой пророк Амос пригрозил Божественным наказанием)* the plain of Aven.

Билда́д Савхея́нин *см.* **Вилда́д Савхея́нин**.

Билеа́м *см.* **Валаа́м**.

би́ло *(деревянная или металлическая доска, ударами в к-рую созывались верующие к богослужениям, в основном, в те времена, когда ещё не употреблялись колокола; тж* **клепа́ло***)* semantron, a wooden or metal plank *(used as a gong or bell)*.

билока́ция *(присутствие какого-л. лица одновременно в двух местах)* bilocation.

Би́лха *см.* **Ва́лла**.

би́льва *(лат. Aegle marmelos, вид растущей в Индии дикой яблони, плоды к-рой используются в народной медицине, а листья – в религ. церемониях, посвящённых Шиве)* bel, *санскрит* bilva.

бима́ *(возвышение в центре синагоги, с к-рого кантор ведёт молитву и с к-рого вызванные к алие читают Тору)* bimah.

Бимбиса́ра *(544-493 до н. э.; царь Магадхи, государства Индостана в среднем течении Ганга, во время правления к-рого проходила проповедническая деятельность Будды* **Шакьяму́ни***, пережившего царя на 8 лет; Б. хорошо известен по буддийским источникам как покровитель Будды и его* учеников, неоднократно встречавшийся с Учителем и находившийся под его влиянием) Bimbisara.

бинáция *катол. (служба двух месс в один день одним и тем же священником; б. запрещена, кроме особых исключительных случаев, разрешённых местным еп.-ом)* bination.

бинитáрный *(относящийся только к двум ипостасям Троицы)* Binitarian.

Биргúтта Швéдская *см.* **Бригúтта, монáхиня**.

бирéтта *см.* **берéт**.

бирéтто *см.* **берéт**.

Бирунú, Абý Рейхáн *(973- ок. 1050; среднеазиатский исламский учёный-энциклопедист; писал на арабском языке)* Biruni, Abu-al-Rayhan-Muhammad ibn-Ahmad-al-.

бúсер I *(мелкие разноцветные стеклянные бусины с отверстиями, употребляемые гл. обр. для вышивания на предметах быта, женской одежде и т. п.)* (glass) beads ◊ **вышивка б.-ом** beadwork; **шитый б.-ом** beaded; **шитьё б.-ом** beadwork.

бúсер II *библ. перен.* pearls ◊ **метáть б. перед свиньями** *(перен. впустую тратить своё красноречие, силы и т.п.)* to cast pearls before swine; "Не давайте святыни псам и не бросайте жемчуга вашего перед свиньями [*ц.-сл.* "не пометайте бисер ваш пред свиньями], чтобы они не попрали его ногами своими" *(Ев. от Матфея 7:6)* 'Give not which is holy unto the dogs neither cast ye your pearls before swine, lest they trample them under their feet'.

бúскуп *(катол. еп.)* Catholic bishop.

бúскупский *см.* **епúскопский**.

бисмалá *см.* **басмалá(х)**.

бисмиллá *см.* **басмалá(х)**.

Бúтон, Дэ́вид *(1494-1546; шотл. государственный и религ. деятель, гонитель протестантов)* Beaton [Bethune], David.

бич Бóжий 1. *(образное выражение, обозначающее наказание Божие)* the scourge of God, *лат.* flagellum Dei; **2.** *(Аттила <Attila>, ум. 453, царь гуннов <King of the Huns>, к-рый в 452 вторгся в Италию и осадил Рим)* the Scourge of God.

бичевáние *(порка плетьми из ремней или верёвок, а тж розгами)* flagellation, flogging, castigation, *библ.* scourging ◊ **"Б. Христá"** *(икона)* The Flagellation of Christ.

бичевáть себя́ to scourge *oneself*; to discipline ◊ **наносить удары бичом, бить плéтью, кнутóм** to scourge; **она была забита кнутами до смерти** *(о христ. святой, казнённой за веру во время гонений на христиан)* she was scourged [lashed] to death.

Бúчер, Гéнри Уóрд *(1832-77; протест. проповедник, пастор конгрегационалистского храма в Бруклине)* Beecher, Henry Ward.

Бúчер, Лáймен *(1775-1863; амер. религ. деятель)* Beecher, Lyman.

бичýющиеся *см.* **флагеллáнты**.

Блавáтская, Елéна Петрóвна *(1831-1891; писатель и путешественник, теософ; распространила мистическое теософское учение "Тайная доктрина"; в 1875 вместе с амер. полковником Г.С. Олькоттом создала Все-*

мирное теософское общество, с 1879 переведённое в Индию, целью к-рого было содействие утверждению всемирного братства человечества, синтез религий и философских течений на основе скрытых в них знаний, изучение тайных сил природы и человека; эти идеи изложены в работах "Изида без покрова" <Isis Unveiled> (1877), "Тайная доктрина" <The Secret Doctrine> (1888) и др.) Blavatskaya, Helena.

благáя весть the good news, the good tidings, evangel, *устар.* evangely; *(благовестие)* the Christian message ◊ **Б. (Рáдостная) в.** *(Евангелие)* the Gospel; **доносить Б.-ую в. до** *кого-л.* *(проповедовать Евангелие)* to penetrate *smb.* with the Gospel; **услышать Б.-ую в.** to be penetrated with the Gospel; *библ.* to accept the good news.

блáго *(1. добро, доброе дело; 2. в христ-ве б. присуще только Богу и не отступившей от Него части творения; в Библии слово б. употребляется в отношении целокупности творения до грехопадения, богоугодного брака, национального единства и т. п.)* (the) good, blessing ◊ **блага(я) земли** *библ.* *(всё то, что принадлежит к земному благополучию)* the good of the land; **земные б.-а** earthly blessing.

благобоя́зненный *ц.-сл.* см. **богобоя́зненный**.

благовéрный 1. *(исповедующий истинную веру, православный)* one professing a true faith, right-believing; one professing the veritable faith of Orthodoxy, the most Orthodox; **2.** *(царь или князь, много способствовавший укреплению православия и причисленный к лику святых)* ◊ **б. князь Александр Невский** the most Orthodox Prince St. Alexander Nevsky.

блáговест *(удары в один колокол перед началом богослужения, а тж в начале совершения таинства евхаристии во время произнесения слов: "Достойно и праведно есть...")* ringing of one church bell.

благовествовáние *(1. благая весть, греч. Евангелие, учение Иисуса Христа; 2. возвещение, сообщение кому-то радостной истинной веры)* gospel, glad tidings *(esp. the good news concerning Christ)*.

благовéствовать to preach the gospel, to evangelize ◊ **б. кому-л.** to bring *smb.* good news.

благовéстие I *(проповедь Евангелия, преим. с целью обратить в христ-во)* evangelism.

благовéстие II *(сообщение благой вести)* annunciation ◊ **"Б. Áнне"** *(икона)* The Annunciation to Anne; **"Б. Иоакиму"** *(икона)* The Annunciation to Joachim; **"Б. пастухáм"** *(икона)* The Annunciation to the Shepherds.

блáговестить to ring for church.

благовéстник *(1. см. евангели́ст; 2. проповедник Евангелия, преим. выступающий на специально организуемых для обращения слушателей евангелизационных собраниях)* evangelist, evangelizer ◊ **такие б.-и, как (Дуайт) Мооди или (Билли) Грэм** such evangelistic specialists as Moody, or Graham; **Филипп б.** *библ.* Philip the evangelist.

благовéстнический evangelistic.

Благовéщение (Бóжией Мáтери) *(в христ-ве праздник в память о сообщении архангелом Гавриилом благой вести Деве Марии о будущем рождении у неё сына Иисуса, рассказанной в Евангелии от Луки 1:26-38)* the Annunciation (Day) ◊ *(один из двунадесятых праздников русского правосла-*

вия, 25 марта/7 апреля) **Б. Пресвятой Богородице** the Annunciation to the Most Holy Theotokos, the Annunciation of the Blessed Virgin, the Annunciation of the Mother of God; *(в Зап. христ-ве)* the Lady Day; *англик., катол.* the Annunciation of the Lord, the Marymass, *лат.* Annuntiatio Domini; "**Б. в храме**" *(икона)* The Annunciation in the Temple; "**Устюжское Б.**" *(икона, д. п. 8/21 июля)* the Ustyug icon of the Annunciation of the Holy Virgin.

Благовещенский женский монастырь *(г. Бежецк Тверской обл.)* the Convent of the Annunciation.

Благовещенский Муромский мужской монастырь *(г. Муром Владимирской обл.)* the Murom Monastery of the Annunciation.

Благовещенский собор the Cathedral of the Annunciation.

благоволение Божие *(благосклонность Бога)* God's favour, God's good will, *библ.* His good pleasure.

благовония *(различные ароматические вещества, к-рыми помазывают – миро, елей –, или к-рые сжигают – фимиам, ладан; духовенству 16 каноном 7-го Вселенского собора запрещено употребление б.-й в быту)* incense; *библ. (собирательное обозначение различных видов бальзама)* spices.

благовонное курение sweet insence.

благовонный sweet-smelling, fragrant.

благоговейный awesome, reverential, worshipful ◊ **б.-е люди** *библ.* devout men, devout people.

благоговейный страх reverent fear, (reverential) awe ◊ **внушать б. с.** to awe(-strike); **испытывать б. с. перед чем-л., кем-л.** to stand in awe of *smth.*, of *smb.*; **он был охвачен б.-м с.-ом** he was penetrated with awe; **преисполненный б.-ого с.-а, проникнутый священным трепетом** awe-struck; **страх Господень – это благоговейное почтение к Богу** the fear of the Lord is the awesome reverence of God.

благоговение *(глубочайшее почитание; религ. трепет, чувство, испытываемое перед Богом и святыней)* reverence (for *or* before).

благоговеть *(преклоняться перед кем-л.)* to venerate, to hold in reverence, to regard with reverence, to reverence.

благодарение 1. benediction, thanksgiving ◊ **б. Богу** thanks be to God; **2.** *(причастие святых тайн)* the Eucharist.

благодарственный eucharistic(al), thanksgiving ◊ **б.-ая молитва** *(читаемая верующим после причащения)* the Eucharistic prayer, the Prayer of Thanksgiving; *катол.* Te deum.

благодатное действие Духа Святого the grace-giving action of the Holy Spirit.

благодатный *(от сущ. благодать)* gracious, *устар.* graceful.

благодать *(милость Господня, дар Духа Святого, помощь Божия; дары Божии всем созданиям)* (God's) grace, charism, *библ.* kindness ◊ **беспредельная б. Божия** the infinite grace of God; **б. великая** *библ.* abundant grace; **б. Духа Святого** the grace of the Holy Spirit; **б. священства** the grace of Orders; **конкретная б.** *богосл. (милостивое деяние Божье по отношению к конкретному человеку)* actual grace; **обитающая б.** *богосл.* habitual grace; **оправдывающая б.** justifying grace, grace of elevation; **предваряющая б.** *(даруется независимо от достоинств и заслуг человека)* prevenient grace;

благода́ть

преизоби́лующая б. grace abounding; **просвеща́ющая б.** illuminating grace; **удосто́енный б.-и** in the state of grace.

благоде́тель benefactor.

благоде́тельница benefactress.

благодея́ние *(доброе дело)* good deed, beneficence, benefaction, *устар.* boon.

благо́й *(добрый)* good ◊ **Бог [Госпо́дь] благ** God is good; **"И сказал ему Иисус: что ты называешь Меня благим? Никто не благ, кроме одного Бога"** *(Ев. от Луки 18:19)* 'And Jesus said to him, Why do you call Me good? No one is good except God alone.'

благоле́пие *(богатство, изысканность; красота храма; убранство, росписи церкви)* the proper decor (of a church).

благонаме́ренность loyalty.

благонаме́ренный loyal.

благонра́вие good behaviour, good conduct, good principles.

благопристо́йность decency, decorum.

благопристо́йный decent, decorous.

благоро́дные и́стины *(см. тж* **"Четы́ре благоро́дные и́стины"***) санскрит* aryasatya, *пали* ariya-sacca.

"Благослове́н" *(1. название 143/144 псалма; 2. начало одной из частей катол. мессы и реквиема) лат.* Benedictus.

благослове́ние *(пожелание блага и помощи Божьей, сопровождаемое иногда жестом – в христ-ве крестным знамением, или возложением рук(и) на голову благословляемого, в Ветхом Завете – только возложением рук); б. преподаётся старшим (отцом, старшим священником) младшему; основано б. на вере в силу слова; благословляться могут тж сакральные и приносимые в церковь предметы, напр. кадило, кутья, мёд, пасхи-куличи, овощи, фрукты и т. п.; б. даёт сознание присутствия Бога во всех сферах жизни)* blessing, benediction, *(трапезы)* benedicite ◊ **без церк. б.-я** *(о браке и т. п.)* churchless; **б. мёда** *(совершается в день празднования* **Происхожде́ния честны́х древ Животворя́щего Креста́ Госпо́дня** *после литургии; мёд, освящённый в церкви, вкушается дома, добавляется к собранному, даётся пчёлам)* blessing of the honey; **б. Папы Римского** the apostolic benediction, the papal blessing; **б. Святыми Дарами** *катол.* Benediction with the Blessed Sacrament; **б. хлебов** *(б. хлебов, пшеницы, вина и елея совершается на всенощном бдении во время литии на середине храма у столика с пятью хлебами, пшеницей, вином и елеем, к-рые приносятся сюда в особых сосудах; на столик устанавливается тж шандал с тремя возжёнными свечами; во время пения тропарей диакон совершает троекратное каждение вокруг столика; кадит он и священника-предстоятеля, потом ещё раз столик с предлежащими веществами; священник читает молитву благословения и крестообразно осеняет вещества одним из хлебов, напоминая, что то же самое совершил Господь, взяв в Свои руки пять хлебов и насытив 5000 человек; в молитве испрашивается благословение Божие на умножение предложенных веществ, а тж об освящении вкушающих от них)* blessing of the loaves; **даровать [ниспослать] б.** to bestow a blessing (on *smb.*, *smth.*); **по б.-ю, с б.-я** with the blessing; **подойти под б.** to ask a blessing (from); **получить б. у священника**

to receive the ministrations of a priest; **призывать на** *кого-л.* **Божье б.** to invoke (God's) blessing; **с Божьего б.-я** with the blessing of God.

благослове́ние пасха́льной свечи́ *катол. (см. тж* **Люцерна́рий**) the Light Service, the Service of the Light.

благослове́ние свети́льников *катол. см.* **Люцерна́рий**.

благослове́нно ◊ "Б. царство Отца, и Сына, и Святого Духа, ныне и присно и во веки веков" *(литургийное благословение: возглас священника или архиерея, к-рым начинается литургия)* 'Blessed is the kingdom of the Father, and of the Son, and of the Holy Spirit; now and ever, and unto ages of ages'.

Благослове́нный *библ., сущ. ("завуалированная" парафраза имени Бога, к-рое иудеи не отваживались называть из чувства благоговения)* the Blessed (One) ◊ "Ты ли Христос, Сын Б.-ого" *(Ев. от Марка 14:61)* 'Art thou the Christ, the Son of the Blessed?' ['Are You the Christ, the Son of the Blessed One?'].

благослове́нный blessed, blest ◊ "благословенна ты в женах" *(из молитвы Деве Марии)* 'blessed art thou among women'.

благослови́ть to bless, to give [pronounce] *one's* blessing (to) ◊ **Благослови, Владыко!** Bless, Master; **Благослови, Господи!** Bestow thy blessing, Lord!; "И благословил Бог седьмой день, и освятил его..." *("Бытие" 2:3)* 'And God blessed the seventh day, and sanctified it'; **священник благословляет Святые Дары** the priest blesses the Holy Bread with the sign of the cross.

благослови́ться 1. *(получить благословение)* to receive the blessing; **2.** *(перекреститься)* to cross *oneself*.

благословля́ть *см.* **благослови́ть**.

благословля́ющий 1. *прил.* benedictive, benedictory, benedictional, in the act of benediction; **2.** *сущ.* blesser.

бла́гостный kind, gracious.

бла́гостыня donation, gift; charity; blessing boon.

бла́гость *библ.* goodness.

благотворе́ние *библ. (благодеяние, доброделание)* doing good.

благотвори́тель benefactor; a person of good works.

благотвори́тельница benefactress.

благотвори́тельность *(христ. добродетель, добровольное вспомоществование нуждающимся; б. – один из способов осуществления социальной справедливости в христ. обществе)* charity, philanthropy works; works of mercy ◊ **заниматься б.-ю** to administer charity; **церковь, занимающаяся б.-ю** institutional church.

благотвори́тельный charitable, philanthropic, benevolent ◊ **б.-ая организация** benevolent institution; **б.-ая школа** *истор. (бесплатная школа для бедных, обычно в ведении церкви)* charity school; **на б.-е нужды** for charitable uses; **с б.-ой целью** for a charity purpose.

благоутро́бие *см.* **милосе́рдие**.

благочести́во piously, godly ◊ **жить б. во Христе Иисусе** *библ.* to live godly in Christ Jesus.

благочести́вость *см.* **благоче́стие**.

благочести́вый 1. *(соблюдающий предписания религ. канонов и церк. установления)* godly, pious, devout, devotional ◊ **б.-е деяния** the works; **б. обман** devout deception; **б. поступок** piety; **быть б.-м** to be devout; **вести б.-ую жизнь** to lead a life of piety; **2.** *(православный)* Orthodox.

благоче́стие *(религ.-нравственное понятие; б. – доброе, хорошее поведение, соединённое с благоговением)* devoutness, piety, ardent loyalty, piousness, (ardent) devotion ◊ **показное б.** affection of devotion, religionism.

благочи́ние 1. *(примерное, благопристойное поведение)* decency, decorum, discipline ◊ **церковное б.** ecclesiastical discipline; **2.** *(благочинный округ, несколько церквей, приходов)* (rural) deanery, arch(i)presbyterate, blagochinie ◊ **Б. патриарших приходов в Финляндии** the Deanery of the Patriarchal parishes in Finland; **Б. православных приходов в Венгрии** the Deanery of the Orthodox parishes in Hungary; **относящийся к б.-ю** decanal.

благочи́нный 1. *сущ. (священник, к-рому поручено **благочи́ние 2.**, соблюдающий в нём послушание, порядок, спокойствие)* rural dean, archpriest, assistant bishop; *(в Зап. христ-ве ему соответствует)* катол. vicar forane; англик. dean (of Christianity), suffragan bishop ◊ **относящийся к б.-ому** decanal; **2.** *прил. (благопорядочный, благопристойный)* decent, decorous.

"Бла́же" *(обращение к Духу Святому)* O Gracious One.

блаже́н библ. *(пожелание или обещание благого будущего; у Иисуса это обещание Царства Божия)* ◊ **"Блаженны нищие духом, ибо их есть Царство Небесное"** *(Ев. от Матфея 5:3)* 'Blessed are the poor in spirit, for theirs is the Kingdom of Heaven'.

блаже́нная катол. *(причисленная к лику блаженных)* blessed, лат. beata ◊ **Б. Дева Мария** катол. Blessed Virgin Mary, лат. Beata Virgo Maria.

Блаже́ннейший *(один из титулов патриархов и, в нек-рых случаях, митрополита)* the Most Blessed, His Beatitude ◊ **Б. патриарх Иерусалимский** the Most Blessed Patriarch of Jerusalem; **Б. Феодосий, Архиеп. Вашингтонский, Митрополит всей Америки и Канады** His Beatitude Theodosius Archbishop of Washington Metropolitan of All America and Canada.

"Блаже́нны" *(в богослужебных книгах этим именем называются евангельские стихи о блаженствах (Ев. от Матфея 5:3-12), а тж и те песнопения и тропари, к-рые поются вместе с ними на литургии во время малого входа)* the Beatitudes, the "True Happiness" versets, the Third antiphon.

блаже́нные the blessed ones, катол. лат. beatae, beati.

блаже́нный 1. *(юродивый)* God's fool; **2.** *(первая ступень канонизации; в 19 в. данный эпитет стали прилагать в России к святым, почитаемым в др. христ. исповеданиях, прежде всего у католиков, в тех случаях, когда почитание их установилось до разделения церквей и тем самым признаётся правосл. церковью; у католиков наименование beatus присваивается тем подвижникам, к-рым на первом этапе канонизации установлено местное почитание; см. **беатифика́ция**)* the blessed, сокр. Bl. ◊ **причисление к лику б.-х** beatification; **причисленный к лику б.-х** катол. beatified, blessed, лат. beatus; **причислить к лику б.-х** to beatify; **3.** *(счастливый, благоденствующий, живущий угодно Богу)* blessed, blissful ◊ **б.-ой памяти** of blessed memory; **4.** *(безгрешный)* savoury; **5.** *(дарующий блаженство)* beatific(al).

Блаже́нство *(титулование нек-рых птрх.-ов)* His Beatitude ◊ **Его́ Б. патриарх Великой Антиохии и всего Востока** His Beatitude the Patriarch of Antioch the Great and All the East.

блаже́нство *(высшее состояние духовной удовлетворённости, достигаемое благодаря глубокой вере в Бога и т. п.)* beatitude, blessedness, state of grace ◊ **видение райского б.-а** beatifical vision; **райское б.** celestial bliss, the bliss of heaven.

блажа́ти *ц.-сл. (прославлять, возвеличивать)* to apotheosize.

Блан Шотла́ндский, еп. *см.* **Блэн Шотла́ндский, еп.**

Бла́стус *см.* **Власт.**

бли́жний *библ.* neighbour ◊ **возлюбить б.-его своего** to love *one's* neighbour; "Возлюби б.-его твоего, как самого себя" *(Ев. от Матфея 22:39)* 'Love thy neighbour as thyself'; "Не пожелай жены б.-его твоего, не пожелай дома б.-его твоего, ни всего, что есть у б.-его твоего" *(Второзаконие 5:21)* 'Neither shall you covet your neighbour's wife, and shall not desire your neighbour's house or anything that is your neighbour's'.

Близне́ц *библ. (прозвище ап. Фомы)* Didymus.

бли́зость к Го́споду intimacy with the Lord.

бли́зость ко Христу́ deeper devotional life, deeper relationship with Christ.

бли́ки *(тж движки́; в иконописи – небольшие светлые штрихи, к-рые наносятся на выпуклые части лица и обнажённого тела)* fine white lines *(round the eyes, forehead, nose, etc.)* ◊ **экспрессивные белые б.** intense highlights.

"Бли́нный вто́рник" *(последний вторник перед Великим постом, когда по нецерковной традиции в Зап. Европе и Америке полагалось печь блины, чтобы избавиться от большей части масла, яиц и прочих продуктов, запрещённых в пост; аналог русской Масленицы)* Pancake [Shrove] Tuesday, Pancake Day; *(особ. празднование и карнавал в Новом Орлеане и др. городах шт. Луизианы)* Mardi gras.

"Бли́нный четве́рг" *(нецерк. праздничная традиция; последний четверг перед Великим постом в Зап. Европе и Америке)* Pancake Thursday.

Блуа́, Лео́н *(1846-1917; франц. писатель и публицист, представитель "катол. возрождения")* Bloy, Léon.

блуд *(любодеяние, распутство; интимные отношения между людьми, не состоящими друг с другом в браке)* immorality, lechery; *библ.* whoredom, fornication; *(один из семи смертных грехов, тж* ***вожделе́ние****)* lust.

блудни́к fornicator, an immoral person, lecher, reprobate; whoremonger.

блудни́ца *библ.* harlot, whore, fornicatrix ◊ **вавилонская б.** *(полемическое выражение, основанное на библ. предсказании; в "Откровении" 17:1-6 б.-у символизирует Рим; позже протестанты называли так катол. церковь)* the whore of Babylon, the Scarlet Woman.

блу́дный сын *библ.* prodigal son ◊ **возвращение б.-ого сына** *библ. (притча, рассказанная Христом и изложенная в Ев. от Луки 15:11-32)* the return of the prodigal son; **неделя о б.-ом сыне** *правосл. (воскресенье, предшествующее мясопустной неделе или девятое воскресенье перед Пасхой; в этот день читается притча о блудном сыне)* the Sunday of the Prodigal Son, *греч.* Asotos.

блудоде́йствовать *библ.* to go a whoring, to fall to whoredom, to play the harlot.

блудодея́ния *библ.* fornications.

блужда́ющие огни́ *(на кладбище)* corpse [death] candle, corpse light.

блю́до *(мелкое)* dish; paten; *библ.* *(большое плоское)* charger ◊ **литийное б.** *церк.* *(сосуд с круглым основанием, на к-ром укреплены плоское блюдо на высоком стояке и три маленьких стаканчика или кубка с крышками, увенчанными крестами; с восточной стороны установлен подсвечник в виде ветви с тремя листьями, в к-рый ставятся свечи; б. литийное, предназначено для обряда благословения хлебов, пшеницы, вина и елея при всеобщем усиленном молении [литии] в середине праздничной всенощной службы, отчего тж носит название **б. всенощное**)* the lity Holy vessel used in the Evening Eucharist; "Она же, по наущению матери своей, сказала: дай мне здесь на б.-е голову Иоанна Крестителя" *(Ев. от Матфея 14:8)* 'And she, being before instructed of her mother, said, Give me here John Baptist's head in a charger'.

блю́до для поже́ртвований *(собираемых в церкви во время службы)* collection plate ◊ **положить монету в б. для п.** to put a coin in(to) the plate.

блюсти́тель *(хранитель, строгий исполнитель заповедей Господних)* keeper, guardian; *библ.* overseer ◊ "Итак внимайте себе и всему стаду, в котором Дух Святой поставил вас блюстителями, пасти Церковь Господа и Бога, которую Он приобрёл Себе Кровию Своею" *("Деяния" 20:28)* 'Be on guard for yourselves and for all the flock, among which the Holy Spirit has made you overseers, to shepherd the church of God which He purchased with His own blood'.

Блэн Шотла́ндский, еп. *(ум. ок. 590; катол. св., д. п. 11 августа)* St. Blane [Blaan], bp.

Бог *(в христ-ве Всемогущее Существо, Субъект поклонения, Творец мира)* God, the Lord, the Supreme Being, the Invisible, the Holy One, the One above; Heaven; *лат.* Deus, *сокр.* Ds; *(описательный титул, тж и Иисуса Христа)* Despotes; *(божество)* the Deity ◊ **Б. ведает** God knows; **Б. вездесущий** God the Omnipresent; **Б. Дух Святой** God the Holy Ghost; **Б. Израилев** *библ.* the God of Israel; **Бог Отец** God the Father; **Б. подаст** the Lord will provide; **Б. правду видит, да не скоро скажет** *(простореч.)* the mills of God grind slowly; **Б. прибрал** he (she) is with God; **Б. Сын** God the Son; *(сделав всё от тебя зависящее)* **вверить всё остальное Богу** to leave results with [to] God, to trust results to God; **во имя Б.-а** in the name of God, *лат.* in Dei Nomine, *сокр.* I.D.N., in Nomine Dei, *сокр.* I.N.D., in the name of the Lord, *лат.* in Nomine Domini; **Да поможет вам Б.!** May Heaven prosper you, God help you! God (be) with you, *лат.* Deus vobiscum; **если Б.-у угодно** God willing, God helping, with the help of God; **милосердный Б.** merciful Heaven; **положиться на Б.-а** to leave results with [to] God, to trust results to God; **праведный Б.** righteous Heaven; **пред Б.-ом** in the presence of God; **"Сохрани Б."** God protect, God preserve; **с помощью Б.-а Вечного** with the guidance [help] of Immortal God, *лат.* Immortalis Dei auspicio [auxilio], *сокр.* I.D.A.; **У нас не такой Б., к-рому ни до чего нет дела, наш Бог есть любовь** Our God is not a God who doesn't care, ours is a God of love; **христианский Б.** the Christian God.

бог *(языческий)* god ◊ **языческие б.-и** pagan deities, minor divinities.

богаде́ланный дом см. **богаде́льня**

богаде́л(ен)ка alms-woman, an old woman supported by charity.

богаде́льня alms-house, hospice, asylum for the poor, *(в США)* public poorhouse; *(в к-рой призреваемые призваны молиться о спасении души основателя)* beadhouse, bedehouse ◊ **женская б.** women's alms-house; **призреваемый в б.-е** beadsman, bede(s)man.

Бог во́инств *(Савао́ф)* the Lord of hosts, the God of the armies.

Бог Госпо́дь God the Lord.

Бог Дух Свято́й *(третья ипостась Святой Троицы)* God the Holy Spirit.

Боге́мские бра́тья см. **Мора́вские бра́тья**.

бо́ги *(как действующие лица в драме, поэзии и т. п.)* theotechny ◊ **гоме́ровские б.** Homeric theotechny.

боги́ня goddess ◊ **б. покрови́тельница** tutelary goddess.

Боги́ня не́ба *библ. (титул сирийско-палестинской богини плодородия и войны Астарты, к-рой соответствует главная вавилонско-ассирийская богиня Иштар)* the Queen of Heaven.

бо́ги, олицетворя́ющие си́лы приро́ды nature-gods.

богоблагода́тный *(исполненный благодати Божьей)* full of God's grace.

богобо́рец theomachist.

богобо́рный theomachic.

богобо́рственный см. **богобо́рный**.

богобо́рство см. **богобо́рчество**.

богобо́рчество theomachy.

богобоя́зненность *(переживание человека, связанное с возможным нарушением им религ. предписаний и уверенностью, что за этим последует Божие возмездие; тж* **страх Бо́жий, страх Госпо́день***)* fear of God.

богобоя́зненный God-fearing.

боговдохнове́нность *(особое воздействие Святого Духа на провозвестников Божественного откровения, руководящее ими в понимании и передаче последнего; см. тж* **богодухнове́нность***)* the divine afflatus, theopathy, charism, inspiration by God.

боговдохнове́нный charismatic, God-inspired, inspired by God, inspired by the Holy Spirit, theopathetic, theopathic ◊ **б. проро́к** inspired prophet.

боговоплоще́ние God incarnation, the Incarnation (of God), the divine incarnation.

боговселе́ние см. **обо́жение**.

богоглаго́лание the preaching of the word of God.

богогла́с(ник) 1. *(книга церк. песнопений; тж* **Осьмогла́сник***)* the book of chants; **2.** *(проповедник слова Божия)* preacher of the Word.

богода́нный God-given, divine, heaven-sent, God-sent, charismatic.

богодухнове́нность *(см.* **боговдохнове́нность***)* ◊ **б. Писа́ния** *(религ. концепция, утверждающая, что Библию писали "святые Божии человеки, будучи движимы Духом Святым (Второе послание Петра 1:21)* <'Holy men of God spoke as they were moved by the Holy Ghost'>; *следовательно, Библия — книга богочеловеческая; христ. концепция* **б.-ти***, хотя и имеет различие в*

богодухнове́нность

разных конфессиях, не исключает человеческого авторства Библии) the inspiration of the Scriptures.

богодухнове́нный см. **боговдохнове́нный**.

богозда́нный *(Богом созданный)* created by God.

богозна́ние the knowledge of God.

"**богои́збранный наро́д**" см. "**и́збранный наро́д**".

богоиска́тель *(последователь богоиска́тельства)* 'God-seeker'.

богоиска́тельство *(религ.-филос. течение, возникшее в России в нач. 20 в. в среде интеллигенции, представители которого утверждали, что "неустанное б." заложено в "русской душе" как таковой, искали "общего Бога", Бога "нравственных идеалов, добра, красоты и совершенства", проповедовали "Царство Бога на земле")* 'God-seeking' *(seeking after the truth in religion)*.

боголе́пный *(угодный, достойный Творца; одарённый божественной красотой)* divine.

боголю́б(ец) theophile.

боголюби́вый God-loving.

боголю́бие the love of God.

Боголю́бовский мужско́й монасты́рь *(посёлок Боголюбово Владимирской обл.)* the Bogolyubovo Monastery.

Боголю́бская ико́на Бо́жией Ма́тери *(икона, написана по приказанию князя Андрея Боголюбского в 1157; Богоматерь изображена во весь рост, со свитком в правой руке, левая обращена в молитве к Спасителю; празднование 18 июня / 1 июля)* the Bogolyubskaya icon of the Mother of God.

богома́з *устар. (иконописец)* icon-painter; *(плохой, неискусный иконописец)* icon-dauber.

Богома́терь *(Пресвятая Дева Мария, мать Иисуса Христа; на Вселенском соборе в Эфесе в 431 она официально была признана Богородицей и Царицей Небесной; см. тж Богоро́дица)* the Mother of God, the Mother of the Redeemer, the Virgin Mary, the Holy Mother, the Holy Birth-Giver of God, the Holy Theotokos, Despoina; the God-bearer; *греч.* Theotocos, Theotokos; *катол.* Our Lady ◊ "**Б. Вели́кая Пана́гия**" *(иконографическая композиция; иконография Б. В. П. восходит к Византии, так называлось изображение Б.-и, стоящей во весь рост с воздетыми руками, на груди её, в круглом медальоне, – Младенец Иисус; слово "панагия" означает "всесвятая"; называется тж "Богоматерь Влахернитисса" <the Virgin Blacherniotissa>, потому что такое изображение было помещено в виде мозаики на алтарной стене Влахернского храма в Константинополе)* The Virgin Mary Great Panagia; "**Б.-Знамение**" *(иконографическая композиция; изображённая по пояс Б. с воздетыми руками и Спасом Еммануилом на груди, т.е. Младенцем Иисусом в круглом медальоне; тж Ора́нта)* The Virgin Mary [the Mother of God] of the Sign; *(икона)* the Icon of the Mother of God "the Sign".

Богома́терь Карми́льская *катол.* Our Lady of Mount Carmel.

Богома́терь Лу́рдская *катол.* Our Lady of Lourdes.

Бо́гом вдохнове́нный см. **боговдохнове́нный**.

богоме́рзкий *(богопротивный)* impious, sacriligious, ungodly, godless.

богомилы *(дуалистические христ. секты на Балканах – в Болгарии, Боснии 10-14 вв.; считая тело и всё материальное порождением злого бога, Сатаны, они отвергали видимую церковь, церк. иерархию, государство, таинства, обряды, иконы и мощи, чуждались брака, мяса и вина)* the Bogomils, *(тж в Боснии и Далмации)* the Patarenes, the Patarin(e)s.

богомильский *(см. тж богомилы)* Bogomilian.

богомильство *(см. тж богомилы)* Bogomilianism.

Богомладенец the Infant God, the Infant Christ, Christ Child.

богомол *см.* **богомолец 2.**

богомолец 1. *(странствующий)* pilgrim ◊ **ступени, истёртые коленями б.-льцев** steps worn with pilgrims' knees; **2.** *(верующий)* devout person, devotionalist; **3.** *(молящийся за кого-л.)* one who prays for *someone* else.

богомолка church woman.

богомолье pilgrimage.

богомольность *(регулярное посещение церкви)* church-going.

богомольный *(религиозный)* devout, religious, pious; prayful.

богомольцы *(верующие, участвующие в богослужении)* congregation.

богомудрие godly wisdom, theosophy.

богоневестная *(о Богородице)* the virgin devoted to (the service of) God.

богоненавистник 1. *библ. (ненавидящий Бога и отверженный Богом)* hater of God; **2.** impious person, *редко* misotheist.

богоненавистный God-hating, *редко* misotheistic.

Богоносец *см.* **Игнатий Богоносец, сщмч.**

богоносец 1. *(религиозный подвижник)* bearer of religious mission ◊ **народ-б.** the Chosen People; **отцы-богоносцы** the God-bearing Fathers; **2.** *(носитель иконы в крестном ходе)* icon-bearer in religious procession; **3.** *ирон. (собиратель пожертвований на церковь)* one who collects for the church.

богоносный 1. *(прозвище нек-рых святых, напр. Саввы Освящённого, Сергия Радонежского и др.)* God-bearing; **2.** *(носящий имя какого-л. бога)* theophorous.

богообщение (the) Communion ◊ **войти в б.** *(через причащение)* to enter into Communion.

богооправдание *(см. тж теодицея)* theodicy.

Богоотец *(праотец Богочеловека, царь и пророк Давид)* forefather of God-man.

богооткровение *(истина, сообщение о чём-л., открывающее человеку волю Бога; тж откровение)* revelation.

богооткровенный revealed ◊ **б.-ое богословие** revealed theology; **б.-ая вера [религия]** revealed faith [religion].

Богоотроковица *(о Богородице)* the Theotokos, the Virgin Mary.

богоотступник *(тж вероотступник)* apostate.

богоотступница woman apostate.

богоотступнический apostate, apostatic(al).

богоотступничество apostasy.

Богоотцы *(Иоаким и Анна – родители Девы Марии)* Joachim and Anne.

богоподобие *(религ. идея, согласно к-рой человек сотворён Богом по образу и подобию своему)* theomorphism.

богоподо́бный theomorphic, Godlike, deiform.
богопозна́ние *(религ. концепция, определяющая возможность, границы и способы постижения человеком Бога, познание того, что Бог есть, осмысление свидетельств Его присутствия и действия в мире и в истории; оно не имеет целью понять разумом Его сущность)* the Christian knowledge [gnosiology], the knowledge of God.
богопочита́ние *(религ. служение Божеству, признание высшей сущности Бога и Его таинств)* adoration of God, theopathy, divine worship, veneration of God.
Богоприи́мец *см.* **Симео́н Богоприи́мец**.
богоприли́чный appropriate to God ◊ **б.-е слова** words appropriate to God.
богопроти́вный impious, irreligious, ungodly.
Богоро́дица *(тж Богома́терь)* the Mother of God, the Birth-Giver of God, *катол.* Our Lady; *лат.* Domina Nostra, Dei Genitrix; *редко (позднелат. "перевод" греч. Theotokos)* Deipara ◊ "**Б.-це Де́во, ра́дуйся, благода́тная Мари́е, Госпо́дь с Тобо́ю; благослове́нна Ты в жена́х, и благослове́н плод чре́ва Твоего́, я́ко Спа́са роди́ла еси́ душ на́ших**" *(ц.-сл. текст молитвы, обращённой к Деве Марии <To the Virgin Mary>; эта молитва является восточным эквивалентом лат. молитвы "Ave Maria"; текст взят из Ев. от Луки 1:28,42)* Hail! Mary, Mother of God, Virgin full of grace, the Lord is with Thee: blessed art Thou among women and blessed is the fruit of Thy Womb, For Thou hast borne the Saviour of our souls; **Пресвята́я Б.** the Blessed Virgin Mary.
Богоро́дице-Рожде́ственский Бобрене́в мужско́й монасты́рь *(село Старое Бобренево Московской обл.)* the Bobrenev Monastery of the Nativity of the Mother of God.
Богоро́дице-Рожде́ственский мужско́й монасты́рь *(г. Владимир)* the Monastery of the Nativity of the Mother of God.
Богоро́дичен *ед. ч. (см. тж Богоро́дичны)* the Bogorodichen; *(тропарь Богородице) греч.* theotokion.
Богоро́дичны *(песнопения: стихиры, тропари и кондаки в честь Божьей Матери; входят в состав ежедневных служб)* hymns in praise of the Virgin Mary, the hymns to the Mother of God, the hymns to the Birth-Giver, the Bogorodichni, *греч.* theotokia.
богоро́дичный deiparous.
богосло́в theologian, theologus, divine, doctor, *сокр.* theol, *редко* theologician, theologue ◊ **протеста́нтский б.** Protestant theologian; **старокатоли́ческий б.** Old Catholic theologian; **студе́нт-б.** *см.* **студе́нт семина́рии**.
богосло́вие *(систематическое изложение, обоснование и защита учения о Боге, Его свойствах, качествах, признаках; комплекс доказательств истинности догматики, религ. нравственности, правил и норм жизни верующих и духовенства; тж теоло́гия)* theology, theologics, divinity, *сокр.* theol ◊ **апологети́ческое б.** *(первоначальное; его задачей являлось доказательство преимуществ новой религии перед другими верованиями)* apologetic theology; **апофати́ческое б.** *("отрицательное" б., к-рым подчёркивается, что Бог превосходит всякое человеческое понятие и любое утверждение о Нём не может быть полностью истинным; способом по-*

знания Бога *а. б. предлагает созерцание и мистическое погружение в Божество, напр.* "держава Божия несказанная, слава Его безмерна, милость непостижима и человеколюбие неизреченно" <'God's power is incomparable, his glory is incomprehensible, his mercy is immeasurable and his love for man is inexpressible'>) negative [*редко* apophatic] theology; **враждебный б.-ю** *прил.* atheological; **историческое б.** historical theology; **катафатическое [положительное, утвердительное, утверждающее] б.** *(богосл. система, допускающая возможность познания Бога по плодам Его творения и результатам вмешательства в дела сотворённого Им мира)* positive [*редко* cataphatic] theology; **католическое б.** Roman theology; **курс практического б.-я** divinity course; **нравственное [практическое] б.** *(система раскрытия и пропаганды моральных установок христ-ва, обосновывающая необходимость соблюдения их в целях достижения личного спасения; см. тж этика)* moral theology; **основное б.** *см.* **апологетика**; **пастырское б.** *(система раскрытия различных аспектов практической деятельности священнослужителей)* pastoral [practical] theology, poimenic(s), pastoralia; **примирительное б.** *(ставящее задачу сохранения единства христ. церкви)* irenics, irenical theology; **раздел б.-я, посвящённый катехизису** catechetics; **раздел б.-я, посвящённый убранству храмов** ecclesiology; **рационалистическое б.** rational theology; **систематическое б.** systematic theology; **сравнительное [обличительное] б.** *(система богосл. доказательств преимуществ православия перед остальными направлениями христ-ва)* comparative theology, comparative religion, *лат.* theologia antitetica; **факультет б.-я** divinity school; **экзегическое б.** *(богосл. дисциплина, занимающаяся толкованием текста Библии; см. тж экзегетика)* exegetical theology.

богословие, медицина, право *(как три профессии в средневековых университетах)* the three [learned] professions.

богословский theologic(al), doctrinal, *сокр.* theol ◊ **б.-ое образование высшего уровня** the top theological education; **б.-е проблемы** theologicals; **б.-ая система** theologism, theological system; **б.-ий спор** doctrinal dispute; **б.-ое утверждение** theological predication; **б. факультет** department of divinity, *шотл.* Divinity Hall; **б.-ая школа** theological [divinity] school; **русская б.-ая наука** Russian theological science.

богословствовать to theologize.

богослужебная книга *(книга, по к-рой совершается богослужение)* liturgical [service, prayer] book, book relating to divine worship, *катол.* missal.

богослужебный liturgical, of divine service, relating to divine worship ◊ **б. круг** *(определённая повторяющаяся последовательность богослужений или составляющих их молитвословий)* liturgical cycle; **б.-е цвета** *(цвета облачений священнослужителей и покровов алтаря, меняющиеся в зависимости от дня и характера службы; см. тж цвет облачения)* liturgical colors; **б. язык** the liturgical language *(см. язык, на к-ром ведётся богослужение)*; **годовой б. круг** *(тематическая последовательность богослужений в течение года)* the liturgical year.

богослужение *(культ, совокупность священных обрядов и действий, посредством к-рых выражаются внутренняя вера Церкви и благоговейные*

богослуже́ние

чувства каждого её члена) liturgy, the Divine Office, Divine Service, Divine Worship, public worship, ministerial [clerical] duty, liturgical prayer and worship, ministration, *правосл.* akoluthia, *англ.* act of worship; *(служба в часовне, университетской капелле и т. п.)* chapel; *(диалектизм)* hearing ◊ **архиерейское б.** the episcopal celebration of the Divine Liturgy, *катол.* the pontifical Mass; **б. каждого дня** common; **б. окончено** the church is done [over]; **б., посвящённое святым, апостолам, святителям и пр.** *(в православии совершается в четверг)* the Common of saints; **б., совершаемое архиереем** a pontifical Liturgy; **б. с пением молитв и т. п. на народные мотивы** *(в протестантизме)* folk mass; **б. суточное** the daily canonical hours; **время б.-я** church-time; **защитник б.-й** liturgist; **знаток чина б.-й** liturgist; **касающийся б.-я, относящийся к б.-ю** ministrative; **покаянное б.** *(в англик. и катол. церкви в Пе́пельную сре́ду в первый день Великого поста)* the commination service; **(пред)рождественское б.** *(на Западе собрание перед Рождеством в церкви, в школе, на работе и т.п. с пением рождественских гимнов)* carol service; **пропустить б.** to miss chapel; **сегодня после уроков учеников собирают на молитву [молитвенное богослужение]** there is chapel today after lessons; **совершать б.** to officiate, to minister; **совершать б. в праздник** to feast; **совершение б.-я** ministering, officiating; **составитель чина б.-й** liturgist; **сторонник б.-й** liturgist; **часть б.-я, когда песнопения поются священником, ведущим службу, или диаконом** accentus; **часть б.-я, когда псалмы и песнопения поются всем хором** concentus; **частное б.** *(совершается одним или несколькими лицами вне церкви)* private office, *(одним церковнослужителем) катол., лат.* Missa privata.

богослуже́ние на откры́том во́здухе *см.* **про́поведь на откры́том во́здухе**.

богосотворённые существа́ beings of God's creation.

боготворе́ние apotheosis, deification.

боготвори́ть 1. to idolize, to worship; **2.** to deify.

Бог Оте́ц *(первая ипостась Святой Троицы)* God the Father.

богоуби́йство *(особенно касательно убийства Иисуса Христа)* deicide.

богоуби́йца *(особенно тот, кто участвовал в убийстве Иисуса Христа)* deicide.

богоуго́дие life agreeble to God, piety.

богоуго́дник pious person, saint.

богоуго́дное де́ло alms(deed), work of mercy, charitable work.

богоуго́дное заведе́ние *истор. (частное или общественное благотворительное учреждение для помощи малоимущим и нетрудоспособным: сиротские приюты, воспитательные дома, работные дома, богадельни, больницы)* charitable institution, almshouse.

богоуго́дный pleasing to God, God-pleasing ◊ **б.-ая жизнь св. старца** the God-pleasing life of the holy Elder.

богоугожде́ние *см.* **богоуго́дие**.

богоуподобле́ние *см.* **обо́жение**.

богоустано́вленный divinely instituted.

богоутро́бное милосе́рдие *библ.* the tender mercy.

богохрани́мый protected by God.

богоху́льник blasphemer.

богоху́льница blasphemer.

богоху́льничать *см.* **богоху́льствовать**.

богоху́льный blasphemous, profane, *устар.* blasphematory ◊ **б.-е слова** profane words.

богоху́льство *(хула на Бога, оскорбляющая чувства верующих, т.е. злословие, обращённое к Богу, или клевета на Него)* blasphemy, profanity.

богоху́льствовать to blaspheme, to utter profanities, to profane the name of God.

Богочелове́к *(Бог, воплотившийся в человеке; согласно христ. догматике, это Иисус Христос, второе лицо Троицы)* God-man, God and Man, God incarnate, God-become-man, Jesus Christ, the Incarnate Christ, the Incarnate Son of God, theanthropos.

богочелове́ческий theanthropic(al), theandric.

богочелове́чество *(согласно Халкидонскому догмату, суть христ-ва — единство совершенного Бога и совершенного человека во Христе)* God-manhood.

Богоявле́ние ◊ **Свято́е Б.** *(праздник Б.-я связывается с крещением Иоанном Крестителем в реке Иордан Христа, когда на Него сошёл Св. Дух, и Бог Отец свидетельствовал о Сыне; один из двунадесятых праздников в православии, 6/19 января; однако позже в Зап. христ-ве праздник стали связывать с поклонением волхвов: они – первые язычники, к-рым явился Господь; празднуется 6 января, в нек-рых странах – в 1-ое воскресенье января) правосл.* the Theophany, the Baptism of Our Lord; the Theophany [Holy Manifestation] of the Divinity of Our Lord and Saviour, Jesus Christ; *(в Зап. христ-ве)* the Epiphany, the Twelfth-day, the Twelfthtide, the Three Kings' Day; *устар.* the Apparition, *лат.* Epiphania Domini.

богоявле́ние *(явление Бога людям; особенно важно явление Бога в лице Иисуса Христа; Бог тж являлся пророкам и святым; есть разные степени **б.-я**: инкарнация <incarnation> Христа; инспирация <inspiration> авторов Библии, пророков; интуиция <intuition>, к-рую имеет любой христианин)* theophany, theophania.

богоявле́нный theophanic, theophanous.

Богоявле́нская вода́ *см.* **агиа́сма**.

Богоявле́нский монасты́рь the Theophany monastery.

Богоявле́нский патриа́рший собо́р *(до 2000; с августа 2000 патриаршим собором в Москве стал **храм Христа́ Спаси́теля**)* the Patriarchal Cathedral of the Theophany.

Богоявле́нский Ста́ро-Голу́твин мужско́й монасты́рь *(г. Коломна Московской обл.)* the Old Golutvin Monastery of the Theophany.

богоявле́нческий *см.* **богоявле́нный**.

Бог ревни́тель *библ.* a jealous God ◊ "ибо Я Господь, Бог твой, Бог ревни́тель" *("Исход" 20:5)* 'for I the Lord thy God am a jealous God!'

Бог Сло́во *(вторая ипостась Святой Троицы, отождествляемая с Иисусом Христом)* God the Son, the Logos, the Second Person of the Trinity.

бог со́лнца sun-god.

Бог Сын *(вторая ипостась Святой Троицы, отождествляемая с Иисусом Христом)* God the Son, the Logos, the Second Person of the Trinity.

Богумил

Богумил Польский, архиеп. *(ум. 1182; катол. св., д. п. 10 июня)* St. Bogumilus.

богумильство *см.* **богомильство**.

Бодай-Дарума *япон. (см.* **Бодхидхарма***)* Bodai Daruma.

бодисатва *см.* **бодхисат(т)ва**.

бодрствовать *библ.* to watch ◊ "**Итак будьте благоразумны и бодрствуйте в молитвах**" *(Послание Петра 4:7)* 'be ye therefore sober, and watch unto prayer'.

Бодх-гая *(место Просветления <enlightenment> Будды* **Шакьямуни** *под* **Бодхи-древом***; ныне современный город в североиндийском штате Бихар <the North Indian state of Bihar>, в к-ром сосредоточены монастыри, храмы и духовные миссии всех национальных форм буддизма и их отдельных школ)* Bodh Gaya.

бодхи *(духовное Просветление в буддизме; полное сознание "**Четырёх благородных истин**", ведущих к нирване)* bodhi.

Бодхи-древо *(древо Просветления, под к-рым индийский отшельник Гаутама обрёл высшее состояние сознания, сверхзнание и др. отличительные свойства Будды, Просветлённого; это древо принадлежит к виду древовидных фикусов <ficus religiosa>, растущих ныне в большинстве буддийских монастырей, а их отростки-саженцы произросли от* **Б.-д-а***; оно растёт в городе* **Бодх-гая** *(возраст нынешнего древа более 100 лет) и является одним из самых почитаемых святынь буддизма)* the Bodhi Tree, the bo tree.

Бодхидхарма *(легендарный основатель и первый птрх. буддийской школы Дзэн; традиционная дата прибытия* **Б.-ы** *в Китай – 526 до н. э.; считается, что он жил в монастыре Шаолинь и был родоначальником "жёсткого" направления китайских боевых искусств; изображение* **Б.-ы** *в 12-15 вв. часто встречается в произведениях китайского и япон. искусства, связанного с чань (дзэн)-буддизмом)* Bodhidharma.

бодхисат(т)ва *(в буддизме* **махаяны** *божество, находящееся на пути превращения из человека в Будду, почти Будда, но не погрузившийся в состояние нирваны из-за своей любви к людям и желания привести их к спасению; в храмовой скульптуре и живописи* **б.-ы** *представлены в антропоморфных образах, юными и прекрасными, в одеяниях индийских принцев, с коронами на головах, ожерельями и браслетами на руках и ногах)* Bodhisattva, Bodhisattwa.

божба *(клятва именем Бога)* swearing (by God).

Боже! *(выражение восхищения, удивления и т. п.)* Lord!

божеский godlike, divine ◊ **окажите б.-ое милосердие бедному** for God's sake have pity of a poor person; **по-божески** as God commands; **явите б.-ое милосердие** have pity.

"**Божественная комедия**" *(эпическая поэма Данте Алигьери (1307-21), описывающая путешествие в ад, чистилище и рай)* the Divine Comedy.

Божественная природа [сущность] Христа the divine nature [deity] of Christ, the nature of Christ as God.

Божественное откровение *(проявление Бога в мире, открывающее людям познание Его и истинную веру в Него)* the Divine Revelation.

божéственность *(Божественная природа)* divinity, divine nature, celestiality.

Божéственный *(прил. к Бог, Божество; свойственный Богу, священный, боговдохновенный)* divine, pertaining [relating] to God, deific, celestial; spiritual ◊ **Б.-ое повеление** the Divine injunction; **Б.** *(установленный Богом)* **порядок** the divine order; **Б.-ое правление** theonomy, the government by God; **Б.-ое происхождение** the divine origin; **Б. Разум** the Divine Reason.

божéственный *(прил. к божество)* deific.

Божествó 1. Godhead, Godhood, the Supreme [Divine] Being, the Deity, the Divinity, *сокр.* Div. ◊ **триипостасное Б.** *(тж существование в Троице каждой ипостаси друг в друге) богосл.* circumincession; **2.** *библ.* the Divine Nature.

божествó god, monad; *(кумир)* idol ◊ **б.-а в образе человека** anthromorphic deities; **б.-а речных вод** *или* **источников** water gods; **верховное [главное] б. языческой религии** the All-father; **магометанское б.** *(вымышленное существо в представлениях христиан)* the Termagant; **морское б.** *миф.* sea [water] god; **покровительствующее б.** tutelary (deity), guardian spirit; **сила местного б.-а** *(обитающего в природных предметах)* numen; **языческие б.-а** minor divinities

Бóжией мúлостью *(выражение, прибавляемое к титулам государей и сопровождающее их имя на монетах; уже на соборе в Эфесе 431 епп. употребили это выражение, а в дальнейшем оно употреблялось клириками и христ. государями в посланиях)* By the grace of God, *лат.* Dei gratia.

Бóжий God's, of God ◊ **бич Б.** the scourge of God; **Б.-ья воля** the will of God; **б. дар** charism; **Б.-и закрома** God's storehouse; **Б. мир** God's earth; **Б.-ья семья** the God's family; **б. человек** the man of God, otherwordly person; **в страхе Б.-ем** in the fear of God; **десница Б.-я** the arm of God; **дети Бóжьи** the God's family; **кара Б.-ья** the divine scourge; **перст Б.** divine fate; **по милости Б.-ей** through God's grace, thanks to God; **попущение Б.-е** God's will; **раб Б.** the servant of God; **с Б.-ей помощью** with the help of God, God willing, God helping; **слово Б.-ье** the word of God; **Сын Б.** God's Son.

"Бóжий дом" *(церковь, храм)* God's [Lord's] house, the house of God, the house of prayer, the house of religion.

Бóжий ýгол *см.* **крáсный ýгол.**

Бóжия Мáтерь *см.* **Богомáтерь.**

божнúца 1. *(часовня, возведённая над алтарём несохранившейся церкви, над родником или в ином месте, прослывшем как святое, либо над могилой)* chapel, church; **2.** *(место, где висят или стоят иконы)* icon location; icon-case, icon shelf; **3.** *(языческий храм)* heathen temple; **4.** *(богадельня)* alms-house.

божóк *(небольшой идол)* (small) idol [*or* image], tin god, godling.

Бóжьего Тéла прáздник *см.* **Прáздник Пресвятых Тéла и Крóви Христá.**

"Бóжье прáво (пéрвой нóчи)" *(религ. обычай, якобы принятый на соборе в Карфагене в 398, требующий воздержания в первую брачную ночь и посвящения её Богу) франц.* droit du seigneur.

Бóжье создáние *(о человеке)* the work of God.

Бóжьи сыны́ *библ. (ангелы)* the sons of God.

боковóй придéл *см.* **придéл 1.**

Болга́рская

Болга́рская правосла́вная це́рковь *(автокефальная правосл. церковь; образовалась в 9 в.)* the Church of Bulgaria.

болланди́сты *(историки и филологи, большей частью иезуиты, с 17 в. предпринявшие сбор и издание самого представительного собрания житий святых; названы так по имени И. Болланда <John van Bolland> (1596-1665), одного из иезуитов, к-рый настоял на расширении плана изданий и после тринадцатилетней упорной работы пригласил к себе в сотрудники иезуитов Г. Геншена [Генсхена] <Godfrey Henschen> (1600-80) и Даниеля Паперброха, к-рые продолжали собирать и издавать материалы после смерти И. Болланда)* the Bollandists ◊ **Анале́кты б.-ов** *(ежеквартальное издание, начатое* **б.-ами** *в 1882 и посвящённое исследованию и публикации новых материалов о житиях святых) лат.* Analecta Bollandiana.

Болл, Джон *(ум. 1381; англ. священник и проповедник; в своих проповедях нападал на духовную иерархию и знать, угнетавшую народ, и призывал к уравнению всех сословий в правах и к более справедливому распределению имущества; его баллада "Когда Адам копал землю, а Ева пряла, кто был тогда дворянином?" <'When Adam dalf and Eve span, Who was then a gentleman?'> сделалась военным гимном в лагере восставших крестьян; в 1381 Б. был схвачен и казнён)* Ball, John.

больни́ца *(в монастыре)* infirmary; *истор.* fermery, farmery.

больны́е и бе́дные the sick and the poor ◊ **уха́живать за больны́ми** to tend the sick.

"Больша́я Го́рница" *(катол. община монахинь, основанная в 1825 как приют для женщин)* the Cenacle; *(полное наименование)* **Мона́хини О́бщества Богома́тери "Больша́я Го́рница"** the Religious Society of Our Lady of the Cenacle.

"Больши́е проро́ки" *(так называют, начиная со Средних веков, пророков Исаию, Иеремию и Иезекииля в противоположность двенадцати малым пророкам, к-рых из-за малого объёма их книг ставят после больших; см. тж* **проро́к***)* the Major Prophets.

большо́е славосло́вие *см.* **"Гло́рия"**.

"Большо́й Пол" *(самый большой колокол Великобритании в соборе св. Павла в Лондоне; весит 16 т)* the Great Paul.

большо́й у́гол *см.* **кра́сный у́гол**.

Бон *(религ. направление в Тибете, сложившееся на основе анимизма, шаманизма и различных местных культов; впоследствии заимствовало нек-рые черты буддизма)* Bon, the Bon religion, Bonbo.

Бонавенту́ра, еп. и Учи́тель Це́ркви *(1221-74; теолог, один из наиболее крупных представителей поздней схоластики; получил титул "Серафического доктора" <"the Seraphic Doctor">, был канонизирован в 1482 и причислен катол. церковью к пяти величайшим Учителям Церкви)* Bonaventure [Bonaventura], Bp., dr.

бо́нза *(название, данное европейцами буддийским священникам и монахам в странах Азии)* bonze.

Бонифа́тий Тарси́йский, св. мч. *см.* **Вонифа́тий Тарси́йский, св. мч.**

Бонифа́ций *(имя 9 Римских Пап)* Boniface.

Бонифа́ций Герма́нский *(ок. 675-754; родился в Англии, катол. св., христ. мч.; много путешествовал, проповедуя христ-во необращённым народам на севере Европы; основал школы и монастыри, особ. много в Германии; почитается как "апостол Германии" <'the Apostle of Germany'>; д. п. 5 июня)* St. Boniface.

Бонифа́ций Кверфу́ртский, св. *(974-1009; миссионер, катол. св., д. п. 19 июня)* St. Boniface [St. Bruno] of Querfurt.

Бонифа́ций Тарси́йский, св. мч. *см.* **Вонифа́тий Тарси́йский, св. мч.**

Бо́рджа, Франци́ск *(1510-72; испан. религ. деятель, катол. св., д. п. 10 октября)* St. Francis Borgia.

боре́ние *библ. (муки, страдания Христа в Гефсиманском саду)* the Agony ◊ **Гефсима́нское б.** the Agony in the garden (of Gethsemane); **"И находясь в б.-ии, прилежнее моли́лся"** *(Ев. от Луки 22:44)* 'And being in an agony he prayed more earnestly'.

боре́ц за права́ ве́рующих religious rights activist.

боре́ц с идолопокло́нничеством *см.* **идолобо́рец.**

Бори́с и Глеб *(младшие сыновья великого князя киевского Владимира Святославича, первыми из русских в православной церкви причисленные к лику святых; после смерти Владимира были коварно убиты в 1015 по приказу их старшего брата Святополка, захватившего великокняжеский престол; святые мученики-страстотерпцы Б. и Г. стали олицетворением верности долгу и русской земле; им посвящены многочисленные литературные произведения, и храмы; д. п. 24 июля / 6 августа)* Sts. Boris and Gleb ◊ **свв. благове́рные князья́ Б. и Г.** the Most Orthodox Princes Sts. Boris and Gleb; **"Б. и Г. в житии"** *(иконографическая композиция)* The Hagiographical icon of Sts. Boris and Gleb; **"Б. и Г. на коня́х"** *(иконографическая композиция)* Sts. Boris and Gleb on Horseback.

Борисогле́бский Ано́син же́нский монасты́рь *(деревня Аносин Московской обл.)* the Anosin Convent of Sts. Boris and Gleb.

Борисогле́бский же́нский монасты́рь *(г. Дмитров Московской обл.)* the Convent of Sts. Boris and Gleb.

Боробуду́р *(буддийская святыня, построенная между 750 и 850 на о. Ява, Индонезия, в виде ступы на холме, к к-рой ведут уступами восемь террас, вырезанных по сторонам холма)* Borobudur, Boro Budur.

бо́роды, носи́мые духове́нством *(практика ношения бород в Восточной церкви осталась неизменной с апостольских времён; в Западном христ-ве духовенство начало брить бороды с 5 в., что явилось одним из пунктов разногласий между Восточной и Западной церквами; с 12 в. несколькими соборами катол. церкви ношение бород было запрещено, однако под влиянием светской моды ношение бород возобновилось с 15 в. и длилось вплоть до 17 в.; капуцины всё ещё носят бороды; из 264 Пап Римских только 77 были безбородыми)* clerical beards.

Боррома́о, Ка́рло *(1538-84; один из лидеров Контрреформации в Италии; канонизирован в 1610 и считается одним из самых популярных святых Контрреформации, целителем от чумы, идеалом администратора – защитника города; д. п. 4 ноября)* St. Borromeo, Carlo.

Бо́ско, Джова́нни, св. *(1815-88; основатель катол. ордена, д. п. 31 января)* St. John Bosco.

босоно́гий

босоно́гий *(о члене монашеского ордена; св. Франциск Ассизский, желая исполнить совет Спасителя "не берите ни мешка, ни сумы, ни обуви" (Ев. от Луки 10:4), в 1209 ввёл в основанном им ордене обычай ходить босиком или только в сандалиях; обычай сохранён до наст. времени рядом катол. орденов и конгрегаций)* discalced, discalceate ◊ **б. монах** discalced friar.

Боссюэ́, Жак Бени́н(ь) *(1627-1704; еп. города Мо, оратор и писатель, один из главных идеологов католицизма во Франции)* Bossuet, Jacques Benigne.

Бостра́ *см.* **Восо́р(а)**.

бо-та *китайский см.* **па́года**.

бота́ло *см.* **язы́к ко́локола**.

Ботви́д Шве́дский, мч. *(ум. 1100; катол. св., д. п. 28 июля)* St. Botvid.

Боту́льф Айкенхо́йский *(ум. ок. 680; катол. св., д. п. 17 июня)* St. Botulf [Botulph, Botolph] of Icanhoh, abbot.

Бо́форт, Ге́нри *(1377-1446; англ. политический и религ. деятель, кардинал)* Beaufort, Henry.

Боцра́ *см.* **Восо́р(а)**.

Боэ́ций, Ани́ций Ма́нлий Севери́н *(ок. 480-525; рим. христ. философ, теолог и поэт)* Boethius, Anicius Manlius Severinus.

боя́ться Бога to fear God.

Брадва́рдин, То́мас *см.* **Брадуа́рдин, То́мас**.

Брадуа́рдин, То́мас *(1290-1349; англ. богослов-схоластик; изучение посланий ап. Павла внушило ему убеждение, что наше спасение зависит не от богоугодных дел, а единственно от воздействия на нас Божьей благодати)* Bradwardine, Thomas.

брак *(см. тж* **бракосочета́ние**) marriage, matrimony ◊ **б.-и священников** clerical marriages; **б. церковный** the Holy Matrimony; **гражданский б.** *(нецерковный)* civil marriage; **нерасторжимость б.-а** indissolubility of marriage; **оглашение имён лиц, предполагающих вступить в б.** *(в основном на Западе; производится в церкви или ином другом месте)* ban(n)s; **священность б.-а** sanctity of marriage; **священные узы б.-а** the sanctity of the marriage ties; **смешанный б.** *(между христианами различных деноминаций)* mixed marriage.

"Брак в Ка́не Галиле́йской" *(иконографическая композиция)* The Marriage in Cana of Galilee.

браковенча́ние *см.* **венча́ние**.

бракосочета́ние *(союз мужчины и женщины для плотского общения, взаимной помощи и поддержки, совместного ведения хозяйства и воспитания детей)* marriage, matrimony ◊ **совершать обряд б.-я** to officiate at a marriage, to celebrate [to solemnize] a marriage; **таинство б.-я** the sacrament of Holy Matrimony, *греч.* Gamos; **церемония б.-я** *(в церкви)* solemnization of a marriage, the Marriage Service.

Бра́ма *см.* **Бра́хма**.

брами́н *(представитель высшей варны и касты в Индии, профессиональный жрец в брахманизме и индуизме; в буддийских писаниях – любой нравственно совершенный и учёный человек)* Brahmin, Brahman.

Бранда́н, св. *(ок. 484-577; кельтский религ. деятель, катол. св., д. п. 16 мая)* St. Brendan, St. Brandan.

брань невидимая *(невидимая война, к-рую ведёт душа человеческая против диавола, искушающего её греховными и преступными помыслами)* invisible battle.
брат 1. *(член религ. братства)* lay brother; **2.** *(монах)* brother; *(употребляется перед именем)* friar ◊ **б. Так** *(весёлый толстяк, духовник Робин Гуда)* Friar Tuck.
брат во Христе́ fellow-Christian, brother in Christ, even-Christian.
бра́тина *истор. (русский шаровидный сосуд, нередко с низким поддоном и конусообразной крышкой, для питья на братчинных пирах: крестинах, именинах и пр.)* loving cup.
бра́тия *(устаревшая форма слова "братья"; обращение, принятое у христиан и подчёркивающее, что все они братья в Господе)* brethren.
бра́тия мона́шеская *(монашеская община одного монастыря)* brethren, conventual community, house.
брат милосе́рдия *(из монахов)* Brother of Charity.
братолю́бие *библ.* brotherly love, brotherly kindness.
бра́тский brotherly, fraternal ◊ **б. корпус монастыря** brethren's building; **б.-ая любовь** brotherly love, fraternal affection; **б. совет** *(у протестантов)* church board.
бра́тство *(религ. объединение мирян с целью совместной молитвы, взаимной помощи, миссионерской, просветительской работы)* brotherhood, fellowship, (con)fraternity, community, religious house, household, *катол.* sodality ◊ **православное б.** Orthodox community; **принимать в члены религ. б.-а** to fellowship, to initiate; **стать членом б.-а** to fellowship, to join in fellowship.
Бра́тство крестоно́сцев *(монашеский катол. орден в Англии 1244-1654, монахи к-рого на одежде и посохах носили знак креста)* the Crutched Friars.
"Бра́тство общи́нной жи́зни" *см.* **"Бра́тья общи́нной жи́зни"**.
"Бра́тство христиа́нских школ" *см.* **Игнора́нтные бра́тья.**
брать на не́бо to assume into heaven ◊ **сторонники катол. учения о Деве Марии утверждают, что её тело было взято на небо** martyrologists teach that after her death Mary was assumed into heaven.
Бра́тья (во Христе́) *(меннонитская церковь, основанная в 18 в. в Пенсильвании, США, распространилась в Канаде; в наст. время немногочисленна, но имеет миссионерские центры в Азии, Африке и Центральной Америке)* the Brethren (in Christ).
бра́тья-госпитали́ты *(члены – в основном миряне – августинского "Ордена милосердия для служения больным" <the Order of Charity for the Service of the Sick>, основанного в 15 в. в Испании св. Хуаном Божьим <St. John of God>; орден содержит ок. 100 больниц)* the Brothers Hospitallers, the Brothers of Charity, the Hospitallers of St. John of God.
бра́тья Госпо́дни *см.* **бра́тья Иису́са**
бра́тья Иису́са *библ. (слово "брат" может означать весьма разные степени родства; иногда, особ. в семитских языках, оно применяется к любому соплеменнику; в Новом Завете речь идёт о братьях Иисуса или "братьях Господних", поимённо названы Иаков, Иосиф, Симон и Иуда)* brethren of Jesus, the Lord's brethren.

"Братья-мусульмане" *(религ.-политическая организация, основана в 1928)* the Muslim Brotherhood.

"Братья общей жизни" *см.* **"Братья общинной жизни".**

"Братья общинной жизни" *истор. (религ. общины мирян и духовенства, возникшие в середине 14 в. в Нидерландах)* the (Clerks and) Brothers [Brethren] of the Common Life [of the Common Lot].

"Братья свободного духа" *истор. (движение христиан, зародившееся ок. 1200 в Страсбурге и распространившееся по Германии, Нидерландам, Франции и Швейцарии вплоть до Италии)* the Brothers and Sisters of the Free Spirit.

братья св. Хуана Божьего *см.* **братья-госпиталиты.**

"Братья Христа" *(секта в США)* the Brothers of Christ.

"Братья христианских школ" *см.* **Игнорантные братья.**

"Братья христианского учения и школы" *см.* **Игнорантные братья.**

Браулион Сарагосский, еп. *(ум. 651; катол. св., д. п. 26 марта)* St. Braulio, bp. of Saragossa.

браунист *(последователь Р. Брауна)* Brownist.

Браун, Роберт *(1553-1633; англ. священник, представитель одного из радикальных течений в протестантизме – конгрегационализма)* Browne, Robert.

Браун, Томас *(1605-82; англ. врач и писатель; один из его главных трудов "Исповедание врача" <Religio Medici> (1642) стал своего рода учебником благочестия)* Browne, Sir Thomas.

Брахма *(в индуизме – создатель космоса, составляющий наряду с Вишну и Шивой Божественную триаду; рассматривается как первопричина мира и творец человечества)* Brahma.

"Брахма Кумарис" *(религ.-образовательная организация (основана в 1937) реформированного индуизма, ставящая своей целью объединить всех людей на Земле независимо от касты, национальности, вероисповедания, языка, социальной принадлежности и т.п.; в Российской Федерации зарегистрировано шесть церквей* **"Б. К."***)* Brahma Kumari.

брахма-лока *(в индуизме и буддизме часть Вселенной, где действуют небесные духи)* brahma-loka.

брахмама *ц.-сл. см.* **бахрома.**

Брахман *(в индуизме – всеобъемлющая иррациональная духовная субстанция, высшее абсолютное бытие)* Brahma(n).

брахман *см.* **брамин.**

Брахманда *(в древнеиндийской мифологии и умозрении "яйцо Брахмы" <the Egg of Brahma>, Вселенная Брахмы, возникшая из космического яйца, плававшего в первозданных водах; Брахма в виде золотого зародыша провёл в яйце целый год, пока не вышел из яйца, разделив его с мыслью пополам)* Brahmanda.

брахманизм *(религия в Древней Индии, возникшая в 1 тыс. до н. э., явившаяся дальнейшим развитием ведической религии и предшествующая собственно индуизму)* Brahmanism.

брахманический Brahmanic(al), Brahmaic.

Бра́хманы *(в индуизме – религ. тексты, составленные для жрецов, используются при совершении жертвоприношений и др. обрядов)* Brahmanas.

брахмача́рин *(в индуизме – первый жизненный этап, когда мальчики приступают к изучению Вед и др. священных книг)* brahmachari.

брахма́чарья *см.* **брахмача́рин**.

"Бра́хмо Сама́дж" *("Общество (почитания) Брахмана" <"The Society of Brahman">; религ.-реформаторское общество в Индии, организованное в 1828 в Калькутте индийским просветителем 19 в.* **Рам Могу́н Ро́ем***)* the Brahmo [Brahma] Samaj.

бра́чный marriage, conjugal; nubile ◊ **б. во́зраст** nubile age; **б.-ая оде́жда** *библ.* wedding garment; **б.-ое свиде́тельство** marriage certificate; **б.-ое сожи́тельство** cohabitation; **б. сою́з** conjugal union; **Це́рковь освяща́ет б.-е у́зы** the Church is a tier of the marriage.

бра́чный черто́г *библ.* bridechamber.

бреве́ *(послание Папы Римского по вопросам второстепенного значения, отличающееся от* ***бу́ллы, па́пской 1.*** *менее торжественной формой и подписываемое кардиналом-секретарём)* breve, (apostolic) brief ◊ **составитель па́пских б. и др. докуме́нтов** abbreviator.

бревиа́рий *(служебник катол. духовенства)* breviary; *(средневековый)* portas(s), porthors, porthouse, *истор.* cursus.

Брейши́с *см.* **Береши́т**.

бремена́ *мн. ч. (от* ***бре́мя****) библ. (тяготы, трудности, тяжёлые ноши)* burdens ◊ **"Носи́те б. друг дру́га, и таки́м о́бразом испо́лните зако́н Христо́в"** *(Послание к галатам 6:2)* 'Bear ye one another's burdens, and so fulfil the law of Christ'.

Бре́ндан Ирла́ндский, прп. *(ум. ок. 577; ирланд. праведник; по средневековому преданию, семь лет странствовал по морям в поисках земного рая и пережил удивительные приключения; считается покровителем моряков; катол св., д. п. 16 мая)* St. Brandan [Brendan, Brennain], the Navigator.

Бре́ндан Морепла́ватель, прп. *см.* **Бре́ндан Ирла́ндский, прп.**

бре́ние *библ. (грязь, сырая глина)* burden.

бре́нность perishable nature.

бре́нный perishable, transitory ◊ **б.-е оста́нки** mortal remains; **э́та б.-ая жизнь** this transitory life.

Бренц, Иога́нн *(1498-1570; немец. лютеранин-реформатор, соавтор Вюртембергского исповедания веры <the Würtemberg Confession of Faith>)* Brenz, Johann.

Бре́стская у́ния *(1596; попытка объединения катол. и правосл. церквей путём взаимных уступок на территории Речи Посполитой на соборе в г. Брест Литовский)* the Union of Brest-Litovsk.

бре́тены *см.* **Пли́мутские бра́тья**.

Бриги́тта Ирла́ндская, де́ва *см.* **Бриги́тта Кильда́рская, де́ва**

Бриги́тта Кильда́рская, де́ва *(ум. 525; игуменья <Abbess of Kildare>, катол. св., покровительница Ирландии вместе со свв. Патриком и Колумбом, д. п. 1 февраля)* St. Brigid [Bride, Bridget], v., St. Brigid of Ireland, 'the Mary of the Gael'.

Бриги́тта

Бриги́тта, мона́хиня *(1303-73; провидица, выразившая с особой художественной силой идею обновления католицизма; катол. св., д. п. 23 июля)* St. Bridget, religious, St. Bridget [Brigit(ta)] of Sweden.

Бриги́тта Шве́дская *см.* **Бриги́тта, мона́хиня**.

бригитти́нец *(монах созерцательного ордена, основанного св. Бригиттой Шведской в 1344; официальное название ордена: Орден Пресвятого Спасителя <the Order of the Saviour, или the Order of the (Most) Holy Saviour, the Brigittine Order>, лат. Ordo Sanctissimi Salvatoris, сокр. O.S.S.)* Bridgettine, Bri(d)gittine.

бригитти́нка *(монахиня созерцательного ордена, основанного св. Бригиттой Шведской в 1344, см. тж* ***бригитти́нец****)* Bridgettine, Bri(d)gittine.

Бри́ккиус Ту́рский, еп. *см.* **Бри́ктиус Ту́рский, еп.**

Бри́ктио Ту́рский, еп. *см.* **Бри́ктиус Ту́рский, еп.**

Бри́ктиус Ту́рский, еп. *(ум. 444; катол. св., д. п. 13 ноября)* St. Brice [Britius], bp. of Tours.

бриллиа́нт *см.* **адама́нт**.

брит *иврит (договор между Богом и еврейским народом; условием выполнения договора является соблюдение заповедей – мицвот (см. тж* ***ми́цва****); в более узком смысле* ***б.*** *обозначает обеты Всевышнего отдельным людям, напр. Аврааму и его потомству; обещание, что царский титул не уйдёт из Дома Давида и т.п.)* brith, b'rith.

Брита́нский сове́т церкве́й *(состоит из представителей или наблюдателей от всех основных христ. церквей Британских островов)* the British Council of Churches, *сокр.* BCC.

Брита́нское и зарубе́жное о́бщество по распростране́нию Би́блии *(основано в 1804)* the British and Foreign Bible Society, *сокр.* B.F.B.S.

Бритва́льд Кентербери́йский *(ум. 731; катол. св., д. п. 9 января)* St. Berthwald of Canterbury, abbot, archbp.

брит-мила *иврит (в иудаизме – обрезание новорождённого мальчика на 8-ой день жизни, даже если этот день приходится на* ***Ша́бат*** *или* ***Йом-кип(п)у́р****)* (brit) milah, bris, b'rith, berith.

Брихаспа́ти *(божественный жрец, в "Ригведе" именуемый тж Брахманаспати (Господин молитвы) и почитаемый как бог – покровитель священного слова и жертвоприношения)* Brihaspati.

Брока́рд, прп. *(ум. ок. 1231; катол. св., д. п. 2 сентября)* St. Brocard.

Брунисла́ва Кра́ковская, блж. *(ум. 1259; катол. св., д. п. 30 августа)* Blessed Bronislava.

Бро́ун, Ро́берт *см.* **Бра́ун, Ро́берт**.

Бру́но Картезиа́нец, св. *см.* **Бру́но, свяще́нник, св.**

Бру́но Кверфу́ртский, св. *см.* **Бонифа́ций Кверфу́ртский, св.**

Бру́но Кёльнский, св. *см.* **Бру́но, свяще́нник, св.**

Бру́но, свяще́нник, св. *(1030-1101; катол. св., религ. деятель, основатель монашеского ордена картезианцев <the Carthusian Order>)* St. Bruno, priest, St. Bruno of Cologne.

Буба́ст(ис) *библ. (город в Нижнем Египте)* Pi-beseth.

Бу́бер, Ма́ртин *(1878-1965; религ. философ и писатель, представитель иудаизма)* Buber, Martin.

Бу́дда *(имя основателя буддизма Сиддхартхи* **Гаута́мы** *623-544 до н.э., прозванного после "Просветления" Буддой* **Шакьяму́ни***)* Buddha (Sakyamuni), *япон.* Butsu ◊ **живо́й Б.** *(тот, кто самостоятельно достиг святости; лама, достигший в ходе множественных перерождений абсолютного совершенства и способный указать другим путь к религ. спасению; ламаистский святой высшего ранга)* the Living Buddha.

Бу́дда Амита́бха *см.* **Амита́бха.**

будди́зм *(одна из трёх – наряду с* **христиа́нством** *и* **исла́мом** *– мировых религий, возникшая в 6 в. до н.э. в Индии и распространившаяся в странах Южной, Юго-Восточной, Центральной Азии и Дальнего Востока; б. отрицает бытие Бога, ставит человека в центр мира; в основе б.-а учение о 4 благородных истинах: существуют страдание, его причины, состояние освобождения –* **нирва́на** *– и путь к нему; в наст. время в мире около 1 млн. буддийских монахов и священнослужителей)* Buddhist religion, Buddhism ◊ **он при́нял б.** he converted to Buddhism.

будди́йский Buddhist(ic).

будди́ст Buddhist ◊ **ламаи́стский б.** Tibetan Buddhist; **Центра́льное духо́вное управле́ние б.-ов** the Central Religious Board of the Buddhists.

будди́стский *см.* **будди́йский.**

буддо́лог *(учёный, изучающий буддизм, его историю и т.п.)* Buddhologist.

буддоло́гия *(наука, изучающая буддизм, его историю, совр. состояние и т. п.)* Buddhology.

Буддхагхо́ша *(индо-буддийский мыслитель 5 в., редактор и комментатор палийского канона Типитаки, крупнейший философ* **тхерава́ды***)* Buddhaghosa.

Буддхапа́лита *(ок. 470-540; буддийский философ из Южной Индии)* Buddhapalita.

бу́день *(будний, рабочий день)* ferial [work] day.

бу́дний *(непраздничный)* ferial.

бу́квица *(украшенная орнаментом заглавная буква)* bloomer.

бул *библ.* *(восьмой месяц в еврейском календаре – октябрь-ноябрь)* Bul.

Булга́ков, Серге́й Никола́евич *(1871-1944; русский экономист, религ. философ, теолог; с 1918 – священник; отошёл от марксизма к христианству и утверждал, что культура и социальные отношения должны строиться по Евангелию; спасение Отечества видел только в религ. возрождении; после революции был выслан из России (с 1923) и до конца дней своих преподавал в парижском Православном богословском институте; автор многих книг по философии, богословию, истории религии)* Bulgakov, Sergei.

бу́лла, па́пская 1. *(наиболее важный папский документ, содержащий обращение, постановление или распоряжение)* (papal) bull ◊ **па́пская б., и́зданная в пери́од ме́жду избра́нием и корона́цией** semibull; **2.** *(печать, прикрепляемая к папской булле с изображением свв. Петра и Павла и именем Папы – владельца печати)* bulla.

булла́рий *(собрание папских булл)* bullary.

Бу́ллингер, Ге́нрих *(1505-75; швейцарский реформатор, преемник У. Цвингли)* Bullinger, Heinrich.

бу́лочка

бу́лочка с изображе́нием креста́ *(к-рую едят на Западе в Страстную пятницу)* (hot) cross bun.

Бура́к см. **А́ль-Бура́к**.

Бургундофа́ра, аббати́са *(ум. 657; катол. св., д. п. 3 апреля)* St. Burgundofara [Fara], abbess.

Бурдалу́, Луи́ *(1632-1704; известный франц. духовный оратор)* Bourdaloue, Louis.

бу́рка *(традиционная одежда женщин-мусульманок, покрывающая тело с головы до ног и имеющая прорезь для глаз)* burka.

бурха́н idol; *(изваяние Будды)* image of Buddha.

Бу́рхард Вю́рцбургский, еп. *(ум. 754; катол. св., д. п. 14 октября)* St. Burchard, bp. of Würzburg.

бу́сина, больша́я *(в чётках у католиков)* paternoster.

Бутаде́ус *(см. Ве́чный жид)* Joannes Buttadeus.

Бут, Уи́льям *(1829-1912; основатель Армии спасения и её первый генерал)* Booth, William, *тж* General Booth.

Бу́хман, Фрэнк *(1878-1961; амер. проповедник, основатель и лидер протест. организации "Моральное перевооружение" <the Moral Rearmament>)* Buchman, Frank ◊ **последователь Б.-а** *(член "Оксфордской группы" <the Oxford Group>)* Buchmanite; **учение Б.-а** Buchmanism.

Бу́цер, Ма́ртин *(1491-1551; видный немец. деятель Реформации)* Bucer [Butzer], Martin.

буцуда́н *(буддийский домашний алтарь в Японии)* butsudan.

Бу́шнелл, Хо́рас *(1802-76; амер. протест. теолог, пастор конгрегациональной церкви в г. Хартворде, шт. Коннектикут)* Bushnell, Horace.

бха́ва *(в буддизме, индуизме – жажда вечного существования)* bhava.

Бхававиве́ка *(ок. 490-570; буддийский мыслитель из Южной Индии)* Bhavaviveka.

бхава́на *(буддийское название медитации в различных формах)* bhavana.

бхавача́кра см. **"коле́со жи́зни"**.

Бха́га *(в ведийской мифологии бог богатства и любви)* Bhaga.

"Бхагавадги́та" см. **"Бха́гавад-Ги́та"**.

"Бха́гавад-Ги́та" *(входящий в состав "Махабха́раты" трактат, в к-ром излагаются основные социально-этические принципы брахманизма; по форме "Б." представляет собой поучение бога Кришны царю Арджуне)* Bhagavad-Gita, Bhagavadgita.

Бха́гаван *(эпитет бога, применимый в основном к Вишну или Кришне)* Bhagavan.

бха́гават I *(1. эпитет бога, особ. Вишну; 2. один из эпитетов Будды Шакьямуни)* bhagavat.

бха́гават II санскрит см. **па́года**.

бхагава́та *(в индуизме почитатель любого бога, особ. Вишну)* bhagavata, bhakta.

"Бхагава́та(-пура́на") *(одна из восемнадцати великих* **пура́н**; *посвящена по преимуществу Вишну и его* **авата́рам**; *была создана на юге Индии предположительно в 9-10 вв.; в многочисленных рассуждениях и диалогах "Б." утверждает новый религ. идеал и новую систему отношений между че-*

ловеком и богом; "Б." получила широкое распространение в общинах североиндийских **бхактов**; кришнаиты считают её своим священным текстом) the Bhagavata (Purana), the Bhagavatam.

бхагаватизм (направление в индуизме, возникшее в результате компромисса между развитой идеологией брахманизма и конкретными местными культами; термин часто используется как синоним **вишнуизма**) Bhagavatism.

Бхайрава (божество индуистской, буддийской и джайнский мифологии; индуистский **Б.** рождён из крови Шивы и/или является одной из его форм в гневном образе) Bhairava.

бхакт(а) см. **бхагавата**.

бхакти (одно из центральных понятий в индуизме; в качестве концептуального термина встречается впервые в "Бхагавадгите", где означает служение Бхагавану, а в более широком и общем смысле – предпочтительное служение одному богу) bhakti.

бхакти-марга (в индуизме путь любви, преданности, один из традиционных способов достижения **мокши**) the path of devotion, санскрит bhakti marga.

Бхарата (1. в "**Ригведе**" имя царя, от к-рого ведут свое происхождение воинственные бхараты; 2. в "**Махабхарате**" – царь Лунной династии, общий предок двух соперничающих ветвей рода – **Пандавов** и **Кауравов**; 3. в "**Рамаяне**" – младший сводный брат Рамы, хранивший престол, пока тот находился в изгнании) Bharata.

бхатта (в индуизме человек великой мудрости, часто религ. учитель) bhat.

бхикшу (брахманистский или буддийский нищенствующий аскет или странствующий монах) bhiks(h)u.

бхикшуни (общее название монахинь буддийской женской общины) bhiksuni.

бхог (церемония в религиях Индии, особ. у сикхов в конце службы в виде принятия пищи после 48-часового непрерывного чтения "Гуру Грант Сахиб" <the Guru Granth Sahib>) bhog.

Бхубанешвар (столица шт. Орисса, Индия, крупный центр шиваизма) Bhuvaneshwar.

бхута (1. в индуизме – злые духи, один из низших разрядов демонов; 2. в буддизме – невидимые духи, населяющие землю и воздух, живущие в каждом дереве, строении, камне и т. п.) ед. ч. bhut, санскрит bhuta.

"**Бытие**" the (Book of) Genesis ◊ **Книга Б.-я** (книга, открывающая Библию; повествует о сотворении мира и о первоначальной истории человечества) библ. Genesis, сокр. Gen.; **Малое Б.** (апокрифическая книга) The Book of Jubilees; **Первая книга Б.-я Моисея** библ. The First Book of Moses, called Genesis

бытие (филос. категория, обозначающая в христ-ве независимое от сознания человека существование Бога, духовного мира, материи и др. людей) being, existence ◊ **вечное и независимое б.** (приписываемое исключительно Богу) aseity.

Бэкер, Августин (1575-1641; христ. духовный писатель; после смерти его труды были объединены в два тома под общим названием "Санта София" <Sancta Sophia, or Holy Wisdom>) Baker, Augustine.

бэль см. **бильва**.

В

Ваáл *библ. (божество в Палестине и Сирии; В.-у приносили в жертву животных и даже людей; во время богослужения жрецы, чтобы привлечь его внимание, кололи себя копьями или кинжалами и криками призывали его; Ветхий Завет считает борьбу с культом В.-а важнейшей задачей пророков)* Baal ◊ **поклонéние В.-у** *(перен. – **идолопоклóнство**)* Baalism, the worship of Baal, Baal worship; **поклоняться В.-у** to bow the knee to Baal.

Ваáла *библ. (географическое название)* Baalah.

Ваáлаф *библ. (город, укреплённый царём Соломоном)* Baalath.

Ваáл-вери́ф *библ. (прозвище ханаанского божества)* Baal-berith, El-berith.

Ваáл-гад *библ. (место у истоков Иордана)* Baalgad.

Ваáл-гацóр *библ. (место, куда Давидов сын Авессалом позвал своих братьев, чтобы убить Амнона)* Baalhazor.

Ваáл-ермóн *библ. (священное место у горы Ермон)* Baalhermon.

Ваáл-зебýл *см.* **Веельзевýл**.

Ваáлис *библ. (царь аммонитян во времена пророка Иеремии)* Baalis.

Ваáл-меóн *библ. (город на границе с Моавом, к-рый был отведён племени Рувима)* Baalmeon.

Ваáл-перации́м *библ. (место близ Иерусалима на равнине, где Давид поразил филистимлян)* Baal-perazim.

Ваáл-фегóр *см.* **Веельфегóр**.

Ваáл-цефóн *библ. (предположительно место жертвенника финикийцев)* Baalzephon.

Ваáна *см.* **Баáна**.

Ваáса *библ. (сын Ахии из племени Иссахара)* Baas(h)a.

Ваáст, еп. *см.* **Гастóн, еп.**

Вави́ла, сщмч. *(ум. ок. 250; д. п. 24 января / 6 февраля и 4/17 сентября)* St. Babilas [Babylas], Pr.-M.

Вавилóн I *(древнейший город на Евфрате, к-рый ок. 2225 до н. э. стал столицей империи)* Babylon.

Вавилóн II *библ. (город, где произошло смешение языков и находилась Вавилонская башня)* Babel.

Вавилóн III *см.* **смешéние языкóв**.

Вавилóния *библ. (лат.-греч. название страны в нижнем течении Евфрата и Тигра)* Babylonia.

Вавилóнская бáшня *(в Библии рассказывается о том, как люди, возгордившись, "решили построить башню высотою до небес"; они изготовили кирпичи, обожгли их и приступили к своему дерзкому замыслу; но Бог, дабы усмирить человеческую гордыню, смешал языки так, чтобы люди больше не смогли понимать друг друга; люди рассеялись по земле, и строительство башни не было завершено)* the (Tower of) Babel.

Вавилóнская блудни́ца *(один из образов в Откровении св. Иоанна Богослова, отождествляемый с языческим Римом)* the harlot of Babylon.

Вавилонская леди *(так раньше протестанты называли Римско-католическую церковь, сравнивая её с блудницей в "Откровении" 17:4)* the Lady of Babylon, the lady of Rome.

вавилонский Babylonian, Babylonic(al), Babylonish.

Вавилонский плен *(народное название еврейского изгнания из Палестины ок. 605 или 586-539 до н. э.; происходит от насильственного переселения части евреев в Вавилонию после взятия Иерусалима вавилонским царём Навуходоносором II до возвращения в Палестину после завоевания Вавилонии персидским царём Киром II, к-рый разрешил большинству пленных евреев вернуться на родину)* the Babylonian [Babylonish] captivity [exile], the Exile ◊ **относящийся к В.-ому п.-у** exilic; **относящийся ко времени после В.-ого п.-а евреев** postexilic, postexilian.

Вавилонский Талмуд *(назван по месту его составления; составлен в 5 или 6 в., самый полный и авторитетный)* the Babylonian Talmud, the Talmud Babli.

Вавилонское изгнание *см.* **Вавилонский плен**.

Вавилонское пленение *см.* **1. Авиньонское пленение Пап; 2. Вавилонский плен**.

вавилонское столпотворение *библ. (сказание о попытке построить после всемирного потопа в Вавилоне башню до небес; разгневанный дерзостью Бог "смешал их языки" так, что люди перестали понимать друг друга, и рассеял их по всей земле)* Babel(dom).

вадакалаи *(секта в индуизме)* the Vadakalai.

ваджра *(1. в ведийской и индуистской мифологии — зубчатый диск, громовая палица бога Индры <Indra's thunderbolt>, в буддийской — символ прочности и нерушимости, атрибут изображений многих будд и бодхисат(т)в, обычно представленный в виде короткого двухстороннего трезубца <a short double trident> с загнутыми внутрь зубцами; 2. в буддизме символ мгновенного, как вспышка молнии)* vajra.

Ваджрадхара *(один из главных будд ваджраяны; символизирует молниеносное состояние Просветления как обретение знания недвойственности)* Vajradhara.

Ваджрапани *(один из обращённых Буддой демонов, ставший бодхисат(т)вой; культ В. наиболее популярен в Тибете и Монголии; В. изображается в скульптуре и живописи как воитель, в угрожающей позе, с поднятой рукой, сжимающий ваджру)* Vajrapani.

Ваджрасаттва *(будда ваджраяны, символ чистоты Просветления и Закона; изображается в сидящей позе, белого цвета с ваджрой в правой руке у сердца и с колокольчиком в левой у бедра)* Vajrasattva.

ваджраяна *(третье направление в буддизме, тантрийская форма махаяны, оформившаяся как самостоятельное течение буддизма в сер. 1 тыс. н. э. и получившая развитие в странах Центральной, Южной и Юго-Восточной Азии и Дальнего Востока)* the Vajrayana.

ваии *мн. ч. см.* **вайя**.

вайя *см.* **вайя**.

вайбершул *идиш (женское отделение в ортодоксальной синагоге, обычно на галерее или в боковом помещении)* the women's gallery.

вайра́гин *(религ. аскет в индуизме)* vairagi.

Вайро́чана *(в буддизме* ***махая́ны*** *и* ***ваджрая́ны*** *— божество, занимающее одно из центральных мест как владыка космоса, олицетворение вечно сияющего света; культ В.-ы возник в сер. 1 тыс. н. э., особенно популярен в Китае и Японии; иконы и скульптурные изображения В.-ы распространены в пещерных храмах Китая эпохи Тан (618-907); наиболее знаменита колоссальная статуя В.-ы (высота 17 м), высеченная в скале пещерного храма Лунмэнь)* Vairochana.

вайше́шика *(в философии индуизма — одна из ортодоксальных школ; основная задача в.-и — формулирование реалистической* **онтоло́гии**, *опирающейся на повседневный опыт)* Vaiseshika.

вайшна́ва *(поклоняющийся богу Вишну в любых его формах и воплощениях)* Vaishnava.

вайшнави́зм *(поклонение богу Вишну в любых его формах и воплощениях; см. тж* ***вишнуи́зм****)* Vaishnavism.

Вайшра́вана *(одно из имён бога* ***Кубе́ры****)* Vaisravana.

ва́йшья *(земледельцы, ремесленники; одно из четырёх сословий, третье по важности ведийского общества; в.-ьи активно поддерживали новую буддийскую религию)* Vais(h)ya.

ва́йя *(пальмовая ветвь; с пальмовыми ветвями народ встречал Иисуса Христа, шествующего в Иерусалим)* palm-branch ◊ **Неде́ля ва́ий** см. **Вход Госпо́день в Иерусали́м**.

вак(у́)ф араб. *(в странах распространения ислама — движимое и недвижимое имущество: земли, дома, мастерские и пр., переданное или завещанное на религ. или благотворительные цели)* waqf.

Валаа́м библ. *(сын Веора, живший на Евфрате, был известным прорицателем)* Balaam ◊ **в.-ова осли́ца, осли́ца В.-а** библ. *(к-рая, обретя с помощью Бога дар речи, заговорила со своим хозяином, указав ему на препятствие по дороге в Моав)* Balaam's ass.

Валаа́мский Свя́то-Преображе́нский ставропига́льный мужско́й монасты́рь *(на острове Валаам в Ладожском озере; основан новгородцами не позднее начала 14 в.; в 1611 был разорён и сожжён; восстановлен по указу Петра I в 1715; в марте 1717 на Валааме началось строительство Спасо-Преображенского собора; постройки петровской эпохи не сохранились; в основном все сохранившиеся строения относятся к 19 - нач. 20 в.)* the Valaam [Valamo] Monastery of the Holy Transfiguration.

Вала́к библ. *(царь моавитян во время скитаний через пустыню народа Израиля)* Balak.

Валафри́д Страбо́ *(ок. 808-49; немец. поэт и богословский писатель)* Walafrid Strabo.

Валенти́н *(сер. 2 в.; один из самых значительных философов-гностиков)* Valentinus.

валентиниа́не *(последователи Валентина)* the Valentinians.

Валенти́н, св. *(ум. ок. 269; д. п. 6/19 июля, катол. — 14 февраля)* St. Valentine ◊ **День св. Валенти́на** St. Valentine's Day.

Вале́рий, абба́т *(ум. ок. 620; катол. св., д. п. 1 апреля)* St. Walaricus [Valéry], abt.

Валериа́н *(имя нескольких свв. мчч.)* Valerian.

вали́ *(подвижник, к-рого Аллах за особые заслуги перед исламом наделил своим покровительством и чудотворной силой; аналогичен христ. святому, хотя в исламе нет канонизации)* wali.

Ва́лла *библ. (служанка Рахили, к-рую ей подарил Лаван; из-за своей бездетности Рахиль дала Иакову эту служанку в наложницы; сыновья В.-ы Дан и Неффалим считались затем сыновьями Рахили)* Bilhah.

Валла́бха *(1473-1531; индийский мыслитель, приверженец монистической филос. системы садвайта, согласно к-рой высшая реальность – бог Кришна; в наст. время в северо-западной Индии существует ок. 5 млн последователей системы **Валла́бха-Сампрада́й**)* Vallabha.

Валла́бха-Сампрада́й *(община кришнаитских **бха́ктов**, основанная **Валла́бхой**)* Vallabha Sampradaya.

Валтаса́р *библ. (старший сын и соправитель последнего властителя Нововавилонской империи халдеев Набонида; при завоевании Вавилона персами при Кире в 539 до н. э. был убит)* Balthasar, Balthazar, Belshazzar ◊ **В.-ов пир** *библ. (описание пира **В.-а** и пророчество о его гибели – появившиеся на стене слова "мене́, мене́, теке́л, упарси́н", получили отражение в иск-ве)* Belshazzar's feast.

Валь(де)бе́рт, абба́т *см.* **Гобе́р, абба́т**.

вальде́нсы *(приверженцы средневековой ереси, зародившейся в кон. 12 в. в Лионе: зачинатель – Пьер Вальдо ‹Petrus Waldus, or Peter Waldo [Valdo]›; в. призывали к "евангельской бедности", к аскетизму; выступали против катол. церкви, отвергали необходимость духовенства; ересь в.-ов распространилась во многих западноевроп. государствах, в основном среди ремесленников и крестьян; нек-рые общины в.-ов сохранились в 20 в., преим. в Италии)* the Waldenses, the Valdenses, the Poor Men of Lyons, *франц.* Vaudois, Vaudese.

Вальдетру́дис Мо́нская, абба́тиса *см.* **Вальтру́да Мо́нская, абба́тиса**.

Ва́льдфрид, абба́т *(ум. 765; катол. св., д. п. 15 февраля)* St. Walfrid, abt.

Вальми́ки *(мудрец-риши, адикави, т.е. "первый поэт", к-рому приписывается авторство санскритского эпоса **"Рама́яна"**)* Valmiki.

Вальпу́рга Хейденхе́ймская, абба́тиса *(ум. 779; просветительница Германии, д.п. 25 февраля)* St. Walburga [Walpurgis, Falbourgis, Vaubourg, Warpurg] of Heidenheim, abbess.

Вальпу́ргиева ночь *(ночь на 1-е мая; у древних германцев праздник начала весны, с 8 в. по немец. народным поверьям праздник ведьм, "шабаш ведьм" ‹a witches' Sabbath› на Броккене ‹on the Brocken› в горах Гарца ‹the Harz Mountains›; названа от катол. св. Вальпургии, день памяти к-рой (1 мая) до II Ватиканского собора совпадал с праздником)* the Walpurgis Night.

Вальпу́ргия, св. де́ва *см.* **Вальпу́рга Хейденхе́ймская, абба́тиса**.

Ва́льтер Сен-Викто́рский *(ум. после 1180; приор монастыря св. Виктора в Париже, ярый противник аристотелевой диалектики)* Walter of St.-Victor.

Вальтру́да Мо́нская, абба́тиса *(ум. 688; катол. св., д.п. 9 апреля)* St. Waldetrudis [Waldetrude, Waudru] of Mons.

Вальфруа́, абба́т *см.* **Ва́льдфрид, абба́т**.

Вама́на

Вама́на *(воплощение бога Вишну и нисхождение его на землю в образе карлика)* Vamana.

ванапра́стха *(в индуизме – третий жизненный этап ухода от дел)* vanaprastha.

Ва́ндрий, абба́т *(ум. 669; катол. св., д. п. 22 июля)* St. Wandrille [Wandregisilus], abt.

Ван Дью́зен, Ге́нри Пи́тни *(1897-1975; амер. религ. деятель, протест. теолог; лидер экуменического движения в США; активный участник движения "Социальное Евангелие" <the Social Gospel movement>; в 1945-63 возглавлял Объединённую теологическую семинарию <the Union Theological Seminary> в г. Нью-Йорке; в 1948 принял участие в создании Всемирного совета церквей)* Van Dusen, Henry Pitney.

Ва́ненг *(ум. ок. 683; катол. св., д. п. 9 января)* St. Waningus, St. Vaneng.

Ване́я *библ. (муж. имя)* Banea.

Ване́я Пирафоня́нин *библ. (один из храбрых воинов царя Давида)* Benaiah the Pirathonite.

Ванн Верде́нский, еп. *(ум. ок. 525; катол. св., д. п. 9 ноября)* St. Vitonus [Vanne], bp. of Verdun.

Вара́вва *библ. (разбойник, упоминается в истории страданий Христа; Пилат пытался избежать осуждения Иисуса и предложил народу выбор: помиловать В.-у или Иисуса из Назарета)* Barabbas.

Вара́к *библ. (израильский военачальник из племени Неффалима)* Barak.

Варана́си *(город в Северной Индии на священной реке Ганг, место религ. паломничества индусов)* Varanasi, Baranas.

Вараха́ил *см.* **Варахи́ил**.

Варахи́ил *библ. (отец Елиуя из Вузы, одного из друзей Иова)* Barakhael.

Вараху́сий Перси́дский, мч. *(ум. 327; д. п. 29 марта / 11апреля, катол. – 29 марта)* St. Barachisius, M.

ва́рвар *библ. (греч. обозначение всех негреч. народов)* barbarian.

Варва́ра, вмц. *(ум. ок. 306; необычной красоты девица, жившая при рим. императоре Максимиане, замучена и казнена отцом за праведность и преданность христ. вере; д. п. 4/17 декабря)* St. Barbara.

Вардеса́н *(154-222; гностик, один из представителей сирийской [дуалистической] школы и ближайший предшественник манихейства)* Bardesan(es) of Edessa.

вардесани́зм *(учение Вардеса́на)* Bardesanism.

вардеса́нцы *(последователи Вардеса́на)* the Bardesanists.

Вардхама́на Махави́ра *(6 в. до н. э., основатель **джайни́зма**, современник Будды Гаутамы; самого Вардхаману стали называть "Джиной", санскрит jina – "победитель")* Vardhamana Mahavira.

вариа́нт *(редакция текста, книги)* recension; *(перевода или оригинала)* version ◊ **"Завет Авраама" существует в двух в.-ах на греч. языке** The Testament of Abraham exists in two Greek recensions; **переработанный в.** *(текста)* revised version; **текст дошёл до нас в разных в.-ах** the text has come down to us in various recensions.

Вариису́с *библ. (иудейский волхв и прорицатель; ап. Павел заклеймил его как противника Господа)* Bar-Jesus.

варка́ри *(последователи разновидности общеиндийского религ.-реформаторского течения **бха́кти**, насчитывающей более семи веков непрерывного развития; в. поклоняются богу Виттхалю (Витхобе) <Vithoba> из г. Пандхарпура и в определённое время года, чаще в месяце ашадх – июне-июле, совершают коллективное паломничество в г. Пандхарпур для лицезрения Виттхаля и прикосновения лбом к его стопам)* the Varkari Panth.

Варлаа́м Новгоро́дский, прп. см. **Варлаа́м Хуты́нский, прп.**

Варлаа́м, св. мч. *(4 в.; д. п. 19 ноября / 2 декабря)* St. Barlaam, M.

Варлаа́м Хуты́нский, прп. *(ум. 1193; родом из Новгорода, после кончины родителей основал близ Новгорода, на берегу р. Волхов напротив Антониева монастыря, обитель; болотистое место называлось Хутынь, или Худынь – худое место, из-за связанных с ним суеверий; новая обитель стала именоваться: Спасо-Преображенский Хутынский монастырь; прп. **В. Х.** прославился чудесными предсказаниями, а его мощи – исцелениями; в 1456, в Москве, по случаю союза Новгорода с московским княжеством, при Василии II Тёмном был заложен храм в честь преподобного **В.-а Х.-ого**; д. п. 6/19 ноября)* St. Barlaam of Khoutyn.

ва́рна *(в индуизме – один из четырёх классов, сословий в иерархии человеческого общества)* varna.

ва́рна-ашра́ма-дха́рма *(в индуизме закон периодов жизни, согласно к-рому человек, принадлежащий к одной из 3 высших варн, должен вести сначала жизнь ученика, потом вступить в брачную жизнь, после этого вести жизнь отшельника и в последней стадии оставить все мирские привязанности и стать странствующим аскетом)* varnashramadharma.

Варна́ва библ. *(прозвище, данное апостолами левиту Иосифу [Иосии] с Кипра; **В.** обладал выдающимся даром пророка и учителя; **В.** позаботился о Павле при первом посещении Павлом Иерусалима и ввёл его в общину, он тж сопровождал ап. Павла в его первом миссионерском путешествии)* Barnabas ◊ **В., св. ап.** *(д. п. 11/14 июня)* St. Barnabas, Apl.

варнави́ты *(катол. монашеский орден, основанный в 1530 в Милане в монастыре св. Варнавы; официальное название "Регулярные клирики св. Павла" <the Regular Clerks of St. Paul>)* the Barnabites.

Варсоно́фий Вели́кий, св. *(кон. 5 - нач. 6 вв.; д. п. 6/16 февраля, катол. – 11 апреля)* St. Varsonofy the Great, St. Barsanuphius.

Вартиме́й библ. *(слепой нищий из Иерихона, к-рому Иисус вернул зрение)* Bartim(a)eus.

Вару́на *(бог истины и справедливости ведического пантеона)* Varuna.

Ва́рус Еги́петский, прмч. *(4 в.; катол. св., д. п. 19 октября)* St. Varus.

Ва́рух библ. *(муж. имя)* Baruch ◊ **"Апокалипсис В.-а"** *(апокриф)* The Apocalypse of Baruch; **Книга пророка В.-а** *(неканоническая)* The Book of Baruch.

Варфоломе́евская ночь истор. *(кровавая расправа католиков над протестантами-гугенотами в Париже в ночь с 23 на 24 августа 1572 и в два последующих дня; во время **В.-ой н.-и** в Париже и ряде других городов было уничтожено ок. 30 тыс. человек)* the Massacre of St. Bartholomew('s Day), St. Bartholomew('s Day) Massacre.

Варфоломей

Варфоломей *библ. (один из 12-ти апп., упомянутый только в первых трёх синоптических Евангелиях; д.п. 11/24 июня, катол. – 24 августа)* St. Bartholomew.

Варфоломей Фарнский *(ум. 1193; катол. св., д. п. 24 июня)* St. Bartholomew of Farne.

Варфоломея, св. *(ум. 1833; катол. св., д. п. 26 июля)* St. Bartholomea.

варфоломиты *истор. (община армянских монахов, к-рые бежали из Армении в 1296, когда страну захватил егип. султан, и поселились в Генуе в 1307, где построили церковь св. Варфоломея; впоследствии приняли лат. обряд под давлением Пап Римских)* the Bartholomites.

Варшавское соглашение *(1573, хартия о религ. свободе некатолического населения в Польше)* the Compact of Warsaw.

Васан *библ. (область к востоку от Иордана)* Bashan ◊ **"в.-ский бык"** *(перен. "человек с громовым голосом")* the bull of Bashan.

Васемафа *библ. (муж. имя)* Basemath.

василиане *(катол. монашеский орден византийского обряда; **в.-ами** называются по имени Отца Церкви **св. Василия Великого** и следуют общему для всего правосл. востока общежительному уставу)* the Basilians.

василианский Basilian.

Василид *(знаменитый гностик, живший в Египте, в Александрии в 1-ой пол. 2 в.)* Basilides ◊ **учение В.-а** Basilidian Gnosticism.

василидиане *(сирийская гностическая секта 2-3 вв., к-рую составляли последователи учения **Василида**)* the Basilidians, the Basilideans.

василидианизм *(учение **Василида**)* Basilidianism.

Василий Великий, св. *(ок. 330-79; еп. Кесарии Каппадокийской в Малой Азии, один из Отцов Церкви, выступал против арианства, проповедовал аскетизм, поддерживал монашество; д. п. 1/14 января и 30 января/12 февраля; его богосл. труды: "Книга против Евномия" <The Book against Eunomius>, "О святом духе" <On the Holy Spirit>, "Филокалия" <Philocalia>)* St. Basil the Great, Basil of Caesarea ◊ **монахи, живущие по уставу В.-я В.-ого** Basilian monks; **монашеские (и нравственные) правила В.-я В.-ого** the Basilian rule, the Rule of St. Basil, *лат.* Regulae.

Василий Кесарийский, св. см. **Василий Великий, св.**

Василий, пресвитер Анкирский, сщмч. *(ум. ок. 362; д. п. 1/14 января, катол. 22 марта)* St. Basil, Presbyter of Ancyra, Pr.-M.

Василий, сщмч. *(ум. ок. 322; д. п. 26 апреля / 8 мая)* St. Basil, Pr.-M.

"Василики" *(византийский свод законов Иустиниана, в 60 книгах, обнародованный в нач. 10 в.)* the Basilica(e).

василиск 1. *(так в русском переводе Библии переведено слово пэтан – кобра; Псалтирь 90/91:13)* adder, cobra; **2.** *(мифический чудовищный змей; в Средние века верили, что **в.** выходил из яйца, снесённого петухом и высиженного жабой, поэтому на средневековых изображениях он имеет голову петуха, туловище жабы и хвост змеи)* cockatrice, basilisk.

Василиск, св. мч. *(ум. ок. 308; д. п. 22 мая / 4 июня)* St. Basiliscus, M.

Василисса, св. мц. *(имя нескольких свв. мцц.)* St. Basilissa, M.

васильки см. **кропило**.

васса *(сбор буддийских монахов в монастыре)* vassa.

Ва́сса, св. мц. и ча́да её мчч. Фео́гний, Ага́пий и Пист *(ум. в 311 по доносу своего отца жреца Валерия; д. п. 21 августа / 3 сентября)* Sts. Bassa and her children, Theogonius, Agapius and Pista [Fidelis], Ms.

Васуба́ндху *(4-5 вв.; индобуддийский мыслитель)* Vasubandhu.

Васуде́ва *(в индуизме отец Кришны)* Vasudeva.

Васу́ки *(в индуистской мифологии один из трёх царей на́гов)* Vasuki.

ват *(в архит-ре Юго-Восточной Азии кхмерское и тайское название буддийского монастыря, тип "храма-горы" в форме ступенчатой пирамиды, увенчанной башнями и окружённой галереями и каналами)* wat, vat ◊ **"Храм-гора" Ангкор-Ват** *(в Камбодже, 1113-50)* Angkor Wat [or Vat].

Ватика́н *(центр катол. церкви и резиденция её главы – Папы Римского с 1870, когда была ликвидирована светская власть пап в Папской области)* the Vatican, сокр. Vat.; *(государство-город в пределах Рима на холме* **В.**, *площадью 0,44 км., население около 2,5 тыс. человек; это государство возникло в 1929 в результате договора между папой Пием XI и итал. правительством;* ***В.*** *поддерживает дипломатические отношения более чем со 100 странами, имеет своё представительство в ООН;* ***В.*** *располагает радиостанцией, газетой "Оссерваторе Романо", типографией, имеет свой флаг, гимн, деньги, марки, автопарк, библиотеки, музеи, архив, железнодорожный вокзал, тюрьму, швейцарских гвардейцев в качестве охраны, трибуналы; в* ***В.-е*** *работают ок. 3 тыс. служащих, в основном итал. священники)* the Vatican City, the Papal State; *(часть Рима, включающая Ватикан и окружённая стеной)* the Leonine city.

ватика́нский vaticanal, vaticanic(al), Vatican.

Ватопе́дская ико́на Бо́жией Ма́тери "Отра́да", или "Утеше́ние" *(чудотворная икона (807), находится на Афоне в Благовещенском храме Ватопедского монастыря; на иконе изображена Богоматерь с Младенцем Иисусом; лицо Богоматери выражает сострадательную любовь, взор её дышит кротостью и милосердием, а взор Младенца полон строгости и неумолимого суда; празднование 21 января/3 февраля)* the Vatopedi icon of the Mother of God "Comfort" or "Consolation".

Вафуи́л библ. *(муж. имя)* Bathuel.

ваххаби́зм *(религ.-политическое течение в исламе, основанное в сер. 18 в. Мухаммадом ибн Абд аль-Ваххабом (1703-92) <Mohammed ibn' Abdu'l-Wahhab [Ibn Abd al-Wahhab]>; главными принципами учения являются строгое единобожие* **[таухи́д]** *и осуждение культа святых; поклонение святым и их могилам объявляется многобожием, все новшества, не предусмотренные в Коране и "неповреждённой" сунне* **[би́да]**, *решительно отвергаются; борьба за "чистый" ислам вменяется в обязанность каждому ваххабиту; в совр. эпоху* ***в.*** *является основой государственной идеологии Саудовской Аравии; последователи учения имеются в ряде стран Азии и Африки; в последние два десятилетия сторонники* ***в.-а*** *стали появляться на территории республик бывшего Советского Союза, называя себя то борцами за чистый ислам – "саф ислам", то "чернобородыми ишанами"; особую активность они проявляют на Сев. Кавказе)* Wahabiism, Wahabitism, Wah(h)abism, Wahhabiyah, Wahabbi.

ваххаби́т *(последователь **ваххаби́зма**)* Wahabee, Wah(h)abi, Wahabit, Wah(h)abite.

Ва́цлав Че́шский, князь, страстоте́рпец *см.* **Вячесла́в, князь, страстоте́рпец**.

Ва́ше блаже́нство *(обращение к нек-рым восточным патриархам)* Your Beatitude.

Ва́ше высокопреосвяще́нство *см.* **высокопреосвяще́нство**.

Ва́ше святе́йшество *см.* **святе́йшество**.

Вашингто́нский кафедра́льный собо́р *(кафедральный собор Святых Петра и Павла <the Cathedral Church of Sts Peter and Paul>, известен тж как Национальный собор <the National Cathedral>; шестой по величине собор в мире и крупнейший катол. храм в Зап. полушарии; фундамент храма заложен в 1907, строительство завершено в 1990)* the Washington Cathedral.

введе́ние *англ. юр. (официальная церемония введения священника в приход, бенефиций)* induction.

Введе́ние во храм Пресвято́й Богоро́дицы *правосл. (неподвижный двунадесятый праздник 21 ноября / 4 декабря, установленный в воспоминание о введении трёхлетней Девы Марии в Иерусалимский храм и посвящении её Богу (во исполнение обета, данного по её рождении); описание этого события известно из т.н. "Протоевангелия Иакова" <the (apochryphal) Protevangelium of James> и др. апокрифических источников; икона "Введение во храм" <the Presentation in the Temple> входит в состав праздничного ряда иконостаса русского правосл. храма)* the Presentation in the Temple (of Our Most Holy Queen, Mother of God and Ever-Virgin Mary), the Entry of the Mother of God into the Temple, the Entrance of the Theotokos into the Temple.

Введе́ние во храм Пресвято́й Влады́чицы на́шей Богоро́дицы и Присноде́вы Мари́и *см.* **Введе́ние во храм Пресвято́й Богоро́дицы**.

Введе́ние во храм Пресвято́й Де́вы Мари́и *катол. (празднуется 21 ноября)* the Presentation of the Blessed Virgin, the Presentation of Mary, *лат.* Praesentatio Beatae Mariae Virginis.

введе́ние в религио́зное о́бщество initiation (into).

Введе́ние Христа́ во храм *см.* **Сре́тение Го́спода на́шего Иису́са Христа́**.

введе́ние христиа́нства establishment of Christianity.

Введе́нская Козе́льская О́птина пу́стынь *(ставропигиальный муж. монастырь близ г. Козельска Калужской обл.)* the Optina Hermitage [Monastery] of the Presentation in the Temple.

Введе́нский О́стровский же́нский монасты́рь *см.* **Свя́то-Введе́нская Остро́вна́я пу́стынь**.

вводи́ть в религио́зное о́бщество to initiate.

вводи́ть в собла́зн *см.* **соблазня́ть**.

вдохнове́ние *(1. состояние творчества, откровения, душевного подъёма, внутреннего озарения; 2. в религ. представлении приподнятое состояние духа, вызванное самим человеком, Богом и т.п.; тж **боговдохнове́ние, боговдохнове́нность, внуше́ние**)* inspiration; *(Духом Святым)* theopneusty ◊ **черпать в.** to draw [get *one's*] inspiration.

вдохнове́нно inspiredly, with inspiration, with enthusiasm, enthusiastically.

вдохнове́нность inspiration.

вдохнове́нный inspired; inspirational.
вдохнови́тель inspirer.
вдохнови́ть *см.* **вдохновля́ть**.
вдохнови́ться to be [feel] inspired.
вдохновле́нный Ду́хом Святы́м theopneustic, *редко* theopneust, theopneusted.
вдохновля́ть to inspire (to); to encourage, to induce ◊ **в. чем-л.** to be inspired by *smth.*, to derive inspiration from *smth.*
вдохну́ть *(вдохновить)* to inspire *(smb. with smth.).*
"в душе́" *катол. (тайное назначение Папой кардиналов без объявления имён в консистории) лат.* in petto.
Ве́бер, Макс *(1864-1920; немец. социолог, известен исследованиями по социологии, религии и этике протестантизма)* Weber, Max.
Ве́да *(священные книги индусов, сборник текстов, передающих откровение, ставшее известным древним мудрецам; в широком смысле – корпус священных текстов брахманизма и содержащееся в них знание; в более узком смысле – четыре древнейших текста индийской традиции, сборники священных гимнов: "Ригве́да", "Самаве́да", "Яджурве́да", "Атхарваве́да")* the Veda(s).
веда́изм *(ведическая религия, ранняя стадия формирования индуизма)* Ved(a)ism.
веда́на *(в буддизме – чувства, ощущения)* vedana.
Веда́нга *(цикл ритуальной и научной лит-ры, примыкающий к Ведам, но формально в канон не входящий; создавался в основном в 5-2 вв. до н. э.)* the Vedanga.
веда́нта *(филос. система, одна из ортодоксальных школ, разработанная в конце ведического периода и являющаяся догматической основой всего индуизма)* (Uttara) Vedanta.
веде́ние к кресту́ *(перен. – му́ченичество; см. тж* ***кре́стный путь****)* the Way to Calvary.
ве́ди *(жертвенный алтарь в индуистском храме, возвышение – иногда углубление, устланное священной травой – бархис, на к-рую совершаются возлияния; там же находятся сосуды для жертвенного огня)* vedika.
веди́зм *см.* **веда́изм**.
веди́йский *(относящийся к Ведам)* Ved(a)ic ◊ **в.-ая религия** *(религия древней Индии, связанная с текстами, давшими ей своё имя, – Ведами, что означает "священное знание")* Ved(a)ic religion.
веди́ческий *(относящийся к* ***веда́нте****)* Vedantic; *(относящийся к Ведам)* Ved(a)ic.
ведовско́й sorcerous.
ведовство́ *(в ряде традиций умение колдовскими способами и приёмами при помощи потусторонних сил влиять на силы природы, людей, животных и т. п.)* sorcery, witchcraft.
веду́н *(колдун, волшебник)* sorcerer, wizard; witch doctor.
веду́нья *(колдунья, волшебница, ведьма)* sorceress.
веду́щий (совме́стную) моли́тву *(у католиков читает вслух большую часть молитв, в то время как остальные молящиеся повторяют лишь основные из них, говорят "аминь" и отвечают на молитвенные возгласы)* prayer leader.

Ве́ды см. **Ве́да**.
Веелиа́да библ. (муж. имя) Beeliada.
Веельзеву́л библ. (филистимское божество; у фарисеев и книжников во времена Иисуса Христа – "князь демонов"; в христ. представлениях – демоническое существо, "князь тьмы", в Средневековье прямо называется дьяволом) Baal-zebub, Beelzebub ◊ **В., божество Аккаронское** Baal-zebub the god of Ekron.
Вее́льфего́р библ. (моавитянское божество в Ветхом Завете, отсюда злой дух, дьявол в поздней демонологии) Beelpeor.
ве́жди ц.-сл. библ. (веки) eyelids.
вездесу́щий (о Боге) omnipresent, everpresent, ubiquitarian, ubiquitary, ubiquitous.
вездесу́щность (присутствие более чем в одном месте, или в неограниченном числе мест в одно и то же время) omnipresence, ubiquity ◊ **в. Бога** the ubiquity of God; **учение Лютера о телесной [физической] в.-и Христа** (см. **убикви́зм**) ubiquity.
Ве́йгель, Валенти́н (1533-88; основатель мистической секты, лютеранский пастор; В. имел много последователей, называвшихся вейгелианцами; сочинения его не раз были сжигаемы, а ученики его часто преследовались) Weigel, Valentin.
век ◊ **во веки веков** unto ages of ages, for all eternity, for ever and ever; **во веки живи** библ. (приветствие царю) live for ever; "**Воцарится Господь во век, Бог твой, Сионе, в род и род**" (из 2-го изобразительного псалма) 'The Lord will reign forever; Thy God, O Zion, to all generations'; **Господь не дал ему веку** God did not give him a long life; **испокон веку** from all eternity; **ныне и присно и во веки веков** now and ever and unto ages of ages; **отныне и во веки веков** from here to eternity.
веков́ечный aeonian.
велеле́пный библ. (великолепный, блистательный, прекрасный) excellent ◊ **в.-ая слава** (Второе послание Петра 1:17) the excellent glory.
веле́ние decree ◊ **в. рока [судьбы]** the decree of fate; **в. судьбы таково, что ... ** fate decrees that –.
Велиа́л библ. (новозаветное обозначение сатаны) Belial.
Велиа́р см. **Велиа́л**.
"**Вели́кая восто́чная схи́зма**" см. "**Вели́кий восто́чный раско́л**".
Вели́кая колесни́ца см. **махая́на**.
Вели́кая пя́тница (в правосл. церкви пятница Великой седмицы, в к-рую на утрене читают "Двенадцать Евангелий" ["Страсти Господни"]; если на этот день не приходится праздник Благовещения, то литургии не бывает, а поются только часы, читаются пророчества и места из апостольских посланий и повторяется история "Страстей Господних"; на вечерне вспоминается погребение Спасителя: вынос плащаницы) the Great Friday.
Вели́кая седми́ца (последняя неделя Великого поста, предшествующая Пасхе и посвящённая воспоминаниям о страданиях Спасителя; торжественное богослужение этой недели установлено в древние времена и следует евангельской истории земной жизни Иисуса Христа, начиная с входа

в Иерусалим; каждый из дней этой недели называется "Великим") the Great Week.

Вели́кая среда́ *(среда Великой седмицы; в этот день церковь вспоминает пребывание Спасителя в Вифании, в доме Симона прокаженного)* the Wednesday of [in] Holy Week, the Great Wednesday.

Вели́кая суббо́та *(последний день Великого поста; на утрене продолжается поклонение плащанице, служится литургия Василия Великого, вечерня; начало ночи проводится в чтении "Деяний" апостолов и, наконец, непосредственно перед пасхальной утреней совершается полунощница)* the Saturday of [in] Holy Week, the Great Saturday.

"Вели́кая схи́зма" 1. *(1378-1417; период в истории папства, когда катол. мир разделился на два враждующих лагеря в результате одновременного избрания папы Урбана V и папы Климента VII, тж "Раско́л Вели́кий" За́падной це́ркви)* the Great [papal] Schism, the (Great) Western Schism; **2.** *(разделение церкви на Восточную – православную – и Западную – католическую; тж "Вели́кий восто́чный раско́л", раско́л христиа́нской це́ркви 1054)* the Great Eastern Schism, the schism of 1054, the East-West Schism.

Вели́кая це́рковь *(храм св. Софии в Константинополе) см.* **Софи́йский собо́р.**

Вели́кая Четыредеся́тница *см.* **Вели́кий пост.**

Вели́к день *(Пасха)* Easter.

вели́кдень *см.* **Вели́к день.**

Вели́кие пра́здники *правосл. (Пасха и двунадесятые праздники)* the Great feasts.

Вели́кий *(о праздниках на Страстную неделю)* Holy, *правосл.* Great.

"Вели́кий восто́чный раско́л" *(разделение церкви на Восточную – православную – и Западную – католическую, 1054, окончательно утвердившееся к 15 в.)* the Great Eastern Schism, the schism of 1054, the East-West Schism.

Вели́кий вто́рник *(вторник Великой седмицы, в к-рый во время богослужения читаются последние беседы Иисуса Христа с учениками и Его последние притчи)* the Tuesday of [in] Holy Week, the Great Tuesday.

Вели́кий вход *см.* **вход II.**

Вели́кий вы́ход *см.* **вход II.**

вели́кий князь 1. *(в средневековой Руси)* grand prince ◊ **Ива́н III, в. к. Моско́вский** the Grand Prince Ivan III of Muscovy; **2.** *(в Российской империи член императорской фамилии, родственник императора или императрицы)* grand duke.

Вели́кий маги́стр *(глава духовно-рыцарского ордена)* grand master.

вели́кий пасха́льный круг *см.* **индиктио́н 2.**

Вели́кий покая́нный кано́н (Андре́я Кри́тского) *см.* **Андре́й Кри́тский, свт.**

Вели́кий понеде́льник *(понедельник Великой седмицы, в к-рый церковь вспоминает чудо иссохшей смоковницы)* the Monday of [in] Holy Week, the Great Monday.

Вели́кий пост *(важнейший из многодневных хрис т. постов; начинается за семь недель до праздника Пасхи)* (Great) Lent, the Great Fast (of Lent), the Lenten fast, the Lenten period ◊ **воскресе́нье перед В.-м п.-ом** *(Зап. христ-во)* Quinquagesima [Shrove] Sunday; **второ́е воскресе́нье В.-ого п.-а** Sunday

Великий

of Gregory Palamas, *катол.* Reminiscere (Sunday); **второе воскресенье перед В.-м п.-ом** *(Зап. христ-во)* Sexagesima (Sunday); **день В.-ого п.-а** Lenten day; **первое воскресенье В.-ого п.-а** *(Зап. христ-во)* Quadragesima (Sunday); **первый день В.-ого п.-а** *(катол., у нек-рых англикан)* Ash Wednesday; **пятое** *(предпоследнее)* **воскресенье В.-ого п.-а** *(Зап. христ-во)* Passion [Judica, Carlin(g)] Sunday; **пятая и шестая недели В.-ого п.-а** *(последние две недели В.-ого п.-а) (Зап. христ-во)* Passiontide, the Lenten season; **третье воскресенье В.-ого п.-а** Sunday of the Cross, Third Sunday in Lent, Adoration of the Precious Cross; **третье воскресенье перед В.-м п.-ом** *(Зап. христ-во)* Septuagesima (Sunday); **четвёртое воскресенье В.-ого п.-а** Mid-Lent [Refreshment, Refection] Sunday, *катол.* Laetare [(Golden) Rose] Sunday, *англик.* Mothering Sunday; **чистый понедельник В.-ого п.-а** first Monday in Lent;.

вели́кий пра́здник *см.* Вели́кие пра́здники.

Вели́кий пято́к *см.* Вели́кая пя́тница.

"Вели́кий раско́л" *см.* "Вели́кая схи́зма", "Раско́л Вели́кий" За́падной це́ркви.

Вели́кий четве́рг *(четверг Великой седмицы, в к-рой церковь вспоминает Тайную вечерю; в кафедральных соборах совершается обряд омовения ног)* the Great Thursday.

Вели́кий четверто́к *см.* Вели́кий четве́рг

Великоде́нная седми́ца *см.* Све́тлая седми́ца.

Вели́кое кня́жество Моско́вское *истор.* Grand Duchy of Muscovy.

Вели́кое поруче́ние *(Иисуса Христа)* the Great Commission ◊ **исполнитель В.-го п.-я** a Great Commission Christian.

"Вели́кое пробужде́ние" *(1720-40; религ. возрождение в североамер. колониях Англии, освобождение от политического и духовного гнёта пуританских вождей)* the Great Awakening ◊ **"Второе В. п."** *(в США, кон. 18 - нач. 19 вв.)* the Second Great Awakening; *(особ. в западных штатах)* the Great Revival; *(по аналогии)* **"Третье В. п."** *(в США – 1875-1914)* the Third Great Awakening.

вели́кое славосло́вие *см.* славосло́вие.

великому́ченик *(мученик, чтимый Церковью как претерпевший особ. тяжёлые и продолжительные мучения и проявивший при этом чрезвычайную твёрдость в вере)* Great Martyr, *греч.* Megalomartyr.

великому́ченица *(страдалица, претерпевшая за Христа особ. тяжкие и продолжительные муки и проявившая при этом чрезвычайную твёрдость в вере)* Great (Woman) Martyr.

великопо́стный Lenten, Quadragesimal, of Lent ◊ **в.-ое богослуже́ние** Lenten service.

великосхи́мник *см.* схи́мник.

велича́ние **1.** *(краткое песнопение в византийском обряде, прославляющее Иисуса Христа, Богородицу или какого-л. святого; начинается со слова "Величаем" или "Ублажаем"; поётся в праздничные дни на утрене после полиелея)* the Exaltation, *лат.* Magnificat; *греч.* Megalynarion; **2.** *(стих, песнопение в честь кого-л. или чего-л., тж в честь живущих лиц)* songs of praise.

величáние Богорóдицы *см.* "**Магнификáт**".

величáть *(см. тж* **славослóвить***)* to magnify ◊ *ц.-сл.* "**Величит душá Моя Гóспода, и возрáдовася дух Мой о Бóзе Спáсе Моём**" *(прокимен на праздник Рождества Пресвятой Богородицы)* 'My soul magnifies the Lord and my spirit rejoices in God, my Savior!'

велúчие Бóга greatness of God.

Велльгáузен, Юлий *(1844-1918; учёный библеист, ориенталист-семитолог, глава историко-критической школы в Германии)* Wellhausen, Julius.

вéлум *(ткань, к-рую изображают на иконах обвивающей здания или перекинутой между ними)* veil.

Вельзевýл *см.* **Веельзевýл**.

Вельхáузен, Юлий *см.* **Велльгáузен, Юлий**.

Венадáд *библ. (имя трёх царей Дамаска, непримиримых врагов Северного царства Израиль в борьбе за господство в Сирии и Палестине)* Benadad.

Венáций Фортунáт Пуатевéнский, еп. *(ум. ок. 605; катол. св., д. п. 14 декабря)* St. Venantius Fortunatus, bp. of Poitiers.

Венедúкт Аниáнский, прп. *(ум. 821; катол. св., д. п. 11 февраля)* St. Benedict of Aniane.

Венедúкт Бúскоп, прп. *(ум. 690; катол. св., д. п. 12 января)* St. Benedict Biscop.

Венедúкт Нурсúйский *см.* **Бенедúкт Нурсúйский**.

Венедúкт, прп. *см.* **Бенедúкт Нурсúйский**.

Венедúкт Чёрный, прп. *(1526-89; катол. св., д. п. 4 апреля)* St. Benedict the Black, St. Benedict the Moor.

Венедúм, св. мч. *(3 в.; д. п. 18/31 мая)* St. Venedimus, M.

Венéрий Милáнский, еп. *(ум. 409; катол. св., д. п. 4 мая)* St. Venerius, bp. of Milan.

Венефрúда, мц. *(ум. ок. 650; катол. св., д. п. 3 ноября)* St. Winifred, m.

венéц 1. *(корона)* crown, coronet, coronal ◊ **брáчный в.** *(употребляется при венчании, возлагается на жениха и невесту во время венчания)* the nuptial [matrimonial, bridal] crown; **в. из терния** *библ.* crown of thorns; **вести под в.** to lead to the altar, to marry; **мученический в.** martyr's crown, the crown of martyrdom; **небесный в.** *богосл. катол. (награда, добавляемая к райскому блаженству, особенно для тех, кто одержал победу при жизни над соблазнами мира, как то: девы (к-рые победили плоть), мученики (умершие за веру), проповедники (победившие диавола))* aureole, celestial crown; **под в.-ом** during the wedding; **разрешение в.-ов** *(после венчания новобрачные носят венцы восемь дней, по истечении к-рых в церкви совершается обряд "разрешения венцов")* the deposition of the crowns; **в. терновый** *библ.* crown of thorns; **2.** *(нимб)* halo; **3.** *(часть оклада иконы, украшающая нимб)* a metal adornment covering the halo of an icon.

Вениамúн *библ. (младший сын Иакова, к-рого родила его любимая жена Рахиль, умершая от родов)* Benjamin ◊ **доля В.-а** *библ.* Benjamin's mess, Benjamin's portion; **колено** *(племя)* **В.-а, В.-ово колено** the tribe of Benjamin.

Вениамúн Персúдский, сщмч. *(диакон, ум. ок. 421; д. п. 31 марта / 13 апреля и 13/26 октября)* St. Benjamin (of Persia).

Венсан

Венса́н де Поль, св. *см.* **Винсе́нт де Сен-Поль, св.**

Венцесла́в Че́шский, князь, страстоте́рпец *см.* **Вячесла́в, князь, страстоте́рпец**.

венча́ние 1. *(таинство брака)* the Marriage (service), the Holy Matrimony; **2.** *(первая часть обряда) см.* **обруче́ние**; **3.** *(вторая часть обряда; возложение венца – головного украшения в виде короны, к-рый шаферы держат над головами вступающих в церк. брак)* the Office of Crowning.

венча́ть to give the nuptial benediction.

венча́ться to go through a service of marriage, to wed, to marry ◊ **в. без оглаше́ния (в це́ркви)** *англик.* to marry by licence; **в. после (церко́вного) оглаше́ния** *англик.* to marry by banns; **они́ живу́т в бра́ке невенча́нными** they are living together without benefit of clergy.

ве́нчик I *(бумажная лента с изображениями Иисуса Христа, Богородицы и Иоанна Предтечи и со словами "Святый Боже", накладываемая у православных на лоб покойника при погребении как символ победы над смертью)* paper band *(placed on forehead of dead person)*.

ве́нчик II *см.* **нимб**.

Веньями́н *см.* **Вениами́н**.

Вео́р *библ. (муж. имя)* Beor.

ве́ра 1. *(уверенность в реальном существовании Бога и доверие к Нему; представляет собой основной признак религ. сознания; определяет переживания и поведение верующих)* faith, belief ◊ **без в.-ы** *прил.* faithless; **беззаве́тная в.** explicit belief; **в. без дел мертва́** faith without works is dead; **в. в Бо́га, в загро́бную жизнь** the belief in God, afterlife; **в. во Христа́** *библ.* faith in Christ; **в. в приме́ты** belief in omens; **"В. же есть осуществле́ние ожида́емого и уве́ренность в неви́димом"** *(Послание к евреям св. ап. Павла 11:1)* 'Now faith is the substance of things hoped for, the evidence of things not seen'; **в., не зна́ющая сомне́ний** robust faith; **в. отцо́в** habitual faith; **в. Христо́ва** *(тж* **христиа́нская ве́ра, христиа́нство** I*)* the Christian faith; **возраста́ние в в.-е** spiritual growth; **возраста́ть в в.-е** to grow in Christ, to grow in (*one's*) faith; **жива́я в.** living faith; **изложе́ние в.-ы** *(официальное)* consensus, (formal) statement of belief; **и́стинная правосла́вная в.** the truth; **исто́чник в.-ы** the origin of a belief; **Кора́бль ве́ры** the Ship of Faith; **непоколеби́мая в.** deep-seated [abiding, unwavering] faith; **неувяда́емый цвето́к в.-ы** *(поэтическое выражение)* the amaranthine flower of Faith; **облада́ть пла́менной в.-ой в Го́спода** to be on fire for the Lord; **слепа́я в.** implicit faith; **соверше́нствоваться в в.-е** to grow in Christ, to grow in (*one's*) faith; **с по́лной в.-ой** *библ.* in full assurance of faith; **твёрдая в.** abiding faith; **умере́ть за в.-у** to die for the faith; **унасле́дованная в.** habitual faith; **утверди́ться в в.-е** to be established in the faith; **через в.-у** through faith; **"... что в. без дел мертва́?"** *(Послание ап. Иакова 2:20)* 'that faith without works is dead?'; **я́сная в.** *(вера в догматы церкви с полным знанием, что из себя представляет догмат и способностью дать объяснение этим догматам)* explicit faith **2.** *(религия, вероисповедание)* religion.

"ве́ра" *см.* **Си́мвол ве́ры**.

ве́ра в символи́ческую [фигура́льную] приро́ду чего́-л. *(напр., соотнесение нек-рых событий Ветхого Завета с Новым Заветом или символическое присутствие истинных Тела и Крови Христа в евхаристии)* figurism.

"Вéра и свидéтельство" *(подразделение Всемирного Совета Церквей)* the Faith and Witness.

"Вéра и церкóвное устрóйство" *(комиссия Всемирного Совета Церквей)* the Faith and Order, *сокр.* CFO.

Вéра, Надéжда, Любóвь и мáтерь их Софúя, свв. мцц. *(д. п. 17/30 сентября; за веру во Христа они были подвергнуты мучениям и обезглавлены по приказу рим. императора Адриана; их мать – вдова София отошла к Господу у могилы дочерей)* Sts. Sophia and her Three Daughters, Faith, Hope, and Charity [*or* Love].

вéрба *(ива, ветла)* pussy-willow; *(веточка)* pussy-willow [sallow] branch.

вéрбие *ц.-сл. см.* **вéрба**.

вéрбница *(Вербная неделя)* the Palm week.

вéрбный Palm ◊ **в. базар** the Palm Sunday fair; **В.-ое воскресенье** *прост. (см.* **Вход Госпóдень в Иерусалúм)** the Palm [Fig, Tradition, Hosanna] Sunday; the Entrance of the Lord into Jerusalem; **В.-ая неделя** *(шестая неделя Великого поста)* the Palm week.

вéрвица *(1. чётки у монахов и монахинь; 2. первые чётки христиан – верёвка с завязанными на ней узлами)* prayer rope.

вервóльф *(человек-оборотень, на некоторое время или навсегда принявший обличье волка)* werewolf.

Веребýржа, аббатúса *(ум. 700; катол. св., д. п. 3 февраля)* St. Werburga, abbess.

верéи *библ. (столбы, на к-рых крепятся ворота, двери; створ ворот)* posts.

Веренúка *библ. (иудейская царевна)* Berenice.

Вереникúя *см.* **Веренúка**.

Верéхия *библ. (муж. имя)* Berechiah.

Верея́ *библ. (неустановленное место во времена Маккавеев)* Berea.

верженúе *(бросание)* **кáмня** *библ.* a stone's cast ◊ **"на в. к. Христос отступил"** *или* **"и Сам отошёл от них на в. к."** *(Ев. от Луки 22:41)* 'and he was withdrawn from them about a stone's cast'.

Верзéллий *библ. (муж. имя)* Berzelus.

верúги *(кандалы, цепи, оковы, к-рые носили религ. аскеты)* (penitential) chains, fetters ◊ **Поклонение честным в.-ам ап. Петра** *(д. п. 16/29 января)* the Veneration of the Venerable Chains of St. Peter.

вéрить *(веровать)* to believe (in) ◊ **в. в Бога** to believe in God, to acknowledge belief in God; **верую в единого Бога Отца** *(начало молитвы Символа веры)* I believe in God the Father; **он не верит в Бога** he is not religious.

Верия́ *библ. (город в Македонии, ап. Павел посетил этот город во время своего третьего миссионерского путешествия и проповедовал там перед евреями в синагоге)* Beriah.

Вернáцца, Баттистúна *(1497-1587; христ. писательница и монахиня, родилась в Генуе)* Vernazza, Battista.

вéрность faith(fulness), loyalty, constancy, fidelity ◊ **в. Божия** *библ.* the faith of God; **непоколебимая в. православию** unswerving fidelity to Orthodoxy; **оставаться верным христ. религии** to remain constant in *one's* Christian faith.

вéрные *(богослужебное название мирян, к-рые участвуют в таинствах, см. тж* **вéрующие)** the faithful ◊ **две молитвы о в.-х** two (short) Litanies of the Faithful; **литургия в.-х** the liturgy of the faithful.

ве́рный *катол. см.* **ве́рующий**.

ве́рования beliefs ◊ **в. древних славян** religious beliefs of ancient Slavs; **языческие в.** heathen beliefs.

ве́ровать *см.* **ве́рить**.

ве́ровать во Христа́ *см.* **уве́ровать**.

вероиспове́дание 1. *(принадлежность к какой-л. религии, церкви, деноминации, имеющей своё разработанное вероучение, культ и устойчивую организационную структуру)* denomination, confession (of faith), church membership, persuasion, communion ◊ **быть одного и того же в.-я** to be of the same communion; **какого он в.-я?** to what church does he belong? **они принадлежат к одному в.-ю** they are of the same persuasion [communion]; **относящийся к** *какому-л.* **в.-ю** *прил.* denominational; **среди слушающих были представители всех в.-й** the audience was representative of all persuasions; **характерный** *или* **общий для нескольких в.-й** *прил.* interdenominational; **школа с учащимися одного в.-я** denominational school; **2.** *(изложение веры в словесной форме)* creed, *(в письменной форме)* formula, a written confession of faith.

вероиспове́дный *см.* **конфессиона́льный**.

Веро́ника *(по катол. преданию, благочестивая иерусалимская женщина, к-рая отдала Христу, проходившему мимо неё на Голгофу, своё покрывало [плат Веро́ники], чтобы Он мог отереть кровь и пот с лица; когда Он возвратил ей покрывало, на нём оказались отображёнными черты Его Лица)* Veronica.

вероопределе́ние *(догмат, не являющийся Символом веры)* canon.

вероотсту́пник apostate, backslider, renegade, runagate, lapsed, renegade.

вероотсту́пнический apostate, apostatic(al).

вероотсту́пничество apostasy, lapse, fall; *(в исламе)* ridda.

веропрове́дание preaching the Gospel.

веропрове́дник missionary.

веротерпи́мость *(признание со стороны государства за гражданами права на исповедание любой религии, уважительное и равное отношение ко всем религиям и церквам, действующим в соответствии с установленным законом порядком; терпимость и взаимоуважительные отношения между религиями и церквами, последователями различных религ. убеждений)* (religious) toleration, liberal attitude towards religion, tolerance of another creed.

веротерпи́мый tolerant of another creed, latitudinarian ◊ **быть в.-м** to tolerate all religions.

вероуче́ние dogma(s), belief, religious doctrine, creed, doctrinal statement, consensus ◊ **в.-я христ. Церкви** the beliefs of the Christian Church, the Christian beliefs; **канонические в.-я** orthodox beliefs; **программа основных положений в.-я** *протест.* platform.

вероучи́тель religious teacher, apologist.

вероучи́тельный doctrinal.

ве́рсия *(один из переводов Библии)* version ◊ **"Исправленная в."** *(англ. перевод Библии 1881-95)* the Revised Version.

верт *см.* **вертогра́д I**.

вертéп 1. *(пещера; в евангельских текстах повествуется о пещере вблизи Вифлеема, где произошло чудо Рождества Христова)* cave; **2.** *(притон, убежище разбойников)* den ◊ **"Дом Мой домом молитвы наречется, а вы сделали его в.-ом разбойников"** *(Ев. от Матфея 21:13)* 'My house shall be called the house of prayer; but ye have made it a den of thieves [*or* a robbers' den]'; **3.** *(представление на Святках событий рождения Иисуса Христа)* puppet-show of the Nativity, the Nativity play ◊ **рождественский в.** *(модель, изображение пещеры в Вифлееме с яслями и младенцем в окружении Девы Марии, св. Иосифа, с волами, ослами и поклоняющимися пастухами и волхвами)* crèche, the Nativity scene, *лат.* praesepium.

вертогрáд I *(огороженный сад)* garden ◊ **в. Цéркви** the garden of Church.

вертогрáд II *см.* **патерúк.**

"Вéрую" *(начальное слово одной из частей катол. мессы) лат.* Credo.

вéрующая *жен. сущ. (см. тж вéрующий)* churchwoman.

вéрующие *сущ.* the religious; *(принадлежащие к одному из христ. вероисповеданий)* church members, church people.

вéрующий *сущ.* believer; *(принадлежащий к одному из христ. вероисповеданий)* church member ◊ **быть в.-м** to be in a state of grace; **глубокó в. человéк** a committed Christian; **úстово в.** devotee, man of faith; **не в. во Христá** Christless; **неглубокó в.** *прил.* undedicated; **фанатúчно в.** *прил.* pietistic.

верхú врат *см.* **князи врат.**

Верхнеспáсский собóр the Upper Cathedral of the Saviour.

вéрхний ряд окóн *(освещающий хоры) архит.* clerestory.

верховéнство supremacy ◊ *истор.* **в. короля́ в делáх Цéркви** the ecclesiastical supremacy of the King, the royal ecclesiastical supremacy; **в. монáрха, а не Пáпы Рúмского, в делáх Цéркви** the royal supremacy in ecclesiastical matters over the Pope; **в. Пáпы Рúмского** the supremacy of the Pope; **в. Цéркви** the supremacy of the Church; **признáть духóвное в. (короля́)** to acknowledge the spiritual supremacy (of the King).

верхóвное существó *(Бог)* super being.

Веселеúл *см.* **Веселиúл.**

Веселиúл *библ. (сын Урии из колена Иуды)* Beseleel.

Вéссель, Иогáнн *(1419-89; духовный писатель, предтеча Реформации)* Wessel, Johann, Johann Wessel of Gansfort.

вестибю́ль пéред вхóдом в часóвню *(помещение в западной части университетской англик. церкви, где собирается хор перед богослужением)* antechapel.

вестú порóчный óбраз жúзни to lead an evil life.

Вестмúнстерская ассамблéя *(1643-47; приняла **Вестмúнстерское исповéдание** и Полный и Краткий Катехизисы; документы ассамблеи стали на несколько веков основными вероучительными документами Церкви Шотландии и ряда др. пресвитерианских церквей)* the Westminster Assembly.

Вестмúнстерский собóр *(главный катол. храм Великобритании, построен в 1895-1903)* Westminster Cathedral.

Вестмúнстерское аббáтство *(готический собор в Вестминстере, Лондон, с 1050 усыпальница англ. королей, государственных деятелей, знаменитых* *людей; "Уголок поэтов" был заложен в 1599 со смертью и похоронами Спенсера)* Westminster Abbey, *разг.* the Abbey.

Вестминстерское исповедание *(сжатое изложение основных вероисповедных принципов англ. пресвитерианцев, принятое в 1643)* the Westminster Confession of Faith.

"вестники Бога" *(ангелы)* (supernatural) messengers of God.

Ветхий деньми *ц.-сл. см.* **Ветхий днями**.

Ветхий днями 1. *библ. (титул Бога; термин, к-рым символически обозначается одно из свойств Бога; термин этот употреблён пророком Даниилом при описании одного из его таинственных видений в Вавилоне: "Видел я, наконец, что поставлены были престолы, и воссел В.д.; одеяние на Нем было бело, как снег, и волосы главы Его – как чистая волна; престол Его – как пламя огня, колеса Его – пылающий огонь" (Даниил 7:9)* <'I beheld till the thrones were cast down and the Ancient of days did sit, whose garment was white as snow, and the hair of his head like pure wool: his throne was like the fiery flame, and his wheels as burning fire'>; *в образе глубокого старца здесь предстаёт Бог, для наглядного выражения Его исконновечного бытия; это описание вошло в традицию христ. искусства при изображении Бога Отца, в отличие от Бога Сына; в христ. иконографии Бога – первого лица Пресвятой Троицы – принято изображать как старца, голова к-рого окружена восьмиконечным нимбом, вписанным в круглый нимб, но в одеждах Христа и с Его крестовым нимбом, именословным перстосложением, а тж со свитком в левой руке)* the Ancient of Days, the Deity; **2.** *(предвечный Бог)* the Eternal God, the Eternal Being, the Eterne, the Everlasting.

Ветхий Завет *(первая часть Библии, признаваемая как Священное Писание иудаизмом, христ-вом и частично мусульманством)* the Old Testament, *сокр.* Old Test., O.T., the Old Covenant, *лат.* Vetus Testamentum, *сокр.* V.T. ◊ **В. и Новый З.-ы** the Books of the Old and the New Covenant; **относящийся к В.-ому и Новому З.-у** testamentary; **первые пять книг В.-ого З.-а** *см.* **Пятикнижие**; **первые семь книг В.-ого З.-а** Heptateuch; **первые шесть книг В.-ого З.-а** Hexateuch.

ветхий человек *библ. (1. родившийся в прародительском грехе и не возродившийся духовно крещением; 2. термин, означающий внутреннюю греховную сущность человека)* the old man, the old self.

ветхозаветные патриархи *см.* **праотцы**.

ветхозаветные праотцы *см.* **праотцы**.

ветхозаветный Old Testament.

ветшать *(о церк. зданиях и т.п.)* to decay, to fall into decay [disrepair]; to become dilapidated.

Вефиль *библ. (первоначально святилище, затем город; совр. Бет-Эль)* Beth-El, Bethel.

Вефорон *библ. см.* **Беф-орон**.

Веф-палет *библ. (город в области племени Иуды)* Beth-palet.

Вефсамис *библ. (географическое название)* Beth-sames, Beth-shamesh.

"Вечери Твоея тайныя" *(молитва, произносимая всей церковью перед причащением)* Of Thy mystical supper.

вече́рня *(общественное богослужение, совершаемое вечером перед заходом солнца; так как церк. суточный круг начинается с вечера, то в. всегда относится к следующему – по гражданскому исчислению суток – дню)* evening [vespers] service, evening office, (office of) vespers, celebration of vespers, *греч.* hesperinon, hesperinos ◊ **великая в.** *(совершается под праздники и воскресенья)* great vespers; *англик.* Evensong, Evening Prayer; *катол.* complin(e); **в. и богослужение в вечерние часы** vespers and complin; **в. с коленопреклоненными молитвами** the vespers with Pentecostal kneeling prayers; **малая в.** *(в. в сокращённом чине, совершается накануне великих праздников)* small vespers; **на в.-е** at vespers; **отдельная богослужебная книга, содержащая молитвы, псалмы, песнопения и музыкальное сопровождение, исполняемые на в.-е** *англик., катол.* vesperal(e); **(от)служить [(про)вести] в.-ю** to celebrate vespers; **Пасхальная в.** Paschal Vespers.

ве́черя *(ужин)* supper ◊ **Агничья в.** the Supper of the Lamb; **Великая в.** the Great Supper; **Тайная в.** *библ.* the Last [Lord's] Supper.

ве́черя бра́тства *(в нек-рых деноминациях, напр. у методистов, богослужение наподобие* ***ага́п*** *у первых христиан)* love feast.

Ве́черя Госпо́дня *(1. молитвенное собрание в нек-рых протест. церквах в знак памяти о страданиях и мученической смерти Христа; 2. евхаристическая трапеза в древней церкви)* the Lord's Supper, *устар.* the Dominical Supper, *лат.* Cena Domini ◊ **воскресенье, на к-рое приходится празднование у протестантов В.-и Г.-ей** Sacrament Sunday.

ве́чное блаже́нство *см.* **спасе́ние (души́)**.

ве́чное бытие́ Бо́га the eternity of God.

ве́чное осужде́ние *богосл.* reprobation ◊ **тот, кто верит в в. о.** reprobationer.

ве́чность *(1. бесконечное время и пространство, Вселенная; 2. религ. понятие, отражающее качественно иное бытие, сверхвременность Царства Божьего)* (a)eon, eternity.

ве́чный eternal, everlasting; *(о Боге) богосл.* non-finite ◊ **в.-ая** или **загробная жизнь** eternity, eternal life; **в.-е муки** *(нескончаемые мучения, ожидающие после Страшного суда диавола, демонов и людей, не покаявшихся пред Богом и не исправивших жизнь по Его заповедям)* eternal punishment; *(в аду)* everlasting [eternal] death; **в.-ая память** eternal memory; **"В.-ая память!"** *(возглас)* Memory eternal! **в. покой** eternal rest; **в. свет** *библ.* everlasting light; **осуждённый на в.-е муки** damned from here to eternity;

Ве́чный жид *(в средневековой легенде – еврей-скиталец по имени Бутадеус, по другой версии – Агасфер или Картафил, к-рый подгонял Иисуса во время крестного пути на Голгофу и ударил Его, за что был осуждён Иисусом на вечную жизнь скитаний по земле до второго пришествия; в письменной форме эта легенда появилась в 1223 в истор. хронике; в лит-ре тема о* ***В-ом жиде*** *воплощалась вплоть до 20 в.)* the Wandering Jew.

веща́ние *ц.-сл.* 1. *(голос)* voice; 2. *(пророчествование)* prophesying; prophecy.

веща́ть to prophesy ◊ **в. Божественную истину** to prophesy the Divine truth.

веще́ственные нача́ла *библ.* elements ◊ **в. н. мира** the elements of the world.

ве́щий prophetic.

вёдро *библ. (хорошая погода, противоположная ненастью)* fair weather.

вёрсет *катол., муз. (короткая органная интерлюдия, исполняемая во время богослужения вместо поющегося стиха)* verset.

взду́тия *(ущербность лицевой стороны иконы, выражающаяся характерным отслаиванием левкаса и покрывающего его красочного слоя)* paint distension.

взнос в це́рковь на поминове́ние усо́пшего *(в течение какого-л. срока)* altarage.

взыва́ние *(к Богу)* invocation.

взыва́ть *(к Богу)* to invoke, to call (up)on ◊ **в. к бога́м** to call upon the gods; **в. к Всевы́шнему** to invoke the Supreme Being; **к нему́** *(святому)* **в.-ют** *(обращаются с молитвой за помощью)* **при боле́зни глаз** he is invoked against eye trouble.

"Взыгра́ние младе́нца" *(иконографическая композиция – изображение Богоматери с играющим Младенцем; обычно сидящий на её правой или левой руке Младенец свободно болтает ножками, вся фигура полна движения, а рукой Он касается щеки Богородицы)* The Leaping of the Babe.

взыгра́ть to leap ◊ **"Когда Елисавета услышала приветствие Марии, взыграл младенец во чреве ее; и Елисавета исполнилась Святого Духа"** *(Ев. от Луки 1:41)* 'And it came about that Elisabeth heard Mary's greeting, the baby leaped in her womb; and Elisabeth was filled with the Holy Spirit'.

"Взыска́ние поги́бших" *(поясное изображение Богоматери; по иконографии этот образ восходит к иконе Владимирской Божией Матери; Младенец Иисус припал левой щекой к правой щеке Богоматери, левой ручкой Он обхватывает её шею; Христос изображён стоящим на колене Богоматери, ноги его слегка перекрещены и обнажены от колен до пят; перед образом* **"В. п."** *молятся обо всех погибающих и заблудших, о путешествующих, о близких, разлука с к-рыми неминуема)* The Seeking of the Lost.

взя́тие на не́бо assumption ◊ **В. на Н. Пресвятой Девы Марии** [**В. Пресвятой Девы Марии в небесную славу**] *катол. (отмечается 15 августа; в 1950 папа Пий XII утвердил догмат о телесном вознесении Богоматери, в соответствии с к-рым Пресвятая Богородица Приснодева после окончания её земного пути была взята на небо "с душой и телом для Славы Небесной")* the Assumption of Mary, the Assumption of the Birth-Giver of God; *(только в Шотландии)* Marymass; **в Писании ничего не говорится о непорочном зачатии Марии или взятии её тела на небо** Scripture does not mention Mary's immaculate conception or assumption.

Ви́берт Эльза́сский, прп. *см.* **Ги́берт Эльза́сский, прп.**

Вивекана́нда, Сва́ми *(1863-1902; индийский мыслитель, общественный деятель и религ. реформатор, последователь* **Рамакри́шны**; *основал в 1897 общества "Миссия Рамакришны" <the Ramakrishna Mission> и "Орден Рамакришны" <the Ramakrishna Order> в Индии)* Vivekananda.

Виви́на, абба́тиса *(ум. ок. 1170; катол св., д. п. 18 декабря)* St. Wivina, abbess.

вивлио́фика *греч. (библиотека, книгохранилище)* bibliotheca; *библ.* the house of rolls.

виги́лии *мн. ч. см.* **всено́щная**.

Вигилий *(жил в кон. 5 в., в Африке, еп. Тапский; убеждённый сторонник православия, вёл активную полемику с еретиками)* Vigilius of Thapsus.
Вигилий Тридентский, сщмч. *(ум. 405; катол. св., д. п. 26 июня)* St. Vigilius (of Trent).
вигилия *см.* **всенощная**.
Вигилянций *(кон. 4 - нач. 5 вв.; родился в Аквитании, получил сан пресвитера в Барселоне, предпринял путешествие на Восток и явился в Вифлеем к блж. Иерониму, с кем он разошёлся во взглядах;* **В.** *выступал против почитания мощей и святых, монашества, безбрачия духовенства и вообще против тогдашних аскетических воззрений)* Vigilantius.
видение 1. *(возникающие в сознании людей, находящихся в состоянии religious. возбуждения, зрительные или звуковые образы существ, предметов, процессов, в т. ч. и таких, к-рые не существуют или находятся очень далеко и поэтому не могут восприниматься органами чувств)* vision ◊ **бесовские в.-я** diabolical visions; **в. райского блаженства** the beatific vision; **ночное в.** *библ.* the visions of the night; "Он в в.-и ясно видел около девятого часа дня Ангела Божия, который вошёл к нему и сказал ему: Корнелий!" 'He saw in a vision evidently about the ninth hour of the day an angel of God coming in to him, and saying unto him, Cornelius'; **2.** *(явление)* apparition ◊ **в.-я в Лурде** *(18 явлений Богоматери между 11 февраля и 16 июля 1859 четырнадцатилетней девочке Марии Бернарде Субиру (впоследствии* **св. Бернадетте Лурдской)** *в гроте в окрестностях г. Лурда, Франция; место паломничества католиков)* the apparitions of the Blessed Virgin Mary, the apparitions of Lourdes; **в. в Фатиме** *(явление Богоматери в 1917; местечко Фатима в Португалии, где Она явилась трём детям, к-рым было от 10 до 13 лет; стало местом паломничества)* the apparition of Fatima.
"Видение Евлогия" *(иконографическая композиция)* The Vision of Eulogius.
"Видение Иоанна Лествичника" *(иконографическая композиция)* The Vision of St. John Climacus.
"Видение о Петре-пахаре" *(средневековая англ. аллегорическая поэма, написанная между 1367 и 1387 Уильямом Ленглендом <William Langland>; в ней рассказывается о страннике, к-рый уснул в Мальвернских горах и увидел сон о возможности христ. спасения; пахарь Петр представляет Христа и других персонажей, в том числе олицетворение семи смертных грехов)* The Vision Concerning Piers Plowman.
видимая и невидимая Церковь *(принятое в христ. богословии деление сообщества верующих на живущих, т.е. пребывающих на земле, и скончавшихся в истинной вере, т.е. пребывающих на небе; см. тж* **Церковь)** the Church Visible and Invisible.
видья *(в индуизме внерациональное знание, понимаемое в разных контекстах как компетенция в умениях и искусствах; мистическое и магическое знание)* vidya.
византиец Byzantine, Byzantian.
византизм *истор. (отрицание независимости Церкви и утверждение, что вмешательство светской власти в дела религии оправдано)* Byzantinism.
Византийская империя *см.* **Византия**.

византийский Byzantine, Byzantian ◊ **в.-ая музыка** *(музыка для литургического песнопения)* Byzantine music; **в.-ая церковь** the Byzantine Church.

византийский обряд *(обряд, сложившийся на территории восточной Римской империи; первоначально в богослужении использовался греч. язык; в наст. время кроме греч. используются тж славянский, грузинский, румынский, арабский, англ. и др. совр. языки; в **в.-ом о.-е** служат правосл. старообрядцы, греко-католики)* the Byzantine [Greek] rite.

византийский стиль *(стиль изобразительного искусства и архит-ры, возникший в 4-5 вв. в Византии и распространившийся на Италию, Балканы и Русь; характеризуется высоким уровнем стилизации, подчёркнутой плоскостностью, использованием жёстких стереотипов в художественном изображении, яркими красками, золотом; высокого уровня достигло мастерство мозаики, книжной миниатюры, иконописи)* Byzantine style ◊ **в в.-ом с.-е** *прил.* Byzantinesque.

Византийское летоисчисление *(от сотворения мира за 5508 лет и четыре месяца до Р. X.; календарный год начинался 1 сентября, церковный – 1 марта)* the Byzantine Era.

византинизм *см.* **византизм**.

византинист Byzantine scholar, Byzantinist.

Византия *(государство 4-15 вв., образованное при распаде Римской империи, в её восточной части со столицей в Константинополе; господствующий язык – греческий)* Byzantium, the Byzantine [Eastern, lower] Empire.

византология *(богословская дисциплина, освещающая историю церкви в Византии в 4-8 вв., а тж историю Константинопольской церкви с 9 по 15 вв. на основе анализа с религ. позиций социально-экономической, политической и культурной жизни Византии)* the study of the Byzantine Church.

Визе, Исаак Майер *(1819-1900; амер. религ. деятель, лидер реформаторского движения в иудаизме <Reform Judaism>; участвовал в создании Союза амер. иудейских приходов <the Union of American Hebrew Congregations> (1873), Ивритского колледжа Союза <the Hebrew Union College> (1875) для обучения раввинов и Центральной конференции амер. раввинов <the Central Conference of American Rabbis> (1889); считал иудаизм рациональной религией, к-рая не должна быть скована догмами; отменил двухдневные выходные и ношение ермолок, сократил использование иврита в богослужении, ввёл в практику синагог хоровое пение, воскресную службу и др.)* Wise, Isaac Mayer.

визионер *(человек, испытывающий религ. видения)* visionary, mystic.

визионерство *(предрасположенность к таинственным видениям)* mystical propensities.

визитандинки *см.* **визитантки**.

визитантки *(тж **салезианки**; члены жен. катол. ордена **визитанток** во Франции <the Visitation Order, the Order of the Visitation of Our Lady or of the Blessed Virgin Mary>, основанного в 1610 **Франциском Сальским**, **еп. и Учителем Церкви** и **Жанной Франсуазой де Шанталь**; монахиням-в.-ам предписывается вести созерцательную жизнь и помогать больным и нуждающимся; среди членов общества наибольшую известность приобрела **Алакок, Мария**)* the Visitandines.

визита́тор *катол. (церк. чиновник, посылаемый от Папы Римского по письменному наставлению для осмотра церковного округа и для др. духовных дел)* visitator.

визита́ция *(в катол. и евангелической церкви – инспекция лицами, имеющими власть, деятельности порученных их наблюдению лиц и учреждений)* visitation.

викариа́тство *(в правосл. церкви группа приходов в епархии, к-рая правящим архиереем передаётся в непосредственное управление викария)* suffragancy.

вика́рий 1. *(заместитель духовного лица; в Западном христ-ве помощник приходского священника – приходской* **в.** *(кюре); у католиков – священник, помощник настоятеля; в англик. церкви – приходской священник)* vicar, curate, altarist, *франц.* vicaire ◊ **генеральный в.** *катол. (помощник еп.-а или архиеп.-а)* vicar-general, *сокр.* V.G.; **должность в.-я** vicarage, vicariate, vicarship; **2.** *правосл. (архиерей, не имеющий своей епархии и помогающий в управлении др. архиерею)* suffragan, vicar.

вика́рий Иису́са Христа́ *(один из титулов Папы Римского как главы Церкви и наместника Христа на земле)* the vicar of (Jesus) Christ.

вика́рий Па́пы Ри́мского cardinal vicar.

вика́рный *(тж* **наме́стнический***)* suffragan, vicarious, vicarial.

вика́рный епи́скоп *катол. (помощник еп.-а по епархии; еп., подчинённый митрополиту или архиеп.-у)* suffragan [assistant, auxiliary, subsidiary] bishop.

Вике́нтий Августопо́льский *см.* **Вике́нтий Сараго́сский**.

Вике́нтий Лири́нский *(ум. 450; знаменитый св. отец Западного христ-ва, игумен Лиринского монастыря на острове у Ниццы; автор известного сочинения "Памятные записки" или "Напоминания" <Commonitorium>; д. п. 24 мая)* St. Vincent of Lerins.

Вике́нтий Поль, свяще́нник *см.* **Винсе́нт де Сен-Поль, св.**

Вике́нтий Сараго́сский *(ум. 304; мученик, особо почитаемый в Валенсии, Испания; был диаконом в Сарагоссе; во время гонений на христиан при рим. императоре Диоклетиане его подвергли жестоким пыткам и бросили в море; считается покровителем виноградарей; д. п. 11/24 ноября, катол. – 22 января)* St. Vincent of Saragossa, M.

Вике́нтий Ферре́р, свяще́нник *см.* **Винче́нцио Ферре́р, прп.**

Ви́клиф, Джон *см.* **Уи́клиф, Джон**.

викра́ма *(летосчисление, принятое в Северной Индии, с 58-57 до н.э., согласно преданию, установлено в ознаменование победы над скифами царя, носившего титул Викрамадитья)* the Era of Vikramaditya.

Викториа́н Монтараго́нский, прп. *(ум. ок. 558; катол. св., д. п. 12 января)* St. Victorian.

Ви́ктор из Ви́ты *(лат. церк. писатель конца 5 в., родом из Виты в Африке; ок. 488 написал историю преследований Африканской катол. церкви вандалами-арианами при Гензерихе и Генерихе)* Victor of [de] Vita, Vitensis, Bp. of Vita.

Викто́рия, То́мас Луи́с де *(1553-1611; испан. церк. композитор, долгое время жил в Риме)* Victoria, Tomas Luis De; Vittoria, Tommaso Ludovico da.

Ви́ктор

Ви́ктор Марсе́льский *(ум. ок. 290; мученик, родом из Марселя; служил в войске рим. императора Диоклетиана и подвергся гонениям как христианин; обезглавлен при императоре Максенции; катол. св., д. п. 21 июля)* St. Victor of Marseilles, M.

Ви́ктор, св. мч. *(д. п. 11/24 ноября, 31 января / 13 февраля, 10/23 марта, катол. – 18 апреля)* St. Victor, M.

Вил *(вавилонское божество, отождествляемое с Ваа́лом)* Bel.

Вилда́д Савхея́нин *библ. (один из друзей Иова)* Bildad the Shuhite.

Ви́ленская-Остробра́мская ико́на Бо́жией Ма́тери *(икона находилась в г. Вильно [Вильнюс] над городскими вратами, именовавшимися Острой Брамой, отсюда название иконы; празднование 26 декабря/8 января)* the Vilna-Ostrobramskaya icon of the Mother of God.

"Вил и дракон" *(неканоническая глава Книги пророка Даниила)* Bel and the Dragon.

Ви́ллегад, св. *(ум. 789; был призван Карлом Великим для обращения саксов в христ-во; посвящённый в еп.-ы, избрал своим пребыванием г. Бремен, где построил собор; д. п. 8 ноября)* St. Willehad, bp.

Виллеха́д, прмч. *(1483-1572; катол. св., д. п. 9 июля)* St. Antony van Willehad.

Виллиба́льд *(700-86; катол. св., сподвижник Бонифация, еп. Эйхштедтский <bp. of Eichstätt>, д. п. 7 июля)* St. Willibald, bp.

Виллибро́рд Утре́хтский *(ок. 658-739; бенедиктинский монах и миссионер; катол. св., д. п. 7 ноября)* Willibrord, bp.

Вильге́льм Арно́, прмч. *(ум. 1242; катол. св., д. п. 29 мая)* St. William Arnaud.

Вильге́льм Бу́ржский, архиеп. *(ум. 1209; катол. св., д. п. 10 января)* St. William of Bourges.

Вильге́льм Гелло́нский, прп. *(ум. 812; катол. св., д. п. 28 мая)* St. William of Gellone.

Вильге́льм Дижо́нский, абба́т *(ум. 1031; катол. св., д. п. 1 января)* St. William of Dijon.

Вильге́льм Йо́ркский, еп. *(ум. 1154; катол. св., д. п. 8 июня)* St. William of York.

Вильге́льм Малева́льский, отше́льник *(ум. 1157; катол. св., д. п. 10 февраля)* St. William of Maleval.

Вильге́льм Мо́нте-Вержа́нский, прп. *(ум. 1142; катол. св., д. п. 25 июня)* St. William of Monte Vergine, St. William of Vercelli.

Вильге́льм Но́рвичский, мч. *(отрок, ум. 1144; катол. св., д. п. 24 марта)* St. William of Norwich.

Вильге́льм Сен-Брие́, еп. *(ум. 1234; катол. св., д. п. 29 июля)* St. William of Saint-Brieuc, St. William Pinchon.

Вильге́льм Фирма́т, абба́т *ум. 1103; катол. св., д. п. 24 апреля)* St. William Firmatus.

Вильге́льм Хирса́уский, абба́т, блж. *(ум. 1091; д. п. 4 июля)* Blessed William of Hirschau.

Вильтру́да Бе́ргенская, аббати́са *(ум. 986; катол. св., д. п. 6 января)* St. Wiltrudis, abbess.

Ви́льфрид, св. *(634-709; проповедник христ-ва среди фризов и в Суссексе; его усилиями были введены в Англии рим. обряд и рим. церк. устав; он был еп.-ом Йоркским)* St. Wilfrid, St. Wilfrith.

вима *см.* **алтарь 1.**

вимана *(1. в архит-ре средневековой Индии – тип буддийского и индуистского каменного храма с внутренним святилищем, четырёхстолпным портиком и башенным завершением; 2. основное тело индуистского храма)* vimana.

винарск *ц.-сл. см.* **виночерпий**.

виная *(в буддизме общее название нравственно-этических учений, правил, заповедей, обетов и т.п.); в основе в.-и лежат идеи нестяжательства, невмешательства в жизнь общества и его индивидов при готовности оказать духовную помощь просящему, веротерпимости, равнодушия к сословным рамкам и равенства внутри монастырской общины, а тж любви, милосердия и дружелюбия ко всем существам)* Vinaya.

Виная-Питака *("Корзина монашеской дисциплины", "Корзина руководств по нравственному воспитанию"; первая многотомная книга буддийского канона* ***Трипитаки****; одна из трёх основных частей буддизма)* the Vinaya-Pitaka, the Vinayapitaka.

Виндициан, еп. *(632-712; катол. св., д. п. 11 марта)* St. Vindician, bp.

Вине, Александр Рудольф *(1794-1847; швейцарский протест. богослов и литературный критик)* Vinet, Alexandre Rodolphe.

виниться to confess (to).

винный *ц.-сл. см.* **виновный**.

вино *(в христ. религии символизирует всё, что приносит отраду жизни: дружбу, любовь, веселье и т.п.;* ***в.*** *используется для причастия в евхаристии)* wine ◊ **в. со смирною,** *ц.-сл.* **есмирнисмено в.** *библ. (в., смешанное со смирною, Ев. от Марка 15:23)* wine mingled with myrrh; **причастное в.** altar [church, sacramental] wine, the Eucharist wine, the (Communion) Wine, *(в Восточном христ-ве)* krame.

виновник спасения нашего *см.* **совершитель спасения нашего**.

виновный *(провинившийся)* guilty.

виноградарь *библ. (Иисус Христос называл Бога Отца –* ***в.-ем****):* "**Я есмь истинная виноградная Лоза, а Отец Мой – в.**" 'I am the true vine, and my Father is the husbandman [vinedresser]' *(Ев. от Иоанна 15:1)*.

виноградная лоза vine ◊ *библ.* **под своею в.-ой л.-ою и под своей смоковницей** *(перен. "в родном доме")* under one's vine and fig-tree.

Винок, аббат *(ум. ок 717; катол. св., д. п. 6 ноября)* St. Winnoc, abt.

виночерпий *библ. (царедворец, приставленный ведать напитками за царским столом; из-за того, что всегда можно было опасаться яда, должность* ***в-я****, облечённого особым доверием, была связана с немалой властью)* butler, cupbearer.

Винсент де Сен-Поль, св. *(1576-1660; франц. священник и филантроп, организатор катол. миссионерства во Франции в эпоху Контрреформации; катол. св., д. п. 27 сентября)* St. Vincent de Paul.

Винцент де Поль, св. *см.* **Винсент де Сен-Поль, св.**

Винцент св. Иосифа, прмч. *(1596-1622; катол. св., д. п. 10 сентября)* St. Vincent of St. Joseph.

Винченцио Феррер, прп. *(1350-1419, проповедник, чудотворец; катол. св., д.п. 5 апреля)* St. Vincent Ferrer.

випашья́на *(одна из высших форм медитации в буддизме; комплекс занятий по сосредоточенному созерцанию* **"Четырёх благоро́дных и́стин"** *и основополагающих идей о непостоянстве [ани́тья], об отсутствии вечной души [ана́тман], о взаимозависимом происхождении и т.п.) санскрит* vipasyana, *пали* vipassana.

вираша́йва *(самоназвание* **лингая́тов**) the Virashaiva.

Ви́ра Шотла́ндский, прп. см. **Ви́ро Шотла́ндский, прп.**

Вирги́лий А́рльский, архиеп. *(ум. 618; катол. св., д. п. 5 марта)* St. Virgil, archbp. of Arcles.

Вирги́лий За́льцбургский, еп. *(ум. 784; катол. св., д. п. 27 ноября)* St. Virgil, bp. of Salzburg.

Вире́, Пьер *(1511-71; швейцарский деятель Реформации, соратник и друг Кальвина)* Viret, Pierre.

вири́лл *библ. (драгоценный камень)* beryl.

Ви́ро Шотла́ндский, прп. *(ум. ок. 739; катол. св., д. п. 8 мая)* St. Wiro.

Вирса́вия I *библ. (дочь Елима и жена хеттеянина Урии; Давид увидел её купающейся и был ею настолько увлечён, что велел доставить её к себе; как законная жена Давида* **В.** *родила ему Соломона и ещё трёх сыновей)* Bath-sheba.

Вирса́вия II *библ. (местожительство патриарха Авраама и ханаанское культовое место; самый южный город Святой земли)* Beer-sheba.

виртуали́зм *(евхаристическая доктрина; классическим выразителем её был Кальвин, согласно к-рой вместе с частицами причастного хлеба и вина причастник вкушает добродетель и силу Тела и Крови Христа)* virtualism.

високо́с(ный год) bissextile year, *лат.* bissextilis.

Виссарио́н Нике́йский *(1400-72; церковно-политический и литературный деятель; архиеп. Никейский)* Bessarion [Basilius], John, Archbp. of Nicaea.

Виссарио́н, прп. чудотво́рец *(4 в.; д. п. 6/19 июня)* Venerable Bessarion, wonderworker.

виссо́н *(дорогая тонковолокнистая ткань белого или пурпурного цвета, первоначально распространённая в Древнем Египте, Греции и Риме; изготовлялась из хлопка, льна и шёлка)* byssus, byssin; *библ. (название особо тонкого, обычно выбеленного льняного полотна)* fine linen.

Вита́лиан, св. *(ум. 672; Папа Римский, считая себя духовным главой всего Запада,* **В.** *старался упрочить влияние папского престола в Англии; в богослужение* **В.** *ввёл музыку и игру на органе; д. п. 27 января)* St. Vitalian.

Вита́лий Савиньи́сский, абба́т, блж. *(ум. 1122; катол. св., д. п. 16 сентября)* Blessed Vitalis of Savigny.

Вита́лий, св. мч. *(пострадал вместе со своей матерью Филицатой и братьями в нач. 3 в., д. п. 25 января / 7 февраля)* St. Vitalis, M.

вити́я *(оратор)* orator.

витра́ж *(орнаментальная или сюжетная декоративная композиция в окне, двери, в виде самостоятельного панно из стекла или другого материала, пропускающего свет; цветные* **в.-и** *в окнах, напр. в готических соборах, создают игру окрашенного света в интерьере)* stained-glass window, leaded panel ◊ **часть в.-а с отдельным рисунком** panel.

Витринга *(1659-1722; голландский богослов; известностью пользуются его сочинения "О древней синагоге" <англ. перевод The Synagogue and the Church, лат. De Synagoga Vetere>, обширный комментарий в 2-х томах к Книге пророка Исаии и др.)* Vitringa, Campegius.

Вит(т), св. мч. *(ум. ок. 300; д. п. 15/28 июня и 16/29 мая)* St. Vitus, M. ◊ **пляска св. Вит(т)а** Saint Vitus dance.

Вифавара *см.* **Вифания**.

Вифания *библ. (1. место на восточной стороне Масличной горы, в этом селении много раз ночевал Иисус; 2. место восточнее Иордана, вблизи этого селения Иоанн Креститель проповедовал и крестил Иисуса)* Bethany, Bethabara.

Вифезда *библ. (название купальни у северной стены Иерусалима вблизи Овечьих ворот, где Иисус исцелил расслабленного)* Bethesda.

Вифиния *библ. (рим. провинция на южном побережье Чёрного моря, в к-рой намеревались проповедовать Евангелие Павел и Сила)* Bythynia.

Вифлеем *(город в 7 км к югу от Иерусалима в области племени Иуды, родина царского рода Давида, место рождения Иисуса)* Bethlehem, the City of David ◊ **В. Иудейский** the town of Bethlehem in the land of Judea; **Церковь Рождества в В.-е** *(считается одним из немногих почти полностью сохранившихся зданий раннехрист. эпохи; построена в 4 в. императрицей Еленой, матерью императора Константина Великого; ядром церкви является пещера Рождества <the Cave of the Nativity>, где, по преданию, родился Христос)* the Basilica [Church] of the Nativity in Bethlehem.

Вифлеемская звезда *(необыкновенно яркая звезда, появившаяся на небе к моменту рождения Христа, к-рая указывала путь следования трём волхвам [мудрецам] и привела их в пещеру близ города Вифлеема к яслям, в к-рых лежал родившийся Богомладенец; изображается в сюжете "Рождество Христово")* the star of Bethlehem.

Вифлеемское избиение младенцев *см.* **избиение младенцев**.

Вифсаида *библ. (деревня вблизи устья Иордана на Геннисаретском озере; из В.-ы родом апп. Андрей, Петр и Филипп, в её окрестностях проповедовал Иисус)* Bethsaida.

Виффагия *библ. (место у Масличной горы близ Вифании; сюда Иисус послал двух своих учеников достать ослицу с ослёнком для въезда в Иерусалим)* Bethphage.

вихара *(в раннем буддизме место встреч странствующих монахов, впоследствии монастырь; в совр. Шри-Ланке – буддийский храм)* vihara.

Вихерн, Иоган Генрих *(1809-81; немец. писатель и общественный деятель; в 1849 по его инициативе был учреждён союз <the Innere Mission>, имеющий своей задачей утверждение христ. начал в обществе и оказание духовной и материальной помощи нуждающимся)* Wichern, Johann Hinrich.

Вицелин, еп. *(ум. 1154; катол. св., д. п. 12 декабря)* St. Vicelin, bp.

Вишвакарман *(в Ведах – эпитет нескольких богов, к-рым приписывается космогоническая функция)* Vishvakarma.

Вишну *(в брахманизме и индуизме великий бог-охранитель <"the Preserver">, представлявшийся гл. обр. в благожелательном к людям образе; в Сред-*

Ви́шну

ние века **В.** почита́лся, в основно́м, в о́бразах Кришны и Рамы – *его* ***ава-та́рах*)** Vis(h)nu.

вишнуи́зм *(одно́ из двух гла́вных, наряду́ с* ***шиваи́змом****, тече́ний в индуи́зме, распространено́ гл. обр. в Се́верной Индии; вишнуи́ты <the Vishnuites> почита́ют Вишну́ как верхо́вного всемогу́щего бо́га)* Vishnuism.

вклад *(тж* ***дар II****,* ***поже́ртвование****)* donation, endowment, contribution ◊ **в., оста́вленный на отправле́ние служб о завеща́теле** chantry.

вкла́дчик *(монастыря́; тж* ***кти́тор 1.****)* donator *(of a monastery)*.

вкла́дывать *см.* **же́ртвовать (вклад)**.

вкуси́ть to partake of.

влага́ть *см.* **же́ртвовать (вклад)**.

владе́тель sovereign.

Влади́мир, св. равноапо́стольный вели́кий князь *(ум. 1015; при нём была́ креще́на Русь и правосла́вие ста́ло госуда́рственной рели́гией; д. п. 15/28 июля)* Grand Prince St. Vladimir, Equal-to-the-Apls. ◊ **Ки́евский князь В.** the Kievan prince Vladimir; **пра́здник св. равноапо́стольного кня́зя В.-а** the feast of Grand Prince St. Vladimir, Equal-to-the-Apls.

Влади́мирская ико́на Бо́жией Ма́тери *(основна́я осо́бенность иконогра́фии – Младе́нец Христо́с прильну́л лицо́м к щеке́ Б. и обня́л её за ше́ю; в 450, при импера́торе Феодо́сии-младшем, ико́на перенесена́ из Иерусали́ма в Константино́поль, а в нач. 12 в. из Константино́поля привезена́ в Ки́ев; в 1155 вели́кий князь Андре́й Боголю́бский перенёс ико́ну во Влади́мир, отсю́да её назва́ние; в 1395 вели́кий князь Васи́лий Дми́триевич перенёс ико́ну в Москву́; пра́зднество ико́не – 21 ма́я/3 ию́ня, 23 ию́ня/6 ию́ля и 26 а́вгуста/8 сентября́)* the Vladimir icon of the Mother of God, the Icon of the Virgin Mary of Vladimir.

влады́ка 1. *(господи́н)* lord, master, ruler, sovereign ◊ **В. ми́ра** the Lord of the world; **2.** *(архипа́стырь, архиере́й; см. тж* **"Влады́ко"***)* member of higher orders of clergy (bp., archbp., metropolitan); *(титулова́ние)* His Eminence, His Grace.

"Влады́ко" 1. *(обраще́ние па́ствы и кли́ра к иера́рхам правосл. це́ркви; употребля́ется в зва́тельном падеже́ славя́нского языка́)* Vladiko, Your Eminence; **2.** *см.* **"Влады́ко Го́споди"**.

"Влады́ко Бо́же" *см.* **"Влады́ко Го́споди"**.

"Влады́ко Го́споди" *библ. (обраще́ние к Бо́гу)* Sovereign Lord.

Влады́чица *(Богоро́дица)* Our Lady, the Queen (of Heaven) ◊ **Преблагослове́нная В. на́ша Богоро́дица и Присноде́ва Мари́я** Most Blessed Our Lady and the Everlasting Virgin Mary.

влады́чица *(прави́тельница)* mistress, sovereign, *ре́дко* sovereigness.

Влады́чный пра́здник *(см.* **Госпо́дские пра́здники***)* the Lord's festival, the Lord's feast, the feast of Our Lord, dominical feast.

Вла́сий, сщмч. *(ум. ок. 316; д. п. 11/24 февраля́, като́л. – 3 февраля́)* St. Bla(i)se, Pr.-M., St. Blasius.

Власт *библ. (придво́рный и посте́льничий царя́ И́рода Агри́ппы)* Blastus.

вла́сти *(оди́н из девяти́ а́нгельских чи́нов, занима́ющий шесто́е ме́сто в небе́сной иера́рхии; Це́рковь пра́зднует* **в.** *вме́сте с собо́ром всех бесплотных сил 8/21 ноября́)* the powers, the authorities.

власть ◊ **в. мира сего** *(в противоположность небесной)* world power; **во власти Божией** *библ.* at the mercy of God; **в. предержащие** the powers that be; **в. тьмы** *библ.* the power of darkness; **высшая церк. в.** *(о Папе Римском)* the power of the keys; **духовная в.** *(Римско-католической церкви)* obedience; **земная в.** wordly power; **королевская в. и церковь** the throne and altar; **папская в.** the power of the keys; **под в.-ю Сатаны** under the authority of Satan; **церк. в.-ти** ecclesiastical authorities; *катол.* obedience.

власяница 1. *библ. (упоминаемая в "Откровении" 6:12 одежда из грубой ткани тёмного цвета, изготавливавшейся из козьей шерсти)* sackcloth (made of hair); *(кожа власяная)* rough garment; **2.** *(нательная рубаха из грубого полотна, одно из облачений монаха для умерщвления плоти)* rough garn, hair-shirt, cilice.

Влахернская икона Божией Матери *(первоначально находилась в Антиохии, затем в 408-450 перенесена в Иерусалим, а оттуда в Константинополь, где была поставлена во Влахернский храм; после взятия турками Константинополя попала на Афон, а оттуда в 1654 была отправлена в Москву к царю Алексею Михайловичу и помещена в Успенский собор; празднуется 7/20 июля)* the Blachernae icon of the Mother of God.

Влахернский храм *(один из самых знаменитых на Востоке храмов, расположенный в северо-восточной части Константинополя; посвящён был Богоматери; основан в 451, разрушен в 15 в.; в этом храме во время богослужения (сер. 10 в.) сама Богородица явилась св. Андрею, Христа ради юродивому, и его ученику блаженному Епифанию; в честь этого события правосл. церковь празднует **Покров Пресвятой Владычицы нашей Богородицы и Приснодевы Марии**, см. **Покров** (**Божией Матери**)* the Church of Blachernae.

вместопрестолие *см.* **придел 1**.

вмешательство ◊ **в. государства в дела Церкви** state intrusion into Church affairs; **в. светской власти в дела Церкви** infringement of the secular authority into ecclesiastical affairs.

вмешательство Бога act(ion) of God.

вневероисповедный nonconfessional ◊ **в.-ая религиозность** *(вероучения, не связанные с привычными, традиционными религиями; одно из характерных явлений совр. духовной жизни многих европ. стран)* nonconfessional religiosity.

внеконфессиональный nonconfessional.

внецерковный nondenominational.

внешние формы церковной жизни *(обряды, обычаи, традиции)* the outward forms of church life.

внимать to hark, to hear, to attend ◊ **в. молитве** to hear prayer; **"внемли!" "вонмем!"** *(в значении междометия)* "hark!", "let us hark!"; "Let us attend"; **"Внемли воплю моему"** *библ.* "Attend unto my cry"; **"Вонми, Господи Иисусе Христе Боже наш..."** 'Attend, O Lord Jesus Christ our God – '.

Внифантий Тарсийский, св. мч. *см.* **Вонифатий Тарсийский, св. мч.**

внутренний мир *(человека)* the inner world; *(тж духовный)* the unseen.

внутренний свет *(метафора, означающая изначальное предрасположение человеческой души к приятию и исповеданию спасительной веры в Христа; тж в учении квакеров – "Внутренний свет" – свет Христов в душе*

вну́тренний

человека, отделяющий от греха и являющийся единственным условием спасения) Inner Light, Christ [Light] Within.

внуше́ние *(форма откровения, при к-рой пророку передаётся Божья мысль; тж* ***вдохнове́ние****)* inspiration.

Воа́з *см.* **Иахи́н и Воа́з**.

Воанерге́с *библ. (прозвище, данное Иисусом апп. Иакову и Иоанну, сыновьям Зеведея; в Ев. от Марка оно разъясняется как "сыны громовы"* <*'the sons of thunder'*>) Boanerges.

во ве́ки веко́в *см.* **век**.

вода́ ◊ **в.** *или* **вино́, к-рым совершено омовение св. чаши, потира** ablution; **в. для омовения рук перед молитвами** *(у евреев)* nail water; **в. жизни** *библ.* water of life; **святая в.** *(так называется вода, освящённая обрядом водосвятия)* holy water.

водо́кша *см.* **иорда́нь**.

водоле́й *см.* **акваману́л**.

водоосвяще́ние *(обряд освящения воды в христ-ве благословением, а затем троекратным погружением в неё священником креста)* blessing of waters ◊ **Великое в.** *(совершается накануне Крещения Господня)* the Great blessing of waters; **малое в.** *(совершается в дни храмовых и нек-рых др. праздников, а тж по желанию верующих в любой день)* the Lesser blessing of waters.

водосвя́тие *см.* **водоосвяще́ние**.

водосвя́тный holy-water.

Водрю́ Бельги́йская, прп. *(ум. ок. 688; катол. св., д. п. 9 апреля)* St. Waldetrudis, St. Waltrude, St. Waudru.

во́ды креще́ния *(вода, в к-рой крестят человека, см. тж* ***агиа́сма 3.****)* laver, baptismal water.

военача́льник небе́сного во́инства *(об архангеле Михаиле)* the captain of the host of the Lord, the captain of the heavenly host.

вое́нный свяще́нник *(тж* ***капелла́н****)* chaplain ◊ **служба в.-х с.-ов** chaplain service.

вожделе́ние *(тж* ***по́хоть****) библ.* desire, lust; *(в нравственном богословии – первородный грех, доставшийся человечеству от прародителей)* concupiscence.

вожделе́ти *ц.-сл. см.* **вожделе́ть**.

вожделе́ть to long for, to lust after.

возблагодаре́ние thanksgiving.

возблагодари́ть to give thanks to ◊ **в.-м Бога** let us give thanks to God.

возбуди́ти *ц.-сл. (пробудить ото сна, заставить действовать) библ.* to stir up.

возведе́ние в сан ... elevation to the rank of – .

возведе́ние на епа́рхию, митропо́лию *и т. п.* exaltation [elevation] to the eparchy, the metropolitan see, *etc.*; enthronement, enthronization.

возвели́чивать to magnify, to laud.

возвести́ ◊ **в. на епа́рхию, митропо́лию** *и т. п.* to exalt [elevate] to the eparchy, the metropolitan see, *etc.*; to enthrone, to enthronize; **в. в сан патриа́рха** to elect to the patriarchate; **в. на моско́вскую кафедру** to elevate to the Moscow chair; **в. на престо́л** to elevate to the throne.

"Возвести́тели Иего́вы" *см.* "Свиде́тели Иего́вы".

возвести́ це́рковь в положе́ние госпо́дствующей *(официальной государственной)* to establish a Church.

возвеща́ть to proclaim ◊ **в. бу́дущее** to prophesy of things to come.

возводи́ть в сан епи́скопа to episcopize, to sacre, *(в православии)* to consecrate ◊ **тот, кого́ в.-ят в с. е.** consecrand; **тот, кто в.-т в с. е.** consecrator.

возвыше́ние I exaltation, elevation ◊ **в. панаги́и** elevation of triangle form of bread *(at the office of oblation for the Mother of God)*.

возвыше́ние II *(со ступеньками для алтаря и т. п. в Западной церкви)* halfpace ◊ **в., на к-рое на вечер Страстного четверга и Страстную пятницу переносятся запасные дары** *катол.* the altar of repose.

во́зглас 1. *(заключительные слова молитв, произносимые громогласно священником)* the final words of priest's prayer; concluding words of prayer; *греч.* ecphonesis; 2. *(краткое молитвословие, провозглашаемое священником или архиереем)* exclamation.

возд(ав)а́ти *ц.-сл.* возд(ав)а́ть.

возд(ав)а́ть to render, to repay, to reward, to recompense ◊ **в. благодаре́ние Бо́гу** to give [return] thanks to God; **в. добро́м за зло** to render good for evil; **в. до́лжное кому́-л.** to give *smb.* his due; **возда́ть кому́-л. по дела́м его́** *библ.* to reward [render to] *smb.* according to his works; **в. кому́-л. по заслу́гам** to reward *smb.* according to his deserts; **в. по́чести** to render homage; **я [аз] возда́м** I shall repay.

возда́ть хвалу́ Бо́гу *см.* хвала́.

воздая́ние I requital, recompense; *(возмездие)* retribution ◊ **в. *(наказание, расплата)* за грехи́** recompense for *one's* sins; **в. за рабо́ту, сде́ланную для Бо́га** merit; **в. злом за зло** retribution of evil for evil.

воздая́ние II *см.* жертвоприноше́ние.

воздвига́ть to set up, to rear ◊ **в. па́мятник** to rear [set up] a monument; **в. собо́р** to rear [set up] a cathedral.

Воздви́жение Креста́ Госпо́дня *(катол. праздник 14 сентября памяти Креста, на к-ром был распят Христос, как символа престола, где была принесена жертва, искупающая грехи людей)* the Triumph of the Holy Cross, the Holy-Rood Day, the Rood Day, the Holy-Cross' Day, the Exaltation of the Cross, *устар.* the Roodmas; *лат.* Exaltatio Sanctae Crucis.

Воздви́жение Честна́го и Животворя́щего Креста́ Госпо́дня *(один из великих, входящих в число неподвижных двунадесятых христ. праздников; празднуется 14/27 сентября в честь обретения [находки] в первой половине 4 в. императрицей Еленой, матерью императора Константина Великого, креста, на к-ром был распят Иисус Христос; а тж связан с торжеством христ-ва при Константине Великом, к-рый воздвиг на месте Голгофы и Гроба Господня храм Воскресения)* the Exaltation of the Holy [Precious] and Vivifying [Life-giving] Cross, the Exaltation [Raising Up] of the Honoured and Life-giving Cross; the Feast of the Exaltation of the Holy Cross of Our Lord, the Elevation of the Life-creating Cross.

воздвиза́льный крест the exalted Cross.

воздержа́ние *(приготовление к таинству причащения; в целях покаяния полный или частичный отказ от еды или питья;* **в.** *от скоромной пищи; умеренность в желаниях, строгий контроль за своими страстями и поступками, регулярное посещение церкви; тж* **в.** *от употребления алкогольных напитков у амер. протестантов)* abstinence, *(особ. половое)* continence, temperance.

возде́рживаться от чего-л. to eschew; to abstain.

возде́ть ру́ки to lift up hands.

возде́яние рук lifting up hands.

возду́х *(большой покров, плат из вышитой материи, к-рым покрываются сразу два литургических сосуда – потир и дискос)* the aer, the paten and chalice veil, the large veil, chalice and paten cloth covering, *греч.* nephele ◊ **благорастворе́ние в.-ов** lifting the aer up and down over the sacred vessels (*as a symbol of the grace-giving action of the Holy Spirit*): **свяще́нник берёт в. и обвева́ет Святы́е Дары́** the priest lifts the large veil and raises it up and down over the Holy Gifts.

воздуховолхова́ние *см.* **аирома́нтия**.

возду́х-покрове́ц *см.* **возду́х**.

возже́ние свечи́ candle lighting.

возже́чь куре́ния Го́споду to offer incense to the Lord.

возже́чь свечу́ to light a candle [a taper].

возлага́ть ру́ки (*см. тж* **возложе́ние рук**) to lay the hands, to impose.

возлия́ние *(обряд жертвоприношений у древних, заключавшийся в выливании вина из чаши в честь богов)* libation.

возложе́ние рук *(ритуал посвящения, конфирмации и т. п. в Зап. христ-ве, иудаизме)* laying on the hands, imposition (of hands), stretching-on of hands.

возлюби́ть to love ◊ **в. бли́жнего своего́** to love one's neighbour; **в. Христа́** to fall in love with Jesus.

возлю́бленный beloved ◊ **в.-е бра́тья** dearly beloved brethren; **в. врач** *(св. ап. Лука́)* the beloved physician; **в. учени́к** *(об Иоанне Богослове, апостоле и евангелисте)* the beloved disciple.

возме́здие *(тж* **ка́ра***)* retribution, *библ.* wages ◊ **день в.-я** the day of retribution; **"И́бо в. за грех – смерть, а дар Бо́жий – жизнь ве́чная во Христе́ Иису́се, Го́споде на́шем"** *(Послание к римлянам 6:23)* 'For the wages of sin is death; but the gift of God is eternal life through Jesus Christ our Lord'.

вознесе́ние I *(взятие живым на небо)* rapture ◊ **в. Ильи́ на небеса́** Elijah's rapture to heaven.

вознесе́ние II *(тж* **левита́ция***)* levitation.

Вознесе́ние Богома́тери *см.* **Вознесе́ние Мари́и**.

Вознесе́ние Госпо́дне *(подвижный праздник в православии, принадлежит к числу двунадесятых; празднуется на сороковой день после Пасхи – в четверг шестой недели; в этот день вспоминается восшествие Иисуса Христа на небо и обетование о Его втором пришествии; каноническая иконография "Вознесения" достаточно точно воспроизводит новозаветный текст ("Деяния" 1:4-11), исключение составляет лишь изображение Богоматери-Оранты, представляющей собирательный образ новозаветной церкви; икона "Вознесение" входит в состав праздничного ряда иконоста-*

са русского правосл. храма) the Ascension of Our Lord Jesus Christ, the Ascention-Day, *англик.* Holy Thursday, *греч.* Analepsis, *катол., лат.* Ascensio Domini ◊ **десять дней от В.-я до Пятидесятницы** Ascensiontide.

вознесе́ние даро́в *см.* **возноше́ние даро́в.**

Вознесе́ние Мари́и *(один из главных богородичных праздников катол. церкви, 15 августа)* the Assumption of Mary, the Ascension of Our Lady, *лат.* Assumptio Beatae Mariae Virginis.

Вознесе́ние на не́бо Го́спода на́шего Иису́са Христа́ *см.* **Вознесе́ние Госпо́дне.**

Вознесе́нский Орша́нский же́нский монасты́рь *(г. Бежецк Тверской обл.)* the Orshansky Convent of the Ascension.

вознести́ грехи́ *библ. (понести на себе грехи)* to bear the sins ◊ **"Он грехи наши Сам вознес Телом Своим на древо"** *(Первое послание Петра 2:24)* 'and He himself bore our sins in His body on the cross'.

вознести́сь на небеса́ to ascend into Heaven.

возноси́ть дары́ to elevate the Host.

возноси́ть моли́тву to offer up a prayer.

возноси́ть на не́бо to inheaven, to ensky.

возноси́ться to ascend ◊ **Он воскрес в третий день по Писаниям, вознесся на небо и воссел одесную Отца** On the third day He rose again in accordance with the Scriptures; He ascended into heaven and is seated at the right hand of the Father.

возноше́ние даро́в *(на евхаристии, когда священник крестообразно сложенными руками приподнимает святую чашу и дискос над престолом)* the Elevation of the Host, the Elevation of the Consecrated Gifts, *греч.* Hypsosis; *катол.* the Elevation (of the Elements), ostension ◊ **малое в.** *катол. (в конце евхаристического канона, перед чтением молитвы Господней, священник вновь по очереди приподнимает освящённые хлеб и чашу над престолом)* the little [lesser, minor] Elevation.

возноше́ние свято́е *см.* **возноше́ние даро́в.**

во́зраст ра́зума *(возраст ребёнка –7 лет, с к-рого он способен отличить хорошее от плохого и должен исповедоваться перед причастием)* 'age of reason'.

во́зраст рукоположе́ния the canonical age.

возрожде́ние ве́ры (religious) revival, revival of religion, rebirth, revival, resurgence ◊ **в. католици́зма в По́льше** Roman Catholic resurgence in Poland; **в. правосла́вия в Росси́и** revival of Orthodoxy in Russia.

возрожде́ние духо́вное spiritual renewal, renovation, the second [new] birth, the re(generation).

возрожде́ние пакибытия́ *ц.-сл. (духовное обновление через крещение)* baptismal regeneration.

возрождённый духо́вно twice-born, born again.

возрождённый Христо́м born again in Christ.

во и́мя in the name ◊ **"Во и. Иису́са Христа́. Ами́нь"** 'In Jesus' name. Amen'; **"Во и. Отца́ и Сы́на и Свято́го Ду́ха. Ами́нь"** *(молитва)* 'In the Name of the Father, and of the Son, and of the Holy Spirit. Amen'; **храм во и. Арха́нгела Гаврии́ла** the Church in the name of the Archangel Gabriel.

во́ин soldier, warrior ◊ **му́ченик-в.** soldier-martyr; **свято́й в.** soldier-saint, warrior-saint.

вои́ небе́сные *ц.-сл. библ. (ангелы; тж Солнце и Луна с прочими светилами)* the heavenly host, the host of heaven.

во́инство *(войско) библ.* host ◊ **"Арха́нгел Михаи́л с в.-м"** *(икона)* The Archangel Michael with His Host; **в. небе́сное** *(ангелы)* the heavenly host, the host of heaven; **в. христолюби́вое** the most pious army; **мно́жество в.-а небе́сного** a multitude of the heavenly host.

вои́нствующая Це́рковь *см.* **Це́рковь**.

вои́стину indeed ◊ *(Христос)* **В. воскрес(е)!** *(возглас на Пасху в ответ на "Христос воскресе!", см.* **христо́соваться**) He *(Christ)* is risen indeed!

вои́тель *(воин)* warrior ◊ **а́нгел-в.** warrior-angel; **свято́й-в.** warrior-saint.

войти́ в Ца́рствие Небе́сное *см.* **попа́сть в рай**.

вол *библ.* ox.

волкодла́к *славянский см.* **верво́льф**.

волна́ *(шерсть) библ.* wool.

Волу́зиан Ту́рский, еп. *(ум. 496; катол. св., д. п. 18 января)* St. Volusian of Tours.

волхв 1. *(чародей, колдун)* magician, sorcerer ◊ **не́кий в., Иуде́йский лжепроро́к, к-рому и́мя Вариису́с** *библ.* a certain magician, a Jewish false prophet whose name is Bar-Jesus; **Эли́ма в.** *библ.* Elymas the magician; **2.** *(мудрец, звездочёт, предсказатель)* prognosticator, soothsayer; **3.** *библ. (один из трёх царей-***волхво́в**) Magus.

волхвы́ *(жрецы, колдуны, чародеи <неиудеи>; создатели Ветхого Завета считали* **в.-ов** *своими противниками; в Новом Завете три* **в.-а** *– свидетели рождения Иисуса Христа, им было дано пророчество о рождении Спасителя, а путь им указала чудесная звезда, к-рая привела их в Вифлеем; позднее (с 9 в.) предание называет имена волхвов, трёх царей* <the Three Kings of Cologne>, *пришедших поклониться Христу:* **Каспа́р, Валтаса́р [Балтаза́р], Мельхио́р**) the Magi, the Three Wise Men, the Wise Men of the East, the Eastern Sages ◊ **в., со звездо́ю путеше́ствующие** *библ.* the starled Magi; **относя́щийся к в.-вам** Magian; **"Поклоне́ние в.́-ов"** *(распространённый сюжет в изобразительном искусстве)* The Adoration of the Magi; **"Ше́ствие в.-ов"** *(в. увидели звезду, к-рая возвещала о рождении Царя Иудейского, Иисуса, и отправились вслед за ней, чтобы взглянуть на Младенца)* The Journey of the Magi.

волхова́ние *(магия)* magic, sorcery.

волхова́ть *(заниматься магией)* to practice magic, to practice sorcery.

волше́бник *(человек, занимающийся магией или общающийся с духами; для христиан обращаться к волшебникам – великий грех; за помощью можно обращаться только к Богу и Его Церкви)* magician, sorcerer.

волше́бница sorceress.

волшебство́ magic, sorcery.

"Во́льные ка́менщики" *см.* **масо́нство**.

Во́льфганг, св. *(930-94; монах-бенедиктинец; родился в Швабии; проповедовал в Вюрцбурге и венгерских землях; с 974 был. еп. Регенсбрука; катол. св., д. п. 31 октября)* St. Wolfgang.

во́ля will, decree ◊ **в. Бо́жья** *(то, что делает Бог; всё в мире происходит по воле Божьей, но не всё по Его желанию; многое, совершающееся в мире, неугодно Богу, поэтому христианин должен стремиться узнать, какова в. Божья в каждом конкретном случае на основе Писания и учения Церкви)* the will of God, the will of Heaven, the act(ion) of God, *библ.* the counsel of God; **в. Божья, открытая нам в Писании** the will of God as revealed in Scripture; **в. провиде́ния** the decree of providence; **Да будет в. Твоя́** Thy will be done; **до́брая в.** complasance; **по в.-е Бо́жьей** by the will of God, by God's will, *лат.* Deo volente; **свобо́дная в.** free will.

Вонифа́тий Тарси́йский, св. мч. *(ум. 290; д. п. 19 декабря / 1 января, катол. – 14 мая)* St. Boniface, M., St. Boniface of Tarsus.

"во́нмем" *см.* **внима́ть**.

Воо́з *библ. (богатый горожанин из Вифлеема; включён в родословное древо как Давида, так и Иисуса)* Boaz.

вопи́ять *библ.* to exclaim ◊ **в. к Бо́гу** to call upon God.

воплоти́ться to incarnate, to be incarnate of.

воплоща́ть *(являться воплощением)* to incarnate ◊ **Лю́тер в.-ет дух Рефорла́ции** Luther incarnates the spirit of the Reformation.

воплоща́ть вновь *см.* **перевоплоща́ть**.

воплоща́ть в о́бразе *см.* **изобража́ть в ви́де**.

воплоще́ние *(основная истина христ. веры о соединении Бога и человека во Христе Иисусе)* incarnation ◊ **в. Сы́на** *(Сын Божий, Иисус Христос имел действительную человеческую природу, воспринятую от Матери Своей Пресвятой Девы Марии, и был в земном теле, подобном нашему; в этом смысле в. есть основной церк. догмат)* the incarnation of the Son; **в. Христа́** *(в. божества во Христе)* the Incarnation (of Christ); **относя́щийся к уче́нию о в.-и** *прил.* incarnational; **тот, кто ве́рит в в. Христа́** incarnationist.

воплощённый incarnate ◊ **В.-ое Сло́во Бо́жье** the Incarnate Word of God; **В. Сын Бо́жий** *(о Иисусе Христе)* the Incarnate Son of God.

Во́рмсский рейхста́г *(рейхстаг – законодательная ассамблея – в г. Вормсе на берегу р. Рейн в Германии, где Лютер в 1521 защищал свою богословскую позицию перед императором Карлом V; от Лютера потребовали отречься от своего учения, но он подтвердил преданность идее протест. реформы; в последний день работы В.-ого р.-а учение Лютера было официально осуждено Вормсским эдиктом)* the Diet of Worms.

ворожба́ *библ. (колдовство, гаданье; знахарство)* fortunetelling; sorcery.

вороже́й *см.* **колду́н**.

ворожея́ *библ. (та, кто занимается колдовством, гаданием; знахарством – заговорами от болезней и порчи; связана с тёмными духами)* sorceress; fortuneteller.

ворожи́ть to practice sorcery ◊ **в. на ка́ртах** to read cards.

вор, церко́вный church-robber.

Во́семь бессме́ртных *(в китайской мифологии даосизма святые Люй Дунбинь <Lu Tung-pin>, Ли Тегуай <Li T'ieh-kuai>, Чжунли Цюань <Chung-li Ch'uan>, Чжан Голао <Chang-kuo Lao>, Цао Гоцзю <Ts'ao Kuo-chiu>, Хань Сянцзы <Han Hsiang-tzu>, Лань Цайхэ <Lan Ts'ai-ho> и Хэ Сяньгу <Ho Hsien-ku>, достигшие бессмертия; добрые волшебники, помогающие людям;*

Восемь

объявлены святыми в правлении династии Сун <960-1279>) the Eight Immortals (of Taoism).

восклоня́тися ц.-сл. *(начать поклоняться, просить о чём-л.)* библ. to look up; to lift up *oneself*.

воскомасти́х *(смесь из воска, мастики, толчёного мрамора и ароматических веществ; при освящении престола в алтаре правосл. храма разогретую смесь заливают в углубления на углах престола; после затвердения эта смесь делается очень прочной, что имеет символическое значение: крепость учения и единения с Христом)* wax mastich.

воскреса́ть *см.* **воскре́снуть**.

воскре́сен *(название песнопений, по уставу назначенных для воскресных дней; содержание этих песнопений прославляет воскресе́ние Христово)* Sunday chant in memory of Christ's Resurrection.

воскресе́ние I *(по религ. верованиям – возвращение мёртвых к жизни)* resurrection (of the dead), rising again from the dead ◊ **вера в в. мёртвых** resurrectionism; **верующий в в. Христа** resurrectionary; **В. Христово** *(важнейший акт земной жизни Христа Спасителя, завершение его земного служения; акт окончательной победы над смертью, прообразующий грядущее В. мёртвых и открытие человечеству жизни вечной; засвидетельствован во всех четырёх Евангелиях; правосл. иконографический канон (за исключением последнего времени) отрицает возможность изображения непостижимой тайны В.-я; символической заменой подобного изображения служат, во-первых, "Явление ангела женам-мироносицам" <the Appearance of the Angel to the Holy Women [or to the Three Marys>], описание к-рого содержится в канонических Евангелиях, и, во-вторых, "Сошествие во ад" <the Anastasis [the Descent into Hell]>, к-рое, в соответствии с апокрифическим Евангелием от Никодима, последовало сразу же за В.-м Спасителя – воскресший Христос сошёл во ад и извёл оттуда ветхозаветных праведников и пророков во главе с Адамом и Евой)* Christ's Resurrection; **Светлое Христово В.** *(праздник)* the Radiant Resurrection of Christ; **храм В.-я Слову́щего** the Cathedral of the Renewal of the Church in the name of Christ's Resurrection; the Church of the Finding of the True Cross.

воскресе́ние II *см.* **воскресе́нье**.

Воскресе́ние Госпо́дне *(подвижный праздник, в правосл. традиции празднуется в первое воскресенье после полнолуния, последовавшего за днём великого равноденствия; см. тж **Па́сха II**)* the Resurrection.

воскресе́нье *(воскресный день)* Sunday, the Lord's Day, dominical day; *(у квакеров)* First day.

воскресе́нье перед Адве́нтом *(в Зап. христ-ве)* the Stir-up Sunday.

Воскресе́нье пра́отцов Христо́вых *см.* **Неде́ля 27-я по Пятидеся́тнице, святы́х пра́отец**.

"Воскресе́нье пропита́ния" *(четвёртое воскресенье Великого поста; названо в честь чудесного насыщения пяти тысяч пятью хлебами (Ев. от Иоанна 6:1-14), к-рому посвящено евангельское чтение дня в англик. (а до 1969 и в катол.) церкви; кроме того, в этот день несколько ослабляется пост)* Refreshment [Refection, Mid-Lent] Sunday, *англик.* Mothering Sunday, *катол.* Laetare [(Golden) Rose] Sunday.

воскреси́тель reviver; deliverer, saviour.

воскреси́ть *(по религ. верованиям – возвратить к жизни умершего)* to raise the dead, to resurrect, to raise *smb.* from the dead.

воскре́сная церко́вная шко́ла *(учебное заведение, действующее при храме или монастыре, в к-ром изучают катехизис, Закон Божий, историю Церкви и др. предметы, кроме того, учащиеся имеют возможность получить обстоятельные ответы и по практическим вопросам церк. жизни; существуют в.-ые ш.-ы как для детей, так и для взрослых)* Sunday [Sabbath] school.

воскре́снуть *(восстать из мёртвых, ожить, возвратиться к жизни после смерти)* to rise (again); to rise [arise, return] from the dead ◊ **уверовать в воскресшего Христа** to accept the risen Christ into *one's* life; **"Христос воскрес(е)!" "Воистину воскрес(е)!"** *(пасхальное приветствие, при этом следует троекратное целование во имя Святой Троицы; такое приветствие совершается от Пасхи до дня её отдания накануне праздника Вознесения Господня)* Christ is risen! He is risen indeed! [In truth risen!], *лат.* Christus surrexit! Vere surrexit! **"Христос воскресе из мертвых, смертию смерть поправ и сущим во гробех живот даровав"** *(пасхальный тропарь)* Christ is risen from the dead, tramping down Death by death, and upon those in the tomb bestowing life.

воскре́сный *(относящийся к воскресенью)* dominical.

воскреша́ть *см.* **воскреси́ть**.

воскреше́ние *(возвращение мёртвых к жизни)* raising from the dead, resurrection of the dead ◊ **"В. Лазаря"** *см.* **Ла́зарь**.

воскри́лие *библ. (край одежды)* the fringe of the cloak, the hem of the garment.

воскри́лия *(кисти на краю одежды)* the tassels of the garment.

воскуре́ние burning of incense.

воскуря́ть to burn incense.

Восо́р(а) *библ. (столица Набатейского царства, а позднее – рим. провинции Аравия)* Bosor(a), Bosrah.

воспаре́ние *см.* **левита́ция**.

воспева́ть *(тж сла́вить)* to carol, to praise [to celebrate] in song, to anthem.

воспева́ющий *(славящий)* caroller.

"Воспле́щем Го́споду на́шему!" *(призыв аплодировать, в харизматических собраниях, епископальных и др. протест. церквах США)* 'Let's give our Lord a hand!'

воспомина́ние *(память о смерти Христа, его захоронении, воскресении, вознесении и т. п.; совершается в виде тихой молитвы священником во время литургии верных)* the Anamnesis, the Institution.

Воспомина́ние вхо́да Госпо́дня в Иерусали́м *катол., лат.* Commemoratio ingressus Domini in Ierusalem.

Воспомина́ние Пресвято́й Де́вы Мари́и Роза́рии *катол. (отмечается 7 октября)* Our Lady of the Rosary.

Воспомина́ние Пресвято́й Де́вы Мари́и Скорбя́щей *катол. (семи скорбей Девы Марии; отмечается 15 сентября)* Our Lady of Sorrows.

Воспомина́ние Пресвято́й Де́вы Мари́и Цари́цы *катол. (22 августа; отмечается с 1954)* the Queenship of Mary.

Воспоминáние

Воспоминáние пятú ран Святóго Францúска *катол. (отмечается 17 октября)* the Stigmata of Francis.

Воспоминáние чýда Архистратúга Михаúла, бы́вшего в Хóнех [Колóссах] *(6/19 сентября)* the Commemoration of the miracle by St. Michael the Archangel at Colossae in Chonia.

Воспоминáние явлéния на нéбе Крестá Госпóдня в Иерусалúме *(351; отмечается 7/20 мая)* the Commemoration of the appearance [apparition] of the Sign of the Cross.

восприéмник *(крёстный отец, при крещении младенца произносит за него исповедание веры и даёт обет, чем обязуется впоследствии наставлять его в истинах веры и христ. нравственности)* godfather, baptismal sponsor, baptismal witness, sponsor at baptism, sponsorial.

восприéмники *(крёстная мать и крёстный отец)* godparents.

восприéмница *(крёстная мать)* godmother, baptismal sponsor, sponsor at baptism, sponsorial.

восприéмничество *(статус крёстных по отношению к крестнику)* adoption by baptism.

восприня́ть от купéли to receive [hold] at the baptismal font, to stand godfather *or* godmother (to).

восстанáвливать *(реставрировать)* to restore ◊ **в. расположéние** или **размéры** *(древних сооружений, памятников и т.п. по сохранившимся развалинам)* to trace; **в. храм в первоначáльном вúде** to restore a church to its original form; **восстановленный греческий храм** a restored Greek temple.

восстановлéние *(реставрация)* restoration ◊ **в. первоначáльного тéкста** emendation.

восстáть из мéртвых to rise from the dead.

Востóк *(страны Востока)* the East, the Orient; *(страны, омываемые восточной частью Средиземного моря)* the Levant.

Востóчная Рúмская импéрия *см.* **Византúя**.

Востóчная цéрковь *(православная, церковь в отличие от Западной, преим. Римско-католической, а тж англиканской, протестантской и т. п.)* the Eastern Church.

востóчное христиáнство Eastern Christianity, the Eastern Church.

Востóчнокафолúческая цéрковь the Catholic Church of the East.

Востóчно-сирúйская цéрковь *(все церкви восточного обряда, включая Армяно-григорианскую, Коптскую и др., в противопоставлении катол. и протест. церквам)* the Eastern Church.

востóчно-сирúйский обря́д *см.* **сúро-востóчный обря́д**, **халдéйский обря́д**.

восточнохристиáнское искýсство the Eastern Church art.

востóчны *(стихи, положенные по уставу на вечерне)* vespers verse(t)s.

Востóчные правослáвные цéркви the Eastern Orthodox Churches.

востóчный обря́д *(совершаемый по канонам правосл. церкви; тж относящийся к православию)* the Eastern [Oriental] rite.

восхвалéние *(тж* **прославлéние***)* laudation, eulogy, encomium; *(Бога, выраженное в форме песнопения и т. п.)* doxology.

восхваля́ть Бóга *(тж* **прославля́ть***)* to doxologize.

восхище́ние *(переживание, связанное с изменением состояния души, к-рое вызывается Божественным вмешательством)* ◊ **"и восхищен был до третьего неба"** *(Второе послание к коринфянам 12:2)* 'such an one was caught up to the third heaven'.

восхище́ние Це́ркви *катол.* the rapture of the Church.

восходи́ть к ... вре́мени *(восходить к определённой эпохе, относиться к определённому времени; датироваться)* to date (from, back) ◊ **памятник восходит ко времени ...** the monument dates back to [as far as] the time of –.

"Восхожде́ние на крест" *(икона)* Christ Ascending the Cross.

восше́ствие на епа́рхию, митропо́лию *и т.п. см.* **возведе́ние на епа́рхию, митропо́лию** *и т.п.*

восьмери́к *см.* **восьмигра́нник.**

"Восьмери́чник" *см.* **Окто́их.**

"Восьмери́чный Путь" *(в буддизме – путь, лежащий посередине между приверженностью мирским удовольствиям и аскетизмом, указанный Буддой; тж нравственная и медитационная дисциплина, благодаря к-рой человек обретает мудрость, ведущую к нирване)* the Eightfold Path, *санскрит* Astangamarga, *пали* Atthangikamagga.

восьмигра́нник *(восьмигранное в плане сооружение или часть сооружения; распространено в деревянных и каменных церк. зданиях)* octagon, octagonal base ◊ **над центральным в.-ом возвышался купол** the central octagon was covered by a dome.

восьмо́й день после церк. пра́здника *катол.* octave.

воти́вы *катол. (приношение по обету, посвящённое Богу или святому в знак принятого на себя верующим обета и в благодарность за Божью милость)* votive offerings.

во́хра *см.* **о́хра.**

Во́ху Ма́на *("Благая мысль"; одно из божеств в зороастризме – покровитель общины)* Vohu Manah.

воцерковле́ние 1. *(обряд, совершаемый над младенцем в 40-й день по рождении, когда исполнится время очищения его матери, и когда она является с младенцем в храм; чин в.-я полагает начало введению дитяти в церковь)* churching, *катол.* confirmation in infancy; **2.** *(церк. понятие, означающее включённость в жизнь Церкви)* churching.

воцерковля́ть to church.

вочелове́чение *см.* **воплоще́ние.**

вочелове́ченный incarnate.

вочелове́читися *ц.-сл.* **вочелове́читься.**

вочелове́читься *(о Боге; воплотиться в человеческое тело, принять образ человека)* to be incarnate, to become man.

впа́вший в грех lapsed (heretic).

впа́вший в е́ресь *см.* **впа́вший в грех.**

впада́ть в вероотсту́пничество [в грех, в е́ресь] to backslide, to lapse into heresy.

Враг *(лукавый, бес, В. рода человеческого)* the Fiend, the Devil, the Archfoe, the Arch-foe.

вражда́ *библ.* enmity, ill will.

вра́жья

вра́жья си́ла Satan, the Devil, *библ.* the power of the enemy.

вразумля́ть to teach.

врата́ *(вход в алтарь, храм, монастырь)* gate(way), door(s) ◊ **диаконские в.** deacon's [side] doors; **северные в.** *(иконостаса)* the north [server's] door; the north door leading to the credence table; **средние [царские] в.** *(в иконостасе)* the Sanctuary [Holy] doors, the royal door; **церковные красные в.** *(двери на западной стороне храма, предназначенные для входа и выхода из храма)* the west door.

врата́ а́да *библ. (образное обозначение ада, основывающееся на представлении ада как здания с крепкими воротами; тж власть ада, сила бесовская, Ев. от Матфея 16:18)* the gates of Hades, the gates of hell; hell-gate.

врата́ а́дова *ц.-сл. см.* **врата́ а́да**.

врата́ ра́я *(тж жемчужные врата́)* the gates of heaven, the gates of paradise, the heaven-gate, the pearly [golden] gates.

врата́рь *см.* **привра́тник**.

врата́ сме́ртные the doors of the shadow of death.

врата́ те́сные *(жизнь по Закону Божию)* strait gate.

вра́тьи *(1. члены древнего индийского племени воинов-кочевников, упоминаемых в "***Атхарваве́де***"; 2. члены высшей варны, утратившие свой статус из-за неисполнения очистительных обрядов; 3. лица, рождённые от брака* **кшатри́йки** *(см.* **кша́трий**) *и* **шу́дры**; *4. общее название стоящих вне варн)* the Vratyas.

время(и)счисле́ние calendar.

вре́мя *(продолжительность)* **церко́вного пра́здника** *(Пасхальная неделя, Святки и т. п.; тж в., посвящаемое религии)* holytide.

вре́тище 1. *(рубище, дерюга, мешковина)* sackcloth ◊ **во в. и пепле** *библ. (полный раскаяния и смирения; Ев. от Луки 11:21)* in sackcloth and ashes; **2.** *(одежда покаяния)* garb of penitence.

вре́тище волосяно́е *см.* **власяни́ца**.

Вринда́ван *(лесистая местность в Мутхуре, шт. Уттар-Прадеш, святыня индуистов, с к-рой связываются юные годы Кришны, жившего там среди пастухов под именем Гопал)* Vrindavan.

Ври́тра *(в ведической мифологии – чудовищный дракон, олицетворение засухи, похититель воды, к-рого победил бог грозы Индра)* Vritra.

вруче́ние святы́х сосу́дов *катол. (вручение священнику, диакону Библии, потира и т. п. при таинстве священства)* the Tradition of the Instruments, *лат.* Traditio [Porrectio] Instrumentorum.

Всеамерика́нский евангели́ческий сою́з ра́дио- и телепрове́дников the National Religious Broadcasters, *сокр.* NRB.

всеблаги́й *см.* **всеблаго́й**.

всеблаго́й *(тж всеми́лостивый)* all-good, most good, most gracious.

всебла́гость *(один из традиционных для теологической и религ.-филос. мысли атрибутов Бога, выражение Его любви и промыслительной заботы о сотворённых Им существах)* most mercifulness.

всеве́дение *(Бога)* omniscience.

всеве́дущий 1. *(обычно трактуется как знание Богом в вечности – в прошлом, настоящем и в будущем – всего происходящего в мире во всех деталях)* omniscient, all-knowing; **2.** *сущ. (Всевышний)* the Omniscient (God).

всеви́дец all-seer.

всеви́дящий all-seeing ◊ **в.-ее око** *(символическое изображение – глаз в треугольнике, обозначающее всевидение Божие; появляется в русской иконографии с конца 18 в.; на Западе – ранее)* the eye of the Omniscience.

Всевы́шний *(Бог)* the Most High, the Supreme Being, God, the Divine, the monad.

Вседержи́тель *(иконографический тип изображения Христа; см. тж* **Пантокра́тор***)* the Almighty, the Pantocrator, the All Ruler, the Sovereign Lord ◊ **В.-Судия** the Pantocrator-Judge, the Holy One above.

всее́дная неде́ля *см.* **всее́дная седми́ца**.

всее́дная седми́ца *(неделя, на к-рой отменяется пост среды и пятницы; бывает после праздника Рождества Христова (на* **Свя́тки***), на седмицу после Пасхи (***Све́тлая седми́ца***) и Троицы и на седмицу после недели Мытаря и Фарисея (***Ма́сленица***); тж* **сплошна́я седми́ца***)* the fast-free week, *катол.* the carnival week.

всези́ждущий *см.* **всесоздаю́щий**.

Вселе́нские роди́тельские суббо́ты *см.* **роди́тельские суббо́ты**.

Вселе́нские собо́ры *(признаваемые православной церковью) см.* **собо́р II**.

Вселе́нские собо́ры католи́ческой це́ркви *(официальные собрания катол. еп.-ов и др. представителей церкви, созываемые нерегулярно с 12 в., для решения важных церк. проблем):* **1-й, 2-й, 3-й, 4-й Латеранские В. с.** *(1123, 1139, 1179, 1215)* the 1st, 2d, 3d, 4th Lateran ecumenical councils, the first, second, third, fourth General Councils of the Lateran; **Лионские В. с.** *(1245, 1274)* the Lyon ecumenical councils, the first, second General Councils of Lyons; **Вьеннский В.-ий собор** *(1311-12)* the Vienne ecumenical council; **Констанцский В.-ий собор** *(1414-18)* the Constance ecumenical council; **Базельско(-Ферраро)-Флорентийский В.-ий с.** *(1431-45)* the Basel-Ferrara-Florence ecumenical council, the Council of Basel-Florence, the Council of Ferrara; **5-й Латеранский В.-ий собор** *(1512-17)* the 5th Lateran ecumenical council; **Тридентский В.-ий собор** *(1545-63)* the Trent ecumenical council, the Council of Trent; **1-й, 2-й Ватиканские В. с.** *(1869-70, 1962-65)* the 1st, the 2d Vatican ecumenical councils.

вселе́нские суббо́ты *см.* **роди́тельские суббо́ты**.

вселе́нский (o)ecumenical, general, universal ◊ **в. патриарх** *(в конце 6 в., с 4-го Вселенского (Халкидонского) собора, Константинопольский птрх. получает этот титул (без полномочий власти) и право высшего надзора за соблюдением канонов и церк. законов, созыва Вселенского собора и возведения еп.-ов в сан митрополита)* the (O)Ecumenical Patriarch; **в.-ая Церковь** *(христ. церковь, рассматриваемая в целом, независимо от национальной принадлежности или вероисповедания)* the Universal Church, the Church universal.

Вселе́нский Патриарха́т *см.* **Константино́польская це́рковь**.

Вселе́нский собо́р *(собрание высшего духовенства и представителей поместных христ. церквей, на к-ром разрабатывались и утверждались основы христ. вероучения, формировались канонические богослужебные правила, оценивались различные богосл. концепции и осуждались ереси, решались важнейшие догматические и канонические [церковно-юридические] проблемы, касавшиеся всего христ. мира)* (o)ecumenical

Вселе́нский

council, the (General) Council (of) ◊ **относя́щийся ко вре́мени до Ватика́нского В.-ого с.-а 1962-65** preconciliar; **Па́мять Свв. Отцо́в 2-го В.-ого с.-а** *(381; 22 мая / 4 июня)* Commemorating the Second Ecumenical Council Fathers; **Па́мять Свв. Отцо́в 1-го В.-ого с.-а** *(325)* Commemorating the First Ecumenical Council Fathers; **Па́мять Свв. Отцо́в семи́ В.-х с.-ов** *(18/31 мая)* Commemorating the Seven Ecumenical Council Fathers; **Па́мять Свв. Отцо́в шести́ В.-х с.-ов** *(17/30 июля)* Commemorating the Six Ecumenical Council Fathers; **пе́рвые В.-е с.-ы** *см.* **собо́р II**; **семь В.-х с.-ов** *(см.* **собо́р II***)* the seven (o)ecumenical councils.

всеми́лостивый *(о Боге; тж* **всеблаго́й***)* most gracious, all-merciful; *сущ.* the Most Merciful.

Всеми́рная лютера́нская федера́ция the Lutheran World Federation, *сокр.* LWF.

Всеми́рная ми́ссия и евангелиза́ция *(комиссия Всемирного Совета Церквей)* the Commission of World Mission and Evangelism, *сокр.* CWME.

Всеми́рная мусульма́нская ли́га (ВМЛ) the Muslim World League, *сокр.* MWL.

Всеми́рная студе́нческая христиа́нская федера́ция the World Student Christian Federation, *сокр.* WSCF.

Всеми́рное бра́тство будди́стов (ВББ) *(крупнейшее объединение буддийских школ и организаций современности, созданное в 1950 в Шри-Ланке и имеющее ок. 100 региональных центров в 40 странах мира; ныне штаб-квартира располагается в г. Бангкоке (Таиланд); согласно Уставу, Братство предполагает содействовать культурно-просветительной миссии буддистов в мире, а тж советует монахам отказаться от политической деятельности ради сохранения чистоты буддийского Закона)* the World Fellowship of Buddhists, *сокр.* WFB.

Всеми́рное теосо́фское о́бщество *см.* **Теосо́фское о́бщество**.

Всеми́рный сове́т церкве́й (ВСЦ) *(основан в 1948 по инициативе протестантов как координационный орган экуменического движения; в 1979 в ВСЦ входило 300 церквей из 100 стран; РПЦ вступила в ВСЦ в 1960-х под давлением светской власти; Римско-катол. церковь в ВСЦ не состоит; местопребывание ВСЦ в Женеве)* the World Council of Churches, *сокр.* WCC.

всемогу́щество *(один из атрибутов Бога, означает, что Бог способен осуществить в мире всё, что Он хочет Сам, что в действиях тварных существ согласно с Его волей и соответствует избираемым Им Самим путям и средствам)* omnipotence, omnipotency, almightiness ◊ **Бо́жье в.** God's sovereign power. **Его́ в.** His sovereign power.

всемогу́щий almighty, rectoral, omnipotent; *(Бог) сущ.* the Omnipotent ◊ **в. Бог** God the Almighty, the Lord [God] Almighty.

всенепоро́чность all-purity, all-chastity.

всенепоро́чный most pure, most innocent.

все́нощная *(общественное богослужение, совершаемое под праздники и воскресения; состоит из полунощницы, великой вечерни, праздничной утрени и первого часа; у древних христиан всенощное бдение совершалось всю ночь; тж* **бде́ние***)* pannyches, agrypnia; *(тж в Зап. христ-ве* **виги́лия***)* the vigil(s), the night service, the All-Night Vigil (service), Night Office ◊ **ежеме́сячная в.** *истор. (у методистов, последователей идей Джона Уэсли; с ве-*

чера до полуночи) watch night; **на в.-ой** at All-Night Vigil; **новогодняя в.** *катол. (в ночь под Новый год)* watch-night service.

всенощное бдение *см.* всенощная.

"Всеобъемлющая церковь" *см.* "Широкая церковь".

всеоружие *(доспехи)* armour.

всепостигающий omnipercipient.

все праведные души *см.* души всех почивших во Христе.

всепрощающий all-forgiving.

Всесвятейший *(прибавление к официальному титулу патриархов)* All Holy.

всесвятой most holy.

всесвятский All Holy, of All Saints.

Все Святые *(катол. праздник, 1 ноября; см. тж* **Всех Святых, День**) All Saints, *лат.* Omnium Sanctorum.

всесвятый most holy.

всесильный *(о Боге)* rectoral.

всеславный most glorious.

всесожжение **1.** *(уничтожение, гибель в огне людей)* holocaust; **2.** *(полное истребление жертвы [жертвенного животного] огнём)* burnt offering ◊ **в.-я и жертвы** *библ.* offerings and sacrifices.

всесожигаемая жертва *(приносимая на огне)* burnt offering.

всесоздающий omnific, all-creating.

всехвальный most laudable.

Всехсвятская церковь the Church of All Saints, the All-hallows Church.

Всех святых, в земле Российской просиявших *(переходящий праздник во 2-ю неделю (воскресенье) по Пятидесятнице)* the Feast of All saints whose light shone forth in Russian Land.

Всех Святых, День *англик., катол. (1 ноября)* All Saints' Day, the feast of All Saints, All Hallows' Day, Hallowmas(s) ◊ **канун Дня Всех Святых** *см.* **Хэллоуин.**

"Всех скорбящих радость" *см.* Икона Божией Матери "Всех скорбящих радость".

всечестной *(тж* **всесвятой**) all-venerable.

всеядная неделя *см.* всеядная седмица.

"Всё ярко и красиво" *(название и первая строка религ. гимна, часто исполняемого детьми в США)* All Things Bright and Beautiful.

вставки на местном наречии *(включённые в лат. текст церк. службы; с 1570 не разрешаются)* farse ◊ **делать в.** to farse, to insert a farse (in), to interpolate (a farse).

вступление в религиозный орден profession.

всуе in vain ◊ **Не произноси имени Господа Бога Твоего в.** *(заповедь)* You shall not take the name of the Lord your God in vain; **призвать в. имя Божие** *библ.* to take the name of God [the Lord] in vain.

всякая тварь *см.* тварный мир.

Вторая книга Моисеева Исход *см.* "Исход".

Вторник на Масленой неделе *см.* "Блинный вторник"

второбрачие *(вступление с благословения Церкви во второй брак по расторжении первого)* second marriage, *(после смерти одного из супругов)* deuterogamy, digamy.

второе

второе лицо *(Троицы – Бог Сын)* the Second Person.

второе пришествие (Христа) *(сформулированное в Никео-Цареградском Символе веры представление о будущем пришествии Христа на землю для Страшного суда над живыми и мёртвыми)* the Second Coming [Second Advent] of Christ; Kingdom come ◊ **вера во в. п. Х. до конца тысячелетия** premillennialism; **вера во в. п. Христа после тысячелетия** *(как результат христианизации мира)* postmillennialism; **двухтысячелетие пришествия в мир Господа нашего Иисуса Христа** the 2000th anniversary of the Coming to the world of our Lord Jesus Christ; **относящийся ко в.-му п.-ю Х.** premillennial, premillennian; **сторонник учения о в.-м п.-и Х.** premillennarian, premillennialist.

второе пришествие Христово *см.* **второе пришествие (Христа)**.

второе рождение *см.* **рождение свыше**.

"Второзаконие" *(название пятой книги Моисея в Ветхом Завете, впервые данное ей греч. переводчиками Библии, потому что она представляет собой как бы "повторение законов", изложенных в предшествующих ей книгах)* the (Book of) Deuteronomy ◊ **автор "В.-я"** Deuteronomist; **относящийся к В.-ю** *или* **похожий по стилю на "В."** Deuteronomic(al); **Пятая книга Моисеева В.** The Fifth Book of Moses, called Deuteronomy; **части Книги Иисуса Навина, похожие по стилю на "В."** the Deuteronomic sections of the Book of Joshua.

Второисаия *(обозначение неизвестного пророка эпохи после Вавилонского плена евреев, к-рому приписывается вторая часть, главы 40-55, Книги Исаии)* Deutero-Isaiah, Second Isaiah.

"второй Августин" *(о Фоме Аквинском)* the Second Augustine.

Второй Спас *прост. см.* **Преображение Господне**.

второканонический deuterocanonical, apocryphal ◊ **в.-е книги Ветхого Завета и Нового Завета** the apocryphal books of the Old Testament and New Testament.

второпервый 1. *(лучший из вторых, из второго разбора)* the best of the second quality; **2.** *(первый после второго)* the first after the second ◊ **суббота в.-ая** *(первая суббота после второго дня праздника Пасхи I)* the first Sabbath [Saturday] after the second day.

"вторые ордены" *катол (женские монашеские ордены при одноимённых мужских орденах)* the second orders.

вуду *(малое* **омовение** *у мусульман перед каждой молитвой)* wudu, the lesser ablution.

Вукол, еп. Смирнский, прп. *(ум. 100; был учеником Иоанна Богослова и первым еп.-ом Смирнской церкви, д. п. 6/19 февраля)* St. Bukolus, Bp. of Smyrna.

Вульгата *(лат. перевод Библии, сделанный блаженным Иеронимом в кон. 4 - нач. 5 вв., к-рый Тридентским собором 1546 был признан единственно правильным лат. переводом и считается равным по богодухновенности и авторитету подлиннику; однако существовало много ошибок, возникших в результате переписки; в 1590, 1592, 1593 Папами Римскими был сделан ряд попыток устранить ошибки; издание 1598 было признано окончательным вариантом, не подлежащим исправлению)* the Vulgate, *сокр.* Vul(g).

Вульфи́ла *см.* **Ульфи́ла**.
Вульфи́, отше́льник *(ум. ок. 643; катол. св., д. п. 7 июня)* St. Vulflagius [Wulphy], hermit.
Вульфра́м Са́нский, архиеп. *(ум. ок. 703; катол. св., д. п. 20 марта)* St. Wulfram, archbp. of Sens.
Ву́льфстан, св. *(1008-95; англ. еп., д. п. 19 января)* St. Wul(f)stan, bp.
Вход *катол. (часть псалма, к-рая поётся антифонно в начале мессы)* introit, *лат.* Introitus.
вход I ◊ **за́падный в. церкви** the west entry of a church; **ю́жный в. церкви** the south entry of a church.
вход II *правосл. (прохождение священнослужителя при открытых царских вратах в сопровождении свещеносца от жертвенника через северные двери и царские врата к престолу)* procession, processional entrance ◊ **Вели́кий в.** *(в. со Святыми Дарами, предлагаемыми для евхаристии или преждеосвященными; во время* **Вели́кого в.-а** *дары переносятся с жертвенника на престол)* the major procession, the Great Entrance, *(в Западном христ-ве)* Offertory Procession; **"вход с Ева́нгелием", ма́лый в.** the minor procession, the Little Entrance, *греч.* eisodos.
Вход во храм Пресвяты́я Влады́чицы на́шея Богоро́дицы *см.* **Введе́ние во храм Пресвято́й Богоро́дицы**.
Вход Госпо́день в Иерусали́м *(один из двунадесятых праздников в русском православии; установлен в память торжественного прибытия Христа в Иерусалим; отмечается в последнее воскресенье перед Пасхой; согласно евангельским свидетельствам народ, встречал Иисуса, как царя, с зелёными пальмовыми ветками, "ваиями"; в церк. ритуале, сложившимся в России, роль пальмовых ветвей играет верба, отсюда – "Вербное воскресенье", употребляемое в просторечии)* the Entrance of the Lord into Jerusalem, the Entry of Our Lord into Jerusalem ◊ **"В. в И."** *(икона; входит в состав праздничного ряда иконостаса русского правосл. храма)* The Entry into Jerusalem.
вхо́дное *(1. стих, к-рый поётся при входе архиерея в церковь; 2. стих из псалма, прибавляемый в* **Госпо́дские пра́здники** *на малом* **входе II** *к словам: "Премудрость прости"* <'Wisdom! Let us attend'>, *в то время как священник и диакон входят в алтарь через царские врата) греч.* eisodikon.
в честь in honor of ◊ **жертвоприноше́ние в ч. кого́-л.** sacrifice in honor of smb.
вы́зов в церко́вный суд citation.
вызыва́ние ду́хов invocation, evocation.
вызыва́ть *(чей-л. дух, чаще всего умершего)* to raise, to conjure, to evoke ◊ **в. ду́хи** to raise spirits; **в. ду́ши уме́рших** to conjure up the spirits of the dead; **в. мёртвых** *библ.* to have familiar spirits.
вы́крест *(крещёный, перешедший в христ-во из какой-л. нехрист. религии; особ. о евреях)* convert, a baptized to Christianity.
вы́крестить *(окрестить, обратить в христ-во лицо нехрист. религии)* to convert to Christianity, *(особ. евреев)* to baptize a Jew.
выкре́щивать *см.* **вы́крестить**.
выкре́щиваться to be converted (to Christianity).
вымога́тельница ненасы́тная *библ.* the daughter of the horse-leech.

вы́молить *(у Бога)* to obtain by prayer.

вы́нос *(из церкви)* bearing-out, carrying-out ◊ **в. Евангелия** the carrying-out of the gospel; **в. плащаницы** *см.* **плащани́ца**; **в. покойника** carrying-out of the deceased (at a funeral).

выносна́я ико́на processional icon ◊ **в. Тихвинская и. Божьей Матери** the processional icon of the Virgin of Tikhvin.

вы́слушивать *(исповедь)* to receive.

высо́кая осо́ба ◊ **быть допущенным к в.-ой о.-е** *(Папе Римскому, королю и т. п.)* to be admitted to the presence.

"Высо́кая це́рковь" *(направление в англик. церкви, тяготеющее к католицизму; придаёт большое значение авторитету духовенства, таинствам, обрядности и т.п.)* the High Church ◊ **высокоцерковный, относящийся к [принадлежащий] "В.-ой ц.-ви"** High-Church; **приверженец "В.-ой ц.-ви"** High-Churchman, High-Churchist; **приверженность "В.-ой ц.-ви"** High-Churchism, High-Churchmanship.

высо́кое положе́ние *(в церкви)* ecclesiastical preferment.

Высо́ко-Петро́вский мужско́й монасты́рь *(муж. монастырь в Москве, на ул. Петровке; основан в 1380 великим князем Дмитрием Донским после победы на Куликовом поле; родовая усыпальница бояр Нарышкиных, родственников Петра I, к-рые делали много пожертвований монастырю)* the Vysoko-Petrovsky Monastery.

высокопреосвяще́нство ◊ **Ваше в.** *(форма официального обращения к архиеп.-ам и митрополитам, а тж катол. кардиналам и Великим магистрам мальтийским)* Your Eminence, Your Grace; *лат.* Votre Eminence, *сокр.* V.E..

высокопреподо́бие *(титул архимандритов, игуменов и протоиереев)* Very Reverend, *сокр.* Vy Rev ◊ *(обращение к ним)* **Ваше в.** Your Reverence.

Высо́цкий Се́рпуховский мужско́й монасты́рь *(г. Серпухов Московской обл.)* the Serpoukov Vysotsky Monastery.

вы́спренный *библ. (возвышенный, устремлённый в духовную небесную высоту)* ◊ **"... воинство, выспренное на высоте и царей земных на земле"** *(Исаия 14:21)* 'the host of the high ones that are on high, and the kings of the earth upon the earth'.

выставле́ние Святы́х Даро́в для поклоне́ния *катол. (преим. вне мессы, освящённые Дары выставляются в дароносице <monstrance> или открытой дарохранительнице, обыкновенно на алтаре или над алтарём, для обозначения и поклонения: по учению катол. церкви, в каждой их частице пребывает во всей полноте Сам Христос; выставление Даров обычно завершается обрядом благословения св. Таинства <Benediction of the St. Sacrament>, оно может совершаться в рамках обряда "сорока часов" <Forty Hours> и др.; не путать с вознесением Св. Даров на евхаристии)* the Exposition [Ostension] of the Host, the Exposition of the blessed sacrament.

выставля́ть Святы́е Дары́ для поклоне́ния *катол. (вне мессы; не путать с вознесением Даров на мессе)* to expose the Host.

Вы́сшее нача́ло the Divine Principle.

вы́сшее основа́ние *см.* **зако́н**.

вы́сшие сано́вники це́ркви *(часто в негативном смысле)* the prelacy.

вы́ход см. **вход II**.
вы́шивка на облаче́нии священнослужи́телей *(продолговатое украшение)* apparel.
вы́шний heavenly, divine ◊ **в.-яя сила** the power of the Most High; "**Сла́ва в в.-х Бо́гу**" *(Ев. от Луки 2:14)* 'Glory be to God on high' *or* 'Glory to God in the highest'.
вы́я *(шея)* neck.
Вье́ннский собо́р см. **Вселе́нские собо́ры католи́ческой це́ркви**.
Вья́са *(согласно древней традиции, предполагаемый автор "Махабхараты" и пуран, создатель философии* **веда́нты***)* Vyasa.
вязь 1. *(способ формообразования орнамента; заключается в сложном переплетении линейных элементов; особенно распространён в искусстве стран ислама, средневековых миниатюрах, готическом и древнерусском письме)* interwoven ornament; **2.** *(декоративное письмо, при к-ром буквы соединяются в непрерывный орнамент)* ornamental ligatured script; **3.** *(соединение двух или нескольких букв в один составной знак или слитную группу)* ligature ◊ **арабская в.** Arabic ligature.
Вячесла́в, князь, страстоте́рпец *(князь чешский, убитый своим братом Болеславом в 935; д. п. 28 сентября / 11 октября и 4/17 марта)* St. Wenceslaus, m.
вя́щий *(большой, высший, величайший)* greater, greatest.

Г

Гаа́л библ. *(сын Еведа)* Gaal.
Гаа́ш библ. *(гора на юге местности Фамнаф-Саран, в пределах земельного владения израильского полководца Иисуса Навина)* Gaash.
габа́л см. **капа́ла**.
Габба́та см. **Гавва́фа**.
габдала́ *(еврейская молитва, церемония, сопровождающая переход от субботы и др. праздников к будням)* the havdalah.
Га́бра Михаи́л Эфио́пский, сщмч., блж. *(1791-1855; катол. св., д. п. 1 сентября)* Blessed Gabra Mika'el.
Габрие́ль дель Адолора́те *(в честь Страждущей Богоматери),* **прп.** *(1838-62; Италия, конгрегация пассионистов; катол. св., д. п. 27 февраля)* Gabriel Possenti, Brother Gabriel of Our Lady of Sorrows, confessor.
Гавао́н библ. *(большой город к северу от Иерусалима, выделенный колену Вениамина)* Gabaon.
Гавва́фа *(место в Иерусалиме, где находилось судилище Пилата и Иисус был приговорён к распятию на кресте; Ев. от Иоанна 19:13; см. тж* "**Ка́менный помо́ст**"*)* Gabbatha.
гавдала́ см. **габдала́**.
Гаврии́л библ. *(архангел, в Новом Завете он возвещает Захарии в Иерусалимском храме о рождении Иоанна Крестителя; Деве Марии он возвещает о рождении Иисуса)* Gabriel ◊ **архангел Г.** the archangel Gabriel.

Гад

Гад *библ.* *(1. родоначальник одного из 12-ти колен Израиля; 2. пророк и ясновидец царя Давида; 3. языческий бог солнца (Исаия 65:11), к-рый встречается тж в собственных именах и географических названиях — **Ваа́л-гад**, **Мигда́л-Гад**)* Gad ◊ **Га́дово коле́но** the tribe of Gad.

Гада́д *библ. (муж. имя)* Hadad.

Гададримо́н *(место в долине Мегиддонской)* Hadadrimmon.

гада́ние *(тж **ворожба́, ма́нтика**)* divination, fortunetelling ◊ **г. броса́нием жре́бия** cleromancy; **г. на воде́** hydromancy; **г. на зерка́лах** catoptromancy; **г. на золе́** spodomancy; **г. на имена́х** *или* **бу́квах, входя́щих в соста́в и́мени** (o)nomancy; **г. на ка́ртах** card-reading, cartomancy; **г. на костя́х** astragalomancy; **г. на огне́** pyromancy; **г. на пе́пле** *(особ. взятом из алтаря)* tephramancy; **г. на расто́пленном воске́** ceromancy; **г. на си́те** coscinomancy; **г. по Би́блии** bibliomancy; **г. по вну́тренностям рыб** ichthyomancy; **г. по звёздам** astromancy; **г. по поведе́нию живо́тных** zoomancy; **г. по руке́** *(см. тж **хирома́нтия**)* palmistry, chirognomy, chiromancy, handreading; **г. по чи́слам** arithmancy; **г. с по́мощью маги́ческого криста́лла** crystal-gazing, crystallomancy.

Гада́ра *библ. (город юго-восточнее Геннисаретского озера; в районе Г. Иисус излечил двух бесноватых)* Gadara ◊ **страна́ Гадари́нская** the country [region] of the Gadarenes.

гада́ринцы *библ.* the Gadarenes.

Гада́сса *библ. (она же **Есфи́рь**)* Hadassah.

гада́тель *библ.* astrologer.

гада́тельная кни́га fortune-telling book.

гада́ть *(тж **предска́зывать**)* to tell (*smb's*) fortune ◊ **г. на ка́ртах** to read the cards; **г. кому́-л. по руке́** to read *smb.'s* palm.

гажде́ние см. **хуле́ние**.

Га́за *библ. (город, расположенный на берегу Средиземного моря)* Gasa.

газава́т см. **джиха́д**.

Газали́ ал-, Абу́ Хами́д Муха́ммад ибн Муха́ммад *(1059-1111; мусульманский теолог, философ и правовед; иранец родом, писал в основном по-арабски)* Ghazali, Abu Hamid Muhammad ibn Muhammad al-Tusi.

газофила́кия *(притвор Иерусалимского храма, место проповеди Иисуса Христа)* gasophylacium.

Га́ий *(муж. имя; встречается в Новом Завете; тж имя нескольких святых)* Gaius.

Гай *библ. (древний ханаанский царский город вблизи Вефиля)* Hai.

га́йба *(состояние имама в шиитской догматике)* ghaybah.

Гайома́рт *(первочеловек в зороастризме)* Gayomart.

гайта́н *(шнурок для нательного крестика)* string *(for baptismal cross)*.

га-ко́деш см. **аро́н-ко́деш**.

Галаа́д *библ. (горы и местность к востоку от реки Иордан, родина пророка Илии)* Gilead ◊ **бальза́м в Г.-е** *(перен. — утешение, успокоение)* balm in [of] Gilead.

Галактио́н и Еписти́мия, свв. мчч. *(3 в.; д. п. 5/18 ноября)* Sts. Galacteon and Epistemis, Ms.

Галактио́н и Иулиани́я, свв. мчч. *(д. п. 22 июня / 5 июля)* Sts. Galacteon and Juliana, Ms.

галáты *библ. (воинствующий народ, упоминаемый в Библии, населявший с 300 до н. э. внутреннюю область Малой Азии в районе г. Анкиры, совр. Анкара)* the Galatians ◊ **Послание к г.-ам св. ап. Павла** *библ.* the Epistle of Paul the Apostle to the Galatians.

галáха *(каждое отдельное законоположение, а тж их совокупность, включающая соблюдение 613 заповедей, в Талмуде; г. регламентировала религ., семейную и гражданскую жизнь евреев; **г. и агáда** в Талмуде не разделены, а свободно переходят одна в другую)* halacha, halakah; *(совокупность)* Halacha, Halakah.

галахи́ческий halakic.

Галгáл *библ. (святыня в Иорданской впадине северо-восточнее Иерихона, на земле колена Вениамина)* Gilgal.

галерéя 1. *(полуоткрытое с рядом колонн вдоль одной или двух сторон протяжённое помещение, соединяющее отдельные части здания)* gallery ◊ **г. с балюстрадой** railed gallery; **2.** *(крытый переход в монастыре)* alure, ambulatory; **3.** *(место на хорах в катол. церкви для органа)* organ-loft.

"Галерéя шёпота" *(у основания внутреннего купола собора св. Павла в Лондоне <St. Paul's Cathedral in London>; знаменита своим акустическим эффектом: слово, сказанное тихо на одной её стороне, слышно у противоположной стены, хотя диаметр купола равен 32 м)* the Whispering Gallery.

галéро *(алая широкополая шляпа с круглым верхом, знак кардинальского сана; возлагалась на посвящаемого в сан кардинала как знак кардинальского достоинства до 1969; после церемонии посвящения не носилась, но после смерти кардинала возлагалась на его гроб, а затем водружалась над алтарём его кафедральной церкви)* galer(r)o rosso ◊ **водрузить г.** *(подвесить к потолку храма шляпу скончавшегося кардинала)* to raise a galer(r)o.

Галилéя *библ. (западно-иорданская область в Сев. Палестине)* Galilee ◊ **море Галилейское [Геннисаретское, Тивериадское], озеро Геннисаретское** Lake Galilee, the Sea of Galilee; **пределы Галилейские** the province of Galilee.

Галилéянин *(Иисус Христос, пришедший из Галилеи; Ев. от Матфея 26:69)* the Galilean, Man of Galilee.

галилéянин *(житель Галилеи) истор.* Galilean.

Гáлла *(ум. ок. 550; катол. св., д. п. 5 октября)* St. Galla.

Гáллель 1. *(псалмы, восхваляющие Бога и употребляемые в еврейском богослужении)* hallel; **2.** *(псалмы 113-118, используемые на еврейской Пасхе и др. великих праздниках)* Egyptian Hallel; **3.** *(псалом 136 или псалмы 120-136)* Great Hallel.

Гáлликан *(ум. ок. 352; катол. св., д. п. 25 июля)* St. Gallicanus.

галликáнец Gallican.

галликани́зм *(церковно-политическое движение среди франц. католиков за автономию франц. церкви от Папы Римского, 13-17 вв.)* Gallicanism.

Галликáнская цéрковь the (Calvinist) Gallican Confession.

галликáнство *см.* **галликани́зм**.

Галлиóн *библ. (рим. проконсул в Ахаии <the deputy of Achaia>, Южная Греция)* Gallio.

Га́ллия

Га́ллия *(в древности область, занимавшая территорию прибл. совр. Франции; с нач. 5 в. территория* **Г.** *завоёвывалась германскими племенами и вошла в кон. 5 в. во Франкское государство)* Gaul, *лат.* Gallia.

Галл Конста́нцский, прп. *(ум. ок. 635; родом из Ирландии, основал в Швейцарии близ Штейнаха <Steinach> небольшую пустынь, из к-рой впоследствии вырос знаменитый монастырь Св. Галла <St. Gall Monastery>, катол. св., д. п. 16 октября)* St. Gall.

галу́т *(на иврите "изгнание"; термин относится к изгнанию евреев с их родины; с течением времени это слово стало выражать более широкое понятие об отсутствии у евреев всякой родины и об их положении вечных изгнанников; в более узком смысле "жить в* **г.-е**" *значит жить в диаспоре, а тж пребывать в состоянии духовного и физического отчуждения)* galuth, golah.

Гальга́ни, Дже́мма, св. *(1878-1903; итал. ясновидящая; в видениях переживала Страсти Господни, и на теле у неё появились раны, подобные следам от удара бича, и стигматы; катол. св., д. п. 11 апреля)* St. Galgani, Gemma.

Га́льден Мила́нский, архиеп. *(1100-76; катол. св., д. п. 18 апреля)* St. Galdinus, bp. of Milan.

Гальме́, прп. *см.* **Гомье́, прп.**

Гамалии́л *библ. (фарисей, законник и член синедриона; ап. Павел характеризует его как своего бывшего учителя)* Gamaliel.

Гамза́ ибн Али́ *(985-1021; основатель религии друзов)* Hanzah ibn 'Ali.

гамми́рованный крест *(крест, образованный четырьмя заглавными буквами "Г", особ. в фигурах, изображающих свастику и полный греч. крест; у ранних христиан третья буква греч. алфавита "гамма" символизировала краеугольный камень, и поэтому Христос – краеугольный камень Церкви)* gammadion, gammation.

Ганапа́ти *(эпитет нек-рых богов, но преим. –* **Гане́ши**) Ganapati.

ганапа́тья *(возникшая в Средние века секта в индуизме, члены к-рой поклонялись Ганеше как верховному богу и рассматривали прочих богов, в т.ч. Брахму, Вишну, Шиву, как его воплощение)* Ganapatya.

Га́нга *(в индуизме – богиня священной реки Ганг, её персонификация на земле)* Gangadevi.

Га́нджур *(каноническое собрание Слова Будды, составленное из сутр и тантр, переведённых с санскрита на тибетский язык в 8-13 вв.)* the Kanjur.

Га́нди, Моха́ндас Карамча́нд *(1869-1948; выдающийся политический, общественный деятель, лидер национально-освободительного движения; войдя в мировую историю как крупный государственный деятель, в Индии* **Г.** *воспринимается скорее как духовный Учитель, наставник – недаром его называют Махатма <Mahatma>, т.е. на санскрите "Великая душа" ("great soul"); борьба с неприкасаемостью и проповедь ненасилия – наиболее важные стороны его религ. реформаторства)* Gandhi, Mohandas Karamchand.

Гандо́льф Сицили́ец, блж. *(отшельник, ум. 1260; катол. св., д. п. 3 апреля)* Blessed Gandulf, a solitary of Sicily.

гандха́рва *(в индуизме и буддизме полубожественный небесный певец и музыкант богов; к нему взывают с просьбой о рождении потомства)* gandharva.

Гане́ша *(в индуизме бог мудрости и благоразумия, изображается с человеческим туловищем красного или жёлтого цвета, большим шарообразным животом, четырьмя руками и слоновьей головой, из пасти к-рой торчит лишь один бивень; принадлежит к наиболее популярным и доброжелательным индийским богам; ему посвящён ряд храмов)* Ganes(h)a.

гао́н *истор. (почётный титул главы двух еврейских академий в Вавилонии, 609-1038)* Gaon.

гаплогра́фия *(при переписывании рукописей пропуск повторяющихся букв, слогов или слов)* haplography.

га́рбха-гри́ха *(святилище в индуистском храме, в нём помещается образ бога, "живущего в храме")* the womb chamber, *санскрит* garbha griha.

гарѓуйль *(в готической архит-ре жёлоб для отвода дождевой воды с карниза здания, оформляется в виде сказочных существ, из открытой пасти к-рых лилась вода)* gargoyle ◊ **подобный г.-лю** *прил.* gargoyley.

гарѓулья *см.* **гарѓуйль**.

Га́рдинер, Сти́вен *(ок. 1483-1555; англ. религ. и государственный деятель)* Gardiner, Stephen.

Гаризи́м *библ. (гора благословения в Центральной Самарии)* Garizim, Gerizim.

Гаризи́н *см.* **Гаризи́м**.

гармониза́тор *(специалист по "паралле́льным места́м" Би́блии)* harmonist.

Га́рнак, Адо́льф фон *(1851-1930; немец. протест. теолог и историк, автор трудов по истории раннего христ-ва)* Harnack, Adolf von.

Гару́да *(1. в древнеиндийской мифологии царь птиц, ездовое животное Вишну; изображается существом с человеческим туловищем и орлиной головой, крыльями, когтями и клювом; 2. в буддизме Г. – истребитель змей, огромная птица; изображается со змеёй в клюве)* Garuda.

Гаспа́р дель Бу́ффало *(ум. 1837; основатель конгрегации Пречестной Крови <the Missioners of the Most Precious Blood>, катол. св., д.п. 2 января и 28 декабря)* Caspar del Buffalo.

Гасто́н, еп. *(ум. 539; катол. св., д. п. 6 февраля)* St. Vedast [Vaast], bp.

Гауге́рик Камбре́йский, еп. *(ум. ок. 625; катол. св., д.п. 11 августа)* St. Gaugericus, bp. of Cambrai.

Гаудапа́да *(7 в.; древнеиндийский мыслитель, автор первого систематического истолкования адва́йты(-веда́нты))* Gaudapada.

Гауде́нций, еп. Бре́шии *(4-5 вв.; друг св. Амвросия; в 410 совершил путешествие в Константинополь и ходатайствовал во главе целого посольства перед императором Аркадием за Иоанна Златоуста, но успеха не имел; сохранилось несколько его проповедей; катол. св., д. п. 25 октября)* St. Gaudentius, Bp. of Brescia.

Га́ук, А́льберт *(1845-1918; протест. богослов, профессор церк. истории в Лейпциге; автор работ по истории церкви в Германии)* Hauck, Albert.

Гаунило́н *(11 в.; монах-бенедиктинец монастыря Мармутье <Marmoutiers> ок. Тура <Tour>; ему принадлежит "Книга в защиту безумного" <лат. Liber*

Гаунилóн

pro insipient>, где **Г.** *доказывал ложность так наз. онтологического доказательства бытия Божия)* Gaunilo, Count.

Гáури *(одно из имён Великой Богини, супруги Шивы, в её благой ипостаси)* Gauri.

Гáусрат, Адóльф *(1837-1909; немец. богослов и историк, профессор истории церкви в Гейдельбергском университете)* Hausrath, Adolf.

Гаутáма *(санскрит; в буддизме – родовое имя* **Шакьямýни**, *т.е. Будды; тж* **Гóтама**) Gautama.

Гафáх *библ. (царский служитель, к-рый был представлен в распоряжение Есфири царём Артаксерксом)* Hatach.

гафтáра *иврит (чтение отрывков из библ. книг раздела* **Невиúм** *в синагоге в конце службы; тж отрывок, читающийся после недельного отрывка Торы Парашат-Ашавуа)* haftarah, haphtarah.

Гацáр-Адлáр *библ. (южный пограничный город Ханаана)* Hazar-addar.

Гацáр-Енáн *см.* **Гацáр-Енóн**.

Гацáр-Енóн *библ. (город на северной границе Ханаана)* Hazar-enan.

Гациáн Тýрский, еп. *(ум. ок. 301; катол. св., д. п. 18 декабря)* St. Gatian, bp. of Tours.

гашишúны *см.* **ассассúны**.

Гаэтáн Тиéнский, прп. *см.* **Каетáн Тиéнский, прп.**

Гáятри *(гимн из "Ригвéды", главная мантра индуизма, подобная молитве "Отче наш" в христ-ве, произносимая при обряде инициации каждого "дважды рождённого" <twice-born Hindu>, т.е. члена трёх высших каст; произносится брамином при восходе и закате солнца ежедневно)* the Gayatri (mantra).

гвéльфы *(сторонники Пап Римских; европ. политическая партия; 12-15 вв.)* the Guelfs, the Guelphs.

Гвúдо Андерлéхтский, палóмник *(ум. ок. 1012; катол. св., д. п. 12 сентября)* St. Guy of Anderlecht.

Гвúдо Вагнотéлли Кортóнский, прп., блж. *(ум. 1245; катол. св., д. п. 16 июня)* Blessed Guy Vignotelli (of Cortona, Italy).

Гвúдо Помпóзский, аббáт *(ум. 1046; катол. св., д. п. 31 марта)* St. Guy of Pomposa, abt.

гебраúст *(знаток иврита и еврейской культуры)* Hebraist, Semitist.

гебраúстика *(совокупность научных дисциплин, изучающих иврит и лит-ру на иврите, а тж историю и культуру еврейского народа)* Hebraic studies.

гéбры *(зороастрийцы Ирана)* Gabar.

Гéва *библ. (город колена Вениамина севернее Иерусалима)* Geba.

Гевáл *библ. (гора к северу от Сихема)* Gebal.

Гевúм *библ. (место на севере Иерусалима)* Gebim.

Гегáй *библ. (надзиратель в гареме персидского царя Артаксеркса)* Hege, Hegai.

Гегесúпп *(ум. ок. 180; считается отцом истории Церкви, написал 5 книг, начиная со смерти Христа; сохранилось только несколько глав его "Истории Церкви" <Ecclesiastical History>; катол. св., д. п. 7 апреля)* St. Hegesippus.

Гедáлии *(пост в иудаизме)* the fast of Gedaliah.

Гедео́н *библ. (герой израильтян, к-рый, разгромив мадианитян, правил 40 лет)* Gideon.

гедж(е́)ра́ *см.* **хиджра́**.

Гее́нна *(название долины Енномовой <the Valley of Hinnom> около Иерусалима, где древние иудеи приносили в жертву Молоху своих детей)* Gehenna.

гее́нна (о́гненная) *(одно из именований ада; произошло от названия долины Енномовой около Иерусалима, где в древности языческому богу Молоху приносили в жертву детей; позже в эту долину свозились трупы казнённых злодеев, падаль, отбросы, и всё это сжигалось)* the fiery hell, the nethermost fire, hell-fire ◊ **ввергнуть в г.-у** to cast into hell-fire.

гезиха́ст *см.* **исиха́ст**.

Гейдельбе́ргский катехи́зис *(исповедание Реформатской церкви, составленное в 1563, по поручению курфюрста Фридриха III Пфальцского <the Elector, Frederick III>, Олевианом <K. Olevian> и Урсином <Z. Ursinus> и направленное против катол. и отчасти лютеранского учения о действии благодати; в 1618 на синоде в г. Дортрехте этот катехизис включён в число символических книг Реформатской церкви)* the Heidelberg Catechism, the Heidelberg Confession.

гейка́ль *(сефардское название места в синагоге, где хранятся свитки Торы)* hekhal.

Ге́йлер фон Ка́йзерсберг *(1445-1510; немец. проповедник; свои проповеди он писал на лат. языке, но говорил их всегда на немец. народном языке)* Geiler von Keisersberg.

гекастотеи́зм *(стадия примитивной религии, наделяющая каждый предмет сверхъестественной силой)* hecastotheism.

гексамеро́н *(шестидневное творческое деяние Бога в Первой книге Моисея. Бытие)* hexa(e)meron.

Гела́сий I, св. *(ум. 496; Папа Римский, деятельно отстаивал первенствующее положение апостольской кафедры <the supremacy of the papal chair>; д.п. 21 ноября)* St. Gelasius I ◊ **относящийся к Г.-ю** Gelasian.

Ге́лвуй *библ. (горный массив)* Gilboa.

Гелиа́нд *(эпическое произведение о жизни Христа, 9 в.; основной памятник древнесаксонской лит-ры)* The Heliand.

Гелиодо́р Алти́нский, еп. *(ум. ок. 390; катол. св., д. п. 3 июля)* St. Heliodorus, bp. of Altino.

Гелу́гпа *(крупнейшая тибетская буддийская школа, основанная в нач. 15 в. Цонкапо́й)* Geluk-pa.

Гельвети́ческие испове́дания *(1536, 1562; общие исповедания реформистских кантонов Швейцарии)* the Helvetic Confessions.

Гема́ра *(часть Талмуда, комментарий к* **Ми́шне***)* Gemara ◊ **знаток Г.-ы** Gemarist; **относящийся к Г.-е** Gemaric.

Гемари́я *библ. (муж. имя)* Gemariah.

гема́трия *(принятое в еврейской традиции толкование скрытого смысла слова из Священного Писания через числовое значение составляющих его букв)* gematria.

Гемптонко́ртский сове́т *(по вопросам церк. реформы в Англии; 1604)* the Hampton Court Conference.

Гéндерсон, Алексáндр *(1583-1646; шотл. пресвитерианский деятель)* Henderson, Alexander.

Генéзий Рúмский, мч. *(3 в.; покровитель актёров, катол. св., д. п. 25 августа)* St. Genesius the Comedian, m.

генерáл *(у католиков глава монашеского ордена или конгрегации у иезуитов, избирается орденом на 3 года или 6 лет; утверждается Папой; резиденция всех **г.**-ов в Риме)* general ◊ **г. доминикáнцев** master general; **г. иезуитов**, *тж* **"чёрный папа"** *(глава монашеского ордена "Общество Иисуса"; ходит в чёрной сутане в отличие от белых одежд Папы Римского)* black pope; **пастырь-г.** *(у францисканцев, капуцинов)* minister general.

Генерáльная ассамблéя *англ. (верховный орган пресвитерианской церкви)* the General Assembly ◊ **Г. а. Пресвитериáнской цéркви Áнглии** the General Assembly of the Presbyterian Church of England, *сокр.* GAPCE.

Генерáльная конферéнция *(верховный орган управления в нек-рых церквах)* General Conference.

генерáльный викáрий *(1. англик. – мирянин, помощник еп.-а или архиеп.-а по административным делам; 2. истор. – в России глава иезуитского ордена "Общество Иисуса")* vicar-general.

генерáльный настоятель *(глава конгрегации иезуитов и Ордена Искупителя – редемптористов)* superior general.

генерáльный приóр *(глава ордена кармелитов)* prior general.

Генерáльный синóд *(верховный орган англик. церкви; состоит из 3-х палат: еп.-ов, низшего духовенства и мирян)* the General Synod.

генúза *иврит (хранилище внутри синагоги для пришедших в негодность священных книг и утвари, не подлежащих уничтожению из-за того, что в них содержалось написанное имя Всевышнего)* genizah; *(найденная на территории Каира раннесредневековая г., открытая в синагоге Фостат <the synagogue of Fostat> и имеющая огромное значение для науки)* Genizah.

Генисарéт *см.* **Геннисарéт**.

Геннáдий, св., птрх. Цареградский *(птрх. Константинопольский, ум. 471; д. п. 31 августа / 13 сентября)* St. Gennadius I of Constantinople.

Геннисарéт *библ.* Gennesaret ◊ **земля Г.-ская** the land of Gennesaret; **озеро Г.-ское** the lake of Gennesaret.

Геновéфа Парúжская *см.* **Женевьéва, св.**

генотеúзм *(религиоведческий термин; однобожие; вера в одного главного бога, однако не исключающая веру в других богов; является переходной формой на пути формирования монотеизма)* henotheism.

генотеúст *(последователь **генотеúзма**)* henotheist.

генотеистúческий henotheistic.

Генотикóн *(устар.* **Енотикóн***; указ, изданный императором Зеноном <Zeno> в 482 в надежде примирить монофизитов и их противников после Халкидонского собора [4-го Вселенского]; указ предписывал всем держаться тех прежних вероопределений, по поводу к-рых были согласны обе спорящие стороны, а именно: определений трёх первых Вселенских соборов)* the Henoticon.

Ге́нри Морс, сщмч. *(1595-1645; катол. св., д. п. 1 февраля)* St. Henry Morse, pr., m.

Ге́нрих II Герма́нский, импера́тор *см.* **Ге́нрих II Свято́й**.

Ге́нрих Да́тский, отше́льник *(ум. 1127; катол. св., д. п. 16 января)* St. Henry of Cocket.

Ге́нрих Лоза́ннский *(ум. в сер. 12 в.; монах, покинувший свой монастырь ради проповеди покаяния мирянам; Г. Л. отвергал молитвы святым, евхаристию, право клира на доходы с мирян и храмы)* Henry of Lausanne, *франц.* Henri de Lausanne, Henri l'Hérétique, Henri de Cluny.

Ге́нрих II Свято́й *(972-1024; катол. св., д. п. 15 июля)* St. Henry the Emperor, Henry II.

Ге́нрих Уппса́льский, сщмч., еп. *(ум. ок 1156; св. покровитель Финляндии, д. п. 19 января)* St. Henry of Uppsala, bp., m.

Гео́н *см.* **Гио́н**.

геони́м *мн. ч. истор. (см.* **гао́н**) Geonim.

Гео́ргий Ибе́рский, прп. *см.* **Гео́ргий Святого́рец**.

Гео́ргий Каппадоки́йский, св. (*он же* **Гео́ргий Победоно́сец, вмч.**) St. George of Cappadocia.

Гео́ргий Победоно́сец, вмч. *(тж в просторечии –* **Его́рий Хра́брый**; *воин-мученик, за приверженность к гонимым христианам ему отрубили голову, поэтому иногда изображался с собственной головой в руках; на Западе – идеализированный образ защитника христ-ва, рыцаря-крестоносца, воина-всадника; на Востоке традиция связывает с его именем победу над змеем-драконом; описание чуда Георгия о змие встречается уже в ранневизантийской житийной лит-ре; дни памяти: (мученическая кончина в 303 во время гонения на христиан при императоре Диоклетиане) 23 апреля / 6 мая; (обновление храма вмч. Георгия в Лидде) 3/16 ноября; (обновление церкви вмч. Георгия в Киеве в 1051-54 и чудо Георгия о змие) 26 ноября / 9 декабря)* St. George the Victorious, St. George the Dragon-Slayer, St. George, the glorious Great-M. and wonder-worker, St. George the Victory-bearer ◊ **"Беседа Г.-я с царицей"** *(клеймо иконы)* St. Gorge Discoursing with Queen Alexandra; **"Великомученик Г."** *(икона)* The Great Martyr George; **"Г. Змееборец"** *(скульптура)* St. George the Slayer of a Dragon; **"Г. с житием"** *(икона)* the Hagiographical icon of St. George; **"Г.-я ставят в ров с оловом"** *(клеймо иконы)* St. George Being Cast into Ditch of Molten Tin; **День св. Г.-я** *(29 апреля; национальный праздник Англии)* St. George's Day; **"Чудо Г.-я о змие"** *(икона)* St. George and the Dragon.

Гео́ргий Святого́рец *(ум. 1066; д. п. 27 июня / 10 июля)* St. George Mtasmindeli.

Гео́ргий Синке́лл *(8-9 вв.; византийский монах; написал хронографию, охватывающую время от сотворения мира до правления рим. императора Диоклетиана)* George Syncellus.

Гео́ргий Трапезу́ндский *(1396-1486; византийский гуманист)* George of Trebizond.

Гео́ргий Хозеви́т, прп. *(7 в.; д. п. 8/21 января)* Venerable George the Chozebite.

геортологи́ческий heortological.

геортоло́гия *(наука, исследующая церк. год, его историю, циклы и праздники)* heortology.

Гера́клий

Гера́клий см. Ира́клий.
Гера́льд, абба́т *(ум. 732; катол. св., д. п. 13 марта)* St Gerald, abt.
Гера́льд Орийя́кский *(855-909; катол. св., д. п. 13 октября)* St. Gerald of Aurillac.
Гера́р *библ. (город на земле филистимлян на западе Палестины у южной границы с Ханааном)* Gerar.
Гера́сим Иорда́нский, прп. *(подвижник, ум. в 475 в обители, основанной им на берегах Иордана, д. п. 4/17 марта)* Venerable Gerasimus, a Hermit.
Гера́сим, прп., и́же на Иорда́не см. **Гера́сим Иорда́нский, прп.**
Гераси́нская страна́ *библ.* the country of the Gerasines.
Ге́рберт Камберле́ндский, отше́льник *(ум. 687; катол. св., д.п. 20 марта)* St. Herbert.
Гербове́цкая ико́на Бо́жией Ма́тери *(икона, в 1790 была перенесена в Гербовецкий Успенский монастырь в 60 верстах от г. Кишинёва в Бессарабии; славилась чудотворениями; праздновалась 30 сентября)* the Gerbovetskaya icon of the Mother of God.
Герва́сий и Прота́сий, свв. мчч. *(1 в.; братья, были замучены при Нероне, д.п. 14/27 октября, катол. – 19 июня)* Sts. Gervase and Protase, Ms.
гергеси́нцы the Gergesenes ◊ **страна [область] Гергеси́нская** *библ.* the country [region] of the Gergesenes.
Гере́н Палестри́нский, еп. *(ум. 1159; катол. св., д.п. 6 февраля)* St. Guarinus, bp. of Praeneste [Palestrina].
Гере́н Сио́нский [Швейца́рский], еп. *(ум. 1150; катол. св., д.п. 6 января)* St. Guarinus, bp. of Sion.
Геркула́н Пе́рузский, еп. *(ум. ок. 547; катол. св., д. п. 7 ноября)* St. Herculanus of Perugia, bp.
Геркула́н Пьега́рский, блж. *(ум. 1451; проповедник, катол. св., д.п. 1 июня)* Blessed Herculanus of Piegaro.
Ге́рман, еп. Пари́жский, св. *(ок. 496-576; житие его рассказывает о видении, в к-ром явился ему старец с ключами Парижа и посылал его на спасение парижан; из построенного при нём в Париже храма выросло аббатство св. Германа в Лугах – Сен-Жермен-де-Пре <St.-Germain-des-Prés>; катол. св., д. п. 28 мая)* St. Germanus [Germain], Bp. of Paris.
Герма́ник Сми́рнский, мч. *(ум. ок. 155; д.п. 19 января / 1 февраля)* St. Germanicus of Smyrna, M.
Ге́рман Оксе́ррский, еп. *(ум. 448; катол. св., д.п. 31 июля)* St. Germanicus of Auxerre, bp.
Ге́рман, птрх. Константино́польский, свт. *(ум. 740; д.п. 12/25 мая)* St. Germanus, Patriarch of Constantinople.
Ге́рман, св. см. **Ге́рман, птрх. Константино́польский, свт.**
гермене́вт *(см. толкова́тель, толко́вники; в период раннего христ-ва; употребляется редко)* hermeneut; *(учёный-толкователь; употр. редко)* hermeneutist.
гермене́втика *(учение о способах истолкования текстов, особ. Священного Писания, первоначальный смысл к-рых неясен в силу их древности или многозначности)* hermeneutics.
герменевти́ческий hermeneutical.

Герменеги́льд, св. *(ум. 585; вестготский королевич в Испании, катол. св., д. п. 13 апреля)* St. Hermenegild.

Герме́с, Гео́рг *(1775-1831; немец. катол. богослов; после его смерти из его учеников и последователей составилась особая школа "гермесианцев", особ. утвердившаяся в Трире, Бонне и Бреславле)* Hermes, Georg ◊ **учение Г.-а** Hermesianism, the Hermesian doctrines.

Герме́с Ри́мский *(2 в.; катол. св., д. п. 28 августа)* St. Hermes, m.

гермети́зм *(учение легендарного егип. священника Гермеса Трисмегиста <Hermes Trismegistus> ("Трижды Величайшего" <'Hermes the Thrice-Greatest'>), выраженное в виде так наз. "герметического корпуса" <the Hermetic books, лат. Corpus Hermeticum> — собрания гностических, магических и подобных им текстов, датируемых 1-3 вв.)* Hermetism.

Гермоге́н, св. *(ок. 1530-1612; третий всероссийский птрх. с 1606 по 1612; церк. писатель и проповедник, скончался в темнице 17 февраля 1612; д.п. 17 февраля/2 марта)* St. Hermogenes.

гернгу́теры *(религ.-общественное движение 18 в.; последователи Боге́мских бра́тьев; нашли в 1722 приют в Саксонии, где основали селение Гернгут; в 1750 согласились принять лютеранское "**Аугсбу́ргское испове́дание**", что привело к последующему их поглощению лютеранами)* the Hernhuters.

Геро́нтий Серви́йский, еп. сщмч. *(ум. 501; катол. св., д. п. 9 мая)* St. Gerontius, bp. of Cervia, m.

Гертру́да ван Оо́стен, блж. *(ум. 1358; мистик, стигматик, катол. св., д. п. 6 января)* Blessed Gertrude of Delft, Blessed Gertrude van Oosten.

Гертру́да, де́ва *(ок. 1256-1302; катол. св., д. п. 16 ноября)* St. Gertrude the Great, V.

Гертру́да Ниве́льская, аббати́са *(626-59; покровительница путешественников, катол. св., д. п. 17 марта)* St. Gertrude of Nivelles, abbess.

Герха́рд Бро́ньский, прп. *(ум. 959; катол. св., д. п. 3 октября)* St. Gerard of Brogne.

Герха́рд Вилламанья́сский, прп., блж. *(1174-1245; участник 2-го Крестового похода, катол. св., д. п. 13 мая)* Blessed Gerard of Villemagna.

Герха́рд Клерво́ский, прп. *(ум. 1138; брат св. Бернарда Клервоского, катол. св., д. п. 13 июня)* St. Gerard of Clairvaux.

Ге́рхард, Па́уль *(1607-76; немец. духовный поэт, сочинитель церк. протест. гимнов)* Gerhardt, Paul.

Ге́рцог, Иога́нн Я́коб *(1805-82; швейцарский протест. богослов, редактировал и выпустил образцовую энциклопедию по протест. теологии и церкви в 22-х томах)* Herzog, Johann Jakob.

Ге́сем *библ. (географическое название)* Gesem.

Ге́стас *(согласно апокрифическому Евангелию от Никодима, имя злонравного разбойника, распятого вместе с Иисусом и Дисмасом, благоразумным разбойником)* Gestas.

гет *иврит (в иудаизме — документ, подтверждающий совершение развода в соответствии со всеми требованиями еврейского закона)* get(t).

гетеродо́ксия *(отход от традиций, ортодоксии, отклонение от учений Церкви)* heterodoxy.

Гётцер, Людвиг *(ок. 1500-29; немец. анабаптист)* Hetzer, Ludwig.

Геф *библ. (один из пяти царских городов филистимлян)* Gath.

Гефеле, Карл Йозеф *(1809-93; катол. церковный историк и кардинал; автор капитального труда в 7 томах "История соборов" (1855-74) <The History of Ecclesiastical Councils>; 2 дополнительных тома (8-й и 9-й) принадлежат Гергенретеру <Hergenröther>)* Hefele, Karl Joseph.

Гефсимания *библ. (см. тж* **Гефсиманский сад***)* Gethsemane ◊ **местность по имени Г.** a place named Gethsemane.

Гефсиманский сад *библ. (оливковый сад, находящийся внизу Елеонской горы; сюда Христос часто удалялся со Своими учениками, здесь Он молился перед страданиями и был предан Иудой; здесь же, в Гефсиманском саду, была погребена Божия Матерь; несколько древнейших маслин сохранилось здесь и до настоящего времени)* the garden of Gethsemane.

Геф-хефер *библ. (город в Галилее на территории колена Завулона, место рождения пророка Ионы)* Gath-hepher.

Геше *(титул, к-рый присваивается буддийским учёным, закончившим обучение в монастырях школы Кадампы)* Geshe.

Гиацинт, Пьер *(1827-1912; видный представитель франц. старокатоличества; в сер. 1860-х гг. пользовался в Париже большим успехом как проповедник среди образованных и аристократических кругов Второй Империи)* Hyacinthe, Pierre.

гиацинт *библ. (драгоценный камень)* jacinth.

Гиббонс, Джеймс *(1834-1921; амер. теолог, кардинал; один из наиболее влиятельных деятелей катол. церкви в США; его труды, получившие широкое распространение в США: "Вера наших отцов" <The Faith of Our Fathers>, "Наше христианское наследие" <Our Christian Heritage>, "Посланец Христа" <The Ambassador of Christ>; в 1889 основал в г. Вашингтоне Католический университет Америки <the Catholic University of America> и был его первым президентом <chancellor>)* Gibbons, James.

Гиберт Эльзасский, прп. *(892-962; катол. св., д. п. 23 мая)* St. Guibert.

Гибсон, Эдмунд *(1669-1748; англ. церк. юрист и богослов; его сочинение, считающееся одним из самых авторитетных по церк. праву англик. церкви – лат. Codex Juris Ecclesiastici Anglicani)* Gibson, Edmund.

Гива *библ. (географическое название)* Gibeath.

Гигин Римский *(ум. 142; папа, катол. св., д. п. 11 января)* St. Hyginus.

гиджара *см.* **хиджра**.

гидропарастаты *(христ. секта или секты, использовавшие воду вместо вина в евхаристии)* the Aquarians, *греч.* Hydroparastatae.

Гиезий *библ. (слуга пророка Елисея, наказанный за своё корыстолюбие проказой)* Giezi.

гиеродулы *библ. (лица обоего пола, принадлежащие к персоналу неизраильских святилищ, к-рые в рамках культа отдавались священникам и посетителям; эта сакральная проституция была связана с обрядами плодородия и культом Ваала)* temple prostitutes, sacred harlots.

Гизелер, Иоганн Карл *(1792-1854; немец. протест. историк церкви; его главная работа "Руководство по истории церкви и её догматам" (1824-57; в пяти томах); англ. перевод в 1846-55 <A Compendium of Ecclesiastical*

History> сохраняет ценность благодаря манере его изложения: сжатый текст сопровождается обширными выписками из источников, без перевода) Gieseler, Johann Karl Ludwig.

Гикати́лла, Ио́сиф бен-Авраа́м *(1248-1305; еврейский мистик)* Gikatilla, Joseph.

Гилле́ль *(ок. 60 до н.э. – 10 н.э.; еврейский законоучитель родом из Вавилона; установил еврейский календарь)* Hillel, surnamed Hababli; 'the Babylonian' and Hazaken 'the Elder'.

Ги́лмор *(слуга Девы Марии)* Gille Moire.

гилозои́зм *(доктрина, утверждающая, что вся материя одушевлена, способна ощущать и мыслить)* hylozoism.

гилозои́стский hylozoistic, hylozoic.

гилопати́зм *(доктрина, утверждающая, что дух может воздействовать на материю и, наоборот, материя может воздействовать на дух)* hylopathism.

гилотеи́зм *(доктрина о том, что материя – это Бог и что нет Бога вне материи и мира)* hylotheism.

гилотеисти́ческий hylotheistic(al).

Ги́льда Му́дрый, абба́т *(катол. св., д. п. 29 января)* St. Gildas.

Гильдега́рда, св. де́ва *(1098-1178; катол. св., д. п. 17 сентябяр)* St. Hildegard, v.

гима́тий *(верхняя одежда в виде прямоугольного куска ткани; надевался обычно поверх хитона и у шеи иногда застёгивался фибулой; в иконописи – обязательная одежда большинства ветхозаветных, раннехрист. персонажей; в изображении Христа г. слегка прикрывает правое плечо и полностью закрывает левое)* himation.

гима́тион см. **гима́тий**.

ги́мн 1. *(церк. песнопение в Зап. христ-ве, к-рое исполняется во время богослужения, но не является молитвой)* hymn(s); *тж катол.* sequence, prose ◊ **богородичный г.** the hymn in praise of the Virgin Mary; **г. из Песни трёх отроков** *(начинается словами: "Благословите, все дела Господни, Го́спода"; катол., лат. "Benedicite, omnia opera Domini"; англик. (из "Книги общественного богослужения") "O all ye Works of the Lord, bless ye the Lord!")* the Benedicite; **г.-похвала Богу, г., прославляющий Бога** theody; **изучение церк. г.-ов** hymnody; **исполнение церк. г.-ов** hymnody; **магические г.-ы** theurgic hymns, songs of incantation; **новозаветные г.-ы Девы Марии, Захарии и Симеона** major canticles; **относящийся к церк. г.-ам** *прил.* hymnal; **пение г.-ов** hymn singing; **петь г.-ы** to hymn; **рождественский г.** Christmas carol; **сборник церк. г.-ов** hymnal, *редко* hymnarium, hymnary; **святочный г.** Christmas carol; **собрание церк. г.-ов** *собир.* hymnody, hymnology; **сочинитель церк. г.-ов** hymnographer, hymnologist, hymnwriter, hymn maker; **2.** *(духовная хоральная композиция, исполняемая церк. хором обычно на слова из Священного Писания)* anthem ◊ **г. или часть г.-а, исполняемый одним певцом** *(в англ. церк. музыке)* verse anthem; **г., исполняемый (полностью) хором** full anthem.

гимна́рий *катол. (собрание гимнов оффи́ция)* hymnal, *редко* hymnarium, hymnary.

гимнограф *(сочинитель гимнов)* hymnographer, hymnologist, hynmwriter, hymn maker.

гимнографи́ческий жанр *(в иконописи)* hymnologic genre.

гимногра́фия *(описание гимнов, тж искусство составления гимнов, сочинение гимнов)* hymnography.

гимнософи́ст *(греч. "голый философ"; член древней индуистской, джайнистской или буддийской секты)* gymnosophist.

"Ги́мны стари́нные и совреме́нные" *англик. (сборник церк. гимнов, впервые издан в 1861)* The Hymns Ancient and Modern.

Гинкма́р см. **Хинкма́р**.

Гио́н *библ. (1. единственный круглогодичный невысыхающий источник в Иерусалиме; 2. вторая из четырёх райских рек в саду)* Geon, Gihon.

гиппопота́м см. **бегемо́т**.

Ги́ральд Камбри́йский *(Джеральд Барри; ок. 1147-1223; англ. религ. деятель и историк)* Giraldus Camrensis, Giraldus de Barri.

Гирка́н *библ. (иудейский титул, восходящий к истор. области Гиркания на южном берегу Каспийского моря, к-рый в Палестине укоренился у иудеев, вернувшихся из тамошнего изгнания)* Hircanus.

Гисле́н Бельги́ец, прп. *(ум. ок. 680; католл. св., д. п. 9 октября)* St. Gislenus [Ghislain], abt.

"Гитаго́винда" *(популярная среди индуистов санскритская лирико-эротическая поэма на кришнаитский сюжет, созданная в 12 в. и повествующая о любовных отношениях Кришны и Радхи)* the Gita Govinda.

Гифеа́ф см. **Ги́ва**.

Гихо́н см. **Гио́н**.

Ги́хтель, Иога́нн Гео́рг *(1638-1710; основатель немец. протест. секты, мистик, визионер; большую часть жизни прожил в г. Амстердам)* Gichtel, Johann Georg.

гию́р *иврит (обращение нееврея в иудаизм и связанный с этим обряд)* conversion to Judaism.

глава́ *архит. (наружная часть купола в виде конуса, шлема или луковицы)* dome, cupola ◊ **лу́ковичная г.** bulbous dome.

Глава́ госуда́рства-го́рода Ватика́н *(светский титул Папы Римского)* Sovereign of the State of Vatican City.

глава́ и стих *(Библии)* chapter and verse.

глава́ ни́щенствующего о́рдена или **монастыря́** *(у индуистов)* mahant.

глава́ религио́зной общи́ны superior; *(женщина)* superioress.

глава́ ро́да или **общи́ны** *библ.* patriarch.

глава́ Це́ркви the head of the Church.

главе́нство 1. *(первенство)* primacy ◊ **г. Константино́поля** *истор.* the primacy of Constantinople; **2.** *(верховенство)* supremacy ◊ **г. в церкви** supremacy; **Закон о г.-е английского короля над церковью** *истор.* the Act of Supremacy (1534, 1559).

гла́вный *(первый)* ◊ **г.-ая икона России** *(о "Владимирской Богоматери")* the premier icon of Russia.

главопреклоне́ние *(наклонение головы для выражения покорности и зависимости от воли Божьей)* bowing.

глаго́л *(слово, речь, выражение)* word ◊ "**И вкусивших благого г.-а Божия и сил будущего века**" *(Послание к евреям ап. Павла 6:5)* 'And have tested the good word of God, and the powers of the world to come'.

глаго́лица *(одна из двух древних славянских азбук; от **кири́ллицы** отличается формой букв; была распространена в 10-11 вв. в основном у юго-западных славян в западной части Балканского полуострова и в Моравии)* Glagolitic alphabet, Glagolitic script, Glagol(itsa).

глазе́т *(шёлковая ткань с золотым или серебряным утком, гладкая или с красивым рисунком: цветами или геометрическим орнаментом; из г.-а шили гл. обр. церк. облачения, придворные платья)* (silk) brocade.

глас 1. *(напев, мелодия, лад в церк. музыке; г.-ы вместе образуют **осмогла́сие**; в правосл. церк. пении употребляются восемь г.-ов; каждый г. включает в себя несколько напевов, по к-рым поются определённые молитвы за богослужением; г.-ы сменяются понедельно; через каждые восемь недель круг "осмогласия" начинается снова)* tone, mode, *греч.* echos ◊ **аллилуйя, г. 6-й** alleluia verses tone 6; **восемь церк. г.-ов** the eight tones, the eight church [ecclesiastical] modes; **кондак, г. 8-й** kontakion tone 8; **прокимен, г. 4-й** prokeimenon tone 4; **тропарь, г. 4-й** troparion tone 4; **2.** *(голос, звук)* voice ◊ **ангельский г.** voice of an angel; **г. Божий** voice of the Lord; **г. Господень** voice of the Lord; **г. вопиющего в пустыне** *библ.* the voice of one crying in the wilderness.

Гла́сник *см.* **Окто́их**.

Глафи́ра, св. пра́ведная де́ва *(ум. 322; д. п. 26 апреля / 9 мая)* St. Virgin Glaphyra.

глаша́тай *библ. (вестник; тот, кто оглашает, возвещает важную весть, сообщение)* herald.

глаша́тай-провозве́стник *см.* **проро́к**.

глеб *см.* **зе́мли церко́вные**.

глиб *см.* **зе́мли церко́вные**.

Глике́рий, св. мч. *(302; д. п. 28 декабря / 10 января)* St. Glycerius, M.

Глике́рия, св. мц. *(2 в.; д. п. 13/26 мая и 22 октября / 4 ноября)* St. Glyceria, M.

Гликофилу́са *см.* **Елеу́са**.

"**Гло́рия**" *катол. (начало двух так наз. славословий, большого и малого, входящих в мессу)* Gloria.

глоссола́лия 1. *(теологический термин для обозначения общения верующих с Богом на незнакомых языках при излиянии на них Духа Святого; в Новом Завете – способность говорить на разных языках)* glossolalia, glossolaly, gift of tongues; **2.** *(по представлениям пятидесятников, кульминационный пункт крещения Духом Святым)* pentecostalism.

гло́ссы библе́йские *(примечания)* the glosses, *лат.* glossa ordinaria; *(междустрочные примечания)* the interlinear glosses, *лат.* glossa interlineares; **маргина́льные** *(на полях)* **г.** *(в тексте Вульгаты)* the marginal glosses.

гнев *(страсть, направленная чаще всего против ближнего, омрачающая и опустошающая душу и приводящая её в смятение; тяжёлый и очень распространённый грех, приводящий подчас к непоправимым бедам и страшным преступлениям; православная нравственность допускает только*

один вид гнева – против собственных грехов) wrath ◊ **Бо́жий г., г. Госпо́-**
день God's wrath, wrath of God; **вы́звать г. Бо́жий** to call down the wrath of
God; **ме́дленный на г.** *библ.* slow to wrath; **навле́чь на себя́ г. Бо́жий** to call
down the wrath of God.

гневи́ть to provoke smb.'s wrath.

гно́зис *см.* **гно́сис.**

гносеологи́ческий gnoseological, gnosiological.

гносеоло́гия *филос. (наука о познании)* gnoseology, gnosiology.

гно́сис *(эзотерическая мудрость, особ. знание духовной истины; в более узком контексте – процесс религ. постижения истины в откровении)* gnosis.

гно́стика *см.* **гностици́зм.**

гно́стики *(представители* ***гностици́зма****)* the Gnostics.

гностици́зм *(комплекс религ.-филос. течений, в русле к-рых спасение достигается посредством осознания; расцвет* ***г.-а*** *произошёл во 2 в., в 3 в. возникло примыкавшее к* ***г.-у*** *манихейство)* Gnosticism ◊ **христиа́нский г.** Christian Gnosticism.

Гобе́н, мч. *(ум. ок. 670; катол. св., д. п. 20 июня)* St. Goban, m.

Гобе́р, абба́т *(ум. ок 665; катол. св., д. п. 2 мая)* St. Gaubert [Waldebert], abt.

Го́бинд Сингх *(1666-1708; десятый, последний сикхский гуру, великий реформатор сикхизма)* Gobind Singh.

гове́льник faster; one who prepares for the Communion.

гове́льщица *жен. см.* **гове́льник.**

Говардха́на *(название горы в окрестностях Матхуры, с к-рой связан один из важнейших эпизодов в мифологической биографии юного Кришны)* Mt. Govardhana.

гове́ние *см.* **гове́нье.**

гове́нье *(приготовление верующего к таинству причащения: включает пост, посещение всех храмовых богослужений, молитвы дома, а тж исповедь)* fasting (*as preparation for Communion*); ritual of preparation for Holy Communion.

гове́ть to prepare for the Communion (by fasting), to fast and attend divine service before confession and Communion.

Гог *библ. (враждебная сила)* Gog.

Гог и Маго́г *(в иудейской, христ. и мусульманской мифологиях два диких народа, нашествие к-рых должно предшествовать Страшному суду; в Откровении Иоанна Богослова 20:7 Г. и М. символизируют языческие народы, к-рые по истечении времени объединяются под предводительством Сатаны в борьбе против церкви)* Gog and Magog.

Года́р, еп. Хильдесхе́ймский *см.* **Го́тхард, еп. Хильдесхе́ймский.**

год до Рождества́ Христо́ва *лат.* Anno ante Christum Natum.

Годеле́на, мц. *(ум. 1070; катол. св., д. п. 6 июля)* St. Godeleva, m.

Годеле́ва, мц. *см.* **Годеле́на, мц.**

Годефруа́ Дуйне́н, прмц. *(ум. 1572; катол. св., д. п. 9 июля)* St. Godfrey van Duynen, m.

Годефруа́ Каппенбе́ргский, прп., блж. *(1097-1127; катол. св., д.п. 13 января)* Blessed Godfrey of Kappenberg.

годи́ны *(ежегодное поминовение по усопшему, совершаемое родственниками)* yearly commemoration of the deceased by next of kin.

год литурги́ческий *(годовой цикл, в к-ром определено место религ. праздников и богослужений)* the Christian [ecclesiastical, church, liturgical] year; *правосл. (начинается с церк. новолетия 1/14 сентября; возникновение такого счисления обычно возводят к 4 в., когда в ознаменование победы Константина Великого над Максентием началось определение времени по индикту, т.е. с сентября; в богослужебном отношении счисление с 1-го сентября есть счисление по минее и месяцеслову, причём на каждый день* **года л.-ого** *приходится память того или другого святого и полагается соответствующая служба)* the liturgical year and calendar for the Byzantine Rite, the Byzantine calendar; *катол. (начинается с первого воскресенья Адвента, т. е. с первого воскресенья после 30 ноября – Дня св. Андрея)* the liturgical year and calendar for the Roman Rite ◊ *(какое-л.)* **время церк. года** liturgical season; **гражданский** *или* **календарный год** the artificial year; **триодный церковный г.** *(ведётся по неделям от праздника Пасхи)* the triodion liturgical year.

годовщи́ны *см.* **годи́ны**.

Годо́лии *см.* **Геда́лии**.

Годо́лия *библ. (муж. имя)* Godolia.

год хиджры́ *(начало мусульманского летосчисления – 622 н. э.)* the year of Hegira, *лат.* anno Hegirae, *сокр.* A.H.

год церко́вный *см.* **год литурги́ческий**.

Го́зий, Станисла́в *(1504-79; польский кардинал и еп. Вармийский)* Hos(ius) [Hosz], Stanislaus.

гой *(в совр. иврите и идише – нееврей, иноверец, у иудеев гл. обр. христианин)* goi, goy.

Голго́фа *(вероятно, от арамейского "гулгулта" – "череп"; истолковывалось евангелистами как "лобное место" – место, на к-ром Иисус был казнён на кресте; греч. церк. писатели и иудейская традиция объясняют название тем, что здесь находился череп Адама, что Адам был здесь похоронен; наиболее близким к истине является толкование, согласно к-рому при упоминании о* **Г.-е** *речь идёт о возвышенности в форме черепа вне городских стен Иерусалима, служившей местом казней и захоронений; в иконографии* **Г.-ой** *называется горка или её символическое изображение в виде лесенки, ступени к-рой расходятся по сторонам нижней оконечности Креста)* Golgotha; *(от лат. "calvaria" – "черепная крышка, череп")* Calvary ◊ **гора Г.** the hill of Golgotha; **Г., что значит "лобное место"** *библ.* Golgotha, which means 'the Place of a Skull'; **"И, неся крест Свой, Он вышел на место, называемое лобное, по-еврейски Г."** *(Ев. от Иоанна 19:17)* 'They took Jesus therefore, and He went out, bearing His own cross, to the place called the Place of a Skull, which is called in Hebrew, Golgotha'; **"И привели Его на место Г.-у, что значит: "лобное место""** *(Ев. от Марка 15:22)* 'And they brought Him to the place called Golgotha, which is translated, Place of a Skull; **"И пришедши на место, называемое Г., что значит: "лобное место""** *(Ев. от Матфея 27:33)* 'And when they had come to a place called Golgotha, which means Place of a Skull'.

голго́фа *(ступенчатое основание рельефного креста на стене культовой постройки)* Calvary cross, cross Calvary.

го́лем *(в еврейской средневековой традиции – человекоподобный монстр, лишённый дара речи, созданный из чистой материи или глины посредством магических заклинаний; из двух душ, к-рые есть у человека – человеческой и животной, **г.** обладает только животной душой, ибо человеческую может вдохнуть лишь Всевышний; наиболее известна легенда о сотворении **г.**-а рабби бен Бецалелем из Праги (1512-1609) <the rabbi Löw (Loew) of Prague>; образ **г.** многократно использовался в художественной лит-ре, театре, кино)* golem.

Голиа́ф библ. *(тяжеловооружённый воин-великан из авангарда филистимлян; его убил юный Давид камнем из пастушьей пращи, вынул у него меч из ножен и отрубил ему голову)* Goliath.

головщи́к *(в русском церк. пении первый певец на клиросе, твёрдо знающий церк. пение, за к-рым следуют и др. певчие)* cantor, chanter, choirmaster, precentor, leader.

голо́ка *(санскрит – "мир коров", в поздней индуистской космологии, оперирующей множеством надземных и подземных миров, "небо", "рай" Кришны)* goloka.

голубе́ц *(голубая медная краска, часто используемая при написании икон)* azurite, mineral [mountain] blue.

голуби́ца жен. см. **го́лубь**.

го́лубь 1. *(символ Духа Святого)* dove, the Spirit of God descending as a dove ◊ "И нисшел Дух Святой в телесном виде, как **г.**" *(Ев. от Луки 3:22)* 'and the Holy Spirit descended upon Him in bodily form like a dove'; **2.** *(жертвоприношение)* **жертвенные г.-и** the sacrificial doves; **3.** *(символ мира)* bird of peace.

Го́льцман, Ге́нрих Ю́лиус *(1832-1910; немец. протест. богослов; сформулировал гипотезу, к-рая является господствующей в наст. время и, согласно к-рой, из трёх синоптических Евангелий второе является старейшим и вместе с собранием изречений Христа лежит в основе Евангелий от Матфея и Луки)* Holtzmann, Heinrich Julius.

Гома́р, Франци́ск *(1563-1641; реформатский богослов)* Gomar(us), Francis.

Го́мер библ. *(родоначальник народа на севере Палестины)* Gomer.

Го́ме́рь, дочь Дивлаи́ма библ. *(блудница, к-рую пророк Осия по приказанию Бога взял в жёны, чтобы произвести с нею "детей блуда")* Gomer the daughter of Diblaim.

Го́ме́рь, дщерь Дивилаи́мля см. **Го́ме́рь, дочь Дивлаи́ма**.

гомиле́тика *(раздел богословия, рассматривающий вопросы теории и практики проповеднический деятельности, церк. красноречия)* homiletic theology, homiletic divinity, homiletics.

гомилиа́рий *(сборник проповедей)* homiliarium, homiliary, a book of homilies.

гоми́лия *(проповедь, основанная на популярном истолковании ·библ. текстов)* homily.

Гомье́, прп. *(ум. ок. 660; катол. св., д. п. 27 февраля)* St. Galmier.

гоне́ние *(преследование христиан со стороны государства и иноверцев)* persecution ◊ **во времена г.-й на христиан при императоре Диоклетиане**

он был подвергнут пыткам, а затем обезглавлен в Риме за христианскую веру he was tortured and then beheaded for his Christianity at Rome during the persecution of Christians under Emperor Diocletian; **г.-я за веру, преследование верующих** religious persecutions; **г. на ранних христиан** the persecution of the early Christians, the early Christian persecutions; **г.-я на христиан** persecutions of Christians; **г. на христиан при императоре Адриане** *(2 в.)* the persecution of (the) Christians under [by] Emperor Hadrian; **г. на христиан при императоре Валериане** *(3 в.)* the persecution of (the) Christians by Emperor Valerian; **г. на христиан при императоре Галле** *. (3 в.)* the persecution of (the) Christians by Emperor Gallus; **г. на христиан при императоре Галлиене** *(3 в.)* the persecution of (the) Christians by Emperor Gallienus; **г. на христиан при императоре Деции** *(3 в.)* the persecution of (the) Christians by Emperor Decius, Decius' persecution of the Christians; **г. на христиан при императоре Диоклетиане** *(4 в.)* the persecution of (the) Christians by Emperor Diocletian, Diocletian's persecution of (the) Christians, the persecution of Diocletian; **г. на христиан при императоре Домициане** *(1 в.)* the persecution of (the) Christians under Emperor Domitian; **г. на христиан при императоре Иулиане [Юлиане] Отступнике** *(4 в.)* the persecution of (the) Christians under Julian the Apostate; **г. на христиан при императоре Максимиане** *(3-4 вв.)* the persecution of (the) Christians by Emperor Maximian, the persecution of Maximian; **г. на христиан при императоре Нероне** *(1 в.)* the persecution of (the) Christians under Emperor Nero; **г. на христиан при императоре Траяне** *(1-2 вв.)* the persecution of (the) Christians under [of] Emperor Trajan; **г. на христиан при царе Персии Шапуре** *(4 в.)* the persecution of the Christians by King S(h)apor of Persia; **навлечь на Церковь г.-я** to bring the church under persecution; **начались г.-я** persecution arose; **начать г.-я,** *библ.* **воздвигнуть г.-я** to raise persecution; **подвергаться г.-ям,** *библ.* быть гонимым to suffer persecution.

Гонза́львес Гарси́а, прмч. *(ум. 1597; катол. св., д. п. 5 февраля)* St. Gonzalo Garcia.

Гонза́льв Португа́лец, блж. *(ум. ок. 1259; катол. св., д. п. 10 января)* Blessed Gonzalo Gundisalvus of Amarante.

Гонило́н *см.* **Гаунило́н.**

гони́мый *(за веру) сущ.* persecutee; *прил.* persecuted ◊ **он был гоним и подвержен многочисленным унижениям** he was persecuted and subjected to numerous humiliations; **г.-е христиане** the persecuted Christians.

гони́тель persecutor.

гонора́р *(священнослужителя)* altarage, altar dues, honorarium received by a priest for services (at the altar).

Гонора́т Амье́нский, еп. *(ум. ок. 600; катол. св., д. п. 16 мая)* St. Honoratus, bp. of Amiens.

Гонора́т Лери́нский, архиеп. А́рльский *(ум. 429; катол. св., д. п. 16 января)* St. Honoratus of Lérins, archbp. of Arles.

Гоно́рий I *(Папа Римский с 625-38; примкнув к* **монофели́там***, уже после смерти Г. был подвергнут на 6-м Вселенском соборе анафеме, подтверждённой Львом III и его преемниками и вызвавшей долгие споры среди защитников папской непогрешимости)* Honorius I.

Гоно́рий

Гоно́рий III *(Папа Римский в 1216-27; деятельность Г. преследовала две цели: Крестовый поход и борьбу с еретиками, и обе были унаследованы им от Иннокентия III; Г. завершил наметившееся при Иннокентии признание церковью апостольской жизни и деятельности, утвердив францисканский и доминиканский ордена, чем немало содействовал окончательной победе над ересью и усилению папства)* Honorius III.

Гоно́рий из Отёна *(ок. 1090 - ок. 1156; монах и писатель 12 в.)* Honorius of Autun, *лат.* Honorius Augustodunensis.

Гоно́риус Кентербери́йский, архиеп. *(ум. 653; катол. св., д. п. 30 сентября)* St. Honorius, archbp. of Canterbury.

Гонтра́н *(король Бургундии, ум. 592; катол. св., д. п. 28 марта)* St. Gontran, St. Guntram(nus).

гонфало́не *итал. (знамя Папы Римского)* ecclesiastical gonfalon.

Гопа́л(а) *(пастух, одно из имён Кришны, отражающее его связь с пастушескими племенами)* Gopala.

го́пи *(пастушки и жёны пастухов, окружавшие Кришну в юности, когда он жил во Вриндаване)* the gopis.

го́пура(м) *(в средневековой архит-ре Восточной и Южной Индии – прямоугольная в плане высокая надвратная башня в форме вытянутой кверху усечённой пирамиды; возводилась над проходом в ограде индуистского храма; от подножия до верха украшалась скульптурной резьбой: изображениями божеств и священных животных))* gopura.

гора́ Блаже́нства *(гора, где Христос произнёс **Наго́рную про́поведь**; с времён крестоносцев отождествлялась с горой Карн Хаттин <Karn Hattin>, находящейся к западу от моря Галилейского)* the Mount of the Beatitudes.

Гора́зд, св. *(9 в.; один из учеников и последователей Кирилла и Мефодия, катол. св., д. п. 17 июля)* St. Gorazd.

Горакхана́тх(а) *(самый почитаемый вероучитель у **на́тхов**; скорее всего он жил в 12 в.)* Gorakhnath.

Горакшана́тха *санскрит см.* **Горакхана́тх(а)**.

Горго́ния *(сестра св. Григория Богослова, ум. ок. 372; катол. св., д.п. 9 декабря)* St. Gorgonia.

горгу́лья *см.* **гаргу́йль**.

Го́рдиан Ри́мский, мч. *(ум. 362; катол. св., д. п. 10 мая)* St. Gordian, m.

Го́рдий, св. мч. *(д. п. 3/16 января)* St. Gordius, M.

го́рдость *(1. один из смертных грехов: надменность, высокомерие; превознесение над другими; 2. в библ. традиции – безумное притязание на равенство Богу, источник всякого зла; 3. в правосл. аскетике – утверждение самости, противопоставление себя Богу и миру, корень всякого греха, главный враг человека на пути к Богу)* pride, arrogance ◊ **диавольская г.** arrogance of the Devil.

горды́ня *см.* **го́рдость**.

"Го́ре вам!" *библ. (скорбный зов)* Woe unto you!

горё *(духи мёртвых у японцев)* goryo.

Горкахона́тх *бенгальский см.* **Горакхана́тх(а)**.

го́рки ико́нные *см.* **леща́дки**.

го́рлица 1. *(лесная птица из породы голубей)* turtle-dove; 2. *(голубка, голубица)* female pigeon, dove.

Гормизд(а), св. *(ум. 523; Папа Римский, катол. св., д. п. 6 августа)* St. Hormisdas.

горнее место *(в правосл. храме за престолом в алтаре, где на возвышении ставится кафедра еп.-а, седалище, кресло, а по сторонам его, ниже, сиденья для священников)* bishop's stall, bishop's throne, bishop's seat, synthronon, *греч.* thronos; *(в базиликах)* tribune.

горние двери *см.* **завеса храма**.

горний *(небесный, вышний)* hevenly, celestial, empyreal, empyrean; *библ.* things above ◊ "Г. Иерусалим" *(деталь композиции "Страшный суд")* Jerusalem above; **отойти в г.-юю обитель, уйти в г. мир** to pass away, to die.

горний престол *см.* **горнее место**.

горница *библ.* loft, upper chamber.

горница большая *библ. (место Тайной вечери)* the Cenacle, *лат.* Cenaculum.

"городу *(т.е. Риму)* **и миру"** *катол. (папское благословение, даваемое особенно на публикуемых буллах) лат.* urbi et orbi.

Горокханатх бенгальский *см.* **Горакханатх(а)**.

гортанобесие *см.* **обжорство**.

гортониты *(17 в.; религ. секта в шт. Род-Айленд, США, отрицающая обряды, священнослужителей)* the Gortonians.

горшечник potter ◊ **земля г.-а** *библ. (купленная для погребения странников за тридцать сребреников Иуды)* potter's field.

госаин *см.* **гос(в)ами**.

гос(в)ами *(индуистский монах, святой, аскет)* gosain, gusain.

Госнер, Иоанн *(1773-1858; немец. мистик и религ. деятель; перейдя из католичества в лютеранство, он стал проповедником в Берлине; здесь он принимал деятельное участие в учреждении школ, больниц и миссионерского общества, носившего его имя <the Gossner Missionary Society>)* Gossner, Johannes Evangelista.

госпел *(жанр духовного песнопения амер. негров)* gospel.

госпиталит *(член одного из катол. орденов и конгрегаций, посвятивших себя благотворительной деятельности, особ. уходу за больными и немощными)* Hospital(l)er.

госпиталитка *жен. см.* **госпиталит**.

госпитальеры *(члены катол. духовно-рыцарского ордена, возникшего в Палестине в нач. 12 в. как организация рыцарей-крестоносцев; тж* **иоанниты**) (the Knights) Hospital(l)ers, the Knights of St. John of Jerusalem; *(позже, после ухода из Палестины под натиском мусульман)* the Knights of Rhodes, the Knights of Malta *(см. тж* **Мальтийский орден**) ◊ **глава общины г.-ов** commander; **община г.-ов** *(возникшая на землях ордена)* commandery.

Господень the Lord's, of Our Lord, *греч.* Despotikos ◊ **молитва Г.-ня – "Отче наш"** the Lord's prayer.

Господи *(звательный падеж от* **Господь**, *употребляется при молитвенном обращении к Богу)* (O) Lord, God ◊ **Владыка Г.** Sovereign Lord; **во имя Г.-да** in the name of the Lord; **Г. Иисусе!** Lord Jesus! **Г. Иисусе Христе, Сыне Божий, молитв ради Пречистыя Твоея Матере и всех святых, помилуй нас. Аминь.** *(молитва)* O Lord, Jesus Christ, the Son of God, by the prayers of Thy most pure Mother and all the Saints, have mercy on us. Amen.; **Г., поми-**

Го́споди

луй! God deliver us! Lord have mercy (upon us)! **Спаси́, Г., лю́ди Твоя́ и благослови́ достоя́ние Твое́...** *(молитва)* O Lord, save thy people, and bless thine inheritance – ; **Тебе́, Г.** To Thee, O Lord; **"Убла́жи, Г., благоволе́нием Твои́м Сио́на, и да сози́ждутся сте́ны Иерусали́мская"** *(строка из 50/51 псалма)* 'Deal favourable O Lord, in Thy good will unto Zion; that the walls of Jerusalem may be built up'.

"Го́споди, куда́ идёшь?" *(апокрифический христ. сюжет, изложенный в "Деяниях Петра" и "Золотой легенде"; ап. Петр, спасаясь от преследований императора Нерона, оставил Рим; на Аппиевой дороге <on the Appian Way> ему было видение: явился сам Христос; Петр спросил: "Господи, куда идёшь?" и услышал ответ: "Иду в Рим, чтобы снова быть распятым" <"I am coming to Rome to be crucified again", лат. "Venio Romam, iterum crucifigi">; эти слова толкуются как предсказание судьбы: ап. Петр должен вернуться в Рим, чтобы исполнить свой долг до конца и быть распятым, как был распят Иисус; художники изображают обычно Христа несущим свой крест и обращающимся к застывшему от удивления апостолу; в указанном легендой месте, на "старой Аппиевой дороге" в 5 в. заложена церковь; польский писатель Г. Сенкевич написал в 1894-96 истор. роман "Камо грядеши" <лат. Quo vadis> о времени правления рим. императора Нерона, гонений на первых христиан, использовав для заглавия лат. слова из этой легенды)* Master, whither goest thou? *лат.* Domine, quo vadis?

господи́н *(титулование монахов бенедиктинского, цистерцианского и картезианского орденов) лат.* dom *(сокр. от Dominus)*.

Госпо́дние пра́здники *см.* **Госпо́дские пра́здники**.

госпо́дний *(Христов)* dominical.

Госпо́дские пра́здники *(праздники в воспоминание важнейших событий жизни Господа Иисуса Христа – Рождество, Сретение, Вербное воскресенье, Пасха, Преображение, Вознесение и др.)* the Lord's festivals [feasts], dominical feasts, the feasts of Our Lord, the feast days of Our Lord, the feasts of the Lord, *греч.* Despotike Heorts ◊ **Г. и Богоро́дичные п.** the festivals of Our Lord and Our Lady.

госпо́дства *(высший ангельский чин; название высших ангелов, властвующих над низшими и помогающих людям владеть собой)* the dominations, the dominions.

госпо́дствия *см.* **госпо́дства**.

госпо́дство Христа́ the lordship of Christ.

госпо́дствующая це́рковь *см.* **госуда́рственная це́рковь**.

Госпо́дь *(имя Божие, применяемое как к Святой Троице, так и к каждому Божественному Лицу; выражает истину абсолютной власти Бога Творца над Своим творением)* the Lord, God, the Supreme Being, Jehovah, the Saviour, Our Lord, the Lord Our God, *греч.* Despotes, *лат.* Dominus, *лат. сокр.* DNS ◊ *ц.-сл.* **Аз есмь Г. Бог твой, да не бу́дут тебе́ бо́зи ини́и ра́зве Мене́** *(заповедь)* I am the Lord your God. You shall have no other Gods before me; **"Вся́кое дыха́ние да хва́лит Го́спода"** *(икона, молитва)* Let everything that has breath praise the Lord; **Г. Бог Савао́ф** *библ.* the Lord God of hosts; **Г. Во́инств** *(см. тж Савао́ф)* the Lord of Sabaoth, the Lord of Hosts; **Г. Вседержи-**

тель the Lord Almighty; **Г. господствующих** *библ.* the Lord of lords; **Г. наш** Our Lord, *лат.* Dominus Noster, *сокр.* D.N.; **Г. (наш) Иисус Христос** the Lord Jesus Christ; **Г.-ду (нашему) Иисусу Христу** for the Lord Jesus Christ; **Г. посетил его горем** God sent him much sorrow; **Г. Саваоф** *см.* **Саваоф**; **Г. сил** *библ.* the Lord of hosts; **Господь сил небесных** *см.* **Г. Воинств**; **Начальник жизни, Г. наш Иисус Христос** the Prince of life, Our Lord Jesus Christ; **от г.-да Иисуса Христа** from the Lord Jesus; **от лица Г.-да** *(Деяния 3:19)* from the presence of the Lord.

Господь наш Иисус Христос – Царь Вселенной *(катол. праздник, последнее воскресенье литургического года)* Christ the King, *лат.* Domini Nostri Iesu Christi Universorum Regis.

Господь наш Папа (Римский) Our Lord the Pope, *лат.* Dominus Noster Papa Pontifex, *сокр.* D.N.P.P.

Госпожин день *см.* **Успение Пресвятой Владычицы Нашей Богородицы и Приснодевы Марии**.

госпожинки *см.* **пост Успенский**.

"Гостеприимство Авраама" *(иконографический сюжет)* The Abraham's Hospitality.

гостиница, монастырская hospice; *(в Средневековье)* xenodochium.

гостиничный *(монах, принимающий и устраивающий паломников в монастыре)* hosteller.

гостинник *см.* **гостиничный**.

гостия *катол.* *(маленькая лепёшка из пресного пшеничного теста, обычно с изображением Агнца и креста, заменившая в обряде причащения упоминаемый в новозаветных текстах хлеб; употребляется тж лютеранами; аналогична* **просфоре** *в византийском обряде; пресный хлеб употребляется тж в армянском обряде)* host, the Host, the (Eucharistic) wafer, the sacred wafer; *истор.* obley; *устар.* hostie ◊ **маленькая г., частица г.-и** *(раздаются среди мирян после литургии)* particle.

государственная церковь state [established] church ◊ **практика отправлений церк. ритуалов** *(установленных в 1764)* **для г.-ых церквей Англии и Шотландии** the Established Church usages.

Государственный секретариат (Его Святейшества) *(служба Рим. курии, координирующая её работу; поддерживает отношения Святого Престола с отдельными церквами и государствами; редактирует папские документы и хранит печати; рассматривает дела, не входящие в компетенцию др. ведомств курии; состоит из двух отделов <Sections>: общих вопросов <the Section for General Affairs> и сношений с государствами <the Section for Relations with States>; возглавляется кардиналом статс-секретарём <Cardinal Secretary of State>)* the Secretariat of State (for His Holiness).

Готама пали *см.* **Гаутама**.

Готескал, мч. *(ум. 1066; катол. св. д. п. 7 июня)* St. Gottschalk, m.

готика *(художественный стиль в западноевроп. искусстве 12-15 вв.)* Gothic (style) ◊ **англ. г. 16 в.** decorated style; **ложная г.** mock Gothic.

готи́ческий Gothic, *сокр.* Go., Goth. ◊ **г.-ая архит-ра** Gothic (architecture), Gothic structural system; **г.-ая (стрельчатая) арка** Gothic arch; **г.-ое иск-во** Gothic art; **г. собор** Gothic cathedral; **г. стиль** Gothic [pointed] style; **прекрасные образцы г.-ой архит.-ры** fine samples of Gothic; **характерные черты г.-ого стиля** *(в архит-ре)* Gothicism.

го́тра *(название кланов брахманов, ведущих своё происхождение от божественных мудрецов-риши)* gotra.

Готтша́лк, мч. *см.* **Готеска́л, мч.**

Го́тхард, еп. Хильдесхе́ймский *(961-1038; катол. св., д. п. 4 мая; Сен-Готардский перевал в Альпах <St. Gothard Pass in the Alps> назван его именем)* St. Godehard [Gothard], bp. of Hildesheim.

гофе́р *библ. (дерево, из к-рого был сделан Ноев ковчег)* shittah (tree).

Гофме́йстер, Себастья́н *(1476-1533; швейцарский религ. реформатор)* Hofmeister, Sebastian.

Го́хард На́нтский, еп., сщмч. *см.* **Гу́нтхард На́нтский, еп., сщмч.**

гохе́й *(вид пожертвования в синтоизме)* gohei.

Гоше́, прп. *(1060-1140; катол. св., д. п. 9 апреля)* St. Gauchierius, abt.

Го́шен *см.* **Ге́сем.**

Граа́ль *миф.* Grail ◊ **чаша Г.-я, священный [святой] Г.** *(святая чаша, из к-рой, по одним преданиям, пил Христос перед предательством Его Иудой; по другим преданиям, Иосиф Аримафейский собирал в неё Кровь Христа; в Генуе с 1001 находится привезённая крестоносцами чаша, к-рую считают истинной)* the Holy [Saint] Grail, Sangraal, Sangreal.

град *библ.* city ◊ **г. Бо́жий** *(Иерусалим)* a city of God; **г. Иу́дов** *(Хеврон)* a city of Juda; **святой г.** *(Царство Небесное)* the Celestial City.

градуа́л *катол. (1. певчая книга, содержащая песнопения мессы; 2. песнопение про́прия)* gradual.

грамаде́вата *(местное божество какой-л. деревни у индуистов)* gramadevata.

гра́мота letter missive ◊ **духовная г.** ecclesiastical letter missive; **жалованная г.** *истор.* letter patent.

Грант, Хи́бер Джедида́йя *(1856-1945; амер. религ. деятель, глава церкви мормонов с 1918)* Grant, Heber Jedediah.

графья́ *см.* **про́пись.**

Грациа́н *(12 в.; болонский монах, автор обширного труда "Согласование расхождений в канонах" <лат. Concordantia Discordantium Canonum>, больше известного как Decretum (Gratiani), заложившего основу каноническому праву)* Gratian.

Гре́бневская ико́на Бо́жией Ма́тери *(когда великий князь Дмитрий Донской возвращался после победы над Мамаем в Москву и достиг города Гребня на реке Чири, впадающей в Дон, жители гребневские поднесли ему эту икону, к-рая затем находилась в Москве в церкви Успения Пресвятой Богородицы, что на Лубянке; празднуется 28 июля / 10 августа)* the Greben icon of the Mother of God.

григориа́нский распе́в *см.* **григориа́нское пе́ние.**

грех

григориа́нское пе́ние *катол. (правильнее – григорианское; пение в унисон, с преобладанием звуков равной длительности; установлено в Римско-катол. церкви в 6 в. папой Григорием I Великим; см. тж григориа́нский)* the Gregorian chant, plain song.

Грего́рио Барбари́го, еп. *(ум. 1697; катол. св., д. п. 18 июня)* St. Gregory Barbarigo, bp.

грекокато́лик *см.* **униа́т.**

Гре́кокатоли́ческая це́рковь Украи́ны the Byzantine-rite Catholic Church of the Ukraine.

Грекокафоли́ческая правосла́вная це́рковь the Greek Orthodox Church.

грекоправосла́вный Greco-Oriental, Greek [Eastern] Orthodox.

гре́лка для рук свяще́нника *(в Зап. христ-ве; наполненный горячей водой металлический сосуд, к-рый ставится на алтарь в холодную погоду для того, чтобы священник мог согреть руки во время службы)* calefactory, *катол.* pome.

гремиа́л *катол. (предмет епископского литургического облачения: большое покрывало с вышитым посередине крестом, к-рое возлагали на колени епископа в те богослужения, когда он восседал на троне; в наши дни почти не используется)* gremial.

грех *(на богосл. языке означает всякое, как свободное и сознательное, так и несвободное и бессознательное, отступление делом, словом и даже помышлением от заповедей Божиих и нарушение Закона Божия)* sin, trespass, wrongdoing, *библ.* the wrongs, evil, guiltiness ◊ **во власти г.-а** captive to sin; **во г.-е** *(в незаконном браке)* in sin; **возмездие за г.** *библ.* the wages of sin; **вольный г.** witting [voluntary] sin; **впасть в г.** *библ.* to go [return] backward; **г.-и деянием и недеянием** sins of commission and omission; **закоснеть в г.-е** to wallow in sin; **искупительный г.** remissible sin; **канонические г.-и** *(в ранней церкви г.-и – убийство, поклонение идолам, ересь и т.п., при совершении к-рых, в соответствии с церк. канонами, следует отлучение от церкви или епитимья, налагаемая публично)* canonical sins; **г. мира** *библ.* the sin of world; **г.-и множатся** sin increases; **невольный г.** unwitting [involuntary] sin; **неискупительный г.** unpardonable sin; **непростительный г.** irremissible sin; **обыденный г.** *катол.* habitual [active] sin; **осознание г.-а** conviction of sin; **отойти от г.-а** to shun evil; **первородный г.** *(нарушение первыми людьми, Адамом и Евой, заповеди Бога о послушании Ему, повлекшее ниспадение их из состояния богоподобия, бессмертия и богообщения в чувственность, тленность и рабство греху и диаволу, обрекающее на вечные муки; эта греховная порча, вошедшая вследствие первородного греха в человеческую природу, преемственно через естественное рождение передаётся всем людям; уничтожаются, изглаживаются последствия первородного греха в человеке таинством крещения – вторым, духовным рождением)* original [personal] sin, old Adam; **плод г.-а** an effect of sin; **плотские г.-и** sins of the flesh; **повседневный г.** *катол.* habitual [active] sin; **поддаваться г.-у** to give in to sin; **покаяться в (своих) г.-ах** to repent of *one's* sins; **простительный г.** *катол (достойный снисхождения г.; ведёт к временному наказанию и епитимье)* venial sin; **раскаяться в (своих) г.-ах** to repent of *one's* sins; **распространение г.-а** proliferation of sin;

г., связанный с хулой на Духа Святого *библ. (Ев. от Марка 3:28-29)* the sin against the Holy Ghost, the unpardonable sin; **семь смертных г.-ов** *(человеческие г.-и, согласно классификации Григория Великого)*: **гордость [гордыня], скупость [жадность, сребролюбие], вожделение [блуд], гнев, обжорство, зависть, праздность [леность]** the seven deadly sins: pride [arrogance], covetousness [avarice], lust, anger [wrath], gluttony, envy, and sloth; **смертный г.** deadly [mortal, grave, capital, cardinal] sin, *лат.* delicta ad mortem; **совершить г, согрешить** to commit a sin; **сожаление о (совершённом) г.-е** sorrow for sin; **тяжкий г.** vile sin.

грехо́вничать to be a sinner.

грехо́вность peccability, sinfulness, total depravity, moral wickedness ◊ **осознать свою г.** to be convicted of sin.

Грегуа́р, Анри́ *(1750-1831; прелат, деятель франц. революции)* Gregoire, Henri.

грехо́вная страсть *см.* **вожделе́ние, по́хоть.**

грехо́вный sinful, peccant ◊ **г.-ая жизнь** sinful life; **г.-ая мысль** sinful thought; **г. поступок** sinful act; **г.-ая сущность человека** man's sinful nature.

грехово́дник sinner; transgressor; tempter.

грехово́дница *жен. см.* **грехово́дник.**

грехопаде́ние *(впадение в грех первых людей, Адама и Евы, по наущению дьявола нарушивших завет, данный им Богом, а до тех пор бывших безгрешными; г. (по Библии) произошло в саду Эдем; змей предложил Еве отведать плод с дерева познания; вопреки запрету Бога она съела плод и дала вкусить его Адаму; это повлекло изгнание из Эдема и обрекло людей на смерть и страдания)* the Fall (of Man), a Fall from grace ◊ **Адам совершил г.** Adam fell; **г. Адама и Евы** the Fall of Adam and Eve; **до г.-я** before the Fall; **после г.-я** after the Fall.

гре́ческий Greek; *(о стиле)* Grecian ◊ **г.-ая архит-ра** Grecian architecture; **Г.-ая церковь** the Greek Orthodox Church.

гре́ческий обря́д *см.* **византи́йский обря́д.**

гре́ческий распе́в *(имеет в истории русского церк. пения два вида: а) древний, известный из безлинейных рукописей, употреблявшихся с кон. 11 в. до 14 в.; б) поздний, известный из линейных нотных книг начиная с половины 17 в. до настоящего времени; характерными особенностями этого р.-а служат живость и свежесть радостного религ. чувства, задушевная теплота и музыкальность, с внешней стороны – свобода мелодического движения, лёгкость темпа и плавность голосоведения и в то же время церковность)* the Greek plain song, the ancient plain chant of the Greek church (in unison).

греши́ть *см.* **согреши́ть.**

гре́шник sinner, a sinful human, trespasser, wrongdoer, *библ.* outcast, evildoer, transgressor ◊ **г.-и** *библ.* evil men; **нераскаявшийся г.** impenitent [unrepentant] sinner; **смире́нный г.** lowly sinner.

гре́шница *жен. см.* **гре́шник.**

гре́шный sinful ◊ **г.-ая душа** sinful soul; **г.-ая жизнь** sinful life; **г. человек** sinful man *(см. тж* **грехо́вный).**

григориа́нский Gregorian ◊ **г. глас** the Gregorian tone; **г. календарь** *(по имени проведшего календарную реформу в 1582 Папы Римского Григория XIII, к-рый исправил отставание счёта времени на 11 с лишним минут в год юлианского календаря; это отставание, имевшее в 16 в. 10 дней, в 20 в. составило уже 13 дней)* the Gregorian calendar; **г.-ого календаря не было до 1582, г. календарь существует только с 1582** the Gregorian calendar had no existence until 1582; **г.-ое летосчисление** the Gregorian Computation; **она умерла 4 октября по г.-ому календарю** she died on October 4 by the Gregorian calendar; **по г.-ому календарю** by the Gregorian calendar; **простая г.-ая мелодия** *лат.* cantus firmus.

Григориа́нский университе́т *(тж Па́пский Григориа́нский университе́т иезуитов в Риме, основан в 1551 <Collegium Romanum> св. Игнатием Лойолой с одобрения папы Юлия III) лат.* (Pontificia Universita) Gregoriana.

григориа́нский хора́л *(песнопения катол. церкви в Средневековье; г. х. – одноголосное пение без аккомпанемента, имеющее 8 мелодий гласов)* (Gregorian) choral(e), *лат.* cantus gregorianus, cantus planus.

григориа́нское пе́ние *см.* **грегориа́нское пе́ние**.

григориа́нское песнопе́ние *(любое из хоральных песнопений катол. церкви; канонизация текстов и напевов была начата в конце 6 в. при папе Григории I; в рим. катол. церкви григорианские мелодии признаны классическими)* the Gregorian chant, *лат.* cantus gregorianus, cantus planus.

Григо́рий Богосло́в [*реже Г. Назиа́нзин*] *(328-90; один из трёх "вселенских Учителей" Восточной церкви, автор теологических сочинений, проповедей и гимнов, вошедших в обиход правосл. пения, д. п. 25 января / 7 февраля, катол. – 2 января)* St. Gregory of Nazianzus, St. Gregory Nazianzen, St. Gregory the Theologian ◊ *(его труд)* **"Пять слов о богословии"** The Five Theological Orations.

Григо́рий I Вели́кий *(ок. 540-604; Папа Римский с 590; один из четырёх великих Отцов Зап. церкви, тж один из трёх вселенских Учителей Восточной христ. церкви; составил чин литургии преждеосвященных даров; д. п. 12/25 марта)* St. Gregory I the Great [Dialogos], Pope of Rome; Gregory I, Gregory the Great, Gregory the Dialogist, *лат.* Gregorius Magnus ◊ *(его труд)* **"Диалоги о жизни и чудесах италийских Отцов"** The Dialogues.

Григо́рий VII Гильдебра́нд *(ок. 1021-85; Папа Римский с 1073, катол. св., д. п. 25 мая)* St. Gregory VII (Hildebrand).

Григо́рий Двоесло́в *см.* **Григо́рий I Вели́кий**.

Григо́рий Декаполи́т *(борец за иконопочитание, пострадал ок. 820, д. п. 20 ноября / 3 декабря)* St. Gregory of Decapolis.

Григо́рий, еп. Акрага́нский *см.* **Григо́рий, еп. Акраганти́йский**.

Григо́рий, еп. Акраганти́йский *(ум. ок 603; участник 5-го Вселенского собора, д. п. 23 ноября / 6 декабря)* St. Gregory, Bp. of Agrigentum.

Григо́рий, еп., просвети́тель Вели́кой Арме́нии *см.* **Григо́рий Просвети́тель, сщмч.**

Григо́рий Назиа́нзин (Ста́рший), еп. *(ок. 276-374; отец свт. Григория Богослова; д. п. 1/14 января)* St. Gregory Nazianzen the Elder.

Григо́рий Неокесари́йский, имену́емый Фавмату́ргом, т.е. Чудотво́рцем, еп. *(ок. 210-70; по преданию, он много творил чудес и этим знаком Божественной силы привлекал людей к проповеди Евангелия; д. п. 17/30 ноября)*

Григо́рий

St. Gregory of Neocaesarea called "Thaumaturgus", i.e., wonder-worker, St. Gregory Thaumaturgus, St. Gregory the Wonder-Worker.

Григо́рий Ни́сский, еп., свт. *(ок. 331-95; церк. писатель и богослов, заложил основы христ. экзегетики; д. п. 10/23 января, катол. – 9 марта)* St. Gregory(, Bp.) of Nyssa.

Григо́рий Пала́ма *(1296-1359; архиеп. Солунский, византийский богослов, один из идеологов исихазма; д. п. 14/27 ноября)* St. Gregory Palamas, Gregorius Palamas.

Григо́рий Просвети́тель, сщмч. *(ум. ок. 334; "апостол Армении" <the Apostle of Armenia>; проповедник и основатель христ-ва в Армении; д. п. 30 сентября / 13 октября)* St. Gregory, Pr.-M. and the Illuminator of Greater Armenia, St. Gregory the "Illuminator".

Григо́рий Синаи́т *(ок. 1360-1440; подвижник и писатель Византии, св., д. п. 8/21 августа)* St. Gregory the Sinaite.

Григо́рий Ту́рский *(538-94; иначе Георгий Флоренций, богослов; катол. св., д. п. 17 ноября)* St. Gregory of Tours, abt. ◊ *(его труд)* **"История франков"** the History of the Franks, *лат.* Historia Francorum.

Григо́рий Утре́хтский *(ок. 707-75; известен своим миссионерством, катол. св., д. п. 23 августа)* St. Gregory of Utrecht.

Григо́рий Чудотво́рец *см.* **Григо́рий Неокесари́йский, имену́емый Фавмату́ргом, т.е. Чудотво́рцем, еп.**

Гримба́льд Ньюми́нстерский, абба́т *(ум. 903, катол. св., д. п. 8 июля)* St. Grimbald [Grimwald], abbot of New Minster.

гриха́стха *(в индуизме – второй жизненный этап состоящего в браке главы семьи)* grihastha.

гри́хья-су́тры *(поздневедийские сочинения, посвящённые домашнему ритуалу ариев; большинство их относится к сер. 1 тыс. до н. э.)* the grihyasutras.

гроб *(усыпальница в виде комнаты или пещеры и собственно деревянный ковчег для погребения тела умершего)* coffin, sepulcher, bier ◊ **г. Господень, г. Иисуса** *(гробница в форме плоского камня, в к-рой, согласно Евангелиям, был погребён Иисус Христос после снятия с креста и к-рая оказалась пуста после Его Воскресения; находится в Иерусалиме в церкви Гроба Господня <the Church of the Holy Sepulcher>)* the Sepulcher; **г. повапленный** *ц.-сл. библ.* whited [painted] sepulcher.

гробни́ца *(тж* **моги́ла, усыпа́льница***)* burial vault, sepulcher, tomb, entombment; *археол.* cist(vaen), kist(vaen) ◊ **г. в виде башни** tower tomb; **королевская г.** royal tomb; **мраморная г.** marble tomb; **служить г.-ей** to entomb.

гробово́й sepulchral; deathly.

Гро́от, Ге́ерт *(1340-84; мистик, родился в г. Девентер, Нидерланды, получил образование в Парижском университете; основатель конгрегации* **"Бра́тья общи́нной жи́зни"***)* Groote, Geert [or Gerard] de, Gerardus Magnus.

гроссме́йстер *(Великий магистр, глава духовно-рыцарского ордена в Германии)* grand master.

грош св. Петра́ *(ежегодные пожертвования папской казне; являются одной из важных статей дохода рим. курии; в Англии отменены в 1534; в США пожертвования, собираемые в церквах, с 1864 – добровольны)* Peter's pence, Peter's penny, Peter's farthing.

Грузи́нская правосла́вная це́рковь *(автокефальная правосл. церковь; имеет нек-рые отличия в литургических правилах, собственные религ. праздники; с 11 в. глава Г.П.Ц. стал называться католикосом-патриархом, см. патриа́рх; в наст. время имеет 15 епархий на территории Грузии)* the Church of Georgia, the Georgian Church.

Грузи́нская-Раи́фская ико́на Бо́жией Ма́тери *(так именовалась чудотворная икона Грузинской Божией Матери, к-рая находилась в Раифском монастыре в 30 верстах к северо-западу от Казани; празднование 22 августа / 4 сентября)* the Georgian-Raithu icon of the Mother of God.

Гру́ндвиг, Никола́й Фредери́к Севери́н *(1783-1872; датский религ.-общественный деятель, историк и поэт, реформатор церкви и школы)* Grundtvig, Nikolaj Frederik Severin.

грунтова́ть *см.* **левка́сить**.

Грэм, Би́лли *(он же Уильям Франклин; родился в 1918; амер. баптистский священник, евангелистский радио- и телепроповедник; автор ряда книг)* Graham, Billy (William Franklin) ◊ **Евангели́ческая ассоциа́ция Б. Г.-а** *(штаб-квартира в г. Миннеаполисе)* the Billy Graham Evangelistic Association.

грясти́ *(надвигаться, наступать)* to come forth.

Гуа́нь-ди *(китайский бог верной службы; обожествлённый полководец Гуань Юй <Guan Yu>)* Kuan Ti, Kuan-ti.

Гуа́нь(-ши)-инь *(китайский перевод имени буддийского* **бодхиса́т(т)вы** *сострадания* **Авалокитешва́ры***; в Китае, Корее и Японии – одно из наиболее популярных буддийских божеств, обычно выступающее в жен. облике, до 6-10 вв. в муж. облике)* Kuan(-ahih)-yin.

Гуа́нь Юй *см.* **Гуа́нь-ди**.

Гуа́нь Юнь-чан *см.* **Гуа́нь-ди**.

губа́ антими́нсная *(богослужебный предмет, постоянно находящийся на престоле для собирания мелких частиц Тела Христова и вынутых из др. просфор частиц с дискоса в чашу)* sponge, mousa.

губа́ гре́цкая *см.* **губа́ антими́нсная**.

Гу́бер, Самуэ́ль *(ок. 1547-1624; протест. богослов; термин "губеризм" <"Huberianism"> часто употреблялся в связи с догматами о благодати и искуплении, похожими на воззрения Г.-а)* Huber, Samuel.

Гу́берт Бельги́йский, еп. *(ум. 727; катол. св., д. п. 3 ноября; первый еп. Льежский [Люттихский], "апостол Арденн"; с его именем связана легенда о явлении ему в лесу оленя с сияющим крестом между рогов; в 10 в. это дало повод считать Г.-а покровителем охотников)* St. Hubert, bp.

гугено́т *истор.* *(последователь кальвинизма во Франции в 16-17 вв.)* Huguenot.

гугено́тский Huguenotic.

гугено́тство *истор.* Huguenotism.

Гу́го Грено́бльский, еп. *(1052-1132; катол. св., д. п. 1 апреля)* St. Hugh of Grenoble, bp.

Гу́го Клюни́йский, абба́т *(1024-1109; видный церк. деятель, катол. св., д. п. 28 апреля)* St. Hugh of Cluny, abt.

Гу́го

Гу́го Линко́льнский, Ста́рший, еп. *(1140-1200, катол. св., д. п. 17 ноября)* St. Hugh of Lincoln, bp.

Гу́го Сен-Викто́рский *(ум. 1142; средневек. философ и теолог)* Hugh of St.-Victor ◊ *(одна из его работ)* "**Дидаскалик**" The Didascalion.

Гуду́ла Бельги́йская, де́ва *(ум. ок. 712; покровительница Брюсселя, катол. св., д. п. 8 января)* St. Gudula, v.

гул *(колоколов)* clash.

Гула́м Ахма́д, Мирза́ *(ок. 1839-1908; основатель мусульманской секты **ахмади́ны**)* Ghulam Ahmed, Mirza.

гу́льбище *(в древнерусской архит-ре крытая галерея, приподнятая над землёй на столбах или аркадах и идущая вокруг всего здания)* ambulatories; *(открытая галерея)* open arcade, open ground-floor gallery, narthex ambulatories.

гуме́ние *(в православии выстриженный круг на голове священника, символизировавший терновый венец; обычай выстригать **г.** существовал в России до сер. 17 в.)* tonsure.

гуменцо́ *см.* **гуме́ние**.

гумера́л *(льняной платок прямоугольной формы с завязками; он покрывает шею и плечи катол. священника и напоминает ему о том, что, отправляя мессу, он должен отрешиться от всех мирских забот и попечений)* amice, humeral [offertory] veil.

гумилиа́ты *(катол. орден, возникший в первой пол. 12 в. в Милане в виде свободных ассоциаций мирян, затем мужских, женских и смешанных общежитий; в 1571 орден был распущен)* the Humiliati.

Гу́нтер Тюри́нгский, блж. *(аббат, ум. 1045; катол. св., д. п. 9 октября)* Blessed Gunther (of Thuringia), abt.

Гу́нтхард На́нтский, еп., сщмч. *(ум. 843; катол. св., д. п. 25 июня)* St. Gohard, bp. of Nantes.

гурдва́ра *(сикхский храм, святилище)* gurdwara ◊ **смотритель г.-ы** granthi.

Гу́рий, св. мч *(д. п. 1/14 августа и 15/28 августа)* St. Gurias, M.

гу́рия *(в исламе – дева, услаждающая праведников в раю)* houri.

гурму́кхи *(шрифт, изобретение к-рого приписывается второму сикхскому гуру Ангаду; используется для письменности на панджаби; этим шрифтом, имеющим сакральное значение, написаны священные книги сикхов)* Gurmukhi.

гуру́ *(духовный руководитель, учитель в индуистской религии)* guru, goora, gooroo; *(глава религ. общины сикхов в Пенджабе, Индия)* the Guru.

Гус, Ян *(1371-1415; идеолог чешский Реформации, национальный герой чешского народа; осуждён церк. собором в Констанце и сожжён)* Hus(s), John [Jan].

гуси́ты *(сторонники Реформации в Чехии и отчасти в Словакии в 1-ой пол. 15 в., участники гуситского движения, последователи учения Яна Гуса и др. проповедников)* the Hussites.

гусл араб. *(тж* **по́лное омове́ние***; предписанный Кораном очистительный акт, предшествующий молитве; состоит из обмывания чистой водой различных частей тела, полоскания рта и горла и т. п.; сопровождается произнесением молитвенных формул)* ghusl, the greater ablution.

гу́сли *библ. (щипковый муз. инструмент)* lyre.
Гутла́к, прп. *(667-714; катол. св., д. п. 17 апреля)* St. Guthlac.
Гу́ттен, У́льрих фон *(1488-1523; немец. гуманист, ему принадлежат обличительные сочинения против папства в духе идей Реформации)* Hutten, Ulrich von.
Гу́ттер, Леона́рд *(1563-1616; немец. богослов, сторонник строгого ортодоксального лютеранства)* Hutter, Leonhard.
Гу́ттерские бра́тья *истор. (секта, основанная в 1533 Якобом Хутером (сожжён в 1536) в Моравии; преследования привели к переселению в Венгрию и Россию, а в 1874 в Южную Дакоту, США)* the Hutterian Brethren, the Hutterites.
Гу́эций, Пьер Дании́л *(1630-1721; франц. катол. учёный)* Huet, Pierre Daniel.
гха́ты *(спуски к воде священных рек и озёр, часто ступенчатые, украшенные изображениями божеств, святых, мемориальными комплексами; по утрам на* **г.-ах** *совершаются обряды поклонения реке, солнцу; паломники совершают омовение, тем самым освобождаясь от грехов, набирают воду священных рек и озёр в кувшины, чтобы забрать их с собой; нек-рые спускаются по* **г.-ам***, чтобы закончить жизнь в водах священной реки, обычно Ганга, и тем добиться "освобождения")* gha(u)ts.
гхи *(очищенное топлёное коровье масло; имеет в индуизме высокий ритуальный статус; с глубокой древности используется в различных обрядах в качестве подношения богам)* ghee.
гхрита *см.* **гхи**.
Гэлу́г-ба *см.* **Гелу́гпа**.
Гэнси́н *(942-1047; япон. буддийский монах, автор трактата Ojoyoshi <Essentials of Salvation> об основных положениях* **амид(а)и́зма***)* Genshin.
Гюйо́н, Жа́нна Мари́я *(1648-1717; проповедница квиетизма во Франции, мистик)* Guyon, Jeanne Marie Bouvier de la Mothe.
Гю́цлафф, Карл *(1803-51; немец. миссионер и синолог)* Gützlaff, Karl Friedrich August.
гяу́р *тюрк. (презрительное прозвище немусульман у исповедующих ислам, тж* **кафи́р***)* gavur.

Д

Дави́д *библ. (царь Иудеи и Израиля, ок. 1004-965 до н. э.; юноша* **Д.** *победил великана Голиафа; провозглашён царём Иудеи после Саула;* **Д.** *присоединил к Иудее территорию израильских племён и создал государство со столицей в Иерусалиме; согласно Матфею он является прямым предком Христа)* David ◊ **Д. и Ионафа́н** *(перен. – неразлучные друзья)* David and Jonathan; **Д., сын Иесе́я** David the son of Jesse; **покая́ние проро́ка Д.-а** the Penance of King David; **царь Д.** King David.
Дави́д Аугсбу́ргский *(ок. 1200-72; немец. писатель, францисканец; обучал* **нови́циев** *сначала в Регенсбурге, потом в Аугсбурге; плодом этой дея-*

Давид

тельности Д.-а был ряд трактатов для новициев, среди к-рых два на немец. языке – прекрасные образцы ранней немец. прозы) David of Augsburg.

Давид Динайский *(ум. 1200, философ-пантеист, осуждённый церковью за то, что полагал, что Бог, разум и материя в основе своей тождественны и образуют единую субстанцию)* David of Dinant.

Давид Меневийский, еп. *(5-6 вв., покровитель Уэльса, катол. св., д. п. 1 марта)* St. David, bp. of Mynyw [Menevia] ◊ **День св. Д.-а** *(1 марта, национальный праздник Уэльса)* St. David's Day.

Давид Солунский [Фессалоникийский], отшельник *(ум. ок. 540, д. п. 26 июня / 9 июля)* Venerable David, Hermit.

Давид, Христиан *(1691-1751; родился в Моравии, по профессии плотник; один из основателей братской общины* **гернгутеров** *и автор многих духовных гимнов; в качестве миссионера ездил в Гренландию, Голландию, Пенсильванию и Лифляндию)* David, Christian.

Давикт Эфесский, мч. *(ум. ок 312; отец св. Каллисфении <Callisthene> Эфесской; д. п. 4/17 октября)* St. Adauctus of Ephesus, M.

Давир *библ. (1. город; 2. царь Еглонский; 3. святое святых, самое священное место в Иерусалимском храме)* Debir.

"Да возвеличится" *(одно из песнопений катол. церкви; тж* **"Магнификат"**) *лат.* Magnificat.

Давuд *см.* **Давид**.

дагоба *(в архит-ре Шри-Ланки буддийский куполообразный мавзолей, сооружение, хранящее священные реликвии)* dagoba, dagaba.

Дагоберт II, король Австразии, мч. *(ум. 679; катол. св., д. п. 23 декабря)* St. Dagobert II of Austrasia.

Дагон *библ. (бог плодородия и погоды в Финикии, Палестине и Месопотамии)* Dagon.

Дада, Максим и Квинтилиан, свв. мчч. *(3 в.; д. п. 28 апреля / 11 мая)* Sts. Dadas, Masimus and Quinctillianus, Ms.

дайва *см.* **дэв(а)**.

Дайе, Жан *(1594-1670; франц. протест. богослов; написал 724 проповеди)* Daillé, Jean.

д'Айи, Пьер *см.* **Альи, Пьер**.

дайтьи *(в индуистской мифологии разряд демонов-асуров, сыновей Дити от Кашьяпы; противники богов, они объединяются с данавами, своими сводными братьями)* daityas.

дакини *(демонические и полубожественные существа жен. рода, в индуистском тантризме и фольклоре спутницы богини Кали; едят сырое мясо и характеризуются каннибальскими наклонностями)* dakini.

дакма *см.* **дахма**.

Дакша *(в ведийской и индуистской мифологии божество группы* **Адитьи**) Daksha.

дакшина *(1. вознаграждение брахману за совершение обряда; 2. название одного из 3 жертвенных огней ведийского обряда)* dakshina.

далай-лама *(с 1391 титул первосвященника ламаистской церкви в Тибете; с 1959 находится в эмиграции)* Dalai Lama.

Дали́да *библ. (любимая Самсоном женщина, к-рая предала его филистимлянам)* Delilah.

Дали́ла *см.* **Дали́да**.

Далману́фа *(место, куда направился в лодке Иисус после второго умножения хлебов)* Dalmanutha.

Далману́фские преде́лы *библ. (селение на западном берегу Галилейского озера, близ Магдалы)* the district of Dalmanutha.

далма́тика 1. *англик., катол. (верхнее одеяние диакона и др. духовных лиц, надеваемое в торжественных случаях; надевается через голову поверх* ***а́льбы*** *с двумя вертикальными цветными полосами <clavi>; д. диакона – того же цвета и из того же материала, что и* ***ри́за 1.*** *служащего мессу священника)* dalmatic; **2.** *(в византийском искусстве – просторная туника с длинными рукавами)* tunic with long sleeves.

Далфо́н *библ. (второй сын Амана, главного визиря персидского царя Артаксеркса)* Dalphon.

Да́марь *библ. (афинянка, обратившаяся в христ-во после речи ап. Павла)* Damaris.

Дама́с I, св. *(ок. 304-84; Папа Римский, д. п. 11 декабря)* St. Damasus I.

Дамиа́н *(см.* ***Косма́ и Дамиа́н, свв. мчч., бессре́бреники)*** St. Damian.

Дамиа́ни, Пётр *(1007-72; представитель ранней схоластики, Учитель Церкви; катол. св., д. п. 21 февраля)* St. Peter Damian, Bp., dr. (a Doctor of the Church), *итал.* Damiani, Pietro.

Дамие́н, оте́ц Ио́сиф, блж. *(1840-89; бельгийский миссионер, известен своей работой среди прокажённых на Гавайском острове Молокай)* Father (Joseph de Veuster) Damien.

"Да молча́т вся́кая плоть челове́ча..." *ц.-сл. (древний гимн, исполняемый в Великую субботу)* Let all mortal flesh keep silent – .

Дан *библ. (1. прародитель небольшого израильского племени, пятый сын Иакова и первенец Ваалы, служанки Рахили; 2. географическое название)* Dan ◊ **от Да́на до Вирса́вии** *библ. (так часто обозначалась Святая земля, потому что город Д. находился на крайнем севере Израиля, а город Вирсавия находился на крайнем юге; перен. – от одного конца страны до другого, повсюду, везде)* from Dan to Beersheba; **член коле́на Да́на [Д.-ова]** Danite.

да́на *(подаяние, лишённое всякого личного расчёта; одна из десяти основных добродетелей буддиста)* санскрит dana.

да́нда *(в индуизме символ власти и силы, в т.ч. иногда и сексуальной мощи)* danda.

Да́нджур *см.* **Га́нджур**.

Дании́л *библ. (по происхождению из знатной иудейской семьи, его книга входит в состав Ветхого Завета; Бог наделил его необыкновенной мудростью, а тж способностью с помощью видений прорицать будущее, разгадывать сны и загадочные письмена)* Daniel ◊ **Кни́га проро́ка Д.-а** *библ.* (The Book of) Daniel.

Дании́л Моско́вский, св. благове́рный князь *(ум. 1303; д. п. 4/17 марта)* St. and most Orthodox Prince Daniel Alexandrovich (*см.* **Свя́то-Дани́лов мужско́й монасты́рь**).

Даниил

Дании́л, проро́к, и три о́трока: Ана́ния, Аза́рий и Миса́ил *(600 до н. э.; д. п. 17/30 декабря, катол. – 21 июля)* St. Daniel, and Sts. Three Youths, Ananias, Azarias, and Misael.

Дании́л Сто́лпник *(ок. 409-93; провёл жизнь в подвижничестве; обладал даром прозорливости и творил чудеса; д. п. 11/24 декабря)* Daniel the Stylite.

да́нкеры *(протест.-баптистская секта, возникшая в Германии в 1709 под руководством Александра Мака (1679-1735) <Alexander Mack> и быстро распространившаяся в Голландии и Швейцарии; в 1719-29* ***д.*** *переселились в США, спасаясь от преследований; в 1880-х гг. разделились на "прогрессистов" <the Progressives> и "консерваторов" <the Conservatives ('Old Church')>; с 1908 официальное название "Церковь братьев" <'Church of Brethren'>; сейчас насчитывается ок. 230 тыс.* ***д.-ов****; их общины имеются в 35 штатах США; их священники не получают зарплату, им запрещено давать клятвы и обращаться к помощи закона, они обязаны носить простую одежду и не иметь оружия)* the Dunkers, the Dankards, the Tunkers, the Dippers.

Да́о *(главный символ даосской религ.-культовой системы – закон бытия, космоса, универсальное единство мира, "путь", по к-рому следует всё в этом мире)* the Tao ◊ **путь Д.** the Way.

Даоа́нь *(312-85; южно-китайский буддийский мыслитель и практик)* Tao-an.

"Да́о дэ Цзи́н" *("Книга о пути и благодати", наиболее значительный трактат философии даосизма)* the Tao-te ching ("The Book of the Way and Its Power").

даоси́зм *(филос. учение в Китае в 4-3 вв. до н. э., на основе к-рого во 2 в. н. э. складывается религия, получившая то же название)* Taoism.

дао́сский Taoist(ic).

Даосюа́нь *(596-667; китайский монах, историограф и автор трудов по буддийскому монашеству)* Tao-hsuan.

"Да́о Цза́н" *("Сокровищница даосских писаний"; полное собрание сочинений даоси́зма)* Tao-tsang, "Repository of the Tao", "Taoist canon".

дар I *(подарок)* gift.

дар II *(пожертвование)* donation, donative; *(приношение)* donary ◊ **делать д.** *(на благотворительные цели)* to endow; **он делал дары церквам и монастырям** he endowed churches and monasteries; **"Приношение даров"** *(иконографическая композиция)* The Bringing of Offerings.

дар III *(талант от Бога, Божий дар)* (divine) gift, charism(a) ◊ **д. исцеления** the gift of healing; **д. предвидения** the gift of prevision; **д. чудотворения** the gift of performing miracles; **иметь д. к** *(иностранным)* **языкам** to have the gift of tongues; **обладать пророческим д.-ом** to be gifted with the ability to prophecy; **он одарён был (высоким) д.-ом совершения чуда** he was gifted with the ability to perform miracles; **относящийся к семи д.-ам** *(Святого Духа) прил.* sevenfold; **пророческий д.** the gift of prophecy, the vision of a prophet; **Семь д.-ов Святого Духа** *(премудрости, разума, совести, крепости, видения, благочестия, страха Господня)* the Seven gifts of the Holy Spirit (wisdom, understanding, counsel, fortitude [might], vision, piety, fear of the Lord).

Дарази́, Муха́ммед ибн Исмаи́л ад- *(ум. 1020; исмаилитский проповедник)* Darazi, Muhammad ibn Isma'il ad-.

дар аль-ислáм *(собир. обозначение всей совокупности стран, находящихся под властью мусульманских правителей, жизнь в к-рых полностью регулируется шариатом)* Dar al-Islam.

Дарбáр Сахи́б *см.* "**Золотóй храм**".

Дáрби, Джон Нéльсон *(1800-82; протест. богослов, экзегет)* Darby, John Nelson.

дарби́сты *(см. Пли́мутские брáтья)* the Darbyites.

дáрвиш *см.* **дéрвиш**.

дарéние *(пожертвование)* donation.

"**Дарéние Константи́на**" *см.* "**Константи́нов дар**".

Дáрий *см.* **Арéй**.

дари́тель *см.* **донáтор**.

дари́тельница *жен. см.* **донáтор**.

Дáрия Ри́мская, св. мц. *(супруга мч. Хрисанфа <Chrysanthus>; ум. 283; д. п. 19 марта / 1 апреля, катол. – 25 октября)* St. Daria, m.

"**Дар королéвы А́нны**" *(англ. благотворительный фонд в поддержку нуждающегося духовенства; основан королевой Анной в 1704; с 1948 в ведении Церковной комиссии <the Church Commissioners>)* the Queen Anne's Bounty.

даровáть прощéние to grant a pardon.

даронóсица *(небольшой металлический ковчежец [ящик, ларец], в к-рый помещают преждеосвященные [запасные] Святые Дары для причащения больных на дому) англик., катол.* pyx, eucharistial, custodial, *правосл.* margarita, sceuophorion, portable tabernacle ◊ **шёлковый** *или* **кружевнóй плат для накрывания д.-ы** *катол.* pyx cloth, pyx veil, Corpus Christi cloth.

дароприношéние *см.* **проскоми́дия**.

дарохрани́тельница *(богослужебный сосуд, часто в виде храма, в к-ром хранятся запасные Святые Дары: кусочки освященного хлеба, запасного Агнца, заготовленного в Великий четверг для тех верующих, к-рых по болезни необходимо причащать на дому; находится на престоле)* tabernacle, repository for Holy Gifts, a large pyx on the table; *греч.* artophorion; *катол.* (re)monstrance, sacrament house; ostensorium, ostensory, sacrarium, ciborium, *правосл.* margarita; *(в виде висячего голубя)* hanging Eucharistic dove ◊ **храни́ть запасны́е Св. Дары в д.-е** to pyx.

"**Дáруй нам мир**" *(начальные слова катол. песнопения) лат.* Dona nobis pacem.

Дарýма *см.* **Бодхидхáрма**.

дáршана 1. *(в индуизме общее название для каждой из шести ортодоксальных школ: ньяя, вайшéшика, мимáнса, ведáнта, сáнкхья и йóга)* dars(h)ana ◊ **шесть (ортодоксáльных) даршан** six systems of Indian philosophy, *санскрит* shad darshana **2.** *(в буддизме – самооткровение божества своим приверженцам)* darshana.

дары́ ◊ **возношéние д.-ов** *катол.* ostension, the exposition of the Host; **запасны́е д.** reserved Sacrament, reserved Gifts; **освящённые д.** the consecrated bread and wine in the Eucharist, the Holy Gifts, *греч.* Hagia; *катол.* the consecrated Host, the consecrated Sacrament, the consecrated Eucharistic wafers.

дары Пятидеся́тницы *(пятидесятнические дары; основной догмат учения пятидесятников)* the Pentecostal gifts ◊ **"Одному дается Духом слово мудрости, другому слово знания, тем же Духом; иному вера, тем же Духом; иному дары исцелений, тем же Духом; иному чудотворения, иному пророчество, иному различие духов, иному разные языки, иному истолкование языков"** *(Первое послание к коринфянам 12:8-10)* 'For to one is given by the Spirit the word of wisdom; to another the word of knowledge by the same Spirit; to another faith by the same Spirit; to another the gift of healing by the same Spirit; to another the working of miracles; to another prophecy; to another discerning of spirits; to another various kinds of tongues, and to another the interpretation of tongues'.

Дары́ Свято́го Ду́ха *(см. дар III – Семь даро́в)*.

Дары́ Святы́е *(хлеб и вино, освящённые и пресуществлённые в Тело и Кровь Христовы во время совершения евхаристии)* the Sacrament, the sacrament of bread and wine, the Eucharistic bread and wine, the elements, the hagia ◊ **преждеосвященные Д. С.** the reserved Sacrament, the reserved Host.

"Да́сван Грантх" *(хинди – "Книга десятого (Гуру)" <"the book of the tenth (Guru)">; сборник сочинений Гобинд Сингха, к-рую сикхи почитают наравне с "А́ди Грантх")* Dasam Granth.

"да святи́тся и́мя Твое́" *(из молитвы "Отче наш")* 'hallowed be Thy name'.

Да́сера *(праздник, прибл. соответствующий осеннему равноденствию и отмечаемый почти по всей Индии в первые 10 дней светлой половины месяца ашвина <Asin> – сентябрь-октябрь)* Dassera, Dashahara.

Дас Мила́нский, еп. *(ум. 552; катол. св., д. п. 14 января)* St. Datius, bp. of Milan.

дата́рий *(кардинал, глава **дата́рии**)* (the head of the) datary; *лат.* Cardinalis Datarius.

дата́рия *(отделение рим. курии, рассматривающее кандидатов на приходские должности)* datary, dataria.

дати́рование *см.* **датиро́вка**.

дати́ровать *(напр. произведение искусства)* to date (to, from), to establish the date (of) ◊ **неверно д.** to misdate.

дати́роваться *см.* **восходи́ть к ... вре́мени**.

датиро́вка *(определение возраста, напр. произведений искусства)* dating ◊ **д. археологических находок** archaeometry; **поддающийся д.-е** datable.

да́хма *(возвышенность или сооружение для зороастрийских заупокойных ритуалов)* dakhma.

дахриа́, ад- *(термин, употребляемый мусульманскими авторами в отношении тех, чьи взгляды противоречат их представлению о сотворении мира во времени)* Dahriyah.

дахри́ты *см.* **дахри́а, ад-**.

Да́ша(х)ра *см.* **Да́сера**.

Д'Ашери́, Жан *(1609-85; бенедиктинский монах, один из основателей учёной конгрегации мавристов)* D'Achéry, Jean Luc.

дая́ние *(тж дар II, подая́ние)* donation; offering ◊ **доброхотное д.** donative.

два́йта(-веда́нта) *(философско-теологическая доктрина Мадхвы (1238-1317)*

<Madhava>, крупного вероучителя веданты; теистическая реакция на адвайту) Dvaita (Vedanta).

дванадесятый см. **двунадесятый**.

Дваравати см. **Двар(а)ка**.

Дварака (город в штате Гуджарат на берегу Аравийского моря, на западе полуострова Катхиавар, место паломничеста индуистов; город был столицей Кришны после того как он, по индуистской мифологии, увёл свой народ (ядавов) из Матхуры и построил морскую крепость; по названию столицы нового государства ядавов Кришна получил имя Дварканатх; так называется и главный храм **Д.**) Dwarka, Dvaraka.

Дварика см. **Дварака**.

двекут иврит (в иудаизме единение души с Всевышним, осуществляемое посредством восторженной молитвы и проникновения в её тайный смысл) devekut.

"Двенадцатилетний Иисус в Храме" (иконографический сюжет западных художников; Ев. от Луки 2:41-47) The Finding in the Temple.

двенадцать апостолов (в Новом Завете – двенадцать ближайших учеников Иисуса Христа (по алфавиту): Андрей <Andrew>, Варфоломей <Bartholomew>, Иаков Алфеев <James (son of Alphaeus)>, Иаков Старший и Иоанн Богослов, сыновья Зеведея <James and John, sons of Zebedee>, Иуда Искариот <Judas Iscariot>, Матфей мытарь <Matthew [Levi]>, Матфий (после распятия Христа Его ученики, чтобы сохранить число двенадцать, считавшееся у иудеев священным, вместо Иуды Искариота избрали Матфия) <Matthias>, Петр (Симон) <Simon Peter>, Симон Зилот (др. прозвище – Канонит) <Simon the Cananaean> (also called the Zealot), Фаддей (Иуда Леввей) <Jude> (identified with Thaddaeus), Филипп <Philip>, Фома <Thomas [Didymus]>; примечание: апостолом называл себя Павел, хотя он не был учеником Иисуса) the Twelve Apostles [or Disciples], the Twelve.

двери диаконские (две одностворчатые двери, расположенные в иконостасе по сторонам от царских врат; служат для входа в алтарь церковнослужителей и духовенства; название происходит от традиции изображать на **д.-ях д.-х** первомученика архидиакона Стефана (1 в.) и рим. архидиакона Лаврентия (3 в.); иногда на **д.-ях д.-х** помещаются изображения архангелов; тж **врата диаконские**) the deacons' doors.

двиджа (название лиц, принадлежащих к одной из трёх высших **варн** в древнеиндийском обществе) dvija.

движение духовного возрождения см. **ревивализм**.

"Движение Иисуса" (молодёжное движение, возникшее в США в 1970-е гг.; отвергает все христ. церкви, считает, что учение Христа надо распространять, постоянно рассказывая о нём) the Jesus movement.

движение трактарианцев см. **Оксфордское движение**.

движки (в иконописи – короткие светлые штрихи, к-рые наносятся на выпуклые части лица и обнажённого тела) fine white lines round the eyes, forehead, nose, etc.

двоебожие (доктрина, допускающая существование двух Богов) ditheism, bitheism.

двоебрачие (тж **второбрачие**) deuterogamy, digamy; the second marriage.

двоеве́рец one who practices two different religions.

двоеве́рие *(сохранение в религ. вере и обрядности языческих черт)* belief in two different religions.

двоенадеся́тница святы́х апо́столов the list of the names of the Twelve (Apostles).

двор ◊ **вну́тренний д.** *(замка, здания, колледжа и т. п.)* courtyard; **вну́тренний д. храма** *(в древней архит-ре)* peribolos, peribolus; **д. первосвяще́нника, д. первосвяще́ннический** *(дворец; Ев. от Иоанна 18:15)* the palace of the high priest; **церко́вный д.** parvis.

двугла́вый орёл *(византийский герб, усвоенный в России после брака Иоанна III с Софией Палеолог, племянницей последнего византийского императора Константина IX Палеолога; на обороте герба изображён св. вмч. Георгий, поражающий змия)* double(-headed) eagle.

двунадеся́тые пра́здники *(12 наиболее значительных [великих] праздников русского православия; ими являются (по алфавиту):* Благовещение Пресвятой Богородицы (25 марта/7 апреля) <the Annunciation of the Mother of God>; Введение во Храм Пресвятой Богородицы (21 декабря/4 января) <the Presentation in the Temple of Our Most Holy Queen, Mother of God>; Воздвижение Честного и Животворящего Креста Господня (14/27 сентября) <the Exaltation of the Honoured and Life-giving Cross>; Вознесение Господне (переходящий праздник) <the Ascension of Our Lord Jesus Christ>; Вход Господень в Иерусалим (переходящий праздник) <the Entry of Our Lord into Jerusalem>; День Святой Троицы. Пятидесятница (переходящий праздник) <Trinity Sunday, Pentecost>; Крещение Господне [Богоявление] (6/19 января) <Theophany>; Преображение Господне (6/19 августа) <the Transfiguration of Christ>; Рождество Пресвятой Богородицы (8/12 сентября) <the Nativity of the Mother of God>; Рождество Христово (25 декабря / 7 января) <the Nativity of Christ>; Сретение Господне (2/15 февраля) the Meeting of the Lord, the Presentation of Christ in the Temple>; Успение Пресвятой Богородицы (15/28 августа) <the Dormition>*)* the Twelve Major Festivals, the Twelve Great Feasts, the Twelve Festivals-Days of the Church.

двупе́рстие *(сложение перстов для крестного знамения; в нём большой перст соединяется с третьим и четвёртым, и к челу прилагаются два перста, т. е. первый и второй; употребляется старообрядцами)* a sign of the cross made with two fingers.

двупе́рстник *(старообрядец)* one who crosses himself with two fingers; Old Believer.

двупе́рст(н)ый two-fingered; with two fingers.

двусве́чие *(подсвечник на две свечи)* double-branched candlestick, candelabrum with two arms.

двусве́чник см. **двусве́чие**.

двусве́щник см. **двусве́чие**.

деамбулато́рий *(в западноевроп. архит-ре романского и готического стилей – обходная галерея вокруг хора в апсидной части храма)* deambulatory.

Деби́р см. **Дави́р**.

Débо́ра см. **Дево́ра**.

дéва *(незамужняя взрослая девушка, к-рая не вступила ещё в половую связь с мужчиной)* virgin ◊ **мудрые и неразумные д.-ы** *библ.* the wise and foolish virgins; **непорочные д.-ы** *библ.* pure virgins.

Девадáтта *(один из легендарных современников Будды, входивший в число старших членов его монашеской общины; по преданию, Д. пытался захватить руководство общиной и неоднократно покушался на жизнь Будды; рассказы об эпизодах борьбы Д.-ы против Будды часты в буддийских притчах)* Devadatta.

Дéва Мари́я *(церк. наименование Марии, матери Иисуса, родственницы Елисаветы, матери Иоанна Крестителя)* the Virgin Mary, Despoina; *(в Зап. христ-ве)* the Blessed Virgin; *катол.* Our Lady; *лат.* Mater Dolorosa ◊ *(эпитет Д.-ы М.-и – "звезда моря")* *лат.* Maris Stella, Stella Maris; **культ Д.-ы М.-и** *см.* **культ Дéвы Мари́и**; **(Пре)свята́я Д.** *(Дева Мария)* the Holy Virgin, *лат.* Sancta Virgo, *сокр.* S.V.; **Пресвята́я, Пречи́стая, Преблагословéнная, сла́вная Влады́чица на́ша Богорóдица и Присноде́ва Мари́я** *правосл.* Our All-Holy, immaculate, most blessed and glorified Lady, Mother of God and Ever-Virgin Mary; **учéние о Д.-е М.-и** *катол. богосл. (как о высшем из всех творений Божьих; тж как о матери Сына Божьего)* Mariology.

девáта *(божество в индуизме)* devata, dewata, diwata.

Деввóра *см.* **Девóра**.

Де Вéтте, Вильгéльм Мáртин Лéберехт *(1780-1849; немец. протест. богослов и библеист)* De Wette, Wilhelm Martin Leberecht.

Дéви *(богиня – жена Шивы, в индуизме – воплощение материнства)* Devi, Bhavani.

деви́чество maidenhood.

Девомáтерь *(Богоматерь)* the Virgin Mother.

Девóра *библ. (пророчица, предательница израильских племён, одна из "судей израилевых", другая Д. – кормилица Ревекки)* Deborah.

дéвственник 1. virgin; 2. *(жен. монастырь)* nunnery.

дéвственница virgin, vestal ◊ **вести жизнь д.-ы** to live a virginal life.

дéвственность virginity, chastity ◊ **обет д.-ти** vow of chastity, vow of virginity.

дéвство *(тж безбрáчие)* virginity, celibacy.

девтероканони́ческий *см.* **дейтероканони́ческий**.

девятиглáвый *(о храме)* nine-domed.

девяти́ны *(поминовение по усопшим у правосл. христиан, совершаемое на девятый день после кончины)* funeral repast [prayer] for the dead on the ninth day, the ninth day's obit.

девя́тый час *(в службах суточного круга соответствует третьему часу пополудни; в часу девятом вспоминается смерть Господа Иисуса Христа)* None(s), *греч.* hora enate.

Дездеди́т Кентербери́йский, архиеп. *см.* **Адеодáт Кентербери́йский, архиеп.**

Дезидéрий Каóрский, еп. *(ум. 655; катол. св., д. п. 15 ноября)* St. Desiderius, bp. of Cathors.

деи́зм *(филос.-религ. учение, к-рое признаёт существование Бога только в качестве первопричины мира; согласно д.-у, Бог лишь создал Вселенную, а затем не вмешивается в происходящие в ней процессы; сторонниками д.-а были Вольтер, Руссо, Лессинг и др.)* deism.

déисис *см.* **déисус**.

деиси́сный чин *см.* **деису́сный чин**.

деист *(последователь деи́зма)* deist.

деисти́ческий *(относящийся к деи́зму)* deistic(al).

déисус *(икона или группа икон, имеющая в центре изображение Христа, а справа и слева от Христа – Богоматери и Иоанна Предтечи, представленных с жестом молитвенного обращения)* Deisis ◊ **д.-ы бывают оглавные, оплечные, поясные и с фигурами во весь рост** in Deisis compositions the figures may be depicted as heads only, from the shoulders up, half-length, or full-length; **д. поясной** half-length Deisis.

деису́сный ряд иконоста́са *см.* **деису́сный чин**.

деису́сный чин *(многоиконная композиция, в центре к-рой находятся три иконы деисуса, а далее по обеим сторонам симметрично расположены иконы архангелов, апостолов и др. святых; является частью иконостаса)* the Deisis (tier), the Deisis row of the iconostasis.

деификáция *(наделение объекта Божественной природой)* deification.

дéйственный призы́в *(важный термин реформатского богословия; действие Божественной благодати, обращённое к конкретному человеку и приводящее его к спасению)* effectual [internal] calling.

дéйствие Ду́ха Свято́го operation of the Holy Spirit.

действи́тельное прису́тствие *богосл. (Тела и Крови Христа в евхаристическом хлебе и вине)* real [actual] presence.

дейтероканони́ческий *(о библ. писаниях; катол. понятие, введённое в 16 в. и обозначающее писания, принадлежность к-рых к канону Священного Писания порою оспаривалось, но они всё-таки признаны катол. церковью в качестве канонических)* deuterocanonical ◊ **д.-е книги Нового Завета** antilegomena.

декало́г *см.* **десятисло́вие**.

декáн *англик., катол. (старший священник кафедрального собора или капитулярной церкви; в первое время существования монашества оно делилось на десятки, и старший над 10 монахами назывался д.)* dean ◊ **окружной д.** *(старший священник в группе приходов)* rural dean.

Декапо́лис *греч. см.* **Десятигра́дие**.

Декапо́ль *см.* **Десятигра́дие**.

Деклара́ция религио́зной терпи́мости *(в Англии были приняты четыре: в 1662, 1672, 1687 и 1688)* the Declaration of Indulgence.

деко́р *архит. (система декоративных элементов сооружения, напр. фасада, интерьера)* франц. décor ◊ **д. собо́ра** décor of a cathedral.

декрета́лия *(с кон. 4 в. постановление Папы Римского в виде послания; д.-и составляют главное содержание "Ко́рпуса канони́ческого пра́ва")* decretal (epistle).

дéлание *(работа, труд)* work ◊ **духовное д.** *("жизнь по Христу" и "во Христе", заключающаяся в добродетельной жизни, молитве, соучастии в богослужении и т. п.)* spiritual and devotional work *or* life, inward spiritual activity.

"делá пло́ти" *библ. (перечень поступков, считающихся порочными: беспорядки <disturbances>, блуд <immorality>, волшебство <sorcery>, вражда <enmities>, вспышки гнева <outbursts of anger, angry tempers>, ереси*

<factions>, зависть <envying>, злоба <evil>, злонравие <malice>, идолослужение <idolatry>, коварство <deceit>, лукавство <wickedness>, любостяжание <greed>, наговоры <slanders>, надменность <arrogance>, нашёптывания <gossip>, неправда, нечистота <impurity>, объедание <carousing>, пьянство <drunkenness>, разлады <dissensions>, распри <disputes>, распутство <sensuality>, ревность <jealousy>, ссоры, раздоры <strife>, убийства <murders>) the deeds of the flesh.

дела́ религио́зные *см.* дела́ церко́вные.

де́латель worker.

дела́ церко́вные spirituals, *лат.* res ecclesiasticae.

де́ло Бо́жье God's works.

де́ло, относя́щееся к ве́ре the matter of faith.

де́льфина *(подсвечник с украшениями)* candlestick with adornment, an elaborately made candlestick.

Дельфи́на Сабра́н, блж. *(1283-1360; катол. св., д. п. 26 сентября)* Blessed Delphina.

Дельфи́н Бордо́ский, еп. *см.* **Дофи́н Бордо́ский, еп.**

Де́мас *см.* Ди́мас.

деме́ственник *см.* пе́вчий.

деме́ственное пе́ние *(стиль древнерусского церк. пения, применявшийся в торжественных случаях в 15-17 вв.)* the ancient plain chant of the Greek church (in unison).

деме́ство *см.* деме́ственное пе́ние.

деме́стик *см.* пе́вчий.

Демиу́рг *(в философии Платона творческое начало мироздания; идеальное первоначало, дух, творящий мир)* Demiurge.

демиу́рг *(у гностиков – творец материального мира; христ. Бог в отличие от д.-а творит мир из ничего и творит всё, видимое и невидимое, а не только материю)* demiurge, demiurgos, demiurgus.

демиурги́ческий demiurgic(al), demiurgeous.

де́мон *(восставший против Господа ангел – диавол, к-рый не признаёт Христа Сыном Божьим, но служит Сатане)* daimon, d(a)emon ◊ **обиталище д.-ов** Pandemonium.

демони́зм demonism.

де́мон-искуси́тель *см.* а́нгел тьмы́.

демони́ческий *(тж* **бесо́вский, дья́вольский***)* demonic(al), demoniac, daemonic, daimonic, daimonistic.

демонола́трия *(поклонение демонам)* demonolatry.

демоноло́гия *(учение о демонах, злых духах, составная часть многих античных религ.-филос. систем, теоретическая основа оккультно-магической практики – искусства работы с демонами)* demonology.

демонологи́ческий demonologic(al).

дена́рий св. Петра́ *см.* грош св. Петра́.

Дени́, св. *(ум. ок. 258; родился в Италии; в 250 был послан в Галлию вместе с шестью др. епископами, первый еп. Парижа, покровитель Франции, известен тж как* **Диони́сий Пари́жский** *<Dionysius of Paris>)* St. Denis [St. Denys, St. Dionysius] of Paris.

Денифле

Денифле, Генрих Сузо *(1844-1905; историк церкви, доминиканец)* Denifle, Heinrich Seuse.

Денница *славянский см.* **Люцифер**

денница 1. *библ. (утренняя заря)* dawn; **2.** *(утренняя звезда)* morning star.

деноминация *(1. тж* **вероисповедание, конфессия**; *2. тип религ. организации)* denomination ◊ **на собрании были представители всех сект и д.-й** the meeting was attended by all sects and denominations; **относящийся к** *какой-л.* **церк. д.-и** denominational; **руководство** *какой-л.* **церк. деноминации** denominational leaders; **школа с учащимися одной церк. д.-и** denominational school.

день ангела *см.* **тезоименитство**.

день воскресный *библ. ("Откровение" 1:10)* the Lord's day.

день вступления монарха на престол *англик. (отмечается спец. богослужением)* the accession day.

деньги на епитрахиль *англик. (деньги, уплаченные священнослужителю за исполнение приходских функций: совершение крещения, бракосочетания и т.п.)* surplice [stole] fee.

День гнева *(день Страшного суда)* the day of wrath.

"День гнева" *катол. (песнопение о Судном дне, входящее в заупокойную мессу) лат.* "Dies irae".

"день Господа нашего Иисуса Христа" *(см.* **"день Иисуса Христа"**) *(Первое послание к коринфянам 1:8)* the day of our Lord Jesus Christ.

день Господень *(в пророческих книгах Ветхого Завета – Книга пророка Амоса, Исаии – Судный день человечества)* the Day of Yahweh; *(в позднейших редакциях)* the Day of the Lord.

День Иерусалима *(еврейский праздник, отмечаемый в Иерусалиме)* the Jerusalem Day, *иврит* Yom Yerushalayim.

"день Иисуса Христа" *библ. (день, когда в конце времён появляется Бог, чтобы восторжествовать над своими врагами и принести народу Израиля счастье; Послание к филиппийцам 16:20-21)* the day of Jesus Christ.

День катастрофы (и героизма) *(в иудаизме – праздник, установленный в память* **холокоста**) the "Holocaust Day", *иврит* Yom ha-Shoah.

День независимости государства Израиль *(день образования совр. государства Израиль)* the State of Israel's Independence Day, *иврит* Yom ha'Atsma'ut.

день очищения *библ. ("Левит" 23:28)* a day of atonement.

День покаяния *см.* **Пепельная среда**.

День поминовения всех усопших *катол. (2 ноября)* All Souls' Day.

день *(какого-л.)* **святого** a saint's day, a feast day (of a saint).

День Святого Духа *(в православии особый праздник в честь Святого Духа, празднуется на следующий день после Пятидесятницы, посвящён величию Пресвятого и Животворящего Духа; праздник в честь Св. Духа начинается вечерней, к-рая совершается непосредственно за литургией Троицына дня; за этой молитвой читаются особые три молитвы, составленные св. Василием Великим; во время чтения их молящиеся в первый раз после Великого поста преклоняют колена)* the Feast of the Holy Spirit ◊ **понедельник Св. Духа** the Trinity Monday; *(в Зап. христ-ве – поне-*

дельник после Пятидесятницы; в Англии и Ирландии официальный выходной день <bank holiday>) Whit(sun) Monday, Whitmonday, the Day of the Spirit.

день Святой Троицы см. **Троица III**.

день смерти death day.

день тезоименитства см. **тезоименитство**.

"день Христов" см. **"день Иисуса Христа"**.

Деогратий Карфагенский, еп. *(ум. 457; д. п. 22 марта / 4 апреля)* St. Deogratias, bp. of Carthage.

Деодат Неверский, еп. *(ум. 679; катол. св., д. п. 19 июня)* St. Deodatus, bp. of Nevers.

депривация *(лишение духовного лица бенефиция или сана)* deprivation.

"Де профундис..." *("Из глубины..."; начало 129/130 псалма; у католиков поётся при погребении)* лат. De profundis.

дербиш ц.-сл. см. **дервиш**.

дервиш *(в исламе общий термин для обозначения полноправного члена суфийского братства; все д.-и, независимо от учения, практики и ритуала братств, к к-рым они принадлежали, разделились на 2 большие группы: а) бродячие, постоянно странствующие; б) постоянно живущие в обители под руководством старца)* dervish; *(д., считающийся у людей святым)* santon ◊ **бродячие д.-и** wandering dervishes; **воющие д.-и** vociferous chanting [shouting, howling] dervishes; **крутящиеся [танцующие] д.-и** violent dancing [whirling] dervishes.

Дервия библ. *(город, расположенный в Ликаонии; ап. Павел дважды приходил в Д.-ю)* Derbe.

деревянное масло *(для лампад)* см. **елей из лампады**, **лампадное масло**.

держава 1. *(царская или королевская регалия, эмблема власти)* globe, orb, mound; **2.** библ. *(власть, сила, могущество; владычество)* power.

десница *(правая рука; символ правды, правоты)* the right hand, the right arm ◊ **д. Божия** His [God's] arm, лат. Dextera Domini.

десный ц.-сл. см. **одесную**.

деспот *(1. наименование архиереев на греч. языке; 2. наименование императоров в Византии)* despot.

Десятиградие библ. *(союз десяти, преим. эллинистических городов к востоку от Иордана)* Decapolis, the Ten Towns.

десятина, церковная истор. *(отчисление в пользу церкви одной десятой части от всех денежных и натуральных доходов верующих; д. ц. установлена в Библии (Третья книга Моисеева. Левит 27:30) и сохранилась в средневековой Европе, обеспечивая независимость церкви от государства и духовенства от мирян; по мере секуляризации общества д. ц. исчезла; в наст. время она существует у адвентистов и нек-рых общинах др. деноминаций)* tenth, tithe, decima, dime; *(приходская)* rectorial [vicarial] tithe(s), ◊ **взыскание церк. д.-ы** tithing; **д., уплачиваемая натурой** mixed tithe; **облагать церк. д.-ой** to tithe, to impose a tithe upon *smb.*; **обложение церк. д.-ой** tithing; **платить церк. д.-у** to pay a tithe; **приходская д.** rectorial tithe.

Десятинная церковь *(построена св. князем Владимиром в Киеве; заложена ок. 989; строилась и украшалась греч. мастерами и названа храмом во имя Рождества Пресвятой Богородицы; на содержание её определена была десятая часть княжеских доходов)* the Church of the Dime.

десятинник *истор. (собиратель церк. десятины)* tithe collector, tothe man, tithe proctor, tithingman.

десятинный decimal ◊ **д. амбар** *англ. (для хранения зерна, выплачивавшегося приходскому священнику в качестве церк. десятины)* tithe-barn.

десятисло́вие *(десять заповедей; они помещаются в катехизисах всех христ. исповеданий, но не с одинаковым подразделением: лютеране и католики соединяют две первые заповеди в одну, а в православии десятую заповедь разделяют на две; согласно Библии, заповеди, начертанные на двух скрижалях, были открыты Моисею на горе Синай; о сообщении Моисею десяти заповедей говорится три раза: "Исход" 34:14-26, "Исход" 20:1-17 и "Второзаконие" 5:1-20)* the Decalog(ue), the Ten Commandments ◊ **комментатор [толкователь] д.-я** Decalogist.

десятосло́вие *см.* **десятисло́вие**.

де́сять за́поведей *см.* **десятисло́вие, за́поведь**.

детермини́зм *(учение о предопределённости судьбы, отвергающее свободу воли, чудо и т. п.; д. противопоставляется **телеоло́гии**)* determinism ◊ **богосл. д.** theological determinism.

де́ти Бо́жьи children of God.

детоводи́тель *библ.* schoolmaster, tutor, mentor ◊ "По пришествии же веры, мы уже не под руководством д.-я. Ибо все вы – сыны Божии по вере во Христа Иисуса" *(Послание к галатам 3:25-26)* 'But after that faith has come, we are no longer under a schoolmaster. For you are all the children of God by faith in Christ Jesus'.

Деусде́дит Кентербери́йский, архиеп. *см.* **Адеода́т Кентербери́йский, архиеп.**

Деусде́дит I Ри́мский, Па́па *(ум. 618; катол. св., д. п. 8 ноября)* St. Deusdedit [Adeodatus] I, Pope.

"**Деутероно́мион**" *см.* "**Второзако́ние**".

дехристианиза́ция *(1. отступление христиан и христ. церквей от евангельских начал, когда принятие христианами мирских ценностей перестали рассматривать как грех; 2. действия, направленные против христ. религии, предпринимавшиеся в разное время со стороны мусульман, либералов, нацистов и коммунистов)* dechristianization.

дехристианизи́ровать to dechristianize.

дея́ния deeds ◊ **благочестивые д.** the works.

"**Дея́ния Пила́та**" *(тж Евангелие от Никодима)* The Acts of Pilate.

"**Дея́ния свято́го Андре́я**" *(апокрифическая книга, датируемая примерно нач. 3 в.; была почитаема среди еретиков-гностиков)* The Acts of St. Andrew.

"**Дея́ния святы́х апо́столов**" *библ. (название новозаветной богосл. и истор. книги, содержащей в себе непосредственное продолжение евангельской истории и охватывающей время от Воскресения Иисуса Христа до 62 после Р. Х.)* The Acts (of the Apostles).

"**Дея́ния святы́х му́чеников**" *(в раннем христ-ве многочисленные жизнеописания святых)* The Acts of the Martyrs, The Acts of the Saints.

де́ятель (духо́вного) возрожде́ния revivalist.

джабари́ты *(в исламе мыслители, к-рые – в противоположность **када-**

ри́там – *признавали Бога единственным подлинным "действователем", причиной происходящих в мире действий)* the Jabarites.

джабр *(в исламе принуждение Богом человека совершать те или иные поступки)* jabr.

Джабр(а)и́л *(в мусульманской мифологии один из 4-х приближённых к Аллаху ангелов)* Jabr(a)il.

джабри́ты см. **джабари́ты**.

Джаганна́тх(а) *(воплощение Кришны, местный бог в шт. Орисса, приобретший общеиндийское значение; его храм в г. Пури <at Puri in Orissa> – знаменитый центр паломничества; главные праздники, связанные с почитанием Д.-а: Санайатра <the Sanayatra>, когда фигуру божества купают, и Ратайатра <the Rathayatra>, когда фигуру божества везут на колеснице <the juggernaut (car)>)* Jagannath(a).

Джаггерна́ут *(искажённое имя Джаганнатх; слово "Д." или колесница Д.-а <the juggernaut (car)> используется в европ. языках для обозначения неумолимо надвигающейся грозной, неотвратимой силы)* Juggernaut.

Джа́дсон, Адонира́м *(1788-1850; баптистский миссионер в Бирме)* Judson, Adoniram.

Джайлз см. **Эги́дий**.

Джа́йна-вра́та *(обет в джайнизме)* Jaina vrata.

джайни́зм *(религия, возникшая в 6 в. до н. э. в Индии; отрицает божественную предопределённость сословно-кастовой системы и для каждого человека признаёт возможность спасения души; основана **Махави́рой**, современником Будды; Махавира учил, что воздержание от насилия и аскетизм – пути преодоления страдания и смерти)* Jainism.

джайни́стский Jain(a).

джа́йны *(последователи* ***джайни́зма****)* the Jainists, the Jain(a)s.

Джа́ксон, Уи́льям *(1582-1663; богослов, религ. и государственный деятель, еп. Кентерберийский)* Juxon, William.

джами́ *(соборная или пятничная мечеть)* jami.

джа́нна *(араб. "сад"; место, где праведники обретут полное блаженство, одно из названий рая в исламе)* al-jannah.

джа́па *(у индуистов многократное повторение мантры или имени бога с целью сосредоточения на сущности бога; число повторений варьируется – 10, 18, 28, 108, 1000; вспомогательным средством для д. являются чётки, изготовляемые из различных пород деревьев в зависимости от имени бога или мантры, к-рые повторяются)* japam.

джа́така *(рассказ о жизни Будды; тж часть буддийских священных писаний, составленных ок. 550, состоящая из 550 таких рассказов о прошлых существованиях Будды в бытность его бодхисат(т)вой)* the Jataka.

джа́таки см. **джа́така**.

джа́ты *(численно доминирующая и играющая важную роль в сикхской общине земледельческая каста)* the Jats.

джаха́ннам *араб. (геенна, место, куда попадают после смерти неверные и грешники, одно из основных названий ада в исламе)* jahannam.

джахили́йа см. **джахили́я**.

джахили́я *(обозначение времени до ислама и религ. состояния жителей Аравии до начала миссии Мухаммада)* jahiliyah, jahilliyyah, *араб.* al-Jahiliyyah.

Джаядéва *(индийский религ. поэт 12 в.)* Jayadeva.
Джéйкоб Фенн, сщмч., блж. *(ум. 1584, катол. св., д. п. 12 февраля)* Blessed James Fenn, m.
Джеймс Белл, сщмч., блж. *(ум. 1584, катол. св., д. п. 20 апреля и 12 февраля)* Blessed James Bell, pr. m.
Джеймс Тóмпсон, сщмч. блж. *(ум. 1582; катол. св., д. п. 28 ноября)* Blessed James Thompson, pr. m.
Джéмма Галгáни, подвúжница *(1878-1903; катол. св., д. п. 11 апреля)* St. Gemma Galgani, v.
Джéмма Итальянская, отшéльница, блж. *(ум. 1429; д. п. 12 мая)* Blessed Gemma.
Джерáрдо Майéлла *(чудотворец, 1726-55; катол. св., д. п. 16 октября)* St. Gerard Majella.
Дже Цзонхáва см. **Цонкáпа**.
Джибрúл см. **Джабр(а)úл**.
джúва *(1. в индуизме – первоначально "жизненное начала в человеке", затем терминологически уточнённое как "индивидуальный дух конечного существа", в отличие от Бога или от Абсолюта, понимаемого безлично; 2. в джайнизме – духовные, живые, вечные существа)* jiva.
Джикатúлла, Иóсиф бен-Аврaáм см. **Гикатúлла, Иóсиф бен-Аврaáм**.
Джилú, аль- *(1365-1424; исламский мистик)* al-Jili.
джинн *(см. джúнны)* (d)jinn, (d)jinni, jinnee, genie.
джúнны *(в мусульманской мифологии духи, часто злые; согласно мусульманской традиции, д. созданы Аллахом из бездымного огня и представляют собой воздушные или огненные тела, обладающие разумом; они могут принимать любую форму и выполнять любые приказания)* (d)jinns, djins, genies, geniuses, genii.
джихáд *араб. (1. фанатическое усердие в вере 2. священная война во имя распространения ислама)* jihad, jehad.
джняна *(в индуизме – филос. знание Бога, человека и положения человека в мире)* jnana.
джняна-мáрга *(санскрит – путь (к) сверхрациональной интуиции, знания единого <meditative wisdom>; в индуизме один из типов духовного пути в традиции)* jnana marga.
Джобéрти, Винчéнцо *(1801-52; итал. религ. философ и государственный деятель, вдохновитель национального движения и создатель филос. системы)* Gioberti, Vincenzo.
Джовáнни Батúста Рóсси *(1698-1764; итал. священник, катол. св., д. п. 23 мая)* St. John Baptist Rossi.
Джовáнни Бóско *(1815-88; итал. священник, катол. св., д. п. 31 января)* St. John Bosco.
Джовáнни Джувенáлио Анцúна Салýцкий, еп., блж. *(итал. профессор медицины, 1545-1604; катол. св., д. п. 31 августа)* Blessed Juvenal' Ancina, bp. of Saluzzo.
Джовáнни Джузéппе Калозúрто, прп. *(1654-1734; катол. св., д. п. 5 марта)* St. Calosirto, St. John Joseph of the Cross.
Джовáнни Капистрáнский, прп. *(1386-1456; катол. св., д. п. 23 октября)* St. John of Capistrano.

Джованни Лантура, сщмч., блж. *(1760-1816; катол. св., д. п. 7 февраля)* Blessed John Lantura.

Джованни Леонарди, прп. *(ум. 1609; катол. св., д. п. 9 октября)* St. John Leonardi.

Джон Артур Торн, прмч., блж. *(ум. 1539; катол. св., д. п. 1 декабря)* Blessed John Thorne, m.

Джон Беверлейский, св. *(ум. 721; еп. Йоркский, катол. св., д. п. 7 мая)* St. John of Beverly.

Джон Бичи, аббат, сщмч., блж. *(ум. 1539; д. п. 1 декабря)* Blessed John Beche, pr., m.

Джон Бост, сщмч. *(ум. 1594; катол. св., д. п. 24 июля)* St. John Boste, pr., m.

Джон Генри Гроув, мч., блж. *(ум. 1679, д. п. 24 января)* Blessed John Grove, m.

Джон Джоунз, сщмч. *(ум. 1598; катол. св., д. п. 12 июля)* St. John, pr. m.

Джон Ингрэм, сщмч. *(1565-94; катол. св., д. п. 24 июля)* Blessed John Ingram, pr., m.

Джон Кейри, Дублинский, мч., блж. *(ум. 1594; катол. св., д. п. 4 июля)* Blessed John Carey, m.

Джон Кембл, сщмч. *(1599-1679; катол. св., д. п. 22 августа)* St. John Kemble, pr., m.

Джон Ллойд, сщмч. *(ум. 1679; катол. св., д. п. 22 июля)* St. John Lloyd, pr., m.

Джон Локвуд, сщмч., блж. *(1561-1642; катол. св., д. п. 13 апреля)* Blessed John Lockwood, pr., m.

Джон Оджилви, прмч. *(ум. 1615; катол. св., д. п. 10 марта)* St. John Ogilvie, m.

Джон Пейн, мч. *(ум. 1582; катол. св., д. п. 2 апреля)* St. John Payne [Paine], m.

Джон Ригби, мч. *(ум. 1600, катол. св., д. п. 21 июня)* St. John Rigby, m.

Джон Робертс, сщмч. *(1577-1610; катол. св., д. п. 10 декабря)* Blessed John Roberts, pr., m.

Джон Робинсон, сщмч., блж. *(ум. 1588; катол. св., д. п. 1 октября)* Blessed John Robinson, pr., m.

Джон Рочестер, прмч., блж. *(ум. 1537; катол. св., д. п. 11 мая)* Blessed John Rochester, m.

Джон Роч, мч., блж. *(ум. 1588; катол. св., д. п. 30 августа)* Blessed John Roche, m.

Джон Саутуорт, сщмч. *(1592-1654; катол. св., д. п. 28 июня)* St. John Southworth, pr., m.

Джон Слейд, мч., блж. *(ум. 1583; катол. св., д. п. 30 октября)* Blessed John Slade, m.

Джон Спид, мч., блж. *(ум. 1594; катол. св., д. п. 4 февраля)* Blessed John Speed, m.

Джон Стори, мч. блж. *(ум. 1571; первый профессор права Оксфордского университета, катол. св., д. п. 1 июня)* Blessed John Storey, m.

Джон Стоун, сщмч. *(ум. ок. 1539; катол. св., д. п. 27 декабря)* St. John Stone, pr., m.

Джон Уолл, прмч. *(1620-79; катол. св., д. п. 22 августа)* St. John Wall, m.

Джон Фелтон, мч., блж. *(ум. 1570; катол. св., д. п. 8 августа)* Blessed John Falton, m.

Джон

Джон Финч, мч., блж. *(ум. 1584; катол. св., д. п. 20 апреля)* Blessed John Finch, m.

Джон Фи́шер, Ро́честерский, еп. сщмч. *(1469-1535; катол. св., д. п. 22 июня)* St. John Fischer, bp. of Rochester, m.

Джон Ха́утон, прмч. *(1487-1535; катол. св., д. п. 4 мая)* St. John Houghton, m.

Джон Шерт, мч., блж. *(ум. 1582; катол. св., д. п. 28 мая)* Blessed John Shert, m.

Джон Э́лмонд, сщмч. *(1577-1612; катол. св., д. п. 5 декабря)* St. John Almond, pr., m.

Джон Э́миас, сщмч., блж. *(ум. 1589; катол. св., д. п. 16 марта)* Blessed John Amias, pr., m.

Джордж Джа́рвейс, прмч., блж. *(1569-1608; катол. св., д. п. 11 апреля)* Blessed George Gervase, m.

Джордж Нейпье́, сщмч., блж. *(1550-1610; катол. св., д. п. 9 ноября)* Blessed Napper, pr., m.

джу́бба *(длинная верхняя одежда мусульман)* jubbah.

Джузе́ппе Бенеде́тте Коттоле́нчо *(1786-1842; каноник, основатель богоугодных заведений в Италии, катол. св., д. п. 30 апреля)* St. Joseph Cottolengo.

Джузе́ппе Кафа́ссо *(1811-60; тюремный священник, активный деятель по организации богоугодный заведений в Италии, катол. св., д. п. 23 июня)* St. Joseph Cafasso.

Джузе́ппе Куперти́нский, прп. *(1603-63; покровитель лётчиков и авиапутешественников, катол. св., д. п. 18 сентября)* St. Joseph of Cupertino.

Джузе́ппе Леони́сский, прп. *(1556-1612; миссионер в Турции, проповедник, катол. св., д. п. 4 февраля)* St. Joseph of Leonessa.

Джузе́ппе Пиньяте́лли, прп. *(1737-1811; катол. св., д. п. 15 ноября)* St. Joseph Pignatelli.

джума́ *араб. (пятница, праздничный, но не обязательно нерабочий день у мусульман; в этот день все совершеннолетние здоровые мусульмане должны собираться в мечети для полуденной молитвы и слушания проповеди)* jumah, the Moslem sabbath.

Джу́стино де Я́кобис, Абисси́нский *(1860-60; миссионер, катол. св., д. п. 31 июля)* St. Justin de Jacobis.

Джу́эл, Джон *(1522-77; богослов, "отец" англ. протестантизма, в своём наиболее известном сочинении "В защиту церкви Англии" (1562) <The Apology for the Church of England> представляет англик. церковь как единственно истинную, а не просто как компромисс между католицизмом и крайним протестантизмом)* Jewel, John.

Дзабаре́лла, Франче́ско *(1360-1417; итал. канонист; преподавал каноническое право во Флоренции, затем в Падуе; приложил все свои усилия к прекращению Великого раскола; он ратовал за собор в Констанце, убеждал папу Иоанна XXIII сложить с себя этот сан, увещевал Гуса отстать от ереси, агитировал за избрание нового Папы Римского; после Д.-ы остались многочисленные сочинения, гл. обр., по каноническому праву)* Zabarella, Francesco.

Дзёдо *(направление в япон. буддизме)* Jodo.

Дзи́ндзя *(направление в япон. буддизме)* Jinja.

Дзонха́ва см. **Цонка́па**.

дзэн(-будди́зм) *(япон. направление буддизма медитации и созерцания; одна из разновидностей буддизма **махая́ны**)* Zen (Buddhism).

дзэн-будди́ст *(последователь **дзэн(-будди́зма**)* Zen Buddhist.

диа́вол *устар.* см. **дья́вол**.

диаде́ма *(1. головная повязка древнегреч. жрецов; 2. головной убор царей в древности и в Средние века как знак царской власти; 3. женское головное украшение в виде небольшой открытой короны)* tiara, diadem, coronet.

Диадо́х *(сер. 5 в.; еп. Фотики в Эпире Иллирийском; его творения <Capita Gnostika> сохранились в многочисленных древних греч. рукописях)* Diadochus.

диа́кон *(священнослужитель низшей [первой] степени христ. церк. иерархии; в его обязанности входит служение еп.-ам и пресвитерам при совершении ими таинств, обрядов и богослужения)* deacon; *(обращение к нему)* **Ваше преподобие** Reverend Father, **Отец (диакон)** Father (deacon) ◊ **выполнять обязанности д.-а** to perform the office of a deacon; **готовящийся стать д.-ом** deacon candidate; **д.-ы** *собир.* the order of deacons; **д., ждущий рукоположения в священники** transitional deacon; **д., занятый нецерковными обязанностями** *англик.* lay deacon; **"постоянный" д.** *(д., не стремящийся к дальнейшему рукоположению в священники; у католиков обычно женатый)* perpetual [vocational] deacon; **рукополагаемый в д.-ы** deacon candidate; **рукоположить** *кого-л.* **во д.-ы** to ordain *smb.* to the office of a deacon, to ordain *smb.* to the diaconate; **семь д.-ов Иерусалимской общины, поставленных апостолами** *библ.* the Seven; **служить д.-ом** to perform the office of a deacon.

диакона́т *(институт низших чинов катол. иерархии)* diaconate.

диако́ний см. **диа́конник**.

диакони́са *(священный сан в раннехрист. церкви; в англик. и протест. церквах — женщина, назначаемая еп.-ом для работы в церкви; у методистов — помощница в церк. работе)* deaconess.

диакони́са це́ркви Кенхре́йской *библ.* *(в "Послании к римлянам св. апостола Павла" Павел представляет "Фиву, сестру нашу, диаконису церкви Кенхрейской", что, возможно, обозначает, что Фива <Phoebe> имеет заслуги перед общиной)* a servant of the church which is at Cenchrea.

диакони́ца *(жена диакона)* deacon's wife, deaconess.

диакони́я *катол.* *(1. служение Церкви, совершаемое через апостольство, пастырскую деятельность и дела милосердия; 2. приют для бедных, престарелых или больных, обычно под руководством диакона; тж часовня, примыкающая к приюту)* diaconia.

диа́конник *(помещение в алтарной части правосл. храма, располагающееся обычно в южной апсиде; здесь хранятся облачения, иконы и др. предметы, необходимые для богослужений; настенную живопись в **д-е** обычно посвящают богородичной тематике)* vestry, diaconicon, diaconikon, diaconicum, parabema, *греч.* skeuphylaion.

диа́конский diaconal, deaconal.

диа́конское зва́ние см. **диа́конство**.

диа́конство deaconry, deaconship, diaconate, deaconhood, the office of deacon.

Диана

Диа́на Да́ндало, прп. блж. *(ум. 1236; катол. св., д. п. 10 июня)* Blessed Diana d'Andalo, v.

диа́рхия *(двоевластие)* dyarchy, diarchy.

диа́спора *(религ. и этнические группы, живущие в новом районе своего расселения на положении национально-культурного меньшинства)* diaspora, dispersion ◊ **Иудейская д.** *(совокупность евреев, расселившихся вне Палестины со времени* **Вавило́нского пле́на***)* the Dispersion, the (Jewish) Diaspora.

диаста́з *(в протест. мысли – потеря преемственности между христ. верой и западноевроп. культурой, включающей в себя и религию)* diastasis.

"Диате́ссарон" *(раннехрист. изложение истории Христа в хронологическом порядке по всем четырём Евангелиям)* diatessaron.

ди́в(а) *см.* **дэ́в(а)**.

Дива́ли *(индуистский праздник огней; главная его особенность, давшая название празднику, – иллюминация и использование светильников, располагаемых рядами на крышах и выступах зданий или пускаемых плыть по воде; отмечается обычно в новолуние месяца карттика (между 15 октября и 14 ноября) и символизирует победу праведности и высокого духа над силами зла)* Divali.

Дивла́им *библ. (отец блудницы Гомерь, к-рую пророк Осия взял себе в жёны)* Diblaim.

Диво́н *библ. (географическое название)* Dibon.

Дигамба́ра *(1. эпитет бога Шивы; 2. одно из двух основных направлений в джайнизме)* Digambara.

дига́мия *см.* **двоебра́чие**.

Диге́сты *(собрание церк. правил, приведённых в порядок; часть кодификации рим. законов, произведённых по приказу Юстиниана)* the Digest, the Pandects.

Дигна́га *(ок. 480-540; индо-буддийский мыслитель, один из основоположников буддийской логики)* Dignaga.

Дида́к, прп. *(ум. 1463; чудотворец, катол. св., д. п. 13 ноября)* St. Didacus [Diego], confessor.

дида́скал *(раннехрист. религ. учитель)* didascalos.

"Дидахе́" *(христ. богосл. труд, 2 в.; в нём описывается устройство раннехрист. церкви и её богослужение)* The Didache, The Teaching of the Twelve (Apostles).

дидахи́ст *(неизвестный автор* **"Дидахе́"***)* Didachist, Didachographer.

Диди́м *см.* **Близне́ц**.

Диди́м Александри́йский *(ок. 309-94; греч. богослов, ученик Афанасия Великого, учитель блж. Иеронима; несмотря на слепоту, ок. 50 лет управлял Александрийским огласительным училищем)* Didymus of Alexandria.

Диди́м, св. мч. St. Didymus, M. ◊ **мчч. Феодора дева и Д. воин** *(ум. 304; д. п. 27 мая / 9 июня, катол. – 28 апреля)* St. Theodora, v., and Didymus, soldier, Ms.

Диди́м Слепе́ц *см.* **Диди́м Александри́йский**.

Дидье́ Камбро́нский, еп., блж. *(ум. 1194; катол. св., д.п. 20 января)* Blessed Didier [Desiderius] of Cambron, bp.

Диего, прп. см. **Дидак,** прп.

дикастерия *(1. судебный орган в Древних Афинах; 2. истор.; епархиальные д.-и в России, где рассматривались церк. дела, впоследствии переименованы в* **консистории** *II)* dicastery.

дикирий *(двусвечник, употребляемый архиереем для осенения и благословения предстоящего народа во время церк. богослужения; согласно литургическим толкованиям две свечи соответствуют двум естествам Иисуса Христа)* double-branched candlestick, candelabrum with two arms; *греч.* dikirion, dikerion, dicerion.

дикша *(обряд посвящения в индуизме, буддизме и джайнизме)* diksha.

Димас *библ. (сподвижник ап. Павла в Риме, впоследствии отступивший от него)* Demas.

Димитрий *библ. (серебряник из Ефеса, к-рый организовал в городе возмущение против ап. Павла; "Деяния" 19:24)* Demetrius.

Димитрий Солунский, св. вмч. *(за веру заключён в Солуни в темницу и убит копьями во время правления императора Диоклетиана в 306; мощи его, найденные через сто лет нетленными, источали благовонное миро; в наст. время находятся в г. Салоники, Греция; д. п. 26 октября / 8 ноября)* St. and Glorius Demetrius of Thessalonica, the Great M. ◊ **"Д. С. на троне"** *(иконографическая композиция)* St. Demetrius of Thessalonica Enthroned; **"Чудо Д.-я С.-ого"** *(иконографическая композиция)* The Miracle of St. Demetrius of Thessalonica.

Димфна Бельгийская, прп. и Гереберн, исповедник, мчч. *(ум. ок. 650; катол. свв., д. п. 15 мая)* Sts. Dymphma and Gerebernus, ms.

дин *араб. (в исламе религия и совокупность религ. обязанностей мусульман)* din.

Дина *библ. (единственная дочь птрх. Иакова и его жены Лии)* Dinah.

динарий св. Петра см. **грош св. Петра.**

Диодор Тарсийский *(ум. до 394; один из видных представителей антиохийской школы, учитель Феодора Мопсуестийского и Иоанна Златоуста)* Diodore of Tarsus.

Диоклетиан *(243-318; рим. император, в правление к-рого гонения на христиан отличались страшной жестокостью)* Diocletian ◊ **диоклетиановы гонения** *(на христиан)* Diocletian's persecution.

Диомид, св. мч. *(ум. 298; д. п. 3/16 июня и 16/29 августа)* St. Diomidius, M.

Дионисий Александрийский [Великий], св. *(ум. 265; еп., выдающийся богослов, библеист, философ; его перу принадлежат многочисленные труды по богословию и философии; он был одним из главных деятелей 1-го Вселенского собора; д. п. 5/18 октября, катол. – 17 ноября)* St. Dionysius of Alexandria.

Дионисий Ареопагит, сщмч., еп. Афинский *(ап. от 70-ти, член афинского ареопага, обращённый в христ-во проповедью ап. Павла; д. п. 3/16 октября, 4/17 января, катол. – 9 октября)* St. Dionysius the Areopagite, Pr.-M.; *(как автор)* Dionysius the (Pseudo-)Areopagite ◊ *(приписываемые ему сочинения)* **"О Божественных именах", "Об именах Божьих"** The Divine Names; **"О небесной иерархии"** The Celestial Hierarchies *or* Hierarchy; **"О таинственном богословии"** The Mystical Theology; **"О церковной иерархии"** The Ecclesiastical Hierarchies *or* Hierarchy.

Дионисий

Дионисий в честь Рождества Христова, Суматрский, сщмч., блж. *(ум. 1638; катол. св., д. п. 29 ноября)* Blessed Dionysius Berthelot, Blessed Dionysius of the Nativity, m.

Дионисий Коринфский, еп. сщмч. *(ум. ок. 180; д. п. 10/23 марта, катол. – 8 апреля)* St. Dionysius of Corinth, bp., m.

Дионисий Малый *(ум. 556; настоятель монастыря ок. Рима, инициатор летосчисления от Рождества Христова)* Dionysius Exiguus.

Дионисий Парижский *(тж **Дени св**., ум. ок. 258; д. п. 8 августа, 9 октября)* St. Dionysius [St. Denis, St. Denys] of Paris.

Дионисия Африканская [Витская], мц. *(ум. 484; мать мч. Майорика <St. Majorcus, m.>, катол. св., д. п. 6 декабря)* St. Dionisia, m.

Диоскор Александрийский *(ум. 250; св., д. п. 14/27 декабря)* St. Dioscours.

Диотреф *библ. (очевидно, влиятельная личность в общине, к к-рой обращено Третье послание ап. Иоанна Богослова)* Diotrephes.

диофизиты *(термин, употребляемый монофизитами по отношению к тем христианам, к-рые признают существование в лице Христа человека и Бога)* the Dyophysites.

диофилиты *(те, кто выступают против монофилитов, утверждая, что в лице Христа существуют две отдельные воли: одна – человеческая, другая – Божественная)* the Dyotheletes, the Dyothelites.

диоцез(ия) *англик., катол. (епархиальный округ)* diocese.

диптих *(двустворчатый складень с живописными или рельефными изображениями на каждой створке)* diptych, double tablet.

диптихи *(списки имён, поминаемых во время литургии в древней церкви; представляли собой две соединённые между собой таблички из дерева, слоновой кости или драгоценных металлов, к-рые покрывались изнутри воском и употреблялись для различных записей; были широко распространены в Древнем Риме; в раннехрист. церк. практике использовались в качестве поминальников: на одной стороне **д.-а** записывались имена живых, на другой – усопших; снаружи **д.** нередко украшались рельефными изображениями; тж **поминание 1., помянник, синодик 1.**)* diptychs, death bills.

дирижирование церк. **хором рукой** chironomy.

дископокровец *(небольшая пелена, к-рою накрывается **дискос**)* paten veil.

дискос *(литургический сосуд в виде блюда на подставке с изображением Младенца Иисуса, на к-рый кладут евхаристического Агнца – вырезанную из просфоры среднюю её часть с печатью наверху)* diskos, discos, discus, paten, patin, *греч.* diskarion.

Дисмас *(согласно апокрифическому Ев. от Никодима, благоразумный разбойник <the Good Thief, the penitent thief>, распятый вместе с Христом и др. разбойником по имени Гестас <Gestas>; катол. св., д. п. 25 марта)* St. Dismas, St. Dysmos, St. Desmas.

диспенсационализм *(теологическая концепция, согласно к-рой история человечества делится на отдельные периоды, а в каждом из них действует особый, характерный именно для него Закон Бога)* dispensationalism.

диспенсация *катол. (даваемое в отдельных случаях Папой Римским или еп.-ом освобождение от обета или от канонических препятствий к принятию сана священства, заключению брака и т. п.)* dispensation.

диссе́нтеры *(англ. протестанты, отошедшие от англик. церкви в 16-19 вв.; с сер. 19 в. –* **нонконформи́сты***)* dissenters.

дисципли́на *(подчинение твёрдо установленному порядку)* discipline ◊ **он усилил д.-у клира в своей епархии** he inforced clerical discipline in his see; **он установил строгую д.-у среди своих священнослужителей** he imposed strict discipline on his clergy, he imposed strict clerical discipline; **церк. д.** church discipline.

длань *ц.-сл. (ладонь) библ. (тж рука)* palm (of the hand).

днесь *ц.-сл. (в настоящий день; сегодня)* nowadays.

добро́ *(религ. этическая категория, выражающая положительную оценку общественных, природных явлений и поступков людей)* good.

доброде́тель *(свойство характера, одобряемое с моральной точки зрения, означает направленность разума и воли к добру)* virtue, graces ◊ **д.-и библе́йские** *или* **богосл.** *(благодатные* **д.-и***, формируемые в душе верующего человека Словом и Духом: вера, надежда и любовь, где любовь – высшая; иногда к этим трём добавляют ещё благочестие и христ. мудрость как высшее ведение)* the theological virtues; **главные [кардина́льные, основны́е] д.-и** *(составная часть душевного строя христианина: благоразумие (практическая мудрость) <prudence>, мужество (стойкость, сила) <fortitude>, сдержанность (самообладание, воздержание) <temperance> и справедливость <justice>; нередки случаи, когда вышеуказанные 4 кардинальные* **д.-и** *соединяются нек-рыми совр. авторами с 3 богосл. в общий список "семи кардинальных* **д.-ей***)* the cardinal virtues; **семь д.-ей: вера, наде́жда, любовь, справедли́вость, си́ла ду́ха** *или* **сто́йкость, благоразу́мие, воздержа́ние** *или* **уме́ренность** the seven virtues: faith, hope, charity, justice, fortitude, prudence, temperance; **сверхъесте́ственные [христ.] д.-и** the Christian virtues.

доброде́тельный virtuous ◊ **д.-ая жена – венец для мужа своего** *библ.* virtuous wife is a crown to her husband.

доброта́ kindness, beneficence, goodness ◊ **зна́ки д.-ы Бо́жией** signatures of God's goodness.

"Добротолю́бие" *(переводы с греч. произведений аскетической лит-ры, изданные в 18 в. под названием "Д.", собранные аввой Дорофеем)* The Philokalia, The Dobrotolubie.

добротолю́бие loving-kindness.

доброхо́тное дея́ние donative, beneficence.

до́брые дела́ good works.

дове́риться Го́споду to commend *oneself* to God, to commend *one's* spirit [*one's* soul] to God.

дове́риться Христу́ to commit *oneself* to Christ

до́гма *(система основных положений какого-л. учения о вере)* dogma.

до́гмат *(формула веры, основное положение религ. вероучения, к-рое должно безоговорочно приниматься на веру последователями данной религии)* doctrine, doctrinal formula, tenet, dogma, article (of belief, religion) ◊ **выдвига́ть но́вые (богосл.) д.-ы** to neologize; **д.-ы ве́ры** *(краткие ёмкие формулировки основных положений вероучения)* credenda, articles of faith; **д. о взя́тии Бо́жьей Ма́тери на́ небо** *катол.* the dogma of the Assumption; **но́вый**

до́гмат

(богосл.) д. neologism; **протестантские д.-ы** Protestant doctrinal formulas; **свод протестанских д.-ов** corpus doctrinae; **церк. д.-ы** the teachings of the Church; the articles of religion; **церк. д.-ы и постановления** dogmas and institutions of the church.

до́гмат абсолю́тного верхове́нства Па́пы Ри́мского Vaticanism.

до́гмат ве́ры *см.* **член ве́ры**.

догматизи́ровать to dogmatize.

догма́тик 1. *(знаток догматики)* dogmatist, dogmaticion, dogmatic (person); **2.** *(краткое песнопение догматического содержания, посвящённое Богородице; тж* **Богоро́дичен***)* anthem in honour of the Virgin, *греч.* dogmatikon.

догма́тика *(догматическое богословие; основные формулы вероучения, истинность к-рых считается неоспоримой)* dogmatics, doctrinal theology, dogmaticals, dogmatic (theology).

догмати́ст *см.* **догма́тик 1**.

догмати́ческий dogmatic.

До́дуэлл, Ге́нри *(1641-1711; англ. богослов и философ)* Dodwell, Henry.

До́ик *библ. (идумеянин, к-рый по приказу Саула умертвил 85 священников Номвы)* Doeg.

доке́т *(последователь* **докети́зма***)* Docetist.

докети́зм *истор. (еретическое учение гностиков 1-2 вв. о призрачности Христа как человека)* Docetism, Doketism.

докети́ческий Docetic.

доксоло́гия *(выраженное в молитвенной формуле восхваление величия, великолепия, славы Бога)* doxology.

до́ктор богосло́вия Doctor of Divinity, *лат.* Divinitatis Doctor, *сокр.* D.D., Doctor of Theology, *сокр. (ставится после фамилии)* D.T., D.Th., D. Theol., *лат.* Theologiae Doctor, *сокр.* Th.D. ◊ **д. канони́ческого пра́ва** Doctor of Canon Law, *сокр.* D.Cn.L.; **д. Свяще́нного Писа́ния** Doctor of Sacred Scripture, *сокр.* S.S.D.; **д. (свяще́нной) теоло́гии** *(в США степень, присваиваемая по окончании колледжа, двухгодичной магистратуры и нескольких лет докторантуры [аспирантуры]* Doctor of Sacred Theology, *сокр.* D.S.T., *лат.* Sacrae Theologiae Doctor, *сокр.* STD; **д. христ. теоло́гии** Doctor of Christian Theology, *сокр.* D.C.T.; **д. церк. пра́ва** Doctor of Canon Law, *сокр.* D.C.L., D. Cn.L., *лат.* Juris Canonici Doctor, *сокр.* J.C.D; **получи́ть сте́пень д.-а б.** to receive *one's* doctorate in divinity.

до́ктор всех Церкве́й *(так часто называют на Западе Августина-Аврелия)* the Doctor of All the Churches.

до́ктор Це́ркви *(титул, к-рый получили более 30 человек и к-рый, начиная со Средних веков, даётся Папой Римским нек-рым богословам за особые заслуги перед Церковью и святость; тж* **Учи́тель Це́ркви 1.***)* Doctor of the Church.

доктри́на *(учение)* doctrine, dogma, tenet, precept, teaching, doxy ◊ **богосл. д.-ы** theological dogmas; **д. распла́ты** *(перед Богом)* the doctrine of satisfaction; **но́вая богосл. д.** neology, rationalism; **но́вые д.-ы** *(различных деноминаций протест. характера)* the New Lights; **принима́ть** *или* **выдвига́ть но́вые богосл. д.-ы** to neologize; **ста́рые, традицио́нные д.-ы** *(у протестантов)* the Old Lights; **тот, кто подде́рживает но́вые д.-ы** New Light; **тот, кто подде́рживает ста́рые, традицио́нные д.-ы** *(у протестантов)* Old Light.

доктри́на о непознава́емости Бо́га nescience.
доктри́на о том, что Бог явля́ется чи́стым ду́хом psychotheism.
доктри́ны англи́йской Реформа́ции the New Learning.
доктри́ны евангели́ческой це́ркви evangelicalism.
документа́льное свиде́тельство рукоположе́ния letters of orders.
долг *(моральное обязательство)* duty.
долготерпе́ние long-suffering, angelic patience; longanimity; the patience of Job; *библ.* forbearance.
должники́ на́ши *(те, кто против нас согрешают)* those that trespass against us.
до́льний *(земной, человеческий)* earthly, terrestrial.
дом *(в западноевроп. Средневековье – главный храм города, собор, включающий капеллы, приделы, посвящённые многим святым)* cathedral church, *устар.* dome.
"дома́шняя це́рковь" *(христ. течение протест. толка; его члены собираются в частном доме, где и устраивают богослужение; возникло в нач. 1970-х гг.)* the house church.
дом богосло́вской учёбы *(у иезуитов)* theologate.
дом Бо́жий *(храм)* the house of God.
Домени́к-де-Гу́тцман *см.* **Домини́к де Гу́сман, прп.**
Домени́ко-де-Ге́сман *см.* **Домини́к де Гу́сман, прп.**
доме́стик *истор. см.* **ре́гент.**
Дометиа́н Мелити́нский, прп. *(ум. 601; д. п. 10/23 января)* Venerable Dometian, Bp. of Melite.
Доме́тий, прмч. *(ум. 363; д. п. 7/20 августа и 8/12 марта)* St. Domitius, Venerable-M.
Домециа́н Мелити́нский, прп. *см.* **Дометиа́н Мелити́нский, прп.**
доминика́нец *(член нищенствующего ордена братьев-проповедников)* Dominican (Friar), Friar Preacher, Black Friar, cherubic (friar), predicant, *(во Франции)* Jacobin.
доминика́нский *(относящийся к ордену доминиканцев)* Dominican, Jacobin ◊ **д. о́рден** *("Псов Господних" или орден братьев-проповедников; основан св. Домиником 1170-1221 в г. Тулузе как нищенствующий миссионерский орден; монахи этого ордена занимались церк. проповедью, богословием, вели борьбу с альбигойцами; им была доверена высшая церк. цензура и инквизиция; позднее они были оттеснены от этой деятельности иезуитами)* the Order of Friars Preachers, *лат.* Ordo Praedicatores, *сокр.* O.P.; *собир.* **д.-цы** the (Friars) Preachers, the Black Friars, *(во Франции)* the Jacobins, *(официальное название) лат.* Fratres Praedicatores.
Домини́к де Гу́сман, прп. *(1170-1221; основатель в 1215 доминиканского ордена; катол. св., д. п. 8 августа)* St. Dominic.
Домини́к Ма́тери Бо́жией, прп., блж. *(1792-1849; катол. св., д. п. 27 августа)* Blessed Dominic of the Mother of God, Blessed Dominic Barberi.
Домини́к Сило́сский, абба́т *(ум. 1073; катол. св., д. п. 20 декабря)* St. Dominic of Silos, abt.
Домини́к Со́рский, прп. *(ум. 1031; катол. св., д. п. 22 января)* St. Dominic of Sora.

Доминис, Марко Антонио де *(1566-1624; противоречивый религ. деятель и писатель; присоединился к англик. церкви, потом вернулся в Рим, был судим инквизицией, умер в тюрьме)* Dominis, Marco Antonio de.

домино *(плащ с капюшоном у катол. монаха или соборного каноника)* domino.

Домна, св. мц. *(ум. 302; д. п. 28 декабря / 10 января)* St. Domna, M.

Домника Карфагенская *см.* **Домника, прп.**

Домника, прп. *(ум. ок. 474; д. п. 8/21 января)* St. Dominika of Carthage.

домовой *(в языч. религ. верованиях славян и нек-рых др. народов – дух домашнего очага, живёт в доме)* англ. brownie.

домоправитель прелата *катол.* familiar.

домостроительство Божественное divine economy, the household plan of God, divine administration.

"Домострой" *(произведение древнерусской лит-ры 16 в., содержащее свод житейских правил и наставлений)* The Domostroy, The Household Management Code, The "Household Book".

дом (приходского) священника vicarage, parsonage, rectory; *(шотл. пастора)* manse; *(протест. в южных штатах Америки)* pastorium; *катол.* presbytery, *франц.* presbytère.

домская церковь *см.* **собор I.**

Донат Безансонский, еп. *(ум. ок. 660; катол. св., д. п. 7 августа)* St. Donatus of Besançon, bp.

Донатиан Африканский, еп. *см.* **Донатиан Бибианский, еп.**

Донатиан Бибианский, еп. *(ум. ок 484; катол. св., д. п. 6 сентября)* St. Donatian, bp.

донатизм *истор. (вероучение одной из христ. групп в Сев. Африке; своё название получил от имени карфагенского епископа Доната, возглавившего в 4 в. движение за создание независимой от Рима африканской церкви; сторонники д.-а были непримиримы к любым провинностям священнослужителей; д. просуществовал до 6 в.)* Donatism.

донатисты *истор. (сторонники донатизма)* the Donatists.

Дональд Шотландский *(8 в.; катол. св., д. п. 15 июля)* St. Donald.

донатор *(в искусстве Средневековья и Возрождения – строитель [даритель], см. тж **ктитор 1.**, изображаемый с моделью храма в руках или среди святых в заказанной им религ. композиции, реже скульптуре)* donator, donor.

Донациан Нантский, мч. *(ум. 289 или 304; катол. св., д. п. 24 мая)* St. Donatian of Nantes, m.

Дон Боско *см.* **Джованни Боско.**

Донская икона Божией Матери *(основной отличительной особенностью иконографии является изображение Младенца Христа с обнажёнными до колен ножками; икона, была принесена воинами, прибывшими на помощь великому князю Димитрию Донскому; во время Куликовской битвы икону носили среди русских воинов; после Куликовской битвы она была принесена в дар князю Димитрию; ныне икона находится в Государственной Третьяковской галерее; празднование 19 августа / 1 сентября)* the Don icon of the Mother of God, the Icon of the Virgin Mary of the Don.

Донско́й Богоро́дицкий (мужско́й) монасты́рь *(ставропигиальный, в г. Москве; основан после 1591 царём Фёдором Иоанновичем в воспоминание победы, одержанной на месте нынешнего монастыря над крымским ханом Казы-Гиреем с помощью чудотворной Донской иконы Божией Матери, поднесённой в дар великому князю Димитрию Донскому и бывшей с ним на Куликовской битве)* the Donskoy Monastery of the Mother of God.

допото́пный *(существовавший до библ. Всемирного потопа)* antediluvian.

допусти́тельный *(по церк. праву)* dispensable.

Дор *библ. (древний ханаанский город на Средиземном побережье)* Dor.

до́ра см. **антидо́р(а), просфора́**.

дорза́ле *(богато украшенная, из дорогой ткани заалтарная завеса или завеса, висящая на стене в доме, квартире и т. п.; тж в готических соборах деревянная, украшенная резьбой скамья с высокой спинкой, иногда с балдахином, находящаяся на клиросе)* dorsal, dossal, dossel, dosser.

Доримедо́нт, св. мч. *(3 в.; д. п. 19 августа /2 сентября)* St. Dorymedont, M.

дормито́рий *(в архит-ре средневековых монастырей – спальное помещение монахов; франц. название – **дортуа́р**; древнерусское – одрины)* dormitory.

дормито́рия см. **дормито́рий**

доро́га *библ.* wayfaring.

Дороте́я Кесари́йская, мч. см. **Дорофе́я Кесари́йская, мч.**

Дорофе́й Но́вый, Чилиоко́мский, абба́т *(11 в.; католл. св., д. п. 5 января)* St. Dorotheus the Younger (abt. at Khiliokomos).

Дорофе́й, сщмч., еп. Ту́рский *(ум. ок. 362; д. п. 5/18 июня)* St. Dorotheus, Pr.-M., Bp. of Tures.

Дорофе́я Кесари́йская, мч. *(ум. 303; д. п. 6/19 февраля)* St. Dorothy of Caesarea, M.

дортуа́р *истор. франц. (спальное помещение в монастыре)* dorter, dortour.

до Р. Х. *(сокр. – до Рождества Христова, т.е. до нашей эры)* B.C. *(before Christ).*

Досифе́й *библ. (муж. имя)* Dositheus.

Досифе́й Палести́нский, прп. *(ум. ок. 530; д. п. 19 февраля / 4 марта, католл. – 23 февраля)* St. Dositheus.

доска́ ико́нная *(древесная основа под икону, обычно липовая, реже сосновая, еловая, дубовая или кипарисовая; несколько досок плотно соединяют боковыми сторонами в единый щит нужного размера, склеивают животным клеем и дополнительно скрепляют шпонками с тыльной стороны или с торцов, чтобы не коробилась; с лицевой стороны делают плоское углубление – ковчег)* wooden panel ◊ **обра́тная сторона́ и.-ой д.-и** reverse of panel.

"Досто́йно есть я́ко вои́стину блажа́ти Тя, Богоро́дицу, присноблаже́нную и пренепоро́чную и Ма́терь Бо́га на́шего *(молитва)* Meet it is in truth, to glorify Thee, O Birth-giver of God, ever blessed, and all-undefiled, the Mother of our God *or* It is truly meet to bless you, O Theotokos, ever-blessed and most pure, and the Mother of our God.

досто́йно и пра́ведно it is meet and right ◊ **"Д. и п. есть покланятися Отцу и Сыну и Святому Духу, Троице единосущней и нераздельней"** *(ответствие хора из евхаристического канона)* 'It is meet and right to worship the Father, and the Son, and the Holy Spirit: the Trinity, one in essence, and undivided'.

достопочтéнный the venerable, Right Worshipful, Very Worshipful, *сокр.* V.W.

Дотáн *см.* **Дофáн**.

Дофаи́м *см.* **Дофáн**.

Дофáн *библ. (название местности, где Иосиф был продан братьями в Египет)* Dothan, Dothaim.

Дофáн Бордóский, еп. *(ум. 403; катол. св., д. п. 24 декабря)* St. Delphinus, bp. of Bordeaux.

дохалкидóнские цéркви *(Восточные церкви, не принявшие постановлений Халкидонского собора (451)* – **монофизи́ты**, *или не принявшие тж и постановления Эфесского собора (431)* – **несториáне**, *создавшие свои собственные церкви; монофизиты: сиро-православные (яковиты), армяно-григориане (Армянская апостольская церковь), коптская, эфиопская церковь; несториане: ассирийская церковь)* the Non-Chalcedonian Churches.

дохóды священнослужи́теля spiritualities.

дохристиáнский pre-Christian.

дракóн *(в мифологии многих народов – фантастический образ змея или чудовища, иногда крылатого, многоголового или огнедышащего; изображения драконов широко распространены в искусстве Китая, Японии, где они символизируют высшую власть; в христ. иконографии дракон – символ тёмных, злых сил)* dragon ◊ **огнедышащий д.** *миф.* firedrake; "Он взял д.-а, змия древнего, который есть диавол и Сатана..." *("Откровение" 20:2)* 'And he laid on the dragon, that old serpent, which is the Devil and Satan – '.

Драупáди *(главная героиня древнеиндийского эпоса "Махабхарата", дочь царя племени панчалов Друпады и жена братьев-пандавов; в "Махабхарате", а тж в "Маркандейя-пуране" Д. – земное воплощение богини Шри [Лакшми], супруги Вишну)* Draupadi.

Древлеправослáвных христиáн Архиеписко́пия Новозы́бковская, Моско́вская и всея Руси́ *см.* **старообря́дец**.

древлехрани́лище *(хранилище древностей; архив)* archives.

древнееврéйский *(относящийся к д.-ому языку или иудеям)* Hebrew, *сокр.* Hebraic, Heb. ◊ **д. алфавит** Hebrew alphabet; **д. календарь** Hebrew calendar; **д. язык** Hebrew; **д. язык Библии** *(язык Ветхого Завета)* Biblical Hebrew, *сокр.* Bibl Heb; **д. язык иудейского культа и учёных, "святой язык"** Rabbinic Hebrew.

древнеру́сский Old Russian ◊ **д.-ое иск-во** the Old Russian art; **д. литературный язык** the Old Russian literary language.

древнецерковнославя́нский (язы́к) *(см. старославя́нский (язы́к))* Old Church Slavonic.

Дре́вние восто́чные це́ркви *(дохалкидонские)* the Ancient Oriental Churches *(Non-Chalcedonian)*.

дре́вность antiquity, ancience, anciency, ancientry ◊ **христ. д.** Christian antiquity *or* antiquities; **церк. д.-ти** ecclesiastical antiquities.

дре́во ◊ **д. жизни** *(д., упоминаемое в книге Бытия и Апокалипсисе; находилось посреди рая ("Бытие" 2:9))* the tree of life; **д. креста** *библ.* beam; **д. по-**

знания (добра и зла) *(в Библии соотносится с древом жизни в Райском саду ("Бытие" 2:9, 3:22); согласно толкованиям экзегетов древо жцзни располагается в центре рая и является целью возвращения совершенного [преображённого] человека в Эдем; оно находится за пределами добра и зла; на древе познания растут плоды добра и зла, вкусив к-рые, Адам и Ева и их потомки вынуждены самостоятельно искать путь возвращения в Эдем)* the tree of knowledge (of good and evil).

Дре́во Иессе́ево см. **Иессе́й**.

дре́йдлы см. **свиво́ны**.

дробни́ца *(металлическая пластина круглой или фигурной формы с эмалевыми, гравированными или др. изображениями; использовались для украшения окладов икон, церк. книг и литургической утвари)* (decorative) plaque.

Дроктове́й, абба́т *(ум. ок. 580; катол. св., д. п. 10 марта)* St. Droctoveus [Drotté], abt.

Дротте́, абба́т см. **Дроктове́й, абба́т**.

дружо́к см. **ша́фер**.

друз *(приверженец одной из шиитских общин, имеющих ряд особенностей быта и культуры; д.-ы проживают в горных районах гл. обр. Ливана, Израиля и Сирии; по религ. догматам близки исмаилитам, играют немалую роль в общественно-политической жизни Ливана)* Druse ◊ **относящийся к д.-ам** Drusian, Drusean.

Друзи́лла библ. *(младшая дочь Ирода Агриппы I, была вторым браком супругой рим. прокуратора Антония Феликса, к-рый два года держал ап. Павла в тюрьме в Кесарии и вместе с Д.-ой слушал, что тот рассказывал "о вере во Христа Иисуса")* Drusilla.

дру́зы *(см. друз)* the Druses, the Druzes.

Друо́н, отше́льник *(ум. 1189; катол. св., покровитель пастухов, д. п. 16 апреля)* St. Drogo [Druon], hermit.

дуа́ *(личная молитва у мусульман)* dua.

дуали́зм dualism ◊ **д. религиозный** *(вера, что в мире господствуют два противоборствующих начала – добро и зло, боги и демоны)* theological dualism.

дуали́ст dualist.

дуалисти́ческий dualistic.

ду́кха пали см. **ду́хкха**.

Дума́ библ. *(1. муж. имя; 2. географическое название)* Dumah.

дунове́ние *(в таинстве крещения: дуновением священника изображается возобновление в крещаемом образа Божия)* insufflation ◊ **обряд д.-я** катол. *(совершается во время освящения мира в Великий четверг на Страстной неделе и крестильной воды)* rite of insufflation.

Дунс Скот, Иоа́нн *(ок. 1266-1308; средневековый богослов и философ, катол. св., д. п. 8 ноября)* Duns Scotus, Johannes [John].

Дунста́н Кентербери́йский, св. *(924-988; англ. церк. деятель; катол. св., д. п. 19 мая)* St. Dunstan of Canterbury.

Ду́ра библ. *(равнина в "Вавилонской провинции", где Навуходоносор велел выставить золотого истукана)* Dura.

Дуранд

Дура́нд, Гиле́льм *(1237-96; франц. канонист и литургист, еп., ум. в Риме)* Durandus Gulielmus ◊ *(его самый знаменитый труд)* **"Зерцало судейское"** *лат.* Speculum Judiciale.

Ду́рга *(в индуистской мифологии имя супруги Шивы в её грозной, воинственной ипостаси; обычно изображается десятирукой, восседающей на льве или тигре с оружием и атрибутами различных богов в руках)* Durga.

Дургапу́джа *(главные праздники в честь* **Ду́рги***; они отмечаются весной и осенью; в праздничных ритуалах стараются умилостивить грозную богиню и заручиться её покровительством; поклоняются тж и членам её семьи; в Бенгалии – девятидневный праздник-фестиваль, начинающийся с 1-го октября)* Durgapuja.

Дургаса́тва *см.* **Дургапу́джа**.

дух I 1. *(ум, воля человеческая, стремление к небесному)* spirit; *(в разных значениях) немец.* Geist ◊ **гореть [пламенеть] д.-ом** *библ.* to be fervent in the spirit; **нищие д.-ом** *библ.* poor in spirit; **2.** *(бестелесное существо, обитель духовного мира)* ghost, the spirit ◊ **бесовский д.** demon spirit; **вызвать д.** to raise a ghost; **добрый д.** calod(a)emon, a good spirit; **д. Божий** the Spirit of God; **д. нечистый** *библ.* an evil spirit, the unclean spirit; **д. хранитель** guardian spirit; **д. Христов** the Spirit of Christ; **жить по Духу** to live according to the Spirit; **злой д.** malignant demon, cacod(a)emon; **злые д.-и** *библ.* evil spirits; **И духови твоему!** And to thy Spirit! And with thy Spirit! **изгнать д.-ов** *библ.* to cast out the spirits; **испустить д.** to give up the ghost; **различение д.-ов** *библ.* discernment of spirits.

дух II *(разум вне человека)* outsoul.

ду́хкха *санскрит (в буддизме – "страдание", "неудовлетворённость", "состояние беспокойства и растерянности" – один из трёх факторов, характеризующих существование)* duhkha.

духобо́рство profession and practice of the D(o)ukhobors.

духобо́рцы *см.* **духобо́ры I**.

духобо́рчество *см.* **духобо́рство**.

духобо́ры I *(секта духовных христиан; возникла в России во 2-ой пол. 18 в.; отвергают правосл. обряды и таинства, священников, монашество; обожествляют руководителей своих общин; за неподчинение властям и отказ от военной службы преследовались царским правительством; в 1898 переселились в Канаду)* the D(o)ukhobors (religious sect), the Dukhobortsy.

духобо́ры II *(ересь 4 в., отрицавшая божественность Святого Духа; выдвинута еп.-ом Константинополя Македонием <Macedonius>; тж* **македониа́не, пневматома́хи***)* the Macedonians.

Ду́хов день *см.* **День Свя́того Ду́ха**.

духове́нство *(служители культа в монотеистических религиях; лица, профессионально занимающиеся отправлением религ. обрядов и служб и составляющие особые корпорации; почитаются верующими как люди, наделённые особой силой, благодатью; в православии – понятие, объединяющее священнослужителей – членов правосл. церк. иерархии всех трёх её степеней: еп.-ов [архиереев], пресвитеров (священников) и диаконов; делится на белое духовенство (священники, диаконы): состоит из лиц женатых, находящихся в одном браке, неразведённых, и чёрное – состоящее* *из лиц священного сана, принявших монашество)* the clergy, the priesthood, the holy orders, the ministry, gentlemen of the cloth, ministers of the Word, the ordained ministry, *устар.* spirituality ◊ **белое д.** the secular clergy; **вмешательство д.-а в мирскую жизнь** priestcraft; **в подчинении у д.-а** priest-ridden; **высшее д.** the upper clergy, the high priesthood, church dignitaries; **д., получающее доход от церк. должности** beneficed clergy; **низшее д.** the parish clergy; **принадлежность к д.-у** clerical state; **усиливать влияние д.-а** to clericalize a nation; **христ. д.** ministers of the Word; **чёрное д.** the regular clergy, monks; **чёрное и белое д.** regulars and seculars.

духови́дец *(лицо, к-рому приписывается свойство общаться с духами)* medium, clairvoyant.

Духо́вная Колле́гия *истор. (орган управления русской Церковью, основанный Петром I; впоследствии заменён Синодом)* the Ecclesiastical [Spiritual] College.

духо́вная литерату́ра *см.* **церко́вная литерату́ра.**

духовни́к *(священник, к-рый принимает исповедь, по отношению к исповедующемуся лицу)* spiritual [ghostly] father, (ghostly) confessor, *сокр.* conf., ghostly adviser, religious teacher, spiritual guide; *катол.* father-confessor, spiritual director, confessarius.

духо́вное восприе́мничество *см.* **восприе́мничество.**

духо́вное зва́ние *(см. тж ду́ховный сан)* priestly dignity ◊ **быть лишённым всех д.-ых з.-й** to be deposed from all priestly dignity.

духо́вное лицо́ *(тж* **священнослужи́тель***)* ecclesiastic, clerical person, a man of God, cleric, clergyman, churchman ◊ **д.-ые л.-а** those in the ministry; **присутствовало по крайней мере 500 д.-ых лиц** at least five hundred clergy were present.

духо́вное нача́ло *см.* **духо́вность.**

духо́вное родство́ *катол. (возникающее во время крещения между священником и восприемниками с одной стороны и крещаемым и его родителями с другой)* spiritual relationship.

духо́вное сосло́вие *(духовенство)* the clerical order, the clergy.

Духо́вное управле́ние мусульма́н Европе́йской ча́сти Росси́и (ДУМЕР) *(выборный орган, осуществляющий руководство деятельностью исламских религ. организаций, находящихся на территории Московской, Ивановской, Владимирской, Тверской, Ярославской, Костромской, Вологодской, Нижегородской и др. областей)* the Religious Board of Muslims of Russia's European Region.

Духо́вное управле́ние мусульма́н Евро́пы и Сиби́ри the Muslim Religious Board for Europe and Siberia.

духовно-рыцарские ордена́ *истор. (военно-монашеские организации, объединявшие европ. рыцарей – участников Крестовых походов 12-13 вв. для борьбы с неверными и за освобождение Святой земли от мусульман; д.-р. о. занимали огромные территории, скопили многочисленные богатства; сейчас сохранились лишь немногие д.-р. о., в частности* **Мальти́йский о́рден***)* religious and military orders.

духо́вность *(преобладание в человеке духовных, нравственных качеств [ценностей] над материальными запросами)* spirituality.

"духо́вные ло́рды" *(англик. епп. и архиепп. – члены палаты лордов)* Lords Spiritual.

духо́вные христиа́не *(группа христианских сект – духоборы, молокане, скопцы, хлысты и др., вышедших из православия и верящих в воплощение Святого Духа в живых людях; отвергают духовенство и многие обряды)* the Spiritual Christians.

духо́вный 1. spiritual, ghostly, devotional ◊ **д.-ая жизнь** *(связанная со служением Богу, религиозная)* spiritual life; **д.-ые запросы** spiritual demands; **д. мир** inner world; **д. облик** spiritual make-up; **д.-ые ценности** cultural wealth, moral values; **2.** *(церковный, относящийся к церкви, духовенству)* ecclesiastical, spiritual, church, religious, devotional, clerical ◊ **ведущий д. и образовательный центр** *(напр. о монастыре)* a leading spiritual and educational centre; **д.-ая академия и семинария** ecclesiastical academy and seminary; **д.-ая лит-ра** ecclesiastical literature; **д.-ая музыка** church music; sacred music; **д. поэт** devotional poet; **д.-ое учебное заведение, д.-ая школа** *(готовящие служителей религ. культов и дающие богословское образование)* ecclesiastical school; **3.** *(прил. от слова дух – бесплотное сверхъестественное существо)* spiritual, ghostly, pneumatic.

духо́вный о́пыт the Christian experience.

духо́вный оте́ц *см.* **духовни́к.**

"Духо́вный регла́мент" *истор. (издан Петром I в 1721)* the Spiritual [Ecclesiastical] Regulation.

духо́вный сан (holy) orders, ministry, the cloth, the estate of a clerk in the Curch ◊ **без духо́вного са́на** *(в противопоставление профессионально-церковному; о лице в Зап. христ-ве, выполняющем обязанности священнослужителя, но не имеющем духовного сана)* lay; **быть посвящённым в д. с.** to be ordained; **высокий д. с.** ecclesiastical dignity; **из уважения к вашему** *(духовному)* **сану** out of respect for your cloth; **иметь д. с.** to be in holy orders; **крещение, совершаемое лицом без д. с.** lay baptism; **лишать д.-го с.-а** to disfrock, to defrock, to unfrock, to disgown; **посвящать в д. с.** *(рукополагать)* to ordain, to admit to holy orders, to confer orders; **приличествующий д.-ому с.-у** priestly; **принимать д. с.** to take (holy) orders, to enter the ministry, to enter the Church, to be ordained to the ministry, to go into the Church, to wear the cloth; **проповедник без д.-го с.-а** lay preacher.

Ду́хов понеде́льник *см.* **День Свято́го Ду́ха.**

духоно́сный *(достигший святости; мыслящий, говорящий и действующий не от себя, а по внушению Св. Духа)* ghost-filled.

дух-покрови́тель (да́нной) семьи́ familiar spirit.

Дух Свято́й *(третье лицо Св. Троицы)* the Holy Ghost, the Holy [Heavenly] Spirit, the Sanctifier, the Comforter, the Paraclete, *лат.* Spiritus, *сокр.* SPS ◊ **печать дара Д.-а С.-го** the seal of the gift of the Holy Spirit; **с помощью С.-го Д.-а** through the Holy Spirit; **умение почувствовать присутствие Д.-а С.-го** discernment of the Holy Ghost.

дух уме́ршего *(в спиритизме)* familiar spirit.

Дух Христо́в the Spirit of Christ.

душа́ *(по религ. представлениям, духовная сущность человека, особое начало, противопоставленное телесному и определяющее жизнь, способно-*

сти и личность человека) soul ◊ **бессмертие д.-и** the immortality of the soul; **вверить Богу д.-у** to commend one's soul to God; **деньги на помин д.-и** soul pence, soul money; **догма о существовании д.-и до её вхождения в тело** preexistentism; **доктрина, согласно к-рой д. умирает вместе с телом** thanatism; **д.-и усопших** departed souls; **обновление д.-и** renovation of the soul; **праведные д.-и** (усопших) holy souls; **существование д.-и до её вхождения в тело** (религ.-филос. концепция) preexistence; **упокой, Господи, его душу** God rest his soul.

душепопечи́тель (наставник новообращённых) counsel(l)or.

душепопечи́тельство counsel(l)ing.

душеспасе́ние salvation.

душеспаси́тельный salutary, edifying.

ду́ши всех почи́вших во Христе́ All Souls.

Дуэ́(й)ская Би́блия (англ. перевод Библии, сделан катол. учёными по Вульгате, впервые издан в Реймсе, Новый Завет, 1582, и в Дуэ, Ветхий Завет, 1609-1610) the Douay Version, the Douay(-Rheims) Bible, the Rheims-Douay Bible.

Дхава́нтари (в индуизме лекарь богов) Dhanvantari.

дха́мма пали (см. *дха́рма*) dhamma.

"Дхаммапа́да" (книга из *Су́тта-пита́ки*; состоит из 423 стихов в 26 главах, создана в 3-2 вв. до н.э. и представляет собой литературно-художественное изложение идей раннебуддийской этики; большинство строф "Д.-ы" — всенародные афоризмы стран буддийского мира, к к-рым обращаются буддисты-миряне) the Dhammapada.

дха́рани (эквивалент *пари́тты* в буддизме *маха́яны*, слова Будды, наделённые силой благословлять и охранять того, кто их произносит) dharani.

дха́рма санскрит (в буддизме и индуизме — принцип долга, праведного пути; тж совокупность обязанностей, вменяемых религией человеку и истолковываемых как "закон", "истина", "долг", "добродетель") dharma.

дха́рма-ка́йя (основное понятие буддизма *маха́яны* и *ваджрая́ны*, обозначающее абсолютную реальность, высшее сознание будд) dharmakaya.

Дхармаки́рти (600-60; индо-буддийский мыслитель *маха́яны*, автор семи трудов по буддийской логике, считающихся вершиной эпистемологии буддизма) Dharmakirti.

дха́рма-су́тры (древнеиндийские тексты, принадлежащие лит-ре о *дха́рме*) the Dharmasutras.

дха́рма-ша́стра (в индуизме — книга обычного права, связанная с социальным поведением во всех случаях жизни; древнейшая датируется приблизительно 400 до н. э.) the Dharmashastra, the Dharmasatra.

Дхармса́ла (город в Индии, где расположен дворец далай-ламы после его изгнания из Тибета) Dharmsala.

дхья́на санскрит (в буддизме, индуизме, джайнизме — медитация, характеризуется отвлечением сознания от осознания процессов в организме и от органов чувств) dhyana.

дхья́на-бу́дда (1. будда, перед образом к-рого медитируют адепты буддизма *маха́яны* и *ваджрая́ны*; 2. будда, неизменно погружённый в глубокое созерцание) meditating Buddha, dhyana Buddha.

дхья́ни-бу́дда *см.* **дхья́на-бу́дда**.

"Дще́ри милосе́рдия" *(распространённая катол. конгрегация, основанная в 1634 Винсе́нтом де Сен-Поль и Луизой де Марилья́к [Марийак])* the Sisters of Charity.

дщерь *ц.-сл. (дочь)* ◊ **д. Авраа́мля, дочь Авраа́мова** *библ. (Ев. от Луки 13:16; происходящая из рода Авраамова, правоверная)* a daughter of Abraham; **д. Вавило́на** *библ. (Вавилон или житель Вавилона)* daughter of Babylon; **д. люде́й мои́х, дочь наро́да моего́** *(народ мой) библ.* the daughter of my people; **д. Сио́на** *или* **Иерусали́ма** *библ. (Сион или Иерусалим)* the daughter of Zion.

дья́вол *(виновник зла, антипод Богу, злой дух, искуситель и губитель душ, властелин ада, заточённый туда архангелом Михаилом; д. в Ветхом Завете – это Сатана в образе змеи)* the Devil, devil, the Archfiend, the Prince of Darkness ◊ **д.-ы, бесы, нечистая сила** *собир.* devildom; **д. и его присные** the Devil and his angels; **д.-искуситель** the tempter; **лицо, отрицающее существование д.-а** adiabolist.

дья́вольский diabolical, devilish ◊ **д.-е наважде́ния** diabolical visions, diabolical visitations.

дья́кон *см.* **диа́кон**.

дьякони́ца *см.* **диакони́ца**.

Дья́ус *(в ведической религии – бог, божество неба, отец зари, огня; одно из древнейших божеств ведийского пантеона)* Dyaus.

дьячи́ха *(жена дьячка)* sexton's wife.

дьячо́к *(церковнослужитель в правосл. церкви; псаломщик)* sexton, reader.

дэв(а) *(в буддизме и индуизме – бог, божество; в зороастризме – демон, злой дух; в среднеевосточной средневековой миниатюре и живописи 18-19 вв. д. изображаются великанами устрашающей и омерзительной наружности)* dev(a), daeva, daiva.

дэвада́си *(искусная в танце, пении, музыке служительница культа в индуистских храмах, принимавшая участие в праздничных и повседневных храмовых ритуалах; кое-где д. существуют в наст. время, хотя их институт формально искоренён серией законодательных актов, последний из них относится к 1947)* devadasi.

Дэ́ваки *(в индуистской мифологии супруга Васудэвы, мать Кришны)* Devaki.

дэ́валока *(в буддизме и индуизме мир богов – небо)* devaloka.

дэва́та *(в древнеиндийской мифологии божество, существо божественной природы)* devata.

дэва́яна *(в Ведах путь богов, к-рым идут после смерти к вечному блаженству очистившиеся от грехов и познавшие высшую истину)* devayana.

Дэ́ви *см.* **Де́ви**.

Дэ́вид Лью́ис, сщмч. *(1616-79; катол. св., д. п. 27 августа)* St. David Lewis, pr. m.

"Дэ́ви-маха́тмья" *(санскрит – "Величание богини" <"The Glorification of the Goddess">; собрание текстов, посвящённых восхвалению богини* **Де́ви**) Devi Mahatmyam, Durga Saptashati.

дэи́зм *см.* **деи́зм**.

дя́дька *см.* **песту́н**.

Е

Еббу́л *см.* **Евву́л.**
Ебена́р *см.* **А́бен-Е́зра.**
Е́ва *библ. (первая женщина на земле, жена Адама, праматерь человечества)* Eve ◊ **сотворение Евы** *библ.* the creation of Eve.
Ева́грий Понти́йский *(4-5 вв.; церк. писатель, главной темой его сочинений было монашество)* Evagrius of Pontus, Evagrius Ponticus.
Ева́грий Схола́стик *(536-600; церк. историк, родился в г. Епифания, Сирия)* Evagrius Scholasticus.
Е́вал *библ. (муж. имя)* Ebal.
Е́ва Лье́жская, блж. *(ум. ок. 1265; катол. св., д. п. 26 мая)* Blessed Eva of Liege.
евангелиа́рий *катол. (литургическая книга, содержащая отрывки из Евангелия в том порядке, в к-ром они читаются на богослужении в течение года)* evangelistary, evangeliary, evangeliarium.
Ева́нгелие 1. *(учение Господа Иисуса Христа о Царстве Божием)* the gospel; the Word ◊ "**И ходил Иисус по всей Галилее, уча в синагогах их и проповедуя Е. Царствия** ... *(Ев. от Матфея 9:35)* 'And Jesus went about all Galilee teaching in their synagogues and preaching the gospel of the kingdom'; **проповедовать Е.** *(христ-во)* to preach the Word; **2.** *(первая и главная часть Нового Завета)* the Book of the Gospels, the Gospel(s), the Gospel Book, the Christian volume, *устар.* Evangely; *(одно из четырёх канонических Евангелий)* the Evangel; *(экземпляр книги, содержащий четыре Е.-я)* evangelistary ◊ **апокрифическое Е. Никодима, Е. от Никодима** the gospel of Nicodemus; "**двенадцать Е.-й**" *(чтение двенадцати отрывков из Е.-я в Великую пятницу)* the Twelve Gospels; **Е. от Иоанна, "От Иоанна святое Благовествование"** the Gospel According to St. John; "**Е. от Луки**", "**От Луки святое Благовествование**" the Gospel According to St. Luke; "**Е. от Марка**", "**От Марка святое Благовествование**" the Gospel According to St. Mark, St. Mark's Gospel, the Evangel of St. Mark; **Е. от Матфея, "От Матфея святое Благовествование"** the Gospel According to St. Matthew, the Evangel of St. Matthew; **Е. от Фомы** *(апокрифическое)* the Gospel of St. Thomas; **Е. рукописное** the manuscript Gospel; **Е., украшенное цветными рисунками** the illuminated Gospel; **Е. Царствия [Царства]** *(Ев. от Матфея 4:23)* the gospel of the kingdom; **канонический текст Е.-я** received text; **напрестольное Е.** *(текст первых четырёх книг Нового Завета и расписание евангельских богослужебных чтений, отпечатанные большим форматом и изданные одной книгой; находится на престоле на антиминсе)* the Evangelion, the Evangelastry, the liturgical [altar] Gospel, *греч.* Tetraevangelio, Evangelistarium, Evangelistarion; **отрывок из Е.-я, зачитываемый во время богослужения** *англик., катол.* the (Holy) Gospel, the Gospel for the Day; **служебное Е.** *см.* **напрестольное Е.**
Ева́нгелие-а́пракос *см.* **а́пракос.**

Евáнгелие

Евáнгелие-тетр *см.* **Четвероевáнгелие**.
евангелизациóнный evangelistic.
евангелизáция *(деятельность, направленная на обращение народов и отдельных людей в христ-во)* evangelism, evangelization ◊ **Лозаннский комитет за всемирную е.-ю** the Lausanne Committee for World Evangelism; **новая е.** *(папа Иоанн Павел II считает, что в ней сегодня особенно нуждаются многие страны с преобладанием катол. населения, особенно в Европе и Латинской Америке)* the new evangelization.
евангелúзм *(антикатол. движение, возникшее в Англии в 18 в.; борется с ритуализмом в англик. церкви)* evangelism.
евангéлики *см.* **евáнгельские христиáне**.
евангелúст 1. *(автор жизнеописаний Иисуса Христа – канонических Евангелий; апп. Матфей, Марк, Лука, Иоанн Богослов)* Evangel(ist), *устар.* Gospel(l)er; **2.** *(проповедник)* evangelist, *сокр.* Evan, a preacher of the gospel, a travelling missionary; **3.** *библ.* *(благовéстник)* evangelist.
евангелистáрий *(церк. книга с извлечениями из Евангелия)* evangelistary, evangelion, evangelistarium, evangelistarion.
евангелúстский *(относящийся к евангелистам)* evangelistic.
евангелúсты *см.* **евáнгельские христиáне**.
евангелúческий *(относящийся к различным направлениям протестантизма, (гл. обр. лютеранства)* evangelic(al) ◊ **Е. союз** *истор.* *(основан в 1843; влился в Конгрегационалистскую шотл. церквь в 1896)* the Evangelical Union; **Е.-ая церковь** the Evangelical (and Reformed) Church; **приверженность Е.-ой церкви** evangelicalism.
Евангелúческо-лютерáнская цéрковь в Амéрике *(образовалась в 1988 в результате объединения Лютеранской церкви в Америке с Американской лютеранской церковью и Ассоциацией евангелическо-лютеранских церквей; насчитывает около 5,3 млн верующих)* the Evangelical Luteran Church in America, *сокр.* ELCA.
Евангелúческо-лютерáнская цéрковь Лáтвии *(религ. организация верующих е.-л.-ого направления; на её долю приходится 70% протест. приходов и ок. 80% верующих)* the Evangelical Lutheran Church of Latvia.
Евангелúческо-лютерáнская цéрковь Эстóнии *(религ. организация верующих е.-л.-ого направления; в её составе 156 общин; глава – архиеп.)* the Evangelical Lutheran Church of Estonia.
евангелúчество *см.* **евáнгельское христиáнство**.
евáнгельские и апóстольские чтéния *(во время богослужения в течение года; тж чтéние отрывка из Свящéнного Писáния)* lections, lessons.
евáнгельские христиáне *(члены нек-рых протест. деноминаций; признают только Евангелие – тексты Нового Завета; общее кол-во* **е.-х** *христиан в США более 0,5 млн)* the evangelicals; *(верующие евангельского вероисповедания; в узком смысле слова)* the mainstream evangelicals.
Евáнгельские христиáне-баптúсты *(церковь, возникшая путём слияния в 1944-47 гг. в СССР объединений баптистов, евангелистов и пр.)* the Evangelical Christian-Baptists.
евáнгельский *(прил. к Евангелию, из Евангелия)* evangelic, gospel.
евáнгельский призыв к спасéнию *(через покаяние и веру, обращённый ко всем людям без изъятия)* *богосл.* general [external] calling.

еванге́льское христиа́нство *(см. тж **ева́нгельские христиа́не**)* evangelicalism.

Еваре́ст, св. *см.* **Евари́ст, св.**

Евари́ст, св. *(ум. ок. 105; Папа Римский, катол. св., д. п. 26 октября)* St. Evaristus, bp.

Евве́нтий и Макси́м, свв. мчч., во́ины *см.* **Иуве́нтин и Макси́м, свв. мчч., во́ины**.

Евву́л *библ. (один из рим. христиан, близких к ап. Павлу во время его последнего тюремного заключения в Риме)* Eubulus.

Евгези́пп *см.* **Геге́сипп**.

евгемери́зм *см.* **эвгемери́зм**.

Евге́ний, Канди́д, Валериа́н и Аки́ла, мчч. *(3 в.; д. п. 21 января / 3 февраля)* Sts. Eugene, Candidus, Valerian and Aquilas, Ms.

Евге́ний Карфаге́нский, еп., св. *(ум. 505; катол. св., д. п.)* St. Eugenius of Carthage.

Евге́ний II, св. *(ум. 657; катол. св., д. п. 13 ноября)* St. Eugenius II, St. Eugenius of Toledo, bp.

Евге́ния, прмц. и с не́ю мчч. Прот и Иаки́нф *(ум. ок. 262; д. п. 24 декабря / 6 января)* Sts. Eugenia, Venerable Martyr and her two slaves, Propus and Hyacinth.

Евге́ния, Ри́мская, де́ва, прмц. *(подвизавшаяся в мужском образе; ум. ок. 252; катол. св., д. п. 25 декабря)* St. Eugenia, v., m.

Евги́ппий *(ок. 455-535; церк. историк; жил в Норике; когда римляне были изгнаны из Норика германцами, Е. ушёл в Италию, где был аббатом в Лукуллануме близ Неаполя; его наиболее значительное произведение "Жизнеописание св. Северина Норикумского" (511) <The Life of St. Severinus of Noricum>; его собрание извлечений из творений блж. Августина были популярны в Средние века)* Eugippius.

евди́(с)ты *см.* **эди́сты**.

Евдоки́м Каппадокия́нин, пра́ведный *(9 в.; д. п. 31 июля / 13 августа)* St. Eudocimus, Venerable.

Евдоки́я, св. прмц. *(ум. 152; д. п. 1/14 марта и 4/17 августа)* St. Eudocia [Eudokia], venerable M.

евдоксиа́не *(одна из разновидностей арианской ереси 4 в.; последователи Евдоксия, ум. 370, птрх.-а Антиохии и затем Константинополя)* the Eudoxians.

Евдо́ксий, св. мч. *(ум. ок. 311-12; д. п. 6/18 сентября; и ум ок. 320; д. п. 3/16 ноября)* St. Eudoxius, M.

Еве́и *см.* **Хетте́и**.

Евена́р *см.* **А́бен-Э́зра**.

Е́вер *библ. (предок, именем к-рого названы евреи; ветхозаветный птрх., ум. на 504 году от рождения)* Eber.

Евил(ь)мерода́х *библ. (вавилонский царь в 562-60 до н. э., сын и преемник Навуходоносора)* Evilmerodach.

евиони́ты *см.* **эбиони́ты**.

Евла́лия Барсело́нская, дева, мц. *(ум. 304; д. п. 22 августа / 4 сентября; катол. – 12 февраля)* St. Eulalia of Barcelona, v., M.

Евла́лия

Евла́лия Мери́дская [Эмери́тская], мц. *(ум. 304; д. п. 10/23 декабря)* St. Eulalia of Merida, M.

Евла́мпий и Евла́мпия, свв. мчч. *(4 в.; д. п. 10/23 октября)* Sts. Eulampius and his sister, Eulampia, Ms.

Евло́гий *(1864-1946; митрополит, видный деятель Зарубежной православной церкви, жил и служил во Франции)* Evlogy.

Евло́гий, св. *(имя нескольких свв.)* St. Eulogius.

Евме́ний, прп., еп. Горти́нский *(7 в.; д. п. 18 сентября/1 октября)* St. Eumenius, Bp. of Gortyna.

Евни́ка *библ. (мать ап. Тимофея)* Eunice.

евномиа́не *истор. (последователи Евно́мия, еп. Кизи́ческого; позднейшее название ариа́н)* the Eunomians.

Евно́мий, еп. Кизи́ческий *(ок. 335-98; основатель арианской секты, ересиарх)* Eunomius, bp. of Cyzicus.

евномиофеофрониа́не *см.* **агно́йты**.

Ево́д, ап. от 70-ти, еп. Антиохи́йский, сщмч. *(ум. 66; д. п. 7/20 сентября, 4/17 января, катол. – 6 мая)* St. Evodius, Bp. of Antioch.

Евпл, св. мч., архидиа́кон *(ум. 304; д. п. 11/24 августа)* St. Euplus, Archdeacon-M.

Евпракси́я Константино́польская, де́ва, прп. *(ум. ок. 429; д. п. 27 июля / 7 августа, катол. – 13 марта)* St. Euphrasia [Euphraxia], v.

Евпси́хий, св. мч. *(ум. 362; д. п. 9/22 апреля и ум. 117-38; д. п. 7/20 сентября)* St. Eupsychus, M.

евре́и *библ. (как язычники в Новом Завете)* the Hebrews ◊ **Послание к евре́ям св. Ап. Павла** *библ.* The Epistle of Paul the Apostle to the Hebrews.

евре́и-христиа́не Jewish Christians.

евре́й *(см. тж* **иуде́й**) Jew ◊ **е., соблюда́ющий суббо́ту** Sabbatarian; **испа́нский е., обращённый в христ-во** *(14-15 вв.)* converso; **преследо́вание е.-ев** Jew-baiting; **преследо́вать е.-ев** to Jew-bait; **тот, кто пресле́дует е.-ев** Jew-baiter.

евре́йский Jewish, Judaic(al).

евре́йский календа́рь *(счисление ведётся в соответствии с движением Луны, к-рая делает полный оборот вокруг Земли прибл. за 29 суток; этот промежуток времени принимается за месяц, к-рый содержит 29 или 30 дней; тот момент, когда Луна полностью исчезает на небе, а затем начинает нарастать снова, называется новолунием, к-рое является началом нового месяца; для согласования лунных месяцев с солнечным годом установлен определённый порядок прибавления семи дополнительных месяцев на протяжении 19 лет; дополнительный месяц вставлен перед месяцем нисан и называется второй адар, или адар бет; поэтому* **е. к.** *можно назвать лунно-солнечным <lunisolar calendar>, поскольку он построен с учётом движения как Луны вокруг Земли, так и Земли вокруг Солнца)* the Jewish calendar ◊ *(месяцы* **е.-ого к.-ря**, *праздники и памятные даты в том или ином месяце) (осень)* **тишрей** *(30 дней; праздники: 1-2 тишрея –* **Рох-хаша́на**, *еврейский Новый год, 10 тишрея –* **Йом-кипу́р**, *15-22 тишрея –* **Сукко́т**, *23 тишрея –* **Симха́т То́ра**) Tishri; *(зима)* **(мар)хешван** *(29 дней)* Heshvan, Heshwan, Marheshvan; **кислев** *(29 или 30* *дней; праздник: 25 кислева-2 тевета – **Ханука**) Kislev, Kisleu, Kislew;* **тевет** *(29 дней)* Tebet(h); **шват** *(30 дней)* Shebat; **адар** *(29 или 30 дней; праздник: 14 адара – **Пурим** (в високосном году отмечается в месяце адар бет)* Adar; **адар бет** *(дополнительный месяц в високосном году, 29 дней)* Veadar; *(весна)* **нисан** *(30 дней; праздники: 15-22 (фактически с вечера 14-го до вечера 21-го) нисана – **Песах**, 27 нисана (памятный день) – **День катастрофы (и героизма)*** Nisan; **ияр** *(29 дней; праздники: 4 ияра – **День Памяти**, 5 ияра – **День независимости государства Израиль**, 18 ияра – **Лаг баомер**, 28 ияра – **День Иерусалима**)* Iyar; *(лето)* **севан** *(30 дней; праздник: 6-7 севана – **Шавуот**)* Sivan; **тамуз** *(29 дней)* Tam(m)uz; **ав** *(30 дней; праздник: 9 ава – **Тиша бе-Ав**)* Ab; **елул [элул(ь)]** *(29 дней)* Elul.

еврейский народ *(в Ветхом Завете семитский народ; избранники Божьи)* Israel ◊ **библейский герой е.-ого н.-а** an Israelitish hero; **относящийся к е.-ому н.-у** *библ.* Israelitish.

еврейско- *(тж **иудео**, **иудейско-**)* Jud(a)eo- ◊ **еврейско-испанский** Judeo-Spanish.

Евсевий Верцельский, священник *(283-371; катол. св., д. п. 2 августа)* St. Eusebius of Vercelli, pr.

Евсевий Кесарийский *(264-340; христ. историк, "отец" церк. истории)* St. Eusebius of Ceasarea ◊ *(его сочинения):* "**Доказательство в пользу Евангелия**" the 'Demonstration of the Gospel', *лат.* Demonstratio evangelic; "**Житие императора Константина**" a "Life of Constantine", *лат.* De vita Constantini; "**Ономастикон**" *(источник по топографии библейской Палестины)* the Onomasticon; "**О палестинских мучениках**" *(трактат о гонениях на христиан между 303-10)* The Martyrs of Palestine; "**Приготовление к Евангелию**" the 'Preparation for the Gospel'; "**Церковная история**" *(324; рассказ о развитии раннего христ-ва)* the "Ecclesiastical History".

Евсевий Лаодикийский *(ум. ок. 269; христ. деятель, катол. св., д. п. 3 июля)* St. Eusebius of Laodicea.

Евсевий Памфил см. **Евсевий Кесарийский**.

Евсевий, св. *(ум. 309; Папа Римский, катол. св., д. п. 17 августа)* St. Eusebius.

Евсевий, сщмч., еп. Самосатский *(ум. 380; д. п. 22 июня / 5 июля)* St. Eusebius, Pr.-M., Bp. of Samosata.

Евсевий Эмесский *(ок. 300-59; христ. деятель)* Eusebius of Emesa.

Евсигий, св. мч. *(ум. 362; д. п. 5/18 августа)* St. Eusignius, M.

евстафиане *(1. последователи **Евстафия Севастийского**; 2. христ. секта 14 в.)* the Eustathians.

Евстафий Плакида, вмч., жена его Феопистия и чада их Агапий и Феопист *(ум. ок. 118; д. п. 20 сентября / 3 октября)* Sts. Eustacius (Placidus), the Great Soldier-M., and his wife, Theopista, and their sons, Agapius and Theopistus, Ms.

Евстафий, свт., архиеп. Антиохийский *(ум. ок. 337; христ. деятель, д. п. 21 февраля / 6 марта)* St. Eustacius [Eustathius] of Antioch.

Евстафий Севастийский *(ок. 300 - 377; христ. церк. деятель, еп. Севастийский; ревностный поборник монашества и основатель общины монахов-евстафиан, отвергавших брак, мясную пищу и ведших чрезвычайно аскетическую жизнь)* Eustathius, Bp. of Sebaste.

Евстафий

Евста́фий Солу́нский *(ум. ок. 337; христ. деятель)* Eustathius of Thessalonica.

Евста́фий Фессали́йский *см.* **Евста́фий Солу́нский**.

Евста́хий, св. мч. *(2 в.; д. п. 23 июня / 6 июля и 15/28 ноября)* St. Eustace.

Евсто́хий, св. мч. *см.* **Евста́хий, св. мч.**

Евстохи́я, св. *(ум. ок. 419; дочь благочинной рим. матроны Па́влы, д. п. 28 сентября / 11 ноября)* St. Eustochium, M.

Евти́х *библ. (юноша из Троады, выпавший из окна и разбившийся во время беседы с ап. Павлом и воскрешённый апостолом; "Деяния" 20:9-12)* Eutychus.

евтихиа́не *(последователи евтихиа́нства)* the Eutychians.

Евтихиа́н, св. *(ум. 283; Папа Римский, катол. св., д. п. 7 декабря)* St. Eutychian.

евтихиа́нство *(учение константинопольского архимандрита Евтихия, основателя монофизитства, к-рый отвергал соединение двух начал, Божественного и человеческого, в Христе)* Eutychianism.

Евти́хий, св., архиеп. Константино́польский *(512-82; д. п. 6/19 апреля)* St. Eutyches, Archbp. of Constantinople.

Евтро́пий, Клео́ник и Васили́ск, свв. мчч. *(ум. ок. 308; д. п. 3/16 марта)* Sts. Eutropius and his bodyguards, Cleonicus and Basiliscus, Ms.

Евфи́мий Благоду́шный [Вели́кий], прп. *(377-437; христ. аскет; д. п. 20 января / 2 февраля)* St. Euphemius [Euphymius] the Great.

Евфи́мий Но́вый, прп. *(9 в.; д. п. 15/28 октября)* St. Euphymius, the New.

Евфи́мия Всехва́льная [Прехва́льная], св. вмц. *(ум. 303; д. п. 11/24 июля и 16/29 сентября)* St. Euphemia, Great M., St. Euphemia, the Great, V.-M.

Евфраси́я, св. мц. *(ум. 303; д. п. 18/31 мая)* St. Euphrasia [Evphrasia], M.

Евфроси́ния По́лоцкая, св. *(ум. 1173; дочь князя Святослава Полоцкого; д. п. 23 мая / 5 июня)* St. Euphrosyne of Polotsk.

Евфроси́ния, прп. *(в муж. костюме подвизалась в муж. монастыре; лишь перед смертью открылась своему духовному отцу; скончалась в первой пол. 5 в.; д. п. 25 сентября / 8 октября)* Venerable Euphrosyne.

евхаристи́ческие конгре́ссы *(регулярные международные съезды катол. богословов и духовенства, созываются с 1881; сопровождаются торжественными процессиями и богослужениями в честь евхаристии)* the Eucharistic congresses.

евхаристи́ческий eucharistic(al), oblational, oblatory ◊ **е. канон** *(часть литургии, начинающаяся после пения Символа веры, во время к-рой происходит пресуществление Св. Даров для таинства причащения)* the eucharistic canon, action; **е.-ая молитва** the Eucharistic Prayer, anaphora; **е.-ая трапеза** the eucharistic meal; **е. хлеб** *богосл.* Christ's body.

евхаристи́ческое (бого)служе́ние eucharistic celebration ◊ **у католиков литургия Слова и Евхаристическая литургия являются двумя основными частями е.-го б.-я** the Liturgy of the Word and Eucharist are the two main parts of the eucharistic celebration (also called the Mass) in Catholic worship.

евхари́стия *(святое причастие, причащение – одно из главных таинств христ. церкви, состоящее в том, что во время богослужения верующие вкушают хлеб и вино, к-рые пресуществляются в истинное Тело и Кровь*

Христовы; в правосл. совершается на литургии во время евхаристического канона; тж **таинство причащения**) the Eucharist, the sacramental communion, the sacrament of communion, англик. the Lord's Supper, the Holy Communion, катол. the Blessed Sacrament, истор. Action; устар. (средневековое название) housel; **совершение е.-и** the celebration of the Eucharist; **участвовать в е.-и** to participate in the Eucharist.

Евхе́рий, еп. Лио́нский (ум. 449; катол. св., д. п. 16 ноября) St. Eucherius, Bp. of Lyons.

евхи́т истор. (4-8 вв; член секты, полагавшей, что спасение невозможно без непрестанной внутренней молитвы, и отвергавшей церк. иерархию; тж **мессалиа́не**) Euchite, Enthusiast, Messalian, Adelphian.

евхоло́гий (богослужебная книга; является соединением **служе́бника** с **тре́бником**; в е.-и собраны молитвы на разные случаи) euchology, euchologion.

евхоло́гион см. **евхоло́гий**

Егло́н библ. (1. муж. имя; 2. географическое название) Eglon.

Его́ва см. **Иего́ва**.

его́же (ц.-сл. которого) whose ◊ "**Господи Боже наш, Егоже держава несказанна, и слава непостижима, Егоже милость безмерна и человеколюбие неизреченно...**" (молитва иерея во время Божественной литургии) 'O Lord our God, Whose power is incomparable, and glory incomprehensible, Whose mercy is immeasurable, and love to man ineffable – '.

Его́рий Хра́брый см. **Гео́ргий Победоно́сец, вмч.**

Еде́м библ. (богатый плодами и водой сад, созданный Богом для человека после сотворения мира, куда Бог поселил Адама и Еву и откуда изгнал их; тж **Эде́м**) Eden, Edem.

Еде́мский сад см. **Еде́м**.

Еде́н см. **Еде́м**.

Еде́сса (город на юге Месопотамии; центр борьбы различных течений и школ христ. религии; место, где в разное время жили известные богословы) Edessa.

Еди́ная, Свята́я, Собо́рная и Апо́стольская Це́рковь (четыре признака Церкви, сформулированные в Символе веры на Никейском Вселенском соборе в 325) the One, Holy, Catholic [Conciliar] and Apostolic Church.

едине́ние unity ◊ **е. Св. Церкви Христовой** the unity of (the) Holy Church of Christ.

единобра́чие (форма брака, состоящая в устойчивом семейном житии одного мужчины с одной женщиной) monogamy.

единове́рец 1. (человек одной с кем-л. другим веры) coreligionist, fellow believer; 2. истор. (член созданного в 19 в. официальными властями течения в старообрядчестве за условное единение с новообрядческой церковью) member of Edinoverie.

единове́рие 1. (исповедание одной с кем-л. веры; общность религии) community [conformity] of religion; the same religion; 2. (условное единение старообрядцев с новообрядческой – официальной – церковью) Edinoverie.

единове́рный of the same faith (as).

единове́рческий Edinoverie.

единовла́стник церко́вный (патриарх) patriarch.

единоволие *(еретическое учение о присутствии одной воли во Христе)* the doctrine of the single will, the existence of one will in Christ.

единовольческая ересь *см.* **монофелитство**.

единодневная церковь *см.* **обыденная церковь**.

единородность *(сущ. от единородный)* unigeniture.

единородный *(единственный, один по рождению)* only-begotten, unigenital, begotten as the only child ◊ **во имя Е.-ого Сына Божия** *библ.* in the name of the only-begotten Son of God; **е. от Отца** the only-begotten of the Father; **е. Сын** *библ.* the only-begotten Son.

единославие *(многократное повторение молитвы "Господи, помилуй") греч.* Kyrie [Christe] Eleison.

единосущие *(неразличимость по природе Лиц Святой Троицы; иначе говоря, бытие Отца продолжается в Сыне и в Святом Духе без какого-л. умаления, т.е. Божественное достоинство трёх Лиц одно и то же)* consubstantiality.

единосущность *(учение о сосуществовании в причастном хлебе и вине наряду с их материальной природой природы Тела и Крови Христовых)* consubstantiation.

единосущность Христа Богу Homoousianism, the homoousian doctrine ◊ **последователь [приверженец] учения о е.-и Х. Б.** Homoousian(ist); **приверженность учению о е.-и Х. Б.** Homoousianism.

единосущный *(тот же, что и другой, по своему существу)* one in essence [in substance], coessential, of one substance, of one essence; *(в Символе веры "е.", принято и утверждено на 1-ом Вселенском соборе в Никее)* consubstantial (with) ◊ **"Верую во единого Бога Отца, Вседержителя Творца небу и земли, видим же всем и невидимым. И во единаго Господа Иисуса Христа, Сына Божия, Единороднаго, иже от Отца рожденнаго прежде всех век; Света от Света, Бога истинна от Бога истинна, рожденна, не сотворенна, единосущна Отцу, имже все быша"** *(начало Символа веры)* 'I believe in One God the Father Almighty, Maker of Heaven and earth, and of all things visible and invisible. And in one Lord, Jesus Christ, the only begotten Son of God, Begotten of the Father before all ages. Light of light, true God of true God. Begotten not made, consubstantial with the Father, by Whom all things were made'.

единоутробные *см.* **самобратия**.

единочестие Бога Отца и Сына Божия reverence of God the Father and the Son.

единочестный *(равный, одинаково почитаемый)* equally revered.

единство Божественной и человеческой природы во Христе *богосл.* Incarnation.

единство Христа и Церкви the oneness of Christ and the Church.

единый ◊ **е. Бог** the One God; **е. Господь и Царь Иисус Христос** the One Lord and One King.

единый в трёх лицах tripersonal.

Е́дна *библ. (жена Рагуила, мать Сарры)* Edna.

Едом *библ. (прозвище Исава, сына Исаака; потомки Е.-а заселили страну к югу от Палестины и она стала называться Идумеей)* Edom.

е́же см. **и́же**.

ежедне́вное обще́ние с Бо́гом regular time with God.

ежедне́вное чте́ние моли́тв и псалмо́в office.

Éз(д)ра библ. *(священник, потомок Аарона, "книжник, сведущий в законе Моисеевом")* Ezra ◊ **Кни́га Е.-ы** библ. (The Book of) Ezra, сокр. Ez(r).

Екатери́на Александри́йская, св. мц. *(ум. 310; д. п. 24 ноября / 7 декабря, катол. – 25 ноября)* St. Catherine, M. ◊ **"Мистическое обручение св. Екатерины"** *(иконографический сюжет в Зап. христ-ве)* The Mystic Marriage of St. Catherine.

Екатери́на Генуэ́зская *(1447-1510; катол. св., д. п. 15 сентября)* St. Catherine of Genoa.

Екатери́на Сие́нская, де́ва и Учи́тель Це́ркви *(1347-80; катол. св., д. п. 29 апреля; на Западе св. Е., славившаяся своей учёностью, считается покровительницей учащегося юношества; праздник св. Екатерины, Катеринин день <Cathern>)* St. Catherine of Siena, virgin.

Екатери́на Шве́дская *(1331-81; дочь св.* **Бриги́тты Шве́дской**; *поборница аскетического образа жизни, настоятельница главного монастыря и управительница Ордена Спасителя <the Order of the Saviour, the so-called Brigittines>; основанного её матерью; катол. св., д. п. 22 марта)* St. Catherine of Sweden.

Екатери́нинский мужско́й монасты́рь *(г. Видное Московской обл.)* the Monastery of St. Catherine.

Екба́таны библ. *(греч. наименование мидийской столицы и более поздней резиденции персидских царей)* Ecbatana, Ecbatane.

екзапостила́рий *(краткое песнопение, к-рое поётся или читается на воскресной утрене; тж воскресный* **свети́лен***)* the Exapostilarion, the Photagogikon.

екзапсалми́ см. **Шестопса́лмие**.

екза́рх см. **экза́рх**.

екзеге́т см. **экзеге́т**.

екзеге́тика см. **экзеге́тика**.

"Екклезиа́ст" см. **"Екклесиа́ст"**.

екклесиа́рх *(особое должностное лицо Восточной церкви, наблюдающее за порядком в храме во всех отношениях; тж распорядитель церк. службы в монастыре)* ecclesiarch.

"Екклесиа́ст" библ. *(книга Ветхого Завета, созданная в сер. 3 в. до н. э.; книга "Е." изображает человека, наслаждающегося жизнью, к-рый в конце концов спрашивает о смысле своего существования)* Ecclesiastes, сокр. Eccles., Ecc(l)., The Preacher ◊ *(полное название)* **Кни́га Е.-а, и́ли Пропове́дника** The Book of Ecclesiastes, or The Preacher, иврит Koheleth.

екклесиа́ст *(проповедующий в церкви; священник)* ecclesiast(ic).

еклисиа́рх см. **екклесиа́рх**.

Екло́га *(извлечение из законов, изданное византийским императором Львом III Исаврянином и Константином Копронимом ок. 740)* the Osaurian laws, лат. Ecloga Legum.

Екро́н см. **Аккаро́н**.

ексапостила́рий см. **екзапостила́рий**.

ексапсалми́ см. **Шестопса́лмие**.

Експеди́т Армя́нский [Мелити́нский], мч. *(д.п. 19 апреля/2 мая)* St. Expeditus, M.

ектении́ мн. ч. *(см. тж* **ектения́***)* sinaptai.

ектения́ *(греч. "усердие", "протяжение"; общее моление на церк. богослужениях;* **е.** *делится на ряд кратких прошений, сопровождаемых восклицаниями: "Господи, помилуй", "Подай, Господи" (см.* **Го́споди***), "Услыши нас, Господи" (последнее у католиков); эти прошения возглашаются диаконом; в совр. правосл. богослужении существуют великая, малая, сугубая и просительная* **е.-и***, отличающиеся продолжительностью прошений и словами восклицаний; в совр. англо-амер. лит-ре правосл. ектения называется "collect")* litany, synapte; *англик.* suffrages, the Litany and Suffrages; *(возглашаются диаконом)* ectene, ektene, diaconicon, diaconal, diaconika, irenicon, aitesis ◊ **е. об оглашенных** the Litany of the Catechumens; **е. об упокоении и оставлении грехов усопших** the Litany of the Departed; **е. о верных** the Litany of [for] the Faithful; **великая [мирная] е.** the Great Litany, the Great Ektene, the Ektene of Peace, *англик.* the Greater Suffrages; **малая е.** the little litany, the (litany of) lesser supplication; **просительная е.** the petitioning ektene, the Litany of Supplication; **сугубая е.** *(получила своё название как от двукратного ["усугублённого"] обращения в начале ектении к милосердию Божию о помиловании, так и от троекратного пения молитвы "Господи, помилуй")* the Ektene of Supplication, the Litany of fervent Supplication, the Augmented Litany, the Litany of Fervent Intercession.

ектенья́ *см.* **ектения́**

Ела́м *библ. (место к востоку от Иордана)* Elam.

ела́м *библ. (притвор, преддверие, род паперти или крытого крыльца, крытая галерея)* porch ◊ **е. врат(ный)** porch of the gate; **е. дверной** threshold of the gate; **е. престолов** porch of the throne; **е. столпов** porch of pillars; **е. судилища** porch of judgement.

Елда́д и Ме́дад *библ. (двое из 70 старейшин, одарённые пророческим даром)* Eldad and Medad.

Елеаза́р *(имя нескольких лиц, упоминаемых в Библии)* Eleazar, Eleazer.

Елеа́са *библ. (1. муж. имя; 2. географическое название)* Eleasa.

Елевфе́рий, св. *(имя нескольких святых)* St. Eletherius.

Елезво́й Эфио́пский *(6 в., царь, затворник, д. п. 24 октября / 6 ноября)* St. Elesbaan.

еле́й *(оливковое масло, употребляемое в церк. ритуалах – в таинстве крещения, елеосвящения и при помазании во время всенощного бдения; образ масла как символа Божьей милости часто встречается в Священном Писании)* anointing [holy] oil ◊ **освящённый [священный] е.** *(к-рым помазывают больных в таинстве* **елеосвяще́ния***)* chrism, oil of the sick; **простой е.** *(оливковое или др. растительное масло, к-рое употребляется в церкви для помазания; благословляется на всенощной в праздники)* consecrated oil, oil of catechumens, oil of consecration.

еле́й из лампа́ды *(лампадное масло)* lamp-oil.

Еле́на, св. *(царица, мать царя Константина Великого и жена Константина Хлора <Constantius Chlorus>; в 326 она обрела Крест Господень; д. п. 21 мая / 3 июня)* St. Helena.

Еле́на Ско́вдская *(ум. ок. 1160; катол. св., д. п. 31 июля)* St. Helen of Skövde.
Елео́н *см.* **Ма́сличная гора́**.
Елео́нская гора́ *см.* **Ма́сличная гора́**.
елеопома́зание *см.* **миропома́зание**.
елеосвяще́ние *(тж* ***собо́рование****; одно из семи таинств христ. церкви, к-рое совершается над больным, и состоит в том, что через помазание – лба, щёк, губ, рук и груди – елеем больной христианин получает, если Богу угодно, исцеление и прощение грехов; не принято соборовать лиц моложе семи лет)* the sacrament of Anointing, the Anointing [Unction] of the Sick, administration of last sacraments, *греч.* Euchelaion; *англик., катол. (старое название)* extreme [last] unction; *(совр. название)* anointing the sick, viaticum.
Елесва́н Эфио́пский *см.* **Елезво́й Эфио́пский**.
Елеу́са *("умиление"; иконографический тип изображения Богоматери с Младенцем Иисусом, прижимающимся к ней щекой; тж* ***Гликофилу́са****)* Eleusa.
Елиа́в *библ. (1. сын Хелона из рода Завулона; 2. старший брат Давида)* Eliab.
Елиаки́м *библ. (муж. имя)* Eliakim.
Елиаса́ф *библ. (муж. имя)* Eliasaph.
Елиезе́р *(имя нескольких лиц, упоминаемых в Библии)* Eliezer.
Елизаве́та Венге́рская *(1207-31; катол. св., д. п. 17 ноября; для францисканцев она является символом жен. милосердия и фигурирует в творениях итал. живописцев этого ордена)* St. Elizabeth of Hungary.
Елизаве́та Португа́льская *(1207-31; катол. св., д. п. 4 июля)* St. Elizabeth of Portugal.
Елизаве́та Тюри́нгская *см.* **Елизаве́та Венге́рская**.
Ели́м *библ. (волхв двора проконсула, к-рый пытался воспротивиться речам Павла и Варнавы, за что был ослеплён Павлом)* Elymas.
Ели́мелех *библ. (ефрафянин, был свёкром Руфи и родственником Вооза)* Elimelech.
Елисаве́та *(имя двух ветхозаветных женщин: одна – жена первосвященника Аарона, к-рая родила ему четырёх сыновей: Надава, Авиуда, Елеазара и Ифамара; другая – жена священника Захарии и мать Иоанна Крестителя, родственница Пресвятой Девы Марии, упоминается в Ев. от Луки)* Elizabeth, Elisabeth ◊ **Е., мать Иоанна Крестителя** Elizabeth, the mother of John the Baptist; **св. праведная Е.** *(д. п. 5/18 сентября)* righteous and St. Elizabeth.
Елисаве́та Португа́льская *см.* **Елизаве́та Португа́льская**.
Елисаве́та Тюри́нгская *см.* **Елизаве́та Венге́рская**.
Елисе́й *библ. (пророк, известный тж под именем Елисеус; ученик и преемник пророка Илии)* Elisha.
Ели́уй *библ. (сын Варихиила Вузитянина из племени Рама; он произносит в книге Иова четыре речи)* Elihu.
Ели́фаз Семанитя́нин *библ. (один из пяти друзей Иова)* Eliphaz the Temanite.
Ели́фаз Феманитя́нин *см.* **Ели́фаз Семанитя́нин**.
Ели́фалет *библ. (сын царя Давида)* Eliphalet.
елказа́йты *см.* **елкеза́йты**.

Елка́на

Елка́на *библ. (отец пророка Самуила)* Elkanah.

елкеза́йты *истор. (секта иудействующих гностиков)* the Elkesaites.

елкес(с)е́и *см.* елкеза́йты.

Елла́дий, сщмч. *(ум. 633; д. п. 28 мая / 10 июня)* St. Helladius, Pr.-M.

еллини́сты *библ. (евреи, родившиеся и жившие вне Палестины по большей части среди греков, они говорили на испорченном греч. языке, а в синагогах употребляли греч. перевод Библии)* the Hellenistic Jews, the Grecians.

е́ллины *библ. (язычники, варвары)* the Greek.

Ело́гим *см.* Эло́хим.

"Ело́й!" *библ. (восклицание на арамейском языке – "Боже мой!")* Eloi!

Елпидифо́р, св. мч. *(д. п. 3/16 апреля, ум. 307 и 2/15 ноября, ум. 341)* St. Elpidephorus, M.

елу́л *см.* евре́йский календа́рь.

емана́ция *см.* эмана́ция.

Емилиа́на Ри́мская *(тётка Григория Двоеслова, ум. ок. 550; д. п. 24 декабря / 6 января)* St. Emiliana.

Емилиа́н Испове́дник, св., еп. Кизи́ческий *(ум. ок. 315; д. п. 8/21 августа)* St. Aemilian, Confessor, Bp. of Cyzicus.

Еми́лий Африка́нский *см.* Ка́стус и Еми́лий, свв. мчч.

Еми́ма *библ. (старшая дочь Иова)* Jemima.

Еммануи́л *(пророческое название Иисуса Христа в Ветхом Завете)* Emmanuel, Immanuel ◊ "Итак Сам Господь даст вам знамение: се, Дева во чреве приимет, и родит Сына, и нарекут имя Ему: Еммануил" *(Книга пророка Исаии 7:14)* 'Therefore the Lord himself shall give you a sign; Behold, a virgin shall conceive, and bear a son and shall call his name Immanuel'; **Спас Е., Христос Е.** *(в иконописи изображение Христа в отроческом возрасте)* Christ-Immanuel, Christ-Emmanuel.

Еммау́с *(местечко невдалеке от Иерусалима, на пути к к-рому два ученика встретили воскресшего Иисуса Христа)* Emmaus.

Е́ммор *библ. (правитель Ханаана из народа евнян)* Emmor.

Енга́дди *библ. (оазис с субтропическими растениями на западном берегу Мёртвого моря)* Engaddi.

Ен-ге́ди *см.* Енга́дди.

енко́лпий *см.* панаги́я.

енкрати́ты *(еретики-гностики, последователи Татиана Сирианина, проповедники строгого воздержания)* the Encratites.

Ено́н близ Сали́ма *библ. (место на реке Иордан, связанное с деятельностью Иоанна Крестителя)* Aenon near Salim.

Ено́с *библ. (птрх. из глубочайшей древности, сын Сифа и внук Адама)* Enos(h).

Енотико́н *устар. см.* Генотико́н.

Ено́х *библ. (1. сын Каина; 2. сын Иареда <Jared>, отец Мафусаила <Methuselah>, продолжительность его жизни была 365 лет; ап. Лука называет его в родословном древе Христа)* Enoch ◊ **Книга Е.-а** *(название нескольких апокрифических книг ветхозаветного периода, особ. почитаемых в Эфиопской церкви)* The Book [Secrets] of Enoch.

Ен-ро́гел *библ. (источник, расположенный юго-восточнее Иерусалима)* Enrogel.

епа́кта *(разница между солнечным и лунным годом, т.е. 365-354=11 суток; употребляется для вычисления начала Пасхи)* epact.

Епанаго́га *см.* **Эпанаго́га**.

епанча́ *библ. (широкий свободный плащ без рукавов)* mantle.

епа́рх *(1. митрополит или еп. в правосл. церкви; 2. в Византии – глава провинции)* eparch.

епархиа́льный eparchial, diocesan ◊ **е. синод** *катол. (совещательный орган, созываемый* **е.-м** *еп.-ом не реже, чем раз в десять лет; в нём принимают участие представители духовенства, монашества и мирян)* diocesan synod; **е. совет** *англик. (орган церк. управления, действующий между* **е.-ми** *съездами; избирается, кроме членов, входящих в него по должности, на* **е.-ом** *съезде)* diocesan council; **е. съезд** *англик.* diocesan convention; **е.-ое управление** *(церк.-административный орган при правящем архиерее)* diocesan government, diocesan administration, *катол.* diocesan curia.

епа́рхия *(церк.-административный округ, возглавляемый еп.-ом и состоящий из приходов, объединённых в благочиния, и монастырей, находящихся на данной территории)* eparchy, diocese, see, bishopric, episcopate ◊ **возглавить е.-ю** to episcopize; **находящийся в др. еп.-и** extraprovincial.

епа́рхия архиепи́скопа *(тж архиеписко́пия)* archidiocese, archsee, province.

епа́рхия митрополи́та *см.* **митропо́лия**.

Епафра́с *библ. (до ареста ап. Павла его "возлюбленный сотрудник" и спутник; один из 70-ти ап.-ов; д. п. 4/17 января)* Epaphras.

Епафроди́т *библ. (посланец общины филиппийцев, передававший дары ап. Павлу, находящемуся в Риме под арестом; после того как* **Е.** *излечился в Риме от тяжёлой болезни, Павел снова послал его к филиппийцам как "брата и сотрудника и сподвижника моего"; один из 70-ти апостолов, д. п. 4/17 января, 10 марта / 12 апреля и 8/21 декабря)* Epaphroditus.

епигона́тий *см.* **набе́дренник**.

епикле́за *см.* **епикле́сис**.

епикле́сис *(молитва, призывающая Святого Духа, во время к-рой совершается освящение и пресуществление Святых Даров)* the epiklesis, the epiclesis, the Invocation.

Епима́х Но́вый, Александри́йский, мч. *(ум. 250; д. п. 31 октября / 13 ноября, 11/24 марта, катол. – 12 декабря)* St. Epimachus, M.

епи́скоп 1. *библ.* the overseer; **2.** *(священнослужитель высшей [третьей] степени в церк. иерархии большинства христ. церквей; в РПЦ имеет чёрный клобук, на груди – панагия)* bishop, *сокр.* bish, *(епархиальный)* diocesan; *англик.* man of lawn; *устар.* rochet; *(в ранней церкви сельский* **е.***)* chorepiscopus; *(временно исполняющий обязанности, до назначения нового)* intercessor ◊ *(титулование* **е.-а***)* Father in God; *собир.* **е.-ы** the episcopate, the episcopacy, the order of bishops, *(члены палаты лордов) собир.* the bishops' bench; **"бродячие е.-ы"** *(в Зап. христ-ве* **е.-ы***, отлучённые Церковью, или те, кто был возведён в сан* **е.-а** *неофициальным путём, или те, кто стоит во главе нек-рых христ. направлений, напр. Американской католической церкви <the American Catholic Church>, Негритянской ортодоксальной церкви <the Negro Orthodox Church>, Свободной протестантской церкви Англии <the Free Protestant Church of England>) лат.* episcopi vagantes *(wandering bishops)*; **быть е.-ом** to episcopize; *(обращение к еп.-у)* **Ваше (Высоко)преосвященство** Your Eminence, Your Excellency, *правосл.* Your Grace, Vladiko; *катол.* My Lord (Bishop), Your Lordship; *(в США)* Your Excellency; *англик.* My Lord (Bishop); *(у методистов)* Dear Sir, (My) Dear Bishop *(имя)*; *(в епископальной церкви США)* Right Reverend and Dear Sir, *(неофициально)* (My) Dear Bishop *(имя)*; **викарный е.**, *катол.* **е.-суффраган** suffragan (bishop); **возводить в сан е.-а** to episcopize; **другой е., участвующий в таинстве новопоставления во е.-а** co-consecrator; **епархиальный е.** diocesan hierarch; **е. без кафедры** *(формально получивший титул по епархии, находящейся под властью мусульман и т. п.) катол.* titular bishop, bishop in partibus infidelium, *лат.* episcopus in partibus infidelorum; **е. ликвидированной епархии** *катол.* titular bishop; **е., поставляющий другого во еп.-а** consecrator, *(его помощник, тоже еп.)* co-consecrator; **е., управляющий епархией временно** *(до назначения новопоставленного е.-а)* intercessor; **жена е.-а** *(в англик. церкви целибат отменён в 1549)* bishopess; **мальчик-е.** *англик. (мальчик из церк. хора, к-рого, согласно старинному обычаю, избирают "е.-ом" 6 декабря в День св. Николая и к-рый носит облачение "е.-а" до 28 декабря, дня избиения младенцев; обычай сохраняется в нек-рых приходах)* boy bishop; **новопоставленный е.** the bishop-elect; **получить сан е.-а** to be raised to the (Episcopal) bench; **почитание е.-ов** episcopolatry; **рукоположение во е.-а** episcopal consecration; **сан е.-а** episcopate; **собор е.-ов** *(для совершения таинства священства)* a "college" of bishops; **убийство е.-а** episcopicide.

епископа́лец *(член епископальной, особ. англик. церкви)* Episcopalian.

епископа́льный *(то же, что епископский)* episcopal; *(относящийся или принадлежащий к е.-ой, особ. англик. церкви)* Episcopal; *(о системе церк. управления)* Episcopalian ◊ **е.-ая система управления** episcopacy; **Е.-ая церковь США** *(англик. церковь в США, ставшая самостоятельной в 1789)* the Episcopal Church of the USA; **Е.-ая церковь Шотландии** the Episcopal Church in Scotland, the Scottish Episcopal Church; **сторонник е.-ой церкви** *(член любой церкви, управляемой епископами, но особ. англик., тж* **епископа́лец***)* Episcopalian.

епископа́т 1. *катол. (система церк. управления через еп.-ов)* episcopacy, episcopality; **2.** *собир. (епископы)* episcopate, episcopature; **3.** *(управление епископией)* administration of a bishopric.

Епископий, Си́мон *(1585-1643; голландский богослов; примкнул к секте арминиан или ремонстрантов; в 1611 сделался профессором теологии в Лейдене и после смерти Арминия занял место главы ремонстрантов)* Episcopus [Biscop], Simon.

еписко́пия 1. *(область, управляемая по духовным делам еп-ом; епархия)* diocese, see, bishopric; *устар.* the seat of a bishop; **2.** *(престольная церковь, при к-рой еп. имеет пребывание; архиерейская кафедра)* see; **3.** *(звание, власть еп.-а)* mitre, miter, episcopacy, episcopate.

епи́скоп-помо́щник *см.* **вика́рный епи́скоп**.

епи́скоп Ри́ма *(один из титулов Папы Римского)* the bishop of Rome.

Епи́скопские во́йны *(два конфликта – 1639 и 1640 –, связанных с попыткой Карла I навязать англик. церк. службу шотландцам и ставших важным фактором в развязывании Гражданской войны в Англии)* the Bishops' wars.

епи́скопский episcopal ◊ **е. сан** episcopal rank.
епи́скопство 1. *(сан еп.-а)* episcopacy, episcopal rank, the office of bishop; **2.** *см.* **епископи́я 1**; **3.** *(время управления еп.-а епархией)* episcopature.
епи́скопствовать to be a bishop, to occupy the episcopal see, to episcopize.
Еписти́мия, св. мц. *(3 в.; д. п. 5/18 ноября)* St. Epistemis, M.
епитимия́ *см.* **епитимья́**.
епитимья́ *(1. духовное взыскание, налагаемое духовником на кающегося грешника; 2. духовное упражнение с целью преодолеть греховную привычку – пост, молитва, чтение Писания, поклоны, у правосл. – паломничество и т. п.)* penance, discipline ◊ **е., налагаемая публично** *(в ранней Церкви)* public penance; **исполнить е.-ю** to do [perform] penance for *smth.*; **налагать е.-ю** to penance, to discipline; to impose [put] a penance on *smb.*, to enjoin penance; **находящийся под е.-й** *сущ.* penitent; **снятие е.-и** absolution from penance.
епитрахи́ль *(одно из облачений священнослужителей: широкая лента, надеваемая на шею и простирающаяся до низу; означает совершительную и нисходящую благодать Святого Духа; без **е.-и** иерею нельзя совершать ни одной службы)* epitrachelion, epitrakhelion, epitrakhil, peritrachelion; *(в Зап. христ-ве ей соответствует)* stole; *(а тж широкая чёрная шёлковая лента, надеваемая на шею поверх одежды и простирающаяся до низу; часть академического облачения доктора богословия или священника в Зап. христ-ве, отправляющего церк. службу)* scarf.
епитро́п *(попечитель церкви на Востоке, **кти́тор 1.**) лат.* epitropus.
Епифа́ний, еп. Ки́прский *(ум. 403; раннехрист. церк. деятель, еп. Констанции на Кипре, известный ересиолог; д. п. 12/25 мая)* Epiphanius (of Cyprus), Epiphanius of Salamis [Constantia], St. Epiphanius, Bp. in Cyprus ◊ *(его главное сочинение, в к-ром описываются и опровергаются 20 ересей дохристианских и 80 христианских)* **"Панарий"** или **"Анкорат"** Ancoratus.
Епифа́ний, св. *(3 в.; д. п. 7/20 ноября)* St. Epiphanius.
Епифа́ния *см.* **Богоявле́ние**.
епоми́да *(красочное облачение ветхозаветных первосвященников, состоявшее из виссона и шерсти с двумя драгоценными камнями, на к-рых гравировались имена 12 колен Израиля)* ephod.
Ера́зм Роттерда́мский *см.* **Эра́зм Роттерда́мский, Дезиде́рий**.
Ера́зм Форми́йский, еп., св. *(ум. 303; д. п. 4/17 мая; катол. – 2 июня)* St. Erasmus [Elmo], Bp. of Formiae.
Ера́ст, св. ап. *(вместе с Тимофеем был посланником ап. Павла в Коринфе; один из 70-ти ап.-ов, д. п. 10/23 ноября, катол. – 26 июля)* St. Erastus, Apl.
ерда́нь *разг. см.* **иорда́нь**.
ересенача́льник *см.* **ересиа́рх**.
ересиа́рх *(глава ереси, еретической секты, основатель еретического течения)* heresiarch.
ересиогра́фия *(сочинения, труды о ересях, исследования ересей)* heresiography.
ересио́лог *(тот, кто изучает ереси или является автором трудов по ересям)* heresiologer, heresiologist, heresiographer.
ересиоло́гия *(изучение, исследование ересей или труды о ересях)* heresiology.

éресь *(религ. направление, отступающее от официальной церк. доктрины и вызывающее осуждение, отлучение и притеснение со стороны церкви и властей)* heresy, schism, misbelief, heterodoxy, *библ.* idolatry ◊ **борец с е.-ями, противник е.-ей** *редко* heresimach; **впасть в е.** to fall into heresy, to misbelieve; **искоренить е.** to exterminate; **осудить** *что-л.* **как е.** to hereticate, to hereticize; **осуждение** *какой-л.* **е.-и** heretication; **отдавать е.-ю** to smack [savour] of heresy; **пагубная е.** destructive heresy; **тот, кто объявляет о е.-и** hereticator.

еретик *(исповедующий, признающий ересь; последователь, приверженец ереси)* heretic, schismatic, misbeliever, *устар.* miscreant; *(тж на Западе)* Patarene, Patarin(e) ◊ **убийство е.-а** hereticide.

еретический heretic(al), schismatic(al), heretodox, *устар.* miscreant ◊ **е.-е взгляды** heretical opinions; **е.-ая доктрина, е.-ая идея** heterodoxy.

еретичество heresy, hereticalness.

Ермей, пресвитер *(1 в.; д. п. 4/17 ноября)* St. Hermas, Presbyter.

Ермий, воин, св., мч. *(1 в.; д. п. 31 мая / 13 июня)* St. Hermeas, Soldier-M.

Ермил и Стратоник, свв. мчч. *(ум. ок. 315, д. п. 13/26 января)* Sts. Hermylas and Stratonicus, Ms.

Ермиония, св. мц. *(2 в.; д. п. 4/17 сентября)* St. Hermione, M.

Ермипп и Ермократ, свв. мчч. *(ум. ок. 305; д. п. 26 июля / 8 августа)* Sts. Hermippas and Thermocrates, Ms.

Ермоген, птрх. Московский и всея России, чудотворец, сщмч. *см.* **Гермоген, св.**

Ермоген, св. мч *(д. п. 1/14 сентября; и 10/23 декабря, ум. 313)* St. Hermogenes, M.

Ермолай, сщмч. *(ум. 305; наставник св. Пантелеймона, д. п. 26 июля / 8 августа)* St. Hermolaus, Pr.-M.

ермолка *(см.* **кипа***)* skull-cap; *идиш* yarmulke.

Ермон *библ. (гора в Северной Палестине)* Hermon.

Ерм, св. ап. *(один из 70-ти апп., еп. Долматский, упоминаемый ап. Павлом в Послании к римлянам; д. п. 31 мая / 13 июля и 4/17 января)* St. Hermas, Apl.

Еротиида, св. мц. *(ум. 304; д. п. 27 октября / 5 ноября)* St. Erotheides, M.

Ерпений, Фома *(1584-1624; голландский учёный-ориенталист)* Erpenius, *(полное настоящее имя)* Thomas van Erpen.

Ерусалим *см.* **Иерусалим.**

ерусалимы *см.* **Сион 2.**

Есевон *библ. (город, существующий и ныне [Хесбан] в Восточной Иордании в 25 км восточнее устья реки Иордан)* Esebon.

Есевон из Вифлеема *библ. (один из малых судей)* Izban of Bethlehem.

Еслим *библ. (предок Иисуса Христа, сын Наггея; назван в родословном древе Иисуса)* Esli.

если не *библ.* except; **"но если не покаетесь, все так же погибнете"** *(Ев. от Луки 13:5)* 'but except ye repent, ye shall likewise perish'.

Еспер Атталийский [Памфилийский], мч. *(ум. ок. 135, супруг мц. Зои, д. п. 2/15 мая)* St. Exsuperius of Pamphylia, M.

Есром *библ. (муж. имя; назван в родословном древе Иисуса Христа)* Hezron, Esrom.

ессе́и *(члены иудейской секты аскетов в Иудее, 2 в. до н. э. - 1 в.; е. считали себя духовными врачевателями, см. тж.* ***терапе́вты****)* Essenes.

естество́ nature ◊ **два е.-а во Христе** the two natures in Christ; **по е.-у** by nature.

Есфигме́на *(название монастыря, близ Афонского монастыря, где принял пострижение Антоний Печерский)* (the monastery of) Esphigmenou.

Есфи́рь *библ. (главная героиня Книги Е., написанной в 3 или 2 в. до н.э. в виде новеллы)* Esther ◊ **Книга Е.** The Book of Esther.

Есхо́л *библ. (1. муж. имя; 2. географическое название)* Eshcol.

Ета́м *см.* **Ефа́ма**.

Е́фа *библ. (первый из пяти сыновей Мадиана, сыны Авраама и Хеттура)* Ephah.

Ефа́м *см.* **Ефа́н**.

Ефа́ма *библ. (название ущелья, а тж места, где израильтяне расположились станом)* Etham.

Ефа́н *библ. (сын Зары, внук Иуды или певчий в храме, потомок Левия)* Ethan.

Ефваа́л *библ. (отец Иезавели, царь Сидона)* Ephaal.

Ефе́с *библ. (город, основанный в нач. 10 в. до н. э. в западной части Малой Азии; ап. Павел основал здесь церк. общину, к-рая вскоре стала значительным центром христ-ва)* Ephesus.

ефесе́и *см.* **ефе́сяне**

Ефе́сский собо́р *см.* **собо́р II**.

Ефе́сских свв. семь о́троков *см.* **Семь о́троков, и́же во Ефе́се**.

ефе́сяне *библ. (жители города Ефес)* the Ephesians ◊ **Послание к е.-ам св. ап. Па́вла** The Epistle of Paul the Apostle to the Ephesians.

ефимо́н *(великое повечерие, совершаемое в Великом посту, когда читается Великий канон Андрея Критского с припевом: "С нами Бог")* ephymnium.

ефо́д *см.* **епоми́да**.

Ефраи́м *библ. (город и область, находящиеся вблизи пустыни, куда бежал со своими учениками Иисус, после того как синедрион задумал убить его)* Ephraim.

Ефра́фа *библ. (1. род, объединившийся с Халевом, из к-рого произошёл Давид; 2. место, где умерла Рахиль)* Ephrath.

Ефре́м *библ. (второй сын Иосифа и Асенфы, дочери жреца Потифера, родившейся в Египте)* Ephraim, *сокр.* Eph.

Ефре́м, диако́н и Учи́тель Це́ркви, св. *(ок. 306-373; катол. св., д. п. 1 февраля до 1920, затем 18 июня, с 1969 – 9 июня; православ. –* ***Ефре́м Си́рин, св.****)* St. Ephr(a)em, deacon, dr.

Ефре́м Си́рин, св. *(ок. 306-373; автор толкований на Священное Писание и др. сочинения, переведённые на греч. и читавшиеся в церквах, тж автор умилостивительных молитв, песнопений и покаянной молитвы "Господи и Владыко живота моего" <"O lord and Master of my life!">; д. п. 28 января / 10 февраля)* St. Ephraem the Syrian [of Syria]; Ephraem Syrus; Ephraem, "Prophet of Syrians and cithara of Holy Spirit; Ephraem, "Prophet of Syrians and the Harp of the Holy Spirit ◊ **"Слово Е.-а С.-а"** The Word of Ephraem the Syrian.

Ефро́н *библ. (город в восточно-иорданском Галааде)* Ephron.

Е́ффа *библ. (имя судьи)* Ephah.

еффáфа *библ. (греч. написание арамейского слова, сказанного при исцелении глухого Иисусом:* "**е.**"*, т. е.* "*отверзись*" *или* "*откройся*"*; тж катол. ритуал при крещении, когда священник произносит это слово, дотрагиваясь до ушей и рта крещаемого)* ephphatha.
Еффéй *см.* **Иттáй**.
ехи́дна ◊ **порождение е.-ино** *библ.* generation [brood] of vipers, viperous brood, viperous generation.
Ецио́н-Гавéр *библ. (портовый город в заливе Акаба на Красном море)* Eziongeber.
Ешббáл *см.* **Иевосфéй**.
ешибóт *см.* **иешибóт**.
Ештао́л *библ. (местность, расположенная в уделе колена Иуды)* Eshtaol.
Éшурун *библ. (культовое название Израиля)* Jeshurun.

Ж

жáлоба, официáльная *(еп.-у во время его посещения церк. прихода)* presentment.
жáлование *(священника) англ.* stipend ◊ **священник, получающий ж.** stipendiary (clergyman).
жáло в плоть *библ. (источник постоянного раздражения;* "*бельмо на глазу*"*)* a thorn in *one's* flesh [*one's* side].
Жáнна Валуá, прп. *(1464-1505; королева, д. п. 4 февраля)* St. Joan of Valois.
Жáнна д'Áза, блж. *(ум. ок. 1190; мать св. Доминика, катол. св., д. п. 8 августа)* Blessed Joan of Aza.
Жáнна д'Арк *(ум. 1431; национальная героиня Франции, катол. св., д. п. 30 мая)* St. Joan of Arc.
жансени́зм *см.* **янсени́зм**.
жезл *(длинный посох с изогнутой верхней частью; символ духовной власти и силы в руках епископа или аббата)* crosier, crozier; *(короткий посох, носимый перед еп.-ом и т. п. как символ его власти)* mace, verge.
жезл Ааро́на *библ. см.* **Ааро́н**.
жезлоно́сец *(церк. служитель, несущий жезл перед епископом, настоятелем собора или др. духовным лицом)* verger.
Желéзная коро́на *(находится в церкви Иоанна Предтечи в г. Монце ок. Милана; по преданию, узкий железный обруч короны, помещённый внутри золотого, выкован из гвоздя от Креста Спасителя)* the Iron Crown.
жемчýжные вратá *(тж* **вратá рáя**) the pearly gates.
женá, облачéнная в порфи́ру и багря́нец *(грешница) библ.* scarlet woman.
женá приходско́го свящéнника priest's wife, *протест.* vicaress, vicar's wife.
"**Женéвская Би́блия**" *(англ. перевод 1560, сделанный группой протестантов, укрывшихся в Женеве от преследований со стороны католиков)* the Geneva Bible.
Женевьéва, св. *(ок. 422-500; покровительница г. Парижа, катол. св., д. п. 3 января)* St. Geneviève, v.

же́нщина, к-рая породи́ла Христа́ *(Дева Мария)* the carnal mother of Christ.
же́нщина на́глая, престу́пная *библ.* the daughter of Jezebel.
же́нщина-па́стор *(у протестантов)* clergywoman.
же́ны-мироно́сицы *библ. (женщины, узнавшие первыми о Воскресении Христа от ангела, явившегося им у Гроба Господня; они купили благовонное масло – миро, чтобы умастить им Тело Христа; имена жен-мироносиц: Мария Магдалина, Мария Клеопова, Мария Иаковлева, Саломия, Иоанна, Марфа и Мария, тж и катол. – Сусанна, Фамарь, Вероника и иные; православная церковь празднует их память в третью неделю [третье воскресенье] после Пасхи)* the Holy [myrrh-bearing] wives, the Holy women, the myrrh-bearers, the myrrhophores; *(по традиции изображаются только три, известные как Три Марии)* the Three Marys, the Three Maries, the Myrrhophores.
Жера́р Клерво́ский, прп. *см.* **Герха́рд Клерво́ский, прп.**
Жерве́н, абба́т *(ум. 1075; катол. св., д. п. 3 марта)* St. Gervinus, abt.
Жерме́, отше́льник *(ум. ок. 658; катол. св., д. п. 24 сентября)* St. Geremarus, St. Germer.
Жерсо́н, Жан Шарлье́ *(1363-1429; франц. богослов и церк. деятель)* Gerson, Jean Charlier de.
же́ртва *(совершаемое по определённому ритуалу приношение Богу с целью снискать Его любовь и благодарность, смягчить Его гнев и расположить в свою пользу или же отвратить от себя угрозу несчастья и вернуть себе Его покровительство)* sacrifice, offering, (a sacrificial) victim, a creature made an offering of ◊ **бескровная ж.** *(в правосл. церкви одно из названий таинства евхаристии)* bloodless sacrifice; *библ. (в виде простой муки, хлебов, зерна, похлёбки из пшеничной муки с елеем и т.п.)* bloodless [meal] offering; **благодарственная ж.** thank offering; **евхаристическая ж.** eucharistical sacrifice; **ж. возлияния** *библ. (при заключении союзов и договоров)* drink [liquid] offering; **ж. всесожжения** the holocaust; *библ. (жертвенное мясо, к-рое полностью сгорало и дымом достигало Яхве, что символизировало полную отдачу Израиля Богу)* the (whole) burnt offering; **ж. заклания** *библ.* animal [bloody] offering; **ж. мирная** *библ.* the sacrifice of peace; **ж. о грехе [за грех], ж. повинности** *библ.* the sin [trespass, guilt] offering; **живое существо, приносимое в ж.-у** victim; **искупительная ж.** propitiatory sacrifice, expiatory offering, piaculum; sin-offering; **искупительная ж. Христа** *(жертва, принесённая Иисусом Христом на Голгофском кресте за грехи мира)* (His) redeeming sacrifice; **огненная ж.** *см.* **ж. всесожжения**; **приносить ж.-у, ц.-сл. жрети** to sacrifice; **приносить в ж.-у плоды и т. п.** to sacrifice fruit, etc.; **приносить ж.-у языческим богам** to sacrifice to pagan gods; **умилостивительная ж.** propitiation, peace(-)offering; the Prothesis.
же́ртвенник I *библ.* sacrificial altar.
же́ртвенник II *(четырёхугольный стол, стоящий у стены слева от престола в северо-восточной части алтаря правосл. храма, на к-ром совершается проскоми́дия)* the prothesis, the credence table, the credence altar, the table of prothesis, the table of oblation, the Spiritual altar, *греч.* paratrapezion.
же́ртвенник III *(помещение в алтарной части правосл. храма, расположенное к северу от собственно алтаря, в к-ром располагают предметы для подготовки и совершения проскомидии)* (chapel of) prothesis, chapel of

жé́ртвенник

oblation; *(если он отделён стенами, образуя закрытое помещение)* parabema.

жéртвенно 1. sacrificially; **2.** self-sacrificingly.

жéртвенность self-sacrificingness.

жéртвенный 1. sacrificial, oblatory, oblational; **2.** self-sacrificing.

жéртвователь *см.* **донáтор**.

жéртвовать (вклад) *(монастырю, церкви)* to endow (to), to donate ◊ **ж. в обитель что-л.** to bestow the monastery with *smth*; **ж. в пользу бедных** to donate alms; **ж. капитал на содержание церкви** to endow a church.

жертвоприношéние *(религ. обряд умилостивительного или благодарственного характера, принесение даров Богу, святым и ангелам с целью их умилостивления; в Ветхом Завете это – жертвенное животное, хлеб, елей, вино, мука, "жертва уст", т. е. молитва; в Новом Завете – хлеб и вино)* (sacrificial) offering, sacrifice, oblation, mactation ◊ **бескровное ж.** bloodless offering; **ж. богам** sacrifice to the gods; **ж. пищи** meal offering, *библ.* meat offering; **ритуал ж.-я, дабы вновь установить связь между Богом и молящимися** piaculum; **совершать ж.** to sacrifice; **совершать ж. богам** to sacrifice to the gods.

жестоковы́йный *библ.* stiff-necked.

жéсты ритуáльные ritual gestures.

"Живáя цéрковь" *истор.* *(тж* **Обновлéнческая цéрковь***)* the Living Church.

живóй alive, living ◊ **всё живóе** all living things.

"Живóй потóк" *(харизматическая церковь, основана Уитнесом Ли <Witness Lee>, учеником Уотчмэна Ни <Watchman Nee>)* the Living Stream.

живоначáльный *(содержащий в себе причину и начало жизни)* life-giving.

живонóсный vivifying, life-bearing.

жи́вопись, настéнная *см.* **стéнопись**.

живóт *ц.-сл. (жизнь)* life ◊ **ж. вéчный** *(бессмертие)* eternal [everlasting] life.

животвóрный life-giving, vivifying ◊ **ж. крест** life-giving cross.

животворя́щий life-giving, vivifying ◊ **ж. крест** the vivifying cross; **Ж. крест Госпóдень** the Life-giving Cross of Lord the Savior.

живоцеркóвники *(тж* **обновлéнцы***) истор.* the Revivalists.

жидóвство *ц.-сл. см.* **иудéйство**.

жидóвствующие *истор., сущ. (члены сектантского движения в России в сер. 15 в.; тж* **иудéйствующие***)* the Judaizers, the Judaisers ◊ **ересь ж.-х** *(ересь, проникшая в Россию в 15 в.; первым распространителем был еврей Схария (Захария), приехавший из-за границы; еретики отрицали Святую Троицу, таинство причастия, иконы, монашество и др. иерархию; последователям своим еретики внушали мысль об их "избранности", чем привлекли в своц ряды немало знатных людей в Москве и даже представителей высшего духовенства; в 1487 архиеп. Новгородский Геннадий начал борьбу с ересью и добился созыва Церковного собора, к-рый решительно осудил ересь; в 1491 тому же Геннадию удалось созвать новый собор, к-рый предал сторонников ереси из духовенства проклятию; к началу 16 в. с ересью было покончено)* heresy of the Judaizers [Judaizing priests].

жизнеописáние *(святого)* hagiography.

жизнеописáние мýчеников *см.* **мартирóлог**.

жизнеописа́тель свято́го hagiographer.
жизнода́вец *(тот, кто дарует, даёт жизнь – Бог)* the Giver of life.
жизнь ◊ **ж. ве́чная** life everlasting; **ж. в свя́тости** holy life; **ж., посвящённая созерца́нию, размышле́нию** *и т. п. (христ. аллегория)* the way of Mary; **ж.-и Пода́тель** the Giver of life; **нача́ть [обрести́] но́вую ж. во Христе́** to find a new life in Christ; **отда́ть (свою́) ж. за Христа́** to give *one's* life for Christ; **свята́я пра́ведная ж.** saintly and righteous life, saintliness; **христиа́нская ж.** Christian life.
жили́ще Бо́жие *библ.* the holy habitation, the habitation of the Lord.
Жильбе́р из Порре́ *см.* **Жильбе́р Поррета́нский**.
Жильбе́р Поррета́нский *(ок. 1080-1154; известный франц. схоластик; считался выдающимся представителем реализма; на Санском соборе 1140 выступил против номинализма Абеля́ра; позже стал еп.-ом в Пуатье)* Gilbert de la Porrée [Porreta].
Жиль Сантаре́мский, св. *(1185-1265; катол. св., д. п. 14 мая)* St. Giles of Portugal.
Жирови́цкая ико́на Бо́жией Ма́тери *(чудотворная икона, к-рая являлась жителям Жировиц в Литовском княжестве в 1191 и в честь к-рой был построен храм, где икона и находилась; празднование 7/20 мая)* the Zhirovitsy icon of the Mother of God.
жи́тели прихо́да *(в Англии население маленького городка или деревни, составляющее приход)* township.
жити́йный *(см. жития́ святы́х)* hagiographic(al) ◊ **ж.-ая ико́на** hagiographical icon; **ж.-ая лит-ра** *(общее название лит-ры, связанной с описанием лиц, канонизированных церковью)* hagiology, hagiography.
жития́ святы́х *(1. жизнеописание христ. святых угодников, получило распространение в Византии и катол. странах Зап. Европы с 4 в., а на Руси с 11 в.; 2. в иконописной или фресковой композиции – ряд изображений, повествующих о жизни и деятельности того или иного святого с момента его рождения и до смерти)* saints' lives, hagiography (of saints), hagiology; *(чтение ж. с. в монастырях)* collation ◊ **Ико́на "Са́ввы Освящённого с житием"** Hagiographical icon of St. Sabas the Beatified; **катало́г св.-ых с описа́нием их жити́й** hagiology, hagiography, *редко* Sanctology; **состави́тель ж. с.** legendarian.
жить в ладу́ с Бо́гом *(быть верным Богу, быть праведным, чистым перед Богом)* to be right with God.
жить во сла́ву Го́спода to glorify God by *one's* life.
жить по уче́нию Христа́ to live up to Jesus' teachings.
жре́бий *библ.* lot ◊ **ему́ вы́пал ж. стоя́ть на карау́ле в день Рождества́** it fell to his lot to be on guard on Christmas Day; **"И бро́сили о них ж., и вы́пал ж. Матфи́ю, и он сопричи́слен к оди́ннадцати Апо́столам"** *(Деяния святых апостолов 1:26)* 'And they gave forth their lots; and the lot fell upon Matthias; and he was numbered with the eleven apostles'.
жрец *(дохрист. название служителей культа в нек-рых странах)* priest of heathen cult, sacrificer, sacrificing [pagan] priest ◊ **верхо́вный ж.** high priest; **ж. Илиопо́льский** *библ. (на дочери к-рого был женат Иосиф, "Бытие" 41:45)* priest of On.

жре́ческий priestly, priestlike, hieratic ◊ **Ж. [Свяще́ннический] Ко́декс** *(самый последний по времени письменный источник Пятикнижия, написанный ок. 550 до н.э. в Вавилонском плену священниками, к-рые прежде всего были заинтересованы в упорядочении богослужения)* The Priestly Code.
жре́чество (hieratic) priesthood, pagan priesthood.
жри́ца priestess.
жу́пел *(горючая сера, горящая смола, жар и смрад)* библ. brimstone.
жэнь *(религ.-филос., этическая и педагогическая категория в конфуцианстве, обозначающая человеколюбие, гуманность и справедливость)* ch'eng.

З

заалта́рная заве́са *(в храмах Зап. христ-ва)* dossal, dossel, dosser, dorsal.
заамво́нная моли́тва *(её читает священник или архиерей в конце литургии, стоя лицом к алтарю перед амвоном)* the prayer behind the amvon [the ambo].
заблу́дшие библ. the lost.
Завдии́л библ. *(аравитянин, к-рый убил антицаря Селевкидов Александра Баласа и послал его голову егип. царю Птоломею)* Zabdiel.
заве́са хра́ма *(греч.* **катапета́сма***; занавес в правосл. храме, находящийся за царскими вратами со стороны алтаря; открывается вместе с царскими вратами или без них в указанных уставом местах службы)* the veil of the temple, curtain, sanctuary veil, riddel; *греч.* katapetasma ◊ **входить за з.-у** библ. *(перен. умереть)* to enter [pass, go] within [beyond, behind] the veil; **за з.-ой** библ. *(перен. после смерти, на том свете)* within [beyond, behind] the veil; **з. перед образами на время Великого поста** Lenten Veil, Lenten Curtain, *устар.* Lenten Cloth.
заве́са церко́вная см. **заве́са хра́ма**.
заве́т *(святое завещание, тж союз)* covenant, testament ◊ **з. Бо́жий** *(союз Бога с человеком; согласно Библии, Бог осуществляет Свою волю в человеческой истории при активном соучастии людей)* the covenant of God; **кровь з.-а** (Christ's) blood of the covenant.
"Заве́т Авраа́ма" *(апокрифическое произведение 2 в.)* The Testament of Abraham.
заве́т благода́ти см. **кове́нант благода́ти**.
"Заве́т двена́дцати патриа́рхов" *(апокрифическое произведение 1 в. до н. э.)* The Testaments of Twelve Patriarchs.
заве́т де́ла см. **кове́нант де́ла**.
завеща́ние testament ◊ **духовное з. св. Алексия** the testament of St. Alexis.
завеща́ние (иму́щества) в по́льзу монастыря́ bequest to a monastery.
завийа́ араб. *(помещение в мечети или жилище суфийского шейха, весь комплекс строений суфийской обители; помещения для обучения мюридов, их кельи; странноприимный дом для странствующих дервишей)* zawiyah.

за́висть *(один из семи смертных грехов)* envy.

завия́ *см.* **за́вийа́**.

Заво́лжские ста́рцы *истор. (иноки Кирилло-Белозерского, Ферапонтова и др. монастырей, расположенных в местности между Белым и Кубенским озёрами за Волгой по направлению от Москвы; в тиши своих келий они в кон. 15 и 1-й пол. 16 вв. выработали, под влиянием афонских "исихастов", глубокие воззрения, не мирившиеся с господствовавшим направлением русской церк. жизни – мирским, нетерпимым догматически и обрядовым)* the Transvolga hermits.

Завуло́н *библ. (шестой сын Иакова и его жены Лии)* Zebulun.

зага́дки *библ. (иврит – "хира"; под загадками в Священном Писании подразумеваются притчи, пророчества и Божественные откровения)* riddles, proverbs, dark sayings, hard questions.

за́говенье *(последний день перед наступлением поста; перед Масленой седмицей з.-м называется* **мясопу́ст***)* last day before a fast, eve of a fast.

загове́ти *ц.-сл. см.* **загове́ться**.

загове́ться to eat meat, eggs and milk products for the last time before a fast.

за́говины *см.* **за́говенье**.

за́говор *(заклинание, словесная формула, имеющая, по суеверным представлениям, чудодейственное свойство влиять на естественный ход событий, напр. при лечении болезни)* incantation.

загро́бный beyond the grave ◊ **вера в з.-ую жизнь** belief in the future life; **з.-ая жизнь, з. мир** postexistence, the after-world, the after-life, the future life, the life hereafter, the abode of spirits; the beyond; **з.-ое царство** the region beyond the grave.

"Задосто́йник" *(ирмос 9-й песни канона утрени, с припевом или без него, к-рый поётся на литургии от Пасхи до Вознесения и в двунадесятые праздники до их отдания вместо песнопения "Достойно есть"; на литургии св. Василия поётся Богородичен "О Тебе радуется, Благодатная, всякая тварь ...")* the Hymn to the Theotokos.

зайди́ты *см.* **зейди́ты**.

зака́т *см.* **закя́т**.

заква́ска *(хранимая в тепле смесь из свежей муки и старого, заквашенного теста; в правосл. используется при выпечке просфор для проскомидии)* leaven ◊ **старая з.** *библ. (перен. устаревшие взгляды, вкусы, привычки)* the old leaven.

закла́дка хра́ма *(церемония)* laying of the foundation stone of a church.

закла́ние *(действие от глагола* **закла́ть***)* immolation, sacrifice ◊ **з. жертвы** mactation.

закла́ть *(заколоть, принося в жертву)* to immolate, to sacrifice.

заклина́ние *(особый вид молитвенных формул в ритуале, имеющих целью изгнание из больного болезни или диавола-беса)* exorcism by incantation, invocation; *(слово)* spell, *(магическое слово)* abrasax, abraxas ◊ **произнести з.** to recite an incantation.

заклина́тель *(особая должность в составе клира в древней христ. церкви; обязанность з.-я состояла в чтении особых молитв над одержимыми*

заклина́тель

злым духом, бесноватыми, эпилептиками и подобными больными; *тж* **экзорци́ст**) exorcist.

заклина́ть *(воздействовать на кого-л. или что-л. силой колдовства, чар, молитв)* to conjure, to invoke, to enchant.

закома́ры *(в древнерусской архит-ре полукруглые или килевидные завершения наружной стены храма)* gables, rounded gable heads, blind arches.

зако́н law, dispensation ◊ **З., книги З.-а** *(Пятикнижие Моисеево в противопоставлении двум другим частям Ветхого Завета)* (the) Law of Moses, the Pentateuch, the Law; **З., Пророки и Писания** *(еврейская Библия: Ветхий Завет, книга Ветхого Завета)* the Law, the Prophets, and the Writings; **Моисеевы з.-ы** the Mosaic dispensations; **соблюда́ть З.** to obey the Law.

зако́н благоче́стия *(в буддизме)* Pali dhamma.

Зако́н Бо́жий 1. *(предмет изучения в учебных заведениях)* Scripture, divinity, *(книга с изложением основ веры и богослужения)* catechism ◊ **уроки З.-а Бо́жьего** Scripture lessons; **учитель З.-а Бо́жьего** teacher of religion; **2.** *(откровение о сущности веры)* the Lord's law, the law of God.

Зако́н будди́йский *(перевод и главное значение термина "дхарма"; в данном случае понимается как всё Учение Будды, так и его истолкование в той или иной традиции)* the (Buddha-)Dharma ◊ **Колесо́ З.-а** the Wheel of the Dharma.

зако́н возме́здия *см.* **зако́н талио́на**.

Зако́н о веротерпи́мости *(англ. закон, предписывающий веротерпимость по отношению к* ***диссе́нтерам****, регулирующий отношения между государственной [англик.] церковью и др. возникшими во время Реформации религ. организациями и группами; принят в 1689)* the Act of Toleration.

законода́вец *библ.* lawgiver.

законоправи́льник *см.* **Ко́рмчая кни́га**.

законоуче́ние religious instruction.

законоучи́тель religious teacher, catechist; *библ. см.* **кни́жники**.

зако́н талио́на *(дохрист. принцип наказания, заключавшийся в причинении виновному такого же вреда, к-рый нанесён им, напр. "око за око, зуб за зуб" и т. п.)* the law of the talion, the talion law; *(в Ветхом Завете: "Исход" 21:23-25, "Левит" 24:17-21)* talion, the law of an eye for an eye, etc., *лат.* lex talionis.

зако́ны про́тив папи́стов *истор. (в Ирландии в 17–18 вв.)* the Penal Codes.

зако́ны про́тив папи́стов и нонконформи́стов *истор. (в Англии и Ирландии в 16-17 вв.)* the Penal Laws.

Закхе́й *(мытарь, о посещении дома к-рого Иисусом Христом повествует евангелист Лука)* Zacch(a)eus ◊ **мытарь З.** chief tax collector [rich publican], named Zacch(a)eus.

закя́т *араб. (один из пяти основных принципов ислама: налог на имущество и доходы, предписываемый шариатом и считающийся одной из обязанностей каждого мусульманина, тж см.* ***са́дака****)* zakat, zakah.

за́лежный год *библ. (каждый седьмой год во всём Израиле, когда земля везде должна была оставаться необработанной)* sabbatical year.

зало́г ве́ры *катол. (совокупность истин, содержащихся в Откровении и вверенных Церкви для хранения и истолкования)* deposit of faith, *лат.* depositum fidei.

заложи́ть *(собор, церковь, и т.п.)* to lay the foundation of, to lay the foundation stone.

зал проща́ния *(напр. при крематории)* memorial chapel.

за́льная це́рковь *(1. церковь, несколько вытянутая в плане, с 2-3 нефами одинаковой высоты; 2. церковь трёхнефная, с более высоким, без окон, средним нефом; 3. однонефная церковь без трансепта с апсидой)* hall church.

зама́ливать грехи́ to atone for *one's* sins by prayer.

За́мврий *библ. (царь Северного царства Израиль)* Zambri.

За́мзам *(священный источник ок. Каабы в Мекке; вода источника считается целебной, и паломники часто увозят её на родину в специальных сосудах – замзамия)* Zamzam Well.

замоли́ть грехи́ *см.* **зама́ливать грехи́**.

за́мысел ◊ **з. Бо́жий** the design of God, God's purpose, God's design; **Бо́жий з. искупле́ния ро́да челове́ческого** the divine plan for man; **вселе́нский з. Бо́жий** the cosmic purpose of God; **вы́сший з.** sovereign plan; **злы́е з.-ы** evil design; **постига́ть з. Бо́жий** to gain insight into God's purpose.

"За́падная стена́" *см.* **"Стена́ пла́ча"**.

За́падная це́рковь *(неправославное христ-во: католики, англиканцы, протестанты и т.п.)* the Western Church, the Churches of Western Christendom.

За́падное христиа́нство *(см. тж* **За́падная це́рковь***)* Western Christendom.

запа́с до́брых дел *см.* **сверхдо́лжные (до́брые) дела́**.

запасны́е дары́ *(хлеб и вино, освящённые и пресуществлённые в Тело и Кровь Христовы во время совершения евхаристии и оставленные для совершения литургии Преждеосвящённых Даров, а тж для совершения причастия вне храма – больных, умирающих и т.п.)* the reserved Sacrament, the reserved Host.

запи́ска помина́льная *(список имён живых или усопших православных христиан, подаваемый на литургию для церк. поминовения, называемый, соответственно, запиской о здравии или об упокоении; записки бывают простыми – читаются священником только на проскомидии, и заказными – прочитываются тж на сугубой или заупокойной ектенье, после чтения Евангелия; совершается ещё особое поминовение тяжелобольных на специальной заздравной ектении с молитвою "Врачу душ и телес ...")* the intercession list.

за́пись *(живописный слой, нанесённый на икону поверх уже существующего, но потускневшего)* overpaint, later repainting ◊ **гру́бые сло́и по́здней з.-и** *(на иконе)* coarse layers of later overpaint.

запове́дать to command.

за́поведи *(изречения, поучения, установления, приписываемые Богу, обязательные для исполнения верующими)* commandments, precepts, dispensations ◊ **де́сять з.-ей, з. Моисе́евы** the Ten Commandments; *устар.* the ten precepts, the Ten Words; **жить по з.-ям Бо́жьим** to obey the Scripture; **з. Бо́жьи** *(нравственные и духовные законы, определяющие внешнюю и внутреннюю жизнь христианина, данные Богом и обязательные к исполнению; основные из них – десять з.-ей и з., изложенные Христом в* **Наго́рной про́поведи**, *называемые* **З.-ями блаже́нства**; *но и всё*

за́поведи

полностью Евангелие – учение Христа и примеры из Его жизни – являются для христианина сводом з.-ей Божьих, руководством для благочестивой жизни и богоугодной деятельности) God's laws; **исполнять з.** to fulfil the commandments; **неукоснительное соблюдение библ. з.-ей** biblicism; **поступать по всем з.-ям** библ. to walk in all; **соблюдать з.** to keep the commandments; **соблюдать з. Божьи** to obey God's laws; **хранить з.** to keep the commandments; **з. христианства** Christian dispensations; **з. церковные** (содержащиеся в Библии нормы поведения верующего; кроме десяти заповедей, существуют иные важные предписания) commandments of the Church; 613 з.-ей (в иудаизме – заповеди, лежащие в основе концепции избранничества; 365 з.-ей [мицвот], по числу дней в году – запретительные <negative commandments, prohibitions>, т.н. мицвот ло таасе, т.е. заповеди "не делай"; 248 з.-ей [мицвот], по числу органов тела, повелительные <positive responsibilities> т.н. мицвот асе, т.е. з.-и "делай") the 613 commandments, the 613 mitzvot.

За́поведи блаже́нства библ. (тж **Наго́рная про́поведь**) the Beatitudes, Christ's declarations of blessedness ◊ **восемь [девять] З.-ей б.** the eight [nine] beatitudes.

запове́довать см. **запове́дать**.

запове́дывати ц.-сл. см. **запове́дать**.

за́пона 1. (украшение в виде розетки) plaque; **2.** (застёжка на одежде иконографических персонажей) clasp, fibula.

запо́на см. **заве́са хра́ма**.

запости́ться (поститься слишком долго) to fast too long.

запо́стничать (начать поститься) to begin to fast.

запресто́льная перегоро́дка катол. (резной экран за алтарём) reredos.

запресто́льный о́браз 1. правосл. (икона, к-рая помещается на восточной стороне алтаря за престолом, с изображением Спасителя, Богоматери или лица, события, к-рым посвящён храм; выносится на крестных ходах) a sanctuary icon; **2.** (в Зап. христ-ве украшенная или расписанная панель, помещавшаяся за алтарём, на к-рой с помощью средств изобразит. иск-ва были изложены основные догматы христ. веры; з.о. мог представлять собой одну большую панель, триптих или полиптих; центральная панель всегда изображала Марию с Младенцем на руках; на "крыльях", или навесных створках, помещались картины, сюжеты к-рых были связаны с религ. праздниками) altarpiece.

запре́т prohibition.

запреще́ние (религии и т. п.) proscription.

заприча́стная моли́тва (молитва после причащения) the Postcommunion.

За́ра библ. Zara(h).

Зарату́стра см. **Зарату́штра**.

Зарату́штра (тж **Зороа́стр**; полумифический основатель зороастризма) Zarathustra, Zoroaster ◊ **последователь З.-ы** Zarathustrian.

Зарубе́жная це́рковь см. **Ру́сская правосла́вная це́рковь за грани́цей (РПЦЗ)**.

зарука́вья (расшитые нарукавники, манжеты на одежде священнослужителей) richly embroided cuffs (worn over the sleeves of the ecclesiastical vestment).

заслу́га *(в богосл. значении – воздаяние или право на воздаяние за работу, сделанную для Бога)* merit.

заслу́ги *см.* **заслу́га**.

заста́вка *(орнамент, рисунок в ширину страницы в начале старинной рукописи, книги)* illumination.

застёжка *(напр. на Евангелии)* clasp.

заступа́ться to intercede, to protect ◊ **"Заступи, спаси, помилуй и сохрани нас, Боже, Твоею благодатию"** *(молитва иерея из малой ектеньи)* 'Protect us, save us, have mercy upon us, and keep us, O God, by Thy Grace'.

засту́пник *(защитник, покровитель, ходатай)* defender, protector, patron saint, the Intercessor ◊ **з. сирых и убогих** defender of the orphaned and crippled; **св. Николай – з. моряков** St. Nicholas is the patron saint of mariners.

засту́пница *(о Богоматери)* mediatress, mediatrix ◊ **Небесная З.** the Heavenly Mediatress.

засту́пнический intercessory.

засту́пничество *(ходатайство перед Богом с целью получения особой благодати для кого-л. другого)* protection, intercession.

затво́р 1. *(келья, уединённое жилище затворника)* cell, seclusion, solitude ◊ **жить в з.-е** to live in seclusion; **2.** *(практика отделения определённой части монастыря от проникновения или посещений, особенно лиц противоположного пола; тж часть монастыря, в к-рую запрещено входить посторонним, а монахам или монахиням выходить без разрешения)* enclosure, *лат.* clausura.

затво́рник *(тж отше́льник)* hermit, anchorite, anchoret, recluse; *истор.* *(подвижник, к-рый заключал себя на всю жизнь в пещеру или келью, посвящая себя молитве и подвигу борьбы с мирскими страстями)* inclusus ◊ **"Подвиги монастырских з.-ов"** *(иконографический сюжет)* The Deeds of the Monastic Anchorites.

затво́рница *жен. (см. тж затво́рник)* hermitess; *истор.* inclusa.

затво́рнический anchoretic(al), secluded, solitary.

затво́рничество seclusion, reclusion, solitary life, eremitesgip, eremetical way of life.

заточе́ние *(в монастыре)* incarceration, confinement, claustration.

заточённый в монасты́рь cloistered.

заточи́ть *(в монастырь)* to incarcerate, to confine, to encloister, to immure ◊ **з. кого-л. в монастырь** to confine [shut up, immure] *smb.* in a cloister.

заупоко́й ◊ **помянуть з.** *(совершать молитву за умершего, за "упокоение его души")* to pray for the repose of one's soul [of the dead], to remember in one's prayers, to pray for the repose of the dead [departed] soul.

заупоко́йная запи́ска *см.* **помина́ние 1**.

заупоко́йная ме́сса *катол.* requiem (Mass), obit, dirge.

заупоко́йная моли́тва "да упоко́ится (в ми́ре)" *катол.* requiescat.

заупоко́йная слу́жба *(тж помина́льная слу́жба)* the Office of [for] the Dead, burial service, service of burial; dead-office; *разг.* black Mass; *катол.* Placebo and Dirge.

зау́треня 1. *(начало дневного круга богослужения, обычно совершается накануне вечером или ночью)* matins, *англик.* mattins, Morning Prayer, *катол.*

(Matins and) Lauds, *(до 11 в.) лат.* Vigiliae ◊ **один из разделов з.-и** *катол.* nocturn; **Пасхальная з.** the Easter vigil; **2.** *(народное название) см.* **у́треня**.
Заха́рий, св. *(ум. 752; Папа Римский, катол. св., д. п. 15 марта)* St. Zachary.
Заха́рия I *(имя нескольких ветхозаветных персонажей)* Zechariah ◊ **Кни́га проро́ка З.-и** *библ.* (The Book of) Zechariah.
Заха́рия II *библ. (священник Иерусалимского храма, муж Елисаветы, отец Иоанна Крестителя; д.п. (вместе с Елисаветой) 5/18 сентября)* Zachariah, Zacharias, Zachary.
Заха́рия, сын Вара́хии *библ.* Zachariah, the son of Barachiah.
захороне́ние свято́го в но́вом ме́сте deposition.
зача́ла *(части, на к-рые разделены Четвероевангелия, Деяния и Апостол для чтения при богослужениях)* pericopes, excerts from the New Testament to read for Orthodox divine services.
зача́тие conception ◊ **Непоро́чное з.** *(у православных догмат о том, что Мария осталась незатронутой ни малейшим прикосновением первородного греха и, зачав Христа непорочно от Св. Духа, осталась девой; этот догмат утверждает, что Дева Мария была предохранена от всякой скверны первородного греха <the Virgin Mary was preserved free from all stain of original sin> с самого своего зачатия в силу будущих заслуг Иисуса Христа)* the Immaculate Conception; **З. (Благослове́нной) Де́вы Мари́и** *англик.* the Conception of the Blessed Virgin Mary; **Непоро́чное з. Пресвято́й Де́вы Мари́и** *(один из главных богородичных праздников катол. церкви, 8 декабря)* Feast of the Immaculate Conception.
Зача́тие пра́ведной А́нною Пресвято́й Богоро́дицы *(праздник правосл. церкви, 9/22 декабря)* the Conception of St. Anne ◊ **церковь З.-я А́нны** the Church of St. Anne's Conception.
Зача́тие (честно́го, сла́вного Проро́ка,) Пред(о)те́чи и Крести́теля Госпо́дня Иоа́нна *(23 сентября / 6 октября)* the Conception of St. John the Baptist, the glorious Prophet and Precurser of Our Lord, Jesus Christ.
Зача́тьевская це́рковь the Church of the Conception.
зачи́н *(в церк. музыке)* intonation.
зачисле́ние свяще́нника или диа́кона в но́вой епа́рхии *(в соответствии с каноническим правом Зап. Церкви)* incardination.
зачисля́ть свяще́нника или диа́кона в но́вой епа́рхии *(в соответствии с каноническим правом Зап. Церкви)* to incardinate.
зашта́тный монасты́рь *истор.* supernumerary [exempt] monastery ◊ **оста́ться за шта́том** *(о монастыре) истор.* to be declared supernumerary.
зашта́тный свяще́нник *(уволенный на покой, обычно по состоянию здоровья)* priest not on permanent staff.
защи́тник defender, proponent ◊ **неутоми́мый з. ве́ры** an indefatigable defender of the faith; **сто́йкий з. правосла́вия** a stanch defender of Orthodoxy.
защи́тник бра́чных уз *катол. (официальный представитель епископата, защищающий юридическую действенность брака в судебном разбирательстве о признании брака недействительным)* defender of the marriage ties.
Защи́тник ве́ры *(закреплённый парламентом титул англ. монарха, используемый с 1544)* the Defender of the Faith.

защи́тник це́ркви *(в Средневековье человек, защищающий право церкви или аббатства на самостоятельность в церк. и светских делах)* лат. advocatus ecclesiae.

заяви́ть проте́ст про́тив заключе́ния бра́ка англик., катол. *(сообщить об обстоятельствах, делающих заключение брака невозможным)* to forbid the banns.

звезда́ Вифлее́мская библ. см. **Вифлее́мская звезда́**.

звезда́ Дави́да *(иврит "щит Давида" <"Shield of David">; возникшая в средневековой Европе еврейская национальная и религ. эмблема в форме двух сочленённых треугольников, составляющих шестиконечную звезду <hexagram [six-pointed] star>)* the Star of David, the Magen [Mogen] David.

звезди́ца *(две металлические дуги, соединённые в центре; ими покрывается дискос для предохранения от смешения приготовленных для евхаристии частиц хлеба при покрытии их покровами; символизирует собою чудесную звезду, за к-рой волхвы шли в Вифлеем на поклонение родившемуся Спасителю)* asterisk(os), a cross-shaped metal support over paten, starcover.

звери́ный библ. *(относящийся к зверю из Откровения св. Иоанна Богослова)* Bestial.

зверь библ. *(богохульный зверь с семью головами и десятью рогами из Откровения св. Иоанна Богослова, Антихрист)* the Beast.

звон *(колокольный, церковный; одна из существенных особенностей христ. храмового богослужения; он производится: а) для призыва христиан к богослужению и для оповещения о времени его начала; б) для возвещения не присутствующим в храме момента совершения наиболее важных молитвословий и священнодействий во время литургии и др. богослужений; в) для выражения праздничного торжества и духовной радости христиан, в наиболее великие праздники – помимо богослужения)* bell ringing, ringing of bells, ringing sound, peal(s), toll, bell tolling, bell-sounds, ding, tintinnabulation ◊ **з. алтарных колокольчиков** катол. altar chime; **будничный з.** everyday bell-sounds; **вечерний з.** vesper-bell; **красный з.** "red" [beautiful] bell-sounds; **малиновый з.** the mellow chime, the "mauve" ringing of bells; **похоронный з.** funeral [death] knell, funeral [death] bell, Passing bell, soul-bell; **праздничный з.** festival bell-sounds; **при колокольном з.-е** at the the sound of bells; **серебряный з.** silvery peals.

звонари́ха *(жена звонаря)* bell-ringer's wife.

звона́рь bell-ringer, bellman, campanologist, chimer; toller; *шотл.* bedral.

звони́ть в ко́локол(а́) to toll [sound] a bell, to peal bells, to chime [ring] the bells, to clapper, to bell, to tintinnabulate; *(с перезвоном)* to hunt ◊ **з. во все колокола** to ring a full peal; *англ.* to ring a bob major; **все колокола окрестных церквей з.-ли в память его смерти** all the bells in the surrounding churches pealed his death; **вызванивать на колоколах** to ring the changes.

зво́нница *(в древнерусской архит-ре ранняя форма колокольни, строилась в виде массивной стены с проёмами в верхней части, где подвешивались колокола; присоединялась к зданию храма или ставилась рядом с ним)* bell gable.

звóнцы *(маленькие колокольчики, к-рые привешиваются к* **сáккосу** *и означают благовестие Слова Божия, исходящее из уст архиерея)* jinglers.
звук кóлокола *("дон")* dong.
звучáть *(о колоколе)* to dong.
здáние, принадлежáщее цéркви *(напр. дом священника и т. п.)* church house.
здрáвие ◊ **за з.** *(кого-л.)* for the health of.
"Здрáвствуй, звездá морскáя" *(катол. гимн) лат.* 'Ave, Maris Stella'.
"Здрáвствуй, Царúца" *(катол. гимн) лат.* 'Salve Regina'.
Зебадúя *(ветхозаветное имя)* Zebadiah.
Зебáльд *см.* **Себáльд**.
Зевадúя *см.* **Зебадúя**.
Зеведéй *библ. (отец апп. Иакова Старшего и Иоанна Богослова, к-рых называли Зеведеевы или Зеведеовы;* **З.** *был рыбаком на Геннисаретском озере)* Zebedee.
Зевéй *библ. (царь Мадиамский, к-рого судья Гедеон во время своего похода на восток от Иордана взял в плен и умертвил)* Zebah.
Зевýл *библ. (правитель г. Сихема при царе Авимелехе в эпоху судей)* Zebul.
Зеéб *см.* **Зив**.
зейдúты *(последователи Зейда ибн Али, брата пятого шиитского имама Мухаммеда аль-Бакира (ум. 732); наиболее умеренная ветвь шиитов)* the Zaydi Shia, the Zaydiyah, "the Fivers".
зелóты *истор. (члены фанатической религ. антирим. партии в Иудее в 1 в.)* the Zealots.
Зéльфа *библ. (служанка Лии, первой жены Иакова)* Zilpah.
Зéмзем *см.* **Зáмзам**.
Зéмлер, Иогáнн Залóмо *см.* **Зéмлер, Иогáнн Соломóн**.
Зéмлер, Иогáнн Соломóн *(1725-92; немец. историк-богослов, глава рационалистической школы в лютеранстве)* Semler, Johann Salomo.
зéмли, монастырские monastic landholding.
зéмли, церкóвные church land(s); *истор. (в Англии земля, принадлежавшая приходской церкви и являвшаяся источником существования священника)* glebe; *истор. (в Ирландии)* termon.
"Земля́ и водá отдаю́т своúх мертвецóв" *(иконографический сюжет)* The Sea and Earth Giving up the Dead.
земля́ Изрáильская *(сначала территория Палестины, затем государство Израиль) иврит* Erets [Eretz] Yisrael [Yisroel].
земля́ крóви *библ. см.* **Акелдамá**.
Земля́ обетовáнная *библ. см.* **обетóванный**.
земнáя власть worldly power.
земнáя слáва *(у мормонов одна слава из трёх, см.* **небéсная слáва, нúзшая слáва***)* terrestrial glory.
земнóй terrestrial, earthly ◊ **з.-ые блага** *библ.* loaves and fishes; **"З.-ая жизнь Христá"** *(иконографическая композиция)* The Terrestrial [Earthly] Life of Christ.
Зéмский Собóр *истор.* the Assembly of the Land.
Зенд-Авéста *см.* **Авéста**.
зéндо *(молитвенный дом у дзэн-буддистов)* zendo.

Зераи́м *(раздел Ми́шны)* Zeraim.

зерца́ло *(в византийской и древнерусской иконописи изображение прозрачной сферы в руке архангела с монограммами Иисуса Христа или с поясным изображением Эммануила – Христа-отрока; символ предначертания, предвидения, переданного архангелу Богом)* transparency [transparent mandorla] in the hands of the archangel.

зерца́ло богосло́вия *лат.* Speculum Theologiae.

Зефири́н, св. *(ум. ок. 217; Папа Римский, катол. св., д. п. 26 августа)* St. Zephyrinus.

зиара́т *(гробница, усыпальница мусульманского святого)* ziara(t).

зиаратха́на *(в мусульманской архит-ре Центральной Азии часть мавзолея или мемориально-культового здания, предназначенная для поминальных молений)* ziarahana.

Зив *библ. (князь Мадиамский)* Zeeb.

Зигабе́н [Зигави́н], Евфи́мий *(ум. 1118; византийский монах и богослов; из его сочинений до нас дошли: история всех ересей <Panoplia Dogmatika>, труд компилятивный, однако сведения о богомилах черпаются исключительно из этого сочинения, комментарии на псалмы, на послания ап. Павла и на Четвероевангелие)* Euthymius Zigabenus.

зиггура́т *см.* **зиккура́т**.

Зижди́тель *(см. Творе́ц)* the Creator, the Supreme Being, the Sustainer.

зижди́тельный creative.

зи́ждитися *ц.-сл. см.* **зи́ждиться**.

зи́ждиться 1. *(основываться)* to be founded [based] on; **2.** *(строиться, созидаться)* to build up.

зийара́ *араб. (паломничество к могилам мусульманских пророков)* ziyarah.

зиккура́т *(прямоугольный ступенчатый храм; з.-ы строились шумерами, а тж их потомками в честь богов; самый известный из з.-ов – семиярусный храм бога Мардука, 3-е тыс. до н. э., в Вавилоне, имел в высоту около 90 м; считается, что это и есть Вавилонская башня, упоминаемая в Библии)* ziggurat, zik(k)urat, zikkurut, stepped pyramid.

зикр *араб. (у суфиев ритуал упоминания имени Аллаха, совершаемый по особой формуле и особым образом, вслух или про себя, сопровождаемый определёнными телодвижениями)* dhikr.

Зило́т *(ап. Симон)* (Simon) the Zealot.

зило́ты *см.* **зело́ты**.

Зи́мри *см.* **За́мврий**.

Зи́на *(один из 70-ти апостолов, ученик и помощник ап. Павла; законник, к-рого ап. Павел рекомендует в качестве предъявителя "Послания к Титу"; д. п. 4/17 января)* Zenas.

Зи́на, св. мч. *(слуга св. прп. Зинона, д. п. 22 июня / 12 ноября)* St. Zenas, M.

Зино́вий, сщмч. *(ум. 284; д. п. 30 октября / 12 ноября)* St. Zenobius, Pr.-M.

Зинови́я, св. мц. *(ум. 285; д. п. 30 октября / 12 ноября)* St. Zenobia, M.

Зино́н, св. прп. *(пострадал в 304 при императоре Максимиане, д. п. 22 июня / 5 июля)* St. and Venerable Zeno.

Зиф *библ. (географическое название)* Ziph.

зияра́ *см.* **зийара́**.

златове́рхий *см.* **златогла́вый**.

златоглáвый *поэт.* golden-domed, golden-topped, with golden cupolas.

златóе числó *(число любого года девятнадцатилетнего метонова лунного цикла <the Metonic cycle>, употребляемое для определения даты Пасхи)* the golden number.

Златоýст *(см. Иоáнн Златоýст)* Chrysostom, Goldenmouth.

зло *(в этике – противоположность добру, отвержение добра свободной волей человека, своевольное упорство в этом; в христ-ве источник зла – грех как противление благому Богу, гордыня, стремление стать на место Бога и господствовать над миром)* evil ◊ **отойти от зла и сотворить благо** *библ.* to eschew evil and do good.

злодéй *библ.* malefactor.

зложелáтельство *см.* **враждá**.

злой *(злонамеренный)* evil.

злой дух *см.* **áнгел тьмы**.

змеепоклóнство ophiolatry.

Змей Горы́ныч *фольклор см.* **дракóн, огнеды́шащий**.

змей мéдный *(в Ветхом Завете символ спасения, явленный народу израильскому в пустыне и сделавшийся поэтому предметом суеверного поклонения израильтян; в Новом Завете символ будущего избавления)* the brazen serpent.

змий *библ.* the serpent ◊ **"Змии, порождения ехиднины!"** 'You serpents, you generation of vipers'.

змий-искуси́тель *(диавол)* the Old Serpent, Satan.

знак *(тж предзнаменовáние)* omen ◊ **благоприятный з.** propitious omen.

"Знамéна царя́" *(катол. гимн)* лат. 'Vesilla regis'.

знáмение *(знак, символ, в т.ч. предвещающий грядущее событие; в религ. значении з. – указание на волю Бога)* (predictive) sign, apparition ◊ **з. врéмени** *библ.* sign of the times; **з.-я и чудеса** *библ.* (*Ев. от Иоанна 4:48*) (miraculous) signs and wonders; **з. креста на небеси** apparition of the cross in the heaven; **з. с неба** *библ.* sign from heaven; **Церковь З.-я** *(см. "Богомáтерь З.")* the Church of the Holy Sign.

Знáмение крестá *см.* **Воспоминáние явлéния на нéбе Крестá Госпóдня в Иерусали́ме**.

знáменное пéние *(основной распев древнерусской одноголосной музыки 11-17 вв.; унисонное первоначально муж. пение ограниченного диапазона и строгого, возвышенного склада; сохранилось, в основном, у древлеправославных христиан; исполняется в течение года поочерёдно в пределах восьми гласов)* the Znamenny [plain] chant, plain song, the first Russian chants.

знáменный распéв *см.* **знáменное пéние**.

Знáменская цéрковь the Church of the Holy Sign.

знáменский *(прил. от знáмение)* of the sign.

знатóк Библии Scripturist.

знáхарство *(лечение средствами народной медицины в сочетании с ритуально-магическими приёмами)* quackery, witchcraft.

зов Бóжий God's call.

Зогар *("Сияние", "Книга Сияния"; главное каббалистическое сочинение иудаизма, обнаруженное в 13 в. в Испании и приписываемое Симону бар Йохаи*

<Rabbi Simeon bar Yochai> и его последователям, к-рые жили в Палестине во 2-3 вв.) the Zohar.

Зои́л, мч. (ум. 304; д. п. 22 декабря / 4 января, катол. – 27 июня) St. Zoilus, M.

Зо́йзе, Ге́нрих см. **Су́зо, Ге́нрих**.

"Золота́я леге́нда" (свод житий святых, написанный доминиканским монахом Яковом Ворагинским <Jacobs de Voragine [James of Voraggio]> в 13 в.) the Golden Legend, *лат*. Legenda Aurea.

"золота́я ро́за" (роза из золота, благословляемая Папой Римским в 4-ое воскресенье Великого поста и посылаемая какой-л. церкви, лицу, городу или государству в знак признания заслуг перед Святейшим престолом) the golden rose.

зо́лото ◊ **купол (церкви) покрыт тонким слоем (сусального) з.-а** the dome is overlaid with gold leaf; **сусальное з.** gold leaf; **твореное з.** или **серебро** (золотая или серебряная краска, употребляемая в иконописи) (silver) gold.

"золото́е пра́вило" (общее этическое правило: поступайте по отношению к другим так, как вы хотели бы, чтобы другие поступали по отношению к вам; известна и отрицательная формулировка этого правила: не делайте другим того, чего не хотите себе; обе они есть в Новом Завете) the golden rule.

золото́й теле́ц *библ.* (истукан, история поклонения к-рому при горе Синае описывается в 32 главе книги "Исход") the golden calf.

"Золото́й храм" (святыня сикхов в г. Амритсар, Индия, главный сикхский храм – гурдвара <gurdwara>; строился с 1589 по 1603; при Моголах был разрушен, восстановлен в мраморе при правлении Раджита Сингха (ум. 1839) <Rajit Singh> 19 вв. и покрыт медными позолоченными пластинками; комплекс **З.-го х.-а** включает несколько зданий, здесь хранится с 1604 оригинал "**А́ди Грантх**", составленный гуру Арджуном) the Golden Temple, Harimandir, Darbar Sahib.

золотоше́йный (of) gold embroidery, golden-embroidered.

Золоты́е воро́та *истор.* (ряд художественных памятников, восходящих к "Золотым воротам" в Иерусалиме, Равенне и Константинополе; название происходит от обычая обивать деревянные городские ворота вызолоченными медными или бронзовыми листами; в больших городах назывались те ворота, через к-рые совершались крестные ходы и торжественные шествия; над воротами города предусматривалось место для оберегов – иконы Богоматери, св. Николая или местного покровителя) the Golden gates, *лат*. porta aurea, *греч*. pyle chryse.

золоче́ние (наложение позолоты – золота или схожего с ним вещества – на поверхность) gilding, gilt.

золочёный gilded, gilt, gold-plated.

зо́мби (в гаитянском культе вуду <voodoo cult> – волшебник, колдун, заклинатель, гл. обр. у гаитянских креолов, а тж, согласно негритянским верованиям, человек, к-рого он лишил души и сделал своим рабом, или умерший человек, затем воскресший, или оживлённый, но оставшийся невидимым) zombi(e).

Зона́ра

Зона́ра, Иоа́нн *(12 в.; византийский историк и канонист; первым и особенно важным трудом З.-ы был его Комментарий на полный текст церк. правил; другой крупный труд З.-ы – всемирная хроника в 18 томах от сотворения мира до вступления на престол императора Алексея Комнина, 1080-1118)* Zonaras, Johannes.

зоола́трия *(почитание и обожествление животных)* zoolatry, animal-worship.

зооморфи́зм *(изображение богов в виде животных)* zoomorphism.

зооморфи́ческий zoomorphic.

зооте́изм *(вера в животных богов, обожествление животных)* zootheism.

зоотеисти́ческий *(поклоняющийся животным)* zootheistic.

Зороа́стр *см.* **Зарату́штра**.

зороа́стра *см.* **зороастри́ец**.

зороастри́ец *(последователь зороастри́зма)* Zoroastrian.

зороастри́зм *(религия, распространённая в древности и раннем Средневековье в Средней Азии, Иране, Афганистане, Азербайджане и ряде др. стран Ближнего и Среднего Востока; в настоящее время существует (ок. 150 тыс.) у парсов в Индии: в Бомбее и вокруг него, и в штате Гуджарат, у гебров в Иране, а тж в др. частях мира, включая Сев. Америку; названа по имени пророка Зороа́стра (иранский – Зарату́штра); священный канон – "Аве́ста"; основные принципы з.-а – вера в единого бога Ахура́зду, господа света и добра, к-рый ведёт непрекращающуюся войну против Ахрима́на и воинства злых духов)* Zoroastri(ani)sm, Mazdaism.

зороастри́йский Zarathustric, Zoroastrian.

Зорова́вель *библ. (наместник Иудеи, к-рый повёл первый поток возвращающихся из Вавилона евреев в Иерусалим, где он восстановил богослужение и начал восстановление храма)* Zorobabel.

Зоси́ма I *(5 в.; византийский историк, живший в Константинополе; написал дошедшую до нас историю Римской империи от Августа до 410; одной из причин упадка Римской империи З. считал распространение христ-ва, к к-рому он относился враждебно)* Zosimus.

Зоси́ма II *(Папа Римский, 417-18, грек из Каппадокии; участвовал в пелагианских спорах и принял ряд мер для улучшения нравов духовенства)* Zosimus.

Зоси́ма, св. мч. *(имя нескольких свв. мчч.)* St. Zosimus, M.

Зо́тик, сщмч., пресви́тер, сиропита́тель *(т.е. кормилец сирот; 4 в., д. п. 30 декабря / 12 января)* Venerable Zoticus.

Зо́я и Фоти́на [Фоти́нья, русское Светла́на], прпп. *(5 в.; д. п. 13/26 февраля)* St. Zoe and St. Photina, Venerable Women.

Зраим *(иврит "Посевы"; одна из 6 составных частей **Ми́шны** – законы, касающиеся земледелия)* Zeraim.

зузи́мы *библ.* the Zuzim(s).

зу-ль-хи́джжа *араб. (12-й месяц по мусульманскому лунному календарю, когда совершается паломничество в Мекку)* Zulhijjah.

зухд *араб. (аскетизм в исламе)* zuhd.

И

Иаа́ца *библ. (арена боевых действий во время решающей битвы между израильтянами и аморейским царём Сигоном)* Jahaz.

Иава́л *библ. (сын потомка Каина Ламеха и Ады)* Jabal.

Иави́м *см.* **Иави́н**.

Иави́н *библ. (царь Асорский в верхней Галилее)* Jabin.

Иави́с галаа́дский *библ. (город в горах Галаада к востоку от реки Иордан)* Jabesh-gilead.

Иавнеи́ль *библ. (порт филистимлян на Средиземном море по пути из Египта в Сирию)* Jabneel, Jabneh.

Иавне́я *см.* **Иавнеи́ль**.

Иа́вок *библ. (восточный приток реки Иордан)* Jabbok.

Иадо́р, св. мч. *(3 в.; д. п. 4/17 февраля)* St. Jador, M.

Иаза́ния *библ. (муж. имя)* Jaazaniah.

Иазе́р *библ. (аморейский город к востоку от реки Иордан)* Jaazer.

Иази́р *см.* **Иазе́р**.

Иаи́ль *библ. (жена Хевера Кенеянина, к-рая убила ханаанского военачальника Сисара)* Jael.

Иаи́р *библ. (начальник синагоги, умершую дочь к-рого воскресил Иисус; тж имена нескольких ветхозаветных персонажей)* Jair(us).

Иаке́й *библ. (отец Агура, одного из авторов притчей)* Jakeh.

Иаки́нф *(имя трёх свв. мчч.)* Hyacinth(us).

Иа́ков *библ. (отец ап. Иуды)* James.

Иа́ков, брат Госпо́день по пло́ти *("братья Господни" считаются двоюродными братьями, т.к. в арамейском языке не было выражения "двоюродный брат"; И.-праведник; один из 70-ти апостолов; первый еп. в Иерусалиме; автор "Послания И.-а"; он был побит камнями ок. 62 в Иерусалиме)* James the Lord's brother; он же **ап. Иа́ков, брат Госпо́день по пло́ти** *(д. п. 23 октября / 5 ноября)* St. James, Apl., brother of the Lord, the first Bp. of Jerusalem.

Иакови́тская це́рковь *(правосл. монофизитская церковь в Сирии, реорганизованная еп. Едессы Иаковом Барадеусом в 6 в.; иаковиты не признают решения Халкидонского собора 451, отрицают два естества во Христе)* the (Syro-)Jacobite Church, the Monophysite Church of Syria, the Syrian Monophysite Church.

иакови́ты the Jacobites, the Jacobite Christians.

Иа́ковлева ле́стница *библ. (образ духовного восхождения; увиденная во сне праотцом Иаковом лестница [лествица], верх к-рой касался неба и по к-рой поднимались и спускались ангелы Божьи; Бытие 28:12)* Jacob's ladder.

Иа́ковлев коло́дезь *библ. (место беседы Иисуса с* ***самарита́нкой*** *о Спасителе мира)* Jacob's well.

Иа́ков меньшо́й *см.* **Иа́ков Мла́дший**

Иа́ков Мла́дший *библ. (****Иа́ков меньшо́й****, один из 12-ти апостолов, сын Алфея, брат ап. Иуды Леввея)* James the Younger, Apostle ◊ **ап. И. Алфе́ев** *(1 в.; д. п. 9/22 октября)* St. James, son of Alphaeus, St. James the Younger, Apl.; **И. Алфе́ев** James the son of Alphaeus; **И. меньшо́й** James the Less.

Иа́ков

Иа́ков патриа́рх *библ. (сын Исаака и Ревекки, брат-близнец Исава, третий после Авраама и Исаака птрх.; праотец израильтян)* Jacob.

Иа́ков Персия́нин, сщмч. *(ум. 421; д. п. 27 ноября / 10 декабря)* St. James the Persian, Great-M.

Иа́ков, прп., еп., испове́дник *(8-9 вв., д. п. 21 марта / 3 апреля)* Jacob, Bp. and Confessor.

Иа́ков Ста́рший *библ. (сын Зеведея и старший брат евангелиста Иоанна Богослова; испанцы утверждают, что его останки находятся в наст. время в Сантьяго де Компостелла, Испания)* James the Greater, Apostle ◊ **И. Зеведеев** James the son of Zebedee; **ап. И. Зеведеев** *(ум. 44; один из 12-ти апостолов, д. п. 30 апреля / 13 мая)* St. James the Greater, Apl.; **св. ап. И.** the Holy Apl. James.

Иа́мвлих, св. *см.* **Я́мвлих, св.**

Иамни́я *см.* **Иавнеи́ль**.

Ианна́й *библ. (сын Мельхия, предок Иосифа, названный в родословном древе Иисуса)* Janna(i).

Ианни́й и Иамври́й *библ. (егип. прорицатели)* Jannas and Jambres.

Иан(н)уа́рий Беневе́нтский [Путео́льский, Неа́польский], сщмч. *(еп. Беневентский; ум. при Диоклетиане мученической смертью в Путеоли <ныне Поццуоли>; почитается патроном Неаполя; д. п. 21 апреля / 4 мая, катол. – 19 сентября)* St. Januarius, Bp. of Benevento, St. Januarius, Bp.-M., (bp. of Benevento) ◊ **сщмч. Ианурий еп. и с ним мчч. Прокул, Соссий и Фавст диаконы** St. Januarius, Bp.-M., and St. Proculus, Sosius, and Faustus, Deacons.

Иасо́н *библ. (муж. имя)* Jason.

Иасо́н и Сосипа́тр, апп. от 70-ти *(д. п. 28 апреля / 11 мая, катол. – 12 июля)* Sts. Jason and Sosipator, Apls.

Иасу́в *библ.* Jasub.

Иафе́т *библ. (третий сын Ноя)* Japheth.

Иахи́н *библ. (муж. имя)* Jachin.

Иахи́н и Воа́з *библ. (наименование двух медных столбов, к-рые были сделаны по приказу царя Соломона и поставлены к притвору храма слева и справа от входа)* Jachin and Boaz.

ибада́т *араб. (обязанности мусульманина участвовать в общественном богослужении, соблюдать религ. обряды и предписания, см. тж* **"Столпы́ Исла́ма"**; *в и. входят: ритуальное омовение, ежедневная молитва* **[саля́т]**, *налог в пользу бедных* **[закя́т]**, *паломничество* **[хадж]**, *пост* **[са́ум]** *и усердие в вере* **[джиха́д])** the ibadat, the Five Pillars, the Pillars of Islam.

ибади́ты *(мусульманская секта, признающая в качестве единственной основы правоверия только Коран; возникла в 7 в.; небольшие ибадитские общины до сих пор существуют в Сев. Африке, Омане и Занзибаре)* the Abadites, the Ibadites.

Ибли́с *(по учению ислама, дьявол, бывший раньше ангелом, тж* **шайта́н**; *был низвергнут на землю и обречён в будущем на адские муки; враг Аллаха, сбивающий верующих мусульман с праведного пути)* Eblis, *араб.* Iblis.

Ибн аль-Араби́ *(Ибн Араби Мухаммед ибн Али Мухиддин; 1165-1240; араб. философ-мистик и поэт, известен прежде всего как систематизатор предшествующей суфийской традиции и создатель мистико-филос. доктрины "единства бытия" <unity of being>)* Ibn al-Arabi, Muhyi ad-Din.

Ибн аль-Раванди́ *(Абу-ль-Хусейн Ахмед ибн Яхья ибн аль-Раванди, ок. 827-64; видный представитель свободомыслия мусульманского Средневековья)* Ibn al-Rewandi.

Ибн аль-Риванди́ *см.* **Ибн аль-Раванди́.**

Ибн-Е́зра *см.* **А́бен-Е́зра.**

Ибн-Рушд *см.* **Аверро́эс.**

Ибн Таймийя́ *(Таки ад-Дин ибн Таймийя; 1263-1328; араб. богослов и правовед, сторонник крайнего ханбализма <hanbalism>, см.* **ханбали́ты**) Ibn Taymiyya.

Ибрахи́м *(в Коране и мусульманском предании – пророк, первый проповедник единобожия, "друг Аллаха" <the "friend of God">, общий предок арабов и евреев, духовный предок Мухаммада и мусульман, библ. Авраам) араб.* Ibrahim.

Ибрахи́м аль-Хакилани́ *(1605-1664; маронитский религ. деятель)* Ibrahim al-Haqilani.

Ива́н Купа́ла *(см. "Ива́нов день")* ◊ **день на И.-а К.** Midsummer Day; **ночь на И.-а К.** Midsummer Night.

"Ива́нов день" *(народное название; праздник, Рождество Иоанна Крестителя, 24 июня / 7 июля, катол. – 24 июня)* Saint John the Baptist's Day, St. John's [Midsummer] Day.

И́верская ико́на Бо́жией Ма́тери *(с 999 находится в Иверском монастыре на Афоне в храме при внутренних монастырских вратах, почему ещё и называется Вратарницей – Партаитиссою; в 1648 в Москву привезён был список [точная копия] с чудотворной иконы, к-рый был помещён в специально построенную часовню у Воскресенских ворот Красной площади; празднуется 12/25 февраля и во вторник Светлой седмицы)* the Iberian icon of the Mother of God.

И́верский монасты́рь на Афо́не the Iberian Monastery on Mt. Athos.

иври́т *(первый и основной язык евреев, ставший мёртвым во 2-3 вв. и возрождённый в 20 в. как государственный язык Израиля; см. тж* **древнееврейский**) Hebrew.

Иги́н, св. *(ум. ок. 140; Папа Римский, катол. св., д. п. 11 января)* St. Hyginus.

Игна́тий Богоно́сец, сщмч. *(ум. 107; св. еп. Антиохийский, преемник Еввода <Evodius>, первого еп.-а после ап. Петра, д. п. 20 декабря / 2 января, катол. – 17 октября)* St. Ignatius the "Theophorus" (God-bearer), Pr.-M., Bp. of Antioch; St. Ignatius of Antioch ◊ **Перенесение мощей свмч. И.-я Богоносца** *(отмечается 29 января / 11 февраля)* the Translation of the Relics of St. Ignatius, the "Theophoros", Pr.-M., Bp. of Antioch.

Игна́тий, еп. Росто́вский *(ум. 1288; д. п. 28 мая / 10 июля)* St. Ignatius of Rostov.

Игна́тий Лойо́ла *(1491-1556; основатель ордена иезуитов, катол. св., д. п. 31 июля)* St. Ignatius Loyola, Ignatius de Loyola, Ignatius of Loyola ◊ **"К вя́щей сла́ве Бо́жией"** *(первые слова устава и девиз основанного им ордена, см.*

иезуи́т, О́бщесто Иису́са) лат. ad majorem Dei gloriam, сокр. A.M.D.G., англ. to the greater glory of God; **"Духовные упражнения"** *(его знаменитое произведение)* The Spiritual Exercises; **относящийся к И.-ю Л.-е** или **к основанному им Обществу Иисуса** Ignatian; **последователь И.-я Л.-ы** Ignatian(ist).

Игна́тий, св. птрх. Константино́польский *(ок. 799-977; д. п. 23 октября / 5 ноября)* St. Ignatius of Constantinople.

Игнора́нтные бра́тья *(союз духовных преподавателей в народной школе, основанный в 1684 Жаном Батистом де ла Саллем (1651-1719) и называемый так ввиду принципиального исключения из его среды лиц богословски образованных)* the Brothers of the Christian Schools, the Ignorantines.

и́го yoke ◊ **"ибо иго Мое благо, и бремя Мое легко"** *(Ев. от Матфея 11:30)* 'For My yoke is easy, and My load is light'; **татаро-монгольское и.** *(1280-1480)* the Mongol overlordship.

И́горевская ико́на Бо́жией Ма́тери *(находилась в Успенском соборе Киевской лавры; перед иконой молился в последние минуты своей жизни внук Святослава, великий князь киевский Игорь Ольгович, к-рый был убит возмутившимися киевлянами в 1147; великий князь Игорь Ольгович почитается как святой страстотерпец, наравне со святыми князьями Борисом и Глебом; празднование 5/18 июня)* the Igorevskaya icon of the Mother of God.

игу́мен *(духовный чин, присваиваемый настоятелю муж. монастыря (обычно в сане архимандрита) или настоятелю храма, если он монах; сан монаха, присваиваемый после низших ступеней монашеской иерархии: иеродиакон, иеромонах)* hegumen(os), hegumen-abbot ◊ *(обращение к нему)* **"Ваше высокопреподобие"** Your Reverence, Very Reverend Father, **Отец** Father.

игу́мения *см.* **игу́менья**.

игу́менство the dignity of a hegumen.

игу́менствовать to be a hegumen of a monastery [of a convent].

игу́менья *(в православии настоятельница жен. монастыря; особых богослужебных функций не имеет, носит наперсный крест)* hegumene, hegumenness, superioress, Mother Superior.

И́да Ирла́ндская, подви́жница *(ум. ок. 570; катол. св., д. п. 15 января)* St. Ida, St. Deirdre, St. Mida.

И́да Луве́нская, блж. *(ум. ок. 1290; катол. св., д. п. 13 апреля)* Blessed Ida of Louvain.

ид аль-а́дха араб. *(праздник жертвоприношения, один из двух главных праздников мусульманства; тюрк. название* **курба́н байра́м***)* id al-adha.

ид аль-фи́тр араб. *(праздник разговения, знаменующий завершение поста в месяц рамадан, один из двух главных праздников мусульман; тюрк. название* **ураза́-байра́м***)* id al-fitr.

ида́м *(божество-покровитель в ламаизме)* yi-dam.

иджма́ араб. *(у суннитов установленное на данный момент единодушное мнение крупнейших знатоков* **фи́кха** – **муджтахи́дов***, богословов по вопросам, однозначно не урегулированным Кораном и сунной)* ijma.

иджтиха́д араб. *(способность и право* **факи́ха** *самостоятельно интерпретировать мусульманские законы, решать спорные религ., а иногда и политические вопросы на основе Корана и сунны)* ijtihad.

Идифу́м см. **Идифу́н**.

Идифу́н *библ. (левит, к-рого царь Давид назначил вместе с его 6 сыновьями, а тж с Асафом и Ераном и их сыновьями, певчими и музыкантами)* Jeduthun.

и́диш *(язык евреев, живших или живущих гл. обр. в России, Польше, Литве, Венгрии, Румынии и США; является диалектом верхненемец. языка, принесённого евреями-переселенцами <the Ashkenazic Jews> в 14 и 15-16 вв. из Германии (с западных областей от Рейна), с элементами языков иврита, польского и русского)* Yiddish, Judaeo-German ◊ **древний [ранний] и.** *(до 1250)* Earliest Yiddish; **современный и.** *(с 1700)* Modern Yiddish; **средний и.** *(1500-1700)* Middle Yiddish; **старый и.** *(1250-1500)* Old Yiddish.

и́дол *(материальный предмет, служащий объектом религ. поклонения)* idol, fetish; *библ.* graven image; *(языческий)* vanity ◊ **и.-ы, примитивные домашние божества** *библ.* teraphim; **жертвоприношение [подношение] и.-у** *(особ. в виде пищи)* idolothyte; **поклоняться и.-ам** to idolize, to worship idols, to idolatrize.

идола́трия см. **идолопокло́нство 1**.

идолобо́рец idoloclast.

идолопокло́нник *(человек, поклоняющийся и приносящий жертвы идолам)* idolater, idolist, *устар.* idolaster ◊ **быть и.-ом** to worship idols, to idol(atr)ize.

идолопокло́нница *жен. (см. тж **идолопокло́нник**)* idolatress.

идолопокло́ннический idolatrous, idolistic, *устар.* idolous.

идолопокло́нство 1. *(поклонение идолам)* idolatry, idolization, image worship, worship of images; **2.** *(поклонение иконам и изображениям; у иконоборцев в уничижительном значении по отношению к православным и католикам)* iconolatry, idolism ◊ **борец с и.-м** idoloclast.

идолослуже́ние см. **идолопокло́нство 1**.

и́дольница *(языческое культовое сооружение)* pagan temple.

и́дольский idol.

Идри́с *(пророк в исламе)* Idris.

идти́ в це́рковь to go to service.

идуме́й *(житель Идумеи)* Edomite, Idum(a)ean.

Идуме́я см. **Е́дом**.

Иевосфе́й *библ. (сын Саула, первого всеизраильского царя)* Ish-bosheth, Eshbaal.

Иеву́с *библ. (название Иерусалима со времени завоевания царём Давидом)* Jebus(i).

Иего́ва 1. *библ. (искажённая передача непроизносимого имени Бога Ягве, см. **Я́хве**)* Jehovah, Jahweh; **2.** *(верховное божество, которому поклоняются иеговисты)* Jehovah God.

иегови́ст *(см. "Свиде́тели Иего́вы", яхви́ст)* Jehovist, Jahwist, Jahvist, Yahwist.

иегови́стский Jah(o)vistic, Jahwistic, Yahwistic.

Иегуди́ил *(имя архангела)* Jegudiel.

Иегу́дий *библ. (писарь иудейского царя Иоакима)* Jehudi.

Иегуди́фа см. **Юди́фь**.

Иегуха́л *библ. (посланник иудейского царя Седекии к пророку Иеремии)* Jehucal.

Иеда́й *библ. (одна из иудейских семей, возвратившихся из Вавилонского плена, из серебра и золота к-рой был изготовлен венец для первосвященника Иешуа)* Jedaiah.

Иеди́да *библ. (жена иудейского царя Аммона, мать иудейского царя Иосии)* Jedidah.

Иедиди́а *библ. (имя царя Соломона, к-рое он получил при рождении от пророка Нафана по требованию Бога)* Jedidiah.

Иезаве́ль *библ. (имя двух грешниц)* Jezebel.

Иезекии́ль *библ. (наряду с Исаией и Иеремией третий из так наз. больших пророков <one of the greatest Hebrew prophets>)* Ezekiel ◊ **Книга пророка И.-ля** The Book of the Prophet Ezekiel, *сокр.* Ezek.

Иезо́ния *см.* **Иаза́ния**.

иезуи́т *(член католич. монашеского о́рдена иезуи́тов)* Jesuit, Ignatian, Loyolite ◊ **делаться и.-ом** to Jesuitize; **и.-ы какой-л. страны** Jesuitocracy; *(девиз и.-ов)* "**К вящей славе Божией**" *лат.* ad majorem Dei gloriam, *сокр.* A.M.D.G., *англ.* to the greater glory of God; **становиться и.-ом** to Jesuitize.

иезуи́т в тре́тьем пери́оде послу́шничества tertian, Tertian Father.

иезуи́тский Jesuitic(al), Jesuit(ish).

иезуи́тство Jesuitry, Jesuitism.

Иера́кс, св. мч. *(ум. 250; д. п. 28 октября / 10 ноября)* St. Hierarchus, M.

Иерамеи́л *см.* **Иерахмее́л**.

Иера́поль *библ. (город во Фригии со знаменитым культом богини Кибелы)* Hierapolis.

иера́рх *(общее наименование для священнослужителей высшей степени христ. церк. иерархии: еп., архиеп., митрополит, птрх.)* hierarch ◊ **и.-и правосл. церкви** leading Orthodox clerics.

иера́рхия церко́вная *(совокупность церк. чинов снизу доверху в порядке их подчинённости; тж* **священноначалие 1.**) hierarchy ◊ **ангельская [небесная] и.** the celestial hierarchy.

иера́ршество the dignity and office of a hierarch.

Иерахмее́л *библ. (муж. имя)* Jerameel.

иере́й *(официальное наименование правосл. священника)* priest ◊ *(обращение к нему)* **Ваше преподобие** Your Reverence, Reverend Father; **Отец** Father.

иере́йский priestly.

иере́йство priesthood.

Иеремии́л *(имя архангела)* Jeremiel.

Иереми́я *библ. (один из больших пророков)* Jeremiah ◊ **Книга Плач И.-и** *библ.* The Lamentations of Jeremiah; **Книга пророка И.-и** *библ.* The Book of the prophet Jeremiah, Jeremiah, *сокр.* Jer.

Иереми́я II Тра́нос *(константинопольский птрх. 1572-79, 1580-84 и 1586-95)* Jeremiah II.

Иерихо́н *библ. (в древности один из наиболее процветающих городов Палестины, расположенный на северном побережье Мёртвого моря)* Jericho.

Иерова́ал *библ. (прозвище судьи Гедеона за разрушение капища Ваала)* Jerubbaal.

Иерово́ам I *библ. (первый царь Северного царства Израиль)* Jeroboam.

иерога́мия *(мифологический мотив, как правило, передающий космогонический акт – брак неба и земли; в ритуале – брак царя и жрицы, воплощающей богиню-мать)* hierogamy.

иеродиа́кон *(монашествующий диакон)* hierodeacon, deacon-monk, monk-deacon ◊ *(обращение к нему)* **Ваше преподобие** Your Reverence, Reverend Father; **Отец (и.)** Father (hierodeacon).

иерократи́зм *(см. теокра́тия)* hierocracy.

иеромона́х *(монашествующий священник, как правило, отправляющий литургии в монастыре)* hieromonach, hieromonk, monk-priest, priest-monk ◊ *(обращение к нему)* **Ваше преподобие** Your Reverence, Reverend Father, **Отец** Father.

Иеро́н и и́же с ним, свв. *(3 в.; д. п. 7/20 ноября)* Sts. Hieron and others with him.

Иерони́м Евсе́вий Софро́ний *(ок. 345-420; Отец и Учитель Церкви, особ. почитаемый на Западе; он вновь перевёл Ветхий и Новый Заветы на лат. язык с оригинала; им же переведены многочисленные труды по теологии с греческого; он же **Иерони́м Стридо́нский, блж.**)* Eusebius Sophronius Hieronymus ◊ **блж. И.** St. [Blessed] Jerome.

иеронимиты *(монашеские ордена, избравшие своим патроном блж. Иеронима)* the Hieronimites, the Hieronymians, the Jeronymites.

Иерони́м Пра́жский *(ок. 1365-1416; чешский религ. реформатор)* Venerable Jerome.

Иерони́м Стридо́нский, блж. *(он же **Иерони́м Евсе́вий Софро́ний**; д. п. правосл. – 15/28 июня, катол. – 30 сентября)* St. [Blessed] Jerome (born at Strido).

Иерони́м Эмилиа́ни, прп. *(1487-1537; основатель конгрегации сомасков <the Clerks Regular of Somascha> Италия, катол. св., д. п. 8 февраля)* St. Jerome Emiliani.

иеросхимона́х *(иеромона́х, посвящённый в великую схиму и сохраняющий право священнодействовать)* hieromonk having taken vows of schema.

Иерофе́й, еп. Афи́нский, сщмч. *(1 в.; д. п. 4/17 октября)* St. Hiertheus, Pr.-M.

Иерусали́м *(древнейший город Палестины, освящённый жизнью и проповедью Иисуса Христа, Его страданиями, смертью, воскресением и вознесением; расположен в южной части Палестины, между Иорданом и Средиземным морем, на четырёх холмах, один из к-рых называется Сионом)* Jerusalem ◊ **небесный И.** the Jerusalem above; **новый И.** *библ.* the new Jerusalem; **"святой город И., новый, сходящий от Бога с неба"** *библ.* 'the holy city, new Jerusalem, coming down from out of heaven'; **Святый Горний И.** the Holy Jerusalem of Above.

иерусали́м *см.* **сио́н.**

Иерусали́мская Би́блия *(англ. перевод Библии с лат. для католиков, издан в 1966; снабжена обширным справочным материалом)* the Jerusalem Bible.

Иерусали́мская ико́на Бо́жией Ма́тери *(по преданию, икона написана евангелистом Лукою, в 453 перенесена из Иерусалима в Константинополь; в 988 царь Лев VI Философ принёс икону в дар князю Владимиру, к-рый даровал её новгородцам; в 1571 Иван Грозный перенёс икону в Москву, где она была помещена в Успенский собор; во время нашествия Наполеона в 1812*

Иерусали́мская

икона была похищена, и на её место был поставлен старинный список [точная копия] с иконы; празднование 12/26 октября) the Jerusalem icon of the Mother of God.

Иерусали́мская це́рковь *(православная автокефальная церковь, с 5 в. возглавляемая птрх.-ом Иерусалимским и всея Палестины; объединяет ок. 70 тыс. верующих, большей частью арабов, а тж греков в Израиле и Иордании; насчитывает 65 приходов; в Иерусалимский Патриархат входит древняя Синайская Церковь)* the Patriarchate of Jerusalem ◊ *(предстоятель)* **Его Блаженство Патриарх святого града Иерусалима и всея Палестины** His Beatitude the Patriarch of the Holy City of Jerusalem and all Palestine.

иерусали́мский Hierosolymitan, (of) Jerusalem.

Иерусали́мский собо́р 1. *(ок. 50; в "Деяниях святых апостолов" 15)* Jerusalem Council; **2.** *(самый важный собор Восточной Церкви (после 7-го Вселенского), собравшийся в Вифлееме в Церкви Рождества <in the Basilica of the Nativity at Bethlehem> в 1672; осудил протестантизм, одобрил "Православное Исповедание" Киевского митрополита Петра Могилы)* the Synod of Jerusalem, the Jerusalem Synod.

Иерусали́мский храм *(храм, построенный в Иерусалиме сыном Давида Соломоном в 9 в. до н. э. вместо скинии; единственный до Рождества Христова храм Единого Бога на земле; был разрушен вавилонским царём Навуходоносором в 6 в. до н. э.; восстановлен после возвращения иудеев из плена; во втором храме учил Иисус Христос, проповедовали апостолы; разрушен римлянами в 70 н. э. во время восстания иудеев)* the Temple of Jerusalem.

Иерусали́мское святогро́бское бра́тство the Brotherhood of the Holy Sepulcher.

Иесе́й см. **Иессе́й**.

иессе́и см. **ессе́и**.

Иессе́й *библ. (отец царя Давида)* Jesse ◊ **"Дре́во И.-ево"** *(иконографический сюжет, изображающий генеалогическое древо Христа; представляет лежащего на земле И.-я, из груди к-рого разрастается родословное древо с изображениями предков Христа в медальонах))* The Tree of Jesse, Jesse Tree; **ко́рень И.-ева** *библ.* the root of Jesse; **"окно́ И.-я"** *(витраж, изображающий генеалогическое древо Христа)* Jesse window.

Иету́ри́я *библ. (местность на севере Палестины)* Jetur.

Иефо́н *библ. (отец Халева)* Jephone.

Иеффа́й *библ. (один из судей, его мать была блудницей)* Jephthah, Jephthae.

Иехони́я *библ. (предпоследний царь Южного царства Иудея)* Jehoiachin.

иешибо́т *мн.ч. (см. иеши́ва)* Yeshiboth.

иеши́ва *иврит (иудейское религ. учебное заведение)* Yeshibah, Yeshiva(h) ◊ **студе́нт и.-ы** bahur, Yeshiva bocher.

Иешуа́ *библ. (муж. имя, многократно встречающееся в Ветхом Завете)* Jeshua(h).

и́же *(который)* ◊ **"Отче наш, иже еси на небесех!"** *(см. О́тче наш)* 'Our Father, Who art in heaven!'

Изабе́лла Францу́зская, блж. *(ум. 1270; королева, катол. св., д. п. 26 февраля)* Blessed Isabel of France.

избави́тель *(спаситель)* deliverer.
избави́тельница *жен. (см. тж* ***избави́тель****)* deliveress.
избавле́ние *(освобождение, спасение)* deliverance ◊ "**И. пророков**" *(икона)* The Deliverance of the Prophets; **исповедь приносит и.** confession brings deliverance; **молитва об и.-и** prayer of deliverance; **чудесное и.** miraculous [providential] escape.
избавля́ть *(спасать, освобождать)* deliver ◊ "**И не введи нас во искушение, но избави нас от лукавого...**" *(Ев. от Матфея 6:13)* 'And lead us not into temptation, but deliver us from evil – '.
избие́ние младе́нцев *библ. (умерщвление всех мальчиков в возрасте до двух лет по приказу царя Ирода Великого после того, как волхвы с Востока сказали ему о рождении Царя Иудейского, т.е. Иисуса Христа; Ев. от Матфея 2)* the massacre [slaughter] of the Innocents ◊ **День и.-я м.** (the Holy) Innocents' Day, Childermas (Day), Childermastide; **Мученики 14 000 младенцев, от Ирода в Вифлееме избиенные** *правосл. (29 декабря / 11 января)* the Holy Innocents; **Святые Младенцы Вифлеемские, мчч.** *англик., катол. (д. п. 28 декабря)* the Holy Innocents, ms.
избра́ние Бо́гом *богосл. (для благодеяния или для специального назначения определённого народа или лица)* election.
"**и́збранный наро́д**" *библ.* **1.** *(в Ветхом Завете народ Израиля появляется как особый, избранный Яхве народ, однако он всё больше изображается как образец для народов всего мира)* Jehovah's own people, the people of Israel, the chosen people ◊ "**Вы, семя Израилево, рабы его, сыны Иакова, избранные Его!**" *(Первая книга Паралипоменон 16:13)* 'O ye seed of Israel his servant, ye children of Jacob, his chosen ones'; **2.** *(члены христ. общин сами называли себя избранными или призванными, напр. во "Второзаконии" 14:2)* peculiar people.
изверга́ть из са́на *см.* **лиша́ть са́на** *или* **духо́вного зва́ния**.
изво́д *(иконографический тип изображения; в средневековой иконографии – одна из разновидностей уставного канона)* a variety (of established canons) ◊ **иконографический и.** iconographic version (of depiction).
изволе́ние *(охотное желание, изъявление воли)* ◊ **по и.-ю Бо́жию** *библ.* according to His purpose, *лат.* Deo volente.
изгна́ние 1. *библ. (Вавилонское пленение)* the Exile; **2.** banishment, expulsion ◊ **и. из рая** the expulsion from Paradise, banishing from Heaven; **и. торгующих из храма** *библ.* the expulsion of moneylenders from the temple.
изгна́ние бе́сов exorsism, driving [casting] out demons *or* evil spirits.
изгна́ние нечи́стой си́лы *см.* **изгна́ние бе́сов**.
изгоня́ть бе́сов to exorcize, to drive out demons *or* evil spirits.
изко́р *иврит (в иудаизме – особая поминальная церемония, совершаемая в последние дни каждого из главных праздников года, когда те, кто лишился близких родственников, молятся об их душах)* Yizker, Yizkor.
"**изложе́ния ве́ры**" *см.* **Си́мвол ве́ры**.
Измаи́л *библ. (сын птрх.-а Авраама и его служанки – египтянки Агари; родоначальник измаилитов, кочевых племён в Аравийской пустыне)* Ishmael.
измаили́т *библ.* Ishmaelite.
Изнесе́ние Честны́х древ Животворя́щего Креста́ Госпо́дня *см.* **Происхожде́ние Честны́х древ Животворя́щего Креста́ Госпо́дня**.

изобража́ть

изобража́ть to depict ◊ **библейские сцены, и.-ённые на гобеленах** Bible scenes depicted on the tapestry; **и. в рост** to depict full-length; **и. по пояс** to depict half-length; **и. прямолично** to depict half-face; **и. святых** *(на иконах)* "оглавно" to represent saints' heads; **и. фронтально** to depict full-face.

изобража́ть в ви́де to incarnate (as) ◊ **египтяне и.-ли богов в виде различных животных** Egyptians incarnated gods as various animals; **Сатана и.-лся в виде змея** Satan was incarnated as a serpent.

изображе́ние *(в иконописи и т.п.)* portrayal, depiction, representation; *(образ)* image ◊ **аллегорическое и.** allegoric representation, figuration; **и. Бога Отца, Христа** или **Богоматери, сидящими на троне в ореоле и в окружении херувимов, святых** *и т. п.* majesty; **и. божества** image of a deity, *(в Индии)* swami, swamy, svami, svamin; *(в облике животного)* theriomorphism; **и. в полный рост** full-length portrayal; **и., выполненное в металле, камне** an image of metal, of stone; **и. головы Христа на платке** *(см. нерукотво́рный)* the vernicle, the veronica; **"живописное" и.** mimetic representation; **и. животного** *(часто для поклонения)* zoomorph; **запрещающий и. человека** *(в исламе и т.п)* aniconic; **миметическое и.** mimetic representation; **и. отверстого неба** *(рая)* glory; **и. страстей Христа** *(в живописной форме)* passion; **относящийся к и.-ю божества в облике животного** theriomorphic; **относящийся к и.-ям святых** sacropictorial; **плоскостность и.-я** flat forms in depiction; **и. распятия Христа, и. Девы Марии** или **какого-л. святого** *(на тонкой, небольшой пластинке из слоновой кости, металла или дерева, к-рое целовали перед причастием в Средневековье)* pax (brede), osculatory, osculatorium; **резное и. на драгоценном камне** glyptograph; **рельефное и.** relief drawing, embossment; **и. святого в полный рост** full-length portrayal of a saint; **скульптурное изображение распятия Христа** calvary; **скульптурное и., служащее предметом религ. почитания** cultus statue; **фронтальное и.** frontal manner of presentation; **и. Христа в терновом венке** *лат.* ecce homo; **и. Христа на полотне [ткани]** the Sudarium.

изобрази́тельны *(тж* **обе́дница***; краткое богослужение, совершаемое вместо литургии, когда по какой-л. причине её не бывает; оно является как бы изображением, отражением литургии, так как содержит изобразительные псалмы)* pro-liturgy, izobrazitelnaya, *греч.* typika.

изобрази́тельные псалмы́ *см.* **псало́м**.

изо́граф *(в Византии, а затем и в Древней Руси — название иконописца, мастера высокого класса)* icon-painter.

изогра́фия *устар. (иконопись)* icon-painting.

изорба́ф *см.* **парча́**.

изразе́ц (Dutch) tile ◊ **и.-зцы поливные** glazed tiles.

изразцо́вая отде́лка *(куполов или стен мечети и т. п.)* tilework.

Израи́л *(в мусульманской мифологии один из 4-х главных ангелов, ангел смерти)* Izrail.

Изра́иль *библ. (имя, данное Иакову, как боровшемуся с Богом в лице его Ангела; после Вавилонского плена израильтянами стали называться и иудеи)* Israel ◊ **двенадцать колен И.-евы [И.-я]** *библ.* the twelve tribes of Israel; **древний народ И.-я** heritage, Israel, God's chosen people; **земля И.-ева** *библ. (во времена рим. владычества северная часть Палестины)* the country of Israel; **царь И.-ев** *библ.* the King of Israel.

Израи́ль Бешт *см.* **Баа́л Шем-То́б**.

Изрее́ль *библ. (город в области, принадлежащей колену Иссахара в Северном Израиле)* Jezreel, *(старое написание)* Izreel.

изрече́ние dictum, sentence ◊ **и.-я из Свяще́нного Писа́ния** *(с к-рых начинаются утренние, вечерние службы и панихиды) англик.* the Sentences of Scripture; **кра́ткие и.-я** *(объясняющие главные истины христ. догматов) катол.* sentences; **и. на те́мы мора́ли** moral dictum.

"Изрече́ния Иису́са" *(новооткрытый памятник, найденный в 1891 в Египте)* The Sayings of Jesus.

изрече́ния религио́зного учи́теля logia; *(Христа) см.* **ло́гии**.

изря́дно *(особенно)* especially ◊ **"Изря́дно о пресвятей, пречистей, преблагословенней, славней Владычице нашей Богородице и Приснодеве Марии"** *(из литургии Василия Великого)* 'Especially with our most holy, most pure, most blessed and glorious Lady Theotokos and ever-virgin Mary'.

изуве́рство религио́зное *(жестокость на почве religious. фанатизма, а тж нанесение ущерба здоровью и достоинству личности во время исполнения religious. обрядов, постов или участия в молитвенных собраниях)* religious (fanatic) cruelty.

изу́граф *см.* **изо́граф**.

"Изуми́тельное благоволе́ние" *(популярный в США христ. гимн)* 'Amazing Grace'.

изуче́ние библе́йского и анти́чного насле́дия в Евро́пе 15-16 вв. the New Learning.

Иису́с I *(муж. имя, широко распространённое в эллинистическую эпоху как греч. или лат. вариант написания еврейского имени Иешуа, Иошуа, что значит "Яхве (Иегова) – это спасение, помощь Иеговы"* <Jehovah is deliverance>*)* Jesus, Joshua, *лат.* Josua.

Иису́с II *[у старообрядцев* **Ису́с***] (Христос)* Jesus, *сокр.* Jes.

Иису́с из Назаре́та *см.* **Иису́с Христо́с Назоре́й**.

Иису́с Нави́н *библ. (преемник Моисея как вождя израильтян при завоевании земель в Ханаане, а тж главное действующее лицо названной его именем книги)* Joshua [Jehoshua, Jehoshah], the son of Nun ◊ **Кни́га И.-а Н.-а** (The Book of) Joshua; **труба́ И.-а Н.-а** *(что-л., достаточно могущественное, чтобы сокрушить врага, сломить чьё-л. сопротивление и т. п.)* Joshua's trumpet.

Иису́с Нави́н, пра́ведный *(16 в. до н. э.; д. п. 1/14 сентября)* Venerable Joshua, son of Nun.

"Иису́с Назоре́й, Царь Иуде́йский" *библ. (надпись на кресте, на к-ром распяли Христа)* Jesus the Nazarene, the King of the Jews, *лат.* Iesus Nasarenus Rex Iudaeorum, *сокр.* INRI.

Иису́с Сира́х *(автор Книги Премудрости Иисуса, сына Сирахова, причисляемой к второканоническим книгам Ветхого Завета)* Jesus, the son of Sirach, *иврит* Ben Sira ◊ **Кни́га прему́дрости И.-а С.-а** The Wisdom of Jesus, Son of Sirach, Ecclesiasticus, *сокр.* Ecclus, the Book of Sirach, *лат.* Liber Ecclesiasticus.

"Иису́с Спаси́тель Челове́ков" *библ.* Jesus, Saviour of men, *лат.* Iesus Hominum Salvator, *сокр.* IHS.

Иису́с

Иису́с, сын Сира́хов *см.* **Иису́с Сира́х**.

Иису́с Христо́с [*у старообрядцев* **Ису́с Христо́с**] *(второе лицо Троицы, Бог Сын, учение к-рого положило начало христ-ву; жизнь и учение Иисуса Христа изложены в Новом Завете Библии)* Jesus Christ, *сокр.* J.C. ◊ **во имя И.-а (Христа)** in the name of Jesus, *лат.* in nomine Jesu, *сокр.* I.N.J.; **И. Х. как ве́ра** *богосл.* the Jesus of faith, the Christ of faith; **испове́дать И.-а Христа́ Го́сподом** to acknowledge Jesus as Lord; **истори́ческий И. (Х.), И. Х. как истори́ческая ли́чность** *богосл.* the Jesus of history; **от Го́спода И.-а Христа́** from the Lord Jesus Christ; "**Принима́ю и испове́дую И.-а Христа́ Спаси́телем мои́м**" 'I openly receive and acknowledge Jesus Christ as Lord.'

Иису́с Христо́с Назоре́й Jesus of Nazareth, Jesus Christ, the Nazarene.

Ииу́й *библ. (муж. имя)* Jehu.

ико́на *(живописное, реже рельефное изображение Иисуса Христа, Богоматери, святых, сцен из Священного Писания; и.-ы имеют христиане всех конфессий, кроме крайних протестантов; почитание икон догматически утверждено на 7-м Вселенском соборе (787) в Никее, хотя само иконопочитание существовало ранее; тж священные живописные изображения в ламаизме)* icon, (e)ikon, cultus image ◊ **ико́ны** *собир.* iconology; **и. дре́внего письма́** early icon; **жити́йная и.** hagiographical icon; **заказа́ть и.-у** to commission an icon; **ме́рная и.** measure(d) icon; **мине́йная и.** *(посвящённая отдельным праздникам с изображениями святых, дни к-рых отмечаются в определённом месяце)* calendar icon; **моле́нная и.** devotion icon; **нагру́дная и.** icon worn [borne] on chest [breast], medalion icon; **одна́ из древне́йших доше́дших до нас ико́н** one of the earliest extant icons; **одна́ из наибо́лее почита́емых на Руси́ ико́н** one of the most hallowed icons of Russia; **почита́емая и.** venerated icon; **поясна́я и.** half-length icon; **и. пра́здничная** *(к-рая выставляется на аналое)* the icon of the feast; **хра́мовая и.** *(икона св.-го или какого-л. праздника, памяти к-рого посвящён храм; ставится в иконостасе рядом с иконою Спасителя, по правую сторону от царских врат)* patronal icon; image of the temple; **чти́мая и.** venerated icon; **чудотво́рная и.** miracle-working [wonder-working] icon.

Ико́на Бо́жией Ма́тери "Благода́тное не́бо" *(находится в Москве в Архангельском соборе Кремля; принесена в Москву великой княжной Софией Витовтовной, супругою князя Василия Димитриевича; празднование в Неделю всех святых)* the Icon of the Mother of God "The Grace-Giving Heaven".

Ико́на Бо́жией Ма́тери "Всех скорбя́щих ра́дость" *(наименование чудотворной иконы Богоматери; помимо изображения Богоматери – самостоятельно или перед Христом – включает в себя изображения людей, обуреваемых недугами и скорбями, и ангелов, совершающих благодеяния от имени Богоматери; согласно церк. преданию обретена в 1643, чудотворение произошло в Москве в 1688; празднование 24 октября / 6 ноября)* the Icon of the Mother of God "Consolation of All the Afflicted", the Icon of the Mother of God "Consolation of All Who Sorrow".

Ико́на Бо́жией Ма́тери "Всех скорбя́щих ра́дость" (с гро́шиками) the Icon of the Consolation of All the Afflicted (with Coins).

Ико́на Бо́жией Ма́тери "Досто́йно есть" ("Милу́ющая") *(была прислана с Афона и находилась в г. С.-Петербурге, где для неё в Галерной гавани* был построен пятикупольный храм; празднование 11/24 июня) the Icon of the Mother of God "It is truly meet".

Ико́на Бо́жией Ма́тери "Живоно́сный исто́чник" *(в 10 верстах к западу от Константинополя император Лев I построил в 457 при источнике храм Пресвятой Богородицы, именуемый Живоносным Источником; икона была поставлена в храме и изображала Богоматерь в купели с сидящим на её коленях Младенцем Иисусом; празднование иконе совершается в пятницу первой недели Пасхи)* the Icon of the Mother of God "The Live-Bearing Spring".

Ико́на Бо́жией Ма́тери "Избави́тельница" *(чудотворная икона находилась на Афоне в русском Пантелеймоновском монастыре; в 1889 была дарована Ново-Афонскому Симоно-Кананитскому монастырю на Кавказе в благословение и в залог взаимной братской дружбы; празднование 17/30 октября)* the Icon of the Mother of God "Deliveress".

Ико́на Бо́жией Ма́тери "Млекопита́тельница" *(икона находится в церкви Хилендарского монастыря; на ней изображена Богоматерь, кормящая грудью Младенца Иисуса; празднование 12/25 января)* the Icon of the Mother of God "Nursing the Child".

Ико́на Бо́жией Ма́тери "Недре́манное О́ко Спа́сово" *(на древнем варианте иконы изображён Иисус Христос в виде глубоко задумавшегося Младенца, возлежащего и опирающегося на одну руку; пред ним стоят с одной стороны ангел, а с другой – Божия Матерь; над главою Иисуса два серафима держат орудия страданий: крест, копие и трость; вверху всего – благословляющая десница Господа Саваофа и от Него исходящий на Младенца Иисуса – Дух Святой в виде голубя; существует другая версия иконы: на ней изображён отрок Иисус Христос, лежащий на одре; с левой стороны приближается к Нему Богоматерь с выражением материнской любви; направо ангел показывает Ему орудия страстей: крест, копьё и трость с губкой, к-рые держит в руке; над Иисусом парит ещё один ангел, осеняя его рапидою; празднование иконе было 29 мая / 11 июня)* the Icon of the Mother of God "The Eternally Vigilant Eye of the Saviour".

Ико́на Бо́жией Ма́тери "Неопали́мая купина́" *(чудотворная икона, символически раскрывающая сразу несколько аспектов её почитания и составленная на основе важнейших ветхозаветных прообразов воплощения Христа; прообраз Божией Матери видел пророк Моисей в купине, к-рая горела и не сгорела; купина горит и не сгорает, Дева рождает и пребывает Пречистою Девою; в центре иконы, как правило, Богоматерь, окружённая огненным сиянием, она держит в своих руках ряд символических атрибутов, связанных с ветхозаветными пророчествами; Её изображение заключено в восьмиконечную звезду, состоящую из двух острых четырёхугольников с вогнутыми концами, из к-рых один красного цвета, напоминающий собою огонь, объявший виденную Моисеем купину; другой зелёного цвета, указывающий на естественный цвет купины, к-рый она сохранила, объятая огненным пламенем; по углам красного четырёхугольника изображены человек, лев, телец и орёл, как видимые знаки особенностей повествования четырёх евангелистов о жизни и учении Божественного и Невещественного огня, к-рый неопально приняла в Свое чрево Пресвятая Дева Мария; празднование 4/17 сентября)* the Icon of the Mother of God [the Virgin Mary] of the Burning Bush.

Ико́на

Ико́на Бо́жией Ма́тери "Неруши́мая Стена́" *(особый эпитет, присваивавшийся, как правило, изображениям Богоматери "Оранты"; заимствован из Акафиста Богоматери "Радуйся, царствия нерушимая стено" – икос XII; в главном алтаре Киево-Софийского собора под сводом над горним местом находится мозаичной образ Богоматери, именуемый "Нерушимая Стено"; Богоматерь изображена на золотом мозаичном фоне в исполинский рост, стоящею на четырёхугольном золотом камне с воздетыми руками; празднование иконе было в Неделю Всех Святых)* the Icon of the Mother of God [the Virgin Mary] of "the Inviolable [Indestructible] Wall".

Ико́на Бо́жией Ма́тери "Неувяда́емый цвет" *(на иконе изображена Богоматерь с Младенцем Иисусом держащей расцветший цветок в левой руке; празднование 3/16 апреля)* the Icon of the Mother of God "The Unfading Blossom [*or* Flower]".

Ико́на Бо́жией Ма́тери "Неча́янная ра́дость" *(изображение иконы: в комнате, вверху, – икона Божией Матери, а внизу пред иконою коленопреклоненно молящийся юноша-грешник, к-рый раскаялся и получил нечаянную радость от иконы, спасшей его от вечной гибели; празднование 9/22 декабря)* the Icon of the Mother of God "Joy Unhoped of" [*or* "Joy Unhoped-for", "Unexpected Joy"].

Ико́на Бо́жией Ма́тери "Огневи́дная" *(время и место явления иконы неизвестно; на иконе Богоматерь изображается без Младенца Иисуса, с лицом, обращённым в правую сторону; празднование 10/23 февраля)* the Icon of the Mother of God of Fire-Appearing.

Ико́на Бо́жией Ма́тери "О тебе́ ра́дуется" *(икона находится в Успенском соборе Московского Кремля)* the Icon of the Mother of God "In Thee Rejoiceth" [*or* "In Thee We rejoice"].

Ико́на Бо́жией Ма́тери "Пода́тельница [Прибавле́ние] ума́" *(происхождением икона обязана глубоко религиозному верованию православных в Богородицу как ходатаицу пред Богом и Сыном своим о даровании людям благ духовных и вещественных, между к-рыми озарение ума и сердца Божественною Истиною занимает главное место; родители обращались с молитвою к иконе и молились о прибавлении ума их детям; оригинал иконы находился в г. Рыбинске, в Спасо-Преображенском храме)* the Icon of the Mother of God "The Enlightening".

Ико́на Бо́жией Ма́тери "По́мощь в рода́х" *(изображающая Богородицу стоящей в рост и воздевающей руки с Младенцем при персях, как на иконе Знамения; перед этой иконой преклонялись в горячих молитвах страдалицы-матери; праздновалась 26 декабря / 8 января)* the Icon of the Mother of God "Succor in Travail".

Ико́на Бо́жией Ма́тери "Предвозвести́тельница" *(чудотворная икона, находится на Афоне, в Костамонитской обители, к-рая была чрезвычайно бедна, однако благодаря заступничеству иконы в обитель пришло изобилие)* the Icon of the Mother of God "The Good Harbinger".

Ико́на Бо́жией Ма́тери "Пре́жде Рождества́ и по Рождестве́ Де́ва" *(чудотворная икона, находилась в Николаевском Пешношском монастыре Московской епархии; празднование 17/30 октября)* the Icon of the Mother of God "The Ever Virgin".

Иконоия

Икóна Бóжией Мáтери "Семистрéльная" *(чудотворная икона, находилась в церкви Иоанно-Богословской-Семистрельной, неподалеку от г. Вологды, на берегу реки Тошни; Богоматерь на иконе изображена одна, пронзённая семью стрелами: четыре с левой стороны и три с правой; празднование 13/26 августа)* the Icon of the Mother of God "Seven Arrows".

Икóна Бóжией Мáтери "Скоропослýшница" *(икона, к-рая скоро являет милость и исполнение прошений всем прибегающим к ней; находится на Афоне, в Дохиарском монастыре; празднование 9/22 ноября)* the Icon of the Mother of God "Quick to Hearken".

Икóна Бóжией Мáтери "Слóво плоть бысть" *(на иконе Богоматерь изображается с Младенцем Иисусом, стоящим в обнажённом виде; празднование 9/22 марта)* the Icon of the Mother of God "The Word made Flesh".

Икóна Бóжией Мáтери "Спорительница хлебóв" *(эту икону заказал в 1889 оптинский старец Амвросий; на иконе изображена на облаках молящаяся Богоматерь, её руки распростёрты на благословение, внизу, среди травы и цветов, стоят и лежат ржаные снопы; празднование 15/28 октября)* the Icon of the Mother of God "The Grower of Crops".

Икóна Бóжией Мáтери "Спорýчница грéшных" the Icon of the Virgin Mary "Warrantress of the Sinful".

Икóна Бóжией Мáтери "Трёх рáдостей" *(чудотворная икона, находилась в Москве на Покровке в церкви Св. Троицы на Грязях; на иконе вместе с Младенцем Иисусом изображён и младенец Иоанн Креститель; празднование 26 декабря / 8 января)* the Icon of the Mother of God "Of the Three Joys".

Икóна Бóжией Мáтери "Троерýчица" *(Богоматерь изображена с тремя руками; после того как св. Иоанну Дамаскину отрубили руку по приказу Дамасского князя, он, приложив отсечённую мёртвую руку к суставу, просил Богоматерь об исцелении руки, а потом задремал, но когда проснулся, то увидел свою руку исцелённой; в память благодатного помилования св. Иоанн сделал из серебра кисть руки и приложил её к иконе своей Заступницы, отчего эта икона получила впоследствии название Троеручицы; подлинная икона находится в афонском монастыре Хилендаре; с Афона точный список с иконы Троеручицы был привезён в Москву в 1661 к птрх. Никону, к-рый поставил эту икону в Воскресенском монастыре в Новом Иерусалиме; празднование 28 июня / 11 июля)* the Icon of "the Three-Handed" Mother of God.

Икóна Бóжией Мáтери Успéния Кúево-Печéрская *(древнейшая икона, принесена в 1085 из Константинополя и дана от самой Богородицы четырём греч. каменщикам, избранным Ею в строители Киево-Печерского храма в 1073; празднование 3/16 мая)* the Icon of the Dormition of the Mother of God of the Kiev Caves.

Икóна Бóжией Мáтери "Утолú моя́ печáли" *(находилась в Москве в церкви святителя Николая, что на Пупышах; в Москву принесена казаками в 1640; празднование 25 января / 7 февраля)* the Icon of the Mother of God "The Healer of Sorrows".

Икóна Казáнской Бóжией Мáтери см. **Казáнская икóна Бóжией Мáтери**.

Икóния библ. *(столица малоазиатской страны Ликаонии в рим. провинции Галатия)* Iconium.

иконная живопись *см.* **иконопись**.
иконник *см.* **иконописец**.
иконный *(относящийся к иконам)* iconic(al).
иконоборец iconoclast, iconomachist, image breaker.
иконоборческий iconoclast(ic), *сокр.* icon., iconomachal, aniconic ◊ **и.-ая [иконоборная] ересь** the iconoclastic heresy.
иконоборчество *истор. (еретическое течение в Византии, 8-9 вв., отрицающее почитание святых икон, выразившееся в борьбе внутри церкви – против использования изображений людей в культовых целях и, прежде всего – изображений Иисуса Христа)* iconoclasm, aniconism, the Iconoclast(ic) controversy, iconomachy.
иконографический iconographic(al) ◊ **и.-ое иск-во** iconic art; **и.-ая схема** iconographic definition, iconographic version, iconographic scheme.
иконография *(в христ. иск-ве устойчивая традиция изображения святых и событий)* (Christian) iconography.
иконологический iconological.
иконология *(1. наука, изучающая иконы; 2. собир. иконы; 3. направление в искусствознании, сложившееся в 1-ой пол. 20 в.)* iconology.
икономах *греч. см.* **иконоборец**.
икономия *(1. система мироздания, Промысел Божий, Божественное домостроительство <the divine economy>; Божий план спасения грешного человеческого рода от греха, страдания и смерти; 2. принцип решения церк. вопросов с позиции снисхождения, практической пользы, удобства)* economy ◊ **церк. и.** *(милость, снисхождение)* church economy.
иконописание icon-painting.
иконописец icon-painter.
иконописный icon-painting, iconic, of image-painting ◊ **и. (церк.) канон** *(совокупность правил и норм, определяющих вид иконописного изображения, приёмов и средств создания иконы; он обуславливает соответствие иконописного образа своему первообразу и передачу догматического содержания изображаемого священного события)* icon-painting canon; **и. образ** *(святого)* iconic image.
иконописный подлинник *(особое средневековое руководство по иконописанию; собрание образцов, определявших все детали канонических изображений различных лиц и событий, вплоть до технических приёмов письма)* the Painter's Guide, a pattern book for the guidance of the icon-painting, a rule book for icon-painting, special icon-painting instructions.
иконопись *(писание икон, вид живописи – гл. обр. средневековой –, религ. по темам и сюжетам, культовой по назначению; термин "и." употребляется преим. для обозначения средневековой христ., гл. обр. православной, культовой живописи)* icon-painting.
иконопочитание *(молитвенное почитание и благоговейное отношение к иконам; чествование икон и поклонение им относится не к веществу иконы, не к дереву и краскам, а к тому, кто изображён на иконе, следовательно, не имеет характера идолопоклонства)* iconoduly, iconolatry; *(8-9 вв.)* the veneration of relics [of sacred images] ◊ **за поддержку и.-я он** *(Стефан Сурожский)* **был отправлен в ссылку императором-**

иконоборцем Львом III во время гонений на защитников почитания икон he was exiled for upholding the veneration of relics during the persecution of iconoclast Emperor Leo III; **относящийся к и.-ю** iconolatrous, iconodulic.

иконопочита́тель *(сторонник, защитник почитания икон) истор.* iconodule, iconodulist, venerator of icons.

иконоста́с *(заполненная несколькими рядами икон преграда, отделяющая алтарь от остального пространства правосл. храма)* iconostas(is), iconostasion, diastyle, icon-screen ◊ **северные и южные двери и.-а** the north and south doors of the iconostasis; **тябловый и.** *(см. тябло́)* iconostasis consisting of icons placed on horizontal wooden transoms.

и́кос *(краткое церк. песнопение, содержащее восхваление и прославление чествуемого святого или празднуемого церк. события; и. образует: а) составную часть утреннего канона, в к-ром помещается после 6-ой песни, где чередуется с кондаком и представляет развитие темы, содержащейся в кондаке; б) вторую часть строфы акафиста из 12 песнопений, заканчивающихся "радуйся")* ikos, *греч.* oikos.

Икуме́ний *(ок. 600; еп. Трикский в Фессалии, экзегет, близкий к монофизитству; самая большая его работа и самая древняя – комментарий на Апокалипсис* <the Commentary on the Apocalypse>*)* Oecumenius.

И́ла *библ. (сын и наследник Ваасы, четвёртый царь Северного царства Израиль)* Elah.

Ила́рий, еп. и Учи́тель Це́ркви *(ум. ок. 368; видный представитель лат. патристики; еп. Пиктавы, ныне Пуатье; катол. св., д. п. 13 января)* St. Hilary, Bp., Dr., St. Hilary of Poitiers.

Ила́рий из Пуатье́ *см.* **Ила́рий, еп. и Учи́тель Це́ркви**.

Ила́рий Пиктави́йский *см.* **Ила́рий, еп. и Учи́тель Це́ркви**.

Иларио́н Вели́кий, прп. *(ок. 291-371; д. п. 21 октября / 3 ноября)* St. Hilarion the Great, Hegumen-Abbot.

Иларио́н Но́вый, прп. *(ум. 845; д. п. 6/19 июля)* Venerable Hilarion, the "Newer".

"Или́, Или́! лама́ савахфани́" *библ. (слова из псалма 21, произнесённые Иисусом с мольбою перед смертью на кресте: "Боже Мой, Боже Мой! для чего Ты Меня оставил?"* <'My God, my God, why hast thou forsaken me?'>*)* 'Eli, Eli, lama sabachthani?'

И́лий *библ. (муж. имя)* Eli.

Илиодо́р, еп. *(ум. 390; катол. св., д. п. 3 июля)* St. Heliodorus, Bp.

илито́н 1. *(четырёхугольный шёлковый плат, в к-рый завёртывается или под к-рым лежит* **антими́нс** *на престоле; он напоминает* **суда́рий**, *к-рым покрыта была голова Иисуса Христа во гробе)* iliton-cover, *греч.* eileton; **2.** *(плат для отирания уст после причастия)* iliton, sindon, communion corporal.

Илия́ I *библ. (пророк, страстный проповедник культа Яхве, противник культа Ваала в иудаизме; Бог взял его живым на небо)* Elijah; *сокр.* Elij. ◊ **вознесение Илии** *(на небеса)* Elijah's rapture; **"Огненное восхождение И.-и Пророка"** *(икона)* The Fiery Ascent of the Prophet Elijah; **Пророка Илии день, Ильин день** *(праздник правосл. церкви в честь пророка Илии [Ильи], 20 июля / 2 августа)* the Feast of St. Elijah of Thesbite [the Tishbite], Glorious Prophet; **И. Пророк** the Prophet Elijah; **"И. Пророк в пустыне"** *(икона)* The

Илия

Prophet Elijah in the Wilderness; **"И. Пророк на огненной колеснице"** *(икона)* The Prophet Elijah and Fiery Chariot.

Илия II *библ. (первосвященник)* Eli.

Иллирик *библ. (горная местность на Балканах)* Illyricum.

иллюминаты *(члены тайных религ.-политических обществ в Европе в 17-18 вв.)* the Illuminati.

иллюминация *(у Августина: редко встречающийся вид озарения свыше, в к-ром Бог просвещает разум человека и раскрывает перед ним невидимый духовный порядок бытия и глубины собственной души)* illumination, mental enlightenment.

иллюминирование *(выполнение цветных миниатюр или орнаментов в рукописных книгах)* illumination ◊ **художник-иллюминатор, иллюстратор древних рукописных книг** illuminator, limner; **иллюминированный текст Священного Писания и иллюстрированная летопись** the illuminated holy text and the illustrated chronicle.

иллюминировать *(украшать рукопись цветными рисунками)* to illuminate.

Ильдефонс, св. *(607-67; архиеп. Толедский; катол. св., д. п. 23 января)* St. Ildephonsus.

ильм *араб. (знание, наука)* ilm.

ильм аль-хадис *араб. (исследование в исламоведении)* ilm al-hadith.

имам *араб. (1. в исламе – пророк, учитель, старейшина; 2. духовное лицо, совершающее богослужение в мечети)* ima(u)m.

имамат *(институт верховного руководства мусульманской общиной, объединяющий в себе духовную и светскую власть)* imamate, imamah.

имамбара *араб. (в исламе – здание, где происходит церемония празднества праздника* **мухаррам***)* imaumbarah, imambar(r)a.

имамиты *см.* **иснаашариты**.

иман *араб. (вера в истинность ислама)* iman.

имарет *араб. (убежище для мусульманских странников в Турции)* imaret.

иматисма *библ. (одеяние)* vesture.

Имбизе, Жан *(1513-84; голландский кальвинистский деятель)* Hembyze, Jan van.

Именей *библ. (христианин из Уфеса, к-рый потерпел "кораблекрушение в вере" и поэтому ап. Павел его вместе с Александром "предал Сатане")* Hymenaeus.

именинник one whose name-day it is.

именины *(день памяти какого-л. святого, являющийся праздником для того лица, к-рое при крещении названо по имени этого святого)* name-day, "Angel's day".

именословное благословение *(когда благословляющий соединяет большой и безымянный палец, а выпрямленный указательный и средний касаются друг друга, тем самым образуются буквы: мизинец – I, слегка согнутый средний и указательный – Х, большой и безымянный – С, т. е. ИС ХС – Иисус Христос)* stavros blessing.

Имер *см.* **Иммер**.

имманентизм *(убеждение, что Высшее бытие целиком присутствует в мире, а не вне его)* immanentism.

имманéнтность *(постоянное присутствие Бога в мире)* immanence ◊ **и. Бóжия** immanence of God.

имманéнтный *(пребывающий в вещах, в мире, внутри какой-л. реальности; противопоставляется трансцендентному)* immanent.

Иммéр *библ. (имя священника)* Immer.

импанáция *(богосл. концепция, воплощение Тела и Крови Христа без изменений в евхаристическом хлебе и вине)* impanation.

импéрия Маýрьев *см.* **Маýрьи**.

и́мя, дáнное при крещéнии baptismal [font] name.

и́мя, присвóенное кому-л. *(напр. Креститель, Исповедник и т.п.)* appellation.

имярéк *("Имя рек" ц.-сл. выражение, употреблявшееся в текстах молитвословий в том месте, где должно быть поставлено собственное имя, и означающее "назови меня")* so-and-so.

инакомы́слие *(несогласие, противостояние официальной идеологии и политике, господствующему мнению и вере)* heterodoxy.

инакомы́слящий heterodox.

Инáри *(японское божество, покровитель земледелия и торговли)* Inari.

инаугурáция *(ритуал интронизации Папы Римского; торжественный акт возведения на престол нового Папы Римского)* inauguration.

инвеститýра *(средневековая катол. церемония введения в должность еп.-а или аббата)* investiture ◊ **борьба за право и.-ы** *(между папством и германскими императорами в 11-12 вв.)* the Investiture Controversy; **и. светского лица** *(не являющегося священнослужителем или монахом)* lay investiture.

"И́ндекс запрещённых книг" *(издававшийся Ватиканом в 1559-1966 список произведений, чтение к-рых запрещалось верующим под угрозой отлучения от церкви)* the Index (of Forbidden Books), the Prohibitory Index, *лат.* Index (Librorum) Prohibitorum; *(до их переработки)* the Expurgatory Index, *лат.* Index Expurgatorius ◊ **включить в "И. (з. к.)"** to place [put] on the Index.

индепендéнтство *см.* **конгрегационали́зм**.

индепендéнты 1. *(сторонники или члены независимых христ. общин)* the Independents; **2.** *(приверженцы одного из направлений протестантизма, гл. обр. в Англии и Америке; отвергают государственную церковь и церк. организацию; выступают за полную автономию каждой общины-конгрегации; тж* **конгрегационали́сты**) the Independents, the Congregationalists, the Congregationers.

инди́кт ◊ **начало и.-а** *(церк. новолетие; в правосл. церкви с 1/14 сентября)* the Beginning of the "Indiction" (i.e., of the Church Year).

индиктиóн 1. *(соблюдение обычаев, предписываемых церковью, напр. пост и т. п.; тж период соблюдения обычая)* indiction; **2. великий пасхáльный круг** *(период времени, заключающий в себе 532 года, после к-рых круг солнечный <28 лет> и лунный <19 лет> вновь начинают своё течение в прежнем порядке – 28x19=532, а дни Пасхи и др. праздников будут следовать в те же числа и те же дни)* the Dionysian period, the Great Paschal Cycle.

индития *(второе покрывало* **престола** *II, верхняя одежда престола; служит образом Славы Божьей, напоминая тж одежду Спасителя)* endytion, enditia, endyte, ependytes, endot(h)ys, *греч.* ephaploma.

индифферентизм *(устойчивое безразличие к религ. вопросам, связанное с убеждением, что религ. жизнепонимание в любых своих вариантах не имеет существенных преимуществ в сравнении с атеистическим; противоположен* **фанатизму***)* indifferentism.

Индра *(царь богов ведического пантеона, громовержец и владыка атмосферы; принадлежит к числу наиболее антропоморфных богов: изображается прекрасным белотелым юношей, летящим по небу в сопровождении небесных танцовщиц – апсар или восседающим на слоне)* Indra.

Индракт *(ум. ок. 710; катол. св., д. п. 8 мая)* St. Indractus.

индуизм *(религия, распространённая в совр. Индии и сформировавшаяся в нач. н.э. на основе ведийского брахманизма; и. не является единой религией, существуют десятки разных направлений; основы и.-а заложены в ведической религии, к-рую принесли на территорию полуострова Индостан племена ариев, вторгшиеся туда в сер. 2 тысячелетия до н.э.; в центре и.-а – Тримурти, или триада богов: Брахма, Вишну и Шива; цель и.-а – обрести индивидуальное духовное совершенство, освободиться от уз* **кармы** *и осуществить самореализацию)* Hinduism, Hindooism.

индуист *(последователь* **индуизма***)* Hindu, Hindoo.

индуистский Hindu(istic).

индульгенция *истор.* (1. *отпущение грехов, практиковавшееся в катол. церкви с 11 в. за так наз. добрые дела;* 2. *свидетельство, выданное церковью по случаю отпущения грехов; ликвидированы Трентским собором 1562)* indulgence ◊ **продавец и.-й** questor, pardoner.

Инеса, св. *см.* **Агнес(с)а, св.**

инициатор (духовного) возрождения *см.* **деятель (духовного) возрождения**.

инициации *(1. обряды возрастного посвящения, т.е. принятия подростков, молодёжи в ряды полноправных членов общества; 2. церемонии, в ходе к-рых в религ. братство или тайный союз вводится неофит или совершается посвящение на особое духовное служение)* initiations.

иниций *см.* **начальная попевка мелодии псалма**.

инкарнация *(в буддизме – воплощение души человеческой в новом теле)* incarnation.

инквизитор *истор. (судья инквизиции)* inquisitor, inquisitionist ◊ **Великий и.** *(титул главы испан. инквизиции)* Grand Inquisitor.

инквизиторский *(прил. к* **инквизитор***)* inquisitorial.

инквизиторство inquisitorialness, inquisitorship.

инквизиционный *(прил. к* **инквизиция***)* inquisitional.

инквизиция *истор. (специальное учреждение катол. церкви, созданное в 13 в. для преследования опасных, по мнению церкви, людей – еретиков, свободомыслящих, противников папской власти и т. п.)* the Inquisition.

инкубация *(сон в священном месте с целью установить непосредственный контакт с Божественными силами и получить откровение)* incubation.

инкультура́ция *(усилия национальных церквей по включению местных обычаев в традиционные обряды по воплощению таинств Христа, Его сущности Бога и Человека)* inculturation.

Инноке́нтий, св. *(имя нескольких святых)* St. Innocent.

Инноке́нтий Вениами́нов, св. *(1797-1879; митрополит Московский и Коломенский, просветитель Сибири и Америки, церк. деятель и миссионер; распространял христ-во в Сибири, на Курилах, на Алеутских островах; перевёл Священное Писание на алеутский, курильский и якутский языки; написал ряд этнографических и лингвистических трудов об алеутах; д. п. 31 марта / 1 апреля)* St. Innocent Veniaminov.

инове́рец *устар.* *(тот, кто исповедует иную по сравнению с чьей-л. веру, иную религию)* adherent of different faith [of different creed], *устар.* heterodox.

инове́рие *устар.* *(иная по сравнению с чьей-л. вера, религия; принадлежность к иному вероисповеданию)* heterodoxy, adherence to different faith [to different creed].

инове́рный belonging to different faith [to different creed]; *библ. (нееврейский)* Gentile.

инове́рцы *библ. (язычники)* the Gentiles.

инове́рческий heterodox.

и́нок **1.** *(в православии – монах вообще, независимо от сана)* monk, conventual; **2.** *(послушник, готовящийся к монашеству)* **новонача́льный и.** ancharios, novice monk, conversus.

и́нока *см.* **и́нокиня**.

и́нокиня **1.** *(монахиня в православии)* nun; **2.** *(послушница, готовящаяся к монашеству)* novice nun.

иноко́пь *см.* **а́ссист**.

иносказа́ние allegory, allusion.

иносказа́тельный allegorical, allusive.

инославие *(все неправосл. христ. исповедания)* non-Orthodoxy, non-Orthodox confessions.

инославные *сущ. (исповедующие неправосл. христ. вероисповедания)* the heterodox.

инославные испове́дания *см.* **инославие**.

инославный *(принадлежащий к неправосл. христ. вероисповеданию)* non-Orthodox ◊ **и.-ая церковь** heterodox church.

иносу́щный *(см. ариа́нство)* Heteroousian.

и́ноческий monastic.

и́ночество *(монашеская жизнь; монашество, монахи в православии)* monasticism, monastic life, monachism ◊ **и. отшельническое, скитское** semi-eremitic monasticism.

и́ночествовать to be a monk, to lead a monastic life.

и́ночество общежи́тельное *см.* **общежи́тие монасты́рское**.

инте́нция **1.** *катол.* *(1. поминание на богослужении и пожертвование, связанное с ним; 2. в церк. практике – определённый объект, земной или неземной, ради к-рого совершается молитва или священнодействие)* intention, special [particular] intention; **2.** *(в нравственной теологии – акт свободной воли, направленный к достижению благой цели)* intention.

интердикт *(форма наказания в католицизме, запрещающая священнослужителям отправлять службы и т.п.)* interdict(ion) ◊ **наложить на** *кого-л и.* to put [lay] *smb.* under interdict, to interdict *smb.*

интерим *истор. (название предварительных постановлений, изданных в Германии в 16 в. Карлом V с целью сближения протестантов и католиков на почве догматики и учения о церк. обрядах)* the Interim ◊ **Аугсбургский и.** the Augsburg Interim, the Interim of Augsburg; **Лейпцигский и.** *(1548)* the Leipzig Interim; **Ратисбонский и.** *(1541)* the Ratisbon Interim.

интеркоммунион *(в экуменическом движении – причащение из одной чаши представителей всех христ. деноминаций)* the intercommunion.

интернунций *(дипломатический посланник Ватикана в небольших государствах в ранге ниже* **нунция, папского***)* internuncio.

интерпретатор *см.* **толкователь, толковники**.

интроит *(тж "введение"; англик. церк. гимн, песнь, псалом, к-рый поётся или играется на органе в начале литургии)* introit.

интронизация *(1. торжественное богослужение, во время к-рого совершается воздействие новоизбранного патриарха на патриаршую кафедру; и. совершается во время литургии с облачением новоизбранного в патриаршие одежды и вручением ему патриаршего посоха; 2. торжественное возведение на престол [трон] вновь избранного Папы Римского)* enthronement, enthronization, inthronization.

интронизировать to enthrone, to enthronize.

инфаллибилист *(сторонник учения о непогрешимости Папы Римского)* infallibilist.

инфула *(облачение, риза священников в Англии и Франции в 11-16 вв.)* infula.

инцест *(см.* **кровосмешение***)* ◊ **духовный и.** *катол. (в церк. праве сожительство лиц, имеющих духовную близость)* spiritual incest.

Иоав *библ. (двоюродный брат царя Давида, сын его сводной сестры Саруин)* Joab.

Иоаким I *библ. (царь Южного царства Иудея)* Jehoiakim.

Иоаким II *см.* **Иоахим**.

Иоаким и Анна, свв. праведные *(отец и мать Девы Марии, д. п. 9/22 октября)* Sts. and Venerable, Joachim and Anne; *катол.* **Свв. Праведные И. и А., родители Пресвятой Девы Марии** *(д. п. 26 июня)* Joachim and Anne, Parents of Mary.

Иоанна, жена Хузы, домоправителя Иродова *библ. (одна из трёх женщин, обнаруживших пустой гроб Иисуса)* Joanna, wife of Chuza, steward of King Herod Antipas.

Иоанн Апостол *библ. ("возлюбленный" ученик <the beloved disciple> Иисуса, младший брат Иакова Старшего)* John the Apostle ◊ **относящийся к ап. Иоанну** Johannine, Johannean.

Иоанна Франциска Шанталь, монахиня *(1572-1641; катол. св., д. п. 12 декабря)* St. Jane Frances de Chantal, religious.

Иоанн-Баптист Сальский, священник *(1651-1719; катол. св., д. п. 7 апреля)* St. John Baptist de la Salle, pr.

Иоанн Безмолвник, прп. *(6 в.; д. п. 30 марта / 12 апреля)* Venerable John the Silent, Bp. of Colonia.

Иоа́нн

Иоа́нн Богосло́в, ап. и евангели́ст *(он же **Иоа́нн Апо́стол**; д. п. 8/21 мая)* St. John the Theologian, Apostle and Evangelist; John the Divine, *сокр.* Jo. Div. ◊ **"И. Б. в житии"** *(икона)* The Hagiographical icon of St. John the Theologian.

Иоа́нн Бо́жий, мона́х *(1495-1550; катол. св., д. п. 8 марта)* St. John of God, religious.

Иоа́нн Бокельзо́н *см.* **Иоа́нн Ле́йденский**.

Иоа́нн Бо́ско, свяще́нник *(1815-88; катол. св., д. п. 31 января)* St. John Bosco, pr.

Иоа́нн Во́ин, св. мч. *(4 в.; д. п. 30 июля / 12 августа)* St. John, Soldier-M.

Иоа́нн в честь Креста́, свяще́нник и Учи́тель катол. Це́ркви *см.* **Хуа́н де ла Крус**.

Иоа́нн Грамма́тик *(птрх. Константинопольский с 836-42; один из самых образованных людей своего времени; иконоборец)* John the Grammarian.

Иоа́нн Дамаски́н, прп. *(ок. 675-753; выдающийся византийский богослов и поэт, представитель греч. патристики; д. п. 4/17 декабря)* St. John of Damascus, St. John *(греч.)* Chrysorrhoas, Doctor of the Church, *катол.* St. John Damascene, pr., dr. ◊ *(его труды)* **"Богословие"** *или* **"Точное изложение православной веры"** *лат.* De Fide Orthodoxa; **"Источник знания"** The Fount of Wisdom.

Иоа́нн де Ма́та, св. *(1160-1213; основатель катол. Ордена Пресвятой Троицы <the Order of the Most Holy Trinity>)* St. John of Matha.

Иоа́нн Евангели́ст *(автор одноимённого Евангелия и "Откровения", он же **Иоа́нн Апо́стол** и **Иоа́нн Богосло́в, ап. и евангели́ст**)* John the Evangelist, John the Divine, *сокр.* Jo. Div.

Иоа́нн Златоу́ст *(ок. 350-407; византийский церк. деятель, проповедник, великий Учитель Церкви, птрх. Константинопольский, 398-404; д. п. 27 января / 9 февраля, 30 января / 12 февраля, 13/26 ноября, 14/27 сентября, катол. – 13 сентября)* St. John Chrysostom, John of "the Goldenmouth" ◊ *(его труд)* **"Шесть слов о священстве"** The Priesthood.

Иоанни́кий Вели́кий, прп. *(ум. 846; защитник икон; д. п. 4/17 ноября)* St. Joannicius the Great.

иоанни́ты *(см. **госпитальёры**)* the Johannites, the Knights of St. John of Jerusalem.

Иоа́нн Кассиа́н, св. *(кон. 4 - нач. 5 вв; ученик **Иоа́нна Златоу́ста**; д. п. 29 февраля / 13 марта)* St. John Cassian.

Иоа́нн Ке́нти, свяще́нник *(1390-1473; катол. св., д. п. 23 декабря)* St. John of Kanty, pr., St. John of Kanti, St. John Cantius.

Иоа́нн Ко́лов, св. *(5 в.; егип. монах-пустынник и аскет, д. п. 9/22 января)* St. John Kolovos.

Иоа́нн Креста́ *см.* **Хуа́н де ла Крус**.

Иоа́нн Крести́тель *библ.* *(он же **Иоа́нн Предте́ча**; сын священника Захарии и Елизаветы; ок. 28 г. он был обезглавлен по приказу Ирода Антипы)* St. John the Baptist, the Baptist ◊ **"Поднесение Ироду головы И.-а К.-ля"** *(иконографический сюжет)* The Presentation of the Head of St. John the Baptist,The Presentation of the Baptist's Head to Herod.

Иоа́нн Кроншта́дский, св. *(1829-1909; русский религ. деятель)* St. John of Kronstadt.

Иоа́нн

Иоа́нн Ку́щник, св. *(5 в.; константинопольский подвижник, д. п. 15/28 января)* St. John Calybites, St. John the 'Tent-dweller'.

Иоа́нн Ле́йденский *(1509-36; голландский вождь секты анабаптистов в северо-западной Германии, глава их Мюнстерской коммуны)* John of Leyden.

Иоа́нн Ле́ствичник, прп. *(ок. 569-619; прозван так по своему сочинению "Лествица Райская" <the Ladder of Paradise, the Ladder of Perfection, лат. Scala Paradisi>; д. п. 30 марта / 12 апреля и 4-ое воскресенье Великого поста)* St. John Climacus [Scholasticus], Hegumen-Abbot, St. John of the Ladder.

Иоа́нн-Мари́я Вианне́й, свяще́нник *(1786-1859; католю св., д. п. 4 августа)* St. John (Baptist) Vianney, pr.

Иоа́нн Ми́лостивый, свт. *(ок. 550-649; птрх. Александрийский, прославился безграничной благотворительностью)* St. John the "Almoner" [Almsgiver].

Иоа́нн Молча́льник, прп. *см.* **Иоа́нн Безмо́лвник, прп.**

Иоа́нн Мосх *(ок 550-619; византийский духовный писатель; подвизался в Иерусалиме и Иорданской пустыне; много путешествовал по разным монастырям со своим учеником Софронием <Sophronius the Sophist>, впоследствии птрх.-ом иерусалимским; составил сборник повестей о благочестивых людях и подвижниках, к-рый обыкновенно носит название "Луг Духовный"; в списках древнего русского перевода он называется "Лимонарь" или (чаще) "Синайский патерик" лат. 'Pratum Spirituale', англ. 'The Meadow')* John Moschus.

Иоа́нно-Богосло́вский монасты́рь *(с. Пощупово Рязанской обл.)* the Monastery of St. John the Evangelist.

Иоа́ннов *(относящийся к Иоанну и особ. к ап. Иоанну)* Johannine.

Иоа́нно-Предте́ченский мужско́й монасты́рь *(г. Вязьма Смоленской обл.)* the Vyazma Monastery of John the Precurser.

Иоа́нн Па́рмский *(1209-89; францисканский монах, аскет, генерал [магистр] ордена <Franciscan Minister General>, катол. св., д. п. 20 марта)* Blessed John of Parma.

Иоа́нн По́стник, птрх. Царегра́дский, прп. *(занимал патриарший престол в 582-95; д. п. 30 августа / 12 сентября и 2/15 сентября)* Venerable John of the Fast, Patriarch of Constantinople.

Иоа́нн Предте́ча *(он же* **Иоа́нн Крести́тель***)* St. John the Precurser, St. John the Forerunner, John, the forerunner of Christ ◊ **"И. П. крыла́тый"** *(икона)* The Winged St. John the Precurser.

Иоа́нн (III) Схола́стик *(птрх. Константинопольский в 582-95; до принятия духовного сана был адвокатом [схоластиком]; выдающийся церк. законовед; д. п. 21 февраля / 6 марта)* St. John Scholasticus.

Иоа́нн Филопо́н *см.* **Иоа́нн Грамма́тик.**

Иоа́нн Фи́шер, еп. и мч. *см.* **Джон Фи́шер, Ро́честерский, еп. сщмч.**

Иоа́нн Хризосто́м *см.* **Иоа́нн Златоу́ст.**

Иоа́нн че́стный, сла́вный Проро́к Предте́ча и Крести́тель Го́спода *(он же* **Иоа́нн Крести́тель***)* St. John the Glorious Prophet, Precurser, and the Baptist of the Lord.

Иоа́нн Эд, свяще́нник *(1601-80; катол св., д. п. 19 августа)* St. John Eudes, pr.

Иоа́с *библ. (имя двух царей)* Joash, Jehoash.

Иоаса́ф, св. *(ум. 1299; д. п. 4/17 марта)* St. Joasaph.
Иоафа́м *библ.* Jo(a)tham.
Иоаха́з *библ. (имя двух царей)* Joachaz.
Иоахи́м *библ.* Joachim.
иоахими́ты *(последователи **Иоахи́ма Фло́рского**)* the Joachimites.
Иоахи́м Фло́рский *(ок. 1132-1202; итал. мыслитель, монах-цистерцианец, аскет)* Joachim of Floris, Joachim of Fiore.
Йов *библ. (ветхозаветный птрх., главная фигура названной его именем книги)* Job; **Кни́га И.-а** *библ.* (the Book of) Job ◊ **И. многострада́льный** Job the Longsuffering; **Пра́ведный И. Многострада́льный** *(ок. 2000-1500 до н. э.; д. п. 6/19 мая)* St. and Venerable Job the "Patient", Righteous Job the Longsuffering.
Иовиниа́н *(ум. 406; рим. еретик, выступал против безбрачия и аскезы, отрицал значение постов, вечную непорочность Девы Марии и т. п.; отлучён от Церкви в 390)* Jovinian.
иовиниа́не *(с 4 в., приверженцы Иовиниана, гл. обр. в северной Италии)* the Jovinianists, the Jovians.
Иода́й *библ. (первосвященник в царствование иудейской царицы Гофолии)* Jehoiada.
Ио́док Брето́нец *(ум. ок. 668; принц, священник, отшельник, катол. св., д. п. 13 декабря)* St. Judoc, St. Josse.
Иои́ль *библ. (пророк в Иерусалиме периода Вавилонского плена, второй из малых пророков; книга, названная его именем, не содержит никаких данных о личности)* Joel ◊ **Кни́га проро́ка Иои́ля** *библ.* (The Book of) Joel.
Ио́м-кипу́р см. **Йо́м-кип(п)у́р.**
Ио́на *библ. (пятый из малых пророков; его именем названа книга, к-рая не содержит никаких пророчеств, а представляет собой рассказ о пророке Ионе, сыне Амафии, получившем наказ от Бога отправиться в ассирийскую столицу Ниневию и угрожать ей близкой гибелью за грехи её жителей)* Jonah, Jonas ◊ **И. во чре́ве кито́вом** *библ.* Jonah in the belly of the fish; **Кни́га проро́ка Ио́ны** *библ.* (The Book of) Jonah; **проро́к И.** *(8 в. до н. э., д. п. 22 сентября / 5 октября)* St. Jonas, Prophet.
Ио́на, прп. пресви́тер, оте́ц св. Феофа́на *(9 в.; д. п. 21 сентября / 4 октября)* Venerable Jonah, father of St. Theophanes.
Ионада́в *библ. (сын Рехава)* Jonadab.
Ионата́н см. **Ионафа́н.**
Ионафа́н *библ. (муж. имя)* Jonathan.
Иоппи́я *библ. (портовый город на средиземноморском побережье Палестины; совр. Яффа)* Joppa.
Иора́м *библ. (имя двух царей)* Joram.
Иорда́н *(священная река в Палестине, в к-рой Иисус Христос принял крещение от Иоанна Крестителя)* the Jordan.
иорда́нь *(прорубь, обычно в виде креста, вырубаемая во льду для освящения воды в праздник Крещения)* ice-hole for blessing of waters, the Jordan hole.
Иори́м *библ. (отец Елиезера; упоминается в родословном древе Иисуса)* Jorim.

Иосавéф

Иосавéф *библ. (дочь иудейского царя Иорама и сестра иудейского царя Охазии)* Jehosheba, Jehoshabeath.

Иосафáт *библ. (символическое обозначение места, где совершается Страшный суд)* Jehoshaphat.

Иосафáт Кунцéвич, еп., сщмч. *(ок. 1580-1623; катол. св., д. п. 12 ноября)* St. Josaphat, Bp., m.

Иоседéк *библ. (отец Иешуа, первого первосвященника после возвращения из Вавилонского плена)* Josedec(h), Josedek.

Иосúй *библ. (родственник Иисуса Христа)* Joses.

Иóсиф Аримафéйский *библ. (богатый человек, тайный ученик Иисуса; после распятия Иисуса он выпросил у Пилата его тело и положил его в пещеру, к-рую приказал ранее высечь в скале в Иерусалиме, предназначая её себе)* Joseph of Arimathaea.

Иóсиф Барнáбас *см.* **Иóсиф Варнáва**.

Иóсиф Варнáва *библ. (левит Иосиф [Иосия] из Кипра)* Joses surnamed Barnabas.

Иóсиф Варсáва *библ. (христианин Иерусалимской общины, к-рый был прозван Иустом <Just>; при избрании преемника Иуды Искариота на апостольское служение он был выдвинут кандидатом вместе с Матфием, к-рый был выбран по жребию)* Joseph (called) Barsabas, Joseph Barsassas.

Иóсиф Вóлоцкий, св. *(1439/40-1515; основатель и игумен Иосифо-Волоколамского монастыря, глава иосифлян, писатель; укреплял авторитет великокняжеской власти, отстаивал незыблемость правосл. догматов, активную роль церкви во всех сферах жизни; возглавлял борьбу с новгородско-московской ересью и нестяжателями; автор "Просветителя" и многих др. посланий, в к-рых развивал традиции правосл. этики; д. п. 9/22 сентября и 18/31 октября)* St. Joseph of Volotsk [of Volokolamsk].

Иóсиф из Аримафéи *см.* **Иóсиф Аримафéйский**.

Иóсиф Калазáнц, свящéнник *(1556-1648; катол св., д. п. 25 августа)* St. Joseph Calasanz [Calasanctius], pr.

Иóсиф Обрýчник *библ. (плотник, к-рый жил в Назарете; обручён с Марией, матерью Иисуса; согласно родословию Иисуса, он происходит из рода царя Давида)* Joseph ◊ **"История И.-а"** *(икона)* The History of Joseph; *катол.* **Обручник Пресвятой Девы Марии** *(д. п. 19 марта)* Joseph, Husband of Mary; *правосл.* **Праведный И. О.** *(д. п. 26 декабря / 8 января)* St. Joseph the Betrothed.

иосифлáне *(последователи иосифлáнства)* the Josephites, the Josephines, the Possessors

иосифлáнство *(церковно-политическое течение в Русском государстве в 15-16 вв. приверженцев св. Иóсифа Вóлоцкого, защищавших церковно-монастырское землевладение в споре с нестяжателями)* Josephism.

Иóсифо-Волоколáмский [Иóсифо-Вóлоцкий] мужскóй монасты́рь *(ставропигиальный, с. Теряево Московской обл., в 17 км от совр. Волоколамска; основан в 1479 прп. Иосифом Волоцким, к-рый ввёл в монастыре строжайший устав; монашеская жизнь в монастыре, закрытом в 1920 была возрождена в мае 1989)* the Volotsky Monastery of St. Joseph.

Иóсиф Патриáрх *библ. (тринадцатый сын птрх. Иакова, первый сын его второй жены Рахили)* Joseph.

Иóсиф Плóтник *см.* **Иóсиф Обрýчник**.

Иóсиф Прáотец *см.* **Иóсиф Патриáрх**.

Иóсиф-Трýженик, Св. Прáведный *катол. (отмечается 1 мая)* St. Joseph the Worker, *лат.* S. Ioseph Opificis.

Иосúя *библ. (царь Южного царства Иудея в 639-609 до н. э., преемник своего отца Ам(м)она, к-рый был убит во время мятежа во дворце)* Josiah, Josias.

Иофáм *библ. (муж. имя)* Jotham.

Иофóр *библ. (мадиамский священник; скотовод, овец и коз к-рого пас его зять Моисей)* Jethro.

Иошуá *см.* **Иешуá**.

ипакоú *(тропарь, отвечающий на песнопение и следующий за малой ектенией после полиелея на воскресной утрене перед антифонами, повечерии и полунощнице вместо тропарей, на утренях праздников Рождества Христова, Богоявления, Пасхи и др. после третьей песни канона, а тж в составе пасхальных часов; и. посвящены Воскресению Христову или событиям праздников)* hypakoe, ipakoi.

Ипáтий, еп. Гáнгрский, сщмч. *(ум. 316; был еп.-ом в г. Гангры, Малая Азия; выступал с осуждением арианства, за что был убит сторонниками александрийского пресвитера Ария; в честь св. Ипатия Гангрского в 1330-х гг. в г. Костроме основан Ипатьевский монастырь; д. п. 31 марта / 13 апреля)* St. Hypatius, Bp. of Gangra.

иподиáкон *(церковнослужитель в правосл. церкви, прислуживающий архиерею во время богослужения, занимающий среднее положение между чтецом и диаконом)* subdeacon.

иподиáконство *(у католиков упразднено в 1972)* subdeaconry, subdeaconship, subdiaconate.

иподиáконский subdiaconal.

иподиáконша *(жена иподиакона)* subdeaconess.

иподиáконы *собир.* subdeaconate, subdeaconry, subdeaconship.

иподьякон *см.* **иподиáкон**.

ипостáсный hypostatic ◊ **и.-ое единство** *(единство Божественного и человеческого в лице Христа)* hypostatic union, Incarnation.

ипостáсь *(лицо, существо)* hypostasis, person; *(в православии термин, утвердившийся в обозначения лиц Святой Троицы – Отца, Сына и Св. Духа; начиная с 6 в., согласно словоупотреблению, принятому 2-м Вселенским собором, слово и. употребляется всей Церковью как синоним лица: "един Бог в трёх и.-ях, или лицах"* <'three hypostases in one ousia'>) ◊ **три и.-и Троицы** the three persons of the Trinity.

Ипполúт Рúмский, свящéнник и мч. *(ум. ок 235; д. п. 30 января / 12 февраля, катол. – 13 августа)* St. Hippolytus, Pr.-M.

Иппэ́н *(1239-89; япон. буддийский монах, основатель школы Дзисю* <Jishu>) Ippen.

ипсистариáне *истор. (секта, представляющая смесь языческого иудейства и христ-ва, существовала в Малой Азии в 4-9 вв.)* the Hypsistarians.

Ир

Ир *библ. (по родословному древу Иисуса, сын Иосии и отец Елмодама)* Er.

Ираклеóн *(ок. 200; гностик, ближайший ученик Валентина; до нас дошли лишь отрывки сочинений* **И.-а** *с толкованиями на Евангелия от Иоанна и Луки)* Heracleon.

Ирáклий *(византийский император в 610-41)* Heraclius I.

ирвингиáне *(последователи шотл. проповедника* **Э. Ирвинга** *и члены основанной им церкви)* the Irvingites.

Ирвинг, Эдуáрд *(1792-1834; шотл. проповедник, основатель секты его имени, см.* ***ирвингиáне****)* Irving, Edward.

Ирие Аттанийский, аббáт *см.* **Арéдиус Аттанийский, аббáт**.

Иреия *библ. (начальник стражи у Вениаминовых ворот в Иерусалиме незадолго до захвата и разрушения города халдеями в 587 до н. э.)* Irijah.

Ирина, св. мц. *(1-2 вв.; крещена ап. Тимофеем, учеником ап. Павла; обратила в христ-во несколько тысяч жителей Македонии; скончалась, претерпев множество мучений от язычников; д. п. 5/18 мая)* St. Irene, Glorious M.

Иринáрх, св. мч. *(ум. 303; д. п. 28 ноября/11 декабря)* St. Irenarchus ◊ **мч. И. и с ним семь жен** St. Irenarchus, and Seven Women, Ms.

Ириней, еп. Сирмийский, св. мч. *(д. п. 25 марта/6 апреля)* St. Irenaeus of Sirmium, Bp., M.

Ириней, св. еп. Лиóнский *(ум. 202, "апостол галлов"; д. п. 23 августа / 5 сентября, катол. – 28 июня)* St. Irenaeus, Greek Bp. of Lyons, Irenaeus of Lyons.

Ирма [Ирмина], Тривская, аббатиса *(ум. 710; катол. св., д. п. 24 декабря)* St. Irmina, abbess.

ирмолóг(ий) *(богослужебная книга, содержащая* ***ирмосы*** *и* ***катавáсии*** *канонов из* ***Октóиха*** *и праздничных канонов из* ***минéи*** *и* ***Триóди****)* hirmologion.

ирмолóгион *см.* **ирмолóг(ий)**.

ирмóс *(первая часть каждой песни, стиха канона; является тж смысловым связующим звеном между библ. песнью и тропарями песни канона)* hirmus, heirmos, (h)irmos, model stanza.

Ирод Агриппа I *(ок. 10-44 н. э.; иудейский царь и тетрарх; сын Аристовула, внук* ***Ирода Великого****; в Новом Завете его называют "царь Ирод" <Herod the King>; он преследовал общину в Иерусалиме, убил мечом ап. Иакова Старшего и посадил в тюрьму Петра)* Herod Agrippa I.

Ирод Агриппа II *(ок. 28-100; иудейский тетрарх, сын царя* ***Ирода Агриппы I****; в Новом Завете его называют "царь Агриппа" <king Agrippa>; на процессе против Павла в Кесарии он выступал как эксперт по иудейским вопросам)* Herod Agrippa II.

Ирод Антипа *(ум. после 40; сын царя* ***Ирода Великого****; тетрарх, управлял Галилеей и Пиреей во времена Иисуса и наряду с Пилатом назван в Новом Завете соучастником убийства Иисуса; в Новом Завете его называют "Ирод" <Herod>, "Ирод четверовластник" <Herod the tetrarch>, "царь Ирод" <king Herod>)* Herod Antipas.

Ирод Архелáй *(ок. 23 до н. э. – 16 н. э.; сын царя* ***Ирода Великого****; этнарх Иудеи, Идумеи и Самарии с 4 до н. э.; в то время, когда Святое семейство – Иосиф с Марией и Младенцем Иисусом – вернулось из Египта)* Archelaus.

Ирод Великий *(он же* ***Ирод, царь Иудéи****)* Herod the Great.

Иродиа́да *библ. (дочь Аристовула, внучка Ирода Великого; в первом браке – жена Ирода Филиппа, во втором – жена Ирода Антипы, к-рый по её научению обезглавил Иоанна Крестителя)* Herodias.

иродиа́не *библ. (представители династии Иродов, к-рых Христос уличал наравне с **фарисе́ями** и **саддуке́ями**)* the Herodians.

Иродио́н, Руфь, Ерм и про́чие свв. апп. *(апп. от 70-ти, д. п. 8/21 апреля)* Sts. Herodion, Ruphus, Hermas, et. al., Apls., Bp.-Ms.

и́родов *библ.* Herodian.

И́род Фили́пп *(ум. 34; тетрарх, сын царя **И́рода Вели́кого**)* Herod Philip.

И́род, царь Иуде́и *(царь Иудейского государства; в 40 до н. э. рим. сенат назначил его тетрархом, одним из четырёх правителей Иудеи; в Новом Завете появляется как виновник избиения младенцев в Вифлееме; он же **И́род Вели́кий**)* Herod the king of Judaea.

Иса́ *(особо почитаемый в исламе пророк, последний перед Мухаммадом, христ. Иисус)* Isa.

Исаа́к Армя́нский, св. *см.* **Исаа́к Вели́кий, св.**

Исаа́к Вели́кий, св. *(ок. 345-439; основатель и реформатор Армянской церкви, католикос Армении, д. п. 19 сентября и 20 ноября)* St. Isaac the Great.

Исаа́к Жог, свяще́нник и мч. и сподви́жники его́ *(1607-46; катол. св., д. п. 19 сентября)* St. Isaac Jogues, Pr.-M. and Companions, Ms.

Исаа́кий Далма́тский, прп., мона́х *(4 в.; д. п. 22 марта / 4 апреля и 30 мая / 12 июня)* Venerable Isaac, monk in Dalmatia ◊ **Исаа́киевский собо́р, собор И.-я Д.-ого** *(в Санкт-Петербурге)* St. Isaac's Cathedral, Cathedral of St. Isaac of Dalmatia.

Исаа́к Си́рин, прп., в Споле́те Итали́йской *(ум. 550; аскет Церкви, основал монастырь при Сполете <ныне Сполето, Италия>, называемый Монте-Люко <Monte Luco>, д. п. 12/ 25 апреля, катол. – 11 апреля)* St. Isaac of Spoleto.

Исаа́к Си́рин [Сирия́нин], еп. Ниневи́йский *(7 в., Отец Церкви, духовный писатель; писал на сирийском языке; ранние переводы его сочинений были сделаны на араб., эфиопском и греч. языках; д. п. 28 января / 10 февраля)* St. Isaac the Syrian, St. Isaac of Syria, St. Isaac of Nineveh.

Исаа́к, сын Авраа́ма и Са́ры *библ. (один из патриархов израильтян)* (St.) Isaac, the son of Abraham and Sarah.

Иса́в *библ. (старший сын Исаака и Ревекки; будучи усталым и голодным, он продал за чечевичную похлёбку первородство своему младшему брату-близнецу Иакову <he sold his Birthright to his brother Jacob for pottage>)* Esau.

исаго́гика *(церк. наука, занимающаяся истолкованием текстов Священного Писания; тж **экзеге́за**, **экзеге́тика**, **эксеге́за**)* exegetics, exegesis.

исагоги́ческий exegetic(al).

Иса́ия *библ. (пророк в Иерусалиме во 2-ой пол. 8 в. до н. э.)* Isaiah, Isaias ◊ **Кни́га проро́ка Иса́ии** *библ.* (The Book of) Isaiah, *сокр.* Isa.; **проро́к И.** *(св. в православии, д. п. 9/22 мая)* St. Isaias, Prophet.

Иса́ия, прп. *(4-й еп. ростовский, ум. 1090, д. п. 15/28 мая)* Venerable Isaias of Rostov.

Иса́йя *см.* **Иса́ия**.

Исидор

Исидор Пелусиот, св. Отец Церкви *(ум. ок 450; автор 10 тыс. писем, в к-рых он выступает как догматист, экзегет и философ, д. п. 4/17 февраля)* St. Isidore of Pelusium.

Исидор, св. мч. *(ум. 1472; д. п. 8/21 января)* St. Isidore, M.

Исидор Севильский *(560-636; философ, богослов и писатель; католог. св., д. п. 4 апреля)* St. Isidore of Seville, Isidore Hispalensis, Archbp. of Seville.

исихазм *истор.* (1. *этико-аскетическое течение в восточном монашестве, сформировавшееся в 4-9 вв. в Византии, о пути человека к единению с Богом через сосредоточение сознания в себе самом; 2. религ.-филос. учение, разработанное Григорием Паламой в спорах с представителями теологического рационализма)* Hesychasm.

исихаст *истор.* (*последователь* **исихазма**; *и.-ы путём длительного созерцания и концентрации взгляда на своём пупке достигали ощущения проникновения в них несотворенного Божественного света, к-рым просиял Иисус Христос на горе Фавор; они призывали к строгому аскетизму, полному пренебрежению личностью, смирению перед Божьей волей)* Hesychast, omphalopsychite.

исихастский Hesychastic.

Исихий, св. мч. *(имя нескольких свв. мчч.)* St. Isychus, M.

исихия *(особая система подвижничества, обет молчания)* hesychasm.

Иска *библ. (дочь Арана, сестра Лота)* Jessica.

Искариот *см.* **Иуда Искариот**.

исключать из религиозный общины to disfellowship.

исключение из религиозный общины disfellowship.

исковое заявление *(в церк. суд) истор.* libel.

искупать грех to atone [expiate] sin, to redeem *oneself*, to ransom, to satisfy ◊ **и. г.-и** *катол.* to make satisfaction for sins; **грехи и.-ются раскаянием** repentance atones for sins, sins are expiated by repentance.

искупающий *см.* **искупительный**.

искупитель redeemer, propitiator, ransomer, *редко* redemptor.

искупительница redemptress.

искупительный vicarious, propitiatory, penitential, purgatorial, expiatory, redemptive, redemptory, redemptorial, piacular ◊ **и.-ая жертва** propitiation, vicarious [piacular, propitiatory] sacrifice, mercy seat, piacular offering; **и.-ая смерть Христа** the atoning death of Christ; **смерть Христа считалась и.-ой жертвой Богу Отцу за грехи человечества** the death of Christ has been regarded as a propitiatory sacrifice to the Father for the sins of the world.

искупить грех *см.* **искупать грех**.

искупление 1. *(освобождение от вины и греха и совершенство в вечной жизни)* redemption, ransom, expiation; *богосл.* satisfaction ◊ **во и.** in expiation; **и. грехов** *катол. (налагаемое духовником)* satisfactio; **делать что-л. во и.** to do *smth.* as a penance for sins; **требующий и.-я** *прил.* piacular; **2.** *(совершённое Иисусом Христом дело спасения людей, избавления Его страданиями и смертью рода человеческого от греха, проклятия и смерти) богосл.* substitutional [vicarious] atonement, the Atonement ◊ **страдания Христовы во и. грехов** the vicarious sufferings of Christ; **3.** *библ. (умилостивление)* propitiation.

искус 1. *(испытание для вступающего в монахи)* novitiate, probation; **2.** *(строгое, суровое испытание кого-л.)* test, ordeal, trial ◊ **он прошёл суровый и.** he passed through a terrible ordeal.

искуситель tempter; *(дьявол)* the Devil.

искусство art ◊ **в раннем христ. и.-е** in early Christian art; **древнерусское и.** the Old Russian art; **монументальное и.** monumental art; **русское церк. и.** Russian ecclesiastical art; **церковное и.** devotional [religious] art.

искусство проповеди *см.* **мастерство проповеди.**

искушать to test, to put *smb.* to the test; *библ. (испытывать)* to examine; *(соблазнять)* to seduce ◊ "**Искуси меня, Господи, и испытай меня**" *(Псалтирь 25/26:2)* 'Examine me, O Lord, and prove me'; "**Не искушайте Господа, Бога вашего**" *(Второзаконие 6:16)* 'You shall not tempt the Lord your God'.

искушение *(1. испытание каким-л. соблазном, т. е. каким-то грехом; 2. в Ветхом Завете – проверка на верность Богу)* temptation ◊ **вводить в и.** to lead into temptation; **впадать в и.** to be tempted, to yield to temptation; **и. Иисуса** the temptation of Jesus; **и.-я мирские, плотские и сатанинские** the world, the flesh and the devil; **не введи нас во и.** *библ.* lead us not into temptation; **не поддаваться и.-ю** *библ.* to wear Joseph's coat; **поддаваться и.-ю** to be tempted, to yield to temptation; **поддаваться и.-ю от диавола** to be tempted by the Devil; **устоять перед и.-м** to vanquish temptation.

"**Искушение в пустыне**" *(иконографический сюжет)* The Temptation, The Temptation (of Christ) in the Wilderness.

ислам *(одна из трёх – наряду с* **буддизмом** *и* **христианством** *– мировых религий, возникшая в нач. 7 в. и во многом определившая историю, идейную и культурную жизнь значительной части населения Азии, Африки и частично Европы в Средние века, Новое и новейшее время; в наст. время в мире 1,5 млрд верующих, тж* **магометанство, мусульманство**) Islam, the religion of the Moslems, the Mohammedan religion, the Mohammedan [Moslem] faith, Mohammed(an)ism, Mussulmanism, Muslimism, Moslemism ◊ **принять ислам** to turn Mohammedan.

исламизация *(принятие ислама населением каких-л. территорий или стран в результате завоеваний их мусульманами или проповеднической деятельности миссионеров)* Islamization.

исламизм 1. *(вероучение, религ. система мусульман)* Islamism; **2.** *см.* **фундаментализм – исламский ф.**

исламовед Islamist, specialist in Islamic studies.

исламоведение *(раздел востоковедения, занимающийся исследованием общих и частных проблем истории и идеологии ислама, его влияния на процессы развития общества)* Islamics, Islamic studies.

исламский Islamic, Islamitic.

Исмаил *(пророк в Коране, сын Ибрахима; в христ-ве Измаил, сын Авраама; Коран сообщает, что* **И.** *вместе с отцом по приказу Аллаха очистил и отстроил Каабу)* Ismail.

Исмаил бен-Элиша *(2 в.; еврейский религ. деятель)* Ishmael ben Elisha.

исмаилитский Ismaelian, Ismaelitic.

исмаили́ты *(последователи одного из основных направлений шиизма, возникшего в Халифате в 8 в. и названного именем* **Исмаи́ла**, *старшего сына пророка Ибрахима, первого проповедника единобожия в исламе; в 11 в. разделились на западных – мусалитов и наиболее многочисленных восточных – низаритов)* the Ismailites, the Ismaelians, the Ismailians, the Ismaili (Shia) ◊ **мусульманская секта и.-ов** the Ismailian sect of Muslims.

Исмаи́л Шахи́д, Муха́ммед *(1779-1831; индийский мусульманский реформатор)* Ismail Shahid, Muhammad.

И́сна Ашари́йа *(шиитская секта, основанная на вере в 12 имамов; в настоящее время И. А. – самая многочисленная ветвь шиитского ислама; является государственным вероисповеданием в Иране, в Ираке половина населения –* **иснаашари́ты** *или* **имами́ты**; *имамитские общины имеются в Ливане, Кувейте, Бахрейне, Саудовской Аравии, Иордании, Афганистане и в др. странах)* the Ithna Ashariyah, the Ithna Ashari Shia, the Imamiyya.

иснаашари́ты *(приверженцы секты* **И́сна Ашари́йа**) the Twelvers, the Twelver Shia, the Imamis.

Исна́р Ча́мпский, блж. *(ум. 1244, катол. св., д. п. 22 марта)* Blessed Isnardo (of Chiampa).

исохри́сты *(последователи Оригена, к-рые учили, что все христиане достигнут полного равенства со Христом; осуждены Константинопольским собором 553)* the Isochristi.

испа́нские христиа́не *(см.* **мозара́бы**) the Mozarabs, the Muzarabs.

испове́дальный confessional, *(особ. относящийся к тайной исповеди священнику)* confessionary.

испове́дальня катол. *(небольшая камера в церквах, в к-рой помещаются священники во время исповеди кающихся; через устроенное в* **и.-е** *оконце слышат, но не видят исповедующегося)* confessional, confessionary, pardon chair, pardon stall, reconciliation room.

испове́дание (ве́ры) *(тж* **вероиспове́дание 2.**) confession [profession] of faith, doctrinal statement; *(изложенное в краткой форме)* creeds, brief confessions; *(официально утверждённое церковью)* catechisms ◊ **и. христ-ва** the profession of Christianity; **православное и. веры Досифея** *(принят на Иерусалимском соборе в 1672)* the Confession of Dositheus.

"**испове́дания ве́ры**" *см.* **Си́мвол ве́ры**.

испове́дник 1. *(в раннем христ-ве св. мч., пострадавший за веру, но не принявший мученической кончины)* Confessor-Martyr, confessor ◊ **прп. Харитон и.** Venerable Chariton, Confessor-M.; **2.** *(священник, исповедующий прихожанина)* confessor, confessarius, *сокр.* conf., shriver; **3.** *(кающийся)* penitent.

испове́дник *какой-л.* **ве́ры** professor, confessor ◊ **и. христ-ва** a professor of Christ.

испове́довати *ц.-сл. см.* **испове́довать**.

испове́довать 1. *(веру)* to profess, to confess ◊ **и. религию** to practise religion; **2.** *(священнику)* to confess; **3.** *(кого-л.)* to hear confession (of), to administer confession (to), to receive *one's* confession ◊ **и. и отпустить грехи** *устар.* to shrive; **и. и отпустить грехи королю** to shrive a king.

испове́доваться to confess (*one's* sins), to make *one's* confession (to); *устар.* to be shriven ◊ **и. перед смертью** to be shriven before dying.

исповéдующий *какую-л.* **релúгию** *сущ.* professionist, professor.

исповéдующийся confessant, confessionaire, confessionist, confitent.

úсповедь *(таинство отпущения грехов)* confession, confessional, confessionary ◊ **выслýшивать и.** *(священником)* to shrive; **идтú на и.** to go to confession; **корóткий отрéзок врéмени для и.-и перед смéртью** short shrift; **не покáявшийся на и.-и** unconfessed; **и., принимáемая миряни́ном** lay confession; **принять чью́-л. и.** to receive the confession of a person, to receive one's confession; **тáйна и.-и** the secrets of the confession; **тáйная и. свящéннику на ухо** auricular confession; **умерéть без и.-и** to die unconfessed.

исполúны *библ. (крýпные, "сúльные, úздревле слáвные лю́ди")* giants.

"**Исполлá эти, Дéспота**" *греч. см.* "**Мнóгая лéта, Владыко**".

исполнúться Дýха Святóго [Дýхом Святы́м] to be filled with the Holy Ghost [Spirit].

исправля́ться *(о человéке — переменúться духóвно в положúтельном смы́сле)* to reform ◊ **он испрáвился и совершúл паломнúчество в Святýю зéмлю** he reformed and made a pilgrimage to the Holy Land.

испытáние *(перед принятием монáшества или вступлéнием в религ. орден, конгрегáцию)* probation.

испытáние вéры *(любóе дéйствие, трéбующее проявлéния вéры)* act of faith.

Испытáние Марúи *(посещéние Марúей, берéменной Христóм, рóдственницы Елисавéты, берéменной Иоáнном Крестúтелем; тж* **Посещéние Марúей Елисавéты**) the Visitation, *лат.* Visitatio Beatae Mariae Virginis.

испытáние сóвести *(рассмотрéние колúчества и серьёзности совершённых грехóв при подготóвке к таúнству покая́ния; необходúмое духóвное упражнéние перед получéнием Св. Дарóв)* examination of conscience.

испытáния *см.* **ордáлии**.

испытáтельный срок *см.* **испытáние**.

Исрá *(название 17-й суры* **Корáна**; *один из основны́х сюжéтов мусульмáнского предáния о ночнóм путешéствии Мухáммада верхóм на* **Аль-Бурáке**; *тж* **мирáдж**) Isra.

Исрафúл *(в мусульмáнской мифолóгии одúн их 4-х глáвных áнгелов – вéстник Судного дня)* Israfil.

Исраэлúм *иврит (еврéи)* the Israelites, the Jews.

Иссахáр *библ. (однó из двенáдцати колéн Изрáиля, главóй к-рого является И., сын птрх.-а Иáкова и его жены́ Лúи)* Issachar.

исслéдователи Бúблии Biblical critics.

иссóп *библ. (душúстое растéние Палестúны; совр. душúстое растéние)* hyssop.

исступлéние, религиóзное religious possession, ecstasy, *устар.* enthusiasm ◊ **мистúческое и.** mystic ecstasy.

истéц в церк. судé libellant.

úстина *(в Священном Писании и, соответственно, в библ. мышлéнии истинно то, что исхóдит от Бóга и утверждáется Им в жúзни; и. – истóчник подлинной свобóды человéка, обретáемой в результáте серьёзных духóвных усúлий; отсю́да – настоящая религия, правослáвие)* truth ◊ **бúблейские и.-ы** the truth of the Bible; **Дух И.-ы** *библ.* the Spirit of Truth; "**Úбо закóн дан чрез Моисéя, благодáть же и и. произошлú чрез Иисýса Хри-**

и́стина

ста" *(Ев. от Иоанна 1:17)* 'For the law was given by Moses, but grace and truth came by Jesus Christ'; **"И познаете и.-у, и и. сделает вас свободными"** *(Ев. от Иоанна 8:32)* 'And you shall know the truth, and the truth shall make you free'; **пребывать в и.-е** to abide in truth; **пребывающий в Слове пребывает в И.-е – вот зачем надо изучать Библию** whoever abides in the Word abides in Truth, this is why we need to study the Bible; **святая, непреложная и.** gospel [God's] truth; **"Что есть и.?"** *библ.* 'What is truth?' *лат.* 'Quid est veritas?'

и́стинно ◊ **"и. говорю вам ..."** *библ.* 'Verily I sae unto you – ' или 'Truly I say to you – '.

и́стинное прису́тствие *(Христа в причастии)* the real presence.

И́стинно-правосла́вная це́рковь *см.* **Катако́мбная це́рковь**.

и́стинно-правосла́вные христиа́не *см.* **Катако́мбная це́рковь**.

и́стинный veritable ◊ **и.-ая ве́ра** veritable faith; **и. сын Бо́жий** the veritable son of God.

истисла́х *араб. ("учёт интересов" – в исламе метод формулирования правового решения рациональным путём на основе свободного суждения о его полезности для общества)* istislah.

истихса́н *араб. ("одобрение, предпочтение" – в исламе метод формулирования правового решения (а) по аналогии или (б) в порядке исключения, исходя из частного правила, к-рое распространяется только на данный вопрос)* istihsan.

и́стово religiously, devoutly ◊ **и. крести́ться** to cross *oneself* religiously.

истолкова́тель та́инств hierophant, an expositor of sacred mysteries.

исто́рик рели́гии historian of religion.

исто́рик, церко́вный ecclesiastical [church] historian.

исто́рия Восто́чной це́ркви the Eastern Church History.

исто́рия рели́гии *(научная дисциплина, исследующая историю возникновения и развития религии в целом и отдельных её деноминаций; и.р. охватывает весь комплекс общественных явлений, связанных с религией: идеологию и догматику, культ, церк. институты)* the history of religion(s).

источа́ть to shed ◊ **и. ми́ро** to shed holy ointment.

исто́чник *библ. (ключ, где вода выходит на поверхность; перен. – Бог как податель спасения и вечной жизни)* well, fountain ◊ **и. воды живо́й** *библ.* the fountain of living waters; **и. воды, теку́щий в жизнь ве́чную** a well of water spring up into everlasting life; **и. жи́зни** *библ.* the fountain of life; **неиссяка́емый и.** ever-living source; **чудотво́рный и.** holy well.

истука́н idol; *библ.* the molten image.

"Исхо́д" *библ. (название второй книги Моисея, в к-рой описывается бегство евреев из Египта)* The (Book of) Exodus, The Second Book of Moses called Exodus, *сокр.* Exod.

Исхо́д евре́ев из Еги́пта *(спасение, бегство пленённых евреев из Египта во главе с Моисеем)* the Exodus.

исходи́ть *(о Святом Духе)* to proceed ◊ **и. от... через...** to proceed from __ through __; **Святой Дух предвечно исходит от Бога Отца** the Holy Spirit proceeds eternally from the Father.

исхожде́ние Свято́го Ду́ха *(в христ. богословии обозначает личное свойство или образ личного [ипостасного] бытия третьего лица Святой Трои-*

цы – Духа Святого) the procession [emanation] of the Holy Spirit [Ghost] ◊ **и. С. Д. от Бога Отца** *(в Восточной правосл. церкви)* single procession; **и. С. Д. от Бога Отца и Сына** *(в католицизме)* the double procession of the Holy Ghost; **предвечное и. С. Д.** the eternal procession of the Holy Spirit; **характер и.-я С. Д.** *богосл. (от Бога Отца или от Бога Отца и Сына)* spiritation of the Spirit.

исцеле́ние healing ◊ **и. бесноватого** the healing of the man possessed by the devil; **Божественное и.** Divine healing; **и. верой** faith cure, faith healing; **духовное и.** *(молитвами, обрядами таинств, напр. помазанием и т. п.)* spiritual healing; **и. молитвой** faith cure, faith healing; **и. расслабленного** the healing of the paralytic; **и. слепорождённого** the healing of the blind.

исцели́тель healer; *(лечащий молитвами, наложением рук и т. п.)* faith healer, faith curer.

исцели́ть to heal ◊ **"Врач, исцелися сам!"** *(Ев. от Луки 4:23)* 'Physician, heal thyself!'

исцеля́ть см. **исцели́ть**.

исча́дие а́да devil incarnate, fiend, limb of the devil.

итинера́рий *катол. (молитва для священнослужителей, отправляющихся в путешествие)* itinerary.

Итта́й *библ. (муж. имя)* Ittai.

Иува́л *библ. (потомок Каина, считается праотцом играющих на гуслях и свирели)* Jubal.

Иувена́лий, птрх. Иерусали́мский, свт. см. **Ювена́лий, свт.**

Иуvenти́н и Макси́м, свв. мчч., во́ины *(ум. 363; д. п. 5/18 сентября, 9/22 октября, катол. – 25 января)* St. Juventinus and Maximinus, Soldiers-Ms.

Иу́да I *(правнук Зоровавеля, упоминаемый в родословном древе Иисуса)* Juda.

Иу́да II *библ. (птрх., праотец, сын птрх.-а Иакова, чьи потомки были названы коленом Иуды)* Judah ◊ **колено Иудино** the tribe of Judah.

Иу́да, ап., брат Госпо́день *(ап. от 70-ти, д. п. 19 июня / 2 июля; тж* **Иу́да Апо́стол***)* St. Juda, St. Judas, Apl., St. Jude, Apl., Lord's brother [the "brother of the Lord"].

Иу́да Апо́стол *(написавший послание церквам Малой Азии; тж* **Иу́да, ап., брат Госпо́день***)* Jude, Judas ◊ **"Соборное послание Святого Апостола Иуды"** *библ.* the General Epistle of Jude.

Иу́да бен Самуи́л *(ум. 1271; еврейский мистик)* Judah ben Samuel.

Иу́да Варса́ва *библ. (посланник апостолов и старейшин в Антиохии; пророк)* Judas surnamed Barsabas.

Иу́да Галиле́йский *библ. (иудейский книжник)* Judas of Galilee.

Иу́да Галиле́янин см. **Иу́да Галиле́йский**.

Иу́да Иа́ковлев *библ. (один из апостолов, не Искариот (Ев. от Луки 6:16), брат ап. Иакова-праведника (Ев. от Матфея 13:55), брат ап. Иакова Младшего (Ев. от Матфея 10:3, Ев. от Иоанна 14:22); при перечислении двенадцати апостолов в Ев. от Марка 3:18 стоит Фаддей <Thaddaeus>, а в Ев. от Матфея 10:3 – Леввей <Lebbaeus>)* Juda, the brother of James.

иудаи́зм *(монотеистическая национальная религия евреев; и. – религ. система, возникшая на территории Палестины на рубеже 2-1 тысячелетия до н.э.)* Judaism, Hebraism, the Jewish religion ◊ **исповедовать и.** to Judaize;

иудаизм

консервативный и. *(возник во 2-й пол. 19 в. как реакция на крайние формы реформистского и.-а, стремившегося порвать с ритуальной стороной еврейской религии; в отличие от реформистов, консерваторы считают обязательным следование почти всем ритуалам Торы, подчёркивая их истор. ценность для еврейского народа)* Conservative Judaism; **обращать в и.** to Judaize; **обращение в и.** Judaization; **ортодоксальный и.** *(одно из 3-х основных направлений в совр. и.-е; ортодоксальный и. рассматривает себя как продолжателя и хранителя тысячелетней еврейской религ. традиции, основанной на соблюдении галахи, и не признаёт религ. характер консервативного и реформистского и.-а; в наст. время подразделяется на множество весьма отличающихся друг от друга направлений; ортодоксального и.-а придерживается подавляющее большинство религ. израильтян, примерно половина евреев Европы и ок. 10% евреев США)* Orthodox Judaism; **последователь и.-а** Judaist; **реформистский и.** *(либеральное направление в и.-е, возникшее в Германии в нач. 19 в.)* Reform Judaism; **соблюдать предписания и.-а** to Judaize; **толковать согласно догматам и.-а** to Judaize.

иудаика *(фундаментальные труды иудаизма и совр. лит-ра о еврейской истории, культуре и религии)* Judaica.

Иуда Искариот *библ. (тот, кто предал Иисуса Христа в руки врагов – иудейских первосвященников за тридцать серебреников; совершив предательство, удавился)* Judas Iscariot ◊ **И. повесился** Judas hanged himself; **И., сын Искариота** Judas the son of Simon Iscariot; **поцелуй И.-ы** Judas kiss, the betrayal of Judas.

Иуда Предатель *см.* **Иуда Искариот**.

Иуда Христопредатель *см.* **Иуда Искариот**.

Иудеи *библ. (жители царства Иудея)* the Jews.

иудей *(последователь иудаизма, иудейства, верящий в единого бога Яхве, строго соблюдающий законы и предписания Торы, данной еврейскому народу, согласно преданию, Богом через посредство Моисея – первозаконника)* Jew, Hebrew.

иудейка *жен. (см. иудей)* Hebrewess.

иудейская Пятидесятница *см.* **Шавуот**.

иудейский Judaic(al), Judaist, Hebraistic(al), Hebrew ◊ **и.-е общины** the Judaist communities.

иудейство *(в новозаветное время)* Hebraism, Judaism.

иудействующие *истор., сущ. (члены сектантского движения в России в сер. 15 в; тж жидовствующие)* the Judaizers, the Judaisers.

иудействующий *прил.* Judaizing, Judaising.

иудео-, иудейско- *(в сложных словах имеет значение иудейский, еврейский)* Jud(a)eo-.

иудео-христиане *(раннехрист. группы 1-3 вв., к-рые не порывали с иудаизмом и отправляли иудаистские обряды)* the Jud(a)eo-Christians.

иудео-христианский Jud(a)eo-Christian.

Иудея *(в эпоху эллинизма и рим. господства название Южной Палестины с центром в Иерусалиме)* Jud(a)ea, the province of Judea ◊ **относящийся к Иудее** *прил.* Jud(a)ean.

Иу́дино коле́но *библ. (часть еврейского народа, имевшая своим родоначальником Иуду, сына Иакова)* the tribe of Judah.

Иуди́фь *библ. (главная героиня названной её именем книги Ветхого Завета, к-рая сохранилась лишь в греч. переводе древнееврейского оригинала; тж Юди́фь)* Judith.

Иуди́фь Дизибоденбе́ргская, аббати́са, блж. *см.* **Ю́тта Дизибоденбе́ргская, аббати́са, блж.**

Иуди́я *библ. (жен. имя)* Jehudijah; *(в амер. исправленном издании Библии)* the Jewess.

Иулиа́на и Васили́сса, свв. мцц. *(4 в.; д.п. 8/21 января)* Sts. Juliana and Basilissa.

Иулиа́на Корнийо́нская, прп., блж. *см.* **Юлиа́ния Корнийо́нская, прп., блж.**

Иулиа́ния, св. мц. *(ум. 304; д. п. 21 декабря/3 января)* St. Juliana, Virgin-M.

Иулиа́н, св. мч. *(4 в.; д. п. 16/29 марта)* St. Julian.

Иулиа́н Тарси́йский, св. мч. *(ум. ок. 305; д. п. 21 июня/4 июля)* St. Julian of Tarsus.

Иули́т(т)а, св. мц. *(3-4 вв.; д. п. 15/28 июля и 31 июля / 13 августа)* St. Julitta, M.

Иу́лия Карфаге́нская [Корсика́нская], дева, мц. *(5 в.; д. п. 16/29 июля, катол. – 22 мая)* St. Julia of Corsica, v., M.

Иу́ния *см.* **Ю́ния.**

Иу́ст, ап. *библ. (Иосиф, называемый Варсавою; был избираем вместо Иуды, однако жребий пал на Матфея; "Деяния" 1:23-26)* Justus, Apl.

Иу́ста Севи́льская, мц. *(ум. ок. 287; катол. св., д. п. 19 июля)* St. Justa, M.

Иусти́на, св. мц. *(4 в.; д. п. 2/15 октября)* St. Justina, Virgin-M.

Иусти́н, св. *(тж* **Юсти́н Му́ченик, св.**; *ок. 100-65; св. Отец и Учитель Церкви; д. п. 1/14 июня)* St. Justin, M.

Иусти́н Фило́соф *см.* **Иусти́н, св..**

Иу́ст Кентербери́йский, архиеп. *(ум. 627; катол. св., д.п. 10 ноября)* Justus of Canterbury, archbp.

Иу́сту *библ. (христианин, к-рого ап. Павел навестил в Коринфе)* Justus.

Ифама́р *библ. (сын первосвященника Аарона)* Ithamar.

ифимо́н *см.* **ефимо́н.**

ифри́ты *(джинны – духи огня в исламской мифологии)* ifrits, afreets.

Ихаво́д *библ. (сын священника Финееса, внук первосвященника Илии)* Ichabod.

ихва́н *араб. ("братья"; термин, широко распространённый в мусульманском мире для обозначения членов различных религ., политических и религ.-филос. объединений; самоназвание членов ряда суфийских братств)* Muslim Brotherhood, Ikhwan al-Muslimin.

ихра́м *араб. (1. одеяние мусульманского паломника в Мекку – два куска белой материи, один из к-рых оборачивается вокруг бёдер, а другой накидывается на плечи, оставляя открытыми правую руку и плечо; для женщин обязательно покрывало на голову; 2. особое состояние святости во время ха́джа)* ihram.

ихтила́ф *араб. (расхождение по религ. вопросам в исламе)* ikhtilaf.

ихти́с *(древняя монограмма имени Иисуса Христа, состоящая из начальных букв греч. слов: "Иисус Христос Сын Божий Спаситель", <Jesus Christ, Son of God, Saviour>; часто изображалась аллегорически в виде рыбы)* ichthus, ichthys.

Ицха́к *иврит (Исаак)* Yishaq.

Ишбаа́л *иврит см.* **Иевосфе́й**.

Й́швара *(в индуизме одно из имён Шивы; в ряде индуистских сект боги, в том числе их верховная триада – Брахма, Вишну и Шива, рассматриваются как ипостаси И.-ы)* Is(h)vara, Isha(na).

иштаде́вата *(личное божество, к-рому поклоняется индуист; оно может отличаться от семейного или родового божества* **куладе́вата** *или местного божества какой-л. деревни* **грамаде́вата***)* ishtadevata.

Й́я, св. мц. *(4 в.; д. п. 11/24 сентября, катол. – 5 августа)* St. Ia, M.

Й

йеши́ва *см.* **иеши́ва**.

Йицха́к *иврит (Исаак)* Yishaq.

йог *(сторонник йо́ги)* Yogi(n).

йо́га *(религ.-филос. учение, одна из шести ортодоксальных школ в индуизме; предполагает совокупность физических и психических упражнений, направленных на очищение души и тела; в индуизме й. – один из духовных путей с целью освобождения [***мо́кша***] от привязанности к суетной плотской жизни в нашем мире и воссоединения с Единым)* Yoga, Yogism, Yogeesm ◊ **ра́джа-й.** *(высшая ступень после подготовки в хатха-йоге)* Raja Yoga; **ха́тха-й.** *(методы йоги, связанные с преобразованием праны в теле, очищением её потоков; принадлежит шиваитской традиции)* Hatha Yoga.

"Йо́га-су́тры" *(2-3 вв.; основной текст йога-даршаны, иначе "восьмичленной йоги", суммирующий многовековое развитие практики йоги и её осмысление)* the Yoga Sutras.

йогача́ра *(в буддизме – филос. направление, развивающее учение сутр* **маха́яны***; возникло в Индии во 2 в.)* Yogac(h)ara ◊ **последователи й.-ы** the Yogac(h)arins, the Vijnanavadins.

йо́ги *мн. ч. (см.* **йог***) муж.* yogins, *жен.* yoginis.

йоги́ческий Yogic.

Йо́док Брето́нец *(ум. ок. 668; принц, священник, отшельник, катол. св., д. п. 13 декабря)* St. Judoc, St. Josse.

Йом Иерушала́им *см.* **День Иерусали́ма**.

Йом-кип(п)у́р *иврит ("День искупления", Судный день; в иудаизме – суточный пост и праздник, символизирующий покаяние)* the Day of Atonement, Yom Kippur.

Йом ха-ацмау́т *иврит см.* **День незави́симости госуда́рства Изра́иль**.

Йом ха-зикарóн *иврит (День памяти павших воинов Израиля; отмечается накануне Дня независимости, 4 ияра)* Yom haZikaron.

Йом ха-шóа (ве-ха-гвура) *иврит см.* **День катастрóфы (и геройзма)**.

Йóна *см.* **Иóна**.

йóни *(в индуизме религ. символ шиваитов и особенно шактистов в форме женского детородного органа, воплощающий идею женского энергетического начала)* the yoni.

Йóрдан Саксóнский, блж. *(ум. 1237; преемник св. Доминика, д. п. 15 февраля)* Blessed Jordan of Saxony.

Йóрис, Давйд *(1501-56; анабаптист)* Joris, David.

йорцáйт *иврит (в иудаизме – годовщина смерти покойного)* yahrzeit.

К

Кáаба *(чёрный камень в центре древней мечети в Мекке, в сторону к-рого обращаются мусульмане всего мира во время молитвы и к к-рому совершаются ежегодные паломничества; основной ритуальный предмет поклонения мусульман)* the Kaaba, the Caaba, the Kaabeh.

Кáаф *библ. (второй сын Левия, праотец рода священников, названного его именем)* Kohath.

каббалá *(эзотерическое мистическое учение; стремилось к постижению скрытого тайного смысла Священного Писания, разгадке тайн мироздания и достижению непосредственного общения с Всевышним; сформировалось в иудаизме в период с первых вв. до 14 в. в диаспоре от Месопотамии до Испании, является религ.-философской альтернативой иудаистической ортодоксии)* cab(b)ala, kab(b)ala.

каббалист cabbalist.

каббалистика *(практическая* **каббалá***, основанная на вере в возможность разумного вмешательства в божественно-космический процесс при помощи молитв, специальных обрядов и магии, а тж осуществление различных пророчеств, гаданий, выводимых из наборов и комбинаций слов и цифр)* cab(b)alism.

каббалистический cab(b)alistic(al), kab(b)alistic(al).

Кабрини, Фрэнсис Зéйвир *(1850-1917; основательница Ордена "Сёстры-миссионерки Святого Сердца" (1880) <the Missionary Sisters of the Sacred Heart>; первой из граждан США причислена катол. церковью к лику святых в 1946, д. п. 13 ноября)* Cabrini, Frances Xavier.

Кавальé Жан *(1681-1740; проповедник, пророк, вождь франц. гугенотов-камизаров <the Huguenot Camisards>; ум. в Англии)* Cavalier, Jean.

Кавáсила, Николáй *(ок. 1320-71; византийский богослов-мистик; его сочинение "О жизни во Христе" <The Life in Christ or Concerning the Life in Christ>)* Cabasilas, Nicholas, Cavasilas, Nikolaos.

каввáна *иврит (в иудаизме особое состояние молящегося)* kavvanah.

Кавул

Кавýл *библ. (город в уделе колена Асира)* Cabul.

кагáл *иврит (еврейская община и система её управления в странах Восточной Европы, существовавшая с 13 по 19 вв.)* kahal.

кадарúты *(в исламе мыслители, к-рые – в противоположность* **джабарúтам** *– придерживались положения о том, что человек является творцом своих действий)* the Kadarites.

каддúш *иврит (еврейская поминальная молитва)* (Mourner's) Kaddish.

Кадéс *библ. (оазис в Синайской пустыне на крайнем юге Ханаанской земли)* Kadesh.

кадú *араб. (мусульманский судья)* qadi, cadi.

кадиáни *см.* **ахмадúны**.

кадúло *(металлический сосуд с крышкой, висящий на цепочке, в к-ром на горящих углях воскуривается ладан;* **каждéние** *совершается священнослужителями в требуемых по уставу наиболее торжественных местах богослужения)* censer, thurible, incensory, *(в форме лодки)* navicula (*an incense boat*), *греч.* thymaterion.

кадúльница *см.* **кадúло**

кадúльный thurible, censer, of incense ◊ **к. алтарь** altar of incense; **к. запах** smell of incense; **к. фимиам** thurible incense.

кадúльщик thurifer, censer.

кадирийá *(суфийское братство)* the Qadiriyya.

кадúти *ц.-сл. см.* **кадúть**.

кадúть *(жечь, курить благовония покачиванием кадила)* to cense, to thurify.

кадúш *см.* **каддúш**.

Кáдок Уэльский, аббáт *(ум. ок. 575, катол. св., д. п. 25 сентября)* St. Cadoc, abbot.

Каетáн Тиéнский *(1480-1547; основатель вместе с еп. Театским Караффой <Pietro Caraffa>, впоследствии папой Павлом IV <Paul IV> ордена театинцев <the Theatine Order, the Theatines>; катол. св., д. п. 8 августа)* St. Cajetan, St. Gaetano of Thiene, *итал.* Gaetano de Thiene.

Каетáн, Фомá Иáков *(1469-1534; богослов, генерал ордена доминиканцев, кардинал; признанный истолкователь учения Фомы Аквинского)* Cajetan, Thomas, *итал.* Gaetano, Tommaso de Vio.

каждéние (хрáма) *(обрядовое действие, способ поклонения Богу, существующий в православии, католичестве и дохалкидонских церквах, заключающийся в воскурении фимиама, т.е. сжигании ладана, благовонной смолы перед священными предметами и людьми, как носителями образа Божия)* censing, thurification ◊ **к. Евангелия** the censing for the gospel book.

Казáнская Амврóсиевская пýстынь *(ставропигиальный жен. монастырь, расположенный в посёлке Шомордино Калужской обл.)* the Kazan (Stauropegial) convent [hermitage] of St. Ambrose, the elder of Optina.

Казáнская икóна Бóжией Мáтери *(чудотворная икона, явилась в 1579 8 июля, спустя 25 лет по взятии Казани; до 1612 икона была чтима местно только в Казани; 22 октября 1612, при сражении русских с поляками в Москве, список иконы находился у князя Д. М. Пожарского; царь Михаил Федорович в память победы над поляками установил праздновать день Казанской Божией Матери два раза в год: в день обретения иконы 8 июля и в* *день очищения Москвы от поляков 22 октября; в царствование Ивана Грозного икона была перенесена в Москву, а в 1721 в С.-Петербург, где после сооружения Казанского собора была помещена в иконостасе слева от царских врат)* the Kazan icon of the Mother of God.

кази́ *см.* **кади́.**

Казими́р *(1458-84; третий сын польского короля Казимира IV, покровитель Польши и Литвы, катол. св., д. п. 4 марта)* St. Casimir, confessor.

казначе́й *(монастыря)* bursar, treasurer; *(методической конгрегации)* steward; *(катол. монастыря)* provisor, *истор.* terrar ◊ **приходский к.** *англик.* vestry-clerk.

казначе́я *(жен. монастыря)* treasurer *(in a nunnery)*.

ка́зни еги́петские *библ. (когда фараон не пожелал разрешить евреям Исход из Египта, Всевышний наслал на египтян десять наказаний – "казней")* the (ten) plagues of Egypt.

казни́ть ◊ **быть казнённым за веру** to be executed for *one's* faith.

казуи́стика *(в теологии, особ. в католицизме – учение о пределе и мерах греха в различных ситуациях; теория абстрактно-логического применения к частным случаям общих догматических положений в катол. богословии и средневековой юриспруденции)* casuistry.

ка́зула *катол. (безрукавная накидка с вырезом для головы)* casula, chasuble.

Каиа́фа *библ. (иудейский первосвященник; он рекомендовал на высшем совете убить Иисуса)* Caiaphas.

Ка́ин *библ. (первый сын Адама, брат Авеля)* Cain ◊ **каинова печать** *библ. (печать, знамение, к-рую Господь наложил на К.-а после того, как тот убил своего брата Авеля, чтобы никто не убил его самого; перен. – клеймо преступления, убийства; печать проклятия)* the brand [mark] of Cain; **проклятие К.-а** *библ. (Господь проклял К.-а за убийство Авеля; перен. – участь, судьба человека, к-рому приходится вести жизнь изгоя без достаточных средств к существованию)* the curse of Cain.

Каина́н *библ. (сын Еноса, сына Сифа; умер в возрасте 910 лет)* Cainan.

Ка́ин и А́вель *библ. (дети прародителей Адама и Евы)* Cain and Abel.

каини́ты *истор. (члены гностической секты, к-рые почитали нечестивцев Ветхого Завета, таких как Каин, Корей, содомиты, Исав)* the Cainites.

кайфы́нские евре́и *(религ. община в Китае)* the K'ai-feng Jews.

Какуба́н *(1095-1143; япон. буддийский монах, реформатор* **Сингон-сю** *и основоположник новой школы Синги Сингон <the Shingi Shingon-shu>)* Kukuban.

кала́м *араб. (схоластическая теология ислама, дающая религ. догматам рациональное толкование)* kalam.

каланда́р *(бродячий нищенствующий дервиш)* qalandar.

каландарийа́ *(мусульманское мистико-аскетическое движение и братство дервишей)* the Qalandariyah.

Кала́х *библ. (один из четырёх городов, построенных Нимродом в Ашшуре)* Calah.

калача́кра *(1. одна из важнейших концепций в буддизме о взаимосвязи и взаимозависимости Вселенной и человека; 2. календарная система 60-летних циклов во многих странах Азии, связанная с буддизмом через идею бесконечности времени и бесконечной цепи перерождений)* kalachakra.

Кале́, абба́т *(ум. ок. 540; катол. св., д. п. 1 июля)* St. Carilefus, St. Calais.

календа́рь, церко́вный *(система исчисления времени, основанная на периодичности видимого движения небесных тел, прежде всего Солнца и Луны, употребляемая церковью для определения последовательности церк. праздников и постов годичного цикла, а тж соответствующих им богослужений)* ecclesiastical calendar ◊ **ежегодный ц. к.** *(Римской католической церкви)* Ordo; **православный ц. к.** the Orthodox Church Calendar.

календе́р *см.* **каланда́р.**

Ка́ли *(в индуизме одна из ипостасей Деви, или Дурги, супруги Шивы)* Kali(ka).

кали́ги *(шёлковые чулки с золотой нитью, носимые епископами во время папской мессы)* caligae, buskins.

калу́ки *истор.* pilgrims, palmers ◊ **к. перехожие** *(странники, слепцы, убогие нищие, поющие духовные стихи и этим зарабатывающие себе на хлеб)* wandering minstrels.

Ка́ликст, Гео́рг *(лютеранский богослов 17 в.)* Calixtus, Georgius ◊ **последователь К.-а** Calixtin(e).

каликсти́нцы *см.* **утракви́сты.**

Ка́ликст, па́па и мч. *см.* **Ка́ллист I, па́па и мч.**

ка́ли-ю́га *(в индуистской космологической хронологии последняя из 4 юг <yugas>, "век демона Кали", называемый тж "железным веком"; её продолжительность 1200 "божественных" лет или 432000 человеческих)* the Kali Yuga.

Ка́лки(н) *(десятая и последняя **авата́ра** Вишну)* Kalki.

Калли́ник I, свт., птрх. Константино́польский *(8 в.; д. п. 23 августа / 5 сентября)* St. Callinicus, Patriarch of Constantinople.

Ка́ллист *см.* **Амморе́йских, 42 мчч.**

Ка́ллист I, папа и мч. *(ум. 222, д. п. 14 октября)* St. Callistus [Calixtus], pope.

Каллистра́т, св. мч. *(4 в.; д. п. 27 сентября / 10 октября)* St. Callistratus, Soldier-M.

калоге́р *(обращение, с к-рым в древних греч. монастырях, особ. на горе Афон, младшие обращались к старшим; с течением времени оно сделалось нарицательным)* kalogeros.

калуе́р *прост. см.* **калоге́р.**

кальва́рии *англик., катол. и нек-рые др. церкви* **1.** *(14 изображений крестного пути Христа, расположенных за церк. оградой или по дороге к ней)* Stations of the Cross; **2.** *(крестный ход, участники к-рого молятся перед каждым из 14 изображений)* the procession (walking) from one station to another.

Кальви́н, Жан *(1509-64; один из деятелей Реформации, основатель **кальвини́зма**)* Calvin, John ◊ *(его основное произведение)* **"Наставление в христианской вере"** The Institutes of the Christian Religion, *сокр.* The Institutes, *лат.* Christianae Religionis Instituto.

кальвини́зм *(протест. направление, ведущее своё начало от **Кальви́на**; основные отличия к.-а от лютеранства состоят в учении о вечном и двойном, т.е. к аду или раю, предопределении; вечная участь людей произвольно предопределена Богом заранее; **к.** резче, чем остальные протестанты, отрицает реальное присутствие Христа в причастии, счи-*

*тая последнее только символом; для **к.-а** характерен дух "мирского аскетизма", т.е. буржуазной бережливости; успех в делах рассматривается как признак предызбранности к спасению; культ в **к.-е** предельно упрощён; символы креста и иконы отсутствуют, не имеется органов и колоколов; из 7 таинств сохраняются крещение и причащение, к-рые считаются символическими обрядами; пасторы и проповедники избираются верующими; в наст. время **к.-а** придерживаются реформаты, пресвитериане, конгрегационалисты, нек-рые баптисты; общее число кальвинистов ок. 45 млн)* Calvinism.

кальвини́ст *(последователь **кальвини́зма**)* Calvinist, Genevan.

кальвини́стский Calvinistic(al), Calvinian, Calvinist, Genevan ◊ **к.-ая церковь** the Calvinist church; **реакция против к.-ого мирского аскетизма** recoil from the rigours of Calvinism.

Кальме́т, Августи́н *(1672-1757; франц. монах-бенедиктинец, библеист; составил библейский словарь)* Calmet, Augustin, Dom.

ка́льпа *(понятие космологии буддизма и др. индийских религий; по индуистскому исчислению "день-и-ночь" Брахмы или 24000 "божественных" лет, соответствующих 8640000000 "человеческих"; тысяча лет жизни людей приравнивается к одному дню богов)* kalpa.

ка́льпа-су́тры *(разряд ведийской лит-ры сутр; **к.-с.** посвящены изложению ритуала как одной из вспомогательных дисциплин, связанных с изучением Вед)* the kalpasutras.

Ка́ма *(индуистский бог любви)* Kama.

ка́ма *(удовольствие в жизни, получаемое от хороших вещей; третья жизненная цель из четырёх в индуизме)* kama.

Камала́шила *(ок. 740-95; индо-буддийский мыслитель, автор религ.-философских трудов, ученик **Шантара́кшиты** и его сподвижник в распространении буддизма в Тибете)* Kamalashila.

камальдоли́йцы см. **камальду́лы**.

камальду́лы *(монашеский орден, основан ок. 1012 в Италии св. Ромуальдом)* the Camaldolese ◊ **орден к.-ов** the Camaldolese Order.

"Камасу́тра" *(основной текст **ка́ма-ша́стры**, написанной Ватсьяяной <Vatsyayana> ок 400; большую часть текста составляют главы о том, как мужчина может завоевать сердце девушки, как ему следует вести себя с собственной супругой)* the Kamasutra.

ка́ма-ша́стра *(дисциплина – **ша́стра**, предметом к-рой является чувственное наслаждение – **ка́ма**; истоки традиции **к.-ш.-ы** связаны с сакрализацией эротики в индийских религиях)* kamashastra.

"Ка́менный помо́ст" библ. *(иврит **Гавва́фа**)* the Pavement, греч. Lithostrotos.

ка́мень stone; амер. rock ◊ **белый к.** limestone; **гранёный к.** faceted [rusticated, cut] stone; **клинчатый к.** voussoir; **краеугольный к.** библ. *(перен. – Христос)* chief corner stone; **"Кто из вас без греха, первый брось в нее камень"** *(Ев. от Иоанна 8:7)* 'He who is without sin among you, let him be the first to throw a stone at her'; **лицевой тёсаный к.** face ashlar; **могильный к.** sepulchral stone, gravestone, tombstone; **необработанный к.** rustic [unworked] stone; **облицовочный к.** facing stone; **обтёсанный к.** hewn stone; **сводча-**

тый к. voussoir; **к.-плитня́к** flag-stone; **тёсаный к.** ashlar [square, cut] stone, pitching; **ка́мни, тща́тельно подо́гнанные друг к дру́гу** each stone abutting against its neighbour; **угловой к.** corner stone, *архит.* coin; **э́тим ка́мнем отме́чена истори́ческая би́тва** this stone records a famous battle.

камера́рий при па́пском дворе́ Chamberlain to the Pope.

камерле́нго *см.* **камерли́нг**.

камерли́нг *(управляющий папского двора)* camerlingo, camerlengo.

камерониа́нцы *истор. (17 в., шотл. пресвитерианцы, последователи **Ри́чарда Ка́мерона**)* the Cameronians.

Ка́мерон, Ри́чард *(1648-60; шотл. проповедник; в 1680 основал религ. секту, не признававшую власть Карла II)* Cameron, Richard.

ка́меры *или* **ни́ши с захороне́ниями** *(в рим. катакомбах)* loculi.

ками́ *(божества и духи в синтоизме)* kami.

камида́на *(маленький алтарь в традиционном япон. жилище или небольшое синтоистское святилище)* kamidana.

камиза́рды *истор. (протестанты во Франции, восставшие при Людовике XIV в 1702 против притеснений)* the Camisards.

камила́вка *(головной убор монашествующих; имеет форму высокого расширяющегося кверху цилиндра фиолетового цвета; священникам даётся как почётная награда в русском православии; чёрная **к.** – принадлежность облачения рясофорного монаха, а тж богослужебного облачения иеродиакона)* (monastic) kamelaukion, kamilavka, *греч.* kalemavkion, kalemavchion.

камилли́нцы *(катол. монашеская конгрегация, основанная в 1584 **Ками́ллом Лелли́сским**)* the Ministers of the Sick.

Ками́лл Лелли́сский *(1550-1614; основатель катол. монашеской конгрегации по уходу за больными, катол. св., д. п. 14 июля)* St. Camillus de Lellis, pr.

Ками́лло де Лелли́(с) *см.* **Ками́лл Лелли́сский**.

ка́мма пали *см.* **ка́рма**.

кампа́н *см.* **ко́локол**.

кампани́ла *(в итал. архит-ре Средних веков и эпохи Возрождения стоящая отдельно от храма колокольня в виде четырёхгранной, реже круглой, башни)* campanile.

Ка́мпбелл, Алекса́ндр *(1788-1866; амер. священник, рождённый в Ирландии, руководитель "**Ученико́в Христа́**" II или **кампбелли́тов**)* Campbell, Alexander.

кампбелли́ты *(последователи А. **Ка́мпбелла**)* the Campbellites, the "Disciples of Christ".

Ка́мпгейзен, Дирк Рафа́элс *(1586-1627; голландский религ. поэт, художник, священник и богослов; играл большую роль в религ. смутах, вызванных учением **арминиа́н**)* Camphuysen, Dirk Rafaelz.

Ка́на Галиле́йская *библ. (поселение близ Назарета, место первого чуда Иисуса: превращения воды в вино на свадьбе)* Cana of Galilee.

Канда́кия *библ. (титул эфиопской царицы государства Мероэ)* Candace.

канделя́бр *(большой настольный переносной подсвечник с разветвлениями для нескольких свечей)* candelabrum.

Канди́д, св. мч. *(3 в.; д. п. 21 января / 3 февраля)* St. Candidus, M.

канди́ло 1. *(см.* ***паникади́ло****)* big hanging lamp, big candle stick; **2.** *(напольный подсвечник перед иконой)* standard [floor] candelabrum; **3.** *см.* **лампа́да**.
кандиловжига́тель *см.* **параэкклисиа́рх**.
Кани́зий, Петр, св. *(1521-97; первый немец. иезуит и религ. деятель, катол. св., д. п. 21 декабря)* St. Canisius, Peter.
Каннон *(японское название* ***Авалоките́швары****, бодхисат(т)вы сострадания)* Kannon.
каннуси *(синтоистский священник)* kannushi.
кано́н I *(1. совокупность правил, образец; 2. свод положений, имеющих догматический характер)* canon ◊ **библейский к.** canon of the Scripture; **евхаристи́ческий к.** *(главная часть литургии)* the eucharistic canon; **иконографический к. правосла́вной це́ркви** the Orthodox iconographical canon; **исключи́ть из к.-а** to discanonize; **к. ме́ссы** *катол. (в лат. обряде торжественная часть мессы, во время к-рой освящаются и возносятся Св. Дары)* Secreta, the Canon of the Mass, the Roman canon, *истор.* the Action; **к.-ы I Нике́йского Вселе́нского собо́ра** the Nicene canons; **К.-ы Святы́х Отцо́в** the Canons of the Holy Fathers; **призна́ть к.-ом** *(текст и т. п.)* to canonize.
кано́н II *(одна из форм правосл. гимнографии наряду с тропарём и кондаком; состоит из 2, 3, 4, 8, 9 песней, каждая песнь состоит из ирмоса и тропарей)* canon ◊ **Большо́й к. св. Андре́я Кри́тского** *см.* **Андре́й Кри́тский**; **трипе́сенный к.** three odes canon.
кано́н III *(перечень книг Священного Писания, Библия)* (the sacred) canon, the canonical books.
канона́рх *(клирик в монастыре, являющийся руководителем церк. пения)* monasterial cantor, precentor.
канонархи́ст *см.* **канона́рх**.
канониза́ция *(причисление к сонму [лику] святых, существующее в церквах, имеющих культ святых)* canonization, apotheosis.
канонизи́ровать 1. *(причислить к лику святых)* to canonize, to sanctify, to (en)saint; to sacre; **2.** *(включить в церк. установление, обязательное для верующих; внести в церк. канон)* to include in a canon, to canonize.
кано́ник I *англик., катол. (соборный священник)* canon(ic) ◊ **до́лжность [зва́ние] к.-а** canonry, canonicate, canonship; **мла́дший к.** *(отправляет богослужение в соборе, но не является членом **капи́тула**)* англик. minor canon, priest vicar; **почётный к.** *(священник, числящийся при храме, но не получающий жалованья или не голосующий в капитуле)* hono(u)rary.
кано́ник II *см.* **прича́стен**.
кано́ника 1. *(богосл. наука, занимающаяся изучением канонов Священного Писания)* canonics, study of canons; **2.** *(богосл. наука, изучающая нормы древнецерк. права)* science which treats of the canon law.
канони́сса *(женщина, живущая в религ. катол. общине, соблюдающая её устав, но не принявшая постриг, а только тот или иной обет)* canoness.
канони́ст *(знаток, специалист по каноническому [церк.] праву)* canonist.
канони́ческий canonic(al) ◊ **к. во́зраст** the canonical age; **к.-е Ева́нгелия** *(от Матфея, от Марка, от Луки и от Иоанна)* the canonical gospels; **к.-ая ико-**

канони́ческий

нография canonical iconography; **к.-е кни́ги Ве́тхого Заве́та** the (canonical) books of the Old Testament; **к. текст** canonical text; **к. текст Ева́нгелия** the received text; **к.-е часы́** *англик. (для бракосочетаний в приходских церквах; с 1934 – с 8 до 18 часов)* the canonical hours.

канони́ческий второ́го разря́да *см.* **дейтероканони́ческий**.

канони́ческое пра́во 1. *(церк.-практическая дисциплина, изучающая кано́ны I*; *2. нормы церк. жизни; тж* **церко́вное пра́во)** canon law ◊ **относя́щийся к к.-ому [церк.] п.-у** canonistic, canonic.

канони́чность *(соответствие канону, преим. библ. или церк., или канонам)* canonicity.

Кано́нник *(богослужебная книга в правосл. церкви, содержащая каноны Богородице, Христу, Ангелу Хранителю и др., а тж утренние и вечерние молитвы,* **после́дование** *к причащению)* The Canon, the book of Canons, The Canonnik.

кано́нник *(чтец канонов у старообрядцев)* reader of canons.

Кано́сса *(замок и деревня в Сев. Италии, известные тем, что у его ворот в 1077 германский король и император Священной Римской империи Генрих IV <the Holy Roman Emperor Henry IV>, потерпевший поражение в борьбе за инвеституру с папой Григорием VII <Pope Gregory VII>, низложенный и отлучённый от церкви, каялся и униженно просил у папы прощения)* Canossa.

канта́рус 1. *(в раннем христ-ве фонтан в центре атриума с восточной стороны базилики для омовения рук и лица перед вхождением в помещение храма)* cantharos, cantharus, kantharos; **2.** *(чаша со святой водой при входе в катол. церковь)* a holy-water stoup, a holy-water stoop.

канта́та *(крупное вокально-инструментальное произведение торжественного или повествовательно-эпического характера)* cantata ◊ **духо́вная к.** church cantata.

Кантиани́лла Аквиле́йская, мц. *(ум. 304; д. п. 17/30 октября)* St. Cantianella, M.

ка́нтика *(специальный церк. термин для тех библ. гимнов и песен, к-рые содержатся не в Псалтири, а в др. частях Библии)* canticle, *устар.* cantic.

"Ка́нтикум" *(в христ. традиции одно из названий "Песни Песней")* Canticle of Canticles.

ка́нтор I *(в синагоге служитель, читающий нараспев молитвы, главный певец)* cantor, *иврит* (k)hazzan.

ка́нтор II *(первоначально церк. певчий, участвовавший в катол. богослужении; позднее – певец в придворной капелле, учитель музыки в духовных учебных заведениях, в том числе протестантских; в протест. богослужении к.-ы руководили муз. исполнением)* cantor, precentor.

канто́рис *(северный клирос в Зап. христ-ве)* cantoris.

канто́рия *(в интерьере итал. катол. церкви возвышение или балкон для певчих; обычно украшался рельефами или росписью)* cantoria.

ка́нторский cantor(i)al.

кану́н I *(день, предшествующий празднику)* the eve of a feast, vigil ◊ **к. Креще́ния** *(в Зап. христ-ве)* the Twelfth-night.

кану́н II *(подсвечник в виде стола со множеством ячеек для свечей и небольшим распятием; устанавливается в храме в месте совершения па-*

*нихид; тж **панихи́дный сто́лик**)* funeral [memorial] table, requiem stand, a small table for requiem services, kanun, panikhidnik.

кану́н III *(совр. название) см.* **кутья́ помина́льная.**

кану́нник *см.* **кану́н II.**

Кану́т Лава́рд *(ум. 1131; катол. св., д. п. 7 января)* St. Canute [Knud] Lavard.

Кану́т, св. *(король, занимавший датский престол в период 1080-86; катол. св., д. п. 19 января)* St. Canute, St. Cnut, St. Knud.

канцеля́рия I chancellery ◊ **К. Патриа́рха Моско́вского и всея́ Руси́** the Chancellery of the Patriarch of Moscow and All Russia; **Святе́йшая К.** *(конгрегация Римской курии; занимается защитой веры и морали, борьбы с ересью и т.п.)* the Holy Office, *лат.* Congregatio pro Doctrina Fidei.

канцеля́рия II *катол.* chancery ◊ **апо́стольская к.** the Apostolic [Papal] Chancery; **диоцезиа́льная [епархиа́льная] к.** diocesan chancery, *разг.* bishop's office; **нача́льник епархиа́льной к.-и** diocesan chancellor, the chancellor of a diocese; **па́пская к.** the Apostolic [Papal] Chancery.

ка́па *катол. (длинная риза с застёжкой на груди)* cappa.

капа́ла *(чаша из человеческого черепа в индуизме и буддизме)* kapala.

капали́ка *(шиитская секта)* Kapalika.

капе́лла *(часовня в катол. и англик. церкви; небольшое отдельное сооружение или помещение в храме в боковом нефе, в обходе хора для молитв одной семьи, хранения реликвий, служащая тж усыпальницей для членов этой семьи)* chapel ◊ **к. Богома́тери** Our Lady's chapel, the Lady chapel; **придво́рная к.** chapel royal; **Сиксти́нская к.** the Sistine Chapel.

капелла́н *(военный или корабельный священник; тж священник учебного заведения, больницы, при часовне или домашней церкви)* chaplain, *сокр.* chap., Chap; *разг.* padre, *сленг* Holy Joe ◊ **гла́вный вое́нный к.** *(Великобритания)* Chaplain General, *сокр.* Chap-Gen; *(США)* Chief of Chaplains, *сокр.* C of Ch; **гла́вный к. вое́нно-возду́шных сил** Chaplain-in-Chief; **гла́вный к. фло́та** Chaplain of the Fleet, *сокр.* Ch F, CoF; **до́лжность к.-а** chaplainship, chaplaincy; **пресвитериа́нский к.** Presbyterian Chaplain, *сокр.* Pres. Ch.; **сан к.-а** chaplainship, chaplaincy; **слу́жба к.-ов** chaplain service.

Капернау́м *библ. (название города в Галилее на северо-западном берегу Геннисаретского озера; прославлен чудесами и частыми посещениями Иисуса Христа, но им же за неверие осуждённый на погибель; Ев. от Луки 10:15)* Capernaum.

Капестра́но, Иоа́нн *(1386-1456; францисканский лидер и проповедник Крестового похода против еретиков и турок; канонизирован в 1690)* Capistrano, John of.

Капилава́ста *(город у подножия Гималаев на совр. границе между Индией и Непалом, в к-ром родился **Бу́дда** Гаутама) санскрит* Kapilavastu.

Капистра́но, Иоа́нн *см.* **Капестра́но, Иоа́нн.**

Капи́то, Во́льфганг *см.* **Капито́н, Во́льфганг.**

Капитоли́на и Еротиа́да [Еротии́да], свв. мцц. *(ум. 304; д. п. 27 октября / 9 ноября)* Sts. Capitolina, a Cappadocian lady, with her handmaid, Erotheides, Ms.

Капито́н, Во́льфганг *(1478-1541; настоящая фамилия Копфель <Kopfel>; деятель Реформации, гуманист)* Capito, Wolfgang Fabricius.

Капито́н, сщмч. *(4 в.; д. п. 7/20 марта)* St. Capito, Missionary Bp.

капи́тул *англик., катол. (коллегия духовных лиц или общее собрание членов какого-л. ордена или кафедрального собора)* chapter ◊ **большо́й к.** *англик. (в нек-рых соборах всё духовенство, включая почётных каноников)* greater chapter; **генера́льный к.** *катол. (высший орган монашеского ордена, избирающий его верховного настоятеля)* general chapter; **глава́ к.-а** provost, dean; **зда́ние [помеще́ние для собра́ний] к.-а** chapter house; **зе́мли, принадлежа́щие к.-у** chapter-lands; **к. о́круга** *катол. (монашеского ордена)* provincial chapter; **ма́лый к.** *англик. (всего духовенства в нек-рых соборах)* lesser chapter; **относя́щийся к к.-у** capitular(y); **член (церк.) к.-а** capitulary.

капитуля́рий (фра́нкских короле́й) *(постановления, принятые собранием духовных лиц и светских баронов и получивших королевское утверждение; важный источник катол. права)* capitularies (of the Frankish kings).

ка́пище *(языческое культовое сооружение; см. тж* **куми́рня***)* pagan shrine, heathen temple.

капла́н *см.* **капелла́н**.

капли́ца *(в польской катол. церкви – домовой костёл или придел в виде пристройки при большом храме или большой костёл на кладбище)* (Roman Catholic) chapel.

"к апо́стольским поро́гам" *катол. (к могилам апп. Петра и Павла; каждый еп. катол. церкви по нормам канонического права должен раз в пять лет прибывать в Рим, "к а. п.", чтобы почтить могилы ап.-ов и предстать перед папой) лат.* ad limina (apostolorum)

каппадоки́йцы *(великие Отцы Церкви Григорий Нисский, его брат Василий Великий и Григорий Богослов; вторая пол. 4 в.)* the Cappadocians, the Cappadocian Fathers.

Каппадоки́я *истор. (местность в Малой Азии)* Cappadocia.

ка́ппа ма́гна *катол. (парадное облачение кардиналов <красного цвета>, еп.-ов <фиолетового цвета> с длинным шлейфом и шёлковым капюшоном, отделанным горностаевым мехом) лат.* cappa magna.

каппоре́т *библ. (ковчег Завета)* ark of the covenant [of testimony].

Ка́прий Ажа́нский, мч. *(3 в.; катол. св., д. п. 20 октября)* St. Caprasius, M.

Ка́прий Лери́нский, прп. *(ум. 430; катол. св., д. п. 14 апреля)* St. Caprasius of Lérins.

капты́рь *(камилавка старообрядческих монахов, имеющая форму четырёхгранной высокой шапочки)* (monastic) kamilaukion, kamilavka, *греч.* kalemavkion, kalemavchion.

капуци́н *(монах нищенствующего ордена, основанного в 1525 в Италии как ветвь ордена францисканцев для борьбы с Реформацией)* Capuchin (friar), Capuchin monk ◊ **о́рден к.-ов** the Capuchin order.

капуци́нка *жен. (см.* **капуци́н***)* Capuchin nun.

капюшо́н *(монаха)* friar's hood, *(особ. капуцина)* capuche.

ка́ра visitation, punishment, *(Божья)* judgement ◊ **к. Бо́жья** the divine scourge, theomastrix.

Карадо́к Уэ́льский, отше́льник *(ум. 1124; катол. св., д. п. 14 апреля)* St. Caradoc, hermit.

караи́зм *(см.* **караи́м***)* Karaism.

караи́м *(член религ. еврейской секты, отрицающей религ. обычаи и предания и признающей только буквальный смысл Священного Писания)* Karaite.
карама́ты *см.* **караму́та**
караму́та *(последователи одной из ветвей ранних исмаилитов)* the Quaramitah.
каранда́л *см.* **каланда́р**.
карбу́нкул *библ. (драгоценный камень)* carbuncle.
кардина́л *(второй после Папы Римского титул в иерархии катол. церкви; назначается Папой Римским с согласия* **консисто́рии I (3)***; должность* **к.-а** *в основном административная;* **к.-ы** *– ближайшие советники и помощники Папы Римского по управлению церковью; к 1969 было 134* **к.-а***; знаком кардинальского достоинства является красная шапка (отменена в 1969)* <red [cardinal] hat>, *красная биретта* <biretta> *(сейчас надевается во время церемонии возведения в сан* **к.-а***), красная шапочка* <red skull cap>, *мантия* <the sacred purple>, *кольцо с изумрудом, нагрудный крест* <the pectoral cross>) cardinal, *сокр.* Card.; Prince of the Church ◊ **быть произведённым в к.-ы** to receive the cardinal's [red] hat; **Ваше Преосвяще́нство** *(обращение к кардиналу)* Your Eminence, Your Lord Cardinal; **к.-ы** *собир.* the cardinalate, the scarlet, the body of cardinals, the conclave; **он стал к.-ом** he was raised to the purple; **сан к.-а** cardinalate, the red [cardinal's] hat; "**се́рый к.**" *истор. (прозвище личного секретаря кардинала Ришелье; перен. – влиятельное лицо, действующее за кулисами) франц.* l'Eminence Grise.
кардина́л-архиепи́скоп *катол. (неканоническое звание* **к.-а***, управляющего архиепископией)* cardinal archbishop.
кардина́л-вика́рий *(помогает Папе осуществлять духовное и светское управление Римской епархией)* cardinal vicar.
кардина́л-диа́кон *истор., катол.* **1.** *(занимались благотворительностью в семи церквах Рима)* cardinal-deacon; **2.** *(см.* **колле́гия кардина́лов***)* the Dean of the Sacred College.
кардина́л-епи́скоп *катол. (с 8 в. и до 1932 являлись еп.-ами ближайших от Рима епархий и время от времени выполняли функции представителей Папы Римского)* cardinal-bishop.
кардина́л-пресви́тер *(первоначально являлись приходскими священниками в Риме и сейчас носят этот титул номинально)* cardinal-bishop.
кардина́л-проте́ктор *(член коллегии кардиналов, представляющий Св. престол в какой-л. стране, религ. институте или благотворительной организации)* cardinal protector.
кардина́л-секрета́рь *(в Ватикане; кардинал, занимающий пост первого министра и министра иностранных дел)* the Cardinal Secretary of State.
кардина́льское досто́инство cardinalate.
Каре́й *библ. (отец Ио(х)анана и Ионафана, двух иудейских военачальников)* Careah.
карийо́н *(1. набор точно настроенных колоколов различной величины, исполняющих определённую мелодию; 2. муз. пьеса, подражающая колокольному перезвону)* carillon.
карильо́н *см.* **карийо́н**.

каритати́вность *(благотворительность)* **христиа́нства** the caritative principle of Christianity.

каритати́вный *(благотворительный)* caritative ◊ **к.-ая де́ятельность** the caritative work (of the Church).

Каркеми́ш *см.* **Кархеми́с**.

Карл Борроме́й, еп. *(1538-1584; катол. св., д. п. 4 ноября)* St. Charles Borromeo, Bp.

Карл Вели́кий *(742-814; <"Charles the Great"> император Свяще́нной Рим. империи, король франков; основал много школ при кафедральных соборах и монастырях; катол. св., д. п. 28 января)* Blessed Charlemagne.

Карл Лва́нга [Луа́нга] и сподви́жники его́ *(ум. 1886; катол. св., д. п. 3 июня)* St. Charles Lwanga and Companions, ms.

Ка́рло Барроме́о, еп. *см.* **Карл Борроме́й, еп.**

Карлова́цкий раско́л *см.* **Карлова́цкий сино́д**.

Карлова́цкий сино́д *(это название связано с тем, что организационное оформление Русской правосл. церкви за границей произошло в г. Стремски Карловцы (Югославия) в 1921 под председательством митрополита Антония (Храповицкого); центр карловчан в г. Джорданвиле (США, шт. Нью-Йорк); в России карловчане регистрируются как Свободная православная церковь; см.* **Ру́сская правосла́вная це́рковь за грани́цей**) the Karlovtsi [Karlovtsy, Karlovci] Faction [schism, Synod].

ка́рловцы *см.* **карловча́не**.

карловча́не the Karlovtsy bishops, priests, etc.

Ка́рлштадт *(настоящая фамилия Андреас Рудольф фон Боденштайн <Andreas Rudolf Bodenstein>; 1480-1541; немец. теолог, сподвижник М. Лютера)* Carlstadt.

ка́рма *санскрит (в брахманизме, индуизме и буддизме – посмертное воздаяние за земную деятельность человека; совокупность поступков человека в одном из его существований, определяющая судьбу в следующем существовании; в обычном значении – судьба)* karma.

ка́рма-ма́рга *(санскрит – путь (ритуально чистых) деяний <path of detached performance of duty>; в древней культуре праведный эзотерический путь ария)* karma marga.

карма́па *(тибетская буддийская школа)* Karma-pa.

кармели́т *(монах нищенствующего катол. ордена)* Carmelite (Friar), White Friar ◊ **монахи́ня-кармели́тка** Carmelitess.

кармели́ты *(созерцательный катол. монашеский орден; основан группой крестоносцев во главе со св. Бертольдом из Калибрии в 1155 в Палестине; в наст. время в традиционно катол. странах к. занимаются воспитанием и обучением детей и молодёжи, миссионерской деятельностью; в 1990-х гг. в мире насчитывалось ок. 13 000 кармелиток и ок. 6 000 кармелитов)* the Carmelites, the White Friars, friars of the Order of Our Lady of Mount Carmel, *лат.* Ordo fratrum B.V. Mariae de monte Carmielo; *(носящие обувь)* the Calced Carmelites ◊ **босоно́гие к.** *(реформированная ветвь кармелитского ордена, основанного в 16 в. свв. Терезой из Авилы и Иоанном Креста)* the Discalced [barefooted] Carmelites, the Teresians; *(глава ордена)* **генера́л** the (superior) general.

Кармéль *см.* **Кармúл**.

Кармúл *библ. (гора, горная цепь в районе совр. Хайфы в Израиле)* Carmel.

карнавáл *(период шумного веселья и празднеств, уличных маскарадов и всевозможных народных развлечений в катол. странах Зап. Европы; длится, как правило, три дня <Shrove Sunday, Monday, Tuesday> до Пепельной среды, к-рой начинается западная Четыредесятница, когда священники в храмах, обмакнув указательный палец в особый, окроплённый святой водой после чтения покаянных псалмов, пепел, изображают им крест на челах молящихся или просто посыпают его на их головы со словами: "Помни, человек, яко земля еси и в землю отыдеши" <лат. "Memento, homo, quia pulvis es et in pulverem reverteris">)* carnival.

Карнаúн *библ. (географическое название)* Carnion.

карнáция *(в иконописи телесный тон)* carnations, flesh tints.

Карниóн *см.* **Карнаúн**.

карнификáция *богосл., катол. (превращение хлеба в Тело Христа при евхаристии; тж* **пресуществлéние***)* carnification.

Каролúнгское Возрождéние *(расцвет духовной культуры, пережитый галло-германским миром между 768 и 814 при Карле Великом и его преемниках)* the Carolingian Renaissance.

Карп, ап. *(один из 70-ти апостолов и ученик ап. Павла, д. п. 26 мая / 8 июня и 7/20 января)* St. Carpus, Apl.

карпас *иврит (в иудаизме – блюдо, к-рое едят в праздник* **Пéсах**, *состоящее из зелени и овощей: петрушки, салата, лука; зелень символизирует приход весны и обновление, надежду)* karpas.

Карп, еп. Фиатúрский, Папúла диáкон, Анафодóра и мц. Анафóника, свв. мчч. *(3 в.; д. п. 13/26 октября)* Sts. Carpus, Bp. and Papylus, his deacon, and with them Agathonica, sister of Papylus, and Agathodorus, their servant.

Карпúни, Джовáнни да Плáно *(ок. 1182-1253; монах-францисканец, проповедник, умер архиеп.-ом в Антивари <Antivari>)* Giovanni Piano, Johannes de Pian del Carpine.

Карпокрáт *(2 в.; александрийский гностик, учил что мир создан низшими звёздными духами, возмутившимися против истинного всеблагого Божества, или безначального Отца)* Carpocrates.

карпократиáне *(последователи* **Карпокрáта***)* the Carpocratians.

Каррáнса, Варфоломéй *(1503-76; испан. богослов-доминиканец)* Caranza, Bartholomaeus de.

Картафúл *греч. (см.* **Вéчный жид***)* Cartaphilus.

картезиáнство *(религ.-филос. течение, связанное с именем Декарта 17 в.)* Cartesianism.

картезиáнцы *(члены созерцательного катол. монашеского ордена, получившего название по своему первому монастырю, основанному св.* **Брýно** *(Картезианцем) в 1084 близ Гренобля во Франции в гористой местности Шартрез <La Grande Chartreuse>; малочисленные общины* **к.-ев** *(включая несколько женских) имеются в наст. время в различных странах Зап. Европы)* the Carthusians ◊ **глава óрдена** *(избираемый монахами)* the (superior) general; *(официальный титул)* the Prior of the Grande Chartreuse; **орден к.-ев** the Carthusian Order, *лат.* Ordo Carthusianus.

Картикéйя

Картикéйя *(сын Шивы и Парвати; бог войны, управляет планетой Марс; он убил демона Тараку; изображается с шестью лицами и шестью руками, в к-рых держит оружие; в Зап. Индии замужние женщины редко пересекают порог храма К.-и)* Karttikeya.

Кáртир *(3 в.; зороастрийский жрец)* Karter.

Картóльд, св. *см.* **Катáльдус, св.**

картузиáнцы *см.* **картезиáнцы**.

картулярий *(в Зап. церкви собрание копий грамот <charters> о дарении земель или документов, подтверждающих право собственности)* c(h)artulary.

кáруна *(основополагающее понятие буддийской этики и махаянских учений о духовном совершенствовании)* karuna.

Кархамúс *см.* **Кархемúс**

Кархемúс *библ. (город по среднему течению Ефрата)* Carchemish.

Каршéна *библ. (один из семи знатоков закона и права, к-рые имели доступ к персидскому царю Артаксерксу)* Carshena.

касб *араб. (религ.-этническая концепция в исламе, согласно к-рой творцом всех поступков человека является Бог, но он посылает человеку испытания, как бы предлагая ему выбрать тот или иной поступок)* kasb.

Каспáр *см.* **Мельхиóр**.

Каспáр дель Бýффало *см.* **Гаспáр дель Бýффало**.

Касперóвская икóна Бóжией Мáтери *(в кон. 16 в. икона перенесена из Трансильвании сербом, поселившимся в Херсонской губернии; переходя от родителей к детям, икона эта в 1809 досталась госпоже Касперовой, деревня к-рой Ново-Ивановка находилась на правом берегу Днепра; икона была признана чудотворной и ежегодно с крестным ходом приносилась из села Касперовки в Одессу и оставалась там с 1 октября до четвёртого дня Пасхи, а с праздника Вознесения и до 29 июня пребывала в Херсоне, с 1-го же июля по 1 августа – в Николаеве; празднование 29 июня/12 июля)* the Kasperovskaya icon of the Mother of God.

Кассáндер, Геóрг *(1512-66; катол. богослов; К. считал возможным воссоединение церквей католической и протестантской, если катол. церковь, сохраняя свою иерархию, откажется от наиболее вопиющих злоупотреблений)* Cassander, Georg.

Кассиáн, Иоáнн, прп. *(360-435; религ. деятель; ученик Иоанна Златоуста и один из первых основателей монашества на Западе; основал близ Марселя монастырь по правилам восточных монастырей, где и умер; д. п. 29 февраля / 13 марта, катол. – 23 июля; написал несколько книг, одна из них "О постановлениях киновий"* <The Institutes of the Monastic Life>*)* St. John Cassian.

Кассиáн Рúмлянин, прп. *см.* **Кассиáн, Иоáнн, прп.**

Кассиодóр, Флáвий Мáгнус Аврéлий *(ок. 490-585; политический и религ. деятель раннего Средневековья)* Cassiodorus, Flavius Magnus Aurelius.

Кáссия *библ. (вторая дочь ветхозаветного патриарха Иова)* Kezia(h), Cassia.

кассúя *библ. (благовонное растение, дикая корица)* cassia.

ка́ста *(в Индии и некоторых др. странах группа людей, осознающая свою общность, заключающая браки только между собою, имеющая круг традиционных занятий, а тж специфические обычаи, обряды, мифологию, расселённая чересполосно с др. такими же группами, но ограничивающая с ними общение и занимающая определённое положение по шкале социального престижа)* caste ◊ **высшая к.** high caste.

Касте́ллио [Кастеллио́н], Себастья́н Шатильо́н *(1515-63; франц. гуманист, протестант; своей жизненной задачей К. поставил ознакомление своих земляков с истинами Евангелия и защиту права личности на свободное исповедание своей религии)* Castellio, Sebastianus.

Касто́р(ий), св. мч. *(ум. ок. 306; д. п. 18 сентября / 1 октября)* St. Castorius, M.

Касто́рий Ри́мский, св. мч. *(ум. ок. 287; он, Клавдий <Claudius>, Никострат <Nicostratus> и Симфориан <Symphorian> именуются как "Четыре Коронованных Мученика" <the Four Crowned Martyrs>; д. п. 18/31 декабря, катол. – 8 ноября)* St. Castorius, M.

Ка́стул, св. мч. *(ум. ок. 286; д. п. 18/31 марта, катол. – 26 марта)* St. Castulus, M.

Ка́стус и Еми́лий, свв. мчч. *(ум. ок. 250, африканские христиане-мученики, д. п. 22 мая / 4 июня)* Sts. Castus and Aemilius, Ms.

катава́сия *(ирмо́с, повторяющийся не только в начале песни кано́на II, но и в конце её; в монастырях и в старообрядческих храмах для её пения оба клироса сходятся вместе на середине храма, становясь перед амвоном)* katabasis, katavasia, catabasia.

Катако́мбная це́рковь истор. *(различные подпольные группировки русских правосл. христиан на территории бывшего СССР, в первой пол. 20 в. ушедшие в подполье)* the Catacomb Church.

катако́мбы *(искусственного или естественного происхождения, служившие в древности местом богослужения и погребения умерших)* catacombs ◊ **иск-во катакомб** catacomb art; **римские к.** the Catacombs.

Ката́льдус, св. *(ум. ок. 685; один из первых еп.-ов Тарента; почитание его было распространено особенно в Италии и во Франции, где он был известен под именем св. Картольда или св. Ката; катол. св., д. п. 10 мая и 8 марта)* St. Cathal, St. Catald(us).

катапета́зма *см.* **катапета́сма**.

катапета́сма греч. *(тж заве́са хра́ма)* the veil of the temple, katapetasma.

ката́р *(см. ката́ры)* Cathar(ist).

ка́тарсис *(1. термин древнегреч. философии и эстетики для обозначения сущности эстетического переживания; 2. духовное очищение, просветление, облагораживание чувств, освобождение, испытываемое человеком в процессе сопереживания и сострадания)* catharsis, katharsis ◊ **относящийся к к.-у** cathartic(al), kathartic.

ката́ры *(еретическая секта 11-14 вв. в Зап. Европе, отрицавшая учение о чистилище, осуждавшая взимание десятины церковью; тж* **альбиго́йцы**) the Cathari, the Cathars ◊ **секта к.-ов** Catharistic sect.

катаса́рка *см.* **срачи́ца 1**.

катафа́лк

катафа́лк 1. *(повозка для гроба при похоронах, погребальная коле́сница)* bier, hearse; **2.** *(при отпевании в церкви или при гражданской панихиде возвышение под балдахином для гроба в закрытом помещении)* catafalque.

катафа́тика *(богосл. система, допускающая возможность познания Бога по плодам его творения и результатам вмешательства в дела сотворённого им мира; непостижимый Божественный Мрак становится в* **к.-е** *сияющим источником сверхизобильного Света, лучи к-рого озаряют всё; высшие имена Божии – Благо, Красота, Любовь, Свет, Жизнь, Премудрость, Сущий и др.)* affirmative [positive, cataphatic] theology.

катафати́ческий affirmative, *редко* cataphatic.

катафати́ческое богосло́вие см. **катафа́тика**.

кате́на *(выдержка из писаний Святых Отцов Церкви, используемая для пояснений отдельных частей Священного Писания)* catena, catenapatrum.

катенотеи́зм *(форма политеизма, проявляющаяся в почитании одного бога в ряду нескольких равновеликих богов)* kathenotheism.

Катери́на, Ри́ччи, прп. *(1522-90; катол. св., д. п. 1 февраля)* St. Catherine Dei Ricci.

катехе́т *(учитель, наставник в раннем христ-ве, излагавший христ. учение в форме вопросов и ответов* ***катехуме́нам)*** catechist, catechizer.

катехиза́тор *(преподаватель* ***катехи́зиса****, см. тж* ***катехе́т)*** catechist.

катехиза́ция *(преподавание верующим или готовящимся принять крещение, основных истин православного вероучения; учитель именуется при этом* ***катехиза́тором)*** catechization, catechisation, catechizing, catechisis ◊ **группа к.-и** catechism group.

катехизи́ровать to catechize, to catechise, to teach catechism to.

катехи́зис *(книга, содержащая краткое изложение основных положений христ. веры и морали в простой и ясной форме, обычно в виде вопросов и ответов, и предназначенная для религ. обучения верующих)* catechism, catechesis, *(тж содержащая исповедание веры)* confession ◊ "**Большо́й к.**" *(издан Лютером в 1529 для учителей и духовенства)* The Large Catechism; "**Гейдельбергский к.**" *(1563, исповедание веры Реформатской церкви Германии, принятое затем многими протест. церквами)* The Heidelberg Catechism, The Heidelberg Confession; "**Женевский к.**" *(исповедание веры; издан Кальвином в 1545, первое издание 1536)* The Geneva Catechism; "**К. католической церкви**" *(1566)* The Roman Catechism, *лат.* Catechismus ex Decreto Concilii Tridentini, Catechismus Romanus; *(официальное изложение вероучения катол. церкви, издано на франц. в 1992, на англ. – в 1994)* The Catechism of the Catholic Church, The Universal Catechism; "**Краткий (Вестминстерский) к.**" *(пресвитерианский к. для детей в форме вопросов и ответов, составлен в 1647 на Вестминстерской ассамблее)* The Westminster Shorter Catechism; "**Малый к.**" *(издан Лютером в 1529 для детей и мирян)* The Small Catechism; "**Полный (Вестминстерский) к.**" *(составлен в 1648 на Вестминстерской ассамблее)* The Westminster Larger Catechism; **преподавать к.** to teach catechism; "**Пространственный к.**" *(митрополита Московского Филарета)* The Longer Catechism; **раздел богословия, посвящённый к.-у** catechistics; **уроки к.-а** catechitical classes.

катехизи́ческий catechitic(al), catechismal, catechetic(al), catechistic(al).

катехумéн *греч.(см.* ***оглашённый****)* catechumen.

катехуменáт *(установление древней церкви, имеющее целью "оглашение" и "просвещение"; и вообще приготовление желающих принять крещение)* catechumenate.

катихéт *см.* **катехéт**.

катихúзес *см.* **катехúзис**.

катóлик *(лицо римско-катол. вероисповедания, тот, кто принадлежит к общине под юрисдикцией Рима, признаёт, что только Римско-католическая церковь обладает полнотой Церкви Христа, что она сохраняет полноту жизни в Духе и истине и верность древнеапостольскому Преданию)* (Roman) Catholic, *сокр.* Cath., Romanist, *устар.* Babylonian ◊ **бывший к.** lapsed Catholic; **ревностный к.** strong Catholic; **сделаться к.-ом** to go over to Rome; **убеждённый к.** strong Catholic.

катóлики Востóчного обрáда *(см. тж* ***униáт****)* the Eastern-rite [Oriental, Greek] Catholics.

католикóс *(титул глав армянской и грузинской церквей, соединяющийся с титулом патриарха и равнозначный ему, а тж нек-рых др. Восточных правосл. церквей)* Catholicos, Catholicus, Katholikos ◊ **Верховный Патриарх и К. всех армян** Supreme Patriarch and Catholicos of all Armenians; **К. Востока и Митрополит Маланкарский** Catholicos of the East and Malankara Metropolitan; **К.-Патриарх Ассирийской церкви Востока** the Catholicos-Patriarch of the Assyrian Church of the East; **К.-Патриарх всей Грузии** the Catholicos-Patriarch of all Georgia.

католикосáт *(патриархия католикоса)* catholicate, catholicosate.

католицúзм *(одно из основных направлений в христ-ве наряду с* ***правослáвием*** *и* ***протестáнтством****; в наст. время около 700 млн верующих в мире)* (Roman) Catholicism, Catholicity, Romanism ◊ **освобождать от к.-а** *(страну)* to decatholicize; **утверждать к.** *(в стране)* to catholicize.

Католúческая апóстольская цéрковь *(см.* ***ирвингиáне****)* the Catholic Apostolic Church.

католúческая жéнская шкóла *(при монастыре)* convent ◊ **получившая образование в катол. ж.-ой ш.-е** educated at a convent.

Католúческая лúга *истор. (объединение катол. духовных и светских феодалов Франции – 16 в. и Германии – 1609-35 для борьбы с протестантами)* the Catholic League.

"Католúческие дóчери Сéверной и Южной Амéрики" *(организация катол. церкви; более 150 тыс. членов; основана в 1903; штаб-квартира в г. Нью-Йорке)* the Catholic Daughters of the Americas, *сокр.* CDA.

католúческий (Roman) Catholic, Catholical, *сокр.* Cath., papal ◊ **вводить к.-е элементы (в богослужение)** to Latinize; **вводить к.-е элементы в богослужение англик. церкви** to Latinize the Church of England; **в к.-ом духе** catholically; **к.-е богослужебные обряды** the Roman liturgical observances.

Католúческий университéт Амéрики *(частный университет, субсидируется катол. церковью; основан по хартии Папы Римского Льва XIII в 1884; открылся в 1889; находится в г. Вашингтоне; более 2 тыс. студентов)* the Catholic University of America.

католúческий чин *(богослужения)* the Latin [Roman] rite.

Католи́ческое

"Католи́ческое де́йствие" *(общее название светских катол. организаций, руководство к-рыми осуществляется катол. церковью)* the Catholic Action.
католи́чество *(римско-катол. вероисповедание; церкви, единомысленные с Папой Римским; духовенство лат. обряда)* (Roman) Catholicism ◊ **обраща́ть [принима́ть] в к.** to catholicize, to Romanize; **перейти́ в к.** to accept Catholicism; **приня́ть к.** to enter Catholicism; **челове́к, не́когда исповедова́вший к.** lapsed Catholic.
католи́чность Catholicity.
Катри́н Лабуре́, прп. *(1806-76; католл. св., д. п. 28 ноября)* St. Catherine Labouré.
Кат, св. *см.* **Ка́тальдус, св.**
Ка́уравы *(в "Махабхарате" 100 братьев, двоюродные братья и антагонисты Па́ндавов)* Kauravas.
кафа́ры *см.* ка́тары.
ка́федра, архиере́йская *(кресло со спинкой и подлокотниками, стоящее на помосте, называемом архиерейским амвоном, в центре средней части правосл. храма у русских, у греков справа у амвона)* cathedra, the bishop's throne.
ка́федра, епи́скопская *(перен. – сан, епархия еп.-а)* (bishop's) cathedra, episcopal chair, episcopal see, episcopal dignity; *(местопребывание)* seat, see ◊ **вновь заня́ть епи́скопскую к.-у** *(после изгнания или каким-л другим причинам)* to regain the see; **относя́щийся к к-е или епа́рхии еп.-а** cathedratic.
кафедра́льный cathedral ◊ **к. собо́р** *(главный храм в епархии, к-рой управляет архиерей)* cathedral (church), dome, minster, mother church; **к.-ая це́рковь** *(приходская церковь, используемая как к. собор, напр. в новообразованной епархии)* procathedral.
ка́федра пропове́дника *(в храмах Зап. Церкви особое возвышение, откуда произносят проповеди)* pulpit, *амер.* desk ◊ **относя́щийся к к.-е п.-а** pulpit(al), *редко* pulpitic(al); **пропове́довать с к.-ы** to pulpit.
Ка́федра св. ап. Петра́ (в Антио́хии) *(катол. праздник, отмечаемый 22 февраля)* the Chair of Peter, Apl., *лат.* Cataedra S. Petri, Apostoli.
кафи́зма *(один из 20 разделов, на к-рые поделена Псалтирь; во время чтения кафизм разрешается сидеть; порядок чтений кафизм определён уставом, согласно к-рому Псалтирь на богослужениях за неделю прочитывается целиком, а во время Великого поста – дважды за неделю)* cathisma, kathisma, proper psalms.
кафи́р *араб.* *(тж* кяфи́р; *презрительное прозвище немусульман у исповедующих ислам)* kaf(f)ir.
кафи́сма *см.* кафи́зма.
кафоли́ческая *(о правосл. церкви)* catholic ◊ **Свята́я правосла́вная к. це́рковь** the Holy Orthodox Catholic Church.
кафоли́ческие посла́ния *(послания, рассылавшиеся в древней христ. церкви от лица еп.-а одной какой-л. поместной церкви к представителям всех других поместных церквей по поводу каких-л. обстоятельств, касавшихся всей церкви, напр. относительно появившейся в какой-л. епархии ереси, угрожавшей нарушить единство церкви и т. п.)* catholic letters, catholic pastorals.

кафоли́ческий *(единовселенский, для всего христ. мира; термин, употребляемый в правосл. русской богосл. лит-ре вместо термина "католический" и имеющий, в противоположность последнему, "положительную" окраску, т.е. "вселенский", а не Западный, католический)* catholic.

кафоли́чность *(термин впервые появился у св. Игнатия Антиохийского и стал обозначать Церковь в целом, охватывающую поместные общины; кафолическая вера – вера в то, во что верили "все, всегда и повсюду" <св. Винцент Лиринский, 5 в.>; на Западе термин "кафолик" зазвучал как "католик" и стал обозначать верность древнему церк. Преданию и прямое преемство по отношению к апостолам; "католичность" – это "ортодоксальность", хранение неповреждённости традиционной веры; на правосл. Востоке, когда говорят о "кафоличности", тоже имеют в виду верность Преданию, преемство по отношению к апостолам и чистоту веры, но при этом особо подчёркивают, что "кафоличность" – это единство всех верных Христу в Его Церкви – Теле Христовом, наполненном Духом Святым; в русской религ. философии о "кафоличности" чаще говорят как о "соборности")* catholicism, catholicity.

Кафто́р *библ. (земля, из к-рой вышли филистимляне)* Caphtor.

каце́я *(древний вид кадила в виде ковша с длинной рукояткой; такие существовали на Востоке до 10-11 вв. и на Руси до 17 в., когда появились кадила на цепочках; тж ручная кадильница для домашнего каждения)* hand-censer.

каци́я *см.* **каце́я**

каше́рный *см.* **коше́рный.**

кашру́т *иврит (в иудаизме запрет на определённые виды пищи)* kashrut(h), kashrus ◊ **законы о к.-е** *(совокупность предписаний о том, что евреям разрешено есть и что запрещено)* the laws of kashruth.

Кашья́па *(в ведийской и индуистской мифологии божественный мудрец, к-рому приписывалось участие в творении мира)* Kashyapa.

Каэта́н Тие́нский *см.* **Каета́н Тие́нский**.

"Ка́ющиеся гре́шники" *истор.* **1.** *(члены многочисленных братств, начиная с 13 в., занятые благотворительностью, попечением больных и бедных, работой с осуждёнными и т. п.; отличались цветом одежды)* the Penitents, *(одетые в красную одежду)* the Red Penitents, *(одетые в чёрную одежду)* the Black Penitents; **2.** *(члены местных обществ* **флагелла́нтов** *среди испаноговорящего населения шт. Нью-Мексико и Колорадо в США, к-рые практиковали жестокие ритуалы (до 1896 – распятие) во время Страстной недели; хотя и были осуждены (в 1896) Римско-катол. церковью, но всё ещё существовали до 1940-х гг.)* the Penitents, the Penitent Brothers.

ка́ющийся I *прил.* repentant, contrite ◊ **к. грешник** contrite sinner, penitent, contrite soul.

ка́ющийся II *сущ.* **1.** *(раскаивающийся человек, ищущий прощения у Бога за совершённый грех; в частности, в древней церкви так назывались члены церкви, к-рые за тяжкие грехи подвергались церк. епитимиям; по важности грехов они делились на четыре рода: 1. плачущие <weepers, лат. flentes>, к-рые не имели права входа в храм; 2. слушающие <hearers, лат.*

audientes>, к-рым позволялось слушать чтение и объяснение Священного Писания за литургией, после чего они выходили из храма и стояли вместе с оглашенными в притворе; 3. припадающие или преклоняющие колена <kneelers, лат. substrati> имели право присутствовать не только при чтении и объяснении Священного Писания, но и при возносимых вслед за тем молитвах и т. п.; перед началом литургии верных они оставляли церковь вместе с оглашенными; 4. стоящие вместе с верными <standers, лат. consistentes> присутствовали за литургией в храме вместе с верными во всё продолжение её, но не имели права приступать к причащению; по усмотрению местного еп.-а кающиеся могли переводиться из одного класса в другой и от него же получали разрешение) penitent, contrite (person), редко repentant; 2. (лицо на тайной исповеди, признающееся в своих грехах) confessant, confessary.

каяться 1. to repent, to do penance ◊ **к. в своих грехах** to do penance for *one's* sins, to repent of *one's* sins; "**Нет, говорю вам; но если не покаетесь, все так же погибнете**" *(Ев. от Луки 13:3)* 'I tell you, Nay: but, except ye repent, ye shal all likewise perish' *или* 'I tell you, no, but, unless you repent, you will all likewise perish'; 2. *(исповедоваться)* to confess ◊ **не покаявшийся на исповеди** unconfessed.

"**Квадрагéзимо áнно**" *("В год сороковой"; социальная энциклика папы Пия XI, опубликованная 15 мая 1931) лат.* Quadragesimo anno.

Квадрáт см. **Кодрáт**.

квадрúвиум *(средневековый университетский курс второй ступени семи свободных искусств)* quadrivium.

квадрúптих *(складень, состоящий из четырёх частей-створок)* quadriptych.

Квазимóдо *катол. (воскресенье, следующее после Пасхи)* Quasimodo, Low Sunday.

квазирелúгии *(у протест. богослова П. Тиллиха (1886-1965) <Paul Tillich>: псевдодуховные формы поклонения, выросшие на почве совр. секуляризма; в них "в качестве высшего интереса выступают народ, наука, нек-рая форма или этап развития общества, высший идеал человечества, к-рые при этом отождествляются; фашизм и коммунизм – наиболее яркие примеры к.-й 20 в.)* quasi religions.

квáкерский Quakerish, Friendly.

квáкеры *(последователи радикального направления в протестантизме; направление было основано в сер. 17 в. ремесленником Джорджем Фоксом (1624-91) <George Fox> в Англии, а в 1682 в США Уильямом Пенном (1644-1718) <William Penn>; к. утверждают, что истина веры проявляется не в том или ином церк. учении, а в "озарении Св. Духом"; богослужение состоит из чтения Библии и проповеди тех, на кого снизойдёт озарение; к. честны в отношениях с людьми, строго придерживаются чистоты брака, аскетичны, противники несения военной службы; в наст. время к. имеются в Англии, США, Канаде, Вост. Африке; всего ок. 220 тыс. человек; тж **Общество друзéй**)* the Quakers, *(в США)* the Friends, the (Religious) Society of Friends ◊ **молитвенное собрание к.-ов** Quaker meeting.

Кварт *библ. (христианин из Коринфа, чей привет передаёт ап. Павел; один из 70-ти апостолов, он же **Куáрт, св. мч.**)* Quartus.

квартодецима́ны *истор.* *(христиане древней церкви, праздновавшие Пасху в один день с иудеями)* the Quartodecimans.

Квебе́кский акт *(закон, принятый англ. парламентом в 1774 и сохраняющий в Квебеке французские язык и законы, а также свободу исповедания католицизма)* the Quebec Act.

квиети́зм *(религ. умонастроение, ставящее своей целью достижение внутреннего умиротворения, в предположении, что в таком состоянии душа больше открыта к воздействию свыше)* quietism.

квиети́ст *(последователь **квиети́зма**)* quietist.

Квинтилиа́н, св. мч. *(ум. 286; д. п. 28 апреля / 11 мая)* St. Quentin(us), M.

Квири́ний *библ. (легат рим. провинции Сирии; он проводил перепись для установления налогов, что в Ев. от Луки 2:1-2 соотносится с рождением Иисуса)* Cyrenius.

Квири́н, св. мч. *(имя двух катол. святых)* St. Quirinus.

Ке́вин, св. *(ум. ок. 618; ирландский религ. деятель, д. п. 3 июня)* St. Kevin, St. Caemgen.

кеги́ла *иврит (еврейская конгрегация, община)* kehillah.

Кеда́р *библ. (род кочевников в Сирийско-Аравийской пустыне)* Kedar.

Кедемо́ф *библ. (название города, пустыни)* Kedemoth.

Кеде́с *библ. (ханаанский царский город)* Kedesh(-Naphtali), Kedesh in Galilee.

Кеде́с в Галиле́е *см.* **Кеде́с.**

Кеде́с Неффали́мов *см.* **Кеде́с.**

Ке́дмон *(ум. ок. 680; древнейший христ. поэт англосаксов)* Caedmon.

Кедорлаоме́р *библ. (вероятно, неистор. царь Еламский)* Chedorlaomer, Kedorlaomer.

Кедро́н *библ. (поток, несущий свои воды только до начала лета, отделяющий на востоке Иерусалим от Масличной горы)* Cedron, Kidron.

Кеи́ла *библ. (город в уделе колена Иуды)* Keilah.

Кеи́ль *см.* **Кеи́ла.**

Кела́ия *см.* **Кли́та.**

ке́ларь *(монах, заведующий хозяйством монастыря)* cellarer, procurator, bursar, steward of a monastery ◊ **должность к.-ря** procuracy; *(в жен. монастыре)* **мать-к., мать-казначея** cellaress, procuratrix.

келе́йник *(прислужник из мирян или послушников при игумене, архиерее)* lay brother.

келе́йница *(прислужница при игуменье)* lay sister.

келе́йницкая *(комната)* муж. lay brother's room; жен. lay sister's room.

келе́йничать муж. to serve as lay brother; жен. to serve as lay sister.

келе́йный *(прил. к "келья")* cellular, of cell ◊ **к.-ое правило** monastic [private] rule of prayer.

Келести́н, св. *см.* **Целести́н I, св.**

ке́лия *см.* **ке́лья.**

келлио́тство *истор. (общинная монастырская жизнь, скитство или соединение нескольких келлий, называемых лаврой, где монахи не соблюдают общий устав, а следуют личным правилам аскетизма)* semi-eremitic monasticism.

ке́ллия *(употребляется обыкновенно во мн. ч. – **келлии**; отдельные небольшие помещения, находившиеся либо в самом монастыре, либо рядом с ним; первоначально пещеры монахов в Египте)* kellion.

Ке́лсий, св. мч. *(д. п. 8/21 января и 14/47 октября)* St. Celsus, M.

Кельс *см.* **Цельс**.

Ке́льсий Арма́гский, еп. *(1079-1129; катол. св., д. п. 7 апреля)* St. Celsus of Armagh.

Ке́льтская це́рковь *(раннехрист. церковь, к-рая существовала на части Британских островов и Ирландии до миссионерской деятельности там св. Августина (597) и нек-рое время после этого)* the Celtic Church.

ке́лья *(жилое помещение в монастыре для одного или нескольких монахов)* cell ◊ **иноческая к.** monastic cell; **маленькая к.** cellule; **к.** *или* **хижина затворника** the hut of a hermit, hermit's hut, reclusion, reclusory; **ставить к.-ю** to build a small monastic cell-hut.

Ке́мбриджские плато́ники *(группа англ. христ. философов и теологов в Кембридже 2-й пол. 17 в., между 1633 и 1688; они сочетали платонизм с христ-вом, призывали к терпимости внутри церкви и т. п.; все они преподавали в Кембриджском университете; наиболее известными среди них были; Бенджамен Уичкот (1609-83) <B. Whichcote>, Джон Смит (1618-52) <John Smith>, Ральф Кедворт (1617-88) <R. Cudworth>, Генри Мор (1614-87) <H. More>)* the Cambridge Platonists.

Кемуи́л *библ. (муж. имя)* Kemuel.

Кена́з *библ. (муж. имя)* Kenaz.

Кена́ф *библ. (название города)* Kenath.

Ке́нелм Англосаксо́нский, мч. *(ум. 812; катол. св., д. п. 17 июля)* St. Kenelm, M.

Кене́яне *библ. (полукочевое племя на Синайском полуострове)* the Kenites.

Ке́ннет, св. *(515-99; миссионер в Шотландии и Ирландии, катол. св., д. п. 11 октября)* St. Canice, St. Kenneth, St. Cainnech.

кено́зис *см.* **кено́сис**

кено́сис *(в христ. богословии – уничижение, умаление, самоистощение Христа ради спасения людей вплоть до вочеловечивания и смерти на Кресте)* kenosis.

кеноти́зм *(тж **кено́сис**)* kenoti(ci)sm.

кено́тик *(последователь догмата о кеносисе)* kenotic, kenoticist.

кеноти́ческий *(относящийся к кеносису)* kenotic.

Кентербери́йская епа́рхия the province of Canterbury.

Кентербери́йский архиепи́скоп *см.* **архиепи́скоп**.

Кентербери́йский собо́р *(кафедральный собор; выдающийся памятник англ. церк. архит-ры 11-15 вв.; "духовное сердце Англии" <the spiritual heart of England>, в Средневековье был местом массового паломничества к гробнице То́маса Бе́ккета, архиепископа Кентерберийского, к-рый был убит в соборе в 1170 по приказу короля Генриха II)* the Canterbury Cathedral ◊ **относящийся к К.-ому с.-у** Cantuarian.

Кентиге́рн, св. *(ок. 518-603; первый еп. Шотландии, д. п. 14 января)* St. Kentigern.

Кен, То́мас *(1637-1711; англ. religион. деятель)* Ken, Thomas.

Кенхре́и *библ. (главный порт Коринфа; в К. ап. Павел приказал обрить себе голову по обету ("Деяния" 18:18); в К. при Павле была христ. община (Послание к римлянам 16:1))* Cenchrea.

кера́ст *библ. (змий)* serpent.

Кербела́ *(священный город шиитов в Ираке, где Хусайн, внук Мухаммада и сын Али и Фатимы, попал в засаду и был убит на пути в Куфу, в к-рой он намеревался возглавить движение шиитов)* Karbala.

Ке́рдон *(2 в.; сирийский гностик; явившись ок. 136-140 в Риме, К. сначала примкнул к церкви, но после неоднократных обличений порвал с нею; в его учении ересиологи отмечают дуализм, докетизм в христологии и отрицание воскресения; взгляды* **К.-а** *были развиты его учеником Маркионом <Marcion>)* Cerdo.

Керенга́ппух *библ. (младшая дочь Иова, славившаяся необыкновенной красотой, сестра Емимы и Кассии)* Keren-happuch.

кержа́к *см.* **старообря́дец**.

кери́гма *(проповедование, провозглашение Евангелия; богосл. – главное содержание христ. вероучения; в узком смысле – Евангелие)* kerugma, kerygma.

Керио́ф *библ. (город в Моаве)* Kerioth.

ке́рмес *(ежегодный праздник, проводимый на открытом воздухе, в Нидерландах, Бельгии и Люксембурге в день местного святого-покровителя)* kermis, kermess.

Ке́рос *библ. (родоначальник семейства служителей Иерусалимского храма после возвращения из Вавилонского плена)* Keros.

Керула́рий, Михаи́л *(ум. 1058; птрх. Константинопольский (1043-58); при нём произошёл формальный раскол между Восточной [правосл.] и Западной [Римско-катол.] церквами)* Cerularius, Michael.

Кеса́рий Назиа́нский *(ок. 320-69; врач, занимавший в Константинополе видное придворное положение; приходился родным братом св.* **Григо́рию Богосло́ву**; *причислен к лику святых, д. п. 9/22 марта)* St. Caesarius of Nazianzen.

Кеса́рий, св. *(еп. Галльской церкви в 1-й пол. 6 в.; катол. св., д. п. 27 августа)* St. Caesarius of Arles.

Кеса́рий, св. мч. *(7 в.; д. п. 1/14 ноября)* St. Caesarius, M.

Кесари́я *библ. (город на побережье Палестины к югу от горы Кармил, пограничный город между Галилеей и Самарией)* Caesarea.

Кесари́я Фили́ппова *библ.* Caesarea Philippi ◊ **К.-и Ф.-ой пределы** the district of Caesarea Philippi.

кесаропапи́зм *см.* **цезарепапи́зм**.

ке́сарь *(в Новом Завете титул любого рим. властителя; этот титул носили все рим. императоры после Гая Юлия Цезаря, убитого в 44 до н.э.; во время рождества Иисуса Август (первый рим. император) был рим.* **к.-ем**, *во время же страданий и смерти Иисуса им был Тиберий)* Caesar ◊ **воздать кесарево к.-рю** to render unto Caesar the things that are Caesar's; **к. А́вгуст** Caesar Augustus; **Тиве́рий к.** Tiberius Caesar.

Ке́суикские собра́ния *(ежегодные недельные собрания для совместных молитв, изучения Библии, зачитывания приветствий евангельских христи-*

ан из разных стран и церквей под девизом "Едины во Христе Иисусе" <All One in Christ Jesus>, проводимые в г. Кесуик в Англии с 1875; в США дали начало организации America's Keswick) the Keswick Conventions. .

Ке́ттелер, Вильге́льм Эммануэ́ль фон *(1811-77; немец. религ. деятель, еп.-ультрамонтан Майнца, главный представитель немец.* **ультрамонта́нства**) Ketteler, Wilhelm Emmanuel von.

кету́ба см. кту́ба.

Кетуби́м *(раздел Ветхого Завета у евреев) мн. ч.* the Ket(h)ubim, the Writings.

Кетуви́м см. **Кетуби́м**.

Ке́фас см. **Ки́фа**.

Кеци́я см. **Касси́я**.

кешдха́ри *(одна из двух основных групп сикхов)* the keshdhari.

"Ке́льнская война́" *(борьба между протестантами и католиками за архиепископство г. Кёльна в 1582-84)* the Cologne War.

ки́бла *(направление на Мекку, точнее на Каабу, к-рое следует соблюдать во время совершения мусульманской молитвы и отправления ряда ритуалов)* qiblah.

Кибл, Джон *(1792-1866; англ. религ. поэт, один из главных деятелей "Оксфо́рдского движе́ния")* Keble, John.

киво́рий *(1. навес над престолом в алтаре в виде купола с крестом, держащийся на четырёх или более столпах; к. обычно бывает в греч. соборах и крупных храмах; 2. дарохранительница, помещавшаяся под алтарной сенью)* ciborium.

киво́т см. кио́т.

кида́р *(тюрбан, головной убор ветхозаветных первосвященников)* mitre.

Ки́дда см. **Касси́я**.

ки́ддуш *иврит (в иудаизме благодарственная молитва перед едой в пятницу вечером и перед началом первой субботней трапезы)* kiddush.

ки́ддуш-гаше́м *иврит (буквально – освящение Божьего имени; в иудаизме – обязанность и привилегия; к.-г. означает, что с тех пор как Всевышний выделил евреев среди всех народов и наций и заключил с ними союз, Он смотрит на евреев как на своих представителей в семье всех народов земли; получив от Него особую миссию, евреи несут колоссальную ответственность – и все вместе, и каждый в отдельности; по христ. представлениям евреи потеряли эту привилегию после того, как они распяли Сына Божия, Иисуса Христа)* kiddush-hashem.

ки́ддушин *(иврит – "посвящение" <sanctification>; в иудаизме церемония обручения)* kiddushin.

ки́душ см **ки́ддуш**.

ки́душ-гаше́м см. **ки́ддуш-гаше́м**.

Ки́ево-Пече́рская ла́вра *(первый в Древней Руси муж. монастырь, основан в Киеве в 1051)* the Kiev-Pecherskaya Laura.

Кизи́ческих, 9 свв. мчч. *(3 в.; д. п. 29 апреля / 12 мая)* Sts. Nine Martyrs at Cyzice.

Кики́лия Ри́мская, мц. *(3 в.; д. п. 22 ноября / 5 декабря)* St. Cecilia, M.

Ки́ккская-Ми́лостивая ико́на Бо́жией Ма́тери *(1 в., по преданию, написана евангелистом Лукою, на иконе изображена Богоматерь, умоляющая Сына* и Бога своего за спасение рода христианского, отсюда – "Милостивая"; названа тж от горы Киккос, находящейся на острове Кипр; празднование 12/25 ноября и 26 декабря / 8 января) the Kykkos icon of the Mother of God "The Mediatress".

Килиа́н, св. мч. *(ум. ок. 689, ирландец, миссионер, "апостол Франконии" <the Apostle of Franconia>; пришёл в Баварию и был посвящён папой в еп.-ы; в Вюрцбурге, почитающем его своим первым еп.-ом, он окрестил Госберта герцога Франконии <Duke Gozbert>, но по навету Геильны, невестки герцога, был умерщвлён со своими товарищами; катол. св., д. п. 8 июля)* St. Cilian, St Kilian.

Кили́кия *библ. (страна на юге Малой Азии между Памфилией и Сирией)* Cilicia.

Кили́кия, св. мц. *см.* **Кики́лия Ри́мская, мц.**

кимва́л *библ. (муз. инструмент, состоящий из двух металлических чаш, издающих при ударе друг о друга резкий звенящий звук)* cymbal ◊ **к. звеня́щий** a clanging cymbal.

Ки́нгсли, Чарльз *(1819-75; англ. священник, поэт, романист и историк)* Kingsley, Charles.

Кинебу́рга Дорманка́стерская, аббати́са *(7 в.; сестра прп. Кинеcведы <Cyneswide>, катол. св., д. п. 6 марта)* St. Cyneburga, abbess.

Кине́и *см.* **Кенея́не.**

ки́новарь *(минеральная краска ярко-красного цвета, сернистая ртуть, применяемая в иконописи)* cinnabar, vermilion.

киновиа́рх *(1. начальник общежительной обители; 2. главный авва, настоятель группы монастырей)* superior, *греч.* c(o)enobiarch.

кино́вий *(монах, живущий в монастыре, в отличие от отшельника)* cenobite.

кинови́йный cenobitic(al), cenobian ◊ **к.-ое житие́** cenobitical life.

кинови́йский *см.* **кинови́йный.**

кинови́я *(общежительная форма монастырского бытия)* cenoby, coenobium, cenobitic monasticism.

кинони́к *см.* **прича́стен.**

кио́т *(в византийских и древнерусских храмах – поставец для хранения выносных двухсторонних икон, позднее – остеклённый с одной стороны ларец, в к-ром помещались наиболее чтимые иконы и др. святыни)* ark, icon-case.

ки́па *(иврит "свод, купол"; маленькая круглая шапочка без околыша, прилегающая к голове; традиционный головной убор религиозного еврея")* kippah.

кипари́совое де́рево *библ.* fir wood.

Киприа́н, сщмч. *(имя нескольких свв. мчч.)* St. Cyprian, Pr.-M.

Киприа́н, Фа́сций Цецилиа́н *(200-58; Св. Отец, еп. Карфагена, христ. апологет, писатель-богослов, д. п. 31 августа / 13 сентября)* St. Cyprian of Carthage, *лат.* Thascius Caecilius Cyprianus.

Ки́прская (правосла́вная) це́рковь *(правосл. автокефальная церковь, возглавляемая архиеп.-ом; насчитывает ок. 450 тыс. верующих; располагает большим количеством муж. и жен. монастырей)* the Church of Cyprus.

Кир

Кир *библ. (географическое название)* Kir.

Ки́ра, прп. отше́льница *(5 в.; д. п. 28 февраля / 13 марта)* St. Cyra, Venerable Woman.

Кире́на *библ. (в античные времена богатый и могущественный город на плодородной земле Киренаика на северном побережье Африки – территория сегодняшней Ливии)* Cyrene.

Кириаки́я, св. мц. *(4 в.; д. п. 7/13 июля, катол. – 5 июня)* St. Cyriaca, M.

Кириа́к, прп. отше́льник *(ум. 556; д. п. 29 сентября / 12 октября)* Venerable Cyriacus, Hermit.

Кириа́к Ри́мский, сщмч. *(ум. ок. 304; катол. св., д. п. 8 августа)* St. Cyriacus.

Кириа́ле *катол. (богослужебная книга, содержащая песнопения для хора и прихожан)* the Kyrial(e).

Кириафаи́м *библ. (древний город восточнее Мёртвого моря)* Kiriathaim.

"Ки́рие, еле́йсон" *греч. ("Господи, помилуй" <'Lord, have mercy'>; эллинистический возглас, выражающий преклонение, а тж просьбу к властелину и Богу, употребляемый в молитве в период раннего христ-ва; позже эта молитва стала частью литургии)* Kyrie [Christe] eleison.

Кир и Иоа́нн, свв. мчч., бессре́бреники и чудотво́рцы *(4 в.; д. п. 31 января/13 февраля)* Sts. Cyrus and John, Wonderworkers and Unmercenaries.

Ки́рик с ма́терью свое́й Иули́той, свв. мчч. *(ум. ок. 305; д. п. 15/28 июля)* Sts. Kirykos and his mother Julitta, Ms.

Кири́лл Александри́йский, свт. *(ок. 376-444; один из отцов Церкви, архиеп. Александрии, д. п. 9/22 июня, катол. – 27 июня)* St. Cyril, Archbp. of Alexandria.

Кири́лл Белозе́рский, прп. *(ум. 1427; основатель и игумен Белозерского монастыря, д. п. 9/22 июня)* St. Cyril of Belo-ozersk [of Beloozero].

Кири́лл Иерусали́мский, свт. *(ок. 315-86; проповедник, богослов, аскет, архиеп. Иерусалимский, д. п. 18/31 марта)* St. Cyril of Jerusalem.

Кири́лл и Мефо́дий, равноапо́стольные the Holy and Equal-to-the-Apostles, Doctors [Apostles] of Slavs; our holy fathers, Cyril and Methodius ◊ **праздник К.-а и М.-я, апостолов славян** *(11/24 мая, катол. – 14 февраля)* the festival of Sts. Cyril and Methodius, the Apostles of the Slavs.

кири́ллица *(одна из двух древних славянских азбук; см.* **глаго́лица***)* Cyrillic alphabet, Cyrillic script ◊ **писать к.-ей** to write in Cyrillic script.

Кири́лл Новоезе́рский, прп. *(ум. 1532; д. п. 4/17 февраля)* St. Cyril of Novo-ezersk.

Кири́ллова кни́га *(сборник статей против латинян и лютеран, составленный Стефаном Зизанием <Stephan Zizanius> в 1596, где он стремился доказать, что Папа Римский – Антихрист или его предтеча)* The Book of Cyril.

Кири́лл, равноапо́стольный, учи́тель Слове́нского *(825-69; просветитель славян, К. создал славянскую азбуку – кириллицу – и вместе с братом Мефодием перевёл на славянский язык книги, без к-рых не могло совершаться богослужение: Евангелие, Апостол, Псалтирь и избранные службы; мощи св. Кирилла находятся в Риме; д.п. 14/27 февраля)* St. Cyril, Equal-to-the Apostle, the teacher of Slavonic.

Кири́лл Фило́соф Мора́вский *см.* **Кири́лл, равноапо́стольный, учи́тель Слове́нского**.

киринея́нин по и́мени Си́мон *библ. (человек, к-рого солдаты заставили нести крест Иисуса на Голгофу, был родом из Киренаики)* a man of Cyrene, Simon by name.

Кириопа́сха *(в византийском обряде день, когда Пасха приходится на 25 марта / 7 апреля, т.е. на Благовещение)* Kyrieeaster.

Кирио́ф *см.* **Керио́ф**.

кириситáн *мн. (япон. христиане)* (the) Kirishitan.

ки́рка *(принятое за пределами германоязычной среды обозначение лютеранского храма)* Protestant church; *(тж шотландская церковь)* kirk.

Киркего́р *см.* **Кьеркего́р**.

Ки́рос *см.* **Ке́рос**.

ки́рха *см.* **ки́рка**.

Кирха́рес *см.* **Кирха́решет**.

Кирха́решет *библ. (столица моавитян)* Kir-hareseth.

Кир, царь Перси́дский *библ.* Cyrus, king of Persia.

Кис *(муж. имя в Ветхом Завете)* Kish.

ки́сва *(чёрное полотнище, закрывающее стены Ка́абы)* kiswa(h), the Holy Carpet.

ки́слев *библ. (девятый месяц вавилонского календаря <ноябрь-декабрь>, к-рый переняли израильтяне во время Вавилонского плена)* Kislev.

кисме́т *(в исламе – неизбежность, предопределённость)* kismet, kismat.

Киссо́н *библ. (название реки)* Kishon.

Кистио́н, св. мч. *см.* **Акутио́н, св. мч.**

кисть для пома́зания anointing brush.

Кита́б *араб. (буквально – книга; одно из названий Корана)* the Kitab.

кита́йский ◊ **к. идол** joss; **к.-ая свеча́** *(благовонная палочка для воскуривания в храмах)* joss stick. **к. храм** joss house.

Кития́не *библ. (в родословии народов сыновья Иавана, т.е. греки)* Kittim.

Китти́м *см.* **Кития́не**.

Ки́фа *(по-арамейски – камень; прозвище, к-рое Иисус дал ап. Симону-Петру)* Cephas.

кия́с *(араб. – сравнение; один из источников мусульманского права – суждения по аналогии)* kiyas, giyas, analogy-based rules.

клав *(в иконописи – особая полоса, проходящая через плечо Иисуса, традиционный символ царской власти, ставший и символом "Небесного Царя")* clavus.

Клавдиа́н Маме́рт *(ок. 425 – ок. 474; христ. писатель, поэт, философ и богослов)* Claudianus Mamertus.

Кла́вдий, св. мч. *(имя нескольких свв. мчч.)* St. Claudius, M.

Кла́вдия *библ. (рим. христианка, приветствия от к-рой ап. Павел передавал Тимофею; тж имя нескольких свв. мцц.)* Claudia.

кла́вий *см.* **клав**.

кла́дбище cemetery, graveyard, burying [burial] ground, burying place, God's acre; *(при церкви)* churchyard, *шотл.* kirk-garth, kirkyard.

кладби́щенский сто́рож sexton.

кла́няться to bow down.

Кла́ра Асси́зская *(1194-1253; основательница Ордена бедных* **кларисс***, католо. св., д. п. 11 августа)* St. Clare.

Кла́ра из Ри́мини, блж. *(ум. 1346; катол. св., д.п. 10 февраля)* Blessed Clare of Rimini.

кларинянка *см.* **клари́сса**.

клари́ска *см.* **клари́сса**.

клари́сса *(монахиня женского ответвления францисканского ордена, основанного св. Кларой в нач. 13 в. и присоединившегося к братству св. Франциска в 1212)* Clarist, a Clarist [Franciscan] nun, Poor Clare, a Clare, Minoress, Clarissine.

клариссинка *см.* **клари́сса**.

Кла́рус Вье́ннский, абба́т *(ум. ок. 660; катол. св., д. п. 1 января)* St. Clarus of Vienne, abt.

кла́ссис *(в Реформатской нидерландской и немец. церквах в Европе и США окружной церк. орган управления, состоящий из священников и старейшин данного округа)* classis.

"кла́ссы" *(еженедельные встречи у методистов)* the class meetings.

клей glue ◊ *(употребляемый в иконописи)* **мездровый к.** hide-glue; **рыбий к.** fish-glue, isinglass.

клейма́ *(в житийных иконах – отдельные композиции на полях со сценами жития)* border [marginal] scenes ◊ **житийные к.** hagiographical border scenes.

Клео́ник, св. мч. *(3-4 вв.; д. п. 3/16 марта)* St. Cleonicus.

Клео́п(а) *(1. муж Марии, к-рая упоминается в Ев. от Иоанна 19:2 как присутствующая при распятии Иисуса; по Евсевию Кесарийскому эта Мария была сестрой Девы Марии; 2. один из 70-ти апостолов, д. п. 4/17 января, катол. – 25 сентября)* Cleop(h)as.

Клеопа́тра Палести́нская, св. *(4 в.; д. п. 19 октября / 1 ноября)* St. Cleopatra.

клепа́ло *болгарский, сербский см.* **би́ло**.

Кле́рик, Иоа́нн *(1657-1736; женевский библеист, богослов, философ, писатель)* Leclerc [Clericus], Jean.

клерика́л *(сторонник* **клерикали́зма***)* clerical(ist).

клерикали́зм *(политическое направление, стремящееся к установлению господства церк. организаций в политической и культурной жизни страны; особ. сильно проявилось в ряде западно-европ. стран в 19 в.)* clericalism, clericism.

клерика́льный clerical ◊ **к.-ое государство** priest-ridden state.

Клермо́нский собо́р *(катол. церкви, 1095; созван был папой Урбаном II для обсуждения положения Палестины; на соборе присутствовало более 200 епископов и многочисленная народная масса; папа, рисуя страдания Св. Земли и всего Восточного христ-ва, призывал Запад на помощь не только Палестине, но и всем угнетённым "церквам восточным"; единодушным кличем – "Так хочет Бог" лат.* <'Deus to volt'> *решён был первый Крестовый поход)* the Council of Clermont.

Клет, св. *см.* **Анакле́т [Анакли́т] I, св.**

Кли́мент Александри́йский *(ок. 150-215; пресвитер александрийской церкви, знаменитый христ. учитель и писатель)* Clement of Alexandria, Titus

Flavius Clemens, *лат.* Clemens Alexandrius ◊ *(нек-рые из его сочинений)* **"Какой богач спасётся"** или **"Кто из богатых спасётся"** Who is the Rich that Man is Saved, **"Педагог"** или **"Воспитатель"** The Tutor.

Климента литургия *(так называется литургия, изложенная в 5-15 главах 8-ой книги "Апостольских постановлений" <the Apostolic Constitutions>; хотя наука ещё в 17 в. отвергла принадлежность этого сборника св. Клименту Римскому, но название сохранилось)* the Clementine (liturgy).

Климент, еп. Римский, св., ученик ап. Петра *(ум. 101; д. п. 25 ноября / 8 декабря, катол. – 23 ноября)* St. Clement [Clems] of Rome, Apl, *лат.* Clemens Romanus.

Климентины I *(группа памятников древнехрист. письменности 3 в., связанных по своему содержанию и происхождению с именем св. Климента I Римского и приписываемых ему как автору)* the Clementine literature, *лат.* Clementinae.

Климентины II *(папские постановления, изданные папой Климентом (1305-14) и дополненные его собственными декретами)* the Clementine Decretals, the Clementines.

Климент, Папа Римский, сщмч. *см.* **Климент, еп. Римский, св., ученик ап. Петра**.

Климент, равноапостольный, еп. Орхидский *см.* **Климент, св., еп. Словенский и Величский**.

Климент, св., еп. Словенский и Величский *(ум. 916; ученик и сотрудник свв. Кирилла и Мефодия; занял епископскую кафедру Велицы, где оставался еп.-ом до своей смерти; создал монастырь в Орхиде, Болгария; д. п. 27 июля / 9 августа)* St. Clement of Orkhida.

клиники *истор. (те, кого крестили в постели на смертном одре)* clinici.

клипеус *(медальон или щит с Младенцем Иисусом на иконе)* clypeus, clipeus.

клир **1.** *(совокупность священно- и церковнослужителей, церковный причт)* the clergy of parish; **2.** *(чтецы и певчие)* lectors and choristers.

клирик *(духовное лицо)* cleric(al), clergyman, ecclesiastic, *англик., катол.* clerk, *англик.* clerk in holy orders.

клирики *(в русском правосл. – священники и диаконы)* the priests and deacons.

клирик, исполняющий обязанности регента *англик.* priest vicar.

клирос *(возвышение перед иконостасом в храмах Русской правосл. церкви, на к-ром во время богослужения находятся чтецы, певчие, а тж священнослужители, не принимающие непосредственного участия в богослужении, но помогающие в чтении и пении; в храмах два к.-а – северный и южный по сторонам солеи)* choir-place, choir gallery, kliros ◊ **огороженное пространство перед к.-ом** antechoir, forechoir; **северный к.** *(тж* **канторис)** *(в Зап. христ-ве)* cantoris, cantor(i)al [cantorous] side of the choir; **южный к.** decani, decanal side of the choir.

клирошанин *(причетник, поющий на клиросе)* choir brother.

клирошанка *(монахиня, обязанная посещать все богослужения с пением – в картузианском и нек-рых др. монастырях)* choir sister.

Клита *библ. (один из левитов, женившихся на "иноплеменных" женщинах и оставивших их после возвращения из Вавилонского плена)* Kelita.

Клит, св. *см.* **Анаклéт [Анаклúт] I, св.**

клобýк *(у монашествующих – особый вид покрывала, накидываемого на камилавку и своими концами ниспадающего на плечи)* klob(o)uk, black veil, *греч.* epanokamelavchion, exokamelavchion.

Клотúльда, св. *(ум. ок. 545; франкская королева, катол. св., д. п. 3 июня)* St. Clotilda, St. Clotilde.

клуáтр *(в средневековой европ. архит. внутренний двор, чаще всего монастырский, со всех сторон окружённый галереей или крепостной стеной; обычно примыкал к южной стороне храма)* cloister, the cloister garth.

Клюнú *истор. (аббатство в Бургундии, основанное в 910)* Cluny ◊ **монах аббатства К.** Cluniac.

Клюнúйская рефóрма *(преобразование и создание новых монастырей, подчинённых Клюнú, 10-11 вв.)* the Cluniac reform, the work of reforming abbeys from Cluny.

клюнúйский Cluniac, Cluniacensian, Clunist, Clunisian.

ключ ◊ **К.-и** *(атрибут ап. Петра и нек-рых др. святых)* the Cross Keys; **к.-и ада и смерти** *библ. (у Христа)* the keys of hell and of death; **к.-и Св. Петра** *(эмблема Папы Римского; власть и юрисдикция катол. церкви)* St. Peter's Keys; **к.-и Царства Небесного** *библ. (к-рые Христос передал Петру)* the keys of the Kingdom of Heaven.

ключáрь *(священник собора или церкви, в чьём ведении находится ризница и церк. утварь; он же ведёт график работы священнослужителей, запись в журнале дежурств и т. п.)* ecclesiarch, *(в Зап. христ-ве)* sacrist(an).

клясться to swear ◊ **к. Гóсподом** *библ.* to swear by the Lord; **к. на Бúблии** to swear on the Book.

клятва 1. *(божба)* swearing, oath ◊ **исполнить к.-у** *библ.* to perform an oath; **2.** *(присяга, обет)* oath, vows ◊ **к., признающая верховенство англ. монарха в делах церкви** *истор.* the Oath of Supremacy; **к., принесённая на Бúблии** Bible [Book] oath; **к. или присяга, подкрепляемая прикосновением к священному предмету, особ. к Бúблии** bodily [corporal] oath.

клятвопреступлéние *(нарушение обета)* perjury.

клятвопрестýпник *(нарушитель обета)* perjurer, oath breaker.

книга ◊ **богослужебная к., подробно описывающая** *какой-л.* **ритуал** *катол.* ceremonial; **к. богослужебная** a book of the offices; **к. о монастырях и монахах** *греч.* monasticon; **к., описывающая ритуал епископского (кафедрального) богослужения** *катол.* the ceremonial of Bishops; **к., описывающая ритуал папского богослужения** *катол.* the Roman ceremonial; **к. поучений для новообращённых** catechesis; **церковная к.** *(записи рождения, браков, смертей)* vestry book.

кнúга антифóнов *см.* **антифонáрий**.

кнúга Екклесиáста *см.* "**Екклесиáст**".

"**кнúга жúзни**" *библ. (в ней перечислены имена всех – праведных и богобоязненных – живущих, к-рые названы и избраны для того, чтобы быть оправданными на Божьем суде и получить спасение, дарованное Богом)* the book of life, *лат.* liber vitae ◊ "**к. ж. у Агнца**" *("Откровение" 13:8)* 'the book of life of the Lamb'; "**у Агнца в к.-е ж.**" *("Откровение" 21:27)* 'in the Lamb's book of life'.

"**Кни́га заве́та**" *библ. (упоминается в "Исходе" 24:7, к-рую исследователи Библии относят к части "Бытия" с 20:23 по 23:33, и к-рую иногда называют "Большой книгой завета" <the Larger Book of the Covenant>, а часть "Бытия" 34:11-26 иногда называют "Малой книгой завета" <the Small Book of the Covenant>)* The Book of the Covenant.

кни́га Иа́кова *см.* "**Протоева́нгелие Иа́кова**".

кни́га Исхо́да *см.* "**Исхо́д**".

"**Кни́га Мормо́на**" *(главный источник вероучения* **мормо́нов**, *к-рый опубликовал их основатель Дж. Смит; содержит свыше 300 цитат из Библии и представляет собой параллель Ветхому и Новому Заветам)* The Book of Mormon, The Mormon Bible.

"**Кни́га му́чеников**" *(описание религ. гонений гл. обр. в Англии с 64 по 1558 включительно, когда умерла королева Мария I Тюдор (1516-58), сестра короля Эдуарда VI; написана Джоном Фиксом и впервые напечатана на лат. в 1559 и на англ. в 1563)* The Book of Martyrs.

"**Кни́га о́бщей моли́твы**" *(официальный сборник молитв и др. литургических – богослужебных – предписаний англиканства)* The Book of Common Prayer, *сокр.* BCP; *(полное название)* The Book of Common Prayer, and Administratio of the Sacrament, other Rites and Ceremonies of the Church ◊ "**Утверждённые книги о. м.**" *(несколько копий в новой редакции, утверждённых в 1662 и разосланных по постановлению парламента в соборы и церкви для сохранности)* The Sealed Books of Common Prayer.

"**Кни́га обще́ственного богослуже́ния**" *см.* "**Кни́га о́бщей моли́твы**".

"**Кни́га о́бщих моли́тв**" *см.* "**Кни́га о́бщей моли́твы**".

кни́га Пе́сни Пе́сней Соломо́на *библ.* the Song of Solomon, *сокр.* S. of S., the Song of Songs, the Canticle of Canticles, the Canticles.

кни́га Пра́ведного *см.* **Пра́веднаго кни́га**.

"**Кни́га пра́вил**" *(Ко́рмчая кни́га, изданная в 1839 на славянском и параллельно греч. языках с полным текстом канонов под названием "Книга правил св. апостолов, св. соборов Вселенских и поместных и Св. Отцов")* The Book of Rules, The Book of Canons.

кни́га При́тчей Соломо́новых *см.* "**При́тчи Соломо́на**".

кни́га Пропове́дника *см.* "**Екклесиа́ст**".

кни́га проро́честв prophecy ◊ к.-и пророков Ветхого Завета the Prophets. к.-и п. Ветхого Завета the prophetic Books of the Old Testament.

"**Кни́га согла́сия**" *(1580; книга, последовавшая за* "**Конко́рдией**", *в к-рой было изложено исповедание веры или символическая формула согласия лютеранской церкви)* the Book of Concord, the Concordia.

кни́га Суде́й Изра́илевых *библ. (истор. книга Ветхого Завета; содержит в себе описание религ.-нравственного и политического состояния евреев во времена Судей 1550-1150 до н.э. и, в частности, описание подвигов Судей Израилевых)* (The Book of) Judges, *сокр.* Judg, Judd.

кни́га Числ *см.* "**Чи́сла**".

кни́га Юбиле́ев *(апокрифическая книга)* The Book of Jubilees.

кни́ги прему́дрости *библ., устар. (книги Притчей Соломоновых, Екклесиаста и премудрости Соломоновой и премудрости Иисуса, сына Сирахова)* the sapiental books.

кни́жники *(в Ветхом Завете еврейские законоучители, толкователи Священного Писания в период после Вавилонского плена; в Новом Завете это в основном законоведы, они почти всегда упоминаются в отрицательном смысле вместе с фарисеями, так как принадлежали к противникам Иисуса)* scribes, teachers [doctors] of the law.

Кнут Лава́рд *см.* **Кану́т Лава́рд**.

Кнут, св. *см.* **Кану́т, св.**

кня́зи врат *библ. (верхние перекладины ворот, поднимавшиеся для пропуска проходящих)* the posts of the door.

князь prince ◊ **к. апо́столов** *(в катол. церкви апп. Петр и Павел почитаются князьями апостолов, причём Петру отводится первое место)* the prince of the Apostles; **к.-я апо́столов** *(об апп. Петре и Павле)* the princes of the Apostles; **к. бесо́в, к. бесо́вский** *библ. (Сатана)* the prince [chief] of the devils, the prince of the demons; **к., госпо́дствующий в во́здухе** *библ. (Сатана)* the Prince of the Power of the Air; **К. ми́ра** *библ. (Иисус Христос)* the Prince of Peace; **к. ми́ра сего́** *библ. (Сатана, дьявол)* the Prince of this World.

князь тьмы́ 1. *библ. (Сатана)* the Prince of Darkness; **2.** *(в зороастризме – Ахрима́н)* the prince of devils.

князь Це́ркви 1. *(кардинал)* the Prince of the Church; **2.** *истор. (в Византии)* ecclesiarch.

коадью́тор *катол. (духовное лицо, назначаемое Папой Римским для помощи еп.-у в случае, если последний не в состоянии выполнять свои обязанности по старости или слабости здоровья; у греко-католиков тж* **протоси́нкел***)* coadjutor(-bishop), *сокр.* Coad.

кова́рство дья́вола the cunning of the devil.

covена́нт *истор. (соглашение шотл. пуритан для защиты кальвинизма и независимости Шотландии)* the Covenant ◊ **Национа́льный к.** *(1638; соглашение в защиту пресвитерианства против политики Карла I и навязывания им епископального управления церковью)* the National Covenant; **Пе́рвый к.** *(1557; соглашение между наиболее могущественными шотл. баронами и менее знатными дворянами в поддержку Реформации)* the First Covenant; **сторо́нник Национа́льного к.-а** Covenanter; **Торже́ственная ли́га и к.** *(1643; соглашение между парламентом Англии и Шотландии в защиту пресвитерианства в Шотландии; аннулировано в 1661)* the Solemn League and Covenant.

ковена́нт благода́ти *(в ковенантной теологии)* covenant of grace, covenant of faith.

ковена́нт де́ла *(в ковенантной теологии)* covenant of works.

ковена́нтная теоло́гия *(теологическая система, разработанная в 17 в. голландскими и англо-американскими протестантами)* federal theology.

ковена́нторы *см.* **ковена́нты**.

ковена́нты *истор. (партия строгих пресвитерианцев 16-17 вв. в Шотландской церкви)* the Covenanters.

ко́врик, моли́твенный *(у мусульман – обычно с изображением* **михра́ба***)* prayer [praying] carpet, prayer [praying] mat.

ковче́г I *(в иконописи – небольшое углубление основного поля изображения иконной доски для его лучшей сохранности; является особенностью старинных икон)* cut-back centre portion of the icon panel.

ковче́г II *см.* **дарохрани́тельница**.

ковче́г III *библ. (Ноев к.; судно из кипарисового дерева, трёхэтажное, в к-ром, по приказанию Бога, Ной и его семейство, а тж определённое количество чистых и нечистых животных по парам спасались от потопа; после окончания потопа к. пристал к горам Араратским)* (Noah's) ark.

ковчег IV *(ларец для хранения священных предметов)* chest with holy relics, reliquary, shrine with relics, *лат.* camisia.

ковче́г Госпо́день *библ.* the ark of the Lord.

ковче́г Заве́та *(главная святыня народа Израиля; это сундук, к-рый стоял в святая святых шатра Завета, а затем Иерусалимского храма, и содержал в себе скрижали закона – свитки Торы)* ark of the covenant, ark of testimony.

ковче́г-мощеви́к *см.* **ковчег IV**.

ковче́г открове́ния *см.* **ковче́г Заве́та**.

ковче́г святы́ни *см.* **аро́н-коде́ш**.

ковче́жец с моща́ми *см.* **ларе́ц с моща́ми**.

ко́вш(ик) *(деревянный или металлический сосуд для питья и розлива кваса и др.)* dipper, scoop *(с длинной ручкой)* ladle; *(для вливания в потир горячей воды (теплоты)* short-handled ladle.

кога́ку *(неоконфуцианская школа в Японии)* Kogaku.

когани́м *мн. ч. (см.* **ко́ген***)* Cohanim.

ко́ген *библ. (еврейский священник; потомок первосвященника Аарона из колена Леви, что даёт ему право быть священником в культе Яхве и произносить особое благословение, текст к-рого написан в Торе)* Kohen, Cohen.

кого́рта *библ. (рим. воинское соединение)* band.

Кодаши́м *(иврит "Законы о жертвах, приношениях и пище"; одна из 6 основных частей* **Ми́шны** *– законы, касающиеся храмовой службы и жертвоприношений)* Kodashim.

ко́декс *(старинная рукопись, особ. Священного Писания или классических авторов)* codex.

Ко́декс Феодо́сия *(официальный сборник постановлений рим. императоров 4-5 вв.; составлен по указанию императора Феодосия, обнародован в 438)* the Theodosian Code(s), *лат.* Codex Theodosianus, *сокр.* C. Theod.

"Ко́декс ю́рис канони́ци" *(основной сборник канонов, определяющих содержание канонического права катол. церкви)* the New Code, *лат.* Codex Juris Canonici.

Ко́декс Юстиниа́на *(часть* **Кодифика́ции Юстиниа́на***; состоит из отрывков распоряжений – конституций – императоров, начиная со 2 в., и объединённых в 12 книг – церк. право, уголовные, финансовые, гражданские и др. законы)* the Justinian(ian) Code, the Code(x), *лат.* Codex Justinianus.

Кодифика́ция Юстиниа́на *(систематическое изложение византийского права 6 в., включает Институции <Institutes>,* **Диге́сты** *и* **Ко́декс**

Кодифика́ция

Юстиниа́на; основа К.-и Ю. – рим. право, переработанное с учётом новых экономических условий) лат. Corpus Juris Civilis.

Кодра́т *(ум. ок. 129; первый апологет древней христ. церкви, один из 70-ти апп.; д. п. 21 сентября / 4 октября, катол. – 26 мая)* St. Quadratus, Apl.

Кодра́т Кори́нфский, св. мч. *(3 в.; 10/23 марта)* St. Condratus of Corinth, M.

Козельщи́нская ико́на Бо́жией Ма́тери *(в 1881 прославилась великими чудотворениями, находилась в селе Козельщине, Кобелякского уезда Полтавской епархии; празднуется 21 февраля/5 марта)* the Kozelshchina icon of the Mother of God.

козёл (для) отпуще́ния *библ. (название козла, к-рого после того, как на него возложением рук символически переносились все грехи Израиля, в день искупления [очищения] выгоняли к демону пустыни Азазелу)* scapegoat.

Козма́ и Дамиа́н, свв. *см.* **Косма́ и Дамиа́н, свв. мчч., бессре́бреники.**

ко́зни дья́вола the works [schemes, devices] of the devil, devil's designs ◊ **противостоя́ть к.-ям д., стать против к.-ей диаво́льских** *библ.* to stand firm against the schemes of the devil, to take *one's* stand against the devil's schemes.

Козьма́ и Дамиа́н, свв. *см.* **Косма́ и Дамиа́н, свв. мчч., бессре́бреники.**

Кокце́юс, Иоанн *(1603-69; реформатский богослов)* Cocceius [Koch], Johannes.

колдова́ть *(заниматься колдовством)* to practise witchcraft, to practise obeah.

колдовско́й magical; necromantic.

колдовство́ *(в ряде традиций – способность некоторых людей воздействовать на др. людей и природу с помощью магии; к к.-у относят тж способность насылать или снимать порчу – болезни и т.п., тж* **ведовство́, волшебство́, чароде́йство***)* magic, witchcraft, sorcery, obeah, arcane knowledge; diabolism, necromancy; *шотл.* cantrip ◊ **быть обвинённым в к.-е** to be accused of witchcraft.

колду́н wizard, sorcerer, magician, enchanter, obeah man; necromancer.

колду́нья sorceress, enchantress, witch.

коледа́ *см.* **коляда́.**

коле́но 1. *(поколение)* generation **2.** *библ. (потомство, произошедшее от сынов птрх. Иакова, бывших родоначальниками иудеев; весь народ еврейский состоял из 12 таких колен по числу сыновей Иакова; колено Иосифа само делилось на два колена, произошедших от двух его сыновей – Ефрема и Манассии; евреи при Христе могли отличать ещё своё происхождение по коленам посредством родословных таблиц и устных преданий; сам Иисус Христос по плоти через Деву Марию произошёл от колена Иудина)* tribe ◊ **к. Вениаминово** *библ.* the tribe of Benjamin; **двенадцать [двунадесять] колен Израилевых** *библ.* the twelve tribes of Israel; **к. Иудино** *библ.* the tribe of Judah; **потерянные к.-а** *(после смерти царя Соломона его царство разделилось на два: на землях Иуды и Вениамина возникло южное царство <Иудея>, на землях оставшихся 10 колен – северное <Израиль>; в 721 до н. э. северное царство было захвачено ассирийцами, а его жители уведены в плен; дальнейшая судьба 10 колен неизвестна и породила множество догадок)* the lost tribes.

коленопреклоне́ние *(предписанная церк. канонами поза смирения и самоуничижения; принимается верующими в знак полной и безоговорочной по-*

корности Богу; в Восточном христ-ве совершается на два колена с земным поклоном; в Зап. христ-ве совершается на правое колено без наклона туловища) genuflection, genuflexion, kneeling ◊ **к. на оба колена** a double genuflection.

коленопреклонённый genuflectory, kneeling ◊ **выражать к.-ое почтение** to pay genuflectory obeisance on bended knees; **к.-е молитвы** *(читаются на вечерне в день Пятидесятницы; к.-е молитвы читает священник, стоя на коленях в царских вратах, при этом все молящиеся стоят на коленях с преклоненной до земли головой; молитва священника содержит прошения о милости Божией, о ниспослании Духа Святого, об упокоении умерших; составлены в 4 в. Василием Великим, архиеп. Кесарии Каппадокийской)* kneeling prayers; **к. человек** kneeler; **молиться на коленях** to kneel in prayers; **покорно молить на коленях** to kneel submissively; **почтительно преклонить колена** to kneel reverently; **преклонять колена, становиться на колени** to genuflect, to kneel (down).

Коленсо, Джон *(1814-83; южноафриканский церк. деятель)* Colenso, John.

"колесо бытия" см. **"колесо жизни"**.

колесование *истор. (вид пытки)* breaking on the wheel.

колесовать *истор.* to break on the wheel.

"колесо жизни" *(в буддизме – образная трактовка бесконечного круговорота перерождений, обусловленных поступками, чувствами и желаниями живых существ)* the wheel of life, *санскрит* bhava-cakra.

Колесо Закона см. **Закон (буддийский)**.

Колетта Буайе, прп. *(1381-1447; учредительница колеттинок* <the Colettines>, *ответвления нищенствующих* **кларисс** <the Poor Clares>; *катол. св., д. п. 7 февраля)* St. Colette De Boillet.

коливо *(см. тж* **кутья поминальная***)* koliva, kol(l)yva, *греч.* kolyba, col(l)yba.

Колиньи, Гаспар де *(1519-72; адмирал, глава гугенотов, убитый в Варфоломеевскую ночь)* Coligny [Coligni], Gaspard de.

коллегиальная церковь *шотл. (1. христ. церковь, но не собор, имеющая в штате более одного священника; 2. англик. соборная церковь с коллегией или капитулом)* collegiate church, *устар.* collegial church.

коллегианты *(религ. движение, основанное в 17 в. в Голландии и являющееся объединением голландских протестантов с центрами в Вармюнде, близ Лейдена, и в Рейнсбурге, предместье Гааги)* the Collegiants, the Rynsburgers.

коллегия епископов *(катол. богосл. термин, согласно к-рому епп. составляют одно целое, в к-ром они являются его частью, а не собранием индивидуумов)* collegiality.

коллегия кардиналов *(совокупность кардиналов катол. церкви, составляющих папский совет* <the papal [privy] council>, *главной функцией к-рого являются выборы нового Папы; до 1958 включал в себя не более 70 кардиналов; любой кардинал, достигший возраста 80 лет, теряет право быть членом коллегии кардиналов)* the college of cardinals, the apostolic [sacred] college.

коллегия консультантов *катол. (орган управления, принимающий власть в епархии [диоцезе], когда кафедра остаётся вакантной; консультанты*

<от 6 до 12> назначаются правящим еп.-ом из числа членов *совета священников* <presbyterial council>) college of consultors.

коллéкт I *англик., катол. (краткая молитва во время обедни)* the Collect (of the Mass), the Collect of the Communion service, the Mass [Communion] collect, *(для определённого дня)* collect of the day ◊ **книга к.-ов** *(средневековая богослужебная книга)* collector, *редко* collectarium.

коллéкт II *(сбор добровольных пожертвований в пользу церкви)* collection, *устар.* collect.

Кóлман Дромóрский, еп. *(6 в.; катол. св., д. п. 7 июня)* St. Colman of Dromore.

Кóлман Линдисфáрнский, еп. *(ум. 676; катол. св., д. п. 18 февраля)* St. Colman of Lindisfarne.

Кол Нúдрей *(по-арамейски "все обеты", первые слова молитвы, читаемой в синагогах в Йóм-кип(п)ýр)* Kol Nidre.

Колнúдре *см.* **Кол Нúдрей**.

колóбий *(1. длинная нижняя рубаха без рукавов, в к-рой изображается Христос в сцене распятия в нек-рых раннехрист. композициях сирийского происхождения; 2. раннехрист. одеяние священников)* colobium.

колóвий *см.* **колóбий**.

колóдезь Иáкова *см.* **Иáковлев колóдезь**

кóлокол *(металлический ударный инструмент, созывающий верующих на богослужение и отмечающий важнейшие части службы)* bell ◊ **бить в к.** to clang; **бить в к.-а** to bell; **благовестный к.** the bell calling for church; **вечевой к.** the Assembly bell; **звонить в колокола** *(см.)*; **к.-а имеют стройное звучание** the bells ring in peal; **звон к.-а в момент чьей-л. смерти, а** *тж* **во время похорон** passing [soul, burial] bell; **к., возвещающий о возношении Святых Даров** sacring bell; **маленький к.** campanella, a little bell; **набор к.-ов** peal, ring, chimes; **небольшой церк. к.** tantony; **окрестить [освятить] к.** to christen a bell; **отливать к.** to found [cast] a bell; **отливка к.-ов** bell founding; **при (первом) ударе к.-а** at the sound of a bell; **разбитый к.** cracked bell; **раскачивать язык к.-а** to clapper; **удар в к.-а** clam; **самый большой к.** the Tom bell; **ударить в к.** to strike a bell; **ударить в к.-а** to clam; **утолщённый край к.-а, о к-рый ударяет язык** sound bow; **ухо к.-а** cannon, the ear of a bell; **к.-а церкви Сент-Мари-ле-Боу** the Bow bells; **язык к.-а** clapper, bell-tongue.

колоколовéдение bellstudy, campanology.

колокололитéйное ремеслó bell casting craft.

колокололитéйщик bell caster.

колокóльный звон *(см. тж звон)* toll, peal, ringing of church bells; *англ.* bob ◊ **иск-во к.-ого звона** campanology; **мелодичный к. перезвон** carillon; **ознаменовать к.-м з.-ом** to ring in; **провожать к.-м з.-ом** to ring out; **созывать прихожан в церковь к.-м з.-ом** to toll the people to church.

колокóльных дел мáстер bellmaker, campanologist.

колокóльня bell tower, belfry, *франц.* clocher; *(отдельно стоящая)* campanile, *греч.* campanarion ◊ **к. в виде круглой башни** *(в Ирландии)* clogh(e)ad; **настил [пол] на к.-е для звонарей** ringing loft; **отдельно стоящая к.** detached bell tower; **помещение для колоколов на к.-е** bell loft; **трёхъярусная к.** three-tiered bell tower.

колора́тка *(у Зап. духовенства особый белый воротничок, имеющий вид белого квадратика под подбородком, реже белого ошейника <у василиан, англикан> или с двумя свисающими концами <у салезиан, лютеран>* Roman [clerical] collar.

колоссе́и см. **колосся́не**.

колосся́не *библ. (жители города Колоссы <Colossae>; а тж члены христ. церкви города)* the Colossians.

Колу́мба, св. *(ок. 521-97; ирландский миссионер, "апостол Каледонии", северных и южных пиктов в Шотландии <the Apostle of Caledonia>; на острове Айона <Iona> он основал монастырь, где прожил 34 года; ·катол. св., д.п. 9 июня)* St. Columba, *(известен тж как)* Colm, Colum, Colmicille, Columbkille.

Колу́мбан, а́вва *(ок. 540-615; катол. св., д. п. 23 ноября)* St. Columban(us), abbot.

кольцо́ ring ◊ **обруча́льное к.** wedding [church] ring; *(благословляемое священником во время таинства брака) греч.* daktylos.

"кольцо́ рыбака́" *(золотое кольцо с печаткой Папы Римского, к-рым он заверяет свои послания; на кольце изображён ап. Петр, в лодке, тянущий сеть, а вокруг изображения начертано имя Папы Римского)* the Fisherman's ring.

коляда́ *(в правосл. народное празднование Рождества Христова, сопровождаемое обходом соседей с песнями и поздравлениями; нередко это празднование сопровождается гаданием и языческими обрядами; церковь не признает этот обычай и осуждает его)* kolyada, custom of house-to-house Christmas carol-singing.

коля́дка *(радостная песня, сопровождаемая танцем и исполняемая на Свя́тки во время коляды́)* Christmas carol.

колядова́ть *(ходить по дворам с пением колядок)* to go round carol-singing.

коля́довщик *(участник коляды́)* Christmas caroler.

Комбефи́з, Франсуа́ *(1605-79; франц. учёный-патролог, доминиканец; им изданы творения Амфилохия Иконийского, Мефодия Патарского, Андрея Критского, Максима Исповедника, Василия Великого)* Combefis, François.

Комга́лл Банго́рский, абба́т *(ум. 603; катол. св., д. п. 11 мая)* St. Comgall of Bangor.

ко́мжа *катол. (богослужебное одеяние священника, белая рубаха до колен с кружевами)* camisia, rochet.

Коми́ссия межцерко́вной по́мощи бе́женцам и всеми́рного служе́ния *(подразделение Всемирного совета церквей)* the Commission on Inter-Church Aid, Refugee and World Service, *сокр.* CICARWS.

Коми́ссия по уча́стию церкве́й в разви́тии *(подразделение Всемирного совета церквей)* the Commission of the Churches Participation in Development, *сокр.* CCPD.

Коми́ссия Церкве́й по междунаро́дным дела́м *(подразделение Всемирного совета церквей)* the Commission of the Churches on International Affairs, *сокр.* CCIA.

комме́нда *(поручение заменить отсутствующего иерарха; в англ. церк. праве передача прихода со всеми доходами другому духовному или светскому лицу на время или навечно; отменена в 1836)* commenda(m).

коммента́рии к Би́блии Biblical commentaries ◊ **к. к Св. Писа́нию** commentaries on the Books of the Old and New Testament.

коммента́тор *см.* **толкова́тель**.

Коммодиа́н *(3 в.; лат. поэт, сохранились две его поэмы религ. содержания)* Commodian.

комму́нио *катол. (песнопение или молитва рим. катол. мессы, к-рые поются или произносятся во время причащения; если есть муз. сопровождение, то поётся антифонно хором на псалом 34)* the Communion anthem or antiphon.

комму́ны *(сообщества, общежития христиан с разной степенью общности)* communities ◊ **мона́шеская к.-а** a community of monks.

"компенса́ция" *(термин, часто употребляемый в совр. религ. языке в Зап. церкви, к-рый означает возмещение Богу путём моления и покаяния за нанесение ему оскорблений)* reparation.

компози́ция *(иконы)* design, composition ◊ **сло́жная многофигу́рная к.** a complex composition involving many figures.

конве́нтикль *истор. (в Зап. Европе – тайное собрание или моление, напр. нонконформистов в Англии)* conventicle.

конвентуа́лы *(монахи-францисканцы в чёрных одеждах, ратовавшие за смягчение правил монашеской жизни, в отличие от* **обсерва́нтов**) the Conventuals, the Black [Conventual] Franciscans, the Friars Minor Capuchins.

конверти́т *(обращённый из православия в католичество)* convert.

конвока́ция *(1. собор духовенства совместно с представителями от мирян в протест. церкви; 2. собор англик. духовенства епархий Кентербери и Йорка)* convocation, *англик.* Convocation ◊ **сове́т к.-и** the house of Convocation.

Конвуа́н, абба́т *(ум. 868; катол. св., д. п. 5 января)* St. Convoyon, abt.

конвульсионе́ры *истор. (секта, возникшая во Франции в первой трети 18 в. после преследования янсенистов)* the Convulsionaries, the Convulsionarists.

Конга́р Уэ́льский, прп. *(6 в.; катол. св., д. п. 27 ноября)* St. Cungar, St. Congar, St. Cyngar.

конгрегационали́зм *(ветвь протест. церкви, придерживающаяся принципа самоуправления каждого прихода; возникла в 1580 в Англии и получила широкое распространение в англ. колониях в Сев. Америке)* Congregationalism, Independency.

конгрегационали́стский Congregational, *сокр.* Congl. ◊ **К. сою́з Аме́рики** the American Congregational Union, *сокр.* A.C.U.; **К. сою́з А́нглии и Уэ́льса** the Congregational Union of England and Wales; **К.-ая це́рковь** *(Англии и Уэльса)* the Congregational Church (in England and Wales).

конгрегационали́сты *(последователи возникших на позднем этапе англ. Реформации, в конце 16 в., радикальных общин и церквей, наиболее активно боровшихся за "очищение" ["пурификацию" – отсюда "пуританизм"] англ. церкви от епископата и всех элементов катол. доктрины и обряд-*

*ности; тж **индепенде́нты** 2.; в наст. время **к.** имеют несколько млн. последователей в США, Англии, Канаде, Австралии, Новой Зеландии и др. странах)* the Congregationalists, the Congregationers, the Independents.

конгрега́ция *(1. объединение последователей одного исповедания; 2. собрание верующих для отправления религ. службы или церемонии; 3. в катол. церкви – объединение нескольких монастырей под единым управлением и с едиными уставными правилами; 4. основные учреждения рим. курии <Romans Congregations>, напр. **К.** Божественного культа и дисциплины таинств <the Congregation of Sacred Rites>, **К.** евангелизации народов <the Congregation for the Evangelization of the Nations or the Propagation of the Faith, or the Sacred Congregation of Propaganda>)* congregation ◊ **Духовная к.** *катол.* the Congregation of bishops; **член к.-и** congregant.

"Конгрега́ция" *(16 в.; партия реформаторов в Шотландии – последователей Дж. Кнокса (1513-72) <John Knox>)* the Congregation of the Lord, the Congregation of Christ.

Конгрега́ция бра́тьев св. Амвро́сия *(основана в Милане в 1375)* the Congregation of the Brethren of St. Ambrose.

Конгрега́ция св. Сульпи́ция *см.* **сульпициа́не.**

Конгрега́ция святóй канцеля́рии *см.* **"Свята́я пала́та".**

конгруи́зм *(учение о совместимости Божьего предопределения со свободой человека, о согласии благодати Божьей с волей человека)* congruism.

конда́к *(краткое песнопение, изображающее в сжатом виде жизнь святого или историю священного события, праздника)* kondak; *греч.* contakion, kontakion.

кондо́вый *(старинный, прочный; у старообрядцев **к.** – положительная характеристика)* of the good old-fashioned sort, solid.

Кондра́т *см.* **Кодра́т.**

Кондра́т Кори́нфский, св. мч. *см.* **Кодра́т Кори́нфский, св. мч.**

Кондре́н, Шарль де *(1588-1641; франц. мистик, ученик Пьера де **Берю́лля** и его преемник в качестве главного настоятеля конгрегации **ораториа́н**)* Condren, Charles de.

Коне́вская ико́на Бо́жией Ма́тери "Голуби́ца" *(икона была принесена в Россию с Афонской горы прп. Арсением Коневским в 1393 и находилась на одном из островов Ладожского озера; изображала Богоматерь с Младенцем Иисусом, держащим в левой руке двух птенцов голубиных; празднование 10/23 июля)* the Konevets icon of the Mother of God "the Dove".

коне́ц ми́ра *(в индуистской философии)* Pralaya.

коне́ц све́та the end of the world.

конкла́в *(собрание кардиналов, созываемое через 18 дней после смерти Папы Римского для избрания нового)* the conclave.

Конкокё *(религ. движение в Японии в 19 в.)* Konko-kyo.

конкомита́ция *катол. (присутствие как Тела, так и Крови Христа в каждом элементе евхаристии при **причаще́нии** под одним видом)* concomitance.

конкорда́т *(соглашение между Святым престолом и правительством какого-л. государства о положении катол. церкви, её правах и привилегиях)* concordat ◊ **Вормс(с)кий к.** *(1122)* the Concordat of Worms; **К. между Наполеоном I и папой Пием VII** the Concordat of 1801.

Конко́рдий

Конко́рдий, св. мч. *(2 в; д. п. 4/17 июля)* St. Concordius, M.

"Конко́рдия" *истор. (символическая формула согласия лютеранской церкви, одна из символических книг, вышедшая в 1577, к-рая должна была послужить для прекращения распрей между лютеранской и меланхтоновской школами, возникших после смерти Лютера;* **"К.-и"** *или* **"Формуле согласия"** *предшествовали "Торгауская книга", 1576 <the 'Torgau Book' or the 'Torgau Articles'>, составленная на богословском конвенте в г. Торгау и "Бергенская книга" <the 'Bergen Book'>, переработанная лютеранскими учёными и получившая название формулы К.-я)* the Formula (of Concord).

конкре́тный грех *(в противоположность греховности)* actual sin.

конкубина́т *истор. (сожительство мужчины и женщины, не состоящих в законном браке)* concubinage.

Коно́н, св. мч. *(3 в.; д. п. 5/18 марта, катол. – 6 марта и 29 мая)* St. Conon, M.

Ко́нрад Асколи́йский, блж. *(1234-89; катол. св., д. п. 19 апреля)* Blessed Conrad of Ascoli.

Ко́нрад Конста́нцский, еп. *(ум. 975, катол. св., д. п. 26 ноября)* St. Conrad of Constance.

Ко́нрад Ма́рбургский *(ок. 1180-1233; немец. проповедник и инквизитор, известный своей жестокостью в преследовании* **ката́ров** *и* **вальде́нсов***)* Conrad of Marburg.

Ко́нрад Оффи́дский, блж. *(ум. 1306; катол. св., д. п. 14 декабря)* Blessed Conrad of Offida.

консекра́ция *катол. (часть мессы, во время к-рой происходит пресуществление евхаристических хлеба и вина в Тело и Кровь Христа)* the Consecration.

Консилиа́рное движе́ние *(1409-49; церк. движение, оформившееся на трёх Вселенских соборах в Пизе (1409), Констанце (1414-18) и Базеле (1431-49); К. д. ставило целью избавление от папской "великой схизмы", вызванной одновременным появлением сразу двух, а затем и трёх пап, что было успешно осуществлено: все три папы были в конце концов низложены)* the Conciliar movement.

консистория́льный см. **консисто́рский**.

консисто́рия I *(1. церковно-административный орган или епархиальный суд в англик. церкви; 2. совещательный орган при Константинопольском патриархате; 3. собрание кардинальской коллегии; 4. см.* **дикасте́рия***)* consistory; *тж англик.* the Consistory Court ◊ **секретарь к.-и** clerical officer.

консисто́рия II *(в Русской православной церкви дореволюционного периода к. находилась при епархиальном архиерее в качестве судебного органа)* consistory.

консисто́рский consistorial, consistory, consistorian.

Константи́н и Еле́на, свв. равноапо́стольные *(д. п. 21 мая / 3 июня, катол. – 8 августа)* Sts. Constantine and Helen, Equal-to-the-Apostles; Sts. Constantine the Great, King and Co-Apostle and Helen, his mother.

"Константи́нов дар" *(по всей вероятности, фальшивая грамота, составленная при папском дворе ок. сер. 8 в. для обоснования теократических* *притязаний рим. престола)* The Donation of Constantine, *лат.* Constitutum [Donatio] Constantini.

Константинóполь *(столица Византийской империи, 330-1453)* Constantinople ◊ **падение К.-я под натиском турок** the fall of Constantinople to the Turks.

Константинóпольская цéрковь *(поместная автокефальная правосл. церковь, занимающая, согласно традиции, среди других правосл. церквей первое место по чести; в наст. время К. ц. имеет в Турции одну архиепископию и четыре митрополии; кроме того в её юрисдикции находятся автономные правосл. церкви Финляндии и Эстонии, 12 епархий в Греции, епархии в Европе, в Сев. и Южной Америке, Австралии, Новой Зеландии и монастыри горы Афон)* the Patriarchate of Constantinople; the Great Church ◊ *(предстоятель)* **Его Святейшество Архиепископ Константинополя – Нового Рима и Вселенский Патриарх** His Holiness the Archbishop of Constantinople-New Rome and (O)Ecumenical Patriarch.

константинóпольский Constantinopolitan.

Константи́н Порфирорóдный *(византийский император, к-рый в 994 перенёс из греч. г. Едесса в г. Константинополь образ "Спаса Нерукотворного")* Constantine VII, called Porphyrogenitus.

Констáнт Фабрианóсский, блж. *(ум. 1481; катол. св., д. п. 25 февраля)* Blessed Constantius of Bernocchi *(born at Fabrians, Italy)*.

Констáр д'Эст, палóмник *(ум. 1249; катол. св., д. п. 16 апреля)* Contardo *(of the Este family of Ferrara, Italy)*.

конститу́ция, церкóвная *(конституция о церкви; документ вероучительного характера, утверждаемый Папой Римским или на катол. Вселенских соборах)* constitution.

консубстáнция *(учение Лютера, отрицающее пресуществление хлеба в Тело Христа, признающее под хлебом само Тело Иисуса Христа, а не его пресуществление)* consubstantiation.

Контари́ни, Гаспáро *(1483-1542; кардинал, к-рый стремился проникнуть в сущность христ. учения, не выдвигал на первый план внешнюю обрядность)* Contarini, Gasparo.

контрреформáция *(совокупность мер, принятых папством в 16-17 вв. против распространения протестантизма)* the Counter-Reformation.

конферéнция *(организация)*: **Всеафриканская к. церквей** All African Conference of Churches, *сокр* AACC; **Всемирная к. "Религия и мир"** World Conference on Religion and Peace, *сокр.* WCRP; **К. европейских церквей (КЕЦ)** *(межконфессиональная организация, основанная в 1959 в г. Нибурге, Дания; членами КЕЦ являются 111 церквей из 26 стран; штаб-квартира в Женеве)* Conference of European Churches, *сокр* CEC; **К. церквей Океании** Pacific Conference of Churches, *сокр.* PCC; **Христианская мирная к. (ХМК)** *(координационный орган движения всех христ. вероисповеданий за мир – 72 страны; штаб-квартира в г. Праге)* Christian Peace Conference, *сокр.* CPC.

конфессионали́зм *(образ мыслей и поступков, соответствующий догматам и требованиям определённого вероисповедания или церкви)* confessionalism ◊ **приверженец теории к.-а** confessionalian.

конфессионали́ст *(приверженец какого-л. вероисповедания)* confession(al)ist.

конфессиональный confessionalian.

конфе́ссия 1. *(определённое вероисповедание)* confession of faith; **2.** *(какая-л. церковь или течение, имеющие своё вероучение, культ, организацию)* denomination.

конфирма́нт *(участник* **конфирма́ции***)* confirmation candidate, confirmand ◊ **шко́ла к.-ов** *(готовящая юношей и девушек к конфирмации)* confirmation class.

конфирмацио́нный *(относящийся к конфирмации)* confirmatory.

конфирма́ция *(у католиков – таинство миропомазания, совершаемое над детьми по достижении 7-12-летнего возраста; у протестантов – обряд принятия в члены церкви юношей и девушек)* confirmation ◊ **кружо́к подгото́вки к к.-и** confirmation [enquirers] class; **не проше́дший к.-ю** unconfirmed; **обря́д к.-и** the rite of confirmation.

конфирмова́ть *(в катол. и протест. церкви – совершать обряд конфирмации)* to confirm.

конформи́зм *(1. принятие существующего порядка вещей, общепринятых норм или требований власти вопреки их недолжному характеру; 2. следование догмам англик. церкви)* conformity.

конформи́ст *(приверженец* **конформи́зма***)* conformist.

конформи́сты *(англ. протестанты, подчинившиеся 39-ти статьям епископальной церкви)* the Conformists.

конфуциа́нец *(последователь* **конфуциа́нства***)* Confucian.

конфуциа́нский Confucian.

конфуциа́нство *(философско-этическое учение мыслителя Древнего Китая Конфуция и его последователей, превратившееся на рубеже н. э. в религию; источник* **к.-а** *– "Лунь-юй" ("Беседы и суждения" <the Analects>), написанные последователями Конфуция в 6 в. до н. э.; согласно* **к.-у***, в обществе действует закон "жэнь", ниспосланный небом; для усвоения этого закона человек должен соблюдать "ли" – нормы общественного поведения, традиционные обряды и т. п.; основное содержание культа* **к.-а** *– почитание предков)* Confucianism.

Конфу́ций *(551-479 до н. э.)* Confucius, the Master K'ung, *китайский* K'ung-fu-tse.

ко́нхи *(полусферические перекрытия, своды апсид в алтарной части правосл. церкви)* conchae.

концилляри́зм *см.* **собо́рное движе́ние**.

кончи́на *(смерть)* decease, demise, death ◊ **безвре́менная к.** untimely decease, premature demise.

конь бле́дный *(смерть)* the Pale Horse; *библ. (несущий смерть)* a pale horse.

копие́ *(обоюдоострый нож с коротким треугольным лезвием, к-рый используется на проскомидии для вырезания и раздробления агнца и для изъятия частиц из просфор; символически изображает копьё, к-рым были прободены рёбра Иисуса Христа на Кресте)* the lance, the holy spear, the knife for cutting Communion bread ◊ **пронзи́ть к.-м** to pierce by a spear.

ко́поть *(от свечей)* candle-black, soot.

Ко́птская це́рковь в Еги́пте *(христ. церковь монофизитского толка; основана коптами, к-рые отказались признать Халкидонский символ веры*

(451); *богослужения проводятся на коптском языке, копты-христиане молятся разувшись, но в головных уборах, живут гл. обр. в городах Египта; с 6 в. возглавляется патриархом)* the Coptic Church in Egypt ◊ *(глава Коптской церкви)* **Папа Александрийский и Патриарх Престола Св. Марка во всей Африке и на Ближнем Востоке** the Pope of Alexandria and Patriarch of St. Mark's See in all Africa and the Middle East.

ко́пты *(название египтян – ок. 2 млн человек –, исповедующих христ-во монофизитского толка; коптский язык сохранился лишь как церковный)* the Copts.

копьё *см.* **копиé**.

кора́бль *см.* **неф**.

Кора́н *(священная книга мусульман, запись проповедей, произнесённых Мухаммадом в форме пророческих откровений в Мекке и Медине между 610 и 632; при жизни Мухаммада текст К.-а передавался гл. обр. устно, по памяти; самые ранние сохранившиеся списки К.-а относятся к рубежу 7-8 вв.)* the Koran, the Alcoran, the Alkoran, *редко* the Qur'an, the Coran ◊ **тот, кто следует букве К.-а, отвергая традиции** Alcoranist.

корани́ческий *(относящийся к Кора́ну)* Koranic, Quranic, Alcoranic, Alkoranic.

корба́н *см.* **корва́н**.

Корби́ *(знаменитый бенедиктинский монастырь, основанный ок. 660 близ Амьена <Amiens>; имел прекрасную библиотеку; после Великой франц. революции, в 1794 часть книг попала в г. Санкт-Петербург)* Corbie.

Корбиниа́н Ба́варский, еп. *(670-725; катол. св., д. п. 8 сентября)* St. Corbinian of Bavaria.

корва́н *библ. ("дар Богу"; пожертвование в церк. казну; тж жертвоприношение Богу)* corban.

кордельéр *истор. (монах-***францискáнец***)* Cordelier.

Корéй *библ. (муж. имя)* Korah.

Кори́нф *(древнегреч. полис на полуострове Пелопоннес, в 6 км от совр. Коринфа)* Corinth.

кори́нфы *см.* **кори́нфяне**.

кори́нфяне *библ.* the Corinthians.

ко́рмчая *см.* **Ко́рмчая кни́га**.

Ко́рмчая кни́га *(свод церк. законов, перешедший к славянам из Константинопольской церкви после принятия христ-ва; К. к. – это византийский* **Номокано́н**; *с течением времени сюда стали включаться различные статьи русского происхождения; полный текст был издан в 1839 Священным синодом под названием "***Кни́га пра́вил***")* The Pilot Book, The Kormchaia Kniga.

ко́рмчий *(на корабле)* helsman, *библ.* shipmaster, the master of the ship.

Корнéлий, св. *(ум. 253; рим. еп. с марта 251 до июня 253; умер в изгнании как исповедник; катол. св., д. п. 16 сентября)* St. Cornelius.

Корнила́й со́тник, сщмч. *(1 в.; д. п. 13/26 сентября, катол. – 2 февраля)* St. Cornelius, Pr.-M. *(a centurion of the Halica cohort)*.

корпора́л *катол. (льняной белый плат, то же, что* **илито́н** *у православных)* corporal(e), corporas, Communion cloth.

"Ко́рпус Ареопаги́тик" *см.* **Ареопаги́тики**.

Ко́рпус

"Ко́рпус канони́ческого пра́ва" *(свод законов Римско-катол. церкви)* лат. Corpus Juris Canonici.

Корсу́нская, или Ефе́сская, ико́на Бо́жией Ма́тери *(по преданию, икона писана апостолом Лукою; в 988 принесена великим князем Владимиром из Херсона в Киев, потом в Новгород и впоследствии в Москву, где помещена была за престолом Успенского собора; по другой версии, икона принесена из Греции в Россию в кон. 12 в. Предиславою, в монашестве Евфросинею – дочерью полоцкого князя Георгия; празднуется 9/22 октября)* the Korsun-Ephesus icon of the Mother of God.

корыстолю́бие cupidity, mercenariness, *библ.* filthy lucre.

Косма́, еп. Маиу́мский, творе́ц кано́нов, прп. *(ум. ок. 787; д. п. 12/25 октября)* Venerable Cosmas, Bp. of Majuma.

Косма́ и Дамиа́н, свв. мчч., бессре́бреники *(согласно их житию, они были братьями-близнецами, занимались врачеванием, оказывая помощь бесплатно; К. ум. 184 в Риме, д. п. 1/14 июля, Д. ум. 287 или 303 в Киликии, д. п. 17/30 октября, катол. – 26 сентября)* Sts. Cosmas and Damian, Unmercenaries and Ms.

косма́тый *см.* **ле́ший**.

космит *см.* **тябло́**.

космогони́ческий cosmogonic(al), cosmogonal.

космого́ния *(учение о происхождении мира)* cosmogony.

космогра́фия *(религ.-философское представление о мироустройстве)* cosmography.

космологи́ческий аргуме́нт *(в пользу существования Бога; переход мысли от существования мира к существованию Бога, от порядка, красоты и величия мироздания к Высшему Разуму Творца: если мир прекрасно и разумно устроен, есть и Божий Разум – Устроитель сущего)* the cosmological argument *(for the existence of God)*.

космологи́ческое доказа́тельство *см.* **космологи́ческий аргуме́нт**

космоло́гия *(в развитых мифологических системах комплекс религ.-философских представлений о мироустройстве <космогра́фия>, происхождении Вселенной <космого́ния> и гибели мира в результате вселенской катастрофы <эсхатоло́гия>)* cosmology.

космотеи́зм *(религ. концепция, согласно к-рой Вселенная и Бог сливаются воедино)* cosmotheism.

костёл *(польское название катол. храма)* kostel.

косциноманти́я *(гадание на сите)* coscinomancy.

котёл *(для приготовления миро)* kettle, ca(u)ldron.

кото́мка *(заплечный мешок)* scrip ◊ **к. пилигри́ма** pilgrim's scrip.

Ко́ттон, Джон *(1584-1652; теолог и общественный деятель, крупнейший представитель англо-амер. пуританизма)* Cotton, John.

"Котэ́л маарави́" иврит *(см.* **"Стена́ пла́ча"***)* ha-Kotel ha-Ma'aravi.

Ко́у Цяньчжи́ *(ум. 448; китайский религ. деятель)* K'ou Ch'ien-chih.

коша́рный *см.* **коше́рный**.

коше́р *(пища, приготовленная по еврейским религ. обычаям; только парнокопытные жвачные животные допускаются для употребления в пищу; кроме того, молочные продукты не должны ни храниться, ни употреб-*

ляться вместе с мясными; из морских животных можно употреблять в пищу только тех, кто имеет плавник или чешую, т. е. рыбу; домашняя птица приравнивается к мясной пище) kosher (food), kasher.

кошéрный *(о пище, приготовленной по еврейским религ. обычаям)* kosher, kasher ◊ **к.-ое мясо** kosher meat; **магазин, где продаются к.-е продукты** kosher (shop); **ресторан, в к-ром подают к.-ую пищу** kosher restaurant.

кощýн(ник) *(тот, кто глумится над религией)* scoffer, blasphemer.

кощýнственный blasphemous, sacrilegious.

кощýнство *(оскорбление, поругание или действие против Бога, святых или святынь)* blasphemy, sacrilege, profanity.

кощýнствовать to blaspheme.

краеградие *библ. (крепость)* fort.

краегранéсие *см.* **акростих**.

краестрóчие *см.* **акростих**.

краеугóльный кáмень *(перен. "фундамент веры" в Ветхом Завете, Христос – в Новом Завете)* cornerstone, pillar stone, headstone.

крáйняя плоть *(кожица, закрывающая край детородного органа, в иудаизме и мусульманстве обрезается у младенцев муж. пола)* foreskin, prepuce.

кракелю́ры *(трещины на поверхности красочного слоя эмали, стекла и т.п. плоских декоративных изделий)* craquelures, *(на картинах, писанных маслом, напр. иконах)* crackles, craquelures.

"Крáниево мéсто" *см.* **Голгóфа**.

Крáнмер, Тóмас *(1489-1556; англ. священник и богослов, архиеп. Кентерберийский (1553-56); поддержал разрыв Генриха VIII с Ватиканом и освятил его многочисленные разводы; способствовал Реформации в Англии; после воцарения Марии Тюдор был сожжён на костре как еретик)* Cranmer, Thomas.

Крáсная гóрка *прост. см.* **Антипáсха**.

крáсная шáпка кардинáла *(является знаком кардинальского достоинства)* cardinal's red hat.

крáсное дéрево *библ.* almug, algum.

"Крáсные ворóта" *библ. (двери Иерусалимского храма; здесь ап. Петр исцелил хромого; "Деяния" 3:1-8)* the gate of the temple which is called Beautiful.

"Крáсные двéри" *см.* **"Крáсные ворóта"**.

крáсный ýгол *(угол крестьянской избы, где помещаются иконы; он обращён обыкновенно на восток или юго-восток)* God's [Holy] corner.

креационизм *(1. религ. учение о сотворении мира Богом из ничего, наиболее развитое в иудаизме, христ-ве, исламе; 2. совр. учение, особ. распространённое на Западе, к-рое доказывает факт сотворения и отрицает эволюционную теорию; 3. богосл. учение о сотворении Богом отдельно души каждого человеческого существа в момент зачатия или при рождении)* creation(al)ism ◊ **библейский к.** *(основывается на тексте Библии и делает вывод, что у живых организмов не было общего одноклеточного предка, а основные виды живого сотворены Богом в несколько творческих актов)* biblical creationism.

креационист *(последователь креационизма)* creationist.

креационистский creationistic.

кре́до 1. *(символ веры у лат. католиков)* the Creed, *лат.* Credo; **2.** *(часть мессы)* Credo.

крема́ция *(сожжение тела усопшего; посмертная участь человека не зависит от способа погребения, однако к* **к.-и** *православная церковь относится отрицательно, дозволяя лишь в силу вынужденных обстоятельств: отсутствии средств на погребение, мест на кладбище; при этом все погребальные молитвы и отпевание совершаются без изменений; перед сожжением тела из гроба следует вынуть икону или распятие)* cremation.

креп *(чёрный креповый покров, надеваемый на камилавки еп.-ов и монахов и составляющий вместе с камилавкой клобук; у митрополитов – белого цвета)* epanokamelavchion, exokamelavchion.

кре́сло епи́скопа bishopstool.

кре́сло-носи́лки *(на к-ром в торжественные [церемониальные] дни восседает Папа Римский)* gestatorial chair.

Крест *(на к-ром был распят Иисус Христос)* the (True) Cross.

крест *(символ жертвы Христа, и в более общем смысле, символ христ-ва, предмет почитания христиан; после признания христ-ва Константином Великим и ещё более с 5 в.* **к.** *стал изображаться на саркофагах, светильниках, шкатулках и др. предметах, заменяя ХР-монограмму, т.е. монограмму, образованную греч. буквами Х и Р, до того времени бывшую отличительной эмблемой раннего христ-ва; в Средневековье его употребление ещё более расширилось; он стал символом власти Церкви, использовался рыцарскими орденами, включался в изображения гербов и помещался на знамёнах; общий план церквей повторял его рисунок; он приобрёл несколько форм)* cross, *сокр.* X, rood, *сокр.* ro; *лат.* crux; *редко* patible; *(носимый в крестном ходе)* processional cross ◊ **андреевский к.** *(косой к. в форме буквы Х; по преданию, ап. Андрей Первозванный был распят на таком к.-е)* saltire [St. Andrew's, X-shaped, decussate] cross, *лат.* crux decussata; **архиепископский к.** *(к. с двумя перекладинами, из к-рых верхняя короче нижней)* archiepiscopal cross; **византийский к.** *см.* **греческий к.**; **водосвятный к.** holy-water [Blessing of the Waters] cross; **водружальный к.** *(деревянный крест, ставящийся при начале строительства новой церкви в том месте, где будет находиться престол)* erection cross; **восьмиконечный православный к.** eight-pointed [Russian] cross; **греческий к.** *(четырёхугольный равноконечный)* Greek cross, gammadion, gammation; **египетский к.** *см.* **Т-образный к.**; **иерусалимский к.** *(равносторонний четырёхугольный* **к.** *с маленькими крестиками по углам четырёх полей, образованных основным крестом)* the Jerusalem cross, crosslet; **к. архиепископа** *(выносится во время крестного хода и несётся перед архиеп.-ом в катол. церкви)* cross-staff; **к. Господа нашего Иисуса Христа** *библ.* the cross of our Lord Christ; **к. Господень** *(особ. в церкви)* Holy Cross, Holy Rood; **крестильный к.** *(нательный к., надеваемый на шею крещаемого)* baptismal cross; **к. капуцинов** Capuchin cross; **к.-мощевик** *(нагрудный полый крест с вложенными в него мощами)* reliquary cross; **к. на база́рной площади** *(крестообразное сооружение для объявлений общественного характера)* market cross; **к. на Голгофе** *(на к-ром был распят Иисус Христос)* the (True) Cross; **к. покаяния** weeping cross; **к. св. Антония** *см.* **Т-образный к.**;

к. св. Георгия *(национальная эмблема Англии)* red cross; **к. снаружи молельного дома** *или* **иногда над кафедрой проповедника** preaching cross; **к.-тельник** *см.* **нательный к.**; **к., у к.-рого молились кающиеся** *см.* **к. покаяния**; **латинский к. на трёхступенчатой подставке** Calvary cross, cross Calvary; **латинский четырёхконечный к.** *(неравноконечный, у к-рого нижнее крыло значительно длиннее трёх остальных)* the Latin [passion] cross, *лат.* crux immissa; **литовский [лотарингский] к.** *(шестиконечный к. с двумя одинаковыми горизонталями)* the Lorraine cross; **мальтийский к.** the Maltese cross; **намогильный к.** sepulchral cross; **наперсный к.** *(для ношения на цепи поверх одежды священнослужителя как знак отличия духовного сана или его заслуг)* pectoral cross; **напрестольный к.** *(крест сравнительно большого размера, от 30 до 40 см высотой с изображением Распятия, находящийся в алтаре на престоле в правосл. церкви)* altar cross; **нательный к.** *(небольшого размера для ношения на груди под одеждой)* cross worn next to the skin; **несение к.-а** *библ.* bearing the Cross; **нести свой к.** to bear one's cross; **нормандский к.** *(мемориальный крест в готическом стиле; такие к.-ы устанавливали в Средние века на кладбищах, рыночных площадях и т. п.)* the Norman cross; **обозначающий к.** crucificial; **осьмиконечный православный к.** *см.* **восьмиконечный православный к.**; **папский к.** *(с тремя прямыми поперечинами)* papal cross; **перевернутый [петровский] к.** *(знак св. ап. Петра, распятого на перевёрнутом кресте "стремглав", вниз головой; в православии такой крест не употребляется)* St. Peter's cross; **погребальный к.** funeral cross; **претерпеть к.** *библ.* to endure the cross; **славяно-русский к.** *(восьмиконечный к. с чёткими горизонтальными и вертикальными перекладинами)* eight-pointed [Russian] cross; **Т-образный к.** the tau cross, *лат.* crux commissa; **целовать к.** to take an oath by kissing the cross; **честный и животворящий к.** the precious and life-giving cross; **четыре конца креста** four limbs of a cross; **шестиконечный к.** patriarchal [archiepiscopal] cross; **ягеллонский к.** *см.* **лотарингский к.**

крéстик crosslet.

крести́льная водá *см.* **вóды крещéния**.

крести́льный *(относящийся к обряду крещения)* baptismal, baptistic, frontal ◊ **к.-ая рубаха [сорочка]** baptismal shirt, sab(b)anon, chrisom(-cloth), chrisom-robe.

крести́льня(-бассéйн) *см.* **баптистéрий**

крести́нный baptistic, baptismal.

крести́ны 1. *(крещение)* christening, baptismal ceremony; 2. *(празднование)* christening-party.

крести́ть 1. *(покрестить)* to baptize, to christen ◊ **вторично к.** to rebaptize, to rechristen; **к.** *кого-л.* **Духом Святым и огнем** *библ.* to baptize *smb.* with the Holy Ghost and with fire; **к. погружéнием** *(в воду)* to dip, to immerse; **к. трёхкратным погружением** *(в воду)* to baptize by threefold immersion; **тот, кого крестят** baptizee; **тот, кто крестит** baptizer, christener; 2. *(быть крёстным, крёстной у кого-л.)* to be godfather, godmother to *smb's* child; 3. *(перекрестить кого-л., осенить крестным знамением)* to cross *smb.*

крести́ться 1. *(принять крещение)* to be baptized, to be christened, to receive [take] baptism ◊ **к. в Римской катол. церкви** to be baptized Roman Catholic; 2.

креститься

(перекреститься, осенить себя крестным знамением) to cross *oneself*, to make a sign of the cross ◊ **к. слева направо** *(традиция Зап. христ-ва)* to cross *oneself* from left to right; **к. справа налево** *(правосл. традиция)* to cross *oneself* from right to left.

крестная перегородка *(в средневековых церквах отделяет клирос от нефа)* rood screen.

крестник godson, godchild.

крестница goddaughter, godchild.

крестное знамение *(в христ-ве – жест правой руки, изображающий крест на теле верующего, либо жест благословения кого-л. или чего-л.)* sign of the cross ◊ **двуперстное к. з.** sign of the cross with two fingers; **осенить (себя) к.-ым з.-м** to cross *oneself*; **положить [творить] к. з.** to make the sign of the cross; **триперстное к. з.** sign of the cross with three fingers.

крестное целование *(целование креста во время присяги, клятвы)* oath(-taking) by kissing a cross.

крестные дети godchildren.

крестные муки *(см. тж страсти)* Christ's passion.

крестный путь *(мучения Христа, начиная от вынесения приговора и кончая распятием)* the Way of the Cross, the way of Jesus Christ to the Cross, *лат.* Via Dolorosa, Via Crucis; *(перен. – мученичество, страдания)* the road to Calvary ◊ **остановки (Христа) на к.-ом п.-и** *(из 14 остановок, принятых в Зап. христ-ве, к-рые делались на **к.-ом п.-и**, евангелисты называют только восемь)* the stations of the cross.

крестный ход *(шествие духовенства и верующих с иконами, хоругвями и др. священными предметами; в православии **к. х.** совершается на Пасху, Крещение, в престольный праздник или по какому-л. др. случаю; у лат. католиков **к. х.** называется процессией)* religious procession *(with cross and banners)*; icon-bearing procession ◊ **несущий крест** *(во время к.-ого хода)* cross-bearer, crucifer.

Крестобогородичен *(тропарь, обращённый к Пресвятой Богородице, в к-ром воспоминаются крестные страдания Её Сына – Иисуса Христа)* Krestobogoroditchen, *греч.* Stavrotheotokion.

Крестовая палата *(в Патриарших палатах Московского Кремля)* the Chamber of the Chrism.

крестовая церковь *(церковь, к-рая устраивается при архиерейском или митрополичьем доме)* domestic church at the residence of a hierarch [of a mitropolitan].

Крестовоздвиженская церковь the Church of the Exaltation of the Holy Cross.

Крестовоздвиженский Иерусалимский монастырь *(ставропигиальный, село Лукино Московской обл.)* the Convent of the Exaltation of the Holy Cross and of Jerusalem icon of the Mother of God.

крестово-купольный *архит.* *(в отношении архит. сооружений, чаще храмов, план к-рых строится по принципу центральной симметрии в форме греч. креста с большим куполом в центре; характерны для византийской и ренессансной архит-ры)* (church) having Greek-cross plan ◊ **к.-ая церковь** cross-building, a church in which the dome is placed over a square by means of pendentives, crusiform church with a domed roof, church having Greek-cross plan.

крестовоскре́сен *(тропарь, содержание к-рого составляет прославление крестного страдания Спасителя, креста Христова и воскресение распятого на нём Иисуса Христа) греч.* Stavrosimon.

кресто́вый брат brother by exchange of crosses.

Кресто́вый похо́д *истор.* crusade.

кресто́вый свод *архит.* cross-vaulting, groined vault.

крестоненави́стник enemy of the Cross and Christianity.

крестоно́сец 1. *истор.* crusader; **2.** *(тот, кто несёт крест в церк. шествии)* crucifer, cross-bearer.

крестоноси́тель *см.* **крестоно́сец 2., ставрофо́р**.

крестообра́зно crosswise ◊ **надрезать к. евхаристический хлеб** to make cross-shaped incisions in the eucharistic bread.

крестообра́зный cruciform, cross-shaped, cruciate ◊ **к.-ая** *(в плане)* **церковь** a cruciform [cross-shaped] church.

Крестопокло́нная неде́ля *(третье воскресенье Великого поста, начинающее его четвёртую седмицу; и неделя, и седмица называются крестопоклонными, потому что на воскресной утрени после великого славословия в центр храма на аналой выносится для поклонения Святой Крест и остаётся там в течение всей седмицы)* Adoration of the Precious Cross, Third Sunday in Lent, Sunday of the Cross.

крестоцве́т *архит. (в готическом стиле скульптурно-декоративное навершие шпиля в виде распускающегося бутона цветка с крестообразно расположенными лепестками, тж* **флеро́н**) finial.

креща́емый *(готовящийся к крещению)* candidate for baptism, baptismal candidate.

креща́льный *см.* **крести́льный**.

креща́льня *см.* **баптисте́рий**.

креща́тая ри́за *см.* **полиста́врий**.

креще́ние *(одно из главных христ. таинств, обряд, совершаемый над новорождёнными, а тж над взрослыми людьми, принимающими эту религию)* baptism; *(обряд)* christening, baptismal service, *греч.* photisterion; *(процесс к.-я)* baptizement ◊ **к. больного в постели на смертном одре** *истор.* clinical baptism; **к. для мёртвых** *(в древности обряд крещения живого человека, совершавшийся для некрещёного умершего)* baptism for the dead; **к. водой** baptism of water; **к. Духом Святым** *(обряд у пятидесятников, иногда в харизматических движениях др. деноминаций; заключается в получении крещаемым Духа Святого со знамением дара [глоссола́лией])* baptism of [with] the Holy Spirit; "**к. кровью**" *(о христ. мучениках, умерших некрещёными)* baptism of blood; **к. младенцев** p(a)edobaptism, infant baptism; **к. на дому** private baptism; **к. обливанием** *(в Зап. христ-ве)* baptism by affusion [by infusion]; "**к. огненное**" *(подвиги любви, достаточные, чтобы совершивший их считался крещёным)* baptism by fire; **о. окроплением** *(в Зап. христ-ве)* baptism by sprinkling; **к. погружением** immersion, baptism by immersion [by submersion]; **к. помазанием** baptism by smearing; **к. трёхкратным погружением** *(в воду) (в Восточном христ-ве)* baptism by the triple immersion; **напутствие перед к.-м** mystagogy; **неканоническое к.** parabaptism, parabaptization; **противник к.-я** *(особ. младенцев)* catabaptist; **Сергий Радонежский, в к.-и Варфоломей, родился в окрестностях Ростова** St. Sergius was born near Rostov and christened Bartholomew; **силой заставить** *какой-л.* **народ принять к.** to force baptism on *one's* people; **сторонник к.-я младенцев** p(a)edobaptist; **тысячелетие к.-я Руси** the millenary of the Baptism of Rus; **условное к.** *(к., в случае если существует сомнение в том, что какое-л. лицо было на самом деле крещено, либо его к. было ненастоящим)* conditional baptism, *англик.* hypothetical baptism; **2.** *библ.* **к. Иисуса Христа в водах Иорданских** the Baptism of Christ in the Jordan.

Крещéние Госпóдне *(в Зап. христ-ве отмечается 6 января)* Epiphany, the Twelfth-day, the Twelfthtide, *лат.* Baptisma Domini ◊ **Святое Богоявление, К. Господа Бога и Спаса нашего Иисуса Христа** *(двунадесятый праздник Русской правосл. церкви, отмечаемый 6/19 января; см. тж* **богоявлéние***)* the Theophany, (the) Holy Manifestation of the Divinity of Our Lord and Saviour Christ, the Baptism of Christ, the Baptism of Our Lord.

Крещéние Христóво *см.* Крещéние Госпóдне.

крещёный baptized, *сокр.* bap., bapt., christened; converted; *(только что)* baptisand ◊ **к.-е аборигены** converted natives.

крёстная (мать) godmother, sponsor ◊ **быть к.-ой ребёнка** to stand sponsor to a child.

крёстный (отéц) godfather, sponsor ◊ **быть к.-м ребёнка** to stand sponsor to a child.

крёстный (отéц) и крёстная (мать) *см.* восприéмники.

крúпта *(в средневековой архит-ре – подземная часть храма, сводчатое подземное сооружение, часовня под храмом, служившая для погребения)* crypt, undercroft.

Крúскент *библ. (спутник ап. Павла, к-рого он должен был оставить во время его заключения, отправившись в Галатию; тж ап. от 70-ти, д. п. 4/17 января, 30 июля / 12 августа, катол. – 27 июня)* St. Crescene.

Крискéнтия Хесс, блж. *(1682-1744; катол. св., д. п. 5 апреля)* Blessed Crescentia of Hoss.

Крисп *библ. (первоначально начальник синагоги в Коринфе, обращённый в христ-во ап. Павлом)* Crispus.

Криспúна Тевéстская, вмц. *(ум. 304; д. п. 5/18 декабря)* St. Crispina, Great-M.

Криспúн, св. *(ум. 287 вместе с братом Криспинианом, катол. св., д. п. 25 октября)* St. Crispin.

Криспúн Вúтербский, блж. *(1668-1750; катол. св., д. п. 19 мая)* Blessed Crispin of Viterbo.

Криспиниáн Рúмский, мч. *(ум. ок. 287; катол. св., д. п. 25 октября)* St. Crispinian, M.

кристадельфиáне *(протест. секта, основанная в 1849 Джоном Томасом в США; они отрицают Троицу, бессмертие души)* the Christadelphians, the Thomasites, the Brothers of Christ.

крúта-юга *(в индуистской мифологической хронологии 1-я из 4 юг; она длится 4800 "божественных" лет или 1 728 000 человеческих; отражает* представление о "золотом веке" в истории человечества, когда не было болезней, несчастий, страха, бедствий и т. п. зла) the Krita Yuga.

Критских, 10 свв. мчч. *(3 в.; д. п. 23 декабря / 5 января)* Sts. Ten Martyrs of Crete.

Кришна *(один из почитаемых богов в индуизме, считается 8-м* **аватарой** *Вишну, в индуистской мифологии представлен в образе мудрого царя-воина и божественного пастуха; эпизоды жизни* **К.-ы** *отражены в скульптуре, рельефных украшениях храмов)* Krishna.

кришнаизм *(1. одно из самых значительных самостоятельных направлений в вишнуизме; в его основе лежит почитание Кришны – аватары Вишну; 2. нетрадиционный культ, секта, возникшая в 1960-х гг. в США на основе индуизма; самоназвания – Движение Кришны, Международное общество Сознания Кришны; для* **к.-а** *характерно восприятие материального мира и своего тела как иллюзии, отрицание деятельности, направленной на удовлетворение чувств и желаний, отношение к достижениям цивилизации и христ. культуры как к "куче хлама на улице"; так наз. "просветлённое состояние", сходное с состоянием наркотического опьянения, достигается путём многократного повторения "святых имён", гл. обр. Кришны; см. тж* **Международное общество Сознания Кришны)** Krishnaism.

кришнаит *(приверженец кришнаизма)* Krishnaist, Krishnaite, Hare Krishna devotee.

кришнаитский Krishnaitic.

кришнаитство *см.* **кришнаизм**

Кришнамурти, Джидду *(1895-1989; индийский религ. мыслитель, философ, поэт; был признан Мессией членами Всемирного теософского общества)* Krishnamurti, Jiddu.

кровля roof(ing), roof covering, roof deck, *библ.* housetop ◊ **восьмискатная к.** *(храма)* eightfold sloping roof; **двускатная к.** V-shaped roof; **провозглашать на к.-х** *библ. (перен. – провозглашать во всеуслышание)* to proclaim from the housetops.

кровосмешение *(половая связь или брак ближайших кровных родственников – родителей и детей, братьев и сестёр и т. п.; тж* **инцест***)* incest.

кропило *(пушистая кисть для окропления водой)* aspergillum, aspergillus, aspergil(l), aspersorium; goupillon, holy-water sprinkler; *греч.* hagiaster(a), rhanristron, rhodistagma; *истор.* asperges.

кропильница 1. *(сосуд для воды, в к-рый обмакивается* **кропило***)* aspersorium; **2.** *катол. (при входе в храм)* stoup.

кропить to asperge, to asperse, to sprinkle with holy water.

кропление св. водой *англик., катол. (алтаря, духовенства и прихожан перед Мессой)* asperges.

кроткий meek ◊ **блаженны к.-е** *(Ев. от Матфея 5:5)* blessed are the meek.

кротость humility, meekness, gentleness ◊ **с к.-ю** in meekness.

Кроули, Алистер *(1875-1947; англичанин, выпускник Кембриджа; один из основоположников современного сатанизма и дьяволопоклонства)* Crowley, Aleister.

круг *(суточный, недельный, годовой)* (daily, weekly, yearly) cycle ◊ **к. (по)всевдневный** *(правосл. суточный к. богослужения)* daily cycle. **к. церковный (годового богослужения)** the yearly liturgical cycle, the services for the Christian year, the ecclesiastical [Church's] year.

круговоро́т перерожде́ний *см.* "**колесо́ жи́зни**".

круг санса́ры *см.* "**колесо́ жи́зни**".

"Круде́н" *(указатель к Библии, впервые вышедший в 1937 и названный по имени его первого составителя А. Крудена <Alexander Cruden>)* the Cruden.

кру́жка для сбо́ра поже́ртвований *(ящик или закрытый сосуд в храме, в к-рый прихожане кладут деньги на содержание храма)* offertory box.

крыж *(устар. название креста или знака крестообразной формы, в Древн. Руси – крест латинский, т. е. католический)* the Latin cross.

крыло́ 1. *(креста) см.* **перекла́дина**; **2.** *(триптиха) франц.* volet.

крыльцо́, церко́вное church door, church entrance; *(крытое, под крышей)* church porch, exonarthex.

кры́шка *(из чистого золота)* **на ковче́ге Заве́та** *библ.* *(тж перен. – трон Бога или Христа)* the mercy seat.

Крэ́шо, Ри́чард *(ок. 1613-49; англ. церк. поэт и лирик)* Crashaw, Richard.

крюково́е пе́ние *см.* **знаменное пе́ние**.

Ксаве́р(ий), Франци́ск *см.* **Ксавье́, Франсуа́**.

Ксавье́, Франсуа́ *(1502-52; иезуит, соратник* **Игна́тия Лойо́лы**, *один из первых миссионеров иезуитского ордена на востоке Азии, катол. св., д. п. 3 декабря)* St. Frances Xavier.

Ксе́ния, св. *(5 в.; д. п. 24 января / 6 февраля)* St. Xenia.

Ксенофо́нт, Мари́я, Арка́дий и Иоа́нн, прпп. *(5-6 вв.; д. п. 16 января / 8 февраля)* Venerable Xenophon, his wife Mary and sons, Arcadius and John.

Ксенофо́нт, супру́га его́ Мари́я и сыновья́ их Арка́дий и Иоа́нн, прпп. *см.* **Ксенофо́нт, Мари́я, Арка́дий и Иоа́нн, прпп.**

ксёндз *(польское наименование священника)* Polish priest.

кти́тор 1. *(в Византии и позже в России до 17 в. строитель храма,* **дона́тор**, *имевший ктиторское право распоряжаться доходами храма безотчётно и единолично)* a person who constructed a church solely at his expense; **2.** *(церк. староста, т.е. мирянин, глава общины в силу имущественных или правовых прерогатив)* churchwarden.

кти́торство *(см.* **кти́тор 2**.*)* churchwardenship.

кту́ба *(у евреев брачный договор, зачитываемый в синагоге вслух и включающий условия урегулирования денежных вопросов в случае развода или смерти мужа)* ketuba(h).

"Куадраге́зимо а́нно" *см.* **"Квадраге́зимо а́нно"**.

Куа́ндр, Андре́ *(1786-1826; основатель катол. ордена)* Coindre, Andre.

Куа́рт, св. мч. *(1 в.; ап. от 70-ти, д. п. 4/17 января и 10/23 ноября, он же* **Кварт**) St. Quartus, Apl.

ку́бба *(в исламе надгробное сооружение, мавзолей в виде здания с куполообразной крышей; мусульмане рассматривают* **к.-у** *как место захоронения святого)* kubba, qubba.

Куббат ас-сахра *араб. см.* **Ку́пол скалы́**.

Кубе́ра *(бог богатства в индуизме, владыка севера, повелитель якшей и др. горных духов; со временем, как указывают его внешний облик и атрибуты, К. приобрёл черты бога плодородия; у него большой шарообразный живот, две руки, три ноги, восемь зубов, один глаз)* Kubera, Kuvera.

куби́кула археол. *(место для погребения в катакомбах, гробница в катакомбах)* cubiculum, *устар.* cubiculo.

куву́клий *см.* **куби́кула**.

куде́сник *(маг, волшебник)* magician, sorcerer.

Ку́кай *(774-835; япон. буддийский монах, основатель школы* **Синго́н-сю**, *поэт, каллиграф и скульптор)* Kukai.

ку́коль 1. *(верхнее облачение монаха великой схимы в виде остроконечного капюшона с двумя длинными, закрывающими спину и грудь полосами материи чёрного цвета <black veil, греч. epanokalemavchion>, с изображением на нём крестов, серафимов, текста "**Трисвято́го**"; одевается поверх мантии; в чинопоследовании пострига называется куколем беззлобия <the cowl of innocency>, шлемом спасительного упования <a helmet of the hope of salvation>)* (monastic) cowl, koukoul(ion), cucullas; **2.** *(маленькая шапочка с нашитым спереди крестом, к-рая надевается на голову крещаемого в определённый момент обряда крещения)* baptismal cap; **3.** *см.* **клобу́к**.

ку́куль *см.* **ку́коль**.

куладэ́вата *(семейное или родовое божество у индуистов)* kuladevata.

кули́ч *(у русских православных – пшеничный квасной сладкий хлеб, освящаемый наравне с пасхой [сладким жирным творогом] и крашеными яйцами как традиционная праздничная еда пасхального периода)* Easter cake.

культ 1. *(1. религиозное служение божеству и связанные с ним религиозные обряды; 2. поклонение кому-л., чему-л., почитание кого-л., чего-л., напр. умерших предков, святых и т. п.)* cult, worship, religion, veneration, *катол.* cultus ◊ **к. Аполло́на** the cult of Apollo; **к. гро́ма** thunder cult; **к. пре́дков** ancestor cult; **к. Сатаны́** devil worship, devilism; **к. святы́х** *(молитвенное почитание лиц, наделённых Богом за свою веру способностью творить чудеса и выступать в качестве помощников)* the cult [worship] of saints, *редко* hierolatry; **сде́лать из чего́-л. к.** to make (a) religion of *smth.*; **служи́тель к.-а** minister of religion; **цели́тельный к.** healing cult; **2.** *(в последнее время термином "культы" или "нетрадиционные к.-ы" стали обозначать новые религ. группы, остающиеся в стороне от исторически сложившихся церквей, конфессий и деноминаций)* cult ◊ **деструкти́вные к.-ы** *(экстремистская разновидность нетрадиционных религий)* destructive cults; **харизмати́ческий к.** *(религ. организация, созданная на основе объединения приверженцев какой-то конкретной личности, признаваемой в качестве носителя* ***хари́змы****)* charismatic cult.

культ Богоро́дицы *см.* **культ Де́вы Мари́и**.

культ Де́вы Мари́и Maryolatry, Mari(an)olatry.

культ живо́тных *см.* **зооля́трия**.

ку́льтовый religious, cultic; *(об иск-ве – религиозный)* hieratic(al) ◊ **к.-ая му́зыка** religious music; **к.-е постро́йки** buildings for public worship; **к. предме́т** cult-object.

Культурка́мпф

"Культурка́мпф" *немец. (политика подчинения катол. церкви германскому государству при Бисмарке, 1871-87)* Kulturkampf.

кум *(крёстный отец по отношению к родителям крестника и к крестной матери – куме)* godfather of one's child, fellow-sponsor.

кума́ *(крёстная мать по отношению к родителям крестника и к крёстному отцу – куму)* godmother of one's child, fellow-sponsor.

Кумараджи́ва *(343-413; индийский буддийский миссионер, после двадцати лет углублённого изучения буддийской традиции в 401 переселился в Китай, где перевёл на китайский язык с санскрита 35 религ. текстов)* Kumarajiva.

Ку́мба Ме́ла *(в индуизме – праздник омовения, устраиваемый каждые три-четыре года в одном из четырёх мест северной Индии – Харидвар <Haridvar>, Прайаг <Prayag>, Вжаин <Vjjain>, Насик <Nasik>, где, как считается, выпадает из небесного горшка божественный нектар)* the Kumbha Mela ◊ **Великий К. М.** *(устраивается раз в двенадцать лет в Прайаге, куда стекаются миллионы паломников)* the Maha [Great] Kumbha Mela.

куми́р idol, *библ.* graven image ◊ **Не сотвори себе к.-а** *(заповедь)* You shall not make for yourself a graven image; **создать себе к.-а** *библ. (поклоняться идолу)* to bow the knee to Baal.

куми́рница *см.* **куми́рня**

куми́рня *(небольшая молельня со статуями божеств в основном на Востоке)* heathen temple; joss house.

Кумра́н *(район в Иудейской пустыне, место находки древних рукописей)* Qumran.

Кумра́нские нахо́дки *см.* **ру́кописи Мёртвого моря**.

кундали́ни *(жизненная сила, энергия внутри человека в оккультных учениях)* kundalini.

Куниберт, св. *(7 в.; еп. Кельнский, катол. св., д. п. 12 ноября)* St. Cunibert, Bp.

Кунигу́нда, св. *(ум. 1033, катол. св., д. п. 3 марта)* St. Cunegund.

Купа́ла *см.* **Ива́н-Купа́ла**.

купа́льня *библ.* pool ◊ **"к., называемая по-еврейски Вифезда"** *(Ев. от Иоанна 5:2)* 'a pool which is called in the Hebrew tongue Bethesda'.

купе́ль *(большая ёмкость на подставке, используемая в таинстве крещения младенцев)* (baptismal) font, baptismal bowl, font basin, *греч.* baptisterion, kolymbethra, *лат.* delubrum, *(у баптистов)* baptistery ◊ **каменная к.** font-stone; **к. с водой у входа в храм** *катол.* phiale; **медная к.** *(в иерусалимском храме, тж* **ме́дное мо́ре***)* brazen [molten] sea.

купина́ неопали́мая *библ. (горящий, но не сгорающий терновый куст, в к-ром бог Яхве явился к Моисею, призывая вывести соплеменников в Землю обетованную из егип. рабства)* the burning bush ◊ **"И явился ему Ангел Господень в пламени огня из Среды тернового куста. И увидел он, что терновый куст горит огнем, но куст не сгорает."** *("Исход" 3:2)* 'And the angel of the Lord appeared unto him in a flame of fire out of the midst of a bush: and he looked, and, behold, the bush burned with fire, and the bush was not consumed'.

ку́пол *архит.* dome, cupola ◊ **гла́вный к.** main dome; **лу́ковичный к.** bulbous [onion(-shaped)] dome; **лу́ковичные к.-а це́ркви** the onion domes of a church; **о́ба к.-а гармони́чно дополня́ют друг дру́га** both domes are in admirable proportion; **па́русный к.** pendentive dome; **полушарово́й к.** hemispherical dome; **стре́льчатый к.** pointed dome; **сфери́ческий к.** spherical dome; **шлемови́дный к.** helm-shaped dome.

ку́пол-лу́ковка *архит.* bulbous [onion(-shaped)] dome.

куполообра́зный *архит.* dome-shaped, domed, domelike, cupola-shaped, domic(al).

Ку́пол скалы́ *(мечеть в Иерусалиме, построенная при омейядском халифе Абд аль-Малике < Umayyad Muslim Caliph Abd al-Malik> в 688-91 на одной из главных святынь ислама – священной заповедной территории аль-Харам аш-Шариф < Haram al-Sharif>, на скале, откуда пророк Мухаммед был вознесён на небеса, где лицезрел Аллаха; тж **Кубба́т ас-са́хра**)* the Dome of the Rock.

ку́польный *(с куполами)* cupola, dome, domic(al) ◊ **систе́мы к.-х сво́дов** dome system; **к.-ая це́рковь** a domical church.

Кур, Антуа́н *(1696-1760; деятель Реформации во Франции)* Court, Antoine.

курба́н-байра́м *тюрк. (в исламе праздник жертвоприношения, отмечается через семьдесят дней после окончания поста уразы; к нему приурочивается ежегодный хадж; тж араб. **ид-аль-а́дха**)* Kurban Bairam, qurban bairam, the greater Bairam.

куре́ние *(ладаном)* thurification, *библ.* incense.

куриа́льный *(относящийся к курии)* curial.

кури́льница *(для благовоний)* censer, incense burner, cassolette.

ку́рия curia ◊ **отде́л па́пской к.-и** *(более точно см. **конгрега́ция** (4))* congregation; **па́пская к., к. ри́мская** *(церк. правительство в Ватикане, состоящее из различного рода конгрегаций – департаментов, министерств, с помощью к-рых осуществляется управление катол. церковью)* the (Roman) Curia, *лат.* Curia Romana.

Ку́рма *(аватара Вишну в зооморфном облике)* Kurma.

Куродзумикё́ *(синтоистская секта в Японии)* Kurozumi-kyo.

Ку́рская-Коренна́я ико́на Бо́жией Ма́тери "Зна́мение" *(утеряна во время нашествия Батыя и вновь обретена в 1295; в 1615 возвращена в Курск и поставлена в соборном храме; празднование 8/21 сентября)* the Kursk-Korennaya icon of the Sign.

Курукше́тра *(священная земля индуизма, расположенная между реками Сарасвати <совр. Сарсути> и Дришадвати <Читанг> в сев. части совр. штата Харьяна в 80 милях к северу от Дели; здесь произошла восемнадцатидневная великая битва народов Индии, воспетая в "Махабхарате")* Kurukshetra.

куса́н *("девять гор", девять корейских школ буддизма, возникших в кон. 9 - нач. 10 вв.)* the Nine Mountain schools.

кусто́д *см.* **кустоди́й.**

кустоди́й *(сторож, страж)* custodian, custode, keeper.

кустоди́я I *(стража)* custody, custodie.

кустоди́я II *катол. (сосуд для хранения Святых Даров)* custodial.

кустоди́я III *катол. (административно-территориальная единица францисканского ордена, меньшая, чем округ)* custody.

ку́стос *(в древнейшей христ. церкви особый хранитель креста Христова, мощей святых и надзиратель за гробницами)* custos.

Ку́та *библ. (город в Вавилонии, где почитался бог Нергал)* Cuth.

Кута́н *библ. (неизвестная народность)* Cushan.

Кутбе́рт Линдисфа́рнский, еп. *(ум. 687; отшельник, катол. св., д. п. 20 марта)* St. Cuthbert of Lindisfarne.

куте́йник *см.* **куте́йщик**.

куте́йница *разг. (дочь человека из духовного звания)* the daughter of an ecclesiastic.

куте́йщик *разг. (человек, происходящий из духовного звания)* the son of an ecclesiastic.

кутия́ помина́льная *см.* **кутья́ помина́льная**.

кутья́ помина́льная *(смесь варёного зерна – пшеницы или риса – с мёдом, поставляемая при совершении погребения, панихиды или литии по умершим в храме или в доме)* kutiya, a dish of boiled rice [or wheat] with honey.

Куш *см.* **Хуш**.

ку́ша *(священная трава <Eragrastis cynosuroides> в индуизме; относится к роду осоковых, употребляется в религ. и ритуально-магических церемониях)* kusha.

Куша́ия *библ. (левит из семьи Мерари времён царя Давида)* Kushaiah.

ку́ща *библ. (шатёр, шалаш, сень, хижина)* tabernacle.

Ку́я *(903-72; странствующий буддийский монах, распространитель буддизма)* Kuya, Koya.

кха́трии *(влиятельная торговая каста в сикхской общине)* the Khatris.

кша́трии *(см.* **кша́трий***)* the Kshatriyas.

кша́трий *(член второй по важности группы в разделении индийского общества на варны; к.-и активно поддерживали новую буддийскую религию)* Kshatriya.

кша́трия *см.* **кша́трий**

Кшитига́рбха *(один из "небесных"* **бодхиса́т(т)в** *в буддизме* **маха́яны***)* Ks(h)itigarbha.

кы́бла *см.* **ки́бла**.

кыя́с *см.* **кия́с**.

Кьеркего́р, Сёрен *(1813-55; датский религ. философ)* Kierkegaard, Süren Aaby.

Кэйдзан Дзёкин *(1268-1325; япон. буддийский деятель)* Keizan, Jokin.

Кэ́мпбелл, Алекса́ндр *см.* **Ка́мпбелл, Алекса́ндр**.

Кэ́мпбелл, То́мас *(1765-1854; шотл. пресвитерианский пастор)* Campbell, Thomas.

Кэ́ри, Уи́льям *(1761-1834; англ. миссионер-баптист, учёный-востоковед)* Carey, William.

кэ́рол *(рождественский гимн)* carol, Noel, *устар.* Nowel.

кюре́ *(священник, возглавляющий религ. округ, общину катол. церкви в нек-рых странах Зап. Европы; тж катол. приходской священник во Франции,*

Бельгии и нек-рых др. франкоязычных странах и там же – уважительное обращение к катол. священнику) curé ◊ **должность к.** curateship.·
кяфи́р см. **кафи́р**.

Л

Лабади́, Жан (1610-74; франц. мистик; последователи Л., получившие название лабадистов <the Labadists>, после смерти Л. нашли приют в замке Вальта близ Леенвардена; их религ. учение основывалось на вере в возможность непосредственного общения с Духом Святым и на признании истинной церковью только общин "возрождённых") Labadie, Jean de.
ла́барум (военное знамя рим. христ. императоров; императорская хоругвь; штандарт Константина Великого в виде пурпурного шёлкового знамени с монограммой Христа на древке, увенчанном короной) labarum.
"Лабо́рем экзе́рценс" ("О человеческом труде"; социальная энциклика папы Иоанна Павла II от 14 сентября 1981) лат. Laborem exercens.
лава́бо 1. (обряд омовения рук) lavabo; 2. см. **лавато́рий**.
Ла́ван библ. (сын армеянина Вафуила, брат Ревекки, матери Иакова и Исава) Laban.
лавато́рий (умывальница; чаша, таз для омовения рук) lavabo, lavatory.
лави́да см. **лжи́ца**.
ла́вра (большой и особо значимый в правосл. церкви муж. монастырь, настоятелем к-рого является епархиальный архиерей <Троице-Сергиевой л.-ы – патриарх>, а непосредственное управление осуществляется наместником настоятеля – архимандритом) lavra, (monastery of the highest rank, chief monastery), laura ◊ **Александро-Невская л.** the Alexander Nevski monastery; **Киево-Печерская л.** the Kiev lavra of the Caves; **Свято-Троицкая Сергиева л.** см. **Тро́ице-Се́ргиева ла́вра**; **Успенская Почаевская л.** the Pochaev lavra of the Dormition.
Лавре́нтий Бриндизи́йский, свяще́нник и Учи́тель Це́ркви (1559-1619; катол. св., д. п. 21 июля) St. Lawrence of Brindisi, pr., dr.
Лавре́нтий Ду́блинский (ум. 1180; архиеп., катол. св., д. п. 14 ноября) St. Lawrence O'Toole.
Лавре́нтий Зако́ванный, блж. (ум. 1243; отшельник, провёл в уединении 33 года, носил кольчугу с острыми шипами с внутренней стороны) Blessed Lawrence Loricatus (the cuirassier).
Лавре́нтий, св. мч., архидиа́кон (ум. 258; д. п. 10/23 августа) St. Lawrence, Archdeacon-M.
Лавр и Флор [прост. **Фрол**], **свв. мчч.** (2 в.; д. п. 18/31 августа) Sts. Laurus and Florus, Ms.
Лага́рд, Па́уль (1827-91; протест. богослов и ориенталист) Lagarde, Paul Anton de.
Лаг-Баомер иврит (еврейский праздник, к-рый не относится к главным, но на протяжении веков приобрёл популярность в народе; в этот день евреи

вспоминают своих героев, боровшихся за свободу и независимость Израиля, и духовных наставников, поддерживавших и благословлявших эту борьбу) Lag b'Omer.

ла́дан *(пахучая смола для курения в кадиле)* (frank)incense, olibanum.

ла́даница *(сосуд для хранения ладана)* vessel for keeping incense.

ла́данка 1. *(мешочек, сумочка с ладаном или каким-л. предметом-талисманом, к-рая может носиться на шее вместе с крестом)* amulet; **2.** *(курильница перед киотом, иконой)* incense burner placed before an ark.

ладано́сный incense-bearing, thuriferous.

Лади́слав Венге́рский *(1040-95; король, катол. св., д. п. 27 июня)* St. Ladislaus of Hungary.

ла́дон *ц.-сл. см.* **ла́дан**.

ла́доница *ц.-сл. см.* **ла́даница**.

лады́ ◊ **церковные [средневековые] л.** ecclesiastical modes.

ладья́ св. Петра́ *(перен. – католическая церковь)* (St.) Peter's boat.

Ла́зарева суббо́та *(перед Вербным воскресеньем; в этот день Церковью празднично вспоминается чудо воскрешения Иисусом Христом умершего и четыре дня находившегося во гробе праведного Лазаря)* Lazarus' Saturday.

лазаре́т при монастыре́ *истор.* fermery, infirmary.

лазари́сты *(франц. катол. общество, основанное в 1625 св. Винсентом де Полем <Vincent de Paul> и называемое "Конгрегация священников миссии" <the Congregation of the Priests of the Mission>)* the Congregation [Priests] of the Mission, *сокр.* C.M., the Vincentians, the Lazarists, the Lazarites; *(женщины этого общества)* the Sisters of Charity, the Sisters of St. Vincent.

Ла́зарь *библ. (брат Марфы и Марии, к-рого Иисус воскресил из мёртвых на четвёртый день после смерти; Л. после воскрешения прожил ещё 30 лет)* Lazarus ◊ **"Воскреше́ние Л.-ря"** *(икона входит в праздничный ряд; на ней изображаются крепостные стены Вифании, города в к-ром жил Л., высокие горки и среди них высокая узкая щель – пещера; из пещеры выходит Л. в погребальных пеленах; справа от пещеры – Христос с тесной группой апостолов, слева – сёстры Марфа и Мария, слуга, зажимающий нос и наглядно демонстрирующий, что Л. пролежал мёртвым четыре дня)* The Raising of Lazarus; **Л. из Вифании** *библ.* Lazarus of Bethany.

Ла́зарь Мила́нский, еп. *(ум. ок. 450, катол. св., д. п. 11 февраля)* St. Lazarus of Milan, Bp.

лазури́т *см.* **ля́пис-лазу́рь**.

ла́ик *см.* **миря́нин**.

Лаи́с *библ. (географическое название)* Laish.

лаици́зм *(антиклерикализм)* laicism.

Ла́йтфут, Джо́зеф *(1828-89; англ. богослов, священник, профессор Кембриджского университета, еп. Даремский <Bp. of Durham>)* Lightfoot, Joseph Barber.

лак *(прозрачное маслянистое плёнкообразующее вещество)* varnish, lacquer ◊ **бронзовый л., л. с позолотной бронзой** ormolu varnish; **льномасляный л.** *(употребляется в иконописи)* linseed oil varnish; **масляный л.** oil varnish; **л. тускнеет** the varnish dulls.

лакиро́вка *(в иконописи)* varnishing.

Лакорде́р, Жан Бати́ст Анри́ *(1802-61; катол. проповедник и писатель, член Франц. академии; защищал свободу церкви от государства, свободу обучения, совести и печати)* Lacordaire, Jean Baptiste Henri.

Лакта́нций, Лю́ций Це́лий Фирма́н *(ок. 250-325; христ. апологет, церк. писатель)* Lactantius, Lucius Cae(ci)lius Firmianus.

Ла́кшми *(в индийской мифологии богиня счастья, богатства и красоты, супруга Вишну)* Lakshmi; *(другое её имя)* Шри *<Sri>*; *(как супруга Вишну, часто)* Maha Lakshmi.

"Лали́та-ви́стара" *(ранняя буддийская сутра, написанная на санскрите прибл. во 2 в. и описывающая жизнь Будды Шакьямуни)* Lalita Vistara.

ла́ма *(учитель в тибето-монгольском, в том числе российском, буддизме, прошедший обучение и обряд посвящения)* lama.

лама́изм *(одно из основных направлений буддизма; л. сформировался в Тибете в 7-14 вв., на территорию Монголии проник в кон. 16 в.; на территорию России л. проник в 18 в. и получил распространение среди бурят, тувинцев и калмыков)* Lamaism, Tibetan Buddhism.

лама́ист Lamaist, Tibetan Buddhist.

лама́истский Lamaistic, Lamaic, Lamaite.

лама́истский монасты́рь lamasery.

лама́ит *см.* лама́ист

Ла́мберт Авиньо́нский *(1487-1530; один из крупных деятелей Реформации)* Lambert, Francis.

Ла́мберт Герсфе́льдский *(летописец 11 в., монах в бенедиктинском аббатстве Герсфельд)* Lam(p)bert of Hersfeld.

Ла́мберт Лио́нский, еп. *(ум. 688; катол. св., д. п. 14 апреля)* St. Lambert of Lyons, Bp.

Ла́мберт Маастри́хтский, еп. *(ок. 635-705; сщмч., катол. св., д. п. 17 сентября)* St. Lambert of Maestricht, Bp., m.

Ла́мбетская сте́пень *(почётная учёная степень; присуждается архиеп. Кентерберийским по акту 1533 за достижения в области богословия, гуманитарных наук, медицины, музыки и т. п.; церемония присуждения происходит в Ла́мбетском дворце́ в Лондоне)* the Lambeth degree.

Ла́мбетские конфере́нции *(съезды еп.-ов от всех англик. церквей)* the Lambeth Conferences.

Ла́мбетский дворе́ц *(лондонская резиденция архиеп. Кентерберийского)* the Lambeth Palace.

Ламенне́, Фелисите́ Робе́р де *(1782-1854; франц. аббат, философ, писатель, один из основателей христ. социализма)* Lamennais, Félicité Robert de.

ламента́ция *катол. (служба на ветхозаветный текст "Плач пророка Иеремии")* lamentation.

Ла́мех *библ. (сын Мафусаила, потомка Каина)* Lamech.

лампа́да *(подвешенный перед иконой небольшой сосуд с фитилём, наполняемый маслом)* (hanging icon) lampion, hanging vigil light; *библ.* lamp; **л. напрестольная** altar icon lampion; **л. потухла** icon lampion went out; **л. у ковчега завета** *(в синагоге)* eternal light.

Лампа́д Иринопо́льский, прп. *(9 в.; д. п. 5/18 июля)* St. Lampadus, wonderworker of Irenepolis.

лампа́дка *см.* **лампа́да**.

лампа́дное ма́сло *(канонически – оливковое масло)* lampion oil.

"Ламрим" *(тибет. "ступени пути" <'Stages of Path'>; изложение учений Будды, доступное для понимания и практического применения, включает все ступени пути к просветлению)* the Lam Rim.

Ланг, Матте́ус *(1468-1540; немец. религ. деятель)* Lang, Matthaus.

Ла́нгтон, Сти́вен *(ок. 1150-1228; англ. теолог, церк. и политический деятель)* Langton, Stephen.

Ландели́н, абба́т *(ок. 625-86; бывший разбойник, катол. св., д.п. 15 июня)* St. Landelinus, abt.

Ландри́ Пари́жский, еп. *(ум. ок. 660; катол. св., д.п. 10 июня)* St. Landericus [Landry] of Paris, Bp.

"Ланкавата́ра-су́тра" *(доктринальный текст буддизма* **махая́ны***, созданный, вероятно, в 4 в.)* Lankavatara-sutra.

Ла́нфранк *(ок. 1005-89; англ. церк. деятель)* Lanfranc.

лаодики́йский *(относящийся к городу* **Лаодики́я***; тж перен. – особ. к религии – равнодушный, безразличный)* Laodicean.

Лаодики́йский собо́р *(состоялся ок. 363-64; шестьдесят правил Л.-ого с.-а <the Canons of Laodicea> касаются различных подробностей богослужебного чина, дисциплины клира, семейной жизни и нравов мирян, пороков и заблуждений того времени и т. п.)* the Council of Laodicea.

Лаодики́я *библ. (1. город на юго-западе Малой Азии, совр. Денизли, Турция, в 200 км к юго-востоку от Измира; он довольно рано имел общину, основанную, видимо, учеником ап. Павла Епафрасом; 2. родина св. Аполлинария Лаодикийского – порт в Сирии, совр. Латакия)* Laodicea.

Ла́о-цзы́ *(настоящее имя Ли Эр; легендарный древнекитайский философ, мудрец, основатель* **даоси́зма***; учение Л. изложено в главном каноническом сочинении даосизма, филос. трактате сер. 4 в. до н.э.* **"Да́о дэ Цзи́н"***)* Lao-tzu, Lao-tse.

Лапидо́ф *библ. (муж пророчицы и судьи Девворы)* Lapidoth.

Ла́ргий, св. мч. *(4 в.; д. п. 7/20 июня)* St. Largus, M.

ларе́ц для Святы́х Даро́в *см.* **дароно́сица**.

ларе́ц с моща́ми chest with holy relics.

Ласе́я *библ. (портовый город на южном побережье Крита)* Lasea.

Лас Ка́сас, Бартоломе́ де *(1474-1566; испан. историк, гуманист и церк. деятель; "апостол индейцев" <the "Apostle of the Indians">; был членом доминиканского ордена и выступал против притеснения и эксплуатации индейцев в испан. колониях в Америке)* Las Casas, Bartolome de.

Ла́ски, Ян *(1499-1560; польский протест. реформатор и религ. деятель)* Laski [(A)lasco], John.

Ла́сло Венге́рский *см.* **Лади́слав Венге́рский**.

Латера́нские собо́ры *(катол. церкви в Риме, 1123, 1139, 1179, 1215, 1512-17, происходившие в Латеранском соборе св. Иоанна Крестителя, где папы со времени Николая I (ум. 867) венчаются тиарою)* the Lateran Councils.

Латеранский договор *(соглашение между Святым престолом и правительством Б. Муссолини, подписанное 11 февраля 1929)* the Lateran Treaty.

Латеранский собор св. Иоанна Крестителя *(кафедральный собор Рим. епархии; на этом месте во 2 в. находилась обширная городская усадьба семьи Латеранов <the family of the Laterani>; она досталась в нач. 4 в. супруге императора Константина Великого Фаусте <Fausta>, по желанию к-рой вся недвижимость была пожалована папе Сильвестру I (314-327), и стала, с многочисленными переделками и постройками, местопребыванием Пап Римских <patriarchium> вплоть до их бегства в Авиньон в 1309; современный собор-дворец был построен после многочисленных пожаров и разрушений по приказу папы Сикста V в 1586 по планам Доменико Фонтана <Domenico Fontana>)* the Lateran Basilica, the Church of St. John Lateran, *итал.* S. Giovanni in Laterano.

Латеранское соглашение *см.* **Латеранский договор.**

Латимер, Хью *(1480-1555; еп., деятель англ. Реформации, после восстановления католицизма сожжён на костре)* Latimer, Hugh.

латинец *устар. (католик)* Roman Catholic.

латинизировать *(вносить черты католицизма)* to Latinize ◊ **л. Церковь Англии** to Latinize the Church of England.

латиница 1. *(лат. алфавит)* the Latin(ic) alphabet, the Latin [Roman] letters; **2.** *(лат. шрифт)* Roman characters, Roman type.

латинский *устар. (католический)* Latin, Roman ◊ **Л.-ая церковь** *(Римско-католическая церковь лат. обряда; кроме **Л.-ой церкви** существуют Католические церкви восточных обрядов)* the Latin Church.

латинский крест *см.* **крест.**

латинский обряд *(обряд, в наст. время распространённый в Зап. и Центральной Европе, Америке, ряде стран Азии и Африки; первоначальный язык обряда – латинский; в наст. время используются национальные языки; духовенство, кроме диаконов, связано обязательным целибатом; хлеб для евхаристии используется пресный; таинства причащения и миропомазания не преподаются младенцам; в богослужении используются наряду с пением органы)* the Latin [Roman] Rite, the Roman liturgy.

латинский язык *см.* **латынь.**

латинство 1. *(католичество)* the Roman Catholic faith; **2.** *(латиняне; собир. – католики)* the Roman Catholics.

латиняне *см.* **латинство 2.**

латитудинарии *(название, данное в 17 в. в Англии религ. партии, участники к-рой большей частью принадлежали к государственной церкви <the established church>, но отличались широкой терпимостью к др. религ. партиям)* the Latitudinarians.

латы *(доспехи; часть одежды воина на иконах)* (plate) armo(u)r, cuirass, suit of armo(u)r ◊ **закованный в л.** encased in armo(u)r.

латынь *(латинский язык)* ◊ **богослужебная л.** the liturgical Latin; **классическая л.** *(80 до н. э. - 200 н. э.)* the Classical Latin; **л. отцов Церкви** *(2-6 вв.)* the Patristic Latin *(of the early church fathers)*; **л. первых библ. переводов** the Biblical Latin; **неклассическая л.** *(любой период после классической л.-и)* the Low [postclassical] Latin; **"новая л."** *(форма языка, основанная на эле-*

ментах лат. и греч., развившаяся со времён Ренессанса и употребляемая, в основном, в науке) the New [Modern] Latin, the Neo-Latin; **"поздняя л."** (2-6 вв.) the Late Latin; **средневековая л.** (6-15 вв.; эпоха существования лат. языка в качестве письменного языка западно-европ. общества, языка католической церкви, науки, отчасти лит-ры) the Medieval [Middle] Latin, сокр. ML, M.L.

лáуда (итал. духовная внелитургическая песня; была распространена в 13-16 вв.; культивировалась гл. обр. в "братствах" лаудистов <the Laudists>; большое число многоголосных обработок л.-ы создано во 2-й пол. 16 в. в Риме для конгрегации Ф. Нери) lauda, laude.

лаудациóнный (хвалебный, панегирический) laudatory, laudative.

Лáхис библ. (город, расположенный в 25 км к западу от Хеврона) Lachish.

Лáхиш см. **Лáхис**.

Леáндр (ок. 534-600; еп. Севильский; между 579-89 был в Византии; Л. играл видную роль в борьбе с арианским духовенством на соборе в Толедо в 589, где он был председателем; под его влиянием в Константинопольский Символ веры была внесена прибавка filioque ("и от Сына"), к-рой не было в вероисповедной формуле предшествующего Толедского собора 447; Л. стоял за тесную связь испан. церкви с Римом; катол. св., д. п. 27 февраля) St. Leander.

Лев Велúкий, св. Пáпа Рúмский (ум. 461; д. п. 10 ноября) St. Leo I the Great, Pope of Rome.

Лев, еп. Катáнский, прп. (8 в.; д. п. 20 февраля / 5 марта) St. Leo, Bp. of Catania.

левиафáн библ. (мифическое морское чудовище, символ хаоса) leviathan.

Лéвий библ. (третий сын Иакова, праотец левитов) Levi.

Лéвий, (сын) Алфéев (древнееврейское имя ап. Матфея) Levi, the son of Alpheus.

левирáт библ. (обычай, по к-рому, если мужчина умер бездетным, то его ближайший родственник, обычно его брат, обязан был жениться на вдове) levirate.

"Левúт" библ. (третья книга Моисея) (the Book of) Leviticus, сокр. Lev., Levit ◊ **закон, данный в "Левите"** the Levitical law; **Третья книга Моисеева. Левит** библ. The Third Book of Moses, called Leviticus.

левитáция (воспарение человека над землёй) levitation.

левúтский (1. относящийся к **левúтам**; 2. относящийся к книге "Левит" или данному в ней закону) Levitical ◊ **л.-ое священство** библ. Levitical priesthood.

левúты библ. (потомки Левия, сына птрх.-а Иакова; из его племени вышли служители храма; у иудеев священнослужители разделялись на три степени: первосвященники, священники и левиты; на последних лежали низшие обязанности, часто они были музыкантами и певцами при храмах, иногда чтецами священных книг и судьями) the Levites.

левкáс (в древнерусском иск-ве специальный грунт под роспись; для икон приготавливается грунт из мела с рыбьим клеем) gesso ◊ **левкасная основа** (иконы) gesso [ivory] ground.

левкáсить (икону) to gesso, to apply gesso to.

Лéвкий, св. мч. (имя нескольких святых правосл. церкви) St. Leucius, M.

лега́т, па́пский 1. *(уполномоченный Папы Римского, в настоящее время – в ранге кардинала, направляемый в иностранное государство с особой миссией на короткий период)* (Papal) legate, *сокр.* leg., *лат.* legatus a latere ◊ **должность и полномочия папского л.-а** legation, legateship; **помощник папского л.-а** vice-legate; **2.** *(уполномоченный Папы Римского, направляемый в иностранное государство для вручения новопоставленному кардиналу знаков кардинальской власти)* ablegate; *(посол Папы Римского в другой стране; тж* **ну́нций, па́пский***) лат.* legatus missus; *(в стране, с к-рой Ватикан не имеет дипломатических отношений)* apostolic delegate; **3.** *истор. (до Реформации, напр. архиеп. Кентерберийский) лат.* legatus natus.

лега́тский legatine.

леге́нда *(один из прозаических жанров фольклора; народное предание о жизни какого-л. лица или о каком-л. событии)* legend ◊ **культовая л.** religious [pious] legend.

легенда́рный *(относящийся к легенде)* legendary.

легио́н 1. *(в Библии употребляется в значении "великое множество")* legion ◊ **"двенадцать л.-ов Ангелов"** *(Ев. от Матфея 26:53)* 'twelve legions of angels'; **2.** *(в Ев. от Луки 8:30 так называл себя бесноватый, в том смысле, что в нём было много злых духов)* Legion ◊ **"И он сказал в ответ: л. имя мне, потому что нас много"** *(Ев. от Марка 5:9)* 'And he answered, saying, My name is Legion: for we are many'.

Лейко́кское абба́тство *(руины катол. аббатства 13 в. в графстве Уилтшир, Англия)* the Lacock Abbey.

Лекле́рк, Жан *см.* **Кле́рик, Иоа́нн.**

ле́ктор *см.* **чтец.**

лекто́рий *(в старинных катол. церквах род деревянной возвышенной кафедры или трибуны, на к-рой во время богослужения читались Евангелия и апостольские послания)* lectern.

лекциона́рий *англик., катол. (список или собрание чтений Священного Писания по дням церк. года, иногда с толкованиями и т. п.)* lectionary ◊ **л.-и** *(чтения во время службы)* lections; **"Новый общий л."** *(издание, рассчитанное на использование в катол. и различных протест. церквах; содержит материал для проповедей)* the New Common Lectionary.

Лекье́н, Мише́ль *(1661-1733; доминиканец из Болоньи, известный византинист)* Le Quien, Michel.

Лемуи́л *библ. (царь североаравийского племени масса; ему приписывают Притчи 31:2-9)* Lemuel.

Ле́нард *см.* **Леона́рд.**

Ле́нгтон, Сте́фан *(ум. 1228; англ. богослов и политический деятель; кардинал с 1206, архиеп. Кентерберийский с 1207; написал много богословских трудов, среди к-рых особ. ценятся "Комментарии" к Священному Писанию; ему приписывают разделение книг Библии на главы)* Langton, Stephen.

лен куря́щийся *библ. (крайне слабый в духовно-нравственном смысле человек)* the smoking flax.

ле́ность *(один из семи смертных грехов)* sloth, *устар.* accidie ◊ **пребывать в л.-и** *библ.* to eat *one's* flesh.

ле́нта

ле́нта *катол. (одна из двух, свисающих с тыльной стороны митры)* infula, lappet, fanon ◊ **л. вокру́г ле́вого запя́стья** *(катол. священника, служащего мессу; с 1967 не обязательна)* maniple.

Леоби́н Ша́ртрский, еп. *(ум. ок. 558; катол. св., д. п. 14 марта)* St. Leobinus, Bp. of Chartres.

Леодега́рий *(ок. 616-79; катол. св., д. п. 2 октября)* St. Leodegarius.

Леока́дия, мц. *(ум. ок. 304; катол. св., д. п. 9 декабря)* St. Leocadia, M.

Леона́рд *(ум. ок. 559; лиможский пустынник, родом из знатной семьи, обращённый в христ-во св. Ремигием, основатель монастыря близ Лиможа; по преданию, своими молитвами он даровал облегчение королеве во время трудных родов, поэтому во Франции его почитают как патрона рожениц; катол. св., д. п. 6 ноября)* St. Leonard.

Леона́рди, Джова́нни, св. *(1541-1609; основатель религ. ордена, катол. св., д. п. 9 октября)* St. John Leonardi.

Леона́рд Портомори́сский, прп. *(1676-1751; катол. св., д. п. 26 ноября)* St. Leonard of Port Maurice, St. Leonard Casanova.

Леони́д Александри́йский, св. мч. *(ум. 202; отец Оригена, д. п. 22 апреля / 5 мая)* St. Leonides of Alexandria, M.

Лео́нтий, св. мч. *(ум. 73; д. п. 18 июня / 1 июля)* St. Leontius, M.

Леопо́льд *(1073-1136; маркграф австрийский <margrave of Austria>; воспитывался под влиянием знаменитого еп. Пассау Альтмана <Bp. Altman of Passau> и по смерти отца вступил в 1096 в управление государством, основал монастырь Хейлигенкрейц – Св. Креста <the monastery of Klosterneuburg>; катол. св., д. п. 15 ноября)* St. Leopold.

Леопо́льд Ге́шский, прп., блж. *(1733-1815; катол. св., д. п. 2 апреля)* Blessed Leopold of Gaiche.

ле́пта 1. *(мелкая монета в Древней и совр. Греции)* lepton; **2.** *(перен. – посильное подаяние, вклад; из евангельского рассказа о лепте вдовицы в Ев. от Луки 21:2)* mite ◊ **вдо́вья л.** *библ.* the widow's mite.

ле́пта св. Петра́ *см.* **грош св. Петра́**.

Лери́н *(один из самых древних монастырей в южной Галлии, расположенный на островке в Средиземном море против города Канн; основан ок. 410 св. Гоноратом <St. Honoratus>)* Lérine(s).

Ле́сли, Джон *(1527-96; шотл. религ. деятель, историк)* Leslie, John.

Ле́снинская ико́на Бо́жией Ма́тери *(по преданию, икона явилась 14 сентября 1683 пастухам в лесу на грушевом дереве и была поставлена в русской церкви села Буковичи, в 2 верстах от Лесны; празднование 14/27 сентября)* the Lesna icon of the Mother of God.

ле́совица *см.* **чётки-ле́ствица**.

лессирова́ть to glaze, to scumble.

лессиро́вка *(техника живописи, заключающаяся в нанесении тонких прозрачных или полупрозрачных слоёв красок на просохший слой масляной живописи для обогащения колорита; используется в иконописи)* glazing, scumbling.

"Ле́ствица, возводя́щая к небеса́м" *(руководство к монашеской жизни, написано игуменом синайского монастыря Иоанном Лествичником в 6 в.)* the Ladder of Paradise [of Perfection]; *лат.* Scala Paradisi.

"Лéствица Рáйская" см. "Лéствица, возводя́щая к небесáм".

лéстница stairs, staircase ◊ **бáшенная л.** tower stairs; **л., ведущая на хоры** (в церкви) gradatory; **винтовая л.** spiral [circular, winding] stairs, turnpike-stair, caracol(e), corkscrew staircase; **парадная л.** main [front, principal] staircase [stairs].

лéстница, достигáющая нéба библ. (образ духовного восхождения; праотец Иаков имел видение лестницы [лествицы], по к-рой восходили и нисходили ангелы) Jacob's ladder.

лéстница Иáкова см. **лéстница, достигáющая нéба**.

лéстовка см. **чётки-лéствица**.

летоисчислéние см. **летосчислéние**.

летописáние writing of annals.

летопи́сец chronicler, annalist; chronographer.

летопи́сный annalistic.

лéтопись (памятник истор. повествования) chronicle, annals; лат. fasti; устар. chronicon ◊ **вести л.** to keep a chronicle; **заносить в л.** to chronicle; **составление л.-и** chronography.

летосчислéние era, (system of) chronology ◊ **в год еврейского календаря, по еврейскому л.-ю** in the Hebrew year, лат. anno hebraico, сокр. A.H.; **Византийское л., л. от сотворения мира** (за 5508 лет до Р. Х., использовалось на Руси до 1700) the Mundane Era of Constantinople; (от начала мира – за 5508 лет и 4 месяца до Р. Х.; используется в наст. время в православии) the Byzantine Era; **л. до рождества Христова (Р. Х.), до нашей эры (н. э.)** before Christ, сокр. B.C.; **еврейское л.** (от сотворения мира; за 3761 год до Р. Х.) the Jewish calendar; (за 3760 лет и 3 месяца до Р. Х.) the Jewish Mundane Era; **л. новой [нашей] эры, л. от рождества Христова** the Christian Era, the Christian calendar; сокр. A.D.; **по христианскому л.-ю, после рождества Христова** in the Christian era; **христиане ведут своё л. от рождества Христова** the Christians date from the birth of Christ.

лéший библ. (тж **шéдим**) satyr.

лещáдки (в иконописи – условное изображение уступов гор) rock-mound ledges.

"Лжеисидóровы декретáлии" (сборник церк., наполовину подложных, документов, действовавший в качестве основ в катол. церк. праве с сер. 9 по 17 вв.) the (false) Isidorian [pseudo-Isidorian] decretals, the False Decretals.

лжепредсказáние pseudo prophecy.

лжеприся́га false oath.

лжепророк pseudo [lying] prophet, библ. false prophet ◊ **"Берегись л.-ов, к-рые приходят к вам в овечьей одежде, а внутри суть волки хищные..."** (Ев. от Матфея 7:15) 'Beware of false prophets, which come to you in sheep's clothing, but they are ravening wolves'.

лжесвидéтель false witness, perjurer.

лжесвидéтельство false evidence, false testimony, perjury.

лжесвидéтельствовать to give false evidence, библ. to bear false witness ◊ **"Не лжесвидетельствуй"** (Ев. от Матфея 19:18) 'You shall not bear false witness'.

лжеучéние false doctrine, heresy.

лжехристо́сы *библ.* false Christs.
лжи́ца *(ложечка с крестом на рукоятке, из к-рой причащают мирян и церковнослужителей)* the Communion [liturgical] spoon; *правосл.* labis.
ли *(Ритуал – категория конфуцианства, выражающая идею социального, этического, религ. и общекультурного норматива)* li.
Ли, А́нна *(1736-84; основательница секты* **шейкеров** *в США)* (Mother) Ann Lee.
либелла́тики *(христиане эпохи гонений, подкупом или иным образом добывавшие от языческих властей свидетельства в том, что они совершили жертвоприношения языческим богам)* the libellatici.
Либе́нтий Га́мбургский, еп. *(ум. 1013, катол. св., д. п. 4 января)* St. Libentius, Bp. of Hamburg.
либерали́зм *(в христ. мысли 19 – нач. 20 вв., в основном протестантский: требование адаптировать религ. идеи к совр. культуре, изменить язык и форму передачи евангельской вести; отказ от авторитаризма в религ. жизни и т. п.)* liberalism ◊ **богословский л.** theological liberalism.
Либера́льная католи́ческая це́рковь *(образована Теософическим обществом в 1916 на базе старокатол. церкви в Великобритании; стремится к соединению всех религий на основе теософии)* the Liberal Catholic Church.
либера́льный liberal ◊ **л.-ое богословие** liberal theology; **"Л.-ое евангеличество"** *(течение в англик. церкви)* Liberal Evangelicalism; **"Л.-е католики"** *(течение в катол. церкви)* the Liberal Catholics.
Либера́т Карфаге́нский, мч. *(ум. 483; катол. св., д. п. 17 августа)* St. Liberatus, M.
Либе́рий *(Папа Римский в 352-366; катол. св., д. п. 23 сентября, в настоящее время не отмечается)* Liberius.
либерти́н(ц)ы *библ. (иудеи, пленённые римлянами и потом получившие свободу)* libertines; *(в "Деяниях" 6:9)* the Libertines, the Freedmen.
"Ли́бер узуа́лис" *(богослужебная книга Рим. катол. церкви)* ˙*лат.* Liber Usualis.
лива́н *ц.-сл. см.* **ла́дан, фимиа́м 1.**
Ливи́н, св. *(7 в.; проповедник и миссионер во Фландрии; катол. св., д. п. 12 ноября)* St. Livinus.
Ли́вна *библ. (географическое название)* Libnah.
Лигуо́ри, Альфо́нсо Мари́я *(1696-1787; один из самых чтимых католиками учителей Церкви <a Doctor of the Church>, разделяющий влияние только с* **Фомо́й Акви́нским**; *основатель ордена [братства, конгрегации] Искупителя <the Congregation of the Most Holy Redeemer, лат. Congregatio Sanctissimi Redemptoris>; катол. св., д. п. 1 и 2 августа)* Liguori, St. [Blessed] Alphonsus Maria de ◊ *(нек-рые из его сочинений)* **"Нравственное богословие"** The Moral Theology, *лат.* Theologia Moralis; **"Слава Марии"** The Glories of Mary, *лат.* Glorie de Maria.
Лидви́на Голла́ндская, блж. *(1380-1433; подвижница, мистик, катол. св., д.п. 14 апреля)* Blessed Lydwina, Blessed Lidwina.
Ли́дда *библ. (древний город на центральном побережье Палестины)* Lydda, Lod.

Ли́дия *библ. (богатая женщина, торговавшая* **багряни́цей 2.** *в Филиппах, её крестил ап. Павел; считается первой христианкой Европы; она же* **Л. Фиати́рская**, *катол. св., д. п. 3 августа)* Lydia (Purpuraria).

лик 1. *(лицо, облик)* face; **2.** *(образ, изображение на иконе)* representation of face on icon, image; **3.** *(изображённое на иконе лицо Иисуса Христа)* image [representation] of Christ; **4.** "Л." *(народ в христ. богослужении)* people; **5.** *(церк. хор, собрание поющих)* choir.

Ликао́ния *библ. (область на юге Малой Азии)* Lycaonia.

Лики́я *библ. (область на юго-западе Малой Азии)* Lycia.

ликова́ние exultation, exultancy.

лик святы́х the Community of Saints ◊ **причи́слить к л.-у с.** to canonize.

ли́ла *(понятие в индуизме, означающее деяния бога, производимые им по собственной воле, легко, "играючи"; чаще всего речь идёт о таких играх на земле – с людьми и для людей: проказы Кришны, подвиги Рамы)* lila.

Лили́т *библ. (в иудейской демонологии – злой демон жен. пола, живущий в пустыне; в Библии (Книга пророка Исаии 34:14) в русском переводе он именуется "ночным привидением" <the screech owl>, в Талмуде Л. фигурирует как первая жена Адама)* Lilith.

ли́мбо *(в средневековой теологии – преддверие ада, место, где пребывают души, не получившие полного благословения божественного видения <beatific vision>, но не осуждённые на какие-л. другие наказания; они включали младенцев, умерших до крещения <limbo of the infants, лат limbo infantum>, ветхозаветных патриархов и пророков <limbo of the fathers [of the patriarchs], лат. limbo patrum>, а тж людей, утративших разум)* limbo, *(часто)* Limbo.

ли́нга(м) *(в индуизме фаллический символ, мужское животворящее начало Шивы, под к-рым ему поклоняются; изображается в виде каменного столба с приращённой к нему фигурой стоящего Шивы с мечом в руках, либо поднимающимся из* **йо́ни**; *в филос. смысле* **л.** *– высший объект познания)* the linga(m).

линга́яты *(последователи одной из сект в индуизме, возникшей в 12 в. в Южной Индии)* the Lingayats.

Ли́ндисфарн *(небольшой остров у берегов сев. Англии; начало его известности относится к 635-36, когда еп. Нортумберленда св. Айдан основал здесь свою резиденцию, монастырь и школу для обучения мальчиков; из этой школы вышли знаменитые затем религ. деятели)* Lindisfarne.

Лин, св. мч. *(ум. ок. 76; один из 70-ти апп., первый еп. римский; д. п. 5/18 ноября, катол. – 23 сентября)* St. Linus, Apl.

Линьцзи́ *(ум. 866; китайский учитель <master>, основатель школы* **чань(-будди́зма)**) Lin-chi.

Лио́ба, св. *(ум. 780; аббатиса, катол. св., д. п. 28 сентября)* St. Lioba.

Лио́нская у́ния *(уния Восточной церкви с Римом, провозглашённая в 1274 на Лионском Вселенском соборе катол. церкви византийским императором Михаилом Палеологом и папой Григорием X; была ликвидирована в 1282 сыном и преемником Михаила Андроником)* the Lyon union.

Лира́, Никола́й *(1270-1340; франц. богослов и проповедник, францисканец, профессор Парижского университета; составил первый полный коммен-*

тарий на все книги Ветхого и Нового Заветов в форме бесед) Lyra, Nicolaus de, Nicholas of Lyra.

Лиса́ний *библ. (зять Ирода Великого, тетрарх Авилинии)* Lysanias (the tetrarch of Abilene).

Ли́сий *библ. (муж. имя)* Lysias.

Лисима́х *библ. (муж. имя)* Lysimachus.

Ли́стра *(город в Ликаонии в Малой Азии; ап. Павел посетил его во время первого и второго миссионерских путешествий)* Lystra.

лита́ния *(краткое молитвословие у католиков и англикан, обращённое к Богу, а у католиков тж к Богородице или святым; состоит из ряда воззваний и прошений)* litany, *катол. (в составе утрени и вечерни)* intercessions ◊ **большая л.** the Greater Litany; **л. драгоценнейшей Крови Иисуса** the Litany of the Precious Blood of Jesus; **л. крестного хода** procession; **л. Лорето** *(в честь Девы Марии)* the Litany of Loreto, the Litany of the Blessed Virgin; **малая л.** the Lesser Litany; **л. святейшего сердца Иисусова** the Litany of the Sacred Heart; **л. Святого Имени** the Litany of the Holy Name; **л. Святого Иосифа** the Litany of St. Joseph; **л. святых** the Litany of the [All] Saints.

литерату́ра writings ◊ **духовная л.** ecclesiastical writings; **раннехрист. л.** early Christian writings; **церк. л.** ecclesiastical writings.

лити́йный сосу́д *см.* **блю́до, лити́йное**.

лития́ *(общественное моление; часть всенощного бдения накануне праздников в правосл. церк. богослужении)* lity, litiya, earnest entreaties ◊ **л. заупокойная** *(род краткой заупокойной службы)* the lity for the dead.

"**лито́е из ме́ди мо́ре**" *см.* **ме́дное мо́ре**.

лито́н *см.* **илито́н**.

Литостро́т *библ. (греч. название* **Гавва́фа** *– место, где находилось судилище Пилата)* Lithostrotos.

литурги́йный *(относящийся к литургии)* liturgic(al).

литу́ргика *(богосл. дисциплина, в к-рой доказывается необходимость и обязательность богослужений как важнейшего средства общения человека с Богом)* liturgics, liturgiology, study of liturgy ◊ **изучающий л.-у** liturgician; **учебник л.-и** liturgics textbook.

литурги́ст *(составитель или знаток чина богослужения)* liturgist ◊ **учёный-л.** liturgical scholar.

литурги́ческий *(относящийся к богослужению)* liturgic(al) ◊ **л.-ая драма** *(вид средневекового религ. западноевроп. представления 9-13 вв.)* liturgical drama; **л.-ая [церковная] латынь** the liturgical Latin; **л. язык** *(на к-ром ведётся богослужение)* the liturgical language; **православное л.-ое предание** the Orthodox liturgical tradition.

литургия́ I *(основное христ. богослужение, во время к-рого совершается проскоми́дия и причаще́ние Святыми Дарами, т.е. преподаётся верующим Тело и Кровь Христова под видом хлеба и вина)* the Liturgy; *англик.* the common prayer, *сокр.* C.P. ◊ **л.-и Аддея и Мари** *(древнейшие христ. богослужебные тексты халдейского обряда)* the liturgies of Addai and Mari; **Божественная л.** the Divine Liturgy, the Holy Mysteries, the Communion service, the services of Holy Communion, the Eucharist, the Lord's Supper; *катол.* Mass;

истор. (после Реформации) the Action; **Божественная л. Василия Великого служится десять раз в году: в первые пять воскресений Великого поста, в Великий четверг, в Великую субботу, в день памяти св. Василия Великого (1 января), в сочельник под Рождество и под Крещение (если они приходятся на дни от понедельника до пятницы) или в день Рождества на Крещения (если сочельник Рождества и Крещения приходится на субботу или воскресенье)** The Divine Liturgy of St. Basil the Great is celebrated ten times during the year: on the first five Sundays of Great Lent, on Great and Holy Thursday, on Great and Holy Saturday, on the Feast of St. Basil the Great (January 1), on Nativity Eve and Theophany Eve (when these fall on Monday through Friday) or on the Nativity and Theophany (when Nativity Eve and Theophany Eve fall on Saturday or Sunday); **л. Василия́ Великого** *(составлена в 4 в. по чину л.-и св. ап. Иакова; в правосл. церкви совершается 10 раз в году; имеет нек-рые отличия от л.-и Иоанна Златоуста)* the Liturgy of St. Basil the Great, the Divine Liturgy according to St. Basil; **л. верных** *(на к-рой совершается таинство причащения)* the liturgy of the faithful; **день, в к-рый совершается л.** liturgical day; **дни, в к-рые л. не совершается** aliturgical days; **л. оглашенных** *(на к-рой, по церк. правилам, могут присутствовать оглашенные, т. е. готовящиеся к крещению и кающиеся в грехах, отлучённые за свои прегрешения от причастия)* the liturgy of the catechumens; **л. Преждеосвященных даров** *(совершается в Великий пост, в дни кроме суббот, воскресений, Благовещения)* the Liturgy of the Presanctified, the Liturgy of the Preconsecrated Offerings, the Liturgy of Gregory the Great, *катол.* the Mass of the Presanctified, *лат.* missa praesanctificatorum; **л. св. Евангелиста Марка** *(была известна в древности; совершалась в Александрийском округе коптами, а тж униатами)* the Liturgy of St. Mark; **л. св. Иакова, Иерусалимская л.** *(по преданию св. ап. Иаков составил первую л.-ю по непосредственному наставлению от Иисуса Христа; эта л. совершалась в Иерусалимском округе до 4 в.)* the Greek Liturgy of St. James, the Liturgy of Jerusalem, the Hierosolymitan Liturgy; **л. св. Иоанна Златоуста** *(совершается в правосл. церкви в течение всего года, кроме Великого поста, в к-рый она совершается только по субботам, на Благовещение и в Вербное воскресенье)* the Liturgy of St. John the Chrysostom; **л. св. Климента Римского** *(см. Кли́мента литурги́я)* the Clementine Liturgy; **Пасхальная л.** the Paschal Liturgy.

литурги́я II *(в Зап. христ-ве всякое общественное богослужение)* liturgy, Mass ◊ **л. верных** *катол.* the Mass of the faithful, *лат.* missa fidelium; **заупокойная л.** *катол.* the Mass of the Resurrection; **православная л.** the Eastern Orthodox Mass; **л. Слова** *катол.* the liturgy of the Word, the Mass of the catechumens, *лат.* missa catechumenorum.

лить *см.* **отлива́ть**.

Лиу́дгер, св. *(ум. ок. 809; архиеп. Мюнстерский; был одним из любимых учеников Алкуина; в 787 Карл Великий послал его миссионером во Фризию, откуда он христианизировал население островов Северного моря; катол. св., д. п. 26 марта)* St. Ludger, Bp. of Münster.

Лифа́рд, абба́т *(ок. 477-550; катол. св., д.п. 3 июня)* St. Liphardus, abt.

Лифострото́н *см.* **Литостро́т**.

Лихай

Лихай *(в мифологии мормонов глава семейства, изгнанного из Иерусалима ок. 600 до н.э., к-рый основал колонию на западном побережье Сев. Америки; после его смерти колония распалась на два враждующих лагеря – нефитов <the Nephites> и ламанитов <the Lamanites>; ок. 420 н.э. ламаниты уничтожили нефитов; мормоны считают ламанитов предками всех индейцев)* Lehi.

лихва́ *библ. (процент на ссуду)* usury.

лиходе́й *(тот, кто творит зло)* evildoer.

лиходе́йство *(злое дело)* evildoing.

лихои́мец *(взяточник)* usurer, extortioner.

лихои́мство *(принятие взяток, подарков, подношений; извлечение незаконной корысти из службы)* extortion.

Лиху́ды, бра́тья см. **Славя́но-гре́ко-лати́нская акаде́мия**.

лицево́й 1. *(наружный, верхний, противоположный оборотной стороне)* obverse ◊ **л.-ая сторона** *(ткани, медали и т.п.)* face; **2.** *(о древнерусских рукописях – иллюстрированный, с рисунками, миниатюрами)* illuminated ◊ **л.-ая рукопись** illuminated manuscript.

лицеме́р hypocrite.

лицеме́рие hypocrisy.

лицензиа́т *(в нек-рых европ. университетах – учёная степень между бакалавром и магистром)* licentiate ◊ **л. богословия** Licentiate in Divinity, *сокр.* L. Div.; **л. Свяще́нной теоло́гии** Licentiate of Sacred Theology, *лат.* Sacrae Theologiae Licentiatus, *сокр.* S.T.L.; **он получи́л (учёную степень) л.-а богосло́вия** he received his licentiate in theology.

лице́нзия *англик. (выделяемое высшими церк. властями, напр. еп.-ом, разрешение на определённый вид деятельности)* faculty ◊ **специа́льная л.** *(выдаваемая архиеп. Кентерберийским на венчание в любом месте и в любое время)* special licence.

лицеприя́тие *(пристрастное отношение к кому-л. в угоду заинтересованному в деле лицу)* respect of persons, favouritism ◊ **"и́бо нет у Го́спода, Бо́га на́шего, непра́вды, ни л.-я, ни мздои́мства"** *("Паралипоменон" 19:7)* 'for there is no iniquity with the Lord our God, nor respect of persons, nor taking of gifts'.

лицо́, духо́вное ecclesiastic.

лицо́, не принадлежа́щее да́нной це́ркви extraneous person.

лицо́, отка́зывающееся от несе́ния вое́нной слу́жбы по рели́г. соображе́ниям conscientious objector.

ли́чностное существова́ние Бо́га God existing personally.

ли́чный грех *(в противоположность первородному)* actual sin.

лиша́ть пра́ва отправле́ния церк. слу́жбы to inhibit.

лиша́ть са́на или **духо́вного зва́ния** to defrock, to unfrock, to disfrock, to ungown ◊ **л. епи́скопского са́на** to depose a bishop; **л. зва́ния Па́пы** to unpope; **л. кардина́льского са́на** to decardinalize, to depose from the rank of cardinal; **л. свяще́ннического са́на** to unfrock a priest, to deprive of priesthood, to unpriest, to degrade *(smb.)* from the priesthood.

лише́ние са́на *(по каноническому праву самое строгое наказание священнослужителя)* deprivation of the cloth, loss of church rank, *катол.* deposition, degradation; *(временное)* англик., катол. suspension; *(временно или постоянно)* privation.

лишённый духо́вного са́на ungowned.

Ли́я *библ. (дочь Лавана, к-рый обманным путём сделал её первой женой Иакова)* Leah.

лобза́ние *см.* **лобыза́ние**.

ло́бное ме́сто *истор. (место, на к-ром совершались казни)* place of execution.

"Ло́бное ме́сто" *библ. (гора Голгофа близ Иерусалима, на к-рой был распят Христос; Ев. от Матфея 27:33; тж* **"Кра́ниево ме́сто"***)* the Place of a Skull.

лобыза́ние *(тж.* **целова́ние***)* kiss(ing) ◊ **иуди́но л.** Judas kiss; **"лобза́ние ми́ра"** *(в первые времена христ-ва на литургии верных после Великого входа все молящиеся в храме выражали взаимную любовь целованием)* the kiss of peace; **лобза́ние свято́е** *библ.* the holy kiss; **трёхкра́тное л.** the threefold kiss.

ловцы́ челове́ков *(апостолы) библ.* fishers of men ◊ **"И сказа́л им Иису́с: иди́те за Мно́ю и Я сде́лаю, что вы бу́дете ловца́ми челове́ков"** *(Ев. от Марка 1:17)* 'And Jesus said unto them, Come you after me, and I will make you to become fishers of men'.

Ло́ггин со́тник *см.* **Ло́нги́н со́тник, и́же при Кресте́ Госпо́днем, мч.**

ло́гии *(изречения, приписываемые Христу, не отражённые в канонических Евангелиях)* Logions, Logia.

Ло́гос 1. *(слово Божие; в христ-ве Л. воплотился и пришёл к людям в лице Иисуса Христа, пребывал в вечности до воплощения на земле, через Него было сотворено все сущее и Он возглавил всю тварь, совершив на земле победу над грехом и смертью)* the Logos, the Word of God; **2.** *(вторая ипостась Святой Троицы)* the Logos, the Second Person of the Trinity, God the Son.

ло́гос *филос. ("слово-термин", введённый древнегреч. философом Гераклитом; для него л. – всеобщий закон, основа мира; стоики понимали л. как мировой разум, стоящий над материальным миром; у Филона Александрийского л. – это мысль Бога, слово, сын Божий, Божественная сила, стоящая между Богом и людьми и с помощью к-рой было создано всё сущее)* logos.

логофе́т *истор. (название разных гражданских и церк. должностей в Византии, напр. л. патриаршего дома заведовал канцелярией и архивом)* logothete ◊ **вели́кий л.** *(канцлер Константинопольской церкви)* grand logothete.

Лод *см.* **Ли́дда**.

Лод, Уи́льям *(1563-1645; архиеп. Кентерберийский с 1633, советник Карла I; идеолог "Высокой церкви", утверждал, что англиканская церковь сохранила веру и обычаи первоначальной церкви лучше, чем Римская; преследовал пуритан, стремился к подчинению пресвитерианской церкви; арестован по решению Долгого парламента в 1640, судим и казнён)* Laud, William ◊ **относя́щийся к У. Ло́ду и его после́дователям** Laudian; **после́дователь У. Ло́да** Laudist, Laudian.

ло́же, сме́ртное deathbed.

Лоида́ *библ. (бабушка Тимофея; ап. Павел прославляет его за веру)* Lois.

ло́ка

ло́ка *("мир" как часть древнеиндийской Вселенной)* loka.

локапа́лы *(в индуистской мифологии божества – властители и цари – охранители стран света; их статуи ставились при входе в храм, а тж по углам четырёхугольной алтарной платформы внутри храма)* lokapalas.

лолла́рды *(члены религ. общества в Нидерландах и Англии в 14 в.)* the Lollards ◊ **учение л.-ов** Lollard(r)y.

Ло́нги́н Марсе́льский, мч. *(ум. ок. 290; катол. св., д. п. 21 июня)* St. Longinus of Marseilles, St. Victor Marseilles, M.

Ло́нги́н со́тник, и́же при Кресте́ Госпо́днем, мч. *(по преданию, сохранил капли крови Христа; д. п. 16/29 октября, катол. – 15 марта)* St. Longinus, the Centurion.

Ло́ндонское миссионе́рское о́бщество *(основано в 1795)* the London Missionary Society, *сокр.* L.M.S.

ло́но *(грудь, недра)* bosom, fold ◊ **"Единородный Бог, сущий в л.-е Отца"** *(Ев. от Иоанна 1:18)* 'the only-begotten God, who is in the bosom of the Father'.

ло́но Церкви obedience, the fold of the Church, the pale of the Church ◊ **вернуться в л. Церкви** to return to the fold of the Church; **вне л.-а Церкви** *(за пределами границ, защиты Церкви)* outside [beyond, out of] the pale of the Church; **л. Матери-Церкви** the bosom of the Mother Church; **принять в л. Церкви** to receive into the Church.

лор *(деталь облачения архангелов или женских иконографических персонажей – широкая длинная полоса ткани, украшенная жемчугом и драгоценными камнями)* tippet, liripipe, liripoop.

Лоре́то *(город в Италии, один из центров культа Девы Марии; согласно катол. преданию, в 1291 из Назарета, захваченного мусульманами, ангелы перенесли дом Девы Марии <the Holy House> в Терсатто (Далмация) и оттуда 10 декабря 1295 – в Л.; святилище стало местом паломничества)* Loreto.

лоретти́нки *катол.* **1.** *(монахини ордена, основанного в 1812 в г. Лоретто, шт. Кентукки, США; члены ордена посвящают себя делу воспитания и помощи бедным сиротам)* the Lorettines, the Sisters of Loretto; **2.** *(монахини конгрегации, основанной в 1822 Марией Терезой Болл в Ирландии ок. Дублина и впоследствии распространившейся в Индии, Канаде и США)* the Loretto nuns, the Ladies of Loretto.

ло́рум *см.* **лор**.

Лот *библ. (сын Арана, племянник и спутник Авраама, к-рый, при переселении в Ханаан был приобщён к вере в бога Яхве; у Л.-а от его собственных дочерей родились сыновья Моав и Аммон)* Lot ◊ **жена Л.-а** *(при побеге из Содома, несмотря на предупреждения, оглянулась и была превращена по воле Бога в соляной столб <a pillar of salt>)* Lot's wife.

"Ло́тосовая су́тра" *(один из самых ранних текстов* **махая́ны**, *датируемый 1 в. до н. э.)* the Lotus Sutra.

лоха́нь *(в китайском буддизме* **бодхиса́т(т)ва** *седьмой ступени, достигший нирваны, достаточной, чтобы спасти себя, но не других)* lohan.

Лу́би́н Ша́ртрский, еп. *(ум. ок 558; катол. св., д. п. 14 марта)* St. Leobinus [Lubin], Bp. of Chartres.

лубо́к 1. *(липовая доска)* bast, wood block, woodcut; **2.** *(лубочная картинка)* (cheap) popular print.

Луд *библ. (четвёртый сын Сима, сына Ноя)* Lud.

Лу́дольф Саксо́нский *(ум. 1378; сначала доминиканец, потом картезианец в Страсбурге; автор "Жизни Христа" <лат. 'Vita Christi'> — долгое время весьма распространённой на Западе, составил тж "Комментарий к Псалтырю" <'Commentary on the Psalms', лат. 'Commentaria in psalmos Davidicos'>)* Ludolph of Saxony, Ludolph the Carthusian.

Лу́дольф, св. *(ум. 1250; катол. св., д. п. 29 марта)* St. Ludolph.

Луз *библ. (первоначальное название города Вефиль)* Luz.

лузга́ *(скос между полем и ковчегом доски иконы)* bevel between the borders and cut-back centre portion of the icon panel.

Луи́ д'Анжу́, еп. *(1274-94; катол. св., д. п. 19 сентября)* St. Louis of Anjou, Bp.

Луи́за де Марийа́к, прп. *(1591-1660; основательница конгрегации "дочерей Милосердия" <the Sisters of Charity>, катол. св., д. п. 15 марта)* St. Louise de Marillac.

Луи́за Саво́йская, блж., прп. *(1461-1503; катол. св., д. п. 24 июля)* Blessed Louise of Savoy, abbess.

Луи́ Мари́ Гриньо́н де Монфо́р (Брето́нец) *(1673-1716; катол. св., проповедник, д. п. 28 апреля)* St. Louis Mary Grignion, St. Louis Montfort.

Лука́ *(врач, спутник ап. Павла в миссионерских поездках, помощник Павла в заключении; уже в раннем христ-ве считался автором третьего Евангелия, названного его именем, и "Деяний Апостолов")* Luke ◊ **ап. и евангели́ст Л.** *(д. п. 18/31 октября)* St. Luke, Apostle and Evangelist; **Ева́нгелие от Луки́**, **"От Луки́ свято́е Благовествова́ние"** the Gospel According to St. Luke; **"Евангели́ст Л. с прему́дростью"** *(иконографический сюжет)* St. Luke the Evangelist with the Divine Wisdom; **"; относя́щийся к ап. Луке́** или к **Ева́нгелию от Луки́** *прил.* Lucan, Lukan.

лука́вство дья́вола *см.* **кова́рство дья́вола**.

лука́вый *библ.* the wicked [evil] one ◊ **но изба́ви нас от л.-ого** but deliver us from the evil one.

Лука́ Элла́дский, прп. *(ум. ок. 946; д. п. 7/20 февраля)* St. Luke the Younger.

Лукиа́н Антиохи́йский *(ум. 312; известный христ. учёный; святой; д. п. 15/28 октября, катол. – 7 января)* St. Lucian of Antioch.

Лукиа́н Бове́зский, сщмч. *(ум. ок. 290; катол. св., д. п. 8 января)* St. Lucian of Beauvias, M.

Лукиа́нова пу́стынь *(муж. монастырь, деревня Лукьянцево Ярославской обл.)* the Monastery of St. Lucian.

Лукиа́н, прмч. *(ум. ок. 250; д. п. 15/28 октября, катол. – 26 октября)* St. Lucian, Venerable-M.

Лу́кий Киринея́нин *см.* **Лу́ций Киринея́нин**.

Лукиллиа́н, св. мч.: мчч. Л., Кла́вдий, Ипа́тий, Па́вел, Диони́сий и Па́вла де́ва *(3 в., д. п. 3/16 июня)* St. Lucillian, M. and with him: Cladius, Hypatius, Paul, Dionisius and Paula, Virgin-M.

Луки́я Нарни́йская, св. *(1476-1544; д. п. 16 ноября)* St. Lucy Brocadelli, St. Lucy of Narni.

Луки́я, св. мц. *(ум. 304; д. п. 13/16 декабря)* St. Lucy, Virgin-M.

лу́ковица

лу́ковица *архит. (в древнерусской архит-ре купольное перекрытие с заострённым верхом, напоминающее по форме луковицу)* onion(-shaped) dome.
лу́ковка *см.* **лу́ковица**.
Лукре́ция, де́ва и мц. *(ум. 859, катол. св., д. п. 15 марта)* St. Leocritia [Lucretia], Virgin-M.
лула́в *(ветвь финиковой пальмы, к-рую евреи несут, медленно помахивая ею, в Праздник кущей)* lulab, lulav, lulov.
Лу́ллий, Ра́ймунд *(ок. 1235-1315; испан. теолог и миссионер, поэт, философ-мистик)* Lull(y), Raymond.
Лулл Ма́йнцский, еп. *(ум. 786; катол. св., д. п. 16 октября)* St. Lull, Bp.
Лумби́ни *(место рождения* **Бу́дды**, *совр. Непал)* Lumbini.
луна́тик *библ. (эпилептик)* lunatic.
лу́нное тече́ние *(см.* **мето́нов цикл***)* the lunar cycle.
лу́нный цикл *см.* **лу́нное тече́ние**.
Лупициа́н, прп. *(ум. 480; катол. св., д. п. 21 марта)* St. Lupicinus.
Лупп, св. мч. *(ум. ок. 306; д. п. 23 августа / 5 сентября)* St. Lupus, M.
Луп(п) Труа́ский, еп. *(ок. 383-478; катол. св., д. п. 29 июля)* St. Lupus of Troyes.
Луп Феррье́рский *(ок. 805-62; церк. деятель и писатель позднего Каролингского возрождения; его обыкновенно отождествляют с теологом Лупом по прозвищу Серватос; стал аббатом в Феррьере <Ferriures> в 840)* Lupus, Servatus.
Лурд *(город на юго-западе Франции у подножия Пиренеев, насчитывающий ок. 20 тыс. жителей; является одним из самых известных в мире центров культа Девы Марии и важнейшим местом паломничества)* Lourdes.
Лухи́т *библ. (название населённого пункта)* Luhith.
Лу́ций Киринея́нин *библ. (пророк и учитель христ. общины в Антиохии; один из 70 апп., д. п. 4/17 января и 10/23 сентября)* Lucius of Cyrene.
Лу́ций I, Ри́мский, св. *(ум. 254, Папа Римский, д. п. 5 марта)* St. Lucius.
Луци́я, дева и мц. *см.* **Луки́я, св. мц.**
Лха́мо *(богиня в тибетском буддизме)* Lha-mo.
Лха́са *(религ. центр ламаизма в Тибете)* Lhasa.
Лэй-Гун *(божество в даосизме)* Lei Kung.
любо́вь *(одна из основных религ.-нравственных обязанностей христианина, сформулированная в заповедях Ветхого и Нового Заветов)* ◊ **безграничная л.** boundless love; **л. Божия** *библ.* the love of God; **искренняя л. ко Христу** personal devotion to Jesus; **л. к ближнему** *библ.* love for one's neighbour, charity.
любо́вь к Бо́гу и челове́ку theophilanthropism, theophilanthropy ◊ **любящий Б.-а и ч.-а** theophilanthropist; **относящийся к любви к Б. и ч.** theophilanthropic.
любоде́й *библ.* whoremonger.
любодея́ние *(блуд)* lechery, fornication.
любому́дрие love of wisdom.
любонача́лие *(властолюбие)* lust for power.
любостяжа́ние cupidity, greed, covetousness.

любостяжа́тель *библ.* the covetous.

Лю́дгер Мю́нстерский, еп. *см.* **Лиу́дгер, св.**

лю́ди *(в противоположность животным)* humans ◊ **л. были сотворены для общения с Богом** humans were made for fellowship with God.

"Лю́ди пя́того ца́рства" *(англ. секта 17 в.; её сторонники проповедовали наступление "пятого царства" – тысячелетнего царства Христа)* the Fifth Monarchy Men.

Людми́ла, св. мц. *(ок. 860-921; блаженная, супруга христ. князя Чехии Боривоя, бабка св. князя Вячеслава; д. п. 10/23 сентября, катол. – 16 сентября)* St. Ludmila, M.

Людо́вик, еп. *см.* **Луи́ д'Анжу́, еп.**

Людо́вик IX, коро́ль Фра́нции *(1214-1270; катол. св., д. п. 25 августа)* St. Louis IX, King, confessor.

Лю́нер Брето́нец, отше́льник *(ум. ок. 570; катол. св., д. п. 1 июля)* St. Leonorius, St. Lunaire.

люстра́ция *(очистительный обряд, напр. перед тем, как войти в святое место)* lustration.

лютера́нин *(последователь **лютера́нства**)* Lutheran, Confessionist, *(особ. немец.) редко* Confessionalist.

лютера́нская це́рковь the Lutheran Church.

Лютера́нская це́рковь в Аме́рике *(возникла в 1962 в результате слияния "Синода Августа" <the Augustana Synod>, Датской лютеранской церкви <the Danish Lutheran Church>, Суомского синода <the Suomi Synod> и Объединённый лютеранской церкви в Америке <the United Lutheran Church in America>; насчитывает ок. 3,5 млн членов; в 1988 произошло дальнейшее объединение Лютеранских церквей, см.* **Евангели́ческо-лютера́нская це́рковь***)* the Lutheran Church in America, *сокр.* LCA.

лютера́нский Lutheran, *сокр.* Luth.

Лютера́нский сове́т в Аме́рике *(имеет теологическую комиссию для проведения дискуссий, ведёт активный диалог с катол. и пресвитерианскими церквами)* the Lutheran Council in America.

лютера́нство *(одно из главных направлений протестантизма, сложившееся в 16 в.; догматическая основа л.-а – учение об "оправдании верой" <justification by faith alone, лат. sola fide> и предопределении; л. отрицает непогрешимость решений соборов и церк. предания; источник веры – Библия; л. осуждает монашество и уход от мирской жизни; л. признало зависимость церкви от государства; в наст. время насчитывается 75 млн лютеран)* Lutheranism.

Лю́тер, Ма́ртин *(1483-1546; теолог и общественный деятель, основатель протестантизма в Германии)* Luther, Martin.

Люцерна́рий *катол. (начало литургии навечерия Пасхи, в т.ч. благословение огня и пасхальной свечи) лат.* Lucernarium.

Лю́ций *(2 в.; согласно легенде, первый христ. король британский и затем миссионер, считается первым еп. Хурским <the first Bp. of Chur>; катол. св., д. п. 3 декабря)* St. Lucius.

Люци́на *(имя нескольких выдающихся рим. христианок эпохи гонений; будучи богатыми, они отличались особым благочестием, к-рое наглядно про-*

являлось в их заботах об исповедниках и в трудах по погребению мучеников; одна из них считается ученицей апостолов; она похоронила ап. Павла в своём имении на Остийской дороге <on the Ostian Way>) Lucina.

Люцифе́р *библ. (у отцов Церкви* **Л.** *– "сын зари", обозначение диавола)* Lucifer.

Люцифе́р, еп. Калари́йский *(ум. 370; противник ариан, богослов; на соборе в Милане в 354 боролся с уступками арианам, за что был сослан императором сначала в Палестину, а потом в Египет;* **Л.** *перенёс в область богословских споров фанатизм)* Lucifer, Bp. of Cagliari.

Люцифе́р, еп. Калья́рский *см.* **Люцифе́р, еп. Калари́йский**.

ля́пис-лазу́рь *(минерал для приготовления синего пигмента в иконописи; хорошо поддаётся обработке и с древних времён используется для изготовления украшений, амулетов, гемм, мозаики)* (lapis) lazuli.

М

маари́б *(иврит "вечеря"; одна из трёх ежедневных молитв в иудаизме)* maarib, ma'ariv, ariv.

мааpи́в(а) *см.* **мааpи́б**.

Мааф *библ. (один из предков Иисуса, упоминаемых в его родословии)* Maath.

Мааха *библ. (имя и географическое название)* Maacha.

Мабийо́на, Жан *см.* **Мабильо́н, Жан**.

Мабильо́н, Жан *(1632-1707; франц. учёный, бенедиктинский монах)* Mabillon, Jean.

мавли́д *(мусульманский праздник по случаю дня рождения пророка Мухаммада, отмечаемый 12-го числа месяца раби аль-аввал [3-го месяца мусульм. лунного календаря]; поскольку точная дата рождения Мухаммада неизвестна,* **м.** *приурочен ко дню его смерти; тж* **маули́д***)* Mawlid [Mulid] al-Nabi.

мавлю́д *см.* **мавли́д**.

Ма́вра, прп. *(5 в.; д. п. 31 октября / 13 ноября)* Venerable Maura.

Маври́кий Апаме́йский, мч. *(ум. ок. 287; военачальник, д. п. 22 февраля / 7 марта, катол. – 22 сентября)* St. Maurice, M.

Маври́кий, св., мч. *(ум. ок. 319; д. п. 10/23 июля вместе с 45-ю мчч. в Никополе)* St. Maurice, M.

Маври́ллий Анже́рский, еп. *(ум. 453; ученик св. Амвросия Медиоланского, катол. св., д. п. 13 сентября)* St. Maurilius, Bp. of Angers.

маврини́ане *см.* **маври́сты**.

маври́нцы *см.* **маври́сты**.

маври́сты *(конгрегация катол. учёных монахов ордена бенедиктинцев во Франции, получившая своё название от св. Мавра, одного из учеников св. Бенедикта; в 1618 оно было официально утверждено; в эпоху наибольшего своего распространения* **м.** *насчитывали до 120 монастырей; в эпоху* *первой франц. революции конгрегация* **м.-в** *почти прекратила свою деятельность и возникла вновь лишь в 1833)* the Maurists.

Мавр Субиáкский, прп. *(6 в.; ученик св. Бенедикта Нурсийского, катол. св., д. п. 15 января)* St. Maurus, abbot of Subiaco.

маг magus, mage, Magian, magician; conjurer, conjuror, theurgist, wonder-worker ◊ **верхóвный м.** *(у персидских* **м.-ов** *или огнепоклонников)* archimage, archimagus.

Магдáла *библ. (город на западном берегу Геннисаретского озера, к северо-западу от Тивериады, родной город Марии Магдалины, т.е. Марии из Магдалы)* Magdala.

Магдалúна, Марúя *библ. (последовательница Иисуса, родом из Магдалы)* Mary (called) Magdalene; *(в изобразительном иск-ве)* the Magdalen ◊ **"Кающаяся М."** *(иконографический сюжет)* the Repentant Magdalen, the Magdalen in Penitence; **мироносица равноапостольная Мария М.** *(д. п. 22 июля / 4 августа)* St. Mary Magdalene, myrrh-bearer and of Apostle zeal, Holy Myrrh-bearer and equal to the Apostles Mary Magdalene.

"Магдебýргские центýрии" *(первая значительная протест. история христ. церкви; составлена в 16 в. в 13-ти томах протест. богословами в г. Магдебурге, в к-рых они писали, что католичество за первые тринадцать веков церк. истории всё больше и больше отходит от первохриства)* the (Magdeburg) Centuries.

магдú *см.* **махдú.**

Магдóл *см.* **Мигдóл.**

Мáген Дáвид *см.* **звездá Давúда.**

Магендóвид *см.* **звездá Давúда.**

Магер-Шелал-Хаш-Баз *библ. (данное Богом имя сына пророка Исаии)* Maher-shalal-hash-baz.

магúстр 1. *(учёная степень выпускника университета или др. высшего учебного заведения)* master ◊ **м. богословия** master of theology, *сокр. (ставится после фамилии)* M.Th., *лат.* Theologiae Magister, *сокр.* Th.M.; **м. богословских наук** Master of Arts in Theology, *сокр.* M.A.Theol., Master of Theological Studies, *сокр.* M.T.S.; **м. в области религии [религиозных наук]** Master of Arts in Religion, *сокр.* M.A.R; **м. религиозного образования** Master of Religious Education, *сокр.* M.R.E.; **м. Священной теологии** Master of Sacred Theology, *лат.* Sacrae Theologiae Master, *сокр.* S.T.M.; **2.** *(глава монашеского ордена)* head of a monastic order, superior-general ◊ **Великий м.** *(глава духовно-рыцарского ордена)* Grand Master.

магúческий theurgic(al).

мáгия *(действия, обряды и церемонии, связанные с верой в существование сверхъестественного мира и в возможность влиять на явления природы, животных или человека с помощью сверхъестественных сил)* magic (art), theurgy, thaumaturgics, thaumaturgy, conjury ◊ **белая м.** white [natural] magic, the white paternoster; **чёрная м.** the black paternoster, diabolic art, the black arts, diabolism, devilry, Wicca, daemonurgy; necromancy, *франц.* diablerie.

"Магнификáт" *(1. библ. величание Бога беременной Девой Марией при посещении ею Елисаветы в Ев. от Луки 1:46-55; "Величит душа Моя"* <*'My soul doth magnify the Lord'*>; *лат. 'Magnificat anima mea Dominum';* **2.** *в катол.*

Магнификат

практике песнопение, лат. гимн в честь Девы Марии, исполняемый во время вечернего богослужения; текст хвалебного гимна положен многими духовными композиторами на музыку, в том числе И. С. Бахом) the Canticle of Our Lady, the Hymn of the Mother of God, the Theotokion, *катол. лат.* Magnificat.

Магн Римский, сщмч. *(ум. 258; диакон папы Сикста II, катол. св., д. п. 7 августа)* St. Magnus.

Магнус, Йоханнес *(1490-1544; шведский катол. деятель и историк)* Magnus, Johannes.

Магог *см.* **Гог и Магог**.

Магомет *см.* **Мухаммад**.

магометанин Mohammedan, Mahometan, Muslim, Moslem.

магометанский Mohammedan, Mahometan, Muslim, Moslem.

магометанство *(тж* ***ислам, мусульманство****)* Mohammed(an)ism', Islam, the Mohammedan [Moslem] faith, the Mohammedan religion, the religion of the Moslems, Mussulmanism, Muslimism, Moslemism.

мадахида *см.* **исмаилиты**.

Мадельгер (Ланьи) *(ок. 615-77; катол. св., д. п. 20 сентября)* St. Vincent, Nadelgarius [Madelgaire, Mauger], Vincent of Soignies.

Маджудж *(в исламе враждебное людям существо)* Majuj.

Мадиам *библ. (сын Авраама и его второй жены Хеттуры, родоначальник мадианитян, кочевого союза племён в Сирийско-Аравийской пустыне к западу от залива Акаба)* Madiam, Madian.

Мадиан *см.* **Мадиам**.

мадианитяне *библ. (потомки Мадиама)* the Madianites.

мадина *см.* **медина**.

Мадлен Софи Барат *см.* **Барá, Мадлéна София**.

Мадмена *библ. (место к северу от Иерусалима)* Madmenah.

Мадонна *(итал. слово для обозначения Богородицы)* Madonna; *(в изобразительном иск-ве название композиции, изображающей Богоматерь с младенцем, которая утвердилась в иконографии с 4 в. и получила наибольшее распространение в катол. иск-ве Италии 14-16 вв.)* Madonna; Mother and Child; *итал.* Maesta (Altar) ◊ **"Мадонны" Рафаэля** the Madonnas of Raphael.

мадраса *см.* **медресе**.

Мадхва *(ок. 1238-1317 или ок. 1199-1278, или 1281-1360; основатель дуалистической* ***веданты****, так наз. двайты-веданты <Dvaita Vedanta>)* Madhva.

мадхьямака *см.* **мадхьямика**.

мадхьямика *(первая философская школа буддизма* ***махаяны****, основанная* ***Нагарджуной*** *во 2 в.)* the Madhyamaka.

Маэль, аббат *см.* **Майоль, аббат**.

мазар *см.* **кубба**.

маздакисты *(последователи религ.-филос. движения в Передней Азии в 5-6 вв., возглавляемого манихейским жрецом Маздаком <Mazdak>)* the Mazdakites, the Mazdakeans

маздакиты *см.* **маздакисты**.

маздеизм *(см.* ***зороастризм****)* Mazdeism, Mazdaism.

мазхаб *(мусульманская религ.-правовая школа)* mazhab.

мазхаби *(сикхские "неприкасаемые")* the Mazhabi.

Майда́р *монгольский см.* **Майтре́я**.

Маймони́д *(настоящее имя – Моше бен Маймон <Moses ben Maimun>, 1135-1204; еврейский философ, теолог и врач; родился в Кордове Испания, эмигрировал в Марокко, а затем в качестве знатока медицины был приглашён в Каир на должность лейб-медика при дворе Салах-ад-дина)* Maimonides, Moses ◊ *(его главный филос. труд, в к-ром М. пытался примирить филос. учение Аристотеля с иудаизмом):* "**Путеводитель колеблющихся**", *тж* "**Наставник колеблющихся**", "**Книга наставлений**" The Guide for the Perplexed; *относящийся к М.-у* Maimonidean.

маймони́ст *(последователь* **Маймони́да**) Maimonist.

Майо́ль, абба́т *(ок. 904-994; катол. св., д. п. 11 мая)* St. Majolus, abt.

Ма́йор, Гео́рг *(1502-74; лютеранский богослов)* Major, Georg.

майори́зм *(учение Георга Майора, согласно к-рому одними добрыми делами человек не может спастись, что добрые дела необходимо следуют из истинной веры)* Majorism.

майори́стский Majoristic ◊ **м. спор** *(из-за переговоров о Лейпцигском интериме 1548 между Г. Майором и Н. Амсдорфом (1483-1565) <N. Amsdorf> в 1551 о значении добрых дел, на необходимости к-рых для достижения блаженства настаивал Майор)* the Majoristic controversy.

майори́сты I *(последователи учения Г. Ма́йора)* the Majorists.

майори́сты II *(катол. духовенство высших духовных степеней – епп., священники, диаконы; в отличие от* **минори́стов** *они обязаны вести безбрачную жизнь и ежедневно молиться по бревиарию)* the major orders, the higher grades of the (Christian) ministry.

майри́в *см.* **мааpи́б**.

Майтре́я *санскрит ("Тот, кто есть Любовь"; один из наиболее популярных* **бодхиса́т(т)в** *во всех направлениях буддизма, грядущий Будда)* Maitreya.

ма́йя *(1. в индуизме иллюзорное и изменчивое бытие; тж способность к перевоплощению, к-рой обладали демоны и боги; 2. в буддизме:* **а)** *М. – имя земной матери Будды;* **б)** *понятие философии* **маха́яны**, *характеризующее восприятие Абсолюта несовершенными существами)* maya.

Мака́рий *(1816-82; в миру Михаил Петрович Булгаков <Michael Bulgakov>; русский богослов и церк. историк; в 1868 был назначен митрополитом Московским; автор "Введения в богословие" и "Истории русской церкви" в 13 томах <History of the Russian Church>)* Macarius of Moscow.

Мака́рий Александри́йский, прп. *(ум. ок. 394; д. п. 19 января / 1 февраля)* St. Macarius of Alexandria, Macarius the Younger.

Мака́рий Вели́кий [Еги́петский], прп. *(301-91; один из основоположников монашества, почти 50 лет был руководителем и настоятелем монашеских скитов в Нижнем Египте; д. п. 19 января / 1 февраля, катол. – 2 января)* St. Macarius the Great, Macarius the Elder, St. Macarius of Egypt.

македониа́не *(последователи христ. ереси 4 в., тж* **пневматома́хи**) the Macedonians.

Македо́ний Сири́йский, отше́льник *(ок. 340-430; д. п. 24 января / 6 февраля)* St. Macedonius.

Македония

Македо́ния *библ. (область на юго-востоке Европы; ап. Павел основал там общины в Филиппах, Фессалониках и Верии)* Macedonia.

Маке́ми, Фрэ́нсис *(1658-1708; ирландский миссионер, ввёл пресвитерианство в Америке, находясь там с 1683)* Makemie, Francis.

"Маккаве́ев Книги" *см.* **"Маккаве́и"**.

Маккаве́и *библ. (семья Маттафии Маккавея, к-рый со своими пятью сыновьями ушёл в пустыню, собрал отряд и возглавил восстание против Селевкидов)* Maccabees, *сокр.* Mac(c).

"Маккаве́и" *(четыре ветхозаветные книги; в греч. и славянской Библии 3-я книга, как и 1-я и 2-я, причислена к канону; первые две книги причислены к канону у католиков, у протестантов все книги — апокрифические)* Maccabees, *сокр.* Mac(c).

Маккаве́й *библ. (прозвище Иуды, третьего сына праотца колена Маттафии)* Maccab(a)eus.

"Маккаве́йские Кни́ги" *см.* **"Маккаве́и"**.

ма́ковка *см.* **лу́ковица**.

Мако́лей, Катри́н *(1787-1841; ирландская монахиня, последовательница Ордена сестёр милосердия <the Order of Sisters of Mercy>)* McAuley, Cathrine.

Макри́на, прп., сестра́ свт. Васи́лия Вели́кого *(ок. 330-79; д. п. 19 июля / 1 августа)* Venerable Macrina, sister of St. Basil; Macrina the Younger.

Макселле́нда Колри́йская, мц. *(ум. ок. 670; катол. св., д. п. 13 ноября)* St. Maxellendis, M.

Макси́м Грек *(ок. 1475-1556; в миру — Михаил Триволис; публицист и мыслитель; в 1518 приглашён в Россию для перевода и исправления церк. книг)* Maximus the Greek.

Максимиа́н Сираку́зский, еп. *(ум. 594; катол. св., д. п. 9 июня)* St. Maximian, Bp. of Syracuse.

Максимилиа́н Ло́рхский [Нори́чский, Славяни́н], еп., сщмч. *(ум. ок. 284; катол. св., д. п. 12 октября)* St. Maximilian of Lorch, Bp., M.

Макси́мин Три́рский, еп. *(ум. ок. 347; катол. св., д. п. 29 мая)* St. Maximin of Trier, Bp.

Макси́м Испове́дник, прп. *(ок. 580-661; византийский богослов и церк.-политический деятель, противник **монофели́тства** и сторонник православия; д. п. 13/26 августа)* St. Maximus the Confessor ◊ *(его трактат)* **"Тайново́дство"** Mystagogia.

Макси́мовская ико́на Бо́жией Ма́тери *(изображает Пресвятую Богородицу во весь рост и пред Нею на коленях стоящего митрополита Максима и принимающего из Её рук омофор; икона написана была в 1299 по видению Максима, митрополита Владимирского, чудотворца, родом грека, по пришествию его из Киева во Владимир; празднование 18 апреля / 1 мая)* the Maximovskaya icon of the Mother of God.

Макси́м Ри́езский, абба́т *(ум. ок. 460; катол. св., д. п. 27 ноября)* St. Maximus of Riez, abt.

Макси́м Тури́нский, еп. *(ок. 380-467; духовный писатель, библеист, проповедник, катол. св., д. п. 25 июня)* St. Maximus of Turin, Bp.

Макси́м, Феодо́т, Исихи́й, мчч. и мц. Асклипиодо́та *(ум. 311; д. п. 19 февраля / 4 марта)* Sts. Maxim, Theodot, Isychus and Asklepiodota, Ms.

мактáб *(мусульманская начальная школа)* maktab.

Макфéрсон, Эйми Семпл *(1890-1944; амер. евангелистка, известная как Сестра Эйми <Sister Aimee>; обосновалась в Лос-Анджелесе, где основала Международную церковь истинного Евангелия <the International Church of the Four-Square Gospel>; на средства, собранные её последователями, был построен храм "Ангелюса" (молитвы Богородицы) <the Angelus Temple> со своей радиостанцией для передачи служб и проповедей)* McPherson, Aimee Semple.

Малабáрская цéрковь *(см. **малабáрские христиáне**)* the Church of Malabar, the Malabar Church.

малабáрские христиáне *(христиане индийского штата Керала, ведущие богослужение в основном на древнесирийском языке по так наз. антиохийскому обряду; основателем своей церкви считают ап. Фому, по преданию, принесшего христ-во в Индию)* the Malabar [Thomas] Christians, the Indian Christians of St. Thomas.

малáика араб. *(в исламе ангелы, "посланцы" и слуги Аллаха, к-рые славят его и защищают небеса от джиннов и шайтанов; согласно **хадúсам**, сотворены из света и имеют крылья двойные, тройные и четверные; в миниатюрах встречаются изображения **м.** в облике прекрасных юных созданий с большими лучистыми крыльями; как обязательный компонент **м.** включены в иконографию чудесного путешествия Мухаммада – **мирáджа** в произведениях 16-17 вв.)* malaika.

маламатиá *(суфийская секта в Иране)* Malamatiyah.

Маланкáрская цéрковь the Malankarese (Uniat) Church.

маланкáрские христиáне *(**малабáрские христиáне**, заключившие в 1930 унию с Римом)* the Malankareses.

маланкáры см. **маланкáрские христиáне**.

"Малáхии кнúга" *(не имеет никакого отношения к пророку **Малáхии**; написанная в 5 в. до н. э., книга обличает иудеев в несоблюдении закона Яхве)* the (so-called) Prophecy [Prophecies] of Malachy.

Малáхий см. **Малáхия**.

Малáхия библ. *(двенадцатый и последний из малых пророков, автор названной его именем книги)* Malachi ◊ **Кнúга прорóка М.-и** (The Book of) Malachi.

Малáхия, еп. *(1095-1148; религ. деятель Ирландии, катол. св., д. п. 3 ноября)* St. Malachy, Bp.

Мáлая колеснúца *(условное название одного из направлений буддизма – **хинаянú**)* the Inferior Vehicle.

мáлая схúма см. **схúма**.

Малелеúл библ. *(допотопный птрх.)* Maleleel.

маликúты *(последователи одной из суннитских религ.-правовых школ <the (Malikite) schools of Islamic religious laws>; основатель – Малик ибн-Анас <Malik ibn-Anas>, ум. в 795)* the Malikis, the Malikites.

маловéр one of little faith.

маловéрие lack of faith.

маловéрный lacking faith.

"Мáлое Бытиé" см. **кнúга Юбилéев**.

ма́лое славосло́вие *см.* "**Гло́рия**".

малосхи́мник *(монашествующий второй степени, мантийный монах, возведённый в неё посредством обряда, называемого "последованием малыя схимы, сиречь мантией") греч.* stavrophore, mikroschemos.

Малх *библ. (раб первосвященника, при взятии Иисуса под стражу ап. Петр отсёк ему мечом правое ухо; Ев. от Иоанна 18:10)* Malchus.

Малх, св. *(4 в.; д. п. 26 марта / 3 апреля; катол. – 21 октября)* St. Malchus.

ма́лые чины́ *см.* **церковнослужи́тели**.

ма́лый вход *см.* **вход** II.

Мальбра́нш, Никола́ *(1638-1715; франц. философ)* Malebranche, Nicolas de.

мальти́йский крест *см.* **крест**.

Мальти́йский о́рден *(духовно-рыцарский орден, основанный в Палестине крестоносцами в нач. 12 в.; первоначальная резиденция – иерусалимский госпиталь [дом для паломников] св. Иоанна; в кон. 13 в.* **иоанни́ты** *или* **госпитальéры** *ушли с Востока; в 1530-1798 иоанниты – на острове Мальта (М. о.); с 1834 резиденция иоаннитов – в Риме; в наст. время* **М. о.** *насчитывает 10 тыс. рыцарей и 1 млн ассоциированных членов; после Армии спасения* **М. о.** *– наиболее крупная в мире благотворительная организация)* the Knights of St. John of Jerusalem, the Knights of Malta; *(в 1306-08 иоанниты захватили у Византии остров Родос, где оставались до 1522 и именовались родосскими рыцарями)* the Knights of the Rhodes.

Мама́нт, св. мч. *(ум. 275; д. п. 2/15 сентября)* St. Mammas, M.

Мамври́йский дуб *библ.* the oak of Mamre.

Ма́мврия *см.* **Ма́мре**.

Маме́рт, архиеп. Вье́ннский *(ум. ок. 475; катол. св., д. п. 11 мая)* St. Mamertus, Archbp. of Vienne.

мам(м)о́на *библ. (в Новом Завете обозначение осуждаемой демонической власти собственности)* mammon; *(дьявол стяжательства* <the demon of cupidity>*)* Mammon.

Ма́мре *библ. (дубрава в Хевроне)* Mamre ◊ **дубрава М.** the oaks of Mamre.

ма́на *(особая магическая или сверхъестественная сила, а тж предмет или лицо, обладающее такой силой)* mana.

Манавадха́рма-ша́стра *см.* **Ма́ну-самхи́та**.

Манаи́л *библ. (пророк и учитель христ. общины)* Manaen.

Манаи́н *см.* **Манаи́л**.

ма́нас *(в индуизме – ум, рассудок)* manas.

Мана́ссия *библ. (1. муж. имя; 2. колено Манассии)* Manasseh ◊ "**Молитва М.-и**" *(апокрифическая неканоническая книга Ветхого Завета; позднейшая вставка в конец Второй книги Паралипоменон, к-рая читается на великом повечерии)* The Prayer of Manasseh, The Manasseh's prayer.

ма́ндала *(в буддизме, индуизме, джайнизме – один из важнейших сакральных символов; изображение сложной геометрической фигуры, используемое в ритуалах и представляющее всю Вселенную в горизонтальном виде)* mandala.

ма́ндапа *(в индуистском храме зал с колоннами перед алтарём, где собираются верующие)* mandapa.

ма́ндара *см.* **ма́ндала**.

мандéи *см.* **мандéисты**.

мандеи́зм *(учение гностической секты, возникшей в 1 или 2 в. к востоку от Иордана)* Mandeism, Mandeaeanism.

мандéисты *(общее название последователей* **мандеи́зма***)* the Mandeaeans; *(члены гностической секты в западном Иране; к-рые считают Иоанна Крестителя пророком, но не принимают учение Иисуса Христа)* the (Nasoreans and) Christians of St. John; *(члены секты* **м.-ов** *в совр. Ираке, к югу от Багдада, их насчитывается ок. 30 000)* the Sabaeans.

Мáнджушри *(бодхисáт(т)ва в махая́не и ваджрая́не, персонифицирующий мудрость)* Manjushri.

манди́р(а) *хинди (одно из названий индуистского храма)* Hindu temple.

мандóрла *(в иконописи – сияние миндалевидной формы вокруг Христа)* mandorla, the Vesica piscis.

Мани́ *(216-77; проповедник, основатель* **манихéйства***)* (the Persian) Manes, Mani(chaeus).

мáние ◊ **по м.-ю** *(богов, царя и т. п.)* by the will of *(gods, the Tsar, etc.)*; *(руки, жезла и т. п.)* with a motion of *(the hand, the baton, etc.)*.

мани́пула *катол.* **1.** *(принадлежность богослужебного облачения; короткая широкая лента, носимая (до 1967) на левой руке священником, служащим мессу)* maniple; **2.** *(одеяние Папы Римского в виде воротника или шарфа, носимое во время понтификального богослужения)* fano(n), fanum, phono.

мáниту *(сверхъестественная невидимая сила, духи у индейцев алгонкинов <Algonquian>; термин известен с кон. 16 в.)* manitou.

манихеи́зм *см.* **манихéйство**.

манихéй *истор. (последователь* **манихéйства***)* Manichee, Manich(a)ean, Manichaeist.

манихéйство *истор. (религия, возникшая в 3 в. в Персии; в основе* **м.-а** *лежит дуалистическое учение о борьбе добра и зла, света и тьмы, олицетворённых богами Ормуздом [Ахурамаздой] и Ариманом [Ангромайном], как изначальных и равноправных принципов бытия; из хрис-ва* **м.** *восприняло иерархию, подобную церковной, обряды, аналогичные по смыслу крещению и причастию;* **Мани́** *(основатель* **м.-а***) считал Христа и Будду своими предшественниками, такими же посредниками между Богом и людьми, как и он;* **м.** *исчезло к 10 в., повлияв на множество религ. учений)* Manich(a)e(an)ism.

мáнна *библ. (пища израильтян во время странствования в пустыне, ниспосланная Богом)* the manna.

Мáннес, блж. *(ум. ок. 1230; брат св. Доминика, д. п. 30 июня)* Blessed Mannes.

Мáннинг, Гéнри Эдуáрд *(1808-92; примас катол. церкви в Англии, общественный и религ. деятель)* Manning, Henry Edward ◊ *(его сочинение)* "Единство Церкви" The Unity of the Church.

Манóе *см.* **Манóй**.

Манóй *библ. (отец судьи Самсона из Цоры, из племени Дана)* Manoah.

Мáнси, Иоáнн Доминáк *(1692-1769; архиеп. Луккский <Archbp. of Lucca>, учёный, издатель)* Mansi, Giovanni Domenico.

Мáнсфилд (кóлледж) *(богосл. колледж Оксфордского университета; основан в 1886)* Mansfield (College).

мантеле́тта *см.* **мантоле́т**.
ма́нтика *(гада́ние, различные способы узнавать неизвестное или предсказывать будущее)* divination.
мантихо́ра *(мифический зверь-людоед с телом льва, головой человека и хвостом скорпиона; в средневековом искусстве изображался как символ злых, непознаваемых сил)* manticora, manticore.
ма́нтия 1. *(широкая, ниспадающая до земли одежда, надеваемая поверх другого платья)* mantle; gown; **2.** *(верхняя накидка чёрного цвета <символ нищеты> без рукавов <в знак отречения воли>, к-рую носят монашествующие и еп.-ы)* scapular, monk's mantle, *правосл.* mandyas, mantiya ◊ **м. архиерейская** *(голубая, зелёная или лиловая)* hierarch's mantiya, hierarch's mantle; **3.** *англик. (парчовое облачение священника; надевается во время торжественных богослужений и крестного хода)* cope; **4. схи́ма I** – **малая схима**.
мантоле́т *катол. (одеяние прелатов рим. курии; короткая накидка без рукавов из шёлка или шерсти)* mantelletta.
ма́нтра *(в индуизме и буддизме священный текст, полученный в виде звуков из Вселенной, формула заклинания богов, часто передаваемая от учителя к ученику)* mantra.
Ма́ну *(в индуистской мифологии создатель людей, основатель Древней Индии, предполагаемый автор религ.-правовых брахманистских законов)* Manu.
Ману́ил, Саве́л(ий) и Исма́ил, свв. мчч. *(ум. 362; д.п. 17/30 июня)* Sts. Manuel, Sabel and Ismael, Persian Ms.
"Ма́ну-самхи́та" *("Законы Ману" – наиболее авторитетная **дха́рма-ша́стра**, составлена ок 200 до н. э. - 200 н. э.; содержит свод правил для судопроизводства и государственного аппарата, обсуждает сотворение мира, состояние души после смерти, обычаи, религию и т.п.)* the Laws [Code] of Manu.
"Ма́ну-смри́ти" *см.* **"Ма́ну-самхи́та"**.
манускри́пт *(древняя рукопись)* manuscript; *(в виде книги)* codex ◊ **переписывать древний м.** to transcribe an ancient manuscript.
Ма́ра *(демон-искуситель Будды; божество, воплощающее собой желание, ведущее к повторению страданий и смерти)* Mara.
марабу́ты 1. *(в Средние века мусульманские монахи-воины, жившие в укреплённых поселениях [рибатах] у северных границ Сахары и предпринимавшие набеги под знаменем **джиха́да**, но в целях захвата добычи и рабов)* the Marabouts; **2.** *(с 13 в. **м.-ами** стали называть суфиев в Магрибе и мусульманских святых – вали, имевших большое влияние и авторитет среди местных жителей, особ. кочевников)* Marabouts, santons.
мара́нафа *библ. (древний арамейский возглас, означает "Господь пришел, Господь приходит, Господь придет!" <"The Lord has come, the Lord is coming, the Lord will come again">; встречается в "Первом послании к коринфянам" 16:22; заключает в себе победную веру христиан, против к-рой бессильны оказались все гонения)* maranatha; *(первоначальное толкование – проклятие, анафема, к-рое признано богословами ошибочным, однако вошло в словари)* anathema maranatha.

Ма́рбургская диску́ссия по религио́зным вопро́сам *(1529)* the Colloquy of Marburg.

ма́рга *(путь спасения в индуизме)* marga.

Маргари́та, вмц. *см.* **Мари́на, вмц.**

Маргари́та Корто́нская, прп. *(1247-97; катол. св., д. п. 16 мая)* St. Margaret of Cortona.

Маргари́та Шотла́ндская *(1045-93; королева, катол. св., д. п. 16 ноября)* St. Margaret of Scotland.

Марге́йнеке, Фили́пп Ко́нрад *(1780-1846; немец. протест. богослов)* Marheineke, Philip Konrad.

Марда́рий, св. *(имя двух свв.; д. п. 13/26 декабря и 28 августа / 10 сентября)* St. Mardarius.

Мардо́ний, св. мч. *(ум. 303; д. п. 3/16 сентября)* St. Mardonius, M.

Мардохе́й *библ. (иудей из колена Вениамина)* Mordecai.

Мариа́м *библ. (пророчица, сестра Аарона; тж одно из имён Богородицы в Ев. от Луки 1:39)* Mariam.

Мариа́мна, пра́ведная, сестра́ ап. Фили́ппа *(1 в.; д. п. 17 февраля / 2 марта)* St. Mariamna, sister of Philip, Apl.

мариа́нец *(страстный приверженец культа Девы Марии)* Marian.

Мариа́нский культ *см.* **культ Де́вы Мари́и.**

Марийа́к [Марилья́к], Луи́за де, св. *см.* **Луи́за де Марийа́к, прп.**

Ма́рин *(имя нескольких свв. мчч.)* Marinus.

Мари́на, вмц. *(4 в.; д. п. 17/30 июля)* St. Marina, the Great M.

Мари́на, Ки́ра и Домни́ка, свв. подви́жницы *(д. п. 28 февраля / 13 марта)* Sts. Marina, Cyra and Domnica, Venerable Women.

мариологи́ческий Mariolatrous.

мариоло́гия *(христ. учение о смысле земной жизни, иконографии и символике образа Марии, матери Иисуса Христа)* Mariology, Maryology, Marian theology.

мари́сты *(конгрегация, основанная в 1816 близ г. Лиона; цели её: воспитание семинаристов и молодёжи, попечение о душах, народная проповедь; м. распространены во Франции, Италии, Бельгии, Германии, Испании, Англии, США и Мексике)* the Marists, the 'Society of Mary'.

Мари́я I *библ. (мать Иисуса, Пресвятая Богородица [Богоматерь], дочь Иоакима и Анны, из рода Давида; в двенадцать лет она была введена в Иерусалимский храм и решила посвятить себя Богу, оставшись девственницей; после смерти родителей её обручили со старцем Иосифом, плотником по профессии)* Mary; the Mother of Jesus; the Blessed Virgin Mary; Saint Mary ◊ **догмат [учение] правосл. церкви о Деве М.-и** the Marian doctrine of the Orthodox Church; **М. Пресвятая Дева** Mary the Blessed Virgin; **относящийся к М.-и** Marian.

Мари́я II *библ. (сестра Марфы и Лазаря из Вифании; последовательница Иисуса)* Mary.

Мари́я Воплоще́ния *см.* **Акари́ [Акарье́] Барб, Жа́нна.**

Мари́я Горе́тти, де́ва и мц. *(1890-1902; катол. св., д. п. 6 июля)* St. Maria Goretti, v., M.

Мари́я Еги́петская, прп. *(5 в.; д. п. 1/14 апреля)* Venerable Mary of Egypt.

Мари́я

Мари́я Клео́пова *библ.* Mary the wife of Cleop(h)as.
Мари́я Магдали́на *см.* **Магдали́на, Мари́я**.
Мари́я Магдали́на Па́цци, де́ва *(ум. 1607; катол. св., д. п. 25 мая)* St. Mary Magdalen de Pazzi, v.
Мари́я, мать Иа́кова Меньшо́го *библ.* Mary the mother of James the Less.
Мари́я, мать Иоа́нна *библ.* Mary the mother of John.
Марк, апо́стол и евангели́ст *(один из четырёх евангелистов, автор второго канонического Евангелия; он был спутником Павла и Варнавы в их ранних миссионерских путешествиях и позже был с Павлом в г. Риме; считалось, что М. посетил Александрию, чтобы проповедовать Евангелие, и стал первым еп.-ом этого города; потому на нём иногда епископские одежды; считалось, что там он и был замучен ок. 74; его предполагаемые останки были перевезены из г. Александрии в г. Венецию в 9 в.; как св. покровитель Венеции, он часто присутствует на картинах венецианской школы; д. п. 25 апреля / 8 мая, 27 сентября / 30 октября, 30 октября / 12 ноября)* St. Mark, Apostle and Evangelist ◊ **ап. Марк** the Apostle Mark; **гипотеза о том, что Евангелие от М.-а создано раньше других Евангелий** the Marcan hypothesys; **Евангелие от М.-а, "От М.-а святое Благовествование"** *библ.* the Gospel According to St. Mark; **относящийся к Евангелию от М.-а** *или* **его автору** Marcan, Markan.
Марк Аске́т *(ум. после 431; игумен монастыря в Галатии, потом отшельник в Египте; оставил ряд сочинений, имеющих важное значение для христ. аскетики и мистики: "О крещении" <'On baptism'>, "О воздержании" <'On temperance'>, "О покаянии", "О посте" <'On Fasting'>, "О Мелхиседеке" и т.п.)* Mark the Hermit.
Марке́лл Пари́жский *см.* **Марсе́ль Пари́жский**.
Марке́лл, прп., игу́мен *(ум. 460; д. п. 29 декабря / 11 января)* St. Marcellus, Hegumen-Abbot.
Маркиа́н и Марти́рий, свв. мчч. *(ум. 355; д. п. 25 октября / 7ноября)* Sts. Marcian and Martyrius, M.
Маркио́н *(ок. 100-165; раннехрист. теолог, еретик, один из великих гностиков 2 в.)* Marcion.
маркиони́ты *(последователи* **Маркио́на***) истор.* the Marcionites.
Марк Моде́нский, прп., блж. *(ум. 1498; катол. св., д. п. 23 сентября)* Blessed Mark of Modena.
Марк Монтега́лло, прп. *(1426-97; катол. св., д. п. 20 марта)* St. Mark of Montegallo.
Марк, пеще́рник, св. *(2 в.; д. п. 29 декабря / 11 января)* St. Mark the Ascetic.
марони́ты *(представители особой ветви катол. церкви восточного обряда в Сирии и Ливане, к-рые были некогда монофелитами, но в 16 в. признали верховенство Ватикана; в 18 в.* **м.** *вступили в унию; богослужение* **м.** *совершают в антиохийском обряде на национальном языке, имеют женатое священство, миряне причащаются под двумя видами)* the Maronites ◊ *(предстоятель, проживающий в Ливане)* **патриарх Антиохии и всего Востока** the Patriarch of Antioch and All the East.
Маро́н Сири́йский, пусты́нник *(ум. 370; д. п. 15/28 февраля)* St. Maro.
марра́низм *(см. тж* **марра́ны***)* marranism.

марра́ны *истор. (испан. и португальские евреи или мавры, принявшие христ-во, чтобы избежать гонений в 14-15 вв.)* Mar(r)anos.

Марс, абба́т *(ок. 440-530; катол. св., д. п. 13 апреля)* St. Martius [Mars], abt.

Марселли́на *(ум. ок. 398; сестра свт. Амвросия Медиоланского, катол. св., д. п. 17 июля)* St. Marcellina.

Марсе́ль Пари́жский *(ум. ок. 430; катол. св., д. п. 2 ноября)* St. Marcellus.

Марси́лий Падуа́нский *(ок. 1275-1342; итал. учёный и публицист; написал в 1324 знаменитый церковно-политический трактат под заглавием "Защитник мира" <"Defender of the peace", лат. 'Defensor Pacis'>)* Marsiglio [Marsilius] of Padua.

Марсье́на Толе́дская, мц. *(ум. ок. 303; катол. св., д. п. 7 января)* St. Marciana, M.

Ма́ртенсен, Ганс Ла́ссен *(1808-83; датский протест. богослов;)* Martensen, Hans Lassen ◊ *(его главные труды)* **"Христианская догматика"** The Christian Dogmatics; **"Христианская этика"** The Christian Ethics.

Марте́н, Эдму́нд *(1654-1739; учёный мавринианин, специалист по истории монашества)* Martène, Edmond.

Ма́ртин Бра́гский, еп. *(ум. 597; катол. св., д. п. 20 марта)* St. Martin of Braga.

Ма́ртин де По́ррес, прп. *(1579-1639; перуанский религ. деятель, основатель первого сиротского приюта в Лиме, катол. св., д. п. 3 ноября)* St. Martin de Porres, religious.

Мартиниа́н Белозе́рский, прп. *(1400-83; д. п. 12/25 мая)* Martinian of the White Lake.

Мартиниа́н Испове́дник, прп. *(5 в.; д. п. 13/26 февраля)* St. Martinian the Hermit.

мартини́зм *(учение **мартини́стов**)* Martinism.

мартини́ст *истор. (1. последователь Мартина Лютера; 2. последователь Мартинеса Паскалиса [де Паскуалиса] <Martinez de Pasqualis>, португальского мистика-визионера, еврея, к-рый основал мистическое общество в 1754, впоследствии это общество возглавил Сан-Мартин <Marquis Louis Claude de Saint-Martin>, франц. мистик)* Martinist.

Ма́ртин Ми́лостивый, еп. Ту́рский, свт. см. **Ма́ртин Ту́рский, еп.**

Ма́ртин Ту́рский, еп. *(ум. 397; катол. св., д. п. 11 ноября; правосл. – Мартин Милостивый, еп. Турский, св., д. п. 12/25 октября)* St. Martin of Tours, Bp. ◊ **День св. Мартина, Мартынов день** Martinmas.

Мартину́цци, Дьёрдь *(1482-1551; венгерский государственный и религ. деятель)* Martinuzzi, Gyorgy.

марти́рий *(раннехрист. храм, возводившийся над могилой мученика)* martyrium.

марти́риум см. **марти́рий**.

мартиро́лог *(сборник церковно-христ. повествований о святых мучениках за веру; список христ. мучеников)* martyrology, *лат.* martyrologium, *сокр.* Mart., *устар.* martyrologe; *катол. (читаемый на утрене в день того или иного св. мч.)* passional, passionary, legend ◊ **м. катол. церкви** the Roman Martyrology, *лат.* Martyrologium Romanum.

мартирологи́ческий martyrologic(al).

Марýт

Марýт 1. *(в индуизме один из богов ветра и бури, сопровождающий Индру)* Marut; **2.** *(в исламе падший ангел)* Marut.

Мáрфа *библ. (сестра Марии и Лазаря из Вифании, последовательница Иисуса)* Martha.

Мáрфа, прп., мáтерь Симеóна Дивногóрца *(ум. 551; д. п. 4/17 июля)* Venerable Martha, mother of St. Simeon of the "Wondermount".

Марцéлла Рúмская *(ум. 410; подвижница, катол. св., д. п. 31 января)* St. Marcella.

Марцéлл, еп. Анкúрский *(ум. ок. 374; учил,что Слово единосущно с Отцом)* Marcellus, Bp. of Ancyra ◊ **последователь М.-а** Marcellian.

Марцéллин, св. *(ум. 410; катол. св., д. п. 31 января)* St. Marcellinus.

Марцéлл I, св. *(ум. ок. 309; Папа Римский; д. п. 16 января)* St. Marcellus I.

Марциáл Лимóжский, еп. *(ум. ок. 250; катол. св., д. п. 30 июня)* St. Martial, Bp. of Limoges.

масджúд *араб. (см. мечéть)* masjid, musjid ◊ **М. аль-Харáм** *(главная мечеть в Мекке с Каабой посредине)* the Sacred Mosque (in Mecca), the Mecca Mosque.

Мáсленая недéля *см.* **Мáсленая седмúца**.

Мáсленая седмúца *(мясопустная седмица, предшествующая Великому посту, во время к-рой запрещено есть мясо, но разрешено сыр, масло и рыбу)* the pancake [cheese-fare] week, the week of apokreos.

Мáсленица *(древнеславянский праздник, посвящённый проводам зимы и встрече весны)* греч. Apokreos; *(народное празднество)* the Pancake festival; *(в Европе и Америке соответствует):* *(период, обычно длящийся три дня)* Shrovetide, *(основной день праздника)* Pancake Day; *(предпоследнее воскресенье до начала Великого поста)* Sunday of the Apokreos, Sexagesima (Sunday); *катол. см.* **карнавáл** ◊ **блины, выпекаемые на М.-у** Shrove cakes; **на М.-у** in Shrovetide.

мáсленица *(весёлая, привольная жизнь)* life of merrymaking and revelry; **не всё коту м., придёт и Великий пост** *(поговорка)* after dinner comes the reckoning.

маслúна *см.* **маслúчное дéрево**.

Мáсличная горá *библ.* **1.** *(холм высотой 809 м на востоке Иерусалима; с вершины М.-ой г.-ы Христос вознёсся на небо; в Гефсиманском саду у западного подножия М.-ой г.-ы Иисус часто оставался со своими учениками и там же был взят под стражу)* the mount called Olivet, mount Olivet, the Mount of Olives [of Olivet]; **2.** *(в Ветхом Завете – гора соблазна, гора погибели)* the mount of corruption.

маслúчное дéрево oil(-yielding) tree.

масóн *(член масонской организации)* Mason, Freemason ◊ **тáйные обществá м.-ов** Free and Accepted Masons.

масóнский Masonic, Freemasonic ◊ **м.-ое брáтство** the craft, the brotherhood of Freemasons; **бывший глава м.-ой ложи** past master; **Великий Магистр** *(глава м.-ой ложи, особ. председательствующий на м.-ом собрании)* Worshipful Master, *сокр.* W.M.; **глава м.-ой ложи штата** *(в США)* Grand Master, *сокр.* G.M.; **м. знак** freemason's token; **м.-ая ложа** a lodge of Freemasons; **м. совет** consistory.

масо́нство *(религ.-филос. движение, возникшее преим. в аристократической среде в нач. 18 в. в Англии; исследователи усматривают более раннюю связь современного* **м.-а** *с гильдиями каменных дел мастеров, а тж с орденом* ***тамплиеров****)* Masonry, Freemasonry.

масо́ра *(раннеиудейская традиция установления точного произношения, написания и изложения текста Библии на иврите)* the Mas(s)ora(h).

Масоре́тская реда́кция *(Ветхого Завета, датируется 6 в.; текст на иврите был отредактирован* **масоре́тами***, к-рые ввели в безгласовый текст огласовки, устраняющие возможность разночтений)* the Masoretic text.

масоре́ты *(иудейские учёные-языковеды, к-рые в 8-10 вв. установили точное произношение, написание и изложение текста Библии на иврите)* the Mas(s)orites, the Mas(s)oret(e)s.

Массачу́се́тский псалты́рь *истор. (издан 1640; популярное название "Полной Книги Псалмов, точно переведённой на англ. размер" <The Whole Book of Psalms Faithfully Translated into English Metre>, первого англоязычного печатного издания Сев. Америки; до сегодняшнего дня сохранились 11 экземпляров книги; считается первым образцом амер. лит-ры)* The Bay Psalm Book.

Массийо́н, Жан Бати́ст *(1663-1742; франц. проповедник)* Massillon, Jean Baptiste.

массилиа́не *см.* массили́йцы.

массили́йцы *истор. (секта* **полупелагиа́н***, получившая название от города Массилии [Марсель])* the Massilians.

мастерство́ про́поведи preaching prowess.

Матве́й Пари́жский *(ок. 1199-1259; англ. хроникёр; с 1217 монах монастыря св. Альбана, вскоре глава монастырского скриптория; много странствовал по Англии, имел близкие сношения с королём Англии Генрихом III и королём Норвегии Гаконом I; его главное сочинение – продолжение хроник, начатых в скриптории св. Альбанского монастыря Иоанном из Целлы и Рожером Вендоверским – лат. Chronica Majora)* Matthew (of) Paris.

"Матери́нское воскресе́нье" *(четвёртое воскресенье Великого поста; первоначально в Зап. христ-ве религ. праздник, прославляющий Церковь как "мать всех христиан")* Mothering [Mid-Lent, Refreshment, Refection] Sunday, *катол.* Laetare [(Golden) Rose] Sunday.

Мате́рнус Ке́льнский, еп. *(ум. ок. 325; катол. св., д. п. 14 сентября)* St. Maternus, Bp. of Cologne.

Ма́терь Бо́жия *см.* Богома́терь.

ма́терь-це́рковь mother church ◊ **Пресвятая м.-ц.** Holy Mother Church, *лат.* Sancta Mater Ecclesia, *сокр.* SME.

"Ма́тер эт маги́стра" *("Мать и наставница"; социальная энциклика папы Иоанна XXIII, изданная 15 мая 1961 в г. Риме) лат.* Mater et magistra.

Мати́льда Неме́цкая, прп. *(ок. 895-968; королева, катол. св., д. п. 14 марта)* St. Matilda, St. Mechtildis, St. Maud.

Матро́на Солу́нская, св. мц. *(2 в.; д. п. 27 марта / 9 апреля)* St. Matrona of Thessalonica, M.

Матсьендрана́тх *(натх, мифический основатель индуистской секты "Путь натхов" <the Hindu Nath sect>)* Matsyendranath.

Ма́тсья

Ма́тсья *(одна из первых аватар Вишну в облике рыбы)* Matsya.
Матта́фа *библ. (предок Иисуса, сын Нафана, внук Давида)* Mattatha.
Матта́фия *библ. (священник из рода Иоарива, родоначальник Маккавеев)* Mattathias.
ма́тушка *правосл. (жена священника, с оттенком почтительности)* matushka, priest's wife.
Матфа́н *библ. (1. дед Иосифа, мужа Марии; 2. отец Сафатии, противника Иеремии)* Matthan.
Матфа́т *библ. (имя двух предков Иисуса)* Matthat.
Матфе́й *библ. (ближайший ученик Иисуса Христа, один из 12 апп., автор первого канонического Евангелия; он был* **мы́тарем** *в Капернауме, и когда сидел в своей конторе за сбором подати, был призван Христом следовать за Ним)* Matthew ◊ **апостол М.** the Apostle Matthew; **апостол и евангелист М.** St. Matthew, Apostle and Evangelist; **Евангелие от М.-я, "От М.-я святое Благовествование"** the Gospel According to St. Matthew; **относящийся к апостолу М.-ю или к Евангелию от М.-я** Matth(a)ean; **"Страсти по М.-ю"** *(муз. произведение для хора и оркестра И. С. Баха, 1729)* the St. Matthew Passion.
Матфи́й *библ. (после смерти Иуды Искариота причислен по жребию к апостолам; побит каменьями за проповеди и творение чудес; д. п. 9/22 августа)* Matthias.
ма́тх(а) *(индуистский монастырь, центр региональной системы храмов, возглавляемый авторитетным духовным лидером)* math(a).
мать *(церк. звание, напр.* **Мать Тере́за***)* mother ◊ **м.-настоятельница** mother superior, the reverend mother.
мать А́нна *см.* **Ли, А́нна**.
Мать Скорбе́й *(Дева Мария) катол.* Mother of Sorrows.
Мать Тере́за *(1910-97; религ. общественная деятельница, албанка; в миру – Агнес Гонджа Бояджу; в 1948 основала в г. Калькутте общину милосердия; в 1979 ей была присуждена Нобелевская премия "За деятельность в помощь страждущему человеку")* Mother Teresa (of Calcutta).
Маудгалья́яна *(брахман, главный ученик* **Бу́дды***, особ. славившийся своими сверхъестественными способностями)* санскрит Maudgalyayana, пали Maggalyayana, тибетский Mong-gal.
маулавия́ *(название одного из суфийских братств)* the Maulawiyah, the Mevlevi.
маули́д (ан-наби́) *см.* **мавли́д**.
Мау́рьи *(320-183 до н. э.; одна из древнеиндийских императорских династий; основатель – Чандрагупта (Маурья); в эпоху* **М.** *происходило активное распространение идей* **будди́зма** *и* **джайни́зма***; при императоре Ашоке были утверждены тексты, вошедшие затем в буддийский канон, и началось активное миссионерство буддийских монахов за пределами Индии)* the Mauryan Empire.
Мау́рья *(представитель династии* **Мау́рьи***)* Maurya.
Мафа́льда Испа́нская, прп. *(1204-52; королева, катол. св., д. п. 2 мая)* St. Mafalda.

Мафа́фа *библ. (священник, к-рый женился на язычнице и потом отпустил её)* Mattathah.

мафо́р(ий) *см.* **омофо́р** II.

Мафуса́ил *библ. (ветхозаветный птрх., к-рый прожил 969 лет; Бытие 5:27)* Methuselah, Mathusala, Methus(h)ael.

Мафуса́л *см.* **Мафуса́ил**.

Махаба́ли *см.* **Ба́ли**.

"Махабха́рата" *санскрит ("Сказание о великой битве бхаратов"; древнеиндийский эпос, сложившийся прибл. в 6-2 вв. до н.э.; содержит мифы, легенды, басни, изречения, трактаты по вопросам права, морали и т. п., а тж несколько поэм; основное ядро поэм сложилось в нач. 1 в. до н.э.)* the Mahabharata(m)

Махави́ра *(599-527 до н. э.; индийский деятель джайнизма)* Mahavira.

Махаде́ва *(один из главных эпитетов бога Шивы)* Mahadeva.

Махала́кшми *(одно из имён Матери-Богини Шакти в индуизме)* Maha Lakshmi.

Махала́фа *библ. (жен. имя)* Mahalath.

Махама́йя *(имя матери Будды)* Mahamaya.

Махана́йм *библ. (место к востоку от Иордана)* Mahanaim.

махану́бхавы *(приверженцы одного из индуистских направлений* **бха́кти** *в Махараштре <Maharashtra>, Индия)* the Mahanubhavas.

махапу́руша *(человек необычной судьбы в индуизме, джайнизме и буддизме)* mahapurusa.

махари́ши *(1. в индуистской мифологии эпитет легендарных мудрецов древности; 2. почётный титул, см.* **маха́тма***)* maharishi.

Махарсапо́р Перс, мч. *(ум. 420; катол. св., д. п. 10 октября)* St. Maharsapor.

махаса́нгхика *(буддийская школа в Индии)* Mahasanghika, Mahasamghika.

махаси́ддха *см.* **махаси́ддхи**

махаси́ддхи *(великие йоги 6-12 вв.; обычно называют 84 м.; почитаются равно в буддийских [тибетских] и индуистских традициях)* mahasiddhas.

маха́т *(в* **теосо́фии** *принцип мирового разума)* mahat.

маха́тма *(в индуизме эпитет, к-рым величают высокодуховных личностей – риши <rishi, rsi> в эпосе; в новейшее время стал иногда употребляться применительно к признанным святым; особенно известен как эпитет* **Га́нди***)* mahatma.

маха́тмья *(в индуизме название текстов, посвящённых восхвалению богов или святых мест)* mahatmyam.

Махашиварат́ри *(праздник в честь бога Шивы в индуизме)* Mahasivaratri.

махая́на *(санскрит "Великий путь", "Великая колесница" <"Great Vehicle">; одно из двух основных направлений буддизма; со 2 в. – северный буддизм; м. оказалась более гибкой, чем суровая и подвижническая* **хина́на***; она лучше приспособилась к местным условиям и шире распространилась, охватывая Среднюю Азию, Тибет, Монголию, Китай, Корею, Японию)* the Mahayana (Buddhism), the Northern [Later] Buddhism, *(китайско-японское употребление)* Daijo.

махаяни́стский Mahayanistic.

махди́ *(мусульманский мессия, провозвестник близкого конца света)* Mahdi.

махди́зм Mahdi(i)sm.
махди́ст Mahdian, Mahdi(i)st.
Махе́ндра *(ок. 270-204 до н. э.; цейлонский буддийский деятель)* Mahindra.
махзо́р *иврит (сборник иудейских молитв, в отличие от* **сиддура́***, приуроченных к одному из трёх праздников паломничества или к* **Рош Аша́на** *и* **Йом-кип(п)у́р)** the mahzor.
Махло́н *библ. (муж Руфи)* Mahlon.
Махо́л *библ. (отец мудрецов Емана, Халкола и Дарды)* Mahol.
маца́ *(иврит – "пресная лепёшка"; в религ. быту у евреев – сухой и пресный хлеб из пшеничной муки, к-рый пекут на* **Пе́сах***)* matza(h), matzahs, matzot, matza(s), matzo(h) ◊ **кусочек м.-ы** afikomen.
мацу́ри *(в Японии религ. празднество, сопровождаемое массовыми действами, напр. когда в ритуальной процессии несут изображения местных божеств-покровителей)* matsuri.
мацце́ба *(в индуизме камень, воздвигнутый в культовых целях или в память важных событий)* matzeva.
маццо́т *мн.ч. (см.* **маца́***)* matzot(h), matzos.
Маччхендрана́тх *см.* **Матсьендрана́тх**.
маши́ах *иврит см.* **месси́я 1. и 2.**
машри́к аль-азка́р *араб. (святилище у* **баха́итов***)* mashriq al-Adhkar.
Мегиддо́(н) *библ. (хорошо укреплённый город ханаанских царей)* Megiddo(n).
Мегилла́ *(одна из книг* **Мегилло́т***)* the Megillah.
Мегилло́т *(в иудаизме обозначение пяти книг Ветхого Завета, к-рые полностью прочитываются в связи с пятью главными еврейскими праздниками)* the Megilloth.
меда́ли Ру́сской правосла́вной це́ркви ◊ **медаль св. Дании́ла** *(в честь Великого князя Московского <кон. 12 в.>, сына Александра Невского)* the Medal of St. Daniel; **медаль прп. Сергия Радонежского** *(утверждена в 1978; награждаются священнослужители православия и др. направлений христ-ва, паломники, а тж государственные и общественные деятели за укрепление мира и дружбы между народами)* the Medal of St. Sergius of Radonezh.
Меда́рд Нуайо́нский, еп. *(ок. 470-560; катол. св., д. п. 8 июня)* St. Medard, Bp.
Меджуго́рье *(деревня в Хорватии, где в 1981 шести подросткам явилась Дева Мария; место паломничества католиков)* Medjugorie.
медиеви́ст *(учёный, изучающий историю Средневековья)* medi(a)evalist.
Меди́на *(город в Зап. Аравии; в 622 Мухаммад переселился из Мекки в город-оазис Ясриб <Yathrib>, к-рый получил после этого название М.; в М.-е похоронен Мухаммад, паломники всегда посещают могилу пророка, хотя поклонение ей не входит в официальный ритуал хаджа)* Medina, the City of Refuge, the City of the Prophet, the Holy City.
меди́на *(в странах Магриба средневековый Старый город, обнесённый стенами с укреплёнными воротами, бастионами и башнями, обычно с зубчатым парапетом)* medina.
медитацио́нный *(относящийся к медитации)* meditative.
медита́ция *(психическая активность личности, целью к-рой является достижение состояния углублённой сосредоточенности; отрешённость от*

окружающего мира, практикуемая в ряде восточных религ.-философских систем – в дзэн-буддизме, йоге и др.; см. тж **созерцание**) meditation ◊ **м., практикуемая в дзэн-буддизме** *(особ. созерцание собственного пупа)* zazen; **религиозная м.** spiritual [religious] contemplation, spiritual meditation.

медити́ровать *(погружаться в глубокое сосредоточенное размышление, отрешившись от внешнего мира, уходить в себя, предаваться раздумьям о бренности земного бытия)* to meditate.

ме́диум *(в спиритизме посредник между людьми и миром духов, к-рый способен вызывать духи умерших)* medium.

ме́дное мо́ре *библ. (необычайно большая чаша, установленная в переднем дворе Соломонова храма)* molten sea.

ме́дный змей *библ. (изображение змеи, сделанное Моисеем в пустыне после исхода из Египта для защиты от "ядовитых змеев" <буквально – "огненных">, к-рые были насланы на него за малодушие и ропот во время скитаний по пустыне)* the serpent of brass, the brazen serpent.

Медо́ст Неизве́стный, св. мч. *см.* **Моде́ст Неизве́стный, св. мч.**

медресе́ *(религ. учебное заведение для подготовки мусульманских служителей культа)* madras(s)ah, madrasseh, madrasa, kuttab.

междоча́сие *см.* **часы́**.

Междунаро́дное о́бщество Созна́ния Кри́шны *(одно из наиболее активных и устойчивых неоиндуистских движений, пользующихся популярностью за пределами Индии; основано в США в 1966, как называют* **кришнаи́ты**, *Его Божественной Милостью Свами А. Ч. Бхактиведантой (1896-1977) <His Divine Grace A. C. Bhaktivedanta Swami Prabhupada>; в центре учения стоит фигура всемогущего бога – Кришны; приверженцы общества вегетарианцы, не употребляют спиртных напитков, наркотиков, не курят, носят особые шафранные одеяния <saffron robes>, не играют в азартные игры, воздерживаются от внебрачных связей; центральное место в ритуале занимает мантра, восхваляющая имя Кришны – махамантра <the Maha mantra> – основную часть к-рой составляет повторение формулы "Харе Кришна <Hare Krishna>, Харе Кришна, Кришна Кришна, Харе Харе/Харе Рама, Харе Рама, Рама Рама, Харе Харе"; общество имеет более 400 центров в разл. странах мира)* the International Society for Krishna Consciousness, *сокр.* ISKCON, *(неофициальное распространённое наименование)* the Hare Krishna movement.

Междунаро́дное о́бщество христиа́нского усе́рдия *(протест. молодёжная организация)* the International Society of Christian Endeavor.

Междунаро́дное соо́бщество студе́нтов-христиа́н the International Fellowship of Evangelical Students.

междуча́сия *см.* **часы́**.

межконфессиона́льный interconfessional, interdenominational.

межцерко́вный interchurch, parachurch; *(особ. предназначенный для католиков и протестантов) амер.* all-faith ◊ **м.-е организа́ции** parachurch bodies.

мезу́за *(иврит – "дверной косяк"; продолговатая прямоугольная деревянная или металлическая коробочка, в к-рую вложен кусок пергамента с текстом из "Второзакония", свёрнутый в трубочку; подвешивается на шесте у входной двери в верхней части правого косяка)* mezuza(h).

Мéинрад

Мéинрад Швáбский, отшéльник *(ум. 861; катол. св., д. п. 21 января)* St. Meinrad.

Меи́р *(2 в.; еврейский законоучитель)* Meir.

Меи́р бен Барýх из Ротенбýрга *(ок. 1215-93; еврейский кодификатор)* Meir of Rothenburg.

Мéйнверк Падербóрнский, еп., блж. *(ум. 1036; д. п. 5 июня)* Blessed Meinwerk, Bp. of Paderborn.

Мéйхью, Джóнатан *(1720-66; амер. религ. и политический деятель)* Mayhew, Jonathan.

Мéкка *(город в Саудовской Аравии, место рождения пророка Мухаммада, место нахождения Кáабы и место обязательного паломничества)* Мecca, араб. Makka.

мектéб(е) *см.* мактáб.

мектóб(е) *см.* мактáб.

меламéд *(иврит – "обучающий"; учитель в хедéре, где преподавались основы грамоты, Торы и Талмуда)* melam(m)ed.

Meláния Ри́млянынья, прп. *(ум. 439; д. п. 31 декабря / 13 января)* Venerable Melania, Melania the Younger.

Меланхтóн, Фили́пп *(1497-1560; немец. богослов, идеолог Реформации в Германии, сподвижник М. Лютера)* Philip Melanc(h)thon [*менее правильно* Melanthon] ◊ *(его трактат)* "**О власти пап**" *(1537)* The Treatise on the Power and Primacy of the Pope.

Мéлер, Иогáнн Адáм *(1796-1838; катол. богослов, священник, профессор церк. истории, патристики и церк. права в г. Тюбингене)* Möhler, Johann Adam.

мелетиáне *истор. (4 в.; сторонники еп. Мелетия Ликопольского, единомышленники ариан)* the Melitians, *(употребляется часто, но неправильно)* the Meletians.

Мелетиáнская схи́зма *(расколы, в Антиохии названные по имени Мелетия Антиохийского, и Египте – по имени Мелетия Ликопольского)* the Melitian schisms.

Мелéтий Антиохи́йский, свт. *(ум. 381 во время председательствования на 2-м Вселенском соборе; д. п. 12/25 февраля)* St. Melitius *(неправильно – Meletius)*, Archbp. of Great Antioch, St. Melitius of Antioch.

Мелéтий Ликопóльский *(ум. 326; христ. деятель; отлучён от церкви за ересь)* Melitius *(неправильно Meletius)* of Lycopolis.

Мелитóн Ливи́йский, еп. *см.* **Мелитóн Сарди́йский, еп.**

Мелитóн Сарди́йский, еп. *(ум. ок. 180; апологет, д. п. 1/14 апреля)* St. Melito, Bp. of Sardis.

Мелли́т Кентербери́йский, св. *(ум. 624; англ. религ. деятель)* St. Mellitus of Canterbury.

Меллóн, еп. *(ум. ок. 314; катол. св., д. п. 22 октября)* St. Mellon(us) [Melanius], Bp.

меллузиáне *(малабáрские христиáне, подчинившиеся несторианскому католикосу)* the Mellusians.

Мелро́зское абба́тство *(катол. аббатство, основанное в 12 в. в Шотландии; его хорошо сохранившиеся руины – один из наиболее посещаемых архит. памятников)* the Melrose Abbey.

Мелхи́й *библ. (имя двух предков Иисуса)* Melchi.

Мелхио́р *см.* **Мельхио́р**.

мелхиседакиа́не *см.* **мельхиседакиа́не**.

Мелхиседе́к, царь Сали́ма [Сали́мский] *см.* **Мельхиседе́к, царь Сали́ма [Сали́мский]**.

Мелхо́ла *см.* **Мельхо́ла**.

Мельки́тская грекокатоли́ческая це́рковь *(катол. церковь восточного обряда с резиденцией птрх.-а в Дамаске)* the Melchites, the Melkites ◊ *(предстоятель)* **патриарх. М.-ой грекокатол. церкви в Антиохии** the Patriarch of Melchites in Antioch.

мельки́ты *(христиане Сирии, сохранившие после Халкидонского собора верность имперскому [православному] исповеданию, а не уклонившиеся, как многие сирийцы, в* **монофизи́тство** *или* **несториа́нство***; богослужение совершают на араб. языке по греч. обрядам; имеют собственного птрх.-а в Дамаске; монахи следуют правилам св. Василия Великого)* the Melchites, the Melkites.

Мельхиа́д, св. *(ум. 314; Папа Римский, катол. св., д. п. 10 декабря)* St. Melchiades, St. Miltiades.

Мельхио́р *(один из трёх святых царей-волхвов, к-рый пришёл вместе с двумя другими с востока, чтобы поклониться младенцу Иисусу; Ев. от Матфея 2:2-11; д. п. 25 декабря / 7 января, катол. – 23 июля)* Melchior.

мельхиседакиа́не *истор. (гностическая секта, основанная в 3 в. Феодотом-менялой <Theodotus, the money-changer>, к-рый утверждал, что упоминаемый в книге Бытия Мелхиседек, от к-рого Авраам принял благословение, был первым и главным воплощением верховного Божества, а Христос был только образом Мелхиседека)* the Melchizedekians, the Melchizedekites.

Мельхиседе́к, царь Сали́ма [Сали́мский] *библ.* Melchizedek [Melchisedec], king of Salem ◊ **свяще́нство по чину М.-а** *библ. (тж старшая степень священства у мормонов)* the Melchizedek priesthood.

мельхи́ты *см.* **мельки́ты**.

Мельхо́ла *библ. (дочь Саула, первого всеизраильского царя)* Michal.

Мемно́н, чудотво́рец, прп. *(д. п. 29 апреля / 12 мая)* Venerable Memnon, wonderworker.

мемориа́льный *(памятный; сделанный в память какого-л. события, лица)* memorial, commemorative ◊ **м.-ая доска** memorial [commemorative] plate [tablet, plaque]; **на м.-ой доске была сделана латинская надпись** a Latin inscription was set up on the tablet.

мемра *(слово, употребляемое в богосл. значении в еврейской лит-ре, особ. в смысле Божественного созидающего Слова, раскрывающего силу Бога в материальном мире и в человеческом сознании)* memra.

Мемуха́н *библ. (один из семи князей, "знающих закон и права", имевших доступ к царю Артаксерксу и бывших первыми в царстве)* Memucan.

Мемфивосфе́й *библ. (1. муж. имя; сын царя Саула; 2. внук царя Саула, сын Ионафана)* Mephibosheth.

Мена́им *библ. (царь Северного царства Израиль)* Menahem.

Мена́хем *см.* **Мена́им**.

"мене́, мене́, теке́л, упарси́н" *библ. (слова оракула, начертанные во время пиршества рукой человеческой на стене чертога вавилонского царя Валтасара; Книга пророка Даниила 5:25)* mene, mene, tekel, upharsin.

"мене́, мене́, феке́л, фаре́с" *см.* **"мене́, мене́, теке́л, упарси́н"**

Менехи́льда, де́ва, прп. *(6 в.; катол. св., д. п. 14 октября)* St. Manechildis [Ménéhoud], v.

Ме́ннас Еги́петский, мч. *(3 в.; отшельник, катол. св., д. п. 11 ноября)* St. Menna(s), M.

меннони́тство *(учение* **меннони́тов***)* Mennonitism.

меннони́ты *(последователи протест. секты 16 в., основанной* **Ме́нно Си́монсом** *в 1531 на почве анабаптизма на началах смирения и отказа от насилия, с требованием нравственного самосовершенствования; первоначально м. распространились в Голландии и Германии; в России они появились в 18 в. среди немец. колонистов в Таврической и Екатеринославской губерниях; в наст. время насчитывается в мире ок. 500 тыс.* **м.-ов** *в Голландии (25 тыс.), в Германии (10 тыс.), в Канаде (80 тыс.), в США (200 тыс.); в России м. раскололись на церковных и братских; последние объединились с баптистами в 1963)* the Mennonites ◊ **братские м.** the Mennonite Brethren.

Ме́нно Си́монс *(1496-1561; голландский катол. священник, в 1531 перешедший к анабаптистам)* Menno Simons, Menno Symons, Menno Siminis.

меноло́г(ий) *см.* **миноло́гий**.

мено́ра 1. *библ. (семисвечник, к-рый был поставлен как культовый символ в скинии; символизирует семь дней творения, семь континентов и семь планет)* Menorah; **2.** *(в современном иудаизме во время прзднованияХанук(к)и <см.* **ханукия́***> зажигается м., состоящая из восьми свечей)* menorah.

менса *(1. в раннем христ-ве – большая каменная плита, устанавливаемая ок. могилы для поминального принятия пищи; 2. плоский камень, составляющий верх алтаря в катол. храме)* mensa.

Мера́ри *библ. (третий сын Левия)* Merari.

ме́рзость *библ. (Ев. от Луки 16:15)* abomination ◊ **"м. запусте́ния"** *(Ев. от Матфея 24:15, Ев. от Марка 13:14)* the abomination of desolation.

Мериаде́к Брето́нский, еп. *(6 в.; катол. св., д. п. 7 июня)* St. Meriadoc, Bp. of Brittany.

Мери́ва *библ. (место остановки израильтян во время странствования по пустыне)* Meribah.

мери́ло *(в иконописи тонкий жезл в руке архангела)* thin baton.

Мерку́рий, св. вмч. *(ум. ок. 300; катол. св., д. п. 10 декабря)* St. Mercurius, Great M.

Меро́ва *библ. (старшая из двух дочерей царя Саула)* Merab.

Мерода́х *библ. (вариант на иврите вавилонского имени "Мардук", верховного вавилонского бога)* Merodach.

Меродах-Валадан *библ. (царь арамейского племени Бит-Якин и князь так наз. приморской земли на юге Вавилона, вассал ассирийцев)* Merodach-baladan.

Мерри, прп. *(ум. ок. 700, катол. св., д. п. 29 августа)* St. Medericus, St. Merry.

Меру *(в древнеиндийской мифологии – огромная золотая гора, центр земли и Вселенной; вокруг М. вращаются Солнце, Луна, планеты и звёзды, на ней живут высшие боги: Брахма, Вишну, Шива, Индра и др.)* Mt. Meru.

Месроп Маштоц, св. *(361-440; армянский учёный, монах, просветитель, создатель армянского алфавита; д. п. 19 февраля и 25 ноября)* St. Mesrop, St. Mesrob.

месса *(1. центральный обряд суточного богослужебного цикла катол. церкви, в к-ром, как правило, важная роль отводится музыке; м. – служба, аналогичная правосл. литургии, состоит из* **ординария 1.** *и* **проприя**; *текст м.-ы обычно поётся, но в нек-рых случаях читается; 2. многоголосные обработки песнопений мессы и целые их циклы, написанные на традиционный текст одним композитором)* the Mass; *лат.* Missa ◊ **вотивная м.** *(служится по желанию священника или верующих по одному из специальных чинопоследований)* the votive Mass, *лат.* Missa votiva; **м. в соборе, на к-рой присутствует весь капитул** capitular Mass; **м. в честь Девы Марии** the Lady Mass; **м.-ы для конкретных категорий прихожан** Masses for particular peoples; **ежедневная м.** *(1. в монастыре в присутствии всей общины; 2. в кафедральном соборе)* conventual Mass; **заупокойная м.** the Mass for the Dead, *лат.* Missa pro defunctis; **красная м.** *катол. (месса, совершаемая священником в красном облачении, в день Сошествия Св. Духа, на открытии важных общественных мероприятий, напр. конгрессов и т. п.)* Red Mass; **малая м.** *(м. без музыки или пения)* Low Mass, *лат.* Missa bassa, *(совершаемая только священником)* Missa privata; **м., рассматриваемая как жертвоприношение Тела и Крови Христа** the Sacrifice of the Mass; **"М. си. минор" И. С. Баха** *(1733) муз.* the Mass in B Minor of J. S. Bach; **служить м.-у** to say [celebrate] the Mass; **"м. с пением"** *(неполная м., совершаемая священником без диакона и иподиакона) устар.* sung Mass, *лат.* Missa cantata, Missa media; **"сухая" м.** *(краткая м., распространённая особенно в позднем Средневековье, совершаемая по разным случаям, напр. по случаю совершения паломничества, на борту корабля в бурю, перед охотой и т.п.)* dry Mass, *лат.* Missa sicca; **торжественная м.** high Mass; *муз., церк.* solemn mass; **торжественная м. с участием еп-а** pontifical Mass.

мессалиане *(см.* **евхит***)* the Messalians, the Euchites.

Мессалина, мц. *(ум. ок. 254; катол. св., д. п. 19 января)* St. Messalina.

мессианизм *см.* **мессианство**.

мессианский Messianic.

мессианство *(учение о грядущем пришествии в мир Божьего посланника–мессии, призванного установить справедливый и угодный Богу порядок)* Messianism, Messiahship, Christhood.

мессия 1. *(в Ветхом Завете – ожидаемая Божественная личность, к-рая, придя в мир, спасёт не только Израиль как избранный народ, но и все народы и всю Вселенную)* the Messiah; **2.** *(по учению совр. иудаизма, особый пророк, к-рый должен явиться, чтобы подготовить народ к приходу ожи-*

мессия

даемого м.-и) Lord's Anointed; **3.** *(в Новом Завете почти всегда передаётся соответствующим ему по смыслу греч. словом "Христос"; у христиан – синоним Христа, как избавителя от грехов)* Christ, Messias ◊ **"... знаю, что придёт Мессия, то есть Христос"** *(Ев. от Иоанна 4:25)* 'I know that Messias cometh, which is called Christ'.

местночти́мый locally venerated.

ме́стный ряд *(иконостаса)* см. **ряд**.

ме́сто ◊ **владелец м.-а в церкви** pewholder; **м. в храме для молящихся** nave; **м. в церкви** *(на к-ром можно сидеть)* seat, pew, stall; **м.-а [кресла] для духовенства около алтаря** *англик., катол.* sedilia; **м.-а для певчих в церкви** choir stalls; **м. еп.-а** bishop stool, bishop's seat; **м. на клиросе в алтарной части** *(в Зап. христ-ве)* choir stall; **м. настоятеля собора** *(в Зап. христ-ве – на клиросе в алтарной части)* decanal stall; **м. предстоятеля** *катол.* sacerdotal seat; **огороженное м. в церкви** *(для важного лица и его семьи)* (family) pew; **святое место** *библ.* bethel; **царское м.** *(напр., в Успенском соборе Московского Кремля)* the royal pew, the royal seat.

местоблюсти́тель *(лицо, временно исполняющее обязанности высшего духовного сановника)* locum tenens ◊ **заместитель Патриаршего м.-ля** *истор. (о митрополите Сергии, принявшем этот необычный титул в 1925)* Deputy to the locum tenens; **Патриарший м., М. патриаршего престола** *(в совр. РПЦ один из постоянных членов Священного синода, избранный им для временного исполнения патриаршей должности в случае кончины патриарха)* the Patriarchal Locum Tenens.

ме́сто поклоне́ния shrine ◊ **м. п. паломников** a shrine for pilgrimage.

местопребыва́ние Бо́га и ду́хов Heaven of heavens.

Местр, Жозе́ф Мари́ де *(1754-1821; франц. писатель-ультрамонтан и пьемонтский государственный деятель)* Maistre, Joseph Comte de; (De) Maistre, Joseph.

месяцесло́в *(тж **святцы**)* menologion, menology, the book of saints with the church calendar.

метампсихо́з см. **метемпсихо́з(ис)**.

Метатро́н *(в еврейском богословии "запрестольный ангел", ближайший к Богу, непосредственно от него получающий приказания)* Metatron.

Метафра́ст см. **Симео́н Метафра́ст**.

метемпсихо́з(ис) *(верование, характерное для нек-рых религий, согласно к-рому души божеств, людей, животных, растений переселяются после смерти из одного тела в другое, пока не достигается полное очищение; в древнегреч. философии представлений о **м.-е** придерживались Пифагор, Платон, неоплатоники и др.; христ-во отвергает **м.**)* metempsychosis, reincarnation.

методи́зм *(протест. течение, возникшее в Англии в 18 в., первоначально в виде обновленческого движения внутри англиканства; в наст. время насчитывается около 20 млн верующих, – половина из них в США, 500 тыс. в Великобритании, остальные в других странах <более 25 стран>)* Methodism.

методи́ст *(член методистской церкви)* Methodist, *сокр.* Meth.

методи́стский Methodist(ic), Methodisty ◊ **вероуче́ние и организа́ция м.-ой це́ркви** Methodism; **Всеми́рный м. сове́т** the World Methodist Council, *сокр.* WMO; **М.-ая епископа́льная це́рковь США** the Methodist Episcopal Church in USA, *сокр.* M.E.Ch., MEC.; **М.-ая це́рковь** the Methodist Church; **М.-ая це́рковь Эсто́нии** the Methodist Church in Estonia; **Объединённая м.-ая це́рковь** the United Methodists, the United Methodist Church; **Примити́вная м.-ая це́рковь** *(в США)* the Primitive Methodist Church; *(в Англии)* the Primitive Methodist Connection; **Свобо́дная м.-ая це́рковь** the Free Methodists;

методоло́гия изуче́ния Би́блии the methods of Bible criticism.

мето́нов цикл *(период времени в 19 лет, после окончания к-рого в тот же день года появляется полная луна; предложен древнегреч. астрономом Метоном в 433 до н. э.; м. ц. был положен в основу древнегреч. календаря и остался в* **злато́м числе́** *для определения дня Пасхи)* the Metonic cycle.

метри́ческая кни́га *(церковная)* church [parish] register.

Мефаа́ф *библ. (город левитов)* Mephaath.

мефимо́н *см.* **ефимо́н**.

Мефо́дий, еп. Пата́рский, сщмч. *(ум. 312; еп. г. Патара и Олимпа Ликийского, д. п. 20 июня / 3 июля)* St. Methodius, Pr.-M., Bp. of Patara; St. Methodius of Olympus.

Мефо́дий Константино́польский, птрх. *(ум. 847; д. п. 14/27 июня)* St. Methodius I.

Мефо́дий, равноапосто́льный *см.* **Кири́лл и Мефо́дий, равноапосто́льные**.

мех *(мешок, из кожи животного для воды, вина и др. жидкостей)* ◊ **м.-и ве́тхие** *библ.* old bottles; **м. вина́** *библ.* a bottle of wine.

Мехилта *(раввинистический комментарий к книге Исхода)* the Mekhilta.

Мехти́льда Диссе́нская, аббати́са *(1125-60; катол. св., д. п. 31 мая)* St. Mechtildis (of Diessen), abbess.

Мехти́льда Неме́цкая, прп. *см.* **Мати́льда Неме́цкая, прп.**

Мехти́льда Хе́льфтская, прп. *(1241-98; катол. св., д. п. 16 ноября)* St. Mechtildis of Helfta.

меч ◊ **м. Ду́ха [духо́вный]** *библ.* the sword of the Spirit; **"Меч духо́вный"** *(заглавие многих religиозно-полемических русских произведений 17 и 18 вв.)* The Sword of the Spirit ◊ **"И шлем спасе́ния возьми́те, и м. духо́вный [Ду́ха], кото́рый есть сло́во Бо́жие"** *(Послание к ефесянам 6:17)* 'And take the helmet of salvation, and the sword of the Spirit, which is the word of God'; **м. обоюдоо́стрый** *библ.* double-edged sword; **"Тогда́ говори́т ему́ Иису́с: возврати́ м. свой в его́ ме́сто, и́бо все, взя́вшие м., мечо́м поги́бнут"** *(Ев. от Матфея 26:52)* 'Then said Jesus unto him, Put up again thy sword into his place: for all they that take the sword shall perish with the sword'.

мече́ть *(у мусульман – молитвенное и одновременно общественное здание)* mosque, mosjid, musjid ◊ **собо́рная м.** cathedral mosque, jami; **собра́ние ве́рующих в м.-и** the mosque.

Мёо *(буддийские божества Японии)* Myo-o.

Мёртвого мо́ря ру́кописи *см.* **ру́копись**.

Мздовоздая́тель *(о Боге)* the Avenger.

Мигда́л-Гад *библ. (местность в низменной части Иудеи)* Migdal-gad.

Мигда́л-Ел *библ. (местность в уделе колена Неффалима)* Migdal-el.

Мигдо́л

Мигдо́л *библ. (1. местность, упоминаемая в связи с переходом израильтян через Чермное море; 2. пограничная крепость на севере Египта)* Migdol.

Миге́ль де Са́нктис, прп. *(ум. 1625; катол. св., д. п. 10 апреля)* St. Michael de Sanctis.

Мигро́н *библ. (местность к северу от Иерусалима)* Migron.

мидра́ш *иврит (раввинистическое толкование текста Ветхого Завета в форме непрерывного комментария к отдельным стихам)* midrash; *(произведённое через 1500 лет после Вавилонского пленения евреев)* the Midrash.

мидраши́м *мн. ч. (см.* **мидра́ш***)* midrashim, midrashoth.

Мидра́ш Ра́ба *иврит (раввинистическое толкование Пятикнижия)* the Midrash Rabbah.

мизере́ре *("Помилуй меня, Боже"; катол. молитва, представляет собою текст 50/51 псалма, начиная с 3-го стиха; тж музыкальное произведение на этот текст)* Miserere (mei, Deus).

Мизраи́м *библ. (1. Египет; 2. в раввинистическом употреблении, перен. – рабство, гнёт)* Mizraim.

Ми́кал *(в мусульманской мифологии один из 4-х приближённых к Аллаху ангелов)* Mikal.

ми́ква *(иврит – "скопление вод"; бассейн для ритуального омовения при синагогах; посещается в процессе* **гию́ра** *женщинами после менструации, перед свадьбой и после рождения ребёнка, а тж мужчинами накануне* **Рош Аша́на** *и* **Йом Кип(п)у́р***)* mikvah, miqveh, mikveh.

ми́кве *см.* **ми́ква**.

Микели́на Мите́лли, прп., блж. *(1300-56; катол. св., д. п. 20 июня)* Blessed Michelina of Pesaro, Michelina Metelli.

Мико́ний, О́свальд *(1488-1552; швейцарский реформатор и педагог)* Myconius, Oswald.

Мико́ний, Фри́дрих *(1491-1546; немец. деятель Реформации; в г. Цвиккау и г. Готе проповедовал в духе нового учения Лютера и основал несколько протест. школ; написал "Краткий очерк истории Реформации с 1517 по 1542", лат. Historia Reformationis, 1517-42)* Myconius, Friedrich.

Мила́нский эди́кт *(эдикт, изданный в 313 в Медиолане (совр. г. Милан) рим. императорами-соправителями Лицинием и Константином, к-рые в борьбе за власть стремились привлечь на свою сторону христиан; согласно* **М.-ому э.-у** *христ-во признавалось в Рим. империи равноправным со всеми др. религиями)* the Edict of Milan.

Миларе́па *(1040-1123; величайший тибетский святой)* Milarepa.

Ми́лка *библ. (жен. имя)* Milcah.

миллернари́зм *богосл. (учение о тысячелетнем царствовании Христа на Земле, начинающемся согласно "Откровению" 20:4, Его вторым пришествием; оно будет длиться до Армагеддона и Страшного суда, перед к-рым предстанут все воскресшие; см. тж* **хилиа́зм***)* millenarianism, millenniarism, millennialism, *устар.* millennianism.

миллена́рии *богосл. (последователи* **миллернари́зма***; см. тж* **хилиа́сты***)* the millenarians, the millenarists, the millennians, the millennaries.

милленар́ийский *(относящийся к* ***милленари́зму****)* millenarian, millenary, millennian, millenial.

Ми́ллер, Уи́льям *(1782-1849; амер. религ. деятель, баптист; начиная с 1831 предсказывал близость конца света и второго пришествия Христа, к-рые, по его словам, должны были наступить сначала в 1843, потом в октябре 1844; второе пришествие не состоялось и пастор потерял почти всех своих последователей; в 1845 он был исключён из Баптистского союза; на базе движения миллеритов <the Millerites, Millerism> возникло несколько направлений, основное –* ***Адвенти́сты седьмо́го дня****)* Miller, William.

Ми́лло *библ. (географическое название)* Millo.

милосе́рдие *(высочайшая добродетель: деятельное сострадание и конкретно выраженная доброта по отношению к нуждающимся, обречённым и страдающим)* charity, mercy, beneficence, alms-deed, *библ.* bowels of mercies; *(мягкость, снисходительность)* clemency ◊ **акт м.-я** charitable act; **брат м.-я** *(из монахов)* Brother of Charity; **м. Господне, ведущее к спасению** saving grace; **дела м.-я** works [deeds] of mercy; **оказывать м.** to administer charity; **проявлять м. к кому-л.** to show mercy to *smb*; **сестра м.-я** *(из монахинь)* Sister of Charity.

милосе́рдный merciful, charitable, beneficent, clement ◊ **м. Бог** merciful God.

ми́лостивый merciful, kind, gracious, clement ◊ **"Боже м."** Merciful heavens! **"Боже, милостив будь мне, грешному"** *(молитва)* 'O God, be merciful to me, a sinner'

ми́лостыня *(подаяние нищему, бедствующему)* alms; *(раздаваемая в Страстной четверг)* maundy ◊ **великопостная м.** maundy, money; **место раздачи м.-и** *истор.* almonry; **просить м.-ю** to ask [beg] alms; **раздача м.-и** almsgiving; **раздающий м.-ю** *(должностное лицо при религ. организации)* almoner.

ми́лость 1. *(милосердие)* mercy, charity; **2.** *(великодушно-доброе, милосердное отношение)* favour, grace, mercies, loving-kindness ◊ **Божьей м.-ю** by the grace of God, *лат.* Dei gratia; **м. Господня** the grace of God, the act(ion) of God; **3.** *(благодеяние, дар, добрый поступок)* favour, good deed; **4.** *(форма обращения)* **ваша м.!** your worship; **5.** *(покровительство)* patronage ◊ **"Под Твою м. прибегаем, Богородице Дево, молений наших не презри в скорбех; но от бед избави нас, Едина Чистая и Благословенная"** *(стих молитвы Пресвятой Богородицы, начало см.* ***Богоро́дица*** *и* ***"Честне́йшая"****)* 'We fly to thy patronage, O Virgin, mother of God, Despise not our prayer in our necessities, but deliver us from all dangers, who alone art pure and blessed'.

ми́лоть *библ. (одежда из шкуры овцы мехом наружу; традиционная одежда ветхозаветных пророков; в иконописи обычная одежда Иоанна Предтечи)* sheepskin, mantle ◊ **м. Илии** *библ.* the mantle of Elijah.

Милхо́м *библ. (главный бог аммонитян)* Milcom.

Мильбу́рга, абба́тиса *(ум. 722; катол. св., д. п. 23 февраля)* St. Milburga, abbess.

Ми́льнер, Джо́зеф *см.* **Ми́льнер, Ио́сиф**

Мильнер, Иосиф *(1744-97; священник, историк)* Milner, Joseph ◊ *(его книга, пользовавшаяся большой популярностью в Англии и завершённая его братом Исааком)* "**Церковная история**" The History of the Church of Christ.

Милэфо *китайский см.* **Майтрея**.

миманса *(одна из шести ортодоксальных школ индуизма, опирающихся на авторитет Вед)* Mimansa, Mimamsa ◊ **пурва-м.** *(первая м.)* Purva [Prior] Mimansa; **уттара-м.** *(одно из названий веданты)* Uttara [Later] Mimansa.

"**Миманса-сутра**" *(основной текст школы миманса, приписан авторству Джаймини <Jaimini> (ок 100 н. э.)* the Purva Mimamsa Sutra.

мимбар *араб. (возвышение со ступеньками в мечети, откуда читается Коран и произносятся проповеди)* mimbar.

Мина, вмч. *(ум. 288; д. п. 11/28 ноября)* St. Men(n)as, M.

Мина Константинопольский [Цареградский], птрх. *(ум. 552; д. п. 25 августа / 7 сентября)* St. Men(n)as.

Минанатх *см.* **Матсьендранатх**.

минарет *араб. (высокая башня при мечети, с которой* **муэдзин** *сзывает мусульман на молитву)* minaret, prayer tower.

минбар *см.* **мимбар**.

минеи четьи *см.* **Четьи-минеи**.

минея *(богослужебная православная книга, содержащая тексты изменяемых молитвословий неподвижного годового богослужебного круга)* the Menaia, the Mineya, Menology, *греч.* Menologion ◊ **м. месячная** *(состоит из двенадцати книг (по месяцам) и содержит службы святым и праздникам по порядку месяцеслова)* Menaion, the book of commons; **м. общая** *(содержит последования общих, без указания имён, служб для святых одного лика, т.е. типа – святителю, преподобному, мученику; по ней совершается служба в память какого-л. святого в тех случаях, когда святому не составлено особой службы в месячной минее)* hagiologic book of prayers in honor of those saints that have no proper office; **м. праздничная** *(содержит службы главным праздникам – двунадесятым и нек-рым другим – и особо чтимым святым)* service [liturgical] book of festivals, anthology, the Festal Menaion, the book of propers, *греч.* heortologion, anthologion.

Мини *библ. (царство Минейское на севере Ирана)* Minni.

минимиты *см.* **минимы**.

минимы *(катол. орден нищенствующих монахов, основан в 15 в.)* the Minims, the Minimites, *лат.* Oredo Fratrum Minimorum.

министериум *(совет священников лютеранской церкви, иногда вместе с мирянами, имеющий юрисдикцию решать вопросы округа, в США – штата, напр. выдача лицензий новым священникам, разбор ереси, рассмотрение жалоб и т. п.)* ministerium.

министр *(распространённое в протестантизме именование священника, к-рый нанят и содержится конгрегацией)* minister.

министрант *катол.* **1.** *(совершающий богослужение священник)* ministrant; **2.** *(алтарник)* server at Mass.

Миниф *библ. (место в земле аммонитян)* Minnith.

Минодора, Митродора и Нимфодора, свв. мцц. *(ум. 311; д. п. 10/23 сентября)* Sts. Menodora, Metrodora and Nymphodora, Ms.

минолóгий *(книга, содержащая жития святых по числам двенадцати месяцев; м. отличается от* **Чéтьи-минéи** *тем, что в последней описания жития святых пространнее, чем в* **м.-и**) menology, *греч.* menologion.

минолóгион *см.* **минолóгий**.

минори́сты *(катол. духовенство низших духовных степеней)* the minor orders, the lesser ministries.

минори́ты *(монахи ветви францисканского ордена, исповедовавшей крайний аскетизм)* Minor(ite)s, Minorists, the Friars Minor.

Мину́ций Фéликс *(ок. 2 в.; раннехрист. апологет, автор апологии христ-ва в форме диалога "Октавий"* <*Octavius*>) Minucius, Felix.

ми́нха *(иврит "приношение"; ежедневная полуденная молитва в иудаизме)* minhah.

ми́нхаг *(иврит " обычай")* minhag.

минья́н *иврит (в иудаизме — кворум* <*не менее десяти взрослых евреев старше 13 лет*>, *необходимый для произнесения нек-рых молитв)* minyan.

мир 1. *(Вселенная)* universe, world, the cosmos ◊ **основание м.-а** *библ.* the foundation of the world; **2.** *(земля, свет)* world, earth ◊ **Божий м.** God's earth; "В мире Он был, и мир через Него возник, и мир Его не познал" *(Ев. от Иоанна 1:10)* 'He was in the world, and the world was made by him, and the world knew him not; **все царства м.-а** *библ.* all the kingdoms of the world; **сей м., этот (бренный) м.** *(в противоположность потустороннему)* this world; **3.** *(люди)* world ◊ **грех м.-а** *библ.* the sin of the world; **4.** *(отсутствие войны, вражды)* peace ◊ **в м.-е** at peace; **Князь м.-а** *(Иисус Христос, подразумевающийся в Книге пророка Исаии 8:6)* the Prince of Peace; **Мир всем!** Peace be unto all! **Миром Господу помолимся** In peace let us pray to the Lord; **5.** *(светская жизнь в противоположность монастырской)* the world ◊ **в м.-у** in the world; **отказаться [отречься] от м.-а** *(уйти в монахи)* to forsake [renounce] the world; *(отойти от активной светской, служебной деятельности)* to go into retirement; **уйти от м.-а** to retire from the world; **6.** *(миряне)* the laity.

мира́дж *араб. (чудесное ночное путешествие пророка Мухаммада на быстром, как молния, коне* **Аль-Бура́ке** *из Мекки в Иерусалим и его вознесение к престолу Аллаха, к-рый соблаговолил принять его и удостоил беседы, во время к-рой Мухаммад изрёк 99 тыс. слов)* miraj.

мира́кль *(средневековое драматическое представление религ. характера, изображающее какое-л. чудо)* miracle (play).

мир блаже́нства *(рай)* Elysium.

Мир Бо́жий *истор. (в Средние века запрещение катол. церковью под страхом отлучения военных действий в определённые дни недели)* God's peace, the Truce [Peace] of God, the Peace of the Church, *лат.* Treuga Dei, Pax Dei, Pax Ecclesiae, *франц.* Trêve de Dieu, *немец.* Gottesfriende.

ми́рница *(сосуд для хранения святого мира)* chrismatory, chrismal, ampulla, oilstock.

ми́ро 1. *(состав, употребляемый при совершении таинства миропомазания, при освящении престолов и антиминсов, при освящении монархов на царство; представляет собой благовонное масло, содержащее большое количество ароматических веществ, освящённое специальным чином в*

мИро

*Великий четверг на литургии; освящение **ми́ра** совершает предстоятель поместной церкви; в РПЦ – птрх.)* ◊ **помазать м.-м** to anele, to anoint with chrism; **святое м.** the (Holy) Chrism, holy oil, oil of consecration; **2.** *(благовонное масло)* very precious ointment.

мироваре́ние *(процесс изготовления мира)* chrism-preparation.

Мирова́рная *см.* **Кресто́вая пала́та**.

мирова́я душа́ *филос. (некое единое и активное начало или существо, оживляющее Вселенную и обладающее способностью чувствовать и познавать)* the world soul.

мирова́я рели́гия *(религия, получившая широкое распространение по земному шару в различных этнических, демографических и социальных сферах; к наиболее распространённым **м.-ым р.-м** относятся буддизм, индуизм, ислам, иудаизм, христ-во, насчитывающие миллионы последователей)* the World religion.

мирово́й дух *филос. (существование объективного духа, к-рый не только составляет сущность материального мира, но и творит его)* the world spirit.

Миро́жская ико́на Бо́жией Ма́тери *(в г. Пскове, при устье реки Мирожи, находился Спасский муж. монастырь, основанный в 1156; в нём находилась чудотворная икона Знамения Богородицы Мирожской; Богородица изображена на ней во весь рост стоящею; по правую руку в молитвенном виде изображён благоверный князь Псковский Довмон, а по левую в том же виде супруга его, княгиня Мария Дмитриевна; икона прославилась в 1567 чудесным излиянием слёз и другими чудотворениями во время морового поветрия при Иване Грозном; празднование 24 сентября / 7 октября)* the Mirozh icon of the Mother of God.

Миро́ку *японский см.* **Майтре́я**.

мироно́сицы *библ. (тж **жёны-мироно́сицы**)* the Holy [myrrh-bearing] wives, the Holy women, the myrrh-bearers, the myrrhophores.

Миро́н, сщмч. *(ум. 250; д. п. 17/30 августа)* St. Myron, Pr.-M.

миропома́зание 1. *(таинство, состоящее в том, что христианин через помазание миром <в византийском обряде> и/или возложением рук епископа <в лат. обряде> получает дар Духа Святого, т.е. **м.** есть как бы личная Пятидесятница христианина; **м.** может быть преподано только крещёному, а в лат. обряде лицу, достигшему сознательного возраста <ок. 14 лет> и прошедшему углублённую катехизацию; **м.** совершает епископ; священники византийского и армянского обряда имеют право совершать **м.**, но само миро освящает епископ; лат. священники обладают правом совершения **м.-я** лишь в особых случаях)* Chrismation, anointing with Holy Chrism; **2.** *(обряд поставления, освящения монархов на царство)* sacring, consecration to office ◊ **он был миропомазан на царский престол** they anointed him tsar.

миротво́рец peacemaker, make-peace, pacificator.

миротво́рческий peacemaking.

миротво́рчество peacemaking ◊ **межрелигиозное м.** interreligious peacemaking; **христианское м.** Christian peacemaking.

мироточе́ние *(источение святого мира мощами святых угодников Божиих, напр. Николая Чудотворца, Дмитрия Солунского и др., иконами и др. святынями)* holy ointment shedding.

мироточе́ц *(святой, мощи к-рого источали/источают миро)* a saint whose relics shed holy ointment, shedder of holy ointment.

мирото́чивый *сущ. см.* **мирото́чец**.

мирохрани́тельница *см.* **ми́рница**.

ми́рра *см.* **сми́рна**.

мирско́й mundane, worldly, temporal; *(относящийся к мирянам)* laic(al), lay, secular ◊ **всё м.-е, суетное, земное, дольнее** the wordly, the earthly; temporal affairs, temporals.

мир, христиа́нский *преим. истор.* Christiandom, Christendom.

Миры́к *корейский см.* **Майтре́я**.

Ми́ры Лики́йские *библ. (гавань и главный город рим. провинции Ликия, где совершал своё епископское служение свт. Николай)* Myra, a city of Lycia.

миря́не *(рядовые верующие, часть прихожан, к-рые принимают молитвенное участие в совершении богослужения; м. могут тж совершать богослужения, приведённые в часослове и, в крайнем случае, совершать погружение при крещении)* the laity, laypeople, *устар.* the temporal(i)ty ◊ **обучение мирян** lay training.

миря́нин *(см. тж* **миря́не***)* layman, laic ◊ **м., помогающий в богослужении** *англик.* clerk [lay, secular] vicar; **м., проводящий богослужение** *англик. (без совершения обрядов, связанных с таинствами)* (lay) reader; **принадлежность м.-а к (какой-л.) церкви** *(только в качестве м.-а)* lay communion.

Миса́ил *библ. (один из трёх спутников Даниила в плену у царя Вавилонского)* Misael.

Миса́х *см.* **Миса́ил**

Ми́сия *библ. (местность на северо-западе Малой Азии)* Mysia.

миснагди́м *см.* **митнагди́м**.

миснаге́д *см.* **митнаге́д**.

Мисрефо́ф-Ма́им *библ. (местность на берегу Средиземного моря)* Misrephoth-maim.

мисса́л *катол. (книга, содержащая тексты для проведения мессы, а тж песнопения, благословения, молитвы на все дни года)* missal, the Mass book.

миссионе́р *(представитель какой-л. религии, специально подготовленный и посланный для распространения этой религии среди иноверцев своей или др. страны)* (church) missionary, *сокр.* c.m., evangelist, missioner; *(профессионально подготовленный)* ministry specialist ◊ **группа м.-ов** mission team; **дом м.-а** mission; **катол. м., посланный по поручению Папы Римского** missionary apostolic; **русские православные м.-ы** the Russian Orthodox Church missionaries; **фанатичные м.-ы** phrenetic missionaries.

миссионе́рский missionary, *(относящийся к миссионерской организации, центру евангелизации)* mission ◊ **вести [проводить] м.-ую работу** to mission(ize), to do missionary work (among), to missionary, to carry on missionary work (with); **м.-ая деятельность** missionary activities [work]; **м.-ая деятельность церкви** the missionary activity of the Church; **м. коллектив**

миссионе́рский

mission team; **м. сове́т** *(внутри церкви)* mission board; **посыла́ть на м.-ую рабо́ту** to mission.

миссионе́рство *(распространение религ. организациями своего вероучения среди иноверцев своей или др. страны)* missionary work, missionary outreach.

ми́ссия I *(миссионерская организация; церк. центр, создаваемый для евангелизации населения нехрист. стран)* mission, ministry ◊ **м. за рубежо́м, зарубе́жная м.** foreign mission; **по́ле [сфе́ра] практи́ческой де́ятельности м.-и** mission field; **помеще́ние, где располага́ется м.** mission; **Ру́сская духо́вная м.** *(в Иерусалиме)* the Russian Orthodox Mission *(in Jerusalem)*; **шко́ла при м.-и** mission school.

ми́ссия II *(миссионерская деятельность; в мировых религиях – привлечение единоверцев среди иноверцев и неверующих; в совр. смысле слова м. появляется только в 17 в.; ранее деятельность провозвестников христ. веры называлась "возвещение веры" <'apostolatus' or 'propagatio fidei'>; первыми миссионерами были апостолы, т.е. "посланцы", от к-рых Иисус требовал идти в мир в поисках учеников)* mission, missionary enterprise, the propagation of the Christian faith among non-Christian people ◊ **кратосро́чная м.** *(приезд миссионера на миссионерское поле на срок от месяца до двух лет – часто для того, чтобы понять, призывает ли его Бог стать миссионером)* short-term mission.

Ми́ссия "Ева́нгельский сою́з" the Evangelical Alliance Mission, *сокр.* EAM.

"Ми́ссия Рамакри́шны" *(религ.-общественная организация, создана в 1897 Свами Вивеканандой; штаб-квартира в г. Белуре под Калькуттой)* the Ramakrishna Mission.

Миссури́йский сино́д *(лютеранское объединение, образовалось в 1847, включает в себя ряд синодов, к-рые вошли в состав Лютеранской церкви в Америке и Американской лютеранской церкви)* the Missouri Synod.

мистаго́г *(толкователь церк. таинств и обрядов)* mystagog(ue).

мистаго́гия *(толкование церк. таинства и обрядов)* mystagogy ◊ **относя́щийся к м.-и и к толкова́телям таи́нств** mystagogic(al).

мисте́рии *истор.* **1.** *(тайные культовые обряды в религиях античного мира; к участию в м.-ях допускались лишь посвящённые [мисты] <mystai>, и разглашение тайн богослужения жестоко каралось)* mysteries, *сокр.* myst ◊ **элевси́нские м.** *(наиболее ранние древнегреч. м., к-рые совершались ежегодно в Аттике; имели аграрный характер)* the Eleusinian mysteries; **2.** *(спектакли на религ. сюжеты, разыгрывавшиеся горожанами стран Зап. Европы в 12-15 вв. на улицах и площадях)* mystery plays, miracle (plays) ◊ **библе́йская м.-я** Scriptural mystery play; **драмати́ческая м.-я** mystery drama; **"М.-я страсте́й"** *(мистерия, представляющая страсти Господни)* Passion play.

ми́стик *(1. тот, кто посвящён в тайны, в таинственные обряды; 2. в совр. культуре – тот, кто ищет истину в* **ми́стике 1.** *и отдаёт ей предпочтение перед разумом)* mystic, visionery ◊ **труды́ средневеко́вых христ. м-ов** the writings of medieval Christian mystics.

ми́стика 1. *(вера в Божественное, в таинственный, сверхъестественный мир)* mysticism, *сокр.* myst.; **2.** *(в христ. традиции – опыт богопознания, непосредственного общения с Богом и восприятия Его Слова; в церк.*

Митрополит

лит-ре слово *"м."* равнозначно слову *"таинство" и обычно им заменяется)* the mystical experience; *(в истолковании Священного Писания)* anagoge, the mystical interpretation of Scriptures.

мистици́зм *(общее наименование учений, призывающих искать истину в духовном опыте встреч с Высшим, минуя разум)* mysticism.

мисти́ческий mystic(al), *сокр.* myst., anagogic(al), orphic ◊ **м.-ое, духовное значение** *(особ. библ. текста)* anagoge; **м.-ое качество** mysticity, mystic quality; **м.-е обряды и церемонии** mystic rites and ceremonies; **м.-ая сила** anagogical power.

Митили́на *библ. (главный город острова Лесбос в Эгейском море)* Mitylene.

митнагди́м *мн.ч. (иврит "протестующие"; истор. название ортодоксальных иудеев, противников хасидизма в Литве; когда в 18 в. появился* **хасиди́зм**, *не все ортодоксальные евреи его приняли, считая его искажением и упрощением иудаизма; многих возмутило, что хасиды ставят религ. чувство выше изучения Торы, а тж свободно трактуют многие заповеди; произошёл раскол, и лидер* **м.**, *Виленский гаон, раввин Элия бен Шлойме-Залман (1720-97)* <Elijah ben Solomon Zalman, the gaon of Vilna> *добился* **хере́ма** *в отношении хасидов в 1781 и 1796)* the Mitnag(ge)dim, the Misnagdim.

митнаге́д *ед. ч. (см.* **митнагди́м**) Mitnagged, Misnagid.

Митра́ *(верховный бог ведического пантеона)* Mitra.

ми́тра *(позолоченный головной убор, часть облачения высшего христ. духовенства; в православии носится во время богослужения архиереями: у них* **м.** *увенчана крестиком; ею тж награждаются архимандриты, протопресвитеры и протоиереи, к-рые именуются в таком случае* **митрофо́рными**)) mitre, miter, *правосл.* crown ◊ **м. епископа** *(в Зап. христ-ве) устар.* forked cap; **носящий м.-у** mit(e)red; **носящий м.-у аббат** *(к-рому Папа Римский пожаловал митру в виде особой награды)* mitered abbot; **пожаловать м.-у** *(возвести в сан еп.-а) катол.* to miter, to mitre; **увенчанный м.-ой** mit(e)red.

митрополи́т *(священнослужитель высшей степени церк. иерархии; с 4 в. титул* **м.-а** *присваивается еп.-ам митрополий – епархий, церк. округов, подчинённых митрополиту; в наст. время в РПЦ титул "м." является почётным званием, следующим после титула "патриарх"; отличительной частью облачения* **м.-а** *является белый клобук, на груди – панагия)* metropolitan (bishop), metropolite, the head of an ecclesiastical province ◊ *(обращение к нему)* **Ваше Высокопреосвященство** Your Eminence, Your Grace, **Владыко** Vladiko; **Его Блаженство архиеп. Вашингтонский, м. всей Америки и Канады** His Beatitude the Archbishop of Washington, the Metropolitan of all America and Canada; **Его Блаженство м. Варшавский и всей Польши** His Beatitude the Metropolitan of Warsaw and all Poland; **Его Блаженство м. Пражский и всей Чехии** His Beatitude the Metropolitan of Prague and all Czechia; **м. Крутицкий и Коломенский** the Metropolitan of Krutitsy and Kolomna; **м. Санкт-Петербургский и Новгородский** the Metropolitan of St. Petersburg and Novgorod.

"Митрополи́т Алекси́й с житие́м" *(икона)* the Hagiographical icon of the Metropolitan Alexis.

митрополи́чий metropolitan ◊ **м. кафедра́льный собо́р** metropolitan cathedral; **м.-ьи поко́и** the Metropolitan's palace; **перенести́ м.-ью ка́федру из Влади́мира в Москву́** to transfer the Metropolitan's seat from Vladimir to Moscow.

митрополи́чий о́круг см. **митропо́лия**.

Митропо́лия *(см. Правосла́вная це́рковь в Аме́рике (ПЦА))* the Metropolia.

митропо́лия *(епархия, церк. округ, подчинённый митрополиту)* metropolitanate, metropolitan see, province ◊ **гла́вный [кафедра́льный] го́род епа́рхии, церк. о́круга, подчинённый митрополи́ту** metropole, metropolis.

Митрофа́н Константино́польский, свт., птрх. *(ум. 326; д. п. 4/17 июня)* St. Metrophanes, Patriarch of Constantinople.

митрофо́рный *(имеющий право на ношение ми́тры)* mit(e)red, entitled to wear a miter ◊ **м. протоире́й** mit(e)red archpriest.

миф *(повествование о богах, героях, демонах, духах и пр., отражающее фантастические представления людей о мире, природе и человеческом бытии)* myth ◊ **м.-ы** mythical literature; **антропоге́нные [антропогони́ческие] м.-ы** anthropogenic myths; **астра́льные м.-ы** astral myths; **занима́ться иссле́дованием м.-ов** to mythologize; **создава́ть м.** to mythicize; **соля́рные м.-ы** solar myths; **теогони́ческие м.-ы** theogonic myths; **эсхатологи́чесие м.-ы** eschatological myths; **этиологи́ческие м.-ы** etiological myths.

мифо́лог *(учёный, изучающий мифологию)* mythologist.

мифологе́ма *(понятие, употребляемое в религиоведении для выражения основной идеи мифа)* mythologema.

мифологи́ческий mythologic(al).

мифоло́гия 1. *(совокупность мифов)* mythology, сокр. myth.; **2.** *(наука, раскрывающая сущность мифа и описывающая многообразие мифических феноменов)* mythogony.

Мифреда́т *библ. (персидское муж. имя)* Mithredath.

Ми́ха *библ. (муж. имя)* Micah.

Михаи́л *библ. (помимо Рафаила и Гавриила единственный ангел, называемый по имени в канонических книгах Ветхого Завета; М. выступает ангелом-хранителем Израиля, а затем – церкви; в "Откровении Иоанна Богослова" М. во главе ангелов низвергает Сатану с неба)* Michael ◊ **арха́нгел М., М.-Арха́нгел** the Archangel Michael; **"А. Михаи́л, лора́тный"** *(икона; от слова "лор" – широкая лента, обвивающая фигуру)* The Archangel Michael with a liripipe over his dress; **"А. Михаи́л с во́инством"** *(иконографическая композиция)* The Archangel Michael with His Host; **"Чу́до арха́нгела М.-а в Хо́нех"** *(иконографическая композиция)* The Miracle of the Archangel Michael at Chonae.

Михаи́л, Гаврии́л и Рафаи́л, свв. арха́нгелы *(катол. офиц. праздник 29 сентября; см. тж Миха́йлов день)* Sts. Michael, Gabriel and Rafael, Archangels.

Михаи́л Испове́дник, еп. Сина́дский *(ум. 821; д. п. 23 мая / 5 июня)* Michael, Bp. of Synnada at Phrygia.

Михаи́л Керула́рий *(птрх. Константинопольский в период с 1043 по 1058)* Michael Cerularius.

Михаи́л Пселл *(ок. 1019-78; византийский философ, писатель, историк, богослов и государственный деятель)* Psellos [Psellus], Michael.

Михаи́л Черни́говский, св. благове́рный князь и боя́рин его Фео́дор *(погибли в стане Батыя в 1245, д. п. 20 сентября / 3 октября)* St. and the most Orthodox duke Michael of Chernigov and his noble Theodore.

Миха́йлов день *(правосл. – 8/21 ноября, катол. – 29 сентября)* Michaelmas (Day).

Михе́й I *библ. (8 в. до н. э.; шестой из двенадцати малых пророков в Южном царстве Иудея; д. п. 14/27 августа)* Micah ◊ **Книга пророка М.-я** *библ.* (The Book of) Micah.

Михе́й II *библ. (сын Иемвлая, пророк в Северном царстве Израиль во времена царя Ахава; д. п. 5/18 января, катол. – 15 января)* Micaiah.

михра́б *араб. (ниша в стене мечети, обращённой к Мекке, украшенная текстами из Корана)* mihrab.

ми́цва *иврит (в иудаизме – религ. долг, благое дело; заповедь, закон, данный Богом людям)* mitzvah, mitsvah.

мицво́т *мн. ч. (см. тж* **ми́цва***)* mitzvoth, mitsvoth ◊ **613 м.** *см.* **за́поведь - 613 з.-ей**.

Ми́шна *иврит (древнейшая основная часть Талмуда; собрание первоначально изустных еврейских религ. правил и предписаний)* the Mishna(h) ◊ **относящийся к М.-е** Mishn(a)ic, Mishnical.

Ми́шна То́ра *(кодекс законов* **Маймони́да** *<Maimonides's code of Jewish law>)* the Mishnah Torah, *иврит* Ha-Yad ha-Khazakah.

Ми́шне *см.* **Ми́шна**.

младе́нец во Христе́ *(новообращённый)* babe in Christ.

Младе́нец Христо́с Christ child, the child Jesus, the infant (Jesus) Christ; *(в изобразительном иск-ве)* bambino ◊ **Боже́ственный М.** the Divine Child, Infant God.

Младе́нцы Вифлее́мские, свв. мчч. *(д. п. 29 декабря / 11 января, катол. – 28 декабря)* Holy Innocents, Ms.

младе́нчество Христа́ the early infancy of Christ; *(в изобразительном иск-ве)* the Nativity.

Мнасо́н *библ. (христианин-киприот, давший пристанище ап. Павлу)* Mnason.

мних *(монах)* monk.

"мно́гая ле́та" *(пожелание долголетней жизни, благополучия)* wishes for long life, ardent good wishes ◊ **возглаша́ть** *кому-л.* **"м. л."** to proclaim *smb.* wishes for long life.

"Мно́гая ле́та, Влады́ко" *(приветствие, к-рое поётся еп.-у)* Many years, Your Eminence.

многоблагоутро́бный *(весьма милосердный)* very merciful.

многобо́жие *см.* **политеи́зм**.

многобо́жник *см.* **политеи́ст**.

многоглаго́ливый *(велеречивый)* magnoloquent.

многожёнство polygamy; *(особ. практиковавшееся у мормонов)* plural marriage.

многоле́тие *(провозглашение слов* **"мно́гая ле́та"** *как завершение торжественного богослужения, венчания)* expression of wishes for long life.

многоле́тствование *см.* **многоле́тие**.

многома́слие *см.* **полиеле́й**.

Моа́в *библ. (праотец названных по его имени моавитян, родившийся от кровосмешения между Лотом и его старшей дочерью)* Moab.

Мо́ген До́вид *см.* **звезда́ Дави́да**.

моги́ла grave, sepulchre, tomb, *(особ. в катакомбах)* cubiculum ◊ **чудотворе́ния совершались на его м.-е** или **у его м.-ы** miracles occurred at his grave.

Моги́ла, Петр *(1-я пол. 17 в.; митрополит Киевский, правосл. богослов)* Mogilas, Peter ◊ *(его сочинение)* "**Катехизис**" The Orthodox Confession.

Мода́д и Елда́д *библ. (старейшины-прорицатели)* Medad and Eldad.

модали́сты *истор. (последователи еретического учения 3 в.; ересь осуждена в 261 на Александрийском соборе)* the modalists.

модерни́зм *(движение, возникшее в кон. 19 - нач. 20 вв. среди катол. богословов и части интеллигенции, к-рые пытались привести вероучение в соответствие с достижениями совр. науки)* Modernism.

Моде́ст Неизве́стный, св. мч. *(ум. 289, д. п. 15/28 июня)* St. Modestus, M.

моджахи́д *см.* **муджахи́д**.

Модоа́льд Три́рский, еп. *(ум. ок. 640; катол. св., д. п. 13 февраля)* St. Modoalds, Bp. of Trier.

мозара́бы *(христиане в мусульманской Испании, к-рые приняли араб. язык и обычаи арабов, пришедших в Испанию в 8 в.; до 12 в. сохраняли восточную литургию и христ. обряды)* the Mozarabs, the Muzarabs ◊ **литургия м.-ов** the Mozarabic [Gothic, Hispano-Gallican, Toledan, Isidorian] liturgy.

мозе́тта *(короткая накидка с капюшоном; облачение катол. прелатов)* moz(z)etta.

Моисе́ев *библ.* Mosaic ◊ **М. закон** *см.* **Пятикни́жие**; **М.-ы законы** the Mosaic law; **по М.-у закону** under the Mosaic dispensation, according to the old [Mosaic] dispensation, in accordance with the law of Moses.

Моисе́й *библ. (1576-1456 до н. э.; вождь израильского народа во время странствования по пустыне, выведший его из рабства в Египте к самостоятельности; почитается как великий пророк и законодатель израильтян; основатель религии Яхве и создатель союза еврейских племён)* Moses ◊ "**Вручение М.-ю скрижалей**" *(икона)* Moses Receiving the Tables of the Law; "**Иссечение воды М.-ем**" *(икона)* Moses Striking the Rock; **Пророк Боговидец М.** *(д. п. 4/17 сентября)* St. Moses, Prophet and Patriarch.

Моисе́й Му́рин, прп. *(ок. 444; д. п. 28 августа / 10 сентября)* Venerable Moses, an African Negro of Abyssinia styled the "Ethiopian Hermit".

Мо́кий, сщмч. *(ум. 295; пострадал при Диоклетиане; д. п. 11/24 мая, катол. – 13 мая)* St. Mucius [Mocius], pr.-m.

мо́кша *(в* **индуи́зме** *и* **буддизме** *– освобождение души от всякой изменчивости, страданий и превратного бытия, последовательности рождений и смертей в* **санса́ре***)* moksha.

моле́бен *(церк. богослужение, совершаемое или как благодарственное, в к-ром верующие просят о чем-л. Иисуса Христа, Богородицу или какого-л. святого, или в бедственных случаях – войны, засухи и т. п.; совершение* **м.-на** *может происходить в храме, в доме, при освящении посевов – на поле и т. п.;* **м.** *всегда является коллективным и возглавляется священником)* prayer service, moleben, public supplicatory [public thanksgiving] worship,

молитва

public supplicatory [public thanksgiving] prayers, rogation ◊ **отслужить благодарственный м.** to hold a thanksgiving service, to hold a moleben.

Молебственное воскресенье *англик., катол. (5-ое воскресенье после Пасхи)* the Rogation Sunday.

Молебственные дни *англик., катол. (три дня перед Вознесением)* the Rogation days, rogations.

молебствие *см.* **молебен**.

молебствие на открытом воздухе *(у протестантов и др. деноминаций)* field meeting.

молебствовать to say moleben, to conduct prayer service.

молельня *(помещение для религ. собраний, для религ. службы, к-рое используется за неимением церкви)* meetinghouse, *катол. (не имеющая статуса церкви)* chapel, oratory.

молельщик *(молящийся)* supplicant, one who prays.

моление 1. *(действие, сопровождающееся чтением или пением молитв)* act of praying, prayer ◊ *(в Зап. христ-ве)* **м., совершаемое по определённому чину в определённое время** *(священнослужителями и монахами)* (divine) office; **2.** *(мольба, страстная просьба)* entreaty, supplication, intercession ◊ **м. за Церковь** intercession for the Church; **прилежное м.** fervent supplication.

Молина, Луис *(1535-1600; испан. богослов-иезуит)* Molina, Luis.

Молинос, Мигель *(1627-97; испан. мистик и богослов, основатель* **квиетизма**; *в сочинении "Духовник"* <The Spiritual Guide, *лат.* Guida spirituale>, *он рекомендовал чистую любовь к Богу и непосредственное созерцание Его вместе с полным самоотречением как истинный путь к спасению и спокойствию души)* Molinos, Miguel de.

молитва *(канонический словесный текст, произносимый верующими при обращении к Богу; самый "низкий" вид* **м.-ы** *– прошение, более высокий – благодарение, высший – хвала)* prayer, supplication (addressed to God), petition (to the Supreme Being), intercession; *(обращение, взывание к Богу)* invocation, invocatory prayer; *устар.* bede; *(поэтическое)* orison; *катол. (короткая, выражающая вероисповедание, любовь к Богу, раскаяние за грех)* Act ◊ **безмолвная м.** mental [tacit] prayer, secret(a); **благодарственная м.** thanksgiving prayer; **вечерняя м.** evening devotion; **внутренняя м.** *см.* **безмолвная м.**; **во время м.-ы** in *one's* devotional hours; **вступительная м.** *катол.* Collect, *лат.* (Oratio) Collecta; **действенность м.-ы** efficacy of prayer; **евхаристическая м.** the eucharistic prayer; **его м.-ы были услышаны** his prayer was heard [answered]; **ежедневные канонические м.-ы** breviary; **запричастная м.** the Postcommunion; **заупокойная м.** *катол.* requiem; **Иисусова м.** *("Господи Иисусе Христе, Сыне Божий, помилуй мя (грешного)"* <'Lord Jesus Christ, Son of God, have mercy upon me'>) the Jesus Prayer, the prayer of the Heart; **исповедальная м.** *(произносимая в начале мессы священником, отправляющим службу, и причётниками) англик., катол.* confiteor; **личные м.-ы** devotions; **м. Благодарения** the eucharistic prayer; **м. верных** *катол.* the Prayer of the Faithful, *лат.* seu Oratio fidelium; **м. входа** the prayer of the entrance; **м. Господня** *("Отче наш", у католиков – см. "Патер ностер") (главная м. всех христиан, в ней представлены все три вида* **м.-ы**, *учтены все существенные духовные и телесные нужды чело-*

моли́тва

века; содержится в Ев. от Матфея 6:9-13 и в Ев. от Луки 11:2-4) the Lord's Prayer; **м. Господу Богу** (обращённая к Иисусу Христу или сконцентрированная на нём) the Christocentric prayer; **м. Господу Иисусу** см. **Иисусова м.**; **м. Ефрема Сирина** (покаянная молитва "Господи и Владыко животу моему ..." <'O Lord and Master of my life!'>, составленная в 4 в. прп. Ефремом Сириным [Сирийцем]; читается на богослужениях Великого поста) the Prayer of St. Ephraim; **м.** или **за здравствующих [о здравии]**, или **за усопших [об упокоении]** катол. the Memento; (читаемая нараспев об упокоении) requiem; **м. иерея о самом себе** (читается во время пения Херувимской песни) the prayer of the priest for himself; **м. иная** another prayer; **м.** или **короткое предложение** (обычно из Псалтири), **поющиеся антифонально во время богослужения** (т.е. к-рое имеет отве́тствие хора или верующих) versicle; **м. к Пресвятой Богородице** катол. Angelus; **м., обращённая к небу** a heavenward prayer; **м. о чём-л.** prayer requests; **м. перед едой и после еды** benediction, grace; **м. после исповеди** the prayer of absolution; **м., произнесённая** катол. **священником тихо перед вступлением к евхаристическому канону** the Secret(a); **м.-протест** (собрание верующих в знак протеста обычно в здании церкви, напр. во время войны США во Вьетнаме) амер. pray-in; **м. ходатайства** the prayer of intercession; **м., читаемая в определённый день** или **праздник** the proper prayer, the Prayer of the Day; **м., читаемая вслух** vocal prayer; **м.-ы, читаемые священником, ведущим богослужение** (от лица всего собрания) протест. presidential prayers; **непрестанная м.** incessant prayer; **общая м.** см. **совместная м.**; **общая м. перед проповедью** (о Церкви, государе, священстве, знати, простых людях, а тж умерших в соответствии с англик. каноном 55, установленным в 1604) bidding prayer; **общая м. церкви** ecclesial prayer; **покаянная м., м. о прощении грехов** prayer for [of] absolution; **поминальная м.** см. **заупокойная м.**; **призвать к м.-е** протест. (вслух, когда остальные молятся про себя) to lead in prayer; **произносить м.** to recite a prayer; **просительная м.** pleading prayer, petition, катол. (просительная м. [литания], читаемая на мессе в конце литургии Слова, после Символа веры; содержит прошения о Церкви, о властях, о спасении мира и др.) the General intercessions; **прочитать м. усопшему** to say a requiem; **разрешительная м., м. об избавлении** (молитва, читаемая священником или архиереем в конце отпевания; в ней он просит Бога разрешить умершего от соделанных при жизни грехов; в РПЦ по древней традиции в руку умершего вкладывается лист с текстом **р.-ой м.-ы**; этот лист называется рукописанием) prayer of deliverence, катол. absolution, prayer of absolution; **совместная м.** (общины, церкви, прихожан) communal prayer; **тайная м.** (священника перед закрытыми царскими вратами во время богослужения; когда он читает **м.-у** не вслух, а про себя или вполголоса) secret prayer; **торжествующая м.** (вызывающая ответ у молящихся) prevailing prayer; **уединённая м.** private devotion; **усиленная м.** more intensive prayer; **утренняя м.** morning devotion; **хвалебная м.** doxological prayer; **чёртова м.** (м., произнесённая с конца) devil's paternoster; **читать вечернюю** или **утреннюю м.-у** to say [recite] one's office; **эмоциональная м.**

(когда у молящихся происходит духовное соединение с Богом и "отключается" разум и т.п.) affective prayer.

"Моли́тва Аза́рии" *(неканонический отрывок из книги Даниила)* the Prayer of Azariah.

моли́тва, призыва́ющая Свято́го Ду́ха *см.* **епикле́сис**.

моли́твенная гру́ппа prayer cell, prayer group.

моли́твенная ме́льница *(в* ***ламаи́зме*** *– полый цилиндр длиной от нескольких сантиметров до нескольких метров, в к-рый закладываются молитвенные тексты; один оборот* ***м.-ой м.-ы*** *равнозначен прочтению всех текстов, в ней заключённых)* prayer wheel, prayer mill.

моли́твенник 1. *(богомолец)* (a man of) prayer ◊ **великие м.-и** the great men of prayer; **2.** *(книга – сборник молитв)* prayer-book, primer, book of devotions, religious book, prayer manual, *катол.* missal; *греч.* hagiasmateron, *(для мирян) правосл.* synopsis, *(карманный, средневековый)* portas(s), porthors, porthouse; *(для религ. процессий)* processional, processionary.

моли́твенное колесо́ *см.* **моли́твенная ме́льница**.

моли́твенное пра́вило *(1. у непротестантов – утренние и вечерние молитвы, читаемые верующими каждый день, а тж молитвы перед причастием; содержатся в молитвослове и часослове; 2. четыре канона, к-ые необходимо прочитать в течение дня каждому правосл. монаху)* the rule of prayer.

моли́твенное проше́ние supplication, supplicatory petition, obsecration.

моли́твенное собра́ние prayer meeting ◊ **м. с. квакеров** Quaker meeting.

моли́твенность prayerfulness.

моли́твенные ремни́ *библ. (ремни с двумя капсулами, к-рые содержали в себе текст повеления Господа о надевании* ***м.-х р.-ей****; иудеи при свершении утренней молитвы, кроме субботы и воскресенья, надевали их на голову и руку; у совр. иудеев –* ***тфи́л(л)ин****, тж* ***филакте́рии****)* tephillin, tefilin.

моли́твенный prayerful, devotional.

моли́твенный дом meetinghouse, prayer house, the house of God, the house of prayer, the house of worship, *(особ. у методистов)* preaching-house; *(церковь на юге США)* church house ◊ **ходить по воскресеньям в м. д.** to attend meetings on Sunday.

моли́твенный зал *протест. (в память о ком-л.)* memorial chapel.

моли́твенный ко́врик *см.* **ко́врик, моли́твенный**.

моли́твенный флаг *(у ламаистских буддистов – полотнище с написанными на нём молитвами)* prayer flag.

молитвома́слие *см.* **елеосвяще́ние**.

молитвосло́в *(книга, относящаяся к частному богослужению и содержащая утренние и вечерние молитвы, читаемые верующими каждый день, молитвы ко святому причащению, благодарственные молитвы по святом причащении; может тж содержать молитвословия из богослужений, покаянный канон, акафисты и каноны Иисусу Христу, Пресвятой Богородице, ангелу-хранителю и др.)* the book of prayer, *греч.* euchologion ◊ **Большой иерейский м.** the Great Euchologion.

молитвосло́вие personal prayer, devotion.

молить to pray (for), to plead (with), to invoke, to supplicate, to obsecrate ◊ **м. Бога о благословении** to invoke God's blessing; **м. о защите** to invoke protection; **фермеры молили о дожде** the farmers prayed for rain.

молиться to pray (for), to say [offer up] prayers (for), to be at *one's* devotions, *(особ. в церкви)* to worship, *(в синагоге)* to daven; *(о чём-л. или о ком-л.)* to be in prayer for *smth.* or *smb.* ◊ **м. Богу** to pray (un)to God; **м. в соответствии со своими убеждениями [со своей верой]** to worship according to *one's* lights; **горячо м.** to wrestle with God; **м. за (души) усопших** to pray for the souls of the departed; **молитесь за нас** pray for us, *лат.* ora pro nobis, *сокр.* opn; **мы будем м. за королеву** we will pray for the Queen; **они молились на коленях** they knelt in prayer; **он молится Богу** he is saying his prayers.

"Молодёжь Христу" *(евангельская миссионерская организация)* the Youth for Christ.

молокане *(течение в духовном христ-ве, к-рое оформилось в 1760-70 и усиленно распространилось в нач. 19 в.; м. отвергали духовенство, монашество, храмы, иконы, но почитали Библию)* the Molokans, the Molokani.

"Молот ведьм" *(средневековое руководство по борьбе с ведьмами, 1486) лат.* Malleus maleficarum.

Молох *библ. (финикийское божество солнца, к-рому во время службы приносили в жертву детей; перен. – социальный институт, процесс или идея, требующая кровавых жертв)* Moloch ◊ **скиния М.-а** the tabernacle of Moloch.

молчальник *(человек, давший обет постоянного молчания из религ. побуждений; в Западной церкви обет непрерывного молчания, кроме исповеди, существует в ордене картузианцев)* one who has taken a vow of silence.

молчальница *жен. см.* **молчальник**.

мольба entreaty, obsecration; *(к Богу о помощи, о благословении и т.п.)* supplication, *(страстная)* fervent supplication.

мольбище *(место для отправления ритуалов у язычников)* pagan place of prayer and sacrifice.

молящаяся за другого *(напр. за благодетеля)* beadswoman.

молящиеся *(в церкви)* congregation.

молящийся suppli(c)ant; *(прихожанин)* worshipper, *редко* precant ◊ **м. особ. за другого** beadsman, bedesman; **церковь была переполнена молящимися** the church was full of worshippers.

Моммелен, еп. *(ум. ок. 686, катол. св., д. п. 16 октября)* St. Mommolinus, Bp.

монархиане *(христ. еретики во 2-3 вв.; тж* **антитринитарии***)* the Monarchians, the Monarchianists ◊ **м.-динамисты** *(м., к-рые отвергали ипостасное бытие Логоса и во Христе признавали человека, в к-ром не воплотилось, а только действовало Божество)* the dynamic [dynamistic, humanitarian, rationalistic] Monarchianists; **м.-модалисты** *(м., к-рые во Христе видели самого Бога Отца, воплотившегося ради нашего спасения)* the modalists, the Modalistic Monarchians; **м.-патрипассианисты** *(модалисты, согласно к-рым Бог Отец принял на себя страдания)* the Patripassians.

монархианизм *(ересь 2-3 вв., отрицающая триединство в Боге и на этом основании – Божество Сына и Св. Духа)* Monarchianism ◊ **динамический м.** dynamic [dynamistic, humanitarian, rationalistic] Monarchianism; **модалистический м.** Modalistic Monarchianism, modalism.

монархиа́нский monarchian.
монархиа́нство *см.* **монархиани́зм.**
монархома́хи *(сторонники революционных учений, оправдывающих во имя интересов церкви народное восстание и даже убийство монархов; в более узком смысле слова* **м.-ами** *называются политические писатели как протест., так и катол. исповедания, выступавшие со своими политическими взглядами в эпоху религ. войн 2-й пол. 15 в.)* monarchomachists.
монасты́рская кни́га за́писей chartulary.
монасты́рский monastic, conventual, cloistral, monac(h)al, monasterial, cenobian, claustral, *редко* cloisteral ◊ **м. дво́рик** *англик., катол. (окружённый галереей)* (cloister) garth; **м.-ая жизнь** monastic life, the cloister; **м.-ая приёмная** parlatory; **м. устав** claustral rule.
Монасты́рский прика́з *истор. (образован Петром I в 1701)* the Monastery Department.
монасты́рь *(правосл., катол. или буддийские общины монахов или монахинь, принявшие единые правила коллективной жизни, с особой церковно-хозяйственной организацией, а тж соответствующее здание или комплекс зданий)* cloister, convent, religious house, *(тж мужской)* monastery, *сокр.* mon, *греч.* mandra; *(женский)* (nuns') convent, *(в Америке – редко)* nunnery; *(небольшой м., подчинённый аббатству)* priory; *(м. во главе с аббатом или аббатисой)* abbey; *(м. нищенствующего монашеского ордена)* friary; *истор.* fratry ◊ **буддийский м.** bonzery, *(в Бирме)* kyaung; **м., где монахи сохраняют значительную свободу, включая право иметь собственность** idiorrhythmic monastery; **женский и мужской м.** *истор. (в Зап. Европе)* a double monastery; **картезианский м.** charterhouse; **книга о м.-ях и монахах** monasticon; **ламаистский м.** lamasery; **небольшой м., подчинённый другому м.-ю** a dependant [succursal] monastery, succursal(e); **нештатный м.** *(не входящий в ведение еп.-а) истор., катол.* exempt monastery; **общежительный м.** coenobitic monastery; **огороженная территория, примыкающая к м.-ю** monastery's precincts; **отапливаемая комната в м.-е** calefactory; **пещерный м.** cave-monastery; **распустить м.** to dissolve a monastery; **скальный м.** cave-monastery; **"средостенные" м.-и** *истор. (на Руси, в к-рых вплоть до сер. 16 в. совместно обитали монахи и монахини, что было запрещено при Иване Грозном на Стоглавом соборе)* double monasteries; **удалиться [уйти] в м.** to retire to [go into] a monastery; **управлять м.-ём** to head a monastery; **Успенский мужской м.** *(под Одессой)* the Dormition Monastery.
монасты́рь св. Екатери́ны на горе́ Сина́й *см.* **Сина́йский монасты́рь св. Екатери́ны.**
мона́х *(человек, отказавшийся от мирской жизни ради служения Богу)* monk, monastic, religious, cloisterer, conventual, *(Восточного обряда, особ. живущий по уставу св. Василия Великого или иногда св. Антония)* caloyer; *(картезианский) итал.* certosa; *(буддийский)* Buddhist monk, talapoin, *(в Бирме)* yahan, poonghie, poong(h)ee ◊ **м. ангельского образа** *см.* **м. великой схимы**; **быть м.-ом** to be in monastic vows; **м. великой схимы** *правосл. (принимает обет отречения от мира и всего мирского)* monk having taken vows of great schema, *греч.* megaloschemos; **м., живущий в обители**

c(o)enobite; **м., исполняющий** *какое-л.* **послушание в монастыре** obedientiary; **м., к-рый ходит босиком** discalceate, *прил.* discalced; **м. малой схимы** *правосл. (принимает обет целомудрия, нестяжательства и послушания)* monk having taking vows of lesser schema, *греч.* microschemos; **м. нищенствующего ордена** friar, *сокр.* Fr, frate; **м.-и, носящие обувь** *прил.* calced; **странствующий м.** *катол.* itinerant monk, a wandering religious votary, religious mendicant, mendicant friar; *(в Индии, особ. сикх)* udasi.

монáх-антониáнец Anthonin, Antonine monk.

монáх-диáкон *см.* **иеродиáкон**.

монáх-доминикáнец *см.* **доминикáнец**.

Монáхини Богомáтери "Большáя Гóрница" *см.* **"Большáя Гóрница"**.

монáхиня *(см. тж* **монáх***)* nun, cloistress, sanctimonial, religious, religieuse, conventual, vestal ◊ **м., выполняющая** *какую-л.* **работу за пределами** out sister; **м., давшая обет** a professed nun; **м., не выходящая из монастыря** enclosed nun; **образцовая м.** a model religious; **она провела последние годы своей жизни м.-ей бенедиктинского ордена** she spent the last years of her life as a Benedictine oblate; **постричь в м.-и, принять в (жен.) монастырь** to admit to the veil; **м., принадлежавшая к ордену милосердия** Sister of Mercy; **расстричься** *(о женщине)***, уйти из (жен.) монастыря** to renounce the veil.

монáхиня августúнского óрдена Augustinian canoness; *(не имеющая собственности и полностью подчиняющаяся монастырскому уставу)* regular canoness; *(владеющая собственностью, но принявшая обет безбрачия и выполняющая послушание)* secular canoness.

монáхиня-экономка procuratrix, procuress.

монáх-свящéнник *см.* **иеромонáх**.

монáшенка *см.* **монáхиня**.

монáшеская шáпка *см.* **камилáвка**.

монáшеский monk's, monastic, monachal, monkish, conventual, cenobitic, cenobian, religious, *редко* friarly ◊ **м.-ая жизнь** the religious life, the cloister; **м.-е обеты** religious [monastic] vows; **м.-ое одеяние** *(обыкновенно чёрного цвета, должно непрестанно напоминать монаху о данных им обетах и располагать его к глубокому смирению)* habit (of a religious), religious habit, frock, confentual dress; **м. орден** religious order.

монáшество *(форма воплощения аскетического идеала, исторически сложившаяся в кон. 3 - нач. 4 вв. в Египте и Сирии; всецелое посвящение человеком своей жизни служению Вышнему – в молитве, аскезе, духовных упражнениях и труде, с обетами бедности, целомудрия и послушания церковной иерархии в лице старца, руководства монастыря или ордена, еп.-а и т.п.)* monasticism, monachism, monkhood, religion, the cowl; *(у женщин)* the veil ◊ **защитник [проповедник] м.-а** seclusionist; **принять м.** to take the (monastic) vows, to enter into religion; *(у женщин)* to take the veil.

монáшествовать *(о мужчине)* to be a monk, *(о женщине)* to be a nun.

монáшество общежúтельное *см.* **общежúтие монастырское**.

монáшествующий *см.* **монáх**.

монáший monk's.

монáшка *см.* **монáхиня**.

Монегóнда, затвóрница *(ум. ок. 570; катол. св., д. п. 2 июля)* St. Monegundis.
монергúзм *(богосл. доктрина, выдвинутая в нач. 7 в. в Византии императором Ираклием совместно с птрх. Сергием; признавая в Христе две природы – Божескую и человеческую, они заявляли, что его деяния вдохновлялись "одной энергией")* monergism.
Мóника, св. *(ок. 331-87; покровительница замужних женщин и образец христ. матери; катол. св., д. п. 27 августа)* St. Monica.
моногáмия см. **единобрáчие**.
моногрáмма *(сплетённые в виде вензеля начальные буквы имени, фамилии)* monogram ◊ **м. Иисуса Христа** *(образуется преим. из соединения двух начальных букв "Х" и "Р" греч. имени "Христос" или "I" и "Х")* Christogram, the monogram of Christ, the Christian [Chi-Rho] monogram, chrismon.
монодúческий *(об одноголосном церк. пении)* monodic(al).
монóдия *(одноголосное церк. пение; в Византии – византийское, на Руси – знаменное, на Западе – григорианское)* monody, homophony, unison.
монолатрúст *(сторонник* **монолáтрии***)* monolater, monolatrist.
монолатрúческий monolatrous.
монолáтрия *(в политеизме ограниченное поклонение одному богу при существовании и других богов; тж* **генотеúзм***)* monolatry.
монотеúзм *(религ. представление и учение о едином Боге, единобожие, противоположность* **политеúзму** *и* **пантеúзму***)* monotheism.
монотеúст *(последователь* **монотеúзма***)* monotheist.
монотеистúческий monotheistic(al).
монофелúт истор. *(последователь* **монофелúтства***)* Monothelite, Monothelete.
монофелúтство истор. *(христ. богословско-догматическое учение, возникшее в нач. 7 в. и утверждавшее, что Христос имел 2 разные сущности [естества] – Божественную и человеческую, но единую волю [Божественную энергию];* **м.** *осуждено церковью как еретическое учение в 680 на 7-м Вселенском соборе в Константинополе)* Monothelitism, Monotheletism.
монофизúт истор. *(последователь* **монофизúтства***)* Monophysite.
монофизúтский Monophysitic.
монофизúтство истор. *(христ. богословско-догматическое учение, возникшее в Византии в 5 в.; основателем его считают константинопольского архимандрита Евтихия Александрийского и Диоскара, к-рые учили, что Христу присуща одна природа – Божественная, а не две – Божественная и человеческая, как утверждали представители официального церк. православия;* **м.** *осуждено церковью как еретическое в 451 на 4-м Вселенском соборе в Халкидоне; тж* **евтихиáнство***)* Monophysitism.
монсеньóр *(титул высокопоставленных деятелей катол. церкви; употребляется при обращении к катол. еп.-у; тж почётный титул, даруемый Папой Римским заслуженному священнику)* monsignor, сокр. Monsig., Mgr., Msgr.
монстрáнц катол. *(сосуд или ковчег, в к-ром хранятся гостии или мощи)* monstrance, ostensorium, ostensory.
монстрá(н)ция см. **монстрáнц**.

Монтáн (христ. еретик 2 в., основатель **монтанúзма**) Montanus.

монтанúзм истор. (сектантское движение в первые века христ-ва, к-рое утверждало, что церковь состоит исключительно из совершенных и святых, и требовало извержения из церкви грешников и несовершенных) Montanism.

монтанúст истор. (последователь **монтанúзма**) Montanist, Priscillianist.

Монтекассúно (главный монастырь ордена бенедиктинцев, основанный св. Бенедиктом Нурсийским ок. 529; находится по дороге из Рима в Неаполь, между Аквино и Капуей, у развалин храма Аполлона; монастырь вырос в обширную обитель и явился могучим источником веры и знаний по всей Европе; Бенедикт и его сестра св. Схоластика Нурсийская похоронены в монастыре) Monte Cassino.

Мóнте Сáнто см. **Афóн**.

Монфокóн, Бернáр (1655-1741; франц. учёный-бенедиктинец, археолог и библиограф) Monfaucon, Bernard de.

Морáвские брáтья (религ. секта, возникшая в сер. 15 в., тж **Богéмские брáтья**) the Moravian [Bohemian] Brethren; (официальное название после 1722) the Renewed Church of the United Brethren, лат. Unitas Fratrum (см. тж **гернгýтеры**).

морáль 1. (нравственность) morality; (моральные принципы) morale, morals, moral principles ◊ **вера укрепляет м.** faith undergirds morale; 2. (нравственное учение, свод правил нравственности) morals, ethics ◊ **христ. м.** Christian ethics.

Морáнд, прп. (ум. ок. 1115; катол. св., д. п. 3 июня) St. Morand (of Alsace).

Морáсф см. **Морешéф-Геф**.

Мор, Гéнри (1614-87; англ. философ, профессор богословия и философии в Кембридже) More, Henry.

мóре Геннисарéтское см. **Галилéя, Геннисарéт**.

мóре, литóе из мéди см. **мéдное мóре**.

мóре Тивериáдское см. **Галилéя, Геннисарéт**.

Морешéф-Геф библ. (родина пророка Михея к юго-западу от Иерусалима) Moresheth-gath.

Мориá библ. (местность, где Авраам должен был на горе принести в жертву сына своего Исаака; позднейшая традиция отождествляет место жертвоприношения Исаака и Храмовую гору в Иерусалиме <the Temple Mount in Jerusalem>) Moriah.

морúски истор. (испан. мусульмане-мавры, принявшие крещение) the Moriscos.

мормонúзм (учение **мормóнов**) Mormonism.

мормóнский Mormonic.

мормóнство см. **мормонúзм**.

мормóны (члены религ. секты, основанной в 1830 в США; учение **м.-ов** основывается на "Книге Мормона", опубликованной основателем секты Дж. Смитом, к-рый в 1843 провозгласил многожёнство, официально отменённое в 1890; первоначально преследуемые **м.** переселились на запад США, где основали в 1848 г. Солт-Лейк-Сити; в 1896 заселённым **м.-ами** землям были предоставлены права штата, названного Ютой; **м.** – сторонники прогресса "амер. образа жизни", полагают, что грехопадение произошло по воле Божьей, а следовательно, главная причина бед не в нём, а в "восстании против закона прогресса"; в наст. время насчитывается 11 млн мормонов в 160 странах мира, в т.ч. в России) the Latter-day Saints, сокр. LDS, L.D.S., the Mormons, the Mormonites ◊ (официальное название Церкви мормонов <the Mormon Church>) **Церковь Иисуса Христа святых последнего дня** the Church of Jesus Christ of Latter-day Saints; **Мормонский храм** (центральное место поклонения м.-ов, находится в г. Солт-Лейк-Сити, шт. Юта, США) the Mormon Temple; (местный) **руководящий совет** (у мормонов, состоящий из трёх человек, президента и двух советников) the Presidency.

Моро́не, Джова́нни (1509-80; итал. кардинал и религ. деятель) Morone, Giovanni.

Мо́ррисон, Ро́берт (1782-1834; шотл. миссионер; был послан Лондонским библ. обществом <the London Missionary Society> в г. Кантон, Китай, для изучения китайского языка и для перевода Библии на китайский язык, что он и исполнил в 1810-18; он основал в Малакке англо-китайский колледж <an Anglo-Chinese College at Malacca>) Morrison, Robert.

Мор, То́мас см. **То́мас Мор, мч.**

моsaráбы см. **мозара́бы**.

Мо́сгейм, Иога́нн Ло́ренц (1694-1755; немец. лютеранский богослов и историк церкви) Mosheim, Johann Lorenz von.

Моско́вская духо́вная акаде́мия the Moscow ecclesiastical academy.

Моско́вская патриархи́я (1. высший орган управления РПЦ во главе с патриархом; 2. синоним РПЦ) the Moscow patriarchate.

Мосх, Иоа́нн см. **Иоа́нн Мосх**.

"мо́ту про́прио" ("по собственному побуждению"; постановление или решение Папы Римского, принятое по его собственному почину как личное волеизъявление) лат. motu proprio.

моулави́ (1. знаток мусульманского права в Индии; 2. "учитель" – обращение к учёному-мусульманину) moolvee, moolvi, maulvi, moulvi.

Мофа́ф см. **Мефаа́ф**.

Мофа́това Би́блия (перевод на совр. англ. язык шотл. теолога Дж. Моффата (1870-1944) <James Moffat> Нового Завета, 1913 и Ветхого Завета, 1924) the Moffat Bible.

мохаджёры см. **мухаджи́ры**.

Мохамма́д см. **Муха́ммад**.

моха́ррем см. **муха́ррам**.

Моше́ иврит (Моисей) Mosheh ◊ **М. Робейну [Мойше Рабейну]** ("Моше – великий наш") Moses our rabbi.

мощеви́к (крест или ларец, внутри к-рого находится одна или несколько частиц св. мощей) reliquary.

мощехрани́тельница reliquary, memoria.

мо́щи (останки святых, от к-рых творятся чудеса и к-рые являются объектом религ. поклонения) relics, устар. hallow, греч. leipsana ◊ **нетленные м.** incorruptible relics; **обретение м.-ей** invention [finding] of relics; **перенесение м.-ей** translation of relics; **св. м.** holy relics.

Мо́эд

Мо́эд *(иврит "Праздники"; одна из 6 основных частей* **Ми́шны** *— законы соблюдения субботы, праздников, постов)* Moed.

мо́эл *иврит (специалист, совершающий обряд обрезания)* mohel.

мудеха́р *(мусульманин, живший в стране, где правил христ. правитель, особ. в 8-11 вв., но сохранивший свои обычаи, религию)* Mudejar.

муджахе́д *см.* **муджахи́д.**

муджахи́д *(в мусульманских странах этим титулом награждаются при жизни или посмертно люди, принимающие активное участие в общественно-политических движениях или внесшие большой вклад в развитие исламского государства;* **м.-ами** *называют себя члены нек-рых религ.-политических организаций и военизированных группировок, придерживающихся часто различных идеологических установок и политических целей)* Mujahidin.

муджтахи́д *(мусульманский богослов, достигший высшей ступени знаний в юридических и богосл. науках, обладающий прерогативой самостоятельного суждения по вопросам исламской догматики, права, морали)* mujtahid.

Му́ди, Дуа́йт *(1837-99; амер. евангелический проповедник; основал семинарии для юношей и девушек и Институт Библии <the Bible Institute>, 1899 в Чикаго; выступал за углублённое изучение Библии; стоял во главе "Движения святости" <the Holiness Movement>)* Moody, Dwight Lyman ◊ **Библейский институт им. Дуайта М.** the Moody Bible Institute.

мудра́ *(1. символические жесты рук, положения ладоней и пальцев в изображениях Будды; 2. индийские ритуальные движения тела, главным образом рук и пальцев во время исполнения танца)* mudra.

му́дрость *(искусство жить согласно обретённому смыслу; способность ставить любое знание в связь с общим смыслом бытия, с достоинством, призванием и назначением человека, с духовно-нравственными основами его мысли и жизни)* wisdom ◊ **неиссякаемая м.** infinite wisdom.

муж *(мужчина в зрелом возрасте)* ◊ **ветхозаветные мужи** the Old Testament men.

муж крове́й *библ. (кровожадный)* the bloody one.

муж моли́твы *(тот, кто постоянно предаётся молитве, чья молитва имеет особую силу)* prayer.

Муж скорбе́й *(Иисус Христос)* the Man of Sorrows.

му́зыка, духо́вная *(тж церковная; важная составляющая христ. богослужения и быта; различают инструментальную музыку <колокола, органы, иные муз. инструменты на Западе и в древних церквах, ударные инструменты у африканских христиан и протестантов> и церк. пение)* sacred [church] music.

музыка́льные ору́дия *библ. (муз. инструменты)* instruments.

му́ка torture, torment, pangs ◊ **адские м.-и** the tortures of the damned, *библ.* fire and brimstone; **хождение по м.-м** purgatory; **м. Христова** *(перед распятием)* Christ's Agony.

му́ки, ве́чные perdition, *библ.* everlasting punishment; *(вечное осуждение)* eternal damnation ◊ **обрекать на вечные м.** to consign to perdition.

му́кти *(см.* **мо́кша)** mukti.

Муламадхья́мака-ка́рика *(санскрит "Коренные строфы о Срединности" <The Root Verses on the Middle Way>; основополагающий трактат махаянской школы **мадхьями́ка**, созданный во 2 в. **Нагарджу́ной**)* the Mulamadhyamaka-karika.

мулла́ *араб. (мусульманский священник, проповедник, учёный-богослов)* mulla(h), alfaqui(n).

му́мбар *см.* **ми́мбар**.

му́мин *араб. (верующий, правоверный; согласно раннемусульманским представлениям, человек, принимая ислам, становится **мусли́мом** и лишь затем, когда по-настоящему уверует, получает название **м.-а**)* mumin.

мунафику́н *(араб. – лицемеры; часть жителей Ясриба <Медины>, к-рые, приняв ислам и признав Мухаммада посланником Аллаха, затем, опасаясь усиления его влияния, начали плести интриги против него; в Коране много осуждений и проклятий в адрес **м.**)* the munafiqun.

му́нбар *см.* **ми́мбар**.

муни́сты *(последователи учения **Му́на**)* the Moonies.

Мунка́р *(имя одного из ангелов в исламе)* Munkar ◊ **М. и Наки́р** *(по представлениям мусульман, два ангела, посещающие мёртвых в могиле и проверяющие их на верность пророку Мухаммаду)* Munkar and Nakir.

Мун, Сан Мюн *(родился в 1920; глава совр. секты, основанной в Корее в 1954; официальное название – "Церковь Объединения <the Unification Church>, неофициальное – **муни́сты**; учение основано на книге М.-а "Божественный принцип" <The Divine Principle> и сочетает догматы христ-ва, буддизма, конфуцианства и даосизма)* Moon, Sun Myung.

Мун, Сон Мён *см.* **Мун, Сан Мюн**.

Мурато́ри, Лодо́вико Анто́нио *(1672-1750; итал. церк. историк, историограф, библиотекарь Миланской библиотеки, издатель)* Muratori, Lodovico Antonio.

мури́д *см.* **мюри́д**.

Мури́льо, Бартоломе́ Эстеба́н *(1618-82; испан. живописец эпохи барокко; автор многочисленных полотен на религ. темы)* Murillo, Bartolome Esteban.

му́рин *(эфиоп, чернокожий)* an African negro of Abyssinia.

Му́ромская ико́на Бо́жией Ма́тери *(икона принесена из г. Киева в г. Муром св. князем Константином Муромским в нач. 12 в.; после упразднения епископской кафедры в г. Муроме и учреждения в 1291 епископской кафедры в г. Рязани икона была перенесена в Рязань; празднование 12/25 апреля)* the Murom icon of the Mother of God.

Му́ромский Свя́то-Тро́ицкий Новоде́вичий же́нский монасты́рь *(г. Муром Владимирской обл.)* the Murom New-Maidens Convent of the Holy Trinity.

му́рти *(в индуизме – лик, знак, образ божества в храме)* murti.

Му́руган *(бог охоты, войны, любви у тамилов; в развитом индуизме **М.** сливается со Скандой <Skanda-Kumara> и становится сыном Шивы)* Murukan.

му́са *см.* **губа́ антими́нсная**.

муса́ф *(дополнительное богослужение в иудаизме)* musaf.

мусли́м *(мусульманин)* Muslim, Moslem, Muslem.

мусу́би *(созидательная сила в синтоизме)* musubi.

мусульмáне *мн. ч. (см.* **мусульмáнин***)* Moslemin; Mussulmans, Mussulmen; *(на Цейлоне)* Moormen.

мусульмáнин *(приверженец ислама)* Moslem, Muslim, Muslem; Mussulman, Moslemite; *(в Сев. Африке)* Moor; *(на Цейлоне)* Moorman; *(на юге Филиппин)* Moro.

мусульмáнская э́ра *см.* **хиджрá**.

мусульмáнский Mussulmanish, Mussulmanic, Muslim, Muslem, Moslem(ic), Mohammedan, *сокр.* Moham.

мусульмáнское летосчислéние *(см.* **хиджрá***)* the Mohammedan Era, the Mohammedan calendar.

мусульмáнство *(тж* **ислáм, магометáнство***)* Mussulmanism, Muslimism, Moslemism, Mohammed(an)ism, Islam, the Moslem [Mohammedan] faith, the Mohammedan religion, the religion of the Moslems.

Мýсхаф *см.* **Корáн**.

мутá *(форма временного брака у мусульман)* muta, *араб.* mut'ah.

мутазали́ты *(приверженцы мусульманской теологии рационалистического направления, зародившейся в Арабском халифате в 8-9 вв.; основоположником мутазализма считается Василь ибн Ата (699-748) <Wasil ibn Ata>; основные положения учения* **м.-ов** *– единобожие и справедливость)* the Mutazalas, the Mutazilites.

мутакалли́м *араб. (исламский теолог-схоласт)* mutakallim.

мутазили́ты *см.* **мутазали́ты**.

мýфтий *(араб. – высказывающий мнение; высшее духовное лицо государства у мусульман-суннитов, имеющее право решать религ.-юридические вопросы; знаток шариата, толкователь Корана, дающий разъяснения, издающий решения по спорным религ.-правовым вопросам в форме особого заключения –* **фéтвы***)* mufti ◊ *(обращение к нему)* **Ваше Преосвященство** Your Eminence.

мухаджи́р *араб. (сподвижник Мухаммада, последовавший за Ним из Мекки в Медину)* muhajir.

Мухáммад *(ок. 570-632; пророк, араб. религ. и политический деятель, основатель ислама и первой общины мусульман)* Muhammad, Mohammed, Mahomet; the Prophet.

Мухáммед *см.* **Мухáммад**.

мухáррам *(название первого месяца мусульманского лунного календаря; начало этого месяца – день нового года; первые десять дней* **м.-а** *считаются у шиитов благословенными и празднуются в память мученичества Хусейна, второго сына Фатимы, дочери Мухаммада и Али)* Muharram.

мухáррем *см.* **мухáррам**.

мýченик *(человек, к-рый был подвергнут мучениям и погиб от рук гонителей христиан, но не отказался от своей веры)* martyr.

мýченица *жен. (см. тж* **мýченик***)* (woman) martyr, *редко* martyress.

Мýченицы семь дев: Александра, Текýса, Клáвдия, Фáина, Евфраси́я, Матрóна и Иýлия, свв. *(ум. 303; д. п. 18/31 мая)* Sts. Seven Virgins: Alexandra, Thekusa, Claudia, Falina, Evphrasia, Matrona and Julia.

Мýченицы 40 дев пóстницы и мч. Áммун диáкон, учи́тель их, свв. *(4 в.; д.п. 1/14 сентября)* Sts. 40 Women of Macedonia and Ammon, Ms.

му́ченичен *(тропарь, прославляющий какого-л. мученика)* the Hymn to the Martyrs.

му́ченический martyrly, martyrlike ◊ **подвергать м.-ой смерти** to martyr(ize); **подвергаться м.-ой смерти** to suffer martyrdom.

му́ченичество martyrdom, baptism of fire, baptism of blood.

мушаха́да *араб. (видение в суфизме)* mushahadah.

муэдзи́н *араб. (служитель мечети, призывающий мусульман пять раз в день на молитву)* muezzin, mouedhin, mouezzin.

муэззи́н *см.* **муэдзи́н**.

мхитари́сты *(армянская религ. конгрегация, штаб-квартира к-рой расположена с 1717 на острове Сан Лазарро под Венецией)* the Mechitarists.

Мцхе́та *(до кон. 5 в. – столица Картлийского царства, ныне Грузия)* Mtzkheta ◊ **кафедральный собор в городе М.** *(11 в.)* the Cathedral of Mtzkheta.

мшело́мство *ц.-сл. (монастырское выражение – предметы прихоти и роскоши)* whims and luxuries.

мыта́рства *(у правосл. временные посмертные скитания души до обретения ею вечного блаженства; учение о* **м.-х** *аналогично учению о* **чисти́лище** *у катол.)* severe trials of the soul, sufferings of souls after death *(because of sins)*..

мы́тарь *библ. (сборщик налогов;* **м.-и** *слыли ворами и обманщиками; слова "м." и "грешник" отождествлялись; в Новом Завете они часто стоят рядом "м.-и и грешники"* <'publicans and sinners'>, *тж "м.-и и блудницы"* <'publicans and harlots'>*)* publican, tax collector, taxgatherer ◊ **м. по имени Левий** *библ.* a taxgatherer named Levi.

мы́тник *см.* **мы́тарь**.

мы́тница *библ. (место сбора налогов)* receipt.

мэкта́бе *см.* **макта́б**.

Мю́нстер, Себастья́н *(1489-1552; немец. богослов, известен своим сочинением "Космография"* <Cosmographia>*)* Münster, Sebastian.

Мю́нцер, То́мас *(1490-1525; проповедник, анабаптист, предводитель Крестьянской войны в Германии в 1525)* Mün(t)zer, Thomas ◊ **последователь М.-а** Müncerian.

мюри́д *араб. (послушник, ученик и приверженец какого-л. шейха, связанный с ним духовным обетом)* murid.

мюриди́зм *(религ.-мистическое направление в исламе, получившее распространение на Сев. Кавказе в 19 в.; в основе* **м.-а** *лежали идеи и культовая практика суфизма, соединённые со стремлением его сторонников* <лидеры – Гази Мухаммад, Гамзат-бек и Шамиль> *к борьбе против колониальной политики царизма, за создание исламского теократического государства; основную опору режима составляли военизированные* **мюри́ды**) muridism.

мясое́д *(отрезок времени между постами, когда по церк. канонам допускается принятие скоромной пищи с 15/28 августа по 14/27 ноября и с 25 декабря / 7 января до масленицы, а тж в период времени после Пасхи и до воскресенья после Троицы и с 29 июня / 12 июля (Петров день) до 31 июля / 13 августа)* the Non-Lenten season.

мясопу́ст 1. м.-ное воскресенье *(предпоследнее воскресенье перед Великим постом, в к-рое по уставу заканчивается употребление в пищу мяса)* Sunday of the Apokreos [Apokrea], meat-fast [meat-fare] Sunday; *(в Зап. христве)* Sexagesima (Sunday); **2. м.-ная седмица** *(неделя перед Великим постом, тж **Ма́сленая седми́ца**; в течение этой недели верующим запрещается употреблять в пищу мясо, но разрешается есть сыр, масло и рыбу)* the cheese-fare [pancake] week, the week of apokreos.

мясоя́стие см. **мясое́д**.

Н

Наа́ма *библ. (жен. имя и географическое название)* Naamah.

Наама́н *библ. (один из сыновей Вениамина)* Naaman.

Наа́с *библ. (царь аммонитян)* Nahash.

Наассо́н *библ. (сын Аминадава и дед Вооза, мужа Руфи; упоминается в родословии Иисуса)* Naasson.

наба́т *истор. (колокольный звон, установленный в России указами 1797 и 1851 в сельских церквах для предупреждения населения о пожаре, вьюге, метели и т. п.)* tocsin ◊ **бить в н.** to toll the tocsin; **н.-ный колокол** tocsin, an alarm bell.

набе́дренная повя́зка loincloth, breechcloth, breechclout; *лат.* perizonium; *(в Индии)* lungi, lungee.

набе́дренник *(часть богослужебного облачения священника – прямоугольник, к-рый носится на длинной ленте у бедра; право ношения **н.-а** даётся священникам в качестве награждения)* epigonation, hypogonation.

на́би *(пророк в исламе)* nabi.

на́бла *(древнееврейский музыкальный инструмент; в Псалтири переводится иногда как "гусли" <harp>, иногда словом "орган" <organ>)* nabla, *устар.* nable.

на́блом см. **на́бла**.

на́божность godliness, piety, theopathy, devotion(alism), devoutness ◊ **глубокая н.** deep piety; **напускная н.** colourable piety.

на́божный *прил. (богомольный, строго соблюдающий все религ. обряды и установления)* pious, devout, theopath(et)ic; *(о мужчине)* dévot; *(о женщине)* dévote ◊ **быть н.-м** to go to church; **глубоко н.** pietistic; **н. человек** churchgoer, pietist.

На́бор, мц. *(ум. ок. 303; катол. св., д. п. 12 июля)* St. Nabor, M.

наважде́ние *(соблазн, искушение)* temptation ◊ **бесовское н.** demonic temptation.

Нава́л *библ. (богатый владелец земли и скота в Южной Иудее)* Nabal.

Нава́моф *библ. (первенец Измаила, праотец одного из племён в Аравии)* Nebaioth.

Навара́тра *(девятидневный праздник в индуизме в честь богини Дурги; тж **Дургапу́джа**)* Navaratra.

Нава́т *библ. (муж. имя)* Nebat.

наве́ршие *(над иконой)* roof-shaped cover, roofing.

наве́т *(наговор, клевета)* slander, calumny.

"На ве́чери Госпо́дней" *(начальные слова нескольких папских булл, приуроченных к Великому четвергу, дню, в к-рый Римско-католическая церковь издревле примирялась со всеми кающимися грешниками и в то же время изрекала анафему на всех упорствующих) лат.* In Coena Domini.

навече́рие *(канун праздника Рождества Христова и Богоявления, когда совершаются царские часы <the Great [Royal] Hours>)* paramoni.

навеща́ющий больны́х и нужда́ющихся *англ. (обыкновенно из числа прихожан той же церкви)* district visitor.

на́вий день *прост. см.* **Ра́доница**.

Навузазва́н *библ. (главный евнух вавилонского царя Навуходоносора)* Nebushasban.

Навузарда́н *библ. (военачальник вавилонского царя Навуходоносора)* Nebuzar-adan.

Навуфе́й *библ. (владелец виноградника в Изееле, одном из столичных городов Северного царства Израиль)* Naboth.

Навуходоно́сор *библ. (самый известный царь вавилонско-халдейской династии, к-рый правил с 605 до 562 до н. э., захватил Иерусалим, разрушив Иерусалимский храм, оккупировал Египет и перестроил Вавилон)* Nabuchodonosor, Nebuchadnezzar, Nebuchadrezzar.

нага́р *(на свече)* (candle-)snuff ◊ **снять н. со свечи** to snuff a candle.

Нагарджу́на *(ок. 2 в.; великий буддийский философ, "Второй Будда", основатель школы* **мадхья́мика***)* Nagarjuna.

Нагге́й *библ. (упоминается в родословии Иисуса)* Nagge.

на́ги *(в индуистской мифологии полубожественные существа со змеиным туловищем и одной или несколькими человеческими головами)* nagas.

наго́й *библ.* naked ◊ **нагие** *(о бедняках)* the naked; **одеть нагих** to clothe the naked.

Наго́рная про́поведь *библ. (проповедь Иисуса Христа о блаженствах, о Божественном царстве небесном, выражающая сущность новозаветного закона в его отличии от ветхозаветного; тж* **За́поведи блаже́нства***)* the Sermon on the Mount *(в Ев. от Матфея)*, the Sermon on the Plain *(в Ев. от Луки)*.

нагота́ *библ.* nakedness.

награ́да на небеса́х eternal reward.

нагру́дник *катол. (белый у монахини, прикрывающий горло и захватывающий подбородок)* barb.

нагру́дник, пласти́нчатый *(доспехи на груди на изображениях св. Патрика)* the Lorica *(the Breastplate of St. Patrick)*.

нагуали́зм *(у индейцев Центр. Америки развитая форма культа личных духов-покровителей нагуалей, представлявшихся в виде зверей или птиц)* nagualism.

Нада́в *библ. (муж. имя)* Nadab.

надвра́тная це́рковь gatehouse [gateway] church, church-over-the-gate ◊ **Н. ц. Рождества́ Иоа́нна Предте́чи** the Gateway Church of the Nativity of John the Baptist.

надгла́вок *(небольшое шарообразное украшение между куполом церкви и венчающим его крестом)* decoration on a church cupola which supports a cross.

надгро́бие 1. *(надгробный памятник, плита)* monument, funerary [mortuary] monument ◊ **ме́дная надгро́бная плита́ в це́ркви** church brass; **2.** *устар.* *(надпись на могильном памятнике, эпитафия)* epitaph.

надгро́бный grave(side), funeral, funerary, mortuary, sepulchral ◊ **н. ка́мень** sepulchral [ledger] stone, tombstone, gravestone, headstone; **н. па́мятник** tombstone, gravestone, ledger, tumulary stone; **н.-ая песнь, н. плач** threnody, threnode; **н.-ая плита́** *см.* **н. па́мятник**; **н.-ое сло́во** graveside [funeral] oration, elogium, funeral elegy; *(священника)* funeral sermon.

наде́жда *(ожидание должного, соединённое с уверенностью в его осуществлении)* hope ◊ **н. на Бо́жьи обетова́ния** hope in God's promises.

Наде́жда, св. мц. *см.* **Ве́ра, Наде́жда, Любо́вь и ма́терь их Софи́я, свв. мцц.**

наде́лы церко́вные church holdings.

наделя́ть бого́в челове́ческими ка́чествами to anthropomorphize deities.

надзира́тель *см.* **визита́тор**.

надзо́р верхо́вный superintendence ◊ **па́стырский н.** pastoral superintendence.

надкла́дезный over-the-well ◊ **н.-ая часо́вня** the chapel-over-the-well, the above-the-well chapel.

на́дпись *(на иконе)* inscription, superscription.

надруга́тельство (над) outrage (upon).

надруга́ться (над) to commit outrage (upon).

Нае́ма *библ.* *(название города)* Naamah.

нае́мник *библ.* *(нанятый за деньги)* hired servant.

наёмные солда́ты-швейца́рцы *(в Ватикане)* the Swiss Guards.

назаре́и *(так называли христиан язычники в Рим. империи)* the Nazarenes.

Назаре́т *библ.* *(селение в южной Галилее, упоминается в Новом Завете как город, в к-ром жил Иисус, и как родина его родителей)* Nazareth ◊ **го́род, называ́емый Н.** *библ.* a town named Nazareth.

назаря́нин *(житель Назарета)* Nazarene, Nazarite.

Наза́рий, св. мч. *(54-68)* St. Nazarius, M. ◊ **мчч. Н., Гервасий, Прота́сий, Ке́льсий** *(д. п. 14/27 октября, катол. – 28 июля)* Sts. Nazarius, Gervase, Protase and Celsus, Ms.

назаря́не *(христ. секта, возникшая в 1820-х гг. в Венгрии)* the Nazarenes.

Назаря́нин *(так иногда в Евангелиях именуют Иисуса Христа)* the Nazarene.

назида́ние edification ◊ **в н.** for *smb.'s* edification.

назида́тельность edifying quality.

назида́тельный edifying, homiletic.

назначе́ние на церко́вные до́лжности clerical appointments ◊ **н. на высо́кую церк. д.-ь** preferment.

назоре́и *библ.* *(мужчины и женщины (иудеи), к-рые по обету, данному на определённое время или же на всю жизнь, должны были считать себя по-*

священными Богу) the Nazarites ◊ **н.-й Божий** a Nazarite to [of, unto, set apart to] God.

Назорéй *библ. (обозначение Иисуса, к-рое перешло и на его последователей)* Nazarene ◊ **Иисус Н.** *(Иисус Назорей в синодальном переводе <Ев. от Иоанна 19:19>, скорее всего, – результат переводческой неточности: слово "назорей" обозначает не жителя Назарета, а религ. подвижника, принявшего ряд строгих обетов; в Ев. от Матфея 2:23, по-видимому, имеются в виду оба значения)* Jesus of Nazarene, Jesus the Nazarene.

Назорéйская éресь *библ. (еврейское название секты ранних христиан; "Деяния" 24:5)* the sect of the Nazarenes.

Наúн *библ. (город в Галилее; Иисус воскресил там единственного сына вдовы)* Nain ◊ **город, называемый Н.** *библ.* a city called Nain.

наúтие *(озарение свыше, вдохновение)* inspiration ◊ **ниспослать н.** to inspire; **по н.-ю (свыше)** *(под водительством Духа Святого)* inspiredly, as the Spirit moves one; **н. Св. Духа** inspiration of the Holy Spirit.

накáз *(поучение)* homily; *(постановление)* order.

наказáние 1. *(Божие)* visitation, judgment, a providential punishment ◊ **н. Божие за грехи людские** a visitation of God for the people's sins; **2.** *(священнослужителя; тж* **прещéние***)* degradation; canonical punishments, canonical censure.

накáзывать *библ.* to visit ◊ **н. детей за грехи [за вину] отцов** to visit the sins [inequity] of the fathers upon the children.

канунé on the eve of ◊ **н. Рождества** on Christmas eve.

накúдка 1. *(из льняной ткани, надеваемая вокруг шеи священника во время евхаристии в Зап. христ-ве)* amice; **2.** *(отороченная мехом, носимая во Франции канониками как знак их достоинства)* almuce, amice, amess; **3.** *англик., катол. (торжественное богослужебное одеяние: полукруглая длинная накидка без рукавов, застёгивающаяся на груди)* cope ◊ **застёжка на груди н.-и** morse.

Накúр *(имя одного из ангелов в исламе; см. тж* **Мункáр***)* Nakir.

наклóнность, религиóзная religious bent ◊ **(ребёнком) он проявлял религ. н.-и** he was of religious bent.

наколéнник *см.* **пáлица**.

Налáнда *(крупнейший монастырь и буддийский университет 5-6 вв.; расположен на северо-востоке Индии)* Nalanda.

налóжница *библ. (жена из рабынь без брачной записи и обручения; её дети могут пользоваться дарами, но не наследством)* concubine ◊ **н. Авраама (Агарь)** concubine of Abraham.

налóй *(различной высоты стол, покрытый такой же материей, из какой делаются ризы священников; употребляется при богослужении в правосл. церкви; ставится на солее, если Евангелие на литургии читает диакон, а когда на* **н.** *кладут Евангелие, крест и иконы, предназначенные для поклонения молящимся, то в этом случае* **н.** *ставится на середине церкви)* analogion.

Намадхáри *(секта в сикхизме)* Namadhari.

намáз *тюрк. (мусульманская каноническая молитва, совершаемая пять раз в день, тж* **салят***)* namaz.

Намесси(й)

Намесси(й) *библ. (дед израильского царя Ииуя)* Nimshi.

наместник *(заместитель, лицо, обладающее определёнными полномочиями)* vicar, deputy, viceregent, vicegerent ◊ **Божий н.** God's vicar; **н. Папы Римского** *(еп., осуществляющий церк. юрисдикцию в тех местах, где нет епархии)* apostolic vicar, vicar apostolic, *сокр.* V.A., Vic. Ap.; **н. св. Петра** *(о Папе Римском)* the Vicar of Peter; **н. Христа** *(о Папе Римском)* Vicar of Christ, Vicar-General.

наместник монастыря *(духовное лицо – игумен или архимандрит, поставленное архиереем для управления подчинённым ему монастырём)* father [monastic] superior, (father) abbot, hegumen, *греч.* heg(o)umenos.

наместница *(помощница настоятельницы в жен. монастыре)* vicaress.

наместнический vicarial, vicariate, vicarious.

наместничество vicariate.

намогильный *см.* **надгробный**.

Нанак *(1469-1539; основатель сикхизма, первый сикхский гуру)* (Guru) Nanak.

Нанди(н) *(в индуистской мифологии белый одногорбый бык, на к-ром ездит Шива; крупномасштабные скульптурные изображения быка Н. часто включены в индуистские храмовые комплексы; женщины, желающие зачать, дотрагиваются до статуи Н. в храмах Шивы)* Nandi.

Нанея *библ. (богиня древнемесопотамского происхождения)* Nanea.

Нантский эдикт *(указ, изданный королём Генрихом IV в 1598 в целях прекращения религ. конфликтов и законодательно уравнивающий в правах протестантов [гугенотов] с католиками во Франции)* the Edict of Nantes [of Pacification].

наос *архит. (восточное, главное помещение [святилище] античного храма, где находилось скульптурное изображение божества; то же что целла <cella>)* naos; *(в Средневековье собственно храм без святилища, неф)* nave.

нападения демонов diabolical [satanic] assaults, diabolical attacks.

напасти от бесов *см.* **нападения демонов**.

напев melody ◊ **каждый глас включает в себя несколько н.-ов, по к-рым поются определённые молитвы за богослужением** each tone contains several melodies for certain prayers sung during church services.

наперсник *(священное украшение, носимое на груди библ. первосвященниками)* breastplate ◊ **н. судный** *библ.* the breastplate of judgment.

наперсный *(носимый на груди)* pectoral ◊ **н. крест** pectoral cross.

наплечник *(часть одеяния монаха, носимое на плечах в виде двух длинных матерчатых полос, спускающихся спереди и сзади, напр. коричневого цвета у монахов ордена кармелитов)* scapular, cuculla.

напрестолие *см.* **антиминс**.

напрестольный altar ◊ **н.-ое Евангелие** the altar Gospel, the Gospel for the Day; **н. крест** the altar [Communion] cross.

напутствие, последнее *(исповедь, причастие и др. таинства и обряды, совершаемые перед смертью)* the last rites.

Нарака *(1. в индуизме и буддизме – место наказания после смерти; 2. в джайнизме – ад, а тж существа, обитающие в аду)* Naraka.

нараквицы *ц.-сл. см.* **поручи**.

нарáмник *см.* **наплéчник, омофóр I.**

Нарасúмха *(человек-лев, полуантропоморфная* ***аватáра*** *бога Вишну)* Narasimha.

Нарасúнха *см.* **Нарасúмха.**

нараспéв in a singing voice, in a singsong (voice) ◊ **говорúть н.** to speak in singsong; **повествовáние н.** cantillation; **произносúмый н.** *прил.* singsong; **произносúть [читáть] н.** to intone, to cantillate; to singsong; **чтéние н.** singsong.

нарáщивать *(икону)* to enlarge.

Нарáяна *(индуистское божество, в ведизме отождествляемое с богом-творцом Брахмой-Праджапати)* Narayana.

нард *библ. (благовонное растение)* spikenard.

нарекáть to name ◊ **мáльчика нареклú Сергиéм** they named the boy Sergei.

наречéние 1. *(во еп.-а)* nomination; **2.** *(имени)* naming.

Наркúс(с) Иерусалúмский, птрх. *(ум. ок. 215; д. п. 7/20 августа, катол. – 29 октября)* St. Narcissus.

Наркúс(с), св. ап. *(один из 70-ти апп.; д. п. 4/17 января, 31 октября / 13 ноября)* St. Narcissus, Apl.

нарóд *(Израиля) библ.* the congregation ◊ **н. Бóжий** *библ.* the congregation of the Lord; **н. Госпóдень** *библ.* the congregation of the Lord; **н. Изрáиля** the congregation of Israel.

"Нарóдный храм" *(название калифорнийской религ. секты, руководимой проповедником-фанатиком Джимом Джонсом <Jim Jones>; в 1977 секта почти в полном составе переселилась в Гайану и основала в джунглях поселение Джонстаун; в 1978 члены секты совершили массовое самоубийство)* the Peoples Temple.

нарочúтый *(особенно важный, замечательный день или святой)* noticeable, significant, important.

нáртекс *(****притвóр****, входное помещение, примыкавшее обычно к западной стороне христ. храмов и ведущее в неф; предназначался в раннехрист. и средневековых храмах для лиц, не имевших права входить внутрь главного помещения, т. н. оглашенных, готовых принять христ-во)* narthex, antechurch, forechurch ◊ **внéшний н.** *(при двойном н.-е)* exonarthex; **внýтренний н.** *(при двойном н.-е)* esonarthex.

нарукáвники *(правильнее – ****пóручи****; часть священнического одеяния правосл. церкви)* epimanikia, liturgical cuffs.

нáрфик(с) *см.* **нáртекс.**

нарцúсс Сарóнский, лúлия долúн *библ. (возлюбленный)* the rose of Sharon and lily of the valleys.

насаждáть *(какую-л. религию)* to inculcate, to impose.

Насвáс *библ. (племянник Товита, бывшего у царя Сахердана виночерпием, хранителем перстня и домоправителем)* Nasbas.

насéльники *см.* **брáтия монáшеская.**

наслéдник heir ◊ **"н.-и Бóжии, сонаслéдники же Христý"** *(Послание к римлянам 8:17)* 'heirs of God, and joint-heirs with Christ'.

наставúтельный *(нравоучительный)* moral, hortatory, hortative.

наставле́ние

наставле́ние (ex)hortation, precept, admonition, instruction ◊ **духо́вные н.-я** spiritual instructions; **ева́нгельские н.-я** *(имеются в виду добровольная бедность, постоянное целомудрие и послушание высшей церк. иерархии; исполняются в полном объёме монахами)* evangelic advices; **н. новообращённых** catechisis; **па́стырское н.** homily; **религио́зное н.** pious exhortation.

наставля́емый *амер.* counselee.

наставля́ть I to edify, to exhort, to admonish, to counsel ◊ **н. в осно́вах ве́ры** to catechize, to catechise; **н. в христ. ве́ре** to evangelize; **н. на путь и́стинный** to set *smb.* on the right path.

наставля́ть II *(заниматься наставничеством)* to disciple.

наста́вник mentor, preceptor, counsel(l)or ◊ **духо́вный н.** *(тж духовни́к)* spiritual guide; *протест. (преим. новообращённых)* counsellor; *(у мусульман)* pir; **н. неразу́мных** corrector of the foolish.

наста́вничество discipleship.

на́стика *(индуистский термин, употребляемый неодобрительно и расширительно по отношению к учениям, не признающим авторитета Вед, социального статуса брахманов или отрицающим бога, т. е., напр. к буддистам, джайнам)* nastika.

настолова́ние *см.* **интрониза́ция**.

настоя́тель кафедра́льного собо́ра *см.* **про́бст**.

настоя́тель монастыря́ *(начальник муж. монастыря; правосл. – старшее по административной власти духовное лицо в монастыре; когда высшим н.-ем муж. монастыря является архиерей, в чьей епархии расположен монастырь, или патриарх, помимо епархиального архиерея, то лицо, непосредственно управляющее монастырём, именуется наместником)* superior, head of a monastery, monastic [father] superior, (father) abbot; dean; *катол.* (conventual) prior; *катол. (нескольких монастырей или религ. орденов округа)* provincial ◊ **основа́тель и (пе́рвый) н. м.** founding abbot of a monastery, founder-abbot; **помо́щник н.-я като́л. монастыря́** sub-prior, coadjutor; **н. францисканского монастыря́** *(обычно назначаемый на три года)* guardian.

настоя́тельница монастыря́ superioress, mother [lady] superior, superior of a convent (of women), domina, abbess, *катол.* prioress ◊ **помо́щница н.-ы м.** *(вторая по рангу после настоятельницы)* vicaress, *греч.* heg(o)umenissa.

настоя́тель собо́ра *см.* **дека́н**.

настоя́тельство *(начальство над монахами)* abbacy; *редко* abbotcy; *(в основном истор.)* superiority, superiorship.

настоя́тель хра́ма *(старшее по административной власти духовное лицо в храме)* senior [head] priest, dean (of a church), *(особ. кафедрального собора)* provost, rector, praepositus ◊ *(обращение к нему)* **Ва́ше Высокопреподо́бие,** *правосл.* **Оте́ц настоя́тель** Very Reverend Provost; **ввести́ в до́лжность но́вого н.-я** *(прихода, церкви)* to induct a new rector; **исполня́ющий обя́занности н.-я прихо́да** *(до назначения постоянного настоятеля) англик.* priest-in-charge.

настоя́тель це́ркви *см.* **настоя́тель хра́ма**.

насу́щный ◊ "**Хлеб наш н. дай нам на сей день**", *ц.-сл.* "**Хлеб наш н. да́ждь нам днесь**" *библ.* 'Give us this day our daily bread'.

насылать *что-л. библ.* to visit ◊ **н. наказание** to visit with punishment, **н. страдания** to visit with suffering.

Натали́, Алекса́ндр *(1639-1724; франц. богослов, автор обширного труда в 24 томах по церк. истории <лат. Selecta Historiae Ecclesiasticae> (1677-86), доведённого до конца Тридентского собора; за галликанские тенденции <Gallicanism> книга была запрещена и только с 1734 вычеркнута из Индекса запрещённых книг)* Natalis, Alex(ander), Noel Alexander.

натали́тия *(в раннем христ-ве дни смерти христиан, особ. мучеников, в смысле рождения в вечную жизнь; позже слово употреблялось в значении "годовщина") лат. natalitia.*

Ната́лия, св. мц. *см.* **Ната́лья, св. мц.**

Ната́лья, св. мц. *(ум. 304; д. п. 26 августа / 8 сентября, катол. – 1 декабря)* St. Natalia, M.

Натара́джа *(в индуизме "владыка танца", одно из имён бога Шивы; считается, что Н. стал источником космического движения)* Nataraja.

натури́зм *(теория происхождения религии из олицетворения и почитания сил природы)* naturism.

На́тха *см.* **Па́ршва**.

на́тхи *(религ. секта эзотерического, мистического толка; её адепты встречаются в Северной Индии, Бангладеше, Непале и Тибете)* the Naths.

Нау́м, оди́н из 12-ти ма́лых проро́ков *(седьмой из малых пророков; д. п. 1/14 декабря, катол. – 17 июля)* St. Nahum, one of the Twelve Lesser Prophets ◊ **Кни́га проро́ка Н.-а** *библ.* The Book of Nahum.

Нафа́н *библ. (пророк, друг царя Давида и сторонник его династии, автор истор. заметок о царствовании Давида и Соломона)* Nathan.

Нафана́ил *библ. (один из первых учеников Иисуса, один из 12-ти апп.; д. п. 22 апреля / 5 мая; с 9 в. стал отождествляться с Варфоломеем)* Nathanael, Nathaniel ◊ **Н. из Ка́ны Галиле́йской** *библ.* Nathanael of Cana in Galilee.

Нафани́я *см.* **Нефани́я**.

Нафе́к *библ. (один из сынов Давида)* Nepheg.

Нафи́ш *библ. (сын или потомок Измаила)* Naphish.

Нафтухи́м *библ. (слово неизвестного происхождения, вероятно; оно относится к народу или племени, обитавшему на границе между Египтом и Азией)* Naphtuhim.

Наха́ф *библ. (муж. имя)* Nahath.

Нахо́р *библ. (дед Авраама, упоминается в родословии Иисуса)* Nahor.

Национа́льная ассамбле́я англика́нской це́ркви the National Asembly of the Church of England.

Национа́льный моли́твенный за́втрак *(ежегодное молитвенное собрание политической элиты в США и др. странах)* the National Prayer Breakfast.

Национа́льный сове́т церкве́й Христа́ в США *(объединение 32 протест. и правосл. конфессий, охватывающих ок. 40 млн человек)* the National Council of the Churches of Christ in the United States of America.

нача́ла *(один из девяти ангельских чинов)* the principalities, the princedoms.

нача́льная попе́вка мело́дии псалма́ intonation.

нача́льник *библ.* captain, chief, author ◊ **н.-и леви́тов** the chiefs of the Levits; **н.-и племён** *библ. (главы семейств)* chief fathers, chiefs of the fathers; **н. хра́мовой стра́жи** captain of the temple guard.

нача́льник епархиа́льной канцеля́рии *катол., правосл.* the chancellor of a diocese, chancellor of a bishop, chartophylax.

нача́льник жи́зни *библ.* the Prince [Author] of life.

нача́льник и соверши́тель ве́ры *библ. (о Христе)* the author and perfecter [finisher] of faith ◊ "**Взира́я на н.-а и с.-я в., Иису́са, Кото́рый, вме́сто предлежа́вшей Ему́ ра́дости, претерпе́л крест, пренебре́гши посрамле́ние, воссе́л одесну́ю престо́ла Бо́жия**" *(Послание к евреям 12:2)* 'Looking unto Jesus the author and finisher of our faith; who for the joy that was set before him endured the cross, despising the shame, and is set down at the right hand of the throne of God'.

нача́льница *(обители, жен. монастыря)* directress, *редко* directrix.

нача́льства *см.* **нача́ла**.

нача́льствующий диа́кон archdeacon.

нача́тки *библ. (первые плоды труда)* firstfruits.

начерта́ние креста́ *(крестообразное помазание св. миром при крещении, елеосвящении и пр.)* consignation.

начётчик *(у старообрядцев – человек, начитанный в богословии, церк. и т.п. книгах)* theologian of the Russian Old Believers; a person well-read in the Scriptures.

Наши́м *(иврит "Брачное право"; одна из 6 основных частей **Ми́шны** – законы брака и развода)* Nashim.

наяна́ры *(общее наименование 63 средневековых тамильских святых <шайва-бхактов>, к-рым приписывается авторство 12 "Священных сборников" <the Tamil Shaiva canonical texts>, систематизированных в 11 в.)* the Nayanars, *тамильский* Nayanmar.

неангли́канская це́рковь *(в Англии любой христ. храм, кроме англик.; часто пренебрежительно)* chapel ◊ **жи́тели дере́вни бо́льшей ча́стью неангли́канского вероиспове́дания** the villagers are mostly chapel.

Неа́ндер, А́вгуст *(1789-1850; немец. церковный историк)* Neander, Johann August Wilhelm ◊ *(его капитальный труд)* "**Всео́бщая исто́рия христ. рели́гии и це́ркви**" The General History of the Christian Religion and Church.

небеса́ heaven; empyrean, the upper regions; *(в индуизме и буддизме)* devaloka ◊ **а́нгел с небе́с** an angel from heaven; **на н.-х** in heaven; "**О́тче наш, су́щий на н.-х**", *ц.-сл.* "**О́тче наш, и́же еси́ на н.-ех**" 'Our Father which art in heaven'.

небе́сная сла́ва *(у мормонов высшая слава из трёх; достигается на небесах и значительно превосходит вторую – **земну́ю сла́ву** и **ни́зшую сла́ву**)* celestial glory.

небе́сный *библ. (Божественный)* of heaven, heavenly, celestial ◊ **Бог Н.** the God of heaven; **н. ве́стник** *(ангел)* angelic messenger; **Н. град** the Heavenly [Celestial, Holy] City, the Heavenly [New] Jerusalem; **Н. Жени́х** *(Иисус Христос)* the Heavenly Bridegroom; **Н. Иерусали́м** the Heavenly [Celestial, Holy] City, the Heavenly [New] Jerusalem; **н. свод, н.-е сфе́ры** *см.* **свод, небе́сный**; **Н.-е Си́лы беспло́тные** *(ангелы)* the Angelic Hosts; **н.-ое созда́ние** *(Божественный образ)* heavenly figure; **Оте́ц наш Н.** your Father which is in heaven; **силы н.-е** the powers of the heaven; **Царство Н.-ое** *(вечная блаженная жизнь, уготованная святым)* the Kingdom of Heaven.

небиблéйский *(не подтверждённый Библией или противоречащий ей)* unbiblical, unscriptural.

нéбо *библ.* the heaven ◊ "**В начале сотворил Бог н. и землю** *("Бытие" 1:1)*" "In the beginning God created the heaven and the earth"; **н. небес** the heaven of heavens.

небожи́тель *(обитатель неба)* celestial being, God.

небольшóй храм *см.* **цéрковка.**

небытиé non-existence.

Неваиóф *см.* **Навамóф.**

невéрие *(в Бога)* disbelief, lack of faith, irreligion, miscreance, *библ.* unbelief ◊ **н. в существование Бога** disbelief in the existence of a God.

"**Невéрие Фомы́**" *(иконографическая композиция; см.* **Увéрение апóстола Фомы́**") The Incredulity [Doubting] of the Apostle Thomas.

не вéрить to disbelieve ◊ **не в. религиозному догмату** to disbelieve a religious dogma.

невéрный *сущ.* *(исповедующий чужую веру)* infidel; *(о немусульманине)* unfaithful.

невéрствие *ц.-сл. см.* **невéрие.**

невéрство *ц.-сл. см.* **невéрие.**

невéрующий 1. *сущ.* unbeliever, disbeliever, non-believer, atheist, nullifidian, infidel; *(у мусульман на Ближнем Востоке)* zendik(ite), zendician ◊ **н.-е** the faithless, the people who are nothing; **н. в существование Бога** one who disbelieves the existence of a God; **2.** *прил.* unbelieving, ungodly, irreligious, areligious ◊ **н.-е** *(в Бога)* **люди** the irreligious people; **не вéрующий в Свящéнное Писáние** *(у мусульман о человеке, к-рый не верит ни в какую богооткровенную религию)* *прил.* nonscriptural.

Невéста Христóва *(Церковь)* the Bride of Christ.

невéста Христóва *(монахиня)* the bride of Christ.

Невесторóдица *см.* **Богомáтерь.**

Невии́м, или **кни́ги Прорóков** *(в иудаизме одна из частей Священного Писания* <the Hebrew Bible>; *см.* **Кетуби́м, Тóра)** the Prophets.

неви́нный innocent, pure ◊ **н.-ое дитя** *(ребёнок, умерший или живущий в период первого месяца жизни)* chrisom, *устар.* chrisom babe, chrisom child, chrisomer; **н.-е души** innocent souls.

Нéво *библ. (географическое название)* Nebo.

недéли пóсле Пáсхи *(время от Пасхи до Пятидесятницы)* the Easter season.

недéли пóсле *(праздника)* **Пятидесятницы** the Trinity season.

недéля 1. *(древнерусское название воскресенья)* Sunday ◊ **мясопустная н.** *(тж* **мясопýст 1.***)* meat-fast [meat-fare] Sunday; Sunday of the Apokreos [Apokrea]; **1-я н. Великого поста** the first Sunday of Lent; **2-я н. по Пятидесятнице** the second Sunday after Pentecost; **сыропустная н.** cheese-fast [cheese-fare] Sunday; **2.** *(седмица, семь дней от понедельника до воскресенья)* week; *(следующая после церк. праздника)* octave ◊ **Страстная н.** Holy Week; **3-я н. Великого поста** *(н. между воскресеньем Св. Духа и Троицыным днём)* *англик., катол.* Whitweek.

Неделя

Неде́ля ва́ий *см.* **Вход Госпо́день в Иерусали́м**.

Неде́ля Всех Святы́х *(2-е воскресенье по Пятидесятнице)* All Saints Sunday.

Неде́ля жен-мироно́сиц *(2-е воскресенье после Пасхи, в к-рое вспоминаются и чествуются св. жены-мироносицы; этот день считается "правосл. женским днём")* the Sunday of the Myrrhbearers (and Righteous Joseph).

Неде́ля о блу́дном сы́не *(воскресенье перед мясопустной неделей или за девять недель до Пасхи)* the Sunday of the Prodigal Son, *греч.* Asotos.

Неде́ля о мы́таре и фарисе́е *(воскресенье за 4 недели до начала Великого поста)* the Sunday of the Publican and Pharisee.

Неде́ля о рассла́бленном *(3-е воскресенье после Пасхи)* the Sunday of the Paralytic [of the Paralysed Man]; the Forth Sunday of Pascha: The Paralytic.

Неде́ля о самаритя́нке *см.* **Неде́ля о самаря́ныне**.

Неде́ля о самаря́ныне *(4-е воскресенье после Пасхи)* the Sunday of the Samaritan Woman, the Fifth Sunday of Pascha: The Samaritan Woman.

Неде́ля о слепо́м *(5-е воскресенье после Пасхи)* the Sunday of the Blind Man.

Неде́ля о Стра́шном суде́ *(предпоследнее воскресенье перед Великим постом)* the Sunday of the Last Judgment [of the Judgment Day].

Неде́ля о Фоме́ *см.* **Фомино́ воскресе́нье**.

Неде́ля святы́х жен-мироно́сиц *см.* **Неде́ля жен-мироно́сиц**.

Неде́ля Святы́х Оте́ц *см.* **Неде́ля 28-я по Пятидеся́тнице, пред Рождество́м Христо́вом, Святы́х Оте́ц**.

Неде́ля торжества́ правосла́вия *(1-е воскресенье Великого поста, когда совершается торжество православия, установленного в Греции в 9 в., в память освобождения и победы правосл. церкви над иконоборческой ересью)* the Orthodox Sunday, the Feast [Sunday] of Orthodoxy, the Feast of the Triumph of Orthodoxy, 'The Triumph of Orthodoxy'.

Неде́ля 27-я по Пятидеся́тнице, святы́х пра́отец *(предпоследнее воскресенье перед Рождеством)* the Sunday of the Holy Ancestors of Christ.

Неде́ля 28-я по Пятидеся́тнице, пред Рождество́м Христо́вом, Святы́х Оте́ц the Sunday of the Holy Fathers.

не́дра *библ. (самые глубины, самое потаённое; перен. – центр эмоций в человеке)* bowels.

"Недре́манное о́ко" *(иконографическая композиция)* The Ever Watchful Eye.

недро́ *библ. (грудь, лоно)* bosom.

нееврей *библ.* Gentile.

нееврейский *библ. (иноверный)* Gentile.

Неема́н *библ. (сирийский военачальник)* Naaman.

Неемия *библ. (иудей, был послан Артаксерксом I наместником в Иудею с полномочиями отстроить или возвести заново стены Иерусалима)* Nehemiah ◊ **Кни́га Н.-и** *библ.* The Book of Nehemiah, *сокр.* Neh.

незабве́нный *см.* **приснопа́мятный**.

Незави́симое меньшинство́ *истор. (часть Свободной Шотландской Церкви, отказавшаяся примкнуть к Объединённой пресвитерианской Церкви Шотландии в 1900)* the Wee Free.

Незики́н *см.* **Нэзики́н**.

незри́мый *(о Боге)* сущ. the Supreme Being, God.

Неие́л *библ. (муж. имя)* Neiel.

неизбе́жность Бо́жьей благода́ти *(в протест. теологии)* assurance.
неизме́нные пра́здники *см.* **неподви́жные пра́здники**.
неила *иврит (последняя часть богослужения праздника* **Йом-кип(п)у́р***)* neilah.
неиску́пленный *(о грехе)* unredeemed.
неисповеди́мый inscrutable ◊ **н.-е пути Госпо́дни** inscrutable ways of God.
неи́стовство, религио́зное foror(e), religious frenzy.
неканонизи́рованный uncanonized, unsainted.
неканони́ческие кни́ги Свяще́нного Писа́ния *(книги Ветхого Завета, к-рые относятся к четырём последним векам до н.э.; к ним относятся: Товит, Юдифь, Премудрость Соломона, Премудрость Иисуса Сирахова, книга Варуха, 2-я и 3-я книги Ездры, 1-я, 2-я и 3-я книги Маккавейские, молитва царя Манасии в конце 2-й книги Паралипоменон, нек-рые места в книге Есфирь, послание Иеремии к находившимся в плену вавилонским иудеям, песнь трёх отроков в книге Даниила, история о Сусанне, история о Виле и Змии и др.;* **н. к. С. П.** *могут быть использованы в правосл. богослужении)* the Deutero-Canonical Books, *греч.* anagignoskomena.
неканони́ческий non-canonical, extracanonical, uncanonical, deuterocanonical ◊ **н.-ое Ева́нгелие Никоди́ма** the non-canonical Gospel of Nicodemus; **н.-е кни́ги Но́вого Заве́та** antilegomena.
некато́лик non-Catholic.
некатоли́ческий non-Catholic, un-Romanized.
неклерика́льный nonclerical.
не́крест *(некрещёный человек)* unbaptized [unchristened] person.
некрещёный *прил.* unbaptized, unchristened.
некрола́трия *(обожествление умерших)* necrolatry, manes worship.
некроло́гия *(1. учение о мёртвых; 2. ведение церк. книг, списков умерших, имена к-рых провозглашаются на богослужениях)* necrology.
некрома́нт *(колдун, чародей, занимающийся чёрной магией)* necromancer.
некрома́нтия *(вызывание душ умерших; чёрная магия; колдовство)* necromancy.
некро́поль *(кладбище; мемориальный ансамбль)* necropolis ◊ **н. монастыря́** necropolis of a monastery.
Некта́рий, св. *(имя нескольких свв. правосл. и катол. церкви)* St. Nectarius.
нелицеприя́тен *библ.* ◊ **Бог н.** God is no respector of persons.
нембу́цу *япон. ("мысль о Будде"; молитвенная формула-заклинание, произносимая вслух или мысленно: "наму Амида Буцу", "поклон Будде Амиде", – посредством к-рой япон. буддисты "Чистой Земли" <Pure Land(s)> выражают своё поклонение Будде Амиде)* nembutsu.
Немвро́д *см.* **Нимро́д**.
Неме́сий, еп. Эме́сский *(в Сирии; ум. ок. 400, христ. философ; написал книгу "О природе человека" <'On Human Nature' или 'On the Nature of Man'>, в к-рой соединяет с неоплатонизмом христ. учение о бессмертии души, свободе воли, Божественном промысле и т. п.)* Nemesius of Emesa *(in Syria)*.
немона́шеский non-monastic.
Нему́ил *библ. (муж. имя)* Nemuel.
немусульма́нский non-Moslem.

необращённый unconverted.
необрезание uncircumcision, uncircumcisedness.
необрезанный *(не прошедший обряда обрезания)* uncircumcised.
неокатолики *(1. во Франции те, кто отошёл от Римско-катол. церкви по причине новых модернистских воззрений; 2. наиболее близкие к католицизму англокатолики)* the Neo-Catholics.
неокатолицизм *(одно из течений в катол. церкви, отвергающее ряд ортодоксальных положений, в частности догмат о папской непогрешимости)* Neo-Catholicism.
Неокесарийский собор *(поместный, происходил ок. 315 в Неокесарии <ныне Нексар в Турции>; составил 15 правил, касающихся преим. духовенства и нек-рых вопросов церк. управления и вошедших впоследствии в законы канонического права как Западной, так и Восточной церкви)* the Council of Neocaesarea.
неоконфуцианец Neo-Confucian.
неоконфуцианство *(течение в китайской философии; сложилось в период династии Сун, 960-1279)* Neo-Confucianism.
Неонила, св. мц. *(ум. 250; д. п. 28 октября / 10 ноября)* St. Neonila, M.
неопалимый *(несгораемый)* not consumed with fire ◊ **н.-ая купина** *см.* **купина**.
неопентекостализм *(одно из направлений в современном пятидесятническом движении)* Neo-Pentecostalism, Charismatic Renewal Movement.
неоплатонизм *(последнее и самое влиятельное учение идеалистического направления античной философии 3-6 вв., возникшее на основе переработки учения Платона о духе эллинистическо-римского эклектизма и религ.-филос. синкретизма)* Neoplatonism, Neo-Platonism.
неоплатоник Neoplatonist, Neo-Platonist ◊ **философ-н.** Neoplatonist philosopher.
неортодоксальный heterodox, not orthodox; heretical.
неосвящённый unconsecrated, unsanctified, unblessed; profane; *(о здании церкви)* undedicated.
неосквернённый pure.
неосхоласт Neo-Scholastic.
неосхоластика *(различные течения религ. философии, стремящиеся к реставрации средневековой схоластики)* Neo-Scholasticism.
неотомизм *(господствующее течение в философии совр. католицизма, заключающееся в филос. обосновании христ. вероучения и переосмыслении учения Фомы Аквинского)* Neo-Thomism.
неотступность святых *(термин реформатского богословия)* perseverance of the saints.
неофит *(новообращённый в какую-л. религию; у католиков – новопостриженный монах и новопоставленный священник)* neophyte.
неохристианство *(религ.-обновленческое направление в христ-ве)* Neo-Christianity.
непереходные праздники *см.* **неподвижные праздники**.
неповиновение disobedience.
непогрешимость *(безошибочность)* infallibility, inerrancy ◊ **н. Библии** infallibility of the Bible; **догмат о н.-и Папы** the infallibility dogma; **н. Папы**

(утверждённый I Ватиканским собором в 1870 катол. догмат, согласно к-рому Папа, когда он выступает по вопросам веры и нравов "с амвона" <ex cathedra>, т.е. как пастырь всех христиан, обладает непогрешимостью, т.е. безошибочностью суждений) the papal infallibility; **н. Церкви в целом** the inerrancy of the Church as a whole.

непогрешимый infallible.

неподвижные праздники *(бывающие ежегодно в одни и те же числа месяца)* 'fixed' [immovabale] feasts, 'fixed' holy days.

"не подобает" *катол. (запретительная формула катол. иерархов, напр. на издание какой-л. книги религ. характера) лат.* non licet.

неподсудность духовенства светскому суду *истор. (упразднена в Америке в 1790, в Англии – в 1827)* the benefit of clergy.

Непомук, Иоанн *(ок. 1340-93; святой, патрон Чехии)* John of Nepomuk, St.

непорочное зачатие *см.* **зачатие**.

Непорочное Зачатие Пресвятой Девы Марии *катол. (праздник 8 декабря; имеется в виду зачатие Св. Анной Девы Марии, а не Девой Марией Иисуса Христа; катол. богословы считают, что Дева Мария, чтобы родить Христа, должна была быть свободной от первородного греха с момента зачатия; доктрина **н.-го з.-я** принята катол. церковью в 1854)* the Immaculate Conception (of the Blessed Virgin Mary), *лат.* Conceptio Immaculata Beatae Mariae Virginis.

непорочность immaculacy ◊ **н. Иисуса Христа** the immaculacy of Jesus Christ.

"Непорочны" *(так называется 17-я кафизма <псалом 118>, в последовании погребения и особ. первая часть этой кафизмы)* the Undefiled, *греч.* Eulogitaria ◊ **"Блаженны непорочные в пути, ходящие в законе Господнем"** *(псалом 118)* 'Blessed are the undefiled in the way, who walk in the law of the Lord'.

непорочный *(о зачатии)* immaculate; *(целомудренный)* chaste.

непосвящённые *собир. сущ.* the profane.

непослушание disobedience.

непотизм *(раздача Папами Римскими в 15-16 вв. доходных должностей, высших церк. званий, земель и пр. близким родственникам для укрепления собственной власти)* nepotism.

неправда *библ.* unrighteousness.

неправославный non-Orthodox.

непраздная *библ. (беременная)* with child.

непраздный *(трудолюбивый)* industrious.

неприкасаемые *(принятое в лит-ре общее наименование ряда индийских каст, занимающих самое низкое место в кастовой иерархии и обладающих, по брахманским представлениям, особой нечистотой)* the untouchables.

"не прикасайся ко мне" *библ. (слова, сказанные Иисусом Марии Магдалине после Воскресения <Ев. от Иоанна" 20:17>; название многих картин, изображающих эту сцену) лат.* noli me tangere, noli-me-tangere.

не принадлежащий ни к одной церкви *(не связанный с церковью)* unchurched.

неприсягáтели *(духовенство, отказывавшееся присягать англ. королю Вильгельму, королеве Марии и их преемникам после революции 1688; тж шотл. пресвитериане, отказывавшиеся присягать трону в 1702)* the Non-Jurors, nonjurors.

неприсягáтельство nonjurorism.

непричащáющийся non-communicant.

неприя́тие богослóвия atheology.

непротивлéнец *(последователь учения о непротивлении злу)* nonresistant; advocate of principle of non-resistance to evil.

непротивлéние nonresistance ◊ **н. злу насилием** *(в религ.-филос. учениях, напр. в учении Гáнди: преодоление зла посредством покорного и пассивного его приятия)* nonresistance to evil by force.

непротивлéнческий nonresistant.

непротивлéнчество nonresistance.

нераскáявшийся *см.* **нераскáянный**.

нераскáянный *(закоренелый в грехе, неспособный к раскаянию)* unrepentant, impenitent ◊ **н. грешник** impenitent.

Нергáл *библ.* *(главное божество вавилонского города Куты; бог подземного мира, солнечного жара и чумы)* Nergal.

Нергáл-Шарéцер *библ.* *(сановник вавилонского царя Навуходоносора, один из его военачальников)* Nergal-sharezer.

Нерéй Ри́мский, мч. *(1 в.; катол. св., д. п. 12 мая)* St. Nereus, M.

нерелиги́озность irreligion.

нерелиги́озный *см.* **невéрующий**.

нереставри́рованный unrenewed, unrestored.

Нéри Фили́ппо *(1515-95; катол. св., прозванный за благотворительность "апостолом Рима" <the Apostle of Rome>; основал духовные собрания, названные по месту их проведения "Конгрегацией Оратории" <the Congregation of the Oratory, or the Oratorians>; организовал для помощи паломникам "Братство св. Троицы" <the Confraternity of the Most Holy Trinity>; д. п. 26 мая)* St. Philip Neri, pr.

Нерсéс Благодáтный *(ок. 1098-1173; деятель армянской церкви; с 1165 был патриархом всей Армении)* Nerses Klaietsi.

Нерсéс Клаэ́тский *см.* **Нерсéс Благодáтный**.

Нерсéс Сциагарцадáтский, еп. мч. *см.* **Нирсá Сциагарцадáтский, еп. мч.**

Нерсéс Шноргали́ *см.* **Нерсéс Благодáтный**.

нер тамид *иврит* *(свет, к-рый постоянно горит в синагоге)* ner tamid.

нерукополóженный *(в противопоставление профессионально-церковному; о лице в Зап. христ-ве, выполняющем обязанности священнослужителя, но не имеющем духóвного сáна)* lay.

нерукотворéнный *см.* **нерукотвóрный**

нерукотвóрный *(не созданный человеком; сотворённый Всевышним, природой)* not made by human hands, not of human making, *греч.* archeiropoitos.

"Нерукотвóрный óбраз Гóспода Иису́са Христá" *см.* **"Спас Нерукотвóрный"**.

нерукотвóрный убру́с *см.* **убру́с, святóй**.

"**Нерушимая стена**" *(особый эпитет, присваивавшийся, как правило, изображениям Богоматери Оранты; заимствован из Акафиста Богоматери)* см. **Богоматерь**.

нерушимое наставление см. **заповеди**.

"**Не рыдай мене, Мати**" *(название иконы)* Do not mourn me, Mother, Do not lament me, O Mother.

несказанный *(такой, к-рый нельзя произносить; тот, чьё имя нельзя произносить, напр. Бога Отца)* ineffable *(as the name of Jehovah)*.

несоблюдение праздника inobservance of a holiday.

несогласие с христианским учением anti-Christianity.

неспасённый *(в христ-ве: о душе)* unsaved; *(о грешнике)* unredeemed.

нести (свой) крест *(терпеть нужду и лишения, подвергаться тяжким испытаниям)* to bear one's cross.

несториане *(последователи несторианства; подвергавшиеся гонению* **н.** *стали расселяться к востоку от Византийской империи; сейчас* **н.** *имеются в Иране, Ираке, Сирии и Индии)* the Nestorians.

Несторианская церковь *(см.* **Ассирийская церковь Востока**) the Nestorian Church.

несторианство *(течение в христ-ве, возникшее в Византии в нач. 5. в.; основатель – константинопольский птрх. Несторий; он признавал Христа человеком, к-рый преодолел человеческую слабость и стал мессией, и на этом основании считал Деву Марию не Богородицей, а Христородицей; учил, что в Христе человеческие и Божественные начала пребывают лишь в относительном соединении, никогда полностью не сливаясь;* **н.** *вместе с учением Оригена, Еваргия и Дидима окончательно осуждено Церковью как еретическое на 5-м Вселенском соборе в Константинополе в 553; в сер. 1990-х гг.* **н.** *имелось в Иране, Ираке, Сирии, Индии, а тж в Европе и Америке; их обычно называют* **сиро-халдеи** *или* **халдеи**; *возглавляет их патриарх-католикос* **Ассирийской церкви Востока**, *проживающий в США; в 1994 эта церковь восстановила евхаристическое общение с Римом, однако не подчинилась ему юрисдикционно)* Nestorianism.

Несторий *(ум. ок. 451; архиеп. Константинопольский в 428-31, давший своё имя одному направлению в решении христологической проблемы; 3-м Вселенским собором в Эфесе (431) был низложен, осуждён как еретик и сослан в Египет)* Nestorius.

Нестор, св. мч. *(имя нескольких свв. мчч., д. п. 27 октября / 9 ноября, 1/14 марта, 28 февраля / 13 марта, катол. – 26 февраля, 8 октября)* St. Nestor, M.

нестяжание *(религ.-политическое течение в России кон. 15 в. – нач. 16 в., приверженцы к-рого выступали с требованием отказа церкви от "стяжания", т.е. от приобретения земельных и имущественных ценностей, как противоречащего евангельским идеалам и наносящего ущерб авторитету церкви; одним из самых известных нестяжателей был* **Нил Сорский, прп.**) the Non-Possessors' movement.

"**нестяжатели**" истор. *(15-16 вв.; последователи* **нестяжания**; *противниками нестяжателей были иосифляне, последователи Иосифа Волоцкого)* the Non-Possessors.

нестяжа́тельность см. **нестяжа́ние**.

нестяжа́тельство см. **нестяжа́ние**.

несу́щие Благу́ю весть см. **провозве́стники Ева́нгелия**.

"нет возраже́ний" катол. (одобрение церк. цензора, показывающее, что работа может быть прочитана христианином без ущерба его вере или морали; представляется на заключение епископу, решающему вопрос о публикации) лат. nihil obstat.

нетерпи́мость (религиозная) intolerance, intolerancy, intoleration, bigotry ◊ **н. средневеково́й це́ркви** the intolerance of the medieval church.

нетерпи́мый (враждебный к инаковерующим) прил. bigoted, intolerant; сущ. intolerant.

нетле́ние (отсутствие тления, гниения) undecayedness, библ. incorruption.

нетле́нно incorruptly.

нетле́нность undecayableness, incorruptibility.

нетле́нный (о мощах – не подверженный разложению, не тронутый тлением или гниением) imperishable, undecayable, undecaying, incorrupt(ed), incorruptible, uncorruptible, undecomposed, without decomposition ◊ **н. Бог** библ. incorruptible [uncorruptible] God; **н.-е мо́щи** undecayed [imperishable] relics.

Нето́фа библ. (город в уделе Иуды к юго-востоку от Вифлеема) Netophah.

нетрадицио́нные ку́льты (собирательное понятие, используемое в совр. религиоведческой лит-ре для обозначения новых религ. движений и культов) untraditional cults.

Не́ттер, Фома́ (ок. 1377-1430; называемый тж **Фома́ Ва́льденский** <Thomas Walden>; монах ордена кармелитов, богослов; получил звание доктора богословия в г. Оксфорде) Netter, Thomas.

неугаси́мая лампа́да (лампада перед особо чтимой святыней: иконой, мощами и т.п., в к-рой поддерживается непрерывное горение) unquenchable hanging vigil light.

неугаси́мый ого́нь unquenchable fire.

неф (вытянутая в длину, обычно прямоугольная в плане часть помещения <базилики, храма крестово-купольного и др.>; ограничивается с 2-х сторон отдельно стоящими опорами [столбами, колоннадами, аркадами], служащими промежуточной опорой для перекрытия; наиболее распространено разделение внутреннего пространства на 3 или 5 нефов; часто средний **н.** шире и выше боковых и имеет самостоятельное перекрытие) the nave, the pace ◊ **боково́й н.** aisle; **гла́вный н.** the middle pace.

Нефани́я библ. (муж. имя) Nethaniah.

Нефе́г библ. (муж. имя) Nepheg.

нефимо́н см. **ефимо́н**.

нефине́и библ. (служители левитов) the Nethinims.

Неффали́м библ. (шестой сын Иакова от служанки Валлы) Naphtali, Nephthalim ◊ **воро́та Н.-овы** gate of Naphtali; **гора́ Н.-ова** mount of Naphtali; **земля́ Н.-а, Н.-ова земля́** the land of Naphtali; **уде́л коле́на сыно́в Н.-овых** the inheritance of the tribe of the children of Naphtali.

нехалкидо́нские це́ркви *(армяно-григорианская, коптская, несторианская, не принявшие вероопределение 4-ого Вселенского собора в Халкидоне в 452 относительно природы Христа)* the Non-Chalcedonian Churches.

Неха́о *библ. (фараон, царь Египетский)* Pharaohnecho, Pharaoh Neco, Pharaoh-neco.

Нехеламитя́нин *библ. (имя одного из лжепророков)* Nehelamite.

нехристиа́нин non-Christian.

нехристиа́нские *(языческие)* **зе́мли** unchristian lands, *лат.* partes infidelium.

нехристиа́нский Christless, unchristian, non-Christian.

Неху́м *библ. (муж. имя)* Nehum.

Нехушта́н *библ. (имя ме́дного зми́я)* Nehushtan.

нецерко́вный *(светский, мирской)* secular, unclerical.

нечести́вец *(грешный, порочный человек)* reprobate, impious person, *библ.* man [son] of Belial.

нечести́вица impious woman.

нечести́вость *(отсутствие благочестия, набожности)* impiety.

нечести́вые the unrighteous, *библ.* the wicked.

нечести́вый *(оскорбляющий что-л. священное, грешный, порочный с точки зрения религии)* impious, profane, unrighteous, ungodly, repribate, unholy, *библ.* hypocritical ◊ **народ н.** *библ.* hypocritical people; **н.-е слова** profane words.

нечи́стая си́ла *(у восточных славян общее название всех низших демонических существ и духов, синонимичное таким названиям, как злые духи, черти, дьяволы, бесы и т. п.)* devildom, devilry.

нечи́стый I *(перен. – аморальный, непристойный; о пище – запрещённый по закону; осквернённый)* unclean.

нечи́стый II *сущ. (Сатана, лукавый)* the Evil One, the Evil Spirit.

не́чисть *см.* **нечи́стая си́ла**.

Не́я *библ. (название города)* Neah.

ни́ва Бо́жия God's vineyard.

нигили́зм 1. *(полное отрицание общепринятых ценностей)* nihilism; **2.** *(отрицание человеческой сущности Христа)* nihilianism, nihilism.

нида́на *(в буддизме одна из причин ограниченного существования – сознание, индивидуальность, чувство, рождение, возраст или печаль)* nidana.

"Ни́зкая це́рковь" *(направление в англик. церкви, противопоставляемое "Высо́кой це́ркви"; отрицательно относится к пышному ритуалу, чтению молитв нараспев, курению ладаном и т. п.)* the Low Church ◊ **приверженец Н.-ой ц.-ви** Low-Churchman, Low-Churchist.

низложи́ть епи́скопа *см.* **лиша́ть са́на**.

ни́зшая сла́ва *(у мормонов одна слава из трёх см.* **земна́я сла́ва, небе́сная сла́ва**) telestial glory.

Низье́ Лио́нский, еп. *(ум. 573; катол. св., д. п. 2 апреля)* St. Nicetius [Nizier], Bp. of Lyons.

нийя́ *(в исламе первая часть молитвы, или "намерения")* niyya.

Ника́ндр, еп. Ми́рский *(1 в.; д. п. 4/17 ноября)* St. Nicander, Bp. of Myra.

Ника́ндр сщмч. *см.* **Ника́ндр, еп. Ми́рский**.

Никано́р *библ. (муж. имя)* Nicanor.

Никанóр

Никанóр, сщмч. *(ап. от 70-ти, из семи диаконов; д. п. 4/17 января, 28 июля /10 августа, 28 декабря /10 января, катол. – 10 января)* St. Nicanor.

Никéйский Nicene ◊ **до 1-ого Н.-ого Вселенского собора** ante-Nicene, ante-Nicaean; **Н. Символ (веры)** *(формула христ. вероучения, составленная на 1-ом Н.-ом Вселенском соборе)* the Nicene Creed; **1-ый Никейский Вселенский собор** *(325; принял Символ веры, осудил арианство как безбожную ересь, определил время празднования Пасхи, выработал 20 канонов)* the first Nicene ecumenical council, the Council of Nicaea, the first Nicene Council; **после 1-ого Никейского Вселенского собора** post-Nicene.

Никéо-царегрáдский Сѝмвол вѐры *(является общехрист. Символом веры; составлен Отцами Церкви и утверждён на Никейском (325; первая половина Символа веры) и Константинопольском (381; вторая половина Символа веры) Вселенских соборах; Символ веры читается как молитва на богослужениях и в домашних условиях, а тж исполняется хором присутствующих в храме; чтение и признание Символа веры при крещении взрослых требуется непременно, а за крещаемых младенцев громко читает его восприемник или кто-нибудь из причта)* the (Niceno-Constantinopolitan) Creed ◊ *(текст Символа веры)*: **Вѐрую во едѝнаго Бóга Отцá, Вседержѝтеля, Творцá нѐбу и землѝ, видимым же всем и невѝдимым.** I believe in One God the Father Almighty, Maker of Heaven and earth, and of all things visible and invisible. **И во едѝнаго Гóспода Иисýса Христá, Сѝна Бóжия, Единорóдного, Ѝже от Отцá рождѐнного прѐжде всех век; Свѐта от Свѐта, Бóга ѝстинна от Бóга ѝстинна, рождѐнна, несотворѐнна, единосýщна Отцý, Ѝмже вся бѝша.** And in one Lord, Jesus Christ, the only begotten Son of God, Begotten of the Father before all ages. Light of light, true God of true God. Begotten not made, consubstantial with the Father, by Whom all things were made. **Нас рáди человѐк и нáшего рáди спасѐния сшѐдшаго с небѐс и воплотѝшагося от Дýха Свѝта и Марѝи Дѐвы, и вочеловѐчшася.** Who for us men, and for our salvation came down from heaven, and was incarnate of the Holy Spirit and the Virgin Mary and was made man. **Распѝтаго же за нѝ при Понтѝйстем Пилáте, и страдáвша, и погребѐнна.** And was crucified for us under Pontius Pilate, and suffered, and was buried. **И воскрѐсшаго в трѐтий день по Писáнием.** And rose again the third day, according to the Scriptures. **И возшѐдшаго на небесá, и седѝща одеснýю Отцá.** And ascended unto heaven, and sitteth at the right hand of the Father. **И пáки грядýщаго со слáвою судѝти живѝм и мѐртвым, Его же Цáрствию не бýдет концá.** And He shall come again with glory to Judge the living and the dead: of Whose kingdom there shall be no end. **И в Дýха Святáго, Гóспода, Животворѝщаго, Ѝже от Отцá исходѝщего, Ѝже со Отцéм и Сѝном споклонѝема и слáвима, глагóлавшаго прорóки.** And in the Holy Spirit, the Lord, the Giver of life, Who proceedeth from the Father, Who together with the Father and the Son is worshipped and glorified, Who spake by the Prophets. **Во едѝну Святýю, Собóрную и Апóстольскую Цѐрковь.** And in One, Holy, Catholic, and Apostolic Church. **Исповѐдую едѝно крещѐние во оставлѐние грехóв.** I acknowledge one Baptism for the remission of sins. **Чáю Воскресѐния мѐртвых, и жѝзни бýдущего вѐка. Амѝнь.** I look for the Resurrection of the dead, And the life in the world to come. Amen. **приверженец Н.-ц. Символа веры** *истор. (4-5 вв.)* Nicaean.

Никея *(древний город в Малой Азии)* Nicaea, Nice.

Никита Акоминат *(выдающийся византийский писатель кон. 12 в. – нач. 13 в.; ему принадлежат многочисленные труды на греч. языке; в частности "Сокровище православия" (в 27 книгах, между 1204 и 1210) <'A Treasury of Orthodoxy' греч. Thesauros Orthodoxias>)* Nicetas Acominatos, Nicetas Choniates.

Никита Готфский, вмц. *(ум. 375; катол. св., д. п. 15 сентября)* St. Nicetas the Goth, M.

Никита Исповедник, игумен обители Мидикийской *(ум. 824; д. п. 3/16 апреля)* St. Nicetas, Confessor and Hegumen-Abbot.

Никита Пафлагонянин *(ум. ок. 838; ему приписываются многочисленные церк. песнопения и стихотворения)* Nicetas of Constantinople, Nicetas Paphlagonian.

Никита Переяславский, прп. *(убит 1186; чудотворец, основатель монастыря под г. Переяславлем-Залесским; д. п. 24 мая / 6 июня)* St. Nicetas of Pereaslav.

Никита Ремесианский, еп. *(ок. 335-414; великий проповедник христ-ва; д. п. 24 июня / 7 июля, катол. – 22 июня)* St. Nicetas of Remesiana.

Никита, столпник Переяславский *см.* **Никита Переяславский, прп.**

Никита Халкидонский, еп. *(9 в., исповедник; д. п. 28 мая / 10 июня)* St. Nicetas, Bp. of Chalcedon.

Никита Хониат *см.* **Никита Акоминат.**

Никитский мужской монастырь *(г. Переяславль-Залесский Ярославской обл.)* the Monastery of St. Nicetas.

Никифор Каллист *см.* **Никифор Ксанфопул.**

Никифор Ксанфопул *(ок. 1256 - ок. 1335; византийский историк; в нач. 14 в. составил "Церковную историю" <'Church History'> в 18 книгах от рождения Христа и до смерти императора Фоки (610))* Nicephorus Callistus, Nicephorus 'Xanthopoulos'.

Никифор I, свт., птрх. Константинопольский *(ум. 828; д. п. 2/15 июня)* St. Nicephorus, Patriarch of Constantinople.

Никодимово Евангелие *(один из самых важных и наиболее распространённых памятников апокрифической лит-ры; названо по имени Никодима)* the Gospel of Nicodemus.

Никодим, один из начальников Иудейских *библ. (фарисей и учитель закона, член синедриона; он отыскал Иисуса ночью и говорил с ним о новом рождении и о цели посланничества; позднее Н. заступился за Иисуса в синедрионе; после смерти Иисуса Н. принёс состав из смирны и алоэ, дабы устроить погребение, подобающее иудею; д. п. 2/15 августа, 4/17 января, катол. – 3 августа)* Nicodemus, a ruler of the Jews.

Никодим Святогорец *(1749-1808; духовный писатель)* Nicodemus of the Holy Mountain.

Никола "вешний" *см.* **Перенесение мощей святителя и чудотворца Николы из Мир Ликийских в Бар-град.**

Никола́евский

Никола́евский Черноо́стровский же́нский монасты́рь *(г. Малоярославец Калужской обл.)* the Chernoostrovsky Convent of St. Nicholas.

"Нико́ла Зара́йский в житии́" *(икона; названа в честь г. Зарайска, куда она, по преданию, была привезена из Корсуна; на иконе изображён свт. Николай в епископском облачении, в левой руке он держит Евангелие, его правая рука – благословляющая)* the Icon of St. Nicholas of Zaraisk with Scenes from his life.

Никола́й Антиохи́ец, обращённый из язы́чников *см.* **Никола́й, прозели́т Антиохи́ец.**

Никола́й Испове́дник, игу́мен Студи́йский *(793-863; как защитник иконопочитания подвергся в 814 заключению и жестоким истязаниям со стороны иконоборцев; д. п. 4/17 февраля)* St. Nicholas Studites.

Никола́й Кваси́ла *(архиеп. Фессалоникский, вошёл в историю Церкви как крупнейший представитель богословской мысли 14 в.)* Nicholas Cabasilas ◊ *(его труд)* **"Толкование божественной литургии"** The Commentary on the Divine Liturgy.

Никола́й Кребс *см.* **Никола́й Куза́нский.**

Никола́й Куза́нский *(1400-64; величайший из немец. гуманистов первого поколения, богослов, философ, учёный, кардинал Римско-католической церкви)* Nichola(u)s of Cusa ◊ *(его главное сочинение)* **"Учёное незнание"** *лат.* De Docta Ignorantia.

Никола́й Ли́рский *(тж Лира́, Никола́й; ок. 1270-1340; средневековый богослов; учился и преподавал в г. Париже; является наиболее крупным средневековым толкователем Библии, составил комментарии ко всем её книгам)* Nicholaus de Lyra, Nicolas of Lyra.

Никола́й Мирлики́йский *см.* **Никола́й [Нико́ла], свт., архиеп. Мир Ликийских.**

Никола́й Ми́стик *(ум. 925; птрх. Константинопольский, греч. св., д. п. 16 мая)* St. Nicholas the Mystic.

Никола́й Пало́мник, прп. *(1075-94; катол. св., д. п. 2 июня)* St. Nicholas the Pilgrim.

Никола́й I *или* **Вели́кий** *(ум. 867; Папа Римский, катол. св., д. п. 13 ноября)* St. Nicholas I (surnamed "the Great"), pope.

Никола́й Перегри́н, прп. *см.* **Никола́й Пало́мник, прп.**

Никола́й, прозели́т Антиохи́ец *библ. (один из семи диаконов первой общины в Иерусалиме)* Nicolas, a proselyte of Antioch.

Никола́й [Нико́ла], свт., архиеп. Мир Ликийских *(ок. 260-345; еп. г. Миры в Ликии, Малая Азия; прославился многочисленными чудесами при жизни и после смерти; участник 1-ого Вселенского (Никейского) собора (325), борец с арианством; христ. традиция относит его служение ко времени рим. императоров Диоклетиана и Константина; св. Н. традиционно почитается как заступник "сырых и убогих", покровитель плавающих и путешествующих, а тж сельского хозяйства)* St. Nicholas, Archbishop of Myra in Lycia ◊ **"Никола и семь отроков Эфесских"** *(иконографическая композиция)* St. Nicholas and the Seven Sleeping Youths of Ephesus; **"Никола Угодник"** *(иконографическая композиция)* St. Nicholas; **"Н. Чудотворец"** *(иконографическая композиция)* St. Nicholas the Wonderworker; **"Св. Н. вос-**

крешает отрока, убиенного диаволом" *(иконографическая композиция)* St. Nicholas Resurrects a Boy Killed by the Devil; **свт. Н., архиеп. Мир Ликийских, чудотворец** *(Никола "зимний", д. п. 6/19 декабря)* St. Nicholas the Wonderworker.

Николай Толентинский, священник *(1245-1305; катол. св., д. п. 10 сентября)* St. Nicholas of Tolentine.

Николай Флюсский, отшельник *(1417-87; катол. св., д. п. 22 марта)* St. Nicholas von Flüe.

Николо-Угрешский мужской монастырь *(ставропигиальный, в Московской обл.)* the Ugreshsky Monastery of St. Nicholas.

Николо-Чернеевский мужской монастырь *(село Старое Чернеево Рязанской обл.)* the Cherneyevsky Monastery of St. Nicholas.

Николь, Пьер *(1625-95; франц. моралист и богослов)* Nicole, Pierre.

Никольская церковь *(храм, освящённый в честь св. Николая; церковь св. Николая)* a church dedicated to St. Nicholas.

Никомед Римский, мч. *(ум. ок. 90; катол. св., д. п. 15 сентября)* St. Nicomedes, M.

Никомидийских, 20 000 свв. мчч. *(д. п. 28 декабря / 10 января)* Sts. 20 000 Ms. in Nicomedia.

Никон, еп., прмч., и 199 учеников его *(ум. 251; д. п. 23 марта)* St. Nicon [Nikon], Venerable-M. and one hundred and ninety nine companions.

никонианец *истор. (у старообрядцев)* a follower of the patriarch Nicon.

никонианин *см.* **никонианец**.

Никон Метаноит, прп. *(ум. 998; д. п. 26 ноября / 9 декабря)* St. Nikon "Metanoeite".

Никополь *библ. (город в Эпире, Греция; ап. Павел провёл там зиму)* Nicopolis.

Никострат Кесарийский, мч. *(ум. 303; д. п. 8/21 июля, катол. – 21 мая)* St. Nicostratus, M.

Никострат Палестинский, мч. *см.* **Никострат Кесарийский, мч.**

Никострат Римский, мч. *(ум. 287; брат св. мч. Кастория Римского, д. п. 18/31 декабря, катол. – 8 ноября)* St. Nicostratus, M.

"Никтоже достоин" *(молитва)* No One is Worthy.

Нил Древний, прп. *см.* **Нил Постник, прп.**

Нил Калабрийский, прп. *см.* **Нил Новый, прп.**

Нил Кавасила *см.* **Николай Кавасила**.

Нил Криптофератский, прп. *см.* **Нил Новый, прп.**

Нил Новый, прп. *(ок. 910-1004; д. п. 26 сентября / 9 октября)* St. Nilus the Younger.

Нило-Столбенская пустынь *(муж. монастырь, остров Столбный на озере Селигер Тверской обл.)* the Stolbny Monastery of St. Nilus.

Нил Постник, прп. *(д. п. 12/25 ноября)* St. Nilus the Elder; *(он же **Нил Синайский, прп.**, ум. ок. 430; ученик Иоанна Златоуста, автор многочисленных сочинений об аскезе и нравственности)* Nilus the Ascetic, Nilus of Sinai.

Нил Синайский, прп. *см.* **Нил Постник, прп.**

Нил Со́рский, прп. *(в миру – Николай Майков, ок. 1433-1508; русский религ. мыслитель, идеолог движения нестяжательства, основатель скита на реке Соре; д. п. 7/20 мая)* St. Nilus of Sora, Nil Sorsky.

нимб *(сияние вокруг головы, реже – всей фигуры, на изображениях Бога и святых; символ святости или Божественного происхождения)* halo, aureole, glory, *лат.* aureola, gloria; *(в светском изобразительном иск-ве)* nimbus ◊ **крестчатый н.** *(в иконописи образованный тремя лучами, исходящими от головы Христа вверх и в стороны)* crossed halo; **круглый н.** circular halo; **треугольный н.** *(Бога Отца изображали с треугольным н.-ом)* triangular halo; **шестиугольный н.** *(так изображались аллегорические персонажи и легендарные личности)* hexagonal halo.

Нимвро́д *см.* **Нимро́д**.

Нимри́м *библ. (река в Моаве)* Nimrim.

Нимро́д *библ. (легендарный герой и охотник, упоминаемый только в Ветхом Завете)* Nimrod.

Нимфа́н *библ. (христианин из Лаодикии в Малой Азии)* Nympha(s).

Ни́на, св., равноапо́стольная, просвети́тельница Гру́зии *(276-336; обратила грузинский народ в христ-во; д. п. 14/27 января)* St. Nino, the equal of the Apostles; *катол. (д. п. 15 декабря)* St. Nino [St. Christiana], v.

Нине́ви́я *библ. (лежащая на левом берегу Тигра столица Ассирийского царства)* Nineveh.

ниневия́нин *библ. (житель Ниневии)* Ninevite.

Ниниа́н, св. *(ум. ок. 432; христ. миссионер, катол. св., д. п. 16 сентября)* St. Ninian.

нирва́на *(в философии буддизма – полное освобождение от* **санса́ры***, высшее состояние духа, освобождение от страданий личного бытия; разрыв в цепи перерождений, прекращение перевоплощений, абсолютный, ненарушаемый покой)* nirvana, nirwana, пали nibbana ◊ **учение о н.-е** *(в высказываниях Будды)* the Sutra of Nirvana.

Нире́й *библ. (христианин в Риме; его вместе с сестрой приветствовал ап. Павел)* Nereus.

Ни́рий *библ. (дед Зоровавеля, упоминается в родословии Иисуса)* Neri.

Ни́рия *библ. (отец Варуха, помощника пророка Иеремии)* Neriah.

Нирса́ Перси́дский, еп. мч. *см.* **Нирса́ Сциагарцада́тский, еп. мч.**

Нирса́ Сциагарцада́тский, еп. мч. *(363-443; д. п. 20 ноября / 3 декабря)* St. Nerses, Bp. of Sahred, Persia.

ниса́н *(название месяца в* **евре́йском календаре́***)* Nisan.

ниспо́сланный за грехи́ *(о наказании)* judicial ◊ **поветрие, н.-ое за г.** a judicial pestilence.

ниспосла́ть *(в религ. представлениях и поверьях – о Божестве, судьбе, посылающих людям что-л. свыше)* to send down (from heaven) ◊ **Бог ниспосылает дождь** God sends down rain; **наказание, ниспосланное Богом** judgement sent down of God; *ц.-сл.* "**... низпосли Духа Твоего Святого на ны и на предлежащия Дары сия**" *(отрывок из молитвы о нисхождении Святого Духа)* 'send down Your Holy Spirit upon us and upon these gifts here set forth!'

Нисро́х *библ. (ассирийское божество)* Nisroch.

нисхожде́ние descent ◊ **временное н. Святого Духа (в мир)** *неправосл.* the temporal mission; **н. Святого Духа** descent of the Holy Spirit.

нисше́ствие *см.* **нисхожде́ние**.

"Нихо́нги" *см.* **"Нихо́н сёки"**.

"Нихо́н сёки" *(япон. "Анналы Японии" – 720; древнейшая дошедшая до нас <вместе с "Кодзики"> запись япон. мифов)* the Nihonshoki.

ни́ша *(углубление в стене, прямоугольное или полукруглое в плане, имеющее различное завершение перекрытия)* niche, recess, bay; *(для скульптуры и т.п.)* habitacle, hovel; *устар.* housing ◊ **н. в стене церкви для хранения утвари** ambry, armarium; *истор.* sacrament niche.

ни́щенка beggar-woman.

ни́щенство 1. *(выпрашивание подаяния, милостыни)* begging; 2. *(нищета, нужда)* beggary.

ни́щенствовать *(просить милостыню)* to beg, to go begging, *устар.* to go abegging.

ни́щенствующий о́рден *катол. (монашеский орден, устав к-рого требует от его членов обязательного соблюдения бедности в духе первоначального христ-ва, т. е. отречения от любого имущества, существование на подаяние)* mendicant order ◊ **монах н.-его о.-а** mendicant (friar).

ни́щий 1. *(бедный)* poor ◊ **н. духом** poor in spirit; 2. *(попрошайка)* beggar, mendicant.

ни́щий-аске́т *(в индуизме)* bairagi.

Нобре́га, Мануэ́л да *(1517-70; португальский миссионер)* Nobrega; Manuel da.

Нов *библ. (город к северу от Иерусалима)* Nob.

Нова́лис *(настоящее имя Фридрих Леопольд фон Харденберг <Friedrich von Hardenberg>; 1772-1801; немец. поэт и публицист)* Novalis.

новатиа́не *истор. (раннехрист. секта, ересь 3-8 вв.; получила название по имени священников 3 в. – рим. Новатиана <Novatian> и карфагенского Новата)* the Novatians.

новациа́не *см.* **новатиа́не**.

"Но́вая англика́нская Би́блия" *(перевод Библии на совр. англ. язык; издан в двух томах: Новый Завет – 1961, Ветхий Завет – 1970)* the New English Bible.

"Но́вая жизнь" *(русское самоназвание) см.* **"Студе́нческое движе́ние за Христа́"**.

Но́вая неде́ля *см.* **Антипа́сха**.

но́вая тварь *(о христианине) библ.* a new creature ◊ **"кто во Христе, тот н.т."** *(Послание к коринфянам 5:17)* 'if any man be in Christ, he is a new creature'.

Новело́н, прп., блж. *(ум. 1280, катол. св., д. п. 13 августа)* Blessed Novellone.

новемдиа́лий *(в Зап. христ-ве – поминки на 9-й день по смерти)* novemdial, novendial.

нове́нна *катол. (девятидневное моление)* novena.

новициа́т *катол. (институт предварительной подготовки и апробации лица, желающего принять монашество; обычно период н.-а <period of probation> длится не менее года,* **нови́ций** *в течение этого срока, как правило, живёт в монастыре и подчиняется его распорядку, в· случае ус-*

пешного прохождения **н.-а** через полгода получает право ношения монашеской одежды; обычно перед принятием в **н.** кандидат-послушник <postulant> проходит кандидатский срок послушничества <postulancy, postulance>) novitiate, noviciate.

нови́ций *(см. новициа́т, послу́шник)* novice.

Новоде́вичий (Богоро́дице-Смоле́нский же́нский) монасты́рь *(основан в 1525 великим князем Василием Ивановичем в память присоединения Смоленска, именовался в 16 в. "обителью Пречистыя Богородицы Одигитрииновым девичьим монастырём"; здесь приняла иночество и жила царица Ирина Фёдоровна; отсюда Борис Годунов был призван на царство; здесь пострижена и погребена царевна София; в 1610 **Н. м.** был разорён и сожжён поляками, но возобновлён при Михаиле Фёдоровиче)* the Novo-Dyevitchi Convent, the Convent of the Maidens.

но́вое христиа́нство *см.* **неохристиа́нство**.

новозаве́тный of the New Testament ◊ **н.-ая [первая] церковь** the New Testament Church.

новокреще́нец newly baptized person, baptisand.

новокрещёная *сущ.* newly baptized woman.

новокрещёный *прил.* newly baptized; *сущ.* newly baptized man.

новоле́тие, церко́вное *(начало церк. года, в правосл. – с 1 сентября по старому стилю)* the Beginning of the "Indiction", i.e. of the church year.

новоме́сячия *библ.* the beginnings of the months ◊ **новолуние в н.** *библ.* in the new moons.

новому́ченики *(христиане, принявшие мученическую кончину за исповедание веры во Христа в сравнительно недавнее время; так Церковь именует всех пострадавших за веру в период послереволюционных гонений)* new [newly canonized] martyrs.

новонача́льник *см.* **послу́шник**.

новонача́льный и́нок *см.* **послу́шник**.

новообращённый newly converted, new convert, proselyte, *(христианин)* young Christian ◊ **н. на смертном одре** clinical convert; **н. христианин** the new man; **н.-ая христианка** the new woman; **работа с н.-ми** *(в западнохрист. миссионерстве)* follow-up; **собрание (для) н.-х** *(в западнохрист. миссионерстве)* follow-up meeting; **стать н.-м** *амер.* to experience religion.

новоплатони́зм *см.* **неоплатони́зм**.

новопосвящённый *(лицо, недавно посвящённое в духовный сан)* ordinee.

новопоста́вленный (в духо́вный сан) ordinee ◊ **н. священник** newly ordained priest, *катол.* neophyte.

новопоставля́емый *см.* **рукополага́емый**.

новопреста́вленный *(так усопший именуется в течение сорока дней после кончины, включая день смерти, даже если она произошла близко к полуночи)* recently deceased, recently departed.

Новоспа́сский (мужско́й) монасты́рь *(ставропигиальный, в г. Москве; с конца 15 в. был родовой усыпальницей знаменитых бояр, бывших в родстве с царским домом; к концу 16 в. был укреплён; в кон. 17 и в 18 в. был богадельней, инвалидным домом и местом заключения)* the New Monastery of the Savior.

Новоторжо́кский Борисогле́бский мужско́й монасты́рь *(г. Торжок Тверской обл.)* the New Torzhok Monastery of Sts. Boris and Gleb.

новоя́вленный newly brought to light, latter-day.

новру́з *см.* **ноуру́з**.

Но́вый Заве́т *(часть Библии, почитаемая христианами в качестве Свяще́нного Писания; состоит из 27 произведений – это 4 Евангелия, книга Деяний апостолов, 21 послание апостолов и книга Откровения Иоанна Богослова)* the (New) Testament, the New Covenant, *сокр.* NT, N.T. ◊ "**Н. З. Господа нашего Иисуса Христа́**" *(полное название)* the New Testament of Our Lord and Savior Jesus Christ; **Н. З. на греческом языке с подстрочным переводом на русский язык** the Interlinear Greek-Russian New Testament.

Но́ев *библ.* Noah's, Noachic(al), Noachian ◊ **Н. ковче́г** *см.* **ковче́г III**; **Н. пото́п** *библ.* Noachic deluge.

Ное́ма *библ. (дочь Ламеха и Циллы, сестра Тувалкиана, родоначальника ковачей из меди и железа)* Naamah.

Ноеми́нь *библ. (жена Елимелеха, мать Махлона и Хилеона, свекровь Руфи)* Naomi.

Ной *библ. (в преданиях иудаизма и христ-ва герой повествования о Всемирном потопе, спасённый праведник и строитель ковчега; спаситель мира зверей и птиц, через своих сыновей Сима, Хама, Иафета родоначальник всего послепотопного человечества)* Noah ◊ **семь заповедей Ноя** the Seven Precepts of Noah.

Нокс, Джон *(1515-72; идеолог и вождь шотл. Реформации)* Knox, John.

ноласка́нцы *(члены* **О́рдена Милосе́рдия Пресвято́й де́вы**, *основанного Петро́м Нола́ско в 1218)* the Nolascans, the Mercedarians.

Но́мва *см.* **Нов**.

Номокано́н *(сборник византийского канонического церк. права, включавший императорские постановления, касающиеся церкви, и церк. правила; в переводе на славянский язык – "законоправила", "законоправильник", см. тж* **Ко́рмчая кни́га**) the nomocanon.

номофила́кс *истор. (законохранитель, законоблюститель при константинопольском императорском дворе)* nomophylax.

Нон *библ. (отец вождя израильтян Иисуса Навина из колен Ефрема)* Non.

нонинтрузиони́сты *истор. (приверженцы свободной шотл. церкви, к-рые утверждали в 19 в., что священник может получить приход только с согласия прихожан)* the Nonintrusionists.

нонконформи́зм *(движение за отделение от государственной церкви религ. сообществ в Англии)* Nonconformity; *истор. (диссидентство, особ. отказ католиков присутствовать на англик. богослужении)* recusance, recusancy.

нонконформи́ст *(название с сер. 19 в. – тот, кто не подчиняется государственной церкви Англии, см. тж* **диссе́нтеры**) Nonconformist; *истор. (диссидент, особ. католик, отказывавшийся присутствовать на англик. богослужении)* recusant ◊ **н.-ы, не принадлежащие к англик. церкви** *пренебр.* chapel folk.

нонконформи́стская це́рковь the Free Church.

нонконформи́стский Nonconformist; *истор.* recusant.

Нонна, св. *(мать Григория Богослова, обратила в христ-во своего мужа язычника Григория, к-рый в 334 был посвящён во еп. Назианского; д. п. 5/18 августа)* St. Nonna.

"нора" *истор. (убежище священника, потайная комната, обычно в церкви или замке, где укрывались катол. священники во время преследования католиков в Англии)* priest('s) hole.

Норберт, еп. *(ок. 1080-1134; катол. св., д. п. 6 июня)* St. Norbert, Bp.

норито *(в синтоизме – восхваление, заклинание, моление, молитвословия)* norito.

носильный одр *библ. (носилки с балдахином, на к-рых носили знатных лиц во время парадных выходов)* chariot of the wood.

Нотбурга Тирольская *(ок. 1264-1313; катол. св., д. п. 14 сентября)* St. Notburga.

Ноткер Губастый, блж. *(830-912; монах Санкт-Галленского монастыря во Франции, композитор, сочинитель гимнов, составитель житий святых; д. п. 6 апреля)* Blessed Notker Balbulbus.

нотные книги *(богослужебные книги, предназначенные для пения)* ecclesiastic music books.

ноуруз *(мусульманский праздник нового года)* Noruz.

Нофа *библ. (моавитский город)* Nophah.

Ноха *библ. (один из сыновей Вениамина)* Nohah.

ношение бороды священнослужителями *(в Восточном христ-ве)* the wearing of beards by clerics.

нравственное богословие см. **богословие**.

нравственность morality, morals.

нравственный moral ◊ **н. аргумент** *(в пользу существования Бога)*, **н.-ое доказательство** *(бытия Божия)* the moral argument; **н. закон** moral law.

нунциатура *(дипломатическое представительство Ватикана в государствах, с к-рыми последний поддерживает дипломатические отношения)* nunciate.

нунций, папский *(посол Ватикана в государствах, с к-рыми последний поддерживает дипломатические отношения)* nuncio, истор. apocrisiary.

нусайриты *(члены этно-конфессиональной мусульманской общины, образовавшейся в 10 в. в среде "крайних" шиитов Сев. Сирии)* the Nusayri, the Nusairis, the Nosairis, the Nosairians, the Alawites, the Alawis.

"Ныне отпущаеши..." *(начальные слова славословия св. праведного Симеона, взявшего на руки младенца Иисуса, принесённого в Иерусалимский храм; Ев. от Луки 2:29-32; тж начало молитвы во многих церквах)* the Canticle of Simeon, лат. Nunc Dimittis ◊ **"Ныне отпущаеши раба Своего, Владыко, по глаголу Твоему с миром"** 'Lord, now lettest thou thy servant depart in peace, according to thy word'.

Ньингмапа *(школа буддизма в Тибете, основанная в последней четверти 8 в. Падмасамбхавой)* Rnying-ma-pa.

Ньюмен, Джон Генри *(1801-90; крупнейший англик., впоследствии катол. религ. деятель, богослов, философ, историк церкви)* Newman, John Henry, Cardinal.

нья́я *(последняя из шести ортодоксальных школ в индуизме; н. интересуется прежде всего не теорией сущего, а методологией разумного действия)* Nyaya.

"Нья́я-су́тра" *(основной текст филос. традиции ньяя)* the Nyaya Sutra.

Нэзики́н *(иврит "Законы и наказания"; одна из 6 основных частей* **Ми́шны** *– гражданское и уголовное право)* Nezikim, Nezikin.

нэмбу́цу *см.* **нембу́цу**.

О

оба́ку-сю *(япон. школа* ***дзэн(-будди́зма)****, основанная в сер. 17 в. выходцем из Китая по имени Иньюань Лунци (1592-1673) <Yin-yuan Lung-ch'i>, япон. Ингэн Рьюки <Ingen Ryuki>)* Obaku Zen.

оба́ятель *библ. (так русский текст Библии называет колдуна)* astrologer.

обвенча́ться *см.* **венча́ться**.

обветша́ть *см.* **ветша́ть**.

обвини́ть *кого-л.* **в богоху́льстве** to charge *smb.* with blasphemy.

обе́дница *см.* **изобрази́тельны**.

обе́дня *(простонародное название евхаристической службы, обыкновенно в предобеденное время)* the Liturgy, the Reader's [Communion] Service, *катол.* (Office of) the Mass, *англик.* the second service ◊ **идти к о.-е** to go to the Mass; **отслужи́ть о.-ю** to say the Mass; **первая часть о.-и** *катол.* Introit; **служение о.-и** office of the Mass; **служить о.-ю за упокой чьей-л. души** to say the Mass for *smb.'s* soul.

Оберли́н, Иога́н Фри́дрих *(1740-1826; филантроп, протест. пастор в Банде-ла-Рош <Ban de la Roche> в Вогезах)* Oberlin, Johann.

о́бер-прокуро́р Святе́йшего прави́тельствующего сино́да *истор. (государственная должность, учреждённая в 1722 Петром I; на правах министра руководил Синодом Русской правосл. церкви и всем ведомством правосл. вероисповедания)* the Chief Procurator of the Holy Synod.

обе́т *(клятвенное обещание, к-рое верующие дают Богу, исполнить какое-л. богоугодное дело)* vow, *(вступление в религ. орден)* profession ◊ **дать о. безбрачия, послушания, целомудрия, молчания** to vow celibacy, obedience, chastity, perpetual silence; **вечные о.-ы** perpetual [final] vows ; **дать о. выполнить** *что-л.* to take the sacrament; **дающий о.** *сущ.* vowmaker; **жертвоприношение по о.-у** votive offering; **король дал о. выстроить аббатство в случае победы** the king vowed an abbey to God for the victory; **монашеские о.-ы** monastic vows; **нарушающий о.** *прил.* vow-breaking; **нарушить о. безбрачия** to break a vow of celibacy; **невозвратные о.-ы** final vows; **о. нестяжания** vow of poverty; **по о.-у** votively, *лат.* ex voto; **о. послушания** vow of obedience; **постоянные о.-ы** perpetual [final] vows; **о. постоянства** *(клятва, даваемая каждым монахом-бенедиктинцем, быть до конца жизни верным монастырю, в к-ром он принял монашество)* vow of stability; **приношение по о.-у** votive offering; **связанный о.-ом** *прил.* vow-bound; **сдер-**

жать о. to keep a vow; **соблюдающий о.** *прил.* vow-keeping; **соблюдение о.-ов** observance of the vows; **торжественный о.** sacrament, *катол.* solemn vow; **хранить о.** to be loyal to a vow; **о. целомудрия** vow of chastity; **человек, давший о.** votary, votarist, *(женщина)* votaress.

обе́тный *(относящийся к обету, исполненный по обету)* votive, votal.

обетова́ние *библ. (обещание Бога человеку, народу или человечеству в целом сотворить с ним какую-л. милость, даровать какое-л. благо)* the promise ◊ "Итак Он, быв вознесен десницею Божиею и приняв от Отца о. Святого Духа..." *(Деяния святых апостолов 2:33)* 'Therefore being by the right hand of God exalted, and having received of the Father the promise of the Holy Ghost – '.

обетова́нный *(обещанный)* promised ◊ **о.-ая благодать** promised grace; **Земля о.-ая** *(так в Библии называется земля Ханаанская, "где течет молоко и мед" ("Исход" 3:8), обетованная Богом Моисею, к-рый, в соответствии с этим обетом, увёл свой народ от угнетавшего его егип. фараона)* the Land of Covenant, the Land of Promise, the Promised Land.

обе́щник *библ. (товарищ)* partner, partaker.

обжо́рство *(один из семи смертных грехов)* gluttony.

обита́лище *(жилище, пристанище)* abode ◊ **о. души** the abode of soul.

обита́лище де́монов *см.* **пандемо́ниум**.

обита́тель *(монастыря и т. п.)* inmate.

обита́тельница *(монастыря и т. п.)* inmate.

оби́тель 1. *(монастырь)* cloister, monastery ◊ **монашеская о.** community of monks; **2.** *(всякое место пребывания кого-л. или чего-л.)* abode ◊ **Да будет ваша последняя о. с Богом** Let your final abode be with God; **последняя о.** final abode.

обитуа́рии *(списки умерших, катол. синодик)* obituary ◊ **составитель о.-й** obituarist, obituarian; **составлять о.** *редко* to obituarize.

обихо́д I *(правила церк. пения)* the rules of church singing ◊ **"О. церковного нотного пения"** *(нотная церк. книга; её основу составляют песнопения суточного круга – всенощной и литургии)* the choristers' book of church singing of the Russian Orthodox Church.

обихо́д II *(самый употребительный распев у православных)* the mostly used plain chant.

обла́тка *(маленькая лепёшка из пресного теста; употребляется у католиков в таинстве евхаристии)* wafer, *истор.* obley ◊ **священная о.** sacramental wafer.

обла́ты *катол.* **1.** *(в средневековых монастырях различные категории живших при них лиц:* **а)** *дети, отданные монастырям родителями;* **б)** *взрослые, отдавшие монастырям свой труд, собственность и т. п.)* oblates; **2.** *(члены различных конгрегаций, религ. организаций)* the Oblates; **3.** *(посвящённые монашеской жизни)* oblates.

Обла́ты непоро́чной Де́вы Мари́и *(катол. монашеская конгрегация, основанная в 18 в. в Провансе, Франция)* the Oblates of Mary Immaculate.

Обла́ты св. Амвро́сия *(конгрегация; основана в г. Милане в 1578 под руководством Карла Борромео, ум. 1584 <Charles Borromeo>)* the Oblates of St. Ambrose.

облачать *см.* **облачить**.

облачаться *(надевать священнические одежды перед службой)* to garb [dress] in ecclesiastical vestments, to vest.

облачение *(священнослужителей)* **в священные одежды** vesting.

облачение священнослужителя *см.* **облачения, одеяние**.

облачение служащего мессу *катол.* chasuble.

облачения *(одежды церковно- и священнослужителя, в к-рые он облачается при богослужении)* (sacred) vestments, sacerdotal robes, church attire, (the long) robes, canonical dress, canonicals ◊ **о. архиерейские** archiepiscopal vestment, pontificals; **о. диаконские** deaconal vestments; **духовенство в белом о.-ии** priests attired in white; **епископское о.** bishop's toggery; **о. иерейские** priestal vestments; **относящийся к о.-ю** vestiarian; **о. священника** clerical garb, clerical garment; **священники в о.-и** vested priests.

облачить to robe (in) ◊ **о. в рясу** to clothe *smb.*, to clothe with religious habit, to invest with the habit of a religious; **он был облачён в рясу в качестве келейника в 1825 под именем Франсис Мария** he was clothed as a lay brother in 1825 with the name Francis Mary.

облачиться to robe, to put on robes ◊ **о. в кардинальские одежды** to don the scarlet.

облечение духовной властью *англик. юр. (священника в данном бенефиции [приходе] после церемонии введения)* institution.

облечение силой Духа Святого empowering of the (Holy) Spirit.

облечься во Христа to put on Christ.

обличительное богословие *см.* **богословие**.

облобызати *ц.-сл. см.* **облобызать**.

облобызать *(приветствовать, целуя и / или обнимая)* to kiss.

обмирщать *см.* **секуляризировать**.

обмирщаться to free *oneself* from church influence.

обмирщение *(церкви, чрезмерное приспособление к светскому образу жизни; тж **секуляризация**)* worldliness.

обнародование *катол. (нового закона, догмата и т. п.)* promulgation.

обновление, духовное renovation (of soul), spiritual renewal.

Обновление храма *(праздник, установленный Иудой Маккавеем в память об очищении храма в Иерусалиме в 164 до н. э.)* the Feast of Dedication.

Обновление храма вмч. Георгия в Лидде *(д. п. 3/16 ноября)* the Renovation of the Church of St. George the Great-M. in Lydia.

обновленцы *истор. (тж **живоцерковники**)* the Revivalists.

Обновленческая церковь *истор. (оппозиционное движение в русском православии послереволюционной поры, ставившее свой задачей приспособиться к советской действительности, реформировать культ и повлекшее за собой временный раскол РПЦ; возникло весной 1922)* the Renovated Church.

обновленчество *(см. тж **Обновленческая церковь**)* Renovationism.

обожение *(1. концепция, согласно к-рой человек может проникаться Божественной энергией и соединяться с Богом; 2. см. **теозис**)* deification, apotheosis.

обожествле́ние deification, worshipping, divinization, apotheosis, *греч.* theosis ◊ **о. нек-рых природных явлений** nature worship.
обожествля́ть to deify, to worship, to apotheosize, to divinize, to divinify.
обожествля́ющий deific.
обо́л св. Петра́ *см.* **грош св. Петра́**.
оборотень *(демонический персонаж в мифологии и верованиях многих народов Европы, Азии, Африки, Америки: колдун, обернувшийся животным, или человек, обращённый в животное колдуном)* were-animal; *(с приставкой "were-" – любое животное-оборотень)* were-ass, werebear, werefox, werehyena, werejaguar, weretiger, werewolf.
о́браз 1. *(облик, вид, внешность)* image ◊ **Бог сотворил человека по своему о.-у и подобию** God created man in his image and likeness; **о. Божий** *богосл. (в отношении человека, к-рого Бог сотворил "по своему о.-у и подобию")* image of God, *лат.* imago Dei; **2.** *(священное изображение или предмет, показывающий духовное значение Божественных и небесных лиц и предметов; к о.-у относятся прежде всего иконы, а тж сам интерьер храма, утварь церковная, архит-ра)* icon, sacred [holy, cultus] image; **о.-ы** *собир.* imagery; **3.** *(лик Иисуса Христа)* representation [image] of Jesus Christ.
образе́ц *(оригинал, с к-рого снимаются копии)* archetype.
образе́ц доброде́тели paragon of virtue.
образна́я *сущ.* **1.** *(помещение в доме, где висели иконы)* icon-room; **2.** *(мастерская иконописца)* icon maker's workshop.
образова́ние ◊ **религиозное о.** religious education, religious learning; **светское о.** secular education, secular learning.
образо́к *(икона маленького размера)* small icon.
обрати́ться в *(какую-л.)* **ве́ру** *амер.* to experience religion ◊ **о. в католичество** *(об англиканце)* to become a "vert"; **о. в магометанство** to turn Mohameddan; **о. в христ-во** to turn Christian.
обрати́ться к Бо́гу от и́долов *библ.* to turn to God from idols.
обрамля́ть 1. *(вставлять в раму)* to (set in a) frame; **2.** *(окаймлять)* to set off.
обра́тная перспекти́ва *(система изображения пространства на плоскости, противоположная прямой центральной перспективе; о. п. – один из принципов условного изображения, характерный и обязательный для икон)* obverse [inverted, inverse] perspective.
обра́тная сторона́ ико́ны reverse of the icon.
обраща́ть *(в другую веру)* to convert, *(обыкн. в свою)* to proselytize ◊ **о. в другую веру христ. страну** to dechristianize; **о. в ислам** to Mohammedanize, to islamize, to moslemize; **о. в католичество** to convert to Catholicism; **о. в христ-во** to evangelize, to convert to Christianity; **он обратил много людей в свою веру** he made many converts.
обраще́нец *(тот, кто обращён в др. веру)* convert.
обраще́ние 1. *(принятие человеком или группой людей определённого вероисповедания, переход в др. веру, религию)* conversion (in)to ◊ **о. в веру** the conversion to faith; **о. в ислам** Mohammedanization; **о. в правосл. христ-во** the conversion to Orthodox Christianity; **о. в христ-во** the conversion to Christianity; **о. в христ-во силой** the conversion to Christianity by force; **"Обращение грешников"** *(иконографическая композиция)* The Conversion;

о. язычников *библ.* the conversion of the Gentiles; **о. язычников в христ-во** the conversion of the heathen to Christianity; **число обратившихся** *(к Богу)* the number of conversions; **2.** *(взывание к Богу)* invocation.

Обращéние св. ап. Пáвла *(катол. и англик. праздник, 25 января)* the Conversion of Paul, Apostle, the Conversion of St. Paul, *лат.* Conversio S. Pauli, Apostoli.

обращённый в другу́ю вéру *сущ.* convert ◊ **о. в иудаизм** proselyte, a convert to Judaism; **о. в католичество** *разг.* vert; **о.** *(в христианство)* **на смертном одре** clinical convert.

обрéзание *(1. библ. в Ветхом Завете обряд у иудеев, к-рый состоял в обрезании крайней плоти <the foreskin> всех младенцев муж. пола на 8-ой день после рождения; 2. ритуал о.-я существует у иудеев <над младенцами>, мусульман <над мальчиками 7-10 лет>, аборигенов Австралии и жителей нек-рых островов Папуа-Новая Гвинея)* circumcision.

Обрéзание Гóспода нáшего Иису́са Христá *(один из праздников в православии, приравненных к двунадесятому; отмечается 1/14 января)* (the Feast of) the Circumcision of Our Lord and Savior, Jesus Christ, the Circumcision (of Christ).

Обрéзание Госпóдне *см.* **Обрéзание Гóспода нáшего Иису́са Христá.**

обрéзание, жéнское *(у ряда народов, исповедующих ислам, практикуется жен. обрезание, заключающееся в удалении из влагалища клитора, в редких случаях – губы)* clitoridectomy.

обрéзание у иудéев *см.* **брит-мила.**

обрéзание у мусульмáн *см.* **суннáт.**

обрéзанные *библ., собир. (иудеи)* the circumcision.

обрéзáть *(совершать обрезание)* to circumcise.

обрести́ благодáть у Бóга [пред Бóгом] *библ.* to find favo(u)r with [before] God.

обрести́ вéру *см.* **увéровать.**

обретéние *(нахождение)* finding, invention ◊ **о. иконы** invention of the icon; **о. мощéй** finding of the venerable relics; **1-ое (2-ое, 3-е) о. главы Иоанна Предтечи** *(24 февраля / 9 марта, 25 мая / 7 июня)* the First (Second, Third) Finding of the Venerable Head of St. John, the Glorious Prophet, Baptist and Precurser of Our Lord.

Обретéние мощéй му́чеников, и́же во Евгéнии *(д. п. 22 февраля / 7 марта)* the Finding of the Venerable Relics of Sts. Martyrs at Eugenia.

Обретéние мощéй первомч. архидиáкона Стефáна *(правосл., д. п. 15/28 сентября)*; **Обретéние мощéй св. Стефáна первомч.** *(катол., д. п. 3 августа)* the Finding of the Body of Stephen, protomartyr.

Обретéние Святóго Крестá Госпóдня *катол. (отменён; отмечался 3 мая до 1960)* the Invention [Finding] of the Cross, the Holy-Rood Day.

Обретéние Честнóго Крестá и гвоздéй св. царúцей Елéной во Иерусалúме *правосл. (в 326 византийская императрица Елена обрела [обнаружила] в Иерусалиме остатки трёх крестов, в одном из к-рых благодаря чудесному исцелению узнала истинный Крест, на к-ром был распят Христос; празднуется 6/19 марта)* the Feast of the Finding of the Cross (and the nails).

обречённые the damned ◊ **души о.-х** the souls of the damned; **муки о.-х** the tortures of the damned.

обруча́льное кольцо́ church [wedding] ring.

обруче́ние betrothel; *(первая часть обряда венчания)* the preliminary Office of Betrothel ◊ **о. Марии с Иосифом** *библ.* the betrothel of Joseph and Mary.

обруче́нник betrothed.

обруче́нница betrothed.

обручённый betrothed.

обручи́ть to betroth ◊ **о.-ся с кем-л.** to betroth *oneself* to smb.

обру́чник *см.* **обруче́нник**.

обру́чник и обру́чница *(обручённая пара)* the betrothed pair.

обру́чница *см.* **обруче́нница**.

обря́д *(целостная система богослужебного, канонического, духовного, бытового уклада того или иного сообщества; в наст. время в христ-ве существуют латинский [Западный], византийский [Восточный], александрийский, антиохийский, армянский и халдейский о.-ы; протестанты и новообразовавшиеся секты не имеют своего исторически сложившегося о.-а)* rite, ceremony, action, observance, (church) ritual, (church) office, ceremonial ◊ **амвросианский о.** the Ambrosian rite [ritual]; **богослужебные о.-ы** liturgical rites, *катол.* the Roman liturgical observances; **византийский о.** *см.* **византи́йский обря́д**; **запрещённый о.** taboo custom; **о. инициации** the initiation ritual; **о. крещения** the Office of Baptism; **о.-ы крещения детей** child rites; **лати́нский о.** *см.* **лати́нский обря́д**; **о. освящения** office of consecration; **о. очищения** *см.* **очище́ние I**; **погребальные о.-ы** last offices, obsequial rites; **поминальные о.-ы** funeral [last] rites; **превращать в о.** to ritualize; **о. примирения** *(с Богом; новое название епитимьи в нек-рых неправосл. церквах)* rite of reconciliation; **религиозные о.-ы** *(совокупность определённых традиционных действий, к-рые могут, согласно религ. представлениям, оказать влияние на естественный ход вещей и воздействовать на сверхъестественные силы, особ. в наиболее важные моменты жизни)* forms of worship, religious exercises, exercises of devotion; **о. священной нити** *(тж упана́яна; в индуизме – церемония посвящения мальчиков на восьмом году жизни, или в любом возрасте, но до двенадцати лет, а тж церемония перед вступлением мальчика в монахи; священная нить, используемая в церемонии посвящения, состоит из петли из трёх или четырёх крепких хлопчатобумажных нитей)* the sacred thread ceremony; **священные о.-ы** sacramental [sacred] rites; **соблюдать о.-ы** to ritualize; **соблюдать установленные о.** to maintain the customary observance; **совершать торжественный о.** to solemnize; **совершать церковный о.** *(над кем-л.)* to church; **тайные о.-ы** arcane rites; **униат византийского [греческого] о.-а** a Uniat of the Byzantine Rite; **участник религиозного о.-а** *амер.* celebrant; **церковный о.** benefit of clergy.

обря́дник *катол. (книга правил торжественных богослужений)* ceremonial ◊ **о. архиерейского служения** pontifical.

обря́дность ceremonies, rites ◊ **пристрастие [тенденция] к о.-ти** leaning to ritualism; **религ. о.** *(внешнее проявление религиозности)* the externals of religion, the ceremonial part of worship, external acts of worship; **чрезмерная о. в церк. практике** ecclesiasticism.

обря́довость ritualism, ceremonialism ◊ **тенде́нция [пристра́стие] к о.-ти** leaning to ritualism.

обря́довые це́ркви *катол. см.* **униа́тские це́ркви**.

обря́довый ritual, ceremonial, sacral ◊ **о. зако́н** *(часть закона Моисеева, касающаяся отправления культа)* ceremonial law.

обсерва́нты *(монахи-францисканцы, к-рые в отличие от* **конвентуа́лов** *строго выполняли все правила и обряды, установленные для их ордена; в 1897 объединены папой Львом XIII вместе с другими францисканскими течениями монахов в орден* **минори́тов** <the Order of Friars Minor>*)* the Observantines, the Observants, the Observantists, *лат.* Fratres de Observantia.

обузда́ть свои́ стра́сти to curb *one's* passions.

"обу́тые" *(о монахах, носящих обувь) прил.* calced.

"О́бщая Би́блия" *(новый перевод Библии на совр. англ. язык; вышел в 1973; признаётся и протестантами, и католиками, поэтому называется "общей")* the Common Bible.

общежи́тельный *(о монастыре, в к-ром монахи живут, имея всё общее)* cenobitic(al) ◊ **о. монасты́рь** cenobitic monastery, coenobium, cenoby.

общежи́тие монасты́рское *(как образ жизни)* cenoby, cenobitical life, cenobitic monasticism.

обще́ние *библ.* fellowship ◊ **о. Свято́го Ду́ха** *библ. (причастие Духа Святого)* fellowship of the Holy Spirit; **о. с Го́сподом** fellowship with the Lord.

обще́ние святы́х *(1. духовный союз христианина с Христом и между христианами; 2. о. всех христиан на земле; 3. приобщение святых таинств, особ. при евхаристии)* communion of saints, *лат.* Communio Sanctorum.

обще́ственное богослуже́ние *(совершается для собрания или общества верующих в отличие от богослужения частного, т. е. священнодействия для отдельного лица)* public worship.

О́бщество англик. це́ркви по оказа́нию по́мощи де́тям *(филантропическая организация; содержит сиротские приюты и т. п.)* the Church of England Children's Society.

О́бщество "Благове́стие де́тям" the Child Evangelism Fellowship.

О́бщество Богома́тери *см.* **"Больша́я го́рница"**.

О́бщество боже́ственной жи́зни *(религ.-благотворительная организация; создана в 1936 южно-индийским философом и врачом, принявшим монашеское имя Свами Шивананда)* the Divine Life Society.

О́бщество Бра́хмы *см.* **"Бра́хмо Сама́дж"**.

О́бщество вели́кого Просветле́ния *(международное общество, основанное в 1891 в Шри-Ланке буддийским монахом Анагарика Дхармапала* <Anagarika Dharmapala>*)* the Mahabodhi Society.

О́бщество друзе́й *(название основной религ. организации* **ква́керов***)* the (Religious) Society of Friends.

о́бщество Изра́илево *библ. (народ Израиля)* the congregation of Israel.

О́бщество Иису́са *(катол. монашеский орден, тж* **о́рден иезуи́тов***, основанный в г. Париже в 1534 испанцем Игнатием Лойолой)* the Society [Company] of Jesus, the Jesuits Order, *лат.* Societas Jesu, *сокр.* S.J.

Общество

Общество по распространению христианских знаний *англ. (выпускает церк. лит-ру, владеет рядом специализированных книжных магазинов; основано в 1698)* the Society for Promoting Christian Knowledge, *сокр.* S.P.C.K.

Общество Пресвятого Сердца *(религ. орден для женщин во Франции, основанный в 1800)* the Society of the Sacred Heart.

Общество распространения веры *(катол. организация по сбору средств для миссионеров)* the Society for Propagation of the Faith.

Общество распространения Евангелия в других странах *(англик. общество, основанное в 1701)* the Society for the Propagation of the Gospel in foreign parts.

Общество свидетелей Иеговы *см.* "**Свидетели Иеговы**".

Общество св. Иоанна Евангелиста *(англик. миссионерская организация как священников, так и мирян)* the Society of St. John the Evangelist, *сокр.* S.S.J.E., the Cowley Fathers.

Общество соблюдения дня Господня *англик. (пуританское общество; отстаивает святость воскресенья и борется против развлечений, в т.ч. спортивных соревнований, в этот день; основано в 1831)* the Lord's Day Observance Society.

Общество сознания Кришны *см.* **Международное общество сознания Кришны**.

Общество Сторожевой башни (, Библии и брошюр) *(официальная организация "Свидетелей Иеговы")* the Watch Tower (, Bible and Tract) Society.

Общество христианской любви *истор. (мистическая и отчасти антиномистская секта, основанная Хендриком Никласом в 16 в. в Голландии)* the Family of Love ◊ **члены этого о.-а** the Familists.

Общие баптисты *(течение в мировом баптизме, возникло в первой пол. 17 в. в Англии и США)* the General baptists.

община *(группа населения, объединённая по религ., расовому или национальному признаку)* community ◊ **греч. и турецкая о.-ы на Кипре** Greek and Turkish communities in Cyprus; **о. духовенства** *(живущая вместе при соборе, монастыре и т.п.)* college, collegium; **монашеская о.** monastic community; **религиозная о.** religious community; **христианская о.** Christian community; **о. церковная** ecclesia; *амер. (особ. в шт. Новая Англия)* society.

община аманов *см.* **аманы**.

"Община Онейда" *(протест. утопическая секта, возникшая в США в сер. 19 в.)* the Oneida Community.

общинность collegiality.

общинножительный *см.* **общежительный**.

общинный *(относящийся к прихожанам определённой конгрегации)* congregational.

общник *см.* **общник**.

общность fellowship.

Объединение англиканских церквей всего мира *(см.* **Англиканское содружество***)* the Anglican Communion.

Объединённая методистская церковь США *(протест. конфессия, созданная в 1968 Методистской церковью и Объединённым братством евангелистов <the Evangelical United Brethren>)* the United Methodist (Free) Church.

Объединённая пресвитериа́нская це́рковь *истор. (протест.* · *церковь в Шотландии; образована в 1847; в 1900 слилась со Свободной шотл. церковью, образовав Объединённую свободную церковь Шотландии)* the United Presbyterian Church.

Объединённая пресвитериа́нская це́рковь США *(крупнейшее пресвитерианское религ. объединение страны, созданное в 1958 Пресвитерианской церковью США <the Presbyterian Church in the USA> и Объединённой пресвитерианской церковью Сев. Америки <the United Presbyterian Church of North America>)* the United Presbyterian Church in the USA.

Объединённая реформи́рованная це́рковь *(создана в 1972 путём слияния Конгрегационалистской церкви в Англии и Уэльсе с Пресвитерианской церковью Англии)* the United Reformed Church.

Объединённая свобо́дная це́рковь Шотла́ндии *(создана в 1900 путём слияния Объединённой пресвитерианской церкви со Свободной шотл. церковью)* the United Free Church of Scotland.

Объединённая сепарати́стская це́рковь *истор. (в 1847 слилась с Освобождённой церковью <the Relief Church> в Объединённую пресвитерианскую церковь)* the United Secession Church.

Объединённое о́бщество ве́рующих во второ́е прише́ствие Христа́ *(официальное название после 1787 секты* ***ше́йкеров*** *в США)* the Millennial Church, the United Society of Believers in Christ's Second Appearing, the Alethians.

Объединённое о́бщество распростране́ния Ева́нгелия *(религ. миссионерское общество англик. церкви с центром в г. Лондоне, основано в 1965)* the United Society for the Propagation of the Gospel, *сокр.* U.S.P.G. ·

объе́зд о́круга пропове́дником *(у методистов)* itinerancy.

объяви́ть о предстоя́щем бракосочета́нии *см.* **огласи́ть имена́ вступа́ющих в брак.**

объявля́ть вне зако́на *(изгонять, высылать, осуждать и запрещать какую-л. религию)* to proscribe ◊ **католици́зм был объя́влен вне з., католици́зм был осуждён и запрещён** Catholicism was proscribed.

обы́денный *(однодневный, суточный)* (for) one-day, (for) twenty-four-hours ◊ **о.-ая це́рковь** *(построенная по обету всем народом за сутки в благодарность за победу, а тж за предотвращение или прекращение какого-л. бедствия)* the church built for one day; **храм Св. Проро́ка Илии́ Обы́денного** *(в Москве)* the Church of St. Prophet Elijah built for one day.

обы́чай, религио́зный *(стереотип поведения, связанный с соблюдением норм религ. вероучения и реализующийся гл. обр. в сфере семейно-бытовых отношений)* religious custom.

Овади́я *библ. (муж. имя)* Obadiah.

О́вал *библ. (сын Иоктана, прародитель одного из аравийских народов)* Obal.

О́вед-Е́дом *библ. (муж. имя)* Obed-edom.

Ове́чьи воро́та *библ. (в восточной стене Иерусалима на севере от мечети Омара)* the sheep gate.

О́вид *библ. (сын Руфи и Вооза, отец Иессея, дед Давида; упоминается в родословии Иисуса)* Obed.

овца ◊ **вернуть заблудшую о.-у в овчарню** *библ. (перен. – наставить человека на путь истинный)* to bring back the stray sheep to the fold; **"заблудшая о."** *(человек, сбившийся с пути истинного)* the stray [lost] sheep; **о.-ы, не имеющие пастыря** *библ. (перен. – группа людей без предводителя, беспомощная, беспорядочная масса, толпа)* sheep not having a shepherd; **потерявшаяся о.** *библ.* a sheep which is gone astray.

Ог *библ. (царь Васана; потерпел поражение от израильтян под водительством Моисея в битве при Едрее и пал в этой битве)* Og.

огарок свечи candle-end, candle snuff.

огласительный catechetical ◊ **"О.-ое слово святителя Иоанна Златоуста"** The Catechetical Address of St. John Chrysostom; **О.-ое училище в Александрии** *(христ. училище, к-рое основано было, как полагают, ещё во времена апостольские евангелистом Марком)* the Catechetical school of Alexandria, the Alexandrian Cathechetical school.

огласить имена вступающих в брак *англик., катол.* to call [ask, publish, read] the banns (of marriage).

оглашение *(предшествующее крещению, ознакомление желающих принять христ-во с его учением)* catechumenation, *устар.* asking.

оглашение имён лиц, предполагающих вступить в брак *англик., катол. (произносится в церкви три воскресенья подряд с целью выяснить, нет ли препятствий к его заключению)* banns of marriage ◊ **вторичное о. и. л., вступающих в брак** the second time of asking.

оглашение папского указа об утверждении *кого-л.* **епископом, кардиналом** *и т.п.* preconization ◊ **оглашать папский указ** to preconize; **тот, кто оглашает папский указ** preconizer.

оглашённый *(готовящийся к таинству крещения; в древней церкви о.-е не могли присутствовать во время таинства евхаристии)* audient, catechumen ◊ *(славословие священника во время ектении о.-х)* *ц.-сл.* **"Елицы оглашеннии, изыдите: оглашеннии, изыдите: елицы оглашеннии, изыдите: да никто от оглашенных, елицы вернии, паки и паки миром Господу помолимся."** 'All ye Catechumens, depart, Depart, ye Catechumens. All ye that are Catechumens, depart; let no Catechumens remain. But let us who are of the faithful again, yet again, in peace, pray unto the Lord'; **о.-е, допускаемые к заключительному приготовлению к крещению** competentes, the 'electi', the 'illuminated ones'.

огненная жертва *см.* **жертва – ж. всесожжения.**

огнепоклонник fire worshipper, ignicolist, pyrolater.

огнепоклонничество *см.* **огнепоклонство.**

огнепоклонство *(ритуальное почитание огня)* fire worship, pyrolatry.

Огола *библ. (символическое наименование Самарии, данное Иезекиилем)* Aholah.

Оголива *библ. (символическое наименование Иерусалима, данное Иезекиилем)* Aholibah.

огонь, жертвенный altar-fire, the fires of sacrifice.

огонь и сера *библ. (символ кары, наказания, уничтожения)* fire and brimstone.

огораживать монастырь *(ставить ограду вокруг монастыря)* to enclose a monastery.

огра́да *(напр. монастыря)* enclosure ◊ **крепостна́я о.** enceinte.

огради́ть себя́ кре́стным зна́мением *(перекреститься)* to make the sign of the cross.

огражде́ния *(деревянные, каменные, металлические внутри храма, разделяющие храм на две или более частей)* screens.

О́да До́брый, Кентербери́йский, архиеп. *см.* **О́до До́брый, Кентербери́йский, архиеп.**

О́дард Камбре́йский, еп., блж. *см.* **О́до Камбре́йский, еп., блж.**

одаря́емый *(лицо или организация, получающая дар, пожертвование)* donatory, donee.

Оде́д *библ. (муж. имя)* Oded.

оде́жда, церко́вная *(см. тж* **одея́ние**) ecclesiastical vestment, ecclesiastical attire, clerical dress, clerical garment, clericals ◊ **в мона́шеской о.-е** in the guise of a monk; **церк. о. из золото́й парчи́** gold-brocaded ecclesiastical vestment; **чёрная о. кальвини́стских свяще́нников** *(свободно спадающая с широкими рукавами; широко используется протест. проповедниками)* Geneva gown.

оде́жды погреба́льные cerements.

оде́жды святы́х *(на иконах)* raiment, habiliments ◊ **о. арха́нгела** *(на иконах)* the raiment of the Archangel.

Оде́н Руа́нский, еп. *см.* **Уэ́н Руа́нский, еп.**

одержи́мость *(бесами, Сатаной, диаволом)* possession.

одержи́мый бе́сами *см.* **бесноватый**.

одесну́ю *ц.-сл. (по правую руку, с правой стороны)* on the right hand, at the right hand ◊ **И возше́дшаго на небеса́, и седя́ща одесну́ю Отца́** *(из Символа веры)* And ascended unto heaven, and sitteth at the right hand of the Father.

одея́ние *(см. тж* **облаче́ния**) garb, habiliments ◊ **о. архиере́я, надева́емое при освяще́нии алтаря́, омове́нии ног** *и др.* sab(b)anon, *греч.* emphotion; **о. (мона́рха) во время корона́ции** Coronation robes; **о. мона́ха** (friar's) habit; **о. священнослужи́теля** ecclesiastical vestment, ecclesiastic attire, clerical garment, clerical dress; clericals; **облачённый в кра́сное о. кардина́ла** robed in the scarlet of a cardinal; **почётное о.** *библ.* Joseph's coat.

Одиги́трия *(греч. "путеводительница" или "крепкая помощница"; иконографический тип изображения Богоматери с Младенцем Иисусом; Младенец сидит на руках Богоматери, правой рукой он благословляет, а левой – держит свиток, реже – книгу)* the Virgin Hodigitria, the Virgin Hodegetria.

Оди́ло Клюни́йский, абба́т *(962-1049; катол. св., д. п. 1 января)* St. Odilo, abt.

Оди́ль Эльза́сская, прп. *(ум. ок. 720; катол. св., д. п. 13 декабря)* St. Odilia, abbess.

О́до До́брый, Кентербери́йский, архиеп. *(ум. 959; катол. св., д. п. 4 июля)* St. Odo the Good.

О́до Камбре́йский, еп., блж. *(1050-1113; религ. деятель, духовный писатель, катол. св., д. п. 19 июня)* Blessed Odo of Cambrai.

О́до Клюни́йский, абба́т *см.* **О́дон Клюни́йский, абба́т**.

Одолла́м *библ. (ханаанский царский город)* Adullam.

Одома́р Теруа́нский, еп. *см.* **Оме́р Теруа́нский, еп.**

Óдо Нава́рский, отше́льник, блж. *(ок. 1100-1200; д. п. 14 января)* St. Odo of Navara.

Óдон Клюни́йский, абба́т *(ок. 879-942; катол. св., д. п. 18 ноября)* St. Odo of Cluny, abt.

Одо́рик, прп., блж. *(ок. 1285-1331; катол. миссионер и исследователь Ближнего Востока и особ. Китая, катол. св., д. п. 14 января)* Blessed Odoric Mattiuss, Blessed Odoric of Pardenone.

одр *(ложе, постель)* ◊ **на смертном о.-е** on *one's* deathbed, in the article of death.

Óдульф, прп. *(ум. ок. 855, миссионер, катол. св., д. п. 12 июня)* St. Odulf.

ожесточе́ние се́рдца hardness of heart.

"оживки" *см.* **бли́ки, движки́.**

оживля́ть to make alive ◊ **"Господь умерщвляет и оживляет, низводит в преисподнюю и возводит"** *(1-ая книга Царств 2:6)* 'The Lord killeth, and maketh alive, he bringeth down to the grave, and bringeth up'.

оживотворе́ние *см.* **олицетворе́ние.**

Óза *библ. (сын Аминадава, в доме к-рого находился Ковчег Завета)* Uzzah.

озаре́ние *(метафорическое выражение, применяемое в теологии и религ. философии для обозначения непосредственного усвоения Божественной истины)* illumination, the illuminative way.

о́зеро Геннисаре́тское *см.* **Галиле́я.**

Озиа́ндер, Андре́й *(1498-1552; немец. деятель Реформации)* Osiander, Andreas.

Озии́л *библ. (муж. имя)* Uzziel.

Ози́я *библ. (царь Южного царства Иудея)* Uzziah.

Óзний *библ.* Ozni.

окади́ть *(тж кади́ть)* to cense.

ока́нный 1. *(проклятый, нечестивый, преданный поруганию)* damned, (ac)cursed; **2.** *(грешный)* sinful; **3.** *(бедный, достойный сожаления, жалкий)* poor; **4.** *сущ. (диавол, злой дух)* the Evil Spirit, the Evil One.

ока́нство *(греховность)* sinfulness.

ока́нствовать *(вести греховную жизнь)* to live a life of sin.

Оки́но, Бернарди́но *(1487-1564; итал. богослов, протест. реформатор)* Ochino, Bernardino.

окказионали́зм *(идеалистическое философское учение 17 в., отрицавшее причинное взаимодействие сотворённых вещей, со ссылкой на Бога – единственную подлинную причину всего существующего; сторонники о.-а вместо причин реальными признавали только благоприятные случаи, к-рые Бог использует как поводы явить Свое действие)* occasionalism.

оккульти́зм 1. *(мистическое учение о сверхъестественных безличных силах, к-рые существуют в природе, персонифицируются под влиянием заклинаний и обрядов и могут быть подчинены человеку; не путать с* **каб-бало́й***)* occultism; **2.** *(представление о возможности общения с загробным миром)* psychomancy.

оккульти́ст *(последователь оккульти́зма 1.)* occultist.

окку́льтные нау́ки *(общее название мистических и эзотерических учений)* the occult (sciences), the occult learning.

оккультный occult.

оклад *(декоративное защитное покрытие из металла – золота, серебра, латуни, украшенное чеканкой, филигранью, эмалью, драгоценными камнями) (иконы)* metal cover [mounting] of an icon, metal shield of an icon, icon incasement, (metal) casing, icon setting, metal frame ◊ **о. иконы, к-рый закрывает собой живописный фон** metal mounting covering the painted background of an icon; *(Евангелия)* gospel cover, gospel binding ◊ **Евангелие с о.-ом из золота и серебра** gospel covered with gold and silver bindings.

окно window ◊ **ажурное о.** tracery window; **арочное о.** arched [round headed] window; **веерное о.** fan-window; **венецианское о.** *(арочное о. с прямоугольными частями по бокам)* Venetian [picture] window; **верхний ряд окон** *(в соборах Западной раннехрист. архит-ры)***, освещающий главный неф** clerestory, clearstory; **о., забранное решёткой** trellised window; **сводчатое о.** lancet window; **слуховое о.** dormer (window), gable-window; **стрельчатое о.** lancet [ogive, compass] window; **щелевое о.** slit window.

"**око за око, зуб за зуб**" *(Второзаконие 19:21)* 'eye for eye, tooth for tooth', an eye for an eye, and a tooth for a tooth'.

околдовать to charm by sorcery.

окормление 1. *(еда, одежда и жилище членов монашеских орденов и епархиальных священников, а тж всё необходимое для обеспечения духовно-религ. потребностей)* alimentation; **2.** *(забота о душах; осуществляется священником, к-рый преподаёт Св. Дары, служит в церкви, проповедует и заботится о бедных и больных)* care of souls ◊ **духовное о.** ecclesiastical guidance.

окрестить 1. *(крестить)* to baptize, to christen; **2.** *(наречь, назвать)* to christen ◊ **девочку о.-ли Марией в честь бабушки** the child was christened Mary after her grandmother.

окропить святой водой to asperse with holy water ◊ **о. кого-л. при крещении** *(в Зап. христ-ве)* to perfuse a person in baptism.

окропление aspersion, perfusion ◊ **крещение о.-м** *(обряд, возникший у католиков вместо погружения и от них распространившийся в другие конфессии)* baptism by perfusion [by aspersion]; **тройное о.** trine aspersion.

окроплять *см.* **кропить.**

окружное послание *(Папы Римского) см.* **энциклика.**

"**Оксфордское движение**" *истор. (получившее развитие в 1830-40-х гг. в Англии движение за обновление жизни церкви; основатели этого религ. движения издавали в Оксфорде в 1833-41 памфлеты под названием "Трактаты для нашего времени", или "Оксфордские трактаты"* <The Tracts for the Time, or The Oxford Tracts>) the Oxford Movement, Oxfordism, Tractarianism.

октава *катол. (1. восьмой день после праздника, включая день праздника; 2. неделя после праздника)* octave.

октагон *(название восьмигранной центрической постройки; распространённый тип храма в позднеэллинистическую и раннехрист. эпохи)* octagon.

Октай *см.* **Октоих.**

октоады *(восемь божественных существ в гностицизме, составляющих целую группу)* ogdoads, octoads, *редко* ogdoas.

Октогéзима

"Октогéзима адвéниенс" *(апостольское послание папы Павла VI, опубликованное 15 мая 1971) лат.* Octogesima adveniens.

Октóих *(книга песнопений правосл. церк. на 8 гласов; О. оформился в 9 в. и представляет собой сборник отдельных песен, молитв и канонов)* the Octoechos, the Parakletike, the Book of Eight Tones, the prayer book of the eight tones.

"окунáнцы" *см.* дáнкеры.

Окýнинуси *(в япон. мифологии божество земли)* Okuninushi.

Окхвáн санджé *(высшее корейское божество)* Okhwangsangje.

Óлам-га-Ба *см.* "Óлам Хáба".

"Óлам Хáба" *(загробный мир в иудейском богословии)* Olam hab(b)a.

"Óлам Хáзе" *(земная жизнь человека в иудейском богословии)* Olam ha-ze.

Óлаф Норвéжский, корóль *(995-1030; катол. св., д. п. 29 июля)* St. Olaf, M.

Олдáма *библ. (пророчица в Иудее при царе Иосии)* Huldah.

Олдáна *см.* Олдáма.

олúва *см.* маслúчное дéрево.

Оливéма *библ. (одна из жён Исава, хананеянка)* Aholibamah.

Оливетáн *(ок. 1506-38; франц. реформатор, последние годы жизни помогал Кальвину в Женеве)* Olivetan.

оливетáнцы *истор. (бенедиктинская конгрегация в Италии <the Congregation of Our Lady of Monte Oliveto>, учреждённая в 1319 Джованни Толомеи [св. Бернард] <John Tolomei [St. Bernard]>)* the Olivetans.

Олúмп(ан) *библ. (христианин из Рима, к-рого приветствует ап. Павел; ап. от 70-ти, д. п. 4/17 января и 10/23 ноября)* St. Olympus, Apl.

Одимпиáда, св., мц. *(ум. 410; д. п. 25 июля / 7 августа)* St. Olympias, M.

олúфа *(плёнкообразующее вещество на основе растительных масел: льняного, конопляного и алкидных смол; применяется для приготовления и разбавления масляных красок, а тж для пропитки древесины перед отделкой этими красками; слоем* о.-ы *покрывались иконы для предохранения живописи от атмосферных воздействий)* linseed-oil [flax-seed oil, olive oil] varnish, boiled (linseed) [drying] oil ◊ **слой о.-ы** layer of flax-seed oil varnish.

олицетворéние *(элемент религ. представлений, заключающийся в наделении сил и явлений природы человеческими свойствами и обликом)* personification, prosopopoeia.

Олофéрн *библ. (военачальник ассирийского царя Навуходоносора)* (H)olofernes, Holothernes.

Óльга, св. *(ок. 879-969; жена князя Игоря и мать князя Святослава; первая христианка на Руси)* St. Olga ◊ **Равноапостольная О., великая княгиня Российская, во Святом Крещении Елена** *(д. п. 11/24 июля)* St. Olga, Grand Duchess of Kiev, Equal-to-the-Apls.

Ом *см.* Áум.

омéга *(последняя буква греч. алфавита; в Библии – символ завершения)* omega.

Омейáды *(661-750; первая мусульманская династия халифов из рода омейя)* the Ommiads, the Ommayyads, the Umayyads.

оме́ла *(вечнозелёное кустарниковое растение с белыми ягодами; использовалось в культовых обрядах почти всех европ. народов, особ у кельтов)* mistletoe.

Оме́р Теруа́нский, еп. *(ок. 595-670; катол. св., д. п. 9 сентября)* St. Omer, Bp. of Thérouanne.

оме́ты *библ. (подол одежды, края одежды)* skirts of the garment.

оми́лия *см.* **гоми́лия**.

омиусма́не *см.* **полуариа́не**.

омове́ние *(обряд ритуального очищения, связанный с совершением каких-л. священнодействий, напр. обряд, совершаемый катол. священником в конце мессы после причастия, когда тот омывает чашу вином, а пальцы рук – вином с водой или ополаскивание рта вином, совершаемое только что рукоположенным священником)* ablution ◊ **исламское о.** Islamic ablution; **малое о.** *(у мусульман) см.* **ву́ду**; **относящийся к о.-ю** ablutionary; **полное о.** *(у мусульман) см.* **гусл**; **ритуальное о.** ritual bath; **связанный с о.-м** ablutionary.

омове́ние ног *(церемониальный обряд перед молением в нек-рых религиях)* foot washing ◊ **обряд о.-я н. беднякам на Страстной неделе** *истор., англик., катол.* maundy; **обряд о.-я н. священнослужителей, к-рый совершает еп., в Страстной четверг как часть богослужения** *катол.* pedilavium; *правосл.* washing the feet, *греч.* niper; **омыть ноги беднякам** *(в Страстной четверг)* to make [keep, hold] one's maundy.

"Омове́ние ног" *(иконографическая композиция)* Washing the Feet of the Disciples.

омове́ние рук *(обряд, совершаемый во время службы у католиков)* lavabo.

Омо́то *(япон. религ. движение)* Omoto.

омофо́р I *(богослужебная одежда, накидка в виде широкой ленты на плечах архиерея, символизирующая потерянную и обретённую овцу, несомую Добрым пастырем; украшена изображениями крестов)* omophorion ◊ **великий о.** *(длинная широкая лента с изображениями крестов; огибая шею, спускается одним концом на грудь, а другим – на спину)* the great omophorion; **малый о.** *(широкая лента с изображениями крестов, спускается обоими концами на грудь, спереди сшита или закреплена пуговицами; надевается архиереем поверх саккоса и только для совершения литургии)* the omophorion.

омофо́р II *(плат, покрывающий голову у женщин, напр. в изображениях Богородицы)* kerchief.

омофо́рий *см.* **омофо́р I**.

омфа́лий *(в церквах Зап. христ-ва – алтарь полусферической или конической формы)* omphalos.

омыва́тельница *см.* **умыва́льница II**.

Он *библ. (еврейское наименование города Илиополя в Нижнем Египте)* On.

она́гр *библ. (дикий осёл)* onager.

Она́н *библ. (сын Иуды; согласно обычаю левирата, он вступил в брак со своей невесткой Фамарью; не желая, однако, зачать с ней ребёнка, он изливал семя на землю и был за это умерщвлён Господом)* Onan.

онейрома́нтия *см.* **толкова́ние снов**.

Онисим

Они́сим *библ. (раб Филимона из Колосс; он бежал от своего господина и пришёл к Павлу, находившемуся тогда в заточении в Ефесе; ап. Павел обратил его в христ-во; ап. от 70-ти, д. п. 15/28 февраля, катол. – 16 февраля)* St. Onesimus, Apl.

Они́сифо́р *(ап. от 70-ти, христианин, предположительно родом из Ефеса, принимавший ап. Павла и помогавший ему в Ефесе и Риме; д. п. 4/17 января, 7/20 сентября и 8/21 декабря)* St. Onesiphorus, M.

О́но *библ. (название города)* Ono.

онтологи́зм *(филос. концепция, согласно к-рой Бог сам является гарантом правильности человеческих идей, или убеждение, согласно к-рому достижение человеком знания возможно не иначе, как благодаря познанию Бога)* ontologism ◊ **правосла́вный о.** *(принцип правосл. философии, к-рый обязывает верить в абсолютную реальность божества и вместе с тем в объективное приобщение человеческой природы к Божественной)* Orthodox ontologism.

онтологи́ческий ontologic(al) ◊ **о. аргуме́нт, о. до́вод, о.-ое доказа́тельство** *(метафизический априорный довод, согласно к-рому реальное объективное существование Бога обязательно подразумевает существование самой идеи Бога)* the ontological [Anselmian] argument.

онтоло́гия *(наука о бытии, отрасль метафизики)* ontology.

Ону́фрий Вели́кий, прп. *(ум. ок. 400, катол. св., д. п. 12 июня)* St. Onuphrius.

опа́ло церко́вное *см.* **рипи́да**.

"Опла́кивание" *(неточное название "Пла́ча Иереми́и")* The Lamentations (of Jeremiah), The Threnody.

опла́кивать мёртвых *см.* **причита́ть над поко́йником**.

Оппоту́на, аббати́са *(ум. ок. 770; катол. св., д. п. 22 апреля)* St. Opportunata, abbess.

оправда́ние 1. *(закон и правда Божия, исполнением к-рых человек оправдывается на суде Божием; согласно катол. теологии, превращение греховной души в спасённую, т. е. достойную вечной жизни)* justification, justifying ◊ **о. ве́рой** *(центральный догмат протестантизма, согласно к-рому человек может спасти душу только верой, к-рая непосредственно даруется Богом)* justification by faith; **о. ве́рой и сверхдо́лжными дела́ми** *(катол. догмат)* justification by faith and good works; **2.** *(отпущение грехов)* remission of sins.

оправда́ние Бо́га *см.* **теодице́я**.

опра́вданные *(праведники, попавшие в рай после Страшного суда)* the justified, the saints.

о́пракос *см.* **а́пракос**.

опре́сноки *(лепёшки из пресного теста, используются в лат. <см. го́стия> и армянском обрядах, а тж нек-рыми протестантами для причастия)* unleavened bread, *тж катол.* azims, azymes.

Опта́т Мелеви́тский [Нумиди́йский], еп. *(ум. ок. 376; сохранился его трактат о расколе донатистов: "Против донатиста Пармениана" <'Against Parmenian the Donatist', 'On the Schism of the Donatism', лат. 'Contra Parmenian Donatistam'>; катол. св., д. п. 4 июня)* St. Optatus, Bp. of Milevis, Numidia.

Оптина (Введенская Козельская) Пустынь *(один из самых известных муж. монастырей Русской правосл. церкви; расположен в 80 км от г. Калуги и в 2 км от г. Козельска)* the Monastery of Optina.

"Опус Деи" *(1. "Божье дело"; катол. организация духовенства и мирян, основанная в г. Мадриде и утверждённая папой Пием XII в 1942; официальной целью является пропаганда религ. обновления с тенденцией организовать общество в соответствии с принципами папских энциклик; 2. богослужение в уставе ордена бенедиктинцев)* лат. Opus Dei.

опус оператум *(догмат катол. церкви, по к-рому спасительное действие таинств распространяется и на недостойных, и на пассивно принимающих их; человек получает спасительную благодать независимо от своей веры в случае правильного совершения таинства священником; другое дело, как он ею распорядится)* лат. ex opere operato.

Ор *библ.* (1. *сын Халева, сына Есромова, из потомков Иуды, дед Веселиила;* 2. *муж Мариам, сестры Моисея)* Hor.

оракул *(прорицающее божество или жрец)* oracle.

орало *(орудие для пахоты, соха)* ploughshare ◊ **перековать мечи на о.-а** *библ.* to beat swords into ploughshare.

Оранта *(лат. "взывающая"; иконографический тип изображения Богоматери в полный рост с поднятыми в молитвенном жесте руками)* the Virgin Mary Orant.

оранта *(изображение фигуры, преим. женской с поднятыми вверх в молитвенном движении руками)* orant(e).

орар(ь) *(облачение иподиакона, архидиакона и диакона; длинная узкая полоса ткани, носимая на левом плече)* orarion, orarium, the deacon's stole.

ораториальный см. **ораторный**.

ораториане *(члены катол. конгрегации священников, основанной Филиппо Нери в Риме в 1575)* the Fathers of the Oratory, the Oratorians, the Oratory of St. Philip Neri ◊ **франц. о., франц. конгрегация ораториан** *(основана в Париже в 1611 знаменитым кардиналом Пьером де Берюллем>; дала много людей, известных своей праведной жизнью и учёностью, напр. философа Н. Малебрани (ум. 1715), оратора Массийона (ум. 1742), Жана Морена (ум. 1659) <Jean Morinus> и др.)* the French Oratory.

ораторианцы см. **ораториане**.

оратория *(духовная муз. драма на сюжет из Священного Писания для соло и хора с инструментальным сопровождением)* oratory.

ораторный oratorial.

орациане см. **ораториане**.

орган *муз.* organ ◊ **играть на о.-е** *(во время религ. собраний и т. п.)* to preside at the organ.

организация *(общество)* institution; *(существующая или созданная на вклад или пожертвования)* foundation ◊ **благотворительная о.** charitable institution; **относящийся к религ. о.-м** *или* **обществам** institutionary; **о. церковного типа** churchlike organization.

Организация молодых христиан см. **Ассоциация молодых христиан**.

Организация молодых христианок см. **Ассоциация молодых христианок**.

органист

органист organist, organ player ◊ **о. заиграл, и прихожане стали выходить из церкви** the organist was playing the congregation out.

ордалии *истор ("суд Божий"; в Средневековье, когда исчерпывались все обыкновенные средства суда, то стороны могли апеллировать к* **о.-ям***; практиковались жребий* <the ordeal by lots>*, присяга, испытание огнём* <the ordeal by fire>*, водой* <the ordeal by water>*, крестом, железом и т. п.; в Англии отменены в 1215-19 за исключением испытания поединком* <the ordeal [trial] by battle [by combat], the wager of battle>*, отменённого в 1818; на Западе окончательно выходят из употребления в 18 в.)* ordeals, *лат.* Dei judicium.

орден I *(наименование централизованных катол. монашеских объединений, братств, действующих с 6 в. в соответствии с утверждённым уставом)* order, *(имеющий свой устав)* observance ◊ **О. Богоматери-искупительницы** *истор.* the Order of Our Lady of Ransom; **глава религ. орденов** *см.* **генерал**; **готовящийся к вступлению в религ. о.** *сущ.* postulant; **монашеский о.** monastic order.

орден II *(знак отличия, почётная награда за выдающиеся заслуги)* order ◊ *(ордена РПЦ)* **о. прп. Сергия Радонежского 1-ой степени (2-ой степени)** *(утверждён в 1978; награждают священнослужителей, преподавателей духовных учебных заведений и всех, кто внёс большой вклад в дело духовного просвещения и религ. образования, а тж государственных и общественных деятелей за укрепление мира и дружбы между народами)* the Order of St. Sergius of Radonezh, First class (Second class); **о. св. Андрея Первозванного** *(высшая награда РПЦ; учреждён в 1988; этим орденом отмечаются заслуги исключительно деятелей церкви)* the Order of St. Andrew, the "First-called" Apostle; **о. св. благоверного князя московского Даниила 1-ой степени (2-ой, 3-ей степени)** *(учреждён в кон. 1988; награждаются как духовные, так и светские лица)* the Order of St. Daniel, First class (Second, Third class); **о. св. Великомученика Трифона** *(награда полагается за активную деятельность по борьбе с наркоманией, алкоголизмом и др. "вредоносными явлениями, разрушающими психическое и физическое здоровье общества"; орденом могут быть награждены священнослужители, церк., государственные и общественные деятели; служащие правоохранительных органов, деятели науки, культуры и иск-ва, медики, работники просвещения, детских и молодёжных организаций, благотворительных фондов и т.п.)* the Order of St. Tryphon, Great M.; **о. свв. Кирилла и Мефодия 1-ой степени (2-ой степени)** the Order of Sts. Cyril and Methodius, First class (Second class); **о. св. князя Владимира 1-ой степени (2-ой, 3-ей степени)** *(орденом награждают духовных лиц за многолетнее служение в священном сане или за выдающиеся заслуги перед РПЦ; этим орденом могут награждаться и церк. деятели, не имеющие священного сана, – за усердную педагогическую работу в духовных школах, за учёные богосл. труды или за др. заслуги, представители автокефальных правосл. церквей, представители др. христ. исповеданий, напр. католики, протестанты – за общецерк. заслуги; им могут награждаться и светские люди; является высшей наградой РПЦ для мирского человека)* the Order of St. Prince Vladimir, First class (Second, Third class); **о. св. равноапо-**

стольной Великой княгини Ольги *(учреждён в кон. 1988, предназначен для награждения женщин – деятельниц РПЦ)* the Order of St. Olga.

о́рден бра́тьев-пропове́дников *см.* **доминика́нский о́рден**.

о́рден доминика́нцев *см.* **доминика́нский о́рден**.

о́рден иезуи́тов *(тж Общество Иису́са)* the Society [Company] of Jesus, the Jesuits Order, *лат.* Societas Jesu, *сокр.* SJ.

о́рден клари́сс *см.* **"бе́дные сёстры", клари́сса**.

О́рден "Ме́ньших бра́тьев" *см.* **минори́т, франциска́нский о́рден**.

О́рден Милосе́рдия Пресвято́й де́вы *(испан. религ. орден, основанный в г. Барселоне в 1218 и выкупавший христ. пленников у мавров; с 1318 – исключительно миссионерский)* the Order of Our Lady of Mercy; *(члены ордена)* the Mercedarians, the Nolascans.

О́рден посеще́ния Мари́ей Елисаве́ты *см.* **визита́нтки**.

О́рден Пресвято́го Спаси́теля *см.* **бригитти́нец**.

О́рден Сантья́го *(христ. духовно-рыцарский орден)* the Order of Santiago.

О́рден Святе́йшего Спаси́теля *см.* **редемптори́сты**.

О́рден ры́царей Хра́ма *(см. тж тамплие́р)* the Order of Knight Templars.

О́рдерик, Вита́лий *(1075 – ок. 1142; средневековый англо-нормандский хроникёр; был монахом и священником в Нормандии; он составил "Церковную историю" <'Ecclesiastical History', лат. 'Historia ecclesiastica'> в 13 книгах)* Ordericus Vitalis.

ордина́рий *катол.* **1.** *(служебник, разделы мессы с ежедневными неизменяемыми молитвословиями)* the Ordinary (of the Mass); **2.** *(лицо, осуществляющее непосредственную церк. юрисдикцию в епархии)* ordinary.

ордина́ция *(обряд посвящения в духовный сан в англик. и др. неправославных церквах)* ordination, ordainment.

орео́л *(сияние вокруг лица на иконе, нимб – символ святости)* halo, aureole, glory, *лат.* aureola, gloria ◊ **о. святости** the halo of holiness.

Оре́ст, св. мч. *(ум. 305; д. п. 13/26 декабря, катол. – 9 ноября)* St. Orestes, M.

О́рив *библ.* *(один из двух князей мадиамских)* Oreb.

Ориге́н *(ок. 185-254; греч. церк. писатель, раннехрист. теолог; ряд моментов его учения были осуждены церковью как еретические на 5-ом Вселенском соборе в г. Константинополе в 553)* Origen.

оригени́зм *(учение, приписываемое Оригену)* Origenism.

оригени́ст *(последователь учения Оригена)* Origenist.

орле́ц *(круглый коврик с вышитым изображением города и парящего над ним орла; постилается под ноги архиерею в тех местах, где он останавливается во время богослужения; символически изображает епископа, надзирающего над епархией)* mat with embroidered soaring eagle; round hassok *(with woven design of eagle)*; *греч.* aetos, psathion.

Орма́зд *см.* **Ахура́зда**.

О́рна *библ.* *(иевусеянин, у к-рого Давид купил гумно, чтобы, по приказу Бога, соорудить на этом месте жертвенник Господу)* Araunah.

Оро́зий, Па́вел *(5 в.; известный историк-хроникёр)* Orosius, Paulus.

Орси́сий, прп. *(ум. ок. 380; катол. св., д. п. 15 июня)* St. Orsiesius, abbot.

ортодокса́льность *(соответствие религ. мышления, вероучения и теологических концепций тем богооткровенным истинам, к-рые составляют*

ортодокса́льность

содержание Священного Писания и Предания Церкви) orthodoxy, orthodoxism.

"Ортодокса́льные консервати́вные друзья́" *(квакерская секта, называется тж уилбуриты <Wilburites> в честь основателя секты Джона Уилбора 1774-1856 <John Wilbur of New England>)* the Orthodox Conservative Friends.

ортодокса́льный orthodox *(не путать с "православный")* ◊ **о. иудаи́зм** Orthodox Judaism; **о. [правове́рный] евре́й [иуде́й]** Orthodox Jew.

ортодо́ксия *(в христ. понимании правоверие, неуклонное следование традиционному учению Церкви)* orthodoxy.

ортопра́ксия *(практика общепринятых правильных поступков)* (religious) orthopraxy.

ору́дия страсте́й Христо́вых the instruments of Christ's sufferings, the instruments of the Crucifixion, the instruments of Christ's Passions, the instruments of the Passion ◊ **"Престо́л с ору́диями страсте́й Иису́са Христа́"** *(икона)* The Altar with the Instruments of Christ's Sufferings.

ору́жие *библ. (доспехи)* armour.

О́рфа *библ. (моавитянка, сноха Ноемини, жена Хилеона, одного из сыновей Ноемини и Елимелеха в "Книге Руфь")* Orpah.

оса́нна *библ. (греч. форма еврейского "Хошана" <"Спаси же!">, являлась у евреев молитвенным восклицанием в особо торжественных случаях; этим криком приветствовал народ Христа во время Его торжественного входа в Иерусалим, выражая этим свою надежду на счастье, благополучие и спасение через Него)* hosanna ◊ **"О. Сы́ну Дави́дову! Благослове́н Гряды́й во имя Госпо́дне! О. в вы́шних!"** *(Ев. от Матфея 21:9)* 'Hosanna to the Son of David! Blessed is He who comes in the name of the Lord! Hosanna in the highest!'

Оса́нна Мантуа́нская, прп., блж. *(1449-1505; катол. св., д. п. 20 июня)* Blessed Osanna Andreasi.

Оса́нна, прп., блж. *(1493-1565; катол. св., д. п. 27 апреля)* Blessed Osanna Cosi.

О́свальд Йо́ркский, еп. *(ум. 992; катол. св., д. п. 28 февраля)* St. Oswald, Bp. of York.

О́свальд Нортумбри́йский, коро́ль *(ок. 605-42; катол. св., д. п. 9 августа)* St. Oswald of Northumbria.

освеще́ние духо́вное spiritual illumination.

освобожда́ть от обе́тов to dispense (from).

освобожда́ющий от обе́та *прил.* dispensary.

освобожде́ние от обе́та dispensation.

освяти́ть to sanctify, to hallow, to consecrate, to dedicate, to sacre, to bless ◊ **о. во имя ...** to consecrate in the name – ; **о. це́рковь** to consecrate [hallow] a church.

освяща́ть *см.* **освяти́ть**.

освяще́ние I *(обряд, совершаемый служителями церкви над различными предметами, зданиями и т.п., после чего они становятся посвящёнными Богу; благодаря этому можно использовать их в религ. целях как духовенством, так и мирянами)* consecration, sanctimony, sanctification, dedication, blessing ◊ **обря́д о.-я** dedication service; **о. (но́вого) жили́ща** blessing of a (new) dwelling; **повторное о. храма** *(после осквернения)* rededication; **о. Святых Даров** *(главный момент в христ. литургии; в правосл. церкви совершается во время главной евхаристической молитвы, безмолвно произносимой священником перед престолом в алтаре, лишь нек-рые части её возглашаются во всеуслышание, начиная с возгласа: "победную песнь поющие, вопиющие, взывающие и глаголющие"* <'singing the triumphant hymn, shouting, proclaiming and saying'>), *и завершается словами: "сотвори убо хлеб сей – честное Тело Христа Твоего, а еже в чаше сей – честную Кровь Христа Твоего, преложив Духом Твоим Святым"* <'and make this Bread the precious Body of Thy Christ, and that which is in this Cup, the precious Blood of Thy Christ, making the change by Thy Holy Spirit>, *после к-рых и к-рыми совершается акт пресуществления хлеба и вина в Тело и Кровь Христову)* sacring [sanctification] of the Host; **о. храма** *(в правосл. церкви совершается архиереем, или же он посылает только освященный антиминс, а* **о. храма** *поручает совершить лицу пресвитерского достоинства; самый обряд* **о. храма** *совершается гл. обр. над престолом и его принадлежностями; после облачения престола и жертвенника священнослужители освящают алтарь и весь храм каждением и кроплением св. водой, а при архиерейском служении – и помазанием стен св. миром; вокруг храма обносятся св. мощи – при архиерейском служении, или антиминс – при священническом; при архиерейском служении за этим следует положение св. мощей под престол и в антиминс; после* **о.-я храма** *совершается обычным порядком литургия)* dedication [consecration] of a church; **о. церк. имущества** *катол.* benediction.

освяще́ние II *см.* **рожде́ние свы́ше.**

Освяще́ние бази́лики св. Мари́и Вели́кой *(поминальная служба у католиков, 5 августа)* the Dedication of St. Mary Major.

Освяще́ние бази́лик свв. Петра́ и Па́вла *(поминальная служба у католиков, 18 ноября)* the Dedication of the Churches of Peter and Paul.

Освяще́ние Латера́нской бази́лики *(поминальная служба у католиков, 9 ноября)* the Dedication of St. John Lateran.

освяще́нный 1. *(прил. к освятить)* consecrated ◊ **о.-е хлеб и вино** consecrated bread and wine; **2.** *(так называют в святках тех из прпп. отцов, к-рые имели сан священников, напр. Савва Освященный, Феодор Освященный)* priested, the priest; *(в амер. энциклопедии святых)* the sanctified ◊ **"Жития Саввы О.-ого"** *(икона)* Hagiographical icon of St. Sabbus the Priest [of St. Sabbus the Sanctfied].

осёл *библ.* ass.

осени́ть *см.* **осеня́ть.**

осени́ть себя́ кресто́м *см.* **осени́ться кресто́м.**

осени́ться кресто́м *(взять в руки крест и перекрестить им себя)* to cross oneself with a cross.

осеня́ть 1. *(покрыть, охватить собою)* to overshadow ◊ **"сила Всевышнего о.-ит тебя"** *(Ев. от Луки 1:35)* 'the power of the Most High will overshadow you' *или* 'the power of the Highest shall overshadow thee'; **2. о. крестом** to make the sign of the cross; *устар., диал.* to sain ◊ **осенить себя крестным знамением**

осенять

(*см.* **крестное знамение**) to cross [bless] *oneself*, *устар., диал.* to sain *oneself*.

осифляне *см.* **иосифляне**.

Осия I *библ.* Hosea ◊ **Книга Пророка Осии** *библ.* (The Book of) Hosea.

Осия II *библ. (царь Израиля)* Hoshea.

осквернение *(лишение освящения, чистоты воздействием чего-л. духовно или физически нечистого, скверного)* desecration, defilement, profanation, violation, *библ.* polluting, contamination ◊ **о. могил** desecration of the graves; **о. святого места** the violation of a sacred place; **о. храма** profanation of a temple.

осквернённый desecrated, *библ.* profane ◊ **о. святыня** desecrated sanctuary.

осквернять to profane, to desecrate, to violate, *библ.* to pollute, to defile ◊ **о. душу** to defile the soul; **о.-ить могилу** to violate a tomb; **о.-ить святыню** to violate a shrine; to touch [lay] hands on the Ark; **о. священные могилы** to defile the sacred graves; **о. храм** to pollute [desecrate] a temple, to violate a church; **о.-ить человека** *библ.* to defile a [the] man.

оскопить to castrate.

ослица *библ.* ass.

ослушание disobedience.

ослушаться to disobey.

ослушник disobeyer.

осмогласие *(ладово-мелодическая, или модальная, система византийской гимнографии и древнерусского певческого искусства; состоит из 8 гласов [напевов]: каждую неделю песнопения в церкви поются на свой определённый глас, после 8 недель [седмиц] весь цикл [круг, столп] пения повторяется)* the eight church [eight ecclesiastical] modes.

Осмогласник *см.* **Октоих**.

Осмонд [Осмунд] Солсберийский *(ум. 1099; англ. религ. деятель, катол. св., д. п. 4 декабря)* St. Osmund of Solisbury.

основатель *(монастыря и т.п.)* founder ◊ **один из о.-ей янсенизма** one of the authors of Jansenism.

основательница *(монастыря и т.п.)* foundress.

основатель рода *см.* **прародитель**.

основать монастырь to establish [found] a monastery.

основное богословие *см.* **апологетика**.

особая церковь *(в Англии храм, не находящийся в юрисдикции епископата, в епархии к-рого он располагается)* peculiar ◊ **о. ц., подчиняющаяся юридически монарху** royal peculiar.

"Особенный народ" *(христ. секта, основанная в 1838 в г. Лондоне; не имеет духовенства, отвергает медицину, полагаясь на силу молитвы)* the Peculiar People, the (Plumstead) Peculiars.

оставление грехов *правосл. см.* **отпущение грехов**.

оставлять кому-л. грехи *правосл. см.* **отпускать грехи** *кому-л.*

останки *(прах)* remains.

острова народов *библ. (выражение, означающее те части Европы, к-рые наиболее были известны древним жителям Азии и к-рые лежали преим. по берегам Средиземного моря)* the isles of the Gentiles [of the heathen].

острова языков *ц.-сл. см.* **острова народов**.

Остромирово Евангелие *(древнейший датированный памятник старославянской письменности <1056-57>; названо по имени заказчика Остромира)* the Ostromir Codex.

осудить to condemn ◊ **о. арианство** *или* **ересь ариан** to condemn Arianism [the Arian heresy]; **о. несторианство** to condemn Nestorianism; **о. учение Оригена** to condemn the Origenist doctrine.

осуждать на вечные муки to damn.

осуждать на муки ада *см.* **осуждать на вечные муки**.

осуждение Иисуса Христа *(смертный приговор, вынесенный Иисусу Христу синедрионом)* the condemnation of Christ by the council.

осуждение на вечные муки damnation.

осуждение церковное *катол. (ведущее к отлучению после трёх увещеваний)* aggravation.

Осьмогласник *см.* **Октоих**.

отапливаемая гостиная в монастыре calefactory.

"отбивание границ" *(по старинному обычаю в Англии раз в год на Вознесение или перед Пасхой священники, церк. старосты и служители обходят приход и ударяют по стоящим на его границе деревьям, столбам и т. п., как бы ещё раз очерчивая границу прихода)* beating the bounds.

"Отвергнув тех, кто проклят" *катол. (начальные слова одного из разделов секвенции реквиема "День гнева") лат.* Confutatis maledictis.

отверзати *ц.-сл. см.* **отверзать**.

отверзать *(открыть)* to open ◊ *ц.-сл.* **"Господи, устне мои отверзеши, и уста моя возвестят хвалу Твою"** *(молитва)* 'O Lord, Thou will open my lips; and my mouth shall declare praise'; **"отныне будете видеть небо отверстым и Ангелов Божиих восходящих и нисходящих к Сыну Человеческому"** *(Ев. от Иоанна 1:51)* 'Hereafter ye shall see heaven open [the heavens opened], and the angels of God ascending and descending upon the Son of Man'; **царские врата отверзаются** the Sanctuary doors are open.

ответки *см.* **блики, движки**.

ответствие *(церк. хора в храме в виде слова, предложения, стиха, к-рые произносятся или поются в ответ на молитвы священника во время ектении, литании или в др. частях богослужения)* response, responsory, responsary, responsive; *(церк. хора при антифонном пении)* acclamation.

ответчик, обвиняемый в церк. суде *юр.* libel(l)ee.

отвратить *(кого-л.)* **от порока, от греха** to reclaim *(smb.)* from vice, sin.

отвращать *устар. (поворачивать в др. сторону, в сторону от чего-л.)* to abhore ◊ **"отвращайтесь зла, прилепляйтесь к добру"** *(Послание ап. Павла к римлянам 12:9)* 'Abhor that which is evil; cleave to that which is good'.

отвращение к Богу *или* **богам** hatred of God *or* gods, *редко* misotheism.

отдаление от Бога separation of [from] God.

отдание праздника *(последний день празднования, или попразднования великих церк. праздников)* leave-taking of the feast, the last day of observance of a festival, the after-feast, *греч.* apodosis ◊ **о. Пасхи** the Leave-taking of Pascha; **о. п. Преполовения Пятидесятницы** the Leave-taking of Mid-Pentecost.

отдать свою жизнь за веру to give *one's* life for the faith.

отдаться на волю Божию to trust in God.

отделе́ние *(филиал братства, монашеского ордена)* chapter.
отделе́ние души́ от теле́сной оболо́чки discarnation.
отделе́ние це́ркви от госуда́рства *англ.* disestablishment, *амер.* the separation of Church and State ◊ **движе́ние за о. ц. от г.** liberationism; **доктри́на о.-я ц. от г.** secularism; **проти́вник о.-я ц. от г.** *(особ. в Англии)* Establishmentarian; **сторо́нник о.-я ц. от г.** *(особ. в Англии)* liberationist.
отде́лка *(здания, храма и т. п.)* finish ◊ **вну́тренняя о.** interior finish; **нару́жная о.** external finish.
Отде́л пропага́нды *(в папской курии)* the Congregation of Propaganda.
отделя́ть це́рковь от госуда́рства to disestablish.
оте́ц father, Father, *сокр. (при письменном обращении к священнику)* Fr., *катол. лат* pater ◊ **Бог О.** *(первое лицо или первая ипостась Святой Троицы)* God the Father; **духо́вный о.** spiritual director, spiritual father; Father of the faithful; **О. ваш Небе́сный** *библ.* your Father which is in heaven; **О. всех, (наш) о́бщий О.** *(о Боге)* All-father; **О. Мой** *библ.* My Father; **О. наш Небе́сный** Celestial Father; **О. Небе́сный** Our Heavenly Father, the heavenly Father; **о. Се́ргий** Father Sergius; **преподо́бный о.** *(о священнике)* the reverend father.
"оте́ц лжи" *библ. (Сатана)* the Father of Lies.
оте́ческая кни́га *см.* **патери́к**.
оте́ческий paternal, fatherly.
"Оте́чество" *(название иконы новозаветной Троицы)* The Paternity, The New Testament Trinity.
оте́чная кни́га *см.* **патери́к**.
оте́чник *см.* **патери́к**.
отказа́ться от ве́ры *см.* **отрека́ться от ве́ры**.
отказа́ться от обе́та to disown [recant] *one's* vows.
"отка́зник" *истор. (тот, кто отказывался присутствовать на англик. богослужении, когда это предписывалось законом, особ. католик)* recusant.
отколо́ться от це́ркви to sever *oneself* from the Church.
открове́ние *(открытие, сообщение Богом человеку сведений о Своей сущности и о Своих промыслительных намерениях; о. осуществлялось путём пророчеств или посредством прямых Божественных действий)* revelation.
открове́ние свы́ше (supernatural) inspiration, afflatus, *библ.* vision.
"Открове́ние Свято́го Иоа́нна Богосло́ва" *(завершающая книга Нового Завета)* The Revelation of St. John the Divine ◊ **а́втор "Открове́ния"** revelationist.
"Открове́ния Авраа́ма" *(апокриф, вариант на ц.-сл. датируется 14 в.; большая часть памятника представляет собой рассказ о вознесении Авраама на небо)* The Apocalypse of Abraham.
отлива́ть *(из металла)* to found ◊ **о. ко́локол** to found a bell; **о. пу́шку** to found a gun.
отлуче́ние *(исключение из состава членов данной церкви, религ. общины)* ban, excommunication, excision; *катол. (запрет участовать в богослужении)* interdict(ion) ◊ **вели́кое о.** *катол.* greater [major] excommunication; **ма́лое о.** *катол.* lesser [minor] excommunication; **пожи́зненное о.** lifelong excommunication; **по́лное о.** *см.* **вели́кое о.**

отлучённый I *прил.* excommunicate(d), under the ban.
отлучённый II *сущ.* excommunicate, *редко* excommunicant.
отлучи́ть *(от церкви)* to excommunicate, to unchurch, to ban, to place under the ban ◊ **о. от церкви** to excommunicate from the Church; *катол. (о священнике – запретить участвовать в богослужении)* to interdict, to put [lay, place] smb. under an interdict.
отмеча́ть *(праздновать)* to observe ◊ **о. Рождество** to observe Christmas.
отмща́ть *(наказывать) библ.* to visit.
отмще́ние *библ.* vengeance.
отоше́дшие от це́ркви *сущ. (особ. во времена гонений на христиан)* the lapsi.
отоше́дший от це́ркви *прил.* lapsed.
отпаде́ние I *(отступничество от веры)* falling away, defection (from); *(в Ветхом Завете измена единому Богу Израиля)* backsliding.
отпаде́ние II *(выход, отделение от церкви)* secession ◊ **о. методистов от англик. церкви** secession of the Methodists from the Church of England.
отпа́сть от Бо́га to fall apart from God ◊ **отпавший** *(от Бога)* **челове́к** fallen man.
отпа́сть от це́ркви *(отделиться от церкви)* to secede.
отпева́ние *(церк. обряд, совершаемый священнослужителями над умершим с чтением молитв и пением над телом усопшего)* burial service, service of burial, *катол.* dirge, *обыч. мн. ч.* exequies, *ед. ч.* exequy; *истор.* dirige.
отпе́ть *(совершить над покойным церк. обряд отпевания)* to read the burial service (for, over).
отпра́виться к праотца́м *см.* **сконча́ться**.
отпра́виться на тот свет *(умереть)* to go to heaven.
отправле́ние обря́дов administration of rites ◊ **о. религ. ку́льтов** performance of religious rites, exercises of religion.
отправля́ть *(церк. службу)* to celebrate (the service), to conduct [hold] a service ◊ **о. литургию** to celebrate the Liturgy; **совместно о. церк. службу** *(двумя или более священниками или священниками разных христ. деноминаций)* to concelebrate.
отправля́ть ритуа́л, обря́ды to administer rites.
отправля́ющий церк. слу́жбу *сущ., прил.* ministrant.
о́тпуск *(в Зап. христ-ве поездка миссионера, работающего за рубежом, домой для отдыха, отчёта перед поддерживающими его церквами и сбора пожертвований на дальнейшую работу)* furlough.
отпуска́ть грехи́ кому-л. to grant smb. remission of sins, to give smb. absolution, to absolve, to remit sins, to administer [give, grant] absolution to smb., to shrive, *устар.* to assoil ◊ **"отпуска́ю грехи́ твои"** *лат.* 'absolvo te'.
отпуска́ющий грехи́ *прил.* absolutory, absolvatory.
отпу́ст *(молитва священника при окончании богослужения)* dismissal (prayer), otpust, *греч.* apolysis, *катол. (произносимое священником) лат.* "Ite, misse est" (Go, it is the dismissal) ◊ **"Благослове́ние Госпо́дне на вас, Того́ благода́тию и человеколю́бием, всегда́, ны́не и при́сно и во ве́ки веко́в"** *(правосл. отпуст)* 'May the blessing of the Lord, through His Divine Grace and love, towards mankind, be upon you always, now and ever, and unto ages of ages'.

отпустить

отпустить грехи *кому-л. см.* **отпускать грехи** *кому-л.*

отпущение грехов *(важнейшая моральная концепция христ-ва; согласно правосл. и катол. традиции, правом* **о.-я г.** *обладает духовенство; согласно протест. концепции, человек получает* **о. г.** *за свою веру; остальные христиане настаивают на важности для* **о.-я г.** *таинств <особенно исповеди>, совершаемых священниками)* remission [forgiveness] of sins, *катол.* absolut-pardon of sins; *(в таинстве покаяния; совершается священником, получившим на это право от епископа)* absolution ◊ **не получивший о.-я г.** *(о человеке)* unsaved; **общее о. г.** general absolution; **объявить об о.-и греха** *(исповедующемуся)* to pronounce a penitent acquitted of sin; **он получил о. г.** his sins were absolved; **полное о. г.** plenary remission, plenary indulgence; **публичное о. г.** general absolution.

отрекаться от веры to disgown [recant, give up, deny, renounce, abnegate] *one's* faith, to abjure *one's* religion, to lapse from the faith, to abandon faith.

отрекаться от мира to renounce the world.

отрекаться от Сатаны to reject Satan.

"Отречение апостола Петра" *(иконографическая композиция)* St. Peter Denying Christ, The Denial of the Apostle Peter, Peter's Denial of Christ.

отречение от веры denial of a faith, abjuration, *(особ. публичное)* recantation.

отречение от диавола *(при крещении)* (the) (ab)renunciation of the devil [Satan] *(at baptism)*.

отречённые книги *(апокрифические книги, чтение к-рых запрещается правосл. церковью)* (a list of) books the reading of which is prohibited by the church authorities.

отречённыя книги *ц.-сл. см.* **отречённые книги**.

отрицание Божественности Христа *богосл., истор.* humanitarianism.

отрицание (всякой) религии secularism.

отрицание существования Бога the negation [a denial] of God.

отрицательное богословие *см.* **апофатика**.

отрицать (существование) Бога to deny God.

отродье ◊ **дьявольское [сатанинское] о.** the devil's [fiend's] limb, limb of hell [of Satan, of the devil], *(о человеке)* member of Satan.

отрок *(мальчик от 7 до 12 лет)* youth ◊ **"Три о.-а в пещи огненной"** *(иконографическая композиция)* The Three Youths in the Fiery Furnace.

отроковица *(девочка от 7 до 12)* maid(en).

отроча *библ. (младенец, дитя, отрок)* lad.

отрочищ *библ. (слуга)* servant.

отрывки из Священного Писания portions of the Scriptures ◊ **о. читаемые во время богослужения** lections, lessons.

отрясти прах от ног *библ. (при выходе из города или селения – прервать всякие сношения с жителями)* to shake off the dust of *one's* feet.

отслужить молебен to hold a moleben, to hold a service of prayers, to say *one's* prayer service.

отстранить от обязанностей священнослужителя to deprive of *one's* priestly functions.

отстранить от участия в богослужении, таинствах to interdict from the rites of the church, to excommunicate.

отступи́вший от (пре́жней) ве́ры apostate; *(особ. о христианине, перешедшем в ислам)* renegade ◊ **о. от в. грек** renegade Greek.

отступа́ть от взгля́дов англик. це́ркви to dissent.

отступи́ться от ве́ры to fall away from the faith, to apostatize ◊ **отступи́вшиеся от свое́й ве́ры като́лики** fallen-away Catholics.

отступи́ться от пра́вой ве́ры *библ.* to blackslide.

отсту́пки *(таблицы с указанием чтений Евангелий на литургии в соответствии с изменяемой датой Пасхи)* Evangelistarium.

отступле́ние от ве́ры *библ.* falling-away.

отсту́пник *(человек, отступивший от прежней веры и особ. перешедший в другую)* apostate, recreant, abjurer, *(особ. христианин, перешедший в ислам)* renegade; *библ.* backslider ◊ "**Возврати́тесь, де́ти-отсту́пники, говори́т Госпо́дь…**" *(Книга Пророка Иеремии 3:14)* 'Turn. O backsliding children, saith the Lord – '; **Юлиа́н О.** *(рим. император Флавий Клавдий Юлиан; ок. 331-63)* Julian the Apostate.

отсту́пнический apostate, apostatic(al).

отсту́пничество *(в начальном употреблении слова противополагается вынужденному отречению от христ-ва)* apostasy, abjuration.

отсу́тствие духо́вных *(особ. религиозных)* **интере́сов** worldliness.

Отти́лия *(ум. ок. 720; катол. св., д. п. 13 декабря)* St. Odilia, St. Ottilia, St. Adilia.

Отто́н, св. *(ок. 1062-1139; ап. Померании, катол. св., д. п. 2 июля)* St. Otto.

Отто́н Фрейзинге́нский *(ок. 1114/15-58; немец. историк, сын Леопольда IV, маркграфа австрийского и Агнессы, дочери императора Генриха IV)* Otto of Freising.

"**Отхо́дна́я**" *(канон на исход души, читаемый у одра умирающего)* the Orthodox Church's solemn prayers for the dying, the canon read before a person's death.

"**отцестрада́тели**" *см.* **патрипассиа́нцы**.

Отцы́ и Учи́тели Вселе́нской Це́ркви *см.* **Учи́тели Вселе́нские**.

отцы́-пилигри́мы *(самоназвание основателей одного из первых англ. поселений в Сев. Америке, к-рые в 1620 основали Церковь пилигримов <the Pilgrim Church> в Плимуте)* the Pilgrim Fathers.

отцы́-пусты́нники *(раннехрист. отшельники 4-5 вв., жившие в Египте в уединённых пустынных местах)* the Desert Fathers.

Отцы́ Це́ркви *(христ. священнослужители, писатели, богословы и философы 2-8 вв., отличавшиеся ортодоксальностью учения, святостью жизни и заслугами перед Церковью)* the Fathers of the (Christian) Church, the Church Fathers ◊ **восто́чные О. (Це́ркви)** the Eastern [Greek] Fathers; **за́падные о. (Це́ркви)** the Western [Latin] Fathers; **Отцы́ и Учи́тели правосл. Це́ркви** the Fathers of the Greek [Eastern] Church; **принадлежа́щий к О.-ам Ц., относя́щийся к О.-ам Ц.** *прил.* patristic; **проти́вник О.-ов Ц.** misopaterist; "**Святы́е О. Ц.**" *(иконографическая композиция)* The Holy Fathers of the Church; **сочине́ния святы́х О.-ов Ц.** patristic writings.

о́тче father, paternity ◊ "**А́вва! О́тче!**" *библ.* 'Abba! Father!'.

"**О́тче наш**" *(начальные слова и название молитвы к Богу, к-рой Иисус обучал апостолов и учеников, у католиков – см. "**Па́тер но́стер**")* Our Father,

Отче

the Lord's [dominical] prayer, the Jesus Prayer, the prayer 'Our Father' ◊ *(молитва) ц.-сл.* **Отче наш, иже еси на небесех! Да святится имя Твое; да приидет царствие Твое; да будет воля Твоя, яко на небеси и на земли. Хлеб наш насущный даждь нам днесь; и остави нам долги наша, якоже и мы оставляем должником нашим; и не введи нас во искушение; но избави нас от лукавого.** Our Father, Who art in heaven! Hallowed be Thy Name. Thy Kingdom come! Thy will be done, on earth as it is in heaven. Give us this day our daily bread! And forgive us our trespasses, as we forgive those who trespass against us. And lead us not into temptation, but deliver us from evil.

"**Отче наш" навыворот** *(читается как кощунственное заклинание в "Чёрной мессе" и т. п.) амер.* back-pater-noster.

отшельник *(монах, отказавшийся из религ. убеждений от общения с людьми, с внешним миром и удалившийся в пустынные и уединённые места)* (ascetic) hermit, (a religious) recluse, solitary, eremite, solitudinarian, anchoret, anchorite ◊ **египетские о.-и** the Egyptian hermits; **монах-о.** a secluded monk; **приют о.-а** hermitage, anchorafe.

отшельница *жен. (см. тж **отшельник**)* anchoritess, hermitess.

отшельнический eremitical, recluse, reclusive, anchoritic.

отшельничество *(аскетическое отрицание мирской жизни с максимальным ограничением внешних связей)* reclusion, reclusiveness, anchoritism, a hermit's [recluse] life, hermitry.

Офел *библ. (круто обрывающийся холм к юго-востоку от Иерусалимской храмовой горы)* Ophel.

Офир *библ. (знаменитая своими золотыми сокровищами страна на аравийском или сомалийском побережье)* Ophir.

офиты *истор. (2 в.; сирийские гностики, чтившие змея, к-рый соблазнил прародителей)* the Ophites.

официал *англик., катол. (должностное лицо, к-рое по поручению и под руководством еп.-а, отправляет, в первой инстанции, функции церковно-судебной власти в епархии)* official; *англик.* official principal ◊ **должность о.-а** officiality.

официальная церковь *см.* **государственная церковь**.

"**Официальный вариант**" *см.* "**Санкционированная версия**".

Офни *библ. (один из сыновей Илии, первосвященника и последнего из судей; О. и его брат Финеес бесчинствовали в храме и развращали народ своими поступками, чем и навлекли на себя грозный суд Божий)* Ophni ◊ **О. и Финеес** Ophni and Phinees.

Офра *библ. (географическое название и жен. имя)* Ophrah.

офферторий *англик., катол. (песнопение мессы [проприя], исполняемое во время приношения даров)* offertory; *англик.* offertory sentence, offertory hymn.

оффиций *катол. (все службы суточного цикла, кроме мессы)* office.

Охозия *библ. (имя двух царей)* Ochozias.

охра *(минеральный краситель; используется в иконописи)* ocher, ochre ◊ **жёлтая о.** yellow ochre; **красная о.** raddle, red chalk, red ocher; **свинцовая о.** lead ocher; **тёмно-красная о.** almagra, Lemnian reddle.

охрана памятников старины preservation of ancient buildings.

оцеживать комара, а верблюда поглощать *(слова Иисуса, обращённые к книжникам и фарисеям, – людям, в мелочах совестливым, придирчивым, а в важных делах бессовестным и беспринципным; перен. – излишне заботиться о мелочах, забывая о главном)* to strain at [out] a gnat and swallow a camel.

Оцем *библ. (муж. имя двух лиц – брата Давида и сына Замофа)* Ozem.

оцет *библ. ц.-сл. (винный уксус)* (wine) vinegar, sour wine.

очеловечивать *(наделять человеческими качествами неодушевлённые предметы, животных и т. п.)* to anthropomorphize.

очистилище *библ. (золотая крышка над ковчегом Завета)* a mercy-seat *(of pure gold above upon the ark)*.

очистительный обряд *(религ. обряд очищения от нечистоты, скверны перед тем, как войти в священное место; тж **люстрация**)* lustration.

очистить душу от греха to be purged of [from] sin, to sanctify.

очищать евхаристический сосуд *катол.* to purify the chalice.

очищать от греха *библ.* to cleanse from sin ◊ "... и Кровь Иисуса Христа, Сына Его, очищает нас от всякого греха" *(1-ое Соборное послание Иоанна 1:7)* 'and the blood of Jesus Christ his Son cleanseth us from all sin'.

очищающая вода *см.* **воды крещения**.

очищающий *(искупающий от греха)* purgative.

очищение I *(религиозное)* purification by a religious ceremony, februation, lustration; *библ.* purifying; *(в синтоизме)* harai ◊ **духовное [нравственное] о.** purgation, spiritual purification; **о. от грехов** absolution from sins; **совершать обряд о.-я** to purify, to lustrate.

очищение II *см.* **катарсис**.

очищение евхаристических сосудов *катол. (вливание вина в потир после причащения священника)* purification of the chalice.

Очищение Марии *катол. (см. **праздник Сретения Господня**)* the Purification of the Blessed Virgin Mary, *(с 1969)* the Presentation of the Lord.

П

Паарий Арбитянин *библ. (один из 30 храбрых воинов царя Давида)* Paarai the Arbite.

Павел *(один из апостолов христ-ва, до обращения – Савл <Saul>, ум. ок. 65):* Paul ◊ **ап. П.** the Apostle Paul.

Павел Варнефрид *см.* **Павел Диакон**.

Павел Диакон *(ок. 720 - ок. 800; "отец итал. истории" <'Father of Italian History'>, историк лангобардов)* Paul the Deacon, Paulus Levita, Paulus Warnefrid.

Павел и Иулиания, свв. мчч. *(ум. ок. 273; д. п. 4/17 марта)* Sts. Paul and his sister Juliana, Ms.

Павел Камельский *(ученик Сергия Радонежского, ум. 1429, д. п. 10/23 января)* St. Paul Kamelsky.

Па́вел

Па́вел Креста́, свяще́нник *(1694-1775; катол. св., д. п. 19 октября)* St. Paul of the Cross, pr.

Па́вел Ла́трский *(ум. 956; катол. св, д. п. 6 декабря)* St. Paul of Latros, St. Paul the Younger.

Па́вел Но́вый, свт. *(ум. 784; константинопольский птрх., благочестивый, боролся с иконоборчеством, д. п. 30 августа / 12 сентября)* St. Paul the New, Patriarch of Constantinople, Paul IV.

Па́вел Прекра́сный, прп. *(ум. 340; в старости ушёл в пустыню к прп. Антонию Египетскому и после безропотного послушания достиг высокого совершенства, д. п. 4/17 октября и 7/20 марта)* Venerable Paul the Simple, in Egypt, a Solitary.

Па́вел Препросто́й, прп. *см.* **Па́вел Прекра́сный, прп.**

Па́вел Самоса́тский *(3 в.; еретик, антитринитарий, еп. Антиохии)* Paul of Samosata.

Па́вел Силенциа́рий *(6 в.; писатель, современник Юстиниана; ему принадлежат два довольно обширных, написанных гекзаметром и риторически изукрашенных описания Софийского собора в Константинополе)* Paul the Silentiary, *лат.* Paulus Silentiarius.

Па́вел Фиве́йский *(ок. 229-342; первый христ. монах)* St. Paul the (First) Hermit ◊ **П. Ф. и Иоанн Кущник, прпп.** *(д. п. 15/28 января)* Sts. Paul of Thebes and John the "Tent-dweller".

па́вечерица *см.* **повече́рие**.

Па́вла, прп. *(346-404; д. п. 26 января / 8 февраля)* Venerable Paula.

Па́вла, св. мц. *(ум. 273; д. п. 3/16 июня; ум. 308; д. п. 16/29 июля)* St. Paula, M.

павлиа́нин *(последователь Павла Самосатского)* Paulinist.

павлика́нство *истор. (еретическое движение в христ-ве, возникшее в 7 в. в Армении, состояло из сторонников* **Па́вла Самоса́тского***)* Paulicianism.

павликиа́не *(см.* **павлика́нство***)* the Paulicians.

Павли́н Аквиле́йский *(ок. 726-802; богослов, религ. деятель, с 878 птрх. Аквилейский; принимал участие в споре из-за адопцианской ереси; катол. св., д. п. 28 января)* St. Paulinus, Bp. of Aquileia.

павлини́ст *(член одного из многочисленных орденов, основанных в честь ап. Павла и Павла Фивейского)* Paulite, Paulinite, Pauline.

Павли́н Ми́лостивый, еп. *см.* **Павли́н Нола́нский, еп.**

Павли́н Нола́нский, еп. *(353-431; духовный писатель; сохранились 32 гимна и 50 писем от него к разным лицам: о промысле, о повреждении человеческой природы, о ходатайстве святых перед Богом за мир, о молитве за умерших, об иконопочитании и др.; нек-рые приписывают ему введение колокольного звона при богослужении; катол. св., д. п. 22 июня)* St. Paulinus of Nola, Bp.

Павли́н Но́льский, еп. *см.* **Павли́н Нола́нский, еп.**

павли́ст *(1. иезуит в Индии, член церкви и монастыря св. Павла в Гоа; 2. член "Конгрегации священников-миссионеров св. ап. Павла"* <the Congregation of St. Paul, *сокр.* C.S.P., the Congregation of the Missionary Priests of St. Paul the Apostle>, *основанного в 1858 в Нью-Йорке священником Хекером* <Hecker>*)* Paulist.

Па́вловы посла́ния *(послания ап. Павла; содержатся в Новом Завете, их авторство приписывается ап. Павлу)* the Pauline Epistles.

па́волока *(в иконописи и русской деревянной расписной скульптуре – холст или шёлк, вымоченный в жидком клее, к-рым обтягивалось дерево перед нанесением грунта)* canvas ◊ **туго пролевкашенная п.** well-gessoed canvas.

пагани́зм *см.* **язы́чество**.

Пагии́л *библ. (муж из колена Асирова, сын Охрона)* Pagiel.

па́года *(в буддийской архит-ре стран Дальнего Востока и Юго-Восточной Азии многоярусная мемориальная башня-реликварий; тж здание буддийского или индуистского храма или часть храма)* pagoda, temple tower ◊ **многоярусная п.** multi-storey pagoda; **п. [храм] с изображениями божеств** *(в Индии)* swami house.

па́губа *(гибель; бедствие; пропажа, утрата)* bane.

Пада́н-ара́м *библ. (Месопотамия)* Padan-aram.

па́дать ниц to prostrate *oneself* (before).

паде́ние ниц *(символическое выражение величайшего смирения перед Господом и особенной теплоты молитвы)* prostration, metany, *греч.* megale metanoia, gonuklisia.

па́дма *(санскрит – лотос; один из древнейших и главнейших символов в индуизме, джайнизме, буддизме)* padma.

Падмаса́мбхава *(8 в.; основатель третьего направления в буддизме* **ваджра́ны**, *прославленный тантрический чудотворец) санскрит* Padmasumbhava.

Падмассо́мбхава *см.* **Падмаса́мбхава**.

па́дре *(катол. священник или монах в Италии, Испании, Португалии, Лат. Америке; в Индии – любой священник; в армии распространённое обозначение капеллана; тж обращение к священнику в Италии, Испании и др. странах)* padre.

паери́сса *см.* **жезл**.

па́зуха сво́да *(церкви)* spandrel.

Паи́сий Вели́кий, прп. *(ум. 400; знаменитый егип. авва, д. п. 19 июня / 2 июля)* Venerable Paisius the Great.

Паи́сий Величко́вский *(1772-92; архимандрит Нямецкого монастыря в Молдавии; известен своей благочестивой строгой жизнью, образованием и духовно-литературными трудами; д. п. 15/28 ноября)* Blessed Paisius Velichkovsky.

Пайк, Джеймс Э́лберт *(1913-69; амер. религ. деятель, теолог; в 1958-66 глава Епископальной церкви Калифорнии; его либеральные взгляды по религ. и социальным вопросам оказали большое влияние на философию протестантизма)* Pike, James Albert.

па́ки *ц.-сл. (снова, опять, ещё)* ◊ **п. и п. миром Господу помолимся** again and again, in peace [all together] let us pray to the Lord.

пакибытиé *ц.-сл. (второе рождение при крещении)* baptismal regeneration.

"Пакс Рома́на" *(международная организация, способствующая усилению влияния катол. церкви среди интеллигенции)* the Roman Peace, *лат.* Pax Romana.

Пала́ма, Григо́рий *см.* **Григо́рий Пала́ма**.

паламит *истор. (монах св. горы Афон в 14 в., последователь **Григо́рия Пала́мы**)* Palamite.

паламити́зм *истор. (движение последователей **Григо́рия Пала́мы**)* Palamitism.

Паламо́н Фиваи́дский, прп. *(ум. ок. 330; наставник св. Пахомия Великого, д.п. 12/25 августа, катол. – 11 января)* St. Palaemon of the Thebaid.

пала́ты 1. *(хоромы, дворец)* palace, chambers ◊ **Патриаршие п.** Patriarchal chambers; **2. больничная п.-а** *(в монастыре)* infirmary.

Палемо́н Еги́петский, прп. *см.* **Паламо́н Фиваи́дский, прп.**

палео́граф 1. *(древняя рукопись)* pal(a)eograph; **2.** *(специалист, знаток древних рукописей)* pal(a)eographer.

палеографи́ческий pal(a)eographic(al).

палеогра́фия *(вспомогательная историко-филологическая дисциплина, изучающая развитие письменности: материалы и орудия письма, графическую форму письменных знаков, системы сокращений и тайнописи, украшение и оформление рукописей и книг; способствует определению авторства, времени и места создания памятника)* pal(a)eography.

Палеоло́ги *(династия византийских императоров в 1261-1453, основанная Михаилом VIII – никейским императором с 1259; последний император – Константин XI, племянница к-рого Зоя [Софья] была замужем за Иваном III Васильевичем)* the Palaeologus family.

Палести́на *(первоначально земля филистимлян, затем наименование "Святой земли" в иудео-христ. традиции, без точного географического обозначения)* Palestine.

Палести́нский Талму́д *(назван по месту его составления; окончательно составлен к 4 в.; не такой полный, как Вавилонский Талмуд)* the Palestinian Talmud; *(неправильно – * the Talmud of Jerusalem, the Jerusalem Talmud, the Talmud Yerushalms*)*.

Палестри́на, Джова́нни Пьерлуи́джи да *(1525-94; итал. композитор церк. музыки)* Palestrina, Giovanni Pierluigi da.

Пале́я *(название памятников древнерусской письменности, содержащих изложение ветхозаветных сказаний)* Palaea.

па́ли *(мёртвый язык, относится к индийской группе индоевроп. семьи языков; одна из ветвей буддизма – **тхерава́да** использует язык **п.**; язык буддийского Канона)* Pali.

палимпсе́ст *(древняя рукопись, написанная на писчем материале (гл. обр. пергаменте) после того, как с него счищен прежний текст)* palimpsest ◊ **двойной** или **тройной п.** *(используемый два, три раза)* double *or* triple palimpsest.

па́лица *(часть церк. облачения архиерея, архимандрита и священника – матерчатый ромб, привешиваемый за острый угол на ленте у правого бедра; символизирует духовный меч, т.е. слово Божие, к-рым всегда должен быть вооружён пастырь; священникам даётся в качестве награды)* palitza.

Палла́дий Еленопо́льский *(ок. 363-431; христ. хронист; в 420 составил знаменитое собрание жизнеописаний святых, к-рое в честь сановника назвал "Лавсаик" <'Lausaic History'>)* Palladius, Bp. of Helenopolis.

Палла́дий Ирла́ндский, св. *(ум. 432; первый еп. ирландцев, катол. св., д. п. 7 июля)* St. Palladius, Bp. of Ireland.

Палла́дий, прп. *(4 в.; д. п. 28 декабря / 10 января)* Venerable Palladius.

палла́диум *(особая святыня, к к-рой относятся с наибольшим уважением и благоговением; защита, оплот)* palladium ◊ **п. всей Руси** *(напр., о Владимирской Богоматери)* palladium of all Russia.

па́ллиум *(часть одеяния катол. архиеп.-а — белая шерстяная лента с чёрными крестами; соответствует **омофо́ру**)* pallium.

пало́мник *истор. (название странников-богомольцев, ходивших на поклонение св. мощам и приносивших оттуда на родину ветку пальмы)* palmer, pilgrim(er), pilgrimager, peregrin(e).

пало́мница *жен. (см. тж **пало́мник**)* pilgrimess.

пало́мничать *(совершать паломничество)* to (make a) pilgrimage, to go on a pilgrimage, to pilgrimize, *шотл.* to palmer.

пало́мнический pilgrim, *(относящийся к паломничеству)* pilgrimage.

пало́мничество *(путешествие верующих к "святым местам", вызванное представлением о том, что в таких местах молитва более действенна)* pilgrimage ◊ **её гробница стала местом п.-а** her tomb became a pilgrimage shrine *or* center; **место п.-а** pilgrimage center, pilgrimage shrine; **отправиться в п.** to set out on a pilgrimage; **"прощальное п." Мухаммада в Мекку** the Farewell pilgrimage.

па́лочка в руке́ свято́го *(на иконах)* wand.

Па́льмер, Уи́льям *(1811-79; англик. архидиакон, богослов, вице-президент колледжа св. Марии Магдалины Оксфордского университета <Magdalen College, Oxford>; дважды посетил Петербург с просьбой допустить его до общения в таинствах, в чём ему было отказано; в 1855 П. перешёл в католичество; он автор "Заметок о посещении русской церкви в 1840, 1841" <Notes of a Visit to the Russian Church in the Years 1840, 1841>; П. собрал и перевёл на англ. язык обширные материалы о птрх.-е Никоне и вместе со своими соображениями о значении деятельности Никона и последствиях его низложения напечатал их в сочинении "Патриарх и царь" <The Patriarch and the Tsar>)* Palmer, William.

па́льмовые ве́тви *(употреблялись в Палестине, в Византии и в др. южных странах; в России в Вербное воскресенье роль пальмовых ветвей играет верба, в США — гемлок или тсуга <hemlock spruce>)* palm branches, *греч.* baion.

Па́мва [Па́мво] Нитри́йский, прп. *(ум. 386; подвизался в Нитрийской пустыне, в Египте; д. п. 18/31 июля)* Venerable Pambo of the Nitrin Desert.

Памма́х Ри́млянин, св. *(ум. 410; проконсул, сродник прп. Мелании Римляныни, д. п. 31 декабря / 13 января, катол. — 30 августа)* St. Pammachus.

Памфи́лия *библ. (область на южном побережье Малой Азии)* Pamphylia.

Памфи́л Кесари́йский, св. мч. *(ум. 309; знаменитый учёный, получив сан пресвитера в Кесарии Палестинской, отдался исключительно занятиям христ. лит-рой; при своей церкви П. устроил школу; из сочинений П.-а сохранилась в лат. переводе Руфина первая глава его "Апологии Оригена" <Apology of Origen>; д. п. 16/29 февраля, катол. — 1 июня)* St. Pamphilius, M.

памфле́т *(эссе на моральную или религ. тему)* tract.

па́мятник *(произведение искусства, созданное для увековечения памяти людей или истор. событий; скульптурная композиция, статуя, бюст, плита с рельефом или надписью, триумфальная арка, колонна, обелиск, гробница, надгробие и т.п.)* monument, memorial; *(надгробный камень)* tombstone; *(в виде статуи)* statue; *(в виде обелиска, колонны или шпилеобразного сооружения)* shaft; *(исторический; о статуе, картине, манускрипте и т.п.)* record ◊ **бесце́нный п.** inestimable monument; **воздви́гнуть п.** to build [erect] a monument; **вре́мя уничто́жило мно́го па́мятников было́го вели́чия** time has obliterated many monuments of former greatness; **выдаю́щийся п. дре́вней Руси́** the outstanding monument of early Rus; **дре́вние [истори́ческие] п.** ancient monuments; **истори́ческий п., находя́щийся под охра́ной госуда́рства** national monument; **надгро́бный п.** funerary monument; **национа́льный п. архитекту́ры** national historic landmark; **несохрани́вшийся п.** nonextant monument; **относя́щийся к п.-у** *прил.* monumental; **п.-и про́шлого** the records of the past; **п.-и старины́** monuments [*or* relics] of the past, old relics and monuments, monuments of antiquity; **це́рковь на верши́не холма́ была́ изве́стным п.-ом, служи́вшим ориенти́ром** the church on the hilltop was a well-known landmark; **э́тот п. воздви́гнут в честь побе́ды** this monument commemorates the victory.

па́мятные до́ски *(медные доски с выгравированной фигурой умершего, к-рые помещались в стену или пол церкви; были широко распространены во Франции, Англии, Голландии и Германии в 13-16 вв.)* (memorial *or* church) brasses.

па́мять I *(ознаменование памяти)* commemoration, commemorating, feast.

па́мять II *катол. (наименее значимый праздник)* memorial, *лат.* memoria.

Па́мять обновле́ния хра́ма Воскресе́ния в Иерусали́ме *(13/26 сентября)* Commemorating the Restoration of the Church of the Ressurection of Our Lord.

Па́мять первому́чеников Ри́мской це́ркви *катол. (30 июня)* the First Martyrs of the Church of Rome.

Па́мять свято́го Ма́рка Евангели́ста *катол. (25 апреля)* Mark, Evangelist.

Па́мять святы́х отце́в семи́ Вселе́нских собо́ров *(18/31 мая)* the Fathers of the Seven Ecumenical Councils.

Па́мять семи́ мчч. Маккаве́ев, ма́тери их Соломони́и и учи́теля их Елеаза́ра *(166 до н. э.; д. п. 1/14 августа)* Commemoration of Sts. Seven Maccabee Brothers, Ms., and their Mother, Solomonia and their Master, Eleazar.

Па́мять Страсте́й св. Иоа́нна Крести́теля *катол. (29 августа)* the Beheading of John the Baptist, m.

Па́мять явле́ний Пресвято́й Де́вы Мари́и в Лу́рде *катол. (1858; празднуется 11 февраля с 1907)* Our Lady of Lourds.

панагиа́р *(блюдо с ручкой и поддоном, на к-рое кладётся Панагия, т. е. хлеб, возносимый в честь пресвятой Богородицы)* panag(i)arion.

Панаги́я 1. *(литургическое именование Богородицы; греч. "всесвятая" <'all holy'>)* the Pan(h)agia; **2.** *(часть просфоры, возносимая в честь Богородицы)* the Panagia ◊ **возвыше́ние П.-и** the elevation of triangle form of bread [of the Panagia].

панаги́я 1. *(тж енко́лпий, энко́лпий; небольшая обычно круглая икона, носимая архиереем на груди, как правило, с изображением Богоматери)* panagia, panagion, pectoral image, pectoral plate; *(с вложенными частицами мощей или миниатюрным Евангелием)* encolpion, enkolpion, encolpium.

панагиа́рь *см.* **панагиа́р**.

пананглика́нский *(относящийся к англик. церкви в целом)* Pan-Anglican ◊ **п. конгресс,** the Pan-Anglican Congress; **п.-ая конференция** the Pan-Anglican Conference; **п. синод** the Pan-Anglican Synod.

Па́ндавы *(пять братьев, героев "Махабхараты")* Pandavas.

пандемо́ниум *(обиталище демонов)* Pandemonium.

панди́т *(в Индии учёный, к-рый занимается толкованием дхарма-шастр, книг законов и философии, религ.-правовых установлений индуизма; в наст. время может употребляться как уважительный титул образованного человека)* pundit.

панентеи́зм *(религ.-филос. учение, термин философии Карла Кристиана Фридриха Краузе (1781-1832) <K. C. F. Krause>, согласно к-рому мир пребывает в Боге, а Бог проявляет себя в мире <the Being of God includes and penetrates the whole universe, so that every part of it exists in Him>)* panentheism.

паникади́ло *(храмовая люстра; состоит из металлического стержня и нескольких ярусов фигурных кронштейнов для свечей; нижняя часть п.-а чаще всего завершается шаровидной формой, гладкой или узорной)* a large church chandelier (hanging from the ceiling).

паниканди́ло *(церк. светильник, имеющий более 12 свечей) греч.* polykandelon.

панислами́зм *(религ.-политическая идеология, возникшая в кон. 19 в.; её основоположник Джамаль ад-Дин аль-Афгани (1839-97) выдвинул идею о единстве мусульман всего мира и необходимости их сплочения в едином мусульманском государстве под руководством халифа)* Pan-Islamism.

панихи́да *(заупокойная церк. служба, богослужение по умершим)* the Office for [of] the Dead, pannychida, a service for the commemoration of a deceased person, a memorial service (for the dead), *греч.* pannychis, *катол.* requiem (mass), dirge; *(накануне похорон)* funeral service ◊ **п. в годовщину смерти** year-mind; **гражданская п.** *(траурное собрание возле гроба, урны с прахом, посвящённое памяти умершего)* civil funeral (rites), public memorial service; **на п.-е** in the Office for the Dead; **речь на п.-е** *(проповедь)* funeral oration, eulogy; **п. через месяц** *или* **год после смерти** mind.

панихи́дный funeral.

панихи́дный сто́лик *см.* **кану́н II**.

Панкра́тий Ри́мский, мч. *см.* **Панкра́тий Фриги́йский, мч.**

Панкра́тий, сщмч., еп. Тавромени́йский *(1 в.; д. п. 9/22 июля)* St. Pancratius [Pancras], Pr.-M., Bp. of Taormina.

Панкра́тий Фриги́йский, мч. *(ум. ок. 304; отрок, д. п. 12/25 мая)* St. Pancras of Phrygia, M.

пансатани́зм *(учение, возникшее у гностиков, согласно к-рому мир является олицетворением Сатаны)* Pan-Satanism.

панслави́зм *(идея объединения славянских народов)* Pan-Slavism.

панслави́ст *(сторонник* **панслави́зма***)* Pan-Slavist.

пантеи́зм *(религ.-филос. учение, сближающее или полностью сливающее в*

пантеизм

единое целое Бога с природой, отождествляющее Бога с миром) pantheism.

пантеи́ст *(последователь пантеи́зма)* pantheist.

пантеисти́ческий pantheistic(al).

Пантелеимо́н, вмч. и цели́тель *(ум. 305, зап. христиане чтят память П.-а как помощника врачей, восточные же призывают его в молитве за немощного, больного, неспящего и т.п.; д.п. 27 июля / 9 августа)* St. Pantaleon [Panteleimon], the Great M. and healer.

Пантелеймо́новский монасты́рь *(русский монастырь на Святой горе Афон, основан в 1-ой пол. 11 в.)* the (Russian) monastery of St. Panteleimon *(in the Holy Mt Athos)*, the Roussikon.

пантелеологи́зм *(концепция, заключающаяся в том, что природа мира есть умственная активность Бога)* panteleologism.

Панте́н, св. *(ум. ок. 190; христ. богослов, первый из известных руководителей Александрийского огласительного училища; д. п. у католиков 7 июля, у коптов – 22 июня)* St. Pantaenus.

пантеоло́гия *(теологическая система, охватывающая все религии)* pantheology.

пантео́н *(совокупность всех богов какой-л. религии)* pantheon.

Пантокра́тор *(тип изображения Христа Вседержителя в виде Небесного Царя и Судии, восседающего на троне, с благословляющим жестом правой руки и с текстом Евангелия в левой, в окружении небесной стражи – архангелов; изображение П.-а помещалось в куполе храма; тж* **Вседержи́тель**) Pantocrator, the All-Ruler; *греч.* Pantokrator.

Пантолео́н, вмч. и цели́тель *см.* **Пантелеимо́н, вмч. и цели́тель**.

пантоми́ма, рожде́ственская mummery ◊ **участвовать в р.-ой п.-е** to go mumming; **участие в р.-ой п.-е** mumming.

пантх *(сикхская община)* Panth.

панчара́тра *(название древней вишнуитской секты)* Pancharatra.

па́нчен-ла́ма *см.* **па́нчен-э́ртни**.

па́нчен-э́ртни *(второе по своему значению после* **дала́й-ла́мы** *лицо иерархии ламаистов в Тибете)* the Panchen [Teshu, Tesho, Bogodo, Grand] Lama, Panshen Erdeni, Panchhan Rinbochhi.

Пань-гу́ *(в древнекитайской мифологии – первопредок, гигантская космическая фигура, членение к-рой дало человечество; получил дальнейшее развитие в даосизме как член триады)* P'an-ku.

Па́оло де́лла Кро́че, св. *см.* **Па́вел Креста́, свяще́нник, пассиони́сты**.

па́па-ка́рма санскрит *(в индуизме – дурное деяние, греховное действие)* papa-karma.

па́па-ма́льчик *(прозвище двух Пап Римских: а) Иоанна XII (955-644), к-рый был выбран Папой в возрасте 18 лет; б) Бенедикта IX (1032-44), к-рый сделался Папой в 12 лет от роду, а т.к. жениться, будучи Папой, ему было нельзя, то он выгодно продал папское место)* the Boy Pope.

Па́па Ри́мский *(глава катол. церкви и государства-города Ватикан, избираемый пожизненно с 1389 из кардиналов)* the Pope, *лат.* papa, *сокр.* PP; *(как преемник ап. Петра)* the Fisherman; *истор.* the Patriarch of Rome ◊ *(титулование Папы Римского)* **Его Святейшество Папа, Епископ Рим-**

ский, Первоиерарх Вселенской Церкви, Патриарх Запада His Holiness, the Pope, Bishop of Rome, Supreme Pontiff of the Universal Church, Patriarch of the West; **власть Папы Р.-ого** popedom, papal authority; **догмат об абсолютном верховенстве и непогрешимости Папы Р.-ого** *(в уничижительном смысле)* Vaticanism; **пребывание [срок пребывания] у власти Папы Р.-ого** pontificate; **служение Папы Р.-го в качестве наместника св. Петра** the Petrine ministry.

Па́па, св. мч. *(ум. 305; д. п. 16/29 марта)* St. Papas, M.

Па́пеброх [Па́пебрук], Да́ниел *(1628-1714; учёный-иезуит, один из главных сотрудников издания Болланда <'Acta Sanctorum'>; для осуществления издания П. отдал на это всё унаследованное им от отца состояние; по смерти И. Болланда П. стал вместе с Генсхеном во главе редакции трудов* ***болланди́стов****)* Papebroch [van Papenbroeck], Daniel.

па́перть *(площадка перед входом в христ. храм, на к-рую ведут несколько ступеней; тж* **крыльцо́, церко́вное***)* church porch; *редко* parvis; *неправильно* parvise.

папе́сса Иоа́нна *(женщина, занимавшая папский престол согласно легенде, появившейся в 13 в.)* Pope Joan.

папи́зм *(католицизм в уничижительном смысле)* papism, popery, papistry.

Па́пий Иерапо́льский *(2 в.; церк. писатель, еп. своего родного го́рода Иераполя во Фригии)* Papias (bp. of Hierapolia) ◊ *(богословский труд П.-я, сохранившийся во фрагментах)* "**Пять книг изъяснений Господних изречений**" The Exposition of Oracles of the Lord, The Explanation of the Sayings of the Lord.

Па́пила, св. мч. *(2 в.; был диаконом в Фиатире; пострадал в гонение Деция; за непринесение жертвы богам и исповедание Христа П. был лишён имущества и после пыток обезглавлен; д. п. 13/26 октября)* St. Papylus, M.

папи́ст *(пренебрежительно)* papist.

папи́стский papistic(al); *(пренебрежительно)* Romish ◊ **насаждать п.-е доктрины** to papalize; **п. ритуал** *(неодобрительно)* the Romish ritual; **п.-ая церковь** *(пренебрежительно)* the Romish church; **проникаться п.-ми катол. убеждениями** to papalize.

папоцезари́зм *(присвоение церк. руководством, в частности Папой Римским, функций светских государей)* papocaesarism.

па́пская власть *(власть Папы Римского как символического преемника ап. Петра)* the power of the keys.

па́пская о́бласть *(светские владения Папы Римского, существовавшие с 756 по 1870; находились на территории совр. Италии)* the Papal [Pontifical] States, the Patrimony of St. Peter.

па́пская печа́ть *(см. тж "***кольцо́ рыбака́***")* the seal of the Fisher(man).

па́пский *(относящийся к Папе Римскому)* papal, apostolic, pontifical; *(пренебрежительно)* popish ◊ **п.-е индульгенции** apostolic indulgences; **п. престол** apostolic see, St. Peter's chair.

Па́пский Григориа́нский университе́т *см.* **Григориа́нский университе́т**.

па́пский

па́пский лега́т *см.* **лега́т, па́пский**.

Па́пский секретариа́т *см.* **Госуда́рственный секретариа́т (Его́ Святе́йшества)**.

Па́пский Урбаниа́нский университе́т *(одно из старейших церк. учебных заведений катол. церкви)* лат. Pontificia Universita Urbaniana.

Па́пское госуда́рство *см.* **Па́пская о́бласть**.

па́пское посла́ние *см.* **декрета́лия**.

па́пское постановле́ние *см.* **декрета́лия**.

па́пство **1.** *(институт руководства катол. церкви; религ.-политический центр катол. церкви)* the Papacy ◊ **враждебный п.-у** antipapal; **2.** *(звание, достоинство и срок пребывания в сане, статус Папы)* papacy, popedom, popehood, *перен.* the tiara ◊ **проследить развитие п.-а** to trace the development of the papacy.

парабола́н *см.* **паравола́н**.

паравола́н *(церк. должность в первые века христ-ва; обладатель этой должности должен был ухаживать за больными бедными людьми, особ. во время эпидемий, и заниматься погребением усопших)* parabolanus.

параекклисиа́рх *см.* **параэкклисиа́рх**.

Паракле́т *см.* **Паракли́т**.

пара́клис *(молебный канон, посвящённый Богородице, к-рый поётся и читается верующими в случае душевной скорби)* paraklisis.

Паракли́т *(эпитет Святого Духа, Утешитель, Заступник)* Paraclete.

"Паралипоме́нон" *библ.* *(название двух истор. книг Библии; в Септуагинте и Вульгате эти книги называются греч. словом "паралипомена", т.е. добавления к книгам Царств; в Реформацию этот заголовок стал писаться как "книга хроник")* Paralipomenon, (the Books of) the Chronicles ◊ **Первая (Вторая) книга П.** The First (Second) Book of the Chronicles.

"паралле́льные места́" Би́блии *(тексты Ветхого Завета, предвосхищающие учение Нового Завета)* anagoge.

парама́нд I *(принадлежность облачения монаха малой схимы – небольшой четырёхугольный плат с изображением восьмиконечного креста на подножии орудий страстей <the instruments of the Passion> и черепа Адама; носится на теле под одеждой на четырёх шнурках, пришитых по углам; обозначает тот крест, к-рый берёт на себя инок, следуя за Спасителем; в чинопоследовании пострига* **п.** *называется образом и знамением Креста Господня)* paraman, *греч.* paramandyas.

Парама́хамса *(в индуизме высшее состояние духа; титул выдающихся духовных авторитетов)* Paramahamsa.

Параме́швара *(титул бога как высшей духовной реальности, Абсолюта; применяется в основном к Шиве; иногда – к Вишну)* Parameshvara.

пара́мита *(в буддизме – совершенство, средство достижения* **нирва́ны**, *развитое до высшей степени святыми и* **бодхиса́т(т)вами**) paramita.

парамона́рь *см.* **понома́рь**.

Парамо́н, св. мч. *(ум. 250; д. п. 29 ноября / 12 декабря)* St. Paramon, M.

паранджа́ *араб.* *(верхняя женская одежда у мусульман: накидка в виде широкого халата, окутывающая всю фигуру, с ложными рукавами, прикреплёнными за спиной, и чачваном – густой чёрной сеткой, закрывающей лицо, ношение к-рой предписывается исламом)* yashmak, yashmac, paranja.

паранормальные явления paranormal phenomena.

Параскева, прмц. *(138-161; д.п. 26 июля/8 августа)* St. Parasceva, Venerable-M.

Параскева, св. мц., наречённая Пятница *(по христ. представлениям пострадала в годы гонения на христиан при рим. императоре Диоклетиане, 304-05; Пятница – это персонификация Страстной пятницы, отсюда её изображения с орудиями страстей; в русской иконописи – название изображения св. Параскевы, по народной традиции, покровительницы пятого дня недели, базарных дней, торговли, свадеб и рыболовства; д. п. 28 октября / 10 ноября)* St. Parasceva, Martyr, surnamed "Friday".

парастас(ис) *(особая заупокойная всенощная византийского обряда)* parastasa, special funeral (night) service.

парафия *катол. (название прихода в Польше и Зап. Украине)* a parish of the Roman Catholic Church.

параша *иврит ("недельный отрывок", читаемый из Торы; вся Тора разделена на 54* **п.** *по числу недель в году;* **п.** *прочитывается в синагоге в шабат, начинающий неделю, а затем повторяется по понедельникам и четвергам)* parashah.

парашат ашавуа см. **параша**.

параши(й)от *мн. ч. (см.* **параша**) parash(i)oth.

параэкклизиарх см. **параэкклисиарх**.

параэкклисиарх *(1. церковнослужитель низшего ранга, упоминающийся в уставе: готовит воду, вино, просфоры, по благословению настоятеля звонит в колокола, возжигает свечи, во время богослужения подаёт кадило, выходит со свечой на входе; 2. в восточных православных монастырях лицо, наблюдающее за тем, чтобы богослужение совершалось по уставу)* (para)ecclesiarch.

Парвати *(в индуистской мифологии одно из имён жены Шивы; изображается в облике прекрасной женщины)* Parvati.

парев *(в иудаизме – не молочная и не мясная пища: зерно, фрукты, овощи)* pareve, parve(h).

паремейник *(сборник, книга паремий)* lectionary, legend.

паремийник см. **паремейник**.

паремия *(чтения отрывков из Ветхого и Нового Заветов во время торжественного богослужения)* paremii, the Parables, legenda.

паремья см. **паремия**.

парикия *(название* **прихода** *в древней церкви)* греч. paroikia.

паримийник см. **паремейник**.

паримия см. **паремия**.

паринирвана *(полная* **нирвана**, *достигаемая буддистом)* parinirvana, *пали* parinibbana.

Парисиус, прп. *(1160-1267; катол. св., д. п. 11 июня)* St. Parisio.

паритта *пали (буддийские канонические тексты, используемые в качестве заклинаний; собрание текстов* **п.** *примыкает к палийскому буддийскому Канону)* paritta.

паришта см. **малаика**.

Па́ркер, Теодо́р *(1810-60; видный амер. религ. деятель и теолог)* Parker, Theodore.

Парме́н *библ. (имя одного из семи диаконов, к-рых назначали апостолы, тж ап. от 70-ти; д. п. 28 июля / 10 августа, катол. – 23 января)* Parmenas.

парна́с *(1. в Средние века богатый еврей, жертвовавший на нужды синагоги, общинные дела; 2. лицо, занимающееся хозяйственно-административными вопросами в синагоге)* parnas(s).

Па́рош *библ. (израильтянин, потомки к-рого возвратились вместе с Зоровавелем и Ездрой из Вавилонского плена в Иудею)* Parosh.

парс *(индийское название зороастрийцев, выходцев из Персии, осевших в основном в Бомбее в 7-8 вв.)* Parsee, Parsi.

парси́зм *(тж зороастри́зм)* Parseeism.

Партикуля́рные бапти́сты *см.* **Ча́стные бапти́сты**.

па́рус *архит. (свода или купола; конструкция, обеспечивающая переход от прямоугольного основания к купольному покрытию в церквах и др. зданиях)* pendentive.

Пару́сия *(греч. словообразование, встречающееся в Новом Завете и обозначающее второе пришествие Иисуса Христа, когда он получит власть судить живых и мёртвых)* Parousia.

Парфе́ний, прп., еп. Лампсаки́йский *(4 в.; религ. деятель при Константине Великом; д. п. 7/20 февраля)* Venerable Parthenius, Bp. of Lampesachia.

парча́ *(сложно-узорчатая художественно-декоративная ткань с шёлковой основой, содержащая в утке, реже в основе металлические нити из золота, серебра или имитирующих их материалов; использовалась для различных целей в правосл. церкви; в 17 в. ввозилась из Ирана, Турции)* brocade, tinsel (cloth), baldachin, baudekin, baldoquin, satin ◊ **венецианская п.** *истор.* samite; **золотая п.** gold cloth, cloth of gold; **серебряная п.** cloth of silver; **украшать п.-ой** to brocade; **церковная одежда из золотой п.-и** brocaded ecclesiastical vestment.

парчо́вый brocaded.

Па́ршва *(23-й предпоследний* **тиртха́нкар** *джайнизма, живший прибл. за 250 лет до* **Махави́ры***)* Parshva.

Паса́х *библ. (первый сын Иафлета, сына Хеверова, из потомства Асирова)* Pasach.

Пасе́ах *библ. (служитель храма, потомки к-рого вместе с Зоровавелем и Ездрой вернулись из Вавилонского плена в Иудею)* Paseah.

Паска́ль, Блез *(1623-62; один из величайших мыслителей Франции, богослов, математик, учёный)* Pascal, Blaise.

Паскуа́ле Байло́н, прп. *(ум. 1592; чудотворец, катол. св., д. п. 17 мая)* St. Paschal Baylon, confessor.

Пассио́на *(название оратории на текст, касающийся Страстей Господних; исполняется в катол. и протест. церквах в Страстную пятницу)* Passion oratorio, Passion music.

пассиони́сты *(члены катол. ордена под названием "Конгрегация босоногих монашествующих Пресвятого Креста и Страстей Господа нашего Иисуса Христа" <the Congregation of the Discalced Clerks of the Most Holy Cross and Passion of our Lord Jesus Christ>; основан в Италии – 1737, в Англии –*

1842, в США – 1852) the Passionists, the Congregation of the Passion, the Passionist Fathers, *лат.* Congregatio Passionis, *сокр.* C.P., *(менее официально)* the Barefooted Clerks of the Most Holy Cross.

пáссия *(1. в Восточном христ-ве – особое богослужебное последование, совершаемое Великим постом в воскресные дни вечером, на к-ром читаются тексты Евангелия, повествующие о страданиях Христа; 2. служба в Западном христ-ве в память страдания Господа, соединённая с произнесением беседы; совершается на Страстной неделе)* the Passion.

пáства *(прихожане; христиане, находящиеся под духовным водительством пастыря церкви)* flock, sheep, congregation, the faithful, charge; *библ.* fold ◊ **п. Русской церкви** the faithful of the Russian Church; *(сыны Церкви)* obedience.

пáстор *(протест. священник)* rector, parson, (Protestant) minister; *(в любой христ. церкви, кроме правосл., катол. и англик)* pastor, *сокр.* P; *(в Реформированной нидерландской церкви в Америке)* dominie; *шотл.* kirkman ◊ **местный п.** *(мирянин в методистской церкви, уполномоченный отправлять богослужение в своём церк. округе)* local preacher; **наш п.** our local pastor; **п., работающий с молодёжью** youth minister, youth pastor.

пасторáт I *(должность пастора)* parsonage; *(пасторы)* собир. pastorate.

пасторáт II *(прицерк. домик, дом приходского священника)* parsonage.

пасторéлы *см.* "**пастýшники**".

пáсторский *(прил. к пастор)* pastoral, pastorly, vicarial, ministerial; poimenic ◊ **п. воротник** clerical collar; **п.-ая лит-ра** poimenic literature; **п.-е обязанности** pastoral [vicarial] duties; **п.-ое попечение** pastoral care; **п.-ое послание** *(обращение архиерея к своей епархии)* pastoral address, pastoral letter; **п.-ое служение** pastoral service.

пастофóрий *истор. (вплоть до кон. 4 в. помещение в алтаре или пристройка к алтарю для хранения преждеосвященных Святых Даров, тж церк. утвари)* pastophorium, pastophorio.

"пастýшники" *(участники восстаний франц. крестьян, охваченных религ. экстазом и доведённых нуждой до крайнего озлобления в 1251 и 1321) франц.* Pastoureaux.

пáстырские послáния *(с 18 в. обозначение Первого и Второго посланий ап. Павла к Тимофею и Послания к Титу; указывает на то, что они были обращены к главам общин)* the pastoral epistles.

пáстырское богослóвие *см.* **богослóвие**.

пáстырство *(деятельность пастыря, духовного наставника паствы)* ministry ◊ **жизнь, п. и смерть Христа** the Life, Ministry and Death of Christ.

"пáстырство" *протест. (движение в среде евангельских христиан в 1970-х, ставившее целью наставить новообращённых на верный путь, помочь им в изучении Библии и духовном росте и защитить от дурных влияний)* shepherding.

пáстырь 1. *(пастух, духовный п.)* shepherd; spiritual overseer, guardian of souls ◊ **Великий П.** *(Иисус Христос)* the Great Shepherd; **П. добрый** *(Иисус Христос; иконографический тип композиции в раннехрист. искусстве 2-5 вв.; представляет собой изображение пастуха, несущего на плечах овцу или барана, либо пастуха среди своего стада)* the Good Shepherd; **п. и стадо** *библ.* shepherd and flock; **2.** *(духовный наставник паствы; традиционное*

пáстырь

для христ-ва наименование священнослужителя, сравниваемое с пастухом, пасущим своё стадо – верующих-мирян) pastor ◊ **п. своих пасомых** the pastor of his flock.

"Пáстырь" Гéрма *(одно из сочинений 2 в., автор к-рого предположительно был ближайшим сподвижником апостолов)* The Shepherd of Hermas.

пасть ниц to prostrate *oneself*, to fall down in adoration.

Пáсха I *(см. Пéсах)* the Passover; **П. [ц.-сл. Фáска] и Опрéсноки** *библ.* the Passover and Unleavened Bread.

Пáсха II *(главный христ. праздник, в основе к-рого лежит евангельское сказание о чудесном воскресении Иисуса Христа, распятого на кресте по приговору иудейского суда-синедриона, утверждённому рим. наместником Понтием Пилатом; П. является подвижным праздником, выпадающим каждый год на разные числа; празднуется в первое воскресенье после полнолуния, последовавшего за днём весеннего равноденствия)* Easter, (Holy) Pasch(a), Pasch day, Pasque God's Sunday, *(вышедшее из употребления)* Pace ◊ **восьмое воскресенье перед П.-ой** *(Зап. христ-во)* Sexagesima Sunday; **второе воскресенье после П.-и** *катол., лат.* Misericordias Domini; **второй день П.-и** Easter Monday; **второй понедельник** <Hock Monday> **и вторник** <Hock Tuesday> **после П.-и** *истор. (на Западе в Средневековье в эти дни собирались деньги на церковь и нужды приходов, а тж устраивались игры и развлечения)* Hocktide; **девятое воскресенье перед П.-ой** *(Зап. христ-во)* Septuagesima Sunday; **канун П.-и** *(Великая суббота)* Easter eve; **на П.-у** at Easter(tide); **П. пришлась на 28 марта** Easter fell on the 28th of March; **первое воскресенье после П.-и [пасхального воскресенья]** Low [Alb(less)] Sunday; **первый день П.-и** *(Светлое Христово Воскресение)* Easter Sunday, Easter-Day; **период от П.-и до праздника Вознесения** или **Троицы** Eastertide, the great forty days; **пятое воскресенье после П.-и,** *правосл.* **неделя 4-я по П.-е** Rogation [Rogate] Sunday; **седмица 5-я по П.-е** Rogation week; **седьмое воскресенье перед П.-ой** *(Зап. христ-во)* Quinquagesima Sunday; **третье воскресенье после П.-и,** *правосл.* **неделя 2-я по П.-е** Jubilate Sunday; **четвёртое воскресенье после П.-и** Cantate Sunday.

пáсха *(освящённое в пасхальную ночь кушанье из творога, к-рым разговляются в 1-й день Пасхи; изготовляется в форме небольшой широкой четырёхгранной пирамиды)* paskha, paschal cheesecake, sweet cream-cheese dish eaten at Easter.

Пасхáзий Радбéрт, св. *(ум. ок. 860; франц. богослов, в своих сочинениях оправдывал учение о пресуществлении, а тж о бессеменном зачатии Девы Марии; катол. св., д. п. 26 апреля)* St. Paschasius Radbertus.

пасхáлия *(собрание правил, а тж церк. календарь с датами празднования Пасхи, составляемые христ. церковью на много лет вперёд в соответствии с установлениями Никейского собора 325; правосл. церковь составляет **п.-ю** по юлианскому календарю, катол. – по григорианскому)* paschal table, paschal cycle, paschalion.

Пасхáлий I Рúмский, пáпа *(ум. 824; катол. св., д. п. 11 февраля)* St. Paschal I.

пасхáльная обáзанность *катол. (обязанность причаститься во время Пасхи)* Easter duty.

пасха́льная свеча́ *(в Зап. христ-ве высокая свеча, зажигаемая в северной части алтаря в Великую субботу и загашиваемая в Вознесение)* paschal [Easter] candle.

Пасха́льная седми́ца *см.* **Све́тлая седмица.**

пасха́льное посла́ние *(в ранней церкви: послание архиерея, оповещающее о дате празднования Пасхи)* paschal letter.

пасха́льное приноше́ние *англик. (традиционный сбор пожертвований среди прихожан в дар приходскому священнику)* Easter offering.

пасха́льные разногла́сия *(разногласия в христ. церкви о точной дате Пасхи во 2-3 вв. до Никейского собора 325)* the paschal controversy *or* controversies.

пасха́льный Easter, paschal ◊ **п. агнец** *(заколотый на еврейскую Пасху)* paschal lamb; *(Иисус Христос)* Paschal Lamb, *лат.* Agnus Dei; **п.-ая (ночная) служба** the Easter [Paschal] vigil (service); **п.-ое яичко** *(дарится в пасхальные дни при взаимном приветствии; окрашивается по преимуществу в красный цвет, символизирует новое рождение в вечную жизнь, дарованное кровью Христа)* Easter [paschal] egg, *(в Шотландии и Сев. Англии)* Pasch egg.

пасха́льный ди́спут *см.* **пасха́льные разногла́сия.**

па́сха разговле́ния *см.* **па́сха.**

Пасхо́р *библ. (муж. имя)* Pashur.

Патанджа́ли *(коллективный псевдоним создателей "Йога-сутры" <the Yogasutras>, первого и наиболее авторитетного руководства по философии йоги, созданного между 2 в. до н. э. и 3-5 вв. н. э.)* Patanjali.

Пата́пий, прп. *(7 в.; д. п. 8/21 декабря)* Venerable Patapius (of Thebes).

Пата́ра *библ. (приморский город в Ликии, напротив о-ва Родос; в конце своего третьего миссионерского путешествия ап. Павел пересел здесь на судно, идущее в Финикию)* Patara.

патара́г *(название армянской литургии и её муз. сопровождения)* patarag.

Пата́рия *(название возникшей в 11 в. в ломбардских городах в Северной Италии партии отчасти социально-политического, отчасти церк. характера)* the Patarenes, the Patarin(e)s.

пате́на *катол. (евхаристический сосуд в виде блюда на алтаре)* paten, patin.

па́тер *(1. в разговорном языке обращение к священнику катол. церкви; 2. в римско-катол. монастырях монах, имеющий сан диакона или иерея, в отличие от простых монахов)* pater, father.

патери́к *(в правосл. церк. лит-ре: отеческая книга, отечник, сборник изречений и жизнеописаний св. отцов-подвижников)* The "Lives of the Fathers" – monks of a monastery, *греч.* Paterikon.

патери́сса *см.* **по́сох 2.**

патери́ца *см.* **по́сох 2.**

Пате́рн Авра́ншский, еп. *(481-564; катол. св., д. п. 16 апреля)* St. Paternus, bp. of Avranches.

Пате́рн Ва́ннский, еп. *(5 в.; катол. св., д. п. 15 апреля)* St. Paternus, bp. of Vannes.

"Па́тер но́стер" *лат. ("Отче наш", "Молитва Господня")* Pater Noster, Oratio Dominica.

Патéрн

Патéрн Падербóрнский, затвóрник *(ум. 1058; катол. св., д. п. 10 апреля)* St. Paternus, hermit.

Пáтиент Барселóнский, еп. *(ум. ок. 390; катол. св., д. п. 9 марта)* St. Pacian, bp. of Barcelona.

Пáтмос *библ. (скалистый остров в Эгейском море, служивший во времена рим. императоров местом ссылки; св. Иоанн Богослов был сослан на этот остров)* Patmos.

патриáрх *(1. ветхозаветные патриархи: допотопные праведники, Авраам, Исаак, Иаков и двенадцать патриархов, сыновей Иакова; 2. высший духовный сан в православии; 3. глава [предстоятель] автокефальной церкви; 4. главы нек-рых Восточных катол. церквей и Римско-катол. еп.-ы Лиссабона и Венеции)* patriarch; *(у мормонов)* evangelist ◊ *(обращение к нему)* **Ваше Святейшество** Your Holiness, **Владыко** Vladiko; *(титулование п.-а)* His Holiness, His Beatitude; **Его Блаженство Маронитский П. Антиохийский и всего Востока** His Beatitude the Maronite Patriarch of the Antioch and All the East; **Его Блаженство Папа и П. Александрийский и всей Африки** His Beatitude Pope and the Patriarch of Alexandria and All Africa; **Его Блаженство П. Великой Антиохии и всего Востока** His Beatitude the Patriarch of Antioch the Great and All the East; **Его Блаженство П. всей Румынии, наместник Кесарии Каппадокийский, митрополит Угро-Влахийский, архиеп. Бухарестский** His Beatitude the Patriarch of All Romania, Locum Tenens of Caesarea in Cappadocia, Metropolitan of Ungro-Walachia, Archbishop of Bucharest; **Его Блаженство П. святого града Иерусалима и всей Палестины** His Beatitude the Patriarch of the Holy City of Jerusalem and All Palestine; **Его Святейшество архиеп. Константинополя-Нового Рима и Вселенский П.** His Holiness the Archbishop of Constantinople-New Rome and the Ecumenical Patriarch; **Его Святейшество архиеп. Печский, митрополит Белградо-Карловацкий, П. Сербский** His Holiness the Archbishop of Peć, Metropolitan of Belgrade and Karlovici, the Patriarch of Serbia; **Его Святейшество и Блаженство Католикос-П. всей Грузии, архиеп. Мцхетский и Тбилисский** His Holiness and Beatitude the Catholicos-Patriarch of All Georgia, Archbishop of Mtzkheta and Tbilisi; **Его Святейшество П. Болгарский** His Holiness the Patriarch of Bulgaria; **Его Святейшество П. Московский и всея Руси** His Holiness the Patriarch of Moscow and All Russia; **Его Святейшество П. Эфиопской церкви** His Holiness the Patriarch of the Ethiopian Church; **п. Никон** the Patriarch Nikon.

патриархáт *(1. церковь, управляемая патриархом; 2. высшая власть в ряде автокефальных правосл. церквей)* patriarchate ◊ **Александрийский п.** the Alexandrian Patriarchate, the Patriarchate of Alexandria; **Антиохийский п.** the Antiochian Patriarchate, the Patriarchate of Antioch; **Болгарский п.** the Patriarchate of Bulgaria; **Вселенский Константинопольский п.** *(по традиции считается центральным в правосл. мире и признающим своей задачей сохранение единства восточных церквей в вероучении и в верности решениям отцов семи Вселенских соборов)* the Constantinopolitan Ecumenical Patriarchate, the (Ecumenical) Patriarchate of Constantinople; **Грузинский п.** the Patriarchate of Georgia; **Иерусалимский п.** the Patriarchate of Jerusalem; **Румынский п.** the Patriarchate of Romania; **Сербский п.** the Patriarchate of Serbia.

патриа́рх За́пада *(один из титулов Папы Римского)* Patriarch of the West.
патриа́рхия 1. *(церк. область, подчинённая патриарху)* patriarchate, patriarchy; **2.** *(высший орган управления РПЦ, управленческий аппарат при Патриархе; Священная канцелярия)* patriarchate ◊ **"Журнал Московской п.-и"** *(ежемесячный официальный орган РПЦ)* the Journal of the Moscow patriarchate; **издательский отдел Московской п.-и** the Publishing department of the Moscow patriarchate; **Московская п.** the Moscow patriarchate; **отдел внешних церк. связей Московской п.-и** the Department for external Church relations of the Moscow patriarchate; **отдел образования и катехизации Московской п.-и** the Department of Education and Catechization of the Moscow patriarchate; **пенсионный комитет Московской п.-и** the Pensions committee of the Moscow patriarchate; **управляющий делами Московской п.-и** the chancellor of the Moscow patriarchate; **учебный комитет Московской п.-и** the Educational committee of the Moscow patriarchate; **хозяйственное управление Московской п.-и** the Economic management department of the Moscow patriarchate.
патриа́ршее ме́сто *(богато украшенное место с шатром для патриарха в соборе)* patriarch's throne, *греч.* archieraticos thronos, despoticon.
патриа́ршество 1. *(система церк. управления во главе с патриархом)* patriarchy, patriarchate; patriarchism ◊ **уничтожение [упразднение] п.-а** abolishment of the patriarchate **2.** *(достоинство, положение патриарха)* patriarchy, patriarchate, the patriarchal throne.
патриа́ршествовать to be a patriarch.
патриа́рший patriarchal, patriarchic.
Патри́кий, сщмч. *(ум. 362, д. п. 19 мая / 1 июня)* St. Patricius, Bp.-M. of Prusa in Bithynia.
Патри́кия Неа́польская, де́ва *(ум. ок. 665, катол. св., д. п. 25 августа)* St. Patricia, v.
Па́трик, св. *(390-460; ап. и покровитель Ирландии)* St. Patrick ◊ **День св. П.-а** *(17 марта)* St. Patrick's Day; **хождение по мукам св. П.-а** *(популярная легенда о чистилище П.-а, использованная Данте в своём творчестве)* the Purgatory of St. Patrick.
патримо́ния *(церк. собственность)* patrimony.
патрипассиа́не *см.* **патрипассиа́нцы**.
патрипассиа́нцы *истор.* *(сторонники отождествления Бога Отца с Богом Сыном; это вело к допущению, что на кресте страдал сам Отец)* the Patripassians.
патри́стика *(совокупность богословских, философских и политико-социологических доктрин христ. писателей, свв. Учителей и Отцов Церкви, трудившихся в 3-8 вв.)* patrology, patristics, patristic studies, writings of the early Fathers, patristic philosophy.
патристи́ческий patristic(al) ◊ **п.-ое богословие** patristic theology.
Па́тров, ап. *библ.* *(христианин в Риме, к-рого Павел приветствует в своём Послании к римлянам; тж один из 70-ти апп., д. п. 4/17 января и 5/18 ноября)* St. Patrobos, Apl.
Патро́кл, св. мч. *(3 в.; д. п. 17/30 августа, катол. – 21 февраля)* St. Patroclus, M.

патрология *(богосл. дисциплина, освещающая жизнь и деятельность Отцов Церкви, изучающая и комментирующая их учения)* patrology, patristics.

патрон 1. *(в христ-ве святой, считающийся покровителем того человека, к-рый носит его имя, или защитником какого-л. города, общины или страны)* patron (saint); **2.** *(в Зап. христ-ве церк. должностное лицо, временно занимающееся делами какой-л. церкви)* church officer, defensor; **3.** *(прихода и т.п., пользующийся правом назначения и представления к церк. должности)* advowee.

патронат *(право* **патрона 3.** *назначать на бенефиции и представлять к церк. должности в приходе; почти вышло из употребления)* advowson, patronage.

Патрос *см.* **Пафрос**.

Паулин Аквилейский *(726-804; учёный богослов, птрх. Аквилейский <the Patriarch of Aquileia>, катол. св., д. п. 28 января)* St. Paulinus of Aquileia.

паулинизм *(приписываемые ап. Павлу социальные установки, нравственные принципы и вероучительные положения, к-рые характеризуются отходом от бунтарских настроений первоначального христ-ва)* Paulinism.

Паф *библ. (приморский город на острове Кипр)* Paphos.

Пафнутиев-Боровский мужской монастырь *(близ г. Боровска Калужской обл.)* the Borovsk Monastery of St. Paphnutius (of Borovsk).

Пафнутий Великий, еп. Фиваидский *(ум. ок. 350; исповедник, участник 1-ого Вселенского собора 325, борец с арианством; д. п. 11/24 сентября)* St. Paphnutius the Great, bp. of Upper Thebaid.

Пафнутий, прп. и дщерь его Ефросиния *(5 в.; д.п. 15/28 февраля)* Paphnutius, Venerable-Hermit in Egypt and his daughter, Euphrosyne.

Пафнутий Таисский *см.* **Пафнутий Великий, еп. Фиваидский**.

Пафрос *(в Ветхом Завете наименование Верхнего Египта)* Pathros.

Пахав-Моав *библ. (лицо, неоднократно упоминаемое в книгах Ездры и Неемии; его потомки возвратились из Вавилона и участвовали в возобновлении стены Иерусалимской* Pahath-mohab.

Пахомий Великий, св. *(ум. 347; основал монастырь, к-рому дал строгий монастырский устав; д. п. 15/28 мая, катол. – 9 мая)* St. Pachomius the Great, St. Pachomius of Egypt.

"Пацем ин террис" *("Мир на земле", социальная энциклика папы Иоанна XXIII; издана 11 апреля 1963) лат.* Pacem in terris.

Пацифик Цередано, блж. *(1424-82; миссионер, теолог, катол. св., д.п. 9 июня)* Blessed Pacifico Romata, Blessed Pacifico of Cerano.

Пашупата *(секта поклонников бога Шивы в индуизме)* Pashupata.

Пашхур *см.* **Пасхор**.

певг *библ. (хвойное растение)* pine tree.

певческая школа *(в Зап. Европе при монастыре или соборе) лат.* schola cantorum.

певчий *(хорист в церкви)* chorister, choirman, choralist, choirmember, singer, singing man; *англик.* vicar choral, priest vicar, lay clerk ◊ **мальчик-п.** choirboy; **п.-солист** *катол.* cantor, chanter.

Педро Баптиста, сщмч. *(1545-97; погиб в Японии вместе с др. 25 христианами, катол. св., д. п. 6 февраля)* St. Peter Baptist, pr.-m.

Пе́дро Гонза́лес, блж. *(1190-1246; покровитель испан. и португальских моряков, д. п. 14 апреля)* Blessed Peter Gonzalez.

Пе́дро Нола́ско, св. *см.* **Петр Нола́ско.**

Пе́йли, Уи́льям *(1743-1805; англ. богослов)* Paley, William.

Пейн, Пи́тер *(ок. 1380-1455; англ. богослов)* Payne, Peter.

Пе́йсах *см.* **Пе́сах.**

пе́йсы *(у ортодоксальных евреев длинные, неподстриженные пряди волос у висков)* peyyot, earlocks, side curls (worn by Jews).

пелагиа́не *(приверженцы пелагиа́нства)* the Pelagians.

пелагиа́нство *(течение в христ-ве на рубеже 4-5 вв.; п. отрицало Божественное предопределение, считало, что первородный грех не до конца извратил положительные качества человека; п. не верило в грешную природу человека, утверждало свободу воли, преуменьшало значение благодати и личной веры для спасения и преувеличивало значение добрых дел)* Pelagianism.

Пела́гий *(кон. 4 - нач. 5 в.; знаменитый ересиарх кельтского происхождения; основатель течения в христ-ве, названного по его имени)* Pelagius.

Пела́гий Кордо́вский, мч. *(ум. 925; катол. св., д. п. 26 июня)* St. Pelagius of Cordova, m.

Пела́гия, св. мц. *(ум. ок. 311; д. п. 10/23 июня и 8/21 августа, катол. – 9 июня)* St. Pelagia, Venerable-M., Venerable-Mother Pelagia.

Пела́гия Тарси́йская, дева, мц. *(ум. ок. 290; д. п. 4/17 мая и 7/20 октября)* St. Pelagia of Tarsus, v. m.

Пела́йо *(8 в.; король, основатель христ. королевства Астурия в Сев. Испании)* Pelayo.

Пела́тий *библ. (сын Бенаии, князь народа, виденного Иезекиилем в видении)* Pelatiah.

пелена́ *(расшитое полотнище, покрывало, к-рым покрывают все священные предметы на престоле [алтаре] в промежутках между богослужениями)* veil; *(на дискосе)* paten veil; *(на иконе)* icon-cloth ◊ **напрестольная п.** *(белоснежное полотно, покрывающее верх алтаря [престола] и ниспадающее с него)* altar veil, altar-cloth, Communion cloth, altar covering, carpet; *катол.* corporal.

пелены́ *библ. (в к-рые было завёрнуто тело умершего Христа)* the linen clothes, the linen wrappings.

пелери́н *(паломник)* pilgrim.

Пеле́т *библ. (один из сынов Иегдая, потомка Иуды, сына птрх. Иакова)* Pelet.

Пеле́ф *библ. (один из сынов Ионафана из колена Иудина)* Peleth.

пе́ние, церко́вное chant(ing), (liturgical) singing, church singing ◊ **богослужебное п.** liturgical chant; **попеременное п.** antiphonal [alternate] chanting *or* singing; **православное церк. п.** Orthodox liturgical singing; **совместное п. прихожан** *(какой-л. общины)* congregational singing.

пенитенциа́рий *(суд, судебный орган папской курии)* penitentiary.

Пенн, Уи́льям *(1644-1718; англо-амер. политический деятель, поборник и пропагандист квакерства)* Penn, William.

пента́рхия *истор. (закреплённая на Халкидонском Вселенском соборе в 451 система пяти великих патриархов христ. церкви – Рима, Константино-*

поля, Антиохии, Александрии и Иерусалима при первенстве Рима) the Pentarchy.

пентекостали́зм *см.* **пятидеся́тническое движе́ние**.

пентикоста́рий *см.* **Трио́дь – Цветна́я Т.**

Пентико́стия *см.* **Пятидеся́тница I**.

Пенуи́л *см.* **Пенуэ́л**.

Пенуэ́л *библ.* *(место у брода на реке Иавок к востоку от Иордана)* Penuel, Peniel.

Пе́пельная среда́ *англик., катол.* *(первый день Великого поста; некогда катол. священники посыпали золой головы кающихся; в нек-рых церквах этот обычай ещё соблюдается, но посыпаются головы верующих)* Ash Wednesday.

Пепи́н Ланде́нский, блж. *(ум. ок. 639; катол. св., д. п. 21 февраля)* Blessed Pepin of Landen.

Пераци́м *библ.* *(гора близ Иерусалима)* Perazim.

пе́рвенство че́сти *(формально приписывается константинопольскому Вселенскому патриарху)* pre-eminence in honor, primacy of honor.

первоапо́столы pillar apostles.

первоапо́стольская це́рковь *см.* **апо́стольская це́рковь I**.

первоверхо́вный апо́стол prime Apostle ◊ **Праздник Славных и всехвальных п.-х а.-ов Петра и Павла** *(29 июня / 12 июля)* the Feast of Sts. Peter and Paul, prime Apls.

перводиа́кон *см.* **протодиа́кон**.

первоева́нгелие *(см.* **протоева́нгелие***)* protevangel(ium), protevangelion ◊ "**П. Иакова-евре́я**", "**П. от Иакова**" *(апокриф, приписываемый Иакову "брату Господню")* the Protevangelium (of James), the History of James Concerning the Birth of Mary.

пе́рвое сентября́ *(по правосл. календарю – начало церк. года)* the Day of Indiction.

пе́рвое сосло́вие *истор.* *(духовенство, особ. во Франции)* first estate.

первоиера́рх *(патриарх)* **Ру́сской правосла́вной це́ркви** Protohierarch of the Russian Orthodox Church.

Первоиса́ия *библ.* *(главы 1-39 Книги Пророка Исаии)* First Isaiah.

первоисто́чник *(евангельский)* primary source, source book ◊ **п.-и** *(рукописи, документы, дневники и т. п.)* source material.

первому́ченик protomartyr, the first (Christian) martyr.

Первому́ченики Ри́мской це́ркви *(поминальная служба у католиков, 30 июня)* the First Martyrs of the Church of Rome.

первому́ченица the first virgin-martyr.

первонача́льнейший пресви́тер *см.* **протопресви́тер**.

первонача́льное христиа́нство *(принятое в научной лит-ре обозначение периода зарождения и распространения христ-ва в 1 - нач. 2 вв. до складывания церк. организации)* the early Christian Era.

первооте́ческие кни́ги writings of the early Fathers.

первопре́док *см.* **прароди́тель**.

первопричи́на *(начало всех начал, основная, исходная причина чего-л.)* the beginning, the first [supreme, primal] cause; *(Бог, Творец)* First Cause.

перворо́дный first-born ◊ **п. сын** *библ. (родившийся первым сын получал право первородства, к нему переходила от отца власть над членами семейства, он получал двойную часть наследства и т. п.)* the firstborn.

перворо́дный грех original sin, *богосл.* the old Adam.

перворо́дство primogeniture; *библ. (старшинство по рождению; особые права и привилегии первенца муж. пола в еврейской семье)* birthright ◊ **продать своё п. за чечевичную похлёбку** *(перен. – отдать что-л. ценное за пустяк; променять что-л. имеющее непреходящую ценность на временное преимущество, удовольствие)* to sell *one's* birthright for a mess of pottage.

первосвяти́тель primate.

первосвяти́тельский primatial.

первосвяти́тельство *(у католиков – папы)* primacy.

первосвяще́нник 1. *библ. (иудейский священник высшего ранга, глава Иерусалимского храма и духовенства)* chief priest, (the first) high-priest ◊ **п. по имени Каиафа** *библ.* the high-priest named Caiaphas; **2.** *(риторическое название для Папы Римского)* Pontiff, Sovereign [Supreme, Roman] Pontiff, *лат.* Pontifex Maximus, *сокр.* P.M.

первосвяще́ннический pontifical.

"пе́рвые о́рдены" *катол. (мужские монашеские ордены, при которых имеются одноимённые женские)* the first orders.

"пе́рвый среди́ ра́вных" *(о Папе Римском)* the "first among equals".

пе́рвый час *(в службах суточного круга п. ч. формально соответствует прибл. седьмому часу утра; п. ч. установлено освящать молитвой, как уже наступивший день)* the Prime, *греч.* Hora Prote ◊ **(про)читать молитвы часа первого** to say [recite] the Prime.

пе́рвый час, присоединённый к у́трене в одно́ богослуже́ние *(в монастырских или приходских храмах)* lauds.

пе́рвый челове́к *(Адам)* the first man.

Пе́ргия *библ. (город в Памфилии, Малая Азия, к-рый посетили Павел и Варнава)* Perga.

перево́д *(священника, диакона)* **из одно́й епа́рхии в другу́ю** *(в Зап. церкви)* excardination; *(епископа)* translation ◊ **п. еп.-а в др. епархию** the bishop's translation to a different see.

переводи́ть *(священника, диакона)* **в другу́ю епа́рхию** *(в Зап. церкви)* to excardinate; *(епископа)* to translate ◊ **еп.-а перевели в др. епархию** the bishop was translated.

переводи́ть *(Библию)* **с лати́нского** *(на местный язык)* to vernacularize.

перевоплоща́ть to reincarnate.

перевоплоще́ние *см.* метемпсихо́з(ис), переселе́ние душ, реинкарна́ция.

перегоро́дка *(отделяющая часовню, гробницу и т.п. от остальной части церкви)* parclose.

Перегри́н *(имя нескольких катол. святых)* Peregrine.

передава́ть в дар *см.* же́ртвовать (вклад).

передава́ть церк. владе́ния све́тским ли́цам *(англ. церк. право)* to impropriate, to appropriate.

переда́ча церк. владе́ний све́тским ли́цам *(англ. церк. право)* impropriation, appropriation.

передник

пере́дник *(часть епископского облачения у католиков)* gremial.

перезахороне́ние свято́го в но́вое ме́сто *см.* **захороне́ние свято́го в но́вом ме́сте**.

перезва́нивать *(о колоколах)* to chime, to ring chimes.

перезво́н колоколо́в *(благовест в несколько колоколов по одному последовательно, установлен церк. уставом для коронования царей, а тж перед крестным ходом, освящением воды, посвящением в архиереи)* change ringing, ringing of bells, chime ◊ **большо́й п.** *англ. (в восемь колоколов)* bob major; **вели́кий п.** *англ. (в двенадцать колоколов)* bob maximus; **ма́лый п.** *англ. (в десять колоколов)* bob royal; **мелоди́чный колоко́льный п.** carillon; **раздаётся колоко́льный п.** the bells are chiming; **с колоко́льни доноси́лся п.** the tower resounded with the clamour of bells.

перейти́ в другу́ю ве́ру *(особ. перейти из правосл. веры в другую)* to apostatize ◊ **п. в католи́чество** to accept Catholicism; **е́сли правосл. христиани́н перехо́дит в исла́м, а зате́м принима́ется обра́тно в ло́но Це́ркви, то его́ пома́зывают ми́ром** if an Orthodox apostatized to Islam and then returns to the Church, when he is accepted back he is chrismated.

перекла́дина *(креста)* beam, horizontal bar, *редко* patible.

перекрести́ть *(кого-л)* to bless, to make [draw] the sign of the cross *(upon, over)*, to cross.

перекрести́ться to bless [cross] *oneself*, to make [draw] the sign of the cross upon *oneself*.

перекреще́нец one who was rebaptized.

перекреще́ние rebaptization.

перекреще́нцы *см.* **анабапти́сты**.

перекре́щивание *см.* **перекреще́ние**.

перекре́щивать to rebaptize.

перекре́щиваться to be baptized anew, to be rebaptized.

перенесе́ние *(мощей, иконы)* translation of *(relics, icon)* ◊ **обря́д п.-я моще́й** anakomide.

Перенесе́ние из Еде́ссы в Константино́поль Нерукотво́рного О́браза [У́бруса] Го́спода Иису́са Христа́ *(944; один из праздников правосл. церкви, отмечаемый 16/29 августа; в его основе – предание о чудотворной иконе, на к-рой запечатлён подлинный облик Христа)* the Translation of the miraculously formed icon of Our Lord Jesus Christ from Edessa to Constantinople.

Перенесе́ние из Иерусали́ма в Константино́поль моще́й первому́ченика архидиа́кона Стефа́на *(ок. 428; д. п. 2/15 августа)* the Translation of the Holy Relics of St. Stephen, the First Martyr and Archdeacon, from Jerusalem to Constantinople.

Перенесе́ние моще́й апо́стола Варфоломе́я *катол. (6 в.; д. п. 25 августа)* the Return of the Relics of Bartholomew, Apostle.

Перенесе́ние моще́й му́чеников бессре́бреников и чудотво́рцев Ки́ра и Иоа́нна *(412; отмечается 28 июня / 11 июля)* the Translation of the Relics of Sts. Cyrus and John, wonderworkers and unmercenary physicians.

Перенесе́ние моще́й прп. Фео́дора, игу́мена Студи́йского *(845; д. п. 26 января / 8 февраля)* the Translation of the Relics of Theodore, Hegumen-Abbot of Monks of Studites.

Перенесе́ние моще́й прп. Фео́дора Сикео́та, еп. Анастасиопо́льского *(ок. 9 в.; д. п. 15/28 июня)* the Translation of the Relics of our father Theodore of Sykeon.

Перенесе́ние моще́й святи́теля Иоа́нна Златоу́ста *(438; отмечается 27 января / 9 февраля)* the Translation of the Relics of St. John Chrysostom.

Перенесе́ние моще́й святи́теля и чудотво́рца Нико́лы из Мир Лики́йских в Бар-гра́д *(Никола "вешний", 1087, д. п. 9/22 мая)* the Translation of the Venerable Relics of our holy father, Nicholas, wonderworker, from Myra to Bari (Italy).

Перенесе́ние моще́й святи́теля Ники́фора, патриа́рха Константино́польского *(846; отмечается 13/26 марта)* the Translation of the Relics of our father, Nicephor, Patriarch of Constantinople.

Перенесе́ние моще́й сщмч. Игна́тия Богоно́сца *(107; отмечается 29 января / 11 февраля)* the Translation of the Relics of St. Ignatius, the "Theophoros", Pr.-M., Bp. of Antioch.

Перенесе́ние моще́й сщмч. Фо́ки *(403-04; д. п. 23 июля / 4 августа)* the Translation of the Relics of St. Phocas, Pr.-M., Bp. of Sinope.

переноси́ть оста́нки свято́го to translate.

переосвяти́ть to reconsecrate.

переосвяще́ние reconsecration.

перепи́счик *библ.* amanuensis.

перепи́счик ру́кописей, книг scribe, copyist [copier] of manuscripts ◊ **занима́ться перепиской рукописей** to work as a copyist of manuscripts; **небре́жные п.-и исказили оригина́льный текст** careless scribes corrupted the original manuscript.

перепи́сывать ико́ну to repaint an icon.

пе́репись населе́ния *библ.* taxing.

переселе́ние душ *(в восточной философии концепция перевоплощения, согласно к-рой человеческая душа живёт не одну малую земную жизнь, а множество жизней, переходя из одного тела в другое: человека, животного, растения и др.; см. тж* **метемпсихо́з(ис), перевоплоще́ние, реинкарна́ция**) transmigration of souls; metempsychosis, reincarnation.

переселя́ться *(о душе)* to transmigrate.

Пересла́вльский Нико́льский же́нский монасты́рь *(г. Переславль-Залесский Ярославской обл.)* the Pereslavl-Zalessky Convent of St. Nicholas.

перехо́д *(из одной религии или деноминации в другую)* going over, conversion ◊ **п. в христ-во** conversion to Christianity.

переходи́ть *(из одной религии или деноминации в другую)* to go over ◊ **перейти́ в католи́чество** to go over to Rome.

переходя́щие пра́здники *(к-рые бывают в одни и те же дни недели, но переходят на разные числа месяца вместе с переходом праздника Пасхи; тж* **подви́жные пра́здники, скользя́щие пра́здники**) movable feasts, *лат.* Festa mobilia.

перико́пы *(фрагменты библ. текста, выделенные для чтения во время богослужения или как основа для проповеди)* pericopes.

пери́од уедине́ния и размышле́ния *(у япон. буддистов)* sessin.

Перпету́й Ту́рский, еп. *(ум. ок. 494; катол. св., д. п. 8 апреля)* St. Perpetuus, bp. of Tours.

Перпету́я и Филицита́та, свв. мцц. *(ум. 202-03; д. п. 1/14 февраля, катол. – 7 марта)* Sts. Perpetua and Felicity, ms. ◊ **П. Карфаге́нская, мц.** St. Perpetua of Carthage, m.

персонали́зм *(религ.-идеалистическое направление современной философии, признающее личность первичной творческой реальностью, а весь мир проявлением творческой активности Бога или Высшего существа)* personalism.

персонифика́ция *см.* **олицетворе́ние.**

перст *(палец)* finger ◊ **п. Бо́жий** the finger of God, decrees of Heaven; **п. судьбы́** the finger of Fate.

пе́рстень (finger-)ring; *(с печатью)* signet-ring, seal-ring ◊ **епископский п.** *(на третьем пальце правой руки, символизирующий его брак с епархией)* bishop's [episcopal] ring; **п. катол. прелатов** *(у Папы с камеей, у кардиналов с сапфиром, у еп-ов с бриллиантами, у аббатов из одного камня; является символом духовного обручения с Церковью)* pontifical ring; **п. Папы Римского** Piscatory ring.

пе́рстный *библ. (смертный, земной)* earthy ◊ "**Первый человек – из земли, п.; второй человек – Господь с неба**" *(Первое послание к коринфянам 15:47)* 'The first man is of the earth, earthy: the second man is the Lord from heaven'.

перстосложе́ние *(сложение пальцев правой руки для совершения крестного знамения)* arrangement of the fingers ◊ **благословля́ющее [именосло́вное] п.** *(благословение, к-рое иерархи или священники совершают правой рукой, складывая пальцы так, чтобы образовались фигуры начальных букв имени Иисус Христос; в иконографии с таким же жестом обычно изображают Иисуса Христа)* stavros arrangement of the fingers.

персть *ц.-сл. (земля, пепел, пыль)* dust, earth ◊ **п. лиза́ти** *ц.-сл. (лизать подножную пыль) библ. (самое уничиженное рабское состояние; заимствовано из обычая древних победителей, заставляющих побеждённых ими царей в знак рабства лизать п. из-под ног своих)* to lick up the dust.

перфекциони́зм *(богосл. учение о том, что человек может заслужить прощение Бога непоколебимой верой и добрыми делами, ведущими к изменению человеческой греховности)* perfectionism.

перфекциони́сты *(община, возникшая в 1831 в шт. Нью-Йорк, у реки Онеида, откуда название общины "Онеида" <the Oneida Community>); п. были последователями Джона Хамфри Нойеса (1811-86) <John Noyes>, веровавшего в своё призвание основать истинную церковь вместо существующей "сатанинской"; община составляла одну семью, не признававшую частной собственности; они признавали только закон симпатии, т.е. всеобщего мира и согласия; их коммунизм, простиравшийся на женщин и детей, вызвал протест и вмешательство властей; с 1879 брак у п.-ов стал более упорядоченным; таинств п. не признают; сначала община занималась сельским хозяйством, затем занялась производством и стала чрезвычайно процветающей, а с 1881 стала акционерным обществом)* the Perfectionists.

перчáтки *катол. (часть богослужебного одеяния; с 1968 не обязательны)* liturgical gloves.

Пéсах *(иврит – "миновал", "перепрыгнул"; еврейский праздник Пасхи, праздник свободы в память о том, что евреи были рабами в Египте, но Бог вывел их из рабства на свободу; П. празднуется в течение семи дней в Израиле и восьми дней за его пределами; см.* **еврéйский календáрь***)* Pesa(c)h, (the festival of) Passover.

пéсни восхождéния *(псалмы 120-134 в Псалтири)* the songs of ascents, the songs of degrees.

пéсни канóна the Odes of the Canon.

песнопéвец *(воспевающий духовные песни, сочинитель псалмов)* psalmodist, psalmist.

песнопéние *(духовное, церковное)* psalm, canticle, chant, singing; *(на текст из Священного Писания, состоящее из серии антифонов и ответствий)* responsory ◊ **амвросиáнские п.-я** the Ambrosian chants; **п. в ходе катол. мéссы** *(к-рое поётся в определённые дни покаяния вместо аллилуйи)* tract; **григориáнские п.-я** *катол.* the Gregorian chants; **мелизматическое п.** *(в истории церк. пения те формы п.-й, в к-рых мелодия первенствует над словом)* the melismatic singing; **одноголосное духовное** или **светское п.** *(в Средневековье)* conductus; **отпустительное п.** *(поющееся в конце богослужения)* recessional [dismissal] hymn, *греч.* apolytikion; **п., поющееся во время религ. процессий** *катол.* prosessional, processionary; **последнее п.** *(перед концом службы)* recessional [dismissal] hymn; **псалмодическое п.** *(в к-ром слово главенствует над мелодией)* the psalmodic singing; **средневековые хвалебные п.-я** lauds; **церк. п.-я** church chants.

песнослóвие laudatory [panegyric] song.

песнь ode, song, canticle, cantus, *(церковная)* hymn ◊ **духовные п.-и** spiritual songs; **крáткая п.** brief hymn; **надгрóбная п.** threnode, threnody; **погребáльная п. и мýзыка** *(в Шотландии и Ирландии, исполняемая на волынке)* coronach; **похорóнная п.** (funeral) lament; **п. приношéния** hymn of the offering; **рождéственская п.** noel, Christmas carol; **торжéственная п.** anthem; **хвалéбная п.** song of praise; **церкóвная п.** hymn; **6-я п. (канóна)** Canticle 6.

Песнь Богорóдицы the Theotokion, the Hymn of the Mother of God, *катол. лат.* Magnificat.

Песнь Давѝда *библ.* A Song of David.

песнь новозавéтная *см.* **стихѝера**.

"Песнь пéсней" *библ. (общепринятое название) см.* **кнѝга "Пéсни пéсней Соломóна"**.

"Песнь трёх óтроков" *(гимн на слова второканонического отрывка книги Даниила, начинающийся с молитвы Азарии <the Prayer of Azariah>)* the Song of the Three Children, the Song of the Three Young Men.

пестýн *библ. (воспитатель)* schoolmaster, tutor, mentor ◊ **п. во Христá** *библ.* schoolmaster to bring us unto Christ.

петалóн *(золотая пластина, прикреплявшаяся спереди на головном уборе иудейского первосвященника)* petalon.

пéтие *ц.-сл. см.* **пéние, церкóвное**.

"Петѝция тысячи" *(безуспешное ходатайство 825 священников, королю Якову I в 1603 с просьбой о реформах)* the millenary petition.

Петр

Петр *библ.* *(апостол, собственно Симон, сын Ионы и брат ап. Андрея; он был родом из Вифсаиды и ловил рыбу; когда Иисус призвал его, он был женат и имел дом в Капернауме; когда перечисляются апп.,* **П.** *всегда стоит на первом месте)* Peter; *тж* Simon, Simon Peter; the Fisherman ◊ **ап. П.** the Apostle Peter; **богосл. принципы ап. П.-а** Petrinism; **П. и Павел, первоверховные апостолы** Sts. Peter and Paul, prime Apostles; **относящийся к ап. П.-у, его учению и догматам** *прил.* Petrine.

Петр Амьенский *см.* **Петр Пустынник**.

Петр Англериус *(1455-1526; собст. имя Пьетро Мартире д'Ангьера; итал. религ. деятель)* Peter Martyr d'Anghiera.

Петр Афонский, прп. *(ум. 734; д. п. 12/25 июня)* St. Peter of (Mount) Athos.

Петр Веронский *см.* **Петр Мученик**.

Петр Дамиан, еп. и Учитель Церкви *(1001-72; церк. деятель; катол. св., д. п. 21 февраля)* St. Peter Damian, bp., dr.

Петр Достопочтенный *(ок. 1092-1156; франц. религ. деятель, учёный и писатель; 28 лет от роду получил в управление Клюнийское аббатство, к-рое при нём в 1122-56 достигло необыкновенного процветания; он издал полемическое сочинение против ислама, получившее широкое распространение в Средние века)* Peter the Venerable.

Петри, Лаврентий *(1499-1573; религ. деятель, писатель, богослов, главный пастор г. Стокгольма)* Petri, Laurentius.

петринизм *(течение в раннем христ-ве, к-рое выступало за сохранение иудейских обрядов, против разрыва с иудаизмом)* Petrinism.

Петри, Олай *см.* **Петри, Олаус**.

Петри, Олаус *(1493-1552; брат* **Лаврентия Петри**, *шведский реформатор)* Petri, Olaus.

Петр Канизий [Канизиус], священник и Учитель Церкви *(ум. 1597; катол. св., д. п. 21 декабря)* St. Peter Canisius, pr., dr.

Петр Ломбардский *(ок. 1100-64; средневековый философ и богослов, знаменитый схоластик)* Peter Lombard.

Петр Могила *(1596-1646; видный церк. деятель; архимандрит Киево-Печерской Лавры, митрополит)* Peter Mogilas ◊ *(его труд)* "**Православное исповедание веры**" **П.-а М.-ы** The Orthodox Confession of Peter Mogilas.

Петр Мученик *(ок. 1500-62; доминиканский монах, инквизитор в Ломбардии; ок. Комо был убит; считается патроном испан. инквизиции; катол. св., д. п. 29 апреля)* Peter Martyr, St.

Петр Ноласко *(ок. 1189-1258; основатель испан.* **Ордена Милосердия Пресвятой Девы**; *катол. св., д. п. 25 декабря)* St. Peter Nolasco.

петробрузианцы *истор. (одна из сект рационалистического характера 12 в., получившая название по имени своего основателя Петра де Брюи, сожжённого на костре ок. 1130, к-рый выступал против крещения младенцев, отрицал таинства, необходимость молитв, почитание креста, строительство церквей)* the Petrobrusians.

Петровская икона Божией Матери *(в 1307 написана св. митрополитом Московским Петром, когда он был ещё игуменом на Волыни, и при жизни его прославилась чудотворениями; находится в Успенском соборе Московского Кремля; празднуется 24 августа / 6 сентября)* the Petrovskaya icon of the Mother of God.

Петро́к, абба́т *(6 в.; катол. св., д. п. 4 июня)* St. Petroc, abt.

Петрона́кс Мо́нте-Касси́нский, абба́т *(ум. ок. 747; катол. св., д. п. 6 мая)* St. Petronax of Monte Cassino.

Петро́ний, еп. *(ум. ок. 445; катол. св., д. п. 4 октября)* St. Petronius, bp.

Петрони́лла [Петро́ния], де́ва, мч. *(ум. ок. 251; легенда гласит ошибочно, что она была дочерью ап. Петра, д. п. 31 мая / 13 июня)* St. Petronilla, v., m.

Петр Пусты́нник *(ок. 1050-1115; франц. монах, ему приписывают организацию I Крестового похода)* Peter the Hermit.

Петр Хризоло́г, еп. и Учи́тель Це́ркви *(ум. 450; катол. св., д. п. 30 июля)* St. Peter Chrysologus, bp., dr.

Петр Шане́ль, свяще́нник и мч. *(1803-41; катол. св., д. п. 28 апреля)* St. Peter Mary Chanel, pr., m.

петь моли́твы to sing prayers.

печа́льник *(тот, кто сочувствует другим)* sympathizer, one who feels for others.

"Печа́ть да́ра Свята́го Ду́ха!" *(говорит священник или еп. при таинстве миропомазания)* Be sealed with the gift of the Holy Spirit!

"печа́ть молча́ния" *(так в катол. церкви называют запрещение священникам разглашать тайну исповеди)* the seal of confession, *лат.* sigillum confessionis.

Пече́рская ико́на Бо́жией Ма́тери *(с предстоящими Антонием и Феодосием; чудотворная икона сама собой образовалась в Великой Успенской церкви Киево-Печерской лавры на стене алтаря в 1085; празднование 3/16 мая)* the icon of the Mother of God of the Kiev Caves.

Пече́рский *(на Руси о монастырях, расположенных в пещерах, или о святых из этих монастырей)* Pechersky, of the Caves ◊ **Киево-П.-ая Ла́вра** the Kiev-Pecherskaya Laura; **печерские монахи** *(из Киево-П.-ой Лавры)* the monks of the Caves (of Kiev); **прп. Анто́ний П.** Venerable Antony Kiev-Pechersky; **Пско́во-П. монасты́рь** the Pskov Monastery of the Caves.

печь о́гненная the fiery furnace.

Пеши́то *(Сирийский перевод Библии)* the Peshitta, *сокр.* Pesh., the Peshito, the Syriac Vulgate.

пеще́ра cave, cavern ◊ **п. Махпела** *("Бытие" 23)* the cave of Machpelah.

пеще́рник monk who lives in a cave.

пеще́рный ◊ **п. монасты́рь** cave-monastery; **п. храм** *(вырубленный в пещере)* cave-temple.

пещь о́гненная ц.-сл. см. **печь о́гненная**.

пиари́сты *катол. (члены монашеской конгрегации religг. средних школ, основанных в нач. 17 в. в Риме)* the Piarists.

пиа́ры см. **пиари́сты**.

Пига́сий, св. мч. *(ум. 345; д. п. 2/15 ноября)* St. Pegasius, M.

Пи-Гахиро́ф *библ. (стан евреев в пустыне после выхода их из Египта)* Pi-hahiroth.

пидьо́н габе́н *иврит (в иудаизме церемония <вторая после обрезания>, совершаемая над первым рождённым в семье мальчиком по истечении 30 дней после рождения и делающая его полноправным сыном народа Израиля)* pidyon habben.

Пиета́

Пиета́ *(распространённый в зап. изобразительном иск-ве, тяготеющем к католичеству, канон изображения, преим. скульптурного, оплакивания мёртвого Христа, чаще всего лежащего на коленях Девы Марии)* Pieta.
пиете́т *(глубокое уважение, почтительное отношение к кому-л.)* piety.
пиети́зм 1. *(чрезмерное благочестие)* pietism; **2.** *(противостоящее ортодоксальному протестантизму реформатское движение кон. 17-18 вв., ставившее религ. чувства выше религ. догматов; основатель – немец. теолог Ф. Шпенер (1635-1705) <Philip Jakob Spener>; пиетисты ставили на первое место строгую мораль, преданность религ. долгу и семейным обязательствам, распространение Евангелия, сотрудничество в социальной работе, помощь бедным и др.)* Pietism.
пиети́ст 1. *(тот, кто проявляет чрезмерное благочестие)* pietist; **2.** *(см. пиети́зм 2.)* Pietist.
пиети́ческий pietistic(al).
Пиза́нский собо́р *(1409; собор катол. церкви, распущенный папой Александром V сразу же, как только тот был избран на этом соборе папой)* the Council of Pisa.
Пий V, папа *(1504-72; катол. св., д. п. 30 апреля)* St. Pius V, pope.
пикси́да *(сосуд для освящённого хлеба в христ. богослужении)* pyx, pix.
Пила́т Понти́йский см. **По́нтий Пила́т**.
пилигри́м *(странствующий богомолец; тж* ***пало́мник***) pilgrim(ager), pilgrimer, palmer, peregrin(e).
пило́н архит. *(несущий опорный столб в здании)* pillar ◊ **равностоящие круглые п.-ы** *(в церкви)* equidistant circular pillars.
Пи́мен Вели́кий, прп. *(ум. ок. 450; д. п. 27 августа / 9 сентября)* St. Poemen the Great, an Egyptian abba.
Пи́меновская ико́на Бо́жией Ма́тери *(чудотворная икона находится в Благовещенском соборе Московского Кремля; она принесена из г. Константинополя в 1381 митрополитом Московским Пименом; празднование 6/19 июня)* the Poemen icon of the Mother of God.
пина́кли *(декоративные остроконечные башенки на контрфорсах или на др. архит. частях позднероманских и готических церквей)* pinnacles.
пина́кль *ед. ч. (см.* ***пина́кли***) pinnacle.
пи́нда *(в индуизме – шарик из варёного риса, предлагаемый духам умерших предков в поминальных обрядах)* pinda.
Пио́ний, св. мч. *(ум. 250; д. п. 11/24 марта)* St. Pionius, M.
Пио́ниус, сщмч. *(ум. ок. 250; катол. св., д. п. 1 февраля)* St. Pionius, pr. m.
пир *(глава суфийского братства, наставник* ***мюри́дов****)* pir.
Пирафо́н библ. *(место, откуда были родом судья Авдон и Ванея, один из храбрых воинов царя Давида)* Pirathon.
Пирми́н(ий), еп. *(ум. 753; катол. св., д. п. 3 ноября)* St. Pirminus, bp.
пиро́жное с изображе́нием креста́ см. **бу́лочка с изображе́нием креста́**.
пироля́трия см. **огнепокло́нство**.
Пирр библ. *(отец Сосипатра, верияиина, сопровождавшего ап. Павла в Македонию и Грецию)* Pyrrhus.
писа́ние *(сочинение, произведение на религ. тему)* scripture, writing(s).
Писа́ние, Свяще́нное см. **Свяще́нное Писа́ние**.

плат

Писа́ния *(в соответствии с так наз. палестинским каноном – третий, последний раздел Ветхого Завета: Псалтирь, книга Иова, Притчей, Руфь, Песни песней, Екклесиаста, Есфирь, Даниила, Ездры, Неемии и Паралипоменон; установлен Яснийским собором раввинов ок. 100; на иврите называется **Кетуби́м**)* the Hagiographa.

пи́санка *разг. (расписанное пасхальное яйцо)* painted Easter egg.

писе́ц *истор.* scrivener, *библ.* scribe.

Писиди́я *библ. (в новозаветные времена основная часть рим. провинции Галатия, главный город её – Антиохия; ап. Павел дважды посетил П.-ю)* Pisidia.

пистеоло́гия *(учение веры или защита веры)* pistology, pistics ◊ **п. ап. Павла** the pistology of St. Paul.

пи́стика *см.* **пистеоло́гия**.

Пист, св. мч. *(ум. 311; д. п. 21 августа / 3 сентября)* St. Pista, St. Fidelis.

письмо́ *(в иконописи)* (mode of) execution *(in icon-painting)* ◊ **доличное п.** execution of dress; **иконы греческого п.-а** *(византийской иконописи; в древнерусском искусстве – оригиналы, иконы древнего, византийского письма)* icons of Byzantian mode of execution; **личное п.** execution of faces, hands and legs not covered by dress.

Питра́, Жан Бати́ст *(1812-89; кардинал, бенедиктинец, историк церкви; учёные труды П. имеют главным предметом опубликование неизвестных до тех пор творений Учителей Церкви и памятников греко-восточной церкви, канонического права и литургики)* Pitra, Jean Baptiste François.

пи́три *(в индуизме – обожествлённый дух усопшего предка)* pitri.

питрия́на *(в индуизме – путь предков, к-рым идут после смерти не постигшие высшую истину, ограничивающиеся предписанной обрядностью, чтобы после ряда превращений вернуться к мирскому существованию)* pitriyana.

Пифо́м *библ. (название города)* Pithom.

пию́т *(еврейский богослужебный стих, литургическое сочинение)* piy(y)ut.

пию́тим *мн. ч. (см.* **пию́т***)* piy(y)tim.

плавь *(жидкое письмо, тонкий слой краски, накладываемый на все элементы композиции в иконописи)* thin layer of paint.

пла́кальщик weeper, *истор. мн. ч.* flentes.

пла́кальщица *жен. см.* **пла́кальщик**.

Плаки́дий Сицили́йский [Субиа́кский], прмч. *(6 в.; ученик прп. Бенедикта Нурсийского, катол. св., д. п. 5 октября)* St. Placid, m.

план *(изображение какого-л. объекта точно сверху)* layout, (ground) plan ◊ **квадра́тный в п.-е** *(напр. храм)* square in plan, having square ground plan; **прямоуго́льный в п.-е** *(напр. храм)* rectangular in plan, having rectangular ground plan.

Плану́д, Макси́м *(1260-1310; византийский филолог, монах)* Planudes, Maximus.

пласти́на, покрыва́ющая верх ча́ши *(потира) катол.* pall.

плат 1. *(покрывало)* pall; 2. *(платок на голове жен. иконографических персонажей)* (head)kerchief, headscarf; 3. *(платок, к-рым священник утирает причащающимся губы и вытирает края чаши после причастия; тж* *илитóн)* a piece of cloth, purificator, mundatory; **4.** *(см. тж* **судáрий)** *библ.* napkin, facecloth **5.** *(платок из льна, шёлка или др. ткани, прикрывающий голову, шею, подбородок и плечи монахини; тж* **апóстольник)** wimple.

плáта *(награда) библ.* reward.

плáта за мéсто в цéркви pew rent(al) ◊ **доходы за продажу мест в церкви** pewage; **прихожанин, имеющий за плату своё место в церкви** pew renter.

плáта за трéбы *англик.* surplice fee.

плат Верóники *(изображение лика Христа с закрытыми глазами на полотне; по преданию Зап. церкви, когда Вероника отёрла лицо Христа, идущего на Голгофу, на плате запечатлелся Его Лик)* the Veronica's Veil, the Veronica (image).

платóк *(на голову)* headscarf, (head)kerchief.

платонúзм *(учение древнегреч. философа Платона 5-6 вв. до н. э., породившее обширное течение религ.-филос. мысли, сохранившее влияние до 20 в.)* Platonism.

Платóн, исповéдник Студúйского монастыря́ *(ум. 814; д. п. 5/18 апреля, катол. – 4 апреля)* St. Plato(n), Hegumen-Abbot, Studite.

плацéбо *катол. (лат. "я буду угоден"; первое песнопение заупокойной вечерни)* placebo.

"Плач Богомáтери" *(иконографическая композиция)* The Lamentations of the Mother of God.

плачевóпльствие *библ. (большой плач; плач с воплями и рыданиями, биением в грудь в знак глубокой скорби)* great mourning.

"Плач Иеремúи" *библ. (книга Ветхого Завета; традиционно приписывается пророку Иеремии; в книге собраны литургические плачи, к-рые представляют собой попытку преодоления кризиса веры в Израиле после разрушения храма в Иерусалиме в 587 до н. э.)* The Lamentations of Jeremiah.

плащанúца 1. *(покрывало, плат; погребальная пелена)* winding sheet; *библ.* sindon; **2.** *(большое полотнище с изображением во весь рост тела Иисуса Христа во гробе, после снятия его с креста)* shroud of Christ, holy shroud; epitaphion ◊ **вынос п.-ы** *(в Великую пятницу* **п.-у** *с особой торжественностью выносят из алтаря на середину церкви и оставляют там на аналое для поклонения до пасхальной полунощницы)* the Procession [Carrying] of the Holy Shroud; **погребение п.-ы** the Burial service of the Holy Shroud; **Туринская п.** the Shroud of Turin, the Holy [Turin] Shroud; *итал.* Santa Sindone.

плéвелы *библ. (ядовитый злак, сорняк)* tares ◊ **отделить п. от пшеницы** to sift the wheat from the chaff, to separate the husk from the grain.

плéвы *см.* **плéвелы**.

плерóма *(в библ. богословии полнота Божественного совершенства и силы; "вся полнота Божия", "вся полнота Божества")* pleroma.

плéти *см.* **аналáв**.

Плúмутские брáтья *(протест. секта, возникшая в Англии и Ирландии в первой пол. 19 в.; одним из основателей* **П.-х б.-ев** *был англик. священник Джон Нельсон Дарби, 1800-82 <John Nelson Darby>; в процессе своей эволюции* **П. б.** *раскололись на "закрытых" и "открытых": "Закрытые братья" <the Exclusive Brethren>, "Открытые братья" <the Open Brethren>)* the (Plymouth) Brethren, the Darbyites, the Christian Brethren ◊ **движение П.-х**

б.-ев (Plymouth) Brethrenism; **новообращённые [новые] б.** converts to Brethrenism; **учение П.-х б.-ев** (Plymouth) Brethrenism; **член движения (П.-х) б.-ев** member of the (Plymouth) Brethren, Plymouth Brother.

плимутский брат *(член секты Плимутские братья)* Plymouth Brother;

Плиний Младший *(ок. 62-114; рим. писатель и оратор)* Pliny the Younger.

плита надгробная *см.* надгробный.

плод ◊ **запретный п.** *библ.* forbidden fruit; **красивый, но гнилой п.** *библ.* the apple of Sodom; **п.-ы праведности** fruit of the righteousness; **принести п.-ы Богу** *библ.* to bear fruit for God; **п. уст** *библ.* fruit of lips; **п.-ы худые** *библ.* evil fruit.

плоды Духа (Святого) *(один из догматов этических концепций многих христ. вероучений; общее название сверхъестественных даров человеческой души – любви, милосердия, радости, долготерпения, мира, доброты, великодушия, веры, кротости и воздержания; к этому добавляют, по утверждению Фомы Аквинского, доброжелательность и целомудрие; п. Д. "возрастают в человеке постепенно и совершенствуются упражнениями")* the fruit of the Spirit [of the Holy Ghost] ◊ "**плод же Духа: любовь, радость, мир, долготерпение, благость, милосердие, вера, кротость, воздержание**" *(Послание к галатам)* 'the fruit of the Spirit is love, joy, peace, longsuffering, gentleness, goodbess, faith, meekness, temperance'; **христианин, исполненный п.-ов Духа Святого** a fruitful Christian.

Плотин *(ок. 205-70; греч. философ-платоник, основатель* **неоплатонизма**) Plotinus.

плотолюбие *(угождение плотской похоти)* concupiscence, sexual lust.

плотоугодие *см.* плотолюбие.

плотский carnal, fleshy ◊ **п.-е грехи** sins of the flesh, carnal sins; **п.-е желания** carnal desires; **п.-е помышления** *библ.* carnal mind.

плоть flesh ◊ **Авраам, праотец наш по п.-и** *библ.* Abraham, our forefather according to the flesh; **дух бодр, п. же немощна** *библ.* the spirit is willing but the flesh is week; **жить по п.-и** to live according to the flesh; **п. и кровь** *библ. (человек)* flesh and blood; **кость от кости и п. от п.-и** *библ.* bone of the bone and flesh of the flesh; **по п.-и** according to the flesh; **умерщвлять п.** to mortify the flesh.

плувиал *см.* плювиаль.

Плутарх Александрийский, мч. *(ум. 202; ученик Оригена, д. п. 28 июня / 11 июля)* St. Plutarch, m.

плювиаль *катол. (см.* риза 1.) *истор.* pluvial.

пляска смерти *(в европ. средневековой традиции изображение гротескного и одновременно ужасного танца, в к-ром Смерть в обличье скелета с косой или дудкой-волынкой ведёт хоровод представителей всех званий и сословий общества; представление о п.-е с. появилось в конце 14 в., прежде всего во франц. и германских землях, после опустошительной чумы в обстановке обострения эсхатологических представлений)* the dance of death, the death dance.

пневматология *(учение о Духе Святом)* pneumatology.

пневматомахи *(прозвище македониан, последователей константинопольского еп. Македония, 4 в., к-рый утверждал, что Дух Святой – существо,* подобное ангелам и является слугой Бога Отца и Бога Сына; см. **македониа́не**) the Pneumatomachi(ans).

пневматома́хия (*отрицание Божественной природы Святого Духа*) Pneumatomachy.

побежда́ющий *библ.* one who overcomes.

побива́ние [побие́ние] ка́мнями (*умерщвление бросанием камней*) pelting to death with stones ◊ "И побивали камнями Стефана, который молился и говорил; Господи Иисусе! приими дух мой" (*"Деяния" 7:59*) 'And the stoned Stephen, calling upon God, and saying, Lord Jesus, receive my spirit'; **побивать камнями** *библ.* to stone (*smb* with stones).

побо́рник 1. (*ревностный защитник*) apostle, champion, advocate, upholder, proponent ◊ **ревностный п. православия** a zealous proponent of Orthodoxy; **п. умеренности** apostle of temperance; **2.** (*соратник*) adherent.

пова́пленный *библ. ц.-сл.* ◊ **гроб п.** whited [painted] sepulchre.

пова́рня (*кухня в монастыре*) kitchen.

повеле́ние command, injunction ◊ **по п.-ю Божию** at command of God.

поверга́ться ниц на зе́млю *см.* **па́дать ниц**.

пове́рье popular belief, superstition.

"По́весть временны́х лет" (*общерусский летописный свод, составлен в Киеве в 12 в. монахом Нестором; текст включает летописные своды 11 в. и др. источники*) the Story of the Passing Years, the Primary Chronicle (by the monk Nestor), the Annals, the Russian Primary Chronicle.

пове́трие, морово́е plague, pestilence.

повече́рие 1. (*служба, совершаемая в монастырях после вечери, т.е. после вечерней еды; п. состоит из ряда молитв перед отходом ко сну, в к-рых у Господа Бога просят прощения за грехи и защиты от козней диавола во время сна*) after-supper church service, small compline, povecherie, *греч.* apodeipnon; (*в Зап. христ-ве*) night song, night prayer, small vespers ◊ **великое п.** (*совершается в Великий пост и в составе всенощного бдения – перед праздниками: Рождеством Христовым, Богоявлением, Благовещением*) the Great [Grand] compline, *греч.* mega apodeipnon; **2.** *см.* **вече́рня**.

пово́й *см.* **апо́стольник**.

повя́зка с ле́нтами (*у иконографических персонажей*) fillet with bands.

поги́бель ве́чная *библ.* everlasting destruction.

пого́ст 1. (*сельское кладбище*) country churchyard; **2.** (*сельская церковь с кладбищем и принадлежащим ей земельным участком и домом причта, расположенная отдельно*) pogost, village church together with cemetary, clergy house, and adjacent buildings.

погреба́льный funeral, mortuary, exequial ◊ **п. звон** knell, a passing bell; **п.-е обряды** sepulchral [mortuary] rites; **п.-е одежды** grave-clothes; **п. пение, п.-ая песнь** dirge; **п.-ая урна** sepulchral [mortuary] urn; **совершать п. обряд над кем-л.** to perform the last offices for *smb*.

погреба́ть (*хоронить*) to inter, to bury ◊ **в церквах Флоренции п.-ено много великих людей** Florentine churches entomb many great men.

погребе́ние 1. burial, interment, sepulture, funeral, committal ◊ **христианское [церковное] п., п. по христ. [церк.] обряду** (*по смерти тело умершего мирянина омывается, тело монаха лишь отирается водой, а тело свя-*

щенника отирается губкой, пропитанной елеем; затем умерший одевается в чистые одежды, сообразные его званию или служению; священников одевают не только в их домашние одежды, но и во все их церк. облачения; на умершего мирянина большей частью надевается саван: архиерею и священнику на грудь полагается Евангелие и в руки даётся крест, диакону – кадило, мирянину – икона; при положении во гроб последний окропляется св. водой; гроб должен быть дощатый, а не выдолбленный из цельного дерева; во время отпевания на чело умершего полагается венчик – бумажная лента с литографированными священными изображениями и в руки его влагается разрешительная грамота; до отпевания, в продолжение нахождения умершего в доме, над мирянином читается Псалтирь, а над архиереем и священником – Евангелие; по внесении тела в храм гроб ставится головой к дверям, ногами к востоку; самый чин отпевания различен для мирян, монахов, священников, архиереев и младенцев; по отпевании гроб относится к могиле при пении "Святый Боже", в предшествии священника; при опущении тела в могилу поётся лития; гроб полагается лицом к востоку; по окончании литии священник крестообразно бросает на гроб лопаткой горсть земли, а тж льёт часть елея и сыплет пепел от кадила) Christian [church] burial; **2.** *(погребальная церемония, погребальный обряд)* obit, obituary ceremony, funeral solemnity, *(употр. во мн. ч.)* obsequies, exequies.

погребéние святóго в нóвом мéсте *см.* **захоронéние святóго в нóвом мéсте.**
погружéние *(при крещении)* immersion ◊ **тройное п.** trine immersion.
подавáть мúлостыню to give alms.
"Подáй, Гóсподи" *(ответствие хора во время литургии)* Grant it, O Lord.
подáть на содержáние цéркви *см.* **церкóвное обложéние.**
подаяние alms, dole ◊ **п. для бéдных** *библ.* contribution for the poor.
"подбрáсывание" *(древнейший деревенский англ. обычай, вышедший из употребления, подбрасывать в воздух людей противоположного пола на Пасху; женщин на второй день Пасхи в понедельник <Heaving Monday>, мужчин на третий день Пасхи во вторник <Heaving Tuesday>)* heaving.
подвенéчное плáтье wedding dress.
пóдвиг *(монашеский)* a life of asceticism, ascetic discipline, (disciplined holy) deed, ascetic labors ◊ **п.-и благочéстия** deeds of devotion; **п. смирéния** the deed of humility; **совершáть п.** *(о монахе)* to lead a life of asceticism.
пóдвиг вéры *(тж* **проявлéние вéры***)* act of faith.
пóдвиги *(святых)* exploits, feats, deeds.
Подвигополóжник *(Иисус Христос)* Jesus Christ.
подвúжник 1. *(доблестный делатель, аскет)* ascetic, hermit; **2.** *(воин духовный за веру и праведность)* zealot ◊ **п. благочéстия** *(так именуется христианин, ведший подвижническую жизнь и прославившийся добродетелями, нередко прозорливостью и чудесами, но не канонизированный Церковью как святой)* zealot of godliness.
подвúжничать to be an ascetic.
подвúжнический ascetic(al); selfless ◊ **п.-ая жизнь** ascetic(al) life; selfless life.
подвúжничество 1. *(род духовных и физических упражнений, основанных на самоотречении с целью христ. самоусовершенствования; этим занима-*

подвижничество

лись монахи-аскеты) asceticism; **2.** *(беззаветное служение какому-л. делу)* selfless devotion (to a cause).

подви́жные пра́здники *см.* **переходя́щие пра́здники.**

подвиза́тися *ц.-сл. см.* **подвиза́ться.**

подвиза́ться *(стремиться к подвигу веры, бороться за справедливость)* to work, to act.

подво́рье *(небольшая территория с церковью, жилыми и подсобными зданиями в городе или за границей, принадлежащая нек-рым поместным правосл. церквам и, как правило, монастырям)* conventual church and house in town *(for visiting clergymen or monks),* town residence (of a monastery), town house (of a monastery), church in town, *греч.* metochion ◊ **п. и представительство Патриарха Московского и всея Руси** town residence and representation of His Holiness the Patriarch of Moscow and All Russia

поддиа́кон *см.* **иподиа́кон.**

подка́п(ок) *см.* **камила́вка.**

подкле́т(ь) *(в русской каменной и деревянной архит-ре нижний этаж жилого дома или храма, обычно имеющий служебно-хозяйственное назначение)* ground floor *(in old Russian wooden houses);* basement.

по́длинник *(1. подлинное художественное произведение, в отличие от копии; 2. язык оригинала; язык, на к-ром создано произведение)* original ◊ **п. картины** the original picture; **копия с п.-а** a copy from the original; **снять копию с п.-а** to take a copy from the original; **читать Гомера в п.-е** to read Homer in the original.

"По́длинник иконопи́сный" *(справочник-инструкция для иконописцев; в древнерусской иконописи – сборник образцов прорисей)* The Painter's Guide, A rule book for icon-painters, The book of special icon-painting instructions.

поднача́льный архиере́й *см.* **вика́рий 2.**

подноше́ние tribute, offering, gift ◊ **цвето́чные п.-я** floral tributes.

подо́бие likeness ◊ **по о́бразу и п.-ю Бо́жию** after the image and likeness of God.

подобосу́щники *см.* **полуариа́не.**

подобосу́щность homo(i)ousia.

подобосу́щный *(богосл. термин в церк. истории 4 в., предложенный одной из сторон в качестве компромисса, во время борьбы православия с арианством, для второго лица Св. Троицы <the Son is "essentially like" the Father or "like the Father in all respects">, вместо термина* **единосу́щный)** Homo(i)ousian, *греч.* Homojusios.

"Подража́ние Христу́" *(знаменитое руководство, выдержавшее уже несколько сотен изданий и наставляющее христианина в достижении совершенства; первое издание появилось в 1418 и авторство часто приписывалось Фоме Кемпийскому)* The 'Imitation of Christ'.

подре́гент *(помощник регента)* assistant precentor.

подри́зник *(богослужебное облачение, нижняя одежда у священников и архиереев из ткани светлого цвета; символизирует непорочность и чистоту сердца, требуемые от священного сана)* inner rason, under-tunic, podriznik, *греч.* esorason.

подрясник *(повседневная одежда духовенства и монашества, длинное, до пят, с наглухо застёгнутым воротом одеяние с узкими рукавами, надеваемое под рясу)* Sarum-style cassock, inner rason, *греч.* anterion, esorason.

подсвечник candlestick, candleholder, candelabrum ◊ **большой п. у царских врат** *(в церкви)* kerostates; **п. выносной** *церк.* candelabrum, candle stand; **декоративный п.** flambeau; **п. для нескольких свечей** *греч.* keropegia, kerion, polykerion; **п. для трёх свечей** triple candlestick; **п. на 25 свечей** twenty-five-light candelabrum; **переносной п. с зажжённой свечой** *(к-рый ставят перед катол. архиереем или прелатом в знак особого почтения, в то время как он произносит проповедь или поёт в соборе; отменён в 1968, но при необходимости используется)* bugia, scotula, palmatorium; **п. с остриями для насадки свечей** *катол.* pricket; **п. трёхъярусный** triple-tiered candelabrum.

подсвещник *см.* **подсвечник**.

подставка *(металлическая или деревянная кафедра в нек-рых Зап. церквах, высокий столик с покатой крышкой для богослужебных книг, с к-рой читаются или поются выдержки из Священного Писания)* lectern; *(имеющая завершение в виде орла с распростёртыми крыльями)* eagle lectern.

подставка, медная *библ.* *(один из нескольких сосудов в храме Соломона для омовения животных перед сожжением в качестве жертвоприношения; Третья книга Царств 7:27, 28, 29)* laver.

подушечка для коленопреклонения hassock.

подчинение subjection ◊ **традиционное п. церкви царю во всех светских делах** the traditional subjection of the church to the tsar in all secular matters; **п. церкви государству в делах и начинаниях нецерковного характера** the subjection of church to state in non-ecclesiastical affairs and efforts; **церковное п.** *(канонам церкви, церковнослужителей священнослужителям, низшего по сану высшему по сану священнослужителю)* canonical obedience.

подъяремный *(скот, рабочее животное, ходящее под ярмом, в упряжке)* yoked ◊ **п.-ое животное** beast of burden; **осленок, сын п.-ой** *(ослицы) библ.* the foal of a beast of burden.

пожертвование *(добровольный денежный или имущественный взнос на строительство, ремонт и благоукрашение церкви)* donation, offering, alms, *(денежное)* benefaction, *(во время службы)* offertory ◊ **добровольные п.-я** voluntary offerings [contributions]; **п.-я [подношения] церкви** altarage; **собирать п.-я** *(в церкви, обнося между рядами блюдо для п.-й)* to pass [take] round the plate; **содержать за счёт п.-й.** to support *smth.* by alms.

поза лотоса *см.* **асана**.

поза, молитвенная devotional attitude.

позвонцы jinglers; *библ.* bells of gold, golden bells.

позём *(в иконописи часть фона, полоса в нижней части иконы, обычно коричневого или зелёного цвета – условное обозначение земли)* the earth.

позолота *(обозначение различных способов покрытия какой-л. поверхности тонким слоем золота)* gilding, gilt ◊ **покрывать п.-ой** to vermeil; **удалять п.-ту** to ungild.

позолотить to gilt, to overgild.

позолотная бронза *(золочёная бронза)* ormolu ◊ **лак с п.-ой б.-ой** ormolu varnish.
позолотчик gilder.
позолоченный gold-filled, gold-plated, gilded, gilt ◊ **п.-ая латунь** *или* **медь** talmi gold.
покаяние 1. *(одно из семи христ. таинств; в нём исповедующий изустно излагает грехи свои перед священником, при видимом изъявлении от него прощения, и невидимо разрешается от всех грехов самим Иисусом Христом, так что снова делается невинным и освящённым, как после крещения)* the (Sacrament of) Penace, *греч.* metanoia, exomologesis; **2.** *(раскаяние за совершённый грех)* penitence, contrition, sorrow for sins, penance, *тж библ.* repentance ◊ **призывать к п.-ю** to call to penance; **принести п. в чём-л.** to do [perform] penance for *smth.*, to repent for *smth.*; **3.** *(исповедь)* confession ◊ **умереть без п.-я** to die unconfessed.
покаянная книга *(руководство по наложению искуплений в соответствии со степенью греха)* penitential (book).
покаянное богослужение *англик. (совершается в Пепельную среду)* Commination (service).
покаянный penitent(ial), repentant.
покаяться to confess, to come home by weeping cross, *тж библ.* to repent for *smth.*
поклон *(символическое действие, служащее выражением чувства благоговения перед Богом; употребляется в христ. церкви с древних времён; по уставу правосл. церкви,* **п.-ы** *бывают великие [большие] и малые; малым поклоном называется обыкновенное наклонение головы, при к-ром можно рукою достать до земли; употребительно, напр. при чтении Евангелия, при перенесении Святых Даров с жертвенника на престол, при принятии благословения от еп.-ов или священников; великим поклоном называется склонение головы и тела до земли; великие поклоны <иначе – земные> требуются церк. уставом во время великопостных богослужений и вообще при усиленной молитве)* bowing, metany ◊ **бить п.-ы** to bow in prayer; **великий [земной, низкий] п.** deep [low] bow, little metany, *греч.* mikra metanoia, proskynema, proskynesis; **иерей кладёт земной п. перед престолом** the priest makes a low bow before the holy altar; **класть п.-ы** to bow in prayer; **полагать [раздавать, сделать] п.** to bow; **совершить [творить] три п.-а** to bow three times; **три земных п.-а** three bows to the ground; **три поясных п.-а** three bows from the waist.
поклонение worship, *(высшая степень п.-я)* adoration, veneration ◊ **п. волхвов** *библ.* adoration of the Magi; **п. пастухов** *библ.* adoration of the shepherds.
поклонение высшему Божеству, исключительно Богу *катол. (в отличие от поклонения Деве Марии и поклонения святым, ангелам как слугам и приверженцам Бога)* latria.
поклонение Деве Марии *катол.* Marian devotion; *(в отличие от п.-я высшему Божеству, исключительно Богу и поклонения святым ангелам как слугам и приверженцам Бога)* hyperdulia.
поклонение демонам *(см. тж демонизм)* demonism.
поклонение дьяволу demonolatry.

поклонение иконам см. **иконопочитание**.
поклонение кресту staurolatry, *библ.* adoration of the Cross ◊ "Кресту Твоему поклоняемся, Владыко, и святое Воскресение Твое славим" *(тропарь)* 'Thy Cross do we adore, o Master, and thy holy Resurrection do we glorify'.
поклонение ложным богам *(выражение употребляется приверженцами единобожия)* miscreance.
поклонение Луне moon worship.
"Поклонение Младенцу Христу" *(иконографический сюжет, изображающий п. волхвов)* The Adoration of the Child, The Adoration of the Infant Jesus.
поклонение мученикам *(чрезмерное)* martyrolatry.
поклонение небесным телам astrolatry.
поклонение одному из (нескольких признаваемых) богов monolatry.
поклонение ослам, ослицам onolatry, the worship of asses.
поклонение предметам, символизирующим, но не изображающим Бога *(в исламе и т. п.)* aniconism.
поклонение рыбам ichthyolatry.
поклонение Сатане см. **культ – к. Сатаны**.
поклонение святым см. **культ – к. святых**.
поклонение святым, ангелам как слугам и приверженцам Бога *катол.* (*в отличие от поклонения высшему Божеству, исключительно Богу и поклонения Деве Марии*) dulia.
поклонение Святым Дарам *катол.* *(посвящение церкви или часовни для молитвы молча перед Святыми Дарами; тж служба поклонения Святым Дарам)* the visit to the Blessed Sacrament.
поклонение силам природы nature [elemental] worship.
поклонение Телу Христову *катол.* eucharistic adoration ◊ **непрерывное п. (Телу Христову)** *катол.* *(практика нек-рых монашеских общин, члены к-рых, сменяя друг друга, молятся перед Святыми Дарами)* perpetual adoration.
поклонение Христу Christolatry.
Поклонение честным веригам ап. Петра *правосл. (16/29 января)* the Veneration of the Precious Chains of Apostle Peter.
поклонение Шиве см. **шиваизм**.
поклоняться to worship, to venerate, to adore ◊ **п. златому тельцу** *библ.* to worship the golden calf; **п. святыням** to venerate shrines; **п. чужим богам** *библ.* to whore after strange gods.
поклоняющийся Деве Марии *сущ.* Marian.
покоиться *(об умершем)* to lie, to repose ◊ **его прах покоится на кладбище** his remains repose in the churchyard; **здесь покоится прах** *(употр. в надписях на нагробиях)* here lies the body of, *лат.* hic jacet; **покойся в мире** *(надгробная надпись)* RIP *(сокр. от лат. requiescat in pace)*.
покойник the deceased ◊ **выносить п.-а** to carry out a body for burial.
покорность obedience.
Покров (Божией Матери) *(церк. праздник, установленный в 12 в. на Руси в память о чудесном спасении Константинополя от сарацин после явления во Влахернском храме в 910 Богоматери простирающей [покрывающей] свой мафорий [покрывало] над народом; тж сюжет иконописных компози-*

Покров

ций; *самые ранние изображения* **П.-а** *известны уже с 13 в.)* the Patronage [Intercession] of the Most Holy Queen, Mother of God; the Feast of Protecting Veil of the Mother of God, the feast of the Intercession of the Holy Virgin, (the festival of) the Protection (of the Virgin) ◊ *(полное название праздника)* **П. Пресвятой Владычицы нашей Богородицы и Приснодевы Марии** *(праздник, приравненный к двунадесятому, 1/14 октября)* the Patronage of the Most Holy Queen, Mother of Our God and Ever-Virgin Mary; the Protection of the Theotokos and Ever-Virgin Mary; **Церковь П.-а на Нерли** *(церковь близ села Боголюбово Владимирской обл., построена в 1165)* the Church of the Intercession of the Holy Virgin on the river Nerl.

покров 1. *(оболочка; то, что покрывает что-л.)* cloth, veil, covering; *(на кафедре проповедника)* antependium; *(на гробе)* pall; *(белый льняной длинный, возлагаемый на алтарь англик. церкви, покрывая его так, чтобы оба конца свешивались)* (white) fair linen cloth ◊ **п. для покрытия чаши** *катол.* paten veil; **п. с изображением Сергия Радонежского** a pall with image of Sergius of Radonezh; **2.** *(нижний п. алтаря из навощённого холста)* cerecloth; **3.** *(защита, покровительство)* patronage, protection, intercession, mediation.

покровец *(ткань с шитым изображением для покрытия одного из литургических сосудов – потира или дискоса)* paten and chalice veil; *греч.* kalymmata; *(для покрытия дискоса) греч.* proton kalymma, discokalymma; *(для покрытия потира)* chalice veil; *греч.* deuteron kalymma.

покровитель *(святой-покровитель; см. тж* **патрон 1.***)* patron (saint), tutelary saint ◊ **главный п.** principal patron; **п. России [Руси]** the patron saint of Russia.

покровительница *(защитница)* patroness, protectress, protectrix, *франц.* patronne ◊ **богиня-п.** tutelary goddess.

покровитель религ. общины *см.* **патрон 3**.

покровительство protection, patronage.

покров погребальный *см.* **покрывало погребальное**.

Покровский собор *см.* **храм Василия Блаженного (в Москве)**.

Покровский Хотьковский жен. монастырь *(ставропигиальный, село Теряево Московской обл.)* the Khotkov Monastery of the Patronage of the Mother of God.

покрывало для алтаря *(в Западной церкви, особ. катол.)* antependium, altar cloth; *лат.* pallium altaris; *(прикрывающее переднюю часть алтаря)* frontal ◊ **большое п.** *(покрывающее сверху алтарь и захватывающее на несколько сантиметров* **п. для алтаря** <frontal>) superfrontal; **п.** *(обыкновенно цветное)***, накладываемое на алтарь между службами** *(в Западной церкви)* vesperal(e), towel.

покрывало монахини the veil, nun's veiling, *франц.* toile de religieuse.

покрывало погребальное *(большой белый покров с изображением распятия, возлагаемый на усопшего, положенного во гроб; знаменует, что почивший находится под покровом распятого и воскресшего Христа Спасителя)* funerary pall.

поле *(края доски иконы, возвышающиеся над ковчегом)* a raised flat border of the icon panel.

поле крови *см.* **Акелдама**.

поливáние водьí на гóлову *катол. (один из обрядов крещения)* affusion, infusion.

полиглóтта *(издание Библии параллельными столбцами на нескольких языках)* polyglot (Bible) ◊ *(важнейшие* **п.-ы)** **Антверпенская п.** *(изд. 1569-72 на средства испан. короля Филиппа II)* the Antwerp Polyglot, *лат.* Biblia Regia; **Комплютенская п.** *(изд. 1513-17 в Комплютуме, Испания, в наст. время г. Алкала де Хенарес)* the Complutensian Polyglot; **Лондонская п.** *(самая значительная, издана в 1654-57, редактировалась Брайаном Уолтоном)* the London [Walton's] Polyglot; **Парижская п.** *(изд. в 1629 и 1645 в г. Париже Антуаном Витре)* the Paris Polyglot.

полидемонúзм *(поклонение многим демонам или вера в демонические силы)* polydaemonism.

Полидóр Пласдéн, сщмч. *(ум. 1591, катол. св., д. п. 10 декабря)* St. Polydore Plasden, pr. m.

Полиéвкт, св. мч. *(ум. 259; д. п. 9/22 января, катол. – 13 февраля)* St. Polyeuctus [Polyeucte], M.

полиелéй *(часть службы, когда происходит пение избранных стихов из 134 и 135 псалмов с возжением множества светильников и многократного повторения "яко ввек милость Его"; поётся в воскресения, дни памяти великих святых, в праздники от отдания Воздвижения до Недели мытаря и фарисея включительно, исключая предпразднества и попразднество Рождества и Богоявления)* the polieley *(the solemn office of lighting great number of candles and singing versicles from Psalms 134 and 135)*, *греч.* polyelaios.

поликандúло *(светильник, имеющий от 7 до 12 свечей)* polyelaion, polykerion, *греч.* polykandelon.

Поликáрп, сщмч. *(еп. Смирнский <bp. of Smyrna>; ок. 69-155; ученик ап. Иоанна, д. п. 23 февраля / 8 марта)* St. Polycarp, Priest-M ◊ **"Мученичество П.-а"** *(древнейшее описание гибели мученика)* The Martyrdom of Polycarp, *лат.* Martyrium Policarpi.

полúптих *(складень, имеющий более трёх створок, связанных единым замыслом)* polyptych.

полистáврий *(тж* **крещáтая рúза**; *в древности богослужебная одежда еп.-ов, митрополитов и патриархов, представляющая собой нынешнюю* **фелóнь**, *только со многими нашитыми на ней крестами)* polystaurion, polystavrion.

полиставриóн *см.* **полистáврий**.

политеúзм *(тж* **многобóжие**; *вера во многих богов, существующих отдельно и независимо друг от друга и не сливающихся с природой Вселенной; п. противостоит* **монотеúзму, пантеúзму** *и* **теúзму**) polytheism, polymorphic theism ◊ **проповедовать п.** to polytheize.

политеúст *(сторонник* **политеúзма**) polytheist.

политеистúческий polytheistic(al) ◊ **п. религия** polytheistic religion.

полковóдец *библ.* captain.

полнотá *библ.* fulness ◊ **"И от п.-ы Его все мы приняли и благодать на благодать"** *(Ев. от Иоанна 1:16)* 'And of his fulness have all we received, and grace for grace'.

полнотá, церкóвная plenitude of the Church.

Положе́ние

- "Положе́ние во гроб" *(иконографический сюжет)* The Entombment, The Laying in the Tomb, The Deposition (of Christ) in the Tomb.
- Положе́ние ри́зы Пресвято́й Богоро́дицы во Влахе́рне [во Влахе́рнах] *(5 в., отмечается 2/15 июля; праздник положения ризы [подлинной одежды] Богоматери в храм Константинополя)* the Deposition of the Venerable Vestment of our Most Holy Queen, Mother of God in the church of Blachernae, the Placing of the Hono(u)rable Robe of the Most Holy Mother of God [Theotokos] at Blachernae.
- Положе́ние честно́го по́яса Пресвято́й Богоро́дицы *(395-408; д. п. 31 августа / 13 сентября)* the Deposition of the Venerable Girdle of the Blessed Virgin Mary, Mother of God, the Placing of the Cincture [Sash] of the Most Holy Mother of God.
- Положе́ние честно́й ри́зы Го́спода на́шего Иису́са Христа́ в Москве́ *(1625; празднуется 10/23 июля)* the Placing of the Robe of our Lord Jesus Christ in Moscow.
- полоса́ на ри́зе, вы́шитая зо́лотом *и т. п.* orphrey.
- поло́ски *(две белые батистовые полоски, спускающиеся с воротничка у англик. священника)* (Geneva) bands.
- полотня́ные ле́нточки *см.* поло́ски.
- полуариа́не *(партия среди ариан, образовавшаяся после Никейского собора и в противоположность правосл. учению о том, что Сын Божий единосущен Отцу, утверждавшая, что Он лишь подобосущен)* the Semi-Arians.
- полуариа́нство *(христ. ересь полуариа́н, 4 в.)* Semi-Arianism.
- полубо́г demigod.
- полубоги́ня demigoddess.
- полу́денное богослуже́ние *(состоит из часов третьего, шестого, девятого и литургии)* Midday office, Sext.
- полу́денные врата́ *см.* две́ри диа́конские.
- полу́денные две́ри *см.* две́ри диа́конские.
- полуме́нтум *(накидка без рукавов; часть облачения иконографических персонажей)* semimantle.
- полуме́сяц *(изображение)* crescent.
- полу́нощница *(служба, совершаемая в полночь, в воспоминание полунощной молитвы Спасителя в саду Гефсиманском, а тж во всякий час ночи до утра; служится обычно в монастырях; в Западном христ-ве не имеет аналога)* the Midnight Office [Prayer] of the Eastern Church, the night office of vigils; *греч.* mesonu(y)ktikon, meson(u)yktikon; *(служба и чин, в соответствии с к-рым она ведётся)* matins, *преим. англ.* mattins.
- полупелагиа́не *(последователи полупелагиа́нства)* the Semi-Pelagians.
- полупелагиа́нство *(возникшее в Южной Галлии, близ Марселя, в монастыре Иоа́нна Кассиа́на, особое богосл. учение 5-6 вв., о благодати и свободе)* Semi-Pelagianism.
- полууста́в *(каллиграфический вариант кириллицы с 14 в. или разновидность кириллического письма; послужил образцом для первопечатного русского шрифта в сер. 16 в.)* semi-uncial.
- получи́ть *(у священника)* благослове́ние *или* отпуще́ние грехо́в to receive the ministrations *(of a priest)*.

получи́ть христиа́нское воспита́ние to be brought up as a Christian.

По́льская правосла́вная це́рковь *(стала автокефальной в 1948; имеет 4 епархии и 233 прихода, 300 храмов, 2 муж. и 1 жен. монастырь)* the Polish Orthodox Church ◊ *(предстоятель)* **Его Блаженство Митрополит Варшавский и всей Польши** His Beatitude the Metropolitan of Warsaw and all Poland.

пома́зание 1. *(монарха)* consecration of king by sacred unction; 2. *(обряд христ. церкви) (миром)* chrismation, chrismatory, chrismary; *(елеем)* anointing, injunction ◊ **п. благословленным елеем "во имя Отца и Сына и Св. Духа"** anointing with consecrated oil 'in the name of the Father, the Son and the Holy Ghost'.

пома́занник 1. *(о монархах, пророках, ветхозаветных священниках – лицо, над к-рым совершён обряд помазания)* the anointed sovereign ◊ **право п.-а Божьего** divine right of kings; 2. *(Мессия, Иисус Христос – П. Божий)* **П. Божий** the (Lord's) Anointed.

пома́занный *(миром)* anointed *(with chrism)* ◊ **не п.** *(миром)* unanointed *(with chrism)*.

пома́зать *библ. (благовонным маслом)* to anoint.

пома́зать ми́ром to anoint with chrism, to chrism(ate), *редко* to chrismarize.

поме́стный local ◊ **п.-е православные церкви** *(автокефальные церкви)* Local Orthodox Churches; **п. собор** *(съезд автокефальной церкви или её отдельной части; собрание всех правящих архиереев поместной церкви, представителей белого духовенства, монашества и мирян для избрания патриарха, канонизации новых святых, а тж для решения вопросов вероучения, культа, церк. управления, дисциплины и пр.)* local [regional, primatial, national] council; **П. собор Русской православной церкви** the Local [National] Council of the Russian Orthodox Church; **п.-ая церковь** local church.

поме́та на поля́х Би́блии *истор.* postil.

поми́ловать ◊ **Господи, помилуй** 'Lord, have mercy (upon us)'.

"Поми́луй мя, Бо́же" *катол. (начало катол. песнопения; см. мизере́ре)* Miserere.

помина́льник *см.* помина́ние 1., сино́дик 1.

Помина́льное воскресе́нье *англ. (ближайшее ко дню перемирия – 11 ноября <the Armistice Day> воскресенье, когда в церквах служат панихиды по воинам, павшим во время 1-й и 2-й мировых войн)* Remembrance Sunday.

помина́льный funeral, memorial ◊ **п. обед** funeral repast; **п.-е обряды** funeral rites; **п.-ая служба** *(тж заупоко́йная слу́жба)* commemoration, memorial (service), obit, mind, funeral solemnity, obsequies; **п-ая служба, совершаемая в первую годовщину смерти** *или* **погребения** year's mind; **п.-ая служба, совершаемая ежедневно в течение года** *катол.* annual; **п.-ая служба, совершаемая ежедневно в течение тридцати дней** *катол.* trental; **п.-ая служба, совершаемая через месяц после смерти** month's mind; **п.-ая часовня** funeral chapel.

помина́ние 1. *(список с именами усопших и живых для поминания; прост. тж* помина́льник, помя́нник; *тж* сино́дик *1.)* list of names of dead (and sick) persons, a list of the dead to be prayed for, death bill; *(у католиков – с именами усопших)* obituary, memento, *истор.* beadroll; 2. *(вклад за помин души)* donation for remembrance of the dead in prayer; 3. *(момент в богослужении,*

поминáние

когда молятся за упокой) the commemorations of the dead, the prayers for the dead; *(или за здравие)* the prayers for the health of *smb.*

поминáть 1. *(молиться за упокой или за здравие больных)* to pray [say prayers] for *smb.'s* soul's rest, to commemorate, to pray for, to remember in *one's* prayers, to pray for repose of the dead *or* recovery of the sick ◊ **п. по именáм** to remember by name; **2.** *(устраивать поминки)* to give a funeral banquet for [in memory of].

помúнка *(дар, подарок)* gift.

помúнки *(поминальная трапеза в память об усопшем; Церковь неодобрительно относится к поминовению усопших спиртным; на Руси традиционными поминальными блюдами считаются кутья, блины и кисель; во время Великого поста устраивать поминки лучше в субботу или в воскресенье)* funeral repast, funeral banquet; *(на 9-й день после смерти)* novemdial.

поминовéние 1. *(служба, молитвы по умершим; в лат. обряде – 2 ноября; в византийском обряде – см.* **родúтельские суббóты)** the Office of the Dead, the Requiem Mass, the Mass for [of] the Dead; **2.** *(молитва за умершего или больного)* prayer for the names of dead and sick persons; **3.** *(молитвенное упоминание имён умерших)* remembrance of the dead; **4.** *(святого, события)* commemoration, memoria(l) ◊ **п. святых** commemoration of the saints; **п. усопших** commemoration of the dead.

Поминовéние всех усóпших вéрных *катол. (праздник, к-рый отмечается 2 ноября, когда люди поминают тех, кто уже ушёл из жизни, но не достиг ещё небесного блаженства, а находится в чистилище, где в муках должен очиститься от грехов)* All Souls, *лат.* Commemoratio omnium fidelium defunctorum ◊ **День П.-я всех у. в.** All Souls' Day.

помирúть *кого-л.* **с Цéрковью** to reconcile *smb.* to the Church.

помирúться с Бóгом to reconcile to God.

"пóмнящие день суббóтний" *(христиане, строго соблюдающие воскресенье как церк. праздник; воскресенье отождествляется с субботой, о соблюдении к-рой говорится в одной из библ. заповедей)* the Sabbatarians.

помолúться *(произнести, прочитать молитву)* to say a prayer ◊ **Гóсподу помолимся** let us pray to the Lord; **помолимся** let us pray; **помолимся, брáтья** *катол. (призыв священника перед внутренней молитвой) лат.* orate fratres.

помóст *(возвышение в храме)* dais.

помóщник игýмена *(в средневековых монастырях старший над десятью монахами)* dean.

помóщник свящéнника *(в протест. епископальной церкви)* vicar; *англик.* lecturer.

помóщница игýменьи deaness.

Пóмпий, св. мч. *(ум. 250; д. п. 10/23 апреля)* St. Pompilius, M.

пóмысел *(на языке правосл. аскетики означает занимающую ум "мысль"; может быть от Бога, от падшего духа и от собственного человеческого естества)* thought.

помянник см. **поминáние 1**.

понедéльник пéред Велúким постóм *(в Зап. христ-ве)* Blue Monday.

понедéльничать *(поститься по понедельникам)* to fast on Mondays.

поновля́ть *(икону)* to refurbish, to renovate, to repaint, to retouch ◊ **икона поновлялась много раз** the icon was repainted several times.
пономáрица *(жена пономаря)* sexton's wife.
пономáрствовать to be a sexton, to be a sacristan.
пономáрь *(в православии церковнослужитель низшего ранга, иначе* **параэкклисиáрх***, или* **алтáрник***; п. звонил в колокола, зажигал в храме свечи и лампады, прислуживал при богослужении; должность п.-я упразднена в 19 в., в Византии п.-ём назывался сторож храма)* sexton.
Понт *библ. (название местности на малоазиатском побережье Чёрного моря)* Pontus.
Понтиáн и Ипполи́т Ри́мский *(ум. ок. 236; катол. свв, д. п. 13 августа)* St. Pontian, pope, m. and Hippolytus, pr. m.
Пóнтий Карфагéнский, еп. *(ум. ок. 260; сподвижник сщмч. Киприана Карфагенского, д. п. 8/21 марта)* St. Pontius, bp. of Carthage.
Пóнтий Пилáт *(ум. ок. 37; рим. прокуратор [наместник] в Иудее, 26-36, при императоре Тиберии, не препятствовавший казни Иисуса Христа)* Pontius Pilate ◊ **"Приведение к П.-у", "Суд П.-а", "Христос перед П.-ем П.-ом"** *(иконографические сюжеты)* The Judgement of Pontius Pilate.
Пóнтий Ри́млянин, св. мч. *(ум. ок. 258; д. п. 14 мая)* St. Pontius, M.
понти́фекс *см.* **понти́фик.**
Понти́фекс Мáксимус *(почётный титул Папы Римского)* лат. Pontifex Maximus.
понти́фик *(первосвященник, один из почётных титулов Папы Римского)* pontiff, pontifex.
понти́фикал *катол. (служебник папы или еп.-а)* pontifical, the Pontifical Service Book.
понтификáт *(власть и время пребывания в должности Папы Римского)* pontificate.
понти́фик, верхóвный *(почётный титул Папы Римского с 5 в.)* Sovereign [Supreme] pontiff.
поп *разг. (священник)* reverend, *(капеллан)* Holy Joe ◊ **п.-расстрига** renegade-priest.
попадья́ *разг. (жена священника)* priest's wife.
попáсть в рай to get to Heaven.
поперемéнное пéние *см.* **антифóнное пéние.**
попечéние *(духовное)* (pastoral) care, spiritual charge, care of souls, cure.
попечи́тель ◊ **п. бедных** *(ведающий оказанием помощи бедным в приходе, округе)* relieving officer.
попечи́тельский совéт *(при церкви)* board of guardians.
попечи́тельство guardianship, trusteeship.
Пóплия, св. *см.* **Пýблия, св.**
попóвич *разг. (сын священника)* son of a priest.
попóвна *разг. (дочь священника)* daughter of a priest.
попóвство *см.* **свящéнство II.**
попóвцы *(приверженцы* **попóвщины***)* the Popovtsy.
попóвщина *(одно из направлений в старообрядчестве, приверженцы к-рого приемлют священство, совершение таинств и треб, а тж необходи-*

мость церк. иерархии) the movement in part of the Russian Old Believers sect retaining role of priests.

Поппо Стабло́ский, абба́т *(978-1078; аббат монастыря Стабло, деятель клюнийской реформы; катол. св., д. п. 25 января)* St. Poppo, abt. of Stavelot.

попра́вка о це́ркви и госуда́рстве *(неофициальное название Первой поправки к Конституции США, к-рая запрещала принятие каких-л. государственных законов, касающихся религии, и по сути дела предусматривала отделение церкви от государства)* the Church and State Amendment.

попра́зднество *(дни, в основном от 1 до 8, составляющие продолжение праздника, когда церковь прославляет участников и события, воспоминаемых в день праздника;* **п.-а** *имеют Пасха (длится 38 дней до Вознесения), двунадесятые праздники (кроме праздника Входа Господня в Иерусалим) и нек-рые др. праздники; последний день* **п.-а** *называется* **отда́нием пра́здника***)* after-feasts days.

по́прище *библ. (путь; тж мера длины = 1000 больших шагов 15 стоп = 2000 локтей = 690 саженей)* course.

"Популо́рум прогре́ссио" *лат. ("Прогресс народов"; социальная энциклика Папы Римского Павла VI, обнародованная в 1967)* Populorum progressio.

поража́ть *библ. (вводить в нужду, в том числе через болезни)* to smite.

пора́мица *см.* **ора́р(ь)**.

порица́ние *см.* **хуле́ние**.

поро́к vice, evil ◊ **погрязнуть в п.-е** to wallow in vice; **погрязший в п.-е** sunk in vice.

поро́чность *(греховность)* depravity ◊ **п. человека** depravity of man.

Пор-Роя́ль *(знаменитый жен. монастырь, основанный в Версале в 1204, известный как центр* **янсени́зма***)* the Convent of Port-Royal, *франц.* Port Royal des Champs.

Пор-Руая́ль *см.* **Пор-Роя́ль**.

поруга́ние profanation, desecration ◊ **отдать на п.** to profane, to desecrate.

"Поруга́ние Христа́" *(иконографическая композиция)* The Mocking of Christ.

по́ручи *(принадлежность богослужебного священнического облачения: широкие ленты со шнурами или пуговицами, употребляемые для стягивания рукавов* **стихаря́** *на краях рук перед кистью; имеют аллегорическое значение тех уз, к-рыми был связан Христос при суде над ним)* liturgical cuffs, *греч.* epimanikia, hypomanika.

порфи́ра 1. *(пурпур, багрянец)* purple, porphyry; **2.** *(дорогая одежда, багряница)* the purple (mantle); *(пурпурная мантия монарха)* the purple mantle (of a monarch) ◊ **"Некоторый человек был богат, одевался в п.-у и виссон..."** *(Ев. от Луки 16:19)* 'There was a certain richman, which was clothed in purple and fine linen – '.

Порфи́рий *(ок. 203-ок. 303; философ-неоплатоник, ученик и издатель сочинений Платона)* Porphyry.

Порфи́рий, св. мч. *(имя нескольких святых)* St. Porphyrius, M.

По́рций Фест *библ. (рим. правитель Иудеи в 60-62)* Porcius Festus.

по́рча *(прост. название душевно-физиологических последствий колдовства)* wasting disease ◊ **навести п.-у на кого-л.** to put the evil eye on *someone*.

по́рченый bewitched, under the evil eye.

порядок ежедневных богослужений ephemeris.

посвятительный consecratory, dedicatory.

посвятить 1. *(в духовный сан)* to frock, to confer orders to *smb.*, *(еп.-а)* to consecrate, to sacre; *(диакона, священника)* to ordain ◊ **быть посвящённым в духовный сан** to be ordained Holy orders; **п. во диакона** to ordain deacon; **п. во епископа** to consecrate a bishop; **п. во священника** to ordain priest; 2. *(в тайны веры и т. п.)* to initiate.

посвятить себя [свою жизнь] Богу to consecrate [dedicate] *oneself* to God, to devote one's life to God.

посвятить себя [свою жизнь] Христу to give *one's* life for Christ, to commit *oneself* to Christ.

посвящать *см.* посвятить.

посвящающий dedicatory, consecratory.

посвящение 1. *(в духовный сан)* admission to holy orders, *(священника, диакона)* ordination, *(епископа)* consecration; *(в сан аббата или аббатисы)* benediction; 2. *(в тайны веры и т. п.)* initiation ◊ **обряды п.-я** initiation ceremonies.

посвящённые *сущ.* the initiated.

посвящённый монашеской жизни *сущ. катол.* oblate.

посещаемость церкви church-going ◊ **п. ц. увеличивается/ уменьшается** church-going is on the increase/ on the decrease.

посещать церковь редко to tend out rarely to church ◊ **посетить церковь** to tend out to church; **регулярно посещать церковь** to attend regularly the church.

"Посещение больных" *англик. (в "Книге общей молитвы" название молитвы и обряд, совершаемый священником при посещении им больных на дому)* the Visitation of the Sick.

Посещение Марией Елисаветы *(см. Испытание Марии)* the Visitation, *лат.* Visitatio Beatae Mariae Virginis.

Посещение Пресвятой Девой Марией Елисаветы *(катол. праздник 31 мая, англик. 2 июля)* the Visitation (of Our Lady *or* of Mary), *лат.* Visitatio S. Elisabeth.

послабление в пище *(для престарелых и больных монахов вопреки требованиям монастырского устава)* misericord(e).

посланец messenger ◊ **п. Божий** God's agent; **посланники Божии** messengers of God.

послание I letter, *(еп.-а)* pastoral, charge; *(патриарха)* a pastoral letter ◊ **окружное п.** *(еп.-ов англик. церкви)* encyclical letter.

послание II *(апостольское; форма сочинений для изложения христ. веры)* epistle ◊ **п.-я "апостольских мужей"** the epistles of the Apostolic Fathers; **п. Варнавы** the Epistle of Barnabas; **Второе п. к коринфянам св. ап. Павла** *библ.* the Second Epistle of Paul the Apostle to the Corinthians; **Второе п. к фессалоникийцам св. ап. Павла** *библ.* the Second Epistle of Paul the Apostle to the Thessalonians; **Второе Соборное п. св. ап. Иоанна Богослова** *библ.* the Second Epistle General of John; **Второе Соборное п. св. ап. Петра** *библ.* the Second Epistle General of Peter; **П. к галатам св. ап. Павла** *библ.* the Epistle of Paul the Apostle to the Galatians; **П. к евреям св. ап. Павла** *библ.*

посла́ние

the Epistle of Paul the Apostle to the Hebrews; **П. к ефесянам св. ап. Павла** *библ.* the Epistle of Paul the Apostle to the Ephesians; **п. Климента Римского** the Epistle of Clement; **П. к колоссянам св. ап. Павла** *библ.* the Epistle of Paul the Apostle to the Colossians; **П. к римлянам св. ап. Павла** *библ.* the Epistle of Paul the Apostle to the Romans; **П. к Титу св. ап. Павла** *библ.* the Epistle of Paul the Apostle to Titus; **П. к Филимону св. ап. Павла** *библ.* the Epistle of Paul the Apostle to Philemon; **П. к филиппийцам св. ап. Павла** *библ.* the Epistle of Paul the Apostle to the Philippians; **новозаветные П.-я** the Epistles; **относящийся к п.-ям апостолов** epistolary; **пастырские п.-я** *библ. (к Титу и Тимофею)* the pastorals, the pastoral Epistles; **Первое п. к коринфянам св. ап. Павла** *библ.* the First Epistle of Paul the Apostle to the Corinthians; **Первое п. к фессалоникийцам св. ап. Павла** *библ.* the First Epistle of Paul the Apostle to the Thessalonians; **Первое Соборное п. св. ап. Петра** *библ.* the First Epistle General of Peter; **Первое Соборное п. св. ап. Иоанна Богослова** *библ.* the First Epistle General of John; **п. Поликарпа Смирнского** the Epistle of Polycarp; **п.-я, принадлежность к-рых ап. Павлу ставится под сомнение** the Deutero-Pauline epistles; **Соборное п. св. ап. Иакова** *библ.* the General Epistle of James; **Соборное п. св. ап. Иуды** *библ.* the General Epistle of Jude; **Третье Соборное п. св. ап. Иоанна Богослова** *библ.* the Third Epistle General of John.

посла́ние Па́пы Ри́мского *(всей Церкви, отдельной её части или отдельной группе лиц по своей личной инициативе и лично подписанное)* лат. motu proprio; *(по вопросам догматики)* истор. tome ◊ **п. св. Льва** *(Папы Римского, излагающее западную христологию)* the Tome of St. Leo.

"Послание патриа́рхов восточнокафоли́ческой це́ркви о правосл. ве́ре" the Letters of the Orthodox Patriarchs on the Orthodox Confession of Faith.

после́дование *(1. чин, по к-рому отправляется в определённой последовательности церк. служба; 2. изложение или указание молитв только одного рода)* akaluthia, order of service ◊ **п. бракосочетания** akaluthia of marriage; **п. по св. причащении** the prayers of thanksgiving after communion.

"после́дование изобрази́тельных" *см.* **обе́дница**.

после́дователи *какой-л.* **рели́гии** members of a religion.

после́дователи Уи́клифа *см.* **уиклифи́ты**.

послуша́ние 1. *(повиновение, покорность)* obedience, conformity (to), *редко* obeyance, *библ.* obeying ◊ **п. Богу** conformity to God; **"И отвечал Самуил: неужели всесожжения и жертвы столько же приятны Господу, как п. гласу Господа?"** *(Первая книга Царств 15:22)* 'And Samuel said, Hath the Lord as great delight, in burnt offerings and sacrifices, as in obeying the voice of the Lord'; **их религия предписывает п.** their religion enjoins obedience; **2.** *(в монастыре – исполнение всякого дела, с отсечением своей воли и своего мышления)* work of penance ◊ **назначить кому-л. п.** to impose a penance on smb.; **3.** *(в соответствии с монастырским уставом подчинение воле настоятеля после принятия послушником обета)* obedience ◊ **быть в п.-и у настоятеля монастыря** to be in obedience to a superior; **дать обет п.-я** to take a vow of obedience; **связанный с п.-ем** obediential.

послу́шник *(лицо, готовящееся к пострижению в монахи и проходящее испытательный срок в монастыре)* (monastic) novice, novitiate, lay brother, probationer, postulant, archarios; *устар.* obedient; *(в буддизме)* goyin.

послу́шница *(см. тж **послу́шник**)* novice, novitiate, lay sister.

послу́шнический obediental.

послу́шничество *(состояние испытания, "искус в послушании", приготовление к монашеским подвигам, к-рым по древнецерк. правилам подвергается изъявивший желание принять монашество)* novitiate, noviciate, noviceship, postulantship, postulancy, postulance.

посо́бие по бе́дности, получа́емое в прихо́де parish-relief ◊ **получа́ть приходское п. по б.** to go on the parish.

по́сох 1. staff, crook ◊ **п. стра́нника** a pilgrim's staff; *устар.* Jacob's staff; **2. пасторский п.** *(согнутый крюком п. епископа, аббата или аббатисы)* pastoral (staff), *лат.* pedum ◊ **п. архиере́я** *(жезл, к-рый вручается архиерею после посвящения его в архиерейский сан; служит символом пасторской власти над паствой и отеческого попечения о ней)* paterissa, (poimantike) rabdos; *катол.* (bishop's) crosier, crozier, crook, *лат.* cambuca; baculus; *библ.* stave; ошибочно cross-staff; **3.** *(как символ власти)* verger.

посошни́к *(церковнослужитель, держащий архиерейский посох во время богослужения)* the bearer of a bishop's crook [of a pastoral staff].

посре́дник ме́жду Бо́гом и челове́ками *библ.* mediator between God and men ◊ "**Ибо един Бог, един и п. м. Б. и ч., человек Иисус Христос**" *(Первое послание к Тимофею св. ап. Павла 2:5)* 'For there is one God, and one mediator between God and men, the man Christ Jesus'.

посре́дница *(о Богоматери, Деве Марии)* mediatress, mediatrix; *(о Церкви)* mediator ◊ **п. в освяще́нии челове́ка** the mediator in the sanctification of man.

Посси́дий Кала́мский *(ум. ок. 440; д. п. 16/29 мая)* St. Possidius, bp. of Calama, Numidia.

Посси́дий Нумиди́йский *см.* **Посси́дий Кала́мский**.

пост *(в ряде религий воздержание на определённый срок от приёма всякой пищи или отдельных её видов, в православии – скоромной пищи, в особенности мяса)* fast(ing), keeping the fast, *катол.* abstinence ◊ **Апо́стольский п.** *(он же **Петро́вский**)* the Fast of the Apostles, the Apostles' Fast; **Вели́кий п.** *см.* **Вели́кий пост**; **гла́вные п.-ы** chief fasts; **евхаристи́ческий п.** *катол.* *(полное воздержание от пищи и воды перед причащением; в православии нет адекватного термина, но практика воздержания существует)* Eucharistic fast; **многодне́вные п.-ы** *см.* **гла́вные п.-ы**; **наруша́ть п.** to break a fast; **одноднев́ный п. в день Воздвижения Креста Господня** one-day fast on the day of the Exaltation of the Cross; **одноднев́ный п. в день Усекновения главы Иоанна Предтечи** one-day fast on the day of the Beheading of St. John the Baptist; **одноднев́ный п. в навечерие Крещения** one day fast on the eve of Epithany; **одноднев́ный п. в среду и пятницу каждой седмицы** station (day); **Петра и Павла п., Петров(ский) п.** *(он же **Апостольский**; начинается по прошествии недели после праздника св. Пятидесятницы и продолжается до 29 июня)* the Fast of Sts. Peter and Paul; **Рождественский п.** *(от 14/27 ноября до 25 декабря / 7 января)* Christmas Fast; **п. святы́х апо́столов** *см.* **Апо́стольский п.**; **соблюда́ть п.** to keep [observe] a fast; **сорокадне́вный п.** *устар.* *(в раннехрист. церкви)* carene, *катол.* quarantine; **Спа́сов п.** *см.* **Успе́нский п.**; **стро́гий п.** rigorous fast, *истор., катол.* black fast; **Трёхдне́вный п.** *англик., катол. (в каждую четверть года: по три дня* *в среду, пятницу и субботу после 14 сентября и после 13 декабря; установлены в 1095 на соборе в Пиаценце)* Ember days, *(название недели, на к-рую падает трёхдневный п.)* Ember week; **Успенский п.** *(от 1/14 до 15/28 августа)* the Dormition Fast; **Филипповский п.**, *прост.* **филипповки** *см.* **Рождественский п.**

поста́вить во епи́скопы to install a bishop.

поста́вить во свяще́нники to install a priest.

поста́вить *кого-л.* в митрополи́ты to enthrone *smb.* as a metropolitan.

поста́вить на епа́рхию, митропо́лию *и т.п. см.* возвести́ на епа́рхию, митропо́лию *и т.п.*

поставле́ние в духо́вный сан *(диакона, священника, см. тж* **ордина́ция**) ordination, ordainment.

поставле́ние на епа́рхию, митропо́лию *и т.п. см.* возведе́ние на епа́рхию, митропо́лию *и т.п.*

постановле́ние Па́пы Ри́мского *(касающееся вопросов веры и церк. дисциплины)* Apostolic constitution.

постановле́ние церк. сове́та ecclesiastical decree, enactment, sanction; *катол. (диоцезального [епархиального] синода)* statute ◊ **собо́рное п.** the decree of a church council.

постановле́ния Вселе́нского собо́ра the doctrinal statements [decisions] of an Ecumenical Council, the Ecumenical statements *or* decrees ◊ **п. Нике́йского Вселе́нского собо́ра 787** the decrees of the General Council of Nicaea in 787.

пости́лла *устар. (на Западе проповедь, произносимая непосредственно после прочтения на литургии мест из Священного Писания и содержавшая в себе объяснение этих мест)* postil.

пости́ться to fast, to keep the fast, to make meagre, to make maigre.

постмилленари́зм *богосл. (учение о том, что второй приход Иисуса Христа на Землю осуществится после тысячелетнего царства; см. тж* **милленари́зм, премилленари́зм**) postmillennialism.

постмиллена́рный *(прил. к* **постмилленари́зм**) postmillennial.

по́стник *(человек, строго соблюдающий посты; так назывались подвижники, к-рые прославили себя в деле благочестия чрезвычайным воздержанием)* faster, a person observing fast.

по́стничанье *см.* **по́стничество**.

по́стничество *(строгое соблюдение поста)* fasting, keeping the fast.

по́стный lenten, maigre, meagre ◊ **п. день** fast(ing)-day, *катол.* the day of abstinence; a day for a general fast; **п.-е дни** *катол.* maigre days; **п.-ая пища** lenten fare, Lent-diet; **п. суп** lenten soup.

постоя́нный (епархиа́льный) комите́т *англик. (постоянно действующий совещательный орган при еп-е, избираемый на епархиальных съездах <diocesan conventions>; состоит из мирян и духовенства; контролирует назначение на церк. должности, продажу церк. имущества и т. п.; в случае, когда место еп-а вакантно, осуществляет церк. власть в епархии)* the Standing Committee (of a diocese).

по́стриг *(обряд принятия монашества; в правосл. и катол. при этом постригается часть волос на голове, этим сопровождается посвящение в духовный сан и монашество; в правосл. ножницами крест-накрест среза-*

ются четыре прядки волос) monastic tonsure, the rite [office] of taking monastic tonsure, the rite [office] of taking the monastic vows, monastic [religious] profession; taking of [admission to] monastic vows; *(для женщин)* the rite [office] of taking the veil ◊ **получить п. от** to receive the tonsure from; **принять п. под именем...** *(о женщине)* to take the veil under the name of – .

постригать *(в монахи)* см. **постричь** *(в монахи)*.

постриженец *(принявший монашество)* professed, one who has taken monastic vows.

пострижение см. **постриг**.

постриженник см. **постриженец**.

постричься в монахи to be professed, to make a monk, to admit to [take] monastic vows, to enter into religion; *(о женщине)* to make a nun, to take [admit to] the veil, to be veiled, to go into convent ◊ **он был пострижен в мантию** he was admitted to monastic mantle; **он был пострижен в монахи** he was tonsured a monk, he was professed as a monk; **он был пострижен в схиму** he was admitted to monastic schema.

построение *(у военных)* **для следования на церк. службу и обратно** *(в Зап. странах)* church parade.

построить церковь to build a church ◊ **из истории известно, что он построил эту церковь в 1270** he is recorded to have built this church in 1270. ·

посюсторонний мир this world.

потаенные книги *ц.-сл.* см. **апокрифы**.

поталь *(тонколистовой материал, по виду подобный золоту, используемый в иконописи и украшении храмов; в отличие от настоящей позолоты со временем даёт красноватый оттенок)* gold leaf, mosaic gold; brass leaf, Dutch foil.

Потамиена, св. мч. *(ум. 202; д. п. 28 июня / 11 июля)* St. Potamiaena, M.

потир *(кубок, чаша, в к-рую вливается вино, символизирующее Кровь Христову; используется в таинстве Святого Причастия)* chalice, calix; *(в форме удлинённого сосуда с крышкой)* cruet; *(в нек-рых протест. церквах)* the Communion cup ◊ **армянский п.** bashak, ski.

Потифар *библ. (егип. царедворец, начальник телохранителей)* Potiphar.

Потифер *библ. (илиопольский жрец в Египте, дочь к-рого Асенефа была отдана Иосифу в жёны)* Poti(-)pherah.

поток Египетский *библ. (Нил)* the river of Egypt.

потомство ◊ **иметь п.** *библ.* to raise up seed.

потоп водный *библ. (катастрофа, описанная в Библии – "Бытие" 6-9)* a flood of waters ◊ **библейский п.** the Genesis flood; **Всемирный п.** the Flood, the Deluge, cataclysm.

потребник см. **требник**.

потусторонний otherwordly ◊ **п. мир** the other world, the beyond, the world above.

потусторонность the other world, the beyond, the world above.

поучать в основах веры *(см. тж **катехизация, катехизировать**)* to catechize, to catechise, to teach catechism to.

поучение homily, catechism; *(в Зап. христ-ве – отрывок из Библии, читаемый в церкви; первым читают отрывок из Ветхого Завета <the first lesson>,*

поуче́ние

вторым – отрывок из Нового Завета <the second lesson>) lection, lesson ◊ **сборник п.-й** *(отрывков для чтения на богослужениях)* lectionary.

Пофи́н, сщмч., еп. Лио́нский *(ум. 177; д. п. 23 августа / 5 сентября, катол. – 2 июня)* St. Pothinus, bp. of Lyons, Pr.-M.

похвала́ *(краткое песнопение, прославляющее Господа умершего и погребенного, а тж молитва, к-рую произносит протодиакон на литургии после "Господи, спаси благочестивыя" и т. п.)* eulogitaria.

"Похвала́ Богома́тери" *(чудотворная икона Божией матери, находящаяся в Дионисиевском монастыре на горе Афон; праздник в её честь отмечается в пятую субботу Великого поста; на иконе изображается Богоматерь на троне в окружении пророков с символическими атрибутами их пророчеств о воплощении Христа, о чудесном рождении Бога от Девы; эти пророки – Иаков с лествицей, Моисей с купиной, Валаам со звездой, Гедеон с руном, Иезекииль с вратами, Иеремия со скрижалью, Исайя с клещами и углём, Иессей и Аарон с процветшими жезлами, Давид и Соломон с моделями Иерусалимского храма и Даниил и Аввакум с горами; наименование "П. Б." может присваиваться и другим иконам, прославляющим Богоматерь)* The Laudation [Eulogy] of the Most Holy Theotokos.

"Похвала́ Кресту́" *(икона)* In Praise of the Cross.

"Похвала́ Пресвяты́я Богоро́дицы" *см.* **"Похвала́ Богома́тери"**.

Похере́ф-Гаццеба́йим *библ. (сыновья Похерефа числились между потомками рабов Соломона, возвратившихся из плена с Зоровавелем)* the children of Pochereth of Zebaim.

похотли́вый lustful, lascivious.

по́хоть *(тж вожделе́ние)* lust, lasciviousness ◊ **мирские п.-и** *библ.* wordly lusts; **плотские п.-и** fleshly lusts.

по-христиа́нски Christianly, Christian-like ◊ **не по-христиански** unchristianly.

похристо́соваться *см.* **христо́соваться**.

поцелу́й *см.* **целова́ние**.

"Поцелу́й Иу́ды" *(иконографический сюжет, рассказывающий о том, как при аресте Иисуса Христа Иуда предал его своим поцелуем)* The Judas kiss.

почи́вший *сущ. (умерший)* the deceased.

почита́ние worship, reverence ◊ **п. моще́й** reverence of relics; **предмет п.-я** an object of veneration; **религиозное п.** religious devotion.

почита́ние (бу́квы) Би́блии bibliolatry.

почита́ние ико́н iconolatry, the veneration of icons.

почита́ние святы́х hagiolatry, veneration of the saints, *катол.* cult(us) ◊ **его (святого) п. было подтверждено папой Пием VII** his cult was confirmed by Pope Pius VII.

почита́тель, религио́зный *(кого-л. культа, святого и т.п.)* devotional worshipper, religious devotee.

почита́ть to revere(nce), to venerate, to hold sacred, to hallow ◊ **одна из наиболее п.-емых на Руси икон** one of the most hallowed icons of Russia.

почи́ти *ц.-сл. см.* **почи́ть**.

почи́ть *(умереть)* to pass away, to repose ◊ **п. в Бозе** to pass away [repose, fall asleep] in the Lord; **п. с миром** to repose in peace.

пощéние см. **пост**.

пощéние в Вéликий пост *(самое строгое, питание неварёной пищей на первой и последней неделе, в др. недели – по средам и пятницам)* xerophagy, xerophagia.

пóяс *(часть богослужебного облачения священника и архиерея, служит для стягивания епитрахили и подризника [стихаря]; тж часть повседневного облачения монаха и схимника)* girdle, zone, *греч.* zoster, *истор., лат.* cingulum; *(п., к-рым подпоясывается альба катол. священника и к-рый символизирует скромность и воздержанность)* cincture, girdle ◊ **у п.-а францисканского монаха три узла, символизирующих обеты бедности, целомудрия и послушания** the girdle of the Franciscan friar has three knots symbolizing the vows of poverty, chastity and obedience.

поясной bust-length, waist-high ◊ **п.-ое изображение святого** *(на иконе, фреске и т. п.)* bust-length portraiture of a saint.

поясной поклóн см. **поклóн**.

правá, дáнные церк. властя́м faculties, faculty.

правá и привилéгии духовéнства ecclesiastical rights and privileges.

прáвда *библ.* righteousness ◊ "**Если же наша неправда открывает п.-у Бóжию, то что скажем?**" *(Послание к римлянам св. ап. Павла 3:5)* 'But if our unrighteousness commend the righteousness of God, what shall we say?'; **Солнце п.-ы** the Sun of the righteousness; **царь п.-ы** *библ.* the King of righteousness.

Прáведнаго кни́га *библ. (книга, на к-рую дважды указывается в Ветхом Завете; одна из древнейших еврейских книг, давно утраченная; по мнению учёных, это было собрание священных гимнов)* the Book of Jasher.

прáведник 1. *(в православии – святой, к-рый прославился своими подвигами и святостью жизни в обычных условиях, а не в монастыре)* holy man, saint; **2.** *(религ. человек, живущий безгрешной жизнью в соответствии с церк. установлениями и законом Божьим)* righteous man.

прáведники *(свв. угодники Божии Ветхого Завета, напр. Авраам, Лот, Иов и др.)* the righteous men.

прáведница *жен. (см. прáведник 2.)* righteous woman.

прáведность *(нравственное совершенство; христ. мысль отличает п. от святости; п. достигается волей и подвигом человека, его личным усилием, святость – сотрудничеством Бога и человека в деле благодарного преображения души последнего)* righteousness ◊ **п. Бóжия** *библ.* the righteousness of God; **п. миря́нина** *(а не святого)* civil righteousness; **путь п.-и** the path of the righteous.

прáведные *сущ. (угодные Богу; так Церковью именуются новозаветные святые, стяжавшие добродетели в обычных условиях семейной и общественной жизни, а тж многие праведники времён Ветхого Завета)* the righteous ◊ **п. и грешники** the righteous and the wicked; **путь п.-х** the path of the righteous; "**Шествие п.-х**" *(деталь иконографического сюжета)* The Righteous Going to Paradise; "**Я пришел призвать не п.-ых [праведников], но грешников к покаянию**" *(Ев. от Матфея 9:13)* 'I did not come to call the righteous, but sinners to repentance'.

"**Прáведные жёны**" *(деталь иконографической композиции)* The Women Disciples of the Lord, The Righteous Women.

пра́ведный *прил.* **1.** *(не погрешающий против правил, требований религ. нравственности, морали)* sinless, sainly, virtuous, righteous ◊ **п.-ая жизнь** sainly [virtuous] life, saintliness; **2.** *(благочестивый)* pious, religious; **3.** *богосл. (высоконравственный по натуре, соответствующий идеалу нравственной чистоты, но не связанный с религией)* civil.

"Пра́вила" 1. *(сборник утренних и вечерних молитв)* the Prayer book; **2.** *(устав монашества, составленный Бенедиктом Нурсийским; "П." требовали постоянного пребывания в монастыре, послушания и воздержания)* the Benedictine Rule.

пра́вила богослуже́ния *(в требнике или служебнике, выделяемые первоначально красным шрифтом)* rubrics, liturgical rules.

пра́вило I *см.* **зако́н**.

пра́вило II *(церк. установление Вселенского собора)* Canon ◊ **6-ое п. 1-го Вселенского собора в Нике́е** the Sixth Canon of Nicaea.

пра́вило ве́ры *см.* **член ве́ры**.

пра́вило по́льзования церк. у́тварью *англик. (вставленное в "Книгу общей молитвы" в 1559)* the ornaments rubric.

правле́ние ми́ссии *(в межцерковной миссионерской организации)* mission board.

пра́во law ◊ **каноническое [церк.] п.** canon [ecclesiastical, church] law, *лат.* jus ecclesiasticum, jus divinum.

правове́рные *сущ. (строго придерживающиеся какой-л. веры, религии, учения, особ. о мусульманах)* the faithful, the true believers ◊ **отец п.-х** Father of the Faithful; **повелитель п.-х** *(титул исламских правителей, напр. халифов, султанов как духовных руководителей)* Commander of the Faithful.

правомы́слие *см.* **ортодо́ксия**.

пра́во на перворо́дство *см.* **перворо́дство**.

правосла́вие *(одно из основных и старейших направлений в христ-ве, окончательно обособившееся и организационно оформившееся в 11 в. в результате разделения церквей; п. – это христ. традиция, коренящаяся в апостольском Предании и охватывающая ряд национальных церквей Восточной Европы, Балкан и Ближнего Востока; в наст. время – около 120 млн верующих)* the Orthodoxy, the Orthodox [Eastern] Church ◊ **Восточное п.** the Eastern Orthodoxy.

Правосла́вная епа́рхия архиепи́скопа Се́верной и Ю́жной Аме́рик *(основана в 1864; центр в г. Нью-Йорке)* the Greek Orthodox Archdiocese of North and South America.

правосла́вная це́рковь *(см. правосла́вие)* the Orthodox [Eastern] Church.

Правосла́вная це́рковь в Аме́рике (ПЦА) *(название – с 1970; насчитывает 1 млн членов, первоначально называлась Русская православная греческая кафолическая церковь Америки <the Russian Orthodox Greek Catholic Church of America>, известная тж как Митрополия <the Metropolia>)* the Orthodox Church in America, *сокр.* OCA.

правосла́вное испове́дание ве́ры the Orthodox confession of faith.

правосла́вный I *сущ.* an Orthodox, an Oriental, member of the Orthodox [Eastern] Church ◊ **п.-ые** the Orthodox.

правосла́вный II *прил.* Orthodox(al), Eastern Church, Orthodoxical ◊ **п. мир** the Orthodox world; **п.-е христиа́не** the Orthodox Christians; **п.-е церкви Восто́ка** the Oriental Orthodox Churches; **п.-ая це́рковь** the Orthodox Church, *(в отличии от Римско-катол. церкви)* the Greek Orthodox Church.

прадакши́на *(в индуистском храме приспособленный для процессий или прогулок проход между внешней стеной и га́рбха-гри́хой)* pradakshina.

Праджа́пати *(в ведической мифологии древнейший бог, Создатель, верховное божество)* Prajapati.

пра́джня *(в буддизме мудрость, божественная интуиция, проистекающая из нравственной и духовной дисциплины и ведущая к просветлению и нирване)* санскрит prajna.

пра́джня-пара́мита *(в буддизме* **маха́яны** *мудрость, к-рую ищут* **бодхиса́т(т)вы** *и к-рой обладают будды)* санскрит prajna-paramita.

пра́зднество solemnity ◊ **п. Па́схи** the solemnity of Easter.

Пра́зднество Всеми́лостивому Спа́су и Пресвято́й Богоро́дице *правосл. (праздник установлен в честь знамений от икон Спасителя, Пресвятой Богородицы и Честного Креста Господня во время сражения князя Андрея Боголюбского с волжскими булгарами в 1164)* the Feast of the Most Merciful Saviour.

пра́здник *(религиозный)* (church) festival, (religious) feast(day), feast [holy] day, *(отмечаемый церк. службой)* high festival, *(в определённой церкви)* synaxis, *библ.* high day, *катол., лат.* festum ◊ **Богороди́чные п.-и** *правосл.* the feasts of the Theotokos, the feasts of the Mother of God; **больши́е п.-и** *(напр. еврейские)* high holy days; **вели́кий п.** *правосл.* Great feast; **п.-и, во время к-рых верующие должны присутствовать на мессе и воздержаться от физического труда** *катол.* holy days of obligation; **п.-и во славу Го́спода и в честь Бо́жьей Ма́тери** festivals of our Lord and our Lady; **п. в честь како́го-л. свято́го** *катол.* fete (day); **п. в честь св. засту́пника [покрови́теля]** *(в честь к-рого названа церковь или часовня)* см. **престо́льный пра́здник**; **Госпо́дние п.-и** см. **Госпо́дские пра́здники**; **ежего́дный прихо́дской п.** *англик.* wake; **ма́лый п.** *правосл.* little feast; **наибо́лее ва́жные п.-и** *катол., лат.* solemnitates ('solemnities'); **наиме́нее ва́жные п.-и** *катол., лат.* memoriae ('memorials'); **неизме́нные п.-и** см. **неподви́жные пра́здники**; **п. п.-ов** *(Па́сха)* the feast of feasts; **переходя́щие [подви́жные] п.-и** см. **скользя́щие п.-и**; **престо́льный п.** см. **престо́льный пра́здник**; **"просто́й" п.** *катол. (не включённый в "удвоенные")* simple (feast); **скользя́щие п.-и** *(отмечаемые в разные дни года в зависимости от даты Пасхи)* movable feasts, *лат.* Festa mobilia; **совпада́ющие п.-и** concurring feasts; **С пра́здником!** Happy feast! **сре́дний п.** *правосл. (к числу средних* **п.-ов** *Русской православной церкви относятся: еженедельное воскресенье как "малая Пасха", дни почитания нек-рых особо чтимых икон Божией Матери, праздник архангела Михаила, пророка Илии, Николая Чудотворца, Сергия Радонежского, Серафима Саровского и нек-рые др. праздники)* lesser feast; **"удво́енные" п.-и** *катол. (название более важных праздников в катол служебниках; они подразделяются на "удвоенные" (обычные)* <doubles>, *великие "удвоенные"* <greater doubles>, *"удвоенные" второго класса* <doubles of the second class> *и "удвоенные" первого класса* <doubles of the

пра́здник

first class>, "удвоенные" главные <doubles major> и "удвоенные" менее главные <doubles minor> с подразделением в каждом классе на первостепенные <primary> и второстепенные <secondary>, а тж "полуудвоенные" [менее важные] <semidoubles>; такое деление было проведено папой Пием X в 1911 с целью выделения более важных праздников при их совпадении) double [duplex] feasts; **п. храмового святого** см. **п. в честь св. заступника [покровителя]**; **церковный п.** Ecclesiastical feast.

пра́здник Всех Святы́х см. **Всех Святы́х, День**.

Пра́здник Го́спода на́шего Иису́са Христа́ – Царя́ Вселе́нной катол. (последнее воскресенье литургического года; ближайшее воскресенье к 23 ноября – от 20 ноября до 26 ноября) Christ the King.

пра́здник жа́твы (осенний праздник у российских евангельских христиан-баптистов, христиан евангельской веры – пятидесятников, евангельских христиан; П. ж. обычно приходится на последнее воскресенье сентября; отмечается особенно торжественно; в молитвенном доме устанавливают стол с овощами и фруктами нового урожая; в сравнительно небольших общинах после богослужения устраивается коллективная трапеза – "трапеза любви") the Harvest Feast, the Harvest celebration.

Пра́здник ку́щей (один из трёх главных еврейских праздников; празднуется с 15 по 22 число месяца **тишри́**; установлен в благодарение Богу за окончание полевых работ и в память окончания 40-летнего странствования по пустыне, почему народ на время праздника поселялся в кущи, т. е. шалашах из древесных ветвей) the (Jewish) Feast of Tabernacle, the Feast of Ingathering, the Feast of Booth, иврит Shemini Atseret(h), Shemini A(t)zereth.

пра́здник листопа́да см. **пра́здник собира́ния плодо́в**.

пра́здник мацуо́т см. **пра́здник опре́сноков**.

пра́здник неде́ли см. **пра́здник седми́ц**.

пра́здник новоме́сячия библ. (с первым появлением новой луны возвещался звуком труб) the beginnings of the months.

пра́здник обновле́ния см. **Обновле́ние хра́ма**.

пра́здник освяще́ния см. **Обновле́ние хра́ма**.

пра́здник опре́сноков библ. (праздник, начинавшийся одновременно с праздниками седмиц; он длился семь дней и знаменовал в древности начало уборки урожая; в иудаизме он, как и Пасха отмечается в честь "исхода" евреев из Египта) the Feast of Unleavened Bread, the Feast of Matzoth.

Пра́здник Пресвято́й Де́вы Мари́и, Бо́жией Ма́тери катол. (1 января) the Solemnity of Mary, Mother of God.

Пра́здник Пресвяты́х Те́ла и Кро́ви Христа́ катол. (в честь евхаристии, отмечается в четверг после Троицы в память установления Иисусом Христом таинста евхаристии; введён папой Урбаном IV в 1264) лат. Corpus Christi, Corpus Domini.

пра́здник Рождества́ Христо́ва (см. **Рождество́**) the festival of Christmas.

Пра́здник свв. Иоаки́ма и А́нны, роди́телей Пресвято́й Де́вы Мари́и катол. (26 июля) Joachim and Ann, Parents of Mary.

Пра́здник св. Ио́сифа Пра́ведного, Обру́чника Пресвято́й Де́вы Мари́и катол. (19 марта) Joseph, Husband of Mary.

Пра́здник св. Ио́сифа-рабо́тника (Обру́чника Пресвято́й Де́вы Мари́и) катол. (1 мая) Joseph, the Worker.

Пра́здник св. Петра́ в цепя́х *катол. (1 августа)* Lammas, the feast of St. Peter in Chains, the feast of St. Peter's Chains; *(день 1 августа)* Lammas Day.

Пра́здник Святе́йшего се́рдца Иису́сова *катол. (отмечается на 8-й день после Праздника Пресвятых Тела и Крови Христа)* (the Feast of) the Sacred Heart.

Пра́здник Свято́го семе́йства, Мари́и и Ио́сифа *катол. (26 декабря – 31 декабря; воскресенье посреди Рождественской октавы или пятница 30 декабря, если указанный промежуток не содержит воскресенья)* the Holy Family.

Пра́здник Святы́х Сла́вных и всехва́льных первоверхо́вных апо́столов Петра́ и Па́вла *(правосл. праздник, приравненный к двунадесятому, 29 июня / 12 июля)* the Feast of Sts. Peter and Paul, prime Apostles.

пра́здник седми́ц *библ. (спустя 7 дней после уборки пшеницы)* the Feast of Weeks.

пра́здник собира́ния плодо́в *библ. (осенний праздник после сбора винограда и маслин в конце года)* the Feast of Ingathering.

пра́здник Сре́тения Госпо́дня *катол. (2 февраля)* the Presentation of the Lord, Candelmas.

Пра́здник Те́ла Христо́ва *катол. см.* **Пра́здник Пресвяты́х Те́ла и Кро́ви Христа́**.

пра́здник труб *библ.* the Feast of Trumpets, *иврит* Yom Teruah.

пра́здничный ряд *(горизонтальный ряд икон, расположенных, как правило, над деисусным чином, в к-рых изображаются сцены из Нового Завета, соответствующие названиям отмечаемых правосл. церковью праздников; тж **ряд, чин IV**)* the Festival tier.

пра́здничный чин *см.* **пра́здничный ряд**.

пра́зднование observance, solemnity ◊ **п. Рождества́** observance of Christmas.

Пра́зднование ико́ны Кармели́тской Бо́жией Ма́тери *см.* **Пра́зднование ико́ны Ма́тери Бо́жией с ла́данкой**.

Пра́зднование ико́ны Ма́тери Бо́жией с ла́данкой *катол. (16 июля)* Our Lady of Mount Carmel.

Пра́зднование освяще́ния бази́лики Ма́тери Бо́жией Сне́жной *см.* **Пра́зднование освяще́ния бази́лики Пресвято́й Де́вы Мари́и**.

Пра́зднование освяще́ния бази́лики Пресвято́й Де́вы Мари́и *катол. (5 августа)* the Dedication of St. Mary Major.

Пра́зднование освяще́ния бази́лики св. Мари́и Вели́кой *см.* **Пра́зднование освяще́ния бази́лики Пресвято́й Де́вы Мари́и**.

пра́здновать to solemnize, to feast ◊ **п. Рождество́** to keep Christmas.

пра́здность *см.* **ле́ность**.

пра́зелень *(в иконописи название зелёной краски)* green paint.

пра́кос *см.* **а́пракос**.

пракри́ти *(в древнеиндийской философии – изначальная материя, тождественная творческой силе природы)* prakriti.

Праксе́да Ри́мская, де́ва *(1 в.; катол. св., д. п. 21 июля)* St. Praxedes, v.

прама́терь foremother.

пра́на *(в индийских религ. системах термин, обозначающий жизненную силу, основу жизнедеятельности, сущность человека)* prana.

пранаяма *(специальные упражнения йогических аскетов, заключающиеся в остановке дыхания усилием воли)* pranayama.

праотец *(см. тж **праотцы**)* forefather, patriarch.

праотеческий чин *(ряд икон иконостаса, представляющий ветхозаветную "дозаконную" церковь в образах патриархов от Адама до закона Моисеева; помещается над пророческим чином)* the Patriarchs [or Forefathers] tier.

праотцы *(разряд ветхозаветных святых, почитаемых христ. церковью как исполнители воли Божией в священной истории доновозаветной эпохи; церковь почитает десять допотопных патриархов, это Адам, Сиф, Энос, Каинан, Малелеил, Иаред, Енох, Мафусаил, Ламех и Ной; в эпоху после потопа и до дарования Моисею закона среди патриархов были Авраам, Исаак, Иаков и Иосиф; к праотцам относятся тж праведные Богоотцы Иоаким и Анна, родители Богородицы, и праведный Иосиф, обручник Богородицы)* patriarchs.

прародитель progenitor ◊ **наши п.-ли** *(Адам и Ева)* our first parents.

прародительский грех *см.* **первородный грех**.

прасад *(получившее благословение подношение <в виде цветов и пищи>, распределяемое среди верующих индуистов в конце **пуджи**)* prasada.

Пратимокша санскрит *("предварительные (условия) освобождения (от желаний)"; устав единства, устав дисциплины и правил, к-рые должны соблюдать буддийские монахи высшей и полной степени посвящения; в буддизме **тхеравады** монахи хором читают этот устав в новолуние и полнолуние каждого месяца)* the Pratimoksa.

пратитья-самутпада *("взаимозависимое происхождение" – одно из центральных положений буддизма; его формула; "Если есть это – возникает то")* санскрит pratitya-samutpada, пали paticca samuppada.

пратьека-будда *(в буддизме тот, кто достиг **нирваны**, но не имеет последователей и безразличен к страданиям людей)* pratyeka Buddha.

прах ashes, dust ◊ **его п. покоится в Вестминстерском аббатстве** his ashes are in Westminster Abbey; **п. и тлен** dust and ashes; **мир п.-у его (твоему)!** peace to his (your) ashes! may you rest in peace! may he rest in peace! *(тж надпись на надгробной плите)* лат. requiescat in pace; **п. отцов** the dust of one's ancestors; **п. ты и в п. возвратишься** dust you are and to dust you will return.

праща *(древнее ручное орудие для метание камней – ремень, сложенный петлёю, в которую вкладывался камень)* sling ◊ "**И опустил Давид руку свою в сумку, и взял оттуда камень, и бросил из п.-и, и поразил Филистимлянина в лоб**" *(Первая книга Царств 17:49)* 'And David put his hand in his bag, and took thence a stone, and slang it, and smote the Philistine in his forehead'.

преадамиты *(последователи кальвиниста Исаака Перейры (1594-1616), к-рый утверждал, что только евреи произошли от Адама, язычники же произошли от людей, к-рые жили до Адама)* the preadamites.

преанимизм *(теория происхождения религии, согласно к-рой **анимизму** предшествует **аниматизм**, вера в некую единую "безличную" силу, господствующую в мире и управляющую им)* preanimism.

пребенда истор. англик., катол. *(жалованье священнослужителя, получаемое из доходов данного прихода)* prebend.

пребенда́рий *истор. англик., катол. (священнослужитель, получающий из доходов данного прихода, см.* **пребе́нда***)* prebendary.
Преблагослове́нная суббо́та *(в Зап. христ-ве суббота перед днём Пасхи)* Great [Holy] Saturday.
преблагослове́нный most blessed ◊ **П.-ая Де́ва Мари́я** the Most Blessed Virgin Mary.
преблаже́нный most blessed.
пребыва́ть во Христе́ *библ.* to abide in Christ.
превосхо́дство pre-eminence, transcendence ◊ **п. Бо́га** the transcendence of God; **п. над всем правосла́вным ми́ром** the pre-eminence over the entire Orthodox world.
превы́спренный *библ. (высочайший, непостижимый уму)* very high ◊ "**Пра́вда Твоя́, Бо́же, до п.-х**" *(Псалтирь 70/71:19)* 'Thy righteousness also, O God, is very high' *или* 'For Thy righteousness, O God, reaches to the heavens'.
прегреше́ние sin, transgression, trespass, the lapse from virtue, scandal, wrongdoings, *библ.* the wrongs ◊ **п.-я пло́ти** sins of the blesh, carnal sins; **прости́ нам вся́кое п., во́льное же и нево́льное** forgive us every transgression, both voluntary and involuntary; **прости́ нам на́ши п.-я** forgive us our trespasses.
предава́ть *см.* **преда́ть**.
предалта́рный prealtar.
"**Преда́ние** *(предательство)* **Иу́ды**" *(иконографический сюжет)* The Betrayal of Judas.
пре́данность Христу́ dedication to Christ.
пре́данность це́ркви churchism, ecclesiasticism, ecclesiolatry ◊ **п. англик. це́ркви** (English) Churchism.
пре́данный Бо́гу committed to God.
преда́ть 1. *(вверить себя кому-л.; отдать)* to commend ◊ "**Иису́с, возгласи́в гро́мким го́лосом, сказа́л: О́тче! в ру́ки Твои́ предаю́ дух Мой. И сие́ сказа́в, испусти́л дух.**" *(Ев. от Луки 23:46)* 'And when Jesus had cried with a loud voice, he said, Father, into thy hands I commend my spirit: and having said thus, he gave up the ghost.'; "**... са́ми себе́, и друг дру́га, и весь живо́т наш Христу́ Бо́гу предади́м.**" *(возглас диакона из просительной ектеньи)* 'let us commend ourselves and each other, and all our life unto Christ our God'; **2.** *(нарушить верность, изменнически выдать)* to betray.
преда́ть ана́феме to anathematize.
преда́ть ду́шу в ру́ки Бо́жии to resign *one's* soul to God.
преда́ть земле́ to resign to the earth ◊ **его́ те́ло бы́ло пре́дано земле́** his body was consigned to the earth.
преда́ть себя́ во́ле Бо́жией to commit *one's* self into the hands of God.
предве́чно *(вне времени)* eternally.
предве́чный *(существующий вне времени)* eternal ◊ **П. Бог** the Eternal, the Eterne, the Everlasting God, the Everlasting Father.
предви́дение prescience, precognition, prevision, foreknowledge ◊ **дар п.-я** the gift of prevision; **п. Бо́жие** *библ.* foreknowledge of God.
предвозвести́ть to foretell, to warn of an impending event.
предвозве́стник precursor, harbinger; herald.
предвозвеща́ть *см.* **предвозвести́ть**.
преддве́рие а́да *см.* **ли́мбо**.

преде́лла 1. *(платформа, возвышение на к-ром расположен алтарь)* predella, footpace; **2.** *(украшение, скульптура перед алтарной платформой или вдоль неё)* predella.

предзнаменова́ние augury, omen, omina, portent, prognostic, presage, bodement, boding, predictive sign; *библ. (знамение; знак, по к-рому посвящённые могут узнать о приближении конца света)* sign ◊ **зловещее п.** *библ.* finger [the handwriting] on the wall.

предзнаменова́ть *(предвещать, предсказывать)* to bode, to augur, to portend, to presage.

пре́дика *(проповедь)* sermon; homily.

предлитурги́я *англик. (укороченная обедня без обряда причащения; при малом количестве причащающихся)* Ante-Communion.

предложе́ние *см.* **же́ртвенник II**.

предме́ты почита́ния *(напр. иконы)* proscynemata.

предме́ты религ. ку́льта devotional articles.

предме́ты церк. обихо́да church utensils.

предначерта́ние (Бо́жие) predestination.

Предначина́ние *англик., катол. (начало первой дневной службы пением псалма 95)* the Invitatory.

предначина́тельный псало́м *см.* **псало́м**.

предопределе́ние *богосл. (предустановление Богом этапов и хода мировых событий и судеб личностей, сообществ, народов, человечества)* predestination, election, decree, ordainment, preordination, foreordination ◊ **Божественное п.** the decree of God, divine decree; **п. к вечным мукам [к погибели]** predestination for damnation; **п. к спасению** predestination for salvation.

предопределённый провиде́нием, судьбо́й или Бо́гом ordained by fate, providential.

предопределя́ть to predestine, to predestinate, to ordain.

предоте́ча *см.* **предте́ча**.

предпи́сывать *что-л.* to enjoin ◊ **их религия п.-ет послушание** their religion enjoins obedience.

предпра́зднество *(дни, предшествующие праздникам, в к-рые на богослужении начинают употребляться молитвословия и песнопения, посвящённые данному празднику; п.-а разных праздников длятся от одного до пяти дней)* forefeast, a day *or* days preceding a feast.

предрека́ть to forebode, to foretell.

председа́тельствующий церк. собра́ния *(из священников; в пресвитерианской церкви)* moderator.

председа́тель церк. суда́ *англик. (назначаемый архиеп.-ом, еп.-ом и т. п.)* official principal.

предсказа́ние prediction, augury, divination, prophecy ◊ **п. сбыло́сь** the prophecy was fulfilled.

предсказа́ние бу́дущего *см.* **гада́ние**.

предсказа́тель foreteller, predictor, prophesier.

предсказа́тельница prophetess.

предска́зывать to read, to prophesy ◊ **п. будущее** to read the future; **п. бурю** to prophesy a storm; **п. несчастье** to prophesy disaster; **п. судьбу** to read *one's* fortune; **п. судьбу по звёздам** to read the sky.

предсме́ртный occurring before death ◊ **п.-ое жела́ние** dying wish; **п.-ая испо́ведь** deathbed confession; **п.-е страда́ния** death-agony; **п. час** one's last hour.

предсобо́рный *(предшествующий поместному собору)* preceding a local council (of the Church).

представле́ние *(кого-л., чего-л.)* presentation ◊ **замеще́ние церк. до́лжности по п.-ю патро́на** presentative advowson; **пра́во п.-я кандида́та** *(на церк. должность патроном бенефиция)* the right of presentation.

предста́тель *(заступник, покровитель)* protector, champion, intercessor, interceder, mediator, defender.

предста́тельница *(заступница; о Богоматери)* mediatress, mediatrix.

предста́тельство *(заступничество, покровительство перед Богом)* intercession (with God).

предста́тельствовать *(заступаться, покровительствовать)* to intercede.

предста́ть пред Го́спода библ. ◊ "И был день пришли сыны Божии п. п. Г." *(Книга Иова 1:6)* 'Now there was a day when the sons of God came to present themselves before the Lord'.

предстоя́ние a pose of prayerful intercession with [before] Christ.

предстоя́тель 1. *(старший на богослужении, совершающий таинство евхаристии – епископ, протоиерей в соборе, настоятель в монастыре)* a bishop [senior priest] celebrating the Sacrament of the Eucharist, celebrant; **2.** *(одно из наименований главы поместной, автокефальной церкви)* the head of the local Church, primate ◊ **п. Автокефа́льной правосла́вной це́ркви в Аме́рике** Primate of the Autocephalous Orthodox Church in America.

предстоя́ть to intercede with [for].

предсуществова́ние *(1. сформированное платонизмом представление о том, что душа человека существует в горнем мире прежде своего рождения в телесном теле; 2. богосл. – самостоятельное бытие второй ипостаси Св. Троицы прежде сотворения мира)* pre-existence.

предсуществу́ющий см. **предсу́щий**.

предсу́щий pre-existent.

предте́ча *(предшественник, лицо, своей деятельностью, своим явлением подготовляющее путь кому-л. или чему-л.; имя, к-рое Церковь дала Иоанну Крестителю, потому что он проповедовал Христа первым, крестил во имя Христа и приготовил путь людям, чтобы они верою ко Христу приходили и последовали за ним; **п.-ей** назван тж и Иисус Христос в Послании к евреям св. ап. Павла 6:20)* forerunner, precursor.

предхра́мие см. **притво́р**.

предчу́вствие, дурно́е presentiment, an anticipatory fear, a premonition of evil *or* danger.

прее́мник кня́зя апо́столов *(один из титулов Папы Римского)* successor of St. Peter.

преждеосвяти́ть *(Святые Дары)* to presanctify, to reserve, to preconsecrate.

преждеосвяще́ние presanctification, reservation, preconsecration.

преждеосвяще́нный *(о Святых Дарах)* presanctified, reserved, preconsecrated ◊ **п.-е Да́ры** *(см. **запасны́е да́ры**)* the reserved Sacrament, the presanctified elements, the consecrated [reserved] Host, *правосл.* margaritae, margarites, the consecrated particles given in holy Communion.

презентист *(сторонник теории о том, что все библ. предсказания, особ. сделанные в Апокалипсисе, в наст. время воплощаются в жизнь)* presentist.

преисподняя *(то же, что ад I)* the neither [internal] regions, the underworld, the belly of hell, inferno, Sheol ◊ **в п.-ей** down below.

преклонение перед символами symbololatry.

преклонение перед церковью ecclesiolatry.

преклонить голову to incline the head.

преклонить колена to kneel down, to bend the knee.

преклоняться *(благоговеть)* to worship.

прекратить своё существование *(о секте, монашеском ордене, религ. учреждении)* to become extinct.

прелат *англик., катол. (звание, присваиваемое высшим духовным лицам, напр. епископу, аббату)* prelate, (church) dignitary ◊ **п., не живущий в своём округе** nonresidentiary; **почётный п.** *(титул, присваиваемый папой священникам по представлению еп.-а)* prelate of hono(u)r; **почётный п. Его Святейшества (папы)** *(почётная должность при папском дворе)* Honorary Prelate of His Holiness (the Pope).

прелатский prelatic(al), prelatial.

прелатство *(1. достоинство, сан прелата; 2. срок полномочий прелата)* prelacy, prelature, prelatry, *неодобр.* prelatism.

прелатура *катол.* prelature ◊ **персональная п.** *(общество немонашествующих священников и диаконов, учреждаемое Апостольским престолом для равномерного распределения духовенства по разным частям церкви или для совершения особых пасторских или миссионерских трудов; управляется прелатом, не имеет статуса отдельной церкви)* personal prelature; **территориальная п.** *(церковь, ограниченная какой-л. территорией, управление к-рой в силу особых обстоятельств доверяется прелату с полномочиями епархиального [диоцезального] еп.-а)* territorial prelature.

прелесть духовная *(в аскетике: подмена духовного душевным, уход от святости к др. ценностям, означающий извращение духовной жизни и отказ человека идти по путям Божиим)* spiritual deception.

преложение *(термин, употребляемый нек-рыми правосл. богословами вместо термина пресуществление, который они считают католическим)* metabole, sacramental change, the change ◊ **п. евхаристических даров хлеба и вина в Тело и Кровь Христовы** the change of the eucharistic gifts of bread and wine into the body and blood of Christ.

преломить хлеб *библ.* to break (the) bread.

преломление Святого Агнца *см.* **раздробление Святого Агнца**.

преломление хлеба *библ. (причастие Телом Христовым)* breaking of bread; *(церк. обряд) греч.* artoklasia.

прельщение *см.* **прелесть духовная**.

прелюбодей *библ. (осквернитель чужого ложа)* adulterer.

прелюбодейка adulteress.

прелюбодейный adulterous, adulterate.

прелюбодейство *библ. (беззаконный союз мужа с чужой женой или жены с чужим мужем, грех против седьмой заповеди)* adultery.

прелюбоде́йствовать to commit adultery, to adulterize ◊ **не прелюбоде́йствуй** *библ.* Do not commit adultery, Neither shall you commit adultery.

прелюбодея́ние *(тж прелюбоде́йство)* adultery.

премилленари́зм *(учение пятидесятников о тысячелетнем царстве Христа, к-рое якобы должно предшествовать концу света; см. тж* ***милленари́зм, постмилленари́зм****)* premillennialism.

премонстраниа́нцы *см.* **премонстра́нты**.

премонстра́нты *(монашеский орден, основанный во Франции в 1120 св. Норбертом и следующий Августинскому уставу)* the Premonstrants, the Premonstratensians, *(белые каноники)* the White Canons, *(норбертины)* the Norbertines ◊ **относящийся к п.-ам** Premonstratensian.

премонстра́нцы *см.* **премонстра́нты**.

прему́дрость wisdom ◊ **Бо́жия п.** the Lord's [God's, Divine] Wisdom, *устар.* theomagy; **"П. Иису́са сы́на Си́рахова"** *(ветхозаветная неканоническая книга)* The Wisdom of Jesus, Son of Sirach; **"Кни́га П.-ти", "П. Соломо́на"** *(библ. неканоническая книга)* The Wisdom of Solomon, The Book of Wisdom, *сокр.* Wisd.

пренепоро́чная *(о Деве Марии)* all-undefiled, most immaculate, most pure ◊ **П. Де́ва Мари́я** the Most Immaculate Virgin Mary.

Пренепоро́чное Се́рдце Пресвято́й Де́вы Мари́и *(катол. служба; см.* ***Се́рдца Мари́и, культ****)* the Immaculate Heart of Mary.

преоблада́ние predominance ◊ **п. правосла́вия в Росси́и** the predominance of Orthodoxy in Russia.

Преображе́ние Го́спода Бо́га и Спа́са на́шего Иису́са Христа́ *см.* **Преображе́ние Госпо́дне**.

Преображе́ние Госпо́дне *(праздник правосл. церкви 6/19 августа, относимый к числу двунадесятых; установлен в честь преображения Иисуса Христа, о к-ром повествуется в Евангелиях от Матфея 17:1-9, от Марка 9:2-9 и от Луки 9:28-36, когда во время молитвы на Фаворской горе, при к-рой присутствовали апп. Петр, Иаков и Иоанн, от Христа стал исходить Божественный свет, поразивший апостолов и ниспровергший их ниц; одновременно с этим раздался голос Бога Отца: "Сей есть Сын Мой Возлюбленный, в Котором Мое благоволение; Его слушайте"* <'This is my beloved Son, in whom I am well-pleased; listen to Him'>; *икона "Преображение" входит в состав праздничного ряда иконостаса русского правосл. храма)* the Transfiguration of Christ, the Transfiguration of Our Lord, God and Saviour Jesus Christ, *лат.* Transfiguratio Domini.

преодоли́мое неве́дение *богосл. (незнание, за к-рое, тем не менее, человек несёт ответственность перед Богом)* the vincible ignorance.

преосвяще́ннейший *(титул еп.-а)* Eminent, the Right Reverend ◊ **высокопреосвяще́ннейший** most eminent.

преосвяще́нный the Right Reverend.

преосвяще́нство *(титулование архиереев, т. е. обращение к еп.-у в католичестве и православии)* the Right Reverend (Father in God), *(вышедшее из употребления)* Dom ◊ **"Ва́ше п."** *(официальное обращение к еп.-у, кардиналу)* Your Eminence; *англик.* My Lord (Bishop); *правосл.* Vladiko.

преподаватели философии и теологии *(средневековых европ. университетов)* schoolmen, scholastics.

преподаватель семинарии *(в Зап. Европе, за исключением Англии)* seminarist.

преподобие *(титулование монаха, иеромонаха, настоятеля, реже – иерея, протоиерея, священника <в сочетании с местоимениями "ваше", "его", "их" – при обращении и упоминании>)* His Reverence, the Reverend ◊ **Ваше П.** *катол.* Your Very Reverend Paternity, *лат.* Vestra Reverendissima Paternitas, *сокр.* V.R.P.; **Его П.** *(о настоятеле собора или монастыря)* the Very Reverend, *сокр.* V. Rev.; *англик. (об архидиаконе)* Venerable, *сокр.* Ven.

преподобномученик *(монах, принявший мучения и смерть за исповедание веры в Иисуса Христа)* Venerable Martyr, *(особ. в православии)* hosiomartyr.

преподобномученица *(монахиня, принявшая мучения и смерть за исповедание веры в Иисуса Христа)* Venerable Martyr [*редко* Martyress], *(особ. в православии)* hosiomartyr.

преподобный 1. *(как титул священника)* the Reverend, *сокр.* Rev. ◊ **п. отец** *катол.* the reverend father, His Reverence; **2.** *(а) общее наименование, относящееся к святым подвижникам и отшельникам; духовная жизнь в православии понимается как жизнь богоподобная, отсюда одним из именований святых подвижников в правосл. церкви является "п."; б) третья низшая степень святости в католичестве)* Venerable, *сокр.* Ven., Saint ◊ **прпп. Антоний, Савва, Амвросий** Venerable Anthony, Sabboth, Ambrose; **прпп. отцы в Синае и Раифе избиенные** *(д.п. 14/27 января)* the Fathers of Sinai and Raitha.

Преполовение *(середина праздника)* Mid-, *библ.* the midst of a feast ◊ **П. Великого поста** Mid-Lent; **П. Пасхи** Mid-Easter; **П. Пятидесятницы** *(половина Пятидесятницы, между праздниками Пасхи и сошествия Св. Духа; празднуется 8 дней, со среды седмицы о расслабленном <4-ой недели по Пасхе> до среды следующей седмицы, в к-рую бывает отдание; в службе в день* **П.-я** *Пятидесятницы прославляется особенно учение о таинственной воде, под к-рой разумеется благодатное учение Христово и благодатные дары Св. Духа <Ев. от Иоанна 7:37-39>; в нек-рых церквах в среду* **П.-я** *Пятидесятницы бывает выход на реки и колодези для совершения малого водоосвящения)* Mid-Pentecost.

препоясать to gird (about) ◊ **"Встал с вечери, снял с Себя верхнюю одежду и, взяв полотенце, п.-лся"** *(Ев. от Иоанна 13:4)* 'He rose from supper, and laid aside His garments; and taking a towel, He girded Himself about!' **"Да будут чресла ваши п.-ны и светильники горящи"** *(Ев. от Луки 12:35)* 'Let your loins be girded about, and your lights burning'; **п. свои чресла** to gird up *one's* loins.

препряда *библ.* *(царская верхняя одежда тёмно-красного цвета; тж* **багряница 1.**, **порфира 2.**) purple (robe).

пресбитерий *(пространство между солеей и престолом)* presbytery.

пресвитер 1. *(священнослужитель средней [второй] степени христ. церк. иерархии)* presbyter, *устар.* prester ◊ **служение п.-а** presbyterial ministry; **2.** *(а) у протестантов – руководитель общины, избираемый из состава мирян; б) в пресвитерианской реформатской церкви – священник, священно-*

служитель, проповедник; в) у молокан – старец, возглавляющий общину) teaching elder ◊ **п.-ы** presbyterial elders.

пресвитериа́нец *см.* **пресвитериа́нин**.

пресвитериа́нин *(кальвинист, последователь протест. церквей кальвинистской ориентации, возникших в период Реформации в Шотландии и Англии во второй пол. 16 в.)* Presbyterian, *сокр.* Presb., Presbyt, *истор.* disciplinarian.

пресвитериа́нский I Presbyterian; *истор.* disciplinarian ◊ **п.-ая церковь** *(кальвинистского направления, основана в 16 в.; отвергает епископат и представляет собой совокупность самоуправляющихся общин, возглавляемых пресвитерами; практически лишена обрядности; богослужение сводится к проповеди и пению псалмов)* the Presbyterian Church; **П.-ая церковь Англии** *(негосударственная)* the Presbyterian Church of England; **П.-ая церковь Шотландии** *(государственная)* the Church of Scotland, the (Auld) Kirk; *(как государственная, господствующая или официальная в Шотландии)* the Established Church.

пресвитериа́нский II *(относящийся к пресвитерии)* presbyterial.

пресвитериа́нство *(направление Реформации 16 в., к-рое выдвигало на первый план вопросы церк. устройства и настаивало на возвращении к первоначальному строю христ. церкви, признавая лишь сан пресвитера, избираемого народом, и отрицая епископат как позднейшее искажение; оно требовало тж участия в церк. управлении светских лиц – "старейшин", по выбору или кооптации, отделения церк. управления от государственного и федерального устройства церкви в пределах национальной территории)* Presbyterianism.

пресви́тер Иоа́нн *(легендарный христ. священник и царь, к-рому приписывались сначала владения на Дальнем Востоке в 12 в., а затем в Абиссинии)* Prester John.

пресвитери́сса *(жена пресвитера, священника)* presbyteress.

пресвите́рия *(консистория пресвитерианских церквей)* presbytery, *(особ. в Шотландии)* exercise.

пресви́терский *(относящийся к пресвитеру)* presbyteral.

пресви́терство *(сан, должность, служение пресвитера; собир. – пресвитеры)* presbyterate; priesthood; *(в пресвитерианской, реформатской церкви)* eldership.

Пресвята́я Богоро́дица the Most Holy Mother of God.

Пресвята́я Де́ва Мари́я, Ма́терь Бо́жия *(катол. торжественная служба, 1 января)* the Solemnity of Mary, Mother of God, *лат.* Sanctae Dei Genetricis.

Пресвята́я Де́ва Мари́я Роза́рия *(катол. поминальная служба, 7 октября)* Our Lady of the Rosary, *лат.* Beatae Mariae Virginis a Rosario.

Пресвята́я Де́ва Мари́я Скорбя́щая *(катол. поминальная служба, 15 сентября)* Our Lady of Sorrows, *лат.* Beatae Mariae Virginis Perdolentis.

Пресвята́я Де́ва Мари́я Цари́ца *(катол. поминальная служба, 22 августа)* the Queenship of Mary.

Пресвята́я Тро́ица *см.* **Тро́ица**.

Пресвято́е Се́рдце Иису́са Христа́ *см.* **Се́рдца Иису́са, культ**.

пресвято́й the Most Holy, All-Holy.

преслуша́ние *(противопоставление человеком своей свободной воли воле Божией)* disobedience [contimacy] to the will of God.

преста́витися *ц.-сл. см.* **преста́виться**.

преста́виться *(умереть)* to pass away ◊ **п. ко Го́споду** depart into the Lord.

преставле́ние *(смерть, кончина, переход в вечность)* death, passing away.

Преставле́ние апо́стола и евангели́ста Иоа́нна Богосло́ва *(нач. 2 в.; праздник, причисленный к двунадесятым; 26 сентября / 9 октября)* the Death of St. John the Theologian, Apl. and Evangelist.

Преставле́ние св. Але́ксия (То́та) *(7 мая)* the Repose of St. Alexis (Toth).

преставле́ние све́та *(кончина мира, переворот в земной Вселенной)* the end of the world, doomsday.

престо́л I 1. *(священное место пребывания Вышнего)* throne ◊ **п. благода́ти** throne of grace; **п. Бо́жий** throne of God, God's throne; **п. сла́вы** throne of glory, glorious throne; **П. угото́ванный** the prepared Throne **2.** *(высшая духовная должность, правление в катол. <папа> и правосл. <патриарх> церквах)* throne, see ◊ **Моско́вский Первосвяти́тельский п.** the Moscow Patriarchal throne; **па́пский п.** *см.* **Престо́л св. Петра́**; **патриа́рший п.** patriarchal see, patriarchal throne; **святе́йший п.** papal throne, the Holy See; **с (па́пского) п.-а** *см.* **экс-кате́дра**.

престо́л II *(главная принадлежность правосл. храма, четырёхугольный стол, стоящий посредине алтаря [алтарного пространства] и служащий местом совершения евхаристии; церковными правилами требуется, чтобы он был на четырёх столпах, высотою аршин и шесть вершков <97,79 см>; ширина и длина могут быть различны, в зависимости от обширности алтаря; на него надеваются две одежды: нижняя или* **срачи́ца**, *изображающая плащаницу, к-рою было обвито тело Иисуса Христа при погребении, и верхняя,* **инди́тия**, *большей частью светлая, одинаковая по материалу и цвету с ризой священника; при освящении храма* **п.** *опоясывается вервием, в напоминание уз Иисуса Христа (Ев. от Иоанна 18:24); при архиерейском освящении храма* **п.** *обвязывается вервием так, что на каждой стороне его изображается вервием крест; в таинственном смысле* **п.** *изображает небесное место селения Господа Вседержителя, а тж гроб Христов, так как на нём возлежит Тело Христово; поэтому прикасаться к* **п.-у** *не дозволяется никому, кроме священнослужителей; запрещается лицам не священного сана проходить между* **п.-ом** *и царскими вратами, а тж между* **п.-ом** *и горним местом)* the (Holy) Communion table, the Holy throne, the Holy [chancel, altar] table, *(особ. в Зап. лит-ре)* the altar; *греч.* hiera trapeza.

престо́л III *(официальное кресло еп.-а в кафедральном соборе)* cathedra.

престо́ли *ц.-сл. см.* **престо́лы**.

Престо́л св. Петра́ *катол.* **1.** *(папский престол; высшая церк. должность, власть Папы Римского)* the Apostolic [Roman, Holy] See, the See of Rome, the Chair of St. Peter; **2.** *(а) престол [кресло], хранящийся в соборе св. Петра в Риме, на к-ром по преданию восседал сам ап. Петр; б) праздники Кафедр св. Петра в Риме и Антиохии <22 февраля, до 1961 тж 18 января>)* the Chair of St. Peter.

престо́лы *(третий ангельский чин; изображаются в виде огненных колёс с крыльями, на к-рых глаза, в подножии Христа и Господа Саваофа)* the thrones.

престо́льный пра́здник *(праздник, установленный в память об Иисусе Христе, Богородице, святых, различных событиях святой истории, в честь к-рых воздвигнут храм или его придел; тж* **хра́мовый пра́здник***)* patron saint's day, patronal feast, patronal festival, feast of the place.

преступа́ть зако́н *(грешить)* to transgress.

преступа́ть повеле́ние *библ.* to transgress the commandment.

пресуществле́ние *(термин, появившийся в 15 в., к-рым в учении правосл. церкви определяется способ пребывания Тела и Крови Христа в таинстве евхаристии, т. е. полное превращение хлеба в Тело, а вина – в Кровь Христа; тж* **преложе́ние***)* transubstantiation, real presence; *(в правосл. богословии)* metabole, sacramental change, the change ◊ **п. евхаристи́ческих даров хлеба и вина в Тело и Кровь Христовы** the transubstantiation of the eucharistic gifts of bread and wine into the body and blood of Christ; **последователь [приверженец] учения о п.-и** transubstantiationalist; **п. Св. Даров** transubstantiation of the Host; **Чудо п.-я** *(в процессе литургии в Зап. церквах)* the Miracle of the Mass.

пресуществля́ться to transubstantiate, to undergo transubstantiation.

Претекста́т Руа́нский, еп., сщмч. *(ум. 586; катол. св., д. п. 24 февраля)* St. Praetextatus, bp. of Rouen, M.

претерпе́ть to endure.

прето́р *библ. (судебное место, где заседал рим. начальник или судья)* pr(a)etor.

прето́рий *библ. (в Ев. от Марка 15:16 – дворец, построенный Иродом, жилище рим. правителя Иудеи)* Praetorium.

прето́рия *см.* **прето́рий**.

префа́ция *катол. (соло органа перед Каноном)* preface.

пречестна́я кровь Го́спода на́шего Иису́са Христа́ the precious blood of Our Lord Jesus Christ.

Пречи́стая Де́ва the Most-Pure Virgin.

преще́ние *(лишение сана)* degradation; *(в Восточном христ-ве – епитимья)* aphorismos; *(запрет причащаться)* syntasis; *(запрет присутствовать при большинстве богослужений)* hypoptosis; *(запрет находиться внутри нефной части церк. здания)* akroasis; *(разрешение находиться только снаружи церкви)* proklausis ◊ **тот, кто накладывает п.** *(напр. еп.)* aphorist.

приве́рженец бу́кве Свяще́нного Писа́ния grammatolator.

приве́рженец *(какой-л.)* **рели́гии** votary, devotee, adherent, zealot, bigot.

приве́рженец *(какой-л.)* **це́ркви** churchite, ecclesiast, a partisan of the church, *(особ. господствующей, государственной)* churchman ◊ **стойкий п. правосла́вия** stalwart supporter of Orthodoxy.

приве́рженность бу́кве Свяще́нного Писа́ния grammatolatry.

приве́рженцы нестяжа́тельства *см.* "**нестяжа́тели**".

привести́ *(кого-л.)* **ко Христу́** to bring smb. to Christ.

приве́тствовать *библ.* to bless, to salute, to greet.

привиде́ние *(призрак)* apparition, spectre, specter, ghost, phantom, wraith, presence.

"привиле́гия ве́ры" *катол. (ограниченная возможность расторжения брака с некрещёным супругом)* the Privilege of the Faith ◊ **"П. св. Павла"** *(потенциальная возможность расторжения брака между некрещёными, один из к-рых обратился в христ-во и хочет вступить в новый брак)* the Pauline Privilege; **"П. св. Петра"** *(возможность диспенса́ции папой нецерк. брака крещёного супруга с некрещёным)* the Petrine Privilege.

привра́тник *(в монастыре)* porter; *(обыкновенно в церкви)* ostiary.

привра́тница *(в жен. монастыре)* port(e)ress.

приглаше́ние к и́споведи *англик. (в церкви в виде краткого поучения)* invitation.

приготовле́ние хле́ба и вина́ *(во время проскомидии)* the preparation of the elements.

придве́рник *см.* **понома́рь**.

придво́рная це́рковь или **часо́вня** chapel royal.

приде́л 1. *(дополнительный алтарь <в правосл. храме, обращённый, как и главный алтарь, к востоку>; располагается впереди или позади главного алтаря; в Зап. христ-ве существует для того, чтобы в один день совершать несколько литургий по числу п.-ов)* side-altar, side-chapel; **2.** *см.* **притво́р**.

приде́л Богома́тери *катол. (придел в соборе или приходской церкви, посвящённый Деве Марии)* Lady [Our Lady's] chapel.

приде́льный алта́рь *см.* **приде́л 1.**

"Приди́, приди́, Эммануи́л" *(катол. гимн) лат.* 'Veni, veni, Emmanuel'.

"Приди́, Созда́тель-Дух" *катол. (средневековый лат. гимн; содержит утверждение догмата о нисхождении Духа Святого от Отца и Сына; исполняется на Пятидесятницу, в торжественных случаях: ординации священнослужителей, коронации королей) лат.* 'Veni, sancte Spiritus', Veni, Creator (Spiritus); *англик. (исполняется на англ. языке при ординациях епископов и священников)* Come, Creator Spirit.

"Приди́те, ве́рные" *(катол. гимн) лат.* 'Adeste fideles', *англ.* "O come all ye faithful, joyful and triumphant".

призва́ние I vocation, calling ◊ **Боже́ственное п.** *(согласно документам 2-го Ватиканского собора, – служение Христу и свидетельство о Нём по всей земле, апостольство)* divine [God's, holy] calling, divine vocation, divine prompting; **чу́вствовать п. к духо́вному са́ну** to have a vocation to go into the church.

призва́ние II *(название сюжетов, изображающих Христа, к-рый призывает своих будущих учеников-апостолов следовать за ним)* calling ◊ **"П. Матфе́я"** The Calling of Matthew; **"П. Петра́ и Андре́я"** The Calling of Peter and Andrew.

при́знак, отличи́тельный note ◊ **о.-е п.-и Це́ркви** *(четыре признака Церкви, сформулированные в Символе веры на Никейском Вселенском соборе 325)* the notes of the Church; *(неверно)* the marks of the Church; *(объявленные на Тридентском соборе 1545-63) лат.* de notis Ecclesiae ◊ **п. всео́бщности** the note of catholicity; **п. и́стинной це́ркви** note of the true church.

признáние *(Бóга)* recognition.
призрéть *библ. (посетить)* to visit.
"призывáние" Святóго Дýха *см.* **епиклéсис**.
призывáтельный псалóм *см.* **псалóм**.
призывáть к покаянию to call to penance.
Прикс Оксéррский, мч. *(ум. ок. 272; катол. св., д. п. 26 мая)* St. Prix [Priscus] of Auxerre, m.
прилóг *(ухищрение, уловка; один из грехов в православии)* trick, a cheating device.
примáс *англик., катол. (главный из еп.-ов, обладающий высшей властью по отношению к духовенству данной страны; у католиков в наст. время почётный титул)* primate; *(титул архиеп. епископальной церкви в Шотландии)* Primus ◊ **п. Англии** *(титул архиеп. Йоркского)* Primate of England; **п. всей Англии** *(титул архиеп. Кентерберийского)* Primate of All England; **п. всей Ирландии** *(титул архиеп. Армахского)* Primate of All Ireland; **п. Ирландии** *(титул архиеп. Дублинского)* Primate of Ireland.
примáс Итáлии *(один из титулов Папы Римского)* Primate of Italy.
примáсский primati(c)al, *редко* primatic.
примáт *(главенство)* primacy.
примéты omens, superstitious beliefs ◊ **верить в п.** to believe in omens.
примикúрий 1. *истор., катол. (чиновник, светский или имеющий духовное звание)* primicerius; **2.** *(переносной подсвечник с одной свечой и на длинной подставке)* candle stand.
примирéние *(катол. обряд)* reconciliation.
примирúтельница *см.* **посрéдница**.
принадлéжность (по вéре) к *какой-л.* **цéркви** communion ◊ **принадлежáть [примыкáть] к Константинопольскому Вселенскому патриархáту** *(по вере)* to be in communion with the Ecumenical Patriarchate of Constantinople; **разделéние** *(территории)* **по признáку религ. п.-и** division along confessional lines.
"Принесéние главы́ св. Иоáнна Крестúтеля" *(иконографический сюжет)* The Delivery of the Head of St. John the Baptist.
принимáемый на вéру *богосл., катол. (о каком-л. понятии, к.-рое достаточно ясно определено церковью и объявлено истинным, а несогласие с ним является ересью, напр. transubstantiation, см.* **пресуществлéние***) лат.* de fide (catholica).
принимáть в религиóзное óбщество *см.* **вводúть в религиóзное óбщество**.
приносúть в жéртву to immolate, to offer up a sacrifice ◊ **"И сами, как живые камни, устрояйте из себя дом духовный, священство святое, чтобы приносить духовные жертвы, благоприятные Богу Иисусом Христом [чрез Иисуса Христа]** *(Первое Соборное послание св. ап. Петра 2:5)* 'You also, as living stones, are being built up as a spiritual house for a holy priesthood, to offer up spiritual sacrifice acceptable to God through Jesus Christ'.
приношéние offering; *(у древних левитов) библ.* heave offering ◊ **п. по обéту** votive offering; **п. Святы́х Даров** the offering of the Holy Gifts.
"Приношéние даров" *(иконографический сюжет)* The Bringing of Offerings.

приношéния *(в Зап. христ-ве дары прихожан, приносимые в церковь <виноград, сыр, масло, одежда и т.п.> для нужд церкви, священников, бедным и больным)* oblations; *англик. (пожертвования прихожан на церк. нужды, особ. на Пасху)* offerings, offertory.

приношéния на алтáрь *(т.е. в пользу церкви)* altarage.

принявший пóстриг *см.* **постриженéц**.

принять духóвный сан to take the gown, to enter the ministry.

принять крещéние to be baptized.

принять монáшество to take the monastic vows, to become a monk; *(о женщине)* to take the veil.

принять на нéбо *(сейчас редко)* to assume.

принять христиáнство to adopt [embrace] Christianity.

приобщáть Святых Тайн *(см. тж* **причастить***)* to administer the Holy Communion.

приобщéние Святых Тайн *(см. тж* **причащéние***)* administration of the Holy Communion.

приобщиться Святых Тайн *см.* **причаститься**.

приóр *(настоятель небольшого муж. катол. монастыря или старший после аббата-настоятеля член монашеской общины)* (conventual) prior; *(должностное лицо в монашеских орденах, рангом ниже Великого магистра)* prior, general [grand] prior ◊ **генерáльный п.** *см.* **генерáл**.

приорáт *(сан, должность приора)* priorate, priorship.

приорéсса *(настоятельница небольшого жен. катол. монастыря)* prioress.

приóрство *(небольшой муж. или жен. монастырь, обыкновенно катол.; часто подчинён большому монастырю)* priory.

припадáть ко Христý to fall down before Christ.

припáдшие *(в иконографии небольшие фигуры святых, иногда царей, священнослужителей, князей), стоящие на коленях в ногах у Спасителя или Богоматери)* the genuflectors.

приписывать *(авторство иконы и т. п. кому-л.)* to ascribe (to), to attribute (to), to accredit (to) ◊ **эти иконы п.-ются Андрею Рублеву** these icons are accredited to Andrei Rublev.

приплóтие *см.* **срачица 1**.

прирóда nature ◊ **двойственная п. Христа** God-manhood; **одна Божественная п. Троицы** one divine nature of the Holy Trinity.

присвоéние какого-л. имени святóму *(или др. лицу; напр. Креститель, Исповедник, Великий и т.п.)* appellation.

Приска Римская, мц. *(ум. ок. 270; катол. св., д.п. 18 января)* St. Prisca, m.

Прискиллиáн *(ок. 340-85; еп. Авиланский, обвинённый испан. епископами в ереси; вместе с четырьмя последователями был казнён в Трире; это был первый случай казни еретиков в истории церкви)* Priscillian, Bp. of Avila.

прислýживать *(во время богослужения)* to assist as a server during divine offices.

прислýжник *(в церкви)* acolyte ◊ **мáльчик-п.** altar boy.

прислýжники *см.* **церковнослужители**.

присно *(всегда, вечно)* ever, eternally ◊ **ныне и п. и во веки веков** now and ever and into ages of ages.

присноблаже́нный *(достойный вечного прославления)* ever blessed.

Приснодéва Мари́я the Everlasting Virgin Mary, the Ever-Virgin Mary ◊ "Преславная Приснодево, Богородице Марие, Мати Христа Бога нашего, приими молитвы наша и принеси я Сыну Твоему и Богу нашему, да спасет и просветит Тебе ради души наша" *(стих молитвы Пресвятой Богородице, начало и последующие стихи см. по порядку:* **Богорóдица**, *"**Честнéйшая**", **ми́лость 5**.)* 'O Most Glorious Ever-Virgin, Mother of Christ, our God, that He may, for Thy sake enlighten and save our souls'.

приснодéвство Мари́и Mary's everlasting virginity.

приснопáмятный *(всегда поминаемый в молитвах)* ever memorable, unforgettable, ever remembered.

приснопоминáемый *см.* **приснопáмятный**.

присносýщий *(вечный)* eternal, everlasting.

при́сный *(вечный)* eternal, everlasting.

пристáвник *библ. (управляющий, присматривающий за хозяйством)* taskmaster.

пристрóйка annex(e); extension; *(отдельная)* outhouse; *(лёгкая, вроде навеса)* lean-to; *(позднейшее дополнение к чему-л. основному, первоначально построенному)* accretion ◊ **башни и другие позднейшие пристройки к монастырю** towers and other accretions to the monastery.

присýтствие Бóга *см.* **присýтствие Бóжие**.

присýтствие Бóжие *(его имманентность в мире; понимается как выражающаяся пассивно или активно; различают виды **п.-я** — в природе, в истории, в душе человека, в храме, в таинствах, в Слове Божием, в чуде, в общине верных, в молитве и пр.; **п**. приоткрывается человеку в свете веры как действие Духа Божия; само по себе выражается, однако, в молчании)* the presence of God.

присýтствовать на богослужéнии to attend a service.

Присциллиáн *см.* **Прискиллиáн**.

присциллиáне *истор. (секта последователей **Прискиллиáна**)* the Priscillianists.

притвóр *архит. (западная часть храма, через к-рую входят в середину храма; в **п.-е** по уставу совершаются нек-рые богослужения — обучение, лития, чин оглашения и др.; в **п.-е** должны стоять оглашенные, отлучённые от церкви, инославные, иноверные)* narthex; antechurch, forechurch; *(в древней церкви или храме)* antetemple ◊ **второй внутренний п. в храмах** esonarthex.

притвóр Соломóна *(портик у восточной стены Иерусалимского храма, по преданию, построенный царём Соломоном; Христос, а за ним и апп. приходили сюда, чтобы учить)* Solomon's porch ◊ "**И ходил Иисус в храме, в п.-е Соломоновом**" *(Ев. от Иоанна 10:23)* 'And Jesus walked in the temple in Solomon's porch'; **п., называемый Соломоновым** *библ.* the so-called portico of Solomon.

При́тхиви *(древнеиндийская богиня Земли, в "**Ригвéде**" упоминается обычно в неразрывной связи с Дьяусом <Dyaus>, Небом; почитается как мать богов и живых существ)* Prithivi.

при́тча *(малый иносказательный лит. жанр, заключающий в себе моральное или религ. поучение; близка к басне)* parable, paroemia, similitude ◊ **говорить п.-ми [в п.-х]** to speak in [by] parables; **изъясни́ть [истолкова́ть, объясня́ть, растолкова́ть] п.-у** to declare [explain] parable; **поуча́ть п.-ми** to teach in parables; **предложи́ть кому-л. п.-у** to present [put forth] a parable (un)to smb.; **проповедовать п.-ми** *библ.* to speak in [by] parables; **расска́зывать [***устар.* **ска́зывать] п.-у** to speak a parable; **учи́ть п.-ми** to teach in parables.

"**При́тчи Соломо́на**" *(ветхозаветная библ. книга, помещающаяся в русской Библии вслед за Псалтирью и состоящая из 31 главы)* The (Book of) Proverbs.

при́тчи Христо́вы *(в Новом Завете **п.** выступают как собственная и особая форма учения Иисуса)* the parables of Christ ◊ **п. о ба́шне** the parable of the tower; **п.-а о безу́мном [безрассу́дном] богаче́** the parable of the foolish rich man, the parable of the rich fool; **п.-а о (благоразу́мном) домоправи́теле** the parable of the shrewd manager, the parable of faithful and wise steward; **п.-а о блу́дном сы́не** the parable of the prodigal son; **п.-а о богаче́ и Ла́заре** the parable of the rich man and Lazarus; **п.-а о большо́й се́ти** the parable of the net; **п.-а о бра́чном пи́ре, п.-а о бра́чной оде́жде** the parable of the wedding feast, the parable of the marriage of the King's son; **п.-а о ве́рном рабе́** the parable of the faithful servant; **п.-а о виногра́дарях** *см.* **п.-а о рабо́тниках [де́лателях] в виногра́днике**; **п.-а о двух сыновья́х** the parable of the two sons, the parable of the father and two sons; **п.-а о десяти́ де́вах** the parable of the ten virgins; **п. о до́ме, постро́енном на ка́мне (и о до́ме, постро́енном на песке́)** the parable of the houses on rock and on sand; **п.-а о жемчу́жине** the parable of the pearl; **п.-а о женихе́ и сына́х бра́ка (, приглашённых на сва́дьбу)** the parable of the bridegroom's guests; **п. о заблу́дшей овце́ и о до́бром па́стыре** the parable of the lost sheep and the good shepherd; **п.-а о заква́ске** the parable of the yeast; **п.-а о зары́том в по́ле сокро́вище** the parable of the hidden treasure; **п.-а о зва́нных на большо́й у́жин** the parable of the great feast; **п.-а о злом рабе́** the parable of the unfaithful servant; **п.-а о милосе́рдном самаря́нине** the parable of the good Samaritan; **п.-а о мытаре́ и фарисе́е** the parable of Pharisee and the tax collector, the parable of the publican and the Pharisee; **п.-а о неве́рном управи́теле** the parable of the dishonest steward; **п.-а о немилосе́рдном рабе́** *см.* **п.-а о непроща́ющем слуге́**; **п.-а о неплодоро́дной смоко́внице** the parable of the unfruitful fig tree; **п.-а о непра́ведном судии́** *см.* **п.-а о судье́ непра́ведном**; **п.-а о непроща́ющем слуге́** the parable of the unforgiving servant; **п.-а о но́вой запла́те** the parable of a new patch; **п.-а об ожида́нии хозя́ина до́ма** the parable of the watchful porter; **п.-а о произраста́ющем се́мени** the parable of the growing seed, the parable of the growth of a seed of grain; **п.-а о пшени́це и пле́велах, п.-а о до́бром се́мени** the parable of tares among the wheat, the parable of the weed among the wheat, the parable of the weeds; **п.-а о рабе́, прише́дшем с по́ля** the parable of the servant who has come from the field; **п.-а о рабо́тниках [де́лателях] в виногра́днике** the parable of the tenants in the vineyard; **п.-а о свети́льнике под сосу́дом [спу́дом]** the parable of the lamp under a bowl; **п.-а о се́ятеле** the parable of the sower; **п.-а о судье́ непра́ведном** the parable of the unrighteous judge, the parable of the widow and the judge;

п.-а о трёх рабах, п.-а о талантах the parable of the three servants; **п.-а о хромом и слепце** the parable of the lame man and the blind.

приход *(низшая церковно-административная единица в христ-ве, имеющая церковь с причтом и общину верующих)* parish, *сокр.* par., Pish, enoria, curacy, cure, benefice; *катол. (имеющий свой устав)* observance; *(монастыря)* ephemeria; *(как должность и доход)* church living ◊ **секретарь п.-а, ведущий церк. книги** parish clerk; **система п.-ов и управление ими** parochialism.

приходские дела parochiality.

приходский parish, parochial, *шотл.* parochin(e) ◊ **п. бюллетень** *(печатный бюллетень церк. прихода, обыкновенно ежемесячный)* parish magazine; **п.-ая книга записей актов гражданского состояния** parish register; **общеп.-ое собрание** parish annual general meeting; **поглощённость п.-ой работой** parochilism; **п. служащий** *англик.* lay [parish] clerk; **п.-ое собрание** *(орган приходского управления; состоит из клириков и мирян, членов данного прихода)* parish meeting; *(совет в англик. и протест. церкви)* vestry, general [common, select] vestry; **п. совет** *(орган приходского управления, исполнительный орган приходского собрания, избираемый из его членов, как клириков, так и мирян, на определённый срок и подотчётный ему)* parish council, *сокр.* P.C.; **п.-ая церковь** parish church, *сокр.* Pr Ch; *катол. (нек-рые церкви в Риме, имеющие особый статус)* title; **член п.-ого совета** Parish Councellor, *сокр.* PC; *(в англик. и протест. церквах)* vestryman.

приходский священник *(см. тж **священник**)* parish priest, parson, vicar, rector, residentiary ◊ **должность п.-ого с.-а** rectory; **дом п.-ого священника** rectory, vicarage; **место п.-ого с.-а** rectorate; **относящийся к п.-ому священнику** rectoral; **п.-ие с.-и** the parochial clergy.

приходской см. **приходский**.

прихожане *(собравшиеся в церкви)* congregation; *(тж члены церкви, прихода, образующие религ. общину при христ. церкви, вблизи к-рой живут и к-рую посещают)* church people, church members.

прихожанин parishioner, communicant, church member, churchman, *(регулярно посещающий церковь)* churchgoer; *(неанглик. церкви в Англии)* chapelgoer ◊ **п., к-рый ходит только к воскресной обедне** *англ. разг.* oncer.

прихожанка *жен. (см. тж **прихожанин**)* churchwoman.

причастен *(песнопение в одну строфу с троекратным "аллилуйя", поётся на литургии во время причащения священнослужителей)* the Communion verse, the Communion hymn, prichasten, *греч.* koinonikon.

причастие 1. *(вино и хлеб, употребляемые при причащении)* the Communion [consecrated, blessed] bread and wine, the elements of the Eucharist, the consecrated Host; **2.** *(см. **причащение**)* **п. мирян как вином, так и хлебом** *(в Зап. христ-ве)* lay chalice; **п. перед смертью** the Last Sacrament, *лат.* viaticum; **преподание п.-я** ministration of the (holy) communion; **совместное п. христиан различных конфессий** intercommunion.

причастить *(дать причастие кому-л.)* to give [administer] communion, to administer the Sacrament ◊ **п. умирающего** to administer the Last Sacrament, to administer the viaticum.

причасти́ться *(принять причастие)* to partake of the Eucharist, to commune, to receive (the Communion), to communicate, to receive the Sacrament, to be administered; to break bread ◊ **быть на обедне, но не причаща́ться** to be present at Mass without receiving; **духове́нство причаща́ется в алтаре́** the clergy receives the Communion in the sanctuary; **п. перед сме́ртью** to receive the Last Sacrament; "**Причаща́ется раб Бо́жий (раба́ Бо́жия)** *(и́мя)* **честна́го и свята́го Те́ла и Кро́ве Го́спода и Бо́га и Спа́са на́шего Иису́са Христа́, во оставле́ние грехо́в свои́х, и в жизнь ве́чную**" *(слова́ свяще́нника ка́ждому, кто подхо́дит к ча́ше для причаще́ния)* 'The servant (handmaid) of God *(name)* partakes of the precious and holy Body and Blood of our Lord and God and Savior Jesus Christ, for the remission of sins and unto life everlasting'.

прича́стник 1. *(тот, кто принима́ет прича́стие, причаща́ется)* communicant, member; **2.** *(уча́стник чего́-л., соуча́стник, соуча́стница)* partaker ◊ **п.-и Боже́ственного [Бо́жия] естества́** *(Второ́е посла́ние св. ап. Петра́)* partakers of the divine nature.

прича́стница *жен. см.* **прича́стник**.

прича́стное вино́ *см.* **вино́ – прича́стное в.**.

прича́стные жето́ны *(металли́ческие жето́ны с инициа́лами, надпися́ми, изображе́нием поти́ров, До́брого Па́стыря, к-рыми по́льзовались в ка́честве свиде́тельства того́, что прихожа́нин мог быть допу́щен к прича́стию; пе́рвые жето́ны в А́нглии бы́ли изве́стны уже́ в 1534; в це́ркви Шотла́ндии така́я пра́ктика существу́ет и поны́не, то́лько жето́ны заме́нены ка́рточками; таки́е имённые ка́рточки раздаю́тся зара́нее свяще́нником и отбира́ются по́сле прича́стия; тем са́мым ведётся учёт тех, кто причаща́ется)* the Communion tokens ◊ **жето́нные де́ньги** *(поже́ртвования на це́рковь при получе́нии прихожа́нином прича́стного жето́на)* token money.

прича́стный *(прил. к* **прича́стие 2, причаще́ние***)* Communion(al), oblational, oblatory ◊ **п. стих** Communional anthem.

причаща́ть *см.* **причасти́ть**.

причаща́ться *см.* **причасти́ться**.

причаще́ние *(одно́ из та́инств христ. це́ркви – приня́тие ве́рующими в пост или по́сле специа́льного пери́ода поще́ния виногра́дного вина́ с кусо́чками а́гнца или то́лько обла́тками у като́ликов; тем са́мым ве́рующий под ви́дом хле́ба и вина́, вкуша́я самого́ Те́ла и Кро́ви Христо́вых, та́инственно соединя́ется с Христо́м и получа́ет зало́г ве́чной жи́зни)* the Eucharist, the sacrament of the Eucharist, the Lord's Supper, the sacrament of the Lord's Supper, the Holy Communion, the Sacrament (of bread and wine), the partaking of communion, receiving Communion, making one's Communion, the blessed ordinance, *катол. (тж* **свято́е п.***)* the Blessed [Holy] Sacrament, *сокр.* BS, HS, *(умира́ющего)* the Last Sacrament, *лат.* viaticum ◊ **ежедне́вное п.** daily Communion; **п., осуществля́емое прихожа́нами** *(а не свяще́нником то́лько)* Lay Communion; **пе́рвое п.** the First Communion; **п. под обо́ими ви́дами** *(Те́лом Христо́вым под ви́дом хле́ба и Кро́вью Христо́вой под ви́дом вина́)* the Communion in [under] both kinds [*лат.* sub utraque specie]; **п. под одни́м ви́дом** *(то́лько хле́бом)* the Communion in [under] one kind; **частота́ п.-я** frequency of Communion; **п. через обма́кивание обла́тками в вино́** *(у греко-*

католиков) intiction; **совместное п.** *(у баптистов с верующими др. христ. конфессий)* the open communion.

"Причащéние винóм" *(иконографический сюжет)* The Communion in the Species of Wine.

"Причащéние хлéбом" *(иконографический сюжет)* The Communion in the Species of Bread.

прúчет *см.* **причт.**

причéтник *(член причта церкви, иначе церковнослужитель; общее название всех клириков, за исключением священника и диакона: чтецов, дьячков, псаломщиков, пономарей и др.; их обязанность — чтение из богослужебных книг, пение на клиросе и вообще участие во всех церк. богослужениях)* anagnost, junior deacon, lector, *греч.* anagnostes, *катол.* server, *англик.* clerk.

причислéние к лúку блажéнных *катол.* beatification.

причислéние к лúку святы́х canonization.

причúсленный к лúку блажéнных *катол.* beatified.

причúсленный к лúку святы́х canonized.

причúслить к лúку святы́х to canonize, to consecrate a saint, to sacre.

причитáть над покóйником to wail for [over] the dead.

причт *(священно- и церковнослужители одного храма, прихода, утверждённые архиереем в соответствии с числом прихожан)* the clergy of a parish [of a church].

пришéствие ◊ **п. Госпóдне** Advent, the Coming of the Lord; **п. Прáведного** *библ.* the coming of the Righteous One.

приют asylum ◊ **детский п.** orphanage, orphan-asylum; **детский п. для девочек** *(при монастыре)* orphanage for girls; **п. для женщин** *катол.* cenacle.

пробабилúзм *(в теологии католицизма — принципы соотношения модели и закона)* probabilism, rigorism.

пробелá *(в иконописи высветление отдельных частей изображения путём многократных прописок с постепенным увеличением количества белил, наносимых по ровному основному тону; символизирует присутствие Божественного света)* highlights.

пробст *катол. (первоначально в монастырях Зап. Европы так назывался эконом; позже второе после еп.-а духовное лицо в кафедральном соборе; затем во многих местах пастор, настоятель главной церкви, одновременно являющейся приходской; тж* **прóвост***)* praepositus *(в древние времена)*, probst.

пробуждéние *(духовное)* revival ◊ **движение за духовное п.** revival movement; **церковь, испытавшая п.** revival church.

Провидéние (Божéственное) *(деятельность Бога, определяющая весь ход событий в мире; целесообразное действие Высшего Существа, направленное к наибольшему благу творения вообще, человека и человечества в особенности)* (the Divine) Providence, dispensation [disposition] of Providence, God's (providential) dispensation, divine administration, design, divine economy, disposition of God ◊ **нúспосланный П.-м** providential; **полагáться на П.** to trust in Providence; **предопределённый П.-м** providential.

провиденциалúзм *(религ. интерпретация истории как осуществления Божественного плана, промысла Божия)* providentialism.

прови́деть to foresee, to foreknow.
прови́дец prophet, seer.
прови́дица prophetess, seeress.
провизанти́йский pro-Byzantine.
провинциа́л *(управляющий делами ордена на определённой территории – прови́нции)* provincial ◊ **резиденция п.-а** provincialate.
прови́нция *(единица административного деления катол. или какой-л. другой церкви)* province.
провозве́стник во́ли Бо́жьей proclaimer of the will of God.
провозве́стники Ева́нгелия *(проповедники, миссионеры)* messengers of the Gospel.
провозглаше́ние Па́схи *катол. (гимн, начинающийся лат. словами Exultet iam angelica turba caelorum <Let the angelic host of heaven now rejoice>, к-рый поётся в канун Пасхи при освящении пасхальной свечи)* exultet.
про́вост *(см. пробст) англик.* provost, *(совр. название)* dean.
Пров, Тара́х и Андро́ни́к, свв. мчч. *(ум. 304; д. п. 12/25 октября)* Sts. Probus, Tarachus and Andronicus, Ms.
продаве́ц индульге́нций *истор., катол.* questor.
прозва́ние *см.* **про́звище**.
про́звище sobriquet, surname ◊ **его** *(святого)* **часто называют "Великий"** he is often surnamed "the Great"; **он заслужил п. "крести́тель" за множество обращённых им в христ-во людей** *(о катол. св. Ансанусе)* he earned the sobriquet "the Baptist" for his many converts; **по п.-у** surnamed; **Симон по п.-у Зилот** *библ.* Simon surnamed the Zealot.
прозели́т *(человек, принявший какую-л. новую веру; новообращённый горячий приверженец)* proselyte, convert.
прозелити́зм *(стремление обратить в свою веру лиц другого исповедания)* proselytism, proselytization, proselytizing ◊ **катол. п.** Catholic proselytism.
прозелити́ческий *(прил. от прозелити́зм)* proselytical.
прозели́тский *(прил. от прозели́т)* proselytistic.
прозорли́вец *(провидец, предсказатель; пророк)* prophet, seer.
прозорли́вость *(проницательность, умение предвидеть, предугадывать)* sagacity, perspicacity, propheticality.
прозорли́вые *(святые, имевшие от Святого Духа "слово мудрости, пророчество, различение духов" (Первое послание к коринфянам 12:8 и 10)* prophets, seers.
прозре́ние insight ◊ **п. о смысле жизни** insight in [of] meaning [purpose] of life.
прозре́ти *ц-сл. см.* **прозре́ть**.
прозре́ть 1. *(вновь обрести зрение)* to recover one's sight; **2.** *(провидеть духовно)* to penetrate mentally.
прозяба́ние *библ. (произрастание)* vegetation.
прозяба́ти *ц-сл. см.* **прозяба́ть**.
прозяба́ть *(произрастать)* to vegetate.
произволе́ние Бо́жие dispensation, divine will.
Происхожде́ние честны́х древ Животворя́щего Креста́ Госпо́дня *(1/14 августа; праздник правосл. церкви; он перешёл на Русь из Византии, где был установлен не позже 9 в., и состоял в изнесении из императорского*

дворца в храм Софии сохранившейся части Креста Господня) the Procession of the Precious Wood of the Life-giving Cross of the Lord, the Procession of the Venerable and Life-giving Cross, the Holy Cross Day.

прокажённый *(болеющий проказой)* leper ◊ **очистить п.-ого** *библ.* to make the lepers clean, to cleanse the lepers.

прокимен *(греч. "предлагаемый вперёд"; стих из Псалтири, к-рый чтец или диакон произносит перед чтением Апостола, Евангелий и паремий, а хор вторит ему)* prok(e)imenon ◊ **затем возглашается п.** then the prokeimenon is intoned.

Прокл и Иларий, свв. мчч. *(2 в.; д. п. 12/25 июля)* Sts. Proclus and Hilarion, Ms.

проклинать **1.** *(предавать анафеме)* to (ac)curse ◊ **проклясть с колоколом, книгой и свечой** *(отлучить от Церкви, закрыв книгу, символизирующую Книгу жизни, бросив об пол свечу и ударив в колокол, как об умершем)* to curse by bell, book and candle **2.** *(осуждать на вечные муки)* to damn.

проклятие **1.** *(отлучение от Церкви)* curse; excommunication **2.** *(осуждение на вечные муки)* damnation ◊ **да падёт п. на его голову!** may God damn him! **п. Каина** the curse of Cain.

проклятый *см.* окаянный **1**.

проконсул *библ.* *(рим. военачальник или правитель провинции, осуществляющий консульскую власть, не будучи консулом)* proconsul, the deputy of the country.

Прокопий, вмч. *(ум. 303; д. п. 8/21 июля)* St. Procopius, Great M.

Прокопович, Феофан *(1681-1736; русский церк. и политический деятель)* Prokopovich, Feofan.

проктор *англик.* *(представитель низшего духовенства в конвокации – соборе духовенства епархий Кентербери и Йорка)* proctor.

Прокул *(имя нескольких святых)* Proculus.

прокуратор Иудеи *библ.* the procurator of Judea.

Пролог **1.** *(славянский церковно-учительский сборник, содержащий краткие жития всех почитаемых правосл. святых по дням года, а тж рассказы об основных церк. праздниках)* the Byzantine calendar, the Greater Synaxarion ◊ **Евангельские п.-и** *(п.-и на греч. языке к древним Евангелиям от Марка, Луки и Иоанна в Вульгате)* the Old Gospel [Anti-Marcionite] Prologues; **2.** *(в древней Руси – сборник кратких житий, поучений, назидательных повестей, размещённых в порядке церк. календаря)* the (early Russian) church calendar.

Промыс(е)л Божий *см.* Провидение (Божественное).

Промысленник *см.* Промыслитель.

Промыслитель *(Бог)* the Lord, the Sustainer.

пронаос *архит.* *(в христ. храмах то же, что* **притвор***)* pronaos, narthex.

прообраз **(ветхозаветный)** *(предызображение в лицах, событиях, священных вещах и действиях Ветхого Завета того, что в Новом Завете относится к лицу Иисуса Христа и основанной Им церкви)* antitype ◊ **п.-ы в Ветхом Завете** *(персонажей и событий Нового Завета)* types; **являющийся п.-ом** antitypal.

пропасть *библ.* chaos.

пропащий damned ◊ **п.-ая душа** damned soul.

пропове́дник 1. *библ.* ecclesiast, gospeller, homilist; **2.** preacher, missionary, predicant, pulpitarian, pulpiter, *(проповедующий с кафедры, иногда – пренебрежительно)* pulpiteer; *(у методистов)* exhorter; *(собир. – духовенство)* **п.-и** the pulpit ◊ **красноречие п.-а** pulpit eloquence; **п., объезжающий свой округ** *(у методистов)* itinerant, *(совершающий объезды по определённому кругу)* rounder, circuit rider; **п. Слова Божия** Minister of the Word of God, *лат.* Verbi Dei Minister, *сокр.* V.D.M.; **п. христ-ва** missionary of the Christian faith; **ревностный п.** hot gospeller; **странствующий п.** travelling [itinerant] preacher, itinerant minister; **страстный п.** fervid preacher.

пропове́дница *жен. (см. тж* **пропове́дник***)* preacheress.

пропове́днический 1. homiletic(al), sermonlike, sermonlish, sermonic(al), hortatory, hortative, predictory, predicative, pulpiteering; **2.** evangelical ◊ **п. пыл** evangelical zeal; **п.-ая работа** evangelical work.

пропове́дничество *(деятельность проповедника)* preaching.

пропове́дование pulpiteering.

пропове́довать 1. to preach, to homilize, to give a sermon, to sermonize, to pulpiteer ◊ **п. воздержание** to preach temperance; **п. Евангелие** to evangelize, to preach the Gospel, to preach the Word (of God); **п. Евангелие во всём мире** to evangelize the world; **п. как на местном, так и на лат. языках** to preach in the vernacular as well as in Latin; **п. христ-во** to preach Christ; **п. христ-во диким языческим племенам** to preach Christianity to the wild pagan tribes; **2.** *(читать проповедь с кафедры)* to pulpit, to occupy the pulpit, to pulpiteer.

про́поведь *(произносимое священнослужителем поучение, наставление, разъясняющее основы истинной веры и благочестивой жизни)* sermon, *сокр.* serm, homily, preaching, exhortation, message, preachment ◊ **п.-и** *собир.* sermonology, homiletics; **активная п. Евангелия** evangelistic effort; **п. веры** testimony; **время п.-и** sharing time; **вступительная п.** opening message; **его п. просто не дошла до слушателей** his homily left his audience quite unmoved; **живая п.** a dynamic message; **краткая п.** sermonet(te), sermonoid, *редко* prone; **Кто сегодня читает п.?** Who is sharing today? **на п.-и** at a sermon; **осмотрительность в п.-ди христ-ва** *(постепенное раскрытие истины)* economy; **относящийся к п.-и** pulpital, *редко* pulpitic(al); **очень краткая п.** sermonettino; **произносить п.** to deliver [preach] a sermon; **произносить публичную п.** to preach a sermon in public; **п. Евангелия** evangelism, proclamation of the Gospel; **п. Евангелия всему миру** world evangelism; **п. Евангелия иным народам** cross-cultural evangelization; **п. Евангелия массам** mass evangelism; **п. на открытом воздухе** *(ранняя форма богослужения у амер. пионеров 18 - нач. 19 вв., при к-рой все ритуалы совершались на открытом воздухе, иногда под брезентовым тентом, натянутым на колья)* camp [tent(ed)] meeting; **п. о чём-л.** a sermon on *smth*; **п. перед причастием** *(у шотл. пресвитериан)* action sermon; **п. произнёс настоятель собора** the sermon was preached by the dean; **п., прочитанная мирянином** lay sermon; **прочитать длинную п.** to preach a long sermon; **сборник п.-ей** panegyricon, homiliary, sermonary; **составитель п.-ей** homilist; **текстовая п.** *(п., идущая по Библии последовательно, стих за стихом)* expository preaching; **тематическая п.** *(на определённую тему с привлечением разных мест Писания)* topical preaching; **тот, кто читает п.** sermonizer; **хорошо**

прочитанная п. a well delivered sermon; **читать п. (с кафедры)** to pulpit; **чтение п.-и** preachment.

пропорция ◊ **удлинённые п.-и** *(в иконописи)* elongated proportions (of human figures).

проприй *(разделы мессы, текст к-рых меняется в течение года в зависимости от праздника)* proper.

прорись *(в древнерусском искусстве контурный рисунок, "перевод", сделанный с оригинала гусиным пером или кистью через кальку и нанесённый на доску путём процарапывания по левкасу – для иконописи или по штукатурке – для фрески)* tracing, outline drawing *(on plaster or gesso)*.

прорицание divination, prophecy, soothsaying, oracle.

прорицатель *(общее название предсказателей судьбы, пророков, волхвов, жрецов, оракулов, гадателей и гадалок, астрологов, толкователей снов и примет, "ясновидящих" и т. п.)* soothsayer, diviner, divinator; augur, oracle.

прорицательница *жен. (см. тж **прорицатель**)* prophetess.

прорицать to prophesy.

пророк *(имеющий от Бога дар провидения будущего)* prophet ◊ **"большие п.-и"** *библ.* the Major Prophets; **"П.-и Даниил, Давид и Соломон"** *(икона)* The Prophets Daniel, David and Solomon; **Книги п.-ов Ветхого Завета** The Prophets; **"малые п.-и"** *библ.* the Minor Prophets.

"Пророки из Цвиккау" *(прозвище, данное Лютером суконщикам из Цвиккау, появившимся в Виттенберге в декабре 1521)* the Zwickau prophets.

пророческий prophetic(al), predictory, predictive, vatic(al), vaticinal, oracular.

пророческое откровение *см.* **откровение свыше**.

пророчество *(в иудейско-христ. традиции: возвещение воли Божией и связанных с Его замыслами грядущих событий)* prophecy, vaticination, oracle.

пророчествовать to prophesy, to vaticinate.

пророчить *см.* **пророчествовать**.

пророчица prophetess, seeress ◊ **Анна п.** *библ.* the prophetess Anna.

Просветители *(из числа Равноапостольных <Co-Apostles>)* "Illuminators".

просветитель illuminator, a spiritual [religious] enlightener.

Просветление *(особ. в буддизме)* enlightenment ◊ **Великое П.** *(Будды)* the Great Enlightenment.

просвещение, духовное spiritual enlightenment.

просвира *прост. см.* **просфора**.

просвирка *прост. см.* **просфора**.

просвирник *(человек, пекущий просфоры, напр. диакон)* man making Communion bread.

просвиры *мн. ч. см.* **просфора**.

проскинитарий *(греч. икона, к-рую ставят вне иконостаса и название к-рой соответствует определённому празднику)* proskynetarion.

проскомидия *(вступительная часть в литургиях Иоанна Златоуста и Василия Великого, в к-рой священнослужители приготавливают хлеб и вино для евхаристии; при совершении **п.-и** ныне употребляются в правосл. церкви пять просфор, у старообрядцев – семь); вино для неё должно быть виноградное, красное; после предварительных молитв и возгласа "Благословен Бог наш"* <'Blessed is our God'> *священник берёт левой рукой*

проскоми́дия

просфору, а правой копие и режет верхнюю часть просфоры, с четырёх сторон печати, произнося слова пророчеств о страданиях Иисуса Христа; затем режет с правой стороны нижней части просфоры и вынимает из всей просфоры часть кубической формы; эта часть называется Агнцем, так как она представляет собой страждущего Иисуса Христа, а сама просфора называется антидором <греч. "вместо даров"> и, разрезанная на частицы, раздаётся присутствующим не причащавшимся в конце обедни; "агнца" священник кладёт на дискос, вниз печатью; затем он разрезает крестообразно вынутую из просфоры часть, изображая смерть Иисуса Христа на кресте, обращает Агнца печатью вверх и прободает его копием в правую сторону, причём говорит: "един от воин копием ребра его прободе, и абие изыде кровь и вода" – это воспоминание священника диакон сопровождает поднесением ему в сосуде вина и воды и, по его благословении, вливает их в потир; количество вливаемой воды не должно быть велико, чтобы не изменять вкуса вина; приготовив Агнца, священник вынимает частицы из др. просфор и располагает их на дискосе вокруг Агнца, покрывает его звездицей, а потом его и чашу пеленами, а дискос и потир покрывает одной пеленой, называемой воздухом, произнося прошение, чтобы Бог покрыл всех верных своим покровом; затем священник берёт кадило и сам кадит, после чего вместе с диаконом совершает поклонение Святым Дарам; далее читается "молитва предложения"; все действия **п.-и** имеют аллегорическое значение: просфора, из к-рой изымается Агнец, означает Пресвятую Деву, жертвенник – вертеп Вифлеемский, дискос – ясли и т.п.; вообще **п.** изображает событие Рождества Христова со всеми его деталями) proskomide, (the office of) prophesis, the Preface of the Mass, the Office of Preparation, Offertory, contestation, the office [service] of oblation, preparation.

проскомиса́ть *(готовить Святые Дары)* to prepare the Host.

прославле́ние *(святого; тж* **восхвале́ние***)* apotheosis.

Прославле́ние сщмч. Ермоге́на, патриа́рха Моско́вского и всея Руси́, чудотво́рца *(д. п. 12/25 мая)* the Apotheosis of St. Hermogenes, Pr.-M., Patriarch of Moscow and all Russia.

прославля́ть 1. *(славить, величать)* to glorify, to praise, to celebrate ◊ **п. Бога** to glorify God; **п. имя Всевышнего** to celebrate the name of the Most High; **2.** *(совершать богослужебный обряд в частном доме)* to perform a service in a private home.

просо́бор *(приходская церковь, служащая соборной церковью; напр. в новой епархии или во время приезда еп.-а)* procathedral.

Проспе́р Тиро́ *(ок. 390-465; теолог, церк. историк, катол. св., д. п. 25 июня)* St. Prosper of Aquitaine.

простира́ние ниц prostration, great metany.

прости́тельность (греха́) *катол.* veniality.

прости́тельный *см.* **допусти́тельный**.

прости́тельный грех *катол. (в противоположность смертному)* venial sin.

проститу́тка *см.* **блудни́ца**.

прости́ть to forgive, to pardon ◊ **п. грехи** to forgive sins.

"простыня́" *см.* **плащани́ца**.

просфиромисáнье *(совершение **проскомúдии**)* (the office of) prothesis, the Office of Preparation, the Preface of the Mass, Offertory, the office [service] of oblation, proskomide, contestation, preparation.

просфорá *(круглый белый богослужебный [литургический] хлебец, употребляемый для таинства евхаристии и для поминовения во время проскомидии живых и мёртвых; готовится из квасного теста, состоящего из пшеничной муки, воды и соли; на **п.-е** с помощью специальных печатей помещается изображение креста с надписью IC XC НИКА <Иисус Христос – победа>; **п.-ы** делаются двухсоставными, т. е. из двух половинок, в ознаменование двух естеств Иисуса Христа – Божественного и человеческого)* prosphora, prosfora ◊ **частицы п.-ы** *(к-рые раздаются после литургии всем молящимся)* pearls, particles.

просфóрница *(доброй жизни старица, вдова или девица, к-рая печёт просфоры; актом московского собора 1551 к этой должности допускаются вдовицы и девственницы не моложе 50 лет)* prosphornitsa.

прóсфоры мн. ч. (см. **просфорá**) prosphorae.

Протáсий, св. мч. см. **Гервáсий и Протáсий**, свв. мчч.

Протéрий, сщмч., птрх. **Александрúйский** *(ум. 457; д. п. 28 февраля / 13 марта)* St. Proterius, Patriarch of Alexandria.

протестáнт Protestant, *сокр.* Prot., evangelical, Reformed, *(швейцарский)* Helvetic ◊ **белый п. англо-саксонского происхождения** WASP *(сокр. от White Anglo-Saxon Protestant)*.

протестантúзм см. **протестáнтство**.

Протестáнтская епископáльная цéрковь в США *(одна из крупных церквей в США; получила своё начало в сер. 16 в. от переселенцев из Англии; в США официально существует с 1789; организационно церковь возглавляется еп.-ом; в США ок. 2,5 млн последователей этой конфессии, объединённых в 7,3 тыс. приходов)* the Protestant Episcopal Church in the USA, *сокр.* PEC.

Протестáнтская ýния *(1608; союз германских протест. князей и имперских городов против катол. наступления)* the Protestant [Evangelical] Union.

протестáнтский Protestant, evangelical; *(прил. к **протестантúзм**)* Protestantish ◊ **п.-ая этика** Protestant ethic; **п.-ая этика труда** *(подчёркивает необходимость повседневного труда до полного изнеможения и самодисциплины как средства достижения материального процветания, рассматриваемого как знак Божьего благоволения) амер.* the Protestant work ethic.

протестáнтство *(одно из трёх, наряду с **правослáвием** и **католицúзмом**, гл. направлений христ-ва; совокупность многочисленных и самостоятельных церквей и сект: лютеранство, англиканство, кальвинизм и др., связанных своим происхождением с Реформацией – широким антикатол. движением 16 в. в Европе; для протестантства характерны отсутствие принципиального противопоставления духовенства мирянам, отказ от сложной церк. иерархии, упрощённая форма богослужения, отсутствие монашества и целибата; здесь нет почитания икон, мощей усопших; основной источник вероучения – Священное Писание; в наст. время – 350 млн верующих в мире)* Protestantism, evangelicalism, the Reformed faith ◊ **обращать в п.** to Protestantize.

протеста́нты *(последователи **протеста́нтства**)* the Protestants, the Reformed.
проти́вники ве́ры foes of the faith.
проти́вник католи́чества *см.* **антипапи́ст**.
проти́вник отде́ления це́ркви от госуда́рства establishmentarian.
проти́вник официа́льной це́ркви dissident; *(особ. в его кальвинистском варианте)* separatist.
проти́вник па́пства *см.* **антипапи́ст**.
проти́вник христиа́нства anti-Christian.
противохристиа́нский *см.* **анти́христов**.
протодиа́кон *(первый или главный диакон в епархии, обычно при кафедральном соборе; звание **п.-а** может присваиваться и в качестве церк. награды)* protodeacon, senior archdeacon ◊ *(обращение к нему)* **Ва́ше Высокопреподо́бие** Very Reverend Father, **Оте́ц (протодиа́кон)** Father (protodeacon).
протодья́кон *см.* **протодиа́кон**.
протоева́нгелие *(обозначение текста из Книги Бытия как пророчества о Мессии)* protevangel(ium), protevangelion.
"Протоева́нгелие Иа́кова" *(апокрифическая книга, с 16 в. носит это название, ранее – **Кни́га Иа́кова**)* The Protevangelium of James (the Less).
протоиере́й *(священнослужитель средней [второй] степени христ. церк. иерархии, выполняющий обязанности старшего священника [настоятеля] храма; звание **п.-я** зачастую жалуется священнику как церк. награда)* protoiereus, archpriest, archpresbyter, senior priest, protopriest ◊ *(обращение к нему)* **Ва́ше Высокопреподо́бие,** *(тж в русской правосл. церкви)* **Оте́ц протоиере́й** Very Reverend Father.
протоиере́йство archpriesthood.
протоканони́ческие кни́ги *(обозначение книг канона Библии в ранней церкви)* protocanonical books; *(Нового Завета)* homologoumena.
"Протоко́лы сио́нских мудрецо́в" *(спорные по подлинности документы кон. 19 в. якобы подлинного Сионистского конгресса в г. Базеле, созданные по заданию тайной полиции России в подтверждение мифа о существовании еврейского заговора с целью достижения мирового господства)* the Protocols of the Learned Elders.
протонота́рий *(1. главный секретарь Константинопольского патриархата; 2. один из семи членов Коллегии секретарей папского протонотария <the College of Prothonotaries Apostolic>)* prot(h)onotary.
протопа́па *см.* **протопо́п**.
протопо́п *истор. (название протоиерея в качестве настоятеля храма, вышедшее из употребления ещё в нач. 19 в.)* protopope, protopapas, archpriest ◊ **п. Авваку́м** the archpriest Avvakum.
протопресви́тер *(высшее звание белого духовенства в правосл. церквах, даваемое в качестве награды за выслугу лет и заслуги перед церковью)* protopresbyter, arch-presbyter.
протоси́нкел *см.* **коадью́тор**.
профа́н *(тот, кто не прошёл инициации, не введён в тайны эзотерического знания)* profane.

профа́нное *(мирское, светское, не связанное с религиозным, священным)* profane, secular.

профе́ссор свяще́нной теоло́гии Professor of Sacred Theology, *лат.* Sacrae Theologiae Professor, *сокр.* S.T.P.

профети́зм *(пророческое [наставляющее] служение в совр. церкви, осуществляемое иерархией, писателями)* prophetism.

прохо́д *(обычно в виде башни, башенки или какого-л. строения)* **в огра́де хра́ма, монастыря́** the gateway of a temple [church], monastery; *(с улицы под нависшими этажами здания) итал.* sotto portico ◊ **п. под а́ркой, сво́дчатый п.** archway.

прохо́д между́ ряда́ми в це́ркви *(в Зап. христ-ве)* aisle, alley, *устар.* pace ◊ **гла́вный п.** *(между скамьями в церкви) амер.* broad aisle, *устар.* broad alley.

Про́хор, Никано́р, Ти́мон, Парме́н, диа́коны *(1 в.; апп. от 70-ти, д. п. 28 июля / 10 августа, катол.* – *9 апреля)* Sts. Prochorus, Nicanor, Timon and Parmenas, Apls. and Deacons.

проце́ссия *(ход)* procession; *(пышная)* pageant ◊ **религио́зная п.** religious [sacred] procession.

прочесть моли́тву пе́ред тра́пезой to say [return] grace ◊ **п. м. до и по́сле еды́** to return thanks.

прочита́ть вслух "39 стате́й англика́нской це́ркви" *(обязательное условие для англик. священника, приступающего к первой службе в новом приходе)* to read *oneself* in.

проше́ние *(Богу)* petition.

Проща́льное воскресе́нье *см.* **Прощёное воскресе́нье**.

"проща́льное пало́мничество" *(Мухаммада в Мекку в 632)* the Farewell pilgrimage.

"проща́льный хадж" *см.* **"проща́льное пало́мничество"**.

проща́ть to forgive ◊ **п. чей-л. грех** to forgive *smb.* a sin; **п. чьи-л. прегреше́ния** to forgive *smb.'s* trespasses.

проще́ние forgiveness, absolution ◊ **моли́ть о п.-и** to beg forgiveness; **получи́ть п.** to receive forgiveness; **проси́ть п.-я** to ask for forgiveness.

Прощёное воскресе́нье *(последнее воскресенье перед Великим постом, когда все верующие, включая священнослужителей, просят друг у друга прощение за нанесённые обиды)* Forgiveness [Shrove] Sunday, the Sunday of Forgiveness.

проявле́ние Боже́ственности *(Божественной природы)* **Христа́** epiphany.

проявле́ние ве́ры act of faith.

проявле́ние Ду́ха *библ. (чрезвычайные дары Святого Духа, существенный признак к-рых есть видимость)* the manifestation of the Spirit.

Пруденциа́на Ри́мская, де́ва *см.* **Пруде́нция Ри́мская, де́ва**.

Пруде́нций I *(ум. 861; учёный богослов, катол. св., д. п. 6 апреля)* St. Prudentius.

Пруде́нций II *(348- ок. 410; рим. христ. поэт, родом из Испании)* Prudentius, Marcus Aurelius Clemens.

Пруде́нция Ри́мская, де́ва *(ум. ок. 160; катол. св., д. п. 19 мая)* St. Prudentiana, v.

пря́сло *архит. (в древнерусской архит-ре плоскости, поля стены между лопатками, "от столба до столба")* bay, part of a fortress wall (between two towers) ◊ **п.-ла** divided parts of a wall; **обработка центрального п.-а стены** *(храма)* the treatment of the central part of the wall; **фасад** *(храма)* **разделён на три п.-а** façade is divided into three parts.

псалми́ст *см.* **псалмопе́вец**.

псалмо́дия *(распевно-речитативное чтение Библии и молитв, заимствованное христ-вом из еврейского храмового богослужения, а тж тип мелодии, характерный для пения псалмов и основанных на них церк. песнопений)* psalmody.

Псалмопе́вец *библ. (царь и пророк Давид)* the Psalmist.

псалмопе́вец psalm(od)ist.

псалмопе́ние psalm-singing, psalmody, psalmistry, *(не в форме антифона или ответствия)* direct psalmody ◊ **прославлять п.-м** to praise in psalms.

"Псалмы́ Соломо́на" *(апокриф, ветхозаветный сборник, написанный в 70-40 до н. э.)* The Psalms of Solomon.

псало́м *(молитвенное песнопение)* psalm, *сокр.* Ps(a) ◊ **п. Давида** a Psalm of David; **затянуть п.** to raise a hymn; **изобразительные п.-мы** *(псалмы 102/103 и 145/146; поются в составе изобразительных, кроме богослужений Великого поста, и на литургии в воскресные и праздничные дни антифонами перед малым входом)* the typical psalms, the first and second antiphons; **метрический п.** *(стихотворный вариант п.-ма для исполнения церк. хором; введён во времена Реформации во франц. и швейцарских реформатских церквах как музыкальная форма, более соответствующая библ. в отличие от немец. лютеранских песнопений)* metrical psalm; **относящийся к пению п.-мов** psalmodic, psalmic; **покаянные п.-мы** *(в Восточном христ-ве – 50-й псалом, начинающийся словами "Помилуй меня, Боже..."; в Зап. христ-ве – п.-мы 6, 31/32, 38/39, 50/51, 101/102, 129/130, 142/143)* the penitential psalms; **предначинательный п.** *(псалом 103/104, к-рый поётся или читается в начале вечерни; посвящён прославлению красоты тварного мира и величия Создателя)* the introductory [proemial] psalm; **призывательный п.** *англик., катол. (п. 94/95 в Псалтири)* the invitatory psalm, the Venite; **прославляющие п.-мы** *(в иудаизме)* hallel, *(136, позже – 120-136)* the Great Hallel, *(113-118, к-рые поются на Песах и др. великие еврейские праздники)* the Egyptian Hallels; **прославляющий п.** a psalm of praise; **степенны́е п.-мы** the gradual psalms; **п. 97/98** *(в Псалтири)* the Cantate (Domino).

псало́мщик *(причетник в церкви; на п.-а возлагается обязанность исполнения клиросного чтения и пения, сопровождение священника при посещении прихожан для исполнения духовных треб и всё письмоводство по церкви и приходу)* psalmist, psalm singer, sexton, (psalm-)reader; *англик. (обычно из мирян, помощник священника)* parish clerk.

псалтерио́н *(древний струнный щипковый музыкальный инструмент)* psaltery, psalterion.

Псалти́рь *(сборник псалмов, входящий в Ветхий Завет)* the Book of Psalter, the Psalter(y), the Psalms ◊ **П. следованная, П. с последованием** *(богослужебная книга, состоит из 151 псалма, к-рые разделены на два-*

дцать кафизм, с указанием тропарей и молитв, читаемых после кафизм; в конце могут помещаться часослов и месяцеслов) the Psalter divided into sections for liturgical use, the Psalterion; *(у пресвитериан)* the Psalm Book.

Псалты́рь см. **Псалти́рь**.

псалты́рь 1. *(богослужебная книга)* psalmbook, psalter; **2.** см. **псалтерио́н**.

псевдоапо́криф см. **псевдоэпи́граф**.

псевдобо́г false god.

Псе́вдо-Диони́сий Ареопаги́т см. **Диони́сий Ареопаги́т, сщмч., еп. Афи́нский**.

псевдоэпи́граф протест. *(приписываемое другому автору сочинение на библ. тему, не включённое в канон и не считающееся даже апокрифом)* pseudepigraphion.

Пско́во-Пече́рский Успе́нский монасты́рь *(мужской; первыми поселенцами пещер в горе ок. сер. 15 в. были пустынножители; в 1473 дерптский священник Иоанн, бежавший от притеснения "латынян", устроил здесь церковь во имя Успения Богоматери; преемник его, настоятель Мисаил, построил кельи и церковь во имя прпп. Антония и Феодосия Печерских; в 1701 Петром I монастырь был снабжён новыми укреплениями, к-рые и спасли его от взятия шведами; помимо своего значения как укреплённого оплота, защищавшего доступ к Пскову, он издавна славился своими чудотворными иконами; кроме того, в нём покоятся мощи препп. Марка, Ионы, Вассы и Корнилия)* the Pskov Dormition Monastery of the Caves.

птицеволхова́ние см. **алектрома́нтия**.

пти́цы небе́сные *библ.* the birds [fowels] of the air.

Птоломе́й Ри́мский, мч. *(ум. ок. 161; катол. св., д. п. 19 октября)* St. Ptolomaeus, m.

Пуаре́, Пьер *(1646-1719; франц богослов, философ, протест. пастор)* Poiret, Pierre.

Пу́блий, св. *(ум. ок. 380; в "Деяниях апостолов" 28:7-8 рим. начальник острова Мальта; отец **П.-я** страдал горячкой и болью в животе; ап. Павел во время пребывания своего на острове исцелил отца **П.-я** от болезни молитвами и возложением на него рук; по преданию Зап. церкви, **П.** впоследствии был еп.-ом Мальты; катол. св., д. п. 25 января)* St. Publius.

Пу́блия, св. *(ум. 363; диакониса антиохийской церкви, дочь благородных родителей; по смерти мужа, **П.** стала вести строгую жизнь в посте и молитве; посвящённая в диаконисы, **П.** собрала вокруг себя дев и вдов и с ними проводила подвижническую жизнь до смерти; д. п. 9/22 октября)* St. Publia.

Пуд *библ. (благочестивый рим. сенатор, от имени к-рого ап. Павел приветствует Тимофея; ап. из числа 70-ти; д. п. 4/17 января и 15/28 апреля)* Pudens.

пудга́ла *(1. в буддизме – еретическая концепция об определённом психическом единстве, обладающем некоей материальностью и выступающем в качестве человеческого индивида, к-рый играет различные роли в цепи **санса́ры**; 2. в джайнизме – материя, обладающая атомной структурой)* pudgala.

пу́джа *(1. в индуизме – обряд поклонения или богослужение в честь божества в присутствии его изображения; включает приношения и божественные почести; 2. религ. праздник)* puja, pooja.

Пульхе́рия, св. *(ум. 453, императрица с 450; д. п. 10/23 сентября)* St. Pulcheria.

пу́нья-ка́рма *санскрит (в индуизме – благое деяние, действие, приносящее религ. заслуги)* punya-karma.

пура́ны *(в индуизме древние мифы и легенды, посвящённые Вишну и Шиве; содержат сказания о мироздании, о царях, о филос. учениях, о кастах, празднествах, сведения по праву, политике, медицине и пр.; в большинстве своём были созданы в 1-м тыс. до н.э.)* puranas.

пургато́рия *см.* **чисти́лище.**

пурда *(у мусульман затворничество женщин)* purdah.

Пу́рим *(иврит "жребий"; праздник, отмечаемый в 14-й и 15-й день месяца адара <февраль-март>, в память спасения евреев от гибели в Персидском царстве от происков злого визиря Амана; имеет такое название потому, что Аман по жребию выбрал день истребления евреев; Книга Есфирь 9:26)* Purim, the Feast of Lots.

пуритани́зм *(сложившееся во второй пол. 16 в. в Англии оппозиционно-религ. движение за более последовательную реформацию англик. церкви, "очищение" её от черт, унаследованных от католицизма)* Puritanism, precisianism.

пурита́нин *(последователь* **пуритани́зма***)* Puritan, precisian(ist), *(особ. в духе кальвинизма)* Disciplinarian.

пурита́нский Puritan, precisian.

пурита́нство *см.* **пуритани́зм.**

пурифика́тор *катол. (льняное полотно для вытирания чаши после евхаристии)* purificator, munatory.

пурохи́та *(в индуизме семейный жрец, к-рый совершает религ. ритуалы и церемонии для большого количества семей)* purohita.

Пу́руша *(в индуистской философии – первочеловек, божественная духовная сущность, частью к-рой является душа и сознание человека)* Purusha.

пу́руша *(в буддизме – психическое начало в природе)* purusha.

пустосвя́тство sanctimoniousness, hypocritical devoutness.

пусты́нник *(религ. отшельник, обитатель пустыни)* hermit, anchorite, eremite, desert-dweller.

пусты́нничать to live like a hermit.

пусты́нничество hermitry.

пустынножи́тель *см.* **анахоре́т, пусты́нник.**

пустынножи́тельный hermitary, hermitic(al), eremitic(al), eremitish ◊ **п.-ое иночество** hermitical [eremitic] monasticism.

пустынножи́тие living in the desert.

пу́стынь *(первоначально – небольшой монастырь, основанный в глухой местности; позже – и многолюдные монастыри, а тж название уединённой кельи отшельника в нек-рых больших монастырях, т. е. в них наряду с общежитием было допущено отшельничество в глухих местах около мо-*

настырей) hermitage, (remote) monastery ◊ **Саровская п.** the Hermitage [Monastery] of Sarov.

пусты́ня desert; *(в аскетическом значении так именуется место, удалённое от шума и суеты мира, удобное для глубокой молитвы и богомыслия)* wilderness ◊ **п. Иуде́йская** *библ.* the desert of Judea.

Путео́л *библ. (гавань в Неаполитанском заливе)* Puteoli.

пути́ Госпо́дни the ways of God ◊ **п. Г. неисповеди́мы** the ways of God are inscrutable.

Пути́-Да́мо *(китайский; см.* **Бодхидха́рма***)* Pu-ti da-mo.

путь *см.* **доро́га**.

пучи́на морска́я, не име́ющая дна *библ.* abyss, abysm.

Пуша́н *(в ведийской мифологии божество солнца, плодородия и дорог)* Pushan.

пы́шность и ро́скошь це́ркви ecclesiastical pomp and luxury.

Пьер Фурье́, свяще́нник *(ум. 1640; основатель конгрегации "хористок Богоматери", Франция, катол. св., д. п. 9 декабря)* St. Peter Fourier, pr.

Пьета́ *см.* **Пиета́**

пьюзии́зм *(по имени основателя О́ксфордского движе́ния Э. Б. Пьюзи <E. B. Pusey>; направление "Высокой церкви" в Англии 19 в.)* Puseyism, Tractarianism ◊ **относящийся к движению п.-а** Puseyistic(al); **приверженец п.-а** Puseyite, *(особ. один из авторов "Тракта́тов вре́мени" <The Tracts for the Time>, обосновавших программу движения)* Tractarian.

Пью́зи, Эдуа́рд Бу́вери *(1800-82; англ. богослов, один из основателей пьюзии́зма)* Pusey, Edward Bouverie.

Пэр Авра́ншский, еп. *см.* **Пате́рн Авра́ншский, еп.**

пятигла́вый *архит.* five-domed, having five domes, with five cupolas.

пятигра́дие *библ. (обозначение пяти городов: Содома, Гоморры, Адмы, Севоима и Сигора, уничтоженных в древности судом Божиим)* pentapolis.

пятидеся́тники *(христ. секта, возникшая в 1900 г. в США, название к-рой связано с сошествием Святого Духа в день Пятидесятницы на апостолов Христа и получением ими вследствие этого способности пророчествовать и говорить на разных языках <Деяния святых Апостолов 1:1-4>;* **п.** *ближе всего по вероучению к баптистам; учение* **п.-ов** *предлагает веру в триединого Бога, спасение через личное обращение к вере в Иисуса Христа, признание богодухновенности Священного Писания, крещение взрослых по вере, крещение Духом Святым <baptism in the Holy Spirit> с проявлением Духовных Даров, доступное любому верующему; ориентирует прихожан на исполнение евангельских заповедей и т.п.)* the Pentecostals.

Пятидеся́тница I *(правосл. –* **Тро́ицын день, Тро́ица***; один из двунадесятых праздников в память о сошествии Духа Святого на апостолов; 7-е воскресенье после Пасхи)* the Pentecost, *сокр.* Pent, the Trinity Sunday, the Feast of the Descent of the Holy Ghost upon the Apostles; *(в Зап. христ-ве)* Whitsunday, Whitsun Day ◊ **неделя после П.-ы** Whitsuntide; **Святая П.** the Holy Pentecost, *лат.* Dominica Pentecostes.

Пятидеся́тница II *см.* **Шавуо́т**.

пятидеся́тница *(пятьдесят дней от дня Пасхи до праздника Св. Троицы)* the fifty days from Easter to Trinity Sunday, the Paschal time; *(в 20-м каноне 1-го Никейского Вселенского собора)* the Pentecost.

пятидеся́тнический *(относящийся к пятидесятнической церкви)* Pentecostal ◊ **п.-е це́ркви** the Pentecostal churches.

пятидеся́тническое движе́ние *(движение в протест. и катол. церквах, стремящееся возродить дары Духа Святого в общинной жизни, в т. ч. глоссолалию, пророчество, исцеление)* the Pentecostal movement, Pentecostalism.

пятидеся́тничный *(относящийся к Пятидесятнице)* Pentecostal.

Пятикни́жие *(общее название пяти книг Моисеевых: "Бытие", "Исход", "Левит", "Числа", "Второзаконие"; окончательная редакция П.-я относится к 5 в. н. э.)* Pentateuch, the Book of the Law of Moses.

пятику́польный *архит.* five-domed.

пятисо́тенница *(молитва, произносимая 500 раз)* five-hundred-prayers.

пя́тничать *(поститься по пятницам)* to fast on Fridays.

пято́к *правосл. (пятница)* ◊ **Вели́кий п.** *(на Страстной седмице)* Great Friday.

Пятошесто́й (Вселе́нский) собо́р *(в г. Константинополе в 692; его решения дополняли решения 5-го и 6-го Вселенских соборов; он же 2-й* **Тру́лльский собо́р***)* the Quinisext(ine) Council.

пять боже́ственных прису́тствий *(в исламе – метафизическое понятие различных степеней реальности: абсолютная реальность, реальность личного Бога, реальность мира ангелов, реальность таинственного мира и реальность мира, населённого живыми существами)* the five divine presences.

Пять вели́ких царе́й *(обожествлённые герои в тибетском буддизме)* the Five Great Kings.

пять "к" *(мнемотехнический приём для заучивания названий на языке панджаб тех символических особенностей, к-рые определяют внешний вид сикха: кеш <kes> – длинные волосы, борода и усы, никогда не стриженные и не бритые; кангха <kangha> – гребень в волосах, к-рый помогает аккуратно их уложить; кара <kara> – стальной браслет <steel bangle> на правом запястье; качх <kachh> – штаны особого покроя; кирпан <kirpan> – меч)* the Five Ks.

Р

Раа́в I *библ. (блудница в Иерихоне, к-рая приютила и спасла двух посланных туда израильтян-соглядатаев)* Rahab.

Раа́в II *библ. (заимствованное из вавилонской мифологии чудовище)* Rahab.

Раа́вь *см.* **Раа́в I.**

раб *библ. (слуга, невольник)* servant, bond ◊ **р. или свобо́дный** *библ.* bond or freer.

раба́ *библ. (служанка, невольница)* handmaid.

раба́ Госпо́дня *библ. (со смирением и благоговением преданная Всевышнему; Ев. от Луки 1:38)* the handmaid of the Lord.

Раба́н Мавр, блж. *(776-856; немец. теолог, церк. поэт и проповедник; всех его сочинений насчитывается до 51; катол. св., д. п. 4 февраля)* Blessed Rabanus Maurus.

Рабба́ *см.* **Равва́.**

ра́бби *иврит см.* **ре́бе.**

раб Бо́жий the servant of God.

Раби́а ал-Адави́йа *(714-801; мусульманская святая, представительница школы аскетов и мистиков, образец преданности и бескорыстного служения Богу для суфиев)* Rabiah.

рабо́та в церко́вном прихо́де *(священническая, благотворительная и т. п.)* church work.

раб рабо́в Бо́жьих *катол. (с 12 в. один из титулов Папы Римского)* the Servant of the Servants of God, *лат.* Servus Servorum Dei, *сокр.* S.S.D ◊ **от раба р. Б.** *(в наст. время часто пишется на папских буллах)* from Servus Servorum Dei.

Рабса́к *библ. (титул ассирийского чиновника)* Rab-shakeh.

Рабса́рис *библ. (титул ассирийского чиновника)* Rabsaris.

ра́бская рабо́та *катол. (работа в воскресенья и церк. праздники, запрещённая церковью, а тж любая работа, требующая физического, а не умственного напряжения)* servile works.

ра́бство еги́петское *библ.* the Egyptian bondage.

ра́бство тле́нию *библ.* the bondage of corruption.

Равва́ *библ. (столица аммонитян к востоку от Иордана)* Rabbah.

Ра́вви *библ. (русское произношение слова "рабби" <иврит "учитель">; апостолы обращались так к Иисусу, а слепой, к-рого исцелил Иисус, избрал обращение "раввуни", в русском переводе "учитель наш")* Master, Rabbi ◊ **"При сем и Иуда, предающий Его, сказал: не я ли, Р.?"** *(Ев. от Матфея 26:25)* 'Then Judas, which betrayed him, answered and said, Master, is it I?'.

ра́вви *см.* **ре́бе.**

равви́н *(служитель культа в иудаизме, судья по вопросам религ. и семейной жизни в еврейской общине)* rabbi(n) ◊ **р.-ы** *собир.* the rabbinate.

раввина́т *(коллегия раввинов)* the rabbinate, the body of rabbis.

раввини́зм *(учение раввинов, представляет собой сочетание религ., нравственных и житейских советов по медицине, естественным наукам и пр.)* rabbinic Judaism, rabbinism.

раввини́ст *(еврей, признающий наряду с Торой устный закон, изложенный в Талмуде, в отличии от* **карайимов**) Rabbinist, Rabbinite.

раввинисти́ческий rabbinitic, rabbinistic(al).

равви́нский rabbinic(al).

равви́нство *(сан и должность раввина)* rabbinate.

равноапо́стол Co-Apostle.

равноапо́стольный *(имя, к-рым правосл. церковь называет тех ревнителей веры, к-рые, подобно святым апостолам, насаждали и утверждали веру Христову; таковы, напр. св. Мария Магдалина, Константин Великий,*

равноапостольный

император Римской империи, царица Елена, мать царя Константина, Кирилл и Мефодий, просветители словенские, Нина, просветительница Грузии, княгиня Ольга, князь киевский Владимир и др.) Equal-to-the-Apostles, of Apostolic zeal, the equal of the Apostles ◊ **р. великий князь Владимир** Grand Prince St. Vladimir, Equal-to-the-Apls.

Рага́в *библ. (сын Фалека и отец Серуха, предок Авраама, упоминается в родословии Иисуса)* Ragau.

Рагуи́л *библ. (священник в земле Мадиамской и тесть Моисея)* Raguel.

Радбо́р Утре́хтский, еп. *(ум. 918; катол. св., д. п. 29 ноября)* St. Radbor, bp. of Utrecht.

Радегу́нда, св. *(518-87; франкская королева, занималась благотворительностью, миротворчеством, основала монастырь; катол. св., д. п. 13 августа)* St. Radegund.

раде́ние 1. *(забота, усердие)* zeal ◊ **с большим р.-м он посвятил себя епископским обязанностям** he devoted himself to his episcopal duties with great zeal; **2.** *(у нек-рых сектантов – обряд с песнопениями и кружением с целью "получения Духа"; тж их молитвенные собрания)* rites [devotional meetings] of some Russian sects, worshipping assemblies of some Russian dissenters, "rejoicing", "spiritual bath".

раде́тель *(усердный человек)* zealous person.

раде́ть *(у нек-рых сектантов – совершать раде́ние 2.)* to carry out [perform] rites *(characterized by frenzied excitement)*.

раджа́б *(седьмой месяц мусульманского лунного календаря, в к-рый совершалось "малое паломничество" в Мекку)* Rajab.

ра́джа-йо́га *см.* **йо́га**.

раджм *(в исламе – забрасывание камнями)* rajm.

ра́доваться to rejoice ◊ **ц.-сл. "Ра́дуйтеся и весели́теся, я́ко мзда́ ва́ша мно́га на небесе́х"** *(последний стих молитвы о блаженствах евангельских, Ев. от Матфея 5:12)* 'Rejoice and be exceedingly glad: for great is your reward in Heaven'.

Ра́доница 1. *(девятый день после Пасхи)* the ninth day after Easter; **2.** *(поминовение усопших во вторник после Фомина воскресенья)* remembrance of the dead in joyful prayer, the Radonitsa.

"Ра́дость всех скорбя́щих" *см.* **Ико́на Бо́жией Ма́тери "Всех скорбя́щих ра́дость"**.

Раду́льф Бу́ржский, еп. *(ум. 866; катол. св., д. п. 21 июня)* St. Radulf [Ralph], bp. of Bourges.

Ра́дуница *см.* **Ра́доница**.

Ра́дха *(в индуистской мифологии пастушка, возлюбленная Кришны)* Radha.

Ра́дха Соа́ми Сатса́нг *(индуистская секта)* Radha Soami Satsang.

разбо́йник *библ.* thief, robber; *(в Новой Английской Библии)* bandit, criminal ◊ **благоразумный р.** *библ.* the penitent robber, the Good [Penitent, Righteous] Thief,; **злонравный р.** *библ.* the impenitent robber, the Impenitent [Bad] Thief; **распятый вместе с Христом р., к-рый уверовал в Иисуса Христа** the Good Thief crucified with Christ on Calvary.

Разбо́йничий собо́р *истор. (449; в Ефесе под председательством александрийского патриарха Диоскора <Dioscorus>, ярого защитника* **монофи-**

зи́тства; назван так Львом Великим в 551 за жестокости и беспорядки, царившие на этом соборе) the Robber Council of Ephesus, the Robber Synod, the Latrocinium.

разводно́е письмо́ *библ.* a writing of divorcement.

разгове́ние *см.* **разгове́нье.**

разгове́нье *(первый день после поста у верующих христиан, когда разговляются)* first meal after fast.

разгове́ться *(есть скоромное впервые после окончания поста – у христиан)* to break *one's* fast, to break a (period of) fast.

разда́ть своё иму́щество бе́дным to distribute *one's* possessions to the poor.

Разделе́ние церкве́й *см.* "Вели́кий восто́чный раско́л", раско́л христиа́нской це́ркви 1054.

разделе́ние церкве́й *(христ. церковь, в идее своей единая и вселенская, в течение своей истор. жизни подвергалась многократным разделениям)* separation of Churches.

раздо́р dissension, dissent ◊ **р.-ы между представителями различных религий** confessional strife.

раздробле́ние Свято́го А́гнца *(действие священника на литургии, когда ранее надрезанный крестообразно на проскомидии А́гнец разделяется на четыре части)* the Fraction.

раздробля́ть Свято́й А́гнец to fraction the special Lamb's Communion bread.

размышле́ние meditation.

разнове́рие *(наличие разных религий)* presence of different religions.

разнове́рный *прил.* of different religions.

разреше́ние *(церковное)* ◊ **р. брака между родственниками** marriage dispensation; **р., данное епархиальным судом, на изменение** *или* **дополнение в устройстве храма** *англик.* faculty; **р. на печатание, "дозволено цензурой"** *(отметка в издании; одобрение и разрешение издавать, данное катол. церк. иерархами; обычно указывается имя главы епархии, в к-рой публикуется или живёт автор) лат.* imprimatur; **р. на проповедь** *англик.* licence to preach; **р., представляемое Священным престолом в исключительных случаях на определённый срок** *катол.* dispensation, indult; **специальное р.** *англик.* *(на венчание без предварительного оглашения или в неустановленное время, в неустановленном месте; выдаётся архиеп. Кентерберийским)* special licence.

разреши́тельная моли́тва *(читается священником в конце отпевания усопшего; в ней испрашивается прощение содеянных усопшим грехов; лист с молитвой, напечатанный на бумаге, по прочтении молитвы складывается и вкладывается в правую руку умершего)* the Absolution.

разреши́ть (от) to absolve (from), to give dispensation (from) ◊ **р. кого́-л. от греха́** to absolve *smb.* from *smb.'s* sin; **р. от поста́** to give dispensation from a fast.

разры́в *истор. (откол Свободной церкви от государственной шотл. церкви в 1849)* the Disruption.

разстри́га *ц.-сл. см.* **расстри́га.**

"разу́тые" *(о монахах нищенствующих орденов, ходящих босыми) прил.* discalced, discalceate.

563

рай 1. *(земной), библ. (место, отведённое самим Богом для пребывания первых людей, Адама и Евы)* Eden, Paradise, the City of God; **2.** *(небесный; после Страшного суда место вечного блаженства людей, праведным образом проведших жизнь)* paradise, heaven, empyrean, the New Jerusalem ◊ **изображение рая** *(в живописи)* glory.

Раймо́нд Капуа́нский, блж. *(1330-99; катол. св., д. п. 5 октября)* Blessed Raymond of Capua.

Раймо́нд Люлла́й, блж., мч. *(1232-1316; писатель из Туниса, поэт, учёный, теолог, катол. св., д. п. 3 июля)* Blessed Raymond Lull, m.

Раймо́нд Нонна́т *(ум. 1240; кардинал, катол. св., д. п. 31 августа)* St. Raymond Nonnatus.

Раймо́нд Пеньяфо́ртский, еп. *(ум. 1242; катол. св., д. п. 7 января)* St. Raymond of Peñafort, bp.

Райму́нд де Сабу́нд *(ум. 1432-36; испан. схоластик-философ)* Raymond of Sebonde.

Райму́нд из Пеньяфо́рте, еп. *см.* **Раймо́нд Пеньяфо́ртский, еп.**

Ра́йнальд Да́ссельский *(ок. 1120-67; немец. религ. деятель)* Rainald of Dassel.

ра́йские врата́ *см.* **врата́ ра́я**.

ра́йский paradistic(al), paradisal, paradisiac(al), heavenly; *(у ранних христиан)* empyrean, empyreal.

ра́йский сад *библ.* the Garden of Eden.

ра́ка *(гробница святого, ковчег с мощами святого; ларец для хранения святых мощей)* reliquary, chasse, arca, memoria, ark, phylactery; shrine with relics; *(переносная)* feretory, *(в форме домика)* aedicula ◊ **заключать [класть, помещать] в р.-у** to enshrine, *редко* to enchase.

"рака́" *библ. (сирийское слово – пустой, глупый человек; ругательное слово в Ев. от Матфея 5:22, служило выражением гнева и презрения)* raca.

ракаа́т *см.* **рака́т**.

рака́н *япон. см.* **арха́т, лоха́нь**.

рака́т *(цикл произносимых на араб. языке формул, а тж молитвенных поз и движений, составляющий основу мусульманской молитвы* **саля́т**) raka.

Ра́ма I *(в индуистской мифологии седьмое воплощение бога Вишну; культ Р., с 11 в. один из важнейших в индуизме, получил отражение в многочисленных воспроизведениях подвигов Р.-ы в рельефах скальных храмов средневековой Индии)* Rama.

Ра́ма II *библ. (распространённое в Израиле географическое название)* Ramah.

рамада́н *тюрк. см.* **рамаза́н**.

рамаза́н персидский *(9-й месяц мусульманского лунного календаря; в р. мусульмане, согласно Корану и шариату, обязаны соблюдать пост – уразу)* Ramad(h)an, Ramazan.

рамаи́зм *(одно из направлений вишнуизма, почитающее 7-ю аватару Вишну – героя-царя Ра́мы I, сошедшего на землю ради уничтожения зла, персонифицированного в образе царя ракшасов Раваны)* Ramaism.

ра́ма ико́ны icon-frame; *(часть оклада, закрывающая поле иконы)* metal cover of icon borders.

Рамакри́шна *(1836-86; выдающийся индийский религ. мыслитель и проповедник)* Ramakrishna.

Ра́мана Махари́ши *(1879-1950; духовный учитель, йог, создатель оригинальной филос. концепции на основе* **адва́йты(-веда́нты)***)* Ramana Maharshi.

Раманана́нд(а) *(ок. 1400-70; индийский мыслитель и религ. реформатор)* Ramananda.

Раману́джа *(11-12 вв.; индийский религ. мыслитель)* Ramanuja.

Рамача́ндра *(см. тж* **Ра́ма I***)* Ramchandra.

"Рама́яна" *(древнеиндийская эпическая поэма, написанная на санскрите, о доблестном герое-царе* **Ра́ме I** *и о его возлюбленной жене Сите <Sita>; автор "Р.-ы" – Валмики <Valmiki>)* Ramayana.

Рамба́м *иврит (аббревиатура от рабби Моше бен Маймон; см.* **Маймони́д***)* Rambam, Ramban.

рамга́рия *(каста ремесленников в сикхской общине)* the Ramgharias, the Tarkhans.

Рам Дас, гуру́ *(1534-1581; четвёртый гуру сикхов, вошёл в сикхскую историю как основатель священного города Амритсара)* Guru Aram Das.

рамда́си *(каста ремесленников в сикхской общине)* the Ramdasias.

раме́на *ц.-сл. (плечи)* shoulders.

раменоно́сник *см.* **омофо́р I.**

Рам Могу́н Рой *(1772-1833; индийский религ. реформатор, брахман, основатель секты "***Бра́хмо Сама́дж***")* Rammohun Roy, Raja Ram Mohan Rai.

Ранджи́т Сингх *(1780-1839; создатель независимого сикхского государства, короновавшийся в 1801 махараджей Пенджаба; период существования независимого сикхского государства в сикхской идеологии воспринимается как "золотой век" в истории Пенджаба, а Р. С. является любимым национальным героем; его называли "Пенджабский лев" <"Lion of the Punjab">)* Ranjit Singh.

раннехристиа́нский early Christian; *(непосредственно после Христа)* Epichristian ◊ **р.-ое иск-во** *(термин, определяющий западноевроп. христ. иск-во в период от 313, когда христ-во было признано рим. императором Константином, до протороманского иск-ва; для* **р.-ого** *иск-ва характерны опрощение античных форм, переосмысление языческих образов в христ-ве, формирование символики в образном языке)* the early Christian art; **р.-ая лит-ра** the early Christian writings; **р.-ая церковь** *(первые 3 в. христ-ва)* the Primitive Church.

Рансе́, Арма́н Жан ле Бутийе́ де *(1626-1700; основатель ордена* **траппи́стов***, священник, доктор богословия)* Rancé, Dominique Armand Jean le Bouthillier de.

Рапп, Гео́рг *(1757-1847; основатель религ. общины гармонитов или гармонистов <the Harmonists> в Америке; родился в г. Вюртемберге и в 1803 переселился со своими последователями в Восточную Пенсильванию и основал колонию, среди жителей к-рой царили полное равенство, общность имущества и безбрачие)* Rapp, George.

раска́ивающийся *см.* **ка́ющийся I, II.**

раска́лывать to sever ◊ **церковь раскололась на две секты** the Church was severed into two sects.

раскáяние penance, contrition, repentance ◊ **истинное р.** *катол. богосл. (обусловленное осуждением совершённого греха и любовью к Богу)* perfect contrition; **неистинное р.** *катол. богосл.* imperfect contrition; **полный р.-я и смирения** *(библ. – посыпав голову пеплом)* in sackcloth and ashes; **слова р.-я** contrite words.

раскáяться to repent, to show repentance.

раскóл *(1. иерархическое разделение церкви по национально-политическим причинам; 2. самовольное уклонение от единства богопочитания)* schism, dissidence, dissension, dissent, cleavage, rent, split ◊ **великий р.** great schism; **глубокий и бескомпромиссный р. между группами в русском православии** a deep and unbridgeable cleavage between different aspects of Orthodoxy in Russia; **между ирландскими и англ. монахами произошёл р.** dissention broke out between the Irish and English monks; **участвовать в р.-е** to schismatize.

"Раскóл велúкий" Зáпадной цéркви *(название почти 40-летнего <1378-1417> "смутного" периода в истории папства, когда в результате одновременного избрания папы Урбана V и папы Климента VII произошёл раскол в католичестве; конец "Р. в." положил Констанцский собор в 1414; тж "**Велúкая схúзма 1.**")* the (Great) Western Schism, the Great [papal] Schism.

расколоучúтель one who teaches dissent; schismatic.

раскóл христиáнской цéркви 1054 *(на Восточное правосл. христ-во и Западное катол. христ-во; конфликт между двумя церквами усиливался, начиная с распада Римской империи на Восточную и Западную и переноса столицы в 4 в. из Рима в Константинополь; существовали разногласия и по вопросам вероучения и характера папской власти; традиционно датой разделения считается 1054, когда каждая из церквей предала другую анафеме; тж "**Велúкая схúзма**" 2., "**Велúкий востóчный раскóл**")* the Great Eastern Schism, the schism of 1054, the East-West Schism.

раскóльник schismatic, dissenter, nonconformist, separatist, secessionist, sectary.

раскóльники *(те, к-рые чуждаются единения с правосл. церковью и держатся особых толков и обрядов; так в официальных светских и церк. кругах России необоснованно называли старообрядцев)* the Raskolniki, the Raskolniks.

раскóльничать to schismatize.

раскóльнический schismatic, dissenting, nonconformist ◊ **р.-ая деятельность** sectarian activities.

раскóльничество schism, dissent.

раскры́ть *(икону; очистить от поздних записей)* to remove overpaint.

распéв *(круг церк. мелодий у православных; **р.-ы** обычно охватывают все восемь гласов; тж система древнерусского монодического пения)* chant, *(круг церк. мелодий)* plain chant, cantus, (ritual) plain song; *лат.* cantus firmus ◊ **англикáнский р.** Anglican chant; **р. без музыкального сопровождения** a capella; **двойнóй р.** *(в англик. р.-е)* double chant; **одноглáсный знáменный р.** the Byzantine plain chant, the znamenny chant; **стáринный церк. р.** the early Church chant.

распевáть *(речитативно, напр. в синагоге или какой-л. обрядовой церкви)* to cantillate.

распинáть *см.* **распя́ть**.

распинáющий *сущ. (тот, кто осуществляет распятие)* crucifier.

распла́та *(кара, возмездие)* retribution; *(искупление)* atonement ◊ **день р.-ы, су́дный день** the day of reckoning; **доктри́на р.-ы за вину́** *катол.* the doctrine of satisfaction.

распо́п *см.* **расстри́га**.

распростёртое положе́ние *(тела)* prostration.

распростёртый *(лежащий ничком)* prostrate.

распростране́ние но́вой ве́ры propagation of the new faith.

распространя́ть *(религ. воззрения)* to promulgate.

распу́стная кни́га *см.* **разводно́е письмо́**.

распу́тный dissolute, dissipated ◊ **вести́ р. о́браз жи́зни** to lead a dissipated [dissolute] life.

распу́тство *библ.* wantonness, lewdness ◊ **предава́ться р.-у** to walk in wantonness.

распу́щенность dissoluteness, licentiousness ◊ **осуди́ть р. [распу́щенный о́браз жи́зни] нек-рых кли́риков** to denounce the lax lives of some of the secular clergy.

Распя́тие *(по Евангелиям – момент казни, мучение и смерть Иисуса Христа на кресте)* the Crucifixion ◊ **Р. Иису́са Христа́** the Crucifixion of Jesus Christ.

распя́тие *(в изобразительном или церк. иск-ве – сюжет, изображающий Христа на кресте; Западное иск-во иногда изображает р. Христа, прибитого только тремя гвоздями, Восточное – всегда четырьмя; тж крест с фигурою, рельефом или изображением распятого Христа на иконе; р. в виде крестика, носимого на груди священнослужителями)* cross, crucifix, *греч.* estavromenos; *(в живописной форме)* passion; *(большой крест со скульптурным изображением распятого Христа на нём)* rood; *(скульптурное изображение распятия Христа на открытом воздухе)* calvary.

"Распя́тие с предстоя́щими" *(иконографический сюжет)* The Crucifixion with the Virgin Mary and John the Baptist Interceding.

распя́тый crucified ◊ **Р. (Христо́с)** the Crucified.

распя́ть to crucify ◊ **"Они́ опя́ть закрича́ли: распни́ Его́!"** *(Ев. от Марка 15:13)* 'And they shouted back, "Crucify Him"!'.

Ра́ссел, Чарльз *(1852-1916; амер. религ. деятель, проповедник второго пришествия Христа; в 1872 создал Международную ассоциацию исследователей Библии <the International Bible Students' Association> в результате отделения от адвентистов; в 1931 последователи Рассела, "расселиты", переименовали себя в "Свидетелей Иеговы")* Russel, Charles Taze; 'Pastor Russel".

рассея́ние *см.* **диа́спора**.

paccла́бленный *библ. (паралитик)* a man sick of the palsy, paralytic.

расстри́га *(лицо, лишённое духовного сана за неблаговидное поведение или самовольно вышедшее из духовного звания)* unfrocked priest, unfrocked monk, deposed cleric.

расстрига́ть to unfrock.

расстриже́ние *(способ снятия или лишения духовного сана, иначе – "извержения из духовного сана" церк. властью лиц этого сана, виновных в преступлениях)* unfrocking.

расстри́чься *(отказаться от сана, уйти из монастыря, сложить с себя монашество)* to cast one's frocks to the nettles, to unfrock, to jump [to leap] over the wall; *(о женщине)* to renounce the veil.

растама́ны *см.* **растафа́ри**.

растафа́ри *(последователи движения р.)* the Rastafarians ◊ **движение р.** *(религ. учение, возникшее на Ямайке среди чернокожего населения в нач. XX в.; его последователи считают Африку настоящей Землёй обетованной; р. поклоняются единому Богу – Джа, воплощением к-рого считают короля Эфиопии Хайле Селассие I 1892-1975)* Rastafarianism.

растафари́ны *см.* **растафа́ри**.

растира́ть кра́ски *(в иконописи)* to grind colours, to rub up paints ◊ **кра́ски растира́лись на яи́чном желтке́** paints were rubbed up with yoke of egg.

расчи́стка *(иконы)* cleaning (of dust, of overpaint).

расшире́ние прав като́ликов *(предоставление полных политических и гражданских прав и свобод католикам в Англии; вопрос о р.-и п. к. окончательно был решён в 1829 вслед за избранием в палату общин католика Даниэла О'Коннела в 1828)* the Catholic emancipation.

Ратра́мн *(ум. 868; богослов, бенедиктинский монах; главное его произведение "О Теле и Крови Господних", лат. 'De Corpore et Sanguine Domini')* Ratramnus.

ра́тха *(в храмовых церемониях Индии повозка, на к-рой везут статую божества)* ratha.

Ратхая́тра *(праздник в Индии, во время к-рого статую божества везут на повозке)* Rathayatra, Rath Yatra.

Ра́ушенбуш, Уо́лтер *(1861-1918; амер. религ. и общественный деятель, баптист, идеолог амер. социального христ-ва <social gospel movement>, к-рое критиковало пороки экономической системы США; автор монументального труда "Христианство и социальный кризис" (1907) <Christianity and the Social Crisis>)* Rauschenbusch, Walter.

Рафаи́л *библ. (один из главных ангелов/архангелов; апокрифическая книга Еноха признаёт его вторым в ряду архангелов после Михаила; в книге Товита он под именем Азавии выступает в роли ангела-целителя, посланного Богом, чтобы вернуть Товиту зрение; катол. церковь считает Р.-а архангелом и покровителем путешествующих; д. п. 8/21 ноября, катол. – 29 сентября)* Raphael ◊ **архангел Р.** the Archangel Raphael.

рафиди́ты *(распространённое прозвище шиитов)* Rafidah.

рафизи́ты *см.* **рафиди́ты**.

Раха́ва *см.* **Раа́в I**.

рахбанийа́ *(мусульманское название монашества в др. религиях)* rahbaniyah.

Рахе́л *см.* **Рахи́ль**.

Рахи́ль *библ. (дочь Лавана, любимая жена Иакова, от к-рой у него было два сына: Иосиф и Вениамин)* Rachel.

Раши́ *(1040-1105; аббревиатура от иврит Рабби Шломо Иицхаки <Rabbi Shelomoh Yishaqi> (т. е. Р. Соломон сын Исаака <Solomon ben Isaac>); са-*

мый знаменитый комментатор Танаха и Вавилонского Талмуда, живший во Франции; все религ. издания священных еврейских книг выходят обязательно с его комментариями) Rashi.

Рашну *(дух праведности в зороастризме)* Rashnu.

рвение fervo(u)r ◊ **религ. р.** religious fervor.

ребе *идиш (уменьшительное от иврит "раби" – "мой господин, мой раввин"; хасиды называют этим словом своих духовных наставников, подчёркивая интимный, сокровенный характер отношений между* **цад(д)иком** *и его последователями)* rabbi.

Ревекка *библ. (жена Исаака, мать близнецов Исава и Иакова)* Rebekah, Rebecca.

реверенда *см.* **сутана**.

ревивализм *(религ.-филос. движение среди последователей протест. церкви в США, Англии и др. странах за духовное возрождение или пробуждение истинной апостольской церкви, начавшееся в 18 в.)* revivalism ◊ **последователь р.-а** revivalist.

ревивалистский *(прил. к* **ревивализм***)* revivalistic.

ревнитель *(веры)* adherent, zealot ◊ **р. древнего благочестия** the zealot of the old devotion; **р. православия** adherent of Orthodoxy.

ревностный zealous ◊ **будь ревностен** *библ.* be zealous; **р. к добрым делам** *библ.* zealous of good works; **р. патриарх** zealous patriarch; **р. по Боге** *библ.* zealous toward God.

Ревокат, св. мч. *(ум. 203; д. п. 1/14 февраля)* St. Revocatus, M.

регализм *(доктрина примата государства над церковью) истор.* regalism.

регалии *(предметы, являющиеся символом власти)* regalia ◊ **архиерейские и священнические р.** prelatial and priestly regalia.

регент *(руководитель хора певчих, клироса)* cantor, chanter, choirmaster, chapel-master, precentor, leader, *амер.* chorister, *устар.* arch chanter, *греч.* protopsaltes ◊ **быть р.-ом** *(руководить хором певчих)* to precent; **заместитель [помощник] р.-а** *(в нек-рых соборах или монастырях)* succentor.

регентский cantor(i)al, cantoris, cantorous, precentorial.

регентство precentorship.

регентствовать to precent, to act as a precentor.

регентша 1. *(женщина-дирижёр церк. хора)* precentress, precentrix, female precentor; **2.** *(жена регента)* precentor's wife.

Регина Алезийская, мц. *(2 в.; катол. св., д.п. 7 сентября)* St. Regina of Alise,m.

Редемпта Римская, дева *(6 в.; катол. св., д. п. 23 июля)* St. Redempta, v.

Редемпт Креста, блж. *(1600-38; катол. св., д. п. 29 ноября)* Blessed Redemptus of the Cross, Blessed Dionysius Berthelot.

редемптористки 1. *(конгрегация катол. монахинь, утверждённая рим. курией в 1750)* the Redemptines, the Redemptoristines; **2.** *(конгрегация катол. монахинь, основанная в 1831)* the Redemptorines.

редемптористский Redemptorist.

редемптористы *(катол. конгрегация, к-рую основал в 1749* **Альфонсо Мария Лигуори***)* the Redemptorists, the Liguorists, the Liguorians.

резерва́ция *(права и преимущества светской и духовной власти на Западе в Средние века;* **р.** *церкви состояла в защите веры, созыве соборов, замещении и назначении духовных лиц на вакансии и пр.; Базельский собор требовал ограничения свободы папской* **р.-и** *вследствие злоупотреблений)* reservation.

резиде́нция *(официальная архиепископская или епископская в Англии)* palace ◊ **р. патриарха** the residence of a patriarch, patriarchate.

реинкарна́ция *см.* **метемпсихо́з(ис), перевоплоще́ние, переселе́ние душ**.

"Ре́ймская ве́рсия" *(см.* **Дуэ́(й)ская Би́блия)** the Rhemish Version.

ре́ймсский перево́д Но́вого Заве́та *(1582; опубликован в г. Реймсе, Франция, в англ. Римско-катол. колледже)* the Rhemish Testament.

Ре́йнгольд Кёльнский, прмч. *см.* **Ре́йнольд Кёльнский, прмч.**

Ре́йнкенс, Йо́зеф Ху́берт *(1821-96; немец. религ. деятель, первый старокатол. еп.)* Reinkens, Joseph Hubert.

Ре́йнольд Кёльнский, прмч. *(ум. ок. 960; покровитель каменщиков, катол. св., д. п. 7 января)* St. Reinold, m.

рейнсбургиа́не *см.* **коллегиа́нты**.

Ре́йсбрук, Ян ван *(1293-1381; фламандский мистик)* Ruysbroeck, Jan van.

рейхста́г в Шпе́ере *(рейхстаг 1526, на к-ром впервые было частично узаконено лютеранство; второй* **р. в Ш.** *(1529) отменил это решение)* the Diet of Speyer [Spires].

Рейш, Франц Ге́нрих *(1825-1900; старокатол. богослов, профессор ветхозаветной экзегетики и богословия в Бонне с 1854; стоял во главе оппозиционного движения против Ватиканского собора и его постановлений)* Reusch, Franz Heinrich.

река́ Еги́петская *см.* **пото́к Еги́петский**.

ре́квием *(1. заупокойное богослужение в катол. церкви, начинающееся словами <лат. 'Requiem aeternam dona eis, Domine'> "Покой вечный дай им"; 2. муз. произведение для хора с оркестром)* requiem.

реколле́кты *(общее название членов монашеских катол. орденов, отличавшихся более строгим соблюдением устава)* the Recollects, *франц.* Recollets, *испан.* Recoletos, *лат.* Recollecti fratres ◊ **августинцы-р.** *(монашеский орден, основанный в Испании в 1589)* the Augustinian Recollects; **францисканские р.** *(монашеский орден, основанный в кон. 16 в.)* the Franciscan Recollects. .

рекоменда́тельное письмо́ *(поручительное письмо к церкви или церк. организации, свидетельствующее о том, что податель сего письма заслуживает благожелательного к нему отношения и милосердия со стороны единоверцев)* letters pacifical.

ре́ктор *(глава духовной семинарии)* head of a(n) (ecclesiastical) seminary.

религиове́д *(учёный, изучающий религию)* student of religion.

религиове́дение *(совокупность наук, изучающих религию;* **р.** *раскрывает сущность, причины появления и длительность существования религии, её историю, идеологию, догматику, философию и т. п., состояние мировых религий)* the study [science] of religion, religious studies.

религио́зно religiously.

религиозно- *или* **религиозный** *(как часть сложных слов)* religio- ◊ **военно-религиозный** religio-military; **р.-образовательный** religio-educational; **р.-политический** religio-political; **р.-философский** religio-philosophical, theo-philosophic; **р.-этический** religio-ethical.

Религиозное общество друзей *(одно из ответвлений организации квакеров, к-рое откололось от основной организации в 1827-28; называется тж хикстеры <the Hicksites> в честь её лидера Илии Хикса)* the Religious Society of Friends.

религиозное помешательство *см.* **теомания**.

религиозное свободомыслие libertinism ◊ **религиозно свободомыслящий** *прил.* libertine.

религиозность *(религ.-мотивируемое поведение)* religiosity, religiousness, piety, piousness; *(строгое соблюдение религ. предписаний)* religionism.

религиозные войны во Франции *(девять религиозно-политических конфликтов во Франции, протекавших с перерывами между 1562 и 1598)* the French Wars of Religion, the French Religious Wars.

религиозный *(1. относящийся к религии; 2. верующий, набожный)* religious, devotional, pious, *редко* religionary; *(об иск-ве)* hieratic ◊ **р.-е войны** *истор.* the Wars of Religion; **р. вымысел** *(напр. при описании жизни и деяний святого, не подтверждённом достоверными источниками)* pious [religious] fiction; **глубоко р. человек** religious zealot, religioner; **делать р.-м** to religionize; **р.-е воззрения** religious views; **р.-ая лит-ра** pious literature; **р. обряд** religious ceremony, religious action; **р. опыт** religious experience; **р. пыл** warmth of piety; **р.-ое рвение** devotion, fervent piety; **р.-ое сознание** religious thought; **р.-е соображения** religious sanctions; **р.-е убеждения** religious commitment, religious convictions, persuasion; **р.-ое учение** religion; **р. фанатизм** religionism, religiosity; **р. человек** religionist, religioner; **р.-ое чувство** religious feeling; **фанатично р.** religiose.

религиозный синкретизм *см.* **теокразия**.

религия *(совокупность верований, представлений, обрядов и традиций, имеющих целью осуществление нравственной связи человека с Богом, со Святым и высшими формами бытия; как правило, охватывает все стороны индивидуального и общественного сознания, человеческой деятельности; включает в себя культ, философию, этику, искусство и т. п.)* religion, faith, *сокр.* rel, relig. ◊ **богооткровенная р.** revealed religion; **в вопросах р.-и** in matters of religion; **древняя р.** old-time religion; **естественная р.** *(поклонение силам природы)* natural religion; **р., имеющая истор. основателя** positive religion; **искажённая р.** irreligion; **мистические р.-и** mystery religions; **объединяющий все р.-и** *прил.* nonsectarian; **организованная р.** institutional religion; **р., основанная на философской основе позитивизма** religion of humanity; **под покровом р.-и, прикрываясь р.-ей** under the guise of religion; **природная р.** *см.* **естественная р.**; **присущий** *какой-л.* **р.-и** native to a religion; **приобщать к р.-и** to religionize; **современные р.-и** living religions; **тот, кто верит во все р.-и** omnist; **эзотерические р.-и** mystery religions.

рели́гия

"рели́гия Но́вой А́нглии" *истор. (господствующая в Новой Англии, США, в 1730-1880 разновидность протестантизма – кальвинизм в интерпретации потомков пуритан)* the New England theology.

реликва́рий *(в средневековой Европе – сосуд для мощей или иных предметов, считавшихся священными; **р.-и** выполнялись из драгоценных материалов, часто в форме миниатюрных архит. сооружений, а тж в виде руки, стопы или бюста)* reliquary.

рели́квии 1. *(пользующиеся религ. почитанием предметы, связанные с жизнью Христа, Богородицы, святых; наиболее широко культ **р.-й** распространён в католицизме; к **р.-ям** относятся тж мощи)* (holy) relics; *устар.* hallows, halidom(e); **2.** *(древние предметы)* antiquities.

Рема́кл Аквита́нский, еп., абба́т *(ум. ок. 675, катол. св., д. п. 3 сентября)* St. Remaclus, bp. of Aquitaine, abt.

Реми́гий Ре́ймсский, еп. *(ок. 437-530; франкский религ. деятель, катол. св., д. п. 1 октября)* St. Remi(gius) [Remy], bp. of Reims.

ремонстра́нты *см.* **арминиа́не**.

"Ремонстра́ция" *(документ из 5 глав, выпущенный в 1610 поеле смерти **Арми́ния**, излагающий догматы **арминиа́нства** о спасении)* the Remonstrance.

Ремфа́н *библ. (ассирийский бог, олицетворяющий небесное светило)* Remphan.

ренега́дос *(христиане Испании, принявшие ислам во время мусульманского владычества)* renegados.

ренега́т *(лицо, перешедшее из одной веры в другую)* renegade.

ренега́тство desertion, apostasy.

Рене́льда Бельги́йская, де́ва, мц. *(ум. ок. 680; катол. св., д. п. 16 июля)* St. Reinaldis, v., m.

"Ре́рум Нова́рум" *("О новых вещах"; социальная энциклика папы Льва XIII, обнародованная в 1891) лат.* Rerum novarum.

рескри́пт, па́пский *(официальный письменный ответ папы по вопросу частного канонического права)* rescript, *истор.* mandate.

респонсо́рий *(ответная партия в антифональном пении двух хоров во время богослужения)* responsory.

реставра́тор restorer, instaurator.

реставра́торство restoration *(of objects of art)*.

реставрацио́нная мастерска́я restoration workshop.

реставрацио́нные рабо́ты restoration (work) ◊ **большие р. р. были произведены по укреплению и промывке фресок** extensive restoration to strengthen and wash the frescoes was done; **произвести значительные р. р. собора** to have considerable restoration work done on the cathedral.

реставра́ция *(восстановление в первоначальном, или близком к первоначальному, виде, напр. архит. памятников, произведений искусства и т.п., повреждённых или искажённых последующими переделками)* restoration, renovation, *(после того как объект пришёл в ветхость)* instauration ◊ **после р.-и в замке немного осталось от старого** the castle is a mere restoration; **р. произведений иск-ва** restoration of works of art.

реставри́рованный restored; repaired, renovated ◊ **р. картина** a restored picture.

реставри́ровать to restore; to repair, to renovate ◊ **р. карти́ну** to restore a picture.

"Реституцио́нный эди́кт" *(1629; о лишении протест. князей и городов церк. владений, секуляризированных с 1552; эдикт издан императором Священной Рим. империи Фердинандом II и подтверждён Густавом Адольфусом)* the Edict of Restitution.

рета́бло *(в катол. храме заалтарное [запрестольное] украшение, чаще из резного дерева с росписью и т. п.)* retable, predella, superaltar, gradin.

рефаи́мы *библ. (исполинский народ, происходивший от филистимлянина по имени Рефа родом из Гефа)* the Rephaim.

рефекто́рий *(в катол. монастырях столовая зала братии, украшенная висящими на стенах скульптурным распятием и религ. картинами или стенной росписью; в **р.-и** кроме обеденных столов и скамей обыкновенно находятся: кафедра с пюпитром для чтеца душеспасительных книг во время трапезы, сосуд для святой воды и иногда престол – для богослужения; в нек-рых монастырях бывает по два **р.-я** – один для летней поры, другой для зимней)* refectory.

референда́рий *истор. (чиновник при константинопольской [цареградской] церкви, на к-рого было возложено являться к императору от патриарха по особо важным делам)* referendary.

Рефиди́м *библ. (стоянка израильтян во время странствования по пустыне)* Rephidim.

рефо́рматор, церко́вный ecclesiastical reformer.

Реформа́тская це́рковь *(1. в широком смысле – церковь, рождённая протестантской Реформацией в 16 в.; 2. кальвинистская церковь континентального происхождения, возникла в 16 в., подобно лютеранской церкви, как результат Реформации)* the Reformed Church, *сокр.* Ref. Ch. ◊ **Всеми́рный альянс Р.-их церкве́й** the World Alliance of the Reformed Churches (WARC); **относя́щийся к Р.-ой пресвитериа́нской це́ркви** Reformed Presbyterian, *сокр.* Ref. Pres., RP; **Р. пресвитериа́нская ц.** *(общее название)* the Covenanter [Reformed] Presbyterian Church; **Христиа́нская р. це́рковь** *(в США)* the Christian Reformed Church; **Швейца́рская р. ц.** the Swiss Reformed Church.

реформа́ты *(приверженцы реформатской церкви)* the Reformers.

рефо́рма, церко́вная ecclesiastical reform.

Реформа́ция *(религ. движение 16 в., охватившее большинство стран Зап. Европы и направленное прежде всего против Римско-катол. церкви; Р. привела к возникновению протестантизма)* the Reformation ◊ **эпо́ха Р.-и** the age of the Reformation.

реформи́рованные це́ркви the Reformed Churches ◊ **Венге́рская р.-ая це́рковь в Аме́рике** the Free Magyar Reformed Church in America; **Нидерла́ндская р.-ая це́рковь в Аме́рике** the Reformed Dutch [Dutch Reformed] Church in America, *сокр.* D.R.; **р.-ая евангели́ческая лютера́нская це́рковь** the Reformed Evangelical Lutheran Church, *сокр.* RELC; **р.-ая це́рковь в Аме́рике** the Reformed Church in America; **р.-ая це́рковь в США** the Reformed Church in the United States.

Реха́в *библ. (родоначальник основанной его сыном Ионадавом религ. общины бедуинского племени рехавитов <the Rechabites>)* Rechab.

рехристианизация см. **евангелизация**.

Рецин библ. (царь Арамейского царства) Rezin.

речи (проповедников) sermons.

"Речные братья" (одно из ответвлений в **меннонитстве**, возникшее в шт. Пенсильвания во второй пол. 18 в.; в дальнейшем эта организация разбилась на следующие течения: "Объединённая церковь Сиона" <the United Zion's Children>, "Речные братья старого порядка" (йоркеры) <the Old Order [the Yorker] Brethren>, "Церковь братьев во Христе" <the Brethren in Christ>) the River Brethren.

решение, церковное катол. (по вопросам веры) definition.

решения (выводы) **собора церкви** the findings of the Council.

решётка (любое металлическое ограждение внутри здания, напр. церкви) rail(ing), set of railings; (ограждение вокруг какого-л. священного предмета или места) vedika ◊ **алтарная р.** altar rail, parclose; **р. солеи** solium rail.

рибат араб. (обитель, приют для суфиев, странноприимный дом, тж **текке**) ribat.

"Ригведа" (древнеиндийский сборник, содержащий более тысячи религ. гимнов с восхвалением, мольбой и просьбами, обращёнными к богам) the Rig-Veda ◊ **относящийся к "Р.-е"** Rig-Vedic; **сборник "Р."** (собрание Вед, самхиты) the Rig Veda Samhita.

Ригия библ. (приморский город в Мессинском проливе, ныне Реджио) Rhegium.

Ригоберт Реймсский, архиеп. (ум. ок. 745, катол. св., д. п. 4 января) St. Rigobert, archbp. of Rheims.

ригоризм (суровое и бескомпромиссное соблюдение какого-л. этического принципа, в том числе религ. морали) rigo(u)rism.

ригористический rigo(u)rist, rigo(u)risti(c).

риддхи (в буддизме сверхъестественные способности, обретаемые путём глубокого сосредоточения; насчитывалось десять **р.**: способность принимать любой облик, летать по воздуху, ходить по воде, проникать сквозь стены, погружаться в землю, быть одновременно в нескольких местах, читать чужие мысли, видеть свои и чужие прошлые перерождения, создавать волшебные призраки) санскрит riddhi, пали iddhi.

Ридли, Николас (ок. 1500-55; англ. еп., деятель Реформации, протест. мученик, при Марии Тюдор сожжён на костре вместе с **Латимером**) Ridley, Nicholas.

риза 1. (верхнее богослужебное облачение священника или еп.-а в виде накидки с прорезями для рук) liturgical vestment, phelonion, phaelonion, (в Зап. христ-ве) chasuble, (ecclesiastic's) cope, лат. casula, (в Италии) planeta; (еп.-а) mandyas; истор. pluvial; (в Восточном христ-ве; с капюшоном, к-рую надевают особ. во время крестного хода) anabata; (современная катол. **р.**) the fiddleback chasuble ◊ **"готическая" р.** (суживающаяся книзу, с вшитыми "крыльями", закрывающими разрезы для рук) истор., катол. the Gothic chasuble; **2.** (обыкновенное одеяние христианина) raiment, vestment; **3.** (фигурная металлическая накладка на иконе, оставляющая открытым только изображение лица и рук образа) icon plating, icon shield, metal mounting of an icon, riza.

риза Богоматери the veil of the Mother of God ◊ **р. Пресвятой Богородицы** *(по свидетельству Никифора Каллиста, в царствование греч. императора Льва Великого 457-74 св. братья Галвий и Кандил, путешествия в Палестину на поклонение св. местам, обрели там, в доме одной девицы-еврейки* **р.-у** *Пресвятой Богородицы, к-рая со времени успения Богоматери переходила от одной девы к другой; удостоверясь, что это действительно есть* **р.** *Пресвятой Богородицы, Галвий и Кандид приобрели её и, по прибытии в Константинополь, сначала хранили в своей домовой церкви; когда о святыне узнали многие по исходившим от неё исцелениям, Галвий и Кандид объявили о ней императору и патриарху Геннадию, после чего в 458* **р.** *Пресвятой Богородицы была положена во храме Божией Матери, построенном на берегу Влахернского залива; с тех пор ежегодно 2 / 15 июля празднуется* "**Положе́ние ри́зы Пресвято́й Богоро́дицы во Влахе́рне [во Влахе́рнах]**"; *часть* **р.-ы** *Пресвятой Богородицы хранилась в московском Успенском соборе)* the Robe of the Most Holy Theotokos.

ри́зница *(помещение в христ. храмах и монастырях, где хранятся священническое облачение и церк. утварь)* vestry, sacristy; *(редко)* vergery; *(в Средневековье)* sacrarium; *(в правосл. храмах — место в алтаре обычно справа от горнего места, см. тж* **диа́конник**) diaconicon, diaconikon, diaconicum, vestry, parabema, *греч.* sceuphylaion ◊ **р. и жертвенник** *(если они отделены стенами, образуя отдельное помещение)* parabemata.

ри́зничарь *см.* **ри́зничий**.

ри́зничий *(заведующий церк. имуществом)* sacrist(an), sexton, vestiary, *редко* vestiarian; *правосл.* sceuophylax.

ри́зный 1. *см.* **ри́зничий**; **2.** *(относящийся к облачению)* vestiarian.

Ризоположе́ние *см.* **Положе́ние ри́зы Пресвято́й Богоро́дицы во Влахе́рне [во Влахе́рнах]**.

Риктру́дис, аббати́са *см.* **Рихтру́да, аббати́са**.

Риммо́н *библ. (1. еврейское имя арамейского божества грома и бури Рамману; 2. название ряда местностей в Палестине)* Rimmon ◊ **поклоня́ться в до́ме Р.-а** *(подчиниться аморальным и достойным порицания обычаям и требованиям)* to bow down in the House of Rimmon.

ри́мо-като́лик Roman Catholic, *сокр.* Rom Cath.

ри́мо-като́лики the Roman Catholics, *сокр.* Rcs.

ри́мо-католи́чество Roman Catholicism.

ри́мская ку́рия *см.* **ку́рия – к. римская**.

Ри́мско-католи́ческая це́рковь *(одна из древнейших, наиболее многочисленная, организованная и активная из существующих христ. церквей; охватывает все христ. общины, находящиеся в полном единстве с Римом, имеющие с ним общность вероучения, таинств и обрядовой традиции, нравственности и образа жизни)* the Roman Catholic Church, the Church of Rome; *сокр.* RCC, R.C.Ch.; *(та часть катол. церкви, к-рая признаёт Папу Римского как Папу и патриарха)* the Latin Church.

ри́мско-католи́ческий Roman (Catholic), *сокр.* Rom Cath, RC ◊ **р.-к. чин** the Roman [Latin] rite.

Риндза́й(-сю) *см.* **Ринса́й-дзэн**.

Ринса́й-дзэн *(одна из двух крупнейших школ совр. япон. дзэн-буддизма)* Rinzai Zen.

рипи́да *(лучистый круг из золота, серебра и золотой бронзы на длинном древке с изображением шестикрылого серафима в центре; используется при архиерейском богослужении;* **р.-у** *несут во время крестного хода с участием еп.-а, она тж используется в обряде водосвятия; ею осеняют гроб умершего архиерея; в древности с помощью* **р.-ы** *отгоняли летающих насекомых от Святых Даров; в наст. время покачивание* **р.-ы** *выражает благоволение, а сама* **р.** *выражает присутствие ангельских сил)* ripidia, rhipidion, ripisterion, (sacramental) fan; *греч.* exapteryga.

Ри́пон-Холл *(духовная академия в г. Оксфорде; готовит англик. священников)* the Ripon Hall.

Риса́й библ. *(сын Зоровавеля, упоминаемый в родословии Иисуса)* Rhesa.

Рисскю́ *(одна из шести япон. буддийских школ, основанная в 8 в. Ганджином 687-763)* Risshu.

ри́та *(в ведической религии обозначение универсального космического закона, обеспечивающего мировой порядок и регулярность космических процессов)* r(i)ta.

Ри́та Каски́йская, прп. *(1381-1457; катол. св., д. п. 22 мая)* St. Rita of Cascia.

ри́тор истор. **1.** *(оратор в Древней Греции и Риме, с 3 в. до н. э.)* rhetorician, orator; **2.** *(преподаватель или ученик риторской школы)* rhetorician, rhetor, teacher [master] of rhetorics; **3.** *(одно из должностных лиц греч. церкви, к-рый изъяснял Священное Писание и писал от имени патриарха или митрополита наставительные слова)* rhetor..

ритуа́л *(разновидность обычая или традиции; исторически сложившаяся или специально установленная норма поведения, в к-рой форма исполнения действий строго канонизирована и имеет лишь символическое значение)* rite, ritual, agendum, ceremony, *катол.* sacramental, *лат.* ritus ◊ **магический р.** goetic ritual; **превращать в р.** to ritualize; **р.-ы, моления о ниспослании удачи, блага** *(молебствия и т. п)* auspicial rites. **священные р.-ы** sacramental rites.

ритуали́зм *см.* **обря́довость.**

ритуали́ст *(сторонник обрядовости)* ceremonialist, ritualist.

ритуалисти́ческий ritualistic.

ритуа́л церко́вной слу́жбы liturgy, form of worship.

ритуа́льно *(в соответствии с ритуалом)* ritually.

ритуа́льный ritual, ceremonial, sacral ◊ **р.-ое убийство** ritual murder.

Ритчль, А́льбре́хт *см.* **Ричль, А́льбрехт.**

Риха́риус Амье́нский, абба́т *(ум. ок 645; катол. св., д. п. 26 апреля)* St. Richarius [Ruquier], abt.

Рихбе́рт Ре́ймсский, архиеп. *см.* **Ригобе́рт Ре́ймсский, архиеп.**

Рихтру́да, аббати́са *(ум. 688; катол. св., д. п. 12 мая)* St. Rictrudis, abbess.

Рича́рда Эрха́нгер *(ум. ок. 895; германская королева, катол. св., д. п. 18 сентября)* St. Richardis.

Ри́чард Чиче́стерский, еп. *(ум. 1253; катол. св. д. п. 3 апреля)* St. Richard de Wycha, bp. of Chichester.

Ричль, А́льбрехт *(1822-89; протест. богослов; профессор университетов в Бонне и Геттингене; Р. явился основателем богословской школы, получившей большое распространение в Германии)* Ritschl, Albrecht ◊ **относящийся к богосл. школе и взглядам Р.-я** Ritschlian.

Ричми́р, абба́т *(ум. ок. 715; катол. св., д. п. 17 января)* St. Richimir, abt.
Ри́ччи, Матте́о *(1552-1610; итал. миссионер в Китае)* Ricci, Matteo.
Ри́ччи, Сципио́не *(1741-1810; реформатор катол. церкви в Тосканском герцогстве)* Ricci, Scipione de.
Ришабхана́тха *(святой в джайнизме)* Rishabhanatha.
Ришелье́, Арма́н Жан дю Плесси́, кардина́л и ге́рцог *(1585-1642; франц. религ. и государственный деятель)* Richelieu, Armand Jean Plessis, Cardinal, Duc de.
ри́ши *(в индуизме мудрец, провидец; любой из семи великих мудрецов, рождённый из разума Брахмы и впервые интуитивно воспринявший Веды)* rishi.
Ро́берт Беллармин, еп. и Учи́тель Це́ркви *(1542-1621; катол. св., д. п. 17 сентября)* St. Robert Bellarmine, bp., dr.
Ро́берт За́льцбургский, еп. *см.* **Ру́перт За́льцбургский, еп.**
Ро́берт Моле́смский, абба́т *(ум. 1110; катол. св., д. п. 29 апреля)* St. Robert of Molesmes, abt.
Ро́берт Ре́ймсский, архиеп. *см.* **Ригобе́рт Ре́ймсский, архиеп.**
Ро́бертс О́рал *(род. 1918; амер. евангелист; основатель Церкви святости пятидесятников (1947) <the Pentecostal Holiness Church>; выступал с проповедями по радио и телевидению; в 1963 основал Университет Орала Робертса в г. Талса, шт. Оклахома)* Roberts, Oral.
Ро́берт Шез-Дье́сский, абба́т *(ум. 1067; катол. св., д. п. 17 апреля)* St. Robert of Chaise Dieu, abt.
Ровоа́м *библ. (сын и преемник Соломона)* Roboam, Rehoboam.
рог *библ. (употребляется как символ могущества, силы и царской власти)* horn ◊ **возвы́сить р.** *библ. (укрепить силу, дать твёрдость)* to exalt the horn.
Рога́н, Луи́ Рене́ Эдуа́р, принц де *(1734-1803; франц. кардинал)* Rohan-Guemenee, Louis Rene Edouard, Prince de.
род *библ.* offspring, lineage, generation ◊ **р. Бо́жий** the offspring of God; **р. и́збранный** a chosen generation; **р. лука́вый и прелюбоде́йный** wicked and adulterous generation; **р. людско́й** *(человечество)* humankind; **"Он (Иосиф) был из дома и рода Давидова"** *(Ев. от Луки 2:4)* 'he was of the house and lineage of David'.
Ро́да *библ. (служанка в доме Марии, матери Иоанна, называемого Марком)* Rhoda.
Ро́джер Тоди́йский, прп. *(ум. 1237; катол. св., д. п. 5 января)* St. Roger of Todi.
роди́вшая Бо́га *(о Богородице) лат.* Deiparous.
роди́вшийся (вновь) во Христе́ *см.* **возрождённый Христо́м**.
Родио́н ◊ **апп. от 70-ти Ера́ст, Оли́мп, Родио́н, Сосипа́тр, Куа́рт [Кварт] и Те́ртий** *(1 в.; д. п. 10/23 ноября)* Sts. Erastus, Olympus, Rodeon, Sosipater, Quartus and Tertius, Apl.
"роди́тели" *(поминаемые умершие)* ancestors.
роди́тельские суббо́ты *(дни особого внецерк. поминовения усопших; субботы перед мясопустной седмицей и перед праздником Троицы; в Русской, а тж Сербской и нек-рых др. правосл. церквах такое поминовение установ-*

роди́тельские

лено тж в субботу перед днём св. Димитрия Солунского 26 октября / 8 ноября в память русских воинов, погибших в Куликовской битве в 1380, а тж во 2-ю, 3-ю и 4-ю субботы Великого поста) the memorial [requiem] Saturdays, the ancestor's days, the Saturdays of the remembrance of the departed parents ◊ **Троицкая р.-ая с.-а** the Trinity Memorial Saturday.

роди́ть библ. (о мужчине – произвести на свет) to beget ◊ "**Авраам р.-л Исаака; Исаак р.-л Иакова; Иаков р.-л Иуду и братьев его**" (Ев. от Матфея 1:2) Abraham begat Isaac; and Isaac begat Jacob; and Jacob begat Judas and his brethren'.

Родо́льф Бу́ржский, еп. см. **Раду́льф Бу́ржский, еп.**

родосло́вие (перечень поколений одного рода, генеалогия) genealogy ◊ **р.-я Иисуса Христа** (в Ев. от Матфея 1:2-17 – от Авраама, в Ев от Луки 3:23-28 – от Адама, сына Божия) the genealogies of Christ; "**Р. Иисуса Христа, Сына Давидова, Сына Авраамова**" ["**Книга о рождении Иисуса Христа, сына Давидова, сына Авраамова**"] (Ев. от Матфея 1:1) 'The book of the generation [genealogy] of Jesus Christ, the son of David, the son of Abraham'.

Родри́го и Соломо́н Кордо́вские, мчч. (ум. 857; катол. св., д. п. 13 марта) Sts. Roderic and Solomon, ms.

родство́, духо́вное катол. (возникающее между крёстным и крестником) (spiritual) affinity.

родство́ по му́жу и жене́ (в нравственном богословии отношения, возникающие после заключения брака) affinity.

рожде́ние ◊ **в новом р.-и** in a future incarnation.

рожде́ние от де́вы (учение о том, что Иисус Христос чудесным образом был зачат от Бога и рождён от Девы Марии) the Virgin birth (of Christ).

рожде́ние свы́ше (один из главных догматов протестантизма: возможность уже здесь, в земной жизни полностью очиститься от всех грехов) regeneration, the second birth.

рождённый от де́вы (об Иисусе Христе) virgin-born.

рождённый свы́ше (утвердившийся в вере после испытаний) regenerate, born again ◊ "**если кто не родится свыше, не может увидеть Царствия Божия**" (Ев. от Иоанна 3:3) Except a man be born again, he cannot see the kingdom of God'.

рожде́ственский Christmas, of the Nativity ◊ **Р.-е праздники** Christmastime, Christmastide.

Рожде́ственский же́нский монасты́рь (г. Москва) the Convent of the Nativity of the Mother of God.

Рождество́ (главный праздник в народном сознании почти везде на Западе; день 25 декабря) Christmas, сокр. Xm., Xmas, Yule, франц. Noël; (живописный сюжет) the Nativity ◊ **на Р.** at Christmas; **первый день Р.-а** Christmas Day; **Р. приходится на вторник** Christmas Day falls on a Tuesday.

Рождество́ Го́спода Бо́га и Спа́са на́шего Иису́са Христа́ (название одного из главных двунадесятых праздников православия; отмечается 7 января) the Nativity of Our Lord, God and Saviour, Jesus Christ ◊ "**С Р.-м Христовым!**" Merry Christmas!.

Рождество́ Де́вы Мари́и (катол. праздник, отмечаемый 8 сентября) the Birth of Mary, the Nativity of the Virgin Mary, сокр. N.V.M., the Marymass, лат. Nativitas Beatae Mariae.

Рождество́ Иоа́нна Предте́чи *см.* **Рождество́ честно́го сла́вного Проро́ка, Пред(о)те́чи и Крести́теля Госпо́дня Иоа́нна**.

Рождество́ Пред(о)те́чи и Крести́теля Госпо́дня св. Иоа́нна *катол. (торжественное богослужение, отмечаемое 24 июня)* the Birth of John the Baptist, *лат.* Nativitas S. Ioannis Baptistae.

Рождество́ Пресвято́й Богоро́дицы *см.* **Рождество́ Де́вы Мари́и**.

Рождество́ Пресвято́й Влады́чицы на́шей Богоро́дицы и Присноде́вы Мари́и *(один из двунадесятых праздников православия, отмечается 8/21 сентября)* the Nativity of Our Most Holy Mother of God and Ever-Virgin Mary.

Рождество́ Христо́во *библ. (рождение Иисуса Христа)* the Nativity of Christ, *сокр.* Nativ.

Рождество́ честно́го сла́вного Проро́ка, Пред(о)те́чи и Крести́теля Госпо́дня Иоа́нна *(один из великих праздников; в православии приравненный к двунадесятому, отмечается 24 июня / 7 июля)* the Feast of the Nativity of St. John, the Glorious Prophet, Precursor and the Baptist.

Роже́ Си́льный, архиеп., блж. *(ум. 1367; катол. св., д.п. 1 марта)* Blessed Roger le Fort.

Ро́за Ви́тербская, прп. *(1234-52; катол. св., д.п. 4 сентября)* St. Rose of Viterbo.

Ро́за из Ли́мы, де́ва *(ум. 1586; катол. св., д. п. 23 августа)* St. Rose of Lima, v.

Ро́за Ли́мская, де́ва *см.* **Ро́за из Ли́мы**.

Роза́лия Пале́рмская *(ум. ок. 1160; покровительница г. Палермо, д.п. 4 сентября)* St. Rosalia.

Роза́рий *(катол. молитвословие, обращённое к Пресвятой Деве и состоящее из многократного повторения молитвы "Богородице Дево, радуйся", чередуемое через каждые 10 молитв молитвой "Отче наш" и воспоминаниями о Воскресении Иисуса Христа)* the Rosary.

роза́рий *(чётки у католиков)* rosary ◊ **читать молитвы, перебирая р.** to tell one's rosary.

Розели́на Прова́нская, аббати́са, блж. *(ум. 1329; катол. св., д. п. 17 января)* Blessed Roseline of Provence, abbess.

розенкре́йцеры *(члены тайных филос.-мистических обществ с 17 до нач. 18 вв.)* the Rosicrucians, the Brothers of the Rosy Cross, the Rosy-cross Knights, the Rosy-cross Philosophers; *(название возрождённого в 1866 общества в Англии и Европе) лат.* Societas Rosicruciana in Anglia; *(в США)* AMORC (Ancient Mystic Order Rosae Crucis).

Розми́ни-Серба́ти, Анто́нио *(1797-1855; итал. философ; в 1821 принял духовное звание; в 1828 основал Конгрегацию братьев и сестёр любви <the Institute of Charity>)* Rosmini-Serbati, Antonio ◊ **последователь филос. системы Р.-С.** Rosminian; **филос. система Р.-С.** Rosminianism; **член Конгрегации братьев и сестёр любви** Rosminian.

рок *(судьба)* fate, doom ◊ **злой р.** ill fate.

Рома́н Антиохи́йский, диа́кон и о́трок Вару́ла, мчч. *(ум. 304; д. п. 18 ноября / 1 декабря)* Sts. Romanus of Antioch and Barula, Ms.

Рома́н, Иа́ков, Филофе́й, Иперихий, Ави́в, Иулиа́н и Паригорий, свв. мчч. *(ум. 297 или ок. 308; д. п. 29 января / 11 февраля, катол. – 9 декабря)* Sts. Romanus, James, Philotheus, Hipparchus, Abibus, Lollian and Paregrus, Ms.

рома́нский стиль *(стиль, гл. образом архит-ры, средневекового западноевроп. искусства 10-12 вв.; развивался под сильным воздействием древнерим. традиций)* Romanesque (style) ◊ **р.-ое иск-во** Romanesque art; **прекрасный образец романской архитектуры** fine example of Romanesque architecture; **р.-й собор, собор в р.-ом стиле** Romanesque cathedral.

Рома́н Сладкопе́вец, прп. *(6 в.; греч. автор кондаков, употребляемых до сих пор в православии; д. п. 1/14 октября)* Venerable Roman, the sweet-singer, Romanus the Melodist, St. Romanos, 'Melodus'.

Рома́рик, Ремире́монтский, абба́т *(ум. 653; катол. св., д. п. 8 декабря)* St. Romaric of Remiremont, abt.

Рому́л, св. мч. *(ум. 303; д. п. 15/28 марта)* St. Romel, M.

Ромуа́льд Раве́ннский *(ок. 952-1027; деятель монашества на первом этапе клюнийского движения; катол. св., д. п. 7 февраля)* St. Romuald of Ravenna.

ро́спев *см.* **распе́в**.

ро́спись painting(s) ◊ **для р.-и стен пригласили художника** a painter was summoned to decorate the walls; **р. стен** *(см. тж* **сте́нопись**) wall-painting(s), mural(s); **фресковая р. по сухой штукатурке** secco (painting), painting on dry plaster.

ро́спуск монастыре́й *см.* **упраздне́ние монастыре́й**.

Росси́йская правосла́вная свобо́дная це́рковь *(представители правосл. духовенства и общин в России, Украине и Латвии, к-рые с 1989 перешли в юрисдикцию Русской православной церкви за границей)* the Free Russian Orthodox Church.

Росцели́н, Иоа́нн *(ок. 1050-1120; франц. теолог и философ-номиналист)* Roscellinus, Johannes.

ро́та *(катол. церк. суд)* rota ◊ **Святая римская р.** *(апелляционный церк. суд, гл. обр. по делам о разводах) лат.* Sacra Romana Rota.

Рох(ус) Монпелье́ский *(1295-1327; полулегендарный целитель от чумы; странник-чудотворец; мощи Р.-а хранятся в Венеции; катол. св., д. п. 16 августа)* St. Roch(e), St. Rock, *(в Италии)* Rocco, *(в Испании)* Roque.

Рох-хаша́на *см.* **Рош Аша́на**.

Рош Аша́на иврит *(иудейский праздник Нового года)* Rosh Hashanah, Rosh hashonoh.

Рош га-Ша́на *см.* **Рош Аша́на**.

Рош-гаша́на *см.* **Рош Аша́на**.

Рош ха-ша́на *см.* **Рош Аша́на**.

Рош Хо́деш *(иврит "голова месяца"; полупраздник по случаю начала месяца по еврейскому календарю, отмечаемый особыми молитвами в синагоге)* Rosh Hodesh, Rosh Chodesh.

руба́шка, крести́льная baptismal shirt.

ру́бище *(грубая одежда)* sackcloth, garb of penitence.

Руви́м *библ. (старший сын Иакова и его жены Лии, родоначальник названного его именем колена)* Reuben.

Ру́дненская-Ратько́вская ико́на Бо́жией Ма́тери *(икона явилась в 1687 в местечке Рудня Могилевской епархии, а в 1689 местный священник Василий принёс её в Киев в церковь Печерского женского монастыря; празднование 12/25 октября)* the Rudnya-Ratkovo icon of the Mother of God.

Рудра́ *(в ведической мифологии бог штормов, иногда огня, к-рый напускает болезни, но может тж излечивать их)* Rudra.

руза́ см. **са́ум**.

рузе́ см. **са́ум**.

рука́ Госпо́дня *библ.* the hand of the Lord.

"рука́ обще́ния" *библ.* the right hand of fellowship ◊ **дать р.-у о.** *(часть таинства священства в нек-рых христ. церквах, напр. у конгрегационалистов)* to give the right hand of fellowship; "И узнавши о благодати, данной мне, Иаков и Кифа и Иоанн, почитаемые столпами, подали мне и Варнаве р.-у о., чтобы нам идти к язычникам, а им к обрезанным" *(Послание к галатам св. ап. Павла 2:9)* 'And when James, Cephas, and John, who seemed to be pillars, perceived the grace that was given unto me, they gave to me and Barnabas the right hands of fellowship; that we should go unto the heathen, and they unto the circumcision'.

руковозложе́ние см. **хироте́с(с)ия**.

рукопи́сный handwritten, manuscript(al) ◊ **р.-ое Ева́нгелие** manuscriptal Gospels; **р.-ая книга** manuscript book.

ру́копись manuscript, *сокр.* MS ◊ **дре́вняя р.** early manuscript; **иллюминированная [лицевая] р.** illuminated manuscript; **р.-и Мёртвого моря** *(тексты, обнаруженные в пещерах на северо-западном берегу Мёртвого моря, где они были спрятаны от римлян; представляют собой религ. документы ессеев, к-рые в 1 в. до н. э. - 1 в. н. э. образовали общину в Кумране; имеют огромное значение для изучения происхождения христ-ва)* the Dead Sea Scrolls; **р. на пергаменте** manuscript on parchment, book-fell; **р., написанная унциальным шрифтом** uncial; **подлинная р.** genuine [original, unforged] manuscript; **р., состоящая из отдельных фрагментов** fragmentary manuscript; **р. с миниатюрами** miniature manuscript; **р. с приписками [вставками] между строк** interlinear manuscript; **старая р.** early manuscript; **старинная р.** *(в виде книги, особенно Священного Писания или классических авторов)* codex.

рукополага́емый *сущ.* *(принимающий рукоположение)* candidate for ordination.

рукополага́ть *(посвящать в духовный сан)* to confer orders, to ordain, to priest, to order, to admit to holy orders; *(во еп.-а)* to consecrate, to sacre ◊ **быть рукоположенным** to be ordained to the ministry; **тот, кто рукополагает** ordainer, ordinant.

рукоположе́ние *(обряд возведения в духовный сан)* chirotony, ordination, ordainment (to orders), *(во еп.-а)* consecration; *библ.* the laying on of one's hands ◊ **ожидающий р.-я** ordinand.

рукополо́женный *сущ.* *(служитель)* ordained, ordinee ◊ **р. на служение** ordained for ministry.

Руми́ Джела́л ад-Ди́н *(1207-73; персидский мистик и поэт, основатель и неофициальный руководитель суфийского братства маулавийа́)* Rumi, Jalal al-Din.

Румы́нская правосла́вная це́рковь *(автокефальной стала в 1885, с 1925 возглавляется патриархом; имеет 5 митрополий, 12 епархий, 8000 приходов, ок. 100 монастырей)* the Church of Rumania.

ру́па *(в буддизме и индуизме – облик, видимый образ)* rupa.

Ру́перт

Ру́перт За́льцбургский, еп. *(ум. 718; прошёл миссионером вдоль всего Дуная, основал епископство Зальцбург, где умер и погребён; катол. св., д. п. 24 сентября)* St. Rupert of Salzburg, bp.

Ру́ссикум *(специальное учебное заведение, готовящее катол. миссионеров и священнослужителей для униатов и католиков России и др. славянских стран; основан в 1029, находится в Риме)* the Pontifical Russian College, *сокр.* the Russicum.

Ру́сская духо́вная ми́ссия в Иерусали́ме *(учреждена в 1847)* the Russian Orthodox Mission in Jerusalem.

Ру́сская зарубе́жная це́рковь *см.* **Ру́сская правосла́вная це́рковь за грани́цей (РПЦЗ).**

Ру́сская Миссионе́рская Правосла́вная Епа́рхия *(в США, основана в 1794)* the Russian Orthodox Missionary Diocese.

Ру́сская правосла́вная це́рковь (РПЦ) *(самая крупная из ныне существующих автокефальных поместных правосл. церквей)* the Russian Orthodox Church.

Ру́сская правосла́вная це́рковь в Великобрита́нии и Ирла́ндии *(юрисдикция Московской патриархии)* the Russian Orthodox Patriarchal Church in Great Britain and Ireland.

Ру́сская правосла́вная це́рковь за грани́цей (РПЦЗ) *(основана в 1921 представителями русской церк. эмиграции; первым предстоятелем был Антоний (Храповицкий) <Antony (Khrapovitsky)>, митрополит Киевский, 1863-1936)* the Russian Orthodox Church Abroad, the Russian Orthodox Church Outside Russia (ROCOR), the Russian Orthodox Church in Exile, the Synodal Church, the Karlovtsy Synod.

Ру́стик и Елевфе́рий, сщмчч. *(ум. 96; д. п. 3/16 октября)* Sts. Rusticus and Eleutherius, Athenian converts.

Ру́стик Нарбо́ннский, еп. *(ум. ок. 461; катол. св., д. п. 26 октября)* St. Rusticus, bp. of Narbonne.

Русь Rus ◊ **всея Руси́** of all the Russia(s); **Ки́евская Р.** Kievan Rus, Kievan Russia; **Свята́я Р.** Holy Russia.

Руф *библ. (сын Симона Киринеянина, к-рого заставили понести крест Иисуса; христианин из Рима, к-рого приветствует ап. Павел; один из 70-ти апп., д. п. 4/17 января, катол. – 21 ноября)* Rufus.

Руфи́н, св. мч. *(несколько святых; д. п. 20 марта / 2 апреля, 7/20 апреля, 6/19 июля, катол. – 14 июля)* St. Rufinus, M.

Руфь *библ. (моавитянка, главное действующее лицо названной по её имени книги)* Ruth ◊ **Кни́га Р.** (the Book of) Ruth.

рцем *ц.-сл. (будем говорить)* let us say ◊ "**Рцем вси от всея души, и от всего помышления нашего рцем**" *(возглас диакона в начале сугубой ектеньи)* 'Let us say with all our soul and with all our mind, let us say'.

ры́ба *(ранний христ. символ; было замечено, что греч. слово "рыба" составлено из первых букв греч. слов "Иисус Христос, Сын Божий, Спаситель"* <*Jesus Christ, Son of God, Saviour*>; *тж* **ихти́с**) ichthus, ichthys.

Ры́царский о́рден госпитальеров Свято́го Иоа́нна Иерусали́мского *см.* **Мальти́йский о́рден.**

Рю́исбрук, Ян ван *см.* **Ре́йсбрук, Ян ван.**

ряд *(иконостаса; см. тж* **чин** *IV)* tier ◊ **местный р.** *(нижний ярус иконостаса, в к-ром размещены иконы с изображением Спасителя <справа от царских врат> и Богородицы <слева от царских врат>, а тж местная икона <вторая справа от царских врат>, с изображением святого или праздника, в память к-рых освящён престол; в местный р. входят северная и южная двери в алтарь, а тж иконы, посвящённые праздникам и святым, особо чтимым в данной местности)* the Veneration tier.

ря́женый *сущ.* mummer.

ря́женье *(надевание масок и маскарадных костюмов; р. – принадлежность святочных празднеств у многих народов)* mummery.

ря́са *(внебогослужебная верхняя одежда катол. и правосл. священнослужителей и монахов – длинная до пят одежда, просторная, с широкими рукавами, тёмного цвета)* frock, cassock; (outer) rhason, exorason ◊ **носить р.-у** *(быть священником)* to wear the frock; **р. англик. священнослужителей** *(укороченная до колен; в 19 в. прекратила существование у католиков)* apron.

рясофо́р *(рясофорный монах, инок; монах низшей степени пострига, готовящийся к принятию малой схимы; ему разрешается носить рясу и клобук)* novice wearing a frock and klobuk, ryasophore monk, r(h)asophore.

рясофо́рный мона́х *см.* **рясофо́р**.

С

Саади́ *(полное имя шейх Абу Абдаллах Муслихаддин Саади <Sheikh Muslih Addin>; ок. 1184-1292; персидский поэт, представитель практического житейского суфизма)* Sa(a)di, Sa'adi.

Сабатье́, Огю́ст *(1839-1901; франц. протест. теолог; философ)* Sabatier, Auguste.

Сабатье́, Пьер *(1682-1742; франц. учёный; работал над восстановлением лат. перевода Библии, предшествовавшего переводу св. Иеронима, для чего делал выборки из творений отцов Церкви, древних служебников и др. источников)* Sabatier, Pierre.

Саббата́й Ц(е́)ви *(1626-76; еврейский лжемессия, живший в г. Смирне)* Sabbatai Z'vi.

сабе́и *см.* **савеи**.

Саби́на Ри́мская, мц. *(ум. ок 119; катол. св, д. п. 29 августа)* St. Sabina, m.

Саби́н Кано́сский, еп. *(ум. ок. 566; катол. св., д. п. 9 февраля)* St. Sabinus, bp. of Canosa.

Саби́н Споле́тский, сщмч. *(ум. ок. 303; катол. св., д. п. 30 декабря)* St. Sabinus of Spoleto, pr., m.

сабореи *(еврейские учителя, раввины, жившие ок. 500 н. э. после окончательного составления Вавилонского Талмуда <the Babylonian Talmud> и ведшие запись всего устного Талмуда, к-рый был собран их предшественниками* **амореями***)* sabaraim, saboraim.

Са́бра

Са́бра *(дочь царя, к-рую освободил Георгий Победоносец в борьбе с драконом)* Sabra.

са́бра *иврит (еврей, родившийся в Израиле)* sabra.

Са́ва *библ. (местность в северной или юго-восточной Аравии)* Sheba.

са́ван *(белый покров, в к-рый свивают умершего мирянина, предварительно одетого в специальные одежды покойника)* shroud, cerement, winding sheet, graveclothes ◊ **быть завёрнутым в с.** to be wrapped in graveclothes.

Савао́ф *библ. (одно из имён-эпитетов Бога Отца, символизирующее могущество Бога; употребляется обычно со словами Господь, Бог или Господь Бог; в христ. религии имя Бога Отца)* Sabaoth ◊ **Господь Бог С.** the Lord God of hosts; **Господь С.** the Lord of Sabaoth.

сава́т *библ. (11-й месяц еврейского года; тж **шват**)* S(h)ebat.

Са́вва Го́тфский, мч. *(ум. 372; катол. св., д. п. 12 апреля)* St. Sabas the Goth, m.

Са́вва Освящённый, прп. *(ум. 532, д. п. 5/18 декабря)* St. Sabbas the Priest, St. Sabbas the Sanctified, St. Sabbas, Hegumen-Abbot ◊ **Лавра Саввы О.-ого** *(основана в 484 в пустыне близ Иордана; центр православия, просветительской и благотворительной деятельности)* the (Great) Laura Mar Saba.

Са́вва, св., архиеп. Се́рбский *(ум. 1271; д. п. 8/21 февраля и 30 августа / 12 сентября)* St. Sab(b)as [Sava], Archbp. of Serbia.

Савва́тий, св. мч. *(ум. 276 вместе с Трофимом и Доримедонтом; д. п. 19 сентября / 2 октября)* St. Sabbatius, M.

саве́и *библ. (жители Савы, царства Савского или Сабейского)* Sabaeans.

Саве́й *библ. (вениамитянин, поднявший неудавшийся мятеж против царя Давида)* Sabee.

савеллиа́не *истор. (последователи савеллиа́нства)* the Sabellians.

савеллиа́нство *истор. (раннехрист. ересь, 3 в.)* Sabellianism.

Саве́ллий *(христ. еретик, жил в сер. 3 в.; учение **С.-я** представляет полнейшее развитие системы монархиан-модалистов; см. **монархиани́зм**)* Sabellius.

Са́вел, св. мч. *(ум. в 362 вместе с Мануилом и Исмаилом; д. п. 17/30 июня)* St. Sabel, M.

Сави́н, св. *(имя нескольких святых)* St. Sabinus.

Сави́н и Па́па, свв. мчч. *(кон. 3 в. и нач. 4 в; д. п. 16/29 марта)* Sts. Sabinus and Papas, Ms.

Са́витар *(в ведической религии – солярное божество, одно из самых важных, дающих жизнь)* Savitar.

Са́витри *(в индуизме название мантры, части гимна "Ригведы", обращённой к богу солнца)* Savitri.

Савл *библ. (еврейское имя ап. Павла до обращения его в христ-во; он был родом из Тарса, главного города Киликии)* Saul ◊ **С. Тарся́нин** Saul of Tarsus; **Тарсянин по имени С.** a man from Tarsus named Saul.

Савонаро́ла, Джироля́мо *(1452-98; настоятель монастыря доминиканцев во Флоренции; выступал против тирании Медичи, обличал папство, призывал церковь к аскетизму, осуждал гуманистическую культуру; в*

1497 отлучён от Церкви, по приговору приората казнён) Savonarola, Girolamo.

Са́вская цари́ца *см.* **цари́ца Са́вская.**

са́дака *араб. (в исламе – пожертвования в форме единовременных денежных взносов или отчислений части доходов; одна из обязанностей каждого мусульманина)* sadaqat.

саддуке́и *библ. (группировка в иудействе, к-рая сформировалась во время Маккавеев во 2 в. до н.э. и просуществовала до разрушения Иерусалимского храма в 70;* **с.** *выражали идеологию иерусалимской знати, жреческой аристократии; они верили в свободную волю человека, важным для них было соблюдение писаного закона;* **с.** *отвергали верование в телесное воскресение)* the Sadducees.

са́ддха *(первоначальное принятие буддизма)* saddha.

"Саддха́рма-Пундари́ка-су́тра" *санскрит см.* **"Ло́тосовая су́тра".**

Садо́к *библ. (священник в Иерусалиме в годы правления Давида и Соломона)* Zadoc.

Садо́к Сандоми́рский, блж., прмч. *(ум. 1260; катол. св., д. п. 2 июня)* Blessed Sadoc, m.

Садо́к, сщмч., еп. Перси́дский *(ум. 344; д. п. 20 февраля / 5 марта)* St. Sadoth, Pr.-M.

Садоле́то, Яко́по *(1477-1547; церк. деятель и писатель, кардинал)* Sadoleto, Jacopo.

Садо́т Стесифо́нский, еп., сщмч. *(ум. ок. 342; катол. св., д. п. 20 февраля)* St. Sadoth of Stesiphon, pr., m.

са́дхана *(в йоге процесс или средство достижения духовных целей)* sadhana.

са́дху *(в индуизме религ. аскет или святой, а тж иногда и ревностно верующий мирянин)* sadhu.

сажа́ть на́ кол *истор.* to impale.

"Сайенти́стская це́рковь" *(религ. секта, основанная в США в кон. 19 в.)* the Christian Science, *сокр.* C.S., Eddyism; *(название организационного центра и первой общины в Бостоне, первой женщиной-священником к-рой в 1879 стала Эдди)* the First Church of Christian Science of Boston, Mass.; the Mother Church ◊ **последователь движения "С. ц."** Christian Scientist, *сокр.* C.S., Eddyite.

сайи́д *см.* **сейд.**

сакелла́рий *истор. греч. (одна из церк. должностей фискального и контрольного характера в округе константинопольского патриарха)* sacellarios.

са́ккос *(богослужебная верхняя архиерейская одежда из парчи, заменяющая фелонь и представляющая собой короткий* **стиха́рь** *с небольшими рукавами)* sakkos, saccos, bishop's chasuble.

сакрализа́ция *(в различных религиях освящение чего-л, посвящение религ. целям, придание священного статуса)* sanctification.

сакрализова́ть *(придать священный характер, освятить)* to sanctify, to sacre.

сакра́льная проститу́ция *(тж* ***гиеро́дулы****)* temple prostitution.

сакра́льный 1. *(связанный с религиозным обрядом, обрядовый, ритуальный)* sacral; **2.** *(относящийся к существам, наделённым сверхъестественными качествами)* supernatural.

сакрамента́лии *катол. (священные действия, обряды и священные предметы; с. устанавливает церковь, чем они отличаются от таинств, установленных Богом)* sacramentals.

сакрамента́льность sacramentality.

сакрамента́льный 1. *(священный)* sacramental, sacred ◊ **произнести с.-е слова** to pronounce the sacramental words; **2.** *(относящийся к таинствам)* sacramental.

са́кья-ба *см.* **са́кьяпа**.

Са́кья-му́ни *см.* **Шакьяму́ни**.

са́кьяпа *("красношапочники"; название одной из главных школ буддизма в Тибете, происходящее от названия местечка и монастыря Сакья, основанного в 1073)* the Sakya-pa.

Са́ла *библ. (сын Арафаксада и отец Евера, прародителя евреев; упомянут в родословии Иисуса)* Sala.

Салабе́рга Лао́нская, аббати́са *(ум. ок. 665; катол. св., д. п. 22 сентября)* St. Salaberga of Laon, abbess.

сала́м *см.* **саля́м**.

Салами́н *библ. (город на о-ве Кипр; ап. Павел вместе с Варнавой и Иоанном Марком проповедовал здесь в синагогах во время своего первого миссионерского путешествия)* Salamis.

сала́т *см.* **саля́т**.

Салафии́л *библ. (сын сосланного в Вавилон иудейского царя Иехонии и дядя Зоровавеля, назначенного персидским царём Киром наместником Иудеи; упомянут в родословии Иисуса; тж имя, даваемое иногда "Вечному жиду")* Salathiel.

салезиа́нки *(см.* ***визита́нтки****)* the Salesian Sisters, the Visitandines.

салезиа́нцы (До́на Бо́ско) *(общество катол. священников и педагогов, объявивших своим покровителем св. Франциска Сальского; возникло в 1859)* the Salesians, the Salesian Fathers.

Са́лем *см.* **Са́лим**.

Са́лим *библ. (географическое название)* Salem.

салимийа́ *(мусульманская школа богословия)* Salimiyah.

Саллу́м *библ. (муж. имя)* Shallum.

Салма́н *библ. (мадиамский царь)* Zalmunna.

Салма́н аль-Фарси́ *(7 в.; соратник пророка Мухаммада)* Salman al-Farisi.

Салманас(с)а́р *библ. (имя ассирийских царей)* Shalmaneser.

Са́лмон *библ. (муж. имя и географическое название)* Salmon.

Саломе́я *библ.* **1.** *(дочь Филиппа и Иродиады; впоследствии Иродиаду взял в жены брат Филиппа Ирод Антипа, тетрарх Галилеи и Переи; когда Ирод Антипа, придя в восхищение от её танца, обещал выполнить любое её желание, она потребовала голову Иоанна Крестителя)* Salome; **2.** *(жена Зеведея, мать ап. Иакова Старшего и Иоанна Богослова; она присутствовала при распятии и погребении Иисуса и была в числе* мироносиц, рано утром пришедших к гробу помазать тело Иисуса) Salome, (иногда) Mary Salome.

Саломи́я см. **Саломе́я**.

Салпаа́д библ. (израильтянин времён Моисея) Zelophehad.

Сальв Амье́нский, еп. (ум. ок. 635; катол. св., д. п. 11 января) St. Salvius of Amiens, bp.

Сальвато́р Барсело́нский, прп. см. **Сальвато́р Хо́ртский, прп.**

Сальвато́р Хо́ртский, прп. (ум. 1567; чудотворец, катол. св., д. п. 18 марта) St. Salvator of Horta.

Сальвиа́н (ок. 400 - ок. 480; христ. проповедник, писатель) Salvian.

саля́м араб. (пожелание мира и благополучия; краткая форма мусульманского приветствия "ас-салям алейкум" (мир вам – peace be upon you), на к-рое следует ответ: "ва алейкум ас-салям" (и вам мир – and upon you be peace) salam.

саля́т араб. (мусульманская каноническая молитва, совершаемая пять раз в день, тж **нама́з**) salat.

са́ма (коллективное радение в суфизме с распеванием мистических стихов) sama.

"Самаве́да" (сборник древнеиндийских религ. гимнов, многие из к-рых взяты из **"Ригве́ды"**) the Sama-Veda.

сама́дхи (1. психическое сосредоточение, важнейший термин любых направлений йоги; 2. в буддизме – медитация, "концентрация", "сосредоточение", "духовная дисциплина"; состояние высшего просветления, ведущее к **нирва́не**) samadhi.

Самантабха́дра (один из джайнистских диалектиков-парадоксалистов школы дигамбаров, живший, вероятно, в нач. 4 в.) Samantabhadra.

самаритя́не библ. (в послепленный период – обозначение тех жителей Самарии, к-рые произошли из смешения оставшихся там после падения Северного царства Израиль в 722 до н. э. израильтян и переселенцев из нек-рых провинций Ассирийского царства; иудейский культ **с.-н** был пронизан ханаанскими элементами, они признавали Священным Писанием только пять книг Моисеевых; Иисус не разделял глубокого презрения иудеев к **с.-ам**) the Samaritans.

самаритя́нка (библ. – женщина из Самарии, женщина Самарянская, самарянка; Ев. от Иоанна 4:1-30) the woman of Samaria ◊ **"Христос и с."** (иконографический сюжет: на пути из Иудеи в Галилею Христос остановился отдохнуть у источника, называемого колодцем Иаковлевым, в Самарии; сцена являет собой колодец, иногда под тенистым деревом, где сидит Христос; он беседует с крестьянкой, держащей кувшин) Christ and the Woman of Samaria.

Сама́рия библ. (столица Северного царства Израиль; во времена Иисуса рим. административный округ с центром в г. **С.**) Samaria.

самаря́не см. **самаритя́не**.

самаря́нин Samaritan ◊ **добрый с.** the good Samaritan.

Са́маэль см. **Са́ммаэль**.

самбо́дхи см. **сама́дхи**.

самбхогáкая *санскрит (одно из "трёх тел" Будды – "идеальный" уровень просвещения)* Sambhogakaya.

Самвáра *(божество в северном буддизме)* Sanvara.

Самегáр *библ. (один из судей; побил 600 филистимлян воловьим рожном <ox-goad>)* Shamgar.

Самéй *библ. (муж. имя четырёх лиц)* Semaiah.

сáми *см.* **свáми**.

Сáмла *библ. (царь из Масреки, города на земле Едомской)* Samlah of Masrekah.

Сáмма *библ. (сын Иессея)* Shammah.

Саммáтия *(древняя буддийская школа в Индии)* the Sammatiya.

Сáммаэль *(в иудейской демонологии злой дух, часто отождествляемый с Сатаной)* Sammael.

Сáммуа *библ. (сын Закхура, израильский посланец из племени Рувима)* Shammua.

самобаптúст *см.* **самокрещéнец**.

самобичевáние self-flagellation.

самобрáтия *(в святцах родные братья и сестры, прославляемые церковью)* the uterine brothers and sisters.

самобрáтные *см.* **самобрáтия**.

самозвáнец impostor, pretender.

самоистреблéние *(лишение себя жизни)* self-destruction.

самокрещéнец *истор. (тот, кто сам себя крестит; имя дано Джону Смиту, основателю общих баптистов, к-рый якобы крестил сам себя в г. Амстердаме в 1608)* se-baptist, self-baptist.

самокрещéние se-baptism, self-baptism.

Самóн, св. мч. *(ум. 306; д. п. 15/28 ноября)* St. Samonas, M.

самооткровéние, Бóжие God's [the Lord's] self-revelation.

самоотречéние self-denial, self-abnegation.

самопожéртвование self-sacrifice.

самосовершéнствование self-perfection.

самосожжéние self-immolation.

самоуничтожéние self-abasement, self-humiliation.

Самофрáкия *библ. (остров в Эгейском море, на к-ром недолгое время пребывал ап. Павел)* Samothrace.

сампрáдая *(традиционная школа в индуизме)* sampradaya.

Сампсóн *см.* **Самсóн**.

Сампсóн Странноприúмец, прп. *(ум. 530; д. п. 27 июня / 10 июля)* Venerable Sampson, "Father of the Poor".

самсáра *см.* **сансáра**.

самскáра *(в индуизме – ритуал жизненного цикла, исполняемый на важных стадиях жизни человека, предназначенный для очищения тела и духа)* samskara.

Самсóн *библ. (обладающий сверхъестественной силой герой эпохи Судей из Цоры в уделе колена Дана; его рождение, воинские подвиги и приключения изложены в конце Книги Судей; ап. Павел, перечисляя*

верующих, упоминает тж и о **С.-е,** как о подвижнике истинной веры) Sam(p)son.

Самсо́н Уэ́льский, абба́т (ум. 565; миссионер, основатель нескольких монастырей в Уэльсе, катол. св., д. п. 28 июля) St. Samson of Wales, abt.

Самуи́л I библ. (С.-пророк и судья народа Израильского; religi. и политический руководитель, пророк и последний судья израильтян при переходе к эпохе царей ок. 1000 до н. э.) Samuel ◊ **Первая (Вторая) книга С.-а** (в славянской Библии соответствует Первой (Второй) книге Царств) the First (Second) Book of Samuel otherwise called the First (Second) Book of the Kings.

Самуи́л II библ. (1. сын Аммиуда; "Числа" 34:20; 2. сын Фолы и князь колена Иссахарова; Первая книга Паралипоменон 7:2) Samuel.

Самуи́л Египтя́нин, св. мч. (ум. 309; д. п. 16/29 февраля) St. Samuel, M.

самхи́ты (собрание священных текстов, составляющее основу каждого из четырёх сводов ведийского канона) samhita.

сан 1. (высокое звание) dignity ◊ **высо́кий духо́вный с.** ecclesiastical dignity; **2.** (духовный, церковный) holy order ◊ **с. архиепи́скопа** англик. primacy; **в с.-е** in holy order; **с. свяще́нника** англик., катол. curacy, benefice.

Санавалла́т Хорони́т библ. (персидский наместник провинции Самария после возвращения евреев из Вавилонского плена) Sanballat the Horonite.

сана́тана-дха́рма (самопризвание следовать индуистской религии и культуре, к-рые божественны и постоянны) sanatana dharama.

санбени́то (позорящее одеяние, к-рое должны были носить осуждённые инквизиторскими трибуналами, в т.ч. и идущие на казнь) sanbenito.

Санва́ра см. **Самва́ра.**

са́нгха (община буддийских монахов или монахинь, свято чтящих закон – дха́рму) sangha.

санда́к (у евреев человек, к-рый держит на коленях младенца во время обрезания) sandak.

санда́лии (часть облачения катол. еп.-ов и аббатов; используются тж при пострижении в правосл. монашество) sandals.

санде́к см. **санда́к.**

санки́рь (в иконописи тонкий слой жидкой краски тёмно-жёлтого цвета, по к-рому исполнялись более мелкие детали изображения, в частности личное письмо) dark underpaint.

Санкт-Га́ллен (монастырь в северо-восточной части Швейцарии; его основал в 612 ирландский монах св. Галл, ум. ок. 635 <St. Gall>; монастырь приобрёл славу интеллектуального центра в 9 в.) St. Gall Monastery.

санктифика́ция катол. (причисление к лику святых) sanctification.

"Са́нктус" (название катол. и англик. гимна <начинается словами Sanctus, Sanctus, Sanctus – Holy, Holy, Holy>, к-рый произносится в последней части проскомидии) the Sanctus, the Tersanctus, the seraphic hymn.

Санкту́с, мч. (ум. 851; катол. св., д. п. 5 июля) St. Sanctus [Sancho], m.

са́нкхья (одна из ортодоксальных школ индуизма; основатель – легендарный Капила 550 до н. э.) Sankhya, Samkhya.

"Санкциони́рованная ве́рсия" (англ. версия Библии 1611, пересмотр к-рой был предложен в 1604 и впоследствии одобрен королём Яковом I;

Санкциони́рованная

тщательный пересмотр и изменение текста старой Епископской Библии (1598) <the Bishops' Bible> был осуществлён 50 учёными-богословами, к-рые были разделены на 6 групп и работали в Вестминстере, Оксфорде и Кембридже) the Authorised Version, *сокр.* Auth. Ver., A.V.; the King James Bible, the King James Version, *сокр.* KJV.

са́нкция це́ркви benefit of clergy ◊ **без с.-и ц.** without benefit of clergy.

саннья́си *(странствующий брахман-аскет в Индии; аскет – последняя четвёртая ступень в индуистском законе четырёх стадий жизни)* sannyasi(n), sunnyasee, sunnyasi.

сано́вный *(о духовенстве – обладающий высоким саном)* dignitary.

"Сан Пье́тро ин Ви́нколи" *итал. см.* **це́рковь Св. Петра́ в цепя́х**.

санро́н *(школа в япон. буддизме)* the Sanron school.

санса́ра *(в философии индуизма и буддизма – представление о текучести и непостоянстве всего живого, единая цепь переходов из одной телесной оболочки в другую, круговорот рождений и смертей, трансмиграция)* samsara.

Санси́н *(духи-хозяева гор, покровители людей у корейцев)* Sansin.

санска́ра *см.* **самска́ра**.

санскри́т *(литературно обработанная разновидность древнеиндийского языка индоевропейской языковой семьи; известны памятники 1 в. до н.э.; на* **с.-е** *написаны произведения художественной, религ., филос., юридической и научной лит-ры, оказавшие влияние на культуру Юго-Восточной, Центральной Азии и Европы; одна из ветвей буддизма –* **махая́на** *использует* **с.**) Sanskrit, Sanscrit.

сант *(уважительное звание, к-рое сикхи дают человеку, имеющему особые заслуги перед общиной, ведущему праведный образ жизни и заслужившему высокий авторитет)* sant.

сантери́я *(религ. культ на Кубе, основанный на почитании богов африканского народа йоруба и испытавший влияние христ. обрядов)* Santeria.

Санту́чча, блж. *(ум. 1305; основательница монашеской конгрегации "Слуги Марии"* <the Servants of Mary, the Santucci>*; катол. св., д. п. 22 марта)* Blessed Santuccia Terrebotti, abbess.

санусийа́ *(суфийское братство)* Sanusiyah.

Санчи́ *(деревня в Центральной Индии, штат Мадхья-Прадеш, в к-рой находится знаменитая ступа № 1 и четверо ворот со скульптурами, относящиеся к 3 в. до н.э.; один из важнейших буддийских памятников Индии)* Sanci.

саньлу́нь *(школа в китайском буддизме)* the San-lun school.

сань ци́н *(в китайских даосских представлениях три небесных сферы)* San-ch'ing.

санья́син *см.* **саннья́си**.

Са́пор Перси́дский, еп., сщмч. *(умер. 339; катол. св., д.п. 30 ноября)* St. Sapor of Persia, bp., m.

саптама́трика *(семь богинь в индуизме, обладающих опасным, непредсказуемым характером; способны насылать болезни и несчастья)* Saptamatrika.

Сапфи́ра *библ. (жена Анании, вместе с к-рым она хотела обмануть апостолов и с ним же была поражена смертью за то, что изрекла ложь против Св. Духа)* Sapphira.

Са́ра *см.* **Са́рра**.

Сарасва́ти *(в индуизме богиня мудрости, покровительница музыкантов, поэтов, художников, учёных; супруга Брахмы)* Sarasvati, Saraswati.

Сара́ф *библ. (сын Силома, сына Иудина, имевший своё владение в Моаве)* Saraph.

сараци́ны *(европ. название мусульман в Средние века; тж устар. – "язычники")* the Saracens.

сарвастива́да *(школа буддизма* **хина́яны***, возникшая в 1 в. до н.э. в Индии и внёсшая огромный вклад в развитие буддийской философии* **Абхидха́рмы***)* the Sarvastivada.

Сарго́н, царь Асси́рийский *библ.* Sargon the king of Assyria.

Сардики́йский собо́р *(поместный; был созван по повелению императора Константина в 347 в Сардике (ныне г. София) для того, чтобы утвердить правосл. исповедание веры и примирить ариан с православными)* the Council of Sardica.

Са́рдис *библ. (город в Малой Азии; христ. общине в* **С.-е** *адресовано пятое обращение из "Откровения Иоанна Богослова")* Sardis.

са́рдис *библ. (драгоценный камень; в "Откровении Иоанна Богослова" он служит образом славы и величия Бога, т.к. отличается ярким огненным цветом)* sardius.

сардо́никс *см.* **са́рдис**.

Са́рды *см.* **Са́рдис**.

Саре́пта *библ. (финикийский город к северу от Тира)* Sarepta, Zarephath.

саркофа́г *(гробница из дерева, камня и др. материалов, нередко украшенная росписью, скульптурой)* sarcophagus; *(в рим. катакомбах – состоящий из двух половин и перегороженный горизонтальной мраморной плитой; нижняя половина – собственно* **с.***, верхняя половина, арковидная, использовалась как алтарь)* arcosolium; *(в рим. катакомбах – вырытая в стене ниша с крышкой)* table tomb.

Саро́н *библ. (долина на средиземноморском побережье Палестины)* S(h)aron.

Са́рра *библ. (1. жена птрх. Авраама, к-рая после длительной неплодности уже в преклонном возрасте родила Исаака; 2. единственная дочь Рагуила в мидийском городе Екбатаны)* Sara(h).

Сарсехи́м *библ. (один из главных евнухов Навуходоносора)* Sarsechim.

Саруи́я *библ. (сводная сестра царя Давида, мать Авессы, Иоава и Азаила)* Zeruiah.

Сасердо́с Лио́нский, еп. *(ум. 551; катол. св., д. п. 12 сентября)* St. Sacerdos, bp. of Lyons.

Сатана́ *(в религ. представлениях иудаизма, христ-ва и мусульманства главный антагонист Бога и всех верных ему сил на небесах и на земле, враг человеческого рода, царь ада, князь тьмы и повелитель бесов; в Ветхом Завете прозвище безымянного врага, в Ев. от Матфея сатанинское искушение, к-рому подвергался ап. Петр; у мусульман см. тж*

Сатана́

Ибли́с) Satan(as), Prince of this World, Prince of the Power of the Air, the Devil, the Adversary, the Tempter, *лат.* Diabolus.

сатани́зм *(культ Сатаны)* Satanism, diabolism, demonic rites, satanic cults.

сатани́нский satanic(al), cloven-footed, cloven-hoofed.

сатани́нское отро́дье *христ.* limb of the devil, devil incarnate, fiend.

сатани́сты *(члены сатанистских сект)* the Satanists, members of satanic cults, diabolists.

сатани́ческий *см.* **сатани́нский**.

Са́ти *(в индуистской мифологии дочь Дакши, вопреки его воле пожелавшая выйти замуж за бога Шиву)* Sati.

са́ти *(1. индийский обычай самосожжения вдовы на погребальном костре мужа; окончательно запрещён в 1829; 2. вдова, сжигавшая себя на погребальном костре мужа)* suttee.

сатисфа́кция *катол. (искупление грехов, расплата)* satisfaction.

са́тори *(состояние "внезапного озарения", просветления, достигаемое путём медитации; в дзэн-буддизме высшая цель духовной практики)* satori.

Сатурни́л и Секу́нд, свв. мчч. *(203; пострадали вместе с Перпетуей, д.п. 1/14 февраля)* Sts. Saturninus and Secundulus, Ms.

Сатурни́н, св. мч. *(ум. ок. 305; д. п. 7/20 июня)* St. Saturninus, M.

са́тья *санскрит (в йоге один из пяти ограничительных обетов; понимается как говорение вслух и про себя только истины, без обмана, без ошибки, не впустую и не во вред кому-л.)* satya.

сатьягра́ха *(пассивное сопротивление, теория ненасилия; политико-религ. движение в Индии, начатое в 1919 М. К.* **Га́нди**) Satyagraha.

саузкотти́ты *(последователи англ. пророчицы Джоанны Саузкотт 1750-1814 <Joanna Southcott>, к-рая предрекла близкое пришествие Христа, а себя рассматривала как "жену Агнца")* the Southcottians.

Сау́л *библ. (муж. имя ветхозаветных персонажей)* Saul.

са́ум *араб. (пост, одно из пяти предписаний ислама)* sawm, siyam.

саутра́нтика *(школа индо-буддийской философии* **хина́яны**) the Sautrantika.

Сафа́тия *библ. (сын Матфана, один из тех, кто посадил Иеремию в яму)* Shephatiah.

саха́бы *см.* **асха́бы**.

сахаджха́ри *(сикх, к-рый не принимает новаций гуру* **Го́бинда Си́нгха** *и тем самым не является членом* **ха́льсы**; *с. не приемлют воинственности хальсы, лояльно относятся к индуистскому влиянию, они стригут волосы, бреются и т. п.)* Sahajdhari.

сби́ться с пути́ и́стинного to stray from God.

сбор де́нежных поже́ртвований *катол.* quest, collection ◊ **производить с. д. п.** to make [take] a collection.

сбор доброво́льных поже́ртвований *библ.* collection, gatherings.

сбо́рник богослуже́бных чте́ний *катол.* comes.

сбо́рник жизнеописа́ний отцо́в-мона́хов *см.* **патери́к**.

сбо́рник отры́вков из Би́блии *(расположенных в соответствии с церк. календарём для чтения во время богослужения)* lectionary.

сбо́рник песнопе́ний в честь Бо́жьей Ма́тери *греч.* Theotokarion.

сборник церковных гимнов hymnal, hymn book; *(в зап. Средневековье сборник метрических гимнов)* hymnary.

свами *(1. духовный учитель и святой, обычно **санньяси**; 2. обращение к религ. учителю в Индии)* swami, swamy, svami.

свами-нараяни *(секта в индуизме)* Swami-Narayani.

сварга *(небо, высший из миров индуистской космографии)* Svarga, Swarga.

свастика *(крест с загнутыми под прямым углом, реже дугой, концами; древний символ плодородия, солнца, скрещённых молний и т. п.; как орнаментальный мотив встречается в иск-ве Древнего Востока, а тж в античном и европ. народном иск-ве)* swastika, swastica, saustica, svastika, fylfot.

сведенборгиане *(последователи **сведенборгианизма**, члены существующей и поныне в США и Англии секты под названием "Церковь Нового Иерусалима"* <the New Jerusalem Church or 'the New Church signified by the New Jerusalem in the Revelation'>*)* the Swedenborgians.

сведенборгианизм Swedenborgi(ani)sm.

Сведенборг, Эммануил *(1688-1772; шведский мистик, учёный-натуралист, теософ, религ. писатель, основатель **сведенборгианизма**)* Swedenborg, Emanuel.

Свенская-Печерская икона Божией Матери *(по легенде, вернула зрение ослепшему черниговскому князю Роману; впоследствии на месте чуда был основан Свенский монастырь; празднование 3/16 мая)* the Svena icon of the Mother of God of Kiev Caves.

сверхдолжные (добрые) дела *катол.* *(в нравственном богословии дела, к-рые не просто хороши по сравнению с плохими, но лучше по сравнению с хорошими* <лат. 'opera meliora'>*)* the works of supererogation, *лат.* opera supererogations.

сверхчеловеческий preterhuman.

сверхчувственное восприятие extrasensory perception, *сокр.* ESP.

сверхъестественное *сущ.* the supernatural.

сверхъестественный supernatural, preternatural.

свет I *(1. библ. – евангельское учение; Сын Божий; 2. всякий проповедник Евангелия; 3. богосл. – Иисус Христос)* ◊ **видение несозданного Божественного с.-а** the vision of Divine and Uncreated Light; **с. лица Господня** the light of God's countenance; **с. миру** the light of the world; **несотворенный Божественный с.** *(к-рым просиял Иисус Христос на горе Фавор и к-рый удостоились видеть три его ученика Иоанн, Петр, Иаков)* the Divine and Uncreated Light; **с. неугасимый** light ineffable; **с. очей моих** the light of my eyes; **с. тихий** gladdening [joyful] light; **с. фаворский** *см.* **несотворенный Божественный с.**

свет II *(земля, мир)* world, land ◊ **конец с.-а** the end of the world, doomsday; **на этом и на том с.-е** in this world and the next; **на этом с.-е** *библ.* in the land of the living.

"Свете тихий" *(название одного из основных песнопений правосл. церкви, начинающегося словами: "Свете тихий ..."* <'O gladsome light –'>*)* the Gladdening [Joyful] Light.

свети́лен *(краткое изменяемое песнопение, поётся или читается на утрене после канонов перед* **хвали́тными***; воскресные светильны называются* **екзапостила́риями***)* the hymn of light, the svetilen.

свети́льник *(открытая лампа, представляющая собой каменную, металлическую или стеклянную плошку, наполненную жиром или маслом с плавающим в нём фитилём)* lamp(stand), lampion, *библ.* candlestick, lampad ◊ **с. из нескольких лампад** *греч.* polyelaion, polykandelon.

свети́льничное (богослуже́ние) *см.* **Люцерна́рий**.

свети́льничные моли́твы *(читаются священником на вечерне во время чтения или пения предначинательного псалма; во время* **с.-х моли́тв** *в храме возжигаются светильники, а священник славословит Господа)* the prayers of light.

свети́льны *мн. ч. см.* **свети́лен**.

Светла́на Самара́нка, св. мч. *см.* **Фоти́на [Фоти́ния] Самара́нка, св. мч.**

Све́тлая седми́ца *(уставное название Пасхальной недели, семи дней празднования Пасхи в византийском обряде)* the Bright [Easter] Week, the Week of Renewing, *греч.* Diakainesimos.

све́тлость *(форма обращения к архиеп.-у)* Grace ◊ **Ва́ша с.** Your Grace.

Све́тлый понеде́льник, вто́рник *и т.д. (понедельник, вторник и т.д. после Пасхального воскресенья, второй, третий и т.д. день Пасхи)* Easter Monday, Tuesday, *etc.*, Bright Monday, Tuesday, *etc.*

Све́тлое Христо́во Воскресе́ние *(первый день Пасхи)* Easter Sunday, Easter-Day.

све́топреставле́ние *см.* **преставле́ние све́та**.

све́тский *(нецерковный)* secular, temporal, wordly ◊ **с.-ая архитекту́ра** secular architecture; **с.-е вла́сти** temporal authorities; **с.-ое образова́ние** secular education.

свеча́ (церко́вная) *(символ молитвы верующего человека; своим горением пред иконой являет теплоту любви ко Господу, Божией Матери или святому)* candle, *(восковая)* bougie, wax light, wax candle, *(тонкая)* taper ◊ **больша́я с. для большо́го подсве́чника у ца́рских врат** lampas; **возжённая с.** lighted candle, lighted taper; **горя́щая с.** burning candle; **с.-и, горя́щие на алтаре́** altar lights; **обгоре́вший фити́ль с.-и** candle-snuff; **парафи́новая с.** mineral candle; **полови́на с.-и сгоре́ла** half the candle has burnt; **са́льная с.** tallow candle; **стеари́новая с.** stearin candle; **с. у гро́ба** watching candle; **фити́ль с.-и** candlewick.

свечно́й ◊ **с. ога́рок** candle end; **с.-е освеще́ние** candlelight; **с.-ая перекла́дина** *(в раннем христ-ве деревянный или металлический брус, на к-рый ставились свечи)* candlebeam; **с. я́щик** *(старинное название лавочки, в к-рой продаются свечи, иконы, книги, куда тж подаются записки)* church shop.

свещевжига́тель *(пономарь или др. церк. служитель, определённый для зажигания свечей пред иконами)* candlelighter, *истор.* lampadary.

свещено́сец *(церковнослужитель, выносящий высокий подсвечник с возжённой свечой на входах, при чтении Евангелия и в др. случаях; обычно эту обязанность выполняет алтарник)* candle bearer; *истор.* lampadary.

свещник *см.* подсвечник.

свивоны *(волчки с четырьмя гранями, вырезанные из бумаги, к-рыми украшается дом в еврейский праздник Ханука)* dreidels.

"Свидетели Иеговы" *(одно из поздних течений в протестантизме, возникшее в США в 1872 в результате отделения от адвентистов Международной ассоциации исследователей Библии <the International Bible Students' Association>, созданной **Чарльзом Расселом**)* Jehovah's Witnesses, the Russellites, the Millennial Dawnists.

свидетель *библ.* witness ◊ **с. верный** the faithful witness.

свидетельство 1. *библ. (свидетельское показание)* record ◊ **"Не произноси ложного с.-а на ближнего твоего"** 'Neither shall you bear false witness against your neighbour'; 2. *(доказательство)* testimony ◊ **с. Господа** the Lord's testimony.

свидетельство о крещении baptismal certificate.

свиток scroll; *(особ. в руке Христа на иконах)* rotulus; *(в руках ангелов на иконах)* phylactery ◊ **с.-ки Мёртвого моря** *см.* **рукопись – р.-и Мёртвого моря**; **развёрнутый с.** unrolled scroll; **свёрнутый с.** rolled scroll.

свобода вероисповедания *(право человека выбирать и исповедовать любую религию)* religious freedom, religious liberty, freedom of religion, latitude in religion ◊ **предоставить с.-у в.** to allow people latitude in religion.

свобода воли *(предоставленная Богом человеку свобода выбора между добром и злом)* freedom of will ◊ **теория о с.-е в.** libertarianism.

свобода отправления религ. культов free exercises of religion.

свобода религии *см.* свобода вероисповедания.

свобода совести *(право каждого человека на свободу мысли, религии или убеждений)* freedom [liberty] of conscience, personal [individual] liberty, libertinism.

свободная воля *(представление, согласно к-рому воля человека является причиной поступков, действий и событий)* free will.

Свободная методистская церковь the Free Methodist Church.

Свободная пресвитерианская церковь Шотландии *(негосударственная)* the Free (Presbyterian) Church of Scotland, *сокр.* F.C.

свободные церкви *(общее название протест. объединений, обществ, общин и миссий, организационно самостоятельных и полностью автономных)* the Free Churches.

свободомыслящий *сущ. (в вопросах религии)* freethinker, *франц.* esprit fort.

свод I *(собрание документов, рукописей и т. п.)* collection.

свод II *(храма)* vault, vaulting arch, fornication ◊ **крестовый с.** cross [groined] vault, groin.

Свод цивильного права Юстиниана *см.* Кодификация Юстиниана.

сводчатый arch(ed), archy, vaulted, arcuate(d), domic(al), fornicate(d), embowed.

свыше from on high, from heaven.

"Свят" *катол. (одна из частей мессы и реквиема) лат.* Sanctus.

святая вода *см.* агиасма.

Святая Восточная православная кафолическая и апостольская церковь *(полное наименование правосл. церкви)* the Holy Eastern Orthodox Catholic and Apostolic Church, the Holy Orthodox Catholic Apostolic Eastern Church.

Святáя

Святáя горá *(см.* **Афóн***)* the Holy Mountain.

святáя застýпница *жен. см.* **святóй застýпник**.

Святáя земля́ *(название Палестины со времён Средневековья)* the Holy Land.

"Святáя палáта" *истор. катол. (рим. конгрегация, основанная в 1542 папой Павлом III и ведавшая вопросами инквизиции, тж* **Конгрегáция святóй канцеля́рии***; в результате последующих реорганизаций превратилась в 1965 в Святейшую Канцелярию, см.* **канцеля́рия** *I) лат.* Sacra Congregatio Romanae et Universalis Inquisitionis seu Sancti Officii.

Святáя рúмская рóта *см.* **рóта**.

Святáя святы́м! *(возглас священника во время евхаристического канона)* The Holy things unto [for] the Holy!

святáя святы́х *(в совр. русск. языке словосочетание "святая святых" не склоняется: ковчег Завета находился в* **с.с.***; словосочетание это заимствовано из ц.-сл. и означает (самое) святое из святого; "святая" здесь – не форма жен. рода, а требуемое ц.-сл. грамматикой мн. ч. среднего рода; "осовремененный" вариант – "святое святых" <в к-ром первое слово перешло в ед. ч., а второе осталось во мн. ч.> склоняется: в святом святых; самое святое место в любом храме)* adytum, the inviolable sanctuary, the holy of holies, *лат.* sanctum sanctorum; *(в синагоге)* oracle.

святéйшество *(обращение; в соединении с местоимениями Его, Ваше, Их – титулование правосл. патриархов и Римских Пап)* Holiness ◊ **Ваше С.** Your Holiness; *(Папы Римского только)* the Most Father; **Егo С.** His Holiness, *сокр.* Н.Н., *лат.* Sanctitas Vestra, *сокр.* S.V.

Святéйший *(по значению связанное с титулованием правосл. патриархов, синода, а тж Римских Пап)* ◊ **"О Святéйших Востóчных Правослáвных Патриáрхах .... (именá), честнéм пресви́терстве, и́же во Христé диáконстве, о всем при́чте и о лю́дех, Гóсподу помóлимся"** *(молитва)* 'For the Holy Eastern Orthodox Patriarchs, for N. N., for the honorable Priesthood, for the Diaconate in Christ, for all the clergy and people, let us pray to the Lord'; **С.-ему Пáпе Ри́мскому** *(в письменном обращении)* To His Holiness Pope – ; **С. Патриáрх** Holy Patriarch; **С.-ему Патриáрху ...** *(в письменном обращении)* To His Holiness the Patriarch – .

Святéйший прави́тельствующий синóд *см.* **синóд**.

Святéйший престóл *см.* **Святóй престóл**.

святи́лище sanctuary, sanctum, holy place, the holy of holies, penetralia.

святи́тель **1.** *(торжественное название высших лиц в церк. иерархии, архиереев)* hierarch, prelate; **2.** *(правосл. святой, бывший во время жизни архиереем)* sainted [holy] hierarch.

святи́тельство prelacy, dignity of a prelate [of a hierarch].

святи́тельствовать to be a prelate, to act as a prelate *or* a hierarch.

святи́ть *(тж* **освяти́ть***)* to sanctify, to consecrate; to sacre; *(осквернённую церковь)* to reconcile.

Святки *("святые дни"; в правосл. – 12 дней от Рождества Христова до навечерия Богоявления [Крещения], с 25 декабря / 7 января до 6/19 января; установлены в память рождения и крещения Иисуса Христа и в нек-рых местах сопровождаются весельем с ряжеными, песнями, плясками,* *гаданиями, к-рые правосл. церковь осуждает как языческие)* Christmastide, Yuletide, the days of rejoicing after Christmas.

свя́то piously, sacredly ◊ **с. соблюда́ть обе́т** to preserve a vow sacredly; **с. чтить** to hold sacred, to revere piously; **с. чтить чью́-л. па́мять** to revere piously *one's* memory.

Свя́то-Богоро́дичный Щегло́вский же́нский монасты́рь *(г. Тула)* the Sheglovo Convent of the Holy Mother of God.

Свя́то-Введе́нская О́стровская пу́стынь *(жен. монастырь близ г. Покрова Владимирской обл.)* the Ostrovsky Convent of the Presentation of the Mother of God.

Свя́то-Влади́мирская правосла́вная акаде́мия в Нью-Йо́рке St. Vladimir's Russian Orthodox Seminary, New York.

святого́рец *(монах "Святой горы" Афона, одного из монастырей на Афоне)* Athonite, a monk of [on] Athos, a monk of Mt. Athos.

святогра́дец *(уроженец св. града Иерусалима)* native of Holy City.

Свя́то-Дани́лов мужско́й монасты́рь *(монастырь, основанный в кон. 13 в. князем Дании́лом Моско́вским; в 1983 монастырь восстановлен, на его территории находится резиденция Патриарха Московского и всея Руси)* St. Daniel Monastery.

свято́е копие́ *библ. (копьё, пронзившее рёбра Христа)* holy lance.

свято́е святы́х *библ. (в Иерусалимском храме место, где хранился ковчег Завета)* the Holy of Holies, the Holiest of all, the most holy place ◊ **"За второ́ю же заве́сою была́ ски́ния, называ́емая "свято́е святы́х" ["Свято́е Святы́х"].** *(Послание к евреям св. ап. Павла 9:3)* 'And after the second veil, the tabernacle which is called the Holiest of all' *или* 'And behind the second veil, there was a tabernacle which is called the Holy of Holies'; **"... и бу́дет заве́са отделя́ть вам святи́лище от Свято́го-святы́х. И положи́ кры́шку на ковче́г открове́ния во Свято́м-святы́х"** *("Исход" 26:33-34)* 'And the veil shall divide unto you between the holy place and the most holy. And thou shalt set put the mercy seat upon the ark of the testimony in the most holy place.

Свято́е семе́йство *(семья, в к-рой родился Иисус Христос, ближайшее окружение Иисуса в детстве, включающее его мать Деву Марию и её мужа Иосифа; в живописи могут изображаться и другие персонажи – младенец Иоанн Креститель, св. Елисавета, св. Анна, ангелы, отцы Церкви)* the Holy Family.

Свято́е Семе́йство – Иису́с, Мари́я и Ио́сиф *(катол. переходящий праздник, отмечаемый в воскресенье в течение Рождественской октавы, или 30 декабря, если в этот период нет воскресенья)* the Holy Family, *лат.* S. Familiae Iesu, Mariae et Ioseph.

свято́й I *прил.* **1.** *(исходящий от Бога, связанный с Богом, близкий к Богу)* holy ◊ **с.-а́я вода́** holy water; **С.-а́я гора́ (Афо́н)** the Holy Mount (Athos); **С. Дух** *(третья ипостась Святой Троицы)* the Holy Spirit; **С.-а́я земля́** *(в Иерусалиме)* the Holy Land *(in Jerusalem)*; **с.-а́я ико́на** holy icon; **С.-а́я неде́ля** *(Пасхальная седмица)* the Holy Week, Easter-week; **2.** *(в сочетании с последующим собственным именем, напр. св. Николай, св. Владимир, св. Екатерина и т.п.)* Saint, *сокр.* St.; **3.** *(священный)* sacred, sacrosanct; **4.** *(почитаемый)* hallowed ◊ **с. ме́сто** a hallowed place.

святой II *сущ. (человек, проведший свою жизнь в защите интересов церкви и религии и после смерти признанный непререкаемым образцом христ. жизни, покровителем верующих и канонизированный церковью)* saint, *сокр.* St., S., man of God, *лат.* Sanctus, *сокр.* SCS ◊ **с., в честь к-рого освящён храм** patron saint of the temple; **местнопочитаемый с.** local saint; **с. угодник** saint.

святой год *см.* **юбилейный год**.

Святой гроб *см.* **гроб – г. Господень**.

Святой Дух *см.* **Дух Святой**.

святой заступник patron saint, patron protector, *устар.* avowry.

святой мирянин *см.* **праведник**.

Святой Отец *(один из титулов Папы Римского)* (the Most) Holy Father, *лат.* Beatissimus Pater.

святой-покровитель *(см. тж* ***покровитель****)* patron saint, patron protector, *устар.* avowry ◊ **св.-п. церкви** titular saint.

святой помощник *катол.* the Holy Helper ◊ **Четырнадцать с.-ых п.-ов** *(святые, к к-рым наиболее часто обращаются катол. верующие с молитвами, ожидая от них помощи и защиты в своих обыденных делах; к таковым можно отнести: Георгия, Василия, Эразма, Пантелеимона, Вита, Христофора, Дионисия, Кириака, Акакия, Евстафия, Эгидия, Маргариту, Варвару, Екатерину Александрийскую; д.п. 8 августа)* the Fourteen Holy Helpers, the Fourteen Helpers in need, the Auxiliary Saints.

Святой престол *(Папа Римский и рим. курия; Ватикан)* the Apostolic [Holy] See, *лат.* Sancta Sedes, *сокр.* S.S.

святой равноапостольный *см.* **равноапостольный**.

святой угол *см.* **красный угол**.

святокупец *(см. тж* ***симония****)* simoniac, simonist.

святокупство *см.* **симония**.

святоотеческий *(относящийся к святым Отцам Церкви; так на Руси называли Отцов Церкви – крупнейших богословов 2-9 вв., заложивших основы правосл. богословия)* patristic ◊ **с.-е писания [творения]** patristic writings.

Свято-Покровский Суздальский женский монастырь *(г. Суздаль)* the Convent of the Patronage of the Mother of God.

Свято-Рождественский женский монастырь *(в Белоруссии)* the Convent of the Holy Nativity.

святость *(принадлежность Богу, устремлённость к безгрешности и совершенству)* holiness, sanctity, saintliness, sainthood, sanctitude, sacredness, *устар.* halidom(e) ◊ **жить в с.-и** to live a consecrated life; **ореол с.-и** aureole of holiness.

святотатец *(тот, кто совершает святотатство)* sacrilegist, sacrileger, a person committing sacrilege.

святотатственный sacrilegious.

святотатство *(поругание, оскорбление церк. святыни; кощунство)* sacrilege.

святотатствовать to commit sacrilege (on), *редко* to sacrilege.

Свято-Троицкая лавра *см.* **Троице-Сергиева лавра**.

Свято-Троице-Никольский мужской монастырь *(г. Гороховец Владимирской обл.)* the Holy Trinity Monastery of St. Nicholas.

Свято-Троице-Сергиева лавра *см.* **Троице-Сергиева лавра**.

Свято-Троицкий Белопесоцкий женский монастырь *(посёлок Белопесоцкий Московской обл.)* the Belopesotsky Convent of the Holy Trinity.

Свято-Троицкий Герасимо-Болдинский мужской монастырь *(деревня Болдино под г. Дорогобужем Смоленской обл.)* the Holy Trinity Boldino Monastery of St. Gerasim.

Свято-Троицкий Ново-Голутвинский женский монастырь *(г. Коломна Московской обл.)* the New Goloutvin Convent of the Holy Trinity.

Свято-Успенский мужской монастырь *(в Белоруссии)* the Monastery of the Holy Dormition.

святохульник *см.* **хулитель**.

святочность Christmas(s)y nature, Christmas(s)y character.

святочный Christmas ◊ **с. рассказ** Christmas story, Christmas tale.

святоша religionist, sanctimonious person.

святошество sanctimony.

"Свят, Свят, Свят..." Holy, Holy, Holy ◊ **"С., С., С. Господь Саваоф: исполнь небе и землю славы Твоея. Осанна в вышних, благословен грядый во имя Господне, осанна в вышних"** *(песнопение во время Божественной литургии)* 'Holy, Holy, Holy, Lord of Sabaoth: Heaven and earth are filled with Thy glory: Hosanna in the highest! Blessed is He that cometh in the Name of the Lord! Hosanna in the highest!'.

святцы *(список святых, чтимых правосл. церковью, составленный в порядке месяцев и дней года, к к-рым приурочено празднование памяти каждого святого; тж* **месяцеслов***)* menologion, menology, the book of saints with the church calendar.

святые врата *см.* **царские врата**.

Святые Дары *см.* **Дары Святые**.

Святые места *(преим. в Палестине, ныне в Израиле; связанные по Священному Писанию и преданию с земной жизнью Иисуса Христа)* the Holy (Land) places.

святые места *(места, связанные с различными событиями церк. истории, деяниями святых и служащие местом паломничества верующих)* the holy places.

"Святые наших дней" *см.* **мормоны**.

"Святые последнего дня" *см.* **мормоны**.

Святые тайны *катол. (день или праздник Господень, чествуемый в воспоминание таинства причащения; установлен в 1264 папой Урбаном IV и назначен на первый четверг после праздника Пятидесятницы; главную принадлежность праздника составляет торжественная процессия по улицам, по к-рым с пением носят Св. Дары)* the Feast of Corpus Christi, *лат.* SS Corporis et Sanguinus Christi, *франц.* Fête-Dieu, Fête du Saint Sacrement.

Святый *устар.* Holy ◊ **С. Боже, С. Крепкий, С. Бессмертный, помилуй нас** *(молитва)* Holy God, Holy Mighty, Holy Immortal, have mercy on us; **С. Израилев [Израиля]** *библ. (о Боге)* the Holy One of Israel.

святы́ня *(предмет)* object of worship; *(место поклонения)* sacred [sacrosanct] place, shrine; *устар.* halidom(e) ◊ **национальная с.** national shrine; **осквернить с.-ю** to desecrate a shrine.

Святы́х пяти́ ран Го́спода на́шего Иису́са Христа́ *катол. (день, к-рый отмечается торжественной службой в четвёртую пятницу Великого поста в воспоминание о пяти ранах Христа, полученных на кресте от гвоздей и копья)* the Five Sacred Wounds.

Святы́х семи́ основа́телей о́рдена служи́телей Пресвято́й Де́вы Мари́и [о́рдена серви́тов] *катол. (день, к-рый отмечается торжественной службой 17 февраля)* the Seven Founders of the Order of Servites.

свяще́нная исто́рия *(история ветхозаветных священных событий от сотворения мира до Рождества Христова)* sacred [Scriptural] history.

свяще́нная кни́га Scripture, sacred writing ◊ **с.-ые к.-и мусульман** the Mohammedan Scriptures.

свяще́нник *(лицо, состоящее при храме и совершающее, по силе данной ему благодати священства, все таинства, кроме таинства священства, в храме <литургия и др. общественные богослужения> и вне храма <по домам прихожан, на полях и водных вместилищах> везде, где требуется богослужебная молитва)* priest, *сокр.* P, Pr, minister, clergyman, *сокр.* cl., ecclesiastic, pastor, *сокр.* P, padre, ministrant, chaplain, incumbent, parson, rector, *сокр.* RO, chapelman, *амер.* prelate, *амер., разг.* dominie, *англик.* clerk in holy orders, *(у пресвитериан)* teaching elder, *шотл.* kirkman; *(один из священников большого собора, участвующий в богослужении по определённым расписанным дням; тж иногда приходской священник)* ephemerios; *(с., о к-ром идёт речь)* the reverend gentleman; *(часовни или придела, сооружённых на вклад <chantry>)* chanter ◊ **с.-и** *собир.* the order of priests, *франц.* gens d'église; **второй с. прихода** *англик., катол.* curate, assistant [stipendiary] curate; **выдавать себя за с.-а** to pose as a clergyman; **догмат и вера в особые права с.-а после принятия им сана** sacerdotalism; **дом с.-а** presbytery, priest's house; **женщина-с.** clergywoman, priestess; **кандидат в с.-и** postulant; **катол. с.** celibate [Roman Catholic] priest, pope's knight, *лат.* sacerdos; **младший приходской с.** *см.* **второй с. прихода**; **настольная книга с.-а** priest's manual; **отправление обязанностей с.-а** ministration; **похожий на с.-а** parsonic(al); **свойство, присущее с.-у, монаху как "отцу"** paternity; **с.-и, живущие за счёт вклада на поминовение души (и совершающие ежедневную заупокойную мессу)** chantry priests; **с., живущий** *какое-то* **время в приходе** resident(iary); **с., заменяющий другого** *катол.* vicar; **с. и паства** *(прихожане)* the priest and his people; **с., назначенный и введённый в должность настоятеля церкви** imparsonee; **с., нарушивший закон** *истор.* criminous clerk, criminous ecclesiastic; **с., не живущий в своём приходе** non-resident; **с., отправляющий церк. службу** celebrant, officiant, officiating priest *or* minister; **старший с.** dean; **стать с.-ом** to take the gown; **стать с.-ом какой-л. церкви, прихода** *и т.п.* to become pastor of a church, to be installed over a church, parish, *etc.*, to settle; **требный с.** *(так в храме с большим причтом называется священник, к-рый в данное время преим. <по череде или в силу др. причин> занимается исполнением треб)* priest servicing the needs; **функции с.-а** ministry; **штатный приходской с.** *англик.* perpetual curate, *(с 1868 стал называться)* vicar; **экзаменующие с.-и** *англик. (для экзамена кандидата на рукоположение в священники)* examining chaplains.

свящéнник в áрмии *см.* **капеллáн.**

свящéнник голлáндской протестáнтской цéркви *(особ. в Южной Африке)* predikant.

свящéнник-диссидéнт dissenting minister.

свящéнник-член монáшеского óрдена canon regular.

свящéннический priestly, priestal, priestlike, clerical, ecclesiastical, sacerdotal, hieratic(al).

свящéнничество *(собир. — священники)* priesthood, sacerdotalism, sacerdocy.

священнодéйствие religious rite, hierurgy ◊ **каждая из составных частей евхаристического с.-я — чтение Слова Божия, возношение, причащение — начинается с взаимного преподания мира: "Мир всем" — "И духови твоему"** all of the consistent parts of the solemn eucharistic ceremony — the reading of the word of God, the anathora, the partaking of communion — begin with the exchange of peace: "Peace be to all... And to your spirit"; **относящийся к с.-ю** *прил.* hierurgical.

священнодéйствовать to perform a religious rite.

свящéнное *(в широком смысле — отличное от профáнного, выделенное из него для религ. целей, посвящённое Богу, почитаемое)* sacramental.

свящéнное дéрево *(у буддистов)* Bo tree.

свящéнное мéсто *(место поклонения)* sacrosanct [sacred] place.

Свящéнное Писáние 1. *(название сборника книг, составляющих Библию)* (Holy) Scripture, *сокр.* Script.; the (Holy) Scriptures, the Holy Writ, the sacred Scriptures, the testimony of the Lord, the Oracles, the Word, the Sacred [Holy] Writings; the sacred volume; *(в иудаизме)* the Hebrew Bible ◊ **выдержки [отрывки] из С.-го П.-я** Scriptural passages; **делать из (текста) С.-го П.-я практические выводы** to apply Scriptural insights; **имена из С.-го П.-я** Scripture names; **не находящийся в соответствии со С.-ым П.-м** unscriptural; **относящийся к С.-му П.-ю** Scriptural; **отрывок из С.-го П.-я, к-рый читают во время службы** Scripture lesson, lection; **приверженность букве С.-го П.-я** grammatolatry; **слова С.-го П.-я, приводимые в доказательство** proof text; **2.** *(любое)* Scripture, the sacred [inspired] writings, the sacred volume ◊ **буддийское С. П.** Buddhist Scripture.

Свящéнное Предáние *(совокупность христ. положений и установлений, носящих богооткровенный характер; признаётся только православием и католицизмом)* (the Holy) tradition.

свящéнное собрáние *библ.* the holy convocation.

священноúнок *(то же, что иеромонáх, т.е. монашествующий священник)* ordained monk.

свящéнной пáмяти *кого-л., чего-л.* sacred to the memory of *smb., smth.*

священномонáх *см.* **иеромонáх.**

священномýченик *(священнослужитель или архиерей, лишённый жизни за публичное исповедание христ. учения)* priest-martyr.

священноначáлие 1. *(степени священства; в правосл. — еп., пресвитор и диакон)* hierarchy; **2.** *(церк. власть, теократия)* supreme authority ◊ **с.**

священноначáлие

Рýсской правослáвной цéркви the Supreme Authority of the Russian Orthodox Church.

священноначáльник *см.* **архиерéй**.

священнопомáзание *см.* **помáзание елéем**.

священнослóв *см.* **проповéдник**.

священнослужи́тели *собир. (в христ-ве лица, возведённые в духовный сан и получившие право совершения религ. обрядов: еп.-ы, священники, диаконы, в отличие от* **церковнослужи́телей***)* the major orders ◊ **с. и миряне Ри́мско-католи́ческой цéркви** the clergy and the laity of the Roman obedience.

священнослужи́тель *(лицо, отправляющее церк. службу, ведущее богослужение)* celebrant, liturgist, officiating priest ◊ **иску́сство с.-я** priestcraft.

священнострадáлец *см.* **священному́ченик**.

свящéнные ворóта *см.* **тóрии**.

свящéнные сосу́ды *(общее название предметов церк. утвари: дарохрани́тельницы, ди́скоса, ми́рницы и поти́ра)* holy [liturgical, ecclesiastical] vessels.

свящéнный sacred, sacrosanct, holy, hieratic(al), sacramental ◊ **с.-ая кля́тва** sacramental oath; **с.-е обря́ды** sacramental rites; **с.-е ритуáлы** sacramental ceremonies; **с.-е си́мволы** sacramental symbols.

свящéнный брак *см.* **иерогáмия**.

свящéнный год *библ. (у иудеев он начинался через семь субботних лет <49 лет> звуками трубы из бараньего рога и был связан с отменой выплаты долгов, освобождением рабов-израильтян и пр.)* jubile(e).

свящéнный день отдохновéния *(суббота – у евреев и в нек-рых христ. церквах; воскресенье – у большинства христиан)* the Sabbath(-day) ◊ **не соблюдáть д. о. (суббóту** *или* **воскресéнье)** to break the Sabbath; **относя́щийся ко дню о. [***(у евреев)* **суббóтний,** *(у христиан)* **воскрéсный]** Sabbatic(al); **соблюдáть д. о. [суббóту** *или* **воскресéнье]** to keep the Sabbath; **тот, кто соблюдáет д. о.** *(суббóту – у евреев, воскресéнье – у христиан)* Sabbatarian.

Свящéнный закóн Бóжий *("Не убий")* the Holy God's law.

Свящéнный синóд *см.* **синóд I**.

свящéнный сосýд с ми́ром *см.* **ми́рница**.

свящéнный трéпет *см.* **благоговéйный страх**.

свящéнство I *(христ. таинство наделения Божественной благодатью возводимого в духовный сан лица через епископское рукоположение)* the sacrament of orders, the ordination to the Holy Orders.

свящéнство II 1. *(1. сан, звание священника; 2. служба в качестве священника)* priesthood, the office of priest; **2.** *(собир. – священники)* the clergy; *правосл. (архиерей, священник, диакон)* the major orders; *катол. (священник, диакон, иподиакон)* the major [greater, holy, sacred] orders ◊ **"бéлое" с.** the "white" [married] clergy; **внебрáчно сожи́тельствующее с.** *(об иногда имеющем место явлении среди нек-рых катол. священников, к-рым запрещается жениться)* the concubinary clergy; **"чёрное" с.** the "black" [monastic] clergy.

свящéнствовать *(служить священником)* to be a priest.

сглаз evilwishing.
сгла́зить *кого-л.* to put the evil eye on *smb.*
Себа́льд *(ум. ок 770; патрон Нюрнберга, катол. св., д. п. 19 августа)* St. Sebald of Nurenberg.
Себастиа́н, св. мч. *см.* **Севастиа́н, св. мч.**
Себастья́н, св. мч. *см.* **Севастиа́н, св. мч.**
Сева́м(а) *см.* **Си́вма**.
Сева́ст *библ. (лат. – Август)* Augustus.
Севастиа́н, св. мч. *(3 в.; по преданию, был командиром преторианской гвардии при императоре Диоклетиане; во время гонений на христиан* **С.** *был приговорён к расстрелу лучниками, но раны его исцелила вдова по имени Ирина;* **С.-а** *забили до смерти палками; часто изображался в иск-ве итал. Ренессанса в образе юноши, пронзённого многими стрелами; д. п. 18/31 декабря, катол. – 20 января)* St. Sebastian, M.
Севасти́йские му́ченики ◊ **сорок мчч. Севасти́йских [40 мчч., в Севасти́йском озере мучившихся]** *(д. п. 9/22 марта)* Sts. Forty Ms. at Sebaste (in Armenia).
Севасти́я *(в Армении прославлена страданиями еп. Власия и 40 мучеников)* Sebaste.
Севастья́н, св. мч. *см.* **Севастиа́н, св. мч.**
Севе́р Антиохи́йский *(ок. 465-538; птрх. антиохийский)* Severus of Antioch.
Севериа́н, св. *(имя нескольких святых)* St. Severian(us).
Севери́н, св. *(1 в.; д. п. 4/17 июня)* St. Severinus.
се́верная сторона́ *(храма)* the Gospel [north] side.
Североамерика́нская миссионе́рская епа́рхия *(название правосл. церкви в США до 1970)* the North American Missionary Archdiocese.
Севе́р, Сульпи́ций *(ок. 363-425; христ. историк, монах, родом из Аквитании, Франция)* Sulpicius Severus ◊ *(его сочинения)* "**Жизнь св. Мартина Турского**" The Life of St. Martin of Tours; "**Священная история**" *лат.* Historia Sacra.
Се́вна *библ. (начальник дворца иудейского царя Езекии)* Shebna.
сегме́нт небе́сного сво́да *(в иконописи)* quadrant.
седа́лен *(богослужебный текст, во время исполнения к-рого разрешается сидеть; читается или поётся на утрене после кафизм и после 3-ей песни канона)* sedalen, cathisma, kathisma, *греч.* stasis.
седа́лища *(места по обеим сторонам горнего места для сослужения архиерею священников)* the clergy stalls.
Седеки́я *библ. (последний царь Южного царства Иудея)* Zedekiah.
седе́р *(торжественная иудейская церемониальная трапеза в первую ночь* **Пе́саха**, *к-рая включает в себя особую пищу, символы, песни и рассказы из* **Ага́ды**) the Seder, *иврит* Haggadah Shel Pesah.
Седмиезе́рная ико́на Бо́жией Ма́тери *(чудотворная икона, в 1615 икона перенесена была из г. Устюга в Седмиезерную Богородицкую пустынь Казанской епархии, в 17 верстах от Казани; прежде пустынь была окружена семью небольшими озерками, отсюда её название; празднование 13/26 октября)* the Icon of the Mother of God "Of the Seven Lakes".
седмисве́щник *см.* **семисве́чник**.

седми́ца *правосл. (церк. название семи дней недели)* week ◊ **Вели́кая и свя-
та́я с.** *(особая неделя, начинается на вечерне в Вербное воскресение)* the
Great and Holy Week.
седми́ца сы́рная *см.* **Ма́сленая седми́ца**.
Седра́х *библ. (имя, к-рое получил при вавилонском дворе один из близких
друзей Даниила – Анания)* Shadrach.
седьми́на *библ. (в Книге пророка Даниила – промежуток в 7 дней)* week ◊
се́мьдесят седьми́н *(в Книге пророка Даниила 9:24-27, по утверждению
богословов, так наз. сед(ь)мины Даниила являются пророчеством и пред-
сказанием явления Спасителя, Его крестную смерть и следующее за нею
разрушение Иерусалима) библ.* the seventy weeks.
сеи́д *(почётный титул мусульман, ведущих своё происхождение от Мухаммада, у шиитов – от Али; в знак отличия носят зелёную чалму)* say(y)id,
seid.
Сеи́р *библ. (город на юге Палестины)* Seir.
сейи́д *см.* **сеи́д**.
Сейр *см.* **Сеи́р**.
секве́нция *катол. (лат. церк. песнопение; в наст. время в обязательном
литургическом употреблении имеются только две* **с.-и** *– пасхальная
<Victimae paschali> и "золотая с." <the Golden sequence>, исполняемая на
Пятидесятницу – <Veni, sancte Spiritus>)* sequence.
Секела́г *библ. (город в пустыне Негев)* Ziklag.
се́кко *(техника стенной росписи по сухой штукатурке)* (fresco) secco, secco
painting.
секрета́рь прихо́да *англик. (ведёт церк. книги; назначается из мирян при-
ходским священником)* parish clerk.
Сексбу́рга, аббати́са *(ум. ок. 699; катол. св., д. п. 6 июля)* St. Sexburga,
abbess.
се́кта *(религ. объединение, возникающее как оппозиционное течение по отношению к господствующей церкви)* sect, persuasion, *истор.* connexion ◊ **с.
методи́стов** the Methodist persuasion.
секта́нт sectarian, sectary, nonconformist, schismatic, separatist;
(употребляется католиками по отношению к правосл. христианам)
dissident.
секта́нтский sectarian, dissident, separatist(ic); denominational.
секта́нтство *(в христ-ве понимается как принадлежность сектам – ограни-
ченным группам, отпавшим от Вселенской церкви и жёстко требующим
признания правоты своего вероучения, связанных с ним морали и образа
жизни; при этом отвергается как ложное всё, что относится к вере и
жизни за пределами секты)* sectarianism.
секуляриза́ция *(1. процесс обмирщения, освобождения всех сфер общественной и личной жизни из-под влияния религии и церкви; 2. отчуждение
церк. собственности в пользу государства; 3. в Зап. Европе переход лица
из духовного состояния в светское с разрешения церкви)* secularization,
laicization, deconsecration.
секуляризи́ровать to secularize, to deconsecrate; *(освобождать от церк.
влияния и церк. институтов)* to laicize; *(придавать мирской или светский
характер)* to temoralize ◊ **с. церк. зе́мли** to secularize Church lands.

секуляри́зм *(мировоззренческая позиция, отвергающая всякого рода богословские системы)* secularism, laicism.

секуля́рный *(светский, мирской, безрелигиозный)* secular.

Секу́нд *библ. (христианин из Фессалоник, сопровождавший ап. Павла)* Secundus.

Секундиа́н Бибиа́нский, еп. *см.* **Донатиа́н Бибиа́нский, еп.**

Секу́нд, св. мч. *(ум. 203 вместе с Перпетуей, д. п. 1/14 марта)* St. Secundulus, M.

Се́ла *библ. (завоёванный иудейским царём Амасией идумейский город)* Selah.

Селе́вкий, св. мч. *(ум. 309; д. п. 16/29 февраля)* St. Seleucus, M.

Селе́вкия *библ. (порт Антиохии в Сирии)* Seleucia.

сели́тва *библ. (поселение, местопребывание, жилище, обиталище)* habitation.

селихо́т *(иудейские богослужебные тексты, произносимые в посты и дни, предшествующие большим праздникам)* selihoth.

Селлу́м *библ. (муж. имя)* Shallum.

Семе́й *библ. (муж. имя)* Semei.

семери́чники *(одно из название исмаилитов)* the Seveners.

семигла́вый *архит.* having seven domes, seven-domed, with seven cupolas.

семи́к *катол. (праздник в четверг на седьмой неделе после Пасхи)* the feast of the seventh Thursday after Easter.

Семикни́жие *(староцерковное, используемое тж в науке, обозначение первых семи книг в Ветхом Завете)* Heptateuch.

семинари́ст *(студент семинарии)* seminarian, seminarist.

семина́рия, духо́вная *(в христ-ве среднее церк. учебное заведение, предназначенное для подготовки духовенства)* seminary, *сокр.* Smnry, ecclesiastical [theological] seminary ◊ **с. богосло́вская** ecclesiastical [theological] seminary; **духовная с. по подготовке будущих священников** theological seminary for training (future) priests; **протестантская с.** divinity school; **с. по подготовке проповедников** seminary for the training of ministers.

семипелагиа́нство *см.* **полупелагиа́нство**.

семисве́чник *(особый светильник из 7 ветвей, укреплённых на одной высокой подставке)* seven-branched candlestick ◊ **с. напресто́льный** *(стоящий в алтаре за престолом)* altar seven-light candelabrum.

Семь даро́в Свято́го Ду́ха *см.* **дар III**.

семь доброде́телей *см.* **доброде́тель**.

Семь епи́скопов *истор. (семь англ. еп-ов, к-рые были преданы суду в июне 1688 за то, что отказались опубликовать* **Деклара́цию религио́зной терпи́мости**, *и были оправданы под давлением общественного мнения)* the Seven Bishops.

Семь основа́телей о́рдена служи́телей Пресвято́й Де́вы Мари́и *(катол. свв., д. п. 17 февраля)* the Seven Founders of the Order of Servites.

Семь о́троков, и́же во Ефе́се: Максимилиа́н, Иамва́лих, Мартиниа́н, Иоа́нн, Диони́сий, Ексакустодиа́н [Константи́н] и Антони́н *(по преданию, 7 свв. отроков перешли в христ-во и, спасаясь от гонений Деция [Декия], укрылись в пещере, где заснули; тогда Деций велел замуровать их, и они про-*

Семь

спали там чудесно 178 лет до царствования Феодосия Великого; д. п. 4/17 августа; катол. – **Семь спящих отроков ефесских**, *д. п. 27 июля*) Sts. Seven Youths of Ephesus, Ms.: Maximilian, Amblichus, Martin, John, Dionisius, Marcell and Antonin.

Семь патронов христианских наций *(по катол. традиции к ним относятся: св. Дионисий – покровитель Франции <St. Denis, the patron saint of France, св. Антоний – покровитель Италии <St. Anthony, the patron saint of Italy>, апостол Иаков – покровитель Испании <St. James, the patron saint of Spain>, св. Георгий – покровитель Англии <St. George, the patron saint of England>, апостол Андрей – покровитель Шотландии <St. Andrew, the patron saint of Scotland>, св. Патрик – просветитель и покровитель Ирландии <St. Patrick, the patron saint of Ireland> и св. Давид – просветитель и покровитель Уэльса <St. David, the patron saint of Wales>)* the Seven Champions of Christendom.

Семь радостей Девы Марии *катол. (Благовещение, посещение Елисаветы, Рождество, Богоявление, нахождение отрока Иисуса в Храме, Воскресение, Вознесение)* the Seven Joys of the Virgin.

Семь скорбей Девы Марии *катол. (при пророчестве Симеона at the prophecy of Simeon>, при бегстве в Египет <in the flight to Egypt>, при исчезновении двенадцатилетнего Иисуса <at the three days' loss of her son>, при взятии Христа под стражу и несении креста <at the carrying of the cross>, при распятии <at the crucifixion>, при снятии с креста <at the descent from the cross>, при положении во гроб <at the entombment>)* Dolors of Mary, the Seven Sorrows of the Blessed Virgin Mary.

семь смертных грехов *см.* **грех – семь смертных г-ов.**

Семь спящих отроков эфесских *катол. (см.* **Семь отроков, иже во Ефесе***)* the Seven Sleepers of Ephesus.

семь церквей *библ. (семь церквей в Малой Азии, упомянутых в "Откровении св. Иоанна Богослова" 1:4 в Ефесе <Ephesus>, Смирне <Smyrna>, Пергаме <Pergamum>, Фиатире <Thyatira>, Сардисе <Sardis>, Филадельфии <Philadelphia> и Лаодикии <Laodicea>)* the seven churches.

семя *библ. (потомство)* offspring, descendant(s) ◊ **с. Авраама** descendants of Abraham; **с. Давидово по плоти** a descendant of David according to the flesh.

Сенан Ирландский, еп. *(ум. 560; катол. св., д. п. 8 марта)* St. Senan, bp.

Сенатор Миланский, еп. *(ум. 475; катол. св., д. п. 28 мая)* St. Senator, bp. of Milan.

Сен-Мартен, Луи Клод де *(1743-1803; франц. мистик и философ)* Saint-Martin, Louis Claude de.

Сеннаар *библ. (название Вавилонии)* Shinar.

Сенох, прп. *(ум. 576; катол. св., д. п. 24 октября)* St. Senoch, hermit.

Сен-Сиран *(наст. имя Жан Дюверже де Орани <Jean Duvergier de Hauranne>;1581-1643; богослов, один из основателей* **янсенизма** *во Франции; в 1620 он получил аббатство Сен-Сиран <Saint-Cyran>, после чего стал называться этим именем)* Abbé de Saint-Cyran.

Сент-Мэри-ле-Боу *(церковь в Лондоне в Сити, построена в 1670-83 архитектором Реном)* St. Mary-le-Bow; *разг.* Bow Church, *(другое название* **"Церковь на арках"***, по арочным сводам древней крипты, на к-ром она* *стоит)* the Church of the Arches ◊ **звон колоколов церкви С.-М.-ле-Б.** *(считается, что человек, родившийся в пределах слышимости её колоколов, – истинный кокни)* the Bow bells.

сень 1. *(в древнерусской архит-ре навес)* canopy, *(с плоским верхом)* tester; *(шатёр)* tabernacle ◊ **(над)алтарная с.** ciborium; **под с.-ю** under the canopy; **с. над гробницей** tomb canopy; **2.** *(покров, покровительство, защита)* **под с.-ю** under the protection (of).

"Септа́нта" *см.* **"Септуаги́нта".**

"Септуаги́нта" *(сокращённое обозначение древнейшего греч. перевода Ветхого Завета; сделан в Александрии, на острове Фарос в 271 до н.э. параллельно 70 переводчиками)* the Septuagint(e).

Сера́иа *библ. (муж. имя)* Seraiah.

Серапио́н *(имя нескольких святых)* Serapion ◊ **прп. С., монах** *(д. п. 7/20 апреля)* Venerable Serapion, an Egyptian Monk and later Bp. of Thumuis.

серафи́м *(в иудаизме и христ-ве – ангел, стоящий на высшей ступени небесной иерархии)* seraph ◊ **шестикрылый [шестокрылый] с.** six-winged seraph.

Серафи́ма, св. мц., де́ва *(117-138; д. п. 29 июля / 11 августа)* St. Seraphima, Virgin-M.

Серафи́м Саро́вский, св. *(1760-1833; прп. монах Саровской пустыни, принесший много пользы своими беседами и подвигами; д. п. 18 июля / 1 августа)* St. Seraphim of Sarov.

серафи́мы *мн. ч. (см.* **серафи́м***)* seraphim, seraphs, *(неправильно)* seraphims.

Серафи́на, де́ва *см.* **Фи́на, де́ва.**

Серафи́но Монтеграна́рский, прп. *(1540-1604; катол. св., д. п. 12 октября)* St. Seraphino of Montegranaro.

серафи́ческий *(ангельский, неземной)* seraphic(al).

Се́рбская (правосла́вная) це́рковь *(является автокефальной с 1219; имеет в своём составе 10 епархий, ок. 24 тыс. приходов, 180 муж. и жен. монастырей)* the Church of Serbia.

Серва́тий Бельги́йский, еп. *(ум. 384; катол. св., д. п. 13 мая)* St. Servatius, bp. of Tongres, Belgium.

Серве́т, Миге́ль *(1511-53; испан. мыслитель, теолог; сожжён как еретик по приказу Ж. Кальвина)* Servetus, Michael, *испан.* Miguel Serveto.

серви́ты *(члены нищенствующего монашеского ордена "Слуги Пресвятой Девы Марии" <the mendicant order of Friars Servants of the Blessed Virgin>; основан во Флоренции в 1233)* the Servites, the Servite order ◊ **глава ордена** Prior General.

Серву́л Ри́мский *(ум. ок. 590; катол. св., д. п. 23 декабря)* Servulus.

"Се́ргиево виде́ние" *(иконографический сюжет)* St. Sergius's Vision of the Virgin Mary.

Се́ргий и Вакх, свв. мчч. *(ум. 303; д. п. 7/20 октября)* Sts. Sergius and Bacchus, Ms.

Се́ргий Па́вел *библ. (рим. проконсул Кипра, ок. 48)* Sergius Paulus.

Се́ргий Ра́донежский *(ок. 1315-92; д. п. 5/18 июля и 25 сентября / 8 октября)* St. Sergius of Radonezh ◊ **великий православный св. авва преподобный Сергий, игумен Радонежский** the Great Orthodox Abba Saint Sergius,

Сергий

Hegumen of Radonezh, the Miracle-worker of all Russia; **Преставление прп. Сергия, игумена Радонежского, всея России [Руси] Чудотворца** the Death of St. Sergius, Hegumen of Radonezh, the Miracle-worker of all Russia; **прп. Сергий, игумен Радонежский, всея России [Руси] Чудотворец** St. Sergius, Hegumen of Radonezh, the Miracle-worker of all Russia.

Се́ргий I Ри́мский, па́па *(ум. 701; катол. св., д. п. 8 сентября)* St. Sergius I.

Се́рдца Иису́са, культ *(сердце Иисуса Христа и его любовь к людям выступают как объект поклонения в католицизме; первые сведения о культе С. И. относятся к 11-12 вв.; в 13-16 вв. этот культ быстро распространяется; во Франции возникают в 1800 женские ордена С. И. (<Society of the Sacred Heart, Religious of the Sacred Heart>; в 1873 С.-у И. была посвящена вся Франция, а в 1875 вся Вселенная; в те же годы в Париже была воздвигнута базилика Сакре-Кёр (Святейшее Сердце) <франц. Sacre-Coeur>; С.-е И. изображается с язычками пламени, что символизирует Его пламенную любовь к людям; праздник Пресвятого С. Иисусова <the Feast of the Sacred Heart, лат. Sacratissimi Cordis Iesu> отмечается во 2-ю пятницу после праздника Пресвятой Троицы)* the Sacred Heart, the cult of the Sacred Heart of Jesus ◊ **поклонение Пресвятому С.-у Иисусову** the devotion to the Sacred Heart (of Jesus).

Се́рдца Мари́и, культ *катол. (символом ответной любви к людям является С.-е М., к-рое изображается пронзённым мечом, что напоминает о скорбях Божьей Матери; первые сведения о почитании С. М. относятся к нач. 12 в.; широкое распространение этот культ получил в 17 в.; в 1805 был учреждён праздник С. М. <the Feast of the Pure Heart of Mary>, с 1944 – день Пренепорочного Сердца Пресвятой Девы Марии (суббота после праздника Пресвятого Сердца Иисусова; с 1969 празднование не обязательно) <the Immaculate Heart of Mary>)* (the cult of) the Sacred Heart of Mary.

Се́рдце Пресвято́е Иису́са Христа́ см. **Се́рдца Иису́са, культ**.

середи́на земли́ *(по библ. и средневековым представлениям пуп, вершина земли – город Иерусалим)* the midst of the land.

Серён Сирмиу́мский, садо́вник, мч. *катол. (ум. ок. 304; катол. св., д.п. 23 февраля)* St. Serenus the Gardener, m., St. Serneuf of Billom, m.

Серён Сре́мский, садо́вник, мч. *(правосл. св., д.п. 26 марта / 8 апреля)* см. **Серён Сирмиу́мский, садо́вник, мч.**

Се́рра Хуни́перо, Миге́ль Хозе́ *(1713-84; францисканский миссионер, прозванный Калифорнийским апостолом <the Apostle of California>; вошёл в историю как основатель катол. миссий в Мексике и Калифорнии; обратил в христ-во более 6 тыс. индейцев)* Serra Junipero, Miguel José.

Серу́г см. **Серу́х**.

Серу́х *библ. (сын Рагава, отец Нахора, прадед Авраама; упомянут в родословном древе Иисуса)* Serug.

Сеса́х *библ. (зашифрованное название Вавилона)* Sheshach.

сестра́ *(женщина – член религ. общины, ордена; монахиня; с. во Христе)* sister ◊ **высокочти́мая с.** honoured sister; **заблу́дшая с.** erring sister; *собир.* **с.-ы** sisterhood.

сестра́ во Христе́ sister in Christ.

сестра́ милосе́рдия *(из монахинь)* sister of charity.

сéстринская общи́на *см.* сéстричество.

сéстричество sisterhood.

"Сéстры Дóброго пáстыря" *(катол. орден; основан во Франции в 1642, деятельность возобновлена в 1828; с. посвящают себя делу возвращения к нормальной жизни женщин дурного поведения, а тж защите девушек, находящихся в подобной опасности)* the Good Shepherd Sisters, the Sisters of the Good Shepherd.

сéстры-колетти́нки *(см. Колéтта Буайé, прп.)* the Colettine sisters.

"Сéстры милосéрдия" *(катол. конгрегация, образованная во Франции в 1634 Винсентом де Сент-Полем для ухаживания за больными)* the Sisters of Charity.

"Сéстры св. Амврóсия" *(катол. конгрегация; основана в 1474)* the Sisterhood of St. Ambrose.

Сéтон, Эли́забет Энн *см.* Си́тон, Эли́забет Энн.

сефáрд *ед. ч. (см.* сефáрды*)* Sephardi.

сефáрдские еврéи *см.* сефáрды.

сефáрдский Sephar(a)dic.

сефáрды *(иврит "сфарадим" – испанцы; потомки евреев, живших в Испании и Португалии до изгнания в 1492; по цвету лица они темнее, чем ашкенази или северные евреи; помимо Израиля места их расселения – Сев. Африка, Греция, Балканы, Голландия, Англия, Америка и Кавказ)* the Sephar(a)dim.

Сефи ад-Дин Исхáк *(1253-1334; мусульманский мистик)* Safi ad-Din.

сефи́ра *ед.ч. (см.* сефирóт*)* sephira(h), sefira(h).

сефирóт *мн. ч. (каббалистический термин, употребляемый тж в иудейском мистицизме, обозначающий "области", или "сферы" Духа Божия <the Spirit of God>: воздуха, воды, огня, четыре стороны света, высоту и глубину; в более развитом мистицизме с. – корона; мудрость, ум, любовь, власть, сострадание, твёрдость, величие, основание и царство)* sephiroth, sefiroth.

сецессиони́сты *(обобщающее название протест. направлений и сект, отделяющихся по различным причинам от существующих)* secessionists.

"Се человéк!" *библ. (Ев. от Иоанна 19:5; слова Пилата, к-рыми он представлял евреям Христа в терновом венце; тж сюжет христ. иск-ва, название живописных картин и т. п.)* Behold the Man! *лат.* Ecce Homo.

Сёдерблум, (Ларс У́лоф) Джóнатан *(1866-1931; теолог, архиеп. Швеции)* Söderblom, Nathan.

сёдзоку *(одежда синтоистского духовенства)* shozoku.

сжигáть *кого-л.* на кострé *(за веру)* to burn *smb.* at the stake.

Сибáр Ангулéмский, затвóрник *(ум. 581; катол. св., д. п. 1 июля)* St. Eparchius [Cebard], hermit.

Си́бма *см.* Си́вма.

Си́вма *библ. (город к востоку от Иордана в уделе колена Рувима)* Shebam, S(h)ibmah.

Сигизму́нд Бургу́ндский, корóль, мч. *(ум. 524; катол. св., д. п. 1 мая)* St. Sigismund of Burgundy.

Сигóр *библ. (один из пяти городов, к-рых не постигла участь Содома и Гоморры)* Zoar.

сиддýр *иврит (сборник ежедневных еврейских молитв; в отличие от* **махзóра**) the siddur.

сиддха *(в индуизме и джайнизме святой или достигший совершенства в традиции* **тáнтры***; существует список, в к-рой включены 84 величайших сиддх)* Siddha, Siddhi.

Сиддхáртха *(личное имя Будды)* Siddhartha, Sarvarthasiddha, Siddhattha.

сиддхи *(сверхъестественные физические или психические способности, обретаемые благодаря практике йоги)* siddhi.

сидéние *(выдвижное)* **на хóрах** *(в зап. храмах для тех, кто по состоянию здоровья не может стоять долго во время богослужения)* misericord(e).

Сидóний Аполлинáрий, еп. *(ум. ок. 480; катол. св., д. п. 23 августа)* St. Sidonius Apollinaris, bp.

Сидра *(часть Торы, к-рую читают в синагоге)* Sedra, Sidra.

сидýр *см.* **сиддýр**.

Сиúр *см.* **Сеúр**.

сикáрий *истор. (в 1 в. в Израиле сторонник крайней националистической партии, ведущей террористическую борьбу с римлянами)* sicarius.

Сикст *(имя нескольких Римских Пап)* Sixtus.

Сикстúнская капéлла *(в г. Риме, бывшая домовая церковь в Ватикане, построена для папы Сикста IV <1473-81, архитектор Дж. де Дольчи>, ныне музей, тж используется для торжественных церемониалов пап и для избрания кардиналами нового папы)* the Sistine Chapel; *лат.* Capella Sistina.

"Сикстúнская мадóнна" *(картина Рафаэля ок. 1512, Картинная галерея, г. Дрезден, изображающая Богоматерь с младенцем, св. Варварой и св. Сикстом II)* the Sistine Madonna; *лат.* Madonna di S. Sisto.

сúкхара *(пирамидальная храмовая башня в Индии)* sikh(a)ra, sikra, sikar(a).

сúкхи *(последователи* **сикхúзма***)* the Sikhs.

сикхúзм *(религия, возникшая в 16 в. в сев.-зап. Индии; основатель – гуру Нанак 1469-1539 <Guru Nanak>;* **с.** *проповедует единобожие; конечная цель сикхов – освобождение от перерождений и слияние с Богом)* Sikhism.

Сúла *библ. (глава христ. общины Иерусалима)* Silas ◊ **С., Силуан и Андроник, апп.** *(д. п. 30 июля / 12 августа, катол. – 13 июля)* Sts. Silas, Silvanus and Andronicus, Apls.

сúла Бóжья God's power.

сúла Евáнгелия power of the Gospel.

"Силлáбус" *лат. (приложение под названием "Перечень главнейших заблуждений нашего времени" к энцикликам Пия IX <Pius IX> в 1864 и Пия X <Pius X> в 1907)* the Syllabus of Errors.

Силлóн *(франц. катол. организация, основанная в 1894 с целью развития христ. демократии; закрыта в 1910)* Sillon; *(после реорганизации вновь возникла в 1917 под названием)* Sillon Catholique.

Силоáм(ская купéль) *(Силоамский источник или водоём; упоминается несколько раз в Ветхом и Новом Заветах)* the Pool of Siloam.

сúлы *(один из 9 ангельских чинов)* virtues ◊ **восстают сотни ангельских сил** a hundred virtues rise.

сúлы бесплóтные *см.* **сúлы небéсные**.

сúлы зла evil's forces.

си́лы небе́сные *(тж а́нгелы)* heavenly host, heavenly Powers, the host of God's angels ◊ **Вся небесные силы, святии Ангели и Архангели, молите Бога о нас грешных** *(молитва)* All ye heavenly Powers, Holy Angels and Archangels, pray to God for us sinners.

Сильва́н *(имя нескольких святых)* Silvanus.

Сильве́рий Ри́мский, па́па *(ум. 537; д. п. 2 декабря)* St. Silverius.

Сильве́стр, па́па, св. *(Папа Римский в 314-35, в эпоху правления Константина Великого, римского императора, положившего конец преследованию христиан и признавшего их веру; катол. св., д. п. 20 июня)* St. Silvester [Sylvester], Pope of Rome.

Си́льпа *см.* **Зе́льфа**.

Сим *библ. (старший из трёх сыновей Ноя, прародитель семитов)* Sim.

сима́ра *(богослужебное одеяние англик. еп-ов и докторов богословия в виде мантии без рукавов из шёлка или атласа)* chimer(e).

си́мвол *(предмет или слово, условно выражающее суть какого-л. явления; знак, образ, воплощающий какую-л. идею; смысл с.-а внешне скрыт, с. – намёк на то, что находится за чувственно воспринимаемым образом)* symbol, token, type ◊ **крест – с. христианства** the cross is the symbol [type] of Christianity; **пасхальный агнец является с.-ом Христа** the pascal lamb is the symbol of Christ; **христианские с.-ы** Christian symbols; **чёрный цвет – с. траура** black is a token of mourning.

Си́мвол ве́ры *(краткий свод главных догматов, составляющих основу вероучения какого-л. религ. течения или церкви)* creed, the Symbol [Confession] of Faith, the Beliefs, *лат.* Credo ◊ **апостольский С. в.** the (Apostles') Creed, the Belief; **Константинопольский С. в.** the Creed of Constantinople, the Constantinopolitan Creed; **Никейский С. в.** the Nicene Creed; **Никео-цареградский С. в.** *см.* **Нике́о-царегра́дский Си́мвол веры**; **С. в. папы Пия IV** *(1564)* the Creed of Pius IV; **С. в. св. Афанасия** the Athanasian Creed; **С. в. Тридентского собора** *см.* **Триде́нтское испове́дание ве́ры**; **Тринадцать с.-ов в.** *(основы иудаизма)* the Thirteen Articles of Faith; **Халкидонское изложение в.** the Creed of Chalcedon.

символизи́ровать to symbolize ◊ **крест, заключённый в нимб, с.-ует Христа** a nimbus enclosing a cross symbolizes Christ.

символи́зм symbolism, symbolical character, symbolicalness ◊ **с. изображения в христ. иконографии** the pictorial symbolism of Christian iconography; **религ. с.** religious symbolism.

симво́лика 1. *(отрасль теологии)* symbolic(s), symbolic theology; 2. *(совокупность религ. символов какой-л. религии)* symbols, symbolism.

символи́ческие кни́ги *(книги, содержащие догматы, основы вероучения какой-л. церкви)* symbolical books ◊ **с. к. православной церкви** the Symbolic Books of the Orthodox Church.

символи́чность *см.* **символи́зм**.

Симео́н *библ. (муж. имя)* Simeon.

Симео́н Богоприи́мец *библ. (старец-священник, воспринимавший в Иерусалимском храме новорождённого Иисуса Христа; Ев. от Луки 2:22-39; д. п. 3/15 февраля, катол. – 8 октября)* St. Simeon, the Venerable-Senex and Theofer, St. Simeon the God-receiver [the Receiver of God].

Симеон

Симеон Метафраст *(ум. 960; византийский церк. писатель, составитель сборника житий; имел титул логофета; д. п. 28 ноября / 11 декабря)* St. Simeon Metaphrastes, St. Simeon Logothetes.

Симеон Мурин *библ. (один из пророков и учителей христ. общины в Антиохии; тж один из 70 апп., д. п. 4/17 января)* Simeon who was called Niger.

Симеон Новый Богослов *(ум. 1032; преподобный, писатель; д. п. 12/25 марта и 12/25 октября)* St. Simeon the New Theologian.

Симеон, сродник Господень, сын Клеопы и брат Иосифа Обручника *(родственник Иисуса, слушал его учения, был священником в Иерусалимском храме; распят на кресте за веру в 107; д. п. 27 апреля / 10 мая)* Simeon, first cousin of the Lord, son of Cleophas and St. Joseph's brother.

Симеон Столпник *(356-459; д. п. 21 июля / 3 августа, катол. – 5 января)* St. Simeon Stylites.

Симеон Столпник Дивногорец, Младший *(ум. 596, д. п. 24 мая / 6 июня, катол. – 3 сентября)* St. Simeon of the Wonderful Mountain, Stylite, катол. St. Simeon Stylites the Younger.

Симеон Столпник на Дивной горе *см.* **Симеон Столпник Дивногорец, Младший.**

Симеон Столпник Старший, прп., и матерь его Марфа St. Simeon, the Elder, the Stylite and his mother Martha.

Симеон, Христа ради юродивый, и Иоанн, спостник его, прпп. *(ум. ок. 590; д. п. 21 июля / 3 августа)* Venerable Simeon, surnamed Salus (fool) and John, his co-faster, Hermits.

Симмах Новый, Александрийский, мч. *см.* **Епимах Новый, Александрийский, мч.**

Симмах, св. *(ум. 514; Папа Римский, катол. св., д. п. 19 июля)* St. Symmachus.

Симон *библ. (муж. имя)* Simon.

Симон волхв *см.* **Симон маг.**

Симон Зилот *(д. п. 10/23 мая и 30 июня / 13 июля, катол. – 28 октября)* the Apostle Simon the Zealot [Zelotes], St. Simon Zelotes, Apostle.

Симон Искариот *библ. (отец предателя Иуды Искариота)* Simon Iscariot.

симонический simoniac(al), *редко* simonious, *устар.* simonian.

симония *истор. (система замещения церк. должностей посредством купли-продажи, в частности, практиковавшаяся Папами Римскими в Средние века с целью извлечения доходов; это слово происходит от имени Симона волхва, к-рый, как следует из "Деяний Апостолов", выражал желание купить за деньги способность творить чудеса)* simony ◊ **занять папский престол посредством с.-и** to obtain the papal throne by simony; **священник, занявший должность посредством с.-и** simoniacal priest.

Симон Кананит *см.* **Симон Зилот.**

Симон Киринейский *см.* **Симон Киринеянин.**

Симон Киринеянин *библ. (один из иудеев, к-рого заставили понести крест Иисуса, когда Он пал под тяжестью креста; Ев. от Матфея 27:32 и от Марка 15:21)* Simon of Cyrene, Simon a Cyrenian.

Симон кожевник *библ. (христианин в Иоппии, в доме к-рого долгое время жил ап. Петр)* tanner named Simon.

Си́мон маг *библ. (человек, к-рый занимался волхвованием, т.е. колдовством, в Самарии)* Simon Magus.

Си́мон Петр *(имя апостола, переименованного Иисусом в Петра)* Simon Peter.

Си́мон прокажённый *библ. (человек, в доме к-рого в Вифании Иисус был женщиною помазан миром)* Simon the leper.

Си́мон Сток, прп. *(ок. 1165-1265; генерал ордена кармелитов, катол. св., д. п. 16 мая)* St. Simon Stock.

Си́мон, сын Иоа́нна *библ.* Simon the son of John.

Симплициа́н Медиола́нский, еп. *(ум. 400, катол. св., д. п. 16 августа)* St. Simplician, bp. of Milan.

Симпли́ций, св. *(имя нескольких святых)* St. Simplicius.

Симфо́ния *(алфавитный указатель слов, встречающихся в Библии с отсылками к тексту)* concordance ◊ **с. к Но́вому Заве́ту** the concordance of the New Testament.

симфо́ния *(в христ. культуре символ всеобщей гармонии мира и человека, категорий веры и познания)* symphony.

Симфориа́н Оту́нский, мч. *(ум. ок. 180, катол. св., д. п. 22 августа)* St. Symphorian.

Симха́т То́ра *(иврит "Радость Торы"; иудейский праздник по случаю завершения годового цикла чтения Торы в синагоге и начала нового цикла)* Simhath [Simchat] Torah.

синаго́га I *(в иудаизме дом совместной молитвы, место изучения, чтения и хранения Торы, центр духовной и общественной жизни иудейской общины)* synagog(ue), *сокр.* syn ◊ **Моско́вская хора́льная с.** the Moscow Choral Synagogue.

синаго́га II *(византийский **Номокано́н**, т.е. сборник, содержащий церк. каноны и императорские конституции)* nomocanon ◊ **с. в 50 ти́тулов** *см.* **"Синта́гма Иоа́нна Схола́стика"**; **с. в 14 ти́тулов** *см.* **"Синта́гма 14 ти́тулов"**.

синагога́льный synagogical.

Сина́й *библ. (гора, где был дан Моисею закон и заключён союз между Богом и израильтянами)* Sinai ◊ **гора́ С.** Mount Sinai; **пусты́ня горы́ С.-я** the wilderness of Mount Sinai.

Сина́йская це́рковь *(входит в Иерусалимский патриархат, но сохраняет привилегию автономии ради святынь Богосошественной горы Синай; в состав **С.-ой це́ркви** входят монастырь во имя великомученицы Екатерины на горе Синай и подворья – три в Египте, одиннадцать в Греции, на Кипре, в Ливане и в Турции; предстоятель **С.-ой це́ркви** является Священноархимандритом монастыря и носит титул Архиепископа Синайского, Фаранского и Раифского <the Archbishop of Sinai, Pharan, and Raitha>)* the Church of (Mount) Sinai.

"Сина́йский ко́декс" *(Библия 4 в. на греч. языке, найденная в библиотеке монастыря св. Екатерины на горе Синай в 1844; является важным источником библ. текстологии; хранилась в Императорской Публичной библиотеке в г. Петербурге, с 1933 находится в Британском музее в г. Лондоне)* the Sinaitic codex, *лат.* codex Sinaiticus.

Синайский монастырь св. Екатерины *(основан в 6 в.; расположен на северо-восточном подножии Габал-Катрина на высоте 1528 м; в силу данной ему императором Юстинианом привилегии и постановления 5-го Вселенского собора С. м. представляет автокефальную церковь, управляемую игуменом-архиепископом, к-рого поставляет птрх. Иерусалима, и собором должностных лиц монастыря)* St. Catherine's Monastery of Mount Sinai.

синаксарий *(сведения о празднике или о святом, помещаемые обычно в триодях и минеях после 6-ой песни канона)* synaxarion, synaxar(y), synaxarium.

синаксарь *см.* **синаксарий**.

синаксис *см.* **синаксарий**.

Сингон-сю *(школа "истинного слова"; япон. школа эзотерического буддизма, основанная Кукаем в первой пол. 9 в.)* Shingon-shu.

Сингх Сабха *(одно из реформаторских движений в сикхизме во второй пол. 19 в. - нач. 20 в.)* the Singh Sabha.

синдзо *(изображение божества в синтоизме)* shinzo.

синдон *(кусок материи, в к-рую принимается новокрещённый после купели)* sindon.

синедрион I *(высший религ., судебный и политический орган власти в Иудее до 70 н. э.; находился в Иерусалиме и состоял из 71 члена под председательством первосвященника; с. решал многие важные вопросы общественной жизни: войны и мира, назначения на правительственные должности и т.п.; до покорения римлянами Иудеи с. пользовался правом выносить смертный приговор)* Sanhedrim, (the Great) Sanhedrin ◊ **вице-председатель с.-а** the Abbet(h)din; **малый с.** *(в рим. провинциях, состоял из 23 членов)* the Small [Lesser] Sanhedrin; **председатель с.-а** the Nasi; **член с.-а** Sanhedrist.

синедрион II *библ. (Ев. от Матфея 26:59, "Деяния" 4:6)* the Council, the council.

синергизм *(1. взаимодействие Божьей благодати и человеческой деятельности; 2. догматическая полупелагиантская теория, по к-рой человек должен сам "содействовать" своему исправлению)* synergism.

синергия *см.* **синергизм**.

синкел *(священнослужитель-помощник еп.-а)* syncellus, synkellos.

синкел Иисуса Христа *(один из титулов Папы Римского)* the vicar of Christ.

синклит *(собрание обычно высокопоставленных или избранных лиц)* council, synod.

Синклитикия Александрийская, прп. *(ум. ок. 350; д. п. 5/18 января)* Venerable Syncletica.

синкретизм *(в религии – смешение различных культов и религ. систем)* syncretism.

синкретический syncretic ◊ **с.-ая религия** syncretic religion.

синод I *(совещательный орган при главах катол. и нек-рых правосл. церквей, состоящий из высших церк. чинов, иерархов; орган управления во многих церквах)* synod ◊ **постоянный член Священного с.-а** a permanent member of the Holy Synod; **председатель Священного с.-а** the Chairman of the Holy Synod; **Святейший правительствующий с.** *истор. (с 1721 по 1918* являлся высшим органом церковно-административной власти в императорской России, заменявшим собою патриарха; состоял из 7-9 архиереев; члены Святейшего правительствующего с.-а назначались императором, в его заседаниях принимал участие представитель государственной власти – Обер-прокурор при Святейшем с.-е <the Chief Procurator of the Sacred Cynod>) the Sacred Governing Synod; **Священный с.** (в РПЦ в наст. время – совещательный орган при птрх.-е, состоящий из двенадцати архиереев; в С. с. входят шесть постоянных членов и шесть сменяемых каждые полгода) the Holy Synod.

синод II (церк. суд пресвитерианской церкви в Шотландии) synod.

синодальный synodal, synodic(al) ◊ **сборник с.-х актов** the synodicon.

синодик 1. (книжка с записями имён умерших и живых для поминания их во время богослужения, см. тж **поминание 1.**) list of names of dead and sick persons to be prayed for; **2.** (в греч. и русской церкви "чин православия", читавшийся, как и в настоящее время, в первое воскресенье Великого поста <"Торжество Православия"> и заключавший в себе провозглашение "анафемы" еретикам и "вечной памяти" ревнителям православия) the Synodicon.

синоптики (обозначение евангелистов Матфея, Марка и Луки) the Synoptics, the Synoptists.

синоптические Евангелия (Евангелия от Матфея, Марка и Луки, к-рые по содержанию и языку тесно связаны друг с другом) the Synoptic Gospels.

синоптический (относящийся к синоптикам или синоптическим Евангелиям) Synoptic, Synoptistic.

Синран (1173-1263; япон. буддийский монах, основатель школы Дзедо-синсю <"Настоящая чистая земля"> Judo Shinshu <True Pure Land>, к-рый развил учение своего учителя Хонэна (1133-1212) Honen, основателя принципов учения Дзедо <"Чистая земля"> Jodo <Pure Land> Shinran.

синсоку (синтоистский священник) shinshoku.

синсэн (жертвоприношение пищи в синтоизме) shinsen.

Син-сю (одна из самых распространённых буддийских сект в Японии; основана в 13 в.) Shin-shu.

"Синтагма" см. **Номоканон**.

"Синтагма Иоанна Схоластика" (первый сборник правил церкви на славянском языке, составленный в 570) the nomocanon of Johannes Scholasticus, the nomocanon in 50 titles.

"Синтагма 14 титулов" (известная на Руси под названием "болгарский сборник"; тж **синагога II**) the nomocanon in 14 titles, the nomocanon of Photius.

синтай (предмет, в к-рый воплотилось синтоистское божество) shintai.

Синтихия библ. (одна из благочестивых филиппийских христианок, вместе с ап. Павлом и др. трудившаяся над благовествованием Евангелия) Syntyche.

синто см. **синтоизм**

синтоизм (япон. "путь богов" <"way of the kami [divinities, divine presences]">; традиционная система японских верований, в основе к-рой лежит одухотворение природы и обожествление умерших предков) Shinto(ism),

Sinto(ism), Sintu ◊ **государственный с.** *(официальная государственная религия Японии до 1946)* State Shinto; **народный с.** Folk Shinto; **сектантский с.** *(к нему относят тринадцать религ. учений, возникших на основе синтоистских верований в 19 в.)* Sect Shinto, *япон.* Kyoha Shinto; **храмовый с.** *(систематизированные интерпретации синто, предлагаемые священнослужителями)* Shrine Shinto, *япон.* Jinja Shinto.

синтоист S(h)intoist.

синтоистский Shintoistic.

синтэн *(священные тексты синтоизма)* shinten.

Сион *библ.* **1.** *(по названию горы близ Иерусалима; первоначально название Давидом крепости в восточной части Иерусалима; позже – название всего Иерусалима как местопребывания Бога)* Zion, Sion; **2.** *(множество праведников и ангельских небесных сил)* an innumerable company of angels; myriads of angels.

сион *(1. реликварий, композиция к-рого отражает небесную иерархию; 2. большая дарохранительница; в православии – сосуд из серебра или других материалов в форме христ. храма, предназначенный для хранения запасных Св. Даров – кусочков освящённого хлеба; внизу у такой дарохранительницы или ковчега находится блюдо, на к-ром поставлены столбики, поддерживающие всё здание; такие ковчеги известны на Руси с 12 в.)* a large pyx, tabernacle in the form of a church.

сионизм *(общественное движение, провозгласившее своей целью возрождение еврейского национального самосознания и создание еврейского государства в Палестине; идеология этого движения была сформирована журналистом Теодором Герцлем 1860-1904 <Theodor Herzl> в1897)* Zionism, the Zion movement.

сионист *(приверженец **сионизма**)* Zionist, Zionite.

Сионская горница *(место тайной вечери)* Cenacle.

Сирах *см.* **Иисус Сирах**.

Сирийская православная церковь *см.* **Иаковитская церковь**.

Сирийская православная церковь в Индии *(часть малабарских христиан, подчиняющихся птрх.-у Сирийской православной церкви)* the Syrian Orthodox (Jacobite) Church in India.

сирийские монофизиты *см.* **яковиты**.

Сириций, св. *(ок. 334-99; Папа Римский, катол. св., д. п. 26 ноября)* St. Siricius.

Сирмское вероисповедание *(вероисповедание полуариан, принявших превозглашённый в 357 на 3-м соборе в Сирмиуме <Sirmium> догмат о подобосущности Иисуса Христа Богу Отцу, т.е. о том, что Сын Божий лишь подобен, но не единосущен Отцу)* the Sirmian creed.

сиро-восточный обряд *(обряд богослужения персидских и иракских несториан, перешедших в унию с Римом; тж **халдейский обряд**)* the Syro-Oriental rite.

сиро-католическая церковь *(катол. церковь восточного обряда; под её юрисдикцией находятся католики-сирийцы во всём мире; патриаршая резиденция находится в г. Шарфехе, патриархия – в г. Бейруте)* the Syrian

Catholic Church ◊ *(глава)* **патриарх Антиохии, Града Божиего и всего Востока** the Patriarch of Antioch, the City of God and of All the East.

сирофиникиянка *см.* **хананеянка**.

сиро-халдеи *(см. несторианство)* the Syro-Chald(a)eans, the Chaldean Christians.

сиро-халдейская церковь *(катол. церковь восточного обряда; см. несторианство)* the Syro-Chaldean Church.

сиро-халдейские несториане *см.* **сиро-халдеи**.

сирохалдейцы *устар. см.* **сиро-халдеи**.

сирский язык *(богослужебный язык маронитов и христ. церквей Востока)* the Syriac (language).

Сирт *библ. (название двух бухт Средиземного моря на северо-африканском побережье)* Syrtis.

Сисара *библ. (ханаанский военачальник, войско к-рого, по требованию пророчицы Деворы, разгромил **Варак**)* Sisera.

Сисиний *(имя нескольких святых)* Sisinius.

Сисой Великий, прп. *(ум. ок. 429; д. п. 6/19 июля)* St. Sisoes the Great, Hermit and Anachoret.

Ситигосан *(япон. религ. праздник "Семь-пять-три": отмечается в честь детей 7, 5 и 3 лет)* Sichi-go-san.

Сити-Темпл *(Городской храм; большой храм конгрегационалистов в г. Лондоне)* the City Temple.

Ситон, Элизабет Энн *(1774-1821; первая канонизированная в 1975 катол. церковью американка, известная тж как Мать С.; в 1813 основала первое в стране общество катол. монахинь "Американские сестры христианской любви" <the American Sisters of Charity>)* Seton, Elizabeth Ann.

Ситтим *библ. (последняя остановка израильтян во время скитаний по пустыне перед переходом через Иордан)* Shittim.

Сиф *библ. (третий сын Адама и Евы после убийства Авеля Каином)* Seth.

Сихарь, город Самарийский *библ.* Sychar, a city of Samaria.

Сихем *библ. (название города)* Sichem.

сияние *(вокруг иконографического персонажа)* glory, effulgence.

Скалигер, Иосиф Юст *(1540-1609; европейский филолог и критик)* Scaliger, Joseph Justus.

скамья для кающихся грешников *катол.* penitent-form.

скамья епископов *(в англ. парламенте)* episcopy, bishops' bench.

скамья со спинкой *(церковная)* (church) pew, stall, bench; *собир.* pewage ◊ **узкая с.** *амер.* slip.

Сканда *(индуистский бог войны, сын Шивы, известный тж по имени **Картикейя**; в мифол. традиции не имеет жены-богини)* Skanda.

скандха *(в буддизме группа того или иного вида дхарма-частиц потока сознания особи)* aggregates, *санскрит* skandhas.

скатофагия *(поедание экскрементов как часть религ. обряда)* scatophagy.

скверна fifth, defilements ◊ **с.-ы мира** the defilements of the world; **очистить от с.-ы** to cleanse of wickedness.

Скева *библ. (иудейский первосвященник в Ефесе; семеро его сыновей тщетно пытались именем Иисуса излечивать одержимых)* Sceva.

скевофила́кия *см.* **ри́зница**.
скевофи́лакс *(чин патриаршей константинопольской церкви в Средние века;* **с.-ы** *заведовали всей церк. утварью и распоряжались её употреблением при богослужении)* sceuophylax.
ски́ния *библ.* tabernacle, tent ◊ **с. Дави́дова** *(дом Давида, его династия)* the tabernacle of David; **с. заве́та** *см.* **с. собра́ния**; **с. открове́ния, с. свиде́тельства** tabernacle of testimony [of witness], the Tent of the Testimony; **с. собра́ния** *(святилище, в виде шатра, к-рое Моисей повелел сделать во время странствования через пустыню как помещение для богослужения израильтян; состояло из двух отделений: собственно святилища и святая святых)* the tabernacle of the congregation, the Tent of Meeting.
скинопа́гия *ц.-сл. см.* **Пра́здник ку́щей**.
ски́петр *(знак власти царя, архиерея)* sceptre, scepter, rod.
скит *(в правосл. монастырях – небольшое общежитие из нескольких келий, устраивавшееся в отдалении от монастыря для монахов-отшельников; в церковно-административном отношении* **с.** *подчиняется настоятелю монастыря; слово* **с.** *происходит от названия одного из пустынных мест в Египте <Scetis>, в к-ром в 4-5 вв. были уединённые поселения монахов)* (cenobitic) skete, scete, the isolated hermit community, hermitage, the habitation of a hermit.
ски́тник *см.* **пусты́нник**.
ски́тничать *(жить в скиту; вести жизнь монаха)* to lead a secluded life of a monk.
скла́день *(икона из дерева или металла в виде складывающихся двух и более створок, соединённых шарниром; в зависимости от их количества называется: диптих <diptych>; триптих <triptych>; квадриптих <quadriptych>; пентаптих <pentaptych>)* hinged [folding] icons ◊ **с., име́ющий бо́лее трёх ство́рок** polyptych; **с.-моли́тва** folding icon-cum-prayer; **с. со ство́рками и наверши́ем** folding icons with side flaps and canopy.
складно́й стул епи́скопа *(в Зап. христ-ве)* faldstool.
скла́дывать ру́ки *(в мольбе)* to clasp.
склеп *(то же, что* **усыпа́льница***)* (burial) vault, sepulchral vault, crypt, coffin chamber, repository, charnel house.
скользя́щие пра́здники *см.* **переходя́щие пра́здники**.
сконча́ться *(отправиться к праотцам, умереть) библ.* to be gathered to *one's* fathers.
скопе́ц *(евнух)* eunuch.
скорбе́ть to grieve, to mourn (for, over).
ско́рбный mournful, doleful, wo(e)ful.
скорбь woe, lament, sorrow, grief, affliction; *богосл.* tribulation ◊ **вели́кая с.** the Great Tribulation, the tribulation period; **до пери́ода вели́кой с.-и** *прил.* pretribulation(al); **по́сле пери́ода вели́кой с.-и** *прил.* posttribulation(al); **посреди́ вели́кой с.-и** *прил.* midtribulational.
Скорбя́щенская це́рковь the Church of Consolation of all the Afflicted.
скорбя́щий lamenting ◊ **"С.-ая Богома́терь"** *(иконографическая композиция)* The Lamenting Virgin, *лат.* Mater dolorosa.

скоро́миться *(есть в пост скоромную пищу)* to break a fast, to eat meat during a fast.

скоро́мная пи́ща *см.* **скоро́мное.**

скоро́мник 1. *(в церковно-бытовом обиходе – человек, к-рый ест скоромную пищу в пост, не соблюдающий постов)* person failing to observe fast; **2.** *перен. (похотливый, чувственный, непристойный человек)* lewd person.

скоро́мничать *см.* **скоро́миться.**

скоро́мное *(продукты, не дозволенные в пост: мясо, сало, колбаса и др. мясные продукты, жир, яйца, молоко и молочные продукты, а при строгом посте – и рыба)* lactinia, dishes containing meat and/or milk products.

скоро́мный 1. *(непостный; о пище, запрещённой церк. правилами к употреблению во время постов – мясной, молочной и рыбной)* forbidden to be consumed during fast ◊ **с.-е дни** meat days; **с. жир** *(сливочное масло)* cow butter, *(сало)* animal fat; **2.** *(похотливый, чувственный, непристойный)* lewd.

скропи́сец *библ. (умелый писарь)* a ready writer.

ско́ропись *(позднейшая и наиболее развитая форма древнерусского шрифта – кириллицы; отличается каллиграфичностью, изяществом, округлостью букв, получила особое распространение в 17 в.)* cursive writing [hand] of uncial, the ornate cursive writing.

"Скоропослу́шница" *см.* **Ико́на Бо́жией Ма́тери "Скоропослу́шница".**

скоти́зм *(направление в поздней схоластике, связанное с деятельностью англ. богослова, философа и францисканца Дунса Скота (1266-1308) <John Duns Scotus or the Subtle Doctor, лат. 'Doctor Subtilis'>, к-рый разработал учение о строгом разграничении разума и веры, областей философии и теологии)* Scotism.

Ско́фильд, Са́йрус И́нгерсон *(1843-1921; конгрегационалистский пастор, богослов и проповедник)* Scofield, Cyrus Ingerson ◊ **"Новая справочная Библия С.-а"** *(переработанное издание 1967)* The New Scofield Reference Bible; **"Справочная Библия С.-а"** *(подготовленное в 1900-09 под руководством С.-а справочное издание Библии, прокомментированное с позиций диспенсационали́зма)* The Scofield Reference Bible.

скрижа́ли 1. *(доски с высеченным на них священным текстом)* tables ◊ **с. Заве́та** *библ. (каменные плиты, переданные Богом пророку Моисею, на к-рых Самим Богом были начертаны десять заповедей)* the tables of the covenant; **с. закона** *библ. (декалог, к-рый Моисей воспринял от Яхве на Синае, по преданию, вырезан на двух каменных досках)* the tables of the law, the tables of the testimony; **с. каменные** *библ.* tables of stone; **с. откровения** *библ.* tables of testimony; **2.** *(четыре четырёхугольные нашивки на архиерейской мантии)* skrizhali, *греч.* pomata; **3.** *перен. (то, в чём отмечаются, сохраняются важнейшие установления или сведения о памятных событиях)* annals, memorials, records.

скрипто́рий *истор. (помещение для переписки рукописей в средневековых монастырях)* scriptorium ◊ **монасты́рский с.** epistolary section (of a monastery).

скриптуа́льный *см.* **библе́йский, Свяще́нное Писа́ние.**

Скры́тый има́м *(у шиитов – невидимо существующий имам, вера в к-рого является одним из элементов их религ.-политической доктрины)* the Hidden Imam.

скуде́ль

скуде́ль *устар.* *(глина)* potter's clay ◊ **сосуд скуде́льный** *библ.* weak vessel; **сосуды скуде́льничи** *(глиняные сосуды) библ.* clay pots, clay vessels.

скуде́льник *библ. (горшечник, гончар)* potter.

скульпту́рное изображе́ние свято́го effigy of a saint.

ску́пость *(один из семи смертных грехов)* covetousness, avarice.

скуфе́йка *катол. (круглая шапочка без полей: у папы – белая, у кардинала – красная, у еп.-а – фиолетовая, у аббата, священника – чёрная)* calotte, pileus; *(на кардинале)* berrettino, cap.

скуфия́ см. **скуфья́**.

скуфья́ *(головной убор священнослужителей и монахов в виде небольшой шапочки пирамидальной формы чёрного или фиолетового цвета; фиолетовая бархатная с. даётся священнику как церк. награда)* skouphos, skull cap.

сла́ва 1. glory, praise ◊ **во с.-у Бога, Спасителя нашего** to the glory of God our Saviour; **Восседающий в с.-е, С. превознесе́нная** *(о Боге)* Majesty enthroned above; **"С. в вышних Бо́гу..."** *(ангельский гимн)* 'Glory to God in the highest', 'Glory be to God on high'; **С. Тебе́, Бо́же наш, сла́ва Тебе́** *(славословие)* Glory to Thee, our God, glory to Thee; **2.** *(изображение Божественного сияния на иконах, то же что* **ве́нчик II, нимб, оре́ол, сия́ние)** glory, halo, nimbus.

сла́вить to glorify, to praise, to sing the praises (of), to hymn, to celebrate ◊ **Вся́кое дыха́ние да сла́вит Го́спода** Let everything that has breath praise the Lord; **с. Христа́** *(на Рождество)* to go carol-singing.

сла́вник *(стих, перед к-рым читается или поётся: "Слава Отцу, и Сыну, и Святому Духу"* <*the Gloria*>) doxastikon, doxa(sticon), slava.

сла́вный *(о святом)* glorious ◊ *ц.-сл.* **"Святии славнии Апо́столи, Проро́цы и Му́ченицы, и вси святии, моли́те Бо́га о нас гре́шных"** *(молитва)* 'O Holy and glorious Apostles, Prophets, Martyrs and all ye Saints, pray to God for us sinners'.

славосло́вие *(в богослужении слова, содержащие в себе славу, прославление Бога: "Слава Отцу, и Сыну, и Святому Духу", "Слава тебе, Господи, слава Тебе"* <'*Glory to Thee, O Lord, glory to Thee*'> *и т.п., а тж церк. песнь такого содержания)* doxology, doxologia, gloria; *(хвалебная песнь Богу)* the Gloria ◊ **вели́кое с.** *(тж* **А́нгельская песнь***) (молитвословие, начинающееся с евангельского стиха "Слава в вышних Богу и на земли мир, в человецех благоволение" (Ев. от Луки 2:14) и состоящее из стихов, посвящённых прославлению Святой Троицы и стихов псалмов, завершающие стихи – трисвятое; входит в состав богослужения утрени и повечерия; в праздничные и воскресные дни в. с. на утрени поётся, в будние – читается)* the Exaltation, the greater doxology, *лат.* Gloria in Exelsis Deo; **малое с.** *(молитва Святой Троице: "Слава Отцу, и Сыну, и Святому Духу, и ныне и присно и во веки веков. Аминь.* <*Glory to the Father, and to the Son, and to the Holy Spirit, now and ever, and unto ages of ages. Amen.*>) the lesser doxology, *лат.* Gloria Patri.

славосло́вить *(величать, прославлять)* to eulogize, to glorify, to praise, *устар.* to magnify; *(Бога)* to doxologize, to glorify God.

Сло́во

"сла́вы" *(в правосл. богослужебном и молитвенном обиходе все 150 псалмов разделяются на 20 кафизм, а каждая кафизма – на три "с.", т.е. небольшие разделы, после к-рых читается трижды "аллилуйя")* stases.

славя́не the Slavs ◊ **правосла́вные восто́чные с.** the Orthodox Eastern Slavs.

Славя́но-гре́ко-лати́нская акаде́мия *(первое высшее общеобразовательное учебное заведение в г. Москве, основанное в 1687; одними из руководителей и преподавателей первоначально стали приглашённые из г. Константинополя греки – братья Иоанникий и Софроний Лихуды <the brothers Ioanniki and Sofroni Likhud>)* the Slavo-Greek-Latin Academy.

славянофи́л *(последователь славянофи́льства)* Slavophile.

славянофи́льство *(одно из направлений русской общественной и философской мысли сер. 19 в., выдвинувшее идею самобытного, отличного от западно-европейского, пути развития России)* Slavophilism.

славя́нский язы́к the Slavonic tongue, the Slavonic language ◊ **переводи́ть богослуже́бные кни́ги на с. я.** to translate the liturgical books into Slavonic.

Славя́нское ева́нгельское о́бщество the Slavic Gospel Association.

сладостра́стие voluptuousness.

сластолю́бец voluptuary.

сластолюби́вый voluptuous.

сластолю́бие voluptuousness.

сле́довать за Христо́м *(исполнять заповеди Христа, исповедовать христ. веру)* to follow Christ ◊ **с. путём Го́спода** to follow in the way of the Master.

Слове́нская ико́на Бо́жией Ма́тери *(находилась в упразднённой Словенской Богородичной пустыни Костромской епархии; явление иконы относится к 1635; празднование 23 сентября / 6 октября)* the Slovenska icon of the Mother of God.

Сло́во I the (Eternal) Word ◊ **воплоти́вшееся С.** the incarnate Word; **пребыва́ть в С.-е** to abide in the Word; **С. Госпо́дне** *(о Священном Писании, особ. о Евангелии)* the Word (of God), God's Word; **Се́йте С. Бо́жье!** Sow the Word!; **через С. (Бо́жие)** through the Word.

Сло́во II *(второе лицо Святой Троицы, см. тж Ло́гос 2.)* the Logos.

"сло́во" *(в древнерусской лит-ре, наиболее употребительное заглавие сочинений, иногда заменяемое другими: "Сказание", "Повесть", "Поучение"; иногда "с." опускается в заглавии, но подразумевается; напр. "Об Антихристе" и т.п.; "словами" назывались в древнерусской лит-ре как поучения и послания церк. характера, так и сочинения светского характера, напр. "Слово о полку Игореве")* the lay, the tale, the song, the word.

"Сло́во Ефре́ма Си́рина" см. Ефре́м Си́рин, св.

сло́во му́дрости *(у мормонов – откровение, полученное Дж. Смитом в 1833 и обнародованное в "Книге учения и заветов" ["Учения и заветы"] <the Doctrine and Covenants>; содержит положения о пище и напитках, запрещает курение и употребление алкоголя)* the Word of Wisdom.

"Сло́во о зако́не и благода́ти" *(написанное первым русским митрополитом Иларионом в 11 в.)* The Treatise [Sermon] on the Law and Grace.

"Сло́во о полку́ И́гореве" *(памятник древнерусской лит-ры кон. 12 в., подлинность к-рого оспаривается многими исследователями)* The Lay of

Слово

Igor's Warfare, The Song of Igor's Campaign, The Lay of the Host of Igor, The Lay of Igor's Raid.

Словýщее воскресéние *(праздник правосл. церкви 13/26 сентября; установлен в память обновления [освящения] храма Воскресения Христова в Иерусалиме в 335; название обусловлено тем, что в народе этот праздник считается за воскресенье, т.е. отмечается как воскресный день, хотя может таковым и не являться)* the Feast commemorating the Restoration of the Church of the Resurrection of Our Lord Jesus Christ.

сложéние мúра *библ. (создание мира)* the foundation of the world.

слýжба I *(церковная; см.* ***богослужéние****)* divine [sacred] service, office, celebration, the office of prayer and devotion, sacred worship, act of worship, *правосл.* mystagogy, *(специальная, в определённый праздник или день)* proper; *(с.-ы, посвящённые воспоминаниям дней недели, с.-ы седмичного богослужебного круга)* the commons; *(с хоровым пением в Зап. христ-ве)* choir-office, choral service; *(в уставе бенедиктинцев)* лат. Opus Dei ◊ **воскресная с.** the Sunday service; **дневная с. по будням** weekday service; **дневные с.-ы** *(в Зап. христ-ве)* the Day Hours, *лат.* horae diurnae; **неевхаристическая с.** noneucharistic service; **отстоять с.-у в церкви** to attend a service; **очень короткая с.** *катол.* little office; **Рождественская с.** the proper for Christmas; **с., в к-рой гимны исполняются одним голосом** *англик.* verse service; **с., во время к-рой поёт хор, священнослужители и прихожане** full choral service; **с. всем святым, в земле Российской просиявшим** the Service to All Saints who shone forth in the Russian Land; **с. за упокой души** commendation; **с.-ы суточного круга** canonical hours; **с. с хором** choral service; **с. утрени и первого часа** the Lauds; **совместное отправление с.-ы** *(несколькими священниками, соборне)* concelebration, *греч.* sylleitourgon; **установленный порядок ежедневных служб** ephemeris.

слýжба II *(отправление обязанностей священника)* (priestly) ministration, priestly service ◊ "А когда окончились дни с.-ы его, возвратился в дом свой" *(Ев. от Луки 1:23)* 'as soon as the days of his ministration [priestly service] were accomplished, he departed to his own house'.

служéбник 1. *(богослужебная книга, в к-рой содержатся тексты, произносимые священником и диаконом)* service [ritual] book, euchology, euchologion, devotional manual, *греч.* hieratikon; *(богослужебная книга с изложением чинопоследования литургий)* греч. litourgikon, *катол.* missal, mass book, breviary; *(у консервативных протестантов)* the Directory of Public Worship, the Directory of Church Government; *(дневных служб) англик., катол.* diurnal; *(самый ранний в Зап. христ-ве)* the Sacramentary ◊ **Григорианский с.** the Gregorian Sacramentary; **с. Геласия I** the Gelasian Sacramentary; **с. Льва I** the Leonine Sacramentary; **с. Шотландской церкви** the Book of Common Order; **2.** *(содержащий правила посвящения в духовный сан)* ordinal.

служéние I *(совершение таинства, богослужения и т.п.)* celebration ◊ **общественное (бого)с.** communal celebration.

служéние II ministry ◊ **апостольское с.** apostolic service; **с. Господу** service of the Lord [God]; **диаконское с.** diaconal ministry; **миссионерское с.** missionary service; **монашеское с.** monastic service; **пасторское с.** pastoral ministry; **профессиональное** *(христианское, церковное, миссионерское)* **с.** full-time

Christian work [ministry]; **самовольное с.** *(произвольные религ. обряды, не санкционированные церковью)* will-worship.

служи́тель ку́льта priest, minister (of religion) ◊ **освобождённый с. к.** full-time minister; **особый [экстраордина́рный] с. к.** *(для преподания причастия)* катол. minister extraordinary.

служи́тель це́ркви verger; *(в Англии)* pew-opener; *(в нек-рых англ. соборах)* wand bearer, wandsman.

служи́ть 1. *(отправлять церк. службу)* to celebrate, to conduct, to recite the office, to officiate (at), *устар.* to serve ◊ **отслужи́ть вече́рню** to sing vespers; **отслужи́ть ме́ссу** to sing a Mass; **с. две слу́жбы в оди́н день** to duplicate; **с. обе́дню** to celebrate the Mass; **2.** *(прислуживать, помогать)* to minister ◊ **с. больны́м** to minister to the ill.

служи́ть Го́споду to serve the Lord.

слу́жка 1. *(прислужник в церкви)* acolyte, altar boy; *(в катол. и армянской церкви)* ostiary; **2.** *(слуга в монастыре или при архиерее)* lay brother.

Смара́гд, св. мч. *(д. п. 9/22 марта, 7/20 июня, катол. – 10 марта)* St. Smaragdus, M.

сма́рта *(член секты <the Smarta sect> в индуизме)* Smarta.

смени́ть вероиспове́дание *см.* **перейти́ в другу́ю ве́ру**.

сме́ртный mortal, deadly ◊ **с. грех** *см.* **грех**; **с. час** last hour(s), death hour; **на с.-ом одре́** on *one's* deathbed.

смерть *(в христ-ве смерть рассматривается как "последний враг" (Первое послание к коринфянам св. ап. Павла 15:26) <the last enemy>, к-рый будет "истреблён" в конце времён, но, с другой стороны, утверждается благодетельность смерти для падшего человека, к-рого смерть освобождает от "жала греха")* death, decease; *библ.* the king of terrors ◊ **же́ртвенная с.** *(Христа)* the sacrificial death; **с. кре́стная** *библ.* death on a cross; **с. Христа́ за грехи́ челове́ческие** substitutionary death of Jesus Christ.

"Смерть Авраа́ма" *(апокриф, находящийся в тесной связи со второй частью "Откровения Авраама"; заглавие соответствует только началу и концу памятника) см.* **"Открове́ние Авраа́ма"**.

смеше́ние языко́в *(в русской Библии – Вавилон, англ. Babel)* the Confusion (of tongues).

смеща́ть с до́лжности *см.* **снима́ть с до́лжности**.

смеще́ние с до́лжности *см.* **сня́тие с до́лжности**.

сми́лостивиться to have mercy (on).

смире́ние *(1. христ. добродетель, связанная с идеей Божественного Провидения; с. – доверие Богу, покорность Ему и Его слову – Библии; 2. моральное качество, характеризующее отношение человека к самому себе и выражающееся в неверии в свои силы и умалении своих возможностей)* humility (of mind), meekness ◊ **с. се́рдца** contrition of the heart.

смиренному́дрие humbleness of mind, *библ.* lowliness of mind.

смире́нность *см.* **кро́тость**.

смире́нный humble, lowly.

сми́рна *библ. (драгоценная пахучая смола, добываемая из тернистого дерева, лат. Cistus ereticus, и из др. растений)* very precious ointment, myrrh.

Смит, Джо́зеф *(1805-44; основатель и глава* **мормо́нов***)* Smith, Joseph.

смиха *(посвящение в сан раввина)* semikah.
смо́квы *библ. (фиги; причислялись в Палестине, наряду с виноградом и сливой, к важнейшим фруктам)* figs ◊ **пласт с.** *(смоковные пласты, произведённые из свежей, превращённой в массу с.; съедались или применялись в качестве лечебного средства)* a lump of figs.
смоко́вница *(фиговое дерево) библ.* fig tree ◊ **засохшая с.** the withered fig tree.
смоко́вь *см.* **смоко́вница**.
смола́ кипя́щая boiling pitch.
Смоле́нская ико́на Бо́жией Ма́тери "Одиги́трия" *(по одной версии, икона была благословением на путь в Киев царевны Анны и супруги князя Владимира; по другой, – император Константин Порфирородный, выдавая свою дочь Анну в 1046 за черниговского князя Всеволода Ярославича, благословил её иконой в путь; в 1101 икона попала в Смоленск, отсюда её название; существует несколько списков иконы Смоленской Богоматери; празднование 28 июля / 10 августа)* the Smolensk icon of the Mother of God "Hodigitria".
Смоле́нско-Зоси́мова пу́стынь *(муж. монастырь, посёлок Арсаки Владимирской обл.)* Smolensk Monastery of St. Zosima.
смотрово́е отве́рстие *(в алтарной преграде раннехрист. храмов, чтобы молящиеся могли видеть возношение Св. Даров)* hagioscope, *устар.* squint.
смри́ти *(1. священные предания индуизма; 2. священные тексты и их толкование)* smr(i)ti.
сму́та discord ◊ **церковная с.** religious discord.
снима́ть наказа́ние с духо́вного лица́ to release from an ecclesiastical punishment, *устар.* to assoil.
снима́ть с до́лжности *(диакона, священника и пр.)* to deprive [divest] of office [of dignity].
сны ве́щие *(сновидения, в к-рых предсказываются грядущие события)* prophetic dreams.
сня́тие с до́лжности *(особ. духовной)* deprivation, deposition.
"Сня́тие с(о) креста́" *(иконографическая композиция; Иисуса, распятого и умершего, снимают с креста Иосиф, Иоанн и Никодим; одна из трёх женщин – Богоматерь, прильнувшая к щеке сына)* The Descent [Deposition] from the Cross, The Deposition.
собла́зн 1. *(искушение, побуждение к греху; сомнение в спасительных истинах)* temptation, scandal ◊ **вводить в с. нетвёрдых в вере** to give scandal to weaker brethren; **2.** *библ. (камень преткновения)* stumbling block; **3.** *библ. (ересь)* offences.
соблазня́ть to tempt; *библ. (сбивать с пути истинного)* to offend.
соблюда́ть to observe, to keep ◊ **не с. суббо́ту** *или* **воскресе́нье** to break the Sabbath; **с. обря́ды, церемо́нии** to observe rites, ceremonies; **с. суббо́ту** *или* **воскресе́нье** to keep the Sabbath; **с. церк. посты и праздники** to observe the fasts and feasts of the church; **с. установленные обряды** to maintain the customary observance.
соблюде́ние *(праздника, обычая)* observance, *устар.* indiction ◊ **с. Великого поста** observance of Lent; **с. обычая** observance of a custom; **с. постов** observance of fasts; **скрупулёзное с. церк. обрядов** the punctilious observance of church rituals; **строгое с. обычая** strict observance of a custom.

собóр I *(главный храм в городе или монастыре, рассчитанный на богослужение архиерея с большим числом духовенства)* cathedral (church); *(в Англии – церковь большого размера;* **с.** *монастыря)* minster.

собóр II *(собрание, заседание духовенства и мирян, избранных от народа для решения важных дел)* council, synod, assembly ◊ **Вселенский с.** *(чрезвычайное собрание пастырей и Учителей Церкви для решения важнейших вопросов и установления правил, обязательных для всей Церкви; православная церковь признаёт семь Вселенских* **с.***-ов)* ecumenical [general] council; **относящийся ко 2-му Никейскому Вселенскому с.-у** *богосл.* Deutero-Nicene; **поместный с.** *см.* **помéстный;** (церк.) **с.-ы первых веков** church councils of old; **1-й Вселенский с. в г. Никее [1-й Никейский Вселенский с.]** *(325; присутствовало ок. 300 еп.-ов; выступил против ереси Ария; составлен "Символ веры", кратко формулирующий основы христ. вероучения; вынесены решения по ряду церковно-практических вопросов – о времени празднования Пасхи, о правах митрополитов и т.п.)* the first Nicene Ecumenical [General] Council, the first Ecumenical Council of Nicaea; **2-й Вселенский с. в г. Константинополе [1-й Константинопольский Вселенский с.]** *(381; участвовало ок. 150 еп.-ов; подтвердил никейскую веру, расширил и дополнил никейский "Символ веры", получивший с тех пор название "Никео-Цареградский символ", признал, что константинопольский еп. "имеет преимущество чести после рим. еп.-а")* the second General Council of Constantinople, the first Constantinople Ecumenical Council; **3-й Вселенский с. в г. Ефесе [Ефесский Вселенский с.]** *(431; присутствовало ок. 200 еп.-ов, осуждена ересь Нестория <тогда Константинопольского патриарха>, низложенного на* **с.-е***)* the third General Council at Ephesus, the Council of Ephesus, the Ephesus Ecumenical Council; **4-й Халкидонский Вселенский с. [Халкидонский с.]** *(451; присутствовало ок. 200 еп.-ов; было составлено "вероопределение", чётко обозначившее и закрепившее основные черты христологического догмата Церкви, осуждены уклонения от этого догмата в форме несторианства и монофизитства; были уравнены в правах рим. и константинопольская кафедры)* the Ecumenical Council at Chalcedon, the (General) Council of Chalcedon; **5-й Вселенский с. в г. Константинополе [2-й Константинопольский Вселенский с.]** *(553; присутствовало более 150 еп.-ов)* the second Ecumenical Council at Constantinople, the General Council of Constantinople in 553; **6-й Вселенский с. в г. Константинополе [3-й Константинопольский Вселенский с.]** *(680-81; присутствовало более 170 еп.-ов)* the sixth General Council of Constantinople, the third Ecumenical Council at Constantinople, the third General Council of Constantinople; **7-й Вселенский с. в г. Никее [2-й Никейский Вселенский с.]** *(787; первые его заседания происходили в 786 в г. Константинополе, но из-за иконоборческих настроений столичных войск решение о восстановлении ранее ликвидированного культа икон не было принято; в связи с этим в 787 собор был перенесён в г. Никею;* **с.** *дал решительный отпор иконоборчеству, закрепив в своих решениях основные принципы правосл. иконопочитания)* the second Ecumenical Council at Nicaea.

собо́р III *(празднование памяти одновременно многим святым как определённому сообществу, совместно предстоящему Богу)* synaxis ◊ **С. Архангела Гавриила** *(13/26 июля)* the Synaxis of St. Gabriel, the Archangel; **С. Архистратига Михаила и прочих Небесных Сил бесплотных** *(8/21 ноября)* the Synaxis of St. Michael the Archangel and the Angelic Hosts, the Synaxis of the Archangel Michael and the other Bodiless Powers; **С. Предтечи и Крестителя Господня Иоанна** *(7/20 января)* the Synaxis of St. John, the glorious Prophet, the Synaxis of the Holy and Glorious Prophet Forerunner and Baptist John; **С. Пресвятой Богородицы** *(26 декабря/8 января; праздник прославления Богородицы)* the Synaxis of the Most Holy Mother of God (and St. Joseph, her Spouse), the Synaxis of the Most Holy Theotokos; **С. Пресвятой Богородицы в Миссинской обители** *(1/14 сентября; в память обретения Её иконы)* the Synaxis of the Most Holy Mother of God in Missina; **С. 70-ти апостолов** *(4/17 января)* the Synaxis of 70 Apostles; **С. славных и всехвальных 12-ти апостолов, С. 12-ти апостолов** *(30 июня / 13 июля)* the Synaxis of the holy and the most praiseworthy Twelve Apostles; **С. трёх Святителей Вселенских [С. Вселенских Учителей и Святителей**: Василия Великого, Григория Богослова и Иоанна Златоуста**]** *(30 января / 12 февраля)* the Synaxis [Feast] of the Three Holy Bishops, i. e. Three Cappadocian Fathers; namely, St. Basil the Great, St. Gregory, the Theologian and St. John, the Chrisostom; the Synaxis of the Three Great [Holy] Hierarchs.

собо́р кардина́лов *катол.* sacred college.

Собо́рная пло́щадь в Моско́вском Кремле́ the Cathedral square in the Moscow Kremlin.

собо́рная шко́ла *англик. (находится при соборе; её учащиеся поют в соборном хоре)* cathedral school.

собо́рне synodically, in council, *устар.* jointly, together.

собо́рник *истор. (антисобор, вошедший в историю под этим именем и заседавший в 431 под руководством птрх. Иоанна Антиохийского; с. был направлен против александрийского птрх. Кирилла, к-рый руководил Ефесским собором, заседавшим в это же время)* conciliabulum.

собо́рно *(вместе, всем собором, при участии многих священнослужителей)* by all the clergy of the church ◊ **служить с. молебен** to conduct the moleben by all the clergy of the church.

собо́рное движе́ние *(течение в катол. церкви в 14-15 вв.)* conciliatory movement, conciliarism.

собо́рное служе́ние *см.* **собо́рно**.

собо́рность *(аналог кафоличности, неточный перевод этого слова на русский язык; единство, целостность церк. организма, при к-ром в церкви осуществляется добровольное соединение, собор верующих на основе любви к Богу и друг к другу; тж сугубо церк., правосл. форма человеческого единения в любви к Богу и друг к другу; основывается на совместном участии в Божественной литургии; в англ. языке нет точного эквивалента)* conciliarism, conciliarity; the conciliar nature of the Church, sobornost; catholicity.

собо́рные посла́ния *(собирательный термин для семи посланий, собранных в Новом Завете, в начале к-рых называются авторы, но не называются*

со́весть

адреса́нты, в отличие, напр. от посланий ап. Па́вла; это – послание ап. Иа́кова, два послания ап. Петра́, послание ап. Иу́ды и три послания ап. Иоа́нна) the general [canonical, catholic] epistles, the Catholic Epistles.

собо́рные установле́ния the Church Orders.

собо́рный I *(прил. от* **собо́рность***)* conciliar, catholic, sobornal ◊ **с.-ая Це́рковь** the conciliar Church.

собо́рный II *(прил. от* **собо́р I***)* cathedral.

собо́рный храм *см.* **собо́р I**.

собо́рование *см.* **елеосвяще́ние**.

собо́ровать *(совершать таинство елеосвящения)* to administer extreme unction (to), to anoint, to anele, to administer the last sacraments ◊ **несоборо́ванный** unanointed, unaneled; **умере́ть без соборова́ния** to die unaneled.

собо́роваться to receive extreme unction.

собо́р Пари́жской Богома́тери [Бо́жьей Ма́тери] *франц.* Notre Dame (de Paris).

собо́р св. Па́вла *(главный собор англик. церкви; одна из наиболее известных достопримечательностей г. Лондона; построен архитектором К. Реном <Christopher Wren> в 1675-1710)* St. Paul's (Cathedral).

собо́р св. Петра́ *(в Риме)* St. Peter's (Basilica), St. Peter's Church.

собо́р святы́х *см.* **собо́р III**.

собра́вшиеся *(в церкви)* congregation.

"Собра́ние Бо́жье" *см.* **"Ассамбле́и Бо́га"**.

собра́ние для дете́й *(в протест. церкви обычно проводимое одновременно с общим богослужением)* children's church.

собра́ние кано́ников *англик., катол.* chapter.

собра́ние матере́й *англик. (собрание прихожанок для обсуждения церк. дел)* mothers' meeting.

собра́ние пра́вил соверше́ние та́инств *(особ во время мессы)* cautel.

собра́ние прихожа́н *(для общей молитвы)* meeting.

собра́ние, та́йное *(какой-л. религ. группы, особ. англ. диссентеров, нонконформистов, отошедших от англик. церкви в 16-19 вв.)* conventicle.

собра́тья *(монахи в монастыре)* brethren.

со́бственность, церко́вная patrimony.

Сова́в *библ. (сын Давида и Вирсавии)* Shobab.

соверша́ть богослуже́ние to officiate, to minister, to perform the sacred rites, to minister in priestly service, to celebrate divine service.

соверша́ть торже́ственный (религ.) обря́д to solemnize.

соверша́ть чудеса́ исцеле́ния to perform miracles of healing.

соверше́ние богослуже́ния ministering, officiating, officiation.

соверше́ние торже́ственного (религ.) обря́да solemnization.

соверше́нный *см.* **малосхи́мник**.

соверше́нный у посте́ли больно́го или **умира́ющего** *(об обряде)* clinical.

соверши́тель спасе́ния на́шего *(о Христе)* the Author of our salvation.

со́весть *(внутренний голос, говорящий нам о нравственной правде, о высших ценностях, о нашем достоинстве; в христ-ве с. – дар Божий для свидетельства Высшей правды)* conscience ◊ **непоро́чная с.** *("Деяния" 24:16)* conscience void of offence; **свобо́да с.-и** freedom of worship, liberty of conscience.

совéт I *(наставление)* counsel.
совéт II *(организация)* council; house ◊ **Ближневосточный с. церквей** the Middle East Council of Churches, *сокр.* MECC; **Британский с. церквей** the British Council of Churches, *сокр.* BCC; **Всемирный с. церквей** the World Council of Churches; **Канадский с. церквей** the Canadian Council of Churches, *сокр.* CCC; **Национальный с. церквей Христа в США** the National Council of the Churches of Christ in the USA, *сокр.* NCCCUSA; **с. епископов** the house of bishops; **с. епископских конференций Европы** the Council of European Bishops Conference, *сокр.* CEBS; **Экуменический с. молодёжи в Европе** the Ecumenical Youth Council in Europe, *сокр.* EYCE.
совéтник епископа по юридическим вопросам *англик.* diocesan registrar.
совéтник-юрист *катол.* *(выбранный среди прихожан юрист для оказания юридической помощи приходу)* consultor.
совéт священнослужителей одного сана *(у мормонов)* quorum.
совéт старéйшин *(у мормонов)* an Elders' quorum.
совéт христиáн и иудéев *(межконфессиональная организация в Англии и нек-рых др. странах)* the Council of Christians and Jews, *сокр.* CCJ.
совещáние *библ.* counsel.
совещáтельный óрган церковной общины *или* **собрáния духовéнства** *(в Зап. христ-ве)* house.
совпадéние нéскольких *(христ.)* **прáздников** occurrence, commemoration, concurrence.
соглáсис *(одно из мелких направлений в старообрядчестве)* religious grouping.
"Соглядáтаи из земли Ханаáнской" *(иконографический сюжет)* The Messengers from Canaan.
согрешéние *см.* **прегрешéние**.
согрешить to sin (against), to trespass (against), to commit a sin ◊ **те, кто против нас с.-ают** those that trespass against us.
Содóм *библ.* *(во времена птрх.-а Авраама город вблизи Мёртвого моря)* Sodom ◊ **земля С.-ская** the land of Sodom; **С. и Гоморра** *(города, уничтоженные Богом за порочность и разврат, царившие там; перен., нарицательно — любое место, известное распущенностью нравов, пороками, развратом; часто употребляется только С.)* Sodom and Gomorrah [Gomorrha]; the cities of the Plain.
содрýжество fellowship ◊ **Всемирное с. православной молодёжи (СИНДЕСМОС)** the World Fellowship of Orthodox Youth, *сокр.* WFOY; **Международное с. примирения** the International Fellowship of Reconciliation, *сокр.* IFR.
соединéние *(вина и частиц Агнца в потире)* commixture, *греч.* enosis; *(добавление воды в потир с вином)* mixed chalice, *греч.* krasis.
сожжéние на кострé за вéру *(казнь)* execution at the stake ◊ **его сожгли на костре (за веру)** he was burnt at the stake.
создáние essence ◊ **Божье с.** *(о человеке)* the work of God; **небесные с.-я** heavenly essences.
Создáтель *(Бог; тж* **Творéц)** the Creator, the Maker, the Protoplast, the Author.
"создáтель свéта" *библ. (Бог)* the Father of Lights.

созерцáние meditation, contemplation ◊ **религиозное с.** spiritual [religious] contemplation, spiritual meditation; *(особая сосредоточенность в молитве)* recollection.

сознáние грехóвности conviction.

Созомéн ("Éрмий") Саламáнский *(греч., византийский церк. историк 5 в.)* Sozomen.

Созóнт, св. мч. *(ум. ок. 304; д. п. 7/20 сентября)* St. Sozon, M.

Сокрáт Схолáстик *(греч. церк. историк, живший в 5 в.; автор "Истории церкви" в 7 книгах)* Socrates 'Scholasticus'.

сокрóвищница I treasure house, treasury, treasure-trove, thesaurus ◊ **с. древнерусского иск-ва** treasure house of early Russian art.

сокрóвищница II *см.* **газофилáкия**.

"сокрóвищница Цéркви" *катол. (сокровищница заслуг Христа, Девы Марии и святых)* treasury of the merits, treasury of the Church, *лат.* thesaurus meritorium.

сокрушéние grief, distress ◊ **с. сердца** *(за совершённый грех)* attrition, contrition of heart.

Сóкхоф *библ. (географическое название)* Succoth.

Сóкхоф Венúф *библ. (вавилонский идол)* Succoth-benoth.

Солангúя, мц. *(ум. 880; катол. св., д. п. 10 мая)* St. Solangia, m.

Сóла, прп. *(ум. 794; катол. св., д. п. 3 декабря)* St. Sola.

солéное мóре *библ. (Мёртвое море)* the salt sea.

солеá *(в правосл. церкви – возвышение перед иконостасом во всю его длину; со стороны средней части храма иногда ограждена невысокой решёткой)* solium, solea, sanctuary platform.

Солúна, мц. *(ум. ок. 280; катол. св., д. п. 17 октября)* St. Solina, m.

Соловéцкий монастúрь *(Соловецкий Преображенский ставропигиальный м.; крупнейший м.-крепость на Соловецком архипелаге в Белом море; основан в 1429 иноками Кирилло-Белозерского монастыря Германом и Савватием)* the Solovetsky [Solovki] Monastery.

Соломéя *библ. см.* **Саломéя 1**.

Соломúя *см.* **Саломéя 1**.

Соломóнова печáть *(мистический символ, состоящий из двух переплетённых треугольников, образующих шестиконечную звезду; часто один треугольник тёмный, второй – светлый; они символизируют союз души и тела)* Solomon's seal.

Соломóн, царь *библ. (иврит Шеломо, араб. Сулейман; царь единого царства Израиль-Иудея в 965-26 до н. э., преемник своего отца Давида)* Solomon ◊ **книга Песни Песней С.-а** The Song of Solomon, The Song of Songs, The Canticle of Canticles, The Canticles; **книга Притчей С.-овых** The (Book of) Proverbs; **притвор С.-ов в храме** the portico of Solomon in the temple; **С.-ово решение, суд С.-а** judgement of Solomon.

сóло на оргáне *катол. (начинающее или завершающее церк. службу)* organ voluntary ◊ **с. на о., завершающее церк. службу** postlude; **с. на о., начинающее церк. службу** prelude.

Солотчинский Рождества Богородицы женский монастырь *(посёлок Солотча Рязанской обл.)* the Solotcha Convent of the Nativity of the Mother of God.

Солунь *см.* **Фессалоники**.

солуняне *см.* **фессалоникийцы**.

Солфрид, аббат *(ум. 716; катол. св., д. п. 25 сентября)* St. Soelfrid, abt.

Сольв, еп. *(ум. ок. 768; катол. св., д. п. 26 июня)* St. Salvius [Sauve] bp.

соль завета *библ. (так как соль предохраняет от гниения и разложения, то было в обычае при заключении торжественных договоров подавать сосуд с солью, из к-рого присутствующие брали по несколько крупинок)* the salt of the covenant, a covenant of salt.

"соль земли" *библ. (так Иисус называет своих учеников)* the salt of the earth.

соль союза *см.* **соль завета**.

солярное божество *(божество солнца)* solar deity.

солярный культ *(культ солнца)* sun worship.

сома *(в ведической религии и индуизме священный опьяняющий напиток из сока растения, растущего на горных склонах)* soma.

сомаски *(катол. орден, основанный в 1532 близ деревни Сомаски, Италия, занимающийся благотворительностью, заботой о сиротах и больных)* the Somaschi(ans).

сомнение в вере scruple in matters of faith.

сонаследие Христу *библ.* co-legacy to Christ.

сонаследники Христу *библ.* joint-heirs with Christ.

сопрестолие *(в правосл. храме место за престолом в алтаре, где на возвышении вдоль восточной стены находится место еп.-а и по обе стороны – места для священников)* synthronon, synthronus, synthronos.

сопричастность *(участие)* **церкви** ecclesiastical communion.

Сорок мучеников Англии и Уэльса *(группа католиков, казнённых в годы Реформации в Англии)* the Forty Martyrs of England and Wales.

Сорок мучеников Севастийских *см.* **Севастийские мученики**.

сороковины *см.* **сорокоуст**.

сорокодневный *(длящийся сорок дней, особ. о Великом посте)* quadragesimal.

сорокоуст *(богослужение, в к-ром усопший поминается на 40-й день после кончины (включая день смерти); в этот день душа, после показа ей адских мук, в третий раз поставляется ангелами перед Богом, к-рый отводит ей место до Страшного суда и окончательного определения вечной загробной участи)* the prayer for the deceased on the fortieth day, *(в течение сорока дней после кончины)* the forty succesive services for the dead; the forty days' prayers for the dead.

Сорок пять свв. мчч. в Никополе Армянском: Леонтий, Маврикий, Даниил, Антоний и прочие *(ок. 319; д. п. 10/23 июля)* Sts. Forty-five Ms. at Nicepolis in Armenia, Leontius, Mauricius, Daniel, Antonius, and others.

"сорок часов" *катол. (сорокочасовое поклонение Телу Христову; ежегодный обряд торжественного выставления <exposition> Святых Даров для поклонения на 40 часов, в воспоминание о времени, проведённом телом Христа во гробе)* the forty hours' devotion, the forty hours, *лат.* Quarant' Ore, Quarantore.

сорочи́ны *см.* **сорокоу́ст**.

Соса́нна Ри́мская, св. мц. *(дочь пресвитера Гавиния, брата папы Гая, она была усечена мечом в 296; мощи* **С.-ы** *с мощами отца её Гавиния находятся в Риме, в церкви её имени; д. п. 11/24 августа)* St. Susanna, M.

Сосипа́тр, ап. *(ученик св. ап. Павла, сопровождавший его в путешествиях; д. п. 28 апреля / 11 мая и 10/23 ноября)* St. Sosipater [Sopater], Apl. ◊ **С. Пиррóв, Верия́нин** *библ.* Sopater of Berea, the son of Pyrrhus.

сосло́вие, духо́вное the clergy, clerical order.

сослуже́ние *(совместное отправление службы двумя или более священнослужителями)* concelebration.

сослужи́тель *(священнослужитель, отправляющий службу совместно с др. священнослужителями)* concelebrant, co-officiant.

Со́ссий, св. мч. *(4 в.; д. п. 21 апреля / 4 мая)* St. Sosius, M.

состави́тель жизнеописа́ний свв. му́чеников martyrologist.

сострада́ние mercy ◊ **из с.-я, из милости** in mercy; **чу́вство с.-я** *библ.* bowels of mercies.

сосу́д *библ.* ◊ **и́збранный с.** *(Божий избранник)* chosen vessel; **немощный с.** *(о женщине)* weaker vessel; **с.-ы гне́ва** *(тираны, злодеи)* vessels of wrath; **с. милосе́рдия** *(милостивец)* vessel of mercy; **с. разби́тый** *(конченый человек)* broken vessel; **с. скуде́льный** *(бренное существо)* the weak vessel.

сосу́д для ла́дана в фо́рме ло́дочки на подста́вке incense boat, navicula, nef.

сосу́д для освяще́ния хлебо́в, пшени́цы, вина́ и еле́я *см.* **блю́до – лити́йное б.-о.**

сосу́д для свято́й воды́ cruet.

сосу́д для теплоты́ *(горячей воды)* *греч.* orkiolion, thermarion.

сосудохрани́льница *см.* **диа́конник, ри́зница**.

сосу́ды, свяще́нные *(предназначенные для употребления при богослужении; к ним относится потир, дискос, две тарелки, звездица, копие, лжица, ковшик, тж дарохранительница, купель, литийный сосуд, фиал и нек-рые др.)* the holy [sacred] vessels.

Сосфе́н *библ.* *(1. начальник синагоги в Коринфе; 2. сотрудник ап. Павла, соавтор Первого послания к коринфянам, один из 70-ти апостолов; д. п. 4/17 декабря, 8/21 декабря, катол. – 28 ноября)* Sosthenes.

сотворе́ние *библ.* creation ◊ **с. Ада́ма** the creation of Adam; **с. земли́** the creation of (the) Earth; **с. ми́ра** the Creation; the creation of the world; **с. свети́л** the creation of the planets.

сотворе́ние чу́да the working of a miracle.

сотвори́ть to create; to make ◊ **Не сотвори́ себе́ куми́ра** *(заповедь)* You shall not make for yourself a graven image.

сотвори́ть чу́до to work a miracle.

Соте́ра Ри́мская, мц. *(ум. 304; д. п. 17/30 октября, катол. – 10 февраля)* St. Soteris, m.

Соте́рий Ри́мский, па́па *(ум. 175; катол. св., 22 апреля)* St. Soter.

сотериологи́ческий *(относящийся к* **сотериоло́гии***)* soteriologic(al).

сотериоло́гия *(1. церк. учение о спасении, понимаемом как обретение праведниками "вечного блаженства" в загробном мире; 2. учение об Иисусе Христе как Спасителе рода человеческого)* soteriology.

Сотéрия

Сотéрия Рúмская, мц. *см.* **Сотéра Рúмская, мц.**
Сотúр Рúмский, пáпа *см.* **Сотéрий Рúмский, пáпа**.
сóтник *библ.* centurion, Roman officer.
Сóто *(одна из двух основных школ совр. япон. дзэн-буддизма)* Soto.
сотрýдник *библ.* companion in labour ◊ "**я почёл нужным послать к вам Епафродита, брата и сотрудника и сподвижника моего**" *(Послание к филиппийцам 2:25)* 'I supposed it necessary to send to you Epaphroditus, my brother, and companion in labour, and fellowsoldier'.
Софáр Наамитя́нин *библ. (один из друзей Иова)* Zophar the Naamathite.
Софúйский собóр the Holy Wisdom Cathedral ◊ **Св. София, Собор Св. Софии Премудрости Божией, храм св. Софии,** *совр. турецкий* **Айя София** *(в г. Стамбуле (Константинополе), наиболее значительный памятник византийского зодчества; сооружён в 532-537 Анфимием из Тралл и Исидором из Милета; 3-нефная базилика с куполом, диам. 31,5 м., возведённым на парусах; мозаики 6-12 вв.)* the Church of the Holy [Divine] Wisdom, Saint Sophia; *греч.* Hagia Sophia, *лат.* Sancta Sophia; **Софийский собор в Киеве, Киевская София** *(памятник древнерусского зодчества, главная церковь и общественное здание Киевской Руси; заложен в 1037; 5-нефный 13-купольный кирпично-каменный храм, в 11 в. украшен величественными мозаиками и фресками)* the Cathedral of St. Sophia in Kiev.
софиолóгия *(влиятельное течение русской религ.-филос. мысли кон. 19 - первой трети 20 в. о ведущей роли христ. церкви в построении целостной культуры всеединого человечества)* Sophiology.
Софúя *(1. высшая Божественная Премудрость; 2. в христ. иск-ве символ Премудрости Божией, предвечного замысла творения, света истины; в иконописной композиции С.-ю олицетворяет изображение ангела с длинными волосами и жезлом в руке, иногда – Богоматери или Св. Троицы, реже – Иисуса Христа; С. – символ зари, поэтому она пишется пурпуром; в честь С.-и возводятся тж архит. сооружения)* Sophia, divine wisdom ◊ "**С. Премудрость Божия**" *(икона)* The Divine Wisdom, *лат.* Sancta Sophia.
Софúя, св. мч. *(д. п. 8/21 сентября)* St. Sophia, M. ◊ **Вера, Надежда, Любовь и матерь их С., свв. мцц.** Sts. Sophia and her Three Daughters, Faith, Hope and Charity.
Софóния *библ. (девятый из малых пророков, автор названной по его имени ветхозаветной книги; д. п. 3/16 декабря)* Zephaniah ◊ **Книга пророка С.-и** *библ.* (The Book of) Zephaniah.
Софрóний Иерусалúмский, св. *(ум. ок. 641; птрх., д. п. 11/24 марта)* St. Sophronius, Patriarch of Jerusalem.
сохранéние preservation ◊ **с. старинных зданий** preservation of ancient buildings.
сохранúвшийся *(дошедшее до нас произведение иск-ва, памятник и т. п.)* extant ◊ **апокрифы, от к-рых сохранились лишь небольшие отрывки** the Apocrypha which are extant in small fragments; **хорошо с.-аяся древняя рукопись** an ancient manuscript in a good state of preservation.
сохрáнность *(целостность произведения иск-ва, памятника и т.п.)* preservation, integrity ◊ **с. древней рукописи, иконы** the integrity of an ancient manuscript, icon.

социа́льное ева́нгелие *(приложение к социальным, экономическим и политическим сферам жизни общества догматов Библии и, в частности, учения Христа, таких как бесконечная ценность человеческой личности, братство, любовь, в качестве метода исправления и улучшения общественных отношений)* social gospel.

социниа́не *истор. (последователи Ф. Соци́на, основавшего в Польше рационалистическое направление в протестантизме, отличавшееся религ. радикализмом)* the Socinians.

социниа́нство *истор. (антитринитарное учение социниан)* Socinianism.

Соци́н, Фа́уст *(1539-1604; итал. реформатор, протестант)* Socinus, Faustus, *итал.* Sozzini, Fausto.

сочеви́ца *см.* **со́чиво**.

соче́льник *(день накануне Рождества Христова и Крещения)* ◊ **креще́нский с.** the Eve of the Theophany [Epiphany]; **рожде́ственский с.** Christmas Eve.

сочета́ться Христу́ *см.* **уве́ровать – у. во Христа́**.

со́чиво *(размоченные или варёные зёрна пшеницы, ржи, овса и др. злаков с добавлением мёда; по Уставу с. полагается вкушать в дни рождественского и крещенского сочельников)* a dish of boiled wheat, rye or oats mixed with honey, porridge mixed with honey.

соше́ствие descent ◊ **с. Свято́го Ду́ха на апо́столов** *библ.* the descent of the Holy Spirit on the Apostles

"Соше́ствие во ад" *(иконографический сюжет, изображающий Иисуса Христа спускающимся в ад и вызволяющим несправедливо попавшие туда души праведников: Адама и Евы, царей Давида и Соломона – всех ветхозаветных отцов и пророков, чей первородный грех он искупил на земле своими страданиями и смертью; в древнерусской живописи "Воскресение Христово" изображали в виде "Сошествия во ад")* the Anastasis, the Descent (of Christ) into Hell, the Harrowing of Hell, the Descent to Hades; *катол.* (Christ's) Descent into Limbo.

"Соше́ствие Свято́го Ду́ха на апо́столов" *(иконографическая композиция, основанная на событии из "Деяний" 1:5-8 и 2:1-13; в праздник Пятидесятницы все апостолы собрались вместе в одном из иерусалимских домов; внезапно раздался шум с неба, и на каждого апостола снизошёл огненный язык, "и исполнились все Духа Святого" и начали говорить на разных языках, проповедуя свое учение; обычно изображается полукруглая скамья с восседающими двенадцатью апостолами, по шесть с каждой стороны; внизу в чёрном проёме – мужская фигура в короне, олицетворяющая просвещаемые народы; сверху нисходят лучи Святого Духа с языками пламени на концах; с 17 в. в центре апостольского полукруга изображается Богоматерь на возвышении)* the Descent of the Holy Spirit on the Apostles.

сою́з *библ. (соглашение между народами, отдельными лицами и особ. обозначение тех отношений между Богом и человеком, к-рые заключаются в попечении Бога о человеке и в обязанности последнего по отношению к Нему)* covenant ◊ **"Ионафа́н же заключи́л с Дави́дом с."** 'Then Jonathan and David made a covenant'.

сою́з ве́рующих *(не принадлежащих к официальной церкви)* para-church.

Спас

Спас I *(Спаситель, т.е. Христос; в древнерусском иск-ве – образ, изображение Христа-Спасителя на иконе, фреске, мозаике)* the Savio(u)r, the Redeemer, Our Lord the Saviour, Jesus Christ, Our Saviour Jesus Christ, *лат.* Noster Salvator Jesus Christus, *сокр.* N.S.I.[J.]C ◊ **"С. Вседержитель"** Christ the Almighty; **церковь С.-а-на-бору** the Church of the Saviour-in-the-woods; **церковь С.-а Нередицы** the Church of the Saviour at Nereditsa.
Спас II *(название трёх правосл. праздников, связанных со Спасителем – Иисусом Христом) см.* **1. Пра́зднество Всеми́лостивому Спа́су и Пресвято́й Богоро́дице; 2. Преображе́ние Госпо́дне; 3. Перенесе́ние из Еде́ссы в Константино́поль Нерукотво́рного О́браза [У́бруса] Го́спода Иису́са Христа́.**
спаса́ть to save ◊ **с. души грешников** to save sinners; **с. путём искупления (чужих) грехов** to redeem; **с. чью-л. душу** to save *one's* soul; **"Спаси, Господи, и помилуй родителей моих, братию и сестры** *(имена их)* **и сродники моя по плоти и вся ближняя рода моего, и другие, и даруй им мирная и премирная благая Твоя"** *(молитва)* 'Save, O Lord and have mercy on my parents, N. N., my brothers and sisters, my relations by blood, all my neighbors and friends, and grant unto them good things both of this world and in the world to come. Amen.
"Спас в си́лах" *(иконографический тип изображения Христа Пантократора; образ верховного Божества, господина над небом и землёй, сидящего на троне и окружённого двумя огненно-красными ромбами, символизирующими славу; силы небесные обозначались зелёным овалом с серафимами и херувимами, земля в виде красного четырёхугольника с символами евангелистов по углам; икона "С. в с." обычно помещалась в центре иконостаса, посреди деисусного ряда)* The Savior among the Heavenly Powers [Host], Christ in Majesty.
"Спас Емману́ил" *(иконографический тип изображения Христа в образе ребёнка или юноши)* Christ Emmanuel, Christ Immanuel.
спасе́ние (души́) *(достижение человеческой душою состояния освобождения от греха и обретение вечного блаженства, даруемого Богом при соблюдении условий и требований, предъявленных им или от его имени через Священное Писание)* salvation, redemption ◊ **в год С.-я человечества** in the Year of Human Salvation, *лат.* Anno Humanae Salutis, *сокр.* A.H.S.; **вне церкви нет с.-я** *богосл.* outside the church there is no salvation, *лат.* extra ecclesiam nulla salus; **возможность с.-я души** salvability; **обрести с.** to find salvation; **сам достигающий с.-я** *прил.* autosoteric; **условия с.-я** *богосл. (призвание, покаяние, вера, возрождение и т. п., необходимые для спасения и составляющие его)* the order of salvation; **учение о с.-и души** salvationism.
Спаси́тель 1. *(в христ. вероучении – Христос)* the Savio(u)r ◊ **признать Христа С.-ем** to receive Christ as *one's* (personal) Saviour; **твой С.** your personal Savio(u)r; **2.** *(Бог)* preserver ◊ **Господь, творец и С. всего человечества** *(из "Книги общественного богослужения")* God, the creator and preserver of all mankind.
спаси́тельный *(спасающий душу, избавляющий от грехов)* soterial, saving, salutary, salvatory; salvific(al) ◊ **с.-ая жертва Христа** Christ's saving sacrifice;

с.-ая жизнь и смерть Христа the salvific(al) life and death of Christ; **с. поступок** катол. *(богосл. термин, сознательный поступок человека, ведущий к его спасению)* salutary act; **с.-ое раскаяние** salvatory repentance.

Спас на полотне́ см. **Перенесе́ние из Еде́ссы в Константино́поль Нерукотво́рного О́браза [У́бруса] Го́спода Иису́са Христа́.**

"Спас на престо́ле с предстоя́щими Богома́терью и Иоа́нном Предте́чей" *(иконографическая композиция)* Christ Enthroned with the Mother of God and St. John the Forerunner Interceding.

"Спас Недре́манное о́ко" *(иконографический тип изображения Христа, сложившийся на основе нек-рых ветхозаветных пророчеств: юный Христос на ложе, склонившаяся над ним Богоматерь и ангелы с орудиями страстей)* The Saviour of the Unsleeping Eye.

"Спас Нерукотво́рный" *(особый иконографический тип изображения Христа, представляющий Его Лик на убрусе [плате] или черпии [черепице]; согласно правосл. преданию, Нерукотворный образ Христа был запечатлён для эдесского царя Авгаря после того, как посланный им художник Анания не сумел изобразить Христа; Христос умыл лицо, отёр его платом [убрусом], на к-ром остался отпечаток, и вручил его художнику вместе с письмом для царя с исповеданием веры; византийская и русская иконографии не знают изображения Нерукотворного Лика Христа в терновом венце)* The Holy Face, The Vernicle, The Vernicle Image of the Saviour, The Icon of Christ of Edessa *(not to have been made by hands)*.

"Спас Нерукотво́рный мо́края борода́" *(в русской иконографии в 16-17 вв. устанавливается новый извод Нерукотворного образа, к-рый отличается тем, что борода приобретает клинообразную форму)* The Vernicle Image of the Saviour of the Wet Beard.

Спа́со-Андро́никовский монасты́рь *(находится на юго-восточной окраине старой Москвы, на берегу реки Яузы; монастырь основан в сер. 14 в. митрополитом Алексеем по обету, данному им при спасении от бури, когда он плыл через Чёрное море из г. Константинополя и имел при себе икону Спаса Нерукотворного; за строительством монастыря наблюдал инок Андроник, отсюда вторая часть названия; послушником С.-А. м.-я был выдающийся русский иконописец Андрей Рублёв; в 1960 на территории пустовавшего монастыря открыт Музей древнерусского искусства имени Андрея Рублёва)* the Monastery of Our Saviour and St. Andronicus.

Спа́со-Бороди́нский же́нский монасты́рь *(деревня Семёновская Московской обл.)* the Borodino Convent of Our Savior.

Спа́со-Евфи́миевский монасты́рь *(мужской, в г. Суздале Владимировской обл.; в монастыре погребены почти все князья Пожарские)* the Monastery of the Saviour and St. Euthimius.

Спа́со-Я́ковлевский Дими́триев Росто́вский мужско́й монасты́рь *(г. Ростов Великий Ярославской обл.)* the Rostov Monastery of Our Saviour and Sts Jacob and Dimitry.

"Спас Пантокра́тор" *(изображение Христа на престоле; образ Пантократора занимает главное место в храме: его помещают в центральном куполе, на алтарной стене или в центре деисусной композиции)* Christ Pantocrator.

Спас

"**Спас Я́рое о́ко**" *(образ неумолимого и сурового Христа)* The Saviour of the Fiery Eye.

Спе́нта-Ма́йнью *(в иранской мифологии одно из божеств Аме́ша Спе́нта, дух-творец, вдохновитель Заратустры)* Spenta Mainyu.

Спе́рджен, Чарльз Ха́ддон *(1834-92; англ. баптист, проповедник)* Spurgeon, Charles Haddon.

специа́льное разреше́ние *англик. (на венчание без оглашения имён лиц, предполагающих вступить в брак, а тж в неустановленное время или в неустановленном месте; выдаётся архиеп. Кентерберийским)* the special licence.

Спиридо́н, еп. Тримифу́нтский, св. чудотво́рец *(ум. ок. 348; д. п. 12/25 декабря, катол. – 14 декабря)* St. Spiridion [Spyridion], bp. of Tremithus, wonderworker, St. Spyridon of Trimithoundos.

спирити́зм *(система верований и оккультных практических предписаний, имеющих целью установление контактов с духами умерших)* spiritism.

спиритуали́зм *(концепция, рассматривающая дух в качестве первоосновы мира, субстанции, независимой от материи)* spiritualism.

спири́чуэл(с) *(самобытный муз. жанр, возникший в США: религ. песнопения, сочетающие блюзовые мелодии с африканским стилем "призыв-ответ" <call-and-response> и библ. текстами)* spiritual(s).

спи́сок I *(копия, напр. с какой-л. иконы)* copy, duplication *(of an icon)*.

спи́сок II *(перечень епархий, округов)* notitia.

спи́сок книг, запрещённых катол. це́рковью *см.* "**И́ндекс запрещённых книг**".

сплошна́я седми́ца *(см. тж* **всее́дная седми́ца***)* the fast-free week, *катол.* the carnival week.

сподви́жник 1. associate, co-worker, companion, *библ.* fellowsoldier ◊ **с. ап. Павла** co-worker with St. Paul; **2.** *см.* **спо́стник**.

сподо́бить *(удостоить, найти кого-л. достойным чего-л.)* to vouchsafe, to honour, to favour ◊ *ц.-сл.* **Сподо́би, Го́споди, в вечер сей без греха сохрани́тися нам** Vouchsafe, O Lord, to keep us this night without sin.

сполиа́ция *(право контроля на наследование церк. имущества умершего духовного лица в Зап. Европе 8-14 вв.)* spoliation, *лат.* spolium.

спо́рить с *кем-л. библ.* to reason with *smb*.

"**Спору́чница гре́шных**" *(икона Богоматери, именуемая так потому, что она изображена с Младенцем-Христом, держащим обеими руками её правую руку; этим пожатием руки он как бы заверяет её, что всегда будет внимать её мольбам за грешников)* The Intercessoress of the Sinful.

спо́ры среди́ священнослужи́телей и богосло́вов *(по догматическим вопросам и т. п.)* hieromachy; religious polemics, doctrinal dispute.

споспе́шники *(пособники, помощники)* **и́стины** *библ.* fellow-helpers to the truth.

спо́стник *(сподвижник, человек, совместно с кем-л. постящийся и молящийся)* copartaker-monk, co-faster.

"**Справедли́вость и служе́ние**" *(подразделение Всемирного Совета Церквей)* the Justice and Service.

спуд ◊ **держать свет под с.-ом** *библ. (скрывать свой ум и талант, быть излишне скромным)* to hide *one's* light under a bushel.

сравни́тельная рели́гия *(дисциплина, изучающая различные религии; их общность, различие и т. п.)* comparative religion.

Срао́ша *(в иранской мифологии дух религ. послушания и порядка)* Sraosha.

срачи́ца 1. *(белое льняное покрывало* **престо́ла II** *в алтаре; символически являет собой плащаницу Иисуса Христа)* catasarka, sindon, sab(b)anon, s(a)ratchitza, *греч.* katasarkion; **2.** *(сорочка, рубашка)* shirt; **3.** *(нижняя распашонка, надеваемая на крещаемого)* baptismal shirt.

сре́бреник *библ. (серебряная монета)* silver coin, a piece of silver ◊ **продать за тридцать с.-ов** to sell for thirty pieces of silver.

сребролю́бец *(корыстолюбец)* money-grubber.

сребролюби́вый *(корыстолюбивый)* greedy for money, money-loving, mammonish.

сребролю́бие *(жадность к деньгам, алчность; грех, к-рый ведёт к множеству тягчайших грехов и преступлений; тж* **корыстолю́бие***)* covetousness, love [greed] for money.

Среда́ Преполове́ния *(см.* **Преполове́ние – П. Пятидеся́тницы***)* the Feast of Mid-Pentecost.

Среди́нный Путь *(буддийское учение о практике духовного освобождения; Будда советовал своим последователям избегать двух крайностей: а) прибегать к религ. обрядам ради достижения мирских целей и б) изнурять своё тело и ум отшельническими обетами, узами аскетизма ради обретения высшей цели; в буддизме* **махая́ны** *понятие* **С.-ого Пути́** *дополнилось новыми смыслами, такими, как средняя позиция между любыми противоположными точками зрения)* the Middle Path, *санскрит* madhyama pratipad; *пали* majjhima patipada.

средневеко́вый medieval, *сокр.* med, Med ◊ **с.-ая архитекту́ра** medieval architecture; **с.-ое иску́сство** *(в странах Зап. Европы это 5-14 вв., в России – 10-17 вв., в странах Востока – с 3-4 до 16-18 вв.)* medieval art.

Средневеко́вье the Middle Ages ◊ **ра́ннее С.** the early Middle Ages, the Dark Ages; **по́зднее С.** the late(r) Middle Ages.

"сре́дний путь" *(об англиканстве как компромиссе между католицизмом и протестантизмом) лат.* Via Media.

сре́дний храм *(тж* **кора́бль, неф***)* nave.

сре́дник *(иконы)* central part, central section, centrepiece.

средокре́стие *(внутреннее подкупольное пространство храма, образованное пересечением* **не́фа** *и* **транс́епта***; в готических храмах над* **с.-м** *возводится шпиль, а в византийских и древнерусских – купол)* omphalos of a church, central inner part of a church under a dome [a steeple].

средокре́стная неде́ля *(четвёртая седмица Великого поста)* the fourth week of the Lent.

средопо́стье *(середина Великого поста)* Mid-Lent (Sunday), *катол.* Simnel Sunday.

средосте́ние 1. *(преграда, перегородка)* partition, barrier; **2.** *библ. (средняя стена, преграда между двумя владениями)* the middle wall of partition.

сре́тение *(встреча)* meeting ◊ **с. чудотво́рной ико́ны** meeting of the miracle-working icon.

Сре́тение

Сре́тение Госпо́да на́шего Иису́са Христа́ *(праздник 2/15 февраля, посвящённый событию, о котором рассказывается в Ев. от Луки: сорок дней спустя после рождения Христа Иосиф и Мария пришли в Иерусалимский храм, чтобы принести жертву и посвятить новорождённого Богу; в храме произошла символическая встреча, отсюда и название – "сретение"; Иосифа и Богоматерь с младенцем принял старец, которому было 360 лет, звали его Симеон по прозвищу Богоприимец; старцу предсказали, что он умрёт, как только примет "живого Бога", здесь же была Анна пророчица, жившая в храме 84 года; Симеон и Анна узнали в новорождённом "живого Бога"; икона "Сретение" входит в праздничный ряд иконостаса русского правосл. храма)* the Meeting of Our Lord Jesus Christ in the Temple, the Meeting of the Lord; *греч.* Hypapante, *катол.* the Presentation of Our Lord Jesus Christ in the Temple, the Presentation of the Lord, *лат.* Praesentatio Domini, *(в Средневековье) лат.* Occursus Domini; *(в Зап. христ-ве)* Candlemas (Day), the Presentation, *устар.* the Feast of the Purification of the Blessed Virgin Mary and the Presentation of Christ in the Temple; *(народное наименование в нек-рых регионах США)* ground-hog [wood-chuck] day.

Сре́тение Госпо́дне *см.* **Сре́тение Госпо́да на́шего Иису́са Христа́**.

сро́дник *(кровный родственник)* relation by blood.

Срош *см.* **Сра́оша**.

ссы́лка *(указание источника)* reference; **с.-и на Библию** Bible references.

"Ста́бат Ма́тер" *лат.* *("Стояла Мать скорбящая"; начальные слова катол. гимна, посвящённого страданиям Богоматери у креста)* 'Stabat Mater' (dolorosa).

ста́вить на прихо́д *(священника)* to place.

ста́вленная гра́мота *(подписывается архиереем и выдаётся лицу, посвящённому в священническую степень)* certificate of ordination.

ста́вленник *(лицо, посвящаемое на священническую степень)* ordinand, candidate for holy orders.

Ста́вров день *устар. см.* **Воздви́жение Честно́го и Животворя́щего Креста́ Госпо́дня**.

ставропигиа́льный *(находящийся в прямом ведении птрх.-а)* stauropegial ◊ **с. монасты́рь** stauropegial monastery, stauropegion.

ставропи́гия (патриа́ршая) *(лавра, монастырь, непосредственно подчиняющиеся птрх.-у)* stauropegion, stavropegion.

ставроте́ка *(византийский реликварий в форме ящика или ларца с изображением креста или распятия на одной из его сторон)* reliquary with a cross [crucifix] depicted on it.

ставрофо́р *(лицо, носящее большой запрестольный крест в религ. процессиях)* stavrophore.

ста́до *библ. (перен. – общество верующих, церковь Христова, паства)* flock, fold ◊ **"Паси́те Бо́жье с."** *(Первое послание ап. Петра 5:2)* 'Feed the flock of God'.

ста́мна *(священный сосуд, изображаемый на иконах)* stamnos.

ста́мное *см.* **ста́мна**.

Станисла́в Ко́стка Ри́мский, прп. *(ум. 1568, катол. св., д. п. 13 ноября)* St. Stanislaus Kostka [Koskka].

Станисла́в Кра́ковский, еп. и. мч. *(1030-79; катол. св., д. п. апреля)* St. Stanislaus, bp. of Cracow, m.

старе́йшина elder; *(в ранней церкви)* presbyter.

ста́рец *(монах, ставший для других наставником на пути к духовному совершенству)* venerable old man, elderly monk, the elder, staretz ◊ **оптинские старцы** the Optina Elders; **с. Иоанн** the Elder John.

ста́рец-наста́вник *(в практике правосл. монастырей)* spiritual adviser, teacher of the spiritual life.

"Стари́нная ве́ра" *(старинный амер. спиричуэл последних лет рабства и Гражданской войны; по сей день является церк. песнопением в ритуалах протест. Возрождения США)* the Old Time Religion.

ста́рица *(монахиня, ставшая для других наставницей на пути к духовному совершенству)* elderly [aged] nun, eldress.

старове́р см. **старообря́дец**.

старокато́лики *(1. сторонники направления, отколовшегося после 1-го Ватиканского собора 1870 <the Vatican Council of 1870> от Римско-католической церкви; раскол возглавил профессор Мюнхенского университета теолог И. Деллингер <Döllinger>; раскол был вдохновлён Бисмарком с целью создания из германских католиков государственной церкви подобно евангелической (лютеранской) церкви; с. отрицают догмат о непогрешимости папы, филиокве, догмат о непорочном зачатии Девы Марии, отменили целибат; в наст. время с. имеются в ФРГ, Швейцарии, Голландии, Франции, США и др. странах; в 1889 с. объединились с Утрехтской церковью <the Church of Utrecht>; 2. названия небольших церк. групп среди поляков в США и хорватов под названием Национальная церковь Польши <the National Polish Church> и Югославская старокатолическая церковь <the Yugoslav Old Catholic Church>)* the Old Catholics, *(в Швейцарии)* немец. Christkatholiken.

старокатоли́ческая це́рковь *(см. старокато́лики)* the Old Catholic Church.

старокатоли́ческий Old Catholic.

старообря́дец *(последователь старообрядчества)* Old Believer, Old Ritualist ◊ **Высший старообрядческий совет в Литве** the Supreme Old Believers' Council in Lithuania; **Московская община христиан-старообрядцев Поморского согласия** the Moscow Community of Christian Old Believers of the Pomorye; **Московская Преображенская старообрядческая община** the Moscow Transfiguration Community of Old Believers; **Рижская Гребенщиковская старообрядческая община** the Grebenshchikovskaya Community of Old Believers in Riga; **Санкт-Петербургская община христиан-старообрядцев Поморского согласия** the St. Petersburg Community of Christian Old Believers of the Pomorye; **(Старообрядческая) Древлеправославных христиан Архиепископия Новозыбковская Московская и всея Руси** *(с духовным центром в г. Новозыбкове Брянской обл.; имеет 5 епархий, ок. 80 общин, до 100 тыс. верующих, к-рые проживают в Брянской, Московской, Курской обл., в Поволжье, Бурятии, на Кавказе, Алтае и др.; московская община имеет Никольскую церковь; глава церкви – архиеп. Новозыбковский, Московский и всея Руси Архистарх (Калинин); церковь издаёт настольный "Древлеправославный календарь" и др. лит-ру, имеет Высшее древлепра-*

старообрядец

вославное духовное училище в г. Новозыбкове, два монастыря) the Old Believers' Old Orthodox Christians Archbishopric of Novozybkov; **Старообрядческая Митрополия Московская и всея Руси** the Old Believers' Metropolitanate of Moscow and All Russia.

старообря́дчество (*совокупность правосл. религ. течений, возникших в результате раскола Русской правосл. церкви в середине 17 в. и отказавшихся признать церк. реформу птрх.-а Никона*) the Old Belief.

старославя́нский (язы́к) (*то же, что древнеболгарский, древний церковнославянский язык, на к-рый в 9 в. был сделан перевод Священного Писания и богослужебных книг первоучителями славян свв. Кириллом и Мефодием; в качестве литературного и богослужебного языка получил в 9 в. широкое употребление у всех крещённых в христ-ве славянских народов; употребляется в богослужебной практике Восточной христ. церкви*) Old (Church) Slav(on)ic, Old Bulgarian, *сокр.* O.Sl., O.Sl.

ста́роста, церко́вный (*поверенный прихода, избираемый в каждой церкви для участия совместно с причтом в решении хозяйственных вопросов*) churchwarden, lay elder, warden of a church; (*на севере Англии*) kirk ma(i)ster ◊ **помо́щник церк. ста́росты** churchwarden's assistant, *англик.* sidesman, synodsman.

стару́ха с косо́й (*изображение, упоминание смерти*) the (Grim) Reaper.

ста́рческая кни́га *см.* **патери́к**.

ста́рчество (*монашеский институт, основанный на духовном руководстве старца – монаха-наставника*) eldership.

ста́рший свяще́нник *см.* **дека́н**.

старшина́ (*должностное лицо из мирян в пресвитерианской церкви*) elder.

старшинство́ (*более высокое положение в церк. иерархии*) precedence, precedency.

"Ста́рый со́тый" (*мелодия славословия; употребляется с 1551; тж мелодия 100-го псалма*) the Old Hundred(th).

стаси́дии (*места для сидения монахов в греч. монастырях или церквах*) stasidia.

ста́туя, церко́вная cultus statue.

стать свяще́нником *см.* **приня́ть духо́вный сан**.

Ста́хий (*ап. от 70-ти; ученик св. ап. Андрея, первый еп. Византии; д. п. 4/17 января и 31 октября / 13 ноября*) St. Stachis, Apl.

Ста́хий, А́мплий, Урва́н, Нарки́сс, апп. от 70-ти (*1 в.; д. п. 31 октября / 13 ноября*) Sts. Stachis, Ampliatus, Urban and Narcissus, Apl.

ство́рка (*иконы-складня*) leaf, fold; (*триптиха*) *франц.* volet.

стезя́ ◊ **с. доброде́тели** *библ.* the straight and narrow path; **с. христ-ва** the Way.

"Стена́ пла́ча" (*тж* **"За́падная стена́"**; *христ. название; находится в Иерусалиме, остаток опорной каменной стены 1 в. до н. э., окружавшей гору Мориа, на к-рой был построен Храм Соломона <Solomon's Temple> 10 в. до н. э.; неоднократно разрушался и восстанавливался, окончательно разрушен в 70-х гг. н. э.; священное место иудеев, куда они приходят оплакивать судьбу своего народа, скорбят и молятся по пятницам; сохранились 27 рядов каменной кладки на высоту 18 м и 19 рядов подземной кладки из* *огромных камней, каждый весом до 700 тонн)* the Wailing Place of the Jews, the Wailing Wall, *(официальное название)* the Western Wall.

стенна́я ро́спись *см.* сте́нопись.

сте́нопись *(иск-во росписи стен архит. сооружений)* mural [wall] painting, murals; *(по сухой штукатурке)* secco painting ◊ **с.** *(собора)* **расчистили, и была открыта древняя живопись** the wall-painting *(in the cathedral)* was cleaned and old paintings came to light.

Степе́нная кни́га *(родословие российских государей, начинающееся от Ольги и продолжающееся до времён Ивана Грозного; разделяется на 17 степеней; книга напечатана в двух частях в Москве в 1775)* The Book of Degrees.

степе́нны(е) антифо́ны *(стихи на два хора, поются на один из 8 гласов на утрене; их темой послужили степенные псалмы 119-133; были написаны в 9 в. в Студийском монастыре в г. Константинополе)* anabathmoi.

степе́нны(е) псалмы́ *(псалмы 119-133; составляют 18-ю кафизму)* the gradual psalms, the Songs of Degrees.

сте́пень священнослужи́теля *или* церковнослужи́теля *(см. свяще́нство, церковнослужи́тели)* order.

Стефа́н, архиеп. Су́рожский, св. *см.* Стефа́н испове́дник.

Стефа́н Венге́рский, коро́ль *(975-1038; первый король венгерский, катол. св., д. п. 16 августа)* St. Stephen of Hungary, King, St. Stephen I.

Стефа́н, еп. Великопе́рмский *см.* Стефа́н Пе́рмский, свт.

Стефани́да, св. мц. *(161-80; д.п. 11/24 ноября)* St. Stephenida, M.

Стефа́н Испове́дник *(ум. ок 742; д.п. 15/28 декабря)* St. Stephen the Confessor, St. Stephen, Archbp. of Sourozh.

Стефа́н Мла́дший [Но́вый], прмч. *(ум. 764; д. п. 28 ноября / 11 декабря)* St. Stephen the New, St. Stephen "the Younger", Venerable M.

Стефа́н, первомч. и архидиа́кон *(ум. 34; ап. от 70-ти, д.п. 27 декабря / 9 января, катол. – 26 декабря)* St. Stephen, the First M. and Archdeacon, St. Stephen, Protomartyr, Apl. and Archdeacon.

Стефа́н Пе́рмский, свт. *(ум. 1396; просветитель зырян, составитель зырянской азбуки; д.п. 26 апреля / 9 мая)* St. Stephen of Perm.

Стефа́н поэ́т, прп. *см.* Стефа́н Савваи́т, прп.

Стефа́н, прп., игу́мен Пече́рский, еп. Влади́миро-Волы́нский *(ум. 1094; д.п. 27 апреля / 10 мая)* St. Stephen of Pechersky.

Стефа́н Савваи́т, прп. *(ум. ок. 840; творец канонов, д.п. 28 октября / 10 ноября)* St. Stephen of Sabbas.

Стефа́н Ха́рдинг, абба́т Сито́сский *(ум. 1134; катол. св., д.п. 17 апреля, у цистерцианцев – 16 июля)* St. Stephen Harding, abt. of Cîteaux.

стигматиза́ция *(феномен возникновения стигматов)* stigmatization.

стигма́ты *(покраснения кожи, кровоподтёки или язвы, непроизвольно появляющиеся на теле нек-рых глубоко верующих людей в тех местах, где, согласно Евангелиям, у распятого Христа были раны от тернового венца и гвоздей)* stigmata ◊ **по временам на её теле появлялись с.** at times she displayed the stigmata.

сти́гмы *см.* стигма́ты.

Стилла

Стилла Абенбергская, блж., дева *(ум. ок. 1140, катол. св., д. п. 19 июля)* Blessed Stilla of Abenberg, v.

стиль I *(способ летосчисления)* style ◊ **новый с.** *(григорианский календарь <the Gregorian calendar>)* the New Style; **по новому с.-ю** *(по григорианскому календарю)* in the new style, *лат., устар.* stilo novo; **по старому с.-ю** *(по юлианскому календарю)* in the old style, *лат., устар.* stilo vetere; **старый с.** *(юлианский календарь <the Julian calendar>)* the Old Style, the Russian calendar.

стиль II *(в иконописи – металлическая палочка для письма в руке святого)* stylet, stylus.

стипендия *(выплачиваемая студентам семинарии)* burse.

стих 1. *(краткое изречение из Библии, Корана или др. священной книги)* verset; *(особ. употребляемое во время богослужения)* versicle, verse ◊ **с. перед Евангелием** *катол.* verse before the Gospel; **2.** *(отдельный короткий абзац, представляющий собой подразделение главы в Библии)* verse, *греч.* stichos, stikhos ◊ **глава и с.** *(Библии)* chapter and verse; **относящийся к с.-у Библии** versual; **состоящий из с.-ов Библии** versicular.

стихарий см. **стихарь**.

стихарь *(в православии – верхнее богослужебное одеяние, длинное, с вырезом для головы и широкими рукавами, в к-рое облачаются священнослужители или диаконы поверх подрясника; шьётся из светлой материи)* st(o)icharion; *(древнее название, употреблённое Иоанном Златоустом)* khitoniskos; *(верхняя одежда поддиакона)* катол. tunicle; *(верхняя одежда священника, надеваемая на подрясник, из белой льняной ткани)* англик., катол. surplice; *(короткий с.)* англик. cotta; *(белая верхняя одежда из льняной ткани с узкими рукавами у еп.-ов и высокочтимых прелатов)* катол. rochet ◊ **священнический и архиерейский с.** см. **подризник**.

стихера *(греч. "многостишие"; краткое церк. песнопение, содержащее прославление праздника или святого; поётся на стих псалма; первая половина стиха возглашается канонархом, вторая поётся хором, после чего поётся с.)* sticheron ◊ **с.-ы** *греч.* sposticha; **с.-ы на стиховны** *(на стихи разных псалмов; поются в конце вечерни и в конце вседневной утрени)* sticherons sung at vespers and Orthros; **с.-ы на хвалитех, хвалитные с.-ы** *(на псалмы 148, 149 и 150; поются на утрене перед Великим славословием)* sticherons praising the Lord, sticherons of praise.

стихии *библ.* the elements, rudiments ◊ **с. мира** rudiments of the world.

стихира см. **стихера**.

стихирарь *(собрание духовных стихов без нот)* collection of sticherons.

стихометрия *(деление глав Библии на стихи; автор деления на стихи Ветхого Завета неизвестен; Новый Завет был впервые разделён Робертом Стивенсом [Этьеном] <Robert Stephens [Etienne]> франц. печатником в 1551 в Женеве)* verse division, the division of the Bible into verses.

стихословие *(чтение нараспев, напр. псалмов)* chant.

стихотворный *(состоящий преимущественно из стихов Библии)* versicular.

"Стоглав" *(разделённая на 100 глав книга постановлений церк. собора 1551, состоявшегося в Москве с участием царя Ивана IV Грозного)* The Stoglav, The Hundred Chapters.

Стоглáвый собóр *(1551; в Москве под председательством митрополита Макария; назван стоглавым, потому что дошедшая до нас книга постановлений этого собора содержит 100 глав; см.* **Стоглáв**) the Council of the Hundred Chapters of 1551.

стóики *(сторонники и ученики греч. философа Зенона) библ.* philosophers of the Stoicks.

стоúческие филóсофы *см.* **стóики**.

стóла *(длинное просторное платье рим. матрон, замужних женщин; одежда женских иконографических персонажей)* stola.

столбцы́ *(приложение к Евангелию с указанием последовательности чтения отрывков из Евангелия на весь год)* Evangelistarion.

столп *(1. в древнерусском иск-ве столб, пилон, колонна; 2. в переносном смысле – опора, основа)* pillar, pier, column ◊ **с. веры** giant of the faith; **с. истины** *библ.* the pillar of truth; **с. и утверждение истины** *(Церковь; Первое послание к Тимофею 3:15)* the pillar and foundation of the truth; **с.-ы небес** *библ. (горы, мыслившиеся как опоры неба)* the pillars of heaven; **четырёхстолпный храм** church having four internal pillars.

стóлпник *(христ. аскет в восточном монашестве, пребывающий на "столпе" – любой открытой возвышенной площадке, башне и т. п., недоступной для посторонних)* stylite(s), pillarist (saint), pillar ascetic ◊ **Симеон С.** St. Simeon Stylites of Antioch.

стóлпнический stylitic.

стóлпничество *(разновидность христ. аскетизма, состоявшая в том, что подвижник добровольно находился в любое время дня и ночи на открытой возвышенной площадке, напр. сооружённой на столбе, откуда он мог проповедовать народу; основатель с.-а – Симеон Столпник)* stylitism, pillar asceticism.

столповóе пéние *см.* **знáменное пéние**.

столпотворéние, вавилóнское *см.* **вавилóнское столпотворéние**.

"Столпы́ ислáма" *(пять обязанностей мусульманина, см. тж* **ибадáт***: признание единобожия и пророческой миссии Мухаммада [шахáда], молитва [саля́т], пост [сáум], налог в пользу бедных [закя́т] и паломничество [хадж])* the Pillars of Islam, the Five Pillars, *араб.* arkan al-Islam.

"Сторожевáя бáшня" *(основной миссионерский журнал "Свидетелей Иеговы", издаваемый с 1879 в США)* The Watch Tower.

сторонá, лицевáя *(иконы)* obverse; *(ткани)* the right side of the cloth.

сторóнник воссоединéния *(христ. церквей)* reunionist.

сторóнник отделéния цéркви и школы от госудáрства voluntaryist.

сторóнник учéния о Дýхе Святóм pneumatologist.

"Стоя́ла мать скорбя́щая" *см.* **"Стáбат Мáтер"**.

стоя́ние 1. *(в правосл. храме естественное положение верующих при богослужении)* standing; **2.** *катол. (см.* **крéстный путь – остановки (Христа) на к.-ом пути)** station of the cross.

страдáлец Бóжий God's sufferer.

страдáльческая жизнь life of suffering.

страдáния Госпóдни the Lord's suffering.

страдáть за прáвду to suffer for the truth.

стра́жа

стра́жа *библ.* watch, ward ◊ **взятие Христа под с.-у** taking of Christ into custody.
стра́ждущий *(страдающий)* suffering ◊ **с.-ее человечество** suffering humanity.
страна́ и сень сме́ртная *см.* **страна́ те́ни сме́ртной**.
страна́ те́ни сме́ртной *библ.* (*о галилеянах как о людях, не имеющих истинного богопомазания и погрязших в идолопоклонстве и нравственных пороках и поэтому духовно как бы умерших*) the land of the shadow of death.
стра́нник wanderer, religious pilgrim, palmer; *библ.* wayfaring man.
стра́нничество, духо́вное (*бродяжничество, имеющее религ. окраску; странники жили подаянием, переходили из монастыря в монастырь, от одного святого места к другому*) religious pilgrimage, religious wayfaring.
страннолю́бие *см.* **странноприи́мство**.
странноприи́мница *см.* **странноприи́мный дом**.
странноприи́мный hospitable to strangers.
странноприи́мный дом almshouse, *истор.* hospice, place of receipt, *лат.* hospitium.
странноприи́мство hospitability to strangers.
стра́нствующий itinerant.
"Стра́сти" (*старинная форма оратории; муз. оформление евангельских страстей Христовых*) Passion (music), Passion oratorio, musical settings of the Passion (of Christ) ◊ **"С. по Иоа́нну"** (*оратория И.С. Баха, 1723*) the 'St. John Passion; **"С. по Матфе́ю"** (*оратория И.С. Баха, 1729*) the 'St. Matthew Passion' (*of J.S. Bach*), the 'Passion according to St. Matthew'.
стра́сти (*описание мучений христ. святых, принявших смерть за веру*) martyrdoms, passions ◊ **сборник с описанием с.-ей святых** *катол.* passional, legend; **"С. св. Игна́тия, св. Полика́рпа"** *и т.п.* The Martyrdoms of St. Ignatius, of St. Polycarp, *etc.*
"Стра́сти Госпо́дни" *см.* **"Стра́сти Христо́вы"**.
"Стра́сти Христо́вы" (*"страдания"; под этим словом объединяют иконографические композиции на евангельскую историю, повествующую о предательстве Иуды, суде над Иисусом Христом, заключении Его в темницу, бичевании и распятии*) the (Holy) Passion, the Passion of Our Lord, the Passion of Christ ◊ **икона Страсте́й Госпо́дних** the Icon of the Passion of Our Lord.
стра́сти Христо́вы (*страдания и муки в Гефсиманском саду*) the Agony passion.
Страстна́я ико́на Бо́жией Ма́тери (*находилась в селе Палицы Нижегородской губернии; славилась чудотворениями; в 1641 по воле царя Алексея Михайловича икона перенесена в Москву, и на месте её сретения у Тверских ворот построена церковь, а в 1654 устроен Страстной жен. монастырь; получила название оттого, что около лика Богоматери изображаются два ангела с орудиями страстей Господних; празднование 13/26 августа*) the Icon of the Mother of God of the Passion.
страстно́й ◊ **С.-ая неде́ля** (*неделя наиболее строгого поста перед Пасхой, к-рую христ. церковь посвящает памяти страданий и смерти Христа*) the Holy [Passion] Week, Maundy-week, *правосл.* (*тж* **С.-ая седми́ца**) the Great Week; **С.-ая пя́тница** Good Friday, *правосл.* (*тж* **Вели́кая пя́тница**) the Great Friday; **С.-ая Среда́** Spy Wednesday, *лат.* Triduum Sacrum; **С.-ая суб-**

бота Easter-eve, *катол.* Holy Saturday; **С. четверг** Holy Thursday, *англик.* Maundy Thursday, *устар.* Sheer Thursday, *правосл. (тж* **Великий четверг, Чистый четверг***)* the Great Thursday.

страстотéрпец *(это наименование относится преим. к тем святым, к-рые приняли мученическую кончину не от гонителей христ-ва, но от своих единоверцев – в силу их злобы, коварства, заговора; соответственно в данном случае подчёркивается особый характер их подвига – беззлобие и непротивление врагам)* passion bearer, martyr.

стратилáт *(предводитель, военачальник, вождь, воевода; это слово в месяцеслове оставляется без перевода и присваивается тем мученикам и исповедникам за Христа, к-рые при жизни носили это почётное звание)* stratelates ◊ **св. вмч. Феодор С.** St. Theodore Stratelates, the Great M.

Стратóник, св. мч. *(ум. в 305 вместе с Ермилом; д. п. 13/26 января)* St. Stratonicus, M.

страх Бóжий *см.* **страх Госпóдень**.

страх Госпóдень *(христ. добродетель – благоговение к Божьей святости)* the fear of God, reverent fear; theophobia ◊ "**Начало мудрости – с. Госпóдень, и познание Святого – разум**" *(Книга притчей Соломоновых 9:10)* 'The fear of the Lord is the beginning of wisdom: and the knowledge of the holy is understanding'; **пребывать в с.-е Г.-нем** to stand in awe of God.

Стрáшный суд *(в христ. вероучении – предстоящее в "конце времён" окончательное воздаяние в виде суда вторично пришедшего Иисуса Христа над всеми когда-л. жившими людьми, к-рые для С.-ого с.-а телесно воскреснут и по приговору высшего судьи получат каждый по делам его: вечное блаженство в раю или вечные муки в аду; изображения С.-го с.-а в русской церкви известны с 12 в; монументальные росписи занимали всю западную стену, каждому выходящему из храма они напоминали о бренности земной жизни, её смысле)* the Last [General] Judgement, the Day of Judgement, the Judgement [Last] Day, the Dread Judgement of the Lord, the Doomsday, the Last Assize, the Last Inquest ◊ **день С.-ого с.-а** the day [crack] of doom, *богосл.* the great assize.

стригóльники *(еретики, появившиеся в новгородско-псковских землях во второй пол. 14 в.; они отрицали весь институт современной им церкви – от священников до константинопольского птрх.-а)* the Strigolniks *(a Hussitetype sect)*.

стрóить церковь алтарём на востóк to orient(ate) a church.

строфá *(кондака, акафиста и т. п.)* stanza.

студ *ц.-сл. (стыд, позор)* shame.

студéнт, зачитывающий стихи Библии *англик. (в колледжах Оксфорда или Кембриджа)* Bible-clerk.

студéнт семинáрии *или* **богослóвского факультéта** theological (student), *амер. разг.* theolog.

"**Студéнческое движéние за Христá**" *(Всемирная евангелизационная организация, основана в 1951)* the Campus Crusade for Christ.

Студийский монастырь *(в г. Константинополе; основан в 5 в., существовал до взятия Константинополя турками)* the monastery of Stoudios *(in Constantinople)*.

студодея́ние *ц.-сл. (распутство)* profligacy, libertinism.

сту́па *(тж* ***даго́ба****; род буддийских памятных сооружений, строившихся для хранения реликвий или для обозначения священных мест; развитие буддийского культа превратило ступы в объект поклонения и паломничества, и уже в древности они стали строиться из камня, на фундаменте, с навершиями в виде зонтиков в несколько ярусов, и украшаться статуями Будды)* stupa, tope, dagoba, dagaba.

Стурми́ Саксо́нский, абба́т *см.* **Штурми́**.

Сте́нли, Арту́р Пе́нрин *(1815-81; деятель англик. церкви, писатель-богослов; был назначен деканом Вестминстерского аббатства <Dean of Westminster>; учение С. характеризует полнейшая веротерпимость; он мечтал привести к единству всех искренне верующих и честно мыслящих)* Stanley, Arthur Penrhyn, Dean Stanley ◊ *(его сочинения)* "**Лекции по истории Восточной церкви**" Lectures on the History of the Eastern Church, "**Лекции по истории еврейской церкви**" Lectures on the History of the Jewish Church, "**Проповеди на Востоке**" The Sermons in the East, "**Синай и Палестина**" Sinai and Palestine.

стяжа́ть to gain, to win ◊ **с. великую и живительную Благодать Божию** to win the great and life-giving Grace of God.

Суа́рес, Франци́ско де *(1548-1617; испан. богослов, философ, политический деятель)* Suárez, Francisco de.

суббо́та 1. *(день покоя; седьмой, праздничный день недели в Ветхом Завете, тж* **свяще́нный день отдохнове́ния***)* the Sabbath (day) ◊ **Помни день субботний** *(заповедь)* Observe the Sabbath day; **помнить [соблюдать, чтить] с.-у** to remember the Sabbath day; **2.** *(день недели)* Saturday ◊ **Ве́рбная с.** *(в Зап. христ-ве)* the Saturday before Palm Sunday.

суббо́тний год *см.* **зале́жный год**.

суббо́тний поко́й *(см.* **свяще́нный день отдохнове́ния***)* the Sabbath rest.

суббо́тний путь *библ. (отрезок дороги, к-рый евреи могли пройти в субботу, чтобы не нарушить заповедь о субботнем отдыхе: 2000 локтей – примерно 1 км)* a Sabbath day's journey.

суббо́тничество *(одна из старых форм русского сектантства; название течения связано с тем, что его последователи соблюдали в качестве праздника не воскресенье, как православные, а субботу, как иудеи; субботники <the (Russian) Sabbatarians> – это русские крестьяне, прежде всего помещичьи, порвавшие с правосл. церковью и принявшие иудаизм; наибольшее распространение с. получило во 2-ой пол. 18-19 в.)* (Russian) Sabbatarianism.

субординациона́лизм *(учение о том, что второе и третье лицо Троицы подчинены как по порядку, так и по существу первому лицу, включая тж и то, что Святой Дух подчинён Сыну; осуждено на Вселенском соборе в Константинополе, 381)* subordinationism.

субординациони́сты *(сторонники* ***субординациона́лизма****)* subordinationists.

су́бха *(мусульманские чётки; состоят из 99 бусин, нанизанных на шнурок и разделённых на три равные части; количество бусин соответствует числу "прекрасных имён" Аллаха)* subhah.

суверéнность благодáти Бóжьей *(т.е. ничем не ограниченное право выбора в предопределении нек-рых к спасению)* sovereignty of (God's) grace.

Суверéнный Рыцарский óрден Гóспиталя св. Иоáнна Иерусалúмский, Рóдосский и Мальтúйский *(офиц. название Мальтúйского óрдена)* the Sovereign Military Order of the Hospital of Saint John of Jerusalem, of Rhodes, and of Malta.

сугýбая ектениá *см.* **ектениá**.

сугýбый *(двойной, вдвое больший)* double ◊ **с.-ая аллилýйя** *(пение или чтение аллилýйи дважды с прибавлением "Слáва Тебé, Бóже")* double hallelujah; **с.-ое поминовéние** double prayer for the dead [for the sick].

суд 1. *библ.* judgement, condemnation ◊ **вéчный с.** *(у баптистов)* eternal judgement; **2.** court ◊ **епархиáльный [консистóрский] с.** *англик.* the Consistory Court; **церкóвный с.** ecclesiastical [spiritual] court.

судáрий *(покрывал голову Иисуса Христа в гробе)* napkin, face-cloth, sudarium.

судáрь *см.* **вóздух**.

суд Бóжий 1. justice of Heaven; **2.** *истор. см.* **ордáлии**.

судéбный исполнúтель церк. судá *англик.* apparitor.

суд епúскопов *истор.* episcopy.

судúлище Христóво *библ.* the judgement seat of Christ.

судúть ◊ **"Не судите, да не судимы бýдете"** *(Ев. от Матфея 7:1)* 'Judge not that ye be not judged' *или* 'Do not judge lest you be judged'.

Судиá *(Бог)* the Judge.

Сýдный день *(день Страшного суда)* the great [last, general, solemn] inquest, the day of reckoning, the great account, the day of doom, the doomsday, the Day of Wrath; *(в иудаизме)* the Day of Atonement; *(в исламе)* Yawn al-Akhina.

"Суд Пилáта" *см.* **Пóнтий Пилáт**.

"Суд слýшаний" *англик., истор. (до 17 в. церк. суд, в к-ром рассмотрением дел первоначально занимался архиеп., а затем от его имени – специальные должностные лица <auditors>)* the Court of Audience.

судьбá *(согласно языческой вере, непреодолимая сила, к-рой подвластно течение всех событий в мире)* fate, fortune, destiny, providence ◊ **искушáть с.-у** to tempt providence, to fly in the face of providence; **не вéрить в с.-у** to deny providence.

суевéр *(суеверный человек)* superstitious person, superstitionist.

суевéрие *(приписывание религ. значения тому, что не имеет такового)* superstition; *(приметы)* superstitious beliefs.

суевéрно superstitiously.

суевéрность superstitiousness.

суевéрный *прил.* superstitious; *сущ.* superstitionist, superstitious person.

суеслóвие *библ. (пустословие)* vain jangling, fruitless discussion.

суетá vanity ◊ **мирскáя с.** worldly vanity; **отказáться от мирскóй с.-ы** to forsake the vanities of the world; **с. суéт** vanity of vanities, *лат.* vanitas vanitátum.

Сýзо, Гéнрих *(1295-1366; немец. мистик)* Suso [Seuse], Heinrich.

Суúтин Винчéстерский, еп. *(ум. 862; катол. св., д. п. 2 и 15 июля)* St. Swithun [Swithin], bp. of Winchester.

Суи́тин

Суи́тин Уэ́ллс, мч. *(ум. 1591; катол. св., д. п. 12 февраля и 10 декабря)* St. Swithun Wells.

Су́ккот *(иврит мн. ч. "шалаши"; в иудаизме – праздник шалашей – празднуется 8 или 9 дней – в память о тех шалашах, в к-рых жили евреи во время блуждания по пустыне в течение сорока лет под предводительством Моисея [Моше Рабейну]; в праздникe **С.** очень заметен его сельскохозяйственный аспект, это праздник в честь сбора урожая, праздник – благодарность Всевышнему за посланное Им изобилие; другое яркое отличие праздника **С.** – это исполнение заповеди о четырёх растениях <four (agricultural) species>: лулав (побег финиковой пальмы <a palm branch>) <lulab [lulav]>, гадас (мирт) <a spring of myrtle>, арава (речная ива) <a willow leaf> и плод этрог <etrog> соединяются в свежий, зелёный букет, символически указывая пути для достижения плодотворного сотрудничества всех евреев в новом году: единство и терпимость)* Sukkot(h), Sukkos, Succos, Succoth.

Су́ккот-бено́ф *см.* **Со́кхоф Вени́ф**.

су́ккуб *(демон, принимающий женское обличье и соблазняющий мужчин во сне)* succubus.

суло́к *(особенность русских архиерейских жезлов – два платка, вложенные один в другой и привязанные к жезлу у верха; **с.** появился из-за русских морозов; нижний платок предохраняет от холодного жезла, верхний – от воздуха)* sulok (double kerchiefs fixed at the upper end of a paterissa).

сульпициа́не *(члены конгрегации, основанной в Париже Жан-Жаком Олье (ум. 1657) <Jean Olier>; цель – воспитание кандидатов на священство в семинариях; впоследствии конгрегация распространилась в Сев. Америке)* the Sulpicians, the Sulpitians.

Сульпи́ций II Благочести́вый, еп. Бу́ржский *(ум. 647; катол. св., д. п. 17 января)* St. Sulpicius, bp. of Bourges.

Сульпи́ций Севе́р *см.* **Севе́р, Сульпи́ций**.

сума́ *библ. (котомка)* script.

Суме́ру *см.* **Ме́ру**.

су́нна *(араб. "путь", "пример"; священное предание ислама, изложенное в рассказах (хадисах), о поступках и изречениях пророка Мухаммада)* Sunna(h).

сунна́т *(обряд обрезания, усечения крайней плоти, широко (но не повсеместно) распространённый среди последователей ислама; совершается в младенческом возрасте, у различных народов – в разное время; служителями культа трактуется как необходимый отличительный признак мусульманина; нередко рассматривается как гигиеническая процедура)* араб. tahur.

сунни́зм *(наиболее многочисленное из двух, наряду с **шии́змом**, направлений ислама; для суннитов хадисы служат основой всей религ. и общественной деятельности мусульманина; подавляющее большинство мусульман мира – сунниты)* Sunnism.

сунни́т *(приверженец **сунни́зма**)* Sunnite, Sunni, Sunnee, Sunniah.

сунни́тский исла́м *см.* **сунни́зм**.

суперинтендéнт *(в нек-рых протест. деноминациях священник, осуществляющий надзор над несколькими церквами данной территории)* superintendent.

супостáт *(христ. обозначение Сатаны)* adversary, foe, Satan.

супрýжество *см.* **бракосочетáние**.

сýра *(одна из 114 глав Корана)* sura.

Сýрожская епáрхия *(правосл. епархия в Крыму с центром в Суроже <ныне Судак>; упразднена в 15 в.; восстановлена как епархия РПЦ (Московский патриархат) на территории Великобритании и Ирландии)* the Diocese of Sourozh ◊ **митрополит Антоний Сурожский** the Metropolitan Anthony of Sourozh.

сурóк *см.* **сулóк**.

Сýрья *(бог солнца в индуизме; статуи С. изображают его в скифском платье, с ногами в сапогах или скрытыми передком колесницы, с серьгами и диадемой на голове и лотосами в руках)* Surya.

сусáль(ное зóлото) *(тончайшие плёнки золота, наклеиваемые на изделие в декоративных целях)* gold leaf, leaf-gold, tinsel, mosaic gold; *(имитация с.-го з.-а)* bronze powder.

сусáльное серебрó *(тончайшие плёнки серебра или сплавов, наклеиваемые на изделие)* silver leaf, tinsel

Сусáнна *библ. (1. главная фигура добавочного текста в "Книге Даниила"; 2. одна из женщин-последовательниц Иисуса, поддерживавшая его учеников материально)* Susannah.

Сусáноо *(в япон. мифологии бог ветра, один из главных богов синтоистского пантеона)* Susano-o.

Сусигáку *(неоконфуцианская школа в Японии)* Shushigaku.

сутáна *(повседневная длинная одежда у катол. и англик. духовенства со стоячим воротником, наглухо застёгнутая сверху донизу; чаще всего это нижняя одежда, к-рую носят катол. клирики и священнослужители; у священника – чёрная, у еп.-а – фиолетового цвета, у кардинала – пурпурная, у папы – белая)* soutane, cassock, *лат.* su(b)tana ◊ **"англиканская" с.** *(двубортная, застёгивающаяся на плечах)* Anglican [skirt] cassock; **"католическая" ["римская"] с.** *(однобортная, с рядом пуговиц сверху донизу)* Roman cassock; **с. с капюшоном** cowl.

сýтра *санскрит (1. собрание текстов буддийского канона; 2. название единицы текста Слова Будды)* sutra ◊ **читать нараспев с.-ы** to recite sutras.

"Сýтры запредéльной мýдрости" *(санскрит – Сутры Прáджня-парáмиты; название одного из текстов махаяны)* Prajna-Paramita-Sutrani.

сýтта *пали (см.* **сýтра***)* sutta.

Сýтта-питáка *("Корзина сутр"; в буддизме название одного из текстов тхеравáды) пали* Sutta-Pitaka, Suttapitaka.

суфи́зм *(мистико-аскетическое течение в исламе, отрицающее обрядовую форму религии и проповедующее аскетизм; в наст. время с. утратил былую популярность, хотя в отдельных мусульманских странах его позиции довольно сильны)* Sufism.

сýфий *(последователь суфи́зма)* Sufi.

суфи́йский ◊ **с.-ая литерату́ра** *(произведения мусульманских мистиков, созданные преим. в араб. странах, Персии, Турции, Индии)* Sufi literature.

суфрага́н *(викарный епископ)* suffragan bishop.

сухояде́ние *см.* **поще́ние в Вели́кий пост**.

Сухрава́рди, Шиха́б ад-ди́н Яхья́ *(1154-94; мусульманский персидский философ-мистик, создатель учения об "озарении"; казнён за ересь)* Suhrawardi, Shihab al-Din Yahya.

существо́ *см.* **созда́ние**.

Су́щий *(в иудаизме – Бог)* the Existing.

сфаради́м *см.* **сефа́рды**.

сфе́ра *(в иконописи –* **мандо́рла** *миндалевидной формы)* mandorla, gloriole, glory; *(в форме круга)* sphere.

схиархимандри́т *(архимандрит, принявший великую схиму; с. должен устраниться от монастырской власти)* archimandrite having taken vows of great schema.

схи́зма *(церк. раскол в результате противоречий между группировками внутри церкви)* schism ◊ **участвовать в с.-е** to schimatize.

"Схи́зма Ака́кия" *(временный раскол между Восточной и Западной Церковью 482-519; начался с отлучения папой Феликсом патриарха Константинопольского Акакия после принятия* **Генотико́на***)* the Acacian schism.

схизма́тик *см.* **раско́льник**.

схиигу́мен *(игумен, принявший великую схиму; с. должен устраниться от монастырской власти)* hegumen having taken vows of great schema.

схииеромона́х *см.* **иеросхимона́х**.

схи́ма I *(название двух высших степеней монашества: малой* **с.-ы** *и великой* **с.-ы***, отличающейся принятием более суровых обетов)* schema ◊ **вели́кая с.** great schema, extreme mortifications (of a monk), the most extreme austerities, the final vows; **ма́лая с.** lesser [little] schema.

схи́ма II *(одеяние* **схи́мника***, монаха, принявшего великую схиму)* habit of a monk having taken vows of schema ◊ **вели́кая с.** great [angelic] habit.

схи́мник *(тот, кто принял великую схиму; тж* **схимона́х***)* monk having taken vows of great schema, megaloschema great ascetic, schemamonk, skhimnik, *греч.* megaloschemos religious.

схи́мница nun having taken vows of great schema, enclosed nun.

схи́мничество profession and practice of schema.

схимона́х *см.* **схи́мник**.

схимона́хиня *см.* **схи́мница**.

схимона́х-свяще́нник *см.* **иеросхимона́х**.

схола́ст(ик) *(1. средневековый теолог, христ. философ; 2. последователь схоластики)* scholastic(us), schoolman.

схола́стика *(средневековая философия в Европе 11-14 вв., стремившаяся дать теоретическое обоснование религ. мировоззрению)* Scholasticism ◊ **средневековая с.** the Scholasticism of the Middle Ages.

Схола́стика Нурси́йская, де́ва *(ум. 543; сестра прп. Бенедикта Нурсийского, катол. св., д. п. 10 февраля)* St. Scholastica, v.

схоласти́ческий Scholastic ◊ **с.-ое богослуже́ние** scholastic divinity, scholastic theology.

схо́лии *(сборники отрывков из комментариев Святых Отцов – толкователей Священного Писания)* scholia ◊ **составитель с.-й** scholiast.

сциенти́ст *(последователь движения "Сайенти́стская це́рковь")* Christian Scientist, *сокр.* C.S., Eddyite.

сын Бо́жий *(так называл себя Иисус Христос, указывая на то, что Он есть Мессия, предсказанный пророками)* the Son of God.

сын мой *(в обращении духовного лица к мирянину)* my son.

Сыно́вство Бо́жие the Sonship of God, the Sonship of Christ.

"сын утеше́ния" *библ. (о Варна́ве)* the son of consolation, the Son of Encouragement.

Сын Челове́ческий *библ. (так именуется в Евангелии Иисус Христос, так как Он, будучи Богом, был и совершенным человеком, во всём подобный людям, кроме греха)* the Son of Man.

сыны́ Бо́жьи *см.* **Бо́жьи сыны́.**

сыны́ Изра́иля *библ. (народ Израиля, израильтяне)* the children of Israel.

сыны́ све́та *(1. христиане, проникнутые Божественным светом или просвещённые им, в связи с упоминанием в Ев. от Луки 16:8; 2. самоназвание первых квакеров)* the children of light.

сы́рная неде́ля *см.* **сыропу́стная неде́ля.**

сы́рная седми́ца *(неделя перед Великим постом; в продолжение этой недели запрещено есть мясо, но дозволено вкушать сыр, масло и яйца, поэтому в просторечии она называется* **Ма́сляной седми́цей***)* the cheese-fare [pancake] week, the week of apokreos.

сыропу́ст *см.* **сыропу́стная неде́ля.**

сыропу́стная неде́ля 1. *правосл. (последнее воскресенье перед 1-м днём Великого поста; им заканчивается ядение сыра и масла)* cheese-fare [cheese-fast] Sunday; **2.** *(в Зап. христ-ве время от* **сыропу́стного воскресе́нья** *перед Великим постом до пасхального воскресенья)* Quinquagesima.

сыропу́стное воскресе́нье *(в Зап. христ-ве воскресенье за 50 дней до Пасхи – последнее воскресенье перед Великим постом)* Quinquagesima (Sunday).

сэда́р *см.* **седе́р.**

Т

та *китайский см.* **па́года.**

Табари́ *(полное имя – ат-Табари Абу Джафар Мухаммед ибн Джарир; 839-923; араб. историк и богослов, знаток религ. преданий, комментатор Корана)* Tabari, Abu Jafar Mohammed Ben Jariral.

Таберна́кл *(молельный дом мормонов в г. Солт-Лейк-Сити, США – здание куполообразной формы, вмещающее несколько тыс. человек; в нём находится один из крупнейших в мире органов и выступает всемирно известный хор из 400 человек <the Tabernacle Choir>)* the Tabernacle.

табернáкл *истор.* *(временный деревянный молельный дом амер. евангелистов-"возрожденцев" для проведения молитвенных собраний <revival meetings>)* tabernacle.

табернáкль *(1. хранилище для освящённых гостий, стоящее в алтаре катол. храмов; 2. нек-рые древние церк. сооружения, напр. балдахин над папским алтарём в соборе св. Петра в Риме)* tabernacle.

"Тáблет" *(еженедельный журнал, орган Римско-катол. церкви в Великобритании)* The Tablet.

таблéтка *(двусторонняя иконка, написанная по пролевкашенной паволоке, т.е. на загрунтованной ткани)* a small icon painted on both sides, double-faced tablet.

таборúты *(радикально-демократическое крыло* **гусúтов***)* the Taborites.

табý *(религиозный запрет, налагаемый на какой-л. предмет, действие, слово и т.п., нарушение к-рого карается высшими силами)* taboo, tabu.

Тавеúл *библ.* *(отец неизвестного, к-рого цари Сирийский и Самарийский хотели возвести на престол в Иерусалиме на место Ахаза)* Tabeal.

Тавéра *библ.* *(стан израильтян во время скитания по пустыне)* Taberah.

Тавúфа *библ.* *(христианка в Иоппии, к-рая умерла от болезни, но ап. Пётр вернул ей жизнь)* Tabitha.

тавматýргия *(совершение чудес)* thaumaturgy, thaumaturgics.

тавхúд *см.* **таухúд**.

тазия́ *(религ. мистерия у шиитов-имамитов в память о гибели имама Хусейна)* tazea, *араб.* ta'ziyah.

тáинственный I *(относящийся к таинствам)* sacramental.

тáинственный II mystic(al), subtle ◊ **т.-ое волшебство** subtle magic; **т.-е силы** mystic [subtle] powers.

тáинство 1. *(обряд, священное действие, имеющее, по христ. учению, чудодейственную силу и сообщающее верующим благодать Св. Духа)* sacrament, *(обряд)* ordinance ◊ **обряд совершения т.-а** ordinance; **отправление т.-а** administration of a sacrament; **отправлять т.-а** to celebrate the sacraments; **установление чина таинств** the institution; **2.** *(обозначение всего сокровенного как Божественной тайны, непостижимой даже для ангелов)* mystery.

тáинство брáка the sacrament of matrimony, the mystery of marriage.

тáинство елеосвящéния extreme unction, *правосл.* euchelaion, the sacrament of holy unction.

тáинство конфирмáции *катол.* the sacrament of confirmation.

тáинство крещéния the sacrament of baptism.

тáинство миропомáзания unction, the sacrament of anointing.

тáинство покая́ния the sacrament of confession, penance.

тáинство помáзания *см.* **елеосвящéние, тáинство елеосвящéния**.

тáинство причащéния *(тж* **евхарúстия***)* the sacramental communion, the sacrament of communion, the Mystery [Sacrament] of the Eucharist, the Eucharist, *катол.* the Blessed Sacrament.

тáинство свящéнства the sacrament of orders, ordination.

Таúсия, прп. *(д. п. 10/23 мая и 8/21 октября)* Venerable Taisia.

Тáйго Вáнсо *(1301-82; основатель буддийской секты в Корее)* T'aigo Wangsa.

тáйна *(то, что непознано или недоступно познанию)* arcanum, mystery ◊ **непостижимая т.** uncomprehended mystery; **т. тайн** *(в магии, астрологии) лат.* arcanum arcanorum.

тáйна и́споведи *(с начала 6 в. единственной принятой формой исповеди, сопряжённой с соблюдением молчания обо всём, на ней открытом, является тайная исповедь; Римско-катол. церковь, исходя из мнений Фомы Аквинского и целого ряда учёных богословов, устанавливает "печать молчания"* <the seal of confession, *лат.* sigillum confessionis>, *безусловно воспрещая священникам говорить кому бы то ни было о том, в чём повинился кающийся на исповеди)* the secrets of the confession, confidentiality of the confession.

Тáйная вéчеря *(название последнего ужина, к-рый устроил Иисус вместе с учениками накануне своих страданий и во время к-рого он установил таинство причащения, предсказал предательство Иуды и отречение Петра)* the Last [Lord's] Supper.

тайнови́дец *см.* **обая́тель**.

тайновóдственные поучéния *(см. **тайновóдство**)* the lessons for understanding of Orthodox Holy Mysteries.

тайновóдство *(толкование святых таинств правосл. церкви)* mystagogy.

тáйное собрáние для молéния secret meeting for worship; *истор. (особ. у англ. нонконформистов, к-рые выступали против официальной церкви)* conventicle.

тáйное учéние esotery, esoterics, esoterism.

"тáйное учéние" *(практика раннехрист. церкви до 4-5 вв.: не допускать присутствия оглашенных при нек-рых священнодействиях и таинствах)* the discipline of the secret, *лат.* arcani disciplina.

тайносверши́тельная фóрмула *(произносимая при совершении таинства)* sacramental [consecratory] formula.

тáйный *(известный только посвящённому)* esoteric.

тай-цзи́ *("великая единица", "великий единственный", "великий предел"; в общекитайской мифологии правящее всем абстрактное верховное божество)* the Great Ultimate Principle, t'ai-chi, Tai Chi.

такби́р *араб. (произнесение молитвенной формулы "Аллах акбар" ("Аллах превелик!")* <Allah Akbar> ("God is most great"); *многократный **т.** – одна из характерных особенностей мусульманского культа – входит, в частности, в призыв на молитву – **азáн** и в саму молитву)* takbir.

таки́я *араб. (благоразумное скрывание своей веры; один из руководящих принципов **шии́тов**; дозволенность **т.** определена Кораном и сунной)* taqiya.

таккана *(в иудаизме пересмотр устаревшего закона или обычая)* takkanah.

такли́д *араб. (изначально – следование авторитету **муджтахи́да**; в более широком значении – традиция, приверженность традиционному исламскому образу жизни и мышления)* taqlid.

таки́я *см.* **таки́я**.

талбийя́ *(в исламе – молитвенная формула)* talbiyah.

та́лес см. **та́лит**.

талио́н см. **зако́н талио́на**.

талисма́н (предмет, к-рый, по нек-рым представлениям, обладает магической способностью приносить его владельцу счастье, удачу и т.п.; тж **амуле́т**) amulet, phylactery, obeah, talisman.

та́лит иврит (прямоугольное молитвенное покрывало из шерсти или шёлка с чёрными или голубыми полосками вдоль коротких сторон и **циц́ит** по углам; т. надевают мужчины на утреннюю молитву; в неортодоксальном иудаизме т. надевают мужчины и женщины по торжественным случаям; в т. заворачивают тело покойника) prayer scarf, prayer shawl, tallit(h), tallis.

Талму́д (свод религ. трактатов, закрепивших идеологические, культовые и религ.-правовые представления иудаизма) the Talmud ◊ **Вавило́нский Т.** (создан ок. 450, намного более подробный, нежели Иерусалимский Т.; является высшим авторитетом во всём, что относится к законам Торы) the Babylonian Talmud, the (Talmud) Bibli, the Talmud of Babylonia; **Иерусали́мский Т.** (создан ок. 350 в стране Израиля) the Palestinian [Jerusalem] Talmud, the Talmud of Jerusalem, the Talmud Jerusalmi, the Talmud of the Land of Israel.

талмуди́зм (традиция иудейского казуистического толкования Талмуда) Talmudism.

талмуди́ст (последователь, знаток и толкователь Талмуда) Talmudist ◊ **о́пытный т.** (умелый изощрённый спорщик в вопросах толкования Талмуда, Библии) pilpulist.

талмуди́стский 1. (относящийся к Талмуду, талмудистам) Talmudic(al); **2.** (о языке Талмуда, талмудистов, относящийся к языку раввинских комментариев библейского текста) Talmudistic(al).

талмуди́ческий см. **талмуди́стский**.

талму́д-то́ра (религ. начальная школа для еврейских мальчиков) Talmud Torah.

тама́ (душа или дух в синтоизме) tama.

Тама́ра см. **Фама́рь**.

та́мас (в философии индуизма одна из трёх гун **са́нкхьи**, проявляющаяся в косности, пассивности, тупости, неведении, тяжести, глупости, отсутствии реакции и пр.) tamas.

тама́я (синтоистский алтарь, посвящённый духам предков) tamaya.

тамплие́р истор. (член духовно-рыцарского катол. ордена, основанного франц. рыцарями в 1119 в Иерусалиме после 1-го Крестового похода) Knight Templar, Red Friar ◊ **глава [настоятель] общины т.-ов** preceptor; **община т.-ов** (возникших на землях ордена) preceptory; **орден т.-ов** (тж **О́рден ры́царей Хра́ма**) the Order of Knight Templars; **т.-ы** (тж **хра́мовники**) the Templars, the Knights of the Temple, the Poor Knights of Christ and of the Temple of Solomon, собир. templardom, templary.

тана́им см. **танна́и**.

танатоло́гия (наука, изучающая биологические и филос. аспекты проблемы смерти) thanatology ◊ **т. религио́зная** (религ. представления и богословские учения о смерти человека; т. религиозная является неотъемлемым аспектом эсхатологии) religious thanatology.

Танáх *иврит (название Священного Писания или Библии; аббревиатура слов **Тóра, Невиúм, Кетубúм**)* tanach, tanak.

тáн-ка *(ламаистская икона на парче в форме свитка с изображением одного или нескольких божеств; прикрепляется на знамя для религ. процессий)* thang-ka, tanka.

таннаú *(иудейские законоучители из школы в г. Ябне на Средиземном море, к-рые давали толкование Торы в 3 в.)* tannaim.

Тáнстолл, Кáтберт *(1474-1559; англ. богослов и религ. деятель)* Tunstall [Tonstall], Cuthbert.

тáнтра *санскрит (1. название священной книги в буддизме; 2. форма буддийской практики)* Tantra.

тантрая́на *("Колесница особых обрядов"; направление буддизма **махая́ны**, в к-ром подробно разработанные обряды считаются средством достижения Просветления)* Tantrayana.

тантрúзм *(термин западной науки; общее обозначение для всех религ. культов, опиравшихся на практики, мифы и идеи **тáнтры**)* Tantra, Tantri(ci)sm ◊ **последователь т.-а** Tantrist, Tantrika.

тантрúческий tantric.

тáнха *(в буддизме – жажда жизни, привязанность к жизни на Земле)* tanha.

тáпас *(аскетизм в индуизме или космический "жар", отражающийся в аскетической религ. практике)* tapas.

Тáра *(в буддийской мифологии **бодхисáт(т)ва**, Мать милосердия, наиболее популярный женский мифологический образ, воплощение беспредельного сострадания; в пантеоне **ваджрая́ны** насчитывается 21 Т., они представляются одетыми в платье индийской царевны и различаются по цвету и позам, в к-рых их изображают)* Tara.

Тарáсий, архиеп. Константинóпольский, св. *(784-806; д. п. 25 февраля / 10 марта)* St. T(h)arasius, Archbp. of Constantinople.

Тарáх Тарсúйский, мч. *(ум. 304; катол. св., д. п. 11 октября)* St. Tarachus of Tarsus, m.

Тáргум *(халдейский или, вернее, еврейско-арамейский перевод или перифраз Ветхого Завета с сер. 5 в. до н. э.)* the Chaldee Paraphrase, the Targum ◊ **Т. Онкелуса** *(перевод Пятикнижия; не сохранился)* the Targum of Onkelos, the Babylonian Targum on the Pentateuch; **относящийся к составителю Т.-ов** Targumistic; **относящийся к Т.-ам** *прил.* Targumic(al); **Первый Иерусалимский Т.** *(перевод Пятикнижия, называемый ещё псевдо-Ионафановым <pseudo-Jonathan Targum>)* the Targum of Jonathan, the Jerusalem Targum I; **Т. Писаний** *(т.е. переводы книг Иова, Псалмов, Притчей, Руфи, Плача Иеремии, Екклесиаста, Есфири и Песни Песней; принадлежит разным авторам и возник в Палестине не ранее 4 в. н.э.)* the Targums for Psalms, Proverbs, Job, the Megilloth, and Chronicles; **Т. Пророков** *(т.е. перевод книг Иисуса Навина, Судей, всех книг Царств, Исайи, Иеремии, Иезекииля и 12 малых пророков, сделанный раввином Ионафаном бен Уззиелем, одним из 80 учеников **Гиллéля**)* the Targum of Jonathan bar Uzziel, the Babylonian Targum on the Prophets; **составитель Т.-ов** *или* **знаток Т.-ов** Targumist.

тарéлка для сбóра пожéртвований *(в церкви)* (church) plate.

тарéлочный

"**тарéлочный сбор**" *(денежные пожертвования прихожан)* the "collection basket".

тарéль *(тарелка для просфор)* Communion bread plate.

тарикá *араб.* **1.** *(путь мистического познания; путь религ.-нравственного самосовершенствования* **сýфия***)* tariqa(h), tariqat; **2.** *(суфийское братство)* tariqa(h), tariqat, tarekat.

тарикáт *тюрк. см.* **тарикá**.

Тарсúзий [Тарсúций] Рúмский, мч. *(3 в.; катол. св., д. п. 15 августа)* St. Tarsicius, m.

Тартáк *библ. (неизвестное ассирийское божество)* Tartak.

тáртар *(преисподняя)* Tartarus, Tartaros.

тасаввýф *(мистико-аскетическое течение в исламе; тж определяет этические и моральные нормы поведения верующих)* Tasawwuf.

Татиáн *(2 в.; христ. писатель-апологет, сириец по происхождению; отвергал брак, мясную пищу и вино даже в причащении, откуда название Татиановой секты –* **гидропарастáты***)* Tatian.

Татиáна, св. мц. *(ум. ок. 222; д. п. 12/25 января)* St. Tatiana, M.

татианúст *(последователь* **Татиáна***)* Tatianist.

тáттва *(род сущего, признаваемый в той или иной* **онтолóгии***; особенно употребителен термин в джайнистской философии и в* **сáнкхье***)* tattva.

"**Тáттва-сáнграха**" *(название энциклопедического труда индийской полемической философии махаянского мыслителя* **Шантарáкшиты***)* the Tattva-sangraha.

Татхáгата *(*"Так пришедший" <"Thus Come One">*, или* "Так ушедший" <"Thus Gone One"> *по пути Будды;* **а)** *полностью просветлённое существо; так называл себя Будда после того, как достиг просветления;* **б)** *одно из духовных имён всех будд)* tathagata.

тáтхата *(в буддизме, в учении школы* **йогачáра** *– абсолютная реальность, подлинная природа всех вещей, непостижимая и невыразимая)* tathata, suchness, thusness.

тать *(вор)* thief, robber.

Тáулер, Иогáнн *(ок. 1300-61; немец. мистик и проповедник-доминиканец)* Tauler, Johann.

тауматýргия *см.* **тавматýргия**.

Тáусен, Ханс *(1494-1561; один из главных поборников Реформации в Дании)* Tausen, Hans.

таухúд *араб. (в исламе – догмат о единственности и единстве Аллаха, выраженный в формуле* "Нет бога, кроме Аллаха"*)* tawhid, tauhid.

тафсúр *араб. (комментарий, толкование Корана)* tafsir.

тафьЯ *(скуфья, маленькая шапочка, покрывающая только макушку головы, заимствована русскими у восточных народов; расшивалась шёлком, золотом, жемчугом и не снималась даже в церкви;* "Стоглав" *запретил носить т.-и)* skullcap.

тахаджýд *араб. (чтение Корана ночью)* tahajjud.

тахáра *араб. (ритуальная чистота священнодействий, к-рой в исламе придаётся важное значение)* tahara.

Тациáн *см.* **Татиáн**.

тацианист *см.* татианист.

ташбих *(в исламе – уподобление Бога живому существу)* tashbih.

ташлих *(иврит "бросание"; обряд символического сбрасывания грехов в воду, совершаемый в первый день* **Рош Ашана**, *когда евреи отправляются на берег моря, реки, ручья или озера и со словами молитвы: "Ты ввергнешь в пучину морскую все наши грехи" вытряхивают над водой карманы или углы одежды, где обычно застревают крошки и всякий мелкий мусор)* tashlik, tashlich.

таяммум *(у мусульмам "очищение" песком вместо омовения при отсутствии воды)* tayammum.

тварная жизнь *(в христианстве)* creaturely life.

тварный мир *(в христианстве)* every living thing.

тварь *(в христианстве – созданное Богом из ничего согласно Его замыслу и воле)* creature ◊ **Божья т.** God's creature; **т. и Творец** creature and Creator.

Тваштар *(древнее божество ведийского пантеона, божественный мастер, создатель оружия для Индры)* Twashtar.

твой thy; thine ◊ *ц.-сл.* **да приидет царствие Твое** Thy kingdom come; "**Яко Твоя держава, и Твое есть Царство, и сила, и слава, Отца и Сына и Святаго Духа, ныне и присно и во веки веков.**" *(молитва иерея во время малой ектении)* 'For Thine is the majesty, and Thine is the Kingdom and the power and the glory, of the Father, and of the Son, and of the Holy Spirit, now and ever, and unto ages of ages'.

творение *(см.* **сотворение**) creation ◊ **т. Божие** *(создание Богом мира и человека "из ничего" целенаправленным и свободным актом воли и согласно высшему замыслу)* God's creation; **первый день т.-я** *библ.* the first day of the creation.

Творец *(Создатель, Бог; обращение, звательный падеж Творче)* the Creator, the Maker, the Author, the Protoplast.

творить 1. *(создавать)* to create; 2. *(делать)* ◊ **т. добро** to do good; **т. чудеса, исцеляя от недугов** to perform miracles of healing.

творить молитву to pray.

теантропизм *(1. учение о соединении Божественного с человеком; 2. приписывание человеческих качеств божеству)* theanthropism, theanthropology, theanthropy.

теантропист *(последователь теантропизма)* theanthropist.

теантропический theanthropic(al).

теантропия *см.* теантропизм.

театинцы *(катол. монашеский орден уставных клириков <the Clerks Regular>; основан в Италии в 1524; тж орден монахинь)* the Theati(e)ns, the Teatines.

тебе thee ◊ **Тебе, Господи** To Thee, O Lord; *ц.-сл.* "**Яко подобает Тебе всякая слава, честь и поклонение, Отцу и Сыну и Святому Духу, ныне и присно и во веки веков**" *(молитва иерея во время Божественной литургии)* 'For unto Thee are due all glory, honour and worship, to the Father, and to the Son, and to the Holy Spirit, now and ever, and unto ages of ages'.

Тевтонский орден *(духовно-рыцарский орден, основанный немец. крестоносцами в кон. 12 в.)* the Teutonic Knights, the Teutonic Order.

Тегх

Тегх Бахаду́р, гуру́ *(1621-75; сикхский гуру, преемник гуру Хар Кришна; он получил совершенное сикхское образование и был талантливым поэтом – в "Ади Грантх" представлены 118 написанных им гимнов; был публично казнён по приказу Могольского императора Аурангзеба за отказ принять ислам)* Guru Tegh Bahadur.

"Те Де́ум" *лат.* *("Тебя, Бога, хвалим"* <(we praise) Thee, O God>; *хвалебный гимн у католиков и англикан, авторство к-рого традиционно приписывается св. Амвросию Медиоланскому и св. Августину; в наст. время автором считается Никита из Ремисиана (ум. ок. 414)* <Niceta of Remesiana>; *поётся вместо благодарственного молебна)* Te Deum (laudamus).

те́зисы ◊ **95 т.-ов** *(к-рые Лютер в 1517 выставил у дверей дворцовой церкви в г. Виттенберг* <Wittenberg>, *в к-рых он обвинял порочную практику катол. церкви; этот акт Лютера считается началом Реформации)* the ninety-five theses.

тезоимени́тство *(день ангела, именины высокопоставленных особ царствующего дома или церк. иерархии)* the name('s)-day, *smb.'s* saint's day ◊ **т. патриарха** the name day of patriarch.

тезоимени́тый *(прил. от* **тезоимени́тство***)* having the same name as.

теи́зм *(термин, введённый в 17 в. для противопоставления атеизму, деизму и пантеизму; учение, признающее существование личного Бога)* theism.

теи́ст *(последователь* **теи́зма***)* theist.

теисти́ческий theistic(al).

Те́йлор, Дже́реми *(1613-67; англ. богослов и религ. писатель)* Taylor, Jeremy.

тейлори́зм *(одно из течений* **кальвини́зма***)* Taylorism.

Тейя́р де Шарде́н, Пьер *(1881-1955; монах-иезуит, франц. учёный-палеонтолог, философ)* Teilhard de Chardin, Pierre.

текке́ *тюрк.* *(обитель, приют для суфиев, странноприимный дом, тж* **риба́т***)* tekke, tekya.

текки́я *см.* **текке́**.

текст *(в* **герменѐвтике** *рассматривается как свидетельство духовного опыта, нуждающееся в адекватном истолковании)* text, *(особ. Библии)* textus ◊ **т. Библии на иврите** miqra, mikra; **т.-ы Ветхого Завета, предвосхищающие учение Нового Завета** anagoge; **т. Нового Завета** *(наиболее употребительный в 16-19 вв. в Англии)* the received text, *лат.* Textus Receptus; **строгое следование букве т.-а** *(особ. Священного Писания)* textualism.

тексто́лог *(знаток текста, особ. Священного Писания)* textuary, textualist, *редко* textuarist.

текстоло́гия *(особ. библейская)* textual criticism.

Теку́са, св. мц. *(пострадала с Феодотом Анкирским и шестью др. мучениками в 303; д. п. 18/31 мая и 6/19 ноября)* St. Thecusa, M.

Те́ла Госпо́дня пра́здник *см.* **Пра́здник Пресвяты́х Те́ла и Кро́ви Христа́**.

телевизио́нный пропове́дник *(обычно проповедник протестантизма)* TV evangelist, televangelist.

Телема́х Ри́мский, св. мч. *(ум. ок 400; д. п. 18/31 августа, катол. – 1 января)* St. Telemachus [Almachus], m.

телеологи́ческий teleologic(al), finalist ◊ **т. аргуме́нт** *(обоснование бытия Божия со ссылкой на целесообразность мирового порядка)* the teleological [design] argument, the argument from design; **т.-ая э́тика** *(теория морали)* teleological ethics.

телеоло́гия *(1. религ. воззрение о господстве в мире извечно предустановленных целей, ради осуществления к-рых всё окружающее существует и развивается; 2. филос. учение о целесообразности всех явлений природы)* teleology.

теле́сные зна́ки *(знаки на теле последователей той или иной религии: обрезанная крайняя плоть, татуировка и т. п.)* bodily marks.

теле́сный *(в отличие от духовного)* outward ◊ **в т.-ом ви́де** *библ.* in bodily form.

Телесфо́р, св. *(ум. ок. 136; Папа Римский; д.п. 5 января)* St. Telesphorus.

теле́ц *библ.* calf ◊ **закла́ть упи́танного тельца́** to kill the fatted calf; **поклоня́ться зла́тому тельцу́** to worship the golden calf.

те́ло ◊ **т.** *(в противоположность душе)* the outward man; **гре́шное т.** vile body; **Т. и Кровь Христо́вы** the Divine Body and Blood; **т. как вре́менная оби́тель души́** the (soul's) tenement; **уничиже́нное т. на́ше** *библ.* this vile body; **Т. Христо́во** the Body (of Christ).

Темпл, Уи́льям *(1881-1944; англ. теолог, видный деятель англик. церкви)* Temple, William.

темпло́н *(алтарная преграда раннехрист. и византийских храмов, представляющая собою ряд колонн с архитравом, на к-ром обычно располагались иконы)* the columned screen which separated the sanctuary from the nave.

темпорали́зм *(теория, поддерживающая притязания Пап Римских на светскую власть)* temporalism.

Те́нисон, То́мас *(1636-1715; англ. богослов; в 1694 назначен архиеп. Кентерберийским; написал несколько богословских трактатов, проповедей и речей)* Tenison, Thomas.

тенкала́и *(вишнуитская секта в Индии)* Tenkalai.

Теоба́льд Прови́нсский, прп. *(1017-66; катол. св., д. п. 30 июня)* St. Theobald [Thibaud] of Provins.

теогони́ческий theogonic.

теого́ния *(в античной религии – учение о происхождении богов)* theogony.

Теода́рд, св., архиеп. Нарбо́ннский *(ум. 893; катол. св., д.п. 1 мая)* St. Theodard.

Теодема́р Бава́рский, еп. *(ум. 1102; катол. св., д.п. 28 сентября)* St. Theodmarus [Thiemo] of Bavaria, bp.

теодице́я *(религ. учение, цель к-рого доказать, что существование в мире зла не отменяет религ. представлений о Боге как абсолютном добре)* theodicy.

Теодо́рик, прп. *(ум. 553; катол. св., д. п. 1 июля)* St. Theodoric, St. Thierry.

Теодо́рик Ша́ртрский см. **Тьерри́ Ша́ртрский**.

Теодо́р Кентербери́йский, архиеп. *(602-90; выдающийся деятель катол. церкви в Англии, миротворец, распространил архиепископскую власть на всю Англию; катол. св., д. п. 19 сентября)* St. Theodore of Canterbury, St. Theodore of Tarsus.

теóзис *(возведение смертного в ранг бога)* apotheosis, deification, *греч.* theosis.

теокрáзия *(поклонение божествам из разных религий)* theocrasy.

теократи́ческий theocratic(al).

теокрáтия *(форма правления, при к-рой власть в государстве находится в руках церкви и духовенства)* theocracy, thearchy, hierarchy, hierocracy.

теоктóния *(смерть богов в политеистических религиях)* theoktony.

теóлог *(учёный богослов)* theologian, theologus, theologue, *сокр.* theol., doctor, divine; *(в средневековых школах)* schoolman, Scholastic ◊ **способ мышления т.-а** theologism.

теологи́ческий *(богословский)* theological, doctrinal, *сокр.* theol. ◊ **т.-ая система** theologism.

теолóгия *(совокупность церковных учений о Боге и догматах религии, тж богослóвие)* theology, *сокр.* theol. ◊ **системати́ческая т.** systematic theology; **создавать систему т.-и** to theologize; **фундаментáльная т.** fundamental theology.

теологумéны *(богосл. термин, применяемый к тем положениям христ. вероучения, к-рые по значимости не уступают догматике, но в силу конкретных истор. причин не являются строго обязательными для приверженцев христ-ва)* theologoumena.

теомáния *(религ. помешательство)* theomania.

теомáхия *(в античности: борьба с богами или борьба между богами)* theomachy.

теоморфи́зм *(придание каким-л. реальностям Божественных черт)* theomorphism.

теонóмия *(термин, характеризующий ряд учений, согласно к-рым Сам Бог или Его воля является законом Вселенной)* theonomy.

Téo, отшéльник *(ум. ок. 702; катол. св., д. п. 7 января)* St. Tillo, *(во Франции)* Theau, *(во Фландрии)* Tilman, *(в Германии)* Hillonius.

теопанти́зм *(мистическое учение, утверждающее, что Бог является единственной реальностью)* theopantism.

теопсихи́ты *(греч. еретики 6 в., утверждавшие, что все лица Святой Троицы воплощались и страдали)* the Theopaschites.

теóрия тенденциóзности *богосл. (теория Бáура и последователей Тю́бингенской шкóлы о том, что нек-рые книги Нового Завета являются тенденциозными, т.е. написаны с практической целью и отражают борьбу двух направлений в раннем христ-ве между* **паулини́змом** *и* **петрини́змом**) the tendency theory.

теосóф theosophist, theosoph(er), *сокр.* theos.

теософи́зм theosophism.

теософи́ческий *см.* **теосóфский**.

теосóфия *(религ.-филос. учение о возможности непосредственного постижения Бога с помощью мистической интуиции и откровения, доступных избранному кругу посвящённых лиц)* theosophy, *сокр.* theos.

теосóфская доктри́на *см.* **теосóфская теóрия**.

теосóфская теóрия theosopheme.

теосóфский theosophic(al), *сокр.* theos.

"Теосо́фское о́бщество" *(создано в г. Нью-Йорке в 1875 по инициативе Е.П. Блава́тской и амер. полковника Г. Олкотта)* the "Theosophical Society".

теотерапи́я *(чудесное исцеление верой, молитвой и пр.)* theotherapy.

теофа́ния *(явление Бога в образе человека или ангела или проявление через стихии природы)* theophany.

теофо́бия *(страх Божий)* theophobia.

теоцентри́зм *(теологическая концепция, согласно к-рой Бог, понимаемый как абсолютное, совершенное бытие и наивысшее благо, выступает источником всякого бытия и блага)* theocentri(ci)sm.

теоцентри́ческий theocentric.

теплота́ *(горячая вода, вливаемая во время литургии перед причащением в потир с вином; тж иногда сосуд для теплоты)* zeon, the warm water, the warmth.

терапе́вты *(члены иудейской секты аскетов, к-рые считали себя духовными врачевателями на службе Бога; см. тж* **ессе́и***)* the Therapeutae.

терафи́мы *библ. (домашние божества, идолы, по форме напоминающие человека)* teraphim.

Тере́за Ави́льская, де́ва и Учи́тель Це́ркви *(1515-82; катол. св., д. п. 15 октября)* St. T(h)eresa of Avila, v. m.

Тере́за Кальку́ттская *см.* **Мать Тере́за**.

Тере́за от Младе́нца Иису́са, де́ва *(1873-97; катол. св., д. п. 1 октября)* St. Theresa of the Child Jesus, v., Therese of Lisieux.

Тере́за Португа́льская, прп. *(ум. 1250; королева, катол. св., д. п. 17 июня)* St. Teresa of Portugal.

Тере́нтий и Неони́ла и ча́да их Сарви́л, Фот, Феоду́л, Иера́кс, Нит, Вил и Евни́кий, мчч. *(3 в.; д. п. 28 октября / 10 ноября)* Sts. Terentius and Neonila and their children: Photius, Anicetas, Theodulus, Nierarchus and Eunicius.

тере́фа *см.* **тре́йфа**.

термини́зм *катол. (учение, по к-рому срок, в к-рый грешник может покаяться и вымолить себе прощение у Бога, отнюдь не продолжается до конца жизни грешника: Бог устанавливает определённую границу – "термин", после к-рого всякое покаяние уже будет напрасно)* terminism ◊ **последователь т.-а** terminist.

те́рние *(колючее растение)* prickly plant, Christ's thorn, *библ.* thorns, thorus ◊ **т.-я и волчцы** *(собир. – силы, враждебные человеку)* thorns and thistle, thorns and briars.

терно́вый вене́ц *библ. (к-рый после осуждения Иисуса рим. солдаты надели Ему на голову)* crown of thorns, crucifixion thorn.

терно́вый куст *библ.* bush ◊ **"И явился ему Ангел Господень в пламени огня из среды т.-ого к.-а. И увидел он, что т. к. горит огнем, но куст не сгорает"** *("Исход 3:2")* 'And the angel of the Lord appeared unto him in a flame of fire out of a bush: and he looked, and, behold, the bush burned with fire, and the bush was not consumed'.

теротеи́зм *см.* **зоола́трия**.

терпе́ние *(христ. добродетель, состоящая в благодушном перенесении всех бед, скорбей и несчастий, неизбежных в жизни каждого человека)* patience ◊ **"...с т.-м будем проходить предлежащее нам поприще..."** *(Послание к евреям 12:1)* 'let us run with patience the race that is set before us'.

терпе́ть *(безропотно переносить все беды, скорби и несчастья)* to suffer, to undergo ◊ **т. охо́тно неразу́мных** *библ. (перен. – терпеливо, снисходительно относиться к чужой глупости)* to suffer fools gladly.
терпи́мость *см.* **толера́нтность**.
терпи́мый tolerant; *(свободомыслящий, широких взглядов, терпимый в религ. вопросах)* latitudinarian ◊ **быть т.-м к разли́чным вероиспове́даниям** to be tolerant towards all religious beliefs.
терра́са-гу́льбище *см.* **гу́льбище**.
территориа́льная конфере́нция *(орган управления в нек-рых протест. церквах)* local conference.
территориа́льная систе́ма *(установлена в Священной Рим. империи по Аугсбургскому миру 1555, по к-рой все проживающие на определённой территории жители должны исповедовать религию своего светского правителя)* territorialism, territorial system.
террито́рия, примыка́ющая к хра́му *(обыкновенно огороженная)* (cathedral) precinct.
Те́ртий, ап. от 70-ти *(человек, к-рый записал "Послание к римлянам"; предполагается, что он был секретарём ап. Павла; д. п. 4/17 января, 30 октября / 12 ноября, катол. – 21 июля)* St. Tertius, Apl.
Те́ртий, Марк, Иу́ст и Арте́м, апп. от 70-ти *(1 в.; д. п. 30 октября / 12 ноября)* St. Tertius, Mark, Justus and Artem, Apls.
Терти́лл *см.* **Терту́лл**.
Терту́лл *библ. (ритор, представлявший обвинение синедриона против ап. Павла рим. наместнику Феликсу)* Tertullus.
Тертуллиа́н, Квинт Септи́мий Фло́ренс *(ок. 160-220; христ. апологет, представитель латиноязычной патристики)* Tertullian; *(полностью)* Quintus Septimus Florens Tertullianus.
терциа́рий *(член "Третьего Ордена" <'Third Order'> братства мирян при нек-рых катол. монашеских орденах)* tertiary, Secular Tertiary.
Те́рций, ап. от 70-ти *см.* **Те́ртий, ап. от 70-ти**.
Тест-акт *истор. (закон о присяге в отречении от признания Папской власти и догмата пресуществления; принят в Англии в 1673; отменён в 1828)* the Test Act.
тетрагра́мматон *(четыре согласных буквы из иврита, составляющие имя Бога Яхве; писались по-разному: IHVH, JHVH, JHWJ, YHVH, YHWH)* the Tetragrammaton.
тетради́ты *истор. (утверждали, что Бог четыреедин, праздновали Пасху вместе с иудеями, т.е. в 14-й день первого весеннего месяца нисана и т. п.)* the Tetradites.
Тетраева́нгелие *см.* **Четвероева́нгелие**.
тетрако́нх *(в средневековой Грузии, Армении и др. тип центрического храма с 4-лепестковым планом: к квадратному внутреннему помещению примыкают 4 апсиды)* tetraconchal church.
тетрамо́рф *(в христ. изобразительном иск-ве изображение животных, символизирующих четырёх евангелистов, с крыльями и на огненных колёсах, в частности в виде льва – Марк, орла – Иоанн, человека или ангела – Матфей и тельца – Лука)* tetramorph.

"Тетра́плы" *(труд Оригена, свод текстов из Ветхого Завета на греч. языке, составленных в четыре параллельных колонки в переводах Акилы, Симмаха, Феодотиона и 70-ти)* The Tetrapla.

Тетраполита́нская конфе́ссия *истор. (протест. исповедание веры, подписанное представителями четырёх городов Страсбурга, Констанца, Линдау и Меммингена в 16 в.)* the Tetrapolitan Confession.

тетра́рх *библ., истор. (правитель одной из образовавшихся при делении Рим. империи на четыре части зон правления)* tetrarch.

тетрархи́ческий *истор.* tetrarchic.

тетра́рхия *истор.* tetrarchy.

теурги́ческий theurgic(al).

теурги́я *(вера в присутствие божества в мире и в обряды, посредством к-рых человек может войти в непосредственное общение с божеством)* theurgy.

тефи́ллин *см.* тфил(л)ин.

Те́цель, Иога́нн *(ок. 1465-1519; немец. монах, распространитель индульгенций)* Tetzel, Johann.

Тёмные у́трени *катол. (совершение их предписывалось бревиарием на три последних дня Страстной недели; отменены в 1955) лат.* tenebrae.

тиа́ра *(тройная корона Папы Римского, означающая три царства: небесное, духовное, светское)* the (papal) tiara, the triple tiara, the papal [Pope's triple] crown, the triregnum ◊ **увенчанный т.-ой** crowned with the tiara.

Тибе́тская "Кни́га мёртвых" *(в тибетском буддизме собрание наставлений для умершего человека в период сорока девяти дней между смертью и новым рождением)* the Tibetan Book of the Dead, the Liberation through Hearing in the Intermediate State.

Тивериа́да *библ. (город на юго-западном берегу Геннисаретского озера, или Галилейского [Тивериадского] моря)* Tiberias.

Тивериа́дское мо́ре *библ.* the Sea of Tiberias.

Ти́грий, сщмч., пресви́тер *(сторонник Иоанна Златоуста, ум. вместе с чтецом св. Евтропием в 404; д. п. 16/29 июня, катол. – 12 января)* St. Tigrius, Pr.-M. ◊ **свмч. Т. пресвитер и мч. Евтропий чтец** Sts. Tigrius and Eutropius, Ms.

Ти́ллих, Па́уль *(1886-1965; протест. мыслитель)* Tillich, Paul Johannes ◊ *(его труды)*: **"Мужество быть"** The Courage to Be; **"Теология культуры"** Theology of Culture; **"Систематическая теология"** Systematic Theology.

Ти́лопа *(988-1069; буддийский мастер йоги из Бенгалии)* Tilopa.

Тимола́й, св. *см.* Ага́пий, св. мч.

Тимо́н *библ. (один из семи диаконов, выбранных апостолами)* Timon.

Тимофе́й *библ. (ап. от 70-ти, ученик и спутник ап. Павла, д. п. 4/17 января, 22 января / 4 февраля, катол. – 26 января)* St. Timothy, Apl.

Тимофе́й и Ма́вра, свв. мчч *(ум. ок 286; д. п. 3/16 мая)* Sts. Timothy and Maurus, Ms.

Тимофе́й Пру́сский, еп., сщмч. *(ум. 362; д. п. 10/23 июня)* St. Timothy, Pr.-M., Bp. of Prusia.

Ти́ндал, Уи́льям *(ум. 1536; англ. богослов, переводчик Библии, сторонник Реформации)* Tyndale [Tindale, Hutchins], William.

Ти́ндал(ь)

Ти́ндал(ь), Мэ́тью *(1637-1733; представитель англ. деизма)* Tindal, Matthew.
Ти́пик *см.* **Типико́н**.
Типико́н *(в православии церковно-богослужебный сборник указаний о порядке и образе совершения служб; аналогичен катол. <the Latin Ordo,> но подробнее)* typicon, typikon, typicum.
Типи́така *см.* **Трипи́така**.
типологи́ческий *(прообразовательный)* typological.
типоло́гия *(в христ. богословии метод, позволяющий судить о действующих лицах и событиях Нового Завета с помощью типов Ветхого Завета, т.е. с помощью ветхозаветных персонажей и событий, с точки зрения сходства их значений; так, Адам предполагается типом Христа, вознесение на небо Илии – тип вознесения на небо Христа и т.п.)* typology.
"Ти́пос" *(образец веры, изданный императором Константином II в 648 по совету константинопольского птрх.-а Павла; заставляя всех исповедовать веру согласно с бывшими пятью Вселенскими соборами; всех, кто выступал против **"Т.-а"** Константин жестоко преследовал, включая и папу Мартина I, к-рый был смещён в 655)* The Typos.
Тира́нн *библ. (один из жителей Ефеса; в его доме ап. Павел ежедневно беседовал об истинах христианской веры с приходившими к нему)* Tyrannus.
ти́ртха *(священное место в индуизме)* tirtha.
тиртха́нкар *(в джайнизме **т.-ы** – основополагающие вероучители, "боги богов"; наиболее значимым считался **Махави́ра**)* Tirthankara.
Тит *библ. (язычник греч. происхождения; ученик и сподвижник ап. Павла, к-рого тот обратил в свою веру; тж ап. от 70-ти, д. п. 4/17 января, 25 августа / 7 сентября, катол. – 26 января)* Titus ◊ **Т., ап.** St. Titus, Apl.; **"Послание к Титу св. ап. Павла"** *библ.* The Epistle of Paul to Titus.
ти́тла мн. ч. *см.* **ти́тло**.
ти́тло 1. *(заголовок, титул, надпись)* title ◊ **под т.-м** entitled; **2.** *(заглавная краткая надпись)* (short) title ◊ **т.-а на Кресте** *(по приказанию Пилата на Крест, над головою распятого Иисуса Христа, была прибита надпись: I.Х.Ц.I. – Иисус Христос Царь Иудейский; на нек-рых русских памятниках эти титла изображались как: Iс. Хс. Царь славы I.N.R.I. <сокр. от лат. Iesus (Jesus) Nazarenus, Rex Iudaeorum, англ. Jesus the Nazarene, the King of the Jews>)* the title on the Cross *or* a crucifix; **3.** *(знак сокращения в ц-сл. письме; ставится над священными словами для указания на их святость и скрытую в них Божественную тайну и премудрость; слова под **т.-м** пишутся сокращённо, а читаются полностью)* titlo.
Тит Фла́вий *см.* **Кли́мент Александри́йский**.
Тиу, прп. *см.* **Теодо́рик, прп.**
Ти́хвинская ико́на Бо́жией Ма́тери *(один из вариантов Одигитрии, отличающийся более свободным поворотом фигуры Христа; Младенец Иисус изображён вполоборота влево, в обращении к Богоматери; согласно преданию, икона была принесена ангелами из г. Константинополя в 1383, явилась над водами Ладожского озера и остановилась в пределах Тихвина в Новгородской земле; этот иконографический тип в Византии назывался Богоматерь Перивлепта" ("Прекрасная"); празднование 26 июня / 9 июля)* the Tikhvin icon of the Mother of God, the Icon of the Virgin Mary of Tikhvin.

Ти́хик *(ап. от 70-ти, ученик ап. Павла, родом из Малой Азии, д. п. 4/17 января и 8/21 декабря)* Tychicus.

Ти́хон Амафу́нтский, св. *(ум. 425; 16/29 июня)* St. Tychon, wonderworker, Bp. of Amathunsa.

Ти́хон Задо́нский, св. *(1724-83; в миру Тимофей, духовный писатель; д. п. 13/26 августа)* St. Tikhon of Zadonsk.

Тиша́ бе-А́б см. **Тиша́ бе-А́в**.

Тиша́ бе-А́в *иврит (в иудаизме – день, установленный для поста и траура в память падения Иерусалима и разрушения храма)* Tisha be-Av, Tishah b'ab.

Ти́шендорф, Константи́н *(1815-1874; немец. протест. богослов, библеист)* Tischendorf, Lobegott Friedrich Konstantin von.

ти́шрей см. **ти́шри**.

ти́шри *(первый месяц гражданского и седьмой церк. года в* **евре́йском календаре́***)* Tishri.

тле́н(ие) corruption, decay; *(прах)* dust.

тле́нный liable to decay, corruptible, perishable.

то *япон.* см. **па́года**.

Тови́т *библ. (зажиточный, добропорядочный и набожный еврей из Неффалимского колена, история к-рого рассказана в Книге Т.-а <The Book of Tobit, сокр. Tob.>)* Tobit.

То́вия *библ. (муж. имя нескольких ветхозаветных персонажей; тж сын Товита в "Книге Товита")* Tobias, Tobiah.

Тогоро́т *(последний раздел* **Ми́шны***)* Tohoroth.

То́лгская ико́на Бо́жией Ма́тери *(явление иконы произошло в 1314; для неё был учреждён Толгский монастырь под Ярославлем; празднуется 8/21 августа)* the Tolga icon of the Mother of God, the Icon of the Virgin Mary of Tolga.

То́лгский Свя́то-Введе́нский же́нский монасты́рь *(в посёлке Толга, в 20 км от Ярославля, на левом берегу Волги при впадении в неё реки Толга)* the Tolga Convent of the Presentation of the Virgin Mary.

Толе́дские собо́ры *(ок. 30 соборов, созывавшихся в городе Толедо (Испания) с 5 по 16 вв.)* the Councils of Toledo.

толера́нтность *(терпимость к чужим взглядам, верованиям, образу жизни и т.п.; в ситуации нынешнего религ. плюрализма: уважение и терпимое отношение одних общин к религ. взглядам других)* tolerance, tolerancy; *(на уровне политики государства)* toleration.

толк *(крупное формирование, ветвь какого-л. основного религ. направления)* persuasion, grouping, body ◊ **баптисты делятся на множество т.-ов** the Baptists are divided into various bodies.

толкова́ние *(текста)* interpretation, exposition, paraphrase, commentary ◊ **т.-я на Свяще́нное Писа́ние** the commentaries on the Scriptures; **символи́ческое т.** symbolic interpretation.

толкова́ние Би́блии (Scriptural) exegesis; *(ошибочное т. Б., с привнесением собственных воззрений)* eisegesis.

толкова́ние снов oneiromancy.

толкова́тель *(тж* ***герменевт****)* expositor, *(преим. Священного Писания)* exegete ◊ **один из выдающихся т.-ей христ. веры** *(об Иоанне Златоусте)* one of the great expositors of the Christian faith.

толкова́тель

толкова́тель снов oneiromancer.
толкова́ть to interpret, to draw up a commentary.
толко́вники *(церковнослужители, чей обязанностью было переводить отрывки из Евангелия и проповеди священников перед собравшимися в церкви и говорящими на разных языках, особ. распространены в* **Иакови́тской це́ркви**) interpreters, hermeneuts, *греч.* ermeneuti.
томази́ты *см.* **кристадельфиа́не.**
То́мас Мор, мч. *(1478-1535; англ. гуманист, государственный деятель и писатель; канцлер Англии в 1529-32; будучи католиком, отказался дать присягу королю как "верховному главе" англик. церкви, после чего был обвинён в государственной измене и казнён; катол. св., д. п. 22 июня)* St. Thomas More.
То́мас Херефо́рдский, еп. *(ум. 1282; катол. св., д. п. 3 октября)* St. Thomas of Hereford, bp., St. Thomas Cantelupe.
томи́зм *(направление в схоластической философии и катол. богословии, порождённое влиянием идей Фомы Аквинского)* Thomism.
томи́ст *(последователь* **томи́зма***)* Thomist.
томи́стский Thomist.
тонзу́ра *катол. (выбритая макушка, знак принадлежности к духовенству)* tonsure, *(особ. у священника)* corona; *ирон.* bald ◊ **выбривать т.-у** to tonsure; **с (выбритой) т.-ой** tonsured.
топогра́фия, свяще́нная 1. *(изучение мест, связанных с библ. событиями)* the Biblical [Church] geography; **2.** *(изучение святых мест)* the Holy topography.
То́ра *(древнееврейское наименование Пятикнижия Моисеева, пяти первых книг Библии)* the Tora(h), the Pentateuch.
то́ра *(иврит "указание", "руководство";* **т.** *указывает еврею, как он должен вести себя в жизни, чтобы исполнить волю Всевышнего; для культовых целей используется отдельный текст Пятикнижия, написанный вручную на свитке пергамента)* the tora(h).
тора́на *(в культовой буддийской архит-ре – ворота, обычно деревянные, с резными рельефами, ведущие через ограду к ступе)* toran(a).
Торе́лло, отше́льник, блж. *(1201-82; катол. св., д. п. 16 марта)* Blessed Torello, hermit.
торже́ственно отмеча́ть *см.* **пра́здновать.**
торже́ственный ухо́д *(духовенства и хора по окончании службы)* recession.
торжество́ *катол. (с 1969 класс праздников, следующий по важности после отдельно стоящих Пасхи и Рождества)* solemnity, *лат.* solemnitate, solemnitas.
"Торжество́ правосла́вия" *см.* **Неде́ля торжества́ правосла́вия.**
то́рии *(в архит. Японии священные ворота, отмечающие вход на территорию синтоистского святилища; обычно имеют трапециевидную форму: два наклонных столба перекрыты двумя поперечными балками)* torii.
Торква́т Кади́кский, еп. *(1 в.; катол. св., д. п. 15 мая)* St. Torquatus of Quadix.
Торквема́да, То́мас *(1420-98; монах-доминиканец, Великий инквизитор в Испании; инициатор изгнания евреев из Испании)* Torquemada, Tomas de.
То́рлакссон, Гудбранду́р *(1541-1627; исландский религ. деятель)* Torlaksson, Gudbrandur.

Торлакур Исландский, еп. *(1133-93; катол. св., д. п. 23 декабря)* St. Thorlac Thorhallsson.

тосафат *см.* **тосафет**.

тосафет *(критические примечания к Талмуду)* tosaphoth.

Тосефта *(в еврейской религ. лит-ре – сборник толкований Моисеева закона)* Tosephta, Tosefta.

тотем *(магический символ – животное, растение, реже явление природы, неодушевлённый предмет, к-рому поклонялся род первобытного общества; от тотемных предков род вел родословную)* totem ◊ **т.-ный столб** *(у североамериканских индейцев)* totem pole, totem post.

тотемизм *(одна из ранних форм религии, суть к-рой – вера в происхождение родов, племён и народов от определённых животных, растений или предметов)* totemism.

тотемист *(последователь **тотемизма**)* totemist.

тотемический totemic.

Тохорот *(иврит "Законы об очищении"; одна из 6 основных частей **Мишны** – законы ритуальной чистоты)* Tohoroth.

тоху *(иврит – "пустыня и глушь"; в Книге Бытия – обозначение первоначального хаотического состояния земли)* tohubohu, tohu-bohu, tohu and bohu, tohu vabohu.

Траверсари, Амброджио *(ок. 1386-1439; итал. богослов и гуманист; был генералом ордена камальдулов; труды **Т.** были посвящены гл. обр. переводу греч. церк. писателей)* Traversari, Ambrogio.

традиционализм *(направление в философии религии, опровергающее идеи определённого времени на основании вечных идей религ. порядка)* traditionalism ◊ **религиозный т.** religious traditionalism.

"традиционные" церкви *(традиционные лютеране, реформаты, англикане и т. п., в противоположность христианам евангелического вероисповедания)* (the) mainstream [mainline] churches.

традиция *(передача образцов и норм духовной жизни, священных текстов и ритуалов из поколения в поколение)* tradition ◊ **церк. т.** the tradition of the Church.

традуцианизм *(направление в христианско-богосл. учении о душе, к-рая создана Богом при сотворении первого человека – Адама и затем передаётся от родителей к детям при зачатии)* traducianism.

трактарианец *(см. **Оксфордское движение**)* Tractarian, Puseyite.

трактарианизм *см.* **трактарианство**.

трактарианство *(см. **Оксфордское движение**)* Tractarianism.

трактат, богословский theological treatise, theological tract.

трактус *(песнопение **проприя** рим. мессы; исполняется вместо **аллилуйи**, а иногда и **градуала** в дни покаяния, в частности во время Великого поста, и в траурной службе)* tract.

Транквиллин, св. мч. *(ум. 287; д. п. 18 декабря / 1 января)* St. Tranquillinus, M.

транс *(проникновение в потустороннее, выход за пределы реальности нашего мира)* trance ◊ **религиозный т.** religious contemplation; ecstasy.

трансепт *(в средневековой архит-ре поперечный переход, неф, под прямым углом пересекающий главный и боковые продольные нефы; место их пересечения называется **средокрестием**)* transept.

трансмигра́ция *(переселение душ, метемпсихоз)* transmigration (of souls).

трансубста́нция *катол. см.* **пресуществле́ние**.

трансцендентали́зм *(амер. религ.-филос. течение 19 в., утверждающее главенство духовного над материальным и т.п.)* transcendentalism.

трансценде́нтность *(запредельность)* **Бо́га** God's transcendentality, God's transcendence ◊ **абсолютная т. Бога** *(несоизмеримость Его с нашими словами, понятиями и определениями, что является апофатической основой христ. знания Бога)* the absolute transcendence of God.

трансценде́нтный *(1. запредельный, находящийся по ту сторону реальностей, познание к-рых возможно эмпирически и рационально; 2. принадлежащий объективным духовным основам бытия, сверхсубъективный)* transcendental, transcendent ◊ **т. Бог** *(Бог, стоящий вне творения и над ним)* transcendent God; **т.-ая истина** transcendental [metaphysical] truth.

трансценди́рование *(выход в потусторонний мир)* transcendence, transcendentness.

трансце́нзус *см.* **транс**.

тра́пе́за 1. *(стол с пищей)* dining table with meal ◊ **трапезный стол в монастыре** refectory table; **2.** *(столовая в монастыре, монастырская трапезная)* refectory, *сокр.* ref, monastery canteen; *истор.* frater; **3.** *(престол в алтаре; см.* **престо́л II***)* trapeza; **4.** *(приём пищи)* repast; *(особ. в монастыре)* refection.

тра́пе́зарь *см.* **трапе́зник**.

тра́пе́зная 1. *(здание в монастыре, в к-ром монашествующие собираются для принятия пищи; тж* **тра́пе́за 2.***)* refectory; *(специальная комната в монастырской трапезной для тех монахов, кому по состоянию здоровья или возрасту предоставляется послабление в пище вопреки требованиям монастырского устава)* misericord(e); **2.** *см.* **тра́пе́зная це́рковь**.

тра́пе́зная це́рковь *(в русских церквах 17-18 вв. – невысокая пристройка с западной стороны между храмом и колокольней, служившая для богослужения в зимнее время и для общественных нужд прихожан)* refectory church.

трапе́зник *(в монастыре – монах, наблюдающий за трапезой)* refectorian, refectioner.

трапе́зница *см.* **тра́пе́за 2**.

трапе́зничать *см.* **трапе́зовать**.

трапе́зовать to refect.

траппи́ст *катол. (монах, исповедующий созерцание и превыше всего ставящий литургическую молитву, простоту жизни, включая вегетарианство и молчальничество; орден основан в 1662, а с начала 19 в.* **т.-ами** *стали называться реформированные* **цистерциа́нцы** *строгого устава, сосредоточенные в монастыре Ла Траппе <the monastery of La Trappé> в Нормандии; основатель ордена Рансе́)* Trappist ◊ **(монахини-)траппи́стки** *(жен. монашеский орден при ордене траппистов; официальное название <the Cistercian Nuns of Strict Observance>)* the Trappistines, the Trappistine sisters.

тре́ба 1. *(жертвоприношение)* oblation; **2.** *(один из богослужебных обрядов, совершаемый для одного или нескольких верующих: молебен, крещение,* *венчание, елеосвящение, погребение, панихида и др.)* occasional religious rite, service of need, *англик.* the Occasional Office, *катол.* Missa adventitia, Missa manualis.

тре́бище *(языческое святилище)* pagan [heathen] temple.

тре́бник 1. *(богослужебная книга, в к-рой содержится изложение священнодействий и молитвословий, называемых **тре́бами**)* euchology, the book of needs, the Small Euchologion, the Agiasmatarion; *катол.* ritual, *(в Средние века)* manuale; 2. *библ. (жертвенник)* altar.

трезво́н *(перезвон в несколько колоколов в три приёма; он бывает после благовеста перед началом более торжественных служб, при пении полиелея, при чтении Евангелия на литургии в первый день Пасхи, при начале и окончании молебнов в храмовые праздники и царские дни)* changes, change ringing, peal (of bells).

тре́йфа *(в иудаизме а) мясо животных, запретное для употребления в пищу б) любая некошерная пища)* terefa(h), tref, trefa(h).

тре́тий час *(суточного круга, формально соответствующий девятому часу утра; на третьем часе вспоминается сошествие Св. Духа на апостолов)* t(i)erce, the third hour; *(тж дневное богослужение в это время)* undersong, *греч.* hora trite.

трети́ны *(поминовение усопших у правосл. христиан, совершаемое на третий день после кончины)* prayer for the deceased on the third day *(after death).*

Третьеиса́ия *библ. (последние главы 56-66 Книги пророка Исаии)* the Trito-Isaiah, the Third Isaiah.

"тре́тьи о́рдены" *катол. (конгрегации мирян для набожного бытия при монашеских орденах)* the third orders.

треф *(трёхлопастный крест)* trefoil cross.

тре́фа *см.* тре́йфа.

трёхбо́жие *см.* тритеи́зм.

трёхлампа́дник *(лампада, состоящая из трёх чашечек, укреплённых на одном основании или на стержне наподобие веток на дереве)* three-light lampion.

трёхсве́чник *см.* трики́рий.

Трёх царе́й, пра́здник *(Богоявление Господне; один из главных праздников катол. церкви, отмечаемый 6 января; в основе праздника – сказание о том, что Младенцу Иисусу пришли поклониться и принесли дары языческие цари-волхвы Каспар, Мельхиор и Валтасар <Gaspar, Melchior and Balthasar>, чьи останки привезены императрицей Еленой в Константинополь, затем перенесены в Милан, а оттуда в Кёльн)* the Feast of the Three Kings.

"Трёхчасова́я слу́жба" *см.* "Три часа́".

триадоло́гия *(учение о Святой Троице)* Trinitarianism, the doctrine of the Trinity.

Трибуна́л апо́стольской сигнату́ры *(высший катол. кассационный суд)* the Apostolic Signatura.

триве́рхий храм *(в древнерусской архит-ре трёхглавый храм)* three-dome church.

"Три главы́" *(эдикт византийского императора Юстиниана I, направленный на воссоединение с церковью многочисленных монофизитов; издан в*

544; *в западных церквах эдикт встретил сильную оппозицию)* The Three Chapters ◊ **спор о "Трёх главах" (Юстинианова эдикта)** the Three Chapters controversy.

Тридéнтский собóр *(катол. собор, заседал с перерывами с 1545 по 1563, осудил Реформацию)* the Council of Trent.

Тридéнтское исповéдание вéры *(Символ веры Тридентского собора)* the Tridentine [Trentine] definitions, the Tridentine [Trentine] profession of faith.

"три драгоцéнности" *(см. тж **Триратна**)* the three jewels, the three treasures.

триедúнство trinity, tripersonality, triunity.

триедúный triune, tripersonal ◊ **т. Бог** the triune God(head), the Trinitarian God.

трúзна *(языческое поминовение умерших)* funeral feast.

триипостáсник *(верующий в догмат Троицы)* Trinitarian.

триипостáсное божествó *богосл. (пребывание каждой из ипостасей божества в двух других)* circumicession, perchoresis.

трикáя *(в буддизме – учение "о трёх телах" Будды – трёх уровнях Просветления)* trikaya.

трикúрий *(подсвечник на три свечи, символизирующий Троицу; используется архиереем во время службы)* triple-branched [three-armed] candelabrum, triple candlestick, a candelabrum with three arms; *греч.* tricerion, trikerion, trikirion, trikir, triker.

трикóнх *(тип средневекового христ. храма с апсидами, примыкающими с трёх сторон к квадратному в плане внутреннему помещению)* triconch.

трилúстник *(в иск-ве готики – трёхлопастная форма, элемент орнамента)* trefoil ◊ **арка в виде т.-а** trefoil arch.

тримóрфий *см.* **дéисус, тябло́**.

Тримýрти *(в индуистской мифологии Божественная триада **Брáхмы, Вúшну** и **Шúвы**; на скульптурных изображениях члены **Т.** или стоят рядом друг с другом, или тела их как бы вырастают одно из другого)* the Trimurti, the Hindu trinity, the Hindu triad.

Тринáдцать сúмволов вéры *см.* **Сúмвол вéры**.

тринитáрии *(члены катол. монашеского Ордена Пресвятой Троицы <the Order of the Holy Trinity>, основанного в 1198; главной задачей т. считали выкуп христиан, попавших в плен к мусульманам; в 1609 т. причислены к нищенствующим орденам)* the (Discalced) Trinitarians, the Redemptionists, the Mathurins.

тринитáрий *(верующий в догмат Троицы)* Trinitarian.

тринитáрное учéние *см.* **триадолóгия**.

тринитáрный *(относящийся к Троице)* Trinitarian ◊ **т. догмат** *(утверждает антиномическое триединство Бога, три ипостаси в Нём: Бог Отец, Бог Сын и Бог Дух Святой, "неслитно соединены" и "нераздельно разделены", что принципиально недоступно пониманию разумом)* the Trinitarian doctrine, Trinitarianism, the doctrine of the Trinity.

Триóдь *(богослужебная книга в правосл. церкви, содержащая тексты изменяемых молитвословий подвижного годового богослужебного круга)* triodion ◊ **Т. постная** *(богослужебная книга, в к-рой излагаются изменяемые молитвословия для подвижных дней, от Недели мытаря и фарисея до первого дня Пасхи)* the Fasting [Lenten] triodion; **Т. цветная** *(богослужебная* *книга, к-рая содержит службы от Пасхи до Недели всех святых)* the pentecostarion.

триперстие *(сложение трёх перстов [пальцев] большого, малого и безымянного при изображении знаменного креста)* the sign of the cross (made) with three fingers.

триперстное знамение креста *(по обычаю, сложившемуся в 15-17 вв. в правосл. церкви, крестообразное осенение себя правой рукой, сложенной в* ***триперстие****, с касанием чела [лба], чрева [живота], правого и левого плеча)* (making) the sign of the cross of the three fingers.

трипесенный канон см. **трипеснец**.

трипеснец *(канон, состоящий не из 8 или 9 песней, как положено для полного канона, а из 3-х)* the three odes canon.

трипесница см. **трипеснец**.

Трипитака *(наиболее ранний и полный сборник буддийской канонической лит-ры, содержащий откровения Будды в изложении его учеников; тж* ***Типитака****)* the Tripitaka.

"три прибежища" *(см. тж* ***"три драгоценности, Триратна****)* the three refuges.

триптих *(трёхстворчатый* ***складень****)* triptych.

Триратна *(тж "****три драгоценности"***, ***"три прибежища"*** *– Будда, дхарма и сангха, три бесценных источника буддийских верований и практик)* the Triratna; *(в джайнизме)* the Right Faith, the Right Knowledge, the Right Way.

трисвещник см. **трикирий**.

"Трисвятая песнь" см. **"Трисвятое"**.

"Трисвятое" *(название молитвы, в к-рой слово "святый", употребляется три раза в отношении к каждому лицу Пресвятой Троицы: "Святый Боже, святый Крепкий, святый Бессмертный, помилуй нас" <'Holy God, Holy (and) Mighty, Holy (and) Immortal, have mercy upon us'>)* the Trisagion, the Thrice Holy (hymn) ◊ **"Благослави, Владыко, время трисвятого"** *(возглас диакона на малом входе)* 'Bless, Master, the time of the thrice-holy'; **молитва Т.-аго** the Trisagion Prayer, the Prayer of the Thrice Holy.

Три святых царя см. **Трёх царей праздник**.

тритеизм *(ересь 6 в., по учению к-рой Бог троичен по существу, три лица Святой Троицы – три Бога)* tritheism ◊ **догматы т.-а** tritheistic doctrines.

тритеиты *(последователи* ***тритеизма****)* the Tritheists, the Tritheites.

Тритемий, Иоганн *(1462-1516; немец. богослов и историк; писал по церк. и богосл. вопросам, по криптографии, магии и каббалистике)* Trithemius, Johannes.

Трифиллий, св. еп. Левкусийский на о-ве Кипр *(ум. 370; д. п. 13/26 июня)* St. Trephillus, Bp. of Levkusia in Cyprus, St. Tryphyllius, Bp. of Leucosia [Nicosia], Cyprus.

трифолий см. **трилистник**.

Трифон, св. мч. *(ум. 250; д. п. 1/14 февраля, катол. – 10 ноября)* St. Tryphon [Trypho], M.

трифорий *(в романской и готической архит-ре узкие продольные галереи над боковыми нефами, открытые в центральный неф тройными или двойными арочными проёмами; иногда арки* ***т.-я*** *– только декоративные – стен за ними нет)* triforium.

трихотомизм *богосл. (учение о делении человеческой натуры на тело, душу и дух)* trichotomism, trichotomy.

трихотомист *(последователь трихотомизма)* trichotomist.

трихотомия *см.* **трихотомизм**.

"Три часа" *англик., катол. (тж* ***"Трёхчасовая служба"****; богослужение с полудня до трёх часов в Страстную пятницу в память о крестных муках Христа)* the 'Three Hours' Service, the 'Three Hours' Agony.

троекратный three-repeated ◊ **т.-ое погружение в воду** *(при крещении)* thrice-repeated immersion.

троеперстие *см.* **триперстие**.

"Троеручица" *см.* **Икона Божией Матери "Троеручица"**.

Троица I *(центральный догмат христ. вероучения, согласно к-рому единый Бог существует в трёх неслиянных и неразделённых лицах – Отца, Сына и Духа Святого)* the Trinity, *сокр.* Trin., the Three in One, the Triunity, *сокр.* the Trine, the Trias, the Triune ◊ **Живоначальная Т.** the Life-Giving Trinity; **Неделимая Т.** the Undivided Trinity; **относящийся к догмату о Т.-е** Trinitarian; **представления о Т.-е** Trinitarian ideas; **Пресвятая Т.** the Blessed [Holy] Trinity, *сокр.* H Trin; *лат.* Sanctissimae Trinitatis; **"Пресвятая Троице, помилуй нас; Господи, очисти грехи наша; Владыко, прости беззакония наша; Святый, посети и исцели немощи наша, имене Твоего ради"** *(молитва)* 'O All-Holy Trinity, have mercy on us, O Lord, cleanse away our sins; O Master, forgive us our iniquities; O Holy One, visit us and heal our infirmities, for Thy Name's sake'.

Троица II *(праздник; в его основе – повествование о сошествии Святого Духа на апостолов на 50-й день после Пасхи, почерпнутый в новозаветной книге "Деяния апостолов"; в правосл. тж* ***Пятидесятница I****) правосл.* the (Most Holy) Trinity; *(католики и англиканцы празднуют* ***Т.-у*** *в первое воскресенье после Пятидесятницы)* the Trinity Sunday; *(понедельник после Троицына дня)* the Trinity Monday.

"Троица" *(иконографическая композиция, изображающая триединую сущность Бога в виде трёх ангелов-странников, каковыми они явились Аврааму в сцене, описанной в Ветхом Завете; такая композиция называется Ветхозаветной Троицей <the Old Testament Trinity>; в Новозаветной Троице <the New Testament Trinity> Бог Отец изображается в виде старца, каким он являлся пророку Исаии, сын Божий – в виде проповедника, каким его видели люди, и Дух Святой – в виде голубя, каковым он явился при крещении Иисуса)* the Trinity ◊ **"Бытие Т.-ы"** *(икона)* The Existence of the Trinity; **"Явление Т.-ы Аврааму", "Гостеприимство Авраама"** *(икона)* The Abraham's Hospitality.

Троице-Даниловский мужской монастырь *(г. Переяславль-Залесский Ярославской области)* the Trinity Monastery of St. Daniel.

Троице-Сергиева лавра *(мужской ставропигиальный монастырь в г. Сергиев Посад (Московская обл.), духовный центр РПЦ; основан в 1340-е гг. одним из самых почитаемых святых –* прп. **Сергием Радонежским**; *в 1744 монастырь получил высший статус – лавры; всемирно известный ныне архит. ансамбль лавры, включающий более 50 объектов, создавался с 15 по нач. 19 в.; ещё в 1741 в монастыре была открыта Троицкая семинария,* *а в 1814 туда же перевели из Заиконоспасского монастыря Московскую Духовную академию; после 1917 всё имущество лавры и академии было национализировано, монастырь и академия были закрыты, на их месте организовали музеи, реставрация архит. памятников практически не прекращалось; в 1946 открылся монастырь, а в 1947 открылись академия и семинария; в начале 2000 в лавре было 285 монахов и послушников)* the monastery of the Most Holy Trinity at Sergiev-Posad, the Holy Trinity-St. Sergius Lavra, the Trinity lavra of St. Sergius, the monastery of the Trinity and St. Sergius.

Тро́ицкий собо́р the Trinity cathedral.

Тро́ицын день *см.* **Тро́ица II**.

тро́йчен *(тропарь, посвящённый прославлению Святой Троицы) греч.* triadikon, troichen.

тро́йчность и единосу́щность *богосл. (о Троице; триединая сущность Бога)* the threeness of the persons and the oneness of the essence.

тро́йчны *(богослужебные песнопения, содержащие прославление Святой Троицы)* the triadic hymns [songs] *(in honour of the Holy Trinity)*.

трон Госпо́день the mercy seat.

тро́ны *см.* **престо́лы**.

тропарио́н *(книга, содержащая тропари праздникам и святым)* book of troparia.

тропа́рь *(в правосл. богослужении – краткое песнопение, в к-ром раскрывается сущность отмечаемого церковью праздника или события, перечисляются подвиги прославляемого святого)* troparion; stanza for festival [saint's day]; *(на определённую мелодию и ритм, отличные от ирмоса)* idiomelon, automelon ◊ **Воскре́сный т.** the troparion of the Resurrection, anastasimon, anastasimos; **т. в честь ико́ны** troparion for the icon; **т. Тре́тьего Ча́са** the Troparion of the Third Hour; **т. "Христо́с Воскре́се"** the Easter troparion "Christ is risen".

Трофи́м и Фео́фил, свв. мчч. *(ум. 305; д. п. 23 июля / 5 августа)* Sts. Trophimus and Theophilus, Ms.

Трофи́м, Савва́тий и Доримедо́нт, свв. мчч. *(ум. 276; д.п. 19 сентября / 2 октября)* Sts. Trophimus, Sabbatius and Dorymedont, Ms.

тру́бный глас *(труба архангела, к-рая возвещает день Страшного суда)* the crack [trump] of doom, the last trump.

тру́дник *(человек, продолжительно живущий и работающий в монастыре, но не принадлежащий к братии)* monastery worker.

Тру́лльский собо́р *истор. (один из двух соборов церкви, собравшийся в купольном помещении "труллие" императорского дворца в Константинополе)* ◊ **1-й Т. с.** *(680-81; известный как 6-й Вселенский собор <the sixth Ecumenical Council>)* the first Trullan Council; **2-й Т. с.** the second Trullan Council [*or* Synod].

трясуны́ *см.* **ше́йкеры**.

Тубалка́ин *см.* **Тувалка́ин**.

Тувалка́ин *библ. (сын Ламеха; считается родоначальником ремесленников, работающих по меди и железу)* Tubal-cain.

ту́ласи *(базилик священный <лат. Ocium sanctum>, кустарник, имеющий большое ритуально-магическое значение в вишнуитском культе; специ-*

ту́ласи

ально выращивается верующими; ***т.*** *является символом Вишну и само-стоятельным объектом поклонения)* tulsi, toolsi, toolsy, tulasi.

ту́лку *(тибетская доктрина реинкарнации святого или буддийского иерарха)* tulku.

ту́лси *см.* **ту́ласи**.

Тулсида́с *(ок 1532-1623; крупнейший индуистский поэт Северной Индии; главным сочинением поэта является "Рамачаритаманаса" ("Священное озеро деяний Рамы" <"Lake of Rama's Deeds">)* Tulsi Das.

ту́ника *(в облачении Богоматери на иконах; длинное платье с узкими рукавами и украшениями на обшлагах – "нарукавьях")* tunic.

Тури́бий Монгрове́хский, еп. *(ум. ок. 450; катол. св., д. п. 16 апреля)* St. Turibius de Mongrovejo, bp.

Тури́нская плащани́ца *(одна из христ. реликвий; кусок ткани с туманно проступающим очертанием человеческого тела, к-рый церковь объявила погребальным покровом Иисуса Христа <the winding-sheet in which Christ's body was wrapped for burial>, сохранившим на себе следы его крови и пота; первое упоминание о* ***Т.-ой п.-е*** *относится к 1353, когда она появилась во Франции; с 1578 хранится в Турине в соборе Св. Джиованни)* the Holy Shroud, the Shroud of Turin.

"Тфи́ла" *(собрание основных еврейских молитв)* the Tephillah, *иврит* haTefillah.

тфе́л(л)ин *см.* **тфи́л(л)ин**.

тфи́л(л)ин *иврит (см. тж* **моли́твенные ремни́, филакте́рии***)* tephillin, tefillin, tfilin.

тхеравада *(одна из ветвей буддизма в Шри-Ланке и Юго-Восточной Азии, приверженцы к-рой верят в то, что они следуют исконному буддизму, и в к-рой старшие монахи [тхеры] обладают высшим авторитетом в вопросах, относящихся к пути Будды)* the Theravada *("the way of the elders")*.

тщета́ vanity.

ты thou.

тысячеле́тие креще́ния Руси́ the millenary of the baptism of Rus.

тысячеле́тие ца́рствования [тысячеле́тнее ца́рство] Христа́ на Земле́ *(см.* **хилиа́зм***)* millennium, chiliad.

тысячеле́тний *(относящийся к тысячелетнему царству или его ожиданию)* millennial.

тысяченача́льник *библ. (начальник над тысячей и более воинов)* high [chief] captain.

тысященача́льник *см.* **тысяченача́льник**.

ты́сящник *см.* **тысяченача́льник**.

Тьерри́ Ша́ртрский *(бретонец, ум. после 1151, средневековый философ и теолог, представитель шартрской школы, приверженец философии платонизма, предлагавший в своём учении синтез "физики и Священного Писания")* Thierry [Theodoric] of Chartres.

тьма *(мрак)* darkness ◊ **власть тьмы** the power of darkness; **дела́ тьмы** the works of darkness, the deeds of darkness; **си́лы тьмы** the powers of darkness; **т. вне́шняя** outer darkness; **т. еги́петская** outer [Egyption] darkness; **т. на земле́ Еги́петской** *библ.* darkness over Egypt.

Тэмпл, Уи́льям *см.* **Темпл, Уи́льям**.

тэнда́й-сю *(япон. буддийская школа, основанная в 805 монахом Сайте <Saicho>; аналог китайской школы **тяньта́й**)* the Tendai school.

Тю́бинге́нская шко́ла *(по наименованию университета г. Тюбингена в Германии; группа либерально-протест. теологов; главные труды **Т.-ой ш.-ы** относятся к 19 в. и сосредоточены вокруг истории первоначального христ-ва; основатель профессор теологии Шторр; после 1830 была фактически центром атеизма)* the Tübingen school.

тюрба́н *(у большинства мусульман, а тж у сикхов в Индии муж. головной убор: полотнище из лёгкой ткани, обёртываемое вокруг головы либо поверх тюбетейки или фески, тж **чалма́**)* turban.

тюрбе́ *(надгробное сооружение, мавзолей в странах Ближнего и Среднего Востока)* turbeh.

тябло́ *(в русских церквах горизонтальный брус иконостаса, на к-ром устанавливаются иконы; иногда ряд икон над **ца́рскими врата́ми**)* transoms.

тя́жкий крест *(тяжёлые испытания, выпавшие на долю Христа и, по аналогии, на любого человека)* heavy cross.

Тянь *(Небо – высшая Божественная сила в китайской религии)* T'ien.

Тянь Мин *(в конфуцианстве – представление о Божественной власти императора)* T'ien Ming.

тяньта́й *(школа в китайском буддизме)* the T'ien-t'ai school.

У

Уа́йз, Исаа́к Ма́йер *см.* **Ви́зе, Исаа́к Ма́йер**.

Уа́йзмен, Ни́колас Па́трик Сти́вен *(1802-65; кардинал и англ. религ. писатель; будучи ревностным католиком, У. хотел восстановить католицизм во всей Англии)* Wiseman, Nicholas Patrick Stephen.

Уа́йтфилд, Джордж *(1714-70; англик. священник, один из основателей методизма)* Whitefield, George.

Уа́р, св. мч. *(ум. ок. 307; д. п. 19 октября / 1 ноября)* St. Varus, M.

убежде́ния ◊ **полити́ческие и религио́зные у.** political and religious creed; **религио́зные у.** religious convictions, religious opinions, doxies.

убеждённый strong ◊ **у. като́лик** strong Catholic.

убе́жище *(монастырского типа)* cenacle.

убикви́зм *(учение Лютера и его последователей о вездесущности Христа, согласно к-рому Иисус Христос имеет не ограниченную пространством возможность телесно присутствовать повсюду, где призывается Его святое имя, и даже во многих местах одновременно)* Ubiquitarianism.

убикви́сты *(последователи **убикви́зма**)* the Ubiquitarians, the Ubiquists.

уби́ть ◊ **"Не убий!"** *(заповедь)* You shall not kill; Thou shalt not kill.

убра́нство decoration, ornamentation ◊ **бога́тое у.** rich [splendid, gorgeous] ornamentation; **бога́тство вну́треннего у.-а це́ркви** the sumptuousness of interior of a church; **хра́мовое у.** the decoration of a church.

убрус

убру́с, свято́й *(полотенце, на к-ром, по преданию, отпечатался Лик Христа, когда тот отёр Лицо Свое)* sudarium.

увенчивать *(заканчивать собою верхнюю часть чего-л.)* to crown, to top, to surmount ◊ **башня, увенчанная шпилем** a tower crowned with a spire; **увенчанный куполом, шпилем** topped with a dome, with a steeple.

"Уве́рение апо́стола Фомы́" *(иконографическая композиция; Христос по воскресении явился ученикам, и Фома, не присутствовавший при этом событии, не поверил ему; через восемь дней Христос снова явился ученикам и сказал Фоме: "...подай перст твой сюда и посмотри руки Мои; подай руку твою и вложи в ребра Мои; и не будь неверующим, но верующим." (Ев. от Иоанна 20:27)* <"Reach here your finger, and see My hands; and reach here your hand, and put it into My side; and be not unbelieving, but believing) The Proofing of the Apostle Thomas.

уве́ровать to come to believe (in) ◊ **у. во Христа́** to put [place] one's faith in Christ, to receive [accept] Christ, to come to Christ, to come to (know) the Lord, to come to the Gospel, to make a commitment to Christ; **у. и приня́ть Его́** *(Христа́)* to believe in Him and to accept Him.

увеща́ние 1. exhortation, (ad)monition; **2.** *(постановление церк. суда или приказ еп.-а)* monition.

"Увещева́ние к парла́менту" *истор. (1572; манифест англ. пуритан, всего их было два)* the Admonition to Parliament.

увещева́тельное посла́ние *(особ. Папы Римского)* monitory (letter).

увещева́ть to exhort, to admonish.

уво́лить *(какого-л. священнослужителя, особ у квакеров)* to disgown.

Уганди́йские му́ченики *(католики, казнённые в Уганде при правителе Мванге а 1885-87)* the Martyrs of Uganda, the Uganda Martyrs.

уго́дник Бо́жий *(угодный Богу; лицо, возведённое церковью в ранг святого за совершение "особо угодных Богу" дел или непорочную жизнь)* saint, holy God-pleaser, man of God.

уго́дный Бо́гу pleasing to God ◊ **быть у.-м Бо́гу** to be acceptable before God [in the sight of God].

угожда́ть Бо́гу to please God.

уголёк *(в кадиле)* small piece of coal ◊ **горя́щий у.** burning charcoal.

угото́ванный prepared.

удале́ние см. **восхище́ние**.

удали́ться в монасты́рь to retire to a monastery.

Уда́льрик Аугсбу́ргский, св. см. **У́льрих Аугсбу́ргский, св.**

удаси́ны *(североиндийская сикхская секта, основанная старшим сыном гуру На́нака Шри Чандром; у. особо почитают первых гуру и не признают установлений десятого гуру Го́бинда Си́нгха; по обычаям и обрядности они мало отличаются от индуистов)* the Udasis.

уедине́ние, моли́твенное *(время уединения, общения с Богом во время чтения Библии и молитвы)* quiet time; *(в специальное религ. учреждение на определённое время)* retreat ◊ **тот, кто удаля́ется на м. у.** retreatant, retreater.

Узи́я см. **Ози́я**.

у́зник Ватика́на (Папа Римский; именовался так с 1870, когда папа Пий IX отказался покидать территорию Ватикана и власть в Риме перешла к королевству Италии; в 1924, когда Ватикан был образован как независимое государство, папа Пий XI отменил это решение) the prisoner of the Vatican.

Уи́клиф, Джон (1320-84; англ. теолог, поборник реформирования катол. церкви) Wycliffe, John.

уиклифи́ты истор. (последователи англ. теолога Дж. Уи́клифа; выступали за конфискацию церк. земель и подчинение церкви государству, отвергали папство и епископат, требовали замены лат. языка английским при богослужении) the Wyclifites, the Wycliffites, the Lollards, the Lollers.

Уи́лберфорс, Сэ́мюэл (1805-73; сын Уи́льяма Уи́лберфорса, англик. еп. Винчестерский и Оксфордский, писатель, основатель Каддестонского богословского колледжа; получил известность как автор религиозно-нравственных рассказов для детей) Wilberforce, Samuel.

Уи́лберфорс, Уи́льям (1759-1833; англ. филантроп, известный своей деятельностью по освобождению негров) Wilberforce, William.

Уи́нтроп, Джон (1588-1649; англо-амер. политический деятель и теолог-конгрегационалист) Winthrop, John.

ука́з (постановление Святейшего синода) synodicon; истор. (особ. церковный) constitution.

указа́тель библе́йских изрече́ний concordance.

Украи́нская грекокатоли́ческая це́рковь the Ruthenian Catholic Church.

украи́нские грекокатоли́ки см. украи́нские като́лики восто́чного [византи́йского] обря́да.

украи́нские като́лики восто́чного [византи́йского] обря́да the Ruthenian Catholics.

укра́сть: "Не укради" (заповедь) Neither shall you steal.

украша́ть це́рковь to decorate a church ◊ це́рковь бога́то укра́шена мра́мором и фре́сками the church is richly decorated with marbles and frescoes.

украше́ние 1. (резное или лепное) fret(work); (только лепное) stucco moulding; 2. (предмета) adornment ◊ драгоце́нное у. (иконы) precious adornment; у. це́ркви decoration of a church.

украше́ния (особ. архит.) embellishments; (церк. особ. свисающие) paraments, paramenta; свиса́ющие у. алтаря́ paraments to adorn altar

укро́пец см. теплота́.

у́ксус см. оце́т.

Укэмо́ти-но ка́ми (богиня злаков и пищи в синтоизме) Ukemochi no Kami.

улама́ см. улемы́.

улемы́ (араб. "знающие, учёные"; собир. название признанных и авторитетных знатоков теоретических и практических сторон ислама) ulema, ulama.

уложе́ние (церко́вное) о наказа́ниях (в Зап. христ-ве свод правил для духовников с молитвами, вопросами, к-рые задают кающимся и списком прегрешений с соответствующими епитимьями) penitential (book).

У́льрик Аугсбу́ргский, св. см. У́льрих Аугсбу́ргский, св.

У́льрик Регенсбу́ргский, абба́т (ум. 1093; катол. св., д. п. 14 июля) St. Ulric of Regensburg [of Zell], abt.

У́льрих Аугсбу́ргский, св. *(ок. 890-973; немец. религ. деятель, д. п. 4 июля)* St. Ulric(h) of Augsburg, bp.

ультрамонта́нство *(термин, обозначающий преувеличение верховенства Папы Римского, стремление к централизации церк. власти в Риме за счёт прав епархий, а тж к распространению власти папы на светскую жизнь)* ultramontanism.

ультрамонта́ны *(сторонники **ультрамонта́нства**)* the ultramontanes.

ультрафундаментали́ст *(фундаменталисты экстремистского толка)* ultra-fundamentalist.

Ульфи́ла *(311-83; просветитель и апостол готов: составил алфавит готского языка и перевёл на него Библию)* Ulfilas, Wulfila.

У́ма *(один из образов супруги Шивы)* Uma.

уме́ренность temperance, sobriety ◊ **уме́ренный о́браз жи́зни** abstemious life, abstemious living.

умере́ть *библ.* to go the way of all the earth [flesh], to go to *one's* last [long] home.

умерщвле́ние пло́ти mortification of the flesh, self-mortification, bodily mortification, discipline.

умерщвля́ть плоть to mortify the flesh, to discipline.

Умиле́ние *см.* **Елеу́са**.

Уми́литас, аббати́са *(1226-1310; катол. св., д. п. 22 мая)* Humility, abbess.

умилосе́рдить *см.* **уми́лостивить**.

уми́лостивить to propitiate, to mollify ◊ **у. бого́в** to propitiate the gods.

умилостивле́ние propitiation, obsecration, mercy seat ◊ *"Он есть у. за грехи́ на́ши, и не то́лько за на́ши, но и за грехи́ всего́ ми́ра"* (Первое послание Иоанна 2:2) 'and He Himself is the propitiation for our sins; and not for ours only, but also for those of the whole world'.

умилостиви́тельный propitiatory ◊ **у.-ая же́ртва** propitiatory sacrifice.

у́мма *араб. (мусульманская община)* umma(h).

умове́ние ног *см.* **омове́ние ног**.

умове́ние рук *см.* **омове́ние рук**.

умонепостига́емый incomprehensible.

у́мра *араб. (малое мусульманское паломничество)* umrah.

умыва́льница I *библ. (большой медный сосуд для омовения священников)* laver.

умыва́льница II *катол.* lavabo; *истор. (в ризнице)* piscina, sacrarium.

умыва́ть но́ги *библ.* to wash *one's* feet ◊ *"Ита́к, е́сли Я, Госпо́дь и Учи́тель, умы́л но́ги вам, то и вы должны́ у. н. друг дру́гу"* (Ев. от Иоанна 13:14) 'If I then, your Lord and Master, have washed your feet; ye also ought to wash one another's feet'.

униа́т *(приверженец той или иной церк. унии, особ. член католической церкви Восточного обряда)* Uniat(e), Uniat of the Byzantine Rite, Byzantine Uniat, Catholic of the Eastern rite, Greek [Oriental, Eastern-rite] Catholic.

униа́тские це́ркви *(правосл.-катол. христианские объединения, созданные Брестской унией в 1596, подчиняющиеся Папе Римскому, признающие основные догматы катол. церкви при сохранении правосл. обрядности)* the Uniat Churches, the Churches of Eastern Christendom in communion with Rome.

униа́тство *(церк. течение, основанное на союзе [унии] различных правосл. церк. организаций с катол. церковью на условиях признания первыми религ. главенства Папы Римского и катол. догматики при сохранении местного традиционного религ. культа и использовании местного языка для богослужения)* profession and practice of Uniat Church, Eastern-rite Catholicism, *(преим. неодобрительно)* uniatism.

универсали́зм *(учение о посмертном освобождении от наказания за грехи и спасении всех душ)* Universalism.

Универсали́стская це́рковь *(либеральная протестантская, не отличавшаяся сильно по своему учению от униатов и объединившаяся с ними в 1961 в Унитарно-универсалистскую ассоциацию конгрегаций Сев. Америки <the Unitarian Universalist Association of Congregations in North America>)* the Universalist Church.

универсали́сты *(течение в Зап. христ-ве; у. утверждают, что Божья благодать простирается на всех людей без исключения)* the Universalists.

униве́рсум *(единый Космос, Вселенная, мировое целое, включающее в себя человека)* the universe, *лат.* mundus.

унитариа́нство *(принцип единоличия Бога в лице Бога Отца, а тж религ. учение или движение, исходящее из этого принципа)* Unitarianism.

унита́рий *(приверженец **унитариа́нства**)* Unitarian.

унита́рный Unitarian.

уничиже́ние Христа́ *богосл. (случай из земной жизни Христа в Его физическом проявлении, как-то: рождение, обучение, страсти, смерть; в отличие от таких случаев, как воскресение, вознесение, прославление Христа, что трактуется как возвышение Христа <the exaltation of Christ>)* the humiliation of Christ.

у́ния церко́вная *(объединение 2-х или нескольких церквей на началах главенства одной из них и при сохранении другими своей обрядности)* union.

уны́ние *(один из смертных грехов, приводящий к отчаянию; у. рождается там, где угасает вера в Бога, надежда на Него и любовь к Нему и к людям)* despondency, gloominess.

Уо́рбертон, Уи́льям *(1698-1779; англ. богослов, еп. Глостерский)* Warburton, William ◊ *(его сочинения)* "**Божественная миссия Моисея**" The Divine Legation of Moses; "**О союзе церкви и государства**" The Alliance between Church and State.

упана́яна *(индуистский обряд инициации, посвящения мальчиков; см. **обря́д – о. свяще́нной ни́ти**)* upanayana.

упаниша́ды *(религ.-филос. комментарии к Ведам)* the Upanishads.

упаса́ка *(приверженец Будды)* upasaka.

упасампа́да *(буддийский обряд)* upasampada.

упова́ние hope, trust ◊ **непоколебимое у. на Бога** unwavering confidence in God; **у. на Бога** reverential trust.

упова́ть to hope, to trust ◊ **у. на Бога** to trust in God, to place [put] *one's* trust in God.

упокое́ние rest, repose; death ◊ **вечное у.** everlasting rest; **место у.-я** everlasting rest; **об у.-и** *(души кого-л.)* for the repose of.

упоко́иться to find *one's* resting place, to be buried ◊ "**Да упокоится**" *(название и начальные слова заупокойной катол. молитвы) лат.* Requiescat.

упокóй ◊ **за у. души** for the peace of *smb.'s* soul, for *smb.'s* soul's rest, for the repose of a soul; **моли́ться за у.** *(чьей-л.)* **души** to pray for the repose of a soul.

управи́тель собóра *англик. (ведает соборной библиотекой, наблюдает за спевками хора, хранит соборную печать, назначает директора соборной школы)* the chancellor of a cathedral.

управлéние, церкóвное church-government.

упразднéние монастырéй *(в Англии в 16 в.) истор.* the Dissolution (of the Monasteries).

упразднéние монáшества *см.* **упразднéние монастырéй**.

упраздни́ть *(монастырь)* to abolish, to rescind; *(официально церковью религ. праздник, день памяти святого с последующим исключением из списка и из календарей)* to suppress ◊ **в 1960 катол. праздник Обретение Святого Креста был упразднён** the Invention of the Cross was suppressed in 1960.

Ур *библ. (город-государство; родина Авраама)* Ur.

уразá *тюрк. см.* **сáум**.

уразá-байрáм *тюрк. (мусульманский праздник по случаю окончания месячного поста – уразы; отмечается 1-го шавваля <Shawwal>, 10-го месяца мусульманского лунного календаря, см.* **ид аль-фи́тр***)* the lesser Bairam.

Урбáн *(имя восьми Пап Римских, в т.ч. У. II <1042-89>, вдохновителя 1-го Крестового похода)* Urban.

Урвáн I *(имя свв. правосл. церкви)* Urban.

Урвáн II *библ. (ап. из 70, сподвижник ап. Павла, д. п. 4/17 января и 31 октября / 13 ноября)* Urbanus.

Урии́л *(имя библ. архангела; "огонь и свет Бога", д. п. вместе с прочими архангелами и бесплотными силами 8/12 ноября)* Uriel.

Ури́м и Тумми́м *библ. (инструмент предсказания: камни или маленькие жезлы, с помощью к-рых священники взывали к Богу)* Urim and Thummim.

У́рия *библ. (муж. имя, в т.ч. У. Хеттеянин <Uriah the Hettite>)* Uriah.

урождённая *(перед девичьей фамилией)* née ◊ **Анастасия** *(монахиня)*, **у. Демидова** Anastasia, née Demidova.

Урси́н, Захáрий *(1534-83; немец. реформатор, кальвинист; в сотрудничестве с Олевианом У. составил "Гейдельбергский катехизис", принятый всеми немец. кальвинистами)* Ursinus, Zacharias.

Урсисéн, прп. *(ум. ок. 625; катол. св., д. п. 20 декабря)* St. Ursicinus.

Урсмáр [Урсмéр], аббáт *(ум. 713; катол. св., д. п. 19 апреля)* St. Ursmar, abt.

Урсу́ла Британская, мц. *(3-4 вв.; легендарная святая, к-рая была убита вместе с 11 тыс. своих спутниц, зарубленных в Кёльне, на обратном пути после их паломничества в Рим, катол. св., д.п. 21 октября)* St. Ursula, M.

Урсули́на Венéри Пáрмская, дéва *(1375-1410; катол. св., д. п. 7 апреля)* St. Ursulina, v.

урсули́нки *(монахини жен. катол. ордена св. Урсулы, основанного в Италии в 1535)* the Ursulines.

усекновéние главы́ beheading, beheadal, decapitation, decollation ◊ **У. г. Пророка, Предтечи и Крестителя Господня Иоанна** *(великий праздник в православии 29 августа/11 сентября, приравненный к двунадесятому и по-*

священный воспоминанию события, описанного у евангелистов Матфея и Марка) the Beheading of St. John, Glorious Prophet, Precursor and Baptist, the Decapitation of St. John the Baptist, *устар.* the Decollation of St. John the Baptist, *греч.* Apotome; *катол.* **У. г. св. Иоанна, Предтечи и Крестителя Господня** the Beheading of John the Baptist, *лат.* Passio S. Ioannis Baptistae.

усе́рдие zeal.

усе́рдный *(ревностный)* zealous ◊ **у.-е моли́твы** zealous prayers.

усло́вность *(изображения, напр. в иконописи)* conventionality, conditional idiom, conditionalism, conditionality ◊ **у. языка́ иконописи** conditional [formal] idiom of iconpainting.

усло́вный *(об изображении)* conventional ◊ **у.-ое изображе́ние** *(солнца и т. п.)* conventional design.

усма́рь *библ. (кожевник, скорняк)* tanner.

усо́пший *(умерший)* **1.** *прил.* deceased; **2.** *сущ.* the deceased, the departed.

"Успе́ние Богома́тери" *(иконографическая композиция, в центре к-рой – ложе с умершей Богоматерью в окружении 12 апостолов, над ним сам Христос с душой Богоматери в виде спеленутой фигурки; наверху, Дух Святой в виде голубя, в небе ангелы со всех концов несут в облаках апостолов, возносят в небо Богоматерь на троне; в нижней части иконы – ангел отсекает руки Авфонию, намеревавшемуся расшатать престол Богоматери; иногда всю композицию венчает изображение Бога Отца)* the Dormition [Repose] of the Virgin, the Falling Asleep of the Mother of God.

Успе́ние Богоро́дицы *см.* **Успе́ние Пресвято́й Влады́чицы На́шей Богоро́дицы и Приснодевы Мари́и.**

Успе́ние Бо́жьей Ма́тери *(катол. праздник 15 августа)* the Assumption (of the Birth-Giver of God).

"Успе́ние Моисе́я" *(апокрифическая книга)* The Assumption of Moses.

Успе́ние пра́ведной А́нны, ма́тери Пресвято́й Богоро́дицы *(25 июля / 7 августа)* the Dormition of St. Anne, Mother of the Blessed Virgin, Mother of God.

Успе́ние Пресвято́й Влады́чицы На́шей Богоро́дицы и Приснодевы Мари́и *(один из двунадесятых праздников в православии; 15/28 августа)* the Dormition of Our Most Holy and Glorious Queen, Mother of God and Ever-Virgin Mary, the Falling Asleep of the Most Holy Theotokos.

Успе́нский Алекса́ндровский же́нский монасты́рь *(г. Александров Владимирской обл.)* the Alexandrov Convent of the Dormition.

Успе́нский Выши́нский же́нский монасты́рь *(Быкова гора, Шацкий р-н Рязанской обл.)* the Vysha Convent of the Dormition.

Успе́нский Княги́нин же́нский монасты́рь *(г. Владимир)* the Knyaginin Convent of the Dormition.

Успе́нский Све́нский мужско́й монасты́рь *(с. Супоново Брянской обл.)* the Svena Monastery of the Dormition.

Успе́нский собо́р the Dormition Cathedral.

уста́в I 1. *(совокупность правил и требований, регулирующих жизнь монастыря, монашеского ордена)* rule, consuetudinary, canon, customary, *лат.* liber ordinarius ◊ **августи́нский у., у. (о́рдена) августи́нцев** the Augustinian rule, the rule of St. Augustine; **жить по [сле́довать] у.-у** to observe the rule; **монасты́рский у.** claustral rule, monastic charter; **соста́вить у. о́рдена** to draw up the rule of the Order; **Студийский у.** *(составленный прп. Феодором Студитом, настоятелем Студийского монастыря <the Studios Monastery>)* the Studite rule; **у., к-рый был одобрен Папой Римским** a rule which was papally approved; **у. св. Франциска, францисканский у., у. (ордена) францисканцев** the Franciscan rule, the rule of St. Francis; **2.** *(церковный)* the Rules, the Church Rule, *катол.* the Observance; (Church) statute ◊ **Древние у.-ы церкви** *(содержали Символы веры, правила монашеской жизни, ритуалы священства в западно-европ. странах)* the Ancient Statutes of the Church, *лат.* Statuta Ecclesiae Antique; **Иерусалимский у.** the Jerusalem statute; **строгое следование у.-у** strict observance; **3.** *см.* **Типикон**.

устав II *(тип почерка древних славянских рукописей, написанных кириллицей с чётким начертанием каждой буквы и отсутствием сокращений)* uncial (writing).

уставное письмо *см.* **устав II**.

уставные клирики *(в Зап. христ-ве монахи какого-л. ордена, ведущие активную деятельность в качестве проповедников)* clerks regular, *лат.* clerici regulares.

уставные клирики – служители больных *см.* **камиллианцы**.

уставные часы молитв *см.* **служба I – с.-ы суточного круга**.

уставщик *(в правосл. церкви старший певчий)* senior chorister, preceptor.

устанавливать праздник во имя какого-л. святого to institute a feast in *one's* name.

установление, церковное canon.

установление чина таинств institution ◊ **у. евхаристии** the institution of the Eucharist, the institution of the Lord's Supper.

установления *катол.* *(правила, введённые в пределах епархии или в монастырях)* statutes.

устройство *(внутреннее и внешнее)* **здания церкви** church's fabric.

устройство церкви *(образ и форма правления)* church polity.

устройство, церковное *см.* **управление, церковное**.

усуль ад-дин *араб.* *(основные догматы ислама)* usul al-din.

усуль аль-фикх *араб.* *(четыре основы мусульманского права – Коран, сунна, иджма, кияс)* usul al-fiqh.

усыновление *библ.* *(перен. – признание сыновьями Бога царя, израильтян, а тж тех, кто считает Христа своими отцом небесным)* adoption (of sons).

усыпальница *(склеп для погребения выдающихся людей либо членов одной семьи)* burial vault, table tomb; *(святого)* sepulcher; *(в Индии мусульманского святого)* dargah, durgah.

утварь *собир.* utensils ◊ **литургическая у.** liturgical utensils, *(бронзовая, медная)* dinanderie; **церковная у.** *(вещи и предметы, необходимые для совершения служб: колокола, светильники, священные одежды и облачения, кресты, разного рода сосуды и т. п.)* articles of worship and church vessels, articles of the ritual, ritual implements of the church, holy [sacred] vessels; *устар.* *(одежда, мебель и т. п.)* ornaments; *(вышедшее из употребления) истор.* chapel.

утверждающее богословие *см.* **катафатика**.

утверждающий *см.* **катафатический**.

утеше́ние consolation, comfort, unction ◊ **у. во Христе́** *библ.* encouragement in Christ; **духо́вное у.** ghostly comfort; **твёрдое у.** *библ.* strong consolation.

Уте́шитель *библ. (наименование третьего лица Святой Троицы – Святого Духа, заимствованное из прощальной беседы Иисуса Христа с учениками)* the Comforter, the Helper.

утракви́зм *(умеренное направление в гуситском движении; в нём существовал принцип равноправия прихожан и клира в причащении под обоими видами, т. е. хлебом и вином)* Utraquism.

утракви́сты *(приверженцы утракви́зма)* the Utraquists, the Calixtin(e)s.

утра́тить ве́ру *см.* **отрека́ться от ве́ры.**

у́треннее богослуже́ние morning office, matins, *катол.* (Mattins and) Lauds, *англик.* mattins, Morning Prayer.

у́тренняя звезда́ *библ. (планета Венера, когда она восходит утром)* the morning [day] star.

у́тренняя слу́жба *см.* **у́треннее богослуже́ние.**

у́треня *(общественное богослужение, совершаемое утром или накануне вечером; состоит из полунощницы, утрени и часа первого в восточнохрист. церкви)* orthron, orthros.

Утре́хтская це́рковь *(церковь, к-рая в нач. 18 в. откололась от католичества, приняв учение янсенизма; после 1-го Ватиканского собора У. ц. объединилась со старокатоликами)* the Church of Utrecht.

утро́ба *см.* **не́дра.**

уха́живать за больны́ми *(особ. на добровольных началах)* to minister to the sick, to nurse the sick.

у́хо *(колокола)* cannon.

Уц *библ. (родина Иова)* Uz.

уча́-байра́м *тюрк. см.* **ид аль-фи́тр.**

уча́стник религио́зного обря́да *амер.* celebrant.

уче́бное заведе́ние по подгото́вке свяще́нников institution for training priests.

уче́ние *(совокупность религ. положений)* teaching, doctrine ◊ **здра́вое у.** *библ.* sound doctrine, sound teaching; **у. о соедине́нии в прича́стном хле́бе и вине́ их материа́льной приро́ды с приро́дой Те́ла и Кро́ви Христо́вых** *(связываемое с именем Лютера)* consubstantiation; **у. це́ркви** *катол.* the teaching of the Church; **та́йное у.** esoterics, esotery.

"Уче́ние двена́дцати апо́столов" *(см.* ***Дидахе́****)* The Teaching of the Twelve.

уче́ние ева́нгельской це́ркви *см.* **ева́нгельское христиа́нство.**

"Уче́ние и заве́ты" *(источник вероучения мормонов, кроме Библии и "Книги Мормона")* The Doctrine and Covenants.

уче́ние Конфу́ция *см.* **конфуциа́нство.**

учени́к *(последователь)* follower, adherent, *библ.* disciple ◊ **возлю́бленный у.** *(об ап. Иоанне)* the beloved disciple.

"Ученики́ Христа́" I *(совокупность протест. церквей, возникших в 1810 в США на основе слияния двух организаций: "Движение христиан" и "Христианская ассоциация"; в 1906 "У. Х." раскололись на две основные группировки "Церковь Христа" и "У. Х.")* the Disciples of Christ, the Christians.

"Ученики́ Христа́" II *см.* **кампбелли́ты.**

учёность scholarship, learning ◊ **быть известным своей у.-ю** to be noted for one's scholarship.

Учи́тели Вселе́нские *(почётное название для тех знаменитых св. мужей, в творениях к-рых христ. церковь видит источник и подтверждение своей веры; тж **Отцы́ Це́ркви**)* the Fathers (and Doctors) of the Church; *(Восточной церкви)* the Fathers of the Greek [Eastern] Church; *(Зап. церкви)* the Fathers of the Latin [Western] Church.

Учи́тель *(Христос)* the Master.

учи́тель *см.* **гуру́**.

учи́тельный *(проповеднический, содержащий в себе поучения, наставления)* edifying, instructive.

учи́тельство Це́ркви *катол.* magisterium.

Учи́тель Це́ркви *(1. у католиков – титул, к-рый с 1298 присваивается Церковью нек-рым богословам за особые заслуги и святость;* **У.-ями Ц.** *у католиков признаны: свв. Григорий Великий, Августин, Фома Аквинский, Бонавентура, Афанасий Великий, Тереза Авильская и многие другие; 2. у православных – авторитетные церк. авторы 3-8 вв., нек-рые из к-рых, в отличие от Отцов Церкви, не канонизированы, напр. Ориген)* Doctor of the Church, *лат.* Doctor Ecclesiae.

учи́тель язы́чников *библ.* a teacher of the Gentiles.

учи́ть ◊ **Христос учил людей любить друг друга** Christ taught men to love one another.

У́шас *(в ведической мифологии богиня зари)* Ushas.

Уэ́н Руа́нский, еп. *(ум. 684; катол. св., д. п. 24 августа)* St. Ouen [Owen, Audoenus], archbp. of Rouen.

уэслиа́нские методи́сты *(одна из методистских церквей; образовалась в 1835; названа по имени* **Джо́на Уэ́сли**) the Wesleyan Methodists, the Wesleyans, the Wesleyan Methodist Connection, the Wesleyan Reform Union.

уэслиа́нцы *см.* **уэслиа́нские методи́сты**.

Уэ́сли, Джон *(1703-91; англик. священник, основатель* **методи́зма**) Wesley, John.

Уэ́сли, Чарльз *(1707-88; младший брат и помощник* **Джо́на Уэ́сли** *в создании и укреплении методистской церкви)* Wesley, Charles.

Уэ́сткотт, Брук Фосс *(1825-1901; англик. еп., богослов; вместе с Хортом <F.J.A. Hort> подготовил переработанное издание Нового Завета в 1881 <The New Testament in the Original Greek>)* Westcott, Broke Foss ◊ *(его сочинения)* **"Введение в изучение Евангелий"** An Introduction to the Study of the Gospels; **"История английской Библии"** The History of the English Bible; **"Общий обзор истории создания Нового Завета"** The General Survey of the History of the New Testament.

Ф

Фаана́х *библ. (крепость хананеев)* Taanach.

Фабе́р, Жак *(ок. 1455-1536; франц. гуманист; известен как толкователь Аристотеля, а тж переводчик нек-рых книг Библии)* Faber, Jacobus.

Фа́бер, Иога́нн *(1478-1541; немец. гуманист и богослов)* Faber, Johann.

Фа́бер, Фре́дерик Уи́льям *(1814-63; англ. поэт и богослов; автор гимнов и религ. песен, самая известная из к-рых "Ночные пилигримы" <The Pilgrims of the Night>)* Faber, Frederick William.

Фабиа́н, па́па и мч. *(ум. 250; мощи его покоятся в Риме в церкви .св. Праксе́ды; им установлено освящение мира в Великий четверг; катол. св., д. п. 20 января)* St. Fabian, pope and m.

Фабио́ла, св. *(ум. 309; христианка, учредившая первую общественную больницу в Зап. Европе; катол. св., д. п. 27 декабря)* St. Fabiola.

фа́брика, церко́вная *(1. в катол. и евангелической церкви приходское имущество; 2. церковно-строительные и богослужебные издержки, цель к-рых – поддержание приходских строений и обеспечение правильности совершения богослужения, в отличие от бенефи́ция II)* advowson.

Фавети́н Бреши́йский, мч. см. **Фавсти́н Бреши́йский, мч.**

Фа́вий, па́па и мч. см. **Фабиа́н, па́па и мч.**

Фаво́р *библ. (гора в 9 км к юго-востоку от Назарета, имеющая форму усечённого конуса и высоту 588 м; на ней произошло Преображение Христа)* Tabor ◊ **Преображение (Христа) на горе Ф.** the Transfiguration on Mount Fabor.

Фаво́рский свет *(таинственный свет, к-рым просияло лицо Иисуса Христа при Преображении)* the Divine [(Divine and) Uncreated] Light.

Фавст *(кон. 4 в.; еп. манихеев, родом из Африки; написал книгу против ветхозаветного Бога и против догмата воплощения)* Faustus of Milevis.

Фа́вста, св. мц. *(4 в.; д. п. 6/19 февраля)* St. Fausta, M.

Фавсти́н Бреши́йский, мч. *(ум. ок. 121; катол. св., д.п. 15 февраля)* St. Faustinus of Brescia, m.

Фавст, св. мч., диа́кон *(ум. ок. 304; д. п. 4/17 октября)* St. Faustus, M., deacon.

Фаго́р см. **Фего́р**.

Фадде́й *библ. (прозвище одного из 12-ти апп., настоящее имя·к-рого, согласно Матфею, было Леввей; д.п. 21 августа / 3 сентября)* St. Thaddaeus, Apl.

Фаи́на, св. мц. *(ум. 303; д. п. 18/31 мая; тж Флена, Полактия)* St. Falina, M.

файд *араб. (в исламской философии эманация Бога)* fayd.

Факе́й *библ. (предпоследний царь Северного царства Израиль)* Pekah.

факи́р *араб. (мусульманский странствующий дервиш, иногда знахарь, прорицатель)* fakir.

факи́х *араб. (мусульманский богослов-законовед, знаток и толкователь богословско-правового исламского комплекса **фикх**, оказывающий большое влияние на общественно-политическую жизнь, часто занимая высокие светские государственные должности)* fakih.

Факи́я *библ. (царь Северного царства Израиль)* Pekahiah.

Факу́нд *(6 в.; еп. Гермианский <Bp. of Hermiane>; известен защитой "Трёх глав")* Facundus.

Фалале́й и и́же с ним, свв. мчч. *(ум. ок. 284; д. п. 20 мая / 2 июня)* St. Thalaleus, Martyr and others.

фалаша *(эфиоп, исповедующий иудаизм)* Falasha.

Фа́лек *библ. (сын Евера; упоминается в родословии Христа)* Phalec.

фалли́ческий культ phalli(ci)sm, *устар.* phallic worship.

Фаллу́ *библ. (второй сын Рувима)* Phallu.

Фалма́й *библ. (муж. имя)* Talmai.

фалсафа *(философия мусульман Средневековья, ориентированная на античные модели)* falsafa.

Фалтии́л *библ. (предводитель колена Иссахара, участвовавший в разделе земли Ханаанской)* Paltiel.

Фа́лтий *библ. (муж. имя)* Phalti.

Фа́лтия *библ. (сын Ванеи, один из князей Иерусалимских)* Pelatiah.

Фальконье́ри, Юлиа́на *(1270-1341; основательница жен. монашеского ордена* **сервитов**, *для к-рого она сочинила суровый устав, утверждённый папой Мартином V; катол. св., д. п. 19 июня)* Falconieri, Juliana.

Фама́рь *библ. (жен. имя и географическое название)* Thamar.

фамилиа́р *(демон, принимающий обличье животных; спутник ведьмы)* familiar.

фамилиа́рий *истор. (служитель инквизиции, особ. тот, кто осуществляет арест и заключение в тюрьму)* familiar.

фамили́сты *истор. (голландская секта "Семья любви" <the Family of Love>, основатель – Хенрик Никлаес (1502-80) <Hendric Niclaes or Henry Nicholas>; ф. отвергали общественную мораль, практиковали мистицизм, обосновались в Англии, где просуществовали до 17 в.)* the Familists.

фамилья́р *см.* **фамилиа́рий**.

фамму́з *см.* **евре́йский календа́рь – тамуз**.

Фа́мна *см.* **Фи́мна**.

Фамна́ф-Сара́и *библ. (город на горе Ефремовой)* Timnath-serah.

Фа́мний *библ. (антицарь Северного царства Израиль)* Tibni.

фа́на *араб. (в суфизме уничтожение личностной воли и замена её Божественной)* fana.

Фана́р *(официальная резиденция вселенского патриарха в Стамбуле; расположена в греч. квартале города на берегу бухты Золотой Рог)* the Phanar.

фанарио́ты *(обитатели греч. христ. квартала в Стамбуле; в более широком смысле – сторонники взглядов Константинопольской церкви и патриархии)* the Phanariot(e)s.

фанати́зм fanaticism, bigotry, *устар.* fanatism ◊ **религиозный ф.** *(слепая, доведённая до крайней степени приверженность религ. идеям, нетерпимость к иноверцам и инакомыслящим)* religious fanaticism.

фана́тик fanatic ◊ **религиозный ф.** religious fanatic, religionist, devotee; **секты ф.-ов** fanatic sects.

фанати́чный fanatic.

Фанти́н, прп. *(9-10 вв.; д. п. 30 августа / 12 сентября)* Venerable Fantinus.

Фануи́л *библ. (отец новозаветной пророчицы Анны из колена Асира)* Phanuel.

Фа́ра, абба́тиса *см.* **Бургундофа́ра, абба́тиса**.

Фараи́льда Бельги́йская, де́ва *(ум. ок. 740, катол. св., д. п. 4 января)* St. Pharaildis, v., *(во Фландрии)* Verelde, Veerle, Verylde.

фарао́н *(традиционное обозначение древнеегип. царей)* Pharaoh ◊ **царь Египетский ф.** *библ.* Pharaoh king of Egypt.

Фаре́ль, Гийо́м *(1489-1565; франц. реформатор)* Farel, Guillaume.

Фаре́с *библ. (сын Иуды от его невестки Фамари; упоминается в родословии Иисуса)* Phares.

фарисе́и *библ. (открытая для каждого религ. организация в иудействе с испытательным сроком, уставом, дисциплинарным правом, руководимая учёным знатоком Писания;* **ф.** *находились в оппозиции к священнически-аристократическому высшему слою* **саддуке́ев**; *в Евангелии* **ф.** *представлены как лицемеры и ханжи, внешне набожные)* the Pharisees ◊ **ф. и саддуке́и** the Pharisees and Sadducees; **уче́ние ф.-ев** Pharisaism.

фари́шта *см.* **мала́ика**.

Фарму́фий, прп. *(4 в.; д. п. 11/14 апреля)* Venerable Pharmuthius.

Фаро́н Мо́ский, еп. *(ум. ок. 672; катол. св., д. п. 28 октября)* St. Faro, bp. of Meaux.

Фа́рра *библ. (муж. имя)* Terah.

Фа́ррар, Фре́дерик Уи́льям *(1831-1903; англ. церк. писатель; нек-рые из его произведений, переведённых на русский язык в 19 в.: "Жизнь Иисуса Христа" (1874) <Life of Christ>, "Жизнь и труды ап. Павла" (1879) <Life and Works of St. Paul>)* Farrar, Frederic William.

Фарси́с *библ. (торговый город)* Tarshish.

Фа́сга *библ. (гора или горы к востоку от северного конца Мёртвого моря, откуда Моисей обозревал Землю обетованную перед своей смертью)* Pisgah.

фася́н *(школа китайского буддизма)* Fa-hsiang.

Фася́нь *(ок. 399-414; китайский буддист)* Fa-hsien.

фа́тва́ *см.* **фе́тва́**.

Фатима́ *(ок. 603-33; дочь пророка Мухаммада от первой жены Хадиджи, жена Али, мать Хасана и Хусейна, от к-рых ведут родословную все потомки пророка; Ф. – один из наиболее почитаемых женских образов в мусульманском мире)* Fatima.

Фатими́ды *(909-1171; династия исмаилитских халифов, возводивших своё происхождение к Али и Фатиме)* the Fatimid Dynasty, the Fatimids, the Fatimites.

Фа́тиха *("Открывающая" – название первой суры Корана)* Fatiha(h).

Феба́дий *(ум. ок. 395; еп. Агенский <Bp. of Agen(пит)>; катол. св., д. п. 26 апреля)* Phoebadius, St.

Фе́вда *библ. (предводитель иудейского восстания против римлян)* Theudas.

Февиллиа́н, прп. *см.* **Фоилла́н, прп.**

Февро́ния, прмц. *(3-4 вв.; д. п. 25 июня / 8 июля)* St. Febronia, Virgin-M.

Фего́р *библ. (географическое название)* Peor.

Феда́ия *библ. (муж. имя)* Pedaiah.

Федера́льный сове́т свобо́дных церкве́й *(состоит из представителей большинства свободных церквей Англии и Уэльса; имеет соглашение с Британским советом церквей)* the Free Church Federal Council.

Фе́кла Китцинге́нская, абба́тиса *(ум. ок. 790; катол. св., д.п. 15 октября)*; St. Thecla of Kitzingen, abbess.

Фе́кла, первомц., равноапо́стольная *(1 в.; д.п. 24 сентября/7 октября, катол. – 23 сентября)* St. Thecla, First Virgin-M.

Фекóя *библ. (название местности)* Tekoa.
Фекýса, св. мц. *см.* **Текýса, св. мц.**
Фелáия *библ. (муж. имя)* Pelaiah.
Фелáтия *библ. (муж. имя)* Pelatiah.
Феликиссим, св. мч. *(3 в.; д. п. 10/23 августа)* St. Felicissimus.
Фéликс Антóний *(прокуратор Иудеи; держал ап. Павла два года в заточении в Кесарии; в "Деяниях" 23:23-24:27 он называется –* **правитель Ф.***)* governor Felix, Felix the governor.
Фéликс Бургýндский, еп. *(ум. 648; "апостол восточных англов" <the Apostle of the East Angles>, катол. св., д. п. 8 марта)* St. Felix of Dunwich, bp.
Фéликс (из) Валуá, прп. *(1126-1212; основатель ордена* **тринитáриев** *<the Order of the Most Holy Trinity>, катол. св., д. п. 20 ноября)* St. Felix of Valois.
Фéликс Кантолисский, прп. *(ум. 1587; катол. св., д. п. 18 мая)* St. Felix of Cantolice.
Фéликс Нóльский, прп. *(ум. 260; катол. св., д. п. 14 января)* St. Felix of Nola, m.
Фéликс, св. мч. *(ум. ок. 164; д. п. 25 января / 7 февраля)* St. Felix, M.
Фелицáта, св. мц. *см.* **Филицáта Римская, мц.**
Фелициáн Фолиньóсский, еп., сщмч. *(ум. 254; катол. св., д. п. 24 января)* St. Felician, bp. of Foligno, m.
Фелицитáта, св. мц. *(ум. 203; д. п. 1 февраля / 14 февраля)* St. Felicity, M.
фелóнь *(длинная одежда священника без рукавов, имеющая отверстие только для головы; символизирует хламиду Иисуса Христа, к-рую на него в насмешку возложили рим. воины, и толкуется как одежда истины)* ph(a)elonion; mandyas, *библ. (плащ)* cloak.
фельянтинцы *(монашеский орден, выделившийся из ордена* **цистерциáнцев***, основан во Франции в 1577)* the Feuillants.
Фéма *библ. (один из 12-ти сыновей Измаила)* Tema.
Фемáн *библ. (сын Елифаза, внук Исава, едомский старейшина)* Teman.
фемистиáне *см.* **агноиты.**
Фенелóн, Франсуá де Салиньяк де ла Мот *(1651-1715; франц. писатель, архиеп. Камбре, автор многих сочинений на религ., педагогические и др. темы)* Fénelon, François de Salignac de la Mothe.
Феннáна *библ. (одна из двух жён Елканы, отца пророка и судьи Самуила)* Peninnah.
феноменолóгия религии *(ветвь современного религиоведения, к-рая ставит целью выделение, описание, систематизацию и анализ феноменов религ. сознания)* phenomenology of religion.
Феóгний, св. мч. *(один из девяти мучеников, пострадавших в г. Кизике в кон. 3 в.; д. п. 29 апреля / 12 мая)* St. Theogonius, M.
Феогнóст, св. *(ум. 1354; митрополит Киевский и всей России, д. п. 14/27 марта)* St. Theognostus.
феодиция *см.* **теодиция.**
Феодóра Александрийская, прп. *(ум. 304; д. п. 27 мая / 9 июня)* Penitent Theodora of Alexandria.
Феодóра дéва и Дидим вóин, мчч. *см.* **Дидим, св. мч.**
"Феóдор Драконобóрец" *(икона)* St. Theodore the Dragon-slayer.

Феодори́т блаже́нный, еп. Ки́ррский *(386-457; писатель и религ. деятель)* Theodoret, Bp. of Cyrrhus.

Феодо́р Мопсуести́йский *(ок. 350–428; учёный-богослов, экзегет)* Theodore of Mopsuestia.

Фео́дор, мч., и́же в Перги́и *(2 в.; д. п. 21 апреля / 14 мая)* St. Theodore from Pergia, Pr.-M.

Фео́доровская ико́на Бо́жией Ма́тери *(чудотворная икона явилась в 1239; находилась в Костромском Успенском соборе; празднество ей установлено в память избрания 14 марта 1613 на царство Михаила Романова; первоначально икона находилась в деревянной церкви Феодора Стратилата в Городце Нижегородской губернии)* the Theodorovskaya icon of the Mother of God.

Фео́дор Освяще́нный, прп. *(ум. 368; д. п. 16/29 мая)* St. Theodore the Sanctified, St. Theodore, disciple of St. Pachomius.

Фео́дор, свт., еп. Еде́сский *(ум. 848; д. п. 9/22 июля)* St. Theodore, Bp. of Edessa.

Фео́дор Сикео́т, прп., еп. Анастасиупо́льский *(ум. 613; д. п. 22 апреля / 5 мая)* St. Theodore of Sykeon.

Фео́дор Стратила́т, св. вмч. *(ум. 130; д. п. 8/21 феврали и 8/21 июня)* St. Theodore Stratelates, the Great M.

Фео́дор Студи́т, прп. *(759-826; аскет, писатель и религ. деятель; д. п. 11/24 ноября)* St. Theodore Studites, Confessor, Hegumen-Abbot, St. Theodore of Stoudios.

Фео́дор Тарси́йский, архиеп. см. **Теодо́р Кентербери́йский, архиеп.**

Фео́дор Тиро́н, вмч. *(ум. 306; д. п. 17 февраля / 2 марта)* St. Theodore of Tyre, the Great M., St. Theodore Tiro, St. Theodore Tyron, St. Theodore the Recruit.

Фео́дор Трихи́на, прп. *(ум. 490; греч. власяничник; это название дано ему потому, что он всегда ходил во власянице; д. п. 20 апреля / 3 мая)* Venerable Theodore, surnamed "Trichins".

Фео́дор Чтец *(церк. историк, живший в 6 в.)* Theodore the Lector.

Феодо́сий Вели́кий, прп. *(424-529; основатель общежития монахов в Палестине, д. п. 11/24 января)* Venerable Theodosius the Great.

Феодо́сий Пече́рский, прп. *(ок. 1036-91; игумен Киево-Печерского монастыря, один из его основателей; д. п. 3/16 мая и 14/27 августа)* Our Venerable Father Theodosius of the Cave, Hegumen-Abbot.

Феодо́сия Ти́рская, св. мч., де́ва *(ум. 307; д. п. 29 мая / 11 июня)* St. Theodosia, Venerable-Virgin-M. of Tyre.

Феодо́тия, мц. и тро́е чад её *(ум. 304; д.п. 29 июля / 11 августа)* St. Theodotia M. and her Children.

Феодо́т Коже́венник *(2 в.; еретик)* Theodotus the Tanner.

Феодо́т, сщмч. *(он же Ф. Анкирский; ум. 303; д.п. 18/31 мая и 7/20 июня)* St. Theodotus of Ancyra in Galatia.

Феоду́л Константино́польский [Царегра́дский], прп. *(ум. 440; д.п. 3/16 декабря)* Venerable Theodulus.

Феокти́ста, прп. *(ум. 311; д.п. 31 января / 13 февраля и 9/22 октября)* Venerable Theoktista.

Феоктист

Феокти́ст, прп., спо́стник Евфи́мия Вели́кого *(ум. 800; д.п. 4/17 января)* Venerable Theoktist, Hegumen-Abbot, Co-Faster of Euthymius the Great.

фео́лог *см.* **тео́лог.**

Феопе́мпт, еп. Никомеди́йский и мч. Фео́на, волхв *(ум. 303; д.п. 5/18 января)* Sts. Theopemptus and Theonas, Ms.

Феопре́пий, св. мч. *см.* **Агафо́ник, св. мч.**

Феото́н, прп. *(1088-1166; катол. св., д.п. 18 февраля)* St. Theotonius.

Феофа́н Византи́йский, св. Испове́дник *(он же прп. Ф. Исповедник, Сигрианский; ум. 818; д. п. 12/25 марта)* St. Theophan of Syngria, St. Theophanus, Confessor.

Феофа́н Грек *(ок. 1340 - 1405; один из виднейших древнерусских живописцев, родом из Византии; наиболее известны его росписи Спасо-Преображенской церкви в Новгороде)* Theophanes the Greek.

Феофа́н Испове́дник, творе́ц кано́нов, еп. Нике́йский *(ум. ок 850; д.п. 11/24 октября)* St. Theophanes, Confessor.

Феофила́кт, св. *(он же прп. Ф., исповедник, еп. Никомедийский; ум. ок. 845; д.п. 8/21 марта)* St. Theophylact, Bp. of Nicomedia.

Феофи́л Александри́йский, св. *(5 в.; птрх. александрийский, церк. деятель и богослов)* St. Theophilus of Alexandria.

Феофи́л Антиохи́йский, св. *(2 в.; писатель-апологет; катол. св., д.п. 6 декабря)* St. Theophilus, Bp. of Antioch.

Феофи́л Превосхо́днейший *библ. (христианин, к-рому посвящены Евангелие от Луки и Деяния апостолов)* the most excellent Theophilus.

Ферапо́нт Белозе́рский и Можа́йский, прп. *(1337-1426; д.п. 27 мая / 9 июня)* St. Therapontus of the White Lake and Mozhaisk.

Ферапо́нтов монасты́рь *(мужской монастырь, основанный Ферапонтом Белозерским и Можайским ок. 1389 неподалеку от Кирилло-Белозерского монастыря; славился своей библиотекой; в 1666-76 здесь жил опальный птрх. Никон; монастырь знаменит тж своим собором Рождества Богородицы (15 в.), расписанным Дионисием)* St. Therapontus Monastery ◊ **Ферапонтов Лужецкий мужской монастырь** the Luzhetsky Monastery of St. Therapontus.

Ферапо́нт, сщмч., еп. Ки́прский *(4 в.; д.п. 25 мая/7 июня)* St. Therapontus, Pr.-M.

Фе́ргус Шотла́ндский, еп. *(8 в.; катол. св., д.п. 27 ноября)* St. Fergus(tus), bp. of the Scots.

Фердина́нд Касти́льский *(ум. 1252; король Испании, катол. св., д.п. 30 мая)* St. Ferdinand (III, King) of Castle.

ферезе́и *библ. (народ, обитавший в Палестине в доизраильские времена)* the Perizzites.

Фе́рна́нд Касти́льский *см.* **Фердина́нд Касти́льский.**

Ферра́р, Ни́колас *(1592-1637; англик. проповедник и мистик)* Ferrar, Nicholas.

Ферра́ро-Флоренти́йский собо́р це́ркви *см.* **Флоренти́йский собо́р.**

Фессало́ника *см.* **Фессало́ники.**

Фессало́ники *библ. (крупный портовый город в Древней Греции; во времена Нового Завета был столицей рим. провинции Македония; ныне Салоники)* Thessalonica, Thessalonike.

фессалоникийцы *библ.* the Thessalonians ◊ **Первое** *или* **Второе послание к ф.-ам св. ап. Павла** The First *or* the Second Epistle of Paul the Apostle to the Thessalonians.

Фест *библ. (прокуратор Иудеи, судивший ап. Павла)* Festus.

фе́тва́ *араб. (у мусульман – письменное заключение религ. авторитета, обычно муфтия, по богословско-юридическим вопросам)* futwa, fetwah, fatwa.

фети́ш *(неодушевлённый предмет, окружённый религ. поклонением как носитель чудодейственной силы, в особенности у первобытных племён)* fetish, fetich, *(в Зап. Африке)* juju.

фетишизи́ровать to make a fetish (of), to fetish(ize), to fetich(iize).

фетиши́зм *(поклонение неодушевлённым предметам, к-рым приписываются сверхъестественные свойста)* fetishism, fetichism, *(в Зап. Африке)* jujuism.

фетиши́ст fetishist, fetichist. .

фетиши́стский fetishistic, fetichistic.

Фиа́кр *(ум. ок. 670; отшельник, катол. св, д.п. 1 сентября)* St. Fiacre.

фиа́л(а) *(древнегреч. металлическая, реже глиняная чаша для пиров; украшалась росписью или рельефами; поэтическое название богослужебного сосуда)* phial(e), phialla, vial.

фи́була *(металлическая застёжка для одежды бронзового и железного веков; деталь одежды иконографических персонажей)* fibula.

Фи́ва *библ. (1 в.; диакониса Кенхрейской церкви, д. п. 3/16 сентября)* Phoebe.

фигу́ра *(в произведениях религ. искусства изображение человека или животного)* figure ◊ **вытянутость фигур** elongation of figures; **гармоничная величавость её ф.-ы** the stately symmetry of her figure; **дематериализованные ф.-ы на иконах** dematerialized figures in icons; **магическая ф.** pentacle; **расположение фигур** the grouping [spacing] of the figures; **ф.-ы поставлены фронтально** figures are presented frontally; **склонённые ф-ы** *(на иконе, картине)* bowed figures.

фидеи́зм *(направление филос. мысли, обосновывающее необходимость религ. веры наряду со знанием; тж религ. мировоззрение, утверждающее примат веры над разумом)* fideism.

фидеи́ст *(последователь фидеи́зма)* fideist.

Фиде́ль Сигмаринге́нский, сщмч. *(1577-1622; катол. св., д. п. 24 апреля)* St. Fidelis of Sigmaringen, m.

фикх *(см. усу́ль аль-фи́кх)* fiqh.

Филадельфи́йское о́бщество *истор. (секта, основанная в 1670 в г. Лондоне мистиком, госпожой Джейн Лид (1623-1704) <Mrs. Jane Lead> и просуществовавшая короткое время)* the Philadelphian Society ◊ **член этого общества** Philadelphian.

Филаде́льфия *библ. (название ряда городов)* Philadelphia.

Филаде́льф, св. мч. *(ум. 251; родом из Южной Италии, вместе с братьями Афеем и Киприаном пострадал при Деции; д.п. 10/23 мая)* St. Philadelphus.

филакте́рии *(см. моли́твенные ремни́, тфи́л(л)ин)* phylacteries.

филакте́рий *(в средневековой живописи слова изображённого на рисунке человека, исходящие из его уст)* phylactery.

Филарет

Филаре́т Ми́лостивый, пра́ведный *(8 в.; д. п. 1/14 декабря)* St. Filaret, the "Almsgiver".

Филастрий *(ум. ок. 397; церк. писатель, еп. Бриксийский; в сочинении "О ересях" <лат. 'Liber de Haeresibus'> он перечисляет 156 ересей: 128 христианских и 28 иудейских; катол. св., д. п. 18 июля)* Philaster, Filaster.

Филе́й, св. мч., еп. Тмуи́тский *(ум. 307; д. п. 4/17 февраля)* St. Phileas, bp. of Thmuis.

Филе́рмская ико́на Бо́жией Ма́тери *(по преданию, была написана евангелистом Лукой; привезена в Россию в 1799 вместе с частью древа Креста Господня и десною рукою Иоанна Крестителя и помещена в церковь Зимнего дворца г. С.-Петербурга; празднование 12/25 октября)* the Filermskaya icon of the Mother of God.

Филибе́рт, абба́т *(ум. ок. 685; катол. св., д. п. 20 августа)* St. Philibert, abt.

Филимо́н Коло́сский *библ. (землевладелец, обращённый ап. Павлом в христ-во и живший в Колоссах; он же ап. от 70-ти, д.п. 4/17 января, 19 февраля / 4 марта и 22 ноября / 5 декабря)* Philemon ◊ **Послание к Ф.-у св. ап. Павла** The Epistle of Paul, the Apostle to Philemon.

Филимо́н, св. мч. *(ум. 287; д. п. 14/27 декабря)* St. Philemon, M.

филио́кве *(добавление к Символу веры, сформулированное впервые на Толедском церк. соборе в 589 и принятое в Зап. церкви, о том, что Святой Дух предвечно исходит не только от Бога Отца, как принято в православной церкви, но и от Бога Сына; является одним из главных догматических разногласий между Восточной [правосл.] и Западной [катол.] церквами и связано с пониманием Троицы)* the filioque, the double procession of the Holy Ghost ◊ **разногласия [споры] относительно ф.** the filioque controversy.

Фили́пп, ап. *(один из 12-ти, ему отводится 5-ое место; ум. 81-91; д. п. 14/27 ноября и 30 июня / 13 июля)* St. Philip, one of the Twelve, *библ.* Philip from Bethaida.

Фили́пп, ап., еди́ный от семи́ диа́конов *(один из семи поставленных апостолами диаконов Иерусалимской общины; 1 в.; д. п. 11/24 октября и 4/17 января)* St. Philip the Deacon, St. Philip, one of the Seven Deacons ◊ **Ф. благовестник, один из семи диаконов** *библ.* Philip the evangelist, who was one of the seven.

Фили́пп Бени́тий, прп. *(1233-85; катол. св., д. п. 23 августа)* St. Philip Benizi.

Фили́пп де Лас Ка́сас, прмч. *(ум. 1537; катол. св., д. п. 5 февраля)* St. Philip de las Casas.

филиппи́зм *(учение* **Меланхто́на, Фили́ппа***)* Philippism.

филиппи́йцы *библ. (жители* **Фили́пп***)* the Philippians.

Фили́пп Не́ри *см.* **Не́ри, Фили́ппо**.

Фили́пповский пост *см.* **пост**.

Фили́ппы *библ. (город в Восточной Македонии; ап. Павел основал здесь во время своего второго миссионерского путешествия первую христ. общину на территории Европы; к здешним христианам обращено его Послание к филиппийцам <The Epistle of Paul the Apostle to the Philippians>)* Philippi.

филисти́мляне *библ. (народ греч. происхождения, от к-рого получила своё название Палестина)* the Philistines.

Филит *библ. (отступник, утверждавший, что "воскресение уже было")* Philetus.

Филит и Именей *библ. (еретики апостольских времён)* Philetus and Hymenaeus.

Филица́та Ри́мская, мц. St. Felicity, m. ◊ **мц. Ф. и сыновья ее: Ианнуарий, Феликс, Филипп, Сильван, Александр, Виталий и Марциал** *(ум. ок. 165; д. п. 25 января / 7 февраля, катол. – 10 июля)* Sts. Felicity and her sons: Januarius, Felix, Philip, Silvanus, Alexander, Vitalis and Martial.

фи́лия *(отделение катол. или лютеранской церкви)* branch.

Филого́ний, св. еп. Антиохи́йский *(ум. 324; д. п. 20 декабря / 2 января)* St. Philogonius, Bp. of Antioch.

Филоло́г, ап. *библ. (христианин в Риме, к-рого приветствует ап. Павел в своём Послании к римлянам; д. п. 4/17 января и 5/18 ноября)* St. Philologus, Apl.

Филоме́на Неизве́стная, мц. *(катол. св., д. п. 11 августа; с 1961 её имя было изъято из катол. церк. календаря по причине отсутствия каких-л. сведений о её жизни)* St. Philomena, m.

Фило́н Александри́йский *(15/10 до н.э. - 45/50 н.э.; иудео-эллинистический теолог и религ. философ, неоплатоник)* Philo Judaeus.

Филосто́ргий *(ок. 368 - ок. 439; историк церкви; был последователем арианского учения)* Philostorgius.

Филофе́й *(9 в.; инок и игумен синайской обители)* Philotheus of Sinai.

Филуме́н, св. мч. *(ум. 275; д. п. 29 ноября / 12 декабря)* St. Philemonus, M.

фимиа́м 1. *библ. (ладан; получаемая из фимиамного дерева смола, к-рая застывает на воздухе в виде зёрнышек и при нагревании раскалёнными углями распространяет аромат)* frankincense; **2.** *библ. (молитва праведного, восходящая к Богу)* incense, odours; **3.** *(благовонная смола для воскуривания при каждении)* incense ◊ **воскурить ф.** to burn incense.

фимиа́мник *библ. (сосуд для курения ладана)* spoon.

Фи́мна *библ. (географическое название и имя)* Timna.

Фимна́фа *см.* **Фи́мна.**

Фи́на, де́ва *(ум. 1252; катол. св., д. п. 12 марта)* St. Fina [Serafina], v.

финали́зм *(учение о движении мира от его начала к предопределённому свыше концу)* finalism.

Фина́н Ирла́ндский, еп. *см.* **Финта́н Ирла́ндский, еп.**

Финда́н Рейна́уский, прп. *см.* **Финта́н Рейна́уский, прп.**

Финее́с *библ. (муж. имя)* Phineas.

Финля́ндская [Фи́нская] правосла́вная це́рковь *(одна из автономных церквей в православии; имеется 3 епархии, более 40 приходов и 70 часовен, три монастыря)* the Finnish Orthodox Church ◊ *(глава)* **Архиепископ Каре́льский и всей Финля́ндии** Archbishop of Karelia and All Finland.

Финта́н Ирла́ндский, еп. *(ум. 661; катол. св., д. п. 17 февраля)* St. Finan, bp. of Lindisfarne.

Финта́н Рейна́уский, прп. *(ум. 879; катол. св., д. п. 15 ноября)* St. Fintan of Rheinau.

Фи́рмик Мате́рн *(ум. после 360; рим. христианский деятель)* Firmicus Maternus.

Фирмилиа́н, еп. Кесари́и Каппадоки́йской *(ум. 268; Ф. участвовал в решении всех вопросов, к-рые в то время волновали церковь: монтанизм, новацианская схизма, ересь Павла Самосатского, крещение еретиков и др.; д. п. 28 октября / 10 ноября)* St. Firmilian, Bp. of Caesarea in Cappadocia.

Фирми́н Амие́нский, еп. сщмч. *(4 в.; первый амьенский еп., обратил в христ-во многих, даже языческих жрецов, катол. св., д. п. 25 сентября)* St. Firminus of Amiens, bp.

Фирс, св. мч. St. Thyrsus, M. ◊ **мчч. Ф., Левкий, Каллиник, Филимон, Аполлоний, Ариан, свв.** *(3 в.; д. п. 14/27 декабря)* Sts. Thyrsus, Leucius, Callinicus, Philemon, Appollonius and Arianus, Ms.

фистула́ *катол. (золотая или серебряная трубочка, через к-рую в Средневековье иногда получали причащение из потира Папа Римский, его диакон и прихожане)* fistula; *(с 1969)* calamus, reed.

фити́ль *(лампады)* wick; *(свечи)* candlewick.

фи́тна *араб. (еретическое выступление в исламе)* fitnah.

Фичи́но, Марси́лио *(1433-99; итал. писатель-гуманист, философ-платонист, богослов)* Fecino, Marsilio.

Фи́шер, Джон *(1469-1535; профессор теологии в Кембридже; с 1504 еп. Рочестерский <Bp. of Rochester>; противник Лютера, казнён Генрихом VIII; катол. св., д. п. 22 июня)* Fisher, John.

флабе́ллум *(церк. опахало у католиков, к-рое несут во время торжественных церемоний, особ. перед Пасхой, когда папа восседает на переносном троне <лат. sedia gestatoria> и его несут 12 человек; в этом случае используются два опахала)* flabellum, liturgical fan.

Флавиа́н, св. *(ум. 449; птрх. константинопольский; д. п. 18 февраля / 2 марта, катол. – 18 февраля)* St. Flavian(us).

Фла́вий Кла́вдий Юлиа́н см. **Юлиа́н Отсту́пник.**

Фла́вий Кле́менс, мч. *(ум. ок. 96; консул, катол. св., д. п. 22 июня)* St. Flavius Clemens, m.

Фла́вия Домити́лла *(1 в.; катол. св., д. п. 12 мая)* Flavia Domitilla, Domitilla Flavia.

флагелла́нты *(religиг. братство; возникло в Италии в 1210)* the Flagellants, *(в Испании)* the Disciplinants.

Фладд, Ро́берт см. **Флудд, Ро́берт.**

Фла́ций [Фла́циус] Илли́рик, Ма́ттиас *(1520-75; лютеранский богослов и писатель)* Flacius [Vlacich], Matthias Illyricus.

Флего́нт *библ. (христианин в Риме, к-рого ап. Павел приветствует в своём Послании к римлянам; святой, д. п. 8/21 апреля)* Phlegon.

Флери́, Клод *(1640-1723; франц. историк церкви)* Fleury, Claude.

флеро́н *архит. (см. тж **крестоцве́т**)* finial, fleuron; *(иногда)* flameau; *(в форме шара)* pommel; *(резное украшение на скамьях готических соборов)* poppyhead ◊ **ф. шишкообразной формы** pineapple.

Фло́ра, мц. *(ум. 851 вместе с Марией Кордовской; катол. св., д. п. 24 ноября)* St. Flora, m.

Флоренти́йская у́ния *(соглашение об объединении катол. и правосл. церквей на Флорентийском соборе в 1439)* the Florentine Union, the Union of Florence.

Флорентийский собор *(начатый в 1437 в Ферраре и завершённый во Флоренции из-за чумы в Ферраре; был созван папой Евгением IV и византийским императором Иоанном V Палеологом при птрх.-е Иосифе II для соединения Восточной и Западной церквей)* the Ferrara-Florence Council.

Флорентий Страсбургский, еп. *(ум. ок. 693; катол. св., д. п. 7 ноября)* St. Florentius, bp. of Strasbourg.

Флориан Лорхский, мч. *(ум. 304; покровитель Польши и Верхней Австрии; катол. св., д. п. 4 мая)* St. Florian of Lorsch, m.

Флор Иллирийский St. Florus of Illyria, M. ◊ **Ф. и Лавр** *(свв. мученики, родные братья, жившие во 2 в. в Иллирии <Illyria, Балканы>, по ремеслу каменотёсы; д. п. 18/31 августа)* Sts. Florus and Laurus, Ms.

Флоровский, Георгий Васильевич *(1893-1979; православ. богослов, священник с 1932; приват-доцент Новороссийского (Одесского) университета с 1919; играл ведущую роль в экуменическом движении)* Florovsky, George.

Флудд, Роберт *(1574-1637; англ. писатель, врач, мистик и теософ)* Fludd, Robert.

Фоиллан, прп. *(ум. 655; катол. св., д. п. 31 октября)* St. Foillan, abt.

Фока, сщмч. *(ум. 117; д. п. 22 сентября / 5 октября)* St. Phocas, Pr.-M., Bishop of Sinope.

Фока Вертоградарь [Садовник], св. мч. *(ум. ок. 320; д. п. 22 сентября / 5 октября)* St. Phocas the Gardener.

Фокс, Джордж *(1624-91; основатель движения квакеров)* Fox, George.

Фокс, Ричард *(ок. 1448-1528; англ. религ. деятель)* Foxe, Richard.

Фола *библ. (муж. имя)* Tola.

Фолиён, прп. *см.* **Фоиллан, прп.**

Фолуэлл, Джерри *(р. 1933; амер. пастор, телепроповедник и полит. деятель, основатель движения "Моральное большинство" <the Moral Majority>)* Falwell, Jerry.

Фома *(один из 12-ти апостолов, учеников Христа, по прозванию Фома неверующий)* Thomas ◊ **ап. Ф.** *(д.п. 6/19 октября)* St. Thomas, the glorious Apostle; **Ф., называемый Близнец** *библ.* Thomas called the Twin, Thomas who is called Didymus; **неверие Ф.-ы** the incredulity [doubting] of Thomas; **уверение Ф.-ы** the proofing of Thomas.

Фома Аквинат *см.* **Фома Аквинский**.

Фома Аквинский *(1225-74; средневековый философ и богослов, систематизатор зап.-христ. схоластики, основатель томизма; катол. св., д. п. 28 января)* St. Thomas Aquinas, *(прозвище)* the Angelic [Cherubic] Doctor, the Angel of the Schools ◊ **доктрины Ф.-ы А.-ого** Thomism; **относящийся к учению Ф.-ы А.-ого** Thomistic(al); **последователь Ф.-ы А.-ого** Thom(a)ean, Thomist; *(его основные сочинения)* **"Сумма теологии"** *(не окончено) лат.* Summa Theologica, *(иногда, но неправильно) лат.* Summa theologiae; **"Сумма философии (об истинности католической веры) против язычников"** *лат.* Summa Contra Gentiles.

Фома Беккет, еп. и св. мч. *(он же Ф. Кентерберийский; ум. ок. 1170; деятель англ. церкви; катол. св., д. п. 29 декабря)* St. Thomas Becket, bp., m.; Thomas à Becket.

Фома Вальденский *см.* **Неттер, Фома**.

Фома́

Фома́ Кемпи́йский *(ок. 1380-1471; религ. мыслитель и писатель)* Thomas à Kempis ◊ *(одна из его работ)* **"О подобии Христа"** On the Following [Imitation] of Christ.

Фома́ Мор, еп. и мч. *(он же То́мас Мор, мч. катол. св., д. п. 22 июня)* St. Thomas More, bp., m.

Фома́, прп., и́же в Мале́и *(9 в.; д. п. 7/20 июля)* Venerable Thomas of Malea.

Фома́ Чела́нский *(ок. 1190-1260; итал. писатель, автор жизнеописаний св. Франциска)* Thomas of Celano.

Фомина́ неде́ля *см.* **Антипа́сха, Фомино́ воскресе́нье.**

Фомина́ седми́ца *(неделя после Пасхальной недели)* the Antipaschal [Low] Week.

Фомино́ воскресе́нье *(первое воскресенье после Пасхи)* St. Thomas' [Low] Sunday, Sunday of St. Tomas, the Apostle.

фона́рь *(застеклённый светильник со свечой внутри, укреплённый на длинной рукояти; выносится впереди крестного хода)* lantern ◊ **тусклый ф., зажигающийся на ночной службе** *катол.* absconce, absconsa.

фонта́нчик с водо́й **(у вхо́да в храм)** *катол.* phiale.

Фонтевро́ *(духовный орден, основанный Робертом из Арбрисселя, к-рый в кон. 11 в. построил несколько монастырей, в т.ч. один близ Ф., давшего своё имя ордену; орден имел четыре отделения: для девиц и вдов, для больных, для кающихся женщин и для совершающих богослужение священников; ещё в нач. 18 в. орден Ф. насчитывал 57 приоратов во Франции; во время франц. революции орден был упразднён, но восстановлен только как женский в 1806)* the Order of Fontevrault.

"Фо́рмула Конко́рдия" *см.* **"Конко́рдия".**

"Фо́рмула согла́сия" *см.* **"Конко́рдия".**

Фортуна́т *библ.* *(христианин родом из Коринфа, вместе со своими спутниками Стефаном и Ахаиком посетил в Ефесе ап. Павла)* Fortunatus.

Фо́тий *(ок. 820-91; птрх. константинопольский; один из виднейших и образованнейших византийских богословов 9 в., блестящий полемист с Римом, твёрдый защитник правосл. догматов)* Photius ◊ **Ф. Константинопо́льский, св.** *(д. п. 6/19 февраля)* St. Photius the Great; *(его труды)*: **"Библиоте́ка"** Myriobiblon *or* Bibliotheca; **"Мистагогия Св. Духа"** On the Mystagogy of the Holy Spirit; **"Слова́рь"** Lexicon.

Фо́тий и Аники́та, свв. мчч. *(ум. 305; д. п. 12/25 августа)* Sts. Photius and Anicetus, Ms.

Фоти́на [Фоти́ния] Самаря́нка, св. мч. *(с ней вёл беседу Иисус Христос у колодца Иакова; д. п. 20 февраля / 2 марта)* St. Photina of Samaria, M.

Фоти́н, еп. Сирми́йский *(4 в.; еретик, ученик анкирского еп.-а Маркелла <Marcellus of Ancyra>; Ф. утверждал, подобно* **Па́влу Самоса́тскому**, *что Слово Божие не имеет личного бытия и не родилось от Отца прежде всех веков, а Христос – простой человек, одушевлённый только Словом Божиим)* Photinus, Bp. of Sirmium.

фотиниа́не *(еретики 4 в.; основателем был* **Фоти́н, еп. Сирми́йский**) the Photinians.

Фот, св. мч. *(ум. 252; д.п. 28 октября / 10 ноября)* St. Photius, M.

фра *(брат, употребляется с именем при обращении к монаху)* Friar.

фраваши *(в зороастризме олицетворение души человека)* fravashi.

Фра́нка, аббати́са *(1170-1218; катол. св., д.п. 26 апреля)* St. Franca Visalta, abbess.

Фра́нке, А́вгуст Ге́рман *(1663-1727; немец. протест. богослов и педагог, пиетист)* Francke, August Herman.

Франк Ли́ппи, прп. *(1211-91; катол. св., д. п. 11 декабря)* St. Franco Lippi.

франкмасо́н *см.* **масо́н.**

франкмасо́нский *см.* **масо́нский.**

франкмасо́нство *см.* **масо́нство.**

Фра́нко Ли́ппи, прп. *см.* **Франк Ли́ппи, прп.**

Франк, Себастья́н *(1499-1542; немец. теолог, историк, гуманист)* Frank, Sebastian.

Франк, Я́ков *(1726-91; еврейский лжемессия; утверждал, что в него переселился дух **Сабба́тая Ц(е́)ви**)* Frank, Jacob.

Франсуа́ Бланко́, сщмч. *(ум. 1537; катол. св., д. п. 5 февраля)* St. Francis Blanco, pr. m.

Франсуа́ Кальдеро́льский, блж., прп. *(ум. 1507; д. п. 28 сентября)* Blessed Francis of Calderola.

францискáнский Franciscan, Conventual.

францискáнский о́рден *(нищенствующий монашеский орден, основанный св. **Франци́ском Асси́зским** в 1209 и окончательно утверждённый папой Гонорием III в 1223)* the Franciscan Order, the Order of Friars Minor, *сокр.* OFM, the Order of St. Francis, *сокр.* O.S.F., *лат.* Ordo Fratrum Minorum, *сокр.* O.F.M.

францискáнцы *(монахи **францискáнского о́рдена**)* the Franciscans, the Franciscan friers, *(минори́ты)* the Minor(ite)s, the Friars Minor; *(в коричневых одеждах)* the Friars Minor Conventuals; *(в чёрных одеждах; см.* **конвентуа́лы**) the Conventuals, the Conventual [Black] Franciscans, the Friars Minor Capuchins; *истор.* the Cordeliers.

Франци́ска Ри́мская, мона́хиня *(1384-1440; основательница конгрегации облатов св. Бенедикта <the Oblates Regular of St. Benedict>; катол. св., д. п. 9 марта)* St. Frances of Rome, religious, *итал.* Sta Francesca Romana.

Франци́ск Асси́зский, св. *(1181-1226; настоящее имя Джованни Бернардоне, итал. религ. деятель; основатель ордена францисканцев; катол. св., канонизирован в 1228, с 1939 считается св. патроном Италии, д. п. 4 октября)* St. Francis of Assisi; *(его прозвище)* Seraphic Father, Seraphic Saint.

Франци́ск де Саль, еп. и Учи́тель Це́ркви *см.* **Франци́ск Са́льский, еп. и Учи́тель Це́ркви.**

Франци́ск де Сан Миге́ль, прмч. *(ум. 1597; катол. св., д. п. 5 февраля)* St. Francis of St. Michael.

Франци́ск Ксаве́р(ий), свяще́нник *(1506-52; Учитель Церкви, миссионер, друг св. Игнатия Лойолы; катол. св., д. п. 3 декабря)* St. Francis Xavier, pr.

Франци́ск Са́льский, еп. и Учи́тель Це́ркви *(1567-1622; один из лидеров Контрреформации в Швейцарии; основатель ордена визитанток)* St. Francis de [of] Sales, bp., dr.

Франче́ско

Франче́ско Карачче́ло, Испове́дник *(1563-1608; иеромонах, миссионер, основатель конгрегации меньших уставных клириков в г. Неаполе <the Minor Clerks Regular>, катол. св., д. п. 4 июня)* St. Francis Caracciolo, Confessor.

фратиче́лли *(название нескольких еретических групп, преим. в Италии, отделившихся от ордена* **франциска́нцев** *в 13-15 вв., тж полубратья)* the Fraticelli.

Фредери́к Ратисбо́ннский, блж., отше́льник *(ум. 1329; катол. св., д.п. 30 ноября)* Blessed Frederick of Regensburg.

Фредери́к Утре́хтский, еп., сщмч. *(ум. 838; катол. св., д.п. 18 июля)* St. Frederick, bp. of Utrecht, m.

фре́ска *(техника настенной росписи по сырой штукатурке)* fresco, true [buono] fresco.

фре́ска а се́кко см. **се́кко**.

Фридесви́да О́ксфордская, аббати́са *(ум. ок. 735; катол. св., д. п. 19 октября)* St. Frideswide.

Фридоли́н, абба́т *(ум. ок. 650; основатель монастырей в Галлии и Швейцарии, катол. св., д. п. 6 марта)* St. Fridolin, abt.

Фридоли́н из Зекки́нгена *(ум. ок. 650; христ. миссионер, катол. св., д. п. 6 марта)* St. Fridolin of Säckingham.

Фритесви́та О́ксфордская, аббати́са см. **Фридесви́да О́ксфордская, аббати́са**.

Фрукту́оз, св. *(ум. 665; родом из королевского дома испан. вестготов; способствовал распространению монашества на Пиренейском полуострове; в 656 был архиеп. в Браге; катол. св., д. п. 16 апреля)* St. Fructuosus of Braga, bp.

Фруме́нтий, еп. Ефио́пский [Инди́йский], св. *(ум. ок. 380; д. п. 30 ноября / 13 декабря, катол. – 27 октября)* St. Frumentius.

Фуа́ Ажа́нский, мц. *(3 в.; катол. св., д. п. 6 октября)* St. Faith (of Agen), m.

Фуалла́н, прп. см. **Фоилла́н, прп.**

Фу́лемский дворе́ц *(официальная резиденция еп. Лондонского <Bp. of London> на южном берегу Темзы)* the Fulham Palace.

Фу́ллер, Э́ндрю *(1754-1815; англ. писатель и богослов, последователь баптизма)* Fuller, Andrew.

Фу́льберт Ша́ртрский, еп. *(ум. 1029; представитель направления, впоследствии развившегося в схоластику; катол. св., д.п. 10 апреля)* St. Fulbert, bp.

Фульге́нций, еп. Руспи́йский *(ум. 468-533; христ. деятель и церк. писатель, катол. св., д. п. 1 января)* St. Fulgentius, bp. of Ruspee.

Фульге́нций, Фферра́нд *(ум. 547; диакон в Карфагене; написал много посланий по догматическим и этическим вопросам)* (Fulgentius) Ferrandus.

Фульк *(имя нескольких катол. свв.)* Fulk.

Фульра́д, св. *(ум. 784; франц. аббат в Сен-Дени, катол. св., д. п. 16 июля)* St. Fulrad, abt.

фундаментали́зм *(консервативное направление в различных религиях, придерживающееся буквального толкования священных книг)* fundamentalism ◊ **исламский ф.** *(течение, выступающее за строгое соблюдение норм ислама в экономической, политической и общественной жизни мусульман)* Islamic fundamentalism.

фундаменталист *(последователь **фундаментализма**)* fundamentalist.
Фурим *см.* **Пурим**.
Фуркан *см.* **Коран**.
Фурсей, прп. *см.* **Фурси, св.**
Фурси, св. *(ум. ок. 648; ирландский миссионер, катол. св., д. п. 16 января)* St. Fursey.
Фурье, Пьер, священник *см.* **Пьер Фурье, священник**.
Фускул(ий) Африканский, еп., сщмч. *(ум. ок. 484; катол. св., д. п. 6 сентября)* St. Fusculus, bp., pr., m.

Х

Хабад *иврит (аббревиатура, составленная из первых букв слов хохма ("мудрость") <hokhmah> (wisdom), бина ("разум") <binah> (understanding), даат ("познание") <da'at> (knowledge) – названий трёх первых каббалистических элементов мироздания – **сефирот**; наиболее крупное из современных направлений **хасидизма** – Агудас Хасидей Хабад ("Союз праведников Хабад"), известное тж под названием любавичского (от местечка Любавичи в современной Смоленской обл. России, к-рое стало центром **Х.-а**, когда в 1813 туда переехал его основатель – раби Шнеер [Шнеур] Залман из Лядов (1745-1813) <Shneur Zalman of Lyady>; центр **Х.-а** находится в Бруклине в Нью-Йорке, отделения его существуют почти во всех странах, где живут евреи)* Habad (Hasidism).
хавдала *см.* **габдала**.
Хавила *библ. (названная при описании рая в "Бытие" 2:11-12 страна, к-рая обтекается рекой Фисон)* Havilah.
Хадад *см.* **Гадад**.
хадж *араб. (паломничество в Мекку с её древним храмом Каабой, сопряжённое с рядом церемоний; является одной из пяти основных обязанностей мусульманина, см. тж **Столпы ислама**; мусульманин, совершивший **х.** получает почётное звание **хаджи** и право носить зелёную чалму)* hadj, hajj.
хаджи *(почётный титул мусульманина, совершившего **хадж**)* hadji, haj(j)i.
Хадиджа *(первая жена пророка Мухаммада, мать Фатимы)* Khadija.
хадис *(короткий рассказ о высказываниях или поступках пророка Мухаммада; из **х.-ов** составлена **сунна**)* Hadis, Hadith(a), Hadithat.
хаз(з)ан *иврит (в иудаизме тот, кто ведёт общественную молитву в синагоге; тж **кантор**)* haz(z)an, khazzan, chaz(z)an.
хакика(т) *араб. (высшая ступень познания Бога в суфизме)* haqiqah.
хал *араб. (в суфизме состояние мистика на пути к Богу)* hal.
халдеи I *библ. (арамейское, т.е. семитское племя, жившее на юге Месопотамии)* the Chaldeans, the Chaldees.
халдеи II *см.* **халдейские христиане**.
халдейская церковь *(катол. церковь восточного обряда)* the Chaldean [Chaldee] Church ◊ *(глава)* **патриарх Вавилона** the Patriarch of Babylon.
халдейские маги *(учёные мудрецы Востока)* the Chaldeans.

халдейские христиане *(персидские и иракские несториане, перешедшие в унию с Римом)* the Chaldeans, the Catholics of the Chaldean rite.

халдейский обряд *(существует в нек-рых катол. церквах восточного обряда и у несториан; сложился на территории восточной Сирии и современного Ирака; позднее распространился на юге Индии; богослужение традиционно совершается на древнесирийском языке)* the Chaldean rite.

Халдея *библ. (южная Вавилония)* Chaldea.

Халев *библ. (сын Иефонии из колена Иуды, основатель названного его именем рода Х.-а)* Caleb.

халиф *(духовный и светский глава **халифата**)* caliph, calif.

халифат *(теократическое мусульманское государство)* caliphate.

халица *(еврейский обряд освобождения вдовы от необходимости выйти замуж за брата покойного мужа)* halitza.

Халкидон *(город в Малой Азии, на Босфоре, напротив г. Константинополя)* Chalcedon.

халкидонский *истор.* Chalcedonian ◊ **Х. догмат** *(центральный для христологии и христ. антропологии догмат о Богочеловечестве Христа – о двуединстве совершенного Бога и совершенного человека во Христе; принят на 4-ом Вселенском соборе в 451 в Халкидоне как исповедание веры в "Одного и Того же Христа, Сына Господа Единородного, в двух природах неслитно, неизменно, нераздельно, неразлучно <the existence of One Person in Two Natures, which are united unconfusedly, unchangeably, indivisibly, inseparably> познаваемого, так что соединением нисколько не нарушается различие природ, но сохраняется особенность каждой, и они соединяются в одно Лицо и одну Ипостась")* the Definition of Chalcedon, the Chalcedonian definition; **Х. собор** *см.* **собор** II.

хальса *(название, данное гуру Гобинд Сингхом сикхской "пятёрке любимых" – содружеству наиболее преданных вере сикхов, в наст. время в х.-е более 5 членов)* khalsa(h), Khalsa.

Хам *библ. (второй из трёх сыновей Ноя, к-рый был рождён Ноем в возрасте 500 лет ещё перед Всемирным потопом)* Ham ◊ **потомок Х.-а** *библ.* Hamite.

хамец *(на иврите – любой хлеб, выпеченный из "кислого, подошедшего" теста; у иудеев в вечер накануне **Песаха** существует обычай обходить весь дом с зажжённой свечой в поисках завалявшихся крошек х.-а)* khametz.

Хамос *библ. (верховный бог, к-рому поклонялись моавитяне)* Chemosh.

Ханаан *библ. (так называлась завоёванная израильтянами земля, к-рая была обещана им Богом)* Canaan ◊ **земля Х.-ская** the land of Canaan, the Promised Land; **народ Х.-ский** the people of Canaan.

Ханаане *см.* **Хананеи**.

ханака *см.* **текке**.

Хананеи *библ.* Canaanites.

хананеянка *библ. (язычница, к-рая имела великую веру во Христа)* a woman of Canaan, a Canaanite woman, Syrophoenician.

Ханани(й) *библ. (муж. имя)* Hanani.

ханафиты *(последователи одной из суннитских религ.-правовых школ <the Hanafi school>, сложившихся в Ираке в 8-9 вв.; её основателем считается Абу Ханифа 699-767 <Abu Hanifah>)* the Hanifis, the Hanafites.

ханбалитский Hanbalite.

ханбалиты *(одна из 4-х суннитских сект, основанных Ахмадом ибн Ханбалем 780-855 <Ahmad ibn Hanbal>)* the Hanbalites.

ханиф *(странствующий аскет, исповедующий единобожие в доисламский период)* hanif(ite).

ханифизм *(религ. движение в Аравии в 6 - нач. 7 в, предшествовавшее исламу и оказавшее на него влияние)* hanifism.

ханифит см. **ханиф**.

Ханс, Эверард, блж., мч. *(ум. 1581, католич. св., д. п. 31 июля)* Blessed Everard Hanse, pr., m.

Ханука *(иврит "освящение"; храмовый праздник освящения, света, радости, веселья, игр; длится 8 дней; в память о великой борьбе за свободу совести, к-рую вели Маккавеи против сирийского тирана Антиоха, пытавшегося лишить евреев их религии; чудо с маленьким кувшинчиком масла, к-рый в течение восьми дней горел в храмовой **меноре 1.**, символизирует вечность еврейства и его духовных ценностей; в свечах, к-рые зажигают в память об этом чуде – в первый день одну, во второй день две и т.д. – отражается свет **меноры 1.**)* Hanukah, Hanukka(h), Hannukka, Chanukah, the Feast of the Dedication.

ханукиальный светильник см. **ханукия**.

ханукия *(восьмисвечник, к-рый зажигается в **Хануку**, по форме напоминает **менору 1.**, т.е. ствол дерева с отходящими в обе стороны ветвями, но в отличие от меноры, имеется дополнительная "ветвь" – ещё для двух подсвечников)* khanukiyah.

Ханукка см. **Ханука**.

Хануман *(в индуистской мифологии божественная обезьяна, сын бога ветра Ваю <Vayu, the Wind> и обезьяны Анджаны <Anjana>; культ **Х.-а** – один из самых популярных в современном индуизме)* Hanuman.

хаома *(в зороастризме название священного растения или напитка из него)* haoma.

хаос *(обычно трактуется как противоположность упорядоченному [космосу] или как то, что находится за его пределами, то, в чём невозможно обнаружить внутреннюю закономерность, осмысленность)* chaos ◊ **первозданный х.** abyss, the bottomless gulf, the internal [bottomless] pit.

Харгобинд, гуру *(1556-1604; шестой сикхский гуру, сын и преемник гуру Арджуна; **Х.** стремился пробудить воинственный дух сикхов)* Guru Hargobind.

Хардинг, Стефан см. **Стефан Хардинг**.

"Харе Кришна" *(возглас, прославляющий бога Кришну, у кришнаитов, членов **Международного общества Сознания Кришны**)* Hare Krishna.

Хари *(одно из имён-эпитетов **Вишну** и **Кришны**; означает "тот, кто снимает страдания")* Hari.

"Харивамша" *(вишнуитский текст, считающийся по традиции дополнительной, 19-й книгой **"Махабхараты"**)* the Harivansha.

хариджане *(хинди – "люди бога"; эвфемизм для членов каст неприкасаемых в Индии, введённый М. К. Ганди в нач. 1930-х гг.)* the Harijans.

хариджит *(см. **хариджиты**)* Kharijite.

хариджи́ты *(самая ранняя в исламе религ.-политическая группировка – 7 в.)* the Kharijites, the Khawarij.

хари́зма *(особая Божественная сила, ниспосылаемая человеку свыше)* charism(a).

харизма́т *(член харизматической церкви)* charismatic.

харизмати́зм *см.* **харизмати́ческое движе́ние**.

харизма́тик *(раннехрист. пророк, отмеченный Святым Духом)* an early Christian prophet.

харизмати́ческая це́рковь *см.* **харизмати́ческое движе́ние**.

харизмати́ческий charismatic ◊ **х. дар** charism; **х. ли́дер** charismatic leader.

харизмати́ческое движе́ние *(религ. движение, декларирующее духовное возрождение в христ. церквах и делающее акцент на деятельность Святого Духа в жизни Церкви и отдельного человека; возникло в США в 1950-е гг. среди лидеров епископальной и др. протест. церквей)* charismatic movement, charismatics, charismatic church.

Харима́ндир *см.* **"Золото́й храм"**.

харисти́кия *истор. (в греч. церкви лицо, получавшее доход от монастыря или прихода)* charisticary.

Харити́на, св. мц. *(4 в.; д. п. 5/18 октября)* St. Charitina, M.

Харито́н Испове́дник, прп. *(ум. 350; д. п. 28 сентября / 11 октября)* St. Chariton, Confessor.

Хариха́ра *(божество, соединяющее природу* **Ви́шну** *и* **Ши́вы** *в индуизме)* Harihara.

Ха́ркурт, Уи́льям, блж., прмч. *(1609-79; катол. св., д.п. 20 июня)* Blessed William Barrow, Blessed William Harcourt, pr., m.

Харла́мпий, сщмч. *(ум. 202; д. п. 10/23 февраля)* St. Charalampias, Pr.-M.

Ха́рнак, Адо́льф *см.* **Га́рнак, Адо́льф фон**.

харосе́т *(в иудаизме – одно из блюд, к-рое едят в праздник* **Пе́сах**, *состоящее из смеси тёртого яблока и молотых орехов с корицей и вином; смесь по виду напоминает ту глину, из к-рой предки евреев лепили кирпичи во время египетского плена)* haroset.

Ха́ррингтон, Уи́льям, блж., сщмч. *(1566-94; катол. св., д.п. 18 февраля)* Blessed William Harrington, pr., m.

Ха́ртли, Уи́льям, блж., сщмч. *(ум. 1588; катол. св., д.п. 6 октября)* Blessed William Hartly, pr., m.

Ха́ртман, еп., блж. *(ум. 1164; катол. св., д.п. 23 декабря)* Blessed Hartman, bp.

хартофи́ла́кс *(название церк. должности в Византии и восточных церквах; хранитель бумаг при императоре или птрх.-е, тж секретарь, канцлер)* chartophylax.

Харт, Уи́льям, блж., мч. *(ум. 1583; катол. св., д.п. 15 марта)* Blessed William Hart, pr., m.

Хаса́н ибн-аль-Сабба́х *(ум. 1124; основатель мусульманской секты гашишинов или* **ассасси́нов**, *его прозвище "Горный Старец")* Hasan ibn-al-Sabbah.

хасиде́и *см.* **хаси́ды**.

хасиди́зм *(фундаменталистское религ. движение, возникшее среди евреев Польши и России в сер. 18 в. и сохранившееся до наших дней; цель движе-*

ния – истинное поклонение Богу, для чего необходимо духовное пробуждение и восхождение к Нему; в конце этого пути достигается экстатическая радость всецелой самоотдачи Богу) Hasidism, Chasidism.

хасиди́ческий Hasidic.

хаси́ды *(приверженцы хасиди́зма)* the Assideans, the Hasidim, the Chasidim, the Hasidaeans.

ха́слев *см.* **ки́слев.**

Хасмоне́и *(во внебибл. лит-ре название иудейской первосвященнической и царской династии Маккавеев)* the Hasmon(a)eans.

хати́б *см.* **хаты́б.**

ха́тха-йо́га *см.* **йо́га.**

хаты́б *араб. (духовное лицо, читающее проповедь – хутбу в мечети во время пятничной молитвы и праздников; часто является одновременно и имамом мечети – имам-хатыб; как правило, имеет значительное влияние на мусульман)* khatib.

Ха́ук, А́льберт *см.* **Га́ук, А́льберт.**

Ха́утон, Джон, св., прмч. и блж. Хейл, Джон, сщмч. *(ум. 1535 во время гонений на католиков в Англии, катол. свв., д. п. 4 мая)* St. John Houghton and Blessed John Haile, prs., ms.

хафи́з *араб. (мусульманин, знающий наизусть Коран)* hafiz.

хачка́р *араб. (армянский средневековый памятник; вертикально поставленная каменная плита, покрытая орнаментальной резьбой с изображением креста в центре)* khachkar.

Хаягри́ва *(в индуизме один из да́йтьев, противников богов, укравший Веды при гибели мира)* Hayagriva.

хвала́ praise, laud, exaltation ◊ **воздава́ть х.-у** to praise, to exalt; **возда́ть х.-у Бо́гу** to give praise to [unto] God; **возда́ть х.-у Го́споду** to proclaim the Lord; **"Дава́йте про́сто хвали́ть Го́спода!** Let's just praise the Lord! **"Х. Го́споду"** 'Praise (be) to God', *лат.* Laus Deo.

"Хвали́те Бо́га" *(старинное песнопение ликующего характера)* Alleluia.

хвали́тны *(псалмы 148, 149 и 150, к-рые поются или читаются на утрене)* the lauds, Psalms 148, 149 and 150 praising the Lord, *греч.* ainoi, orthros.

Хева́джра *(буддийское божество)* Hevajra.

"Хева́джра-та́нтра" *(культовая и теоретическая основа доктрины школы буддизма са́кьяпа)* the Hevajra Tantra.

Хевро́н *(город в 30 км юго-западнее Иерусалима, является местом паломничества для христиан, иудеев и мусульман к гробам Авраама, Исаака и Иакова, а тж к Мамврийскому дубу)* Hebron.

хе́дер *иврит (еврейская начальная религ. школа для мальчиков)* heder, cheder.

Хедра́х *библ. (символическое название мидо-персидской монархии)* Hedrach.

Хеерма́н, Иога́ннес *(1585-1647; немец. евангелический поэт, писавший духовные песни, певец скорби)* Heerman, Johann.

Хезболла́х *араб. (движение исламских фундаменталистов экстремистского толка в ряде мусульманских стран, особенно в Ливане, Иране)* Hizb Allah, Hezbollah, the Party of God.

Хе́йлер, Фри́дрих *(1892-1967; немец. религ. писатель, новообращённый из католицизма в лютеранство)* Heiler, Friedrich ◊ *(его важное ·сочинение)* **"Моли́тва"** *(1932)* Prayer.

Хе́ймрад Ге́ссенский, свяще́нник *(ум. 1019; катол. св., д.п. 28 июня)* St. Heimrad, pr.

Хелефе́и и Фелефе́и *библ. (чужеземные воины на службе у царя Давида; выходцы из земли филистимлян)* the Cherethites and the Pelethites.

Хелки́я *библ. (муж. имя)* Helchiah.

Хе́льга *редко (сканд. вариант) см.* **О́льга**.

Хе́мниц, Ма́ртин *(1522-86; лютеранский богослов)* Chemnitz, Martin.

хере́м *иврит (в иудаизме – отлучение от общины и* **синаго́ги I**, *налагаемое раввином)* herem, cherem.

Хериба́льд Оксе́ррский, еп. *(ум. ок. 857; катол. св., д. п. 25 апреля)* St. Heribald, bp. of Auxerre.

Хериба́льд Оксе́ррский, архиеп. *(ум. 1021; катол. св., д. п. 16 марта)* St. Heribert, bp. of Cologne.

Херибо́льд Оксе́ррский, еп. *см.* **Хериба́льд Оксе́ррский, еп.**

Херимо́н Ни́копольский, еп. *(ум. 250; д. п. 1/14 июня, катол. – 22 декабря)* St. Chaermon, bp. of Nicopolis.

Херлуи́н, блж., абба́т *(994-1078; катол. св., д. п. 28 августа)* Blessed Herluin, abt.

Хермо́н *см.* **Ермо́н**.

Херсо́нские сщмчч., епи́скопствовавшие: Васи́лий, Ефре́м, Капито́н, Евге́ний, Ефе́рий *(4 в.; д. п. 7/20 марта)* Sts. Pr.-Ms. at Chersonia: Basil, Ephrem, Capito, Eugene, Everius, Missionary Bishops.

херуви́м *(второй после серафима чин духовной иерархии из девяти; х.-ы изображаются с крыльями и иногда со многими очами на крыльях; х. – символ Божественной славы; х.-ы благоговейно служат Богу, проникают в тайны спасения и совершенства и ниспосылают Божественную мудрость на верующих)* cherub.

Херуви́мская (песнь) *(неизменяемое песнопение правосл. церкви; название получило по начальным словам; поётся во время "Великого входа" непосредственно до и после, на литургии Иоанна Златоуста и Василия Великого; является приготовительной к достойному присутствию и участию в евхаристии; исполнение Х.-ой отличается особой торжественностью)* the Cherubic [Cherubimic] Hymn, *греч.* Cherubikon ◊ *(первая часть, к-рая поётся непосредственно до "Великого входа"):* **"Иже херувимы тайно образующе, и Животворящей Троице трисвятую песнь припевающе, Всякое ныне житейское отложим попечение."** 'We who mystically represent the Cherubim who sing to the life-giving Trinity, the thrice-holy hymn, let us now lay aside all earthly cares'; *или* 'Let us who mystically represent the Cherubim, Chant the thrice-holy hymn to the Life-giving Trinity. Let us lay aside all earthy care.'; *(вторая часть, к-рая поётся непосредственно после "Великого входа"):* **"Аминь. Яко да Царя всех подъимем, ангельскими невидимо дароносима чинми. Аллилуиа, Аллилуиа, Аллилуиа."** 'Amen. That we may receive the King of the universe born aloft by armies of "unseen angels". Alleluia. Alleluia. Alleluia'; *или* 'Amen. That we may raise on high the King of all, Who comes invisible upborne by the Angelic Hosts. Alleluia! Alleluia! Alleluia!'; **х. молитва** the prayer of the cherubic hymn.

херуви́мы *мн.ч. (см.* **херуви́м**) cherubs, cherubim ◊ **многоочие х.** many-eyed cherubim.

Херу́нда, де́ва *(6 в.; катол. св., д. п. 23 июля)* St. Herunda, v.

Хе́рцог, Иога́нн Я́коб *см.* **Ге́рцог, Иога́нн Я́коб.**

Хет *библ. (второй из сынов Ханаана, сына Хама, сына Ноева)* Heth.

Хетте́и *библ. (этническая группа, к-рая причисляется к Ханаану)* the Hittites.

хеттейский *(относящийся к* **Хетте́ям**) Hittite.

Хецро́н *см.* **Есро́м.**

Хиве́яне *см.* **Хетте́и.**

хиджра́ *араб.* **1.** *(переселение Мухаммада из Мекки в Медину в 622)* Hegira, Hijra(h), Hejira; **2.** *(мусульманское летосчисление)* the Mohammedan Era.

хидзи́ри *истор. япон. (странствующие буддийские монахи)* hijiri.

Хидр, аль- *(известный святой в исламе)* al-Khidr.

хилиа́зм *(тысячелетнее царство Божье на Земле и учение о нём; термин использовался гл. обр. в восточной патристике и в эллинизированных регионах; в западно-европ. христ-ве, а позже в протест. мире были распространены лат. эквиваленты "миллениум" и "милленаризм")* chiliasm, chiliad.

хилиасти́ческий chiliastic.

хилиа́сты *(последователи* **хилиа́зма**) chiliasts.

Хилле́ль *см.* **Гилле́ль.**

Хи́льда, абба́тиса *(614-80; катол. св., д. п. 17 ноября)* St. Hilda, abbess.

Хильдега́рда *(1098-1179; катол. св., д. п. 17 сентября)* St. Hildegard, v.

Хильдегу́нда Ме́ерская, абба́тиса *(ум. 1183; катол. св., д.п. 6 февраля)* St. Hildegund of Mehre, abbess.

Хильдегу́нда Шена́усская, прп. *(ум. 1188; катол. св., д.п. 20 апреля)* St. Hildegund of Schönau.

Хильду́льф Три́рский, еп. *(ум. ок. 707; катол. св., д.п. 11 июля)* St. Hildulf, bp. of Trier.

Химели́н, пало́мник *(ум. ок. 750; катол. св., д. п. 10 марта)* St. Himelin.

хина́яна *(санскрит "Узкий путь", "Малая колесница" <Inferior Vehicle>; одно из направлений буддизма, известное как южный буддизм, спасение в к-ром достигается только через монашеское состояние)* the Hinayana (Buddhism), the Pali [Early] Buddhism; *(менее правильно)* the Southern Buddhism.

Хинкма́р *(ок. 806-82; франц. богослов, церк. и политический деятель)* Hincmar.

Хиони́я, св. мц. *(имя двух свв. мцц., погибших в нач. 4 в.; д. п. 16/29 апреля и 16/29 июня)* St. Chionia, M.

Хи́рам *библ. (муж. имя)* Hiram.

Хираньяга́рбха *("золотой зародыш"; одно из имён Бога-творца; согласно ведийским текстам, рождается силой тепла в первозданных водах и из него происходит Вселенная)* Hiranyagarbha.

хи́рка *(дырявый плащ, показатель обета бедности у суфиев)* khirka(h).

хирома́нт *(гадающий по руке)* chirognomist, chiromancer.

хирома́нтия *(гадание по руке)* chirognomy, chiromancy, palmistry.

хироте́сия *(руковозложение; посвящение в низшие церк. должности – чтеца, певца, иподиакона)* chirothesia.

хирото́ни́сан *(поставлен во епископы)* consecrated as a bishop.

хирото́ниса́ть *(посвящать во епископы)* to consecrate as a bishop.

хирото́ния *(обряд посвящения в священнический сан – диакона, священника, еп.-а)* chirotony, cheirotonia; *(епископа)* consecration as a bishop, *устар.* sacring; *(диакона, священника)* ordination ◊ **вторичная х.** *(существовавшая вплоть до 12 в. практика повторной х.-и священников, в случае если: первичная х. производилась еп.-ом еретиком или схизматиком <лат. extra ecclesiam> или ранее низложенным еп.-ом <лат. intra ecclesiam>)* reordination; **х. еп-а** the cheirotonia of a bishop; **наречение и х.** *(во епископы)* nomination and consecration.

хито́н *(1. одежда древних греков; нижная одежда из льняной или шерстяной ткани в виде длинной рубахи; поверх х-а надевался гиматий; 2. одежда Христа на иконах; 3. принадлежность облачения монахов великой схимы – одежда из грубой ткани, власяница, носимая под рясой; в чинопоследовании пострига называется х.-ом вольной нищеты и нестяжания)* chiton, tunic; *библ.* coat.

Хи́троп-ко́лледж *(иезуитская духовная семинария близ г. Чиппинг-Нортон, графство Оксфордшир, Англия)* the Heythrop College.

хлами́да *(мантия, плащ)* chlamys, mantle ◊ **х. багряная** purple mantle.

хлеб *библ.* the staff of life ◊ **х. насу́щный** *библ.* daily bread; **х.-ы** *библ.* loaves; **х.-ы и рыбы** *библ. (перен. – земные блага)* loaves and fishes; **чудо приумножения х-ов и рыб** the miracle of the multiplication of loaves and fishes.

хлеб для прича́стия eucharistic [altar] bread, *катол.* the Eucharistic Host; *(рассылаемый пресвитером по приходам и символизирующий единство веры во Христа)* лат. fermentum.

хлеб и вино́ *(при причащении)* the elements (for the Holy Communion), the Eucharistic elements, the hagia; *(предлагаемые для освящения перед Евхаристией)* катол. oblations; *(приносимые прихожанами для освящения)* offertory.

хлебоно́сей *см.* **дарохрани́тельница**.

хлебопреломле́ние *(важнейший элемент религ. культа не только христ. ортодоксальных, но и многих протест. церквей – разламывание и раздача хлеба и причащение вином)* breadbreaking.

хле́бы предложе́ния *библ. (двенадцать пресных хлебов, по числу израильских племён, из муки тонкого помола, к-рые должно было еженедельно вновь выпекать к субботе и располагать их на святом месте скинии или Иерусалимского храма, на золотом столе)* shewbread, showbread.

Хлодо(в)а́льд Пари́жский, прп. *(524-60; катол. св., д.п. 7 сентября)* St. Clodoald [Clou(d)] of Paris, hermit.

Хлоду́льф Ме́цский, еп. *(ум. ок. 696; катол. св., д.п. 7 сентября)* St. Clodulf, bp. of Metz.

Хлоти́льда, св. *см.* **Клоти́льда, св.**

Хло́я *библ. (женщина, очевидно, принадлежавшая к христ. общине Коринфа)* Chloe.

хлысты́ *(секта, образовавшаяся во второй пол. 17 в. в России)* the Khlysty (flagellants).

хлябь *(водная глубина, бездна)* abyss ◊ *библ.* **х.-и небесные** *(ливни)* cataracts of heaven.

ходáтай intercessor, mediator; *библ.* advocate ◊ "... **мы имеем Ходатая пред Отцем, Иисуса Христа, Праведника**" *(Первое послание Иоанна 2:1)* 'we have an advocate with the Father, Jesus Christ the righteous'.

ходáтайство *(заступничество)* intercession, patronage, mediation.

ходáтайствовать за *кого-л.* to intercede (with, to).

ходжá *персидский (1. в странах распространения ислама – почётный титул духовных лиц, состоятельных чиновников, феодалов, в нек-рых случаях – поэтов и писателей; 2. в Средней Азии вплоть до нач. 20 в. – человек, претендующий на происхождение от четырёх праведных халифов; 3. член суфийского братства ходжаган; 4. член общины исмаилитов-низаритов, последователей Ага Хана)* khoja(h), khodja, khaja, coja.

ходúть пред Бóгом *(вести праведную жизнь, жить по заветам Божьим, общаться с Богом)* to walk with God.

хождéние по мýкам purgatory ◊ "**Х. апостола Павла по мукам**", или "**Слово и видение апостола Павла**" *(апокриф)* The Apostle Paul's Purgatory; "**Х. Богородицы по мукам**" *(известный древнеславянский апокриф)* The Mother's of God Purgatory; "**Х. св. Патрика по мукам**" *(легенда)* St. Patrick's Purgatory.

Хóли *(трёхдневный индуистский весенний религ. праздник в честь Кришны; справляется в полнолуние месяца пхальгуна <февраль-март>)* Holi, Hoolee, Hohlee.

Холл, Рóберт *(1764-1831; англ. баптистский проповедник)* Hall, Robert.

холокóст *(иврит "уничтожение"; гибель свыше 60% еврейского населения Европы в ходе систематического преследования и уничтожения его нацистами и их пособниками в Германии и на захваченных ею территориях в 1933-45; см. тж* ***День катастрóфы (и героúзма)****)* the Holocaust.

холст икóны *см.* **пáволока**.

холстúна *см.* **пáволока**.

Хóльцман, Гéнрих Юлиус *см.* **Гóльцман, Гéнрих Юлиус**.

Хониáт, Никúта *см.* **Никúта Акоминáт**.

Хонэн *(основатель буддийской секты Дзёдо-сю ("Чистая земля") <the Pure Land> в Японии)* Honen.

хор I *(церковный; собрание певчих для согласного пения; может быть мужским, женским, детским, смешанным)* choir, *(устаревшее написание)* quire ◊ **дирижёр церк. х.-а** choir director; **рождественский х.** *(в сочельник, а иногда тж за несколько дней до Рождества; такие* **х.-ы** *поют на улицах Англии традиционные рождественские гимны)* waits; **руководитель х.-а** chief musician; **сводный х.** massed choir; **сводный х. мужчин и женщин** mixed choir; **служба с х.-м** choir service; *(часть богослужения, когда священники, хор и прихожане поют все вместе)* (full) choral service; **участник х.-а** choirman; **х. Табернакл** *(мормонский хор в составе ок. 400 человек; исполняет произведения классического репертуара; репетирует и даёт концерты в знаменитом молельном доме мормонов* ***Табернáкл****)* the Tabernacle Choir; **церк. хоровое пение** choir service.

хор II *(в западнохрист. церквах часть церкви, расположенная перед алтарной частью, иногда целиком к востоку от средокрестия, а иногда частично захватывая часть главного нефа к западу от средокрестия)* choir aisles, choir transept.

Хоразин *библ. (некогда цветущий город на северо-западном берегу Геннисаретского озера, вместе с Капернаумом и Вифсаидой проклятый Иисусом)* Chorazin.

хорал *(форма религ. музыки; мелодия с текстом, к-рая поётся всеми присутствующими в катол. и лютеранской церквах; является частью богослужения)* choral(e) ◊ **исполнитель** или **сочинитель х.-ов** choralist.

хорепископ *(еп., назначаемый в помощь другому еп.-у для работы в сельских районах)* chorepiscopus, chor bishop, country-bishop, *истор.* chorepiscopal, *греч.* chorepiscopos.

Хорив *библ. (Божья гора; древнее наименование Синая, горы, на к-рой был дан Моисею закон)* Horeb.

хорист *см.* **певчий**.

хоровой викарий *англик. (клирик или мирянин, поющий вместе с хором в соборе и исполняющий обязанности регента)* vicar choral.

хорос *(подвесной светильник, к-рый, как правило, размещали в храмах; основой хороса служат крупные металлические обручи в один – три яруса, подвешенные к своду или потолку на растяжках; на обручах по кругу располагаются свечи)* corona lucis.

хоругвеносец gonfalonier.

хоругвь *(икона, выполненная на материи или металле в виде знамени с изображением Иисуса Христа, Богоматери, святых, прикреплённая к длинному древку; во время крестного хода х.-и несут впереди шествия; в храме х.-и обычно укреплены возле клиросов)* holy banner, labarum; *редко* vexillum.

хоры *архит.* **1.** *(в византийской и древнерусской архит-ре – балкон, второй этаж в интерьере храма, предназначенный для царской или княжеской семьи и почётных гостей)* (choir) gallery, (choir) balcony, (choir) loft; **2.** *(место расположения хора в церкви, обычно возвышается над остальной частью церкви)* choir, singing gallery, choir place; *(в итал. архит-ре)* cantoria; **3.** *(для музыкантов)* music-loft.

хохмическая библейская литература *(у иудеев; включала библ. книги Иова, Притчей Соломоновых и Екклесиаста, а тж неканонические книги Премудрости Соломона и книгу Премудрости Иисуса, сына Сирахова; главным предметом служило учение о мудрости, принадлежащей Богу)* Chokmah, Hok(h)mah.

Храбан Мавр, блж. *см.* **Рабан Мавр, блж.**

храм *(место отправления религ. культа; здание, где совершаются богослужения; тж* **церковь** *I)* temple, church, place of worship ◊ **клетский х.** cellular church, a church of square cottage-like shape; **крестовый х. митрополитов Крутицких и Коломенских** the domestic church of the Metropolitans of Krutitsy and Kolomna; **кубический х.** cubiform church; **напоминающий х.** *прил.* churchlike, *разг.* churchy; **пещерный х.** или **пещерная гробница** *(в Древнем Египте)* speos; **погребальный х.** funerary temple; **подобающий**

х.-у churchlike, *разг.* churchy; **предполагаемое местоположение старинного х.-а** the supposed site of an ancient temple; **соборный х.** cathedral (church); **Х. во имя Святых Отцов семи Вселенских соборов** the church in the name of the Holy Fathers of the Seven Ecumenical Councils; **Х. всех святых, в земле Российской просиявших** the Church of all the Saints who shone forth in the Land of Russia; **х. Соломона** *библ.* Solomon's Temple; **х. Эману-Эль** *(синагога в г. Нью-Йорке; принадлежит одной из старейших в городе конгрегаций иудаистов-реформаторов <the Hebrew Congregations (Reform)>; одна из крупнейших в мире: рассчитана на 2500 мест в главном молельном помещении; уникальные бронзовые решётки на вратах у ковчега Завета, витражи; построена в 1929)* Temple Emanu-El.

храм Василия Блаженного (в Москве) *(или Покровский собор <the Cathedral of the Virgin Protectress >, возведённый в 1555-61 на Красной площади в Москве, по обету царя Ивана IV Грозного, в память покорения Казанского ханства; в 1588 к Покровскому собору прибавлен придел Василия Блаженного, давший ему нынешнее, более известное название)* the Cathedral of St. Basil.

храмовники *(тж тамплиеры)* the Templars, the Knights of the Temple, the Poor Knights of Christ and of the Temple of Solomon; *собир.* templardom, templary.

храмовый *(в честь того святого или события, к-рому посвящён данный храм, икона)* patronal ◊ **день х.-ого святого** patron saint's day; **х. образ** *(икона)* patronal icon; **х. праздник** *(торжественное празднование со всенощным бдением и литией, с водосвятным молебном и крестным ходом после литургии священного события или святого, в честь к-рого освящён главный или придельный престол храма; тж* **престольный праздник***)* patronal festival, patronal feast, patron saint's day, feast of the place; *англик.* dedication day, Dedication Festival; *истор.* wakes; *(только с названием храма в честь святого мистического события, напр. Вознесения, или в честь Господа как Искупителя и т.п.) англик.* feast of the title; **х. святой** *(святой, в честь к-рого освящён храм или его придел)* titular saint, patron saint of the temple.

храмоздатель *(храмостроитель)* temple builder.

храмоздательство *(храмостроительство)* building of temples.

храм-памятник memorial church ◊ **Свято-Покровский х.-п. в Оттаве** the Protection of the Holy Virgin Memorial Church, Ottawa.

храм Христа Спасителя *(кафедральный собор г. Москвы, архитектор К. А. Тон, 1794-1881; взорван 5 декабря 1931; воссоздан в первоначальном виде в 1993-99; с августа 2000 – патриарший собор)* the Cathedral of the Redeemer.

хранилища *библ. см.* **молитвенные ремни, филактерии**.

хранитель книг и рукописей в монастыре *истор.* armarian.

хризма *см.* **монограмма Иисуса Христа, христограмма**.

Хризостом *см.* **Иоанн Златоуст**.

Хрисанф и Дария, свв. мчч. *(ум. 283; катол. свв., д. п. 17 марта)* Sts. Chrysantus and Darias, Ms.

Хрисогóн

Хрисогóн, мч. *(ум. ок. 304; д. п. 22 декабря / 4 января, катол. – 24 ноября)* St. Chrysogonus, M.

Хрисостóм *см.* **Иоáнн Златоýст.**

Христá рáди юрóдивый *см.* **юрóдивый.**

христарáдник *(просящий милостыню)* begger, mendicant.

христарáдница *жен. (см. тж* ***христарáдник)*** beggaress, woman beggar.

христарáдничать *(просить милостыню)* to beg, to be a beggar [mendicant], to go begging; to ask charity (in the name of God).

христарáдничество begging.

христарáдный beggarly, mendicant.

христиáне 1. *(сторонники Иисуса Христа, впервые названные так в 43 в Антиохии; "Деяния" 11:26)* Christians, Christian theists ◊ **восточные х.** the Easterns; **х. из евреев** Jewish Christians; 2. *собир.* Christianity, Christendom.

"Христиáне" *см.* **"Ученикú Христá"** I.

христиáне евáнгельской вéры *см.* **пятидесáтники.**

"христиáне св. Фомы́" *см.* **малабáрские христиáне.**

христианизáция 1. *(обращение в христ-во)* conversion [adoption] to Christianity; 2. *(распространение христ-ва)* adaptation to Christianity.

христианизи́ровать to convert to Christianity, to Christianize.

христианизи́роваться to become Christian, to adopt Christianity.

христианúн Christian, *сокр.* Chr., Xn., Xtian; Galilean ◊ **дóбрый х.** member of Christ; **(духовно) зрéлый х.** mature Christian; **любящий Библию х.** biblical Christian; **не подобáющий х.-у** unchristian; **образцóвый х.** Bible-Christian; **правослáвный х.** Orthodox Christian; **прямóй х.** true Christian; **тáйный х.** *(в Дрéвнем Рúме и т. п.)* crypto-Christian.

христиáнка Christian (woman).

христиáнская апологéтика *см.* **апологéтика.**

христиáнская вéра *см.* **христиáнство** I.

Христиáнская вещáтельная телесéть *(в США, создана в 1977)* Christian Broadcasting Network, *сокр.* CBN.

христиáнская úфика *см.* **богослóвие.**

"Христиáнская наýка" *см.* **"Сайентúстская цéрковь".**

христиáнская релúгия *см.* **христиáнство** I.

Христиáнская реформáтская цéрковь *(протест. секта, основанная в США голландскими иммигрантами в 1857; её образование было результатом отделения от Протестантской голландской церкви <the Protestant Dutch Church>, ныне известной как Реформатская церковь Америки <the Reformed Church of America>; первоначально была известна под названием "Истинная голландская реформатская церковь" <the True Holland Reformed Church>; имеет современное название с 1890; центр в г. Грэнд-Рэпидс, шт. Мичиган)* the Christian Reformed Church.

христиáнская этика *см.* **богослóвие.**

христиáнские дары́ *(христ. добродетели, качества)* the Christian graces.

христиáнский Christian.

христиáнский мир Christendom, Christianity.

христиáнский социалúзм *(направление общественной мысли, стремящееся придать христ-ву социалистическую окраску, признающее существо-*

*вание социального зла в современном общественном строе и стремящееся исправить его при помощи подъёма религ.-нравственных начал в различных слоях общества, не выходя за рамки нынешних государственных форм и сохраняя господство частной собственности; **х.с.** возник во Франции, затем в Англии)* Christian socialism.

христиа́нское богопома́зание см. **богопозна́ние**.

"Христиа́нское уси́лие" *(молодёжная межцерк. протест. организация по евангелистической работе различных протест. церквей; основана в 1881 в г. Портланде, шт. Мэн, США, Фрэнсисом Е. Кларком; в 1885 была основана объединённая организация <the United Society of Christian Endeavor>)* the Christian Endeavor, the Young People's Society of Christian Endeavor.

Христиа́нско-миссионе́рский сою́з the Christian and Missionary Alliance.

христиа́нство I *(одна из трёх мировых религий, включающая в себя три основных направления:* **правосла́вие, католици́зм** *и* **протестанти́зм**; *каждое из к-рых подразделяется на ряд более мелких вероисповеданий и религ. организаций; по данным ООН, в наст. время в мире насчитывается ок. 1,5 миллиарда последователей христ-ва)* Christianity, the Christian religion, *сокр.* Xnty, Xty, Xtianity; *(христ. вера)* the Christian faith, the rock of ages; *(распространение или защита христ-ва)* the cause of Christ ◊ **введе́ние х.-а** the establishment of Christianity; **Восто́чное х.** Eastern Christianity, the Eastern Church; **За́падное х.** Occidental Christianity, the Western Church *(all the churches of Western Christendom)*; **искорени́ть х.** *(обратить страну в другую веру)* to dechristianize; **насажда́ть х.** to plant Christianity; **проти́вный х.-у** unchristian.

христиа́нство II *(религ. система, догматы и практика отправления обрядов христиан)* Christianism ◊ **уче́ние ра́ннего х.-а** Nazarenism.

христиа́нствовать to profess Christianity.

Христи́на Болсе́нская *(3 в.; катол. св., д. п. 24 июля)* St. Christina of Bolsena, m.

Христи́на Досточти́мая, чудотво́рица *(1150-1224; катол. св., д. п. 24 июля)* St. Christina the Astonishing.

Христи́на, св. мц. *(из г. Тира; ум. 300; д. п. 24 июля / 6 августа)* St. Christiana of Tyre.

Христо́в Christ's, (of) Christ, Christlike, Christly; *(относящийся к Иисусу Христу как к Господу)* dominical ◊ **дух Х.** the spirit of Christ; **жить Х.-ым и́менем** *(просить милостыню, жить на подаяния)* to live by begging, to live on alms.

христо́ва неве́ста *(монахиня)* spouse of Christ.

Христо́в день *(Пасха)* Easter day.

христове́ры см. **хлысты́**.

христогра́мма *(монограмма из греч. букв, символизирующая имя Христа; см. тж* **моногра́мма Иису́са Христа́***)* Christogram.

христологи́ческий Christological ◊ **х. догма́т** *(утверждает не постигаемое человеческим разумом "неслитное слияние" в Христе двух природ: Божественной и человеческой)* the Christological doctrine.

христоло́гия *(раздел теологии, посвящённый жизни и учению Христа)* Christology ◊ **апологети́ческая [фундамента́льная] х.** *(обоснование истины о Воплощённом Сыне Божием)* apologetic Christology.

христолю́бец pious [devout] person.

христолюби́вый religious, pious, godly, devout, Christian.

христоподо́бный Christlike.

христопрода́вец traitor, Judas.

Христо́с *библ. (греч. перевод арамейского "мешийа", "машиах", что значит "помазанник")* Christ; *сокр.* Chr., X., Xt.; the Master; the Galilean ◊ **Ваш во Христе** *(заключительная фраза в письмах христиан)* Yours in Christ; **во имя Христа** in Christ's name, *лат.* in Christi nomine, *сокр.* I.C,N., in nomine Christi, *сокр.* I.N.C.; **воскресший X.** the Risen Christ; **во Христе** *библ.* in Christ; **Иисус X.** Jesus Christ; **младенец X.** the infant Christ, Christ child, the child Jesus; **под водительством Христа** following Christ's lordship; "**Союз Христа и земной Церкви**" the Union of Christ and the Church; **уверовать, прийти ко Христу** to acknowledge Christ; "**X. во гробе**" *(икона)* Christ in the Sepulchre; **X. как Человек, человечество Христа** the human nature of Christ; **X. – моя надежда** *лат.* spes mea Christus; "**X. на троне с Марией и Иоанном Крестителем**" *(икона)* Christ Enthroned with the Virgin Mary and St. John the Forerunner Interceding; "**X. перед Понтием Пилатом**" *(икона)* The Judgement of Pontius Pilate; **X. Спаситель** Christ the Saviour, Christ as Saviour; **через Христа** *(во Христе, во имя Христа)* through Jesus Christ.

"**Христо́с-Еммануи́л**" *см.* **Еммануи́л**, "**Спас Еммануи́л**".

Христо́с как Бог *см.* **Боже́ственная приро́да [су́щность] Христа́**.

христосла́вы *(певцы, ходящие по домам в сочельник)* waits, carollers.

христо́сование *(пасхальное приветствие; бывает в конце пасхальной утрени, во время пения пасхальных стихир; оно состоит во взаимном целовании с приветствием "Христос воскресе!"; х. начинается в алтаре между священнослужителями; затем и верующие целуют друг друга; произносимое при этом приветствие напоминает о радости апостолов при вести о воскресении Спасителя и служит выражением радости самих верующих и знаком мира и братской любви)* the kiss of peace, the paschal greeting, *лат.* pax.

христо́соваться *(приветствовать, целовать друг друга со словами "Христос воскресе!" в конце пасхальной утрени, во время многократного пения тропаря Пасхе)* to exchange a triple kiss.

"**Христо́с Пантокра́тор**" *см.* "**Спас Пантокра́тор**".

Христо́с-Царь *(катол. церковь считает Иисуса Царём по рождению как Сына Божия)* Christ the King ◊ **Праздник Христа-Царя** *(католики празднуют его в последнее воскресенье перед началом Адвента)* the Feast of Christ the King.

Христофо́р Лики́йский, св. мч. *(один из 14-ти святых помощников, ум. в Ликии в 251; в переводе с греч. означает "Христоносец", "Переносчик Христа", по преданию, он перенёс младенца Иисуса на своих плечах через реку; Х. – защитник от болезней, покровитель путешественников, в наст. время особ. автомобилистов; д. п. 9/22 мая, катол. – 25 июля)* St. Christopher, m.

Христофо́р, св. мч. *(имя нескольких свв. мчч.; д. п. 19 апреля / 2 мая и 9/22 мая)* St. Christopher, M.

христоцентри́зм *богосл. (любое религ. направление, основой к-рого является личность Христа и его учение)* Christocentrism.

христоцентри́ческий *(основывающийся на Христе и Его учении)* Christocentric ◊ **х.-ое богосло́вие** Christocentric theology; **х.-ая моде́ль** *(в центре к-рой – Христос)* Christocentric model.

ХР-моногра́мма *см.* **моногра́мма Иису́са Христа́**.

Хродега́нг Ме́цский, еп. *(712-66; катол. св., д. п. 6 марта)* St. Chrodegang of Metz, bp.

хро́ника *(хронологическое изложение событий)* chronicle.

хрони́ст *(летописец)* chronicler.

хроно́граф 1. *(памятник древней письменности)* chronicle; **2.** *(летописец)* chronicler.

Хротеги́льда, св. *см.* **Клоти́льда, св.**

Хуа́н Ави́льский, свяще́нник *(1499-1569; катол. св., д. п. 10 мая)* St. John of Avila, pr.

Хуа́н Бо́жий, мона́х *см.* **Иоа́нн Бо́жий, мона́х**.

Хуа́н де ла Крус *(1542-91; почётное прозвище, данное Хуану де Епес-и-Альваресу <Juan de Iepes y. Álvares>, к-рый вместе со св. Терезой реформировал кармелитский орден; признан Учителем Церкви, д.п. 14 декабря)* St. John of the Cross, *испан.* Juan de la Cruz.

Хуа́н де Пра́до, прмч., блж. *(1563-1631; катол. св., д. п. 24 мая)* Blessed John of Prado, m.

Ху́бер, Самуэ́ль *см.* **Гу́бер, Самуэ́ль**.

Хубма́йер, Бальтаза́р *(1485-1528; немец. анабаптист)* Hubmaier, Balthasar.

Худжжа́т аль-Исла́м *араб. (почётный титул высокоавторитетных исламских богословов)* Hujjat al-Islam.

худо́жественное выраже́ние религио́зного ку́льта *(живопись, скульптура, музыка, танец, театрализованное действие)* aesthetics in religion, aesthetic expressions of religion.

худо́жник-иконопи́сец icon-painter.

худо́й *(плохой)* bad, poor, evil; *библ.* naughty ◊ **плоды́ х.-ые** *библ.* evil fruit; **х.-ые ри́зы** poor chasubles.

худоро́дный of humble birth.

худоро́дство humble birth.

Ху́за *библ. (служащий Ирода Антипы; его жена Иоанна после излечения примкнула к кругу учеников Иисуса)* Chuza.

хула́ *(злоречие, оскорбление, осуждение; х. направленная на Бога и Его Церковь называется богохульством, является хулою на Святого Духа и поэтому – тяжёлым смертным грехом; Ев. от Матфея 12:31)* blasphemy ◊ **возвести́ хулу́ на Св. Дух** to blaspheme the Holy Spirit; **возводи́ть хулу́ на Бо́га** to blaspheme (against) God; "**Вся́кий грех и х. простя́тся челове́кам; а х. на Ду́ха не прости́тся челове́кам**" *(Ев. от Матфея 12:31)* 'All manner of sin and blasphemy shall be forgiven unto men, but the blasphemy against the Holy Ghost shall not be forgiven unto men'.

хуле́ние *(порицание)* censure; *(по отношению к Богу) см.* **богоху́льство**.

хули́тель *(порицатель святыни)* blasphemer.

Ху́нфрид Теруа́нский, еп. *(ум. 871; катол. св., д.п. 8 марта)* St. Hunfrid [Humphrey], bp. of Thérouenne.

хупа *иврит (в иудаизме особый шёлковый или атласный полупрозрачный балдахин, под к-рым стоят жених и невеста во время обряда бракосочетания)* huppah.

Хур *см.* **Ор**.

хурдэ́ *(в ламаизме металлические барабаны-цилиндры с молитвенными текстами, см.* **моли́твенная ме́льница**; *считается, что один оборот цилиндра равноценен прочтению всех заключённых в нём молитв)* the prayer wheels.

ху́рия *см.* **гу́рия**.

хуррами́ты *(последователи течения в исламе, соединившего в себе верования ранних* **маздаки́стов** *с идеями "крайних" шиитов; мусульманские богословы крайне враждебно относились к* **х.-ам**, *обвиняя их в отходе от основных предписаний шариата; после 15 в. в источниках не упоминаются) араб.* Khorram-dinan.

Хусарсафе́м *библ. (царь Арама в Месопотамии)* Chushan-rishathaim.

Ху́сий *см.* **Хуси́я**.

Ху́сий Архитя́нин *библ. (человек, к-рый во время восстания Авессалома помог царю Давиду)* Hushai.

Хуси́я *библ. (муж. имя)* Cushi.

ху́тба *араб. (в исламе проповедь, к-рая произносится во время пятничной молитвы, праздников жертвоприношения и в особых случаях)* khutbah.

Ху́ттер, Леона́рд *см.* **Гу́ттер, Леона́рд**.

Хуш *библ. (1. географическое название и муж. имя; 2. старший сын Хама, сына Ноева)* Cush.

Хуша́й *см.* **Ху́сий Архитя́нин**.

Хуэ́й-нэн *(638-713; китайский буддийский патриарх)* Hui-neng.

Хуэ́й-юа́нь *(334-416; китайский буддийский проповедник)* Hui-yuan.

Хью́го Грин, сщмч., блж. *(ум. 1642, катол. св., д. п. 4 июля)* Blessed Hugh Green, pr., m.

Хью́го Мор, сщмч., блж. *(1563-88; катол. св., д. п. 1 сентября)* Blessed Hugh More, pr., m.

Хью́го Фа́рингтон-Кук, Ре́дингский, абба́т, прмч., блж. *(ум. 1539; катол. св., д. п. 1 декабря)* Blessed Hugh Farington-Cook, abt., m.

Хэ́ллоуи́н *(в англоязычных странах, особ. в Сев. Америке, популярный ежегодный праздник кануна Дня Всех Святых – 31 октября, символами к-рого считаются ведьма на метле и выдолбленная тыква, внутри к-рой – зажжённая свеча)* Halloween, Hallow-E'en, All-Hallows Eve, All-hallowtide.

Хэ́ллоума́с *англик., катол. (1 ноября, День Всех Святых)* Hallowmas.

Хэмптонко́ртский сове́т *(1604; собрание еп.-ов и пуритан под председательством короля Якова I; "Тысячелетняя петиция", представленная пуританами в 1602, перечисляла церк. обряды, к-рые пуритане считали оскорбительными, и содержала просьбу о реформировании англик. церкви)* the Hampton Court Conference.

Хэ́мфри Ми́ддлмор, блж., мч. *(ум. 1535; катол. св., д. п. 19 июня)* Blessed Humphrey Middlemor, m.

Хю́гель, Фри́дрих фон *(1852-1925; философ и катол. теолог)* Von Hügel, Baron Friedrich.

Ц

ца́д(д)ик *(иврит "праведник"; в хасидизме – глава паствы, см. тж ре́бе; в библ. значении – святой, праведный)* saddik, tsadik, zaddik.

Цаккари́я, Анто́нио Мари́я *(1502-39; основатель катол. конгрегации в Италии; катол. св., д. п. 5 июля)* St. Zaccaria, Antonio Maria.

цари́ца *библ. (в Израиле и Иудее – мать правящего царя, царица-мать)* queen.

Цари́ца Небе́сная *(Богоматерь)* the Heavenly Queen, the Queen of Heaven.

ца́рица Са́вская *библ. (царица савее́в, к-рая, узнав о мудрости Соломона, решила лично убедиться в достоверности слухов и совершила поездку в Иерусалим, откуда возвратилась с богатыми подарками)* the Queen of Sheba; *(в Коране – Балкис)* Balkis.

ца́рская доли́на *библ. (долина под Иерусалимом, первоначально называемая долиной Шаве <the valley of Shaveh>)* the king's dale.

ца́рские врата́ *(в правосл. храмах центральный вход за алтарную преграду, часть иконостаса; на створках ц.-х врат обычно изображаются четыре евангелиста и сцена Благовещения)* the Sanctuary [Holy, Royal] doors; *греч.* Basilikos.

ца́рские две́ри см. ца́рские врата́.

ца́рские часы́ см. часы́ 1.

ца́рствие *библ.* kingdom ◊ **Ц. Бо́жие** *библ. (потустороннее царство, или царство будущего, где избранные будут жить в соединении с Богом)* the Kingdom of God; **"Ц. ему небесное!"** God rest in his soul! May the peace of God be with him, Let God rest in his soul; **Ц. Небе́сное** *(особенно часто встречается в Ев. от Матфея, в др. Евангелиях и Посланиях оно заменяется выражением Ц. Божие, царство Христово или просто словом "царство")* the Kingdom of Heaven.

Царств кни́ги *библ.* ◊ **Втора́я книга Ц.** The Second Book of Samuel, otherwise called the Second Book of the Kings; **Пе́рвая кни́га Ц.** The First Book of Samuel, otherwise called the First Book of the Kings; **Тре́тья кни́га Ц.** The First Book of the Kings, commonly called the Third Book of the Kings; **Четвертая кни́га Ц.** The Second Book of the Kings, commonly called the Fourth Book of the Kings.

ца́рство Бо́жие *(1. в ортодоксальном христ. понимании "царство Христа и Бога"; 2. в протест. либерализме – состояние нравственного совершенства будущего идеального общества как цели истор. процесса)* the kingdom of God.

ца́рство дья́вола devildom, the domain of Satan.

ца́рство сна *библ.* the land of Nod, the Shut-eye Town.

ца́рство тьмы the domain of darkness.

царь 1. *библ. (титул предводителей войск, князей колен и городов, правителей народа или народов; царь Ассирийский называется великим царем <the great king>; царю Вавилонскому приписывается титул царя царей <a king of kings>)* king ◊ **Ц. Изра́илев** *библ. (имя, к-рым народ приветствовал в*

Вербное воскресенье Иисуса при его въезде в Иерусалим) the King of Israel; **Ц. Иудейский** *библ. (титул, к-рого Иисус не присваивал себе, но к-рый стал центральным пунктом в обвинениях против него и лёг в основу приговора)* the King of the Jews; **Ц. небесный** the King of Heaven, the Heavenly King; *ц.-сл.* "Царю Небесный, Утешителю, Душе истины, Иже везде сый и вся исполняяй, сокровище благих и жизни подателю, прииди и вселися в ны, и очисти ны от всякия скверны, и спаси, Блаже, души наша" *(молитва Св. Духу)* 'O Heavenly King, the Comforter, the Spirit of Truth, Who art everywhere and fillest all things, Treasury of blessings and Giver of life; come and abide in us and cleanse us from every impurity, and save, O Gracious One, our souls'; **Ц. Славы** *библ.* the King of Glory; **Ц. царей** *(Христос)* the King of kings; "**Ц. царем**" *(икона, изображающая Христа в богатых византийских императорских и архиерейских одеждах; означает царь всех царей)* The King of Kings; **Ц. царствующих и Господь господствующих** *библ.* the King of kings, and the Lord of lords; **2.** czar, tsar ◊ **ц. Алексей (Михайлович)** the Tsar Alexis; **ц. всея Руси** the czar of all the Russias.

Царьгра́д *истор. (Константинополь)* Tsargrad.

Царьгра́дский Си́мвол ве́ры *см.* **Нике́о-царегра́дский Си́мвол ве́ры**.

ца́та *(украшение в форме полумесяца, иногда с фигурно вырезанным краем, подвешиваемое к венцу оклада иконы в виде ожерелья)* pendant on icon, half-moon-shaped pendant, crescent collar.

Цветна́я неде́ля *см.* **ве́рбный – В.-ое воскресенье**.

Цветна́я трио́дь *см.* **трио́дь**.

цвет облаче́ния *совр. правосл. (облачение престола и богослужебные облачения духовенства бывают разного цвета – в зависимости от празднований, к-рые совершаются во время богослужения; красный цвет облачений соответствует богослужению Пасхальной недели, а тж богослужению в дни памяти мучеников; золотой и жёлтый цвета – богослужению праздников Иисуса Христа [Рождества, Сретения, Преображения, Вознесения], в воскресные дни, а тж в дни памяти апостолов и святителей; белый цвет – празднику Богоявления; голубой и белый цвета соответствуют праздникам Пресвятой Богородицы [Введение во храм, Благовещение, Успение и др.], а тж дням бесплотных сил [ангелов Господних]; фиолетовый или тёмно-красный – праздникам Креста Господня [Воздвижения и др.]; зелёный цвет – праздникам Святой Троицы, Святого Духа, Входа Господня в Иерусалим, а тж дням памяти преподобных; чёрный цвет или тёмные оттенки других цветов соответствуют богослужениям Великого поста; на Пасху как на праздник праздников священник облачается по очереди в облачения разных цветов; отпевание совершается в облачениях белого цвета)* liturgical color.

Цветоно́сная неде́ля *см.* **ве́рбный – В.-ое воскресенье**.

Цветоно́сное воскресе́нье *см.* **ве́рбный – В.-ое воскресенье**.

Цветосло́в *см.* **мине́я – м. праздничная**.

"**Цвето́чки**" *(рассказы о Франциске Ассизском)* The Little Flowers of St. Francis; *итал.* Fioretti.

цвинглиа́нец *(последователь* **цвинглиа́нства***)* Zwinglian, Tifurine, Helvic.

цвинглиа́нство *(протест. учение, сформулированное в трудах* **Цви́нгли** *и распространившееся в Швейцарии и южной Германии в 16 в.)* Zwinglianism.

Цви́нгли, У́льрих *(1484-1531; идеолог и вождь швейцарской Реформации)* Zwingli, Ulrich [Huldrei].

Цеба́от *см.* **Сава́оф.**

Цедд, еп. *(ум. 664; катол. св., д. п. 26 октября)* St. Cedd, bp.

цезарепапи́зм *(1. сосредоточение верховной церк. и государственной власти в руках одного человека, чаще всего недуховного лица; 2. верховенство государства над церковью в религ. вопросах)* caesaropapism, caesaropapacy, caesaropopism.

Цеза́рий Гейстерба́хский *(ок. 1180-1240; монах, приор монастыря ордена цистерциа́нцев в Гейстербахе близ Кёльна)* Caesarius of Heisterbach.

цезаропапи́зм *см.* **цезарепапи́зм.**

Целести́н I, св. *(ум. 432; Папа Римский, д. п. 8/21 апреля, катол. – 6 апреля и 27 июля)* St. Celestine I.

Целести́н V, св. *(ок. 1215-96; Папа Римский с 5.07 по 13.12.1294, катол. св., д. п. 9 мая)* St. Celestine V.

целести́нцы *(члены монашеского ордена, являющегося ответвлением бенедиктинского)* the Celestines.

целиба́т *(обязательное безбрачие катол. духовенства, установленное папой Григорием VII в кон. 11 в.; в англик. церкви отменено в 1549, см. тж* ***безбра́чие****)* celibacy.

це́ли христиа́нства the purposes of the Cross.

целова́ние *(приветствие поцелуем; в Зап. церкви, особ. в англик.,* ***ц.*** *заменено на рукопожатие и касание рукой и называется <a sign of peace>)* greeting by kissing, the act of kissing performed by the clergy, *греч.* aspasmos, *лат.* osculum pacis; *(в Зап. христ-ве) лат.* pax ◊ **если служат два или несколько иереев, они дают друг другу ц. мира** if two or more priests concelebrate they now exchange the kiss of peace; **кре́стное ц.** oath by kissing a cross, oath-taking; **ц. мира** *(часть евхаристического священнодействия, совершается одним духовенством, между сослужащими священниками и диаконами; этот обряд ц.-я среди мирян сохранился в литургической практике несториан, коптов, армян)* the kiss of peace; **после́днее ц.** *(прощание с покойником)* taking leave from the deceased by kissing him in the coffin; "**Приветствуйте друг друга святым ц.-м**" *(Первое послание к коринфянам св. ап. Павла)* 'Greet one another with a holy kiss'.

целому́дренный chaste.

целому́дрие *(непорочность; девственность; один из монашеских обетов – обязательство пожизненного безбрачия и полового воздержания)* chastity.

Цельс *(2 в.; философ-эклектик, один из первых античных критиков христ-ва)* Celsus.

Цельс Арма́гский, еп. *см.* **Ке́льсий Арма́гский, еп.**

цена́ пса *библ. (проституирующие мужчины характеризуются как псы, их плата – ц. п.)* the price of a dog.

церемонийме́йстер *катол. (лицо, к-рому поручена подготовка какой-л. особо торжественной службы с участием еп.-а или папы)* master of ceremonies, *сокр.* MC, *лат.* caerimoniarius.

церемо́ния ◊ **ц. бракосочета́ния** the solemnization of a marriage; **соверша́ть торже́ственную ц.-ю** to solemnize; **торже́ственная ц.** solemnity; *(совершение обряда или торжественной церемонии)* solemnization.

Церкви

"**Церкви святости**" *(протест. церкви, часто близкие к пятидесятничеству, рассматривающие рождение свыше как освящение <sanctification>, т.е. освобождение от великого греха; особое значение придают строгой морали, отказу от алкоголя, курения и т. п.; движение святости началось в кон. 19 в. в методистских церквах США)* the Holiness Churches.

"**Церкви Христа**" *см.* "**Ученики Христа**" I.

церковка *(небольшой храм)* churchlet, templet, tiny church, a toy of a church ◊ **старинная ц. с деревянным шпилем** little ancient church with a timbered spire.

"**Церковная Армия**" *англик. (проповедническая организация)* the Church Army.

церковная архитектура ecclesiastical architecture.

Церковная ассамблея *(верховный орган англик. церкви; основан в 1920; в 1970 преобразован в Генеральный синод)* the Church Assembly; *(официально)* the National Assembly of the Church of England.

церковная должность *(положение в церк. иерархии)* clericature.

"**Церковная история**" *(произведение христ. писателя и еп.-а города Кесарии, Палестина Евсевия Памфила 264-340)* The Ecclesiastical History.

Церковная Комиссия *(орган управления финансами англик. церкви, назначается правительством)* the Ecclesiastical Commission(ers), the Commissioners Ecclesiastical.

церковная литература ecclesiastical writing.

церковная музыка *(музыка христ. церкви)* church music.

церковная подать *истор. (собираемая священниками на своё содержание, первоначально зерном в день св. Мартина)* churchscot, churchshot.

церковная работа *(работа от имени какой-л. церкви с определённой целью: благотворительность, посещение больных и т. п., особ. деятельность церкви по распространению религии)* church work.

церковная сессия *(орган управления приходом в шотл. пресвитерианской церкви; состоит из священников и выборных старшин)* the Kirk session. .

церковная собственность patrimony ◊ **ц. с. св. Петра** *истор. (земли, недвижимость, принадлежавшие Римско-катол. церкви)* the Patrimony of St. Peter.

церковная цензура Church's censorship.

церковная школа *(содержащаяся на средства церкви)* churchschool.

церковник churchman, ecclesiastic; church-goer ◊ **ярый ц.** devotee, man of faith.

церковница *(женщина выполняющая различные подсобные служения в храме)* churchwoman.

церковное вино *см.* **вино**.

"**Церковное возрождение**" *истор. (см.* "**Живая церковь**"*)* the Revival Church organization.

Церковное государство *см.* **Папская область**.

церковное здание church building.

церковное издание church publication.

Церковное миссионерское общество *(крупнейшее миссионерское общество англик. церкви; основано в 1799)* the Church Missionary Society, *сокр.* CMS.

церко́вное обложе́ние *(с земель и домов прихода для содержания церкви в Англии и Ирландии; отменено в 1868; осуществляется добровольно на основе фиксированной суммы в соответствии с решением годового собрания прихожан)* church rate.

церко́вное пе́ние *см.* **пе́ние, церко́вное**.

церко́вное пра́во *(совокупность религ. и юридических норм, регулирующих структуру и деятельность церкви; тж* **канони́ческое пра́во** *II)* ecclesiastical [canon] law, *лат.* jus ecclesiasticum, jus divinum.

"церко́вное соо́бщество" *(в конгрегационалистских церквах – церк. община как юридическое лицо, имеющее право распоряжаться имуществом и т. п.)* ecclesiastical society.

церко́вное строи́тельство *(деятельность по укреплению и расширению Церкви)* Church building, Church activity.

церко́вное управле́ние church government, Church management.

церко́вное установле́ние canon.

церко́вное устро́йство church government.

церко́вное уче́ние *см.* **учи́тельство Це́ркви**.

церковноправово́й *(относящийся к церковному праву)* canonical.

церко́вно-прихо́дский parish, parochial ◊ **ц.-ая шко́ла** parochial school.

церко́вно-славя́нский Church Slavic, Church Slavonic ◊ **ц. язы́к** *(старославянский язык, подвергшийся влиянию живых славянских языков и поэтому имеющий местные разновидности – изводы; богослужебный язык РПЦ; возник в 9 в. как язык Евангелия для славянских народов: при переводе Священных Писаний равноапостольными Кириллом и Мефодием; азбука ц.-сл.-го языка состоит из славянских и греч. букв, многие слова, употребляемые в нём, тж имеют греч. происхождение)* the Church Slavonic language.

церковнослужи́тели *правосл. (представители низшего духовенства, к-рые играют вспомогательную роль в подготовке и проведении богослужений: алтарники, чтецы, певцы, канонархи, псаломщики, причётники и т.п.; поставляются через посвящение)* the minor orders, church attendants.

церковнослужи́тель 1. *правосл. (представитель низшего духовенства, см. тж* **церковнослужи́тели***)* anagnost; **2.** *(служитель культа)* clergyman, priest, minister.

церко́вность *(соответствие догматам, традициям, духу церкви; преданность церкви)* ecclesiasticism.

церко́вные владе́ния и дохо́ды temporalities.

церко́вные писа́тели *(так у лат. католиков называются авторы 1-4 вв., учение к-рых не во всём признаётся церковью ортодоксальным, напр. Ориген, Тертуллиан)* the ecclesiastical writers.

церко́вные поме́стья church-lands, church landed estates, *истор. (в Ирландии)* cross.

церко́вные прислу́жники *(см.* **церковнослужи́тели***)* church attendants, the minor orders.

церко́вный *(относящийся к церкви)* ecclesiastical, church(ly), clerical, *сокр.* cler., *устар.* ecclesial ◊ **ц. (благотвори́тельный) база́р** church fair; **Вы́сшая ц.-ая власть** the Supreme Church Authority; **ц.-е дела́** ecclesiastical affairs;

ц.-ое мероприятие *(преим. собрание, пикник, вечер отдыха и т. п.)* church function; **ц. совет** church board; **современная ц.-ая жизнь** contemporary church life.

Церко́вный апелляцио́нный суд *англик. (собирается в Вестминстерском аббатстве)* the Court of the Arches, *разг.* the Arches; **председатель Ц.-ого а.-ого с.-а** *(из мирян)* Dean of the Arches.

церко́вный год *см.* **год литурги́ческий**.

церко́вный ста́роста churchwarden.

церко́вный сто́рож sexton, *англ.* beadle, *шотл.* bed(e)ral.

церко́вный суд ecclesiastical court, Church jurisdiction, Court of Christianity, Court Christian ◊ **председательствующий ц.-ого суда** *(в пресвитерианской церкви, как правило в сане священника)* moderator; **судья ц.-ого суда** ecclesiastical judge; **тот, кто готовит дела для разбирательства в ц-ом суде** *катол.* qualificator.

церко́вный хор *см.* **хор I**.

Це́рковь *богосл. (Божественное учреждение)* Church ◊ **Ц. видимая** *см.* **Ц. зримая**; **Ц. воинствующая** *(христиане, участвующие в непрекращающейся битве с врагами Церкви; тж христиане, живущие на земле; в противоположность Церкви торжествующей)* the Church Militant; **"гостеприимная" Ц.** *(ориентированная на ещё не уверовавших)* a seeker-friendly church; **Ц. духовная** *см.* **Ц. небесная**; **Ц. единая** one Holy Church; **Ц. земная** the Church Militant; **Ц. зримая** *(все верующие, живущие в настоящее время)* the Church Visible; **Ц. небесная** the Church Triumphant; **Ц. невидимая** *(Ц. духовная, включающая тж ангелов и святых Церкви небесной)* the Church Invisible, the Church Mystical; **созидать ц. Христа** to build Christ's church; **Ц. торжествующая** *(верующие, удостоившиеся райского блаженства по смерти)* the Church Triumphant.

це́рковь I *(название христ. культового здания, имеющего алтарь и помещение для богослужения)* church, ecclesia; *устар.* dominical ◊ **без церкви** *(о деревне, городе и т. п.) прил.* churchless; **домовая ц.** *(церковь, находящаяся внутри какого-л. здания, дома, напр. при архиерейских покоях, в больнице и т.п.)* domestic church; private chapel; **зимняя ц.** *см.* **тёплая ц.**; **католическая ц.** Roman Catholic church, Mass house; **крестовая ц.** domestic church at the residence of a hierarch [of a metropolitan]; **крестово-купольная ц.** cross-domed church; **летняя ц.** *(используемая в тёплое время года)* the summer church; **монастырская ц.** minster; **надвратная ц.** gateway church, church over a gateway; **небольшая ц.** *(домовая, тюремная, полковая, при учебном заведении и т.п.)* chapel; **он регулярно ходит в ц.** he is a regular church goer, he is a regular attender at church; **особая королевская ц.** *(храм, подчиняющийся непосредственно монарху) англик.* Royal Peculiar; **по направлению к церкви** churchward(s); **походная ц.** ambulatory church; **приводить [приносить] в ц.** *(для крещения и т.п.)* to church; **сегодня в церкви было много народу** there was a high [large] attendance at church; **создавать [организовывать, основывать, учреждать] новые церкви** to plant new churches; **создание (новых) церквей** church planting; **с точки зрения церкви** within the context of the church; **тёплая ц.** *(используемая в холодное время года)* the winter church; **трапезная ц.** refectory (church); **ходить**

(регулярно) в ц. to go to a church; **ц. для моряков** bethel; **ц., имеющая купель** *лат.* delubrum; **ц., к-рую посещают христиане различных вероисповеданий, сект** и *т.п. (в небольшом населённом пункте)* union church, *амер.* community church; **однокупольная ц.** single-domed church; **ц., организованная в фасадной части здания** *(первоначально предназначавшейся под магазин; такие церкви обычно открываются евангелистами в бедных городских районах) амер.* storefront church; **ц., построенная по обету** votive church; **ц. при аббатстве** *(ныне не существующем) англик.* abbey (church); **ц. при соборе** a succursal church of a cathedral; **пятиглавая ц.** five-domed church; **трёхглавая [трёхкупольная] ц.** three-domed church; **ц. уже не существующего монастыря** minster; **четырёхстолпная ц.** church having four internal piers; **шатровая ц.** tent-shape type church; **"электронная ц."** *(богослужебные собрания, проводимые по телевидению)* electronic church.

церковь II *(религ. организация, объединённая единством догматов и обрядов)* Church, ecclesia, ekklesia; *богосл. (с Христом во главе)* the Body; *(Римско-катол. ц. как власть духовная)* obedience; **Американская православная ц.** the Orthodox Church in America; **Англиканская пресвитерианская ц., ц. Англии** the Church of England; **возвести ц. в положение господствующей** *(национальной, государственной, официальной)* to establish a Church; **государственная ц.** state shurch, the State Church, *(в Великобритании)* the Established Church; **кафолическая и апостольская ц.** the Catholic and Apostolic Church; **независимые церкви** the Independent churches; **нонконформистская ц.** the Free Church; **первоначальная ц.** the First Church; **развитие [разрастание] ц.-и** church growth; **ранняя ц.** *(первые века христ-ва, на заре христ-ва)* the early Church; **Римско-катол. ц.** the church of Rome; **родственные ц.-и** sister churches; **Святая православная кафолическая ц.** the Holy Orthodox Catholic Church; **христианская ц.** the Christian Church; *библ.* heritage; **христианская ц. Восточной Римской империи и все её преемники** the Eastern-rite church; **Ц. Бога во Христе** the Church of God in Christ; **Ц. Бога в США** the Church of God in North America; **ц. Божия** *библ.* the church of God; **ц. в Уэльсе** *(Англик. ц. Уэльса)* the Church in Wales; **ц.-мать** *(от к-рой отделились другие церкви)* mother church; **ц., не принадлежащая ни к одному из признанных вероисповеданий** *(обыкновенно небольшая секта)* underground church; **ц., отделённая от государства** the Free Church, the church independent of the state; **ц., отделённая от государства и содержащаяся на средства верующих** voluntary church; **церкви, основанные апостолами** the churches of apostolic foundation; **Ц. Семи Соборов** *(о правосл. церкви)* the Church of the Seven Councils; **"Ц. Христа-учёного"** the Church of Christ Scientist; **ц. Элладская** the Church of Greece.

Церковь всех душ *(в г. Лондоне, построена в 1824)* All Soul's Church.

Церковь Мар Фома *(малабарские христиане, вступившие в Англиканское содружество)* the 'Mar Thoma' Church.

"Церковь Назарянина" *(протест. секта, возникла в 1895 в г. Лос-Анджелесе, шт. Калифорния)* the (Pentecostal) Church of the Nazarene.

церковь обучающая *(термин, употребляемый нек-рыми катол. писателями и обозначающий священников) лат.* ecclesia docens.

це́рковь

це́рковь обуча́ющаяся *(термин, употребляемый нек-рыми катол. писателями и обозначающий мирян) лат.* ecclesia discens.

"Це́рковь объедине́ния" *(религ. организация, основанная корейским проповедником Му́ном)* the Unification church.

Це́рковь Рождества́ в Вифлее́ме *(считается одним из немногих почти полностью сохранившихся зданий раннехрист. эпохи; построена в 4 в. императрицей Еленой, матерью императора Константина Великого; ядром церкви является пещера Рождества <the Cave of the Nativity>, где, по преданию, родился Христос)* the Church of the Nativity in Bethlehem.

це́рковь св. Бриги́тты *(в центральной части г. Лондона; существует с 6 в., но её здания неоднократно разрушались в результате пожаров и войн)* St. Bride's Church.

це́рковь св. Варфоломе́я Вели́кого *(древнейший храм г. Лондона; построен в 1123)* St. Bartholomew-the-Great.

це́рковь св. Гео́ргия на Хано́вер-Сквер *(в фешенебельном районе г. Лондона Мейфэр; известна как место аристократических свадеб; построена в 1713-24)* St. George's Hanover Square.

це́рковь св. Еле́ны *(в г. Лондоне; одна из старейших и самых больших церквей лондонского Сити; построена в 13-14 вв.)* St. Helen's Church.

це́рковь св. Иоа́нна Латера́нского *см.* **Латера́нский собо́р св. Иоа́нна Крести́теля.**

це́рковь св. Кле́мента Да́тского *(в г. Лондоне; существует с 9 в., была разрушена во время Второй мировой войны, восстановлена в 1957)* St. Clement Danes.

це́рковь св. Маргари́ты *(в Вестминстере, г. Лондон; приходская церковь палаты общин; построена в 1504-23)* St. Margaret's Church.

це́рковь св. Ма́ртина на поля́х *(в Лондоне на площади Трафальгар-Сквер, построена в 1726)* St. Martin-in-the-Fields.

це́рковь св. Петра́ в цепя́х *(бывшая приходская церковь Папы Римского в г. Риме, где находится знаменитая статуя "Моисей" Микеланджело)* the Church of St. Peter in Chains.

це́рковь Свято́й Тро́ицы *(в г. Стратфорд-он-Эйвон, где похоронен У. Шекспир 1564-1616 и установлен бюст поэта)* the Holy Trinity Church, Stratford-on-Avon.

це́рковь Сент-Брайдз *см.* **це́рковь св. Бриги́тты.**

це́рковь Сент-Клеме́нт-Дейнз *см.* **це́рковь св. Кле́мента Да́тского.**

Це́рковь Сло́ва Христо́ва *см.* **Це́рковь Христа́.**

це́рковь Те́мпла *(старинная лондонская церковь, один из пяти оставшихся в Англии средневековых храмов круглой формы; сооружена в 1185)* the Temple Church; *(официальное название)* the Church of St. Mary the Virgin ◊ **настоя́тель Т.** *(титул)* Master of the Temple.

Це́рковь Христа́ *(протест. конфессия в США, насчитывающая ок. 2 млн последователей)* the Church of Christ.

Цеци́лия Ри́мская, мц. *см.* **Кики́лия Ри́мская, мч.**

Цеци́лия Солу́нская, мц., де́ва *(3 в.; катол. св., д. п. 22 ноября)* St. Cecilia, v, m.

Цзинту-цзун *(школа "чистой земли" <the Pure Land School>; буддийская школа **махаяны**, основанная в Китае в 402 монахом Хуэйюанем)* Ching Tu Tsung.

Цзинцзин *(549-623; китайский буддийский деятель)* Chi-tsang.

Цзонкáба см. **Цонкáпа**.

Цзонхáва см. **Цонкáпа**.

цзыжáнь *(в **даосизме** – идеальное состояние человека, вытекающее из полной гармонии с силами природы)* tzu-jan.

Цигенбальг, Бартоломéй *(1682-1719; протест. миссионер)* Ziegenbalg, Bartholomaeus.

цикл *(богослужебный)* см. **круг** *(суточный, недельный, годовой)*.

Циклáг см. **Секелáг**.

цикл, лýнный см. **лýнное течéние**, **метóнов цикл**.

Цилла библ. *(одна из двух жён Ламеха, мать Тувалкаина, к-рый ковал орудия из меди и железа, и Наемы)* Zilla.

Циллиýмские мýченики, свв. *(12 христиан, семь мужчин и пять женщин, казнённых в Карфагене в 180, катол. свв., д. п. 17 июля)* the Scillitan Martyrs.

Цинцендорф, Николáус Лю́двиг *(1700-60; немец. религ. реформатор, основатель общины **гернгýтеров**)* Zinzendorf, Nicolaus Ludwig, Graf von.

циркумцеллионы см. **агонистики**.

цистерциáнцы *(члены катол. монашеского ордена, основанного бенедиктинцем св. Робертом Молесмским <Robert de Molesme> в 1098 и возглавленного в 1115 св. Бернардом Клервосским; в наст. время насчитывается немногим более 3 тыс. **ц.-ев**)* Cistercians, *истор.* pied. monks ◊ **(монашеский) орден ц.-ев** the Cistercian Order; **устав ордена ц.-ев** *(утверждён в 1119 папой Иннокентием III)* the Cistercian Rule, *лат.* Charta Charitatis (Law of Love).

цицит иврит *(в иудаизме – кисти на углах четырёхугольной накидки, называемой **талит**, к-рую должен носить еврей)* мн. ч. zizith.

Цоáн библ. *(город, расположенный на восток от дельты Нила)* Zoan.

Цонкáпа *(1357-1419; тибетский религ. деятель, основатель школы **Гелýгпа**, т.е. "жёлтые шапки" <the Yellow Hats>)* Tsong-kha-pa.

Ч

чáда Цéркви the children of the Church.

чáдо Христóво *(см. **младéнец во Христé**)* ◊ **стать новым ч.-м Х.-вым** to become a new babe in Christ.

чадрá тюрк. *(в традиционном мусульманском быту – женское покрывало, закрывающее всё туловище и лицо, к-рое, по предписанию шариата, обязаны носить женщины-мусульманки, оставляя открытыми только глаза, тж **паранджá**)* yashmak, yashmac; veil ◊ **мусульманка в ч.-е** veiled Moslem.

чáйтья санскрит *(буддийское культовое сооружение, храм-молельня, вырубленный в скале; иногда отдельно стоящее здание)* chaitya.

ча́кра *(в индуизме и теософии – один из шести кругов или центров энергии в человеческом теле; тж в брахманистско-индуистской иконографии – атрибут бога **Ви́шну**; в буддийской иконографии – "колесо учения", знак начала проповеди **Бу́дды**)* c(h)akra.

чакрава́(р)тин *(в буддизме и индуизме – идеальный царь, устанавливающий во всём мире царство справедливости)* chakravartin.

чалма́ *(муж. головной убор у мусульман, а тж у сикхов в Индии; полотнище ткани, обёртываемое вокруг головы, либо поверх фески или тюбетейки, имеет тж обрядовое значение – служить саваном умершему в пути, тж **тюрба́н**)* turban ◊ **увенчанный изображением ч.-ы** *(о мусульманской гробнице)* turbaned.

Ча́лмерс, То́мас *(1780-1847; шотл. богослов)* Chalmers, Thomas.

чан *см.* **котёл**.

Ча́нди *(в индуизме грозная ипостась богини Деви)* Chandi.

ча́нди *(в архит-ре острова Ява, Индонезия первоначально название гробницы, затем храма-святилища с изображениями Будды или индуистских божеств)* chandi.

Чандраки́рти *(ок. 600-50; индийский буддийский мыслитель и учитель **маха́яны**)* Candrakirti.

Ча́ннинг, Уи́льям Э́ллери *(1780-1842; амер. обществ. и религ. деятель, родоначальник унитарианства в США)* Channing, William Ellery.

чань(-будди́зм) *китайский (созерцательная школа буддизма **маха́яны**, возникшая в Китае в 6 в.; в Японии **дзэн(-будди́зм)**)* Ch'an.

Ча́пмен, Джон *(1865-1933; англ. христ. учёный)* Chapman, John ◊ *(одно из его сочинений)* "**Духо́вные пи́сьма**" *(1935)* the Spiritual Letters.

чароде́й *(маг)* magician, *библ.* sorcerer.

чароде́йство *(магические действия)* magic, charms.

чаротворе́ние *см.* **чароде́йство**.

ча́ры magic spell.

часо́вник *см.* **часосло́в**.

часо́вня *(1. в православии маленькая церковь для отдельных частных служб; в отличие от храма ч. не рассчитана на совершение литургии и потому не имеет алтаря; 2. у католиков маленькая церковь)* chapel, oratory; *(сооружённая на вклад)* chantry; *(подземная)* crypt ◊ **дополнительная ч. или церковь** *(в Англии, построенная рядом с собором для удобства и нужд растущего прихода)* chapel at ease; **кладбищенская ч.** graveyard chapel; **надгробная ч.** mortuary chapel, funerary monument; *(в Индии)* chhatri; **небольшая ч. на кладбище** *(в раннем христ-ве)* cella (coemeterialis); **поминальная ч.** memorial [funeral] chapel; **придорожная ч.** wayside shrine; **ч. всех** *(христ.)* **вероисповеданий** all-faith chapel; **ч. нонконформистов в Англии** bethel; **ч.-памятник** *(внутри храма)* secellum; **ч., построенная на вклад на поминовение души** chantry chapel; **ч. с прилегающей к ней территорией и имуществом** *(в Зап. христ-ве)* chapelry.

часо́вня Ге́нриха VII *(название придела Богоматери <Lady Chapel> в Вестминстерском аббатстве в Англии; сооружена 1503-13)* the Chapel of Henry VII.

часо́вня св. Гео́ргия *(в Виндзорском замке; в ней проходит церемония посвящения в кавалеры ордена Подвязки; построена в 15 в.)* St. George's Chapel.

часосло́в *(церковно-богослужебная книга, содержащая псалмы, молитвы, песнопения и др. тексты суточного круга богослужения, а тж тексты нек-рых часто употребляемых молитвословий)* the horologium, the Horologion, the hour book, the Book of Hours; *лат.* Horae, *истор.* *(в Англии)* the Primer.

части́цы ◊ **ч. просфор** communion particles; **ч. святы́х моще́й** (the) particles of the holy relics.

Ча́стные бапти́сты *(самое многочисленное течение в баптизме)* the Particular Baptists.

часы́ **1.** *(службы суточного круга; установленный порядок распределения церк. службы по часам суток)* the (daily) canonical hours, the course, the liturgical hours, offices of the hours; *лат.* horae canonicae, *(службы 1-го, 3-го, 6-го и 9-го часов)* the lesser [minor, little] hours ◊ **междучасия** offices of prayer and devotion in between the canonical hours, *греч.* mesorion, meso-ora; **ца́рские ч.** *(совершаются в Великую Пятницу, а тж в канун праздников Рождества Христова и Богоявления)* the Great [Royal] Hours; **чита́ть поло́женные (в э́тот час) моли́твы** to say [recite] one's (canonical) hours; **2.** *(собрание псалмов и молитв)* a collection of psalms and prayers.

чачва́н *см.* **паранджа́**.

ча́ша *библ.* vial ◊ "... иди́те и вы́лейте семь чаш гне́ва Бо́жия на зе́млю" *(Откровение Иоанна Богослова 16:1)* 'Go your ways, and pour out the vials of the wrath of God upon the earth'; **ч. гне́ва Бо́жия** the vial of God's wrath.

ча́ша водосвя́тная *(чаша для освящения воды; представляет собой ч.-у из серебра, на низком стояке с круглым основанием; с восточной стороны на чаше имеются ячейки для трёх свечей; если ячейки отсутствуют, то свечи ставятся рядом с чашей с восточной стороны)* holy-water basin.

ча́ша го́рькая *библ.* bitter cup ◊ **испи́ть г.-ую ч.-у** to drink the bitter cup.

ча́ша Госпо́дня chalice.

ча́ша для омове́ния рук *катол.* urceole.

ча́ша для прича́стия *(тж поти́р)* the Communion cup, chalice, cruet, *франц.* burette; *(в раннехрист. церкви)* amula.

ча́ша Илии́ проро́ка *(употребляется во время трапезы на еврейской Пасхе; ставится с вином, согласно еврейской традиции, для пророка Илии, к-рый может прийти как гость)* Elijah's cup.

ча́ша свята́я *см.* **ча́ша для прича́стия**.

ча́ша со свято́й водо́й *(при входе в катол. храм)* stoup, stoop (font).

ча́ша страда́ний the cup of suffering.

Че́йни, То́мас Ке́лли *(1841-1915; англ. богослов; ему принадлежит ряд комментариев к книгам пророков Исайи, Иеремии, Осии и Михея и сочинений по библ. критике и истории)* Cheyne, Thomas Kelly.

чела́ *(ученик гуру)* chela.

челове́к-бо́г *см.* **человекобо́г**.

челове́к-волк *см.* **верво́льф**.

челове́ки *см.* **лю́ди**.

человекобо́г theanthropos.

человеколю́бец philanthropist, philanthrope, humanitarian ◊ **ч. Бог наш** our God who loves mankind; **"Яко милостив и ч. Бог еси, и Тебе славу возсылаем, Отцу и Сыну и Святому Духу, ныне и присно и во веки веков. Аминь."** *(молитва)* 'For Thou art a merciful God and lovest mankind, and unto Thee we ascribe glory, to the Father, and to the Son, and to the Holy Spirit, now and ever, and unto ages of ages. Amen'.

человеколюби́вый philanthropic(al), philanthropean.

человеколю́бие philanthropy, philanthropism, love of mankind, love of fellow-men.

Ченстохо́ва *(старинный город в Польше; один из самых крупных центров культа Девы Марии, где находится чудотворная икона Ченстоховской Божьей Матери греч. письма, почитаемая католиками и православными)* Czestochowa.

че́реп *(эмблема смерти, изображение смерти)* death's-head, *(череп и кости)* skull and crossbones; *лат.* caput mortuum.

чере́сла *см.* **чре́сла**.

Че́рмное мо́ре *библ. (в Ветхом Завете часто встречающееся название Акабского залива, рукава Красного моря на востоке полуострова Синай, но тж и Суэцкого залива на западе того же полуострова)* the Red sea.

чернец *см.* **мона́х**.

черне́чество *см.* **мона́шество**.

Черни́говская-Гефсима́нская ико́на Бо́жией Ма́тери *(список с чудотворной Черниговской-Ильинской иконы; прославилась в 1860 в Гефсиманском скиту близ Троице-Сергиевой лавры; празднование 2/15 сентября)* the Chernigov-Gethsemane icon of the Mother of God.

черни́ца *см.* **мона́хиня**.

черни́чие *см.* **смоко́вница**.

чернокни́жие *(чёрная магия, в частности использование в колдовских целях "чёрных книг" – старинных сборников, содержащими руководство для колдовства, вызова демонов и т. п.)* black magic.

чернокни́жник practitioner of black magic, necromancer.

чернори́зец *см.* **мона́х, чёрное духове́нство**.

чернори́сник 1. *(монах)* monk; **2.** *(священнослужитель в черном облачении)* clergyman wearing a black habit *or* cassock.

черта́ осе́длости *истор. (для евреев в России)* the (Jewish) Pale.

чертёнок imp.

черто́г 1. *(дворец, богатые палаты)* mansion, palace; **2.** upper chamber, chamber ◊ **бра́чный ч.** bridechamber; **3.** *библ.* temple.

"Честне́йшая" *(стих молитвы, сложенный в честь Пресвятой Богородицы; начало молитвы см.* **Богоро́дица***) ц.-сл.* **"Досто́йно есть, яко воистину блажити Тя, Богородицу, приснoблаженную и пренепорочную и Матерь Бога нашего.** 'Meet it is in truth, to glorify Thee, O Birthgiver of God, ever blessed, and all-undefiled, the Mother of our God. **Честне́йшую Херувим и славне́йшую без сравнения Серафим, без истления Бога Слова рождшую, сущую Богородицу Тя величаем.** More honourable than the Cherubim, and beyond compare more glorious than the Seraphim, Thou who without stain didst bear God the word, True Birthgiver of God, we magnify Thee. **Под Твою**

милость прибегаем, Богородице Дево, молений наших не презри в скорбех; но от бед избави нас, Едина Чистая и Благословенная. We fly to thy patronage, O Virgin, Mother of God, Despise not our prayer in our necessities, but deliver us from all dangers, who alone art pure and blessed. **Преславная Приснодево, Богородице Марие, Мати Христа Бога нашего, приими молитвы наша и принеси я Сыну Твоему и Богу нашему, да спасет и просветит Тебе ради души наша.** O Most Glorious Ever-Virgin Mary, Mother of Christ, our God, accept our prayers and present them to thy Son and our God, that He may, for Thy sake enlighten and save our souls. **Вся небесныя силы, святии Ангели и Архангели, молите Бога о нас грешных.** All ye heavenly Powers, Holy Angels and Archangels, pray to God for us sinners. **Святии славнии Апостоли, Пророцы и Мученицы, и вси святии, молите о нас грешных."** O Holy and glorious Apostles, Prophets, Martyrs and all ye Saints, pray to God for us sinners'.

честно́й 1. *(установленный законом, религией, добрым обычаем; святой)* holy, sanctified, sainted, saintly ◊ **ч. крест** holy cross; **ч.-ые мо́щи** sanctified relics; **2.** *(драгоценный)* precious ◊ **Ч.-ые Да́ры** the Precious Gifts; **ч.-ая Кровь Христа́ Твоего́** the Precious Blood of Your Christ; **ч.-ое Те́ло Христа́ Твоего́** the Precious Body of Your Christ.

Четвероблагове́стник *см.* **Четвероева́нгелие**.

Четвероева́нгелие *(часть Нового Завета, состоящая из четырёх Евангелий: от Матфея, Марка, Луки и Иоанна)* the canonical Gospels, the Tetraevangelion.

Четвёртая кни́га Моисе́ева *см.* "**Чи́сла**".

четвертовла́стник *см.* **тетра́рх**.

"Четы́ре благоро́дные и́стины" *(суть буддийской доктрины: жизнь есть зло и страдание; причина рождения в жизнь – страсть к удовлетворению желаний; освобождения от зла, т.е. жизни и перерождений, можно достичь отказом от желаний; путь избавления от желаний – следование учению буддизма)* the Four Noble Truths.

четыредеся́тины *см.* **сорокоу́ст**.

четыредеся́тники *см.* **квартодецима́ны**.

Четыредеся́тница *(часть Великого поста продолжительностью в шесть недель для приготовления к особой неделе более строгого поста – Страстной седмице)* Quadragesima, the forty days of Lent.

"четы́ре значе́ния" *(в Библии при истолковании слов и выражений – исторический или буквальный смысл, а тж аллегорический, нравоучительный и мистический; напр. Иерусалим: буквально – город в Иерусалиме, аллегорически – Церковь, нравоучительно – верующая душа, мистически – небесный Иерусалим)* the four senses.

четыренадеся́тники *см.* **тетради́ты**.

Четы́рнадцать святы́х помо́щников *см.* **свято́й помо́щник**.

Че́тьи-мине́и *(жития́ святы́х, расположенные в календарном порядке; является славянской передачей греч. выражения "минолог для чтения")* the Menology, the Synaxary, the Synaxarion.

чечеви́чная похлёбка *библ. (перен. – что-л., не представляющее никакой ценности)* mess of pottage.

Чéшские

Чéшские брáтья см. **Морáвские брáтья**.

чéшские дейсты см. **абрамúты**.

чёрная мéсса 1. *(пародия на христ. мессу, исполняемая поклонниками сатанинских культов)* the Black Mass, black market; **2.** *разг. (заупокойная служба, во время к-рой священник одет в чёрные одежды)* black Mass; **3.** *(в средневековой демонологии – шабаш ведьм)* the black Mass, Sabbat.

"чёрная сутáна" *(катол. священник)* black gown.

чёрное духовéнство *(монашествующее священство, см.* **духовéнство***)* the "black" [celebate, monastic] clergy.

"Чёрные мусульмáне" *(воинствующая шовинистическая религ. организация амер. негров; основана в 1930 "пророком" Вали Фарадом <Wali "Prophet" Farad>)* the Black Muslims, the Nation of Islam ◊ **член организации "Ч. м."** Black Muslim.

Чёрный кáмень *(камень, предположительно метеорит, почитаемый мусульманами; состоит из нескольких кусков, скреплённых обручем; находится в Мекке; см.* **Кáаба***)* the Black Stone of Mecca.

Чёрный Лось *(1858-1950; амер. индеец, почитавшийся за святого, католик, был известен своими видениями)* Black Elk.

Чёрный Олéнь см. **Чёрный Лось**.

чёрт *(олицетворение зла, враг рода человеческого, нечистый, лукавый, окаянный, бес, демон)* devil, deuce.

чётки *(шнурок с узелками или бусинами, служащий для счёта прочитанных молитв)* (prayer) beads; *греч.* kombologion; *(в Зап. христ-ве, особ. у католиков)* rosary; *(вариант чёток у католиков, состоящий из 55 <иногда из 59> зёрен)* chaplet; *(у мусульман)* subha; *(у мусульман с 99 бусинами)* comboloio ◊ **зерно** *(чёток)* bead; **читать молитву по ч.-ам** to count [say, tell, bid] one's beads.

чётки-лéствица *(узкий кожаный плетёный ремешок, изготовленный таким образом, что на его внешней боковой поверхности получается 100 валиков, 9 из к-рых, большего размера, являются разделительными; свободные концы ремешка соединены и заканчиваются двумя вложенными друг в друга двойными треугольными лепестками; сохранились только у старообрядцев)* греч. komboschoinion, komvoschinion.

Чжан Дáо-лин *(так называемый первый даосский патриарх, рождённый чудесным образом в 34 н. э.; занимался изучением алхимии, магии, искал эликсир жизни <the elixir of life>; среди его потомков выбирались главы последующих даосских организаций)* Chang Tao-ling.

Чжуáн-цзы *("учитель Чжуан"; ок. 369 - 286 до н.э.; древнекитайский философ, один из основоположников* **даосúзма***)* Chuang Tzu.

Чжуáн Чжóу см. **Чжуáн-цзы**.

Чжу Си *(1130-1200; наиболее известный из неоконфуцианцев)* Chu Hsi.

чжэнь-жэнь *(в* **даосúзме** *– "совершенномудрый" смертный, достигший высокой ступени познания человека)* chen-jen.

чин I *(порядок совершения богослужения)* ◊ **византийский ч. богослужения** the Byzantine order of services; **ч. евхаристии, евхаристичесий ч.** the eucharistic ordo, the order of the eucharist; **местное видоизменение чина богослужения** *катол.* use; **ч. богослужения** ordo, liturgy, office, order of services; **ч. крещения** office of Baptism; **ч. обедни** office of the Mass; **ч. освящения** office of consecration; **ч. повседневных служб** liturgy of the hours; "**ч. священныя литургии**" the office of the liturgy; "**ч. чтений**" *катол. (богослужение, составленное на основе полунощницы; может совершаться в любое время дня)* the Office of Readings.

чин II *(полное изложение в церк. книгах всех молитв, назначенных для определённого богослужения, с обозначением их последовательности)* akoluthia, *катол.* ritual.

чин III *(богослужебный обряд какой-л. церкви)* Rite ◊ **восточный [православный]** ч. the Eastern Rite; **(римско-)католический** ч. the Roman Rite.

чин IV *(1. установленный порядок расположения икон в каждом ряду иконостаса; 2. любой из рядов [ярусов] в иконостасе, кроме местного ряда)* tier, row ◊ **деисусный ч.** *(ярус иконостаса с иконами Иисуса Христа, благословляющего правой рукой и с Евангелием в левой руке, и святых, обращающихся к нему в молитве)* the Deisis (tier); **праздничный ч.** *(в иконостасе горизонтальный ряд икон, расположенных, как правило, над деисусным чином, в к-рых изображаются сцены из Нового Завета, соответствующие названиям отмечаемых правосл. церковью праздников)* the Festival tier; **праотеческий ч.** *(ряд икон иконостаса, представляющий ветхозаветную "дозаконную" церковь в образах патриархов от Адама до закона Моисеева; в центре его – икона "Отечество", справа от зрителя Адам, слева Ева, за ней Авель; в этом же ряду расположены Исаак, Авраам, Иаков, Моисей, Ной и др. персонажи из первых книг Библии; помещается над пророческим чином)* the Patriarchs [*or* Forefathers] tier; **пророческий ч.** *(в иконостасе ряд с изображениями ветхозаветных пророков, высказывания к-рых в христ. толковании были предсказаниями о пришествии Иисуса Христа)* the Prophets' tier [*or* row].

чин V *(ангельский)* choir, order ◊ **ангельские ч.-ы** celestial hierarchy; **девять ч.-ов ангельских** *(ангельские силы подразделяются на девять ангельских чинов или ликов, к-рые делятся на три иерархии [степени]: высшую – серафимы, херувимы, престолы; среднюю – господства, силы, власти; низшую – начальства, архангелы и ангелы)* the Nine Choirs of Angels.

чиновник архиерейского священнослужения *(архиерейский служебник)* the service book of a hierarch, the Archieraticon.

чиновник епископского служения *(служебник) катол.* bishop's ceremonial, episcopal service book, *лат.* Caeremoniale Episcoporum.

чиноположение *(устав, по к-рому совершается церк. обряд или служба)* liturgical [ceremonial] rule.

чинопоследование *(фиксированное церк. правилами или традиционно сложившееся последовательное сочетание молитв и песнопений, совокупность к-рых составляет определённое богослужение)* ordinary, an ordinary [order] of service, ritual observance, ceremony, sequence of rites and ceremonies.

"**Числа**" *библ. (Четвёртая книга Моисеева; названа так потому, что в ней с самого начала говорится о счислении [переписи] израильтян, годных к воинской службе)* The Numbers, *сокр.* Num(b)., The Fourth Book of Moses, called Numbers.

числó Антúхриста см. **апокалиптúческое числó**, **"числó звéря"**.

"числó звéря" библ. (таинственное число "666"; в христ-ве это число связывается с Антихристом) the number of the beast – Six hundred threescope and six ◊ "Здесь мудрость. Кто имеет ум, тот сочти число зверя, ибо это число человеческое; число его шестьсот шестьдесят шесть" (Откровение св. Иоанна Богослова 13:18) 'Here is wisdom. Let him that has understanding count the number of the beast: for it is the number of a man: for it is the number of a man; and his number is Six hundred threescope and six.

чистúлище (согласно катол. вероучению – промежуточное место между раем и адом, где души грешников, не получившие прощения в земной жизни, но не отягощённые смертными грехами, прежде чем получат доступ в рай, горят в очищающем огне; правосл. и протест. церкви отвергают учение о ч.) purgatory ◊ **очищение в ч.** purgation.

чистúлищный (относящийся к чистилищу) purgatorial.

чистотá, нрáвственная moral purity.

чúстый душóй pure-minded.

Чúстый четвéрг правосл. (четверг Страстной седмицы, **Велúкий четвéрг**) the Great Thursday.

читáть ◊ **ч. Апостол** to read the Epistle; **ч. вечернюю** или **утреннюю молитву** to say one's office; **ч. краткий стих из псалмов** to chant a brief verse from the psalms; **ч. молúтвы** (молиться) to say one's prayers.

чиштийá (суфийское братство Индии и Пакистана) the Chishtiyah, the Chishtiyya.

член вéры (догмат, правило веры) article of faith, credendum.

член госпóдствующей цéркви (напр., в Англии и её бывших колониях – член англик. церкви, в Шотландии – пресвитерианин, в США – протестант) Churchman.

член Зáпадной цéркви редко Western.

член монáшеского óрдена катол. regular, oblate ◊ **ч. Ордена Непорочной Марии** oblate of Mary Immaculate, сокр. O.M.I.

член приходскóго управлéния или **церк. совéта** vestryman.

член трéтьего óрдена францискáнцев см. **терциáрий**.

член цéркви (church) member, communicant; (активный) churchman ◊ **стать активным ч.-ом ц.** to take one's place in the church.

член церкóвной общúны см. **член цéркви**.

члéны (статьи-документы, содержащие основы англик. вероучения) the Articles ◊ **39 членов англик. церкви** (свод догматов англик. церкви) the Thirty-nine Articles of the Church of England.

члéны Óрдена Искупúтеля см. **редемпторúсты**.

члéны Óрдена Святéйшего Спасúтеля см. **редемпторúсты**.

члéны цéркви собир. church membership ◊ **номинáльные ч. ц., так называемые христиане** nominal Christians, nominal church members.

чод (тибетский эзотерический обряд инициации) chod.

чортэ́н (в архит-ре Тибета разновидность ступы, символ мыслей Будды; монументальное величественное сооружение из кирпича на мощном полигональном цоколе, сложенного из грубого камня; ставился рядом с буддийским храмом, иногда на каждой из четырёх сторон света) chorten.

чрево *библ. (утроба матери)* womb ◊ **плод ч.-а** fruit of the womb.

чревоугодие *(пристрастие к лакомым кушаньям, напиткам)* the sin of gluttony.

чреда *библ. (очередь)* course ◊ **Авиева ч.** the course of Abia; **священническая ч.** the priestly course, the course of the priests.

чресла *(поясница, бёдра)* loins ◊ **препоясать ч.** *библ.* to gird up *one's* loins.

чтение Апостола the reading of the Epistle, the Epistle reading.

чтение Евангелия the Gospel reading.

чтение молитвы Богородице saying Aves.

чтение отрывка из Священного Писания на богослужении lesson, recitation, lections, a passage [reading] from the Bible, *лат.* capitulum.

чтение отрывков из Библии *(в синагоге)* miqra, mikra.

чтение Писания the reading of the Scripture.

чтение Слова Божия the reading of the word of God.

чтение урочных молитв prayer devotion ◊ **руководство для ежедневного молитвенного ч.-я** devotional guide.

чтец *(церковнослужитель, читающий во время богослужения тексты из церк. книг)* (taperer-)reader, *катол.* anagnost, lector, *(мирянин или священнослужитель, читающий Евангелие на богослужении)* gospel(l)er; *(апостола)* epistler, epistolar ◊ **он был возведён в ч.-ы** he was made a reader; **ч. Священной Теологии** *катол.* Reader in Sacred Theology, *лат.* Sacrae Theologiae Lector, *сокр.* S.T.L.

чтимый святой revered saint.

чтить to honour, to revere ◊ **Чти отца твоего и матерь твою** *(заповедь)* Honour your father and your mother.

"Чудеса иконы Богоматери Римской" *(иконографическая композиция)* The Miracles of the icon of the Virgin of Rome.

чудесный *(заключающий в себе чудо, волшебный)* miraculous ◊ **ч.-ое избавление** miraculous [providential] escape; **ч.-ое исцеление** miraculous healing, miraculous cure.

чудесным образом miraculously.

чудо *(по религиозным и мифологическим представлениям сверхъестественное явление, вызванное вмешательством Божьей силы)* miracle, wonder, portent, marvel, thaumaturgy, mighty works ◊ **вера в чудеса** belief in the reality of miracles; **творить чудеса** to perform [work] miracles, to work wonders.

Чудо Архистратига Михаила в Хонех *см.* **Воспоминание чуда Архистратига Михаила, бывшего в Хонех [Колоссах]**.

Чудов монастырь *(Чуда Михаила Архангела; мужской монастырь, находившийся в Московском Кремле; основан в 14 в.; был крупным центром по переводу и переписке книг; не сохранился)* the Monastery of the Miracle (of the Archistratigus Michael).

"Чудо Георгия о змие" *(иконографическая композиция, иллюстрирующая легенду о Георгии, к-рый победил змия, требовавшего человеческих жертв, спас царевну и освободил от врага страну Ливийскую)* St. George and the Dragon.

чудодейственный miracle-working, miraculous.

чудодея́ния см. **чудотворе́ния**.
чудотворе́ния miracles, miracle working; *(совершаемые с Божьей помощью) устар.* theomagy ◊ **сообщалось о многочисленных ч.-х, свершившихся на его** *(святого)* **могиле** numerous miracles were reported at his tomb.
чудотво́рец *(эпитет ряда святых, особо прославившихся даром чудотворения)* wonder-worker, miracle-worker, thaumaturge, thaumaturg(us).
чудотво́рить to work wonders, to work miracles.
чудотво́рный *(в религ. представлениях вызывающий чудо, производящий, творящий чудеса)* miracle-working, wonder-working, thaumaturgic ◊ **ч.-ая ико́на** the miracle-working icon.
"Чу́до Фео́дора Тиро́на" *(иконографическая композиция; предание о Феодоре Тироне восходит к византийской апокрифической лит-ре)* The Miracle of St. Theodore Tiro.
чужестра́нец *библ. (варвар)* barbarian.
чума́ pestilence.
Чэд, еп. *(ум. 672; катол. св., д. п. 2 марта)* St. Chad [Ceadda], bp.

Ш

Ша́бат *(субботний отдых, предписываемый иудейской религией)* Sabbath (day), Shabbath, *сокр.* S, Sab.
ша́баш ведьм *(в средневековых поверьях – собрание ведьм, сопровождавшееся диким разгулом)* witches' Sabbath, Black Sabbath, s̀abbat(h), *шотл.* covine [coven] of witches.
Шабуо́т см. **Шавуо́т**.
шавва́л *(месяц мусульманского календаря)* Shawwal.
Шавуо́т *(иудейский праздник в память дарования Торы на горе Синай пророку Моисею; празднуется через семь недель после второго дня Песах, шестого <в диаспоре и седьмого> числа месяца сиван, что приходится на май-июнь общегражданского календаря; тж* **Пятидеся́тница II***) иврит* Shabuoth, Shavuos, *библ.* the Feast of Weeks, the day of Pentecost.
ша́йва-сиддха́нта *(система идеалистической философии, возникшая на юге Индии)* Shaiva Siddhanta.
шайта́н *(по учению ислама, дьявол, бывший ранее ангелом; см.* **Ибли́с***)* Shaitan, Sheitan, Shaytan.
Ша́кти *(одна из ипостасей жены Шивы)* S(h)akti ◊ **тот, кто поклоняется Матери-Богине Ш.** S(h)akta.
ша́кти *(духовная энергия Шивы, к-рая накапливается в нём во время аскетических бдений; она тесно сплетена с его муж. животворящей силой; со временем* **ш.** *переместилась на жен. творчески-энергетическое начало, олицетворённое женами Шивы в индуизме, тантризме и пр.)* s(h)akti.
шакти́зм *(культ* **ша́кти***; в его основе лежит почитание шакти как силы, творческого, энергетического начала божества и как созидательной силы сознания)* S(h)aktism.

Шакьяму́ни *(распространённое имя основоположника буддизма* **Гаута́мы***, применяемое к тому периоду его жизни, когда он уже получил Просветление, т.е. стал Буддой)* S(h)akyamuni.

Ша́кья-му́ни *см.* **Шакьяму́ни**.

Шалль фон Белль, Ада́м *(1591-1666; немец. миссионер)* Schall von Bell, Adam.

шама́н *(служитель шаманского культа)* shaman ◊ **ш.-знахарь** *(преим. у индейцев Южной Америки)* medicine man; *(у индейцев, живущих на севере Южной Америки)* peai.

шамани́зм *см.* **шама́нство**.

шама́нить to practise shamanism.

шама́нство *(ранняя форма религии; основывается на представлении об общении шамана с духами во время камлания – ритуала, приводящего шамана в экстатическое состояние; чаще всего сопровождается пением, танцами и музыкой: ударами в бубен и т.п.; основная функция* **ш.-а** *– "лечение" больных; известно многим народам Африки, Сев. и Восточной Азии, индейцам и др.)* shamanism.

шама́ш *иврит (служитель синагоги)* shammash.

Ша́мб(х)ала *(в тибетском буддизме мифическая страна, находящаяся к северу от Тибета, где проживают великие Учители Востока – гималайские махатмы – и сосредоточены знание, мудрость и чистота)* Shambala.

Шамга́р *см.* **Самега́р**.

Шами́р *библ. (географическое название и муж. имя)* Shamir.

Ша́мма *библ. (муж. имя)* Shammah.

Шан-ди́ *("верховное божество" <the 'Lord on High'>, "высший пре́док"; верховный бог древнекитайской мифологии; в даосизме – великий предок)* Shang Ti, Shang-ti.

Ша́нкара *(788-820; тамил, последователь* **шиваи́зма***; индийский философ, религ. реформатор, один из главных учителей и проповедников филос. школы* **адва́йты(-веда́нты)***)* Shankara(charya), Sankara.

Шанта́ль, Жа́нна Франсуа́за де *(1572-1641; основательница монашеского Ордена посещения св. Девой Марией Елизаветы <the Order of the Visitation>; катол. св., д. п. 14 декабря)* Jeanne Françoise de Chantal, St.

Шантара́кшита *(крупнейший буддийский мыслитель Индии 8 в.)* Shantiraksita.

Шантиде́ва *(буддийский мыслитель; кон. 7 - нач. 8 вв.)* Shantideva.

Шантира́кшита *см.* **Шантара́кшита**.

ша́почка без поле́й *см.* **скуфе́йка**.

шариа́т *араб. (свод норм мусульманского права, морали, религ. предписаний и ритуалов, призванный охватить всю жизнь мусульман от колыбели до могилы)* the Sharia(t), the Shariath, the Sheriat.

шари́ф *(потомок пророка Мухаммада через его дочь Фатиму)* sherif, sharif, shereef, shareef.

Шаро́н *см.* **Саро́н**.

Шарро́н, Пьер *(1541-1603; франц. богослов и моралист)* Charron, Pierre.

Шартре́з *(колыбель картезианского ордена, большой монастырь в Дофине, основанный в 1084 св. Бруно вблизи места, где он жил отшельником; в 1793 монастырь был упразднён, но в 1816 снова открыт)* франц. La Grande Chartreuse.

шастра

шастра *(священный свод законов индуистов, отрасли специальных теоретических знаний, соответствующие им учебные дисциплины и тексты, их трактующие)* shastra, shaster.

шастри *(в индуизме – человек, сведущий в священных писаниях)* shastri.

шатровый *архит.* tent-roofed, tent-shaped, pyramidal, hipped ◊ **каменная ш.-ая церковь** stone tent-shaped church; **ш.-ая крыша** hip(ped) roof.

шаттария *араб. (суфийское братство)* the Shattariyah.

шатх *араб. (изречение суфия в момент мистического экстаза)* shath.

шафер *(лицо, состоящее при женихе или невесте в свадебной церемонии и придерживающее венец над головой при церк. обряде венчания)* best man (at wedding).

шафииты *(последователи одной из суннитских религ.-правовых школ, названной по имени Мухаммеда ибн Идриса аш-Шафии (767-820)* <Muhammad ibn Idris al-Shafii>*)* the Shafiites.

шахада *(от араб. "шахида" – свидетельствовать; формула, содержащая изложение двух основных догматов ислама: "Нет Бога, кроме Аллаха, и Мухаммад – пророк Его"* <"There is no god but Allah, and Muhammad is his messenger">*)* shahada(h).

шахарит *(иврит "на заре"; самая длинная из иудейских ежедневных молитв – утренняя, длится 35-50 минут)* shaharith.

шахрис *см.* **шахарит**.

шахсей-вахсей *(европ. название <происходящее от традиционной фразы "Шах Хусейн, Вах Хусейн"> траурных церемоний в первые 10 дней* **мухаррама** *у шиитов в память о мученической гибели имама Хусейна, внука Мухаммада, в 7 в. в битве при Кербеле)* the taziyah.

Швабахские члены *(лютеранская Исповедь веры, 1529)* the Articles of Schwabach.

шват *(одиннадцатый месяц в* **еврейском календаре***)* Shebat.

Швенкфельд, Каспар фон *(1489-1561; немец. теолог и проповедник, лидер Реформации в Силезии)* Schwenkfeld, Kaspar von.

Шветамбара *(одно из двух направлений в джайнизме)* the Svetambara.

Шеалтиил *см.* **Салафиил**.

шеват *см.* **шват**.

Шевуот *см.* **Шавуот**.

Шед, еп. *см.* **Чэд, еп.**

шедим *библ. (злые духи, демоны, бесы, к-рые приносили в жертву животных и даже своих детей; в синодальном переводе Библии – "леший")* shedim.

шейкеры *(члены амер. религ. секты* **Объединённое общество верующих во второе пришествие Христа***)* the Shakers, the Shaking Quakers, the Militant Church ◊ **доктрины и практика отправления религ. обрядов ш-ов** Shakerism.

шейтан *см.* **шайтан**.

шейх 1. *(представитель высшего духовенства у мусульман)* sheik(h); **2.** *(в Индии индуист или его потомок, перешедший в ислам)* shaikh.

шейх-уль-ислам *(1. с 11 в. почётный титул видных мусульманских богословов; 2. глава духовного управления мусульман Закавказья)* sheikh ul Islam.

шекéр-байрáм см. **ид аль-фи́тр**.
шéкеры см. **шéйкеры**.
Шéлах см. **Сáла**.
Шемá (краткие отрывки из Пятикнижия, выбранные из "Второзакония" 6:4-9, 11:13-21 и "Чисел" 15:37-41, ежедневно произносимые вместе с определёнными благодарственными молитвами в еврейском утреннем и вечернем богослужении; Ш. вкладывается в **мезýзы** и **тфё(л)лин**) the Shema.
"Шемá Исрáэль" (иврит "Слушай, Израиль"; название единственного Символа веры иудаизма; "Второзаконие" 6:4 – "Слушай, Израиль: "Господь Бог наш, Господь един есть" <'Hear, oh Israel, the Lord is our God, the Lord is one'>; этот догмат провозглашает единство Бога и произносится ежедневно во время службы, а тж обычно вечером перед сном) Shema Yisrael, Shema Yisroel.
Шемини́ Ацерéт иврит (заключительное торжество на 8-й день **Прáздника кýщей**) Shemini A(t)zereth, Shemini Atseret(h).
шеóл (в Ветхом Завете обозначение царства мёртвых в глубинах земли) Sheol.
Шéрвин, Рудóльф (ум. 1581; катол. св., д. п. 1 декабря) St. Shervin, Ralph, pr., m.
шери́ф см. **шари́ф**.
Шестикни́жие (название первых шести книг Ветхого Завета) the Hexateuch.
шестикры́лый (о серафиме) six-winged.
шестиконéчная звездá см. **звездá Дави́да**.
шестиугóльная звездá см. **звездá Дави́да**.
"Шестнáдцать откровéний Божéственной любви́" (мистический трактат, опубликованный в 1670 и содержащий изложение мистического опыта, включая созерцание ран Иисуса Христа, англ. бенедиктинской монахини Юлианы из Норвича, ок. 1342 - после 1413 <Julian of Norwich>) the (Sixteen) Revelations of Divine Love.
"Шестоднéв" (в христ. письменности – особый литературный жанр толкования книги "Бытие" о шести днях творения, написанный св. Василием Великим и св. Амвросием) the Hexameron.
шестóй час (в службах суточного круга формально соответствует двенадцатому часу дня; на **ш.-м часе** вспоминается распятие Господа Иисуса Христа) Sext, греч. hora Hekte.
шестокрылáтый ц.-сл. см. **шестикры́лый**.
Шестопсáлмие (шесть избранных псалмов – 3, 37, 62, 87, 102 и 142, к-рые читают в начале утрени, чтобы расположить молящихся к беседованию с Христом; в богослужебных книгах именуются иногда словом "ексопсалмы") the Six Psalms, the Exapsalmos.
Шехи́на (1. в еврейском богословии обозначение Бога, его присутствия в мире и его отношения к миру; 2. облако Божественной славы, к-рое упоминается при многих явлениях Бога в Ветхом Завете) the Shekinah, the Shekhina.
Шéхтер, Соломóн (1847-1915; ортодоксальный теолог, историк иудаизма; в 1896 разыскал в Египте более 90 тыс. рукописей, имеющих важное значение для изучения христ-ва и иудаизма) Schechter, Solomon.

Шéша *(в индуизме тысячеголовый космический змей, служащий ложем для спящего Вишну)* Shesha, Secha.

Шешáх *см.* **Сесáх**.

шибболéт *библ. (пароль, установленный судьей Иеффаем во время войны против ефремлян)* shibboleth.

Шúва *(в индуистской мифологии один из верховных богов, входящий вместе с* **Брáхмой** *и* **Вúшну** *в так наз. Божественную триаду –* **Тримýрти***)* Shiva, Siva; *(эпитет Шивы)* Bhairava.

шивá *иврит (семидневный траур по близким родственникам у ортодоксальных евреев)* shibah, shiva(h) ◊ **семья будет соблюдать ш.-у до пятницы** the family will sit shibah until Friday.

шиваúзм *(одно из двух главных наряду с* **вишнуúзмом** *течений в индуизме; почитание бога Шивы,)* Shaivism, S(h)ivaism.

шиваúст *(приверженец* **шиваúзма***)* S(h)ivaist, S(h)ivaite, S(h)aiva.

шиваúстский Sivaistic.

шиúзм *(второе по числу приверженцев после* **суннúзма** *направление в исламе, признающее Али ибн Аби Талиба и его потомков единственно законными преемниками пророка Мухаммада)* Shiism.

шиúт *(приверженец* **шиúзма***)* Shiite, Shiah.

шиúтский Shiitic, Shiite.

шиúтский ислáм *см.* **шиúзм**.

шикхáра *(в культовой архит. Индии башня буддийского и индуистского храма)* shikhara.

шúла *(мораль, нравственность, обеты в буддизме)* sila.

Шúма *библ. (рождённый в Иерусалиме сын царя Давида и Вирсавии)* Shimea.

Шимéй *см.* **Семéй**.

Шимú *см.* **Семéй**.

Шимсóн *иврит см.* **Самсóн**.

ширúнка 1. *(квадратное углубление в стене)* square decorative brickwork; **2.** *(плат малого размера)* towel.

ширк *араб. (понятие многобожия с точки зрения мусульман, "придание сотоварищей Аллаху")* shirk.

"Ширóкая цéрковь" *(направление в англик. церкви, тяготеющее к компромиссным вариантам, выступающее за широкое толкование церк. догматов; возникло в сер. 19 в.)* the Broad Church ◊ **относящийся к "Ш.-ой ц.-ви"** Broad-Church; **приверженец "Ш.-ой ц.-и"** Broad-Churchman, Latitudinarian.

Шиттúм *см.* **Ситтúм**.

"Ши цзúн" *(китайская конфуцианская священная книга, первая антология народной китайской поэзии, более известная как "Книга песен"; содержит 305 произведений – песен о любви, браке и войне, а тж гимнов, посвящённых праздникам, жертвоприношениям и охоте; согласно легенде, "Ш. ц" сочинил сам Конфуций, что позволяет её датировать периодом между 11 и 6 в. до н.э.)* Shih-ching, Shijing.

шкóла I *(1. направление в искусстве; 2. название известных художественных центров)* School ◊ **английская, венецианская** *и т.п.* **ш.** *(в иск-ве)* the British, the Venetian, etc., School; **владимиро-суздáльская ш.** *(иконописи)* the Vladimir-Suzdalian School; **иконопúсная ш.** *(в более узком территори-*

альном значении) School of iconpainting manner; **московская ш.** *(иконописи)* the Moscow School; **новгородская ш.** *(иконописи)* the Novgorodian School; **псковская ш.** *(иконописи)* the School of Pskov; **строгановская ш.** *(иконописи)* the Stroganoff School; **тверская ш.** *(иконописи)* the School of Tver; **ш. Андрея Рублёва** the School of Andrei Rublev.

школа II *(учебное заведение)* school ◊ **благотворительная ш. для бедных, руководимая миссионерами** mission-school; **богословская ш.** theological school; **духовная ш.** ecclesiastical school; **огласительная ш.** *истор.* the catechetical school; **певческая ш.** *(при соборе)* франц. maotrise; *(при монастыре или соборе в Средневековье)* лат. schola cantorum; **церковная ш.** *(содержится на средста церкви)* church school; **ш. для детей во время каникул** *(в США, обычно в здании церкви, где дети обычных школ в течение недели получают нек-рые сведения по религии; в основном же приобщаются к ремёслам, рукоделию, а тж играют)* bible school; **ш. для обращённых** *(при миссии)* mission-school; **ш., принимающая учащихся независимо от религ. принадлежности** nonsectarian school; **ш. церковнохорового пения** *англик. (ш. для мальчиков-хористов при соборе или большой церкви)* choir school.

Шлейермáхер, Фрúдрих Даниэ́ль Эрнст *(1768-1834; немец. богослов, философ и общественный деятель)* Schleiermacher, Friedrich Daniel Ernst.

Шлéйме *см.* **Шлóмо**.

шлемовúдный *(о форме покрытия барабанов православных храмов, характерных для древнерусского церк. зодчества)* helm(et)-shaped.

Шлóйме *см.* **Шлóмо**.

Шлóмо *иврит (Соломон)* Shelomoh.

шлошúм *иврит (30-дневный траур по близким родственникам у ортодоксальных евреев)* sheloshim.

Шма *см.* **Шемá**.

"Шма Исраэ́ль" *см.* **"Шемá Исраэ́ль"**.

Шмалькальдéнские артúкулы *см.* **Шмалькальдéнские статьú**.

Шмалькальдéнские статьú *(лютеранское исповедание веры, ·обнародованное в 1537 Лютером в качестве руководства для прений с католиками на предполагавшемся Вселенском соборе)* the Schmalkald(ic) Articles.

Шмалькальдéнский сою́з *(политическое объединение протест. князей и городов в 1531 против Карла V и Лиги католиков)* the League of Schmalkalden, the Schmalkaldic League.

Шменú-Ацерéт *см.* **Шеменú-Ацерéт**.

Шминú Ацерéт *см.* **Шеменú-Ацерéт**.

"Шмонé-Эсрé" *иврит ("Девятнадцать <первоначально – Восемнадцать> благословений", в иудаизме основная молитва)* Shemoneh Esreh.

Шовáв *см.* **Совáв**.

шóйфер *см.* **шóфар**.

Шотлáндская цéрковь *(государственная церковь Шотландии)* the Church of Scotland, *(особ. в отличие от Свободной шотл. церкви)* the Auld, the Kirk ◊ **приверженец Ш.-ой ц.-и** kirkman, kirker.

Шоу-син *(в китайской мифологии и народной традиции божество долголетия; Ш.-с. был популярен в народе; у стоящего Ш.-с. обычно в одной руке посох с привязанными к нему тыквой-горлянкой [символом процветания потомства] и бумажным свитком [символом долголетия], а в другой – персик, тж символ долголетия])* Shou-hsing.

шофар *(в иудаизме бараний рог, в к-рый трубят в синагоге в **Рош-Ашана**)* shophar, shofar.

шохет иврит *(в иудаизме благочестивый еврей, обязанность к-рого резать животных особым способом, называемым шхита, т.е. разрезая горло и спуская кровь; за работой **ш.-а** постоянно наблюдает авторитетный раввин)* sho(o)het.

Шпенер, Филипп Якоб *(1635-1705; немец. богослов, "Отец пиетизма" <'the Father of Pietism'>)* Spener, Philipp Jacob ◊ **учение Ш.-а** Spenerism.

шпиль spire, steeple, needle, *(тж восьмигранный, поставленный на четырёхугольную в плане башню)* broach ◊ **высокий ш.** lofty spire; *архит.* fleche, flesh; **имеющий ш.** spired; **старинная церквушка с деревянным ш.-ем** little ancient church with a timbered spire; **церковь, увенчанная ш.-ем** church topped by a steeple.

шпонка *(деревянная рейка, закреплённая в продольных углублениях доски или досок с тыльной стороны иконы или по её верхнему и нижнему торцу)* spline ◊ **ш.-и врезные** inset splines; **ш.-и набивные** nailed splines; **ш.-и торцовые, набивные на кованых гвоздях** *(на иконе)* splines fixed with forged nails across top and bottom.

шраддха *(в индуизме общее название ряда поминальных обрядов, призванных обеспечить и поддерживать благополучное существование умерших предков в загробном мире)* s(h)raddha, sradh.

шрамана *(титул Будды)* санскрит sramana, пали samana.

шрамана-брахман *(последователь Будды)* samana-Brahman.

Шри *см.* **Лакшми**.

шривайшнава *(индуистская секта)* Srivaisnava.

шрути *(в индуизме лит-ра с откровениями божества)* sruti.

Штайнер, Рудольф *(1861-1925; немец. философ-мистик, основатель антропософии)* Steiner, Rudolf.

Штраус, Давид Фридрих *(1808-74; немец. теолог и философ, историк и публицист)* Strauss, David Friedrich.

Штригель, Викторин *(1524-69; немец. протест. богослов, ученик Меланхтона)* Strigel, Victorinus.

Штросмайер, Йосип Юрай *(1815-1905; хорватский политический деятель, еп. Дьяковарский <Bp. of Diakovár>; добился введения литургии на хорватском [сербском] языке)* Strossmayer, Joseph Georg.

штундизм *(общее название протест. конфессий 19 в. юга России, где протестантизм был распространён немец. колонистами)* Stundism.

штундисты *(последователи **штундизма**)* the Stundists.

Штурми *(ум. 779; известен как "апостол саксов" <"the Apostle of the Saxons">, первый настоятель Фульдского аббатства <Fulda Monastery> (774), из к-рого в Германии распространялось образование; катол. св., д.п. 17 декабря)* St. Sturmi, abt.

Штурм, Иоа́ннес *(1507-89; немец. протест. реформатор, педагог и гуманист)* Sturm, Johannes.
Шуддхо́дана *(имя персонажа буддийской мифологии, правителя города Капилавасту)* Suddhodana.
шу́дра *(ремесленник, член 4-ой варны индийского общества)* S(h)udra.
шу́йца *(левая рука)* left hand.
Шулха́н-ару́х иврит *(свод религ. предписаний средневекового талмудического иудаизма, составленный в 1550-59 раввином Иосифом Каро (1488-1575) <Joseph Karo>)* Shulhan Aruk.
шу́нья(та) *(пустотность; краеугольная философская категория буддизма* **махая́ны**, *означающая отсутствие неизменной самосущей природы всех явлений)* Sunya(ta).
Шхи́на *см.* **Шехи́на**.
шэнь *(духи вещей и явлений в даосизме)* shen.

Щ

щека́ cheek ◊ "Ударившему тебя по щеке подставь и другую; и отнимающему у тебя верхнюю одежду не препятствуй взять и рубашку" *(Ев. от Луки 6:29)* 'Whoever hits [smites] you on the cheek, offer him the other also; and whoever takes away your coat [cloke], do not withhold your shirt from him either'.

Э

Э́бба Мла́дшая, аббати́са *(ум. 870; катол. св., д. п. 2 апреля)* St. Ebba the Younger, abbess, m.
Э́бба Ста́ршая, аббати́са *(ум. 683; катол. св., д. п. 25 августа)* St. Ebba the Elder, abbess.
Э́берхард *(имя нескольких катол. свв.)* Eberhard.
эбиони́ты *(одна из самых ранних иудействующих христ. групп; название происходит от еврейского "эвионим" – нищие;* **э.** *жили в Палестине)* the Ebionites.
Эбру́льф, абба́т *(517-96; катол. св., д. п. 29 декабря)* St. Ebrulf, abt.
Э́вал *см.* **Е́вал**.
Э́вальд Саксо́нец, мч. *(ум. ок. 695; имя двух братьев, один из к-рых назывался "Тёмный" <"the Dark">, другой – "Светлый" <"the Fair">; катол. свв. д.п. 3 октября)* St. Ewald, m.
Эванжели́ст, отше́льник, блж. *(ум. ок. 1250; д. п. 20 марта)* Blessed Evangelist, hermit.
Эва́рист Ри́мский *см.* **Ева́рист, св.**

эвгемери́зм *(рационалистическое толкование происхождения представлений о богах и героях и содержания мифов, согласно к-рому боги и герои – это некогда жившие выдающиеся люди, обожествлённые после смерти народной фантазией, а мифы – отзвуки их реальных действий; э. получил название от имени греч. философа, жившего в Сицилии, ок. 340 – 260 до н. э. Эвгемера [Евгемера] <Euhemerus>* euhemerism ◊ **объяснять (появление мифов), исходя из учения э.-а** to euhemerize; **последователь э.-а** euhemerist.

эвгемери́стика *см.* **эвгемери́зм**.

эвгемеристи́ческий euheméristic.

Эвермо́д Да́тский, еп. *(ум. 1178; "апостол вендов" <"the Apostle of the Wends">, катол. св., д. п. 17 февраля)* St. Evermos, bp.

эвиони́ты *см.* **эбиони́ты**.

Эвоста́тевос *(ум. 1389; эфиопский христ. деятель)* Ewostatewos.

Э́гберт, еп. *(ум. 729; катол. св., д. п. 24 апреля)* St. Egbert, bp.

Э́гвин Ву́стерский, еп. *(ум. 717; катол. св., д.п. 30 декабря)* St. Egwin, bp. of Worcester.

Э́геде, Ханс *(1686-1758; лютеранский миссионер, просветитель Гренландии, "апостол эскимосов" <the 'Apostle of the Eskimos'>)* Egede, Hans.

Эги́дий *(ум. ок. 712; франц. отшельник, катол. св., д.п. 1 сентября)* St. Giles, *лат.* Aegidius.

Эги́дий Асси́зский, блж. *(ум. 1262; сподвижник св. Франциска Ассизского, катол. св., д. п. 23 апреля)* Blessed Giles of Assisi.

Эги́дий Коло́нна *(ум. 1316; средневековый богослов; автор многочисленных богословских сочинений)* Giles of Rome.

Эги́дий Лауренциа́на, блж. *(ок. 1443-1518; катол. св., д.п. 14 января)* Blessed Giles *(born at Lorenzano, Kingdom of Naples)*.

Эги́дий Мари́я свято́го Ио́сифа, блж. *(1729-1812; катол. св., д.п. 7 февраля)* Giles, Blessed Mary of St. Joseph.

Эго́льф Лери́нский, абба́т *см.* **Айгу́льф Лери́нский, абба́т**.

Э́дберт Ирла́ндский, еп. *(ум. 698; катол. св., д.п. 6 мая)* St. E(a)dbert, bp. of Lindisfarne.

Э́двардс, Джо́натан *(1703-58; амер. теолог-конгрегационалист)* Edwards, Jonathan.

Э́двин Нортумбри́йский, мч. *(ум. 633; англ. король, катол. св., д.п. 12 октября)* St. Edwin, m.

Эде́м *см.* **Еде́м**.

Эде́н *см.* **Еде́м**

Эде́сса *см.* **Еде́сса**.

Эд, Жан, св. *(1601-80; основатель катол. конгрегации священников имени Иисуса и Марии <the Congregation of Jesus and Mary>)* St. John [Jean] Eudes.

Эджи́дио Асси́зский, блж. *см.* **Эги́дий Асси́зский, блж.**

"Эди́кт о религио́зной терпи́мости" *(в отношении некатол. населения в Австрии, 1781)* the Edict of Toleration.

Эдильтру́да, абба́тиса *см.* **Этельдре́да, абба́тиса**.

эди́сты *(члены катол. конгрегации – "Конгрегация Иисуса и Марии" <the Congregation of Jesus and Mary>)* the Eudists.

Эди́т Вильто́нская *(962-84; катол. св., д. п. 16 сентября)* St. Edith of Wilton, v.

Э́дмер Кентербери́йский *(1060-1124; англ. монарх и летописец; автор "Новейшей истории Англии" <лат. Historia Novorum in Anglia>)* Eadmer of Canterbury.

Э́дмонд Англи́йский, св. мч. *см.* **Э́дмунд Англи́йский, св. мч.**

Э́дмонд Кентербери́йский, архиеп. *(1180-1240; катол. св., д.п. 16 ноября)* St. Edmund of Abingdon, archbp.

Э́дмонд Солсбери́йский *см.* **О́смонд [О́смунд] Солсбери́йский.**

Э́дмунд Англи́йский, св. мч. *(841-70; англ. король, катол. св., д.п. 20 ноября)* St. Edmond the Martyr.

Э́дом *см.* **Е́дом.**

эдомитя́нин *см.* **идуме́й.**

Эдуа́рд Амброу́з Ба́рлоу, сщмч. *(1585-1641; катол. св., д.п. 10 сентября)* St. Ambrose Barlow, pr., m.

Эдуа́рд Испове́дник, св. *(1003-66; король Англии, основатель Вестминстерского аббатства, катол. св., д.п. 13 октября)* St. Edward the Confessor, the Confessor.

Эдуа́рд Му́ченик, св. *(963-78; англосаксонский король, катол. св., д.п. 18 марта)* St. Edward the Martyr.

эзотери́зм *(учение, предназначенное только для посвящённых)* esoterism, esotericism.

эзоте́рика *(направления религ. философии, основанные на та́йных знаниях и предназначенные только для посвящённых)* esoterica.

эзотери́ческий *(о религ. обрядах, писаниях и т.п. – тайный, скрытый, предназначенный исключительно для посвящённых)* esoteric(al) ◊ **э.-е писания** esoterics.

Э́зра *см.* **Е́з(д)ра.**

Э́йбел То́мас, св. мч. *см.* **А́вель То́мас, св. мч.**

Эйда́н, св. *см.* **Айда́н Линдисфа́рнский, еп.**

Эймз, Уи́льям *см.* **Аме́зиус Гиле́льмус.**

Эйса́й *(1140-1215; первый проповедник дзэн в Японии; основатель школы Риндза́й-дзэн <Rinzai Zen>)* Eisai.

Экба́таны *см.* **Екба́таны.**

экзапостила́рий *см.* **екзапостила́рий.**

экзапса́лмы *см.* **Шестопса́лмие.**

экза́рх *(1. глава* **экзарха́та***; 2. название церковно-иерархической степени в Восточной церкви времён Вселенских соборов)* exarch.

экзарха́т *(в православии – церк. округ, как правило, лежащий за пределами страны, в к-рой расположен патриархат, пользующийся определённой самостоятельностью; э. возглавляется еп.-ом – патриаршим экзархом, подчинённым патриарху)* exarchate ◊ **Западноевропейский э.** *истор.* the West-European Exarchate; **Среднеевропейский э.** *истор.* the Exarchate of Central Europe; **Украинский э.** *истор.* the Ukrainian Exarchate; **Э. Центральной и Южной Америки** *истор.* the Exarchate of the Central and South America.

экзеге́за *см.* **экзеге́тика.**

экзеге́т *(толкователь библ. текстов)* exegetist, (biblical) exegete.

экзеге́тика *(богословская дисциплина, занимающаяся толкованием religi. текстов, прежде всего текстов Библии)* exegetics, exegesis ◊ **труды по э.-е** exegetical writings.

экзегети́ческий exegetical ◊ **э.-е работы** exegetical writings.

экзапостила́рий *см.* **екзапостила́рий**.

экзе́рцизм *см.* **экзорци́зм**.

экзона́ртекс *(в нек-рых храмах второй, т.е. внешний притвор)* exonarthex.

экзорси́зм *см.* **экзорци́зм**

экзорци́зм *(изгнание из человека, помещения и т.д. демонов, злых духов, нечистой силы посредством заклинаний)* exorcism.

экзорци́ст *(изгоняющий нечистую силу)* exorcist.

экзотери́ческий *(о религ. обрядах, писаниях и т.п. – открытый для всех непосвящённых)* exoteric(al).

Экк, Иога́нн *(1486-1543; немец. катол. богослов, противник Лютера)* Eck, Johann Mayer von, Johann Maler 'of Eck'.

экклезиа́рх *см.* **екклесиа́рх**.

"Экклезиа́ст" *см.* **"Екклесиа́ст"**.

экклезиологи́ческий ecclesiologic(al).

экклезиоло́гия 1. *(раздел богословия, занимающийся изучением Церкви, её происхождением, законами, учреждениями)* theological science, the theology of the Church, ecclesiology; **2.** *(изучение церк. архит-ры и убранства, отделки церквей)* ecclesiology.

экклесиоло́гия *см.* **экклезиоло́гия**

экклéсия *(христ. община, собрание верующих, особ. в раннем христ-ве)* ecclesia.

эконо́м *(управляющий монастырским хозяйством)* housekeeper, steward, oeconomus, provisor ◊ **главный э. патриархии** great oeconomus.

эксапостила́рий *см.* **екзапостила́рий**.

эксапсалмы́ *см.* **Шестопса́лмие**.

эксеге́за *см.* **экзеге́тика**.

эксе́дра *(в Средневековье – хоры в катол. церквах; в православных – то же, что апси́да)* exedra.

экс-кате́дра *("с папского престола"; фраза, добавляемая при официальном заявлении Папы Римского, когда он выступает по вопросам веры и нравов, т. е. как пастырь всех христиан и обладает непогрешимостью, т. е. безошибочностью суждений)* лат. ex cathedra ◊ **Папа (Римский) заявил с высоты своего престола, что ...** the Pope said ex cathedra that – .

экспроприа́ция церко́вной со́бственности expropriation of ecclesiastical property.

экста́з, религио́зный *(выход человеческого духа "из себя", или за пределы себя, к Высшему бытию)* religious possession, religious rapture, religious mania, religious ecstasy; furor(e), religious frenzy, *амер. (в протестанском ревивали́зме)* power ◊ **мистические э.-ы** ecstasies.

Эксупе́р, св. *(ум. ок. 412; еп. Тулузский, славился святостью жизни и благотворительностью; катол. св., д. п. 28 сентября)* St. Exsuperius (bp. of Toulouse).

эктения́ *см.* **ектения́**.

экумени́зм 1. *(движение за сближение, примирение и сотрудничество всех христ. конфессий и церквей)* ecumenism; **2.** *(общность, универсальность, кафоличность, вселенский характер христ. церкви)* catholicity, (o)ecumenicity; **3.** *(богословская доктрина Вселенских соборов)* ecumenicalism.

экумени́ческий *(отстаивающий единство всех христ. конфессий и церквей)* ecumenic ◊ **э.-ое движение** Ecumenic movement; **э. диалог** ecumenical dialogue; **э.-ое сотрудничество** ecumenic cooperation.

"Экфе́сис" *истор. (эдикт Сергия, птрх. Константинопольского, опубликованный в 638, устанавливающий догмат единоволия в Христе)* the Ecthesis.

экфра́сис *(толкование) редко* ecphrasis.

Э́кхарт, Иога́нн [*прозвище* **Майстер Экхарт**] *(ок. 1260-1327; монах-доминиканец, основатель немец. мистицизма)* Eckhart, Johannes, called Meister Eckhart.

Эл Бери́т *см.* **Ваа́л-вери́ф.**

Эле́см Бурго́сский *см.* **Алео́м Бурго́сский.**

Эли́гий *(ок. 590-660; просветитель Фландрии, катол. св., д. п. 1 декабря)* St. Eligius [Eloi], bp.

Элизабе́т Бишье́, прп. *(1773-1838; основательница конгрегации "Дочери Креста" <the Daughters of the Cross>, к-рая к 1830 имела во Франции ок. 60 монастырей; катол. св., д. п. 26 августа)* St. Elizabeth Bichier des Anges.

Элио́, Ипполи́т *(1660-1716; франц. историк церкви)* Helyot, Hippolyte.

Э́лиот, Джон *(1604-90; англ. миссионер, "апостол индейцев" <the 'Indian Apostle'>; в 1661 после долгого и упорного труда он напечатал Новый Завет на языке индейцев алгонкинов, а в 1163 и Ветхий Завет)* Eliot, John.

Эли́уй *библ. (муж. имя)* Elihu.

Элла́дская це́рковь *(занимает 11-ое место в диптихе автокефальных правосл. церквей; согласно Конституции 1975, Церковь отделена от государства и является самостоятельной; вместе с тем православие признаётся господствующей религией в государстве и школа не отделена от Церкви; в* **Э.-ой ц.-ви** *80 епархий, управляющихся митрополитами, более 7 тыс. приходских храмов, 7,5 тыс. священников; более 3 тыс. монашествующих являются насельниками 300 женских и мужских монастырей; архиеп. Афинский и всей Эллады является председателем Святого Синода и возглавляет основные церк. учреждения)* the Church of Greece.

Элла́д Толе́дский, еп. *(ум. 633; катол. св., д. п. 18 февраля)* St. Helladius, bp. of Toledo.

эллини́зм *(период в истории стран Восточного Средиземноморья между 323 и 30 до н. э. – подчинение Египта Риму; культура* **э.-а** *представляла синтез греч. и местных восточных культур)* the Hellenistic period; Hellenism.

эллинисти́ческий *(относящийся к эллинизму)* Hellenistic.

эллини́сты *см.* **еллини́сты.**

э́ллинский *(греч., связанный с культурой Древней Греции)* ancient Greek, Hellenic.

э́ллины *(самоназвание греков, распространившееся в античности)* the Hellenes, the ancient Greeks.

Элогим

Эло́гим *см.* Эло́хим.

элоги́ст *см.* элохи́ст.

элогисти́ческий *(в библ. критике – относящийся к тем частям первых шести книг Библии, в к-рых Бог назван именем Элохим)* Elohistic.

Эло́дия, мц. *см.* Ало́дия Испа́нская, мч.

Эло́им *см.* Эло́хим.

Эло́хим *(одно из имён Бога в Ветхом Завете)* Eloah, Elohim.

элохи́ст *(предполагаемый автор одного из первоисточников **Шестикни́жия**, в к-ром Бог обозначается как **Эло́хим**, см. **яхви́ст**)* the Elohist.

Эпра́д, абба́т *(ум. 875; катол. св., д. п. 13 марта)* Heldrad, abt.

элу́л(ь) *библ. (вавилонское, а тж употребляемое в Израиле со времени изгнания (и до сих пор) название месяца, август – сентябрь; см. **евре́йский календа́рь**)* Elul.

Элфле́да Уитби́йская, абба́ти́са *(ум. 714; катол. св., д. п. 8 февраля)* St. Elfleda, abbess of Witby.

Э́лфрик *(ок. 955 - ок. 1020; англ. аббат и церк. писатель)* Aelfric.

Эльви́рский собо́р *(христ. церкви, ок. 306 в Эльвире <ныне Гренада> из еп.-ов, гл. обр. южноиспанских; все предписания собора изложены в строгом духе: в большинстве случаев налагается отлучение или публичное покаяние)* the Council of Elvira, the Council of Hiberris.

Элье́, мч. *(6 в.; катол. св., д. п. 16 июля)* St. Helier, m.

Эльм, св. *(прозвище св. Педро Гонзалеса (1190-1246) <St. Peter González>, к-рый как доминиканский проповедник жил среди испан. моряков; считается покровителем моряков; катол. св., д. п. 15 апреля)* St. Elmo.

Эльм Форми́йский, еп., св. *см.* Ера́зм Форми́йский, еп., св.

Эльре́д, абба́т *(ум. 1166; шотл. автор многочисленных проповедей и молитв, а тж сочинения "О духовной жизни" <On Spiritual Life>; катол. св., д. п. 12 января)* St. Aelred, abt.

эльф *(в германской и скандинавской мифологии – дух природы; э.-ы отождествляются с гномами <иначе – тёмными эльфами>, феями, сильфами)* elf, sprite, fairy.

Э́льфрик *см.* Э́лфрик.

эманати́зм *(учение о происхождении всего сущего посредством постепенного "истечения" из основы всех вещей, от Бога)* emanationism.

эмана́ция *(центральное понятие неоплатонизма, означающее происхождение ["истечение"] множества отдельных вещей из Единого)* emanation.

Эмерециа́на Ри́мская, мц. *(ум. ок. 304; катол. св., д.п. 23 января)* St. Emerentiana, m.

Эмери́к *(1007-31; сын короля **св. Сте́фана Венге́рского**, катол. св., д.п. 4 ноября)* St. Emeric.

Эмилиа́н Кукула́т, отше́льник *(ум. 574; катол. св., д.п. 12 ноября)* St. Emilian Cucullatus, the coweled St. Emilian, *испан.* San Millan de la Coqola.

Эми́лия Рода́т, прп. *(1787-1852; основательница конгрегации Св. семейства (1815) <the Congregation of the Holy Family>, катол. св., д.п. 19 сентября)* St. Emily de Rodat.

эмине́нция *(с 1630 титул кардинала: преосвященство, высокопреосвященство)* Eminence, Eminency.

Э́мма Каринти́йская, прп. *(ум. ок. 1045; католл. св., д.п. 29 июня)* St. Emma.

Эммануи́л *см.* **Еммануи́л.**

Эммануэ́ль Руи́с, прмч., блж. *(1804-60; католл. св., д.п. 11 июля)* Blessed Emmanuel Ruiz.

Эмма́-о *(бог смерти в япон. буддизме, в индуизме ему соответствует бог Я́ма)* Emma-o.

Эмма́ус *см.* **Емма́ус.**

Эммера́м [Эммера́н] Регенсбу́ргский, еп., сщмч. *(ум. ок. 690; католл. св., д.п. 29 сентября)* St. Emmeramus, bp. of Regensburg, m.

Эммери́х, А́нна Катари́на *(1774-1824; христ. визионерка, монахиня августинского ордена)* Emmerick, Anna Katharina.

Энгельбе́рт *(1185-1225; католл. св., архиеп. Ке́льнский, католл. св., д.п. 7 ноября)* St. Engelbert, bp.

Эне́й *библ. (житель города Лода [Лидды], к-рого исцелил ап. Петр)* Aeneas.

Эне́й Га́зский *(ум. 518; философ, принадлежал сначала к школе неоплатоников, а потом принял христ-во)* Aeneas of Gaza.

эне́ргия, боже́ственная divine energies, the energies of God.

энко́лпий *(нагрудный литой крест из двух половин, соединённых в верхней части шарниром; предназначался для хранения частиц св. мощей)* encolpion, encolpium.

энко́лпион *см.* **энко́лпий.**

энко́льпий *см.* **энко́лпий.**

энкрати́ты *(христ. аскетическая секта 2 в.; они осуждали семейную жизнь, клерикализм, употребление мяса и алкогольных напитков)* the Encratites.

энотеи́зм *см.* **генотеи́зм.**

Эно́х *см.* **Ено́х.**

Э́нтони Ми́ддлтон, сщмч. блж. *(ум. 1590; католл. св., д.п. 6 мая)* Blessed Antony Middleton, pr., m.

Э́нтони Те́рнер, прмч. блж. *(ум. 1679; католл. св., д.п. 20 июня)* Blessed Antony Turner, m.

энци́клика *(окружное послание Папы Римского, т.е. послание ко всем католикам по общим вопросам вероучения, нравственности, общественно-политическим проблемам)* encyclical ◊ **социальная э.** an encyclical on the social order.

Энья́н Орлеа́нский, еп. *(ум. ок. 453; католл. св., д.п. 17 ноября)* St. Anianus [Aignan] of Orléans, bp.

Эоба́н Утре́хтский, еп., сщмч. *(ум. 755; католл. св., д.п. 5 июня)* St. Eoban, bp., m.

эон *(в эсхатологии иудаизма и христ-ва – эпоха, длительный истор. период; вся история человечества составляет один э.)* (a)eon ◊ **семь э.-ов** *(в гностицизме – группа из семи планетарных божеств – Солнца, Луны и пяти планет)* hebdomad.

Эпанаго́га *(сборник законов, 884-86, принятых византийским императором Василием и закреплённых его сыновьями Львом и Александром; Э. является пересмотренным изданием закона, или Прохирона)* the Epanagoge, the Prochiron, the Constitution of the three emperors, the Constitution of Basil.

Эпанаго́ге см. **Эпанаго́га**.
эпа́рх см. **епа́рх**.
эпигра́фика *(наука о древних надписях)* epigraphy, epigraphics.
эпикле́за см. **епикле́сис**.
"Эпикле́зис" см. **епикле́сис**.
эпистемоло́гия *филос. (теория познания)* epistemology ◊ **реформатская э.** Reformed epistemology.
эписти́лий *(в античной архит-ре название горизонтального ряда балок перекрытия; в древних иконостасах – горизонтальная балка с размещающимися на ней иконами)* epistyle, transom.
эпита́фия *(надгробная надпись)* epitaph, *лат.* hic jacet.
эпитимия́ см. **епитимья́**.
эпитимья́ см. **епитимья́**.
эпитрахи́ль см. **епитрахи́ль**.
эпифа́ния *(явление и присутствие Бога или Божества)* epiphany.
э́ра ◊ **до н. э.** *(до нашей эры)* B.C. *(before Christ)*; *(в текстах совр. еврейских авторов)* B.C.E. *(before Common Era)*; **н. э.** *(нашей эры)* A.D. *(Anno Domini)*; *(в текстах современных еврейских авторов)* C.E. *(of Common Era)*; **христ. э.** the Christian [Dionysian] Era.
Эра́зм Роттерда́мский, Дезиде́рий *(1469-1536; нидерландский гуманист, филолог, писатель, богослов)* Erasmus, Desiderius.
эрастиани́зм *(доктрина о верховенстве государства над церковью)* Erastianism.
Эра́ст(ус), То́мас *(1524-83; швейцарский философ немец. происхождения, деятель Реформации)* Erastus, Thomas.
Эрембе́рт Тулу́зский, еп. *(ум. ок. 672; катол. св., д. п. 14 мая)* St. Erembert, bp. of Toulouse.
Эриберт Камберле́ндский, отше́льник см. **Ге́рберт Камберле́ндский, отше́льник**.
Эри́ Верде́нский, еп. *(ум. 588; катол. св., д. п. 1 декабря)* St. Agericus [Airy], bp. of Verdun.
Эриге́на, Иоа́нн Скот *(ок. 810-77; неоплатоник, сторонник рационализации теологии)* Erigena, Johannes Scotus.
Эрмени́льда, аббати́са см. **Эрменхи́льда, аббати́са**.
Эрменхи́льда, аббати́са *(ум. 703; катол. св., д. п. 13 февраля)* St. Ermengild(a), abbess.
Эрмино́льд, абба́т *(ум. 1121; катол. св., д. п. 6 января)* St. Erminold, abt.
эрми́ты *(егип. монахи 3-4 вв.)* the Eremites.
Эрне́ст, абба́т, прмч. *(ум. 1148; катол. св., д. п. 7 ноября)* St. Ernest, abt., m.
Э́рскин, Джон *(1509-91; шотл. религ. реформатор)* Erskine, John.
Э́рхард Регенсбу́ргский, еп. *(ум. ок. 686; катол. св., д. п. 8 января)* St. Erhart, bp. of Ratisbon.
Эски́л, еп. *(ум. ок. 1080; катол. св., д. п. 12 июня)* St. Eskil, bp. of Strängnäs, m.
Эскоба́р-и-Мендо́са, Анто́нио *(1589-1669; испан. иезуит, казуист)* Escobar-y-Mendoza, Antonio.
эссе́ны см. **ессе́и**.
Эсфи́рь *библ.* см. **Есфи́рь**.

эсхатологизм *(возведение* **эсхатологии** *в ранг абсолютной истины)* eschatologism.

эсхатологический eschatological ◊ **э. психоз** eschatological psychosis.

эсхатология *(учение о "конце света" и гибели мира в результате вселенской катастрофы)* eschatology.

этатизм *(гармония Церкви и государства)* etatism(e).

Этельберт Кентский *(ум. 616; король, катол. св., д.п. 25 февраля)* St. Ethelbert of Kent.

Этельбурга, аббатиса *(ум. ок. 678; катол. св., д.п. 12 октября)* St. Ethelburga of Barking, abbess.

Этельвольд Винчестерский, еп. *(ум. 984; катол. св., д.п. 1 августа)* St. Ethelwold, bp. of Winchester.

Этельдреда, аббатиса *(ум. ок. 740; катол. св., д.п. 23 июня)* St. Etheldreda [Audrey], abbess.

этика *(филос. наука, объектом изучения к-рой является мораль)* ethics, ethic ◊ **православная э.** *(основана на библ. Десяти заповедях, Нагорной проповеди, вечных заповедях Христа о любви к Богу и ближнему)* the Eastern Church ethics; **христианская э.** *(учение о морали, к-рое основывается на нравственных идеалах Библии, гл. обр. Нового Завета)* Christian ethics, moral theology.

этимасия 1. *(иконографическая композиция с изображением престола, на к-ром лежит книга [Евангелие] и орудия страстей Иисуса Христа – Крест, копие и трость с губкой)* the etimacia; **2.** *("престол уготованный", на к-ром воссядет Христос во время последнего Суда)* the prepared Throne.

Этингер, Кристоф Фридрих *(1702-82; немец. богослов, теософ, глава пиетистов)* Oetinger, Christoph Friedrich.

этиология *(попытка объяснить происхождение или своеобразие существа, вещи или имени; в Библии э. часто применяется для объяснения имени)* (a)etiology.

этическая культура *(амер. религ. движение, отрицающее символ веры и обряды и утверждающее верховенство этического фактора во всех сферах жизни)* ethical culture ◊ **Американский э.-ий союз** *(федерация Обществ э.-ой к.-ы, образованная в США в 1889)* the American Ethical Union; **Общество э.-ой к.-ы** *(первое общество, организованное в г. Нью-Йорке профессором Феликсом Адлером в 1876)* the Society for Ethical Culture.

этические или **религиозные нормы поведения** *(основанные на моральных законах)* nomism, legalism.

этнарх библ. *(вассальный титул, к-рый обычно присваивался царям династии Селевкидов, напр. Маккавею Симону)* ethnarch.

этос *(моральные принципы, идеалы и т. п.)* ethos ◊ **христианский э.** Christian ethos.

"Этот Путь" *(одно из первых самоназваний христ-ва)* the Way.

этрог *(плод цитрусового растения типа лимона, используемый вместе с* **лулавом** *на еврейский праздник Суккот)* et(h)rog.

Эфес см. **Ефес**.

Эфесский собор см. **собор II**.

Эфиопская

Эфиопская церковь *(автокефальная, монофизитская, до 1950 подчинялась коптскому патриарху)* the Ethiopian [Abyssinian] Church ◊ **патриарх Э.-ой ц.-ви** *(глава)* Patriarch of the Ethiopian Church.
Эфраим см. **Ефраим**.
Эчмиадзин *(монастырь вблизи г. Еревана, являющийся истор. центром армяно-григорианской церкви)* Ejmiadzin.
Эшкол см. **Есхол**.
Эзль, аббат см. **Агал, аббат**.

Ю

"Юбилате" *(100/99 псалом; поётся в англик. церкви на утреннем богослужении)* лат. Jubilate.
юбилейный год *(периодически отмечаемые в заранее назначенный год <каждые 25 лет> юбилейные торжества катол. церкви; в течение* **ю.-ого года** *Папа Римский дарует полное отпущение грехов (при определённых условиях) для тех, кто посещает Рим, чтобы почтить гробницы апп. Петра и Павла)* (ordinary) jubilee; *(последние* **ю.-е годы** *– 1975 и 2000)* the year of jubilee, the holy year (of jubilee) ◊ **внеочередной ю. г.** an extraordinary jubilee.
юбиляция *катол. (мелодическое украшение (мелизма) ликующего характера, на к-рую распевается последняя гласная "аллилуйи" на мессе)* jubilus, jubilato.
Ювеналий, свт. *(ум. 458; первый птрх. Иерусалимский, д. п. 2/15 июля)* St. Juvenal, Patriarch of Jerusalem.
юга *(в мифологической хронологии индуизма понятие, к-рое обозначает самую мелкую единицу исчисления времени; 12 тыс. человеческих юг составляет 1 божественную югу)* Yuga.
Юдифь *(героиня апокрифический книги)* Judith ◊ **Книга Ю.** *(апокрифическая книга Ветхого Завета)* The Book of Judith.
Юд, Леон *(1482-1542; швейцарский религ. реформатор; известен своим переводом Ветхого Завета с подлинника и пересказом лютеровского Нового Завета на швейцарском диалекте)* Jud, Leo.
юдолие см. **юдоль**.
юдоль 1. *(равнина)* valley; **2.** *(земля, жизнь на земле)* vale ◊ **земная ю.** the vale of life; **ю. горя** the vale of woe; **ю. печали** the vale of misery; **ю. плача** the vale of tears.
юдофоб *(антисемит)* anti-Semite.
юдофобство *(антисемитизм)* anti-Semitism, Judophobism.
Южная баптистская конвенция *(одно из самых крупных религ. объединений в США <свыше 12 миллионов человек>; возникла в 1845 в результате церк. раскола по вопросам рабства)* the Southern Baptist Convention.
южная часть алтаря *катол. (откуда читают Апостол)* the epistle side.
южные врата см. **двери, диаконские**.

ю́жные две́ри *см.* **две́ри, диа́конские.**

Юй Ди *(Нефритовый Владыка – главное божество в китайской религии)* Yü Ti, Yuan Di.

Юк, Евари́ст *(1813-60; франц. миссионер)* Huc, Evariste.

Юлиа́на из Но́рвича, отше́льница, блж. *см.* **Юлиа́ния Но́рвичская, отше́льница, блж.**

Юлиа́н Бриу́дский, мч. *(ум. ок. 304; катол. св., д. п. 28 августа)* St. Julian of Brioude, m.

Юлиа́н Галикарна́сский *(ум. после 518; церк. деятель и писатель, монофизит; сочинения Ю.-а до нас не дошли)* Julian, Bp. of Halicarnassus.

Юлиа́ния Корнийо́нская, прп., блж. *(1192-1258; катол. св., д. п. 5 апреля)* Blessed Juliana of Mount Cornillon.

Юлиа́ния Но́рвичская, отше́льница, блж. *(ум. 1423; катол. св., д. п. 13 мая)* Blessed Juliana of Norwich.

Юлиа́ния, св. мч. *(ум. 304; д. п. 21 декабря / 3 января)* St. Juliana, Virgin-M.

Юлиа́ния Фалькони́ери, прп. *(1270-1341; основательница ордена сервиток Марии)* St. Juliana Falconieri.

Юлиа́н Ма́нский, еп. *(3 в.; просветитель Франции, катол. св., д. п. 27 января)* St. Julian of Le Mans, m.

Юлиа́н Отсту́пник *(племянник Константина Великого, с 361 рим. император, известный своими попытками восстановить римскую религию во время господства христ-ва)* (Julian) the Apostate, *(прозвище)* Anaclete.

юлиа́нский календа́рь *(применялся с 45 до н.э. до введения* **григориа́нского календаря́** *папой Григорием XIII в 1582; ряд правосл. церквей живёт по юлианскому календарю)* the Julian calendar ◊ **ю. к. был введён в 45 г. до н. э.** the Julian calendar was introduced in the year 45 B.C.

юлиа́нское летосчисле́ние *см.* **юлиа́нский календа́рь.**

Юлиа́н Странноприи́мник *(покровитель путешественников, держателей гостиниц, лодочников, катол. св., д. п. 12 февраля)* St. Julian the Hospitaler.

Юлиа́н Тарся́нин, св. мч. *(ум. 290; д. п. 21 июня / 4 июля)* St. Julian of Tarsus, M.

Юлиа́н Толе́дский, архиеп. *(ум. 690; катол. св., д. п. 8 января)* St. Julian of Toledo, archbp.

Юлиа́н Экла́нский *(ок. 386-454; один из главных борцов пелагианства)* Julian, Bp. of Eclanum.

Ю́лий *библ. (римский сотник; он доставил арестованного ап. Павла в Рим)* Julius.

Ю́лий II *(1443-1513; Папа Римский с 1503)* Julius II.

Ю́лия *библ. (рим. христианка, к-рой посылает привет ап. Павел)* Julia.

юне́ц *библ. (бычок, телёнок, телец; тж этим именем называется Иисус Христос)* ox, bull.

юниора́т *(у иезуитов двухгодичный курс обучения, необходимый для принятия духовного сана)* juniorate.

юни́ца *библ. (телица, телушка; тж в церк. песнопениях это имя придаётся Богородице)* heifer.

Юния

Юния *библ. (один из "прославившихся" вместе с Андроником апостолов, к-рые принадлежали к роду Павла, были вместе с ним в тюрьме и ещё раньше, чем он, уверовали во Христа; д. п. 17/30 мая)* Junia.

Юньга́н *(пещерные буддийские храмы в Китае)* Yün-kang caves.

юрисди́кция *(термин церковно-канонического права, означающий подчинённость и власть)* jurisdiction ◊ **особая ю.** *англик. (ю. архиеп.-а, еп.-а другой епархии, декана и т.п. над приходом, к-рый таким образом исключается из местной епархии)* peculiar jurisdiction, peculiar authority.

юро́дивый *(человек, ради смирения своей гордости принявший вид внешнего, кажущегося безумия, но обладающий даром прорицания, обличающий несправедливость, говорящий правду в глаза "сильным мира сего")* a self-styled prophet, "Christ's fool", "God's fool", holy fool, the 'Fool in Christ'.

юро́дствовать to lead the life of "God's fool".

юро́дство во Христе́ *(духовно-аскетический подвиг, к-рый заключается в отказе от мирских благ и общепринятых норм жизни, принятии на себя образа человека, не имеющего разума, и смиренном терпении поруганий, презрения и телесных лишений)* behaving like a self-styled prophet ["Christ's fool"], "folly for Christ's sake", folly for the sake of Christ.

Юсте́йтиус Уа́йт, сщмч. *(ум. 1591; катол. св., д. п. 10 декабря)* St. Eustace White, pr., m.

Юстиниа́н *(знаменитый император Восточной Римской империи, правил с 527 по 565; известен своим строгим православием, при нём были построены собор св. Софии, Императорский дворец и ипподром)* Justinian I.

Ю́стин де Я́кобис, Абисси́нский *см.* **Джу́стино де Я́кобис, Абисси́нский**.

Юсти́н Му́ченик, св. *(ок. 100-65; апологет христ-ва; д. п. 1/14 июня)* St. Justin (the) Martyr ◊ *(его апологии)* **"Аполо́гия"** The Apology; **"Бесе́да с Трифо́ном-иуде́ем"** The Dialogue with Trypho, a Jew.

Юст, св. *(ум. 627; архиеп. Кентерберийский, катол. св., д. п. 10 ноября)* St. Justus of Canterbury.

Юст, св. мч. *(пострадал в Испании в 304; д. п. 11/24 ноября, катол. – 6 августа)* St. Justus, M.

Ю́тта Дизибоденбе́ргская, аббати́са, блж. *(ум. 1136; катол. св., д. п. 22 декабря)* Blessed Jutta of Diessenberg, abbess.

Я

Яа́ков *см.* **Иа́ков**.

Яа́ца *см.* **Иаа́ца**.

яви́ть *(о Боге)* to reveal ◊ **во Христе́ Бог Себя́ яви́л** God reveals Himself in Christ.

явле́ние *(телесное или духовное сверхъестественное проявление воли Божьей)* appearance, apparition, *(в спиритизме)* manifestation ◊ **чуде́сное я.** miraculous appearance.

"**Явле́ние арха́нгела Михаи́ла Иису́су Нави́ну**" *(иконографическая композиция)* The Appearance of the Archangel Michael to Joshua.

явле́ние Бо́га epiphany.

"**Явле́ние Богома́тери и Нико́лы понома́рю Ю́рышу**" *(иконографическая композиция)* The Appearance of the Virgin Mary and St. Nicholas to the Sexton Yrysh.

"**Явле́ние Богома́тери Се́ргию**" *(иконографическая композиция)* St. Sergius's Vision of the Virgin Mary.

Явле́ние Христа́ *(после воскрешения)* Christophany.

"**Явле́ние Христа́ наро́ду**" *(картина художника А. А. Иванова в Третьяковской галерее)* Christ's Appearance to the People.

я́вленный *(обнаруженный, открытый неожиданно, чудесным образом, напр. об иконе)* appearing miraculously.

явля́ться to appear.

явля́ться воплоще́нием *см.* **воплоща́ть**.

Я́гве *см.* **Я́хве**.

Я́давы *(потомки царя Яду из Лунной династии, основателя рода, давшего название скотоводческому племени, к-рое прославилось благодаря принадлежности к нему Кришны)* the Yadavas.

Ядви́га По́льская, блж. *(1374-99; королева, почитаемая в Польше, хотя беатификация не подтверждена; день народной памяти 28 февраля)* Blessed Hedwig, Blessed Jadwiga.

я́джна *(основная форма ведийского обряда; в индуизме* **я.** *сменяет пуджа)* Yajna.

я́джня *см.* **я́джна**.

"**Яджурве́да**" *(сборник древнеиндийских обрядовых и богослужебных формул в стихах и прозе)* the Yajur-Veda.

язы́к ко́локола clapper, tongue, striker.

язы́к, на к-ром ведётся богослуже́ние *(в православии – в России, Болгарии, Белоруссии, Венгрии, Украине, Сербии, Славении богослужение ведётся на церковно-славянском; в Румынской церкви на румынском и церковно-славянском; в Коптской церкви на коптском и арабском языках; в Греции на старогреческом; в Антиохийской и Халдейской церквах на старосирийском и арабском языках; по римско-катол. обряду во время литургии, а тж в официальных заявлениях, определении учения, документах и каноническом праве используется латынь; в 1954 Священная Канцелярия разрешила англоязычным католикам США и Канады пользоваться англ. языком в церемониях брака, крещения, соборования, кроме устоявшихся формул; после 2-го Ватиканского собора 1962-65 и другие национальные языки стали широко применяться в богослужении)* the liturgical language ◊ **вводить местный я. в церк. службы** to introduce the local vernacular language into Church Services; **церк. язык** the language of the church.

язы́ческий heathen, pagan, profane, *устар.* ethnic, *библ.* gentile ◊ **я.-е верования** heathen beliefs; **я.-е** *(нехристианские)* **земли** pagan lands, *лат.* partes infidelium; **я.-е обряды** profane rites; **я.-е обычаи** heathenism; **совершать я.-е обряды** to heathenize; **я.-е страны** *устар. христ. (особ. мусульманские)* paynim countries.

язы́чество *(термин, введённый в оборот богословами монотеистических религий и служивший для обозначения политеистических религий, т.е. религий, исповедующих веру не в единого Бога, а во множество богов или тайных сил, покровительствующих отдельным творениям, стихиям, природным явлениям)* heathenism, paganism, heathendom, paynim, heathenry ◊ **обращать в я.** to paganize, to heathenize; **я. под маской христ.-ва** paganism veneered with Christianity.

язы́чник *(последователь той или иной языческой религии)* heathen, pagan, infidel, *устар. христ. (особ. мусульманин)* paynim; *библ.* gentile ◊ **быть я.-ом** to heathenize.

язы́чники *библ.* the Gentiles, the nations ◊ *(в христ. лексике)* **"И рассвирепели я."** *("Откровение" 11:18)* 'And the nations were enraged'.

я́йца пасха́льные *(варёные, крашенные обычно в красный цвет или расписные – традиционный пасхальный атрибут христиан, связанный с апокрифическим эпизодом, когда Мария Магдалина показала рим. императору яйцо как символ Воскресения Христа; окрашенное в красный цвет яйцо симолизирует землю, политую кровью Христа; очищенное яйцо своей белизной символизирует чистоту души верующего)* paschal eggs.

я́ко *(ц.-сл.; как, какого, что, ибо, потому что)* for ◊ **"Радуйтеся и веселитеся, яко мзда ваша многа на небесех"** *(отрывок из молитвы)* 'Rejoice and be exceedingly glad: for great is your reward in Heaven'.

якоби́нцы *(название доминиканских монахов во Франции)* the Jacobins.

Я́коб Марки́йский, прп. *(1394-1476; катол. св., д.п. 28 ноября)* St. James Gangala, St. James of the March.

Я́ков Воррагинский *(1230-98; доминиканский монах, ставший архиеп.-ом Генуи; автор "Золотой легенды" <The Golden Legend, лат. Legenda aurea>, компиляции житий святых, жития Девы Марии, а тж др. повествований, касающихся церк. праздников; на англ. переведена с франц. варианта в 1483)* Jacobus de Voragine.

Якови́тская сири́йская це́рковь см. **Иакови́тская це́рковь**.

якови́ты *(сирийские монофизиты, получившие своё название от Иакова Барадея; см. **Иакови́тская це́рковь**)* the Jacobites.

Якопо́не Тоди́йский, прп., блж. *(ум. 1306; поэт Средневековья, беатификация его официально не подтверждена, д. п. 25 декабря)* Blessed Jacopone of Todi.

я́кша *(в индуизме, буддизме, джайнизме – божество, дух плодородия, растительности, местный (домашний) дух, ангел-хранитель)* yaksha.

я́кши *(в индуизме, буддизме, джайнизме – **я́кша** жен. пола, особенно опасна людям; якши едят человеческое мясо и пьют кровь детей)* yakshi.

Я́ма *(бог смерти в индуизме)* Yama.

Я́мвлих, св. *(один из семи отроков Ефесских)* St. Amblichus.

Янг, Бра́йем *(1801-77; один из духовных лидеров мормонов)* Young, Brigham.

Янг, Бри́(г)эм см. **Янг, Бра́йем**.

Ян Сарка́ндер, сщмч., блж. *(1576-1620; катол. св., д. п. 17 марта)* Blessed John Sarkander.

янсени́зм *(религ.-политическое нетрадиционное катол. течение во Франции и в Голландии в 17-18 вв.; принципы я.-а изложил голландский теолог Янсе́ний, развивший учение Августина о предопределении)* Jansenism.

Янсе́ний, Корне́лиус О́тто *(1585-1638; голландский теолог)* Jansen, Cornelius Otto.

я́нтра *(в индуизме термин для обозначения предметов религ. назначения, религ. утвари)* jantra.

Януа́рий, св., мч. *(ум. 305; еп. Беневентский, катол. св., д. п. 19 сентября)* St. Januarius, bp., m.

Япо́нская правосла́вная це́рковь *(одна из 4 автономных церквей в православии, богослужение совершается на япон. языке, ок 25 тыс. членов)* the Japanese Orthodox Church, the (Autonomous) Orthodox Church of Japan.

Яросла́вская ико́на Бо́жией Ма́тери *(чудотворная икона, принесена в г. Ярославль в 13 в. благоверными князьями Василием и Константином и находилась в Ярославском кафедральном соборе; празднование 8/21 июня)* the Yaroslavl icon of the Mother of God.

ярца́йт *иврит (годовщина, в иудаизме дата поминовения покойных родственников)* yahrzeit, jahrzeit.

я́сли *(кормушка для скота; согласно Ев. от Луки 2:7,12, Мария родила младенца Иисуса и положила его в ясли)* manger ◊ **"и спелена́ла Его и положи́ла Его в ясля́х"** 'and she wrapped Him in clothes and laid Him in a manger'.

яснови́дение *(в оккультизме и мистицизме сверхъестественная способность предугадывать будущее, прорицать)* clairvoyance ◊ **дар я.-я** the gift of prophecy, the gift of clairvoyance.

яснови́дец clairvoyant.

Я́сперс, Карл *(1883-1969; немец. философ, один из родоначальников экзистенциализма, обосновал мысль о внутреннем родстве философии и религии)* Jaspers, Karl.

Яфе́т см. **Иафе́т**.

Я́хве *(имя Бога, фигурирующее в Ветхом Завете; иудаизм запрещает верующим произносить его, вместо него читают и говорят "Адона́й", т.е. "господь мой"; в русском синодальном переводе Ветхого Завета имя Я. почти всюду заменено словом "Господь", близкими по значению словами оно передаётся и в переводах на западные языки)* Yahwe(h), Yahve(h), Jahve(h), Jahwe(h); *(христ. форма написания)* Jehovah ◊ **непроизносимое имя (Бога) Яхве** the ineffable name of Jehovah.

яхви́ст 1. *(предполагаемый автор одного из первоисточников* **Шестикни́жия**, *в к-ром Бог обозначается как* **Я́хве**; *см.* **элохи́ст**) the Jehovist, the Yahwist, the Yahvist, the Jahvist, the Jahwist; 2. *(поклоняющийся божеству* **Иего́ве** 2., *тж* **иегови́ст**) Jehovist, Yahwist, Yahvist, Jahvist, Jahwist.

Яхи́н см. **Иахи́н**.

я́щик для же́ртвований alms-box.

я́щик для свече́й candle box, candler.

я́щик, церко́вный см. **свечно́й – с. я́щик**.

СПРАВОЧНОЕ ИЗДАНИЕ

АЗАРОВ
Алексей
Алексеевич

РУССКО-АНГЛИЙСКИЙ СЛОВАРЬ РЕЛИГИОЗНОЙ ЛЕКСИКИ

Ответственный за выпуск
ЗАХАРОВА Г. В.

Ведущий редактор
МОКИНА Н. Р.

Редакторы
УРВАНЦЕВА А. И.
КИСЛОВА Е. Е.
НИКИТИНА Т. В.

Лицензия ИД № 00179
от 28.10.1999 г.

Подписано в печать 18.07.2002. Формат 70×100/16. Бумага офсет № 1. Печать офсетная. Печ. л. 48. Усл. печ. л. 62,4. Тираж 2060 экз. Заказ 6749

«РУССО», 119071, Москва, Ленинский проспект, д. 15, офис 317. Телефон/факс: 955-05-67, 237-25-02.
Web: http://www.aha.ru/~russopub/
E-mail: russopub@aha.ru

Отпечатано в ОАО «Можайский полиграфический комбинат», 143200, г. Можайск, ул. Мира, 93.